5000
RUSSIAN WORDS

WITH ALL THEIR INFLECTED FORMS AND OTHER GRAMMATICAL INFORMATION

A RUSSIAN-ENGLISH DICTIONARY WITH AN ENGLISH-RUSSIAN WORD INDEX

compiled by
Richard L. Leed and Slava Paperno
Cornell University

AND AN APPENDIX ON RUSSIAN ENDINGS

by
Richard L. Leed

6/27-2
10/21-2

Slavica

Slavica publishes a wide variety of books and journals dealing with the peoples, languages, literatures, history, folklore, and culture of the peoples of Eastern Europe and the USSR. For a complete catalog with prices and ordering information, please write to:

Slavica Publishers, Inc.
P.O. Box 14388
Columbus, Ohio 43214
USA

ISBN: 0-89357-170-9.

TABLE OF CONTENTS

LIST OF SYMBOLS AND NUMERALS USED

! = Imperative form

      e.g. пе́й! = Singular and Plural Imperatives пе́й! пе́йте!

[. . .] (square brackets) = variant forms

      See below for detailed explanation of bracketed forms.

(. . .) (parentheses enclosing a vowel) = inserted vowel. See *Appendix.*

      e.g. ру́чка (е) = *Genitive Plural form* ру́чек

‹ . . . › (angled brackets) = remarks on exceptional pronunciation

      e.g. здра́вствуйте ‹а́ств› Do not pronounce the first в.

h (within angled brackets) = voiced h-sound for the letter г

      e.g. Бо́гу ‹бо́ну›

' (apostrophe) = palatalized pronunciation of the preceding consonant

      e.g. по́зже ‹ж'ж' *or* жж›

      i.e. pronounce the consonant either palatalized or plain

ˋ *vs.* ˊ (grave accent *vs.* acute accent) = secondary *vs.* primary stress

      e.g. кòка-ко́ла

ˊ *and* ˊ (two accents within a word) = variant stress

      e.g. роди́лся́ = роди́лся *or* родился́

ё *and* ˊ (two accents within a word) = variant stress

      e.g. далёко́ = далёко *or* далеко́

= zero ending

● = phrases and idiomatic expressions follow

1 Sg.   = first person Singular
1 Plur.   = first person Plural
2 Sg.   = second person Singular
2 Plur.   = second person Plural
3 Sg.   = third person Singular
3 Plur.   = third person Plural

SQUARE BRACKETS

Some words admit of more than one inflectional pattern; for example, the past tense of ги́бнуть 'perish' can be either ги́б or ги́бнул. The variant which is not the most preferred one (it may be equally preferred or less preferred) is listed second and is enclosed within square brackets:

      e.g. ги́б [*or* ги́бнул]

If the first variant is regular (*i.e.* predictable from the rules of grammar in the *Appendix*), then both forms are enclosed in parentheses; the word две́рь, for example, has variant Instrumental Plural endings:

      e.g. [дверя́ми *or* дверьми́]

When you want to find out how to inflect a word in this dictionary you can always safely ignore the information enclosed in square brackets; in other words, the information given outside the brackets will always lead you to a grammatically acceptable variant. Bear in mind, however, that a given speaker of Russian may prefer some of the forms in brackets. The use of brackets in this dictionary in no way implies that bracketed forms are substandard; bracketed forms having a particular stylistic flavor are so marked (*e.g.* as poetic, colloquial, old-fashioned, etc.).

LIST OF ABBREVIATIONS

A., Acc.	Accusative case
adj.	adjective
adv.	adverb
anim.	animate
colloq.	colloquial
compar.	comparative
D., Dat.	Dative case
E	End stress
f.an	feminine animate
f.in	feminine inanimate
fem.	feminine
G., Gen.	Genitive case
I., Inst.	Instrumental case
Impf.	Imperfective aspect
inan.	inanimate
Inst.	Instrumental case
intrans.	intransitive
Irreg.	Irregular
Loc.	Locative case
m.an	masculine animate
m.in	masculine inanimate
M	Moving stress
masc.	masculine
N., Nom.	Nominative case
n.an	neuter animate
n.in	neuter inanimate
neut.	neuter
Nom.	Nominative case
P., Prep.	Prepositional case
Part.	Partitive case
Pf.	Perfective aspect
Plur.	Plural
ppp	past passive participle
Prep.	Prepositional case
prep.	preposition
pres.	present
ptcpl.	participle
S	Stem stress
Sg.	Singular
sh.	short form (of an adjective)
smb.	somebody
smt.	something

LABELS FOR VERB ASPECTS

The aspect of a verb is cited in italics (*Pf.* = *Perfective*, *Impf.* = *Imperfective*), after which the partner (if any) is listed in parentheses, e.g.,

СПРОСИ́ТЬ *Pf.* (*Impf.* спра́шивать): ask, inquire
СПРА́ШИВАТЬ *Impf.* (*Pf.* спроси́ть): ask, inquire

Two main types of partnership must be distinguished: (1) partnership that employs an *imperfectivizing* suffix (illustrated above with the suffix ива) and (2) partnership that employs a *perfectivizing* prefix or the *perfectivizing* suffix ну (discussed below). In the first type the partners do not differ in meaning; in the second type they sometimes do.

Here is an example of a perfectivizing prefix on one of the partners:

ДЕ́ЛАТЬ *Impf.* (*Pf.* сде́лать): do; make
СДЕ́ЛАТЬ *Pf.* (*Impf.* де́лать): do; make

In some cases the prefix not only perfectivizes the verb, it also says something about the time or manner in which the action is carried out. Two such *action-type* meanings of prefixes are distinguished in this dictionary: the meaning 'start, begin' and the meaning 'for a while, a little bit, some'. In such cases the words *begin* and *awhile* are tacked onto the abbreviation for *Perfective* thus:

ГОВОРИ́ТЬ *Impf.* (*Pf-begin* заговори́ть): talk
ЗАГОВОРИ́ТЬ *Pf-begin* (*Impf.* говори́ть): start talking

ЛЕЖА́ТЬ *Impf.* (*Pf-awhile* полежа́ть): lie
ПОЛЕЖА́ТЬ *Pf-awhile* (*Impf.* лежа́ть): lie (down) for a while

A verb perfectivized by means of the suffix ну will have the meaning 'once, one time', the abbreviation for which is *Pf-once*:

КИВА́ТЬ *Impf.* (*Pf-once* кивну́ть): nod, nod one's head up and down
КИВНУ́ТЬ *Pf-once* (*Impf.* кива́ть): nod, give a (single) nod

Different meanings of Imperfective verbs may have different Perfective partners. In such cases the glosses are separately numbered for the most common of such meanings:

ГОВОРИ́ТЬ *Impf:* 1. (*no Pf.*) speak (*a language*); 2. (*Pf.* сказа́ть) tell; 3. (*Pf-begin* за- *and Pf-awhile* по-) talk (*with smb.*)

If a verb has no partner, it is so marked:

ЗНА́ЧИТЬ *Impf.* (*no Pf.*): mean
ПОНА́ДОБИТЬСЯ *Pf.* (*no Impf.*): become necessary

TO THE STUDENT

TO THE RAW BEGINNER:

As you begin your study of Russian you can use this dictionary to check your spelling of Russian words. You can use this dictionary without knowing much grammar; all you need to know is the names of the case forms and verb forms. These grammatical terms are all listed on the top of each page as column headings, beneath which you will find the inflected forms of the words in the dictionary. The order in which the case names are listed may be different from that of your textbook; this order has been chosen because it results in identical endings being listed side by side.

TO THE EXPERIENCED STUDENT:

After you have become acquainted with the rules of grammar, you can use this dictionary as a reference to irregular forms. Grammatical information is listed on the *same line as the headword* for each inflected word. You can ignore this information if all you are interested in is the spelling of a particular inflected form: just look at the display of forms *beneath the headword* and find the one you want. But if you want to know if there is anything irregular about a particular word, the headword line will tell you explicitly. For example, the headword line for the word for 'house; building; home' looks like this:

ДО́М SE *NPlur.* дома́ *m.in:* house; building; home

The Nominative Plural form is cited here because this word has the irregular ending -a rather than the regular ending -ы.

The headword line also contains all other information you need in order to inflect the word. In the above example the capital letters tell you the stress pattern of the word: the letters SE in this example mean that stress is on the Stem (S) in the singular forms and on the Endings (E) in the plural forms. In the above example the italicized abbreviation *m.in.* stands for "masculine inanimate", which means that the Accusative forms are identical to the Nominative forms.

Information on conjugation and verbal aspect is also given in the headword line: For example, here is the headword line for the verb 'ask, inquire':

СПРОСИ́ТЬ MS -сят; *Pf. (Impf.* спра́шивать*):* ask, inquire

The third person plural ending -(c)ят tells you that this is a second conjugation verb; the aspect (Perfective) is listed along with the Imperfective partner. The capital letters after the headword, as in the case of nouns, refers to the stress pattern: stress Moves (M) to the ending in the first singular non-past (спрошу́) and is on the Stem (S) in the past.

NOTE: If you need help in interpreting the information on the headword line, consult the list of abbreviations at the very front of the book or the Appendix at the end.

PURPOSE

The purpose of this dictionary is primarily to supply complete information on the inflection of Russian words in an accessible format. In addition, a certain amount of information is given on pronunciation, syntax, collocations, and meaning.

This dictionary presents inflectional information in two formats. The minimal format consists of abbreviated codes and key forms *in the headword line*, much like the presentation of morphological information in standard dictionaries. The maximal format consists of a spelled-out display of the inflected forms printed *beneath the headword line*. Thus, students may use this book (1) as a way to learn the general rules of grammar and (2) as a source of correctly spelled inflected forms of specific words. At the end of the book the rules of inflection are stated in a succinct form.

At some point in their course of study the students should be able to inflect words by consulting only the headword line, i.e., without referring to a display of inflected forms. Until then, they can use the dictionary to check up on their guesses. The teacher can use the dictionary as a reference in correcting homework papers and quizzes, i.e., by referring to this book rather than by writing out correctly inflected forms in full on the students' papers. This dictionary may also be useful as a reference: it can serve as a convenient source of the same morphological information that accompanies these headwords in the Грамматический словарь русского языка by А. А. Зализняк.

SOURCES

This dictionary contains all of the words listed in the active vocabularies of these 7 elementary Russian textbooks: *Russian for Everybody* (textbook and reader), adaptation by Baker; *Russian Stage One* by Bitekhtina, Davidson, et al.; *Russian*, by Clark; *Beginning Russian*, by Leed, Nakhimovsky, and Nakhimovsky; *A Russian Course*, by Lipson; *Fundamentals of Russian*, by Lunt; and *Introductory Russian Grammar*, by Stilman and Harkins. A number of additions were made to this basic list. A few words had to be added on the basis of frequency lists, although these textbooks contain practically all of the 500 most frequent words. Substantially more words were added on the basis of grammatical considerations. One set of additions was made on the basis of homonymy; for example, the word пешка was entered twice, once as an inanimate noun, once as animate, being homonymous in all but the Accusative Plural. Another set of additions was made on the basis of matching nationality names and names of occupations for both of the sexes; if a nationality name for only one sex occurred in the textbook vocabularies (e.g., ирландка), we added the name for the other sex (e.g., ирландец). The greatest number of additions was made because of aspect partners (about which more below); we have listed considerably more partners than the textbooks do. Other minor semantic classes have also been filled out for the sake of completeness, e.g., chess pieces, states of the Union, etc.

The primary source for inflectional information is the Грамматический словарь русского языка by А. А. Зализняк. We departed from Zaliznjak's morphological specifications only on a few occasions. The rules for Russian inflection in the Appendix, however, are not identical to Zaliznjak's.

Various sources were used to match aspect partners. We followed Zaliznjak's French-Russian *Petit Dictionnaire Pratique* in citing not only the paired Perfective partner but also the semelfactive, restrictive, and inceptive Perfectives for many verbs. We also consulted the 4-volume Academy Dictionary and the dictionary by Apresjan and Pall, Русский глагол — венгерский глагол.

Other than the above mentioned works, the following dictionaries were also consulted: *The Oxford Russian-English Dictionary* by Marcus Wheeler; the Словарь сочетаемости слов русского языка by P. N. Denisov et al.; the Толково-комбинаторный словарь русского языка by I. A. Melchuk et al., and the Орфоэпический словарь русского языка edited by R. I. Avanesov.

FEATURES OF THE DICTIONARY

1. *Exhaustive morphological information*

Morphological information is given twice, once in the headword line and once in the display. The headword line contains the information in the style of a dictionary. The display functions as a spelling guide.

In the headword line our aim was to be succinct, clear, and authoritative. Our principle was to be as true to our source (Zaliznjak) as possible, so that this dictionary would reflect the authority that his dictionary has, and therefore be useful to the teacher and advanced student as well as to the raw beginner. As a result, the headword line sometimes contains more information than the beginner would need. For example, Zaliznjak lists exceptions to the stress pattern and exceptional Genitive case forms; we have included this information in parentheses under the rubric "*Irreg. in phrases*". The function of these phrases in this dictionary is twofold: (1) to tell the student that exceptions do exist, not to teach the student the specific exceptional items; (2) to supply the teacher with complete lists of these exceptions. Hence we have left them untranslated. For an example, see ветер. (There are fewer than 100 entries containing such examples.)

Another feature taken over from the Zaliznjak dictionary is the citation of forms labelled "hypothetical", which means that if any speaker used this unlikely form it would probably have this shape, e.g., the short masc. (обеден) of обеденный.

In the display of forms beneath the headword line the principle of usefulness rather than authoritativeness has been followed. We have omitted the plurals of many nouns and the short forms and comparatives of many adjectives. We have systematically omitted all past deverbal adverbs (gerunds) and all past passive participles of imperfective verbs; in such cases we have left a blank in the slot ordinarily occupied by that form in the display (see менять). If, however, any one of the six deverbal forms is grammatically impossible, we have inserted a long dash in the slot, e.g., the passive forms of verbs in –ся (see меняться). In other words, a distinction is made in the deverbal system between (1) forms which are theoretically possible but not much used in the modern language, and (2) forms which are grammatically impossible. Thus, the only forms the students see are ones that may indeed occur.

Passive participles of a number of verbs have been omitted from the displays even though they may be freely generated by the usual rules of grammar. This group of Perfective verbs having marginal passive participles includes закусить, поесть, проводить, напомнить, помирить, попросить, сравнить, and others.

Verbs in –ся that have only a passive meaning have an abbreviated display.

The displays of sets of forms other than those mentioned above have not been tinkered with: they contain all of the forms that the rules of grammar generate, regardless of how infrequent the forms may be in actual speech and writing.

2. *Multiple aspect partners*

When different meanings of a verb correspond to different aspectual relationships, this information is rendered either by entering the verb as two separate words or by numbering the glosses separately. See обещать as an example of both. See бить for an example of numbered glosses with a variety of prefixes.

Three action-type perfectives (Aktionsarten) are labelled in this dictionary. Semelfactives are labelled *Pf-once*; inceptives are labelled *Pf-begin*; restrictives are labelled *Pf-awhile*. For an example of an ambiguous Perfective, see пойти (both *Pf.* and *Pf-begin*)

The label *One-way Impf.* is used for the Imperfective forms of verbs of motion which in some grammars are called *Determinate* or *Uni-directional*; the matching Imperfective is here called *Non-One-way*.

3. *Government*

If a verb or adjective strongly governs a complement other than an accusative, this fact is noted by an example in the form of a sentence in which the relevant objects are labelled as to case. For examples, see дать, интересоваться, звонить, and довольный. Information is provided on the use of prepositional phrases; for довольный, verbs of taking (брать, красть, etc.) are all illustrated with the preposition у to express 'from'.

The illustrative sentences are translated if they contain words that are not entries in this dictionary, but most of them contain only words that occur elsewhere in the dictionary. The format of these illustrations is kept as constant as good sense will allow, e.g., the animate subject of most of these sentences is он and the animate object is usually the feminine noun сестра, a word known to most beginners.

4. Collocational information

Collocational information is included with many entries. For example, nouns denoting means of transportation are accompanied by the verbs and prepositions required for getting on, riding, and getting off (see автобус, машина, поезд, лошадь, пароход). Many nouns are accompanied by instructions for the use of prepositions expressing location, particularly на +*Prepositional*, на +*Accusative*, and с +*Genitive* (see каникулы *vs.* отпуск, ферма *vs.* колхоз; болото, запад, фабрика, конгресс, окно, место; see кухня for на in variation with в). The names of trees, and the word for tree, are all marked for the use of these prepositions, because for this semantic class Russian lacks the English contrast of *in* vs. *on* and *out of* vs. *off of*. The names of meals have different collocational properties, depending on whether they mean the regular meal of the day or a formal occasion; for that reason, such nouns are entered twice (see обед). Nouns denoting musical instruments and games are illustrated with the verb for *play*, plus the appropriate preposition. Names of events are appropriately marked to resolve ambiguity, e.g., балет as an event *vs.* a composition.

5. Criteria for listing homonyms

Our main criterion for listing homonyms as separate entries is based on the display of inflected forms: if the inflectional displays of two words differ in any way, then the two homonymous headwords are listed as separate entries. See край for an example of separate entries based on the differences in the Locative case (with в, with на, and with no Locative). See свет for an example of separate entries based on differences in the Locative and Partitive cases. See звезда for differences in the Accusative Plural. See испуганный for differences in the short forms of adjectives *vs.* past passive participles. In the case of verbs, however, we conflated the paradigms of verbs that have both Perfective and Imperfective meanings in certain of their forms (see арестовать and организовать for two different instances of this phenomenon).

6. Animacy

All nouns and all adjectives used as nouns are marked for animacy, as in Zaliznjak's dictionary. Homonyms based on animacy are listed as separate entries (see звезда for the difference in the display of the Accusative Plural and спутник for differences in the Accusative Singular and Plural, as well as for an example of variation). In some cases the headword line contains a redundant statement of animacy; for example, талант is said to be inanimate even when referring to animate beings. Conversely, words like королева (but not пешка) are said to be animate even when referring to chess pieces.

7. Locative case

Following Zaliznjak, we specify not only that a particular noun has a Locative case form, but also which preposition it is used with (в, на, or both).

8. Predicatives

In addition to predicatives of the type нельзя, we list all predicatives in –о (like холодно), whether they occur in the textbooks as predicatives, adjectives, or adverbs. We also list the corresponding adverb in –о and, as a separate entry, the corresponding adjective, along with its short forms. Thus, the user can see the difference between the three meanings that o-forms sometimes have: холодно: (1) cold, (2) coldly, and (3) it is cold, feel cold. All predicatives are illustrated with sentences, most of which are translated into English.

9. Adverbial and comparative forms of adjectives

The neuter short form, which usually serves as an adverb, is listed along with the other short forms in the display beneath an adjective headword. After these four forms the comparative is listed. For some adjectives the short forms are very rarely used, in which case we do not display them; if the adverb and/or the comparative forms do occur, however, they are listed and labelled *adv.* and *compar.* For examples, see восточный and дипломатический. We also display adverbial forms in по- (+ому/+ски), either alone or in addition to the –о or –ски form. See старый, детский, and коммунистический.

10. *Stem changes with ё*

The headword line records instances where a headword contains the letter е (without stress mark) and an inflected form has stressed ё in that position, e.g., the past passive participle повёрнутый, which, except for this feature, is regularly formed from повернуть. When the е of the headword is replaced by ё, no notice is taken in the headword line, e.g., подёржанный, regularly formed from подержать.

11. *Inserted vowels*

If a noun or short adjective contains an inserted vowel, the specific vowel is cited in parentheses right after the stress code. See сон, ручка, and красный for examples. The Appendix gives explicit instructions for removing the vowel from the Nominative Singular of masculine nouns and for adding it to the Genitive Plural of nouns and to the masculine short form of adjectives. No rules are given for the occurrence of the inserted vowel in the Instrumental Singular of ь-declension nouns; rather, the form is cited as irregular (see любовь). Likewise, no rules are given for the inserted vowel in verb forms such as разобраться, разберутся, because both stems are always cited as key forms.

The inserted vowel that occurs in the ten prepositions (во, со, ко, обо, подо, надо, передо, безо, ото, изо — the eleventh, предо, does not occur in the dictionary) is handled in two ways. First, each such variant is an entry in itself; the entry contains a rough description of the conditions under which the variant occurs. Second, words in the dictionary that require the vocalic variant are so marked; this information is contained within the same angled brackets that are used to enclose information on pronunciation. For examples, see весь, я, время, встреча, свет. In these examples the user is told that the vocalic variant of a particular preposition "is used", by which we do not necessarily mean "must be used", as there is considerable variation from speaker to speaker in many instances.

12. *The order of cases in paradigms*

In the displays and in the Appendix the cases are listed in the non-traditional order Nom, Acc, Gen, Prep, Dat, and Inst. This order was chosen because it is the only one in which identical forms are contiguous.

13. *Sex and gender mismatch*

Nationality names (ирландец, ирландка) and a number of professional names (учитель, учительница) match up as to male and female reference. However many masculine names of professional positions are unmatched by standard feminine forms, e.g. врач. In this dictionary some words of this type are labelled with the instruction "*Use fem. predicate when referring to a woman*" and are illustrated with feminine predicates, e.g., Наш новый врач сегодня не пришла. Some such words, e.g., marginal ones like генерал, are not so labelled.

14. *Glosses*

The English glosses in this dictionary are not limited to those found in the textbook glossaries. Rather, the glosses were chosen to give the user some idea of the semantic range of the word. In a few cases the glosses differ from the ones found in most dictionaries (see мороз, свет, обед, окно) and in some cases the part-of-speech classification differs as well (see сдачи, достаточно). Aspect pairs are glossed under both partners, a practice which may seem wasteful of space, but which is often worthwhile (see ошибаться, оправдывать, and their partners).

15. *Irregular forms*

Irregular forms are those which do not conform to the rules in the Appendix; such forms are cited in the headword line. The rules are close to those used by Zaliznjak in his Грамматический словарь, but in a few cases they differ significantly, e.g., the Imperative, stress classification, and others. However, all of the specific information rendered in his dictionary for a given word is rendered in one way or another in this dictionary. Some of the rules frequently found in textbooks have been avoided here because they would force the user to cross-refer; for example, the rule stating that the Imperative of verbs with stressed вы- is like that of the unprefixed verb forces the user to look up the unprefixed verb. This dictionary is structured so as to avoid, wherever possible, the need for cross-references.

ACKNOWLEDGEMENTS

We are very grateful to the student computer operators who helped prepare this dictionary: Reef Altoma, Heather Behn, Jill Castleman, Melissa Schwartz, and Marcy Winkler. They input the word lists, added the morphological codes from the Zaliznjak dictionary, ran the computer programs which transformed those codes into the displays of morphological forms, and printed numerous drafts. We appreciate their labors as well as their good spirits. Our thanks go also to our colleague Ludmilla Volnova, who proofread the final draft with zeal and precision.

Throughout this project we benefited from the encouragement and advice of our colleagues Leonard H. Babby and E. Wayles Browne.

We would also like to acknowledge the support we received in funding and services from various branches of Cornell University. The staff of Decentralized Computer Services helped us with programming and consultation, particularly Kate McGregor and Tom Hughes. We received support also from the Department of Modern Languages and Linguistics and from the Committee on Soviet Studies, for which we are very grateful.

The copy for this book was prepared on a Terak computer, the formatter for which was written by Peter Siegel. The book was printed on a Santec printer, the Cyrillic fonts for which were created by Andrew Leed. We are very grateful for such effective technical assistance.

NOTE

This dictionary is available in electronic form. For further information write the authors at the following address:

Department of Modern Languages and Linguistics
Morrill Hall
Cornell University
Ithaca, NY 14853

А¹ (*unstressed*) *conjunction*: and; while; but ● а то́ or else
А² *particle*: eh? hm? *interjection*: ah! oh!
А³ *indeclinable n.in*: (name of the letter a)

АБЗА́Ц SS *m.in*: paragraph

абза́ц	абза́ц	абза́ца	абза́це	абза́цу	абза́цем
абза́цы	абза́цы	абза́цев	абза́цах	абза́цам	абза́цами

АБРИКО́С SS *m.in*: apricot; apricot-tree (*use* на/на/с *for* into/in/out of *the tree*)

абрико́с	абрико́с	абрико́са	абрико́се	абрико́су	абрико́сом
абрико́сы	абрико́сы	абрико́сов	абрико́сах	абрико́сам	абрико́сами

АБСОЛЮ́ТНЫЙ S (е): absolute

-лю́тный	*Nom/Gen*	-лю́тного	-лю́тном	-лю́тному	-лю́тным
-лю́тное	-лю́тное	-лю́тного	-лю́тном	-лю́тному	-лю́тным
-лю́тная	-лю́тную	-лю́тной	-лю́тной	-лю́тной	-лю́тной
-лю́тные	*Nom/Gen*	-лю́тных	-лю́тных	-лю́тным	-лю́тными
-лю́тен, -лю́тна, -лю́тно, -лю́тны; -лю́тнее					

А́ВГУСТ SS *m.in*: August

а́вгуст	а́вгуст	а́вгуста	а́вгусте	а́вгусту	а́вгустом
а́вгусты	а́вгусты	а́вгустов	а́вгустах	а́вгустам	а́вгустами

А̀ВИАКОНВЕ́РТ SS *m.in*: airmail envelope

-конве́рт	-конве́рт	-конве́рта	-конве́рте	-конве́рту	-конве́ртом
-конве́рты	-конве́рты	-конве́ртов	-конве́ртах	-конве́ртам	-конве́ртами

А̀ВИАПИСЬМО́ ES (е) *NPlur*. а̀виапи́сьма *n.in*: airmail letter

-письмо́	-письмо́	-письма́	-письме́	-письму́	-письмо́м
-пи́сьма	-пи́сьма	-писем	-пи́сьмах	-пи́сьмам	-пи́сьмами

А̀ВИАПО́ЧТА SS *f.in*: airmail

-по́чта	-по́чту	-по́чты	-по́чте	-по́чте	-по́чтой

АВИА́ЦИЯ SS *f.in*: aviation

авиа́ция	авиа́цию	авиа́ции	авиа́ции	авиа́ции	авиа́цией

АВО́СЬКА SS (е) *f.in*: shopping bag (*made out of netting*)

аво́ська	аво́ську	аво́ськи	аво́ське	аво́ське	аво́ськой
аво́ськи	аво́ськи	аво́сек	аво́ськах	аво́ськам	аво́ськами

АВСТРАЛИ́ЕЦ SS (е) *m.an*: Australian

австрали́ец	австрали́йца	австрали́йца	австрали́йце	австрали́йцу	австрали́йцем
австрали́йцы	австрали́йцев	австрали́йцев	австрали́йцах	австрали́йцам	австрали́йцами

АВСТРАЛИ́ЙКА SS (е) *f.an*: Australian (*woman*)

австрали́йка	австрали́йку	австрали́йки	австрали́йке	австрали́йке	австрали́йкой
австрали́йки	австрали́ек	австрали́ек	австрали́йках	австрали́йкам	австрали́йками

АВСТРА́ЛИЯ SS *f.in*: Australia

Австра́лия	Австра́лию	Австра́лии	Австра́лии	Австра́лии	Австра́лией

АВТО́БУС SS *m.in*: bus ● сади́ться на [*or* в] +Acc, е́хать на [*or* в] +Prep, выходи́ть из [*or* сходи́ть с] +Gen

авто́бус	авто́бус	авто́буса	авто́бусе	авто́бусу	авто́бусом
авто́бусы	авто́бусы	авто́бусов	авто́бусах	авто́бусам	авто́бусами

АВТО́БУСНЫЙ S (е): bus

-бусный	*Nom/Gen*	-бусного	-бусном	-бусному	-бусным
-бусное	-бусное	-бусного	-бусном	-бусному	-бусным
-бусная	-бусную	-бусной	-бусной	-бусной	-бусной
-бусные	*Nom/Gen*	-бусных	-бусных	-бусным	-бусными

АВТОМОБИ́ЛЬ SS *m.in*: motor vehicle, automobile, car ● сади́ться в [*or* на] +Acc, е́хать на [*or* в] +Prep, выходи́ть из +Gen

автомоби́ль	автомоби́ль	автомоби́ля	автомоби́ле	автомоби́лю	автомоби́лем
автомоби́ли	автомоби́ли	автомоби́лей	автомоби́лях	автомоби́лям	автомоби́лями

А́ВТОР SS *m.an*: author

а́втор	а́втора	а́втора	а́вторе	а́втору	а́втором
а́вторы	а́второв	а́второв	а́вторах	а́вторам	а́вторами

АВТОРУ́ЧКА SS (е) *f.in*: fountain pen

автору́чка	автору́чку	автору́чки	автору́чке	автору́чке	автору́чкой
автору́чки	автору́чки	автору́чек	автору́чках	автору́чкам	автору́чками

АГЕ́НТ SS *m.an*: agent (*person*)

аге́нт	аге́нта	аге́нта	аге́нте	аге́нту	аге́нтом
аге́нты	аге́нтов	аге́нтов	аге́нтах	аге́нтам	аге́нтами

АГРОНО́М SS *m.an*: agronomist (*Use fem. predicate when referring to a woman, e.g.* На́ш но́вый агроно́м сего́дня не пришла́)

агроно́м	агроно́ма	агроно́ма	агроно́ме	агроно́му	агроно́мом
агроно́мы	агроно́мов	агроно́мов	агроно́мах	агроно́мам	агроно́мами

АДВОКА́Т SS *m.an*: lawyer, attorney (*Use fem. predicate when referring to a woman, e.g.* На́ш но́вый адвока́т сего́дня не пришла́)

адвока́т	адвока́та	адвока́та	адвока́те	адвока́ту	адвока́том
адвока́ты	адвока́тов	адвока́тов	адвока́тах	адвока́там	адвока́тами

АДМИНИСТРАТИ́ВНЫЙ S (e): administrative

-и́вный	Nom/Gen	-и́вного	-и́вном	-и́вному	-и́вным
-и́вное	-и́вное	-и́вного	-и́вном	-и́вному	-и́вным
-и́вная	-и́вную	-и́вной	-и́вной	-и́вной	-и́вной
-и́вные	Nom/Gen	-и́вных	-и́вных	-и́вным	-и́вными

А́ДРЕС SE NPlur. -а́ m.in: (mailing) address

а́дрес	а́дрес	а́дреса	а́дресе	а́дресу	а́дресом
адреса́	адреса́	адресо́в	адреса́х	адреса́м	адреса́ми

А́ЗБУКА SS f.in: alphabet; beginner's reader (book)

а́збука	а́збуку	а́збуки	а́збуке	а́збуке	а́збукой
а́збуки	а́збуки	а́збук	а́збуках	а́збукам	а́збуками

АЗИА́ТСКИЙ S short forms avoided, no compar: Asian

азиа́тский	Nom/Gen	азиа́тского	азиа́тском	азиа́тскому	азиа́тским
азиа́тское	азиа́тское	азиа́тского	азиа́тском	азиа́тскому	азиа́тским
азиа́тская	азиа́тскую	азиа́тской	азиа́тской	азиа́тской	азиа́тской
азиа́тские	Nom/Gen	азиа́тских	азиа́тских	азиа́тским	азиа́тскими

adv. по-азиа́тски

А́ЗИЯ SS f.in: Asia

А́зия	А́зию	А́зии	А́зии	А́зии	А́зией

АЙДА́ХО indeclinable m.in: Idaho

АЙО́ВА SS f.in: Iowa

Айо́ва	Айо́ву	Айо́вы	Айо́ве	Айо́ве	Айо́вой

АКАДЕ́МИК SS m.an: academician

акаде́мик	акаде́мика	акаде́мика	акаде́мике	акаде́мику	акаде́миком
акаде́мики	акаде́миков	акаде́миков	акаде́миках	акаде́микам	акаде́миками

АКАДЕМИ́ЧЕСКИЙ S short forms avoided, no compar: academic; college, university ● академи́ческий о́тпуск (usually year-long) leave of absence from one's academic studies

-и́ческий	Nom/Gen	-и́ческого	-и́ческом	-и́ческому	-и́ческим
-и́ческое	-и́ческое	-и́ческого	-и́ческом	-и́ческому	-и́ческим
-и́ческая	-и́ческую	-и́ческой	-и́ческой	-и́ческой	-и́ческой
-и́ческие	Nom/Gen	-и́ческих	-и́ческих	-и́ческим	-и́ческими

adv. -и́чески

АКАДЕ́МИЯ SS f.in: academy

акаде́мия	акаде́мию	акаде́мии	акаде́мии	акаде́мии	акаде́мией
акаде́мии	акаде́мии	акаде́мий	акаде́миях	акаде́миям	акаде́миями

АКА́ЦИЯ SS f.in: acacia (use на/на/с for into/in/out of the tree)

ака́ция	ака́цию	ака́ции	ака́ции	ака́ции	ака́цией
ака́ции	ака́ции	ака́ций	ака́циях	ака́циям	ака́циями

АККУРА́ТНЫЙ <к, not кк> S (e): neat; exact, precise

аккура́тный	Nom/Gen	аккура́тного	аккура́тном	аккура́тному	аккура́тным
аккура́тное	аккура́тное	аккура́тного	аккура́тном	аккура́тному	аккура́тным
аккура́тная	аккура́тную	аккура́тной	аккура́тной	аккура́тной	аккура́тной
аккура́тные	Nom/Gen	аккура́тных	аккура́тных	аккура́тным	аккура́тными

аккура́тен, аккура́тна, аккура́тно, аккура́тны; аккура́тнее

АКТЁР SS m.an: actor

актёр	актёра	актёра	актёре	актёру	актёром
актёры	актёров	актёров	актёрах	актёрам	актёрами

АКТИВИ́СТ SS m.an: activist, socially or politically active person

активи́ст	активи́ста	активи́ста	активи́сте	активи́сту	активи́стом
активи́сты	активи́стов	активи́стов	активи́стах	активи́стам	активи́стами

АКТИВИ́СТКА SS (o) f.an: activist, socially or politically active person (woman)

активи́стка	активи́стку	активи́стки	активи́стке	активи́стке	активи́сткой
активи́стки	активи́сток	активи́сток	активи́стках	активи́сткам	активи́стками

АКТИ́ВНЫЙ S (e): active

акти́вный	Nom/Gen	акти́вного	акти́вном	акти́вному	акти́вным
акти́вное	акти́вное	акти́вного	акти́вном	акти́вному	акти́вным
акти́вная	акти́вную	акти́вной	акти́вной	акти́вной	акти́вной
акти́вные	Nom/Gen	акти́вных	акти́вных	акти́вным	акти́вными

акти́вен, акти́вна, акти́вно, акти́вны; акти́внее

АКТРИ́СА SS f.an: actress

актри́са	актри́су	актри́сы	актри́се	актри́се	актри́сой
актри́сы	актри́с	актри́с	актри́сах	актри́сам	актри́сами

АКЦЕ́НТ SS m.in: (foreign) accent

акце́нт	акце́нт	акце́нта	акце́нте	акце́нту	акце́нтом
акце́нты	акце́нты	акце́нтов	акце́нтах	акце́нтам	акце́нтами

АЛАБА́МА SS f.in: Alabama

Алаба́ма	Алаба́му	Алаба́мы	Алаба́ме	Алаба́ме	Алаба́мой

АЛБА́НЕЦ SS (e) *m.an*: Albanian

албáнец	албáнца	албáнца	албáнце	албáнцу	албáнцем
албáнцы	албáнцев	албáнцев	албáнцах	албáнцам	албáнцами

АЛБА́НКА SS (o) *f.an*: Albanian (*woman*)

албáнка	албáнку	албáнки	албáнке	албáнке	албáнкой
албáнки	албáнок	албáнок	албáнках	албáнкам	албáнками

АЛБА́НСКИЙ S *short forms avoided, no compar*: Albanian

албáнский	Nom/Gen	албáнского	албáнском	албáнскому	албáнским
албáнское	албáнское	албáнского	албáнском	албáнскому	албáнским
албáнская	албáнскую	албáнской	албáнской	албáнской	албáнской
албáнские	Nom/Gen	албáнских	албáнских	албáнским	албáнскими

adv. по-албáнски

АЛЖИ́Р SS *m.in*: Algiers; Algeria

Алжи́р	Алжи́р	Алжи́ра	Алжи́ре	Алжи́ру	Алжи́ром

АЛКОГО́ЛЬНЫЙ S (e): alcoholic

алкогóльный	Nom/Gen	алкогóльного	алкогóльном	алкогóльному	алкогóльным
алкогóльное	алкогóльное	алкогóльного	алкогóльном	алкогóльному	алкогóльным
алкогóльная	алкогóльную	алкогóльной	алкогóльной	алкогóльной	алкогóльной
алкогóльные	Nom/Gen	алкогóльных	алкогóльных	алкогóльным	алкогóльными

АЛЛО́ <алё> *interjection*: Hello (*usually on the telephone*)

АЛЬПИНИ́ЗМ SS *m.in*: mountain climbing

альпини́зм	альпини́зм	альпини́зма	альпини́зме	альпини́зму	альпини́змом

АЛЬПИНИ́СТ SS *m.an*: mountain climber

альпини́ст	альпини́ста	альпини́ста	альпини́сте	альпини́сту	альпини́стом
альпини́сты	альпини́стов	альпини́стов	альпини́стах	альпини́стам	альпини́стами

АЛЬПИНИ́СТКА SS (o) *f.an*: mountain climber (*woman*)

альпини́стка	альпини́стку	альпини́стки	альпини́стке	альпини́стке	альпини́сткой
альпини́стки	альпини́сток	альпини́сток	альпини́стках	альпини́сткам	альпини́стками

А́ЛЬТ EE *m.in*: alto (voice); viola ● игра́ть на альте́ *Prep* play the viola

áльт	áльт	альтá	альте́	альту́	альтóм
альты́	альты́	альтóв	альтáх	альтáм	альтáми

АЛЯ́СКА SS *f.in*: Alaska (*use* на/на/с *for to/at/from*)

Аля́ска	Аля́ску	Аля́ски	Аля́ске	Аля́ске	Аля́ской

АМЕ́РИКА SS *f.in*: America

Амéрика	Амéрику	Амéрики	Амéрике	Амéрике	Амéрикой

АМЕРИКА́НЕЦ SS (e) *m.an*: American

америкáнец	америкáнца	америкáнца	америкáнце	америкáнцу	америкáнцем
америкáнцы	америкáнцев	америкáнцев	америкáнцах	америкáнцам	америкáнцами

АМЕРИКА́НКА SS (o) *f.an*: American (*woman*)

америкáнка	америкáнку	америкáнки	америкáнке	америкáнке	америкáнкой
америкáнки	америкáнок	америкáнок	америкáнках	америкáнкам	америкáнками

АМЕРИКА́НСКИЙ S *short forms avoided, no compar*: American

-кáнский	Nom/Gen	-кáнского	-кáнском	-кáнскому	-кáнским
-кáнское	-кáнское	-кáнского	-кáнском	-кáнскому	-кáнским
-кáнская	-кáнскую	-кáнской	-кáнской	-кáнской	-кáнской
-кáнские	Nom/Gen	-кáнских	-кáнских	-кáнским	-кáнскими

adv. по-америкáнски

АНА́ЛИЗ SS *m.in*: analysis

анáлиз	анáлиз	анáлиза	анáлизе	анáлизу	анáлизом
анáлизы	анáлизы	анáлизов	анáлизах	анáлизам	анáлизами

А́НГЕЛ SS *m.an*: angel

áнгел	áнгела	áнгела	áнгеле	áнгелу	áнгелом
áнгелы	áнгелов	áнгелов	áнгелах	áнгелам	áнгелами

АНГИ́НА SS *f.in*: sore throat

ангúна	ангúну	ангúны	ангúне	ангúне	ангúной

АНГЛИ́ЙСКИЙ S *short forms avoided, no compar*: English

англи́йский	Nom/Gen	англи́йского	англи́йском	англи́йскому	англи́йским
англи́йское	англи́йское	англи́йского	англи́йском	англи́йскому	англи́йским
англи́йская	англи́йскую	англи́йской	англи́йской	англи́йской	англи́йской
англи́йские	Nom/Gen	англи́йских	англи́йских	англи́йским	англи́йскими

adv. по-англи́йски

АНГЛИЧА́НИН SS *NPlur.* англичáне, *GPlur.* англичáн *m.an*: Englishman

англичанúн	англичанúна	англичанúна	англичанúне	англичанúну	англичанúном
англичáне	англичáн	англичáн	англичáнах	англичáнам	англичáнами

АНГЛИЧА́НКА SS (o) *f.an*: Englishwoman

англичáнка	англичáнку	англичáнки	англичáнке	англичáнке	англичáнкой
англичáнки	англичáнок	англичáнок	англичáнках	англичáнкам	англичáнками

А́НГЛИЯ SS *f.in*: England

А́нглия	А́нглию	А́нглии	А́нглии	А́нглии	А́нглией

А́НГЛО-РУ́ССКИЙ <с, *not* сс> S *short forms avoided, no compar*: English-Russian, Anglo-Russian

-ру́сский	Nom/Gen	-ру́сского	-ру́сском	-ру́сскому	-ру́сским
-ру́сское	-ру́сское	-ру́сского	-ру́сском	-ру́сскому	-ру́сским
-ру́сская	-ру́сскую	-ру́сской	-ру́сской	-ру́сской	-ру́сской
-ру́сские	Nom/Gen	-ру́сских	-ру́сских	-ру́сским	-ру́сскими

АНЕКДО́Т SS *m.in*: joke; anecdote

анекдо́т	анекдо́т	анекдо́та	анекдо́те	анекдо́ту	анекдо́том
анекдо́ты	анекдо́ты	анекдо́тов	анекдо́тах	анекдо́там	анекдо́тами

АНКЕ́ТА SS *f.in*: form, questionnaire

анке́та	анке́ту	анке́ты	анке́те	анке́те	анке́той
анке́ты	анке́ты	анке́т	анке́тах	анке́там	анке́тами

АНТА́РКТИКА SS *f.in*: Antarctica

Анта́рктика	Анта́рктику	Анта́рктики	Анта́рктике	Анта́рктике	Анта́рктикой

АНТИБИО́ТИК SS *m.in*: antibiotic

антибио́тик	антибио́тик	антибио́тика	антибио́тике	антибио́тику	антибио́тиком
антибио́тики	антибио́тики	антибио́тиков	антибио́тиках	антибио́тикам	антибио́тиками

АНТО́НИМ SS *m.in*: antonym

анто́ним	анто́ним	анто́нима	анто́ниме	анто́ниму	анто́нимом
анто́нимы	анто́нимы	анто́нимов	анто́нимах	анто́нимам	анто́нимами

АНТРА́КТ SS *m.in*: intermission (*in the theater, etc.*)

антра́кт	антра́кт	антра́кта	антра́кте	антра́кту	антра́ктом
антра́кты	антра́кты	антра́ктов	антра́ктах	антра́ктам	антра́ктами

АПЕЛЬСИ́Н SS *m.in*: orange

апельси́н	апельси́н	апельси́на	апельси́не	апельси́ну	апельси́ном
апельси́ны	апельси́ны	апельси́нов	апельси́нах	апельси́нам	апельси́нами

АПЛОДИ́РОВАТЬ SS -руют; *intrans; Impf.* (*Pf-begin* за-): applaud *e.g.* Он аплоди́рует сестре́ *Dat*

аплоди́рую	аплоди́руем	аплоди́руй	аплоди́ровал	аплоди́руя	
аплоди́руешь	аплоди́руете	аплоди́руйте	аплоди́ровала	аплоди́рующий	аплоди́ровавший
аплоди́рует	аплоди́руют		аплоди́ровали/о	——	——

АПЛОДИСМЕ́НТЫ S *Plur. only; #-declension m.in*: applause

-дисме́нты	-дисме́нты	-дисме́нтов	-дисме́нтах	-дисме́нтам	-дисме́нтами

АППЕНДИЦИ́Т <п, *not* пп> SS *m.in*: appendicitis

аппендици́т	аппендици́т	аппендици́та	аппендици́те	аппендици́ту	аппендици́том

АППЕТИ́Т <п, *not* пп> SS *Part.* -у *m.in*: appetite

аппети́т	аппети́т	аппети́та/-у	аппети́те	аппети́ту	аппети́том

АПРЕ́ЛЬ SS *m.in*: April

апре́ль	апре́ль	апре́ля	апре́ле	апре́лю	апре́лем
апре́ли	апре́ли	апре́лей	апре́лях	апре́лям	апре́лями

АПТЕ́КА SS *f.in*: pharmacy, drug store

апте́ка	апте́ку	апте́ки	апте́ке	апте́ке	апте́кой
апте́ки	апте́ки	апте́к	апте́ках	апте́кам	апте́ками

АРА́БСКИЙ S *short forms avoided, no compar*: Arabian; Arab

ара́бский	Nom/Gen	ара́бского	ара́бском	ара́бскому	ара́бским
ара́бское	ара́бское	ара́бского	ара́бском	ара́бскому	ара́бским
ара́бская	ара́бскую	ара́бской	ара́бской	ара́бской	ара́бской
ара́бские	Nom/Gen	ара́бских	ара́бских	ара́бским	ара́бскими

adv. по-ара́бски

АРА́ВИЯ SS *f.in*: Arabia

Ара́вия	Ара́вию	Ара́вии	Ара́вии	Ара́вии	Ара́вией

АРАРА́Т SS *m.in*: Ararat (*use* на/на/с *for to/on/from the mountain*)

Арара́т	Арара́т	Арара́та	Арара́те	Арара́ту	Арара́том

АРБУ́З SS *m.in*: watermelon

арбу́з	арбу́з	арбу́за	арбу́зе	арбу́зу	арбу́зом
арбу́зы	арбу́зы	арбу́зов	арбу́зах	арбу́зам	арбу́зами

АРГУМЕ́НТ SS *m.in*: reason for or against smt, argument *e.g.* аргуме́нт за *+Acc* [*or* в по́льзу *+Gen*] argument for (smt.); аргуме́нт про́тив *+Gen* argument against (smt.)

аргуме́нт	аргуме́нт	аргуме́нта	аргуме́нте	аргуме́нту	аргуме́нтом
аргуме́нты	аргуме́нты	аргуме́нтов	аргуме́нтах	аргуме́нтам	аргуме́нтами

АРЕСТОВА́ТЬ SS -ту́ют; *Pf; in non-past tense personal forms also Impf.* (*Impf.* аресто́вывать): arrest *e.g.* Он арестова́л мою́ сестру́ *Acc* за её слова́ *Acc* He arrested my sister for what she'd said

аресту́ю	аресту́ем	аресту́й	арестова́л	——	арестова́в[ши]
аресту́ешь	аресту́ете	аресту́йте	арестова́ла	——	арестова́вший
аресту́ет	аресту́ют		арестова́ли/о	——	аресто́ванный S

АРЕСТО́ВЫВАТЬ SS -ают; *Impf.* (*Pf.* арестова́ть): arrest *e.g.* Он аресто́вывал мою́ сестру́ *Acc* за её слова́
Acc He was arresting my sister for what she'd said

аресто́вываю	аресто́вываем	аресто́вывай	аресто́вывал	аресто́вывая	
аресто́вываешь	аресто́вываете	аресто́вывайте	аресто́вывала	аресто́вывающий	аресто́вывавший
аресто́вывает	аресто́вывают		аресто́вывали/о	аресто́вываемый	——

АРИЗО́НА SS *f.in*: Arizona

Аризо́на	Аризо́ну	Аризо́ны	Аризо́не	Аризо́не	Аризо́ной

АРИЗО́НСКИЙ S *short forms avoided, no compar.* of Arizona

аризо́нский	*Nom/Gen*	аризо́нского	аризо́нском	аризо́нскому	аризо́нским
аризо́нское	аризо́нское	аризо́нского	аризо́нском	аризо́нскому	аризо́нским
аризо́нская	аризо́нскую	аризо́нской	аризо́нской	аризо́нской	аризо́нской
аризо́нские	*Nom/Gen*	аризо́нских	аризо́нских	аризо́нским	аризо́нскими

adv. по-аризо́нски

АРКАНЗА́С SS *m.in*: Arkansas

Арканза́с	Арканза́с	Арканза́са	Арканза́се	Арканза́су	Арканза́сом

А́РКТИКА SS *f.in*: Arctic

А́рктика	А́рктику	А́рктики	А́рктике	А́рктике	А́рктикой

АРКТИ́ЧЕСКИЙ S *short forms avoided, no compar.* arctic, polar

аркти́ческий	*Nom/Gen*	аркти́ческого	аркти́ческом	аркти́ческому	аркти́ческим
аркти́ческое	аркти́ческое	аркти́ческого	аркти́ческом	аркти́ческому	аркти́ческим
аркти́ческая	аркти́ческую	аркти́ческой	аркти́ческой	аркти́ческой	аркти́ческой
аркти́ческие	*Nom/Gen*	аркти́ческих	аркти́ческих	аркти́ческим	аркти́ческими

АРМЕ́НИЯ SS *f.in*: Armenia

Арме́ния	Арме́нию	Арме́нии	Арме́нии	Арме́нии	Арме́нией

А́РМИЯ SS *f.in*: army

а́рмия	а́рмию	а́рмии	а́рмии	а́рмии	а́рмией
а́рмии	а́рмии	а́рмий	а́рмиях	а́рмиям	а́рмиями

АРМЯНИ́Н SS *NPlur.* армя́не, *GPlur.* армя́н *m.an*: Armenian

армяни́н	армяни́на	армяни́на	армяни́не	армяни́ну	армяни́ном
армя́не	армя́н	армя́н	армя́нах	армя́нам	армя́нами

АРМЯ́НКА SS (о) *f.an*: Armenian (*woman*)

армя́нка	армя́нку	армя́нки	армя́нке	армя́нке	армя́нкой
армя́нки	армя́нок	армя́нок	армя́нках	армя́нкам	армя́нками

АРТИ́СТ SS *m.an*: actor

арти́ст	арти́ста	арти́ста	арти́сте	арти́сту	арти́стом
арти́сты	арти́стов	арти́стов	арти́стах	арти́стам	арти́стами

АРТИ́СТКА SS (о) *f.an*: actor (*woman*)

арти́стка	арти́стку	арти́стки	арти́стке	арти́стке	арти́сткой
арти́стки	арти́сток	арти́сток	арти́стках	арти́сткам	арти́стками

А́РФА SS *f.in*: harp ● игра́ть на а́рфе *Prep* play the harp

а́рфа	а́рфу	а́рфы	а́рфе	а́рфе	а́рфой
а́рфы	а́рфы	а́рф	а́рфах	а́рфам	а́рфами

АРХЕО́ЛОГ SS *m.an*: archeologist

архео́лог	архео́лога	архео́лога	архео́логе	архео́логу	архео́логом
архео́логи	архео́логов	архео́логов	архео́логах	архео́логам	архео́логами

АРХЕОЛО́ГИЯ SS *f.in*: archeology

археоло́гия	археоло́гию	археоло́гии	археоло́гии	археоло́гии	археоло́гией

АРХИТЕ́КТОР SS *m.an*: architect

архите́ктор	архите́ктора	архите́ктора	архите́кторе	архите́ктору	архите́ктором
архите́кторы	архите́кторов	архите́кторов	архите́кторах	архите́кторам	архите́кторами

АРХИТЕКТУ́РА SS *f.in*: architecture

архитекту́ра	архитекту́ру	архитекту́ры	архитекту́ре	архитекту́ре	архитекту́рой

АРХИТЕКТУ́РНЫЙ S (e): architectural

-ту́рный	*Nom/Gen*	-ту́рного	-ту́рном	-ту́рному	-ту́рным
-ту́рное	-ту́рное	-ту́рного	-ту́рном	-ту́рному	-ту́рным
-ту́рная	-ту́рную	-ту́рной	-ту́рной	-ту́рной	-ту́рной
-ту́рные	*Nom/Gen*	-ту́рных	-ту́рных	-ту́рным	-ту́рными

АСПИРА́НТ SS *m.an*: graduate student

аспира́нт	аспира́нта	аспира́нта	аспира́нте	аспира́нту	аспира́нтом
аспира́нты	аспира́нтов	аспира́нтов	аспира́нтах	аспира́нтам	аспира́нтами

АСПИРА́НТКА SS (о) *f.an*: graduate student (*woman*)

аспира́нтка	аспира́нтку	аспира́нтки	аспира́нтке	аспира́нтке	аспира́нткой
аспира́нтки	аспира́нток	аспира́нток	аспира́нтках	аспира́нткам	аспира́нтками

АСПИРАНТУ́РА SS *f.in*: graduate school

аспиранту́ра	аспиранту́ру	аспиранту́ры	аспиранту́ре	аспиранту́ре	аспиранту́рой

АСПИРИ́Н SS *Part.* -у *m.in*: aspirin

аспири́н	аспири́н	аспири́на/-у	аспири́не	аспири́ну	аспири́ном

А̀СТРОБИОЛО́ГИЯ SS *f.in*: space biology

-биоло́гия	-биоло́гию	-биоло́гии	-биоло́гии	-биоло́гии	-биоло́гией

АСТРОНА́ВТ SS *m.an*: astronaut

астрона́вт	астрона́вта	астрона́вта	астрона́вте	астрона́вту	астрона́втом
астрона́вты	астрона́втов	астрона́втов	астрона́втах	астрона́втам	астрона́втами

АСТРОНО́М SS *m.an*: astronomer

астроно́м	астроно́ма	астроно́ма	астроно́ме	астроно́му	астроно́мом
астроно́мы	астроно́мов	астроно́мов	астроно́мах	астроно́мам	астроно́мами

АСТРОНОМИ́ЧЕСКИЙ S *short forms avoided, no compar*: astronomy; astronomical

-и́ческий	*Nom/Gen*	-и́ческого	-и́ческом	-и́ческому	-и́ческим
-и́ческое	-и́ческое	-и́ческого	-и́ческом	-и́ческому	-и́ческим
-и́ческая	-и́ческую	-и́ческой	-и́ческой	-и́ческой	-и́ческой
-и́ческие	*Nom/Gen*	-и́ческих	-и́ческих	-и́ческим	-и́ческими

adv. астрономи́чески

АСТРОНО́МИЯ SS *f.in*: astronomy

астроно́мия	астроно́мию	астроно́мии	астроно́мии	астроно́мии	астроно́мией

АТЕИ́ЗМ ⟨тэ⟩ SS *m.in*: atheism

атеи́зм	атеи́зм	атеи́зма	атеи́зме	атеи́зму	атеи́змом

А́ТЛАС SS *m.in*: atlas (*geographical*)

а́тлас	а́тлас	а́тласа	а́тласе	а́тласу	а́тласом
а́тласы	а́тласы	а́тласов	а́тласах	а́тласам	а́тласами

АТЛА́С SS *Part.* -у *m.in*: satin

атла́с	атла́с	атла́са/-у	атла́се	атла́су	атла́сом

АТЛЕ́ТИКА SS *f.in*: athletics ● лёгкая атле́тика track and field

атле́тика	атле́тику	атле́тики	атле́тике	атле́тике	атле́тикой

АУДИТО́РИЯ SS *f.in*: auditorium, room (in an academic institution)

аудито́рия	аудито́рию	аудито́рии	аудито́рии	аудито́рии	аудито́рией
аудито́рии	аудито́рии	аудито́рий	аудито́риях	аудито́риям	аудито́риями

АФГАНИСТА́Н SS *m.in*: Afghanistan

-ганиста́н	-ганиста́н	-ганиста́на	-ганиста́не	-ганиста́ну	-ганиста́ном

АФИ́ША SS *f.in*: poster

афи́ша	афи́шу	афи́ши	афи́ше	афи́ше	афи́шей
афи́ши	афи́ши	афи́ш	афи́шах	афи́шам	афи́шами

А́ФРИКА SS *f.in*: Africa

А́фрика	А́фрику	А́фрики	А́фрике	А́фрике	А́фрикой

АФРИКА́НЕЦ SS (e) *m.an*: African

африка́нец	африка́нца	африка́нца	африка́нце	африка́нцу	африка́нцем
африка́нцы	африка́нцев	африка́нцев	африка́нцах	африка́нцам	африка́нцами

АФРИКА́НКА SS (o) *f.an*: African (*woman*)

африка́нка	африка́нку	африка́нки	африка́нке	африка́нке	африка́нкой
африка́нки	африка́нок	африка́нок	африка́нках	африка́нкам	африка́нками

А́Х *interjection*: ah! oh! ouch!

АЭРОДРО́М SS *m.in*: airfield (*use* на/на/с *for* to/at/from)

аэродро́м	аэродро́м	аэродро́ма	аэродро́ме	аэродро́му	аэродро́мом
аэродро́мы	аэродро́мы	аэродро́мов	аэродро́мах	аэродро́мам	аэродро́мами

АЭРОПО́РТ SS *Loc.* (в) -ý *m.in*: airport

-по́рт	-по́рт	-по́рта	-по́рте/в -ý	-по́рту	-по́ртом
-по́рты	-по́рты	-по́ртов	-по́ртах	-по́ртам	-по́ртами

БА́БУШКА SS (e) *f.an*: grandmother

ба́бушка	ба́бушку	ба́бушки	ба́бушке	ба́бушке	ба́бушкой
ба́бушки	ба́бушек	ба́бушек	ба́бушках	ба́бушкам	ба́бушками

БАЗА́Р SS *m.in*: bazaar, market (use на/на/с for to/at/from)

база́р	база́р	база́ра	база́ре	база́ру	база́ром
база́ры	база́ры	база́ров	база́рах	база́рам	база́рами

БАЙДА́РКА SS (о) *f.in*: canoe ● сади́ться в [*or* на] +Acc, плы́ть [*or* идти́] на [*or* в] +Prep, сходи́ть с [*or* выходи́ть из] +Gen

байда́рка	байда́рку	байда́рки	байда́рке	байда́рке	байда́ркой
байда́рки	байда́рки	байда́рок	байда́рках	байда́ркам	байда́рками

БАКУ́ *indeclinable m.in*: Baku

БАЛАЛА́ЙКА SS (e) *f.in*: balalaika ● игра́ть на балала́йке *Prep* play the balalaika

балала́йка	балала́йку	балала́йки	балала́йке	балала́йке	балала́йкой
балала́йки	балала́йки	балала́ек	балала́йках	балала́йкам	балала́йками

БАЛЕРИ́НА SS *f.an*: ballerina

балери́на	балери́ну	балери́ны	балери́не	балери́не	балери́ной
балери́ны	балери́н	балери́н	балери́нах	балери́нам	балери́нами

БАЛЕ́Т SS *m.in*: ballet (use на/на/с for to/at/from the event)

бале́т	бале́т	бале́та	бале́те	бале́ту	бале́том
бале́ты	бале́ты	бале́тов	бале́тах	бале́там	бале́тами

БАЛЕ́ТНЫЙ S (e): ballet

бале́тный	Nom/Gen	бале́тного	бале́тном	бале́тному	бале́тным
бале́тное	бале́тное	бале́тного	бале́тном	бале́тному	бале́тным
бале́тная	бале́тную	бале́тной	бале́тной	бале́тной	бале́тной
бале́тные	Nom/Gen	бале́тных	бале́тных	бале́тным	бале́тными

БАЛКА́НСКИЙ S *short forms avoided, no compar*: Balkan

балка́нский	Nom/Gen	балка́нского	балка́нском	балка́нскому	балка́нским
балка́нское	балка́нское	балка́нского	балка́нском	балка́нскому	балка́нским
балка́нская	балка́нскую	балка́нской	балка́нской	балка́нской	балка́нской
балка́нские	Nom/Gen	балка́нских	балка́нских	балка́нским	балка́нскими

adv. по-балка́нски

БАЛКО́Н SS *m.in*: balcony (use на/на/с for to/on/from)

балко́н	балко́н	балко́на	балко́не	балко́ну	балко́ном
балко́ны	балко́ны	балко́нов	балко́нах	балко́нам	балко́нами

БАНА́ЛЬНЫЙ S (e): banal, trite

бана́льный	Nom/Gen	бана́льного	бана́льном	бана́льному	бана́льным
бана́льное	бана́льное	бана́льного	бана́льном	бана́льному	бана́льным
бана́льная	бана́льную	бана́льной	бана́льной	бана́льной	бана́льной
бана́льные	Nom/Gen	бана́льных	бана́льных	бана́льным	бана́льными

бана́лен, бана́льна, бана́льно, бана́льны; бана́льнее

БАНДИ́Т SS *m.an*: mugger; gangster, thug

банди́т	банди́та	банди́та	банди́те	банди́ту	банди́том
банди́ты	банди́тов	банди́тов	банди́тах	банди́там	банди́тами

БА́НК SS *m.in*: bank (financial institution)

ба́нк	ба́нк	ба́нка	ба́нке	ба́нку	ба́нком
ба́нки	ба́нки	ба́нков	ба́нках	ба́нкам	ба́нками

БАРАБА́Н SS *m.in*: drum ● игра́ть на бараба́не *Prep* play the drum

бараба́н	бараба́н	бараба́на	бараба́не	бараба́ну	бараба́ном
бараба́ны	бараба́ны	бараба́нов	бараба́нах	бараба́нам	бараба́нами

БАРИТО́Н[1] SS *m.in*: baritone (voice, register)

барито́н	барито́н	барито́на	барито́не	барито́ну	барито́ном
барито́ны	барито́ны	барито́нов	барито́нах	барито́нам	барито́нами

БАРИТО́Н[2] SS *m.an*: baritone (singer)

барито́н	барито́на	барито́на	барито́не	барито́ну	барито́ном
барито́ны	барито́нов	барито́нов	барито́нах	барито́нам	барито́нами

БА́С[1] SE *Loc.* (в) -у́ *m.in*: bass (register)

ба́с	ба́с	ба́са	ба́се/в басу́	ба́су	ба́сом
басы́	басы́	басо́в	баса́х	баса́м	баса́ми

БА́С[2] SE *m.in*: bass (voice)

ба́с	ба́с	ба́са	ба́се	ба́су	ба́сом
басы́	басы́	басо́в	баса́х	баса́м	баса́ми

БА́С[3] SE *m.an*: bass (singer)

ба́с	ба́са	ба́са	ба́се	ба́су	ба́сом
басы́	басо́в	басо́в	баса́х	баса́м	баса́ми

БАСКЕТБО́Л SS *m.in*: basketball (game) (use на/на/с for to/at/from the event) ● игра́ть в баскетбо́л *Acc* play basketball

баскетбо́л	баскетбо́л	баскетбо́ла	баскетбо́ле	баскетбо́лу	баскетбо́лом

БАСКЕТБОЛИ́СТ SS *m.an*: basketball player

-боли́ст	-боли́ста	-боли́ста	-боли́сте	-боли́сту	-боли́стом
-боли́сты	-боли́стов	-боли́стов	-боли́стах	-боли́стам	-боли́стами

БАСКЕТБОЛИ́СТКА SS (o) *f.an*: basketball player (*woman*)

-боли́стка	-боли́стку	-боли́стки	-боли́стке	-боли́стке	-боли́сткой
-боли́стки	-боли́сток	-боли́сток	-боли́стках	-боли́сткам	-боли́стками

БАССЕ́ЙН <асе́ *or* асэ́> SS *m.in*: pool (*man-made*)

бассе́йн	бассе́йн	бассе́йна	бассе́йне	бассе́йну	бассе́йном
бассе́йны	бассе́йны	бассе́йнов	бассе́йнах	бассе́йнам	бассе́йнами

БА́ШНЯ SS (e) *f.in*: tower (*use* на/на/с *for to/on/from and use* в/в/из *for into/inside/out of*)

ба́шня	ба́шню	ба́шни	ба́шне	ба́шне	ба́шней
ба́шни	ба́шни	ба́шен	ба́шнях	ба́шням	ба́шнями

БЕГ SS *Loc.* (на) -у́ *Plur. hypothetical*; (*see also* бега́) *m.in*: running; race

бег	бег	бе́га	бе́ге/на бегу́	бе́гу	бе́гом

БЕГА́ E *Plur. only*; #-*declension m.in*: trotting race (*use* на/на/с *for to/at/from the event*) ● в бега́х on the run; in hiding

бега́	бега́	бего́в	бега́х	бега́м	бега́ми

БЕ́ГАТЬ SS -ают; *intrans*; *Non-One-way Impf.* (*One-way Impf.* бежа́ть; *Pf-awhile* по-): run

бе́гаю	бе́гаем	бе́гай	бе́гал	бе́гая	
бе́гаешь	бе́гаете	бе́гайте	бе́гала	бе́гающий	бе́гавший
бе́гает	бе́гают		бе́гали/о	——	——

БЕГУ́Т *non-past tense of* бежа́ть

БЕ́ДНЫЙ M (e) [*sh.Plur.* бедны́] *also used as m.an noun*: poor; (*as noun*) poor person

бе́дный	*Nom/Gen*	бе́дного	бе́дном	бе́дному	бе́дным
бе́дное	бе́дное	бе́дного	бе́дном	бе́дному	бе́дным
бе́дная	бе́дную	бе́дной	бе́дной	бе́дной	бе́дной
бе́дные	*Nom/Gen*	бе́дных	бе́дных	бе́дным	бе́дными

бе́ден, бедна́, бе́дно, бе́дны; бедне́е

БЕЖА́ТЬ[1] ES бегу́т бегу́ бежи́шь бежи́т бежи́м бежи́те; *no pres. adv*; *intrans*; *One-way Impf.* (*Non-One-way Impf.* бе́гать; *Pf. and Pf-begin* по-): run

бегу́	бежи́м	беги́	бежа́л	——	
бежи́шь	бежи́те	беги́те	бежа́ла	бегу́щий	бежа́вший
бежи́т	бегу́т		бежа́ли/о	——	——

БЕЖА́ТЬ[2] ES бегу́т бегу́ бежи́шь бежи́т бежи́м бежи́те; *no pres. adv*; *intrans*; *Pf.-Impf*: escape

бегу́	бежи́м	беги́	бежа́л		бежа́в[ши]
бежи́шь	бежи́те	беги́те	бежа́ла	бегу́щий	бежа́вший
бежи́т	бегу́т		бежа́ли/о	——	——

БЕ́ЖЕВЫЙ S: beige

бе́жевый	*Nom/Gen*	бе́жевого	бе́жевом	бе́жевому	бе́жевым
бе́жевое	бе́жевое	бе́жевого	бе́жевом	бе́жевому	бе́жевым
бе́жевая	бе́жевую	бе́жевой	бе́жевой	бе́жевой	бе́жевой
бе́жевые	*Nom/Gen*	бе́жевых	бе́жевых	бе́жевым	бе́жевыми

бе́жев, бе́жева, бе́жево, бе́жевы; бе́жевее

БЕЗ (*normally unstressed*); (*see also variant* безо); *prep. +Gen*: without; less

БЕЗГРАНИ́ЧНЫЙ S (e): infinite, limitless

-грани́чный	*Nom/Gen*	-грани́чного	-грани́чном	-грани́чному	-грани́чным
-грани́чное	-грани́чное	-грани́чного	-грани́чном	-грани́чному	-грани́чным
-грани́чная	-грани́чную	-грани́чной	-грани́чной	-грани́чной	-грани́чной
-грани́чные	*Nom/Gen*	-грани́чных	-грани́чных	-грани́чным	-грани́чными

-грани́чен, -грани́чна, -грани́чно, -грани́чны; -грани́чнее

БЕЗДЕ́ЛЬНИК SS *m.an*: loafer

безде́льник	безде́льника	безде́льника	безде́льнике	безде́льнику	безде́льником
безде́льники	безде́льников	безде́льников	безде́льниках	безде́льникам	безде́льниками

БЕЗДЕ́ЛЬНИЦА SS *f.an*: loafer (*woman*)

безде́льница	безде́льницу	безде́льницы	безде́льнице	безде́льнице	безде́льницей
безде́льницы	безде́льниц	безде́льниц	безде́льницах	безде́льницам	безде́льницами

БЕЗО *variant of* без; *normally unstressed*; *used before Genitive forms of* весь *and* вся́кий, *e.g.* безо вся́ких разгово́ров

БЕЗОБРА́ЗИЕ SS *n.in*: ugliness; outrage; (*in Plur.*) disgraceful, shocking things

безобра́зие	безобра́зие	безобра́зия	безобра́зии	безобра́зию	безобра́зием
безобра́зия	безобра́зия	безобра́зий	безобра́зиях	безобра́зиям	безобра́зиями

БЕЙ *Imperative of* бить

БЕЙСБО́Л <бий *or* бей> SS *m.in*: baseball (*game*) (*use* на/на/с *for to/at/from the event*) ● игра́ть в бейсбо́л *Acc* play baseball

бейсбо́л	бейсбо́л	бейсбо́ла	бейсбо́ле	бейсбо́лу	бейсбо́лом

БЕЛГРА́Д SS *m.in*: Belgrade

Белгра́д	Белгра́д	Белгра́да	Белгра́де	Белгра́ду	Белгра́дом

БЕ́ЛКА SS (o) *f.an*: squirrel

бе́лка	бе́лку	бе́лки	бе́лке	бе́лке	бе́лкой
бе́лки	бе́лок	бе́лок	бе́лках	бе́лкам	бе́лками

БЕЛОРУ́ССИЯ <с, *not* сс> SS *f.in*: Belorussia

Белору́ссия	Белору́ссию	Белору́ссии	Белору́ссии	Белору́ссии	Белору́ссией

БЕЛОРУ́ССКИЙ <с, *not* сс> S *short forms avoided, no compar*: Belorussian

белору́сский	Nom/Gen	белору́сского	белору́сском	белору́сскому	белору́сским
белору́сское	белору́сское	белору́сского	белору́сском	белору́сскому	белору́сским
белору́сская	белору́сскую	белору́сской	белору́сской	белору́сской	белору́сской
белору́сские	Nom/Gen	белору́сских	белору́сских	белору́сским	белору́сскими

adv. по-белору́сски

БЕ́ЛЫЕ[1] *Plur. only; used as m.an. noun*: white (in chess and checkers, one of the two players)

бе́лые[2]	бе́лых	бе́лых	бе́лых	бе́лым	бе́лыми

БЕ́ЛЫЕ[2] *Plur. only; used as m.in. noun*: white (in chess and checkers, one of the two sets of pieces)

бе́лые	бе́лые	бе́лых	бе́лых	бе́лым	бе́лыми

БЕ́ЛЫЙ M [*sh.neut.* бело́, *sh.Plur.* бе́лы] *also used as m.an. noun; (see also* бе́лые) (*Irreg. in the phrase* средь/среди́ бе́ла дня): white; White (anti-Bolshevik); White (member of ethnic group) ● средь/среди́ бе́ла дня in broad daylight

бе́лый	Nom/Gen	бе́лого	бе́лом	бе́лому	бе́лым
бе́лое	бе́лое	бе́лого	бе́лом	бе́лому	бе́лым
бе́лая	бе́лую	бе́лой	бе́лой	бе́лой	бе́лой
бе́лые	Nom/Gen	бе́лых	бе́лых	бе́лым	бе́лыми

бел, бела́, бе́ло, бе́лы; беле́е

БЕЛЬЁ EE (e) *Plur. hypothetical; n.in*: linen; underclothes

бельё	бельё	белья́	белье́	белью́	бельём

БЕНЗИ́Н SS *Part*. -у *m.in*: gasoline

бензи́н	бензи́н	бензи́на/-у	бензи́не	бензи́ну	бензи́ном

БЕ́РЕГ SE *Loc.* (на) -у́, *NPlur.* -а́ (*Irreg. in the phrase* на бе́рег [*or* на́ берег]) *m.in*: shore, bank (*use* на/на/с *for* to/at(on)/from)

бе́рег	бе́рег	бе́рега	бе́реге/на -у́	бе́регу	бе́регом
берега́	берега́	берего́в	берега́х	берега́м	берега́ми

БЕРЁЗКА SS (o) *f.in*: birch tree (*use* на/на/с *for* into/in/out of the tree); Beryozka (chain of hard-currency stores)

берёзка	берёзку	берёзки	берёзке	берёзке	берёзкой
берёзки	берёзки	берёзок	берёзках	берёзкам	берёзками

БЕРЕ́ЧЬ EE берегу́т берегу́ бережёт; берёг берегла́ берегли́; *no pres. adv*; *past adv*. берёгши; *Impf*: 1. (*Pf*. с-) treat with care, take good care of; 2. (*Pf*. по-) spare, spare the feelings (of)

берегу́	бережём	береги́	берёг	——	
бережёшь	бережёте	береги́те	берегла́	берегу́щий	берёгший
бережёт	берегу́т		берегли́/ё	——	

БЕРУ́Т *non-past tense of* бра́ть

БЕСЕ́ДА SS *f.in*: conversation; discussion

бесе́да	бесе́ду	бесе́ды	бесе́де	бесе́де	бесе́дой
бесе́ды	бесе́ды	бесе́д	бесе́дах	бесе́дам	бесе́дами

БЕСПЛА́ТНЫЙ S (e): free of charge

беспла́тный	Nom/Gen	беспла́тного	беспла́тном	беспла́тному	беспла́тным
беспла́тное	беспла́тное	беспла́тного	беспла́тном	беспла́тному	беспла́тным
беспла́тная	беспла́тную	беспла́тной	беспла́тной	беспла́тной	беспла́тной
беспла́тные	Nom/Gen	беспла́тных	беспла́тных	беспла́тным	беспла́тными

беспла́тен, беспла́тна, беспла́тно, беспла́тны

✓**БЕСПОКО́ИТЬ** SS -оят; *Impf*. (*Pf*. по- *and* о-; *Pf-awhile* по-): disturb, bother, worry

беспоко́ю	беспоко́им	беспоко́й	беспоко́ил	беспоко́я	
беспоко́ишь	беспоко́ите	беспоко́йте	беспоко́ила	беспоко́ящий	беспоко́ивший
беспоко́ит	беспоко́ят		беспоко́или/о		

БЕСПОКО́ИТЬСЯ SS -оятся; *Impf*: 1. (*Pf-awhile* по-; *Pf-begin* за-) worry (about) *e.g.* Он беспоко́ится о сестре́ *Prep*; 2. (*Pf. and Pf-begin* о-; *Pf-awhile* по-) worry (for), be anxious (about) *e.g.* Он беспоко́ится за сестру́ *Acc* ● Не беспоко́йся! Don't bother! Don't worry!

беспоко́юсь	беспоко́имся	беспоко́йся	беспоко́ился	беспоко́ясь	
беспоко́ишься	беспоко́итесь	беспоко́йтесь	беспоко́илась	беспоко́ящийся	беспоко́ившийся
беспоко́ится	беспоко́ятся		беспоко́лись/ось ——		——

БЕСПОКО́ЙСТВО SS *n.in*: anxiety; trouble, problem ● Извини́те за беспоко́йство Pardon me for bothering you

беспоко́йство	беспоко́йство	беспоко́йства	беспоко́йстве	беспоко́йству	беспоко́йством

БЕСПОРЯ́ДОК SS (o) *Part*. -у *m.in*: disorder; confusion; (in Plur.) unrest

беспоря́док	беспоря́док	беспоря́дка/-у	беспоря́дке	беспоря́дку	беспоря́дком
беспоря́дки	беспоря́дки	беспоря́дков	беспоря́дках	беспоря́дкам	беспоря́дками

БЕТО́Н SS *m.in*: concrete, cement

бето́н	бето́н	бето́на	бето́не	бето́ну	бето́ном

БЕТÓННЫЙ S (e): concrete, cement

бетóнный	Nom/Gen	бетóнного	бетóнном	бетóнному	бетóнным
бетóнное	бетóнное	бетóнного	бетóнном	бетóнному	бетóнным
бетóнная	бетóнную	бетóнной	бетóнной	бетóнной	бетóнной
бетóнные	Nom/Gen	бетóнных	бетóнных	бетóнным	бетóнными

БЕТОНОМЕШÁЛКА SS (о) f.in: concrete mixer

-мешáлка	-мешáлку	-мешáлки	-мешáлке	-мешáлке	-мешáлкой
-мешáлки	-мешáлки	-мешáлок	-мешáлках	-мешáлкам	-мешáлками

БЕТÓНЩИК SS m.an: concrete worker

бетóнщик	бетóнщика	бетóнщика	бетóнщике	бетóнщику	бетóнщиком
бетóнщики	бетóнщиков	бетóнщиков	бетóнщиках	бетóнщикам	бетóнщиками

БЕТÓНЩИЦА SS f.an: concrete worker (woman)

бетóнщица	бетóнщицу	бетóнщицы	бетóнщице	бетóнщице	бетóнщицей
бетóнщицы	бетóнщиц	бетóнщиц	бетóнщицах	бетóнщицам	бетóнщицами

БЕФСТРÓГАНОВ SS m.in: beef Stroganoff

-стрóганов	-стрóганов	-стрóганова	-стрóганове	-стрóганову	-стрóгановом

БИБЛИОТÉКА SS f.in: library

библиотéка	библиотéку	библиотéки	библиотéке	библиотéке	библиотéкой
библиотéки	библиотéки	библиотéк	библиотéках	библиотéкам	библиотéками

БИБЛИОТÉКАРЬ SS m.an: librarian (Use fem. predicate when referring to a woman, e.g. Наш нóвый библиотéкарь сегóдня не пришлá)

-тéкарь	-тéкаря	-тéкаря	-тéкаре	-тéкарю	-тéкарем
-тéкари	-тéкарей	-тéкарей	-тéкарях	-тéкарям	-тéкарями

БИБЛИЯ SS f.in: Bible, bible

бúблия	бúблию	бúблии	бúблии	бúблии	бúблией
бúблии	бúблии	бúблий	бúблиях	бúблиям	бúблиями

БИЗНЕСМÉН <нэ or ни; мэ or ме> SS m.an: businessman

бизнесмéн	бизнесмéна	бизнесмéна	бизнесмéне	бизнесмéну	бизнесмéном
бизнесмéны	бизнесмéнов	бизнесмéнов	бизнесмéнах	бизнесмéнам	бизнесмéнами

БИЛÉТ SS m.in: ticket ● студéнческий билéт student ID card

билéт	билéт	билéта	билéте	билéту	билéтом
билéты	билéты	билéтов	билéтах	билéтам	билéтами

БИОГРÁФИЯ SS f.in: biography

биогрáфия	биогрáфию	биогрáфии	биогрáфии	биогрáфии	биогрáфией
биогрáфии	биогрáфии	биогрáфий	биогрáфиях	биогрáфиям	биогрáфиями

БИÓЛОГ SS m.an: biologist

биóлог	биóлога	биóлога	биóлоге	биóлогу	биóлогом
биóлоги	биóлогов	биóлогов	биóлогах	биóлогам	биóлогами

БИОЛОГÍЧЕСКИЙ S short forms avoided, no compar: biological

-úческий	Nom/Gen	-úческого	-úческом	-úческому	-úческим
-úческое	-úческое	-úческого	-úческом	-úческому	-úческим
-úческая	-úческую	-úческой	-úческой	-úческой	-úческой
-úческие	Nom/Gen	-úческих	-úческих	-úческим	-úческими

adv. биологúчески

БИОЛÓГИЯ SS f.in: biology

биолóгия	биолóгию	биолóгии	биолóгии	биолóгии	биолóгией

БИОХÍМИЯ SS f.in: biochemistry

биохúмия	биохúмию	биохúмии	биохúмии	биохúмии	биохúмией

БИТЬ ES бьют; бей! no pres. adv; ppp бúтый S; Impf: 1. (Pf-awhile побúть[2]) beat, strike, hit; 2 (Pf. побúть[2]) mug; 3. (Pf. побúть[1] and побивáть) beat (a competitor, etc.), surpass (a record); 4. (Pf. раз-) break, shatter; 5. (Pf. про-) strike (the hour)

бью	бьём	бей	бил	——	
бьёшь	бьёте	бéйте	бúла	бьющий	бúвший
бьёт	бьют		бúли/о	——	

БИТЬСЯ ES бьются; бейся! no pres. adv; Impf: 1. (Pf. по-) fight; 2 (Pf-awhile по-) beat, strike against something; 3. (Pf. раз- and по-) break, shatter

бьюсь	бьёмся	бéйся	бúлся	——	
бьёшься	бьётесь	бéйтесь	бúлась	бьющийся	бúвшийся
бьётся	бьются		бúлись/ось	——	

БИФШТÉКС <тэ> SS m.in: beefsteak

бифштéкс	бифштéкс	бифштéкса	бифштéксе	бифштéксу	бифштéксом
бифштéксы	бифштéксы	бифштéксов	бифштéксах	бифштéксам	бифштéксами

БЛАГОДАРÍТЬ ES -рят; Impf: (Pf. по-): thank e.g. Он благодарúт сестрý Acc за кнúгу Acc

благодарю́	благодарúм	благодарú	благодарúл	благодаря́	
благодарúшь	благодарúте	благодарúте	благодарúла	благодаря́щий	благодарúвший
благодарúт	благодаря́т		благодарúли/о		

БЛАГОДÁРНОСТЬ SS f.in: gratitude

-дáрность	-дáрность	-дáрности	-дáрности	-дáрности	-дáрностью

БЛАГОДА́РНЫЙ S (e): grateful e.g. Я благода́рен вáм *Dat* за кни́гу *Acc*

благода́рный	*Nom/Gen*	благода́рного	благода́рном	благода́рному	благода́рным
благода́рное	благода́рное	благода́рного	благода́рном	благода́рному	благода́рным
благода́рная	благода́рную	благода́рной	благода́рной	благода́рной	благода́рной
благода́рные	*Nom/Gen*	благода́рных	благода́рных	благода́рным	благода́рными

благода́рен, благода́рна, благода́рно, благода́рны; благода́рнее

БЛАГОДАРЯ́ prep. +Dat: thanks to, owing to, because of

БЛАЖЁННЫЙ S sh.masc. блажён; also used as m.an noun: blessed, blissful; simple person

блажённый	*Nom/Gen*	блажённого	блажённом	блажённому	блажённым
блажённое	блажённое	блажённого	блажённом	блажённому	блажённым
блажённая	блажённую	блажённой	блажённой	блажённой	блажённой
блажённые	*Nom/Gen*	блажённых	блажённых	блажённым	блажёнными

блажён, блаженна, блажённо, блажённы; блажённее

БЛА́Т SS m.in: pull, influence; thieves' jargon

бла́т	бла́т	бла́та	бла́те	бла́ту	бла́том

БЛЕДНЕ́ТЬ SS -е́ют; intrans; Impf. (Pf. по-): grow pale, pale

бледне́ю	бледне́ем	бледне́й	бледне́л	бледне́я	
бледне́ешь	бледне́ете	бледне́йте	бледне́ла	бледне́ющий	бледне́вший
бледне́ет	бледне́ют		бледне́ли/о	——	——

БЛЕ́ДНЫЙ M (e) [sh.Plur. бле́дны́]: pale, pallid; insipid

бле́дный	*Nom/Gen*	бле́дного	бле́дном	бле́дному	бле́дным
бле́дное	бле́дное	бле́дного	бле́дном	бле́дному	бле́дным
бле́дная	бле́дную	бле́дной	бле́дной	бле́дной	бле́дной
бле́дные	*Nom/Gen*	бле́дных	бле́дных	бле́дным	бле́дными

бле́ден, бледна́, бле́дно, бле́дны́; бледне́е

БЛИЖА́ЙШИЙ S short forms avoided: nearest; next

ближа́йший	*Nom/Gen*	ближа́йшего	ближа́йшем	ближа́йшему	ближа́йшим
ближа́йшее	ближа́йшее	ближа́йшего	ближа́йшем	ближа́йшему	ближа́йшим
ближа́йшая	ближа́йшую	ближа́йшей	ближа́йшей	ближа́йшей	ближа́йшей
ближа́йшие	*Nom/Gen*	ближа́йших	ближа́йших	ближа́йшим	ближа́йшими

БЛИ́ЖЕ compar. of бли́зкий, бли́зко: closer e.g. бли́же к +Dat closer to, nearer to

БЛИ́ЖНИЙ S (e) sh.masc. hypothetical; also used as m.an noun: near; close (kinship); fellow human being

бли́жний	*Nom/Gen*	бли́жнего	бли́жнем	бли́жнему	бли́жним
бли́жнее	бли́жнее	бли́жнего	бли́жнем	бли́жнему	бли́жним
бли́жняя	бли́жнюю	бли́жней	бли́жней	бли́жней	бли́жней
бли́жние	*Nom/Gen*	бли́жних	бли́жних	бли́жним	бли́жними

БЛИ́ЗКИЙ M (o) [sh.Plur. бли́зки́] compar. бли́же; also used as Plur. animate noun: 1. near, close; intimate e.g. бли́зкий мне́ *Dat* челове́к; 2. similar (to) e.g. Э́та кни́га близка́ «Капита́лу» *Dat* Ма́ркса по сти́лю *Dat*; 3. (as Plur. noun) relatives

бли́зкий	*Nom/Gen*	бли́зкого	бли́зком	бли́зкому	бли́зким
бли́зкое	бли́зкое	бли́зкого	бли́зком	бли́зкому	бли́зким
бли́зкая	бли́зкую	бли́зкой	бли́зкой	бли́зкой	бли́зкой
бли́зкие	*Nom/Gen*	бли́зких	бли́зких	бли́зким	бли́зкими

бли́зок, близка́, бли́зко, бли́зки́; бли́же

БЛИ́ЗКО adv: near e.g. Стол *Nom* (стои́т) бли́зко к окну́ *Dat* [or от окна́ *Gen*]; predicate: it is nearby, close (to), not far (from) e.g. От стола́ *Gen* до окна́ *Gen* бли́зко

БЛИЗНЕ́Ц EE m.an: twin

близне́ц	близнеца́	близнеца́	близнеце́	близнецу́	близнецо́м
близнецы́	близнецо́в	близнецо́в	близнеца́х	близнеца́м	близнеца́ми

БЛИ́НСКИЙ S short forms avoided; no compar. of the (fictitious) town of Blinsk

бли́нский	*Nom/Gen*	бли́нского	бли́нском	бли́нскому	бли́нским
бли́нское	бли́нское	бли́нского	бли́нском	бли́нскому	бли́нским
бли́нская	бли́нскую	бли́нской	бли́нской	бли́нской	бли́нской
бли́нские	*Nom/Gen*	бли́нских	бли́нских	бли́нским	бли́нскими

adv. по-бли́нски

БЛОКНО́Т SS m.in: notepad, notebook

блокно́т	блокно́т	блокно́та	блокно́те	блокно́ту	блокно́том
блокно́ты	блокно́ты	блокно́тов	блокно́тах	блокно́там	блокно́тами

БЛОНДИ́Н SS m.an: blond, fair-haired man

блонди́н	блонди́на	блонди́на	блонди́не	блонди́ну	блонди́ном
блонди́ны	блонди́нов	блонди́нов	блонди́нах	блонди́нам	блонди́нами

БЛОНДИ́НКА SS (o) f.an: blonde, fair-haired woman

блонди́нка	блонди́нку	блонди́нки	блонди́нке	блонди́нке	блонди́нкой
блонди́нки	блонди́нок	блонди́нок	блонди́нах	блонди́нкам	блонди́нками

БЛУ́ЗКА SS (o) f.in: blouse

блу́зка	блу́зку	блу́зки	блу́зке	блу́зке	блу́зкой
блу́зки	блу́зки	блу́зок	блу́зках	блу́зкам	блу́зками

БЛЮ́ДО SS *n.in*: dish

блю́до	блю́до	блю́да	блю́де	блю́ду	блю́дом
блю́да	блю́да	блюд	блю́дах	блю́дам	блю́дами

БО́Б EE *m.in*: bean

бо́б	бо́б	боба́	бобе́	бобу́	бобо́м
бобы́	бобы́	бобо́в	боба́х	боба́м	боба́ми

БО́Г <бох, бо́га *or* бо́на, бо́гу *or* бо́ну, etc.> SE *NPlur.* бо́ги *m.an*: God (spelled Бо́г *or* бог); a god ● Не да́й
Бо́г [*or* бог] God forbid; сла́ва Бо́гу [*or* бо́гу] thank God

бо́г	бо́га	бо́га	бо́ге	бо́гу	бо́гом
бо́ги	бого́в	бого́в	бога́х	бога́м	бога́ми

БОГА́ТСТВО SS *n.in*: wealth, riches

бога́тство	бога́тство	бога́тства	бога́тстве	бога́тству	бога́тством
бога́тства	бога́тства	бога́тств	бога́тствах	бога́тствам	бога́тствами

БОГА́ТЫЙ S *compar.* бога́че; *also used as m.an noun*: wealthy, rich; a rich person

бога́тый	Nom/Gen	бога́того	бога́том	бога́тому	бога́тым
бога́тое	бога́тое	бога́того	бога́том	бога́тому	бога́тым
бога́тая	бога́тую	бога́той	бога́той	бога́той	бога́той
бога́тые	Nom/Gen	бога́тых	бога́тых	бога́тым	бога́тыми

бога́т, бога́та, бога́то, бога́ты; бога́че

БОГА́ЧЕ *compar. of* бога́тый: richer

БО́ДРЫЙ M [*sh.Plur.* бо́дры́]: cheerful

бо́дрый	Nom/Gen	бо́дрого	бо́дром	бо́дрому	бо́дрым
бо́дрое	бо́дрое	бо́дрого	бо́дром	бо́дрому	бо́дрым
бо́драя	бо́друю	бо́дрой	бо́дрой	бо́дрой	бо́дрой
бо́дрые	Nom/Gen	бо́дрых	бо́дрых	бо́дрым	бо́дрыми

бо́др, бодра́, бо́дро, бо́дры; бодре́е

БОЕВО́Й E *no sh.masc; other short forms avoided*: fighting, battle; energetic; aggressive

боево́й	Nom/Gen	боево́го	боево́м	боево́му	боевы́м
боево́е	боево́е	боево́го	боево́м	боево́му	боевы́м
боева́я	боеву́ю	боево́й	боево́й	боево́й	боево́й
боевы́е	Nom/Gen	боевы́х	боевы́х	боевы́м	боевы́ми

compar. боеве́е

БО́ЖЕ[1] *interjection*: Lord! Goodness!

БО́ЖЕ[2] *Vocative case of* Бо́г: God

БОЙТСЯ *non-past tense of* боя́ться

БО́КС SS *m.in*: boxing

бо́кс	бо́кс	бо́кса	бо́ксе	бо́ксу	бо́ксом

БОКСЁР SS *m.an*: boxer

боксёр	боксёра	боксёра	боксёре	боксёру	боксёром
боксёры	боксёров	боксёров	боксёрах	боксёрам	боксёрами

БОЛГА́РИЯ SS *f.in*: Bulgaria

Болга́рия	Болга́рию	Болга́рии	Болга́рии	Болга́рии	Болга́рией

БОЛГА́РСКИЙ S *short forms avoided, no compar*: Bulgarian

болга́рский	Nom/Gen	болга́рского	болга́рском	болга́рскому	болга́рским
болга́рское	болга́рское	болга́рского	болга́рском	болга́рскому	болга́рским
болга́рская	болга́рскую	болга́рской	болга́рской	болга́рской	болга́рской
болга́рские	Nom/Gen	болга́рских	болга́рских	болга́рским	болга́рскими

adv. по-болга́рски

БО́ЛЕЕ *adv*: more ● тём бо́лее, что especially since, the more so since

БОЛЕ́ЗНЬ SS *f.in*: illness, disease

боле́знь	боле́знь	боле́зни	боле́зни	боле́зни	боле́знью
боле́зни	боле́зни	боле́зней	боле́знях	боле́зням	боле́знями

БО́ЛЕН *short form of* больно́й: sick

БОЛЕ́ТЬ[1] SS -лёют; *intrans; Impf. (Pf-begin* за-): be sick, ill

боле́ю	боле́ем	боле́й	боле́л	боле́я	
боле́ешь	боле́ете	боле́йте	боле́ла	боле́ющий	боле́вший
боле́ет	боле́ют		боле́ли/о	——	——

БОЛЕ́ТЬ[2] ES боля́т; *intrans; Impf. (Pf-begin* за-): ache, hurt (*said of parts of the body*)

			боле́л		
			боле́ла	боля́щий	боле́вший
боли́т	боля́т		боле́ли/о	——	——

БОЛО́ТО SS *n.in*: bog, swamp (*use* на/на/с *for to/on(by)/from the area and use* в/в/из *for into/in/out of the muck*)

боло́то	боло́то	боло́та	боло́те	боло́ту	боло́том
боло́та	боло́та	боло́т	боло́тах	боло́там	боло́тами

БОЛТА́ТЬ SS -а́ют; *intrans; Impf. (Pf-awhile* по-): chat; jabber

болта́ю	болта́ем	болта́й	болта́л	болта́я	
болта́ешь	болта́ете	болта́йте	болта́ла	болта́ющий	болта́вший
болта́ет	болта́ют		болта́ли/о		

БОЛЬ SS [*also medical jargon* SE NPlur. бо́ли] *f.in*: pain, ache

бо́ль	бо́ль	бо́ли	бо́ли	бо́ли	бо́лью
бо́ли	бо́ли	бо́лей	бо́лях	бо́лям	бо́лями

БОЛЬНИ́ЦА SS *f.in*: hospital

больни́ца	больни́цу	больни́цы	больни́це	больни́це	больни́цей
больни́цы	больни́цы	больни́ц	больни́цах	больни́цам	больни́цами

БОЛЬНО́ *adv*: painfully, badly *e.g.* Он бо́льно обжёг ру́ку; *predicate*: it is painful, it hurts *e.g.* Мне́ *Dat* бо́льно I'm in pain; Мне́ *Dat* бо́льно ходи́ть I feel pain when I walk

БОЛЬНО́Й E (e) *sh.masc.* бо́лен; *also used as m./f.an noun*; (*see also* БОЛЬНО́): ill, sick; hurt, wounded; (*as noun*) patient

больно́й	Nom/Gen	больно́го	больно́м	больно́му	больны́м
больно́е	больно́е	больно́го	больно́м	больно́му	больны́м
больна́я	больну́ю	больно́й	больно́й	больно́й	больно́й
больны́е	Nom/Gen	больны́х	больны́х	больны́м	больны́ми

бо́лен, больна́, больно́, больны́; больне́е

БО́ЛЬШЕ *compar. of* большо́й, мно́го; *adv*: more • бо́льше не not any more, no more, no longer; бо́льше всего́ more than anything

БОЛЬШЕВИ́К EE *m.an*: Bolshevik

большеви́к	большевика́	большевика́	большевике́	большевику́	большевико́м
большевики́	большевико́в	большевико́в	большевика́х	большевика́м	большевика́ми

БОЛЬШЕВИ́ЧКА SS (e) *f.an*: Bolshevik (*woman*)

большеви́чка	большеви́чку	большеви́чки	большеви́чке	большеви́чке	большеви́чкой
большеви́чки	большеви́чек	большеви́чек	большеви́чках	большеви́чкам	большеви́чками

БО́ЛЬШИЙ S *short forms avoided*; (*see also* большо́й big): bigger, larger

бо́льший	Nom/Gen	бо́льшего	бо́льшем	бо́льшему	бо́льшим
бо́льшее	бо́льшее	бо́льшего	бо́льшем	бо́льшему	бо́льшим
бо́льшая	бо́льшую	бо́льшей	бо́льшей	бо́льшей	бо́льшей
бо́льшие	Nom/Gen	бо́льших	бо́льших	бо́льшим	бо́льшими

БОЛЬШИНСТВО́ EE *Plur. hypothetical*; *n.in*: majority

большинство́	большинство́	большинства́	большинстве́	большинству́	большинство́м

БОЛЬШО́Й E *short forms* вели́к, -а́, -о́, -и́; *compar.* бо́льше; *also used as m.an noun*; (*see also* вели́к too big *and* бо́льший bigger): big, large; (*as noun*) (*colloq.*) grown-up • большо́й па́лец thumb

большо́й	Nom/Gen	большо́го	большо́м	большо́му	больши́м
большо́е	большо́е	большо́го	большо́м	большо́му	больши́м
больша́я	большу́ю	большо́й	большо́й	большо́й	большо́й
больши́е	Nom/Gen	больши́х	больши́х	больши́м	больши́ми

вели́к, велика́, велико́, велики́; бо́льше

БО́МБА SS *f.in*: bomb

бо́мба	бо́мбу	бо́мбы	бо́мбе	бо́мбе	бо́мбой
бо́мбы	бо́мбы	бо́мб	бо́мбах	бо́мбам	бо́мбами

БОРОДА́ EE *ASg.* бо́роду, *NPlur.* бо́роды *f.in*: beard

борода́	бо́роду	бороды́	бороде́	бороде́	бородо́й
бо́роды	бо́роды	боро́д	борода́х	борода́м	борода́ми

БОРОДА́ТЫЙ S: bearded

борода́тый	Nom/Gen	борода́того	борода́том	борода́тому	борода́тым
борода́тое	борода́тое	борода́того	борода́том	борода́тому	борода́тым
борода́тая	борода́тую	борода́той	борода́той	борода́той	борода́той
борода́тые	Nom/Gen	борода́тых	борода́тых	борода́тым	борода́тыми

борода́т, борода́та, борода́то, борода́ты

БОРО́ТЬСЯ MS бо́рются; *Impf.* (*no Pf.*): 1. wrestle (with/against) *e.g.* Он бо́рется с чемпио́ном *Inst*; 2. fight, struggle (with/against smb.) (for smt.) *e.g.* Они́ бо́рются с враго́м *Inst* за свобо́ду *Acc*; 3. fight (against smb./smt.) Он бо́рется про́тив коммуни́зма *Gen*; 4. struggle (with smt.), fight (smt.) *e.g.* Он бо́рется с боле́знью *Inst*

борю́сь	бо́ремся	бори́сь	боро́лся	боря́сь	
бо́решься	бо́ретесь	бори́тесь	боро́лась	бо́рющийся	боро́вшийся
бо́рется	бо́рются		боро́лись/ось	——	——

БО́РЩ EE *m.in*: borsch, borsht (*soup made with beets*)

бо́рщ	бо́рщ	борща́	борще́	борщу́	борщо́м
борщи́	борщи́	борще́й	борща́х	борща́м	борща́ми

БОТАНИ́ЧЕСКИЙ S *short forms avoided, no compar*: botanical

ботани́ческий	Nom/Gen	ботани́ческого	ботани́ческом	ботани́ческому	ботани́ческим
ботани́ческое	ботани́ческое	ботани́ческого	ботани́ческом	ботани́ческому	ботани́ческим
ботани́ческая	ботани́ческую	ботани́ческой	ботани́ческой	ботани́ческой	ботани́ческой
ботани́ческие	Nom/Gen	ботани́ческих	ботани́ческих	ботани́ческим	ботани́ческими

adv. ботани́чески

БОТИ́НОК SS (o) *GPlur.* -# *m.in*: boot, shoe

боти́нок	боти́нок	боти́нка	боти́нке	боти́нку	боти́нком
боти́нки	боти́нки	боти́нок	боти́нках	боти́нкам	боти́нками

БОЯ́ТЬСЯ ES боя́тся; *Impf.* (*Pf.* по-): 1. be afraid (of) e.g. Óн бои́тся сестры́ *Gen*; 2. be afraid (for) e.g. Óн бои́тся за сестру́ *Acc*

бою́сь	бои́мся	бóйся	боя́лся	боя́сь	
бои́шься	бои́тесь	бóйтесь	боя́лась	боя́щийся	боя́вшийся
бои́тся	боя́тся		боя́лись/ось	——	——

БРАЗИ́ЛИЯ SS *f.in*: Brazil

Брази́лия	Брази́лию	Брази́лии	Брази́лии	Брази́лии	Брази́лией

БРА́К[1] SS *Part.* -у; *m.in*: defective output, scrap

бра́к	бра́к	бра́ка/бра́ку	бра́ке	бра́ку	бра́ком

БРА́К[2] SS *m.in*: marriage

бра́к	бра́к	бра́ка	бра́ке	бра́ку	бра́ком
бра́ки	бра́ки	бра́ков	бра́ках	бра́кам	бра́ками

БРА́Т SS *NPlur.* бра́тья *m.an*: brother

бра́т	бра́та	бра́та	бра́те	бра́ту	бра́том
бра́тья	бра́тьев	бра́тьев	бра́тьях	бра́тьям	бра́тьями

БРА́ТСКИЙ S *short forms avoided, no compar*: brotherly, fraternal

бра́тский	Nom/Gen	бра́тского	бра́тском	бра́тскому	бра́тским
бра́тское	бра́тское	бра́тского	бра́тском	бра́тскому	бра́тским
бра́тская	бра́тскую	бра́тской	бра́тской	бра́тской	бра́тской
бра́тские	Nom/Gen	бра́тских	бра́тских	бра́тским	бра́тскими

adv. по-бра́тски

БРА́ТСТВО SS *n.in*: brotherhood; fraternity

бра́тство	бра́тство	бра́тства	бра́тстве	бра́тству	бра́тством
бра́тства	бра́тства	бра́тств	бра́тствах	бра́тствам	бра́тствами

БРА́ТЬ EM беру́т; *ppp avoided*; *Impf.* (*Pf.* взять): take, get (from smb.) e.g. Óн бра́л кни́гу *Acc* у сестры́ *Gen*

беру́	берём	бери́	бра́л	беря́	
берёшь	берёте	бери́те	брала́	беру́щий	бра́вший
берёт	беру́т		бра́ли/о	——	——

БРЕСТИ́ EE бреду́т; брёл брела́ брели́; *past adv.* брёдши; *intrans*; One-way *Impf.* (Non-One-way *Impf.* броди́ть; *Pf-begin* по-): amble; shuffle along

бреду́	бредём	бреди́	брёл	бредя́	
бредёшь	бредёте	бреди́те	брела́	бреду́щий	брёдший
бредёт	бреду́т		брели́/о	——	——

БРЕ́ЮТСЯ *non-past tense of* бри́ться

БРИГА́ДА SS *f.in*: brigade, team, crew

брига́да	брига́ду	брига́ды	брига́де	брига́де	брига́дой
брига́ды	брига́ды	брига́д	брига́дах	брига́дам	брига́дами

БРИ́ТВА SS *f.in*: razor

бри́тва	бри́тву	бри́твы	бри́тве	бри́тве	бри́твой
бри́твы	бри́твы	бри́тв	бри́твах	бри́твам	бри́твами

БРИ́ТЬСЯ SS бре́ются; *Impf.* (*Pf.* по-): shave

бре́юсь	бре́емся	бре́йся	бри́лся	бре́ясь	
бре́ешься	бре́етесь	бре́йтесь	бри́лась	бре́ющийся	бри́вшийся
бре́ется	бре́ются		бри́лись/ось	——	

БРОДИ́ТЬ MS брóдят; *intrans*; Non-One-way *Impf.* (One-way *Impf.* брести́; *Pf-awhile* по-): wander

брожу́	брóдим	броди́	броди́л	бродя́	
брóдишь	брóдите	броди́те	броди́ла	бродя́щий	броди́вший
брóдит	брóдят		броди́ли/о	——	——

БРОСА́ТЬ SS -а́ют; *Impf.* (*Pf.* брóсить): throw; give up, quit

броса́ю	броса́ем	броса́й	бросáл	броса́я	
броса́ешь	броса́ете	броса́йте	броса́ла	броса́ющий	броса́вший
броса́ет	броса́ют		броса́ли/о	броса́емый	——

БРОСА́ТЬСЯ SS -а́ются; *Impf.* (*Pf.* брóситься): rush

броса́юсь	броса́емся	броса́йся	броса́лся	броса́ясь	
броса́ешься	броса́етесь	броса́йтесь	броса́лась	броса́ющийся	броса́вшийся
броса́ется	броса́ются		броса́лись/ось	——	

БРÓСИТЬ SS -сят; *Pf.* (*Impf.* броса́ть): throw; give up, quit

брóшу	брóсим	брось	брóсил	——	брóсив[ши]
брóсишь	брóсите	брóсьте	брóсила	——	брóсивший
брóсит	брóсят		брóсили/о	——	брóшенный S

БРÓСИТЬСЯ SS -сятся; *Pf.* (*Impf.* броса́ться): rush

брóшусь	брóсимся	брóсься	брóсился		брóсившись
брóсишься	брóситесь	брóсьтесь	брóсилась		брóсившийся
брóсится	брóсятся		брóсились/ось		

БРЮ́КИ S *Plur. only*; a-declension *f.in*: trousers

брю́ки	брю́ки	брю́к	брю́ках	брю́кам	брю́ками

БРЮНЕ́Т SS *m.an*: brunet

брюне́т	брюне́та	брюне́та	брюне́те	брюне́ту	брюне́том
брюне́ты	брюне́тов	брюне́тов	брюне́тах	брюне́там	брюне́тами

БРЮНЕ́ТКА SS (о) *f.an*: brunette

брюне́тка	брюне́тку	брюне́тки	брюне́тке	брюне́тке	брюне́ткой
брюне́тки	брюне́ток	брюне́ток	брюне́тках	брюне́ткам	брюне́тками

БУДАПЕ́ШТ SS *m.in*: Budapest

Будапе́шт	Будапе́шт	Будапе́шта	Будапе́ште	Будапе́шту	Будапе́штом

БУ́ДЕТ *non-past of* бы́ть ● Бу́дет! Stop! That's enough! That'll do!

БУДИ́ЛЬНИК SS *m.in*: alarm clock

буди́льник	буди́льник	буди́льника	буди́льнике	буди́льнику	буди́льником
буди́льники	буди́льники	буди́льников	буди́льниках	буди́льникам	буди́льниками

✓ **БУДИ́ТЬ** MS бу́дят; *Impf*: 1. (*Pf.* раз-) wake up; 2 (*Pf.* про-) arouse, stimulate

бужу́	бу́дим	буди́	буди́л	будя́	
бу́дишь	бу́дите	буди́те	буди́ла	будя́щий	буди́вший
бу́дит	бу́дят		буди́ли/о		

БУ́ДТО *conjunction*: as if, as though; that (allegedly) *e.g.* Говоря́т, бу́дто он у́мер They say he died ● как бу́дто
as if; *particle*: apparently, allegedly

БУ́ДУТ *non-past tense of* бы́ть

БУ́ДУЧИ *pres. adv. of* бы́ть

БУ́ДУЩИЙ S *also used as n.in noun*: future; next; the future

бу́дущий	*Nom/Gen*	бу́дущего	бу́дущем	бу́дущему	бу́дущим
бу́дущее	бу́дущее	бу́дущего	бу́дущем	бу́дущему	бу́дущим
бу́дущая	бу́дущую	бу́дущей	бу́дущей	бу́дущей	бу́дущей
бу́дущие	*Nom/Gen*	бу́дущих	бу́дущих	бу́дущим	бу́дущими

БУЖУ́ *non-past tense of* буди́ть

БУ́КВА SS *f.in*: letter (of the alphabet)

бу́ква	бу́кву	бу́квы	бу́кве	бу́кве	бу́квой
бу́квы	бу́квы	бу́кв	бу́квах	бу́квам	бу́квами

БУКЕ́Т SS *m.in*: bouquet (of flowers); bouquet, aroma

буке́т	буке́т	буке́та	буке́те	буке́ту	буке́том
буке́ты	буке́ты	буке́тов	буке́тах	буке́там	буке́тами

БУКИНИСТИ́ЧЕСКИЙ S *short forms avoided, no compar*: pertaining to old books *e.g.* букинисти́ческий магази́н
second-hand bookshop

-и́ческий	*Nom/Gen*	-и́ческого	-и́ческом	-и́ческому	-и́ческим
-и́ческое	-и́ческое	-и́ческого	-и́ческом	-и́ческому	-и́ческим
-и́ческая	-и́ческую	-и́ческой	-и́ческой	-и́ческой	-и́ческой
-и́ческие	*Nom/Gen*	-и́ческих	-и́ческих	-и́ческим	-и́ческими

БУ́ЛКА SS (о) *f.in*: bread, loaf of bread

бу́лка	бу́лку	бу́лки	бу́лке	бу́лке	бу́лкой
бу́лки	бу́лки	бу́лок	бу́лках	бу́лкам	бу́лками

БУ́ЛОЧКА SS (е) *f.in*: roll, small loaf of bread

бу́лочка	бу́лочку	бу́лочки	бу́лочке	бу́лочке	бу́лочкой
бу́лочки	бу́лочки	бу́лочек	бу́лочках	бу́лочкам	бу́лочками

БУЛЬВА́Р SS *m.in*: avenue, boulevard (use на/на/с for to/on/from)

бульва́р	бульва́р	бульва́ра	бульва́ре	бульва́ру	бульва́ром
бульва́ры	бульва́ры	бульва́ров	бульва́рах	бульва́рам	бульва́рами

✓ **БУМА́ГА** SS *f.in*: paper; (in Plur.) (official) papers

бума́га	бума́гу	бума́ги	бума́ге	бума́ге	бума́гой
бума́ги	бума́ги	бума́г	бума́гах	бума́гам	бума́гами

БУМА́ЖНИК[1] SS *m.in*: wallet

бума́жник	бума́жник	бума́жника	бума́жнике	бума́жнику	бума́жником
бума́жники	бума́жники	бума́жников	бума́жниках	бума́жникам	бума́жниками

БУМА́ЖНИК[2] SS *m.an*: paper mill worker

бума́жник	бума́жника	бума́жника	бума́жнике	бума́жнику	бума́жником
бума́жники	бума́жников	бума́жников	бума́жниках	бума́жникам	бума́жниками

БУРЖУАЗИ́Я SS *f.in*: bourgeoisie

буржуази́я	буржуази́ю	буржуази́и	буржуази́и	буржуази́и	буржуази́ей

БУ́РНЫЙ S [or M] (е): stormy

бу́рный	*Nom/Gen*	бу́рного	бу́рном	бу́рному	бу́рным
бу́рное	бу́рное	бу́рного	бу́рном	бу́рному	бу́рным
бу́рная	бу́рную	бу́рной	бу́рной	бу́рной	бу́рной
бу́рные	*Nom/Gen*	бу́рных	бу́рных	бу́рным	бу́рными

бу́рен, бурна́, бу́рно, бу́рны; бурне́е

БУ́СЫ S *Plur. only; a-declension f.in*: beads; necklace, necklaces

бу́сы	бу́сы	бу́с	бу́сах	бу́сам	бу́сами

БУТЕРБРО́Д SS *m.in*: (open-faced) sandwich

бутербро́д	бутербро́д	бутербро́да	бутербро́де	бутербро́ду	бутербро́дом
бутербро́ды	бутербро́ды	бутербро́дов	бутербро́дах	бутербро́дам	бутербро́дами

БУТЫ́ЛКА SS (o) *f.in*: bottle

буты́лка	буты́лку	буты́лки	буты́лке	буты́лке	буты́лкой
буты́лки	буты́лки	буты́лок	буты́лках	буты́лкам	буты́лками

БУФЕ́Т SS *m.in*: cafeteria, coffee shop; sideboard

буфе́т	буфе́т	буфе́та	буфе́те	буфе́ту	буфе́том
буфе́ты	буфе́ты	буфе́тов	буфе́тах	буфе́там	буфе́тами

БУХГА́ЛТЕР <буха́ *or* буга́> SS *m.an*: accountant (*Use fem. predicate when referring to a woman, e.g.* На́ш но́вый бухга́лтер сего́дня не пришла́)

бухга́лтер	бухга́лтера	бухга́лтера	бухга́лтере	бухга́лтеру	бухга́лтером
бухга́лтеры	бухга́лтеров	бухга́лтеров	бухга́лтерах	бухга́лтерам	бухга́лтерами

БЫ (*unstressed*) *particle*: would; should (*indicates hypothetical or conditional sentence*)

БЫВА́ТЬ SS -а́ют; *intrans; Impf*: 1. (*no Pf.*) occur; happen; 2. (*Pf.* по-) visit, call on

быва́ю	быва́ем	быва́й	быва́л	быва́я	
быва́ешь	быва́ете	быва́йте	быва́ла	быва́ющий	быва́вший
быва́ет	быва́ют		быва́ли/о	——	

БЫ́ВШИЙ S *short forms avoided;* (*also past active ptcpl. of* бы́ть): former

бы́вший	*Nom/Gen*	бы́вшего	бы́вшем	бы́вшему	бы́вшим
бы́вшее	бы́вшее	бы́вшего	бы́вшем	бы́вшему	бы́вшим
бы́вшая	бы́вшую	бы́вшей	бы́вшей	бы́вшей	бы́вшей
бы́вшие	*Nom/Gen*	бы́вших	бы́вших	бы́вшим	бы́вшими

БЫ́К EE *m.an*: bull

бы́к	быка́	быка́	быке́	быку́	быко́м
быки́	быко́в	быко́в	быка́х	быка́м	быка́ми

БЫ́СТРО *adv*: fast, quickly

БЫ́СТРЫЙ M [*sh.Plur.* бы́стры́]: fast, quick

бы́стрый	*Nom/Gen*	бы́строго	бы́стром	бы́строму	бы́стрым
бы́строе	бы́строе	бы́строго	бы́стром	бы́строму	бы́стрым
бы́страя	бы́струю	бы́строй	бы́строй	бы́строй	бы́строй
бы́стрые	*Nom/Gen*	бы́стрых	бы́стрых	бы́стрым	бы́стрыми

бы́стр, быстра́, бы́стро, бы́стры́; быстре́е

✓**БЫ́ТЬ** SM *present tense, all persons Sg. and Plur.* е́сть; *no other present tense forms except the Scientific and Archaic style 3Plur.* су́ть; *future tense* бу́дут; *Imperative* бу́дь! (*with negative,* не́ был, не́ было, не́ были, *but* не была́; ни́ был, ни́ было, ни́ были, *but* ни была́); *no pres. active ptcpl; pres. adv.* бу́дучи; *intrans; Impf*: be ● мо́жет бы́ть maybe, perhaps, possibly; Бу́дет! Stop! That's enough! That'll do!

е́сть					
бу́ду	бу́дем	бу́дь	бы́л	бу́дучи	бы́в[ши]
бу́дешь	бу́дете	бу́дьте	была́	——	бы́вший
бу́дет	бу́дут		бы́ли/о	——	——

БЬЮ́Т *non-past tense of* би́ть

БЭ *indeclinable n.in*: (*name of the letter* б)

БЮЛЛЕТЕ́НЬ <л, *not* лл> SS *m.in*: bulletin; (*colloq.*) sick leave (*document*)

бюллете́нь	бюллете́нь	бюллете́ня	бюллете́не	бюллете́ню	бюллете́нем
бюллете́ни	бюллете́ни	бюллете́ней	бюллете́нях	бюллете́ням	бюллете́нями

БЮРО́ *indeclinable n.in*: bureau, office; desk

БЮРОКРА́Т SS *m.an*: bureaucrat

бюрокра́т	бюрокра́та	бюрокра́та	бюрокра́те	бюрокра́ту	бюрокра́том
бюрокра́ты	бюрокра́тов	бюрокра́тов	бюрокра́тах	бюрокра́там	бюрокра́тами

В (see also variant **во**) *prep. +Prep*: in, at; *prep. +Acc*: in, into, to; per

ВАГÓН SS *m.in*: coach, car (railroad)

вагóн	вагóн	вагóна	вагóне	вагóну	вагóном
вагóны	вагóны	вагóнов	вагóнах	вагóнам	вагóнами

ВÁЖНО *adv*: pretentiously; in a serious way; *predicate*: it is important *e.g.* Мнé *Dat* [*or* Для меня *Gen*] вáжно прочитáть эту кнѝгу

ВÁЖНЫЙ M (e) [*sh.Plur.* вáжны̆]: important

вáжный	Nom/Gen	вáжного	вáжном	вáжному	вáжным
вáжное	вáжное	вáжного	вáжном	вáжному	вáжным
вáжная	вáжную	вáжной	вáжной	вáжной	вáжной
вáжные	Nom/Gen	вáжных	вáжных	вáжным	вáжными

вáжен, важнá, вáжно, вáжны̆; важнéе

ВÁЗА SS *f.in*: vase

вáза	вáзу	вáзы	вáзе	вáзе	вáзой
вáзы	вáзы	вáз	вáзах	вáзам	вáзами

ВАЙÓМИНГ SS *m.in*: Wyoming

Вайóминг	Вайóминг	Вайóминга	Вайóминге	Вайóмингу	Вайóмингом

ВАЛТÓРНА SS *f.in*: French horn

валтóрна	валтóрну	валтóрны	валтóрне	валтóрне	валтóрной
валтóрны	валтóрны	валтóрн	валтóрнах	валтóрнам	валтóрнами

ВАЛЮ́ТА SS *f.in*: currency

валю́та	валю́ту	валю́ты	валю́те	валю́те	валю́той

ВÁМ *see* вы̆

ВÁННА SS *f.in*: bathtub

вáнна	вáнну	вáнны	вáнне	вáнне	вáнной
вáнны	вáнны	вáнн	вáннах	вáннам	вáннами

ВÁННЫЙ S (e) *also used as f.in noun*: bath; (*as noun*) bathroom

вáнный	Nom/Gen	вáнного	вáнном	вáнному	вáнным
вáнное	вáнное	вáнного	вáнном	вáнному	вáнным
вáнная	вáнную	вáнной	вáнной	вáнной	вáнной
вáнные	Nom/Gen	вáнных	вáнных	вáнным	вáнными

ВАРИÁНТ SS *m.in*: variant; version

вариáнт	вариáнт	вариáнта	вариáнте	вариáнту	вариáнтом
вариáнты	вариáнты	вариáнтов	вариáнтах	вариáнтам	вариáнтами

ВАРИ́ТЬ MS вáрят; [*pres. active ptcpl.* вáрящий] *Impf.* (*Pf.* с-): cook; boil

варю́	вáрим	варѝ	варѝл	варя́	
вáришь	вáрите	варѝте	варѝла	варя́щий	варѝвший
вáрит	вáрят		варѝли/о		

ВАРШÁВА SS *f.in*: Warsaw

Варшáва	Варшáву	Варшáвы	Варшáве	Варшáве	Варшáвой

ВАРШÁВСКИЙ S *short forms avoided; no compar*: Warsaw

варшáвский	Nom/Gen	варшáвского	варшáвском	варшáвскому	варшáвским
варшáвское	варшáвское	варшáвского	варшáвском	варшáвскому	варшáвским
варшáвская	варшáвскую	варшáвской	варшáвской	варшáвской	варшáвской
варшáвские	Nom/Gen	варшáвских	варшáвских	варшáвским	варшáвскими

adv. по-варшáвски

ВÁС *see* вы̆

ВÁШ *special adj*: your

вáш	Nom./Gen.	вáшего	вáшем	вáшему	вáшим
вáше	вáше	вáшего	вáшем	вáшему	вáшим
вáша	вáшу	вáшей	вáшей	вáшей	вáшей
вáши	Nom./Gen.	вáших	вáших	вáшим	вáшими

ВАШИНГТÓН SS *m.in*: Washington (state and city)

Вашингтóн	Вашингтóн	Вашингтóна	Вашингтóне	Вашингтóну	Вашингтóном

ВБЕГÁТЬ SS -áют; *intrans; Impf.* (*Pf.* вбежáть): run in, enter

вбегáю	вбегáем	вбегáй	вбегáл	вбегáя	
вбегáешь	вбегáете	вбегáйте	вбегáла	вбегáющий	вбегáвший
вбегáет	вбегáют		вбегáли/о		

ВБЕГÝТ *non-past tense of* вбежáть

ВБЕЖÁТЬ ES -бегýт -бегý -бежѝшь -бежѝт -бежѝм -бежѝте; *intrans; Pf.* (*Impf.* вбегáть): run in, enter

вбегý	вбежѝм	вбегѝ	вбежáл	——	вбежáв[ши]
вбежѝшь	вбежѝте	вбегѝте	вбежáла	——	вбежáвший
вбежѝт	вбегýт		вбежáли/о		

ВВЕДÝТ *non-past tense of* ввестѝ

ВВЕЗТИ EE -везу́т; -вёз -везла́ -везли́; *past adv.* -везя́; *past active ptcpl.* -вёзший; *Pf.* (*Impf.* ввози́ть): import; roll in, cart in

ввезу́	ввезём	ввези́	ввёз	——	ввезя́
ввезёшь	ввезёте	ввези́те	ввезла́	——	ввёзший
ввезёт	ввезу́т		ввезли́/о́	——	ввезённый E

ВВЁЛ *past tense of* ввести́

ВВЕРХ *adv:* up, upward; upstairs

ВВЕСТИ EE -веду́т; -вёл -вела́ -вели́; *past adv.* -ведя́; *past active ptcpl.* -ве́дший; *Pf.* (*Impf.* вводи́ть): introduce; lead in

введу́	введём	введи́	ввёл	——	введя́
введёшь	введёте	введи́те	ввела́	——	вве́дший
введёт	введу́т		ввели́/о́	——	введённый E

ВВОДИТЬ MS -во́дят; *pres. passive ptcpl.* -води́мый; *Impf.* (*Pf.* ввести́): introduce; lead in

ввожу́	вво́дим	вводи́	вводи́л	вводя́	
вво́дишь	вво́дите	вводи́те	вводи́ла	вводя́щий	вводи́вший
вво́дит	вво́дят		вводи́ли/о	вводи́мый	——

ВВОЖУ *non-past tense of* вводи́ть *and of* ввози́ть

ВВОЗИТЬ MS -во́зят; *pres. passive ptcpl.* -вози́мый; *Impf.* (*Pf.* ввезти́): import; roll in, cart in

ввожу́	вво́зим	ввози́	ввози́л	ввозя́	
вво́зишь	вво́зите	ввози́те	ввози́ла	ввозя́щий	ввози́вший
вво́зит	вво́зят		ввози́ли/о	ввози́мый	——

ВДОВА ES *f.an:* widow

вдова́	вдову́	вдовы́	вдове́	вдове́	вдово́й
вдо́вы	вдов	вдов	вдо́вах	вдо́вам	вдо́вами

ВДОВЕЦ EE (e) *m.an:* widower

вдове́ц	вдовца́	вдовца́	вдовце́	вдовцу́	вдовцо́м
вдовцы́	вдовцо́в	вдовцо́в	вдовца́х	вдовца́м	вдовца́ми

ВДОЛЬ *prep.* +Gen: along; *adv:* lengthwise, longways

ВДРУГ *adv:* suddenly, all of a sudden; *particle:* what if, suppose

ВЕГЕТАРИАНЕЦ SS (e) *m.an:* vegetarian

-тариа́нец	-тариа́нца	-тариа́нца	-тариа́нце	-тариа́нцу	-тариа́нцем
-тариа́нцы	-тариа́нцев	-тариа́нцев	-тариа́нцах	-тариа́нцам	-тариа́нцами

ВЕГЕТАРИАНКА SS (o) *f.an:* vegetarian (woman)

-тариа́нка	-тариа́нку	-тариа́нки	-тариа́нке	-тариа́нке	-тариа́нкой
-тариа́нки	-тариа́нок	-тариа́нок	-тариа́нках	-тариа́нкам	-тариа́нками

ВЕДРО ES (e) NPlur. вёдра *n.in:* bucket, pail

ведро́	ведро́	ведра́	ведре́	ведру́	ведро́м
вёдра	вёдра	вёдер	вёдрах	вёдрам	вёдрами

ВЕДУТ *non-past tense of* вести́

ВЕДУЩИЙ S *also used as m./f.an noun* (also *pres. active ptcpl. of* вести́): leading; leader

веду́щий	Nom/Gen	веду́щего	веду́щем	веду́щему	веду́щим
веду́щее	веду́щее	веду́щего	веду́щем	веду́щему	веду́щим
веду́щая	веду́щую	веду́щей	веду́щей	веду́щей	веду́щей
веду́щие	Nom/Gen	веду́щих	веду́щих	веду́щим	веду́щими

ВЕДЬ (*unstressed*) conjunction and particle: you see, you know; after all

ВЕЖЛИВО *adv:* politely

ВЕЖЛИВЫЙ S: polite

ве́жливый	Nom/Gen	ве́жливого	ве́жливом	ве́жливому	ве́жливым
ве́жливое	ве́жливое	ве́жливого	ве́жливом	ве́жливому	ве́жливым
ве́жливая	ве́жливую	ве́жливой	ве́жливой	ве́жливой	ве́жливой
ве́жливые	Nom/Gen	ве́жливых	ве́жливых	ве́жливым	ве́жливыми

ве́жлив, ве́жлива, ве́жливо, ве́жливы; ве́жливее

ВЕЗДЕ *adv:* everywhere

ВЕЗТИ[1] EE везу́т; вёз везла́ везли́; *old-fashioned pres. passive ptcpl.* везо́мый; *past adv.* вёзши; *One-way Impf.* (*Non-One-way Impf.* вози́ть; *Pf-begin* по-): take, haul, convey

везу́	везём	вези́	вёз	везя́	
везёшь	везёте	вези́те	везла́	везу́щий	вёзший
везёт	везу́т		везли́/о́		

ВЕЗТИ[2] EE везёт; везло́; *Impersonal; Impf.* (*Pf.* по-): be lucky *e.g.* Ему́ *Dat* везёт

			везёт		
			везло́		

ВЕК SE NPlur. -а́ (*Irreg. in phrases* приба́вить ве́ку; на своём веку́; в ко́и ве́ки; во ве́ки веко́в; на ве́ки ве́чные; прожи́ть а́редовы ве́ки) *m.in:* age, era; century

век	век	ве́ка	ве́ке	ве́ку	ве́ком
века́	века́	веко́в	века́х	века́м	века́ми

ВЁЛ *past tense of* вести́

ВЕЛИК E *no long forms; no compar;* (*see also* большо́й large *and* вели́кий great): too big

вели́к, велика́, велико́, велики́

ВЕЛИ́КИЙ[1] S [or M] *no compar*; (*see also* вели́к *too big*): great, outstanding

вели́кий	Nom/Gen	вели́кого	вели́ком	вели́кому	вели́ким
вели́кое	вели́кое	вели́кого	вели́ком	вели́кому	вели́ким
вели́кая	вели́кую	вели́кой	вели́кой	вели́кой	вели́кой
вели́кие	Nom/Gen	вели́ких	вели́ких	вели́ким	вели́кими

вели́к, велика́, вели́ко, вели́ки

ВЕЛИ́КИЙ[2] E *no compar*; (*see also* вели́к *too big*) (*for long forms see* вели́кий[1]): great, very large

вели́к, велика́, велико́, велики́

ВЕЛИЧА́ЙШИЙ S *short forms avoided*: greatest; supreme

велича́йший	Nom/Gen	велича́йшего	велича́йшем	велича́йшему	велича́йшим
велича́йшее	велича́йшее	велича́йшего	велича́йшем	велича́йшему	велича́йшим
велича́йшая	велича́йшую	велича́йшей	велича́йшей	велича́йшей	велича́йшей
велича́йшие	Nom/Gen	велича́йших	велича́йших	велича́йшим	велича́йшими

ВЕЛОСИПЕ́Д SS *m.in*: bicycle ● сади́ться на +Acc, е́хать на +Prep, сходи́ть [*or* слеза́ть] с +Gen

велосипе́д	велосипе́д	велосипе́да	велосипе́де	велосипе́ду	велосипе́дом
велосипе́ды	велосипе́ды	велосипе́дов	велосипе́дах	велосипе́дам	велосипе́дами

ВЕНГЕ́РКА SS (о) *f.an*: Hungarian (*woman*)

венге́рка	венге́рку	венге́рки	венге́рке	венге́рке	венге́ркой
венге́рки	венге́рок	венге́рок	венге́рках	венге́ркам	венге́рками

ВЕНГЕ́РСКИЙ S *short forms avoided, no compar*: Hungarian

венге́рский	Nom/Gen	венге́рского	венге́рском	венге́рскому	венге́рским
венге́рское	венге́рское	венге́рского	венге́рском	венге́рскому	венге́рским
венге́рская	венге́рскую	венге́рской	венге́рской	венге́рской	венге́рской
венге́рские	Nom/Gen	венге́рских	венге́рских	венге́рским	венге́рскими

adv. по-венге́рски

ВЕ́НГР SS *m.an*: Hungarian

ве́нгр	ве́нгра	ве́нгра	ве́нгре	ве́нгру	ве́нгром
ве́нгры	ве́нгров	ве́нгров	ве́нграх	ве́нграм	ве́нграми

ВЕ́НГРИЯ SS *f.in*: Hungary

Ве́нгрия	Ве́нгрию	Ве́нгрии	Ве́нгрии	Ве́нгрии	Ве́нгрией

ВЕРА́НДА SS *f.in*: veranda (*use* на/на/с *for to/on/from*)

вера́нда	вера́нду	вера́нды	вера́нде	вера́нде	вера́ндой
вера́нды	вера́нды	вера́нд	вера́ндах	вера́ндам	вера́ндами

ВЕРБЛЮ́Д SS *m.an*: camel

верблю́д	верблю́да	верблю́да	верблю́де	верблю́ду	верблю́дом
верблю́ды	верблю́дов	верблю́дов	верблю́дах	верблю́дам	верблю́дами

ВЕРЁВКА SS (о) *f.in*: rope; line

верёвка	верёвку	верёвки	верёвке	верёвке	верёвкой
верёвки	верёвки	верёвок	верёвках	верёвкам	верёвками

✓ **ВЕ́РИТЬ** SS -рят; *intrans*; *Impf*. 1. (*Pf*. по-) believe smb./smt. *e.g.* Он ве́рит сестре́ *Dat*; 2. (*Pf*. по-) believe, have faith (in smb./smt.) *e.g.* Он ве́рит в сестру́ *Acc*; 3. (*no Pf*.) believe (in a deity) *e.g.* Он ве́рит в Бо́га *Acc*

ве́рю	ве́рим	верь	ве́рил	ве́ря	
ве́ришь	ве́рите	ве́рьте	ве́рила	ве́рящий	ве́ривший
ве́рит	ве́рят		ве́рили/о	——	——

ВЕРМО́НТ SS *m.in*: Vermont

Вермо́нт	Вермо́нт	Вермо́нта	Вермо́нте	Вермо́нту	Вермо́нтом

ВЕ́РНО *adv*: faithfully; reliably; surely, truly; *parenthetical word*: probably, I suppose

ВЕ́РНОСТЬ SS *f.in*: faithfulness; reliability; truth, correctness

ве́рность	ве́рность	ве́рности	ве́рности	ве́рности	ве́рностью

ВЕРНУ́ТЬ ES -ну́т; *no ppp* (*use the ppp of* возврати́ть *instead*); *Pf*. (*Impf*. возвраща́ть): return (smt.) *e.g.* Он верну́л кни́гу *Acc* сестре́ *Dat*

верну́	вернём	верни́	верну́л	——	верну́в[ши]
вернёшь	вернёте	верни́те	верну́ла	——	верну́вший
вернёт	верну́т		верну́ли/о	——	——

ВЕРНУ́ТЬСЯ ES -ну́тся; *Pf*. (*Impf*. возвраща́ться): return, come/go back

верну́сь	вернёмся	верни́сь	верну́лся	——	верну́вшись
вернёшься	вернётесь	верни́тесь	верну́лась	——	верну́вшийся
вернётся	верну́тся		верну́лись/ось	——	——

ВЕ́РНЫЙ M (е) [*sh.Plur*. верны́]: true

ве́рный	Nom/Gen	ве́рного	ве́рном	ве́рному	ве́рным
ве́рное	ве́рное	ве́рного	ве́рном	ве́рному	ве́рным
ве́рная	ве́рную	ве́рной	ве́рной	ве́рной	ве́рной
ве́рные	Nom/Gen	ве́рных	ве́рных	ве́рным	ве́рными

ве́рен, верна́, ве́рно, верны́; верне́е

ВЕ́РОВАТЬ SS -руют; *intrans*; *Impf*. (*Pf*. у-): believe (in a deity) *e.g.* Он ве́рует в Бо́га *Acc*

ве́рую	ве́руем	ве́руй	ве́ровал	ве́руя	
ве́руешь	ве́руете	ве́руйте	ве́ровала	ве́рующий	ве́ровавший
ве́рует	ве́руют		ве́ровали/о	——	——

ВЕРОЯТНО parenthetical word: probably

ВЕРТОЛЁТ SS m.in: helicopter ● садиться на [or в] +Acc, лететь на [or в] +Prep, выходить из +Gen

вертолёт	вертолёт	вертолёта	вертолёте	вертолёту	вертолётом
вертолёты	вертолёты	вертолётов	вертолётах	вертолётам	вертолётами

ВЕ́РУЮЩИЙ S also used as m./f.an noun (also pres. active ptcpl. of ве́ровать): believing; (as noun) believer

ве́рующий	Nom/Gen	ве́рующего	ве́рующем	ве́рующему	ве́рующим
ве́рующее	ве́рующее	ве́рующего	ве́рующем	ве́рующему	ве́рующим
ве́рующая	ве́рующую	ве́рующей	ве́рующей	ве́рующей	ве́рующей
ве́рующие	Nom/Gen	ве́рующих	ве́рующих	ве́рующим	ве́рующими

ВЕ́РХ SE Loc. (в/на) -ŷ (Irreg. in phrases до са́мого ве́рху [or ве́рха], с са́мого ве́рху [or ве́рха]) m.in: top; summit; upper part

ве́рх	ве́рх	ве́рха	ве́рхе/в, на -ŷ	ве́рху	ве́рхом
верхи́	верхи́	верхо́в	верха́х	верха́м	верха́ми

ВЕ́РХНИЙ S no sh.masc.: upper

ве́рхний	Nom/Gen	ве́рхнего	ве́рхнем	ве́рхнему	ве́рхним
ве́рхнее	ве́рхнее	ве́рхнего	ве́рхнем	ве́рхнему	ве́рхним
ве́рхняя	ве́рхнюю	ве́рхней	ве́рхней	ве́рхней	ве́рхней
ве́рхние	Nom/Gen	ве́рхних	ве́рхних	ве́рхним	ве́рхними

ВЕРШИ́НА SS f.in: top, summit; peak (use на/на/с for to/at/from)

верши́на	верши́ну	верши́ны	верши́не	верши́не	верши́ной
верши́ны	верши́ны	верши́н	верши́нах	верши́нам	верши́нами

ВЕ́С¹ SE Part. -у, NPlur. -а́ (see also весы́) (Irreg. in phrases без ве́са [or без ве́су]) m.in: weight

ве́с	ве́с	ве́са/ве́су	ве́се	ве́су	ве́сом
веса́	веса́	весо́в	веса́х	веса́м	веса́ми

ВЕ́С²: ● на весу́ balanced; hanging

ВЕСЕЛИ́ТЬ ES -лят; Impf. (Pf. and Pf-awhile по-): cheer; amuse

веселю́	веселим	весели́	весели́л	веселя́	
весели́шь	весели́те	весели́те	весели́ла	веселя́щий	весели́вший
весели́т	веселя́т		весели́ли/о		

ВЕСЕЛИ́ТЬСЯ ES -лятся; Impf. (Pf-awhile по-): have fun

веселю́сь	весели́мся	весели́сь	весели́лся	веселя́сь	
весели́шься	весели́тесь	весели́тесь	весели́лась	веселя́щийся	весели́вшийся
весели́тся	веселя́тся		весели́лись/ось	——	——

ВЕ́СЕЛО adv: gaily; cheerfully; predicate: it is fun, enjoyable; be in good spirits e.g. Мне́ Dat ве́село I'm having a good time

ВЕСЁЛЫЙ M short forms ве́сел, весела́, ве́село, ве́селы: cheerful; fun

весёлый	Nom/Gen	весёлого	весёлом	весёлому	весёлым
весёлое	весёлое	весёлого	весёлом	весёлому	весёлым
весёлая	весёлую	весёлой	весёлой	весёлой	весёлой
весёлые	Nom/Gen	весёлых	весёлых	весёлым	весёлыми

ве́сел, весела́, ве́село, ве́селы; веселе́е

ВЕСЕ́ННИЙ S (e) sh.masc. hypothetical: spring, vernal

весе́нний	Nom/Gen	весе́ннего	весе́ннем	весе́ннему	весе́нним
весе́ннее	весе́ннее	весе́ннего	весе́ннем	весе́ннему	весе́нним
весе́нняя	весе́ннюю	весе́нней	весе́нней	весе́нней	весе́нней
весе́нние	Nom/Gen	весе́нних	весе́нних	весе́нним	весе́нними

adv. по-весе́ннему

ВЕ́СИТЬ SS -сят; no passive forms; Impf. (no Pf.): weigh e.g. Он ве́сит сто́ Acc килогра́ммов

ве́шу	ве́сим	ве́сь	ве́сил	ве́ся	
ве́сишь	ве́сите	ве́сьте	ве́сила	ве́сящий	ве́сивший
ве́сит	ве́сят		ве́сили/о	——	——

ВЕСНА́ ES (e) NPlur. вёсны (see also весно́й) f.in: spring

весна́	весну́	весны́	весне́	весне́	весно́й
вёсны	вёсны	вёсен	вёснах	вёснам	вёснами

ВЕСНО́Й adv: in spring

ВЕСТИ́ ЕЕ веду́т; вёл вела́ вели́; old-fashioned pres. passive ptcpl. ведо́мый; past adv. вёдши; One-way Impf. (Non-One-way Impf. води́ть; Pf-begin по-): lead; conduct; drive

веду́	ведём	веди́	вёл	ведя́	
ведёшь	ведёте	веди́те	вела́	веду́щий	вёдший
ведёт	веду́т		вели́/о́		

ВЕСЫ́ E Plur. only; #-declension m.in: scales

весы́	весы́	весо́в	веса́х	веса́м	веса́ми

ВЕ́СЬ <before вс- use the longer variants of prepositions с(о), в(о), к(о), and, optionally, of из(о), от(о), над(о), под(о), без(о), о(бо)> special adj. (see also pronouns всё everybody and всё everything): all; the whole

ве́сь	Nom./Gen.	всего́	всём	всему́	всём
всё	всё	всего́	всём	всему́	всём
вся́	всю́	все́й	все́й	все́й	все́й
всё	Nom./Gen.	все́х	все́х	все́м	все́ми

ВЕ́ТЕР SE (e) NPlur. ве́тры [or SS (e)] Loc. (на) -ý (Irreg. in phrases до ве́тру; ро́за ветро́в (метеорологич. понятие); броса́ть слова́ на́ ветер [or на ве́тер]; развѣ́ять (пусти́ть и т. п.) по́ ветру [or по ве́тру]; держа́ть но́с по́ ветру (в переносном значении)) m.in: wind

| ве́тер | ве́тер | ве́тра | ве́тре/на -ý | ве́тру | ве́тром |
| ве́тры | ве́тры | ветро́в | ветра́х | ветра́м | ветра́ми |

ВЕ́ТКА SS (o) f.in: branch; twig

| ве́тка | ве́тку | ве́тки | ве́тке | ве́тке | ве́ткой |
| ве́тки | ве́тки | ве́ток | ве́тках | ве́ткам | ве́тками |

ВЕТЧИНА́ ES NPlur. ветчи́ны f.in: ham

| ветчина́ | ветчину́ | ветчины́ | ветчине́ | ветчине́ | ветчино́й |
| ветчи́ны | ветчи́ны | ветчи́н | ветчи́нах | ветчи́нам | ветчи́нами |

ВЕ́ЧЕР SE NPlur. -а́ (Irreg. in phrases под ве́чер (бли́зко к ве́черу) [or old-fashioned по́д вечер]); (see also ве́чером); m.in: evening; soiree (use на/на/с for to/at/from the event)

| ве́чер | ве́чер | ве́чера | ве́чере | ве́черу | ве́чером |
| вечера́ | вечера́ | вечеро́в | вечера́х | вечера́м | вечера́ми |

ВЕЧЕРИ́НКА SS (o) f.in: (evening) party (use на/на/с for to/at/from the event)

| вечери́нка | вечери́нку | вечери́нки | вечери́нке | вечери́нке | вечери́нкой |
| вечери́нки | вечери́нки | вечери́нок | вечери́нках | вечери́нкам | вечери́нками |

ВЕЧЕ́РНИЙ S (e) sh.masc. hypothetical: evening

вече́рний	Nom/Gen	вече́рнего	вече́рнем	вече́рнему	вече́рним
вече́рнее	вече́рнее	вече́рнего	вече́рнем	вече́рнему	вече́рним
вече́рняя	вече́рнюю	вече́рней	вече́рней	вече́рней	вече́рней
вече́рние	Nom/Gen	вече́рних	вече́рних	вече́рним	вече́рними

ВЕ́ЧЕРОМ adv: in the evening

ВЕ́ЧНОСТЬ SS f.in: eternity

| ве́чность | ве́чность | ве́чности | ве́чности | ве́чности | ве́чностью |

ВЕ́ЧНЫЙ S (e): eternal

ве́чный	Nom/Gen	ве́чного	ве́чном	ве́чному	ве́чным
ве́чное	ве́чное	ве́чного	ве́чном	ве́чному	ве́чным
ве́чная	ве́чную	ве́чной	ве́чной	ве́чной	ве́чной
ве́чные	Nom/Gen	ве́чных	ве́чных	ве́чным	ве́чными

ве́чен, ве́чна, ве́чно, ве́чны; ве́чнее

ВЕ́ШАТЬ SS -ают; Impf. (Pf. пове́сить): hang

ве́шаю	ве́шаем	ве́шай	ве́шал	ве́шая	
ве́шаешь	ве́шаете	ве́шайте	ве́шала	ве́шающий	ве́шавший
ве́шает	ве́шают		ве́шали/о	ве́шаемый	

ВЕ́ШУ non-past tense of ве́сить

ВЕЩЕСТВО́ EE n.in: substance (chemical)

| вещество́ | вещество́ | вещества́ | веществе́ | веществу́ | вещество́м |
| вещества́ | вещества́ | веще́ств | вещества́х | вещества́м | вещества́ми |

ВЕ́ЩЬ SE NPlur. ве́щи f.in: thing

| ве́щь | ве́щь | ве́щи | ве́щи | ве́щи | ве́щью |
| ве́щи | ве́щи | веще́й | веща́х | веща́м | веща́ми |

ВЗВОЛНО́ВАННЫЙ[1] S sh.masc. взволно́ван: agitated, disturbed; anxious, worried

-о́ванный	Nom/Gen	-о́ванного	-о́ванном	-о́ванному	-о́ванным
-о́ванное	-о́ванное	-о́ванного	-о́ванном	-о́ванному	-о́ванным
-о́ванная	-о́ванную	-о́ванной	-о́ванной	-о́ванной	-о́ванной
-о́ванные	Nom/Gen	-о́ванных	-о́ванных	-о́ванным	-о́ванными

-о́ван, -о́ванна, -о́ванно, -о́ванны; -о́ваннее

ВЗВОЛНО́ВАННЫЙ[2] S ppp of взволнова́ть (for long forms see взволно́ванный[1]): excited; disturbed (by smt./smb.)

-о́ван, -о́вана, -о́вано, -о́ваны

ВЗВОЛНОВА́ТЬ SS -ну́ют; Pf. (Impf. волнова́ть): worry; excite

взволну́ю	взволну́ем	взволну́й	взволнова́л	——	взволнова́в[ши]
взволну́ешь	взволну́ете	взволну́йте	взволнова́ла	——	взволнова́вший
взволну́ет	взволну́ют		взволнова́ли/о	——	взволно́ванный S

ВЗГЛЯД <in prep. phrases variants во, со, ко are used> SS m.in: glance; view, opinion

| взгля́д | взгля́д | взгля́да | взгля́де | взгля́ду | взгля́дом |
| взгля́ды | взгля́ды | взгля́дов | взгля́дах | взгля́дам | взгля́дами |

ВЗДОХНУ́ТЬ ES -ну́т; intrans; Pf-once (Impf. вздыха́ть): sigh, heave a sigh

вздохну́	вздохнём	вздохни́	вздохну́л	——	вздохну́в[ши]
вздохнёшь	вздохнёте	вздохни́те	вздохну́ла	——	вздохну́вший
вздохнёт	вздохну́т		вздохну́ли/о	——	

ВЗДЫХА́ТЬ SS -а́ют; intrans; Impf. (Pf-once вздохну́ть): sigh

вздыха́ю	вздыха́ем	вздыха́й	вздыха́л	вздыха́я	
вздыха́ешь	вздыха́ете	вздыха́йте	вздыха́ла	вздыха́ющий	вздыха́вший
вздыха́ет	вздыха́ют		вздыха́ли/о		

ВЗОЙТИ́ ЕЕ взойду́т; взошёл взошла́ взошли́; *past adv.* взойдя́; *past active ptcpl.* взоше́дший; *intrans*; *Pf. (Impf.* всходи́ть *and, when said of the sun, stars, etc., also* восходи́ть): mount, ascend; rise

взойду́	взойдём	взойди́	взошёл	——	взойдя́
взойдёшь	взойдёте	взойди́те	взошла́	——	взоше́дший
взойдёт	взойду́т		взошли́/о	——	——

ВЗРО́СЛЫЙ <*in prep. phrases variants* во, со, ко *are used*> S (e) [*or* M (e) *or* S]; *sh.masc. and fem. avoided; also used as m.an noun*: adult, grown-up

взро́слый	Nom/Gen	взро́слого	взро́слом	взро́слому	взро́слым
взро́слое	взро́слое	взро́слого	взро́слом	взро́слому	взро́слым
взро́слая	взро́слую	взро́слой	взро́слой	взро́слой	взро́слой
взро́слые	Nom/Gen	взро́слых	взро́слых	взро́слым	взро́слыми

взро́сло, взро́слы; взросле́е

ВЗРЫВ <*in prep. phrases variants* во, со, ко *are used*> SS *m.in*: explosion

| взрыв | взрыв | взры́ва | взры́ве | взры́ву | взры́вом |
| взры́вы | взры́вы | взры́вов | взры́вах | взры́вам | взры́вами |

ВЗЯТЬ ЕМ возьму́т; [взя́ло]; *ppp* взя́тый М; *Pf. (Impf.* брать): take, get (from smb.) Он взял кни́гу *Acc* у сестры́ *Gen*

возьму́	возьмём	возьми́	взял	——	взяв[ши]
возьмёшь	возьмёте	возьми́те	взяла́	——	взя́вший
возьмёт	возьму́т		взя́ли/о	——	взя́тый М

ВИД¹ SS *Part.* -у (*Irreg. in phrases* с ви́ду; для ви́ду [*or* для ви́да]; скры́ться (упусти́ть *etc.*) из виду [*or* из ви́ду]; в виду́ неприя́теля; име́ть в виду́; быть на виду́) *m.in*: appearance; view; aspect (*grammatical*) ● де́лать вид pretend

| вид | вид | ви́да/ви́ду | ви́де | ви́ду | ви́дом |
| ви́ды | ви́ды | ви́дов | ви́дах | ви́дам | ви́дами |

ВИД² SS *m.in*: type; species

| вид | вид | ви́да | ви́де | ви́ду | ви́дом |
| ви́ды | ви́ды | ви́дов | ви́дах | ви́дам | ви́дами |

ВИДА́ТЬ SS -а́ют; *non-past forms are Colloquial; Impf. (Pf.* у-): see

			вида́л		
			вида́ла		вида́вший
			вида́ли/о		

ВИ́ДЕТЬ SS ви́дят; *Imperative avoided; pres. passive ptcpl.* ви́димый; *ppp* ви́денный S; *Impf. (Pf.* у-): see

ви́жу	ви́дим		ви́дел	ви́дя	
ви́дишь	ви́дите		ви́дела	ви́дящий	ви́девший
ви́дит	ви́дят		ви́дели/о	ви́димый	

ВИ́ДИМО *adv. and parenthetical word*: evidently

ВИ́ДНО¹ *parenthetical word*: obviously, evidently

ВИ́ДНО² *predicate*: it is obvious, apparent; it is visible, in sight *e.g.* Мне *Dat* ви́дно го́ру *Acc* отсю́да I can see the mountain from here

ВИ́ДНЫЙ¹ М (e) *sh.Plur.* видны́ [*or old-fashioned* ви́дны]: visible, discernable *e.g.* Мне *Dat* видна́ гора́ *Nom* отсю́да I can see the mountain from here

ви́дный	Nom/Gen	ви́дного	ви́дном	ви́дному	ви́дным
ви́дное	ви́дное	ви́дного	ви́дном	ви́дному	ви́дным
ви́дная	ви́дную	ви́дной	ви́дной	ви́дной	ви́дной
ви́дные	Nom/Gen	ви́дных	ви́дных	ви́дным	ви́дными

ви́ден, видна́, ви́дно, видны́; видне́е

ВИ́ДНЫЙ² S (e) (*for long forms see* ви́дный¹): distinguished, prominent; portly, stately

ви́ден, видна́, ви́дно, видны́; видне́е

ВИДОВО́Й Е *no sh.masc; other short forms avoided*: aspectual, aspect (*grammatical*); pertaining to species; scenic

видово́й	Nom/Gen	видово́го	видово́м	видово́му	видовы́м
видово́е	видово́е	видово́го	видово́м	видово́му	видовы́м
видова́я	видову́ю	видово́й	видово́й	видово́й	видово́й
видовы́е	Nom/Gen	видовы́х	видовы́х	видовы́м	видовы́ми

ВИ́ЖУ *non-past tense of* ви́деть

ВИЗИ́Т SS *m.in*: visit

| визи́т | визи́т | визи́та | визи́те | визи́ту | визи́том |
| визи́ты | визи́ты | визи́тов | визи́тах | визи́там | визи́тами |

ВИ́ЛКА SS (о) *f.in*: fork; plug (male, two-pronged; electrical)

| ви́лка | ви́лку | ви́лки | ви́лке | ви́лке | ви́лкой |
| ви́лки | ви́лки | ви́лок | ви́лках | ви́лкам | ви́лками |

ВИНИ́ТЕЛЬНЫЙ S (e): accusative (*case*)

| вини́тельный | вини́тельный | вини́тельного | вини́тельном | вини́тельному | вини́тельным |

ВИНО́ ES *n.in*: wine

| вино́ | вино́ | вина́ | вине́ | вину́ | вино́м |
| ви́на | ви́на | вин | ви́нах | ви́нам | ви́нами |

ВИНОВА́ТЫЙ S: guilty

виновátый	Nom/Gen	винова́того	винова́том	винова́тому	винова́тым
винова́тое	винова́тое	винова́того	винова́том	винова́тому	винова́тым
винова́тая	винова́тую	винова́той	винова́той	винова́той	винова́той
винова́тые	Nom/Gen	винова́тых	винова́тых	винова́тым	винова́тыми

виноват, виновата, виновато, виноваты; виноватее

ВИНОГРА́Д SS Part. -y m.in: vine; grapes (collectively)

виногра́д	виногра́д	виногра́да/-у	виногра́де	виногра́ду	виногра́дом

ВИНОГРА́ДНИК SS m.in: vineyard

-гра́дник	-гра́дник	-гра́дника	-гра́днике	-гра́днику	-гра́дником
-гра́дники	-гра́дники	-гра́дников	-гра́дниках	-гра́дникам	-гра́дниками

ВИОЛОНЧЕ́ЛЬ SS f.in: cello ● игра́ть на виолонче́ли Prep play the cello

виолонче́ль	виолонче́ль	виолонче́ли	виолонче́ли	виолонче́ли	виолонче́лью
виолонче́ли	виолонче́ли	виолонче́лей	виолонче́лях	виолонче́лям	виолонче́лями

ВИРГИ́НИЯ SS f.in: Virginia (state)

Вирги́ния	Вирги́нию	Вирги́нии	Вирги́нии	Вирги́нии	Вирги́нией

ВИСЕ́ТЬ ES вися́т; intrans; Impf. (Pf-awhile по-): hang

вишу́	виси́м	виси́	висе́л	вися́	
виси́шь	виси́те	виси́те	висе́ла	вися́щий	висе́вший
виси́т	вися́т		висе́ли/о		

ВИСКО́НСИН SS m.in: Wisconsin

Виско́нсин	Виско́нсин	Виско́нсина	Виско́нсине	Виско́нсину	Виско́нсином

ВИТРИ́НА SS f.in: shop-window; show-case

витри́на	витри́ну	витри́ны	витри́не	витри́не	витри́ной
витри́ны	витри́ны	витри́н	витри́нах	витри́нам	витри́нами

ВИ́ШНЯ SS (e) f.in: cherry; cherries (collectively); cherry-tree (use на/на/с for into/in/out of the tree)

ви́шня	ви́шню	ви́шни	ви́шне	ви́шне	ви́шней
ви́шни	ви́шни	ви́шен	ви́шнях	ви́шням	ви́шнями

ВИШУ́ non-past tense of висе́ть

ВКЛЮЧА́ТЬ SS -а́ют; Impf. (Pf. включи́ть): include; connect; turn on

включа́ю	включа́ем	включа́й	включа́л	включа́я	
включа́ешь	включа́ете	включа́йте	включа́ла	включа́ющий	включа́вший
включа́ет	включа́ют		включа́ли/о	включа́емый	—

ВКЛЮЧИ́ТЕЛЬНО adv: inclusive, including

ВКЛЮЧИ́ТЬ ES -ча́т; Pf. (Impf. включа́ть): include; connect; turn on

включу́	включи́м	включи́	включи́л	—	включи́в[ши]
включи́шь	включи́те	включи́те	включи́ла	—	включи́вший
включи́т	включа́т		включи́ли/о	—	включённый Е

ВКУ́С <in prep. phrases variants во, со, ко are used> SS m.in: taste; manner, style

вку́с	вку́с	вку́са	вку́се	вку́су	вку́сом
вку́сы	вку́сы	вку́сов	вку́сах	вку́сам	вку́сами

ВКУ́СНО adv: appetizingly; with gusto

ВКУ́СНЫЙ <in prep. phrases variants во, со, ко are used> M (e) [sh.Plur. вку́сны́]: good, appetizing, tasty

вку́сный	Nom/Gen	вку́сного	вку́сном	вку́сному	вку́сным
вку́сное	вку́сное	вку́сного	вку́сном	вку́сному	вку́сным
вку́сная	вку́сную	вку́сной	вку́сной	вку́сной	вку́сной
вку́сные	Nom/Gen	вку́сных	вку́сных	вку́сным	вку́сными

вку́сен, вкусна́, вку́сно, вку́сны́; вкусне́е

ВЛАДЕ́ТЬ SS -е́ют; intrans; Impf. (Pf. о-): 1. control, have mastery (of) e.g. Он владе́ет ру́сским языко́м Inst He knows Russian very well; 2. own e.g. Он владе́ет тремя́ Inst дома́ми

владе́ю	владе́ем	владе́й	владе́л	владе́я	
владе́ешь	владе́ете	владе́йте	владе́ла	владе́ющий	владе́вший
владе́ет	владе́ют		владе́ли/о	—	—

ВЛАСТЬ <in prep. phrases variant во is used> SE NPlur. вла́сти f.in: power; (in Plur.) the authorities

власть	власть	вла́сти	вла́сти	вла́сти	вла́стью
вла́сти	вла́сти	власте́й	властя́х	властя́м	властя́ми

ВЛЕТА́ТЬ SS -а́ют; intrans; Impf. (Pf. влете́ть): fly into; rush in

влета́ю	влета́ем	влета́й	влета́л	влета́я	
влета́ешь	влета́ете	влета́йте	влета́ла	влета́ющий	влета́вший
влета́ет	влета́ют		влета́ли/о	—	—

ВЛЕТЕ́ТЬ ES -летя́т; intrans; Pf. (Impf. влета́ть): fly into; rush in

влечу́	влети́м	влети́	влете́л	—	влете́в[ши]
влети́шь	влети́те	влети́те	влете́ла	—	влете́вший
влети́т	летя́т		влете́ли/о	—	

ВЛЮБИ́ТЬСЯ MS -ю́бятся; Pf. (Impf. влюбля́ться): fall in love e.g. Он влюби́лся в мою́ сестру́ Acc

влюблю́сь	влю́бимся	влюби́сь	влюби́лся	—	влюби́вшись
влю́бишься	влю́битесь	влюби́тесь	влюби́лась	—	влюби́вшийся
влю́бится	влю́бятся		влюби́лись/ось	—	

ВЛЮБЛЁННЫЙ[1] *<in prep. phrases variant* во *is used>* E *short forms* влюблён, -ена́, -ено́, -ены́; *compar.* -ённее; *also used as m./f.an noun:* in love *e.g.* Óн влюблён в мою́ сестру́ *Acc;* (as noun) person in love

влюблённый	Nom/Gen	влюблённого	влюблённом	влюблённому	влюблённым
влюблённое	влюблённое	влюблённого	влюблённом	влюблённому	влюблённым
влюблённая	влюблённую	влюблённой	влюблённой	влюблённой	влюблённой
влюблённые	Nom/Gen	влюблённых	влюблённых	влюблённым	влюблёнными

влюблён, влюблена́, влюблено́, влюблены́; влюблённее

ВЛЮБЛЁННЫЙ[2] *<in prep. phrases variant* во *is used>* S *sh.masc.* влюблён *(for long forms see* влюблённый[1]): loving, tender (look, eyes, etc.)

влюблён, влюблённа, влюблённо, влюблённы; влюблённее

ВЛЮБЛЯ́ТЬСЯ SS -я́ются; *Impf. (Pf.* влюби́ться): fall in love *e.g.* Óн влюбля́лся в свои́х студе́нток *Acc*

влюбля́юсь	влюбля́емся	влюбля́йся	влюбля́лся	влюбля́ясь	
влюбля́ешься	влюбля́етесь	влюбля́йтесь	влюбля́лась	влюбля́ющийся	влюбля́вшийся
влюбля́ется	влюбля́ются		влюбля́лись/ось	——	——

ВМЕ́СТЕ *adv:* together ● вме́сте с *+Inst:* together with, along with

ВМЕ́СТО *prep. +Gen:* instead of

ВНАЧА́ЛЕ *adv:* at first, in the beginning

ВНЕСТИ́ EE -несу́т; -нёс -несла́ -несли́; *past adv.* -неся́; *past active ptcpl.* -нёсший; *Pf. (Impf.* вноси́ть): bring in; deposit

внесу́	внесём	внеси́	внёс	——	внеся́
внесёшь	внесёте	внеси́те	внесла́	——	внёсший
внесёт	внесу́т		внесли́/о́	——	внесённый E

ВНЕ́ШНЕ *adv:* outwardly, externally

ВНЕ́ШНИЙ S (e) *sh.masc. hypothetical:* external; outside; foreign

вне́шний	Nom/Gen	вне́шнего	вне́шнем	вне́шнему	вне́шним
вне́шнее	вне́шнее	вне́шнего	вне́шнем	вне́шнему	вне́шним
вне́шняя	вне́шнюю	вне́шней	вне́шней	вне́шней	вне́шней
вне́шние	Nom/Gen	вне́шних	вне́шних	вне́шним	вне́шними

вне́шня, вне́шне, вне́шни

ВНИ́З *adv:* down, downwards ● вни́з по *+Dat* down *e.g.* Óн шёл вни́з по ле́стнице *Dat* He was walking down the stairs

ВНИЗУ́ *adv:* below; downstairs; *prep. +Gen:* below, at the bottom (part) of

ВНИМА́НИЕ *<in prep. phrases variants* во, со *are used>* SS *n.in:* attention ● обраща́ть внима́ние на *+Acc* pay attention to; notice

| внима́ние | внима́ние | внима́ния | внима́нии | внима́нию | внима́нием |

ВНИМА́ТЕЛЬНО *adv:* attentively

ВНИМА́ТЕЛЬНЫЙ *<in prep. phrases variants* во, со *are used>* S (e): attentive; thoughtful, considerate

-а́тельный	Nom/Gen	-а́тельного	-а́тельном	-а́тельному	-а́тельным
-а́тельное	-а́тельное	-а́тельного	-а́тельном	-а́тельному	-а́тельным
-а́тельная	-а́тельную	-а́тельной	-а́тельной	-а́тельной	-а́тельной
-а́тельные	Nom/Gen	-а́тельных	-а́тельных	-а́тельным	-а́тельными

-а́телен, -а́тельна, -а́тельно, -а́тельны; -а́тельнее

ВНОСИ́ТЬ MS -но́сят; *pres. passive ptcpl.* -носи́мый; *Impf. (Pf.* внести́): bring in; deposit

вношу́	вно́сим	вноси́	вноси́л	внося́	
вно́сишь	вно́сите	вноси́те	вноси́ла	вно́сящий	вноси́вший
вно́сит	вно́сят		вноси́ли/о	вноси́мый	——

ВНУ́К *<in prep. phrases variant* во *is used>* SS *m.an:* grandson

| вну́к | вну́ка | вну́ка | вну́ке | вну́ку | вну́ком |
| вну́ки | вну́ков | вну́ков | вну́ках | вну́кам | вну́ками |

ВНУТРИ́ *adv. and prep. +Gen:* within, inside (of)

ВНУ́ТРЬ *adv:* inside; inwards; *prep. +Gen:* inside

ВНУ́ЧКА *<in prep. phrases variant* во *is used>* SS (e) *f.an:* granddaughter

| вну́чка | вну́чку | вну́чки | вну́чке | вну́чке | вну́чкой |
| вну́чки | вну́чек | вну́чек | вну́чках | вну́чкам | вну́чками |

ВО[1] *variant of* в; *normally unstressed; generally used before consonant clusters beginning with* в *or* ф, *e.g.* во вто́рник, во фра́зе, во всём, во вся́ком; *also used before vowel-less stems, e.g.* во сне́, во что́, во мне́, *and in other expressions*

ВО́[2] *(variant of* во́т) *particle:* here, here is; *interjection:* that's right!

ВО́ВРЕМЯ *adv:* on time; in time; at the proper time

ВО́ВСЕ *adv:* at all *(used mostly with negation e.g.* во́все не not at all)

ВО-ВТОРЫ́Х *adv. and parenthetical word:* in the second place, secondly

ВОДА́ ES *ASg.* во́ду [*or old-fashioned* EE *ASg.* во́ду, *NPlur.* во́ды] *(Irreg. in phrases* на́ воду [*or* на во́ду]; спусти́ться (уйти́ *etc.*) по́д воду [*or* под во́ду]; ходи́ть (пойти́) по́ воду; вы́мыть в дву́х (трёх *etc.*) вода́х) *f.in:* water

| вода́ | во́ду | воды́ | воде́ | воде́ | водо́й |
| во́ды | во́ды | во́д | во́дах | во́дам | во́дами |

ВОДИ́ТЬ MS во́дят; *pres. passive ptcpl.* води́мый; *Non-One-way Impf.* (*One-way Impf.* вести́; *Pf-awhile* по-): lead, conduct; drive

вожу́	во́дим	води́	води́л	водя́	
во́дишь	во́дите	води́те	води́ла	водя́щий	води́вший
во́дит	во́дят		води́ли/о	води́мый	

ВО́ДКА SS (о) *f.in*: vodka

во́дка	во́дку	во́дки	во́дке	во́дке	во́дкой

ВОЕВА́ТЬ SS вою́ют; *intrans; Impf.* (*Pf-awhile* по-): wage war, quarrel (with) *e.g.* Герма́ния воева́ла с Сове́тским Сою́зом *Inst*; О́н вою́ет с сестро́й *Inst*

вою́ю	вою́ем	вою́й	воева́л	вою́я	
вою́ешь	вою́ете	вою́йте	воева́ла	вою́ющий	воева́вший
вою́ет	вою́ют		воева́ли/о	——	——

ВО́ЖДЬ EE *m.an*: leader; chief

во́ждь	вождя́	вождя́	вожде́	вождю́	вождём
вожди́	вожде́й	вожде́й	вождя́х	вождя́м	вождя́ми

ВОЖУ́ *non-past tense of* води́ть *and of* вози́ть

ВОЗВРАТИ́ТЬ ES -тя́т -щу́; *ppp* возвращённый E; *Pf.* (*Impf.* возвраща́ть): return (smt.) *e.g.* О́н возврати́л кни́гу *Acc* сестре́ *Dat*

возвращу́	возврати́м	возврати́	возврати́л	——	возврати́в[ши]
возврати́шь	возврати́те	возврати́те	возврати́ла	——	возврати́вший
возврати́т	возвратя́т		возврати́ли/о	——	возвращённый E

ВОЗВРАТИ́ТЬСЯ ES -тя́тся -щу́сь; *Pf.* (*Impf.* возвраща́ться): return, come/go back

возвращу́сь	возврати́мся	возврати́сь	возврати́лся	——	возврати́вшись
возврати́шься	возврати́тесь	возврати́тесь	возврати́лась	——	возврати́вшийся
возврати́тся	возвратя́тся		возврати́лись/ось	——	——

ВОЗВРАЩА́ТЬ SS -а́ют; *Impf.* (*Pf.* возврати́ть *and* верну́ть): return (smt.) *e.g.* О́н возвраща́л кни́гу *Acc* сестре́ *Dat*

возвраща́ю	возвраща́ем	возвраща́й	возвраща́л	возвраща́я	
возвраща́ешь	возвраща́ете	возвраща́йте	возвраща́ла	возвраща́ющий	возвраща́вший
возвраща́ет	возвраща́ют		возвраща́ли/о	возвраща́емый	——

ВОЗВРАЩА́ТЬСЯ SS -а́ются; *Impf.* (*Pf.* возврати́ться *and* верну́ться): return, come/go back

-враща́юсь	-враща́емся	-враща́йся	-враща́лся	-враща́ясь	
-враща́ешься	-враща́етесь	-враща́йтесь	-враща́лась	-враща́ющийся	-враща́вшийся
-враща́ется	-враща́ются		-враща́лись/ось		

ВОЗДЕРЖА́ТЬСЯ MS -де́ржатся; *Pf.* (*Impf.* возде́рживаться): abstain *e.g.* О́н воздержа́лся от разгово́ра *Gen*

-держу́сь	-де́ржимся	-держи́сь	-держа́лся		-держа́вшись
-де́ржишься	-де́ржитесь	-держи́тесь	-держа́лась		-держа́вшийся
-де́ржится	-де́ржатся		-держа́лись/ось		

ВОЗДЕ́РЖИВАТЬСЯ SS -аются; *Impf.* (*Pf.* воздержа́ться): abstain *e.g.* О́н возде́рживался от разгово́ра *Gen*

-иваюсь	-иваемся	-ивайся	-ивался	-иваясь	
-иваешься	-иваетесь	-ивайтесь	-ивалась	-ивающийся	-ивавшийся
-ивается	-иваются		-ивались/ось		

ВО́ЗДУХ SS *Part.* -у, *Plur. hypothetical; m.in*: air

во́здух	во́здух	во́здуха/-у	во́здухе	во́здуху	во́здухом

ВОЗИ́ТЬ MS во́зят; *pres. passive ptcpl.* вози́мый; *Non-One-way Impf.* (*One-way Impf.* везти́; *Pf-awhile* по-): take, haul

вожу́	во́зим	вози́	вози́л	возя́	
во́зишь	во́зите	вози́те	вози́ла	возя́щий	вози́вший
во́зит	во́зят		вози́ли/о	вози́мый	

ВОЗМО́ЖНО *adv. and parenthetical word*: possibly; *predicate*: it is possible

ВОЗМО́ЖНОСТЬ SS *f.in*: possibility; opportunity

-мо́жность	-мо́жность	-мо́жности	-мо́жности	-мо́жности	-мо́жностью
-мо́жности	-мо́жности	-мо́жностей	-мо́жностях	-мо́жностям	-мо́жностями

ВОЗМО́ЖНЫЙ S (е): possible

возмо́жный	*Nom/Gen*	возмо́жного	возмо́жном	возмо́жному	возмо́жным
возмо́жное	возмо́жное	возмо́жного	возмо́жном	возмо́жному	возмо́жным
возмо́жная	возмо́жную	возмо́жной	возмо́жной	возмо́жной	возмо́жной
возмо́жные	*Nom/Gen*	возмо́жных	возмо́жных	возмо́жным	возмо́жными

возмо́жен, возмо́жна, возмо́жно, возмо́жны; возмо́жнее

ВОЗНИКА́ТЬ SS -а́ют; *intrans; Impf.* (*Pf.* возни́кнуть): arise, spring up *e.g.* У меня́ *Gen* возника́ли но́вые иде́и *Nom* I used to get new ideas

возника́ю	возника́ем	возника́й	возника́л	возника́я	
возника́ешь	возника́ете	возника́йте	возника́ла	возника́ющий	возника́вший
возника́ет	возника́ют		возника́ли/о		

ВОЗНИ́КНУТЬ SS -нут; возни́к возни́кла возни́кли; [*past adv.* возни́кши *or* возни́кнув[ши]]; *intrans; Pf.* (*Impf.* возника́ть): arise, spring up *e.g.* У меня́ *Gen* возни́кла но́вая иде́я *Nom* I got a new idea

возни́кну	возни́кнем	возни́кни	возни́к		возни́кши
возни́кнешь	возни́кнете	возни́кните	возни́кла		возни́кший
возни́кнет	возни́кнут		возни́кли/о		

ВОЗРАЖА́ТЬ SS -а́ют; *intrans; Impf. (Pf.* возрази́ть*):* 1. retort (to); contradict, argue (with) *e.g.* Он возража́л сестре́ *Dat;* 2. object (to) *e.g.* Он возража́л про́тив моего́ пла́на *Gen*

возража́ю	возража́ем	возража́й	возража́л	возража́я	
возража́ешь	возража́ете	возража́йте	возража́ла	возража́ющий	возража́вший
возража́ет	возража́ют		возража́ли/о	——	——

ВОЗРАЗИ́ТЬ ES -зя́т; *intrans; Pf. (Impf.* возража́ть*):* 1. retort (to); contradict, argue (with) *e.g.* Он возрази́л сестре́ *Dat;* 2. object (to) *e.g.* Он возрази́л про́тив моего́ пла́на *Gen*

возражу́	возрази́м	возрази́	возрази́л	——	возрази́в[ши]
возрази́шь	возрази́те	возрази́те	возрази́ла	——	возрази́вший
возрази́т	возразя́т		возрази́ли/о	——	——

ВО́ЗРАСТ SS *m.in:* age

во́зраст	во́зраст	во́зраста	во́зрасте	во́зрасту	во́зрастом

ВОЗЬМУ́Т *non-past tense of* взять

ВОЙДУ́Т *non-past tense of* войти́

ВОЙНА́ ES *f.in:* war ● пойти́ на войну́ go off to the war; бы́ть на войне́ be in the war, at the front; бы́ть ра́неным на войне́ be wounded in the war; поги́бнуть на войне́ die/perish in the war; верну́ться с войны́ return from the war

война́	войну́	войны́	войне́	войне́	войно́й
во́йны	во́йны	во́йн	во́йнах	во́йнам	во́йнами

ВОЙСКА́ E *Plur. only; (see also* во́йско*) o-declension n.in:* troops; forces

войска́	войска́	во́йск	войска́х	войска́м	войска́ми

ВО́ЙСКО SE *(see also* войска́*) n.in:* army; host, multitude

во́йско	во́йско	во́йска	во́йске	во́йску	во́йском
войска́	войска́	во́йск	войска́х	войска́м	войска́ми

ВОЙТИ́ EE войду́т; вошёл вошла́ вошли́; *past adv.* войдя́; *past active ptcpl.* воше́дший; *intrans; Pf. (Impf.* входи́ть*):* go into, enter

войду́	войдём	войди́	вошёл	——	войдя́
войдёшь	войдёте	войди́те	вошла́	——	воше́дший
войдёт	войду́т		вошли́/о	——	——

ВОКЗА́Л SS *m.in:* station, terminal (use на/на/с for to/at/from)

вокза́л	вокза́л	вокза́ла	вокза́ле	вокза́лу	вокза́лом
вокза́лы	вокза́лы	вокза́лов	вокза́лах	вокза́лам	вокза́лами

ВОКРУ́Г *adv. and prep.* +Gen: around

ВОЛ EE *m.an:* ox

вол	вола́	вола́	воле́	волу́	воло́м
волы́	воло́в	воло́в	вола́х	вола́м	вола́ми

ВОЛЕЙБО́Л SS *m.in:* volleyball (game) *(use* на/на/с *for to/at/from the event)* ● игра́ть в волейбо́л *Acc* play volleyball

волейбо́л	волейбо́л	волейбо́ла	волейбо́ле	волейбо́лу	волейбо́лом

ВОЛЕЙБОЛИ́СТ SS *m.an:* volleyball player

-боли́ст	-боли́ста	-боли́ста	-боли́сте	-боли́сту	-боли́стом
-боли́сты	-боли́стов	-боли́стов	-боли́стах	-боли́стам	-боли́стами

ВОЛЕЙБОЛИ́СТКА SS (о) *f.an:* volleyball player (woman)

-боли́стка	-боли́стку	-боли́стки	-боли́стке	-боли́стке	-боли́сткой
-боли́стки	-боли́сток	-боли́сток	-боли́стках	-боли́сткам	-боли́стками

ВОЛНА́ EE [*or* ES] *NPlur.* во́лны *f.in:* wave

волна́	волну́	волны́	волне́	волне́	волно́й
во́лны	во́лны	во́лн	волна́х	волна́м	волна́ми

ВОЛНОВА́ТЬ SS -ну́ют; *Impf. (Pf.* вз-*):* worry; excite (by) *e.g.* Он волну́ет меня́ *Acc* свои́ми разгово́рами *Inst*

волну́ю	волну́ем	волну́й	волнова́л	волну́я	
волну́ешь	волну́ете	волну́йте	волнова́ла	волну́ющий	волнова́вший
волну́ет	волну́ют		волнова́ли/о	волну́емый	

ВОЛНОВА́ТЬСЯ SS -ну́ются; *Impf. (Pf-begin* за-*):* 1. worry (for) *e.g.* Он волну́ется за сестру́ *Acc;* 2. worry (about) *e.g.* Он волну́ется о сестре́ *Prep*

волну́юсь	волну́емся	волну́йся	волнова́лся	волну́ясь	
волну́ешься	волну́етесь	волну́йтесь	волнова́лась	волну́ющийся	волнова́вшийся
волну́ется	волну́ются		волнова́лись/ось	——	——

ВО́ЛОС SE *NPlur.* во́лосы, *GPlur.* -# *(see also* во́лосы*) (Irreg. in phrases* за́ волосы [*or* за во́лосы]; ни на́ волос (ни в какой степени)) *m.in:* hair

во́лос	во́лос	во́лоса	во́лосе	во́лосу	во́лосом
во́лосы	во́лосы	воло́с	волоса́х	волоса́м	волоса́ми

ВО́ЛОСЫ E *Plur. only; GPlur.* -# *(Irreg. in phrases* за́ волосы [*or* за во́лосы]) *#-declension m.in:* (head of) hair

во́лосы	во́лосы	воло́с	волоса́х	волоса́м	волоса́ми

ВОН *adv:* out; off, away; *particle:* there, over there ● вон та́м over there

ВООБЩЕ́ <*Colloquial* ваще́ *instead of* ваапще́> *adv:* in general, on the whole; altogether; at all

ВО-ПЕ́РВЫХ *adv. and parenthetical word:* in the first place, first of all

ВОПРО́С SS *m.in:* question

вопро́с	вопро́с	вопро́са	вопро́се	вопро́су	вопро́сом
вопро́сы	вопро́сы	вопро́сов	вопро́сах	вопро́сам	вопро́сами

ВОРО́НА SS f.an: crow

воро́на	воро́ну	воро́ны	воро́не	воро́не	воро́ной
воро́ны	воро́н	воро́н	воро́нах	воро́нам	воро́нами

ВОРО́ТА S [or Poetic E] Plur. only; o-declension n.in: gate, gates

воро́та	воро́та	воро́т	воро́тах	воро́там	воро́тами

ВОСЕМНА́ДЦАТЫЙ numeral inflected like adj: eighteenth

-на́дцатый	Nom/Gen	-на́дцатого	-на́дцатом	-на́дцатому	-на́дцатым
-на́дцатое	-на́дцатое	-на́дцатого	-на́дцатом	-на́дцатому	-на́дцатым
-на́дцатая	-на́дцатую	-на́дцатой	-на́дцатой	-на́дцатой	-на́дцатой
-на́дцатые	Nom/Gen	-на́дцатых	-на́дцатых	-на́дцатым	-на́дцатыми

ВОСЕМНА́ДЦАТЬ numeral: eighteen

-на́дцать	-на́дцать	-на́дцати	-на́дцати	-на́дцати	-на́дцатью

ВО́СЕМЬ numeral [Inst. восемью́ or восьмью́]: eight

во́семь	во́семь	восьми́	восьми́	восьми́	восемью́

ВО́СЕМЬДЕСЯТ numeral [Inst. восьмью́десятью or восемью́десятью]: eighty

во́семьдесят	во́семьдесят	восьми́десяти	восьми́десяти	восьми́десяти	восьмью́десятью

ВОСЕМЬСО́Т numeral [Inst. восьмьюста́ми or восемьюста́ми]: eight hundred

восемьсо́т	восемьсо́т	восьмисо́т	восьмиста́х	восьмиста́м	восьмьюста́ми

ВОСКОВО́Й E no sh.masc; other short forms avoided: wax; wax-like

восково́й	Nom/Gen	восково́го	восково́м	восково́му	восковы́м
восково́е	восково́е	восково́го	восково́м	восково́му	восковы́м
восковá́я	восковý́ю	восково́й	восково́й	восково́й	восково́й
восковы́е	Nom/Gen	восковы́х	восковы́х	восковы́м	восковы́ми

ВОСКРЕСЕ́НЬЕ SS (и) n.in: Sunday

воскресе́нье	воскресе́нье	воскресе́нья	воскресе́нье	воскресе́нью	воскресе́ньем
воскресе́нья	воскресе́нья	воскресе́ний	воскресе́ньях	воскресе́ньям	воскресе́ньями

ВОСПИТА́ТЬ SS -а́ют; Pf. (Impf. воспи́тывать): educate, bring up

воспита́ю	воспита́ем	воспита́й	воспита́л	——	воспита́в[ши]
воспита́ешь	воспита́ете	воспита́йте	воспита́ла	——	воспита́вший
воспита́ет	воспита́ют		воспита́ли/о	——	воспи́танный S

ВОСПИ́ТЫВАТЬ SS -ают; Impf. (Pf. воспита́ть): educate, bring up

воспи́тываю	воспи́тываем	воспи́тывай	воспи́тывал	воспи́тывая	
воспи́тываешь	воспи́тываете	воспи́тывайте	воспи́тывала	воспи́тывающий	воспи́тывавший
воспи́тывает	воспи́тывают		воспи́тывали/о	воспи́тываемый	——

ВОСПО́ЛЬЗОВАТЬСЯ SS -зуются; Pf. (Impf. по́льзоваться): 1. take advantage (of) e.g. Он воспо́льзовался мое́й добро́той Inst; 2. use, make use of (said of tools and devices; not said of things you use up, like foods and supplies, nor of words and phrases) e.g. Он воспо́льзовался но́вым словарём Inst для перево́да Gen э́той статьи́

-зу́юсь	-зу́емся	-зу́йся	-зова́лся	——	-зова́вшись
-зу́ешься	-зу́етесь	-зу́йтесь	-зова́лась	——	-зова́вшийся
-зу́ется	-зу́ются		-зова́лись/ось		

ВОСПРЕЩА́ТЬСЯ SS -а́ются; Impf. (no Pf.): be prohibited

-преща́юсь	-преща́емся	-преща́йся	-преща́лся	-преща́ясь	
-преща́ешься	-преща́етесь	-преща́йтесь	-преща́лась	-преща́ющийся	-преща́вшийся
-преща́ется	-преща́ются		-преща́лись/ось	——	

ВОСТО́К SS m.in: east (use на/на/с for to/in/from)

восто́к	восто́к	восто́ка	восто́ке	восто́ку	восто́ком

ВОСТО́РГ SS m.in: delight, rapture

восто́рг	восто́рг	восто́рга	восто́рге	восто́ргу	восто́ргом
восто́рги	восто́рги	восто́ргов	восто́ргах	восто́ргам	восто́ргами

ВОСТО́ЧНОСЛАВЯ́НСКИЙ S short forms avoided, no compar: East Slavic

-славя́нский	Nom/Gen	-славя́нского	-славя́нском	-славя́нскому	-славя́нским
-славя́нское	-славя́нское	-славя́нского	-славя́нском	-славя́нскому	-славя́нским
-славя́нская	-славя́нскую	-славя́нской	-славя́нской	-славя́нской	-славя́нской
-славя́нские	Nom/Gen	-славя́нских	-славя́нских	-славя́нским	-славя́нскими

ВОСТО́ЧНЫЙ S (е): east, eastern; oriental

восто́чный	Nom/Gen	восто́чного	восто́чном	восто́чному	восто́чным
восто́чное	восто́чное	восто́чного	восто́чном	восто́чному	восто́чным
восто́чная	восто́чную	восто́чной	восто́чной	восто́чной	восто́чной
восто́чные	Nom/Gen	восто́чных	восто́чных	восто́чным	восто́чными

adv. по-восто́чному; compar. восто́чнее

ВОСХИТИ́ТЬСЯ ES -тятся -хищу́сь; Pf. (Impf. восхища́ться): admire e.g. Он восхити́лся её пла́тьем Inst

-хищу́сь	-хити́мся	-хити́сь	-хити́лся	——	-хити́вшись
-хити́шься	-хити́тесь	-хити́тесь	-хити́лась	——	-хити́вшийся
-хити́тся	-хитя́тся		-хити́лись/ось	——	

ВОСХИЩА́ТЬСЯ SS -а́ются; Impf. (Pf. восхити́ться): admire e.g. Он восхища́ется мое́й сестро́й Inst

-хища́юсь	-хища́емся	-хища́йся	-хища́лся	-хища́ясь	
-хища́ешься	-хища́етесь	-хища́йтесь	-хища́лась	-хища́ющийся	-хища́вшийся
-хища́ется	-хища́ются		-хища́лись/ось	——	

ВОСХОДИ́ТЬ (see also всходи́ть) MS -хо́дят; intrans; Impf. (Pf. взойти́): rise (said of the sun, stars, etc.)

восхожу́	восхо́дим	восходи́	восходи́л	восходя́	
восхо́дишь	восхо́дите	восходи́те	восходи́ла	восходя́щий	восходи́вший
восхо́дит	восхо́дят		восходи́ли/о	——	——

ВОСЬМИДЕСЯ́ТЫЙ numeral inflected like adj: eightieth

-деся́тый	Nom/Gen	-деся́того	-деся́том	-деся́тому	-деся́тым
-деся́тое	-деся́тое	-деся́того	-деся́том	-деся́тому	-деся́тым
-деся́тая	-деся́тую	-деся́той	-деся́той	-деся́той	-деся́той
-деся́тые	Nom/Gen	-деся́тых	-деся́тых	-деся́тым	-деся́тыми

ВОСЬМИЛЕ́ТНИЙ S (e): eight-year; eight-year-old

-ле́тний	Nom/Gen	-ле́тнего	-ле́тнем	-ле́тнему	-ле́тним
-ле́тнее	-ле́тнее	-ле́тнего	-ле́тнем	-ле́тнему	-ле́тним
-ле́тняя	-ле́тнюю	-ле́тней	-ле́тней	-ле́тней	-ле́тней
-ле́тние	Nom/Gen	-ле́тних	-ле́тних	-ле́тним	-ле́тними

ВОСЬМИСО́ТЫЙ numeral inflected like adj: eight-hundredth

восьмисо́тый	Nom/Gen	восьмисо́того	восьмисо́том	восьмисо́тому	восьмисо́тым
восьмисо́тое	восьмисо́тое	восьмисо́того	восьмисо́том	восьмисо́тому	восьмисо́тым
восьмисо́тая	восьмисо́тую	восьмисо́той	восьмисо́той	восьмисо́той	восьмисо́той
восьмисо́тые	Nom/Gen	восьмисо́тых	восьмисо́тых	восьмисо́тым	восьмисо́тыми

ВОСЬМО́Й numeral inflected like adj: eighth

восьмо́й	Nom/Gen	восьмо́го	восьмо́м	восьмо́му	восьмы́м
восьмо́е	восьмо́е	восьмо́го	восьмо́м	восьмо́му	восьмы́м
восьма́я	восьму́ю	восьмо́й	восьмо́й	восьмо́й	восьмо́й
восьмы́е	Nom/Gen	восьмы́х	восьмы́х	восьмы́м	восьмы́ми

ВО́Т particle: here (is/are), there (is/are); this is, these are

ВОШЕ́ДШИЙ past active ptcpl. of войти́

ВОШЁЛ past tense of войти́

ВОЮ́ЮТ non-past tense of воева́ть

ВПАДА́ТЬ SS -а́ют; intrans; Impf. 1. (Pf. впа́сть) lapse (into) e.g. Он впада́ет в тоску́ Acc He gets the blues; 2. (no Pf.) flow (into) e.g. Ока́ впада́ет в Во́лгу Acc

впада́ю	впада́ем	впада́й	впада́л	впада́я	
впада́ешь	впада́ете	впада́йте	впада́ла	впада́ющий	впада́вший
впада́ет	впада́ют		впада́ли/о	——	——

ВПА́СТЬ ES -паду́т; -па́л -па́ла -па́ли; past adv. -па́в[ши]; intrans; Pf. (Impf. впада́ть): lapse (into) e.g. Он впа́л в тоску́ Acc He got the blues

впаду́	впадём	впади́	впа́л	——	впа́в[ши]
впадёшь	впадёте	впади́те	впа́ла	——	впа́вший
впадёт	впаду́т		впа́ли/о	——	——

ВПЕРВЫ́Е adv: for the first time

ВПЕРЁД adv: forward; henceforth; in advance; prep. +Gen: in front of; before

ВПЕРЕДИ́ adv: in front, ahead; prep. +Gen: in front of

ВПЕЧАТЛЕ́НИЕ <in prep. phrases variant во is used> SS n.in: impression

впечатле́ние	впечатле́ние	впечатле́ния	впечатле́нии	впечатле́нию	впечатле́нием
впечатле́ния	впечатле́ния	впечатле́ний	впечатле́ниях	впечатле́ниям	впечатле́ниями

ВПОЛНЕ́ adv: fully, entirely, quite

ВПРО́ЧЕМ conjunction: however, but; or rather

ВРА́Г <in prep. phrases variant во is used> EE m.an: enemy

вра́г	врага́	врага́	враге́	врагу́	враго́м
враги́	враго́в	враго́в	врага́х	врага́м	врага́ми

ВРАТА́РЬ <in prep. phrases variant во is used> EE m.an: goalkeeper (sports)

вратарь	вратаря́	вратаря́	вратаре́	вратарю́	вратарём
вратари́	вратаре́й	вратаре́й	вратаря́х	вратаря́м	вратаря́ми

ВРА́Ч <in prep. phrases variant во is used> EE m.an: doctor (Use fem. predicate when referring to a woman, e.g. Наш но́вый вра́ч сего́дня не пришла́)

вра́ч	врача́	врача́	враче́	врачу́	врачо́м
врачи́	враче́й	враче́й	врача́х	врача́м	врача́ми

ВРЕ́МЕННЫЙ <in prep. phrases variant во is used> S (e) sh.masc. avoided: temporary; provisional

вре́менный	Nom/Gen	вре́менного	вре́менном	вре́менному	вре́менным
вре́менное	вре́менное	вре́менного	вре́менном	вре́менному	вре́менным
вре́менная	вре́менную	вре́менной	вре́менной	вре́менной	вре́менной
вре́менные	Nom/Gen	вре́менных	вре́менных	вре́менным	вре́менными

вре́менна, вре́менно, вре́менны

| Nominative | Accusative | Genitive | Prepositional | Dative | Instrumental | 29 |

Non-past Sing.   Non-past Plur.   Imperative   Past   Pres. deverbals   Past deverbals

ВРЕ́МЯ *\<in prep. phrases variant* во *is used>* SE *GPDSg.* вре́мени, *ISg.* вре́менем, *NPlur.* времена́ *GPlur.* времён *n.in:* time ● во вре́мя +Gen during; со вре́менем in due time; проше́дшее вре́мя past tense; вре́мя го́да season (of the year)

вре́мя	вре́мя	вре́мени	вре́мени	вре́мени	вре́менем
времена́	времена́	времён	времена́х	времена́м	времена́ми

ВСЁ *\<before* вс- *use the longer variants of prepositions* с(о), в(о), к(о), *and, optionally, of* из(о), от(о), над(о), под(о), без(о), о(бо)*> pronoun, inflected like the anim. Plur. of* ве́сь: everybody, all

все	всех	всех	всех	всем	всеми

ВСЁ¹ *\<before* вс- *use the longer variants of prepositions* с(о), в(о), к(о), *and, optionally, of* из(о), от(о), над(о), под(о), без(о), о(бо)*> pronoun, inflected like the neut. Sg. of* ве́сь: everything, all

всё	всё	всего́	всём	всему́	всем

ВСЁ² *adv:* 1. *colloq. variant of* всё вре́мя all the time, continually, always; 2. *colloq. variant of* всё ещё still; *conjunction:* however; *particle used with comparatives, e.g.* всё бо́льше и бо́льше more and more ● всё же (*or* всё ж) all the same, nevertheless

ВСЕГДА́ *adv:* always ● чём всегда́ than ever; ка́к всегда́ as ever, as always

ВСЕГО́ *\<*во́*> (see also* ве́сь*) adv. and particle:* in all; only

ВСЕО́БЩИЙ *\<in prep. phrases variants* во, со, ко *are used>* S: general; universal

всео́бщий	Nom/Gen	всео́бщего	всео́бщем	всео́бщему	всео́бщим
всео́бщее	всео́бщее	всео́бщего	всео́бщем	всео́бщему	всео́бщим
всео́бщая	всео́бщую	всео́бщей	всео́бщей	всео́бщей	всео́бщей
всео́бщие	Nom/Gen	всео́бщих	всео́бщих	всео́бщим	всео́бщими

ВСЁ-ТАКИ *conjunction and particle:* for all that, still, all the same

ВСКОЧИ́ТЬ MS -ско́чат; *intrans; Pf. (Impf.* вска́кивать): jump up

вскочу́	вско́чим	вскочи́	вскочи́л	——	вскочи́в[ши]
вско́чишь	вско́чите	вскочи́те	вскочи́ла	——	вскочи́вший
вско́чит	вско́чат		вскочи́ли/о	——	——

ВСЛЕД *postposition and preposition* +Dat: after *e.g.* Я смотре́л ему́ *Dat* всле́д [*or* всле́д ему́ *Dat*] I followed him with my eyes; I watched him go (away) ● всле́д за +Inst after, following

ВСЛУ́Х *adv:* aloud

ВСПАХА́ТЬ MS -па́шут; *Pf. (Impf.* вспа́хивать): plow

вспашу́	вспа́шем	вспаши́	вспаха́л	——	вспаха́в[ши]
вспа́шешь	вспа́шете	вспаши́те	вспаха́ла	——	вспаха́вший
вспа́шет	вспа́шут		вспаха́ли/о	——	вспа́ханный S

ВСПОМИНА́ТЬ SS -а́ют; *Impf. (Pf.* вспо́мнить): 1. remember, recollect *e.g.* Он вспомина́л сестру́ *Acc*; 2. remember (about) *e.g.* Он вспомина́л о сестре́ *Prep* [*or* про сестру́ *Acc*]

вспомина́ю	вспомина́ем	вспомина́й	вспомина́л	вспомина́я	
вспомина́ешь	вспомина́ете	вспомина́йте	вспомина́ла	вспомина́ющий	вспомина́вший
вспомина́ет	вспомина́ют		вспомина́ли/о	вспомина́емый	

ВСПО́МНИТЬ SS -нят; *Pf. (Impf.* вспомина́ть): 1. remember, recollect *e.g.* Он вспо́мнил сестру́ *Acc*; 2. remember (about) *e.g.* Он вспо́мнил о сестре́ *Prep* [*or* про сестру́ *Acc*]

вспо́мню	вспо́мним	вспо́мни	вспо́мнил	——	вспо́мнив[ши]
вспо́мнишь	вспо́мните	вспо́мните	вспо́мнила	——	вспо́мнивший
вспо́мнит	вспо́мнят		вспо́мнили/о	——	вспо́мненный S

ВСТАВА́ТЬ ES -стаю́т; -става́й! *pres. adv.* -става́я; *intrans; Impf. (Pf.* встать): stand up, get up

встаю́	встаём	встава́й	встава́л	встава́я	
встаёшь	встаёте	встава́йте	встава́ла	встаю́щий	встава́вший
встаёт	встаю́т		встава́ли/о	——	——

✓**ВСТА́ТЬ** SS -ста́нут; *intrans; Pf. (Impf.* встава́ть): stand up, get up

вста́ну	вста́нем	вста́нь	вста́л	——	вста́в[ши]
вста́нешь	вста́нете	вста́ньте	вста́ла	——	вста́вший
вста́нет	вста́нут		вста́ли/о	——	——

ВСТРЕ́ТИТЬ SS -тят; *Pf. (Impf.* встреча́ть): meet, greet; meet, run into

встре́чу	встре́тим	встре́ть	встре́тил	——	встре́тив[ши]
встре́тишь	встре́тите	встре́тьте	встре́тила	——	встре́тивший
встре́тит	встре́тят		встре́тили/о	——	встре́ченный S

ВСТРЕ́ТИТЬСЯ SS -тятся; *Pf. (Impf.* встреча́ться): 1. be found, occur; 2. meet, have a meeting *e.g.* Он встре́тился с сестро́й *Inst*

встре́чусь	встре́тимся	встре́ться	встре́тился	——	встре́тившись
встре́тишься	встре́титесь	встре́тьтесь	встре́тилась	——	встре́тившийся
встре́тится	встре́тятся		встре́тились/ось		

ВСТРЕ́ЧА *\<in prep. phrases variants* во, со *are used>* SS *f.in:* meeting, date (*use* на/на/с *for* to/at/from *the event*)

встре́ча	встре́чу	встре́чи	встре́че	встре́чам	встре́чей
встре́чи	встре́чи	встре́чи	встре́чах	встре́чам	встре́чами

ВСТРЕЧА́ТЬ SS -а́ют; *Impf. (Pf.* встре́тить): meet, greet; meet, run into

встреча́ю	встреча́ем	встреча́й	встреча́л	встреча́я	
встреча́ешь	встреча́ете	встреча́йте	встреча́ла	встреча́ющий	встреча́вший
встреча́ет	встреча́ют		встреча́ли/о	встреча́емый	

ВСТРЕЧА́ТЬСЯ SS -а́ются; *Impf.* (*Pf.* встре́титься): 1. be found, occur; 2. meet, have a meeting *e.g.* Он
встреча́лся с сестро́й *Inst*

встреча́юсь	встреча́емся	встреча́йся	встреча́лся	встреча́ясь	
встреча́ешься	встреча́етесь	встреча́йтесь	встреча́лась	встреча́ющийся	встреча́вшийся
встреча́ется	встреча́ются		встреча́лись/ось	——	——

ВСХОДИ́ТЬ (*see also* восходи́ть) MS -хо́дят; *intrans*; *Impf.* (*Pf.* взойти́): mount, ascend; rise (*said of the sun, stars*)

всхожу́	всхо́дим	всходи́	всходи́л	всходя́	
всхо́дишь	всхо́дите	всходи́те	всходи́ла	всходя́щий	всходи́вший
всхо́дит	всхо́дят		всходи́ли/о	——	——

ВСЮ *see* ве́сь

ВСЮ́ДУ *adv*: everywhere

ВСЯ *see* ве́сь

ВСЯ́КИЙ[1] <*before this word use the longer variants of prepositions* с(о), в(о), к(о), *and, optionally,* без(о)> *pronominal
adj. inflected like ordinary adj*: any; all sorts of

вся́кий	Nom/Gen	вся́кого	вся́ком	вся́кому	вся́ким
вся́кое	вся́кое	вся́кого	вся́ком	вся́кому	вся́ким
вся́кая	вся́кую	вся́кой	вся́кой	вся́кой	вся́кой
вся́кие	Nom/Gen	вся́ких	вся́ких	вся́ким	вся́кими

adv. по-вся́кому

ВСЯ́КИЙ[2] <*before this word use the longer variants of prepositions* с(о), в(о), к(о), *and, optionally,* без(о)> *pronoun
inflected like m.an Sg. adj*: anyone, anybody

вся́кий	вся́кого	вся́кого	вся́ком	вся́кому	вся́ким

ВТОРГА́ТЬСЯ SS -а́ются; *Impf.* (*Pf.* вто́ргнуться): invade *e.g.* Они́ вторга́ются во Фра́нцию *Acc* (на острова́
Acc)

вторга́юсь	вторга́емся	вторга́йся	вторга́лся	вторга́ясь	
вторга́ешься	вторга́етесь	вторга́йтесь	вторга́лась	вторга́ющийся	вторга́вшийся
вторга́ется	вторга́ются		вторга́лись/ось	——	——

ВТО́РГНУТЬСЯ SS -нутся; вто́ргся [*or* вто́ргнулся] вто́рглась вто́рглись; *past adv.* вто́ргшись [*or*
вто́ргнувшись]; *Pf.* (*Impf.* вторга́ться): invade *e.g.* Они́ вто́рглись во Фра́нцию *Acc* (на острова́ *Acc*)

вто́ргнусь	вто́ргнемся	вто́ргнись	вто́ргся	——	вто́ргшись
вто́ргнешься	вто́ргнетесь	вто́ргнитесь	вто́рглась	——	вто́ргшийся
вто́ргнется	вто́ргнутся		вто́рглись/ось	——	——

ВТОРЖЕ́НИЕ <*in prep. phrases variants* во, со *are used*> SS *n.in*: invasion; intrusion (into) *e.g.* вторже́ние во
Фра́нцию *Acc* (на острова́ *Acc*)

вторже́ние	вторже́ние	вторже́ния	вторже́нии	вторже́нию	вторже́нием
вторже́ния	вторже́ния	вторже́ний	вторже́ниях	вторже́ниям	вторже́ниями

ВТО́РНИК <*in prep. phrases variants* во, со, ко *are used*> SS *m.in*: Tuesday

вто́рник	вто́рник	вто́рника	вто́рнике	вто́рнику	вто́рником
вто́рники	вто́рники	вто́рников	вто́рниках	вто́рникам	вто́рниками

ВТОРО́Й <*in prep. phrases variants* во, со, ко *are used*> *numeral inflected like adj*; *also used as n.in noun*: second; (*as
noun*) second course (*of a meal*)

второ́й	Nom/Gen	второ́го	второ́м	второ́му	вторы́м
второ́е	второ́е	второ́го	второ́м	второ́му	вторы́м
втора́я	втору́ю	второ́й	второ́й	второ́й	второ́й
вторы́е	Nom/Gen	вторы́х	вторы́х	вторы́м	вторы́ми

В-ТРЕ́ТЬИХ *adv. and parenthetical word*: in the third place, thirdly

ВТРОЁМ *adv*: the three together

ВУЗ SS *m.in*: (*abbrev. of* вы́сшее уче́бное заведе́ние) institution of higher education (*college, university, etc.*)

ву́з	ву́з	ву́за	ву́зе	ву́зу	ву́зом
ву́зы	ву́зы	ву́зов	ву́зах	ву́зам	ву́зами

ВХОД <*in prep. phrases variants* во, со, ко *are used*> SS *m.in*: entry; entrance

вхо́д	вхо́д	вхо́да	вхо́де	вхо́ду	вхо́дом
вхо́ды	вхо́ды	вхо́дов	вхо́дах	вхо́дам	вхо́дами

ВХОДИ́ТЬ MS -хо́дят; *intrans*; *Impf.* (*Pf.* войти́): enter, come/go in

вхожу́	вхо́дим	входи́	входи́л	входя́	
вхо́дишь	вхо́дите	входи́те	входи́ла	входя́щий	входи́вший
вхо́дит	вхо́дят		входи́ли/о	——	——

ВЧЕРА́ *adv. and indeclinable n.in*: yesterday

ВЧЕРА́ШНИЙ <*in prep. phrases variants* во, со, ко *are used*> S (e) *sh.masc. hypothetical*: yesterday's

вчера́шний	Nom/Gen	вчера́шнего	вчера́шнем	вчера́шнему	вчера́шним
вчера́шнее	вчера́шнее	вчера́шнего	вчера́шнем	вчера́шнему	вчера́шним
вчера́шняя	вчера́шнюю	вчера́шней	вчера́шней	вчера́шней	вчера́шней
вчера́шние	Nom/Gen	вчера́шних	вчера́шних	вчера́шним	вчера́шними

ВЪЕ́ДУТ *non-past tense of* въе́хать

ВЪЕЗЖА́Й *Imperative of* въезжа́ть *and of* въе́хать

ВЪЕЗЖА́ТЬ <ж'ж' or жж> SS -а́ют; *intrans; Impf. (Pf.* въѣ́хать): enter, come/go in (*driving, riding*); move in

въезжа́ю	въезжа́ем	въезжа́й	въезжа́л	въезжа́я	
въезжа́ешь	въезжа́ете	въезжа́йте	въезжа́ла	въезжа́ющий	въезжа́вший
въезжа́ет	въезжа́ют		въезжа́ли/о	—	

ВЪѢ́ХАТЬ SS -ѣ́дут; -езжа́й! <ж'ж' or жж> *intrans; Pf. (Impf.* въезжа́ть): enter, come/go in (*driving, riding*); move in

въѣ́ду	въѣ́дем	въезжа́й	въѣ́хал	—	въѣ́хав[ши]
въѣ́дешь	въѣ́дете	въезжа́йте	въѣ́хала	—	въѣ́хавший
въѣ́дет	въѣ́дут		въѣ́хали/о	—	—

ВЫ́ *pronoun:* you

вы́	ва́с	ва́с	ва́с	ва́м	ва́ми

ВЫБЕГА́ТЬ SS -а́ют; *intrans; Impf. (Pf.* вы́бежать): run out

выбега́ю	выбега́ем	выбега́й	выбега́л	выбега́я	
выбега́ешь	выбега́ете	выбега́йте	выбега́ла	выбега́ющий	выбега́вший
выбега́ет	выбега́ют		выбега́ли/о	—	—

ВЫ́БЕЖАТЬ SS -бегут -бегу -бежишь -бежит -бежим -бежите; -беги! *intrans; Pf. (Impf.* выбега́ть): run out

вы́бегу	вы́бежим	вы́беги	вы́бежал		вы́бежав[ши]
вы́бежишь	вы́бежите	вы́бегите	вы́бежала	—	вы́бежавший
вы́бежит	вы́бегут		вы́бежали/о	—	—

ВЫ́БЕРУТ *non-past tense of* вы́брать

ВЫБИРА́ТЬ SS -а́ют; *Impf. (Pf.* вы́брать): choose, select; elect *e.g.* Мы́ выбира́ем его́ *Acc* президе́нтом *Inst* [*or* в президе́нты *special APlur.*]

выбира́ю	выбира́ем	выбира́й	выбира́л	выбира́я	
выбира́ешь	выбира́ете	выбира́йте	выбира́ла	выбира́ющий	выбира́вший
выбира́ет	выбира́ют		выбира́ли/о	выбира́емый	

ВЫ́БРАТЬ SS -берут; -бери! *Pf. (Impf.* выбира́ть): choose, select; elect *e.g.* Мы́ вы́брали его́ *Acc* президе́нтом *Inst* [*or* в президе́нты *special APlur.*]

вы́беру	вы́берем	вы́бери	вы́брал	—	вы́брав[ши]
вы́берешь	вы́берете	вы́берите	вы́брала	—	вы́бравший
вы́берет	вы́берут		вы́брали/о	—	вы́бранный S

ВЫБЫВА́ТЬ SS -а́ют; *intrans; Impf. (Pf.* вы́быть): leave, drop out (of) *e.g.* О́н выбыва́ет из а́рмии *Gen*

выбыва́ю	выбыва́ем	выбыва́й	выбыва́л	выбыва́я	
выбыва́ешь	выбыва́ете	выбыва́йте	выбыва́ла	выбыва́ющий	выбыва́вший
выбыва́ет	выбыва́ют		выбыва́ли/о	—	—

ВЫ́БЫТЬ SS -будут; *intrans; Pf. (Impf.* выбыва́ть): leave, drop out (of) *e.g.* О́н вы́был из а́рмии *Gen*

вы́буду	вы́будем	вы́будь	вы́был	—	вы́быв[ши]
вы́будешь	вы́будете	вы́будьте	вы́была	—	вы́бывший
вы́будет	вы́будут		вы́были/о	—	—

ВЫ́ВЕДУТ *non-past tense of* вы́вести

ВЫ́ВЕЗТИ SS -везут; -вези! -вез -везла -везли; *past adv.* -везя; *past active ptcpl.* -везший; *Pf. (Impf.* вывози́ть): take out, haul out; export

вы́везу	вы́везем	вы́вези	вы́вез	—	вы́везя
вы́везешь	вы́везете	вы́везите	вы́везла	—	вы́везший
вы́везет	вы́везут		вы́везли/о	—	вы́везенный S

ВЫ́ВЕСТИ SS -ведут; -веди! -вел -вела -вели; *past adv.* -ведя; *past active ptcpl.* -ведший; *Pf. (Impf.* выводи́ть): lead out; remove

вы́веду	вы́ведем	вы́веди	вы́вел	—	вы́ведя
вы́ведешь	вы́ведете	вы́ведите	вы́вела	—	вы́ведший
вы́ведет	вы́ведут		вы́вели/о	—	вы́веденный S

ВЫВОДИ́ТЬ MS -во́дят; *pres. passive ptcpl.* -во́димый; *Impf. (Pf.* вы́вести): lead out; remove

вывожу́	выво́дим	выводи́	выводи́л	выводя́	
выво́дишь	выво́дите	выводи́те	выводи́ла	выводя́щий	выводи́вший
выво́дит	выво́дят		выводи́ли/о	выводи́мый	—

ВЫВОЗИ́ТЬ MS -во́зят; *pres. passive ptcpl.* -вози́мый; *Impf. (Pf.* вы́везти): take out, haul out; export

вывожу́	выво́зим	вывози́	вывози́л	вывозя́	
выво́зишь	выво́зите	вывози́те	вывози́ла	вывозя́щий	вывози́вший
выво́зит	выво́зят		вывози́ли/о	вывози́мый	—

ВЫ́ГЛЯДЕТЬ SS -глядят; -гляди! *intrans; Impf. (no Pf.):* seem, look *e.g.* О́н вы́глядит больны́м *Inst*

вы́гляжу	вы́глядим	вы́гляди	вы́глядел	вы́глядя	
вы́глядишь	вы́глядите	вы́глядите	вы́глядела	вы́глядящий	вы́глядевший
вы́глядит	вы́глядят		вы́глядели/о	—	—

ВЫ́ЕДУТ *non-past tense of* вы́ехать

ВЫЕЗЖА́Й *Imperative of* выезжа́ть *and of* вы́ехать

ВЫЕЗЖА́ТЬ <ж'ж' or жж> SS -а́ют; *intrans; Impf. (Pf.* вы́ехать): exit, come/go out (*driving, riding*)

выезжа́ю	выезжа́ем	выезжа́й	выезжа́л	выезжа́я	
выезжа́ешь	выезжа́ете	выезжа́йте	выезжа́ла	выезжа́ющий	выезжа́вший
выезжа́ет	выезжа́ют		выезжа́ли/о		

ВЫ́ЕХАТЬ SS -едут; выезжа́й! <ж'ж' or жж> *intrans*; *Pf.* (*Impf.* выезжа́ть): exit, come/go out (*driving, riding*)

вы́еду	вы́едем	выезжа́й	вы́ехал	——	вы́ехав[ши]
вы́едешь	вы́едете	выезжа́йте	вы́ехала	——	вы́ехавший
вы́едет	вы́едут		вы́ехали/о	——	——

ВЫ́ЗВАТЬ SS -зовут; -зови! *Pf.* (*Impf.* вызыва́ть): summon, call for; call forth

вы́зову	вы́зовем	вы́зови	вы́звал	——	вы́звав[ши]
вы́зовешь	вы́зовете	вы́зовите	вы́звала	——	вы́звавший
вы́зовет	вы́зовут		вы́звали/о	——	вы́званный S

ВЫЗДОРА́ВЛИВАТЬ SS -ают; *intrans*; *Impf.* (*Pf.* вы́здороветь): get well

-ра́вливаю	-ра́вливаем	-ра́вливай	-ра́вливал	-ра́вливая	
-ра́вливаешь	-ра́вливаете	-ра́вливайте	-ра́вливала	-ра́вливающий	-ра́вливавший
-ра́вливает	-ра́вливают		-ра́вливали/о		

ВЫ́ЗДОРОВЕТЬ SS -веют; *intrans*; *Pf.* (*Impf.* выздора́вливать): get well

вы́здоровею	вы́здоровеем	вы́здоровей	вы́здоровел	——	вы́здоровев[ши]
вы́здоровеешь	вы́здоровеете	вы́здоровейте	вы́здоровела	——	вы́здоровевший
вы́здоровеет	вы́здоровеют		вы́здоровели/о		

ВЫ́ЗОВУТ *non-past tense of* вы́звать

ВЫЗЫВА́ТЬ SS -а́ют; *Impf.* (*Pf.* вы́звать): summon, call for; call forth

вызыва́ю	вызыва́ем	вызыва́й	вызыва́л	вызыва́я	
вызыва́ешь	вызыва́ете	вызыва́йте	вызыва́ла	вызыва́ющий	вызыва́вший
вызыва́ет	вызыва́ют		вызыва́ли/о	вызыва́емый	——

ВЫ́ИГРАТЬ SS -ают; *Pf.* (*Impf.* выи́грывать): 1. win (from) (*money, etc.*) e.g. О́н вы́играл копе́йку *Acc* в ка́рты *Acc* у сестры́ *Gen*; 2. win (*a game*) e.g. О́н вы́играл игру́ *Acc*

вы́играю	вы́играем	вы́играй	вы́играл	——	вы́играв[ши]
вы́играешь	вы́играете	вы́играйте	вы́играла	——	вы́игравший
вы́играет	вы́играют		вы́играли/о	——	вы́игранный S

ВЫИ́ГРЫВАТЬ SS -ают; *Impf.* (*Pf.* вы́играть): 1. win (from) (*money, etc.*) e.g. Ка́ждый ве́чер о́н выи́грывает у сестры́ *Gen* де́ньги *Acc* в ка́рты *Acc*; 2. win (*a game*) e.g. О́н выи́грывает игру́ *Acc*

выи́грываю	выи́грываем	выи́грывай	выи́грывал	выи́грывая	
выи́грываешь	выи́грываете	выи́грывайте	выи́грывала	выи́грывающий	выи́грывавший
выи́грывает	выи́грывают		выи́грывали/о	выи́грываемый	——

ВЫ́ЙТИ SS вы́йдут; вы́йди! вы́шел вы́шла вы́шли; *past adv.* вы́йдя; *past active ptcpl.* вы́шедший; *intrans*; *Pf.* (*Impf.* выходи́ть): 1. exit, come/go out; 2. work out, come out e.g. Зада́ча у меня́ *Gen* не вы́шла I couldn't solve the problem • вы́йти за́муж за +*Acc* get married (*said of a woman*)

вы́йду	вы́йдем	вы́йди	вы́шел	——	вы́йдя
вы́йдешь	вы́йдете	вы́йдите	вы́шла	——	вы́шедший
вы́йдет	вы́йдут		вы́шли/о	——	——

ВЫКА́ПЫВАТЬ SS -ают; *Impf.* (*Pf.* вы́копать): dig; dig up, dig out

выка́пываю	выка́пываем	выка́пывай	выка́пывал	выка́пывая	
выка́пываешь	выка́пываете	выка́пывайте	выка́пывала	выка́пывающий	выка́пывавший
выка́пывает	выка́пывают		выка́пывали/о	выка́пываемый	——

ВЫКЛЮЧА́ТЕЛЬ SS *m.in*: switch

выключа́тель	выключа́тель	выключа́теля	выключа́теле	выключа́телю	выключа́телем
выключа́тели	выключа́тели	выключа́телей	выключа́телях	выключа́телям	выключа́телями

ВЫКЛЮЧА́ТЬ SS -а́ют; *Impf.* (*Pf.* вы́ключить): disconnect; turn off

выключа́ю	выключа́ем	выключа́й	выключа́л	выключа́я	
выключа́ешь	выключа́ете	выключа́йте	выключа́ла	выключа́ющий	выключа́вший
выключа́ет	выключа́ют		выключа́ли/о	выключа́емый	

ВЫ́КЛЮЧИТЬ SS -чат; -чи! *Pf.* (*Impf.* выключа́ть): disconnect; turn off

вы́ключу	вы́ключим	вы́ключи	вы́ключил	——	вы́ключив[ши]
вы́ключишь	вы́ключите	вы́ключите	вы́ключила	——	вы́ключивший
вы́ключит	вы́ключат		вы́ключили/о	——	вы́ключенный S

ВЫ́КОПАТЬ SS -ают; *Pf.* (*Impf.* выка́пывать *and* копа́ть): dig; dig up, dig out

вы́копаю	вы́копаем	вы́копай	вы́копал	——	вы́копав[ши]
вы́копаешь	вы́копаете	вы́копайте	вы́копала	——	вы́копавший
вы́копает	вы́копают		вы́копали/о	——	вы́копанный S

ВЫЛЕЗА́ТЬ SS -а́ют; *intrans*; *Impf.* (*Pf.* вы́лезть *or* вы́лезти): climb out

вылеза́ю	вылеза́ем	вылеза́й	вылеза́л	вылеза́я	
вылеза́ешь	вылеза́ете	вылеза́йте	вылеза́ла	вылеза́ющий	вылеза́вший
вылеза́ет	вылеза́ют		вылеза́ли/о	——	——

ВЫ́ЛЕЗТЬ [*or* вы́лезти] SS -лезут; -лези! [*or* -лезь!] -лезьте! [*or* (*avoided*) -лезите!] -лез -лезла -лезли; *past adv.* -лезши; *intrans*; *Pf.* (*Impf.* вылеза́ть): climb out

вы́лезу	вы́лезем	вы́лези	вы́лез	——	вы́лезши
вы́лезешь	вы́лезете	вы́лезьте	вы́лезла	——	вы́лезший
вы́лезет	вы́лезут		вы́лезли/о	——	——

ВЫЛЕТА́ТЬ SS -а́ют; *intrans; Impf. (Pf.* вы́лететь*):* fly out

вылета́ю	вылета́ем	вылета́й	вылета́л	вылета́я	
вылета́ешь	вылета́ете	вылета́йте	вылета́ла	вылета́ющий	вылета́вший
вылета́ет	вылета́ют		вылета́ли/о	——	

ВЫ́ЛЕТЕТЬ SS -летят; -лети! *intrans; Pf. (Impf.* вылета́ть*):* fly out

вы́лечу	вы́летим	вы́лети	вы́летел	——	вы́летев[ши]
вы́летишь	вы́летите	вы́летите	вы́летела	——	вы́летевший
вы́летит	вы́летят		вы́летели/о		

ВЫЛЕ́ЧИВАТЬ SS -ают; *Impf. (Pf.* вы́лечить*):* cure *e.g.* Таки́ми лека́рствами *Inst* о́н выле́чивал сестру́ *Acc* от все́х боле́зней *Gen*

выле́чиваю	выле́чиваем	выле́чивай	выле́чивал	выле́чивая	
выле́чиваешь	выле́чиваете	выле́чивайте	выле́чивала	выле́чивающий	выле́чивавший
выле́чивает	выле́чивают		выле́чивали/о	выле́чиваемый	

ВЫ́ЛЕЧИТЬ SS -чат; -чи! *Pf. (Impf.* выле́чивать *and* лечи́ть*):* cure *e.g.* Э́тим лека́рством *Inst* о́н вы́лечил сестру́ *Acc* от гри́ппа *Gen*

вы́лечу	вы́лечим	вы́лечи	вы́лечил		вы́лечив[ши]
вы́лечишь	вы́лечите	вы́лечите	вы́лечила		вы́лечивший
вы́лечит	вы́лечат		вы́лечили/о		вы́леченный S

ВЫ́МОЮТ *non-past tense of* вы́мыть

ВЫ́МЫТЬ SS -моют; *ppp* вы́мытый S; *Pf. (Impf.* мы́ть*):* wash (face, floor, etc, but not clothes) *e.g.* О́н вы́мыл ру́ки *Acc* холо́дной водо́й *Inst*

вы́мою	вы́моем	вы́мой	вы́мыл	——	вы́мыв[ши]
вы́моешь	вы́моете	вы́мойте	вы́мыла	——	вы́мывший
вы́моет	вы́моют		вы́мыли/о	——	вы́мытый S

ВЫНА́ШИВАТЬ SS -ают; *Impf. (Pf.* вы́носить*):* carry (a child), nurture (an idea)

-на́шиваю	-на́шиваем	-на́шивай	-на́шивал	-на́шивая	
-на́шиваешь	-на́шиваете	-на́шивайте	-на́шивала	-на́шивающий	-на́шивавший
-на́шивает	-на́шивают		-на́шивали/о	-на́шиваемый	——

ВЫ́НЕСТИ SS -несут; -неси! -нес -несла -несли; *past adv.* -неся *past active ptcpl.* -несший; *Pf. (Impf.* выноси́ть*):* carry/take out; bear, endure

вы́несу	вы́несем	вы́неси	вы́нес	——	вы́неся
вы́несешь	вы́несете	вы́несите	вы́несла	——	вы́несший
вы́несет	вы́несут		вы́несли/о	——	вы́несенный S

ВЫНОСИ́ТЬ MS -но́сят; *pres. passive ptcpl.* -носи́мый; *Impf. (Pf.* вы́нести*):* carry/take out; bear, endure

выношу́	выно́сим	выноси́	выноси́л	вынося́	
выно́сишь	выно́сите	выноси́те	выноси́ла	вынося́щий	выноси́вший
выно́сит	выно́сят		выноси́ли/о	выноси́мый	——

ВЫ́НОСИТЬ SS -сят; -си! *Pf. (Impf.* вына́шивать*):* bear, bring forth (a child; an idea)

вы́ношу	вы́носим	вы́носи	вы́носил		вы́носив[ши]
вы́носишь	вы́носите	вы́носите	вы́носила		вы́носивший
вы́носит	вы́носят		вы́носили/о		вы́ношенный S

ВЫПАДА́ТЬ SS -а́ют; *intrans; Impf. (Pf.* вы́пасть*):* fall out

выпада́ю	выпада́ем	выпада́й	выпада́л	выпада́я	
выпада́ешь	выпада́ете	выпада́йте	выпада́ла	выпада́ющий	выпада́вший
выпада́ет	выпада́ют		выпада́ли/о		

ВЫ́ПАСТЬ SS -падут; -пади! -пал -пала -пали; *past adv.* -пав[ши]; *intrans; Pf. (Impf.* выпада́ть*):* fall out

вы́паду	вы́падем	вы́пади	вы́пал		вы́пав[ши]
вы́падешь	вы́падете	вы́падите	вы́пала		вы́павший
вы́падет	вы́падут		вы́пали/о		

ВЫ́ПЕЙ *Imperative of* вы́пить

ВЫПИВА́ТЬ SS -а́ют; *Impf:* 1. (*Pf.* вы́пить) drink, drink up; 2 (no *Pf.*) drink, have an addiction to alcohol

выпива́ю	выпива́ем	выпива́й	выпива́л	выпива́я	
выпива́ешь	выпива́ете	выпива́йте	выпива́ла	выпива́ющий	выпива́вший
выпива́ет	выпива́ют		выпива́ли/о	выпива́емый	——

ВЫ́ПИСАТЬ SS -пишут; -пиши! *Pf. (Impf.* выпи́сывать*):* 1. order, subscribe (to) *e.g.* вы́писать газе́ту *Acc*; 2. write, make a note *e.g.* О́н вы́писал цита́ту *Acc* из кни́ги *Gen* He copied the quotation out of a book ● вы́писать спра́вку issue a certificate

вы́пишу	вы́пишем	вы́пиши	вы́писал	——	вы́писав[ши]
вы́пишешь	вы́пишете	вы́пишите	вы́писала	——	вы́писавший
вы́пишет	вы́пишут		вы́писали/о		вы́писанный S

ВЫПИ́СЫВАТЬ SS -ают; *Impf. (Pf.* вы́писать*):* 1. order, subscribe (to) *e.g.* выпи́сывать газе́ту *Acc*; 2 write, make a note *e.g.* О́н выпи́сывал цита́ты *Acc* из кни́г *Gen* He used to copy the quotations out of books ● выпи́сывать спра́вку issue a certificate

выпи́сываю	выпи́сываем	выпи́сывай	выпи́сывал	выпи́сывая	
выпи́сываешь	выпи́сываете	выпи́сывайте	выпи́сывала	выпи́сывающий	выпи́сывавший
выпи́сывает	выпи́сывают		выпи́сывали/о	выпи́сываемый	——

ВЫ́ПИТЬ SS -пьют; -пей! ppp вы́питый S; Pf. (Impf. выпива́ть and пить): drink; have a drink

вы́пью	вы́пьем	вы́пей	вы́пил	——	вы́пив[ши]
вы́пьешь	вы́пьете	вы́пейте	вы́пила	——	вы́пивший
вы́пьет	вы́пьют		вы́пили/о	——	вы́питый S

ВЫ́ПОЛНИТЬ SS -нят; Pf. (Impf. выполня́ть): execute, carry out; fulfil

вы́полню	вы́полним	вы́полни	вы́полнил	——	вы́полнив[ши]
вы́полнишь	вы́полните	вы́полните	вы́полнила	——	вы́полнивший
вы́полнит	вы́полнят		вы́полнили/о	——	вы́полненный S

ВЫПОЛНЯ́ТЬ SS -яют; Impf. (Pf. вы́полнить): execute, carry out; fulfil

выполня́ю	выполня́ем	выполня́й	выполня́л	выполня́я	
выполня́ешь	выполня́ете	выполня́йте	выполня́ла	выполня́ющий	выполня́вший
выполня́ет	выполня́ют		выполня́ли/о	выполня́емый	——

ВЫ́ПЬЮТ non-past tense of вы́пить

ВЫРАЖА́ТЬ SS -а́ют; Impf. (Pf. вы́разить): express (a feeling, etc.) e.g. Он выража́ет свою́ любо́вь Acc стиха́ми Inst [or в стиха́х Prep]; Его́ лицо́ выража́ет ску́ку Acc

выража́ю	выража́ем	выража́й	выража́л	выража́я	
выража́ешь	выража́ете	выража́йте	выража́ла	выража́ющий	выража́вший
выража́ет	выража́ют		выража́ли/о	выража́емый	——

ВЫРАЖЕ́НИЕ SS n.in: expression

выраже́ние	выраже́ние	выраже́ния	выраже́нии	выраже́нию	выраже́нием
выраже́ния	выраже́ния	выраже́ний	выраже́ниях	выраже́ниям	выраже́ниями

ВЫ́РАЗИТЬ SS -зят; -зи! Pf. (Impf. выража́ть): express (a feeling, etc.) e.g. Он вы́разил свою́ любо́вь Acc стиха́ми Inst [or в стиха́х Prep]; Его́ лицо́ Nom вы́разило ску́ку Acc

вы́ражу	вы́разим	вы́рази	вы́разил	——	вы́разив[ши]
вы́разишь	вы́разите	вы́разите	вы́разила	——	вы́разивший
вы́разит	вы́разят		вы́разили/о	——	вы́раженный S

ВЫРАСТА́ТЬ SS -а́ют; intrans; Impf. (Pf. вы́расти): grow (up); increase

выраста́ю	выраста́ем	выраста́й	выраста́л	выраста́я	
выраста́ешь	выраста́ете	выраста́йте	выраста́ла	выраста́ющий	выраста́вший
выраста́ет	выраста́ют		выраста́ли/о	——	——

ВЫ́РАСТИ SS -растут; -рос -росла́ -росли; past adv. -росши; intrans; Pf. (Impf. выраста́ть): grow (up); increase

вы́расту	вы́растем	вы́расти	вы́рос	——	вы́росши
вы́растешь	вы́растете	вы́растите	вы́росла	——	вы́росший
вы́растет	вы́растут		вы́росли/о	——	——

ВЫ́РАСТИТЬ SS -тят; Pf. (Impf. выра́щивать and расти́ть): grow, cultivate

вы́ращу	вы́растим	вы́расти	вы́растил	——	вы́растив[ши]
вы́растишь	вы́растите	вы́растите	вы́растила	——	вы́растивший
вы́растит	вы́растят		вы́растили/о	——	вы́ращенный S

ВЫРА́ЩИВАТЬ SS -ают; Impf. (Pf. вы́растить): grow, cultivate

выра́щиваю	выра́щиваем	выра́щивай	выра́щивал	выра́щивая	
выра́щиваешь	выра́щиваете	выра́щивайте	выра́щивала	выра́щивающий	выра́щивавший
выра́щивает	выра́щивают		выра́щивали/о	выра́щиваемый	——

ВЫ́РВАТЬ[1] SS -рвут; Pf. (Impf. вырыва́ть): grab, pull out, tear out e.g. Он вы́рвал листы́ Acc из кни́ги Gen

вы́рву	вы́рвем	вы́рви	вы́рвал	——	вы́рвав[ши]
вы́рвешь	вы́рвете	вы́рвите	вы́рвала	——	вы́рвавший
вы́рвет	вы́рвут		вы́рвали/о	——	вы́рванный S

ВЫ́РВАТЬ[2] SS -рвет; Impersonal; Pf. (Impf. рва́ть[2]): throw up, vomit e.g. Его́ Acc вы́рвало He vomited

вы́рвет			вы́рвало		

ВЫРЫВА́ТЬ SS -а́ют; Impf. (Pf. вы́рвать[1]): tear out, pull out e.g. Он вырыва́л листы́ Acc из кни́ги Gen

вырыва́ю	вырыва́ем	вырыва́й	вырыва́л	вырыва́я	
вырыва́ешь	вырыва́ете	вырыва́йте	вырыва́ла	вырыва́ющий	вырыва́вший
вырыва́ет	вырыва́ют		вырыва́ли/о	вырыва́емый	——

ВЫСО́КИЙ M [sh.neut. высоко́, sh.Plur. высоки́] compar. вы́ше: high, tall

высо́кий	Nom/Gen	высо́кого	высо́ком	высо́кому	высо́ким
высо́кое	высо́кое	высо́кого	высо́ком	высо́кому	высо́ким
высо́кая	высо́кую	высо́кой	высо́кой	высо́кой	высо́кой
высо́кие	Nom/Gen	высо́ких	высо́ких	высо́ким	высо́кими

высо́к, высока́, высоко́, высоки́; вы́ше

ВЫСОКО́ [or высо́ко] adv: high, highly e.g. О́кна (располо́жены) высоко́ от земли́ Gen; predicate: it is high; it is a long way up e.g. От земли́ Gen до окна́ Gen высоко́

ВЫСОТА́ ES NPlur. высо́ты f.in: height

высота́	высоту́	высоты́	высоте́	высоте́	высото́й
высо́ты	высо́ты	высо́т	высо́тах	высо́там	высо́тами

ВЫСОЧА́ЙШИЙ S short forms avoided: very high, highest; very tall, tallest

высоча́йший	Nom/Gen	высоча́йшего	высоча́йшем	высоча́йшему	высоча́йшим
высоча́йшее	высоча́йшее	высоча́йшего	высоча́йшем	высоча́йшему	высоча́йшим
высоча́йшая	высоча́йшую	высоча́йшей	высоча́йшей	высоча́йшей	высоча́йшей
высоча́йшие	Nom/Gen	высоча́йших	высоча́йших	высоча́йшим	высоча́йшими

ВЫ́СПАТЬСЯ SS -спятся; Pf. (Impf. высыпа́ться): have a good sleep

вы́сплюсь	вы́спимся	вы́спись	вы́спался	——	вы́спавшись
вы́спишься	вы́спитесь	вы́спитесь	вы́спалась	——	вы́спавшийся
вы́спится	вы́спятся		вы́спались/ось		

ВЫ́СТАВКА SS (о) f.in: exhibition (use на/на/с for to/at/from)

вы́ставка	вы́ставку	вы́ставки	вы́ставке	вы́ставке	вы́ставкой
вы́ставки	вы́ставки	вы́ставок	вы́ставках	вы́ставкам	вы́ставками

ВЫ́СТИРАТЬ SS -ают; Pf. (Impf. стира́ть[2] and выстира́ывать): wash, launder

вы́стираю	вы́стираем	вы́стирай	вы́стирал	——	вы́стирав[ши]
вы́стираешь	вы́стираете	вы́стирайте	вы́стирала	——	вы́стиравший
вы́стирает	вы́стирают		вы́стирали/о		вы́стиранный S

ВЫСТИ́РЫВАТЬ SS -ают; Impf. (Pf. вы́стирать): wash, launder

выстри́рываю	выстри́рываем	выстри́рывай	выстри́рывал	выстри́рывая	
выстри́рываешь	выстри́рываете	выстри́рывайте	выстри́рывала	выстри́рывающий	выстри́рывавший
выстри́рывает	выстри́рывают		выстри́рывали/о	выстри́рываемый	——

ВЫ́СТРЕЛИТЬ SS -лят; -ли! intrans; Pf. (Impf. стреля́ть): shoot

вы́стрелю	вы́стрелим	вы́стрели	вы́стрелил	——	вы́стрелив[ши]
вы́стрелишь	вы́стрелите	вы́стрелите	вы́стрелила	——	вы́стреливший
вы́стрелит	вы́стрелят		вы́стрелили/о		

ВЫСТУПА́ТЬ SS -а́ют; intrans; Impf. (Pf. вы́ступить): 1. perform; act; appear; give e.g. Он выступа́ет на конце́рте Prep с шу́точной пе́сней Inst; Он выступа́ет на семина́ре Prep с докла́дом Inst; 2. set out, set forth (said of an army, etc.)

выступа́ю	выступа́ем	выступа́й	выступа́л	выступа́я	
выступа́ешь	выступа́ете	выступа́йте	выступа́ла	выступа́ющий	выступа́вший
выступа́ет	выступа́ют		выступа́ли/о		

ВЫ́СТУПИТЬ SS -пят; -пи! intrans; Pf. (Impf. выступа́ть): 1. perform; act; appear; give e.g. Он вы́ступит на конце́рте Prep с шу́точной пе́сней Inst; Он вы́ступит на семина́ре Prep с докла́дом Inst; 2. set out, set forth (said of an army, etc.)

вы́ступлю	вы́ступим	вы́ступи	вы́ступил	——	вы́ступив[ши]
вы́ступишь	вы́ступите	вы́ступите	вы́ступила	——	вы́ступивший
вы́ступит	вы́ступят		вы́ступили/о		

ВЫСТУПЛЕ́НИЕ SS n.in: appearance, performance; speech

выступле́ние	выступле́ние	выступле́ния	выступле́нии	выступле́нию	выступле́нием
выступле́ния	выступле́ния	выступле́ний	выступле́ниях	выступле́ниям	выступле́ниями

ВЫ́СШИЙ S short forms avoided: higher; highest

вы́сший	Nom/Gen	вы́сшего	вы́сшем	вы́сшему	вы́сшим
вы́сшее	вы́сшее	вы́сшего	вы́сшем	вы́сшему	вы́сшим
вы́сшая	вы́сшую	вы́сшей	вы́сшей	вы́сшей	вы́сшей
вы́сшие	Nom/Gen	вы́сших	вы́сших	вы́сшим	вы́сшими

ВЫСЫПА́ТЬСЯ SS -а́ются; Impf. (Pf. вы́спаться): have a good sleep

высыпа́юсь	высыпа́емся	высыпа́йся	высыпа́лся	высыпа́ясь	
высыпа́ешься	высыпа́етесь	высыпа́йтесь	высыпа́лась	высыпа́ющийся	высыпа́вшийся
высыпа́ется	высыпа́ются		высыпа́лись/ось	——	

ВЫТА́СКИВАТЬ SS -ают; Impf. (Pf. вы́тащить and Colloquial вы́таскать): pull out, drag out; pull (tooth, etc.)

выта́скиваю	выта́скиваем	выта́скивай	выта́скивал	выта́скивая	
выта́скиваешь	выта́скиваете	выта́скивайте	выта́скивала	выта́скивающий	выта́скивавший
выта́скивает	выта́скивают		выта́скивали/о	выта́скиваемый	——

ВЫ́ТАЩИТЬ SS -щат; Pf. (Impf. выта́скивать): pull out, drag out; pull (tooth, etc.)

вы́тащу	вы́тащим	вы́тащи	вы́тащил	——	вы́тащив[ши]
вы́тащишь	вы́тащите	вы́тащите	вы́тащила	——	вы́тащивший
вы́тащит	вы́тащат		вы́тащили/о	——	вы́тащенный S

ВЫ́ТЕРЕТЬ SS -трут; -тер -терла -терли; past adv. -терев [or -терши]; past active ptcpl. -терший; ppp вы́тертый S; Pf. (Impf. вытира́ть): wipe; mop up

вы́тру	вы́трем	вы́три	вы́тер	——	вы́терев
вы́трешь	вы́трете	вы́трите	вы́терла	——	вы́терший
вы́трет	вы́трут		вы́терли/о		вы́тертый S

ВЫ́ТЕРПЕТЬ SS -терпят; ppp avoided; Pf. (Impf. терпе́ть): tolerate, endure

вы́терплю	вы́терпим	вы́терпи	вы́терпел	——	вы́терпев[ши]
вы́терпишь	вы́терпите	вы́терпите	вы́терпела	——	вы́терпевший
вы́терпит	вы́терпят		вы́терпели/о		

ВЫТИРА́ТЬ SS -а́ют; Impf. (Pf. вы́тереть): wipe; mop up

вытира́ю	вытира́ем	вытира́й	вытира́л	вытира́я	
вытира́ешь	вытира́ете	вытира́йте	вытира́ла	вытира́ющий	вытира́вший
вытира́ет	вытира́ют		вытира́ли/о	вытира́емый	

ВЫУ́ЧИВАТЬ SS -ают; Impf. (Pf. вы́учить): 1. learn, memorize; 2 teach, train (usually with infinitive)

выу́чиваю	выу́чиваем	выу́чивай	выу́чивал	выу́чивая	
выу́чиваешь	выу́чиваете	выу́чивайте	выу́чивала	выу́чивающий	выу́чивавший
выу́чивает	выу́чивают		выу́чивали/о	выу́чиваемый	

ВЫ́УЧИТЬ SS -чат; -чи! *Pf. (Impf.* вы́учивать *and* учи́ть): 1. learn, memorize; 2. teach, train *e.g.* Óн вы́учил сестрý *Acc* говори́ть по-англи́йски; Óн вы́учил сестрý *Acc* англи́йскому языкý *Dat*

вы́учу	вы́учим	вы́учи	вы́учил	——	вы́учив[ши]
вы́учишь	вы́учите	вы́учите	вы́учила	——	вы́учивший
вы́учит	вы́учат		вы́учили/о	——	вы́ученный S

ВЫ́ХОД SS *m.in:* exit, way out

вы́ход	вы́ход	вы́хода	вы́ходе	вы́ходу	вы́ходом
вы́ходы	вы́ходы	вы́ходов	вы́ходах	вы́ходам	вы́ходами

ВЫХОДИ́ТЬ MS -хóдят; *intrans; Impf. (Pf.* вы́йти): 1. come/go out; 2. work out, come out *e.g.* Задáчи у меня́ *Gen* не выходи́ли I couldn't solve the problems ● выходи́ть зáмуж за +*Acc* get married *(said of a woman)*

выхожý	выхóдим	выходи́	выходи́л	выходя́	
выхóдишь	выхóдите	выходи́те	выходи́ла	выходя́щий	выходи́вший
выхóдит	выхóдят		выходи́ли/о	——	——

ВЫХОДНÓЙ E *no sh.masc; other short forms avoided; also used as m.in noun:* holiday (dress, etc.); *(as noun)* day off, free day

выходнóй	*Nom/Gen*	выходнóго	выходнóм	выходнóму	выходны́м
выходнóе	выходнóе	выходнóго	выходнóм	выходнóму	выходны́м
выходнáя	выходнýю	выходнóй	выходнóй	выходнóй	выходнóй
выходны́е	*Nom/Gen*	выходны́х	выходны́х	выходны́м	выходны́ми

ВЫ́ЧИСТИТЬ SS -тят; *Pf. (Impf.* чи́стить *and* вычищáть): clean

вы́чищу	вы́чистим	вы́чисти	вы́чистил	——	вы́чистив[ши]
вы́чистишь	вы́чистите	вы́чистите	вы́чистила	——	вы́чистивший
вы́чистит	вы́чистят		вы́чистили/о	——	вы́чищенный S

ВЫЧИЩÁТЬ SS -áют; *Impf. (Pf.* вы́чистить): clean

вычищáю	вычищáем	вычищáй	вычищáл	вычищáя	
вычищáешь	вычищáете	вычищáйте	вычищáла	вычищáющий	вычищáвший
вычищáет	вычищáют		вычищáли/о	вычищáемый	——

ВЫ́ШЕ *compar. of* высóкий, высокó; *adv:* above, further up on the page; *prep.* +*Gen:* upstream from

ВЫ́ШЕДШИЙ *past active ptcpl. of* вы́йти

ВЫ́ШЕЛ *past tense of* вы́йти

ВЫ́ЯСНИТЬСЯ SS -нятся; *Pf. (Impf.* выясня́ться): become clear; transpire, turn out

вы́яснюсь	вы́яснимся	вы́яснись	вы́яснился	——	вы́яснившись
вы́яснишься	вы́яснитесь	вы́яснитесь	вы́яснилась	——	вы́яснившийся
вы́яснится	вы́яснятся		вы́яснились/ось	——	

ВЫЯСНЯ́ТЬСЯ SS -я́ются; *Impf. (Pf.* вы́ясниться): become clear; transpire, turn out

выясня́юсь	выясня́емся	выясня́йся	выясня́лся	выясня́ясь	
выясня́ешься	выясня́етесь	выясня́йтесь	выясня́лась	выясня́ющийся	выясня́вшийся
выясня́ется	выясня́ются		выясня́лись/ось	——	——

ВЭ *indeclinable n.in:* (name of the letter в)

ГАВÁЙИ SS *Plur. only; #-declension m.in:* Hawaii *(use* на/на/с *for to/at/from)*

Гавáйи	Гавáйи	Гавáйев	Гавáйях	Гавáйям	Гавáйями

ГÁДКИЙ M (о) *compar.* гáже: nasty, repulsive ● гáдкий утёнок ugly duckling

гáдкий	*Nom/Gen*	гáдкого	гáдком	гáдкому	гáдким
гáдкое	гáдкое	гáдкого	гáдком	гáдкому	гáдким
гáдкая	гáдкую	гáдкой	гáдкой	гáдкой	гáдкой
гáдкие	*Nom/Gen*	гáдких	гáдких	гáдким	гáдкими

гáдок, гадкá, гáдко, гáдки; гáже

ГÁЗ[1] SS *Part.* -у *(Irreg. in phrases* на гáзе [*or* на газý] *(на газовой плите);* на пóлном газý *(на полной скорости))* m.in: gas, gaseous substance

гáз	гáз	гáза/гáзу	гáзе	гáзу	гáзом
гáзы	гáзы	гáзов	гáзах	гáзам	гáзами

ГÁЗ[2] SS *Part.* -у *m.in:* gauze

гáз	гáз	гáза/гáзу	гáзе	гáзу	гáзом

ГАЗÉТА SS *f.in:* newspaper

газéта	газéту	газéты	газéте	газéте	газéтой
газéты	газéты	газéт	газéтах	газéтам	газéтами

ГАЗÉТНЫЙ S (е): newspaper

газéтный	*Nom/Gen*	газéтного	газéтном	газéтному	газéтным
газéтное	газéтное	газéтного	газéтном	газéтному	газéтным
газéтная	газéтную	газéтной	газéтной	газéтной	газéтной
газéтные	*Nom/Gen*	газéтных	газéтных	газéтным	газéтными

ГАЛЕРЕ́Я SS f.in: gallery

| галере́я | галере́ю | галере́и | галере́е | галере́е | галере́ей |
| галере́и | галере́и | галере́й | галере́ях | галере́ям | галере́ями |

ГА́ЛСТУК SS m.in: (neck) tie

| га́лстук | га́лстук | га́лстука | га́лстуке | га́лстуку | га́лстуком |
| га́лстуки | га́лстуки | га́лстуков | га́лстуках | га́лстукам | га́лстуками |

ГА́МЛЕТ SS m.an: Hamlet

| Га́млет | Га́млета | Га́млета | Га́млете | Га́млету | Га́млетом |

ГАРА́Ж EE m.in: garage

| гара́ж | гара́ж | гаража́ | гараже́ | гаражу́ | гаражо́м |
| гаражи́ | гаражи́ | гараже́й | гаража́х | гаража́м | гаража́ми |

ГА́СНУТЬ SS -нут; гас [or га́снул] га́сла га́сли; no pres. adv; intrans; Impf. (Pf. пога́снуть): go out (said of a light or fire); grow feeble

га́сну	га́снем	га́сни	гас	——	
га́снешь	га́снете	га́сните	га́сла	га́снущий	га́снувший
га́снет	га́снут		га́сли/о	——	——

ГАСТРОНО́М[1] SS m.in: grocery store

| гастроно́м | гастроно́м | гастроно́ма | гастроно́ме | гастроно́му | гастроно́мом |
| гастроно́мы | гастроно́мы | гастроно́мов | гастроно́мах | гастроно́мам | гастроно́мами |

ГАСТРОНО́М[2] SS m.an: gourmet

| гастроно́м | гастроно́ма | гастроно́ма | гастроно́ме | гастроно́му | гастроно́мом |
| гастроно́мы | гастроно́мов | гастроно́мов | гастроно́мах | гастроно́мам | гастроно́мами |

ГВО́ЗДЬ EE NPlur. гво́зди m.in: nail

| гво́здь | гво́здь | гвоздя́ | гвозде́ | гвоздю́ | гвоздём |
| гво́зди | гво́зди | гвозде́й | гвоздя́х | гвоздя́м | гвоздя́ми |

ГДЕ́ adv: where; somewhere

ГДЕ́-НИБУДЬ adv: somewhere, anywhere, somewhere or other, anywhere at all

ГДЕ́-ТО adv: somewhere

ГЕНЕРА́Л SS m.an: general

| генера́л | генера́ла | генера́ла | генера́ле | генера́лу | генера́лом |
| генера́лы | генера́лов | генера́лов | генера́лах | генера́лам | генера́лами |

ГЕНЕРА́Л-МАЙО́Р SS m.an: major general

| -майо́р | -майо́ра | -майо́ра | -майо́ре | -майо́ру | -майо́ром |
| -майо́ры | -майо́ров | -майо́ров | -майо́рах | -майо́рам | -майо́рами |

ГЕ́НИЙ[1] SS m.an: genius (person); genie

| ге́ний | ге́ния | ге́ния | ге́нии | ге́нию | ге́нием |
| ге́нии | ге́ниев | ге́ниев | ге́ниях | ге́ниям | ге́ниями |

ГЕ́НИЙ[2] SS m.in: genius (mental ability)

| ге́ний | ге́ний | ге́ния | ге́нии | ге́нию | ге́нием |

ГЕО́ГРАФ SS m.an: geographer; geography teacher

| гео́граф | гео́графа | гео́графа | гео́графе | гео́графу | гео́графом |
| гео́графы | гео́графов | гео́графов | гео́графах | гео́графам | гео́графами |

ГЕОГРАФИ́ЧЕСКИЙ S short forms avoided, no compar: geographical

-и́ческий	Nom/Gen	-и́ческого	-и́ческом	-и́ческому	-и́ческим
-и́ческое	-и́ческое	-и́ческого	-и́ческом	-и́ческому	-и́ческим
-и́ческая	-и́ческую	-и́ческой	-и́ческой	-и́ческой	-и́ческой
-и́ческие	Nom/Gen	-и́ческих	-и́ческих	-и́ческим	-и́ческими

adv. географи́чески

ГЕОГРА́ФИЯ SS f.in: geography

| геогра́фия | геогра́фию | геогра́фии | геогра́фии | геогра́фии | геогра́фией |

ГЕО́ЛОГ SS m.an: geologist (Use fem. predicate when referring to a woman, e.g. На́ш но́вый гео́лог сего́дня не пришла́)

| гео́лог | гео́лога | гео́лога | гео́логе | гео́логу | гео́логом |
| гео́логи | гео́логов | гео́логов | гео́логах | гео́логам | гео́логами |

ГЕОМЕ́ТРИЯ SS f.in: geometry

| геоме́трия | геоме́трию | геоме́трии | геоме́трии | геоме́трии | геоме́трией |

ГЕОФИЗИ́ЧЕСКИЙ S short forms avoided, no compar: geophysical

-и́ческий	Nom/Gen	-и́ческого	-и́ческом	-и́ческому	-и́ческим
-и́ческое	-и́ческое	-и́ческого	-и́ческом	-и́ческому	-и́ческим
-и́ческая	-и́ческую	-и́ческой	-и́ческой	-и́ческой	-и́ческой
-и́ческие	Nom/Gen	-и́ческих	-и́ческих	-и́ческим	-и́ческими

adv. геофизи́чески

ГЕРМА́НИЯ SS f.in: Germany

| Герма́ния | Герма́нию | Герма́нии | Герма́нии | Герма́нии | Герма́нией |

ГЕРОИ́ЗМ SS m.in: heroism

| герои́зм | герои́зм | герои́зма | герои́зме | герои́зму | герои́змом |

ГЕРОЙНЯ SS *f.an*: heroine

геройня	геройню	геройни	геройне	геройне	геройней
геройни	геройнь	геройнь	геройнях	геройням	геройнями

ГЕРОЙ SS *m.an*: hero; character (*in a book, play, etc.*)

герой	героя	героя	герое	герою	героем
герои	героев	героев	героях	героям	героями

ГИБНУТЬ SS -нут; гиб [*or* гибнул] гибла гибли; *no pres. adv; intrans; Impf.* (*Pf.* погибнуть): be lost; perish; die *e.g.* Они гибнут от чумы *Gen* They die of smallpox

гибну	гибнем	гибни	гиб	——	
гибнешь	гибнете	гибните	гибла	гибнущий	гибнувший
гибнет	гибнут		гибли/о	——	——

ГИД SS *m.an*: guide (*Use fem. predicate when referring to a woman, e.g.* Наш новый гид сегодня не пришла)

гид	гида	гида	гиде	гиду	гидом
гиды	гидов	гидов	гидах	гидам	гидами

ГИДРОСТАНЦИЯ SS *f.in*: hydro-electric power station (*use* на/на/с *for* to/at/from)

-станция	-станцию	-станции	-станции	-станции	-станцией
-станции	-станции	-станций	-станциях	-станциям	-станциями

ГИДРОЭЛЕКТРОСТАНЦИЯ SS *f.in*: hydro-electric power station (*use* на/на/с *for* to/at/from)

-станция	-станцию	-станции	-станции	-станции	-станцией
-станции	-станции	-станций	-станциях	-станциям	-станциями

ГИМНАСТ SS *m.an*: gymnast

гимнаст	гимнаста	гимнаста	гимнасте	гимнасту	гимнастом
гимнасты	гимнастов	гимнастов	гимнастах	гимнастам	гимнастами

ГИМНАСТИКА SS *f.in*: gymnastics

гимнастика	гимнастику	гимнастики	гимнастике	гимнастике	гимнастикой

ГИМНАСТКА SS (о) *f.an*: gymnast (*woman*)

гимнастка	гимнастку	гимнастки	гимнастке	гимнастке	гимнасткой
гимнастки	гимнасток	гимнасток	гимнастках	гимнасткам	гимнастками

ГИПНОЗ SS *m.in*: hypnosis ● под гипнозом *Inst* under hypnosis

гипноз	гипноз	гипноза	гипнозе	гипнозу	гипнозом

ГИПОТЕЗА SS *f.in*: hypothesis

гипотеза	гипотезу	гипотезы	гипотезе	гипотезе	гипотезой
гипотезы	гипотезы	гипотез	гипотезах	гипотезам	гипотезами

ГИТАРА SS *f.in*: guitar ● играть на гитаре *Prep* play the guitar

гитара	гитару	гитары	гитаре	гитаре	гитарой
гитары	гитары	гитар	гитарах	гитарам	гитарами

ГЛАВА¹ ES *f.in*: (*poetic*) head (*part of the body*); cupola; chapter ● стоять во главе +*Gen* be the head (of smt.)

глава	главу	главы	главе	главе	главой
главы	главы	глав	главах	главам	главами

ГЛАВА² ES *f.an*: chief, head (*person*)

глава	главу	главы	главе	главе	главой
главы	глав	глав	главах	главам	главами

ГЛАВНЫЙ M (е) *sh.fem. avoided; also used as n.in noun*: main, chief, principal; (*as noun*) the chief thing, the main thing, the essentials ● главным образом mainly, for the most part

главный	Nom/Gen	главного	главном	главному	главным
главное	главное	главного	главном	главному	главным
главная	главную	главной	главной	главной	главной
главные	Nom/Gen	главных	главных	главным	главными

compar. главнее

ГЛАГОЛ SS *m.in*: verb

глагол	глагол	глагола	глаголе	глаголу	глаголом
глаголы	глаголы	глаголов	глаголах	глаголам	глаголами

ГЛАДИТЬ SS -дят; *Impf.* (*Pf. and Pf-awhile* погладить): 1. iron, press *e.g.* Он гладил рубашку *Acc* горячим утюгом *Inst* He was ironing his shirt with a hot iron; 2. stroke *e.g.* Он гладил сестру *Acc* рукой *Inst* по щеке *Dat* He stroked his sister's cheek with his hand

глажу	гладим	гладь	гладил	гладя	
гладишь	гладите	гладьте	гладила	гладящий	гладивший
гладит	гладят		гладили/о	——	

ГЛАЗ SE GPlur. -#, Loc. (в/на) -у, NPlur. -а (*Irreg. in phrases* с глазу на глаз [*or* на глаз]; у семи нянек дитя без глазу [*or* без глаза]) *m.in*: eye

глаз	глаз	глаза	глазе/в, на -у	глазу	глазом
глаза	глаза	глаз	глазах	глазам	глазами

ГЛАЗНОЙ E *no sh.masc.; other short forms avoided; also used as m.an noun*: eye; (*as noun*) eye doctor

глазной	Nom/Gen	глазного	глазном	глазному	глазным
глазное	глазное	глазного	глазном	глазному	глазным
глазная	глазную	глазной	глазной	глазной	глазной
глазные	Nom/Gen	глазных	глазных	глазным	глазными

ГЛА́СНЫЙ S (e) *also used as m.in noun*: public; vocalic; (*as noun*) vowel

гла́сный	*Nom/Gen*	гла́сного	гла́сном	гла́сному	гла́сным
гла́сное	гла́сное	гла́сного	гла́сном	гла́сному	гла́сным
гла́сная	гла́сную	гла́сной	гла́сной	гла́сной	гла́сной
гла́сные	*Nom/Gen*	гла́сных	гла́сных	гла́сным	гла́сными

гла́сен, гла́сна, гла́сно, гла́сны; гла́снее

ГЛОТА́ТЬ SS -а́ют; *Impf.* (*Pf.* проглоти́ть *and Pf-once* глотну́ть): swallow

глота́ю	глота́ем	глота́й	глота́л	глота́я	
глота́ешь	глота́ете	глота́йте	глота́ла	глота́ющий	глота́вший
глота́ет	глота́ют		глота́ли/о	глота́емый	

ГЛОТНУ́ТЬ ES -ну́т; *ppp avoided; Pf-once* (*Impf.* глота́ть): swallow

глотну́	глотнём	глотни́	глотну́л	——	глотну́в[ши]
глотнёшь	глотнёте	глотни́те	глотну́ла	——	глотну́вший
глотнёт	глотну́т		глотну́ли/о	——	

ГЛУ́БЖЕ *compar. of* глубо́кий, глубоко́

ГЛУБО́КИЙ M [*sh.neut.* глубоко́, *sh.Plur.* глубоки́] *compar.* глу́бже: deep

глубо́кий	*Nom/Gen*	глубо́кого	глубо́ком	глубо́кому	глубо́ким
глубо́кое	глубо́кое	глубо́кого	глубо́ком	глубо́кому	глубо́ким
глубо́кая	глубо́кую	глубо́кой	глубо́кой	глубо́кой	глубо́кой
глубо́кие	*Nom/Gen*	глубо́ких	глубо́ких	глубо́ким	глубо́кими

глубо́к, глубока́, глубоко́, глубоки́; глу́бже

ГЛУБОКО́ *adv*: deep, deeply, profoundly; *predicate*: it is (very) deep *e.g.* Здесь глубоко́

ГЛУБОЧА́ЙШИЙ S *short forms avoided*: very deep; deepest

глубоча́йший	*Nom/Gen*	глубоча́йшего	глубоча́йшем	глубоча́йшему	глубоча́йшим
глубоча́йшее	глубоча́йшее	глубоча́йшего	глубоча́йшем	глубоча́йшему	глубоча́йшим
глубоча́йшая	глубоча́йшую	глубоча́йшей	глубоча́йшей	глубоча́йшей	глубоча́йшей
глубоча́йшие	*Nom/Gen*	глубоча́йших	глубоча́йших	глубоча́йшим	глубоча́йшими

ГЛУ́ПО *adv*: foolishly, stupidly; *predicate*: it is silly, foolish, stupid *e.g.* Глу́по так говори́ть

ГЛУ́ПОСТЬ SS *f.in*: stupidity; silly thing; (*in Plur.*) nonsense

глу́пость	глу́пость	глу́пости	глу́пости	глу́пости	глу́постью
глу́пости	глу́пости	глу́постей	глу́постях	глу́постям	глу́постями

ГЛУ́ПЫЙ M [*sh.Plur.* глупы́]: foolish, stupid; silly

глу́пый	*Nom/Gen*	глу́пого	глу́пом	глу́пому	глу́пым
глу́пое	глу́пое	глу́пого	глу́пом	глу́пому	глу́пым
глу́пая	глу́пую	глу́пой	глу́пой	глу́пой	глу́пой
глу́пые	*Nom/Gen*	глу́пых	глу́пых	глу́пым	глу́пыми

глуп, глупа́, глу́по, глупы́; глупе́е

ГЛЯДЕ́ТЬ ES гляди́т; *pres. adv.* гля́дя [*or* глядя́]; *intrans*; *Impf.* (*Pf.* по-): look (at) *e.g.* Он гляде́л на неё *Acc*

гляжу́	гляди́м	гляди́	гляде́л	гля́дя	
гляди́шь	гляди́те	гляди́те	гляде́ла	глядя́щий	гляде́вший
гляди́т	глядя́т		гляде́ли/о	——	——

ГО́ВОР SS *m.in*: sound of voices; dialect

го́вор	го́вор	го́вора	го́воре	го́вору	го́вором
го́воры	го́воры	го́воров	го́ворах	го́ворам	го́ворами

ГОВОРИ́ТЬ ES -ря́т; *Impf.* 1. (*no Pf.*) speak (use language for communication) *e.g.* Он говори́т по-ру́сски [*or* на ру́сском языке́ *Prep*]; 2. (*Pf.* сказа́ть) tell, say (to) *e.g.* Он говори́т сестре́ *Dat* «Спаси́бо»; Он говори́т сестре́ *Dat* о кни́ге *Prep*; 3. (*Pf-begin* за-; *Pf. and Pf-awhile* по-) speak (with) have a talk (with), talk (to) *e.g.* Он говори́т с сестро́й *Inst* о кни́ге *Prep*

говорю́	говори́м	говори́	говори́л	говоря́	
говори́шь	говори́те	говори́те	говори́ла	говоря́щий	говори́вший
говори́т	говоря́т		говори́ли/о		

ГОВОРЯ́ЩИЙ S *also used as m.an noun; (also pres. active ptcpl. of* говори́ть): speaking; (*as noun*) speaker

говоря́щий	*Nom/Gen*	говоря́щего	говоря́щем	говоря́щему	говоря́щим
говоря́щее	говоря́щее	говоря́щего	говоря́щем	говоря́щему	говоря́щим
говоря́щая	говоря́щую	говоря́щей	говоря́щей	говоря́щей	говоря́щей
говоря́щие	*Nom/Gen*	говоря́щих	говоря́щих	говоря́щим	говоря́щими

ГОД SE *Loc.* (в/на) -у́ *NPlur.* го́ды [*or* года́] *GPlur.* лет (*after quantity words*) *and* годо́в (*Irreg. in phrases* на́ год; за́ год; с го́ду на́ год; год о́т году [*or* от го́ду, от го́да]; из го́да [*or* и́з году] в год; бе́з году неде́. *m.in*: year *e.g.* в пя́том году́ *Loc* in (nineteen) oh-five; на второ́м году́ *Loc* слу́жбы *Gen* in his second year of service

год	год	го́да	го́де/в, на году́	году́	го́дом
го́ды	го́ды	годо́в/лет	года́х	года́м	года́ми

ГОЛОВА́[1] EE *ASg.* го́лову, *NPlur.* го́ловы (*Irreg. in phrases* за́ голову [*or* за го́лову]; на́ голову [*or* на го́лову]; схвати́ться за́ голову (*прийти в ужас*); поста́вить с ног на́ голову (*в перен. знач.*); на́ голову вы́ше (*в перен. знач.*); как снег на́ голову (*поговорка*) *f.in*: head (*part of the body*)

голова́	го́лову	головы́	голове́	голове́	голово́й
го́ловы	го́ловы	голо́в	голова́х	голова́м	голова́ми

ГОЛОВА́² EE *NPlur.* го́ловы *m.an:* head (chief in village/town administration), mayor

голова́	го́лову	головы́	голове́	голове́	голово́й
го́ловы	голо́в	голо́в	голова́х	голова́м	голова́ми

ГО́ЛОД SS *Plur. hypothetical; (Irreg. in the phrase* с го́лоду*) m.in:* hunger

го́лод	го́лод	го́лода	го́лоде	го́лоду	го́лодом

ГОЛО́ДНЫЙ M (e) *short forms* го́лоден, голодна́, го́лодно, го́лодны́: hungry

голо́дный	*Nom/Gen*	голо́дного	голо́дном	голо́дному	голо́дным
голо́дное	голо́дное	голо́дного	голо́дном	голо́дному	голо́дным
голо́дная	голо́дную	голо́дной	голо́дной	голо́дной	голо́дной
голо́дные	*Nom/Gen*	голо́дных	голо́дных	голо́дным	голо́дными

го́лоден, голодна́, го́лодно, го́лодны́; голодне́е

ГО́ЛОС SE *Part.* -у, *NPlur.* -а́ *(Irreg. in phrases* с го́лоса [*or* с го́лосу]*) m.in:* voice

го́лос	го́лос	го́лоса/-у	го́лосе	го́лосу	го́лосом
голоса́	голоса́	голосо́в	голоса́х	голоса́м	голоса́ми

ГОЛУБО́Й E *no sh.masc; other short forms avoided:* light blue

голубо́й	*Nom/Gen*	голубо́го	голубо́м	голубо́му	голубы́м
голубо́е	голубо́е	голубо́го	голубо́м	голубо́му	голубы́м
голуба́я	голубу́ю	голубо́й	голубо́й	голубо́й	голубо́й
голубы́е	*Nom/Gen*	голубы́х	голубы́х	голубы́м	голубы́ми

compar. голубе́е

ГО́ЛЬФ¹ SS *m.in:* golf (game) (use на/на/с *for* to/at/from *the event*) ● игра́ть в го́льф *Acc* play golf

го́льф	го́льф	го́льфа	го́льфе	го́льфу	го́льфом

ГО́ЛЬФ² SS [*GPlur.* -ов *or* -#] *m.in:* knickers; knee-length stockings

го́льф	го́льф	го́льфа	го́льфе	го́льфу	го́льфом
го́льфы	го́льфы	го́льфов	го́льфах	го́льфам	го́льфами

ГОРА́ EE *ASg.* го́ру, *NPlur.* го́ры *(Irreg. in phrases* за́ гору [*or* за го́ру]; на́ гору [*or* на го́ру]; под гору (вниз под уклон)*) f.in:* mountain; hill; heap (use на/на/с *for* to/on/from *in all meanings*)

гора́	го́ру	горы́	горе́	горе́	горо́й
го́ры	го́ры	гор	гора́х	гора́м	гора́ми

ГОРА́ЗДО *adv, used with comparatives:* much, far, by far, *e.g.* гора́здо лу́чше much better

ГОРБ EE *(Irreg. in phrases* на горбу́, на своём горбу́ (на спине; своими силами)*) m.in:* hump; bulge

горб	горб	горба́	горбе́	горбу́	горбо́м
горбы́	горбы́	горбо́в	горба́х	горба́м	горба́ми

ГОРДИ́ТЬСЯ ES -дятся; *Impf. (Pf.* воз- *and Pf-begin* за-*):* be proud (of) *e.g.* Он горди́тся сестро́й *Inst*

горжу́сь	горди́мся	горди́сь	горди́лся	гордя́сь	
горди́шься	горди́тесь	горди́тесь	горди́лась	гордя́щийся	горди́вшийся
горди́тся	гордя́тся		горди́лись/ось	——	——

ГО́РДО *adv:* proudly

ГО́РДОСТЬ SS *f.in:* pride

го́рдость	го́рдость	го́рдости	го́рдости	го́рдости	го́рдостью

ГО́РДЫЙ M [*sh.Plur.* го́рды́] *no compar:* proud

го́рдый	*Nom/Gen*	го́рдого	го́рдом	го́рдому	го́рдым
го́рдое	го́рдое	го́рдого	го́рдом	го́рдому	го́рдым
го́рдая	го́рдую	го́рдой	го́рдой	го́рдой	го́рдой
го́рдые	*Nom/Gen*	го́рдых	го́рдых	го́рдым	го́рдыми

горд, горда́, го́рдо, го́рды́

ГО́РЕ SS *Plur. hypothetical; n.in:* grief

го́ре	го́ре	го́ря	го́ре	го́рю	го́рем

ГОРЕ́ТЬ ES горя́т; *intrans; Impf:* 1. *(Pf.* с-) burn; 2. *(no Pf.)* shine

горю́	гори́м	гори́	горе́л	горя́	
гори́шь	гори́те	гори́те	горе́ла	горя́щий	горе́вший
гори́т	горя́т		горе́ли/о	——	——

ГОРИЗО́НТ SS *m.in:* horizon

горизо́нт	горизо́нт	горизо́нта	горизо́нте	горизо́нту	горизо́нтом
горизо́нты	горизо́нты	горизо́нтов	горизо́нтах	горизо́нтам	горизо́нтами

ГО́РЛО SS *n.in:* throat

го́рло	го́рло	го́рла	го́рле	го́рлу	го́рлом
го́рла	го́рла	горл	го́рлах	го́рлам	го́рлами

ГО́РНИЧНАЯ *used as f.an noun:* house maid, chamber maid

го́рничная	го́рничную	го́рничной	го́рничной	го́рничной	го́рничной
го́рничные	го́рничных	го́рничных	го́рничных	го́рничным	го́рничными

ГО́РНЫЙ S (e): mountainous; mineral; mining

го́рный	*Nom/Gen*	го́рного	го́рном	го́рному	го́рным
го́рное	го́рное	го́рного	го́рном	го́рному	го́рным
го́рная	го́рную	го́рной	го́рной	го́рной	го́рной
го́рные	*Nom/Gen*	го́рных	го́рных	го́рным	го́рными

ГО́РОД SE NPlur. -а́ (Irreg. in phrases за́ город (в пригородную ме́стность); за́ городом (в при́городной ме́стности)) m.in: city, town

го́род	го́род	го́рода	го́роде	го́роду	го́родом
города́	города́	городо́в	города́х	города́м	города́ми

ГОРОДО́К EE (o) m.in: small town

городо́к	городо́к	городка́	городке́	городку́	городко́м
городки́	городки́	городко́в	городка́х	городка́м	городка́ми

ГОРОДСКО́Й E no sh.masc; other short forms avoided, no compar; also used as m.an noun: city, town, urban; (as noun) city dweller

городско́й	Nom/Gen	городско́го	городско́м	городско́му	городски́м
городско́е	городско́е	городско́го	городско́м	городско́му	городски́м
городска́я	городску́ю	городско́й	городско́й	городско́й	городско́й
городски́е	Nom/Gen	городски́х	городски́х	городски́м	городски́ми

ГОРО́Х SS Part. -y m.in: peas (collectively)

горо́х	горо́х	горо́ха / -у	горо́хе	горо́ху	горо́хом

ГОРЧИ́ЦА SS f.in: mustard

горчи́ца	горчи́цу	горчи́цы	горчи́це	горчи́це	горчи́цей

ГО́РЬКИЙ M (e) [sh.Plur. го́рьки́] compar. го́рче (to the taste) and го́рше (emotionally): bitter

го́рький	Nom/Gen	го́рького	го́рьком	го́рькому	го́рьким
го́рькое	го́рькое	го́рького	го́рьком	го́рькому	го́рьким
го́рькая	го́рькую	го́рькой	го́рькой	го́рькой	го́рькой
го́рькие	Nom/Gen	го́рьких	го́рьких	го́рьким	го́рькими

го́рек, горька́, го́рько, го́рьки́; го́рче (to the taste) and го́рше (emotionally)

ГОРЯ́ЧИЙ E: hot (not said of weather)

горя́чий	Nom/Gen	горя́чего	горя́чем	горя́чему	горя́чим
горя́чее	горя́чее	горя́чего	горя́чем	горя́чему	горя́чим
горя́чая	горя́чую	горя́чей	горя́чей	горя́чей	горя́чей
горя́чие	Nom/Gen	горя́чих	горя́чих	горя́чим	горя́чими

горя́ч, горяча́, горячо́, горячи́; горя́чее

ГОРЯЧО́ adv: hot, hotly; heatedly, passionately; predicate: it is hot (not said of weather) e.g. Мне́ Dat горячо́ сиде́ть на э́той скамье́ This bench is too hot for me to sit on

ГО́СПИТАЛЬ SS [or SE NPlur. го́спитали] m.in: hospital (mostly military)

го́спиталь	го́спиталь	го́спиталя	го́спитале	го́спиталю	го́спиталем
го́спитали	го́спитали	го́спиталей	го́спиталях	го́спиталям	го́спиталями

ГОСПОДИ́Н SE NPlur. господа́, GPlur. госпо́д m.an: Mr.; sir; gentleman

господи́н	господи́на	господи́на	господи́не	господи́ну	господи́ном
господа́	госпо́д	госпо́д	господа́х	господа́м	господа́ми

ГОСПОЖА́ EE GPlur. госпо́ж f.an: Mrs, Miss; lady

госпожа́	госпожу́	госпожи́	госпоже́	госпоже́	госпожо́й
госпожи́	госпо́ж	госпо́ж	госпожа́х	госпожа́м	госпожа́ми

ГОСТЕПРИИ́МНЫЙ S (e): hospitable

-прии́мный	Nom/Gen	-прии́много	-прии́мном	-прии́мному	-прии́мным
-прии́мное	-прии́мное	-прии́много	-прии́мном	-прии́мному	-прии́мным
-прии́мная	-прии́мную	-прии́мной	-прии́мной	-прии́мной	-прии́мной
-прии́мные	Nom/Gen	-прии́мных	-прии́мных	-прии́мным	-прии́мными

-прии́мен, -прии́мна, -прии́мно, -прии́мны; -прии́мнее

ГОСТЕПРИИ́МСТВО SS n.in: hospitality

-прии́мство	-прии́мство	-прии́мства	-прии́мстве	-прии́мству	-прии́мством

ГОСТИ́НАЯ used as f.in noun: living room

гости́ная	гости́ную	гости́ной	гости́ной	гости́ной	гости́ной
гости́ные	гости́ные	гости́ных	гости́ных	гости́ным	гости́ными

ГОСТИ́НИЦА SS f.in: hotel

гости́ница	гости́ницу	гости́ницы	гости́нице	гости́нице	гости́ницей
гости́ницы	гости́ницы	гости́ниц	гости́ницах	гости́ницам	гости́ницами

ГО́СТЬ SE NPlur. го́сти m.an: guest ● идти́ в го́сти visit; бы́ть в гостя́х be visiting

го́сть	го́стя	го́стя	го́сте	го́стю	го́стем
го́сти	госте́й	госте́й	гостя́х	гостя́м	гостя́ми

ГО́СТЬЯ SS (и) f.an: guest (woman)

го́стья	го́стью	го́стьи	го́стье	го́стье	го́стьей
го́стьи	го́стий	го́стий	го́стьях	го́стьям	го́стьями

ГОСУДА́РСТВЕННЫЙ S (e) [sh.masc. госуда́рственен or госуда́рствен]: state, nation

-да́рственный	Nom/Gen	-да́рственного	-да́рственном	-да́рственному	-да́рственным
-да́рственное	-да́рственное	-да́рственного	-да́рственном	-да́рственному	-да́рственным
-да́рственная	-да́рственную	-да́рственной	-да́рственной	-да́рственной	-да́рственной
-да́рственные	Nom/Gen	-да́рственных	-да́рственных	-да́рственным	-да́рственными

-да́рственен, -да́рственна, -да́рственно, -да́рственны

ГОСУДА́РСТВО SS *n.in*: state, nation

-да́рство	-да́рство	-да́рства	-да́рстве	-да́рству	-да́рством
-да́рства	-да́рства	-да́рств	-да́рствах	-да́рствам	-да́рствами

✓ **ГОТО́ВИТЬ** SS -вят; *Impf*: 1. (*Pf*. при- *and* под-) prepare e.g. Óн гото́вит ко́мнату *Acc* к обе́ду *Dat*; 2. (*Pf*. при-) cook

гото́влю	гото́вим	гото́вь	гото́вил	гото́вя	
гото́вишь	гото́вите	гото́вьте	гото́вила	гото́вящий·	гото́вивший
гото́вит	гото́вят		гото́вили/о		

✓ **ГОТО́ВИТЬСЯ** SS -вятся; *Impf*: 1. (*Pf*. при- *and* под-): prepare (for) e.g. Óн гото́вится к ле́кции *Dat*; 2. (*no Pf*.) be cooked

гото́влюсь	гото́вимся	гото́вься	гото́вился	гото́вясь	
гото́вишься	гото́витесь	гото́вьтесь	гото́вилась	гото́вящийся	гото́вившийся
гото́вится	гото́вятся		гото́вились/ось	——	——

ГОТО́ВЫЙ S: ready

гото́вый	Nom/Gen	гото́вого	гото́вом	гото́вому	гото́вым
гото́вое	гото́вое	гото́вого	гото́вом	гото́вому	гото́вым
гото́вая	гото́вую	гото́вой	гото́вой	гото́вой	гото́вой
гото́вые	Nom/Gen	гото́вых	гото́вых	гото́вым	гото́выми

гото́в, гото́ва, гото́во, гото́вы

ГРА́ДУС SS *m.in*: degree

гра́дус	гра́дус	гра́дуса	гра́дусе	гра́дусу	гра́дусом
гра́дусы	гра́дусы	гра́дусов	гра́дусах	гра́дусам	гра́дусами

ГРА́ДУСНИК SS *m.in*: thermometer

гра́дусник	гра́дусник	гра́дусника	гра́дуснике	гра́дуснику	гра́дусником
гра́дусники	гра́дусники	гра́дусников	гра́дусниках	гра́дусникам	гра́дусниками

ГРАЖДАНИ́Н SS *NPlur*. гра́ждане *GPlur*. гра́ждан *m.an*: citizen

граждани́н	граждани́на	граждани́на	граждани́не	граждани́ну	граждани́ном
гра́ждане	гра́ждан	гра́ждан	гра́жданах	гра́жданам	гра́жданами

ГРАЖДА́НКА¹ SS (о) *f.an*: citizen (*woman*)

гражда́нка	гражда́нку	гражда́нки	гражда́нке	гражда́нке	гражда́нкой
гражда́нки	гражда́нок	гражда́нок	гражда́нках	гражда́нкам	гражда́нками

ГРАЖДА́НКА² SS (о) *f.in*: Russian type (*printing*); the Civil War (*in the USSR*) (*use* на/на/с *for* to/in/from the war)

гражда́нка	гражда́нку	гражда́нки	гражда́нке	гражда́нке	гражда́нкой

ГРАЖДА́НСТВО SS *n.in*: citizenship

-да́нство	-да́нство	-да́нства	-да́нстве	-да́нству	-да́нством
-да́нства	-да́нства	-да́нств	-да́нствах	-да́нствам	-да́нствами

ГРА́ММ <м, *not* мм> SS [*GPlur*. -ов *or* -#] *m.in*: gram

гра́мм	гра́мм	гра́мма	гра́мме	гра́мму	гра́ммом
гра́ммы	гра́ммы	гра́ммов	гра́ммах	гра́ммам	гра́ммами

ГРАММА́ТИКА <м, *not* мм> SS *f.in*: grammar; grammar book

грамма́тика	грамма́тику	грамма́тики	грамма́тике	грамма́тике	грамма́тикой
грамма́тики	грамма́тики	грамма́тик	грамма́тиках	грамма́тикам	грамма́тиками

ГРАММАТИ́ЧЕСКИЙ <м, *not* мм> S *short forms avoided, no compar*: grammatical

-и́ческий	Nom/Gen	-и́ческого	-и́ческом	-и́ческому	-и́ческим
-и́ческое	-и́ческое	-и́ческого	-и́ческом	-и́ческому	-и́ческим
-и́ческая	-и́ческую	-и́ческой	-и́ческой	-и́ческой	-и́ческой
-и́ческие	Nom/Gen	-и́ческих	-и́ческих	-и́ческим	-и́ческими

adv. граммати́чески

ГРА́МОТНЫЙ S (е) *also used as m.an noun*: literate; grammatically correct; literate person

гра́мотный	Nom/Gen	гра́мотного	гра́мотном	гра́мотному	гра́мотным
гра́мотное	гра́мотное	гра́мотного	гра́мотном	гра́мотному	гра́мотным
гра́мотная	гра́мотную	гра́мотной	гра́мотной	гра́мотной	гра́мотной
гра́мотные	Nom/Gen	гра́мотных	гра́мотных	гра́мотным	гра́мотными

гра́мотен, гра́мотна, гра́мотно, гра́мотны; гра́мотнее

ГРАНИ́ЦА SS *f.in*: border; boundary ● на грани́це at the border; за грани́цу (go) abroad; за грани́цей (be) abroad

грани́ца	грани́цу	грани́цы	грани́це	грани́це	грани́цей
грани́цы	грани́цы	грани́ц	грани́цах	грани́цам	грани́цами

ГРЕЙПФРУ́Т <рѕ> SS *m.in*: grapefruit

грейпфру́т	грейпфру́т	грейпфру́та	грейпфру́те	грейпфру́ту	грейпфру́том
грейпфру́ты	грейпфру́ты	грейпфру́тов	грейпфру́тах	грейпфру́там	грейпфру́тами

ГРЕК SS *m.an*: Greek

грек	гре́ка	гре́ка	гре́ке	гре́ку	гре́ком
гре́ки	гре́ков	гре́ков	гре́ках	гре́кам	гре́ками

ГРЕНО́К EE (о) *m.in*: crouton; toasted bread

грено́к	грено́к	гренка́	гренке́	гренку́	гренко́м
гренки́	гренки́	гренко́в	гренка́х	гренка́м	гренка́ми

ГРЕСТИ EE гребу́т; грёб гребла́ гребли́; *past adv.* грёбши; *Impf.* (*Pf-begin and Pf-awhile* по-): row; rake

гребу́	гребём	греби́	грёб	гребя́	
гребёшь	гребёте	греби́те	гребла́	гребу́щий	грёбший
гребёт	гребу́т		гребли́/о́	——	

ГРЕЧА́НКА SS (о) *f.an*: Greek (*woman*)

гречанка	гречанку	гречанки	гречанке	гречанке	гречанкой
гречанки	гречанок	гречанок	гречанках	гречанкам	гречанками

ГРЕ́ЧКА SS (е) *f.in*: buckwheat

гречка	гречку	гречки	гречке	гречке	гречкой

ГРИ́Б EE *m.in*: mushroom, fungus

гриб	гриб	гриба́	грибе́	грибу́	грибо́м
грибы́	грибы́	грибо́в	гриба́х	гриба́м	гриба́ми

ГРИПП <п, *not* пп> SS *m.in*: flu

грипп	грипп	гриппа	гриппе	гриппу	гриппом

ГРО́ЗНЫЙ M (е) [*sh.Plur.* гро́зны́]: threatening, menacing; formidable, terrible

грозный	*Nom/Gen*	грозного	грозном	грозному	грозным
грозное	грозное	грозного	грозном	грозному	грозным
грозная	грозную	грозной	грозной	грозной	грозной
грозные	*Nom/Gen*	грозных	грозных	грозным	грозными

гро́зен, грозна́, гро́зно, гро́зны́; грознее

ГРО́МКИЙ M (о): loud; notorious, famous

громкий	*Nom/Gen*	громкого	громком	громкому	громким
громкое	громкое	громкого	громком	громкому	громким
громкая	громкую	громкой	громкой	громкой	громкой
громкие	*Nom/Gen*	громких	громких	громким	громкими

гро́мок, громка́, гро́мко, гро́мки; гро́мче

ГРО́МКО *adv*: loud, loudly, aloud

ГРОМКОГОВОРИ́ТЕЛЬ SS *m.in*: loud-speaker

-говори́тель	-говори́тель	-говори́теля	-говори́теле	-говори́телю	-говори́телем
-говори́тели	-говори́тели	-говори́телей	-говори́телях	-говори́телям	-говори́телями

ГРО́МЧЕ *compar. of* гро́мкий, гро́мко

ГРУ́БЫЙ M [*sh.Plur.* гру́бы́]: coarse; flagrant; rude

грубый	*Nom/Gen*	грубого	грубом	грубому	грубым
грубое	грубое	грубого	грубом	грубому	грубым
грубая	грубую	грубой	грубой	грубой	грубой
грубые	*Nom/Gen*	грубых	грубых	грубым	грубыми

груб, груба́, гру́бо, гру́бы́; грубее

ГРУ́ДЬ EE [*or old-fashioned* SE *Loc.* (в/на) -й] *ISg.* гру́дью, *NPlur.* гру́ди *f.in*: breast; chest

грудь	гру́дь	груди́	груди́	груди́	гру́дью
гру́ди	гру́ди	грудей	грудя́х	грудя́м	грудя́ми

ГРУЗИ́Н SS *GPlur.* -# *m.an*: Georgian (*from Georgia, in the Caucasus*)

грузи́н	грузи́на	грузи́на	грузи́не	грузи́ну	грузи́ном
грузи́ны	грузи́н	грузи́н	грузи́нах	грузи́нам	грузи́нами

ГРУЗИ́НКА SS (о) *f.an*: Georgian (*woman*) (*from Georgia, in the Caucasus*)

грузи́нка	грузи́нку	грузи́нки	грузи́нке	грузи́нке	грузи́нкой
грузи́нки	грузи́нок	грузи́нок	грузи́нках	грузи́нкам	грузи́нками

ГРУЗИ́НСКИЙ S *short forms avoided, no compar*: Georgian (*in the Caucasus*)

грузи́нский	*Nom/Gen*	грузи́нского	грузи́нском	грузи́нскому	грузи́нским
грузи́нское	грузи́нское	грузи́нского	грузи́нском	грузи́нскому	грузи́нским
грузи́нская	грузи́нскую	грузи́нской	грузи́нской	грузи́нской	грузи́нской
грузи́нские	*Nom/Gen*	грузи́нских	грузи́нских	грузи́нским	грузи́нскими

adv. по-грузи́нски

ГРУ́ЗИЯ SS *f.in*: Georgia (*in the Caucasus*)

Гру́зия	Гру́зию	Гру́зии	Гру́зии	Гру́зии	Гру́зией

ГРУ́ЗНЫЙ M (е) [*sh.Plur.* гру́зны́]: weighty; bulky; obese

гру́зный	*Nom/Gen*	гру́зного	гру́зном	гру́зному	гру́зным
гру́зное	гру́зное	гру́зного	гру́зном	гру́зному	гру́зным
гру́зная	гру́зную	гру́зной	гру́зной	гру́зной	гру́зной
гру́зные	*Nom/Gen*	гру́зных	гру́зных	гру́зным	гру́зными

гру́зен, грузна́, гру́зно, гру́зны́; грузнее

ГРУЗОВИ́К EE *m.in*: truck ● сади́ться в +*Acc*, е́хать на [*or* в] +*Prep*, выходи́ть из (*for getting out of the cab*) *or* сходи́ть с (*for getting out of the back*) +*Gen*

грузови́к	грузови́к	грузовика́	грузовике́	грузовику́	грузовико́м
грузовики́	грузовики́	грузовико́в	грузовика́х	грузовика́м	грузовика́ми

ГРУЗОВО́Й E *no sh.masc; other short forms avoided*: goods, cargo, freight

грузово́й	Nom/Gen	грузово́го	грузово́м	грузово́му	грузовы́м
грузово́е	грузово́е	грузово́го	грузово́м	грузово́му	грузовы́м
грузова́я	грузову́ю	грузово́й	грузово́й	грузово́й	грузово́й
грузовы́е	Nom/Gen	грузовы́х	грузовы́х	грузовы́м	грузовы́ми

ГРУ́ППА <п *or* пп> SS *f.in*: group

гру́ппа	гру́ппу	гру́ппы	гру́ппе	гру́ппе	гру́ппой
гру́ппы	гру́ппы	групп	гру́ппах	гру́ппам	гру́ппами

ГРУ́СТНО <сн> *adv*: sadly, sorrowfully; *predicate*: it is sad *e.g.* Мне́ *Dat* гру́стно I am sad

ГРУ́СТНЫЙ <сн> M (e) [*sh.Plur.* гру́стны́]: sad

гру́стный	Nom/Gen	гру́стного	гру́стном	гру́стному	гру́стным
гру́стное	гру́стное	гру́стного	гру́стном	гру́стному	гру́стным
гру́стная	гру́стную	гру́стной	гру́стной	гру́стной	гру́стной
гру́стные	Nom/Gen	гру́стных	гру́стных	гру́стным	гру́стными

гру́стен, грустна́, гру́стно, гру́стны́; грустне́е

ГРУ́ША SS *f.in*: pear; pear-tree (*use* на/на/с *for* into/in/out of *the tree*)

гру́ша	гру́шу	гру́ши	гру́ше	гру́ше	гру́шей
гру́ши	гру́ши	груш	гру́шах	гру́шам	гру́шами

ГРЫ́ЗТЬ ES грызу́т; грыз грызла́ грызли́; *past adv.* гры́зши; *Impf.* (*Pf.* с-): gnaw, nibble

грызу́	грызём	грызи́	грыз	грызя́	
грызёшь	грызёте	грызи́те	грызла́	грызу́щий	гры́зший
грызёт	грызу́т		грызли́/о	——	

ГРЯ́ЗНО *adv*: sloppily, messily, untidily; *predicate*: it is dirty *e.g.* Здесь гря́зно

ГРЯ́ЗНЫЙ M (e) [*sh.Plur.* гря́зны́]: dirty; muddy

гря́зный	Nom/Gen	гря́зного	гря́зном	гря́зному	гря́зным
гря́зное	гря́зное	гря́зного	гря́зном	гря́зному	гря́зным
гря́зная	гря́зную	гря́зной	гря́зной	гря́зной	гря́зной
гря́зные	Nom/Gen	гря́зных	гря́зных	гря́зным	гря́зными

гря́зен, грязна́, гря́зно, гря́зны́; грязне́е

ГРЯ́ЗЬ SS *Loc.* (в) -й́ *f.in*: dirt; mud

грязь	грязь	гря́зи	гря́зи/в грязи́	гря́зи	гря́зью

ГУБА́ EE *NPlur.* гу́бы *f.in*: lip

губа́	губу́	губы́	губе́	губе́	губо́й
гу́бы	гу́бы	губ	губа́х	губа́м	губа́ми

ГУ́БКА[1] SS (о) *f.an* [*or f.in*]: sponge (*the animal*)

гу́бка	гу́бку	гу́бки	гу́бке	гу́бке	гу́бкой
гу́бки	гу́бок/гу́бки	гу́бок	гу́бках	гу́бкам	гу́бками

ГУ́БКА[2] SS (о) *f.in*: sponge (*thing*)

гу́бка	гу́бку	гу́бки	гу́бке	гу́бке	гу́бкой
гу́бки	гу́бки	гу́бок	гу́бках	гу́бкам	гу́бками

ГУ́БКА[3] SS (о) (*for inflected forms see* гу́бка[2]) *f.in*: diminutive of губа́

ГУЛЯ́ТЬ SS -я́ют; *intrans; Impf.* (*Pf. and Pf-awhile* по-): stroll

гуля́ю	гуля́ем	гуля́й	гуля́л	гуля́я	
гуля́ешь	гуля́ете	гуля́йте	гуля́ла	гуля́ющий	гуля́вший
гуля́ет	гуля́ют		гуля́ли/о		

ГУМ SS *m.in*: (abbrev. of Госуда́рственный универса́льный магази́н) State Department Store (*in Moscow*)

ГУМ	ГУМ	ГУ́Ма	ГУ́Ме	ГУ́Му	ГУ́Мом

ГУМАНИ́СТ SS *m.an*: humanitarian

гумани́ст	гумани́ста	гумани́ста	гумани́сте	гумани́сту	гумани́стом
гумани́сты	гумани́стов	гумани́стов	гумани́стах	гумани́стам	гумани́стами

ГУСТО́Й M [*sh.Plur.* гу́сты́] *compar.* гу́ще: thick, dense; rich

густо́й	Nom/Gen	густо́го	густо́м	густо́му	густы́м
густо́е	густо́е	густо́го	густо́м	густо́му	густы́м
густа́я	густу́ю	густо́й	густо́й	густо́й	густо́й
густы́е	Nom/Gen	густы́х	густы́х	густы́м	густы́ми

густ, густа́, гу́сто, гу́сты́; гу́ще

ГУСЬ SE *NPlur.* гу́си *m.an*: goose

гусь	гу́ся	гу́ся	гу́се	гу́сю	гу́сем
гу́си	гусе́й	гусе́й	гуся́х	гуся́м	гуся́ми

ГУ́ЩЕ *compar. of* густо́й, гу́сто

ГЭ *indeclinable n.in*: (name of the letter г)

ДА[1] (unstressed) *conjunction*: and; *particle*: well *e.g.* Да где́ же они́? Well, where are they? Да что́ вы говори́те? You don't say! Is it really so? Is that so? Да что́ вы! Oh come on, is it really true? Да не́т Well, no.

ДА́[2] *particle*: 1. yes; no (*in response to negative questions, e.g.* Икры́ не́т? — Да́, икры́ не́т Is there no caviar? No, there isn't); 2. may *e.g.* Да́ настанет ми́р May/Let there be peace

✓**ДАВА́Й(ТЕ)**: 1. *Imperative of* дава́ть; 2. *let's*; 3. *come on!*

✓**ДАВА́ТЬ** ES даю́т; дава́й! *pres. adv.* дава́я; *pres. passive ptcpl.* дава́емый; *Impf. (Pf. да́ть)*: let, allow; give, hand (over), pass *e.g.* Он дает кни́гу *Acc* сестре́ *Dat*

даю́	даём	дава́й	дава́л	дава́я	
даёшь	даёте	дава́йте	дава́ла	даю́щий	дава́вший
даёт	даю́т		дава́ли/о	дава́емый	——

ДАВНО́ *adv*: long ago; for a long time, long since

ДАДУ́Т *non-past tense of* да́ть

ДА́ЖЕ *particle and conjunction*: even

ДА́Й(ТЕ): 1. *Imperative of* да́ть; 2. let (me) *e.g.* Да́й я тебе́ помогу́ [*or* Да́й мне́ помо́чь тебе́] Let me help you

ДАКО́ТА *f.in*: Dakota

Дако́та	Дако́ту	Дако́ты	Дако́те	Дако́те	Дако́той

ДА́ЛЕЕ *adv*: further; later ● и та́к да́лее and so forth, et cetera

ДАЛЁКИЙ M [*sh.neut.* далеко́, *sh.Plur.* далёки] *compar.* да́льше: distant, far

далёкий	Nom/Gen	далёкого	далёком	далёкому	далёким
далёкое	далёкое	далёкого	далёком	далёкому	далёким
далёкая	далёкую	далёкой	далёкой	далёкой	далёкой
далёкие	Nom/Gen	далёких	далёких	далёким	далёкими

далёк, далека́, далёко́, далёки; да́льше

ДАЛЕКО́ [*or* далёко] *adv*: far, far off *e.g.* Сто́л *Nom* (стои́т) далеко́ от окна́ *Gen* The table is (standing) far from the window ● Он далеко́ не дура́к He's far from being a fool; *predicate*: it is far (from) *e.g.* От стола́ *Gen* до окна́ *Gen* далеко́

ДАЛЕКО́-ДАЛЕКО́ *adv*: very far away

ДАЛЬНЕ́ЙШИЙ S *short forms avoided*: further, furthest ● в дальне́йшем in the future, henceforth

дальне́йший	Nom/Gen	дальне́йшего	дальне́йшем	дальне́йшему	дальне́йшим
дальне́йшее	дальне́йшее	дальне́йшего	дальне́йшем	дальне́йшему	дальне́йшим
дальне́йшая	дальне́йшую	дальне́йшей	дальне́йшей	дальне́йшей	дальне́йшей
дальне́йшие	Nom/Gen	дальне́йших	дальне́йших	дальне́йшим	дальне́йшими

ДА́ЛЬШЕ *compar. of* далёкий, далеко́; *adv*: further; later, then

ДА́М *non-past tense of* да́ть

ДА́МА SS *f.an*: lady

да́ма	да́му	да́мы	да́ме	да́ме	да́мой
да́мы	да́м	да́м	да́мах	да́мам	да́мами

ДА́ННЫЙ[1] *pronominal adj. inflected like ordinary adj; also used as Plur. inan. noun*: present, this; (*as noun*) data

да́нный	Nom/Gen	да́нного	да́нном	да́нному	да́нным
да́нное	да́нное	да́нного	да́нном	да́нному	да́нным
да́нная	да́нную	да́нной	да́нной	да́нной	да́нной
да́нные	Nom/Gen	да́нных	да́нных	да́нным	да́нными

ДА́ННЫЙ[2] E *ppp of* да́ть (*for long forms see* да́нный[1]): given (*by smt./smb.*)

да́н, дана́, дано́, даны́

ДА́Р SE *m.in*: present, gift, donation; gift, talent

да́р	да́р	да́ра	да́ре	да́ру	да́ром
дары́	дары́	даро́в	дара́х	дара́м	дара́ми

✓**ДАРИ́ТЬ** MS да́рят [*or Poetic* ES -ря́т]; *pres. passive ptcpl.* дари́мый; *Impf. (Pf.* по-): give (*as a gift*) *e.g.* Он да́рит сестре́ *Dat* кни́гу *Acc*

дарю́	да́рим	дари́	дари́л	даря́	
да́ришь	да́рите	дари́те	дари́ла	даря́щий	дари́вший
да́рит	да́рят		дари́ли/о	дари́мый	

ДА́СТ *non-past tense of* да́ть

ДА́ТА SS *f.in*: date (calendar)

да́та	да́ту	да́ты	да́те	да́те	да́той
да́ты	да́ты	да́т	да́тах	да́там	да́тами

ДА́ТЕЛЬНЫЙ S (e): dative (case)

да́тельный	да́тельный	да́тельного	да́тельном	да́тельному	да́тельным

✓**ДА́ТЬ** ЕМ даду́т да́м да́шь да́ст дади́м дади́те; да́й! да́л дала́ да́ло [*or* дало́] да́ли; *with negative* не́ да не́ дало [*or* не дало́], не́ дали (*but* не дала́); ppp да́нный E; *Pf. (Impf.* дава́ть): let, allow; give, hand (over), pass *e.g.* Он да́ст кни́гу *Acc* сестре́ *Dat*

да́м	дади́м	да́й	да́л	——	да́в[ши]
да́шь	дади́те	да́йте	дала́	——	да́вший
да́ст	даду́т		да́ли/о	——	да́нный E

ДА́ЧА SS *f.in*: country house, country cottage ● е́хать на да́чу *Acc* go to one's country home *or* go to stay in the country; бы́ть на да́че *Prep* be in one's country home *or* stay in the country; возвраща́ться с да́чи *Gen* return from one's country home *or* return from the country

да́ча	да́чу	да́чи	да́че	да́че	да́чей
да́чи	да́чи	да́ч	да́чах	да́чам	да́чами

ДА́ШЬ *non-past tense of* да́ть

ДАЮ́Т *non-past tense of* дава́ть

ДВА́ *numeral; fem.* две́; *(Irreg. in phrases* за́ два; на́ два; по́ два*): two*

два́ (*m, n.*)	*Nom./Gen.*	дву́х	дву́х	дву́м	двумя́
две́ (*f.*)	*Nom./Gen.*	дву́х	дву́х	дву́м	двумя́

ДВАДЦА́ТЫЙ *numeral inflected like adj:* twentieth

двадца́тый	*Nom/Gen*	двадца́того	двадца́том	двадца́тому	двадца́тым
двадца́тое	двадца́тое	двадца́того	двадца́том	двадца́тому	двадца́тым
двадца́тая	двадца́тую	двадца́той	двадца́той	двадца́той	двадца́той
двадца́тые	*Nom/Gen*	двадца́тых	двадца́тых	двадца́тым	двадца́тыми

ДВА́ДЦАТЬ *numeral:* twenty

два́дцать	два́дцать	двадцати́	двадцати́	двадцати́	двадцатью́

ДВЕ́ *see* два́

ДВЕНА́ДЦАТЫЙ *numeral inflected like adj:* twelfth

-на́дцатый	*Nom/Gen*	-на́дцатого	-на́дцатом	-на́дцатому	-на́дцатым
-на́дцатое	-на́дцатое	-на́дцатого	-на́дцатом	-на́дцатому	-на́дцатым
-на́дцатая	-на́дцатую	-на́дцатой	-на́дцатой	-на́дцатой	-на́дцатой
-на́дцатые	*Nom/Gen*	-на́дцатых	-на́дцатых	-на́дцатым	-на́дцатыми

ДВЕНА́ДЦАТЬ *numeral:* twelve

-на́дцать	-на́дцать	-на́дцати	-на́дцати	-на́дцати	-на́дцатью

ДВЕ́РЬ SE *Loc.* (в/на) -й, *NPlur.* две́ри [*IPlur.* дверя́ми *or* дверьми́] *f.in*: door

две́рь	две́рь	две́ри	две́ри/в, на -й	две́ри	две́рью
две́ри	две́ри	двере́й	дверя́х	дверя́м	дверя́ми

ДВЕ́СТИ *numeral:* two hundred

две́сти	две́сти	двухсо́т	двухста́х	двумста́м	двумяста́ми

ДВИ́ГАТЬСЯ[1] SS -аются [*or* дви́жутся]; *Impf.* (*Pf.* дви́нуться): move, stir

дви́гаюсь	дви́гаемся	дви́гайся	дви́гался	дви́гаясь	
дви́гаешься	дви́гаетесь	дви́гайтесь	дви́галась	дви́гающийся	дви́гавшийся
дви́гается	дви́гаются		дви́гались/ось	——	——

ДВИ́ГАТЬСЯ[2] SS -аются *Impf.* (*Pf.* дви́нуться): start moving, get going

дви́гаюсь	дви́гаемся	дви́гайся	дви́гался	дви́гаясь	
дви́гаешься	дви́гаетесь	дви́гайтесь	дви́галась	дви́гающийся	дви́гавшийся
дви́гается	дви́гаются		дви́гались/ось	——	——

ДВИЖЕ́НИЕ SS *n.in*: movement, motion; traffic

движе́ние	движе́ние	движе́ния	движе́нии	движе́нию	движе́нием
движе́ния	движе́ния	движе́ний	движе́ниях	движе́ниям	движе́ниями

ДВИ́ЖУТСЯ *non-past tense variant of* дви́гаться[1]

ДВИ́НУТЬСЯ SS -нутся; *Pf:* 1. (*Impf.* дви́гаться[1]) move, stir; 2. (*Impf.* дви́гаться[2]) start moving, get going

дви́нусь	дви́немся	дви́нься	дви́нулся	——	дви́нувшись
дви́нешься	дви́нетесь	дви́ньтесь	дви́нулась	——	дви́нувшийся
дви́нется	дви́нутся		дви́нулись/ось		

ДВО́Е *collective numeral:* two; two sets, two pairs (*as in* дво́е очко́в two pairs of glasses/spectacles)

дво́е	*Nom./Gen.*	двои́х	двои́х	двои́м	двои́ми

ДВО́ЙКА SS (e) *f.in*: two (digit); poor (failing grade in school)

дво́йка	дво́йку	дво́йки	дво́йке	дво́йке	дво́йкой
дво́йки	дво́йки	дво́ек	дво́йках	дво́йкам	дво́йками

ДВО́Р <*in prep. phrases variants* во, со, ко *are used*> EE *m.in*: 1. courtyard; yard; barnyard (*use* в/в/из [*or* на/на/с] for to/in/from); 2. (royal) court

дво́р	дво́р	двора́	дворе́	двору́	дворо́м
дворы́	дворы́	дворо́в	двора́х	двора́м	двора́ми

ДВОРЕ́Ц <*in prep. phrases variants* во, со, ко *are used*> EE (e) *m.in*: palace

дворе́ц	дворе́ц	дворца́	дворце́	дворцу́	дворцо́м
дворцы́	дворцы́	дворцо́в	дворца́х	дворца́м	дворца́ми

ДВОЮ́РОДНЫЙ S (e): related through a grandparent *e.g.* двою́родный бра́т (first) cousin (man)

двою́родный	*Nom/Gen*	двою́родного	двою́родном	двою́родному	двою́родным
двою́родное	двою́родное	двою́родного	двою́родном	двою́родному	двою́родным
двою́родная	двою́родную	двою́родной	двою́родной	двою́родной	двою́родной
двою́родные	*Nom/Gen*	двою́родных	двою́родных	двою́родным	двою́родными

ДВУХКО́МНАТНЫЙ S (e): two-room

-ко́мнатный	*Nom/Gen*	-ко́мнатного	-ко́мнатном	-ко́мнатному	-ко́мнатным
-ко́мнатное	-ко́мнатное	-ко́мнатного	-ко́мнатном	-ко́мнатному	-ко́мнатным
-ко́мнатная	-ко́мнатную	-ко́мнатной	-ко́мнатной	-ко́мнатной	-ко́мнатной
-ко́мнатные	*Nom/Gen*	-ко́мнатных	-ко́мнатных	-ко́мнатным	-ко́мнатными

ДВУХСО́ТЫЙ *numeral inflected like adj:* two-hundredth

двухсо́тый	Nom/Gen	двухсо́того	двухсо́том	двухсо́тому	двухсо́тым
двухсо́тое	двухсо́тое	двухсо́того	двухсо́том	двухсо́тому	двухсо́тым
двухсо́тая	двухсо́тую	двухсо́той	двухсо́той	двухсо́той	двухсо́той
двухсо́тые	Nom/Gen	двухсо́тых	двухсо́тых	двухсо́тым	двухсо́тыми

ДВУХТО́МНИК SS *m.in:* two-volume edition

-то́мник	-то́мник	-то́мника	-то́мнике	-то́мнику	-то́мником
-то́мники	-то́мники	-то́мников	-то́мниках	-то́мникам	-то́мниками

ДЕ́ВОЧКА SS (e) *f.an:* little girl

де́вочка	де́вочку	де́вочки	де́вочке	де́вочке	де́вочкой
де́вочки	де́вочек	де́вочек	де́вочках	де́вочкам	де́вочками

ДЕ́ВУШКА SS (e) *f.an:* girl, young woman; miss (*as in* Can you help me, miss?)

де́вушка	де́вушку	де́вушки	де́вушке	де́вушке	де́вушкой
де́вушки	де́вушек	де́вушек	де́вушках	де́вушкам	де́вушками

ДЕВЯНО́СТО *numeral:* ninety

девяно́сто	девяно́сто	девяно́ста	девяно́ста	девяно́ста	девяно́ста

ДЕВЯНО́СТЫЙ *numeral inflected like adj:* ninetieth

девяно́стый	Nom/Gen	девяно́стого	девяно́стом	девяно́стому	девяно́стым
девяно́стое	девяно́стое	девяно́стого	девяно́стом	девяно́стому	девяно́стым
девяно́стая	девяно́стую	девяно́стой	девяно́стой	девяно́стой	девяно́стой
девяно́стые	Nom/Gen	девяно́стых	девяно́стых	девяно́стым	девяно́стыми

ДЕВЯТИСО́ТЫЙ *numeral inflected like adj:* nine-hundredth

девятисо́тый	Nom/Gen	девятисо́того	девятисо́том	девятисо́тому	девятисо́тым
девятисо́тое	девятисо́тое	девятисо́того	девятисо́том	девятисо́тому	девятисо́тым
девятисо́тая	девятисо́тую	девятисо́той	девятисо́той	девятисо́той	девятисо́той
девятисо́тые	Nom/Gen	девятисо́тых	девятисо́тых	девятисо́тым	девятисо́тыми

ДЕВЯТНА́ДЦАТЫЙ *numeral inflected like adj:* nineteenth

-на́дцатый	Nom/Gen	-на́дцатого	-на́дцатом	-на́дцатому	-на́дцатым
-на́дцатое	-на́дцатое	-на́дцатого	-на́дцатом	-на́дцатому	-на́дцатым
-на́дцатая	-на́дцатую	-на́дцатой	-на́дцатой	-на́дцатой	-на́дцатой
-на́дцатые	Nom/Gen	-на́дцатых	-на́дцатых	-на́дцатым	-на́дцатыми

ДЕВЯТНА́ДЦАТЬ *numeral:* nineteen

-на́дцать	-на́дцать	-на́дцати	-на́дцати	-на́дцати	-на́дцатью

ДЕВЯ́ТЫЙ *numeral inflected like adj:* ninth

девя́тый	Nom/Gen	девя́того	девя́том	девя́тому	девя́тым
девя́тое	девя́тое	девя́того	девя́том	девя́тому	девя́тым
девя́тая	девя́тую	девя́той	девя́той	девя́той	девя́той
девя́тые	Nom/Gen	девя́тых	девя́тых	девя́тым	девя́тыми

ДЕ́ВЯТЬ *numeral (Irreg. in phrases* за́ девять; на́ девять): nine

де́вять	де́вять	девяти́	девяти́	девяти́	девятью́

ДЕВЯТЬСО́Т *numeral:* nine hundred

девятьсо́т	девятьсо́т	девятисо́т	девятиста́х	девятиста́м	девятьюста́ми

ДЕД SS *m.an:* grandfather ● Дед Моро́з Santa Claus

дед	де́да	де́да	де́де	де́ду	де́дом
де́ды	де́дов	де́дов	де́дах	де́дам	де́дами

ДЕ́ДУШКА SS (e) *m.an:* grandfather

де́душка	де́душку	де́душки	де́душке	де́душке	де́душкой
де́душки	де́душек	де́душек	де́душках	де́душкам	де́душками

ДЕЕПРИЧА́СТИЕ SS *n.in:* deverbal adverb, gerund

-прича́стие	-прича́стие	-прича́стия	-прича́стии	-прича́стию	-прича́стием
-прича́стия	-прича́стия	-прича́стий	-прича́стиях	-прича́стиям	-прича́стиями

ДЕЖУ́РИТЬ SS -рят; *intrans; Impf. (Pf-awhile* по-): be on duty

дежу́рю	дежу́рим	дежу́рь	дежу́рил	дежу́ря	
дежу́ришь	дежу́рите	дежу́рьте	дежу́рила	дежу́рящий	дежу́ривший
дежу́рит	дежу́рят		дежу́рили/о	———	———

ДЕЖУ́РНЫЙ S (e) *also used as m./f.an noun:* on duty; person on duty

дежу́рный	Nom/Gen	дежу́рного	дежу́рном	дежу́рному	дежу́рным
дежу́рное	дежу́рное	дежу́рного	дежу́рном	дежу́рному	дежу́рным
дежу́рная	дежу́рную	дежу́рной	дежу́рной	дежу́рной	дежу́рной
дежу́рные	Nom/Gen	дежу́рных	дежу́рных	дежу́рным	дежу́рными

✓ **ДЕ́ЙСТВИЕ** SS *n.in:* action; act

де́йствие	де́йствие	де́йствия	де́йствии	де́йствию	де́йствием
де́йствия	де́йствия	де́йствий	де́йствиях	де́йствиям	де́йствиями

ДЕЙСТВИ́ТЕЛЬНО *adv. and parenthetical word:* really, indeed

ДЕ́ЙСТВОВАТЬ SS -ствуют; *intrans; Impf:* 1. (*no Pf.*) act *e.g.* Он действует по правилам *Dat;* 2. (*no Pf.*) work, function *e.g.* Ру́чка не действует; 3. (*Pf.* по-) influence, affect *e.g.* Пого́да действует на меня *Acc*

действую	действуем	действуй	действовал	действуя	
действуешь	действуете	действуйте	действовала	действующий	действовавший
действует	действуют		действовали/о	———	———

ДЕКА́БРЬ EE *m.in:* December

декабрь	декабрь	декабря	декабре́	декабрю́	декабрём
декабри́	декабри́	декабрей	декабря́х	декабря́м	декабря́ми

ДЕКАДЕ́НТСТВО <дэкадэ́ *or* дикадэ́> SS *n.in:* decadence

декаде́нтство	декаде́нтство	декаде́нтства	декаде́нтстве	декаде́нтству	декаде́нтством

ДЕЛАВЭ́Р <дэ> SS *m.in:* Delaware

Делавэ́р	Делавэ́р	Делавэ́ра	Делавэ́ре	Делавэ́ру	Делавэ́ром

ДЕ́ЛАТЬ SS -ают; *Impf.* (*Pf.* с-): do; make ● де́лать вид pretend

де́лаю	де́лаем	де́лай	де́лал	де́лая	
де́лаешь	де́лаете	де́лайте	де́лала	де́лающий	де́лавший
де́лает	де́лают		де́лали/о	де́лаемый	

ДЕ́ЛАТЬСЯ¹ SS -аются; *Impf:* 1. (*Pf.* с-) become *e.g.* От вина́ *Gen* он де́лался весёлым *Inst* Wine cheered him up; 2. (*no Pf.*) be done

де́лаюсь	де́лаемся	де́лайся	де́лался	де́лаясь	
де́лаешься	де́лаетесь	де́лайтесь	де́лалась	де́лающийся	де́лавшийся
де́лается	де́лаются		де́лались/ось	———	———

ДЕ́ЛАТЬСЯ² SS -ается; *Impersonal; Impf.* (*Pf.* с-): begin to feel, become, get *e.g.* Ему́ *Dat* де́лается весело от вина́; Де́лается тепле́е It's getting warmer

де́лается			де́лалось		

ДЕЛЕГА́ЦИЯ SS *f.in:* delegation; group of representatives

делега́ция	делега́цию	делега́ции	делега́ции	делега́ции	делега́цией
делега́ции	делега́ции	делега́ций	делега́циях	делега́циям	делега́циями

ДЕЛИ́ТЬ MS де́лят; *pres. active ptcpl.* деля́щий; *ppp* делённый E; *Impf.* (*Pf.* по- *and* раз-): separate; divide (into) *e.g.* Он дели́л гру́ппу *Acc* на две́ *Acc* ча́сти, на хоро́шую полови́ну *Acc* и плоху́ю полови́ну *Acc*

делю́	де́лим	дели́	дели́л	деля́	
де́лишь	де́лите	дели́те	дели́ла	деля́щий	дели́вший
де́лит	де́лят		дели́ли/о		

ДЕ́ЛО SE *n.in:* affair, business; cause ● в са́мом де́ле really; на са́мом де́ле in fact; Ка́к дела́? How are things? В чём де́ло? What's the matter? де́ло в то́м, что . . . the point is that . . .

де́ло	де́ло	де́ла	де́ле	де́лу	де́лом
дела́	дела́	де́л	дела́х	дела́м	дела́ми

ДЕМОНСТРА́ЦИЯ SS *f.in:* demonstration; parade; showing (*of a film, etc.*) (*use* на/на/с *for* to/at/from *the event in all meanings*)

-стра́ция	-стра́цию	-стра́ции	-стра́ции	-стра́ции	-стра́цией
-стра́ции	-стра́ции	-стра́ций	-стра́циях	-стра́циям	-стра́циями

ДЕМОНСТРИ́РОВАТЬ SS -руют; *Impf.* (*Pf.* про-): show, exhibit

-и́рую	-и́руем	-и́руй	-и́ровал	-и́руя	
-и́руешь	-и́руете	-и́руйте	-и́ровала	-и́рующий	-и́ровавший
-и́рует	-и́руют		-и́ровали/о	-и́руемый	

ДЕМОНСТРИ́РОВАТЬСЯ SS -руются; *Passive; Impf.* (*no Pf.*): be shown, exhibited

			-и́ровался	-и́руясь	
			-и́ровалась	-и́рующийся	-и́ровавшийся
-и́руется	-и́руются		-и́ровались/ось		

ДЕ́НЕЖНЫЙ S (е): monetary, money; profitable ● де́нежный перево́д money order

де́нежный	*Nom/Gen*	де́нежного	де́нежном	де́нежному	де́нежным
де́нежное	де́нежное	де́нежного	де́нежном	де́нежному	де́нежным
де́нежная	де́нежную	де́нежной	де́нежной	де́нежной	де́нежной
де́нежные	*Nom/Gen*	де́нежных	де́нежных	де́нежным	де́нежными
де́нежен, де́нежна, де́нежно, де́нежны; де́нежнее					

ДЕ́НЬ <*before* дн- *use the longer variants of prepositions* с(о), в(о), к(о), из(о), *and, optionally, of* от(о)> EE (е) (*Irreg. in phrases* за́ день; на́ день; со дня́ на́ день; изо дня́ [*or* и́зо дня] в де́нь; *Colloquial* сто́лько-то ра́з на дню́) (*see also* днём) *m.in:* day ● тре́тьего дня́ the day before yesterday

де́нь	де́нь	дня́	дне́	дню́	днём
дни́	дни́	дней	дня́х	дня́м	дня́ми

ДЕ́НЬГИ E [*or old-fashioned* S] (е) *Plur. only; NPlur.* де́ньги, *GPlur.* де́нег; a-declension *f.in:* money

де́ньги	де́ньги	де́нег	деньга́х	деньга́м	деньга́ми

ДЕПУТА́Т SS *m.an:* deputy, delegate (*Use fem. predicate when referring to a woman, e.g.* На́ш но́вый депута́т сего́дня не пришла́)

депута́т	депута́та	депута́та	депута́те	депута́ту	депута́том
депута́ты	депута́тов	депута́тов	депута́тах	депута́там	депута́тами

ДЕРЕВЕ́НСКИЙ S *short forms avoided, no compar*: village; rural, country

деревенский	Nom/Gen	деревенского	деревенском	деревенскому	деревенским
деревенское	деревенское	деревенского	деревенском	деревенскому	деревенским
деревенская	деревенскую	деревенской	деревенской	деревенской	деревенской
деревенские	Nom/Gen	деревенских	деревенских	деревенским	деревенскими

adv. по-деревенски

ДЕРЕ́ВНЯ SE (e) *NPlur.* дере́вни *f.in*: village; the country(side)

деревня	деревню	деревни	деревне	деревне	деревней
деревни	деревни	деревень	деревнях	деревням	деревнями

ДЕ́РЕВО¹ SS *NPlur.* дере́вья, *GPlur.* дере́вьев [*also Poetic SE GPlur.* дере́в] *n.in*: tree (*use* на/на/с *for* into/in/out of)

дерево	дерево	дерева	дереве	дереву	деревом
деревья	деревья	деревьев	деревьях	деревьям	деревьями

ДЕ́РЕВО² SE *GPlur.* дере́в *n.in*: wood

дерево	дерево	дерева	дереве	дереву	деревом

ДЕРЕВЯ́ННЫЙ S (e): wooden

деревянный	Nom/Gen	деревянного	деревянном	деревянному	деревянным
деревянное	деревянное	деревянного	деревянном	деревянному	деревянным
деревянная	деревянную	деревянной	деревянной	деревянной	деревянной
деревянные	Nom/Gen	деревянных	деревянных	деревянным	деревянными

ДЕРЖА́ТЬ MS де́ржат; *Impf.* 1. (*Pf-awhile* по-) hold; 2. (*no Pf.*) keep, raise (*animals*); keep, run (*a store, etc.*)

держу́	де́ржим	держи́	держа́л	держа́	
де́ржишь	де́ржите	держи́те	держа́ла	держа́щий	держа́вший
де́ржит	де́ржат		держа́ли/о	——	

ДЕРУ́ТСЯ *non-past tense of* дра́ться

ДЕСЕ́РТ SS *m.in*: dessert

десерт	десерт	десерта	десерте	десерту	десертом

ДЕСЯТИЛЕ́ТКА SS (o) *f.in*: school (10-year secondary school)

десятилетка	десятилетку	десятилетки	десятилетке	десятилетке	десятилеткой
десятилетки	десятилетки	десятилеток	десятилетках	десятилеткам	десятилетками

ДЕСЯ́ТЫЙ *numeral inflected like adj*: tenth

десятый	Nom/Gen	десятого	десятом	десятому	десятым
десятое	десятое	десятого	десятом	десятому	десятым
десятая	десятую	десятой	десятой	десятой	десятой
десятые	Nom/Gen	десятых	десятых	десятым	десятыми

ДЕ́СЯТЬ *numeral* (*Irreg. in phrases* за́ десять; на́ десять): ten

десять	десять	десяти	десяти	десяти	десятью

ДЕТЕКТИ́ВНЫЙ <дэтэ> S (e): detective

детективный	Nom/Gen	детективного	детективном	детективному	детективным
детективное	детективное	детективного	детективном	детективному	детективным
детективная	детективную	детективной	детективной	детективной	детективной
детективные	Nom/Gen	детективных	детективных	детективным	детективными

ДЕ́ТИ (*Plur. of* ребёнок *and* дитя) *m.an*: children

дети	детей	детей	детях	детям	детьми

ДЕ́ТСКИЙ S *short forms avoided, no compar; also used as f.in noun*: children's; childish; nursery ● де́тская площа́дка playground

детский	Nom/Gen	детского	детском	детскому	детским
детское	детское	детского	детском	детскому	детским
детская	детскую	детской	детской	детской	детской
детские	Nom/Gen	детских	детских	детским	детскими

adv. по-детски

ДЕ́ТСТВО SS *n.in*: childhood

детство	детство	детства	детстве	детству	детством

ДЁШЕВО *adv*: cheap, cheaply

ДЕШЁВЫЙ M *short forms* дёшев, дешева́, дёшево, дёшевы; *compar.* дешёвле (*in price*) *and* дешевёе (*in other meanings*): cheap

дешёвый	Nom/Gen	дешёвого	дешёвом	дешёвому	дешёвым
дешёвое	дешёвое	дешёвого	дешёвом	дешёвому	дешёвым
дешёвая	дешёвую	дешёвой	дешёвой	дешёвой	дешёвой
дешёвые	Nom/Gen	дешёвых	дешёвых	дешёвым	дешёвыми

дёшев, дешева́, дёшево, дёшевы; дешёвле (*in price*) *and* дешевёе (*in other meanings*)

ДЖА́З SS *m.in*: jazz

джаз	джаз	джаза	джазе	джазу	джазом

ДЖА́З-БА́НД SS *m.in*: jazz band

-банд	-банд	-банда	-банде	-банду	-бандом
-банды	-банды	-бандов	-бандах	-бандам	-бандами

ДЖА́ЗОВЫЙ S: jazz

джа́зовый	Nom/Gen	джа́зового	джа́зовом	джа́зовому	джа́зовым
джа́зовое	джа́зовое	джа́зового	джа́зовом	джа́зовому	джа́зовым
джа́зовая	джа́зовую	джа́зовой	джа́зовой	джа́зовой	джа́зовой
джа́зовые	Nom/Gen	джа́зовых	джа́зовых	джа́зовым	джа́зовыми

ДЖИ́НСЫ S Plur. only; #-declension m.in: jeans

джи́нсы	джи́нсы	джи́нсов	джи́нсах	джи́нсам	джи́нсами

ДЖО́РДЖИЯ SS f.in: Georgia (in the USA)

Джо́рджия	Джо́рджию	Джо́рджии	Джо́рджии	Джо́рджии	Джо́рджией

ДИАЛО́Г SS m.in: dialog

диало́г	диало́г	диало́га	диало́ге	диало́гу	диало́гом
диало́ги	диало́ги	диало́гов	диало́гах	диало́гам	диало́гами

ДИВА́Н SS m.in: couch, sofa

дива́н	дива́н	дива́на	дива́не	дива́ну	дива́ном
дива́ны	дива́ны	дива́нов	дива́нах	дива́нам	дива́нами

ДИЕ́ТА <иб> SS f.in: diet

дие́та	дие́ту	дие́ты	дие́те	дие́те	дие́той
дие́ты	дие́ты	дие́т	дие́тах	дие́там	дие́тами

ДИ́КИЙ M compar. (дичее or ди́че) avoided: wild

ди́кий	Nom/Gen	ди́кого	ди́ком	ди́кому	ди́ким
ди́кое	ди́кое	ди́кого	ди́ком	ди́кому	ди́ким
ди́кая	ди́кую	ди́кой	ди́кой	ди́кой	ди́кой
ди́кие	Nom/Gen	ди́ких	ди́ких	ди́ким	ди́кими

ди́к, дика́, ди́ко, ди́ки

ДИКТА́НТ SS m.in: dictation (as a test) (use на/на/с for to/at/from the event)

дикта́нт	дикта́нт	дикта́нта	дикта́нте	дикта́нту	дикта́нтом
дикта́нты	дикта́нты	дикта́нтов	дикта́нтах	дикта́нтам	дикта́нтами

ДИКТОВА́ТЬ SS -ту́ют; Impf. (Pf. про-): dictate e.g. О́н диктова́л сестре́ Dat письмо́ Acc

дикту́ю	дикту́ем	дикту́й	диктова́л	дикту́я	
дикту́ешь	дикту́ете	дикту́йте	диктова́ла	дикту́ющий	диктова́вший
дикту́ет	дикту́ют		диктова́ли/о	дикту́емый	

ДИКТО́ВКА SS (o) f.in: dictation (as a test); (process of) dictation (use на/на/с for to/at/from the event) ● писа́ть под дикто́вку Acc take/do dictation

дикто́вка	дикто́вку	дикто́вки	дикто́вке	дикто́вке	дикто́вкой
дикто́вки	дикто́вки	дикто́вок	дикто́вках	дикто́вкам	дикто́вками

ДИ́КТОР SS m.an: announcer (broadcasting) (Use fem. predicate when referring to a woman, e.g. На́ш но́вый ди́ктор сегодня не пришла́)

ди́ктор	ди́ктора	ди́ктора	ди́кторе	ди́ктору	ди́ктором
ди́кторы	ди́кторов	ди́кторов	ди́кторах	ди́кторам	ди́кторами

ДИПЛО́М SS m.in: diploma; college degree; thesis

дипло́м	дипло́м	дипло́ма	дипло́ме	дипло́му	дипло́мом
дипло́мы	дипло́мы	дипло́мов	дипло́мах	дипло́мам	дипло́мами

ДИПЛОМАТИ́ЧЕСКИЙ S short forms avoided, no compar: diplomatic

-и́ческий	Nom/Gen	-и́ческого	-и́ческом	-и́ческому	-и́ческим
-и́ческое	-и́ческое	-и́ческого	-и́ческом	-и́ческому	-и́ческим
-и́ческая	-и́ческую	-и́ческой	-и́ческой	-и́ческой	-и́ческой
-и́ческие	Nom/Gen	-и́ческих	-и́ческих	-и́ческим	-и́ческими

adv. дипломати́чески

ДИПЛОМА́ТИЯ SS f.in: diplomacy

диплома́тия	диплома́тию	диплома́тии	диплома́тии	диплома́тии	диплома́тией

ДИРЕ́КТОР SE NPlur. -а́ m.an: director, manager; principal (Use fem. predicate when referring to a woman, e.g. На́ш но́вый дире́ктор сегодня не пришла́)

дире́ктор	дире́ктора	дире́ктора	дире́кторе	дире́ктору	дире́ктором
директора́	директоро́в	директоро́в	директора́х	директора́м	директора́ми

ДИРИЖЁР SS m.an: conductor (of a band or orchestra) (Use fem. predicate when referring to a woman, e.g. На́ш но́вый дирижёр сегодня не пришла́)

дирижёр	дирижёра	дирижёра	дирижёре	дирижёру	дирижёром
дирижёры	дирижёров	дирижёров	дирижёрах	дирижёрам	дирижёрами

ДИСКУ́ССИЯ <с or сс> SS f.in: discussion (use на/на/с for to/at/from the event)

дискýссия	дискýссию	дискýссии	дискýссии	дискýссии	дискýссией
дискýссии	дискýссии	дискýссий	дискýссиях	дискýссиям	дискýссиями

ДИССЕРТА́ЦИЯ <с, not сс> SS f.in: dissertation

диссерта́ция	диссерта́цию	диссерта́ции	диссерта́ции	диссерта́ции	диссерта́цией
диссерта́ции	диссерта́ции	диссерта́ций	диссерта́циях	диссерта́циям	диссерта́циями

ДИТЯ́ Acc. дитя́; other Sg. forms are old-fashioned (see ребёнок); NPlur. де́ти, GPlur. дете́й, IPlur. детьми́ n.an: child

дитя́	дитя́				
де́ти	дете́й	дете́й	де́тях	де́тям	детьми́

ДИФТО́НГ SS *m.in*: diphthong

дифто́нг	дифто́нг	дифто́нга	дифто́нге	дифто́нгу	дифто́нгом
дифто́нги	дифто́нги	дифто́нгов	дифто́нгах	дифто́нгам	дифто́нгами

ДЛИНА́ ES *f.in*: length

длина́	длину́	длины́	длине́	длине́	длино́й

ДЛИ́НЕН M (e) [*sh.neut.* длинно́, *sh.Plur.* длинны́] *no long forms; no compar; (see also* дли́нный *long)*: too long

дли́нен, длинна́, длинно́, длинны́

ДЛИ́ННЫЙ M (e) [*sh.Plur.* длинны́] *(see also* дли́нен *too long)*: long

дли́нный	Nom/Gen	дли́нного	дли́нном	дли́нному	дли́нным
дли́нное	дли́нное	дли́нного	дли́нном	дли́нному	дли́нным
дли́нная	дли́нную	дли́нной	дли́нной	дли́нной	дли́нной
дли́нные	Nom/Gen	дли́нных	дли́нных	дли́нным	дли́нными

дли́нен, длинна́, дли́нно, длинны́; длинне́е

ДЛЯ (*unstressed, but pronounced* <я> *before a stressed syllable*) *prep.* +*Gen*: for (the sake of); for (the purpose of)

ДНЕВНО́Й E *no sh.masc; other short forms avoided*: day, day's; daytime

дневно́й	Nom/Gen	дневно́го	дневно́м	дневно́му	дневны́м
дневно́е	дневно́е	дневно́го	дневно́м	дневно́му	дневны́м
дневна́я	дневну́ю	дневно́й	дневно́й	дневно́й	дневно́й
дневны́е	Nom/Gen	дневны́х	дневны́х	дневны́м	дневны́ми

ДНЁМ *adv.* *(see also* де́нь*)*: in the afternoon; in the daytime, during the day, by day

ДНЕПР EE *m.in*: Dnieper (*use* на/на/с *for* to/on(by)/from *and use* в/в/из *for* into/in/out of *the river*)

Днепр	Днепр	Днепра́	Днепре́	Днепру́	Днепро́м

ДНО́[1] EE (o) *Plur. hypothetical; n.in*: bottom (of a river, sea, etc.) (*use* на/на/со *for* to/at/from)

дно́	дно́	дна́	дне́	дну́	дно́м

ДНО́[2] ES *NPlur.* до́нья, *GPlur.* до́ньев *n.in*: bottom (of a container) (*use* на/на/со *for* to/at/from)

дно́	дно́	дна́	дне́	дну́	дно́м
до́нья	до́нья	до́ньев	до́ньях	до́ньям	до́ньями

ДО (*normally unstressed*) *prep.* +*Gen*: to, up to, as far as; until, till; before

ДО́ *indeclinable n.in*: do (musical note)

ДОБА́ВИТЬ SS -вят; *Pf.* (*Impf.* добавля́ть): add *e.g.* О́н доба́вил но́вую кни́гу *Acc* к свое́й колле́кции *Dat*

доба́влю	доба́вим	доба́вь	доба́вил	——	доба́вив[ши]
доба́вишь	доба́вите	доба́вьте	доба́вила	——	доба́вивший
доба́вит	доба́вят		доба́вили/о	——	доба́вленный S

ДОБАВЛЯ́ТЬ SS -яют; *Impf.* (*Pf.* доба́вить): add *e.g.* О́н добавля́ет но́вые кни́ги *Acc* к свое́й колле́кции *Da*

добавля́ю	добавля́ем	добавля́й	добавля́л	добавля́я	
добавля́ешь	добавля́ете	добавля́йте	добавля́ла	добавля́ющий	добавля́вший
добавля́ет	добавля́ют		добавля́ли/о	добавля́емый	——

ДОБЕГА́ТЬ SS -я́ют; *intrans; Impf.* (*Pf.* добежа́ть): reach, get to (running) *e.g.* О́н добега́л до угла́ *Gen* и остана́вливался

добега́ю	добега́ем	добега́й	добега́л	добега́я	
добега́ешь	добега́ете	добега́йте	добега́ла	добега́ющий	добега́вший
добега́ет	добега́ют		добега́ли/о	——	

ДОБЕЖА́ТЬ ES -бегу́т -бегу́ -бежи́шь -бежи́т -бежи́м -бежи́те; *intrans; Pf.* (*Impf.* добега́ть): reach, get to (running) *e.g.* О́н добежа́л до угла́ *Gen*

-бегу́	-бежи́м	-беги́	-бежа́л	——	-бежа́в[ши]
-бежи́шь	-бежи́те	-беги́те	-бежа́ла	——	-бежа́вший
-бежи́т	-бегу́т		-бежа́ли/о	——	

ДОБИВА́ТЬСЯ SS -а́ются; *Impf.* (*Pf.* доби́ться): attain, achieve, reach, get *e.g.* О́н добива́лся отве́та *Gen* от свое́й сестры́ *Gen*; О́н добива́лся успе́ха *Gen*

добива́юсь	добива́емся	добива́йся	добива́лся	добива́ясь	
добива́ешься	добива́етесь	добива́йтесь	добива́лась	добива́ющийся	добива́вшийся
добива́ется	добива́ются		добива́лись/ось	——	——

ДОБИ́ТЬСЯ ES -бью́тся; -бе́йся! *Pf.* (*Impf.* добива́ться): attain, achieve, reach, get *e.g.* О́н добьётся отве́та *Gen* от свое́й сестры́ *Gen*; О́н добьётся успе́ха *Gen*

добью́сь	добьёмся	добе́йся	доби́лся	——	доби́вшись
добьёшься	добьётесь	добе́йтесь	доби́лась	——	доби́вшийся
добьётся	добью́тся		доби́лись/ось	——	——

ДОБРОТА́ ES *Plur.* (*NPlur.* добро́ты) *hypothetical; f.in*: goodness, kindness

доброта́	доброту́	доброты́	доброте́	доброте́	добродо́й

ДОБРО́ТНЫЙ S (e): of good, high quality; durable

добро́тный	Nom/Gen	добро́тного	добро́тном	добро́тному	добро́тным
добро́тное	добро́тное	добро́тного	добро́тном	добро́тному	добро́тным
добро́тная	добро́тную	добро́тной	добро́тной	добро́тной	добро́тной
добро́тные	Nom/Gen	добро́тных	добро́тных	добро́тным	добро́тными

добро́тен, добро́тна, добро́тно, добро́тны; добро́тнее

ДÓБРЫЙ M [sh.Plur. дóбры]: kind-hearted, decent, good, kind ● Дóброе ýтро! Hello! Good morning! Дóбрый дéнь! Hello! Good afternoon! Дóбрый вéчер! Hello! Good evening! Бýдьте добры́! Please, do me a favor! Всегó дóброго! Goodbye!

дóбрый	Nom/Gen	дóброго	дóбром	дóброму	дóбрым
дóброе	дóброе	дóброго	дóбром	дóброму	дóбрым
дóбрая	дóбрую	дóброй	дóброй	дóброй	дóброй
дóбрые	Nom/Gen	дóбрых	дóбрых	дóбрым	дóбрыми

дóбр, добрá, дóбро, дóбры; добрée

ДОВЕЗТИ́ EE -везýт; -вёз -везлá -везли́; past adv. -везя́; past active ptcpl. -вёзший; Pf. (Impf. довозúть): take (to), haul (to), give a ride (to) e.g. Óн довёз сестрý Acc до Нью-Йóрка Gen

довезý	довезём	довезú	довёз	——	довезя́
довезёшь	довезёте	довезúте	довезлá	——	довёзший
довезёт	довезýт		довезли́/ó	——	довезённый Е

ДОВЕСТИ́ EE -ведýт; -вёл -велá -вели́; past adv. -ведя́; past active ptcpl. -вéдший; Pf. (Impf. доводúть): lead, take/bring (to) e.g. Óн довёл сестрý Acc до углá Gen

доведý	доведём	доведú	довёл	——	доведя́
доведёшь	доведёте	доведúте	довелá	——	довéдший
доведёт	доведýт		довели́/ó	——	доведённый Е

ДОВОДИ́ТЬ MS -вóдят; pres. passive ptcpl. -водúмый; Impf. (Pf. довестú): lead, take/bring (to) e.g. Óн доводúл сестрý Acc до углá Gen и прощáлся

довожý	довóдим	доводú	доводúл	доводя́	
довóдишь	довóдите	доводúте	доводúла	доводя́щий	доводúвший
довóдит	довóдят		доводúли/о	доводúмый	——

ДОВОЗИ́ТЬ MS -вóзят; Impf. (Pf. довезтú): take (to), haul (to), give a ride (to) e.g. Óн довозúл сестрý Acc до Нью-Йóрка Gen и éхал назáд

довожý	довóзим	довозú	довозúл	довозя́	
довóзишь	довóзите	довозúте	довозúла	довозя́щий	довозúвший
довóзит	довóзят		довозúли/о	довозúмый	——

ДОВÓЛЬНО adv: contentedly; enough; quite, pretty, rather; predicate: it is enough e.g. Мнé Dat довóльно вáших совéтов! Gen I've had my fill (more than enough) of your advice! Довóльно! Stop it! Enough!

ДОВÓЛЬНЫЙ S (e): satisfied; pleased (with) e.g. Óн довóлен твоéй рабóтой Inst

довóльный	Nom/Gen	довóльного	довóльном	довóльному	довóльным
довóльное	довóльное	довóльного	довóльном	довóльному	довóльным
довóльная	довóльную	довóльной	довóльной	довóльной	довóльной
довóльные	Nom/Gen	довóльных	довóльных	довóльным	довóльными

довóлен, довóльна, довóльно, довóльны; довóльнее

ДОГОВÁРИВАТЬСЯ SS -аются; Impf. (Pf. договорúться): make arrangements, negotiate e.g. Óн договáривается с сестрóй Inst о встрéче Prep; Онú договáриваются о встрéче Prep

-вáриваюсь	-вáриваемся	-вáривайся	-вáривался	-вáриваясь	
-вáриваешься	-вáриваетесь	-вáривайтесь	-вáривалась	-вáривающийся	-вáривавшийся
-вáривается	-вáриваются		-вáривались/ось		

ДОГОВÓР SS [or дóговор SE NPlur. -á] m.in: agreement; contract; treaty

договóр	договóр	договóра	договóре	договóру	договóром
договóры	договóры	договóров	договóрах	договóрам	договóрами

ДОГОВОРИ́ТЬСЯ ES -ря́тся; Pf. (Impf. договáриваться): 1. make arrangements, e.g. Óн договорúтся с сестрóй Inst о встрéче Prep; Онú договорúлись о встрéче Prep; 2 come to an agreement e.g. Онú договорúлись

договорю́сь	договорúмся	договорúсь	договорúлся	——	договорúвшись
договорúшься	договорúтесь	договорúтесь	договорúлась	——	договорúвшийся
договорúтся	договоря́тся		договорúлись/ось	——	——

ДОÉДУТ non-past tense of доéхать

ДОЕЗЖÁЙ Imperative of доезжáть and of доéхать

ДОЕЗЖÁТЬ <ж'ж' or жж> SS -áют; intrans; Impf. (Pf. доéхать): reach (driving, riding), get (to) e.g. Óн доезжáл до углá Gen и останáвливался

доезжáю	доезжáем	доезжáй	доезжáл	доезжáя	
доезжáешь	доезжáете	доезжáйте	доезжáла	доезжáющий	доезжáвший
доезжáет	доезжáют		доезжáли/о	——	

ДОÉХАТЬ SS -éдут; -езжáй! <ж'ж' or жж> intrans; Pf. (Impf. доезжáть): reach (driving, riding), get (to) e.g. Óн доéхал до углá Gen

доéду	доéдем	доезжáй	доéхал	——	доéхав[ши]
доéдешь	доéдете	доезжáйте	доéхала	——	доéхавший
доéдет	доéдут		доéхали/о	——	

ДОЖДÁТЬСЯ EE [or EM] -ждýтся; [-ждáлся or old-fashioned -ждался́]; Pf. (Impf. дожидáться): wait (for/until) e.g. Óн дождáлся концá Gen урóка

дождýсь	дождёмся	дождúсь	дождáлся	——	дождáвшись
дождёшься	дождётесь	дождúтесь	дождалáсь	——	дождáвшийся
дождётся	дождýтся		дождали́сь/óсь		

ДОЖДЛИ́ВЫЙ <ж'ж'ли *or* ждли> S: rainy

дождли́вый	Nom/Gen	дождли́вого	дождли́вом	дождли́вому	дождли́вым
дождли́вое	дождли́вое	дождли́вого	дождли́вом	дождли́вому	дождли́вым
дождли́вая	дождли́вую	дождли́вой	дождли́вой	дождли́вой	дождли́вой
дождли́вые	Nom/Gen	дождли́вых	дождли́вых	дождли́вым	дождли́выми

дождли́в, дождли́ва, дождли́во, дождли́вы; дождли́вее

ДОЖДЬ <до́щ *or* до́шть; дож'ж'я́ *or* дождя́, дож'ж'ю́ *or* дождю́, *etc.*> EE *m.in*: rain ● Идёт дождь It's raining; под дождём in the rain

до́ждь	до́ждь	дождя́	дожде́	дождю́	дождём
дожди́	дожди́	дожде́й	дождя́х	дождя́м	дождя́ми

ДОЖИДА́ТЬСЯ SS -а́ются; *Impf.* (*Pf.* дожда́ться): wait (for/until) *e.g.* Он дожида́лся конца́ *Gen* уро́ка

-жида́юсь	-жида́емся	-жида́йся	-жида́лся	-жида́ясь	
-жида́ешься	-жида́етесь	-жида́йтесь	-жида́лась	-жида́ющийся	-жида́вшийся
-жида́ется	-жида́ются		-жида́лись/ось		

ДОЙТИ́ EE дойду́т; дошёл дошла́ дошли́; *past adv.* дойдя́; *past active ptcpl.* доше́дший; *intrans*; *Pf.* (*Impf.* доходи́ть): reach (*walking*), get (to) *e.g.* Он дошёл до угла́ *Gen*

дойду́	дойдём	дойди́	дошёл	——	дойдя́
дойдёшь	дойдёте	дойди́те	дошла́	——	доше́дший
дойдёт	дойду́т		дошли́/о́	——	

ДОКАЗА́ТЕЛЬСТВО SS *n.in*: proof

-каза́тельство	-каза́тельство	-каза́тельства	-каза́тельстве	-каза́тельству	-каза́тельством
-каза́тельства	-каза́тельства	-каза́тельств	-каза́тельствах	-каза́тельствам	-каза́тельствами

ДОКАЗА́ТЬ MS -ка́жут; *Pf.* (*Impf.* дока́зывать): prove *e.g.* Он дока́жет сестре́ *Dat* свою́ любо́вь *Acc*

докажу́	дока́жем	докажи́	доказа́л	——	доказа́в[ши]
дока́жешь	дока́жете	докажи́те	доказа́ла	——	доказа́вший
дока́жет	дока́жут		доказа́ли/о	——	дока́занный S

ДОКА́ЗЫВАТЬ SS -ают; *Impf.* (*Pf.* доказа́ть): prove *e.g.* Он дока́зывает сестре́ *Dat* свою́ *Acc* любо́вь *Acc*

дока́зываю	дока́зываем	дока́зывай	дока́зывал	дока́зывая	
дока́зываешь	дока́зываете	дока́зывайте	дока́зывала	дока́зывающий	дока́зывавший
дока́зывает	дока́зывают		дока́зывали/о	дока́зываемый	——

ДОКЛА́Д SS *m.in*: report, talk, presentation (*use* на/на/с *for* to/at/from *the event*); report (*document*)

докла́д	докла́д	докла́да	докла́де	докла́ду	докла́дом
докла́ды	докла́ды	докла́дов	докла́дах	докла́дам	докла́дами

ДОКЛА́ДЧИК SS *m.an*: speaker

докла́дчик	докла́дчика	докла́дчика	докла́дчике	докла́дчику	докла́дчиком
докла́дчики	докла́дчиков	докла́дчиков	докла́дчиках	докла́дчикам	докла́дчиками

ДОКЛА́ДЧИЦА SS *f.an*: speaker (*woman*)

докла́дчица	докла́дчицу	докла́дчицы	докла́дчице	докла́дчице	докла́дчицей
докла́дчицы	докла́дчиц	докла́дчиц	докла́дчицах	докла́дчицам	докла́дчицами

ДО́КТОР SE NPlur. -а́ *m.an*: doctor (*Use fem. predicate when referring to a woman, e.g.* Наш но́вый до́ктор сего́дня не пришла́)

до́ктор	до́ктора	до́ктора	до́кторе	до́ктору	до́ктором
доктора́	докторо́в	докторо́в	доктора́х	доктора́м	доктора́ми

ДОКУМЕ́НТ SS *m.in*: document; (*in Plur.*) (official) papers

докуме́нт	докуме́нт	докуме́нта	докуме́нте	докуме́нту	докуме́нтом
докуме́нты	докуме́нты	докуме́нтов	докуме́нтах	докуме́нтам	докуме́нтами

ДОКУМЕНТА́ЛЬНЫЙ S (e): documentary

-а́льный	Nom/Gen	-а́льного	-а́льном	-а́льному	-а́льным
-а́льное	-а́льное	-а́льного	-а́льном	-а́льному	-а́льным
-а́льная	-а́льную	-а́льной	-а́льной	-а́льной	-а́льной
-а́льные	Nom/Gen	-а́льных	-а́льных	-а́льным	-а́льными

-а́лен, -а́льна, -а́льно, -а́льны; -а́льнее

ДОЛГ[1] SE Part. -у (*Irreg. in the phrase* в долгу́, как в шелку́ (*поговорка*)) *m.in*: debt (*monetary*)

долг	долг	до́лга/долгу́	до́лге	долгу́	до́лгом
долги́	долги́	долго́в	долга́х	долга́м	долга́ми

ДОЛГ[2] SE Plur. hypothetical; (*Irreg. in the phrase* быть в долгу́ перед кем-л. (*быть обязанным кому-л.*)) *m.in*: obligation, duty

долг	долг	до́лга	до́лге	долгу́	до́лгом

ДО́ЛГИЙ M (o) compar. до́льше: long, of long duration

до́лгий	Nom/Gen	до́лгого	до́лгом	до́лгому	до́лгим
до́лгое	до́лгое	до́лгого	до́лгом	до́лгому	до́лгим
до́лгая	до́лгую	до́лгой	до́лгой	до́лгой	до́лгим
до́лгие	Nom/Gen	до́лгих	до́лгих	до́лгим	до́лгими

до́лог, долга́, до́лго, до́лги; до́льше

ДО́ЛГО *adv*: long, a long time, for a long time ● как до́лго how long

ДО́ЛЖЕН E (e) *no long forms*; *no compar*; (*see also* до́лжный): must, ought; owe *e.g.* Он до́лжен сестре́ *Dat* копе́йку *Acc*

до́лжен, должна́, должно́, должны́

ДО́ЛЖНЫЙ S (e) *short forms avoided*; (*see also* до́лжен): fitting, proper; due

до́лжный	Nom/Gen	до́лжного	до́лжном	до́лжному	до́лжным
до́лжное	до́лжное	до́лжного	до́лжном	до́лжному	до́лжным
до́лжная	до́лжную	до́лжной	до́лжной	до́лжной	до́лжной
до́лжные	Nom/Gen	до́лжных	до́лжных	до́лжным	до́лжными

ДОЛИ́НА SS *f.in*: valley

доли́на	доли́ну	доли́ны	доли́не	доли́не	доли́ной
доли́ны	доли́ны	доли́н	доли́нах	доли́нам	доли́нами

ДО́ЛЛАР <лл *or* л> SS *m.in*: dollar

до́ллар	до́ллар	до́ллара	до́лларе	до́ллару	до́лларом
до́ллары	до́ллары	до́лларов	до́лларах	до́лларам	до́лларами

ДОЛО́Й *adv*: off, away, down with e.g. Ша́пки доло́й! Hats off! Доло́й буржу́ев! Down with the bourgeois!

ДО́ЛЬШЕ *compar.* of до́лгий, до́лго

ДО́М SE [*also Poetic Loc.* (в) -у́] NPlur. -а́ (*Irreg. in phrases* и́з дому [*or* из до́му *or* из до́ма] (*из своего жилища*); до́ дому [*or* до до́му *or* до до́ма] (*до своего жилища*); на́ дом (*домой*); на дому́ (*дома*)) (*see also* до́ма, домо́й) *m.in*: house; home; building

до́м	до́м	до́ма	до́ме	до́му	до́мом
дома́	дома́	домо́в	дома́х	дома́м	дома́ми

ДО́МА *adv*: home, at home

ДОМА́ШНИЙ S (e) *sh.masc. hypothetical*: home; domestic

дома́шний	Nom/Gen	дома́шнего	дома́шнем	дома́шнему	дома́шним
дома́шнее	дома́шнее	дома́шнего	дома́шнем	дома́шнему	дома́шним
дома́шняя	дома́шнюю	дома́шней	дома́шней	дома́шней	дома́шней
дома́шние	Nom/Gen	дома́шних	дома́шних	дома́шним	дома́шними

adv. по-дома́шнему

ДО́МИК SS *m.in*: small house

до́мик	до́мик	до́мика	до́мике	до́мику	до́миком
до́мики	до́мики	до́миков	до́миках	до́микам	до́миками

ДОМО́Й *adv*: home, homeward(s)

ДО́Н SS *m.in*: Don (river) (*use* на/на/с *for* to/on(by)/from *and use* в/в/из *for* into/in/out of the river)

До́н	До́н	До́на	До́не	До́ну	До́ном

ДОНЕСТИ́ EE -несу́т; -нёс -несла́ -несли́; *past adv.* -неся́; *past active ptcpl.* -нёсший; *Pf.* (*Impf.* доноси́ть): 1. carry (to) e.g. О́н донёс чемода́н *Acc* до маши́ны *Gen*; 2. (*intransitive*) denounce, report (on smb.) e.g. О́н донёс дире́ктору *Dat* на сестру́ *Acc*

донесу́	донесём	донеси́	донёс	——	донеся́
донесёшь	донесёте	донеси́те	донесла́	——	донёсший
донесёт	донесу́т		донесли́/о	——	донесённый E

ДОНОСИ́ТЬ MS -но́сят; *Impf.* (*Pf.* донести́): 1. carry (to); 2. (*intransitive*) denounce, report (on smb.) e.g. О́н доноси́л дире́ктору *Dat* на сестру́ *Acc*

доношу́	доно́сим	доноси́	доноси́л	доноси́	
доно́сишь	доно́сите	доноси́те	доноси́ла	доноси́щий	доноси́вший
доно́сит	доно́сят		доноси́ли/о	доноси́мый	

ДОПЛЫВА́ТЬ SS -а́ют; *intrans*; *Impf.* (*Pf.* доплы́ть): reach (*swimming, sailing*), get (to) e.g. О́н доплыва́л до друго́го бе́рега *Gen* и выходи́л из воды́

доплыва́ю	доплыва́ем	доплыва́й	доплыва́л	доплыва́я	
доплыва́ешь	доплыва́ете	доплыва́йте	доплыва́ла	доплыва́ющий	доплыва́вший
доплыва́ет	доплыва́ют		доплыва́ли/о	——	

ДОПЛЫ́ТЬ EM -плыву́т; *intrans*; *Pf.* (*Impf.* доплыва́ть): reach (*swimming, sailing*), get (to) e.g. О́н доплы́л до друго́го бе́рега *Gen*

доплыву́	доплывём	доплыви́	доплы́л	——	доплы́в[ши]
доплывёшь	доплывёте	доплыви́те	доплыла́	——	доплы́вший
доплывёт	доплыву́т		доплы́ли/о	——	

ДОПОЛНИ́ТЕЛЬНЫЙ S (e): supplementary

-и́тельный	Nom/Gen	-и́тельного	-и́тельном	-и́тельному	-и́тельным
-и́тельное	-и́тельное	-и́тельного	-и́тельном	-и́тельному	-и́тельным
-и́тельная	-и́тельную	-и́тельной	-и́тельной	-и́тельной	-и́тельной
-и́тельные	Nom/Gen	-и́тельных	-и́тельных	-и́тельным	-и́тельными

-и́телен, -и́тельна, -и́тельно, -и́тельны

ДОПО́ЛНИТЬ SS -нят; *Pf.* (*Impf.* дополня́ть): supplement e.g. О́н допо́лнил мо́й расска́з *Acc* интере́сными дета́лями *Inst* He supplemented my story with interesting details

допо́лню	допо́лним	допо́лни	допо́лнил	——	допо́лнив[ши]
допо́лнишь	допо́лните	допо́лните	допо́лнила	——	допо́лнивший
допо́лнит	допо́лнят		допо́лнили/о	——	допо́лненный S

ДОПОЛНЯ́ТЬ SS -я́ют; *Impf.* (*Pf.* допо́лнить): supplement e.g. О́н дополня́л мо́й расска́з *Acc* интере́сными дета́лями *Inst* He supplemented my story with interesting details

дополня́ю	дополня́ем	дополня́й	дополня́л	дополня́я	
дополня́ешь	дополня́ете	дополня́йте	дополня́ла	дополня́ющий	дополня́вший
дополня́ет	дополня́ют		дополня́ли/о	дополня́емый	——

ДОПУСКА́ТЬСЯ SS -а́ются; *Passive*; *Impf.* (no *Pf.*): be admitted; be allowed; be assumed

			-пуска́лся	——	
			-пуска́лась	-пуска́ющийся	-пуска́вшийся
-пуска́ется	-пуска́ются		-пуска́лись/ось	——	

ДОРЕВОЛЮЦИО́ННЫЙ S (e): pre-revolutionary

-о́нный	Nom/Gen	-о́нного	-о́нном	-о́нному	-о́нным
-о́нное	-о́нное	-о́нного	-о́нном	-о́нному	-о́нным
-о́нная	-о́нную	-о́нной	-о́нной	-о́нной	-о́нной
-о́нные	Nom/Gen	-о́нных	-о́нных	-о́нным	-о́нными

ДОРО́ГА SS *f.in*: road ● по доро́ге on the way; along the road; желе́зная доро́га railroad

| доро́га | доро́гу | доро́ги | доро́ге | доро́ге | доро́гой |
| доро́ги | доро́ги | доро́г | доро́гах | доро́гам | доро́гами |

ДО́РОГО *adv*: dear, dearly *e.g.* Э́то до́рого сто́ит That costs a lot

ДОРОГО́Й M *short forms* до́рог, дорога́, до́рого, до́роги: dear; expensive

дорого́й	Nom/Gen	дорого́го	дорого́м	дорого́му	дороги́м
дорого́е	дорого́е	дорого́го	дорого́м	дорого́му	дороги́м
дорога́я	дорогу́ю	дорого́й	дорого́й	дорого́й	дорого́й
дороги́е	Nom/Gen	дороги́х	дороги́х	дороги́м	дороги́ми

до́рог, дорога́, до́рого, до́роги; доро́же

ДОРО́ЖЕ *compar. of* дорого́й, до́рого

ДОРО́ЖНЫЙ S (e): road; travel, travelling

доро́жный	Nom/Gen	доро́жного	доро́жном	доро́жному	доро́жным
доро́жное	доро́жное	доро́жного	доро́жном	доро́жному	доро́жным
доро́жная	доро́жную	доро́жной	доро́жной	доро́жной	доро́жной
доро́жные	Nom/Gen	доро́жных	доро́жных	доро́жным	доро́жными

adv. по-доро́жному

ДОСКА́ EE (o) *ASg.* до́ску *NPlur.* до́ски [*or* ES (o)] (*Irreg. in phrases* свой в до́ску; пья́ный в до́ску; бей в до́ску, разгоня́й тоску́ (*старинная поговорка*)) *f.in*: board, plank; slab; blackboard

| доска́ | до́ску | доски́ | доске́ | доске́ | доско́й |
| до́ски | до́ски | досо́к | доска́х | доска́м | доска́ми |

ДОСТАВА́ТЬ ES -стаю́т; -става́й! *pres. adv.* -става́я; *pres. passive ptcpl.* -става́емый; *Impf.* (*Pf.* доста́ть): get, obtain

достаю́	достаём	достава́й	достава́л	достава́я	
достаёшь	достаёте	достава́йте	достава́ла	достаю́щий	достава́вший
достаёт	достаю́т		достава́ли/о	достава́емый	——

ДОСТАВА́ТЬСЯ ES -стаю́тся; -става́йся! *pres. adv.* -става́ясь; *Impf.* (*Pf.* доста́ться): fall prey, fall victim; come into smb.'s possession, fall into smb.'s hands *e.g.* Кни́ги достава́лись други́м лю́дям *Dat*

достаю́сь	достаёмся	достава́йся	достава́лся	достава́ясь	
достаёшься	достаётесь	достава́йтесь	достава́лась	достаю́щийся	достава́вшийся
достаётся	достаю́тся		достава́лись/ось	——	

ДОСТА́НУТ *non-past tense of* доста́ть

ДОСТА́ТОЧНО[1] *adv*: sufficiently, enough; *predicate*: it is enough, it suffices *e.g.* Мне́ *Dat* доста́точно су́па *Gen* Soup alone is enough (food) for me

ДОСТА́ТОЧНО[2] *numeral*; *Acc.=Nom*; *no other forms*: enough *e.g.* У меня́ доста́точно су́па I have enough soup

ДОСТА́ТЬ SS -ста́нут; *no ppp*; *Pf.* (*Impf.* достава́ть): get, obtain

доста́ну	доста́нем	доста́нь	доста́л	——	доста́в[ши]
доста́нешь	доста́нете	доста́ньте	доста́ла	——	доста́вший
доста́нет	доста́нут		доста́ли/о	——	

ДОСТА́ТЬСЯ SS -ста́нутся; *Pf.* (*Impf.* достава́ться): fall prey, fall victim; come into smb.'s possession, fall into smb.'s hands *e.g.* Кни́га доста́лась сестре́ *Dat*

доста́нусь	доста́немся	доста́нься	доста́лся	——	доста́вшись
доста́нешься	доста́нетесь	доста́ньтесь	доста́лась	——	доста́вшийся
доста́нется	доста́нутся		доста́лись/ось	——	——

ДОСТАЮ́Т *non-past tense of* достава́ть

ДОСТИГА́ТЬ SS -а́ют; *passive forms exist, despite the fact that this is an intransitive verb*; *Impf.* (*Pf.* дости́гнуть *or* дости́чь): attain, achieve, reach *e.g.* Он достига́ет успе́ха *Gen* трудо́м и терпе́нием *Inst*

достига́ю	достига́ем	достига́й	достига́л	достига́я	
достига́ешь	достига́ете	достига́йте	достига́ла	достига́ющий	достига́вший
достига́ет	достига́ют		достига́ли/о	достига́емый	

ДОСТИ́ГНУТЬ [*or* дости́чь] SS -нут; -стиг -сти́гла -сти́гли; *past adv.* -сти́гши [*or* -сти́гнув[ши]]; *ppp* дости́гнутый *exists, despite the fact that this is an intransitive verb*; *Pf.* (*Impf.* достига́ть): attain, achieve, reach *e.g.* Он дости́г успе́ха *Gen* свои́м трудо́м *Inst*

дости́гну	дости́гнем	дости́гни	дости́г	——	дости́гши
дости́гнешь	дости́гнете	дости́гните	дости́гла	——	дости́гший
дости́гнет	дости́гнут		дости́гли/о	——	дости́гнутый S

ДОСТИЖЕ́НИЕ SS *n.in*: achievement

| достиже́ние | достиже́ние | достиже́ния | достиже́нии | достиже́нию | достиже́нием |
| достиже́ния | достиже́ния | достиже́ний | достиже́ниях | достиже́ниям | достиже́ниями |

ДОСТИ́ЧЬ *see* достигнуть

ДОСТОПРИМЕЧА́ТЕЛЬНОСТЬ SS *f.in*: sight-seeing attraction

-тельность	-тельность	-тельности	-тельности	-тельности	-тельностью
-тельности	-тельности	-тельностей	-тельностях	-тельностям	-тельностями

ДОХО́Д SS *Part.* -у *m.in*: income

дохо́д	дохо́д	дохо́да/-у	дохо́де	дохо́ду	дохо́дом
дохо́ды	дохо́ды	дохо́дов	дохо́дах	дохо́дам	дохо́дами

ДОХОДИ́ТЬ MS -хо́дят; *intrans*; *Impf.* (*Pf.* дойти́): reach (*walking*), get (to) *e.g.* О́н доходи́л до угла́ *Gen* и остана́вливался

дохожу́	дохо́дим	доходи́	доходи́л	доходя́	
дохо́дишь	дохо́дите	доходи́те	доходи́ла	доходя́щий	доходи́вший
дохо́дит	дохо́дят		доходи́ли/о	——	——

ДО́ЧКА SS (e) *f.an*: daughter

до́чка	до́чку	до́чки	до́чке	до́чке	до́чкой
до́чки	до́чек	до́чек	до́чках	до́чкам	до́чками

ДО́ЧЬ SE *GPDSg.* до́чери, *ISg.* до́черью, *NPlur.* до́чери, *IPlur.* дочерьми́ [*or* дочеря́ми] *f.an*: daughter

до́чь	до́чь	до́чери	до́чери	до́чери	до́черью
до́чери	дочере́й	дочере́й	дочеря́х	дочеря́м	дочерьми́

ДОШЕ́ДШИЙ *past active ptcpl. of* дойти́

ДОШЁЛ *past tense of* дойти́

ДРА́КА SS *f.in*: (fist) fight; battle; brawl

дра́ка	дра́ку	дра́ки	дра́ке	дра́ке	дра́кой
дра́ки	дра́ки	дра́к	дра́ках	дра́кам	дра́ками

ДРА́МА SS *f.in*: drama; tragedy, calamity

дра́ма	дра́му	дра́мы	дра́ме	дра́ме	дра́мой
дра́мы	дра́мы	дра́м	дра́мах	дра́мам	дра́мами

ДРАМАТИ́ЧЕСКИЙ S *short forms avoided, no compar*: dramatic; theatrical

-и́ческий	Nom/Gen	-и́ческого	-и́ческом	-и́ческому	-и́ческим
-и́ческое	-и́ческое	-и́ческого	-и́ческом	-и́ческому	-и́ческим
-и́ческая	-и́ческую	-и́ческой	-и́ческой	-и́ческой	-и́ческой
-и́ческие	Nom/Gen	-и́ческих	-и́ческих	-и́ческим	-и́ческими

adv. драмати́чески

ДРА́ТЬСЯ EE [*or* EM] деру́тся; [дра́лся *or old-fashioned* дрался́]; *Impf.* (*Pf.* по-): fight, have a (fist) fight *e.g.* О́н дерётся с бра́том *Inst*

деру́сь	дерёмся	дери́сь	дра́лся	деря́сь	
дерёшься	дерётесь	дери́тесь	драла́сь	деру́щийся	дра́вшийся
дерётся	деру́тся		драли́сь/о́сь	——	——

ДРЕ́ВНИЙ S (e) *compar.* древне́е: ancient; very old

дре́вний	Nom/Gen	дре́внего	дре́внем	дре́внему	дре́вним
дре́внее	дре́внее	дре́внего	дре́внем	дре́внему	дре́вним
дре́вняя	дре́внюю	дре́вней	дре́вней	дре́вней	дре́вней
дре́вние	Nom/Gen	дре́вних	дре́вних	дре́вним	дре́вними

дре́вен, дре́вня, дре́вне, дре́вни; древне́е

ДРО́ГНУТЬ SS -нут; *intrans*; *Pf-once*: 1. (*Impf.* дрожа́ть) tremble, start; 2. (*no Impf.*) give up from fear

дро́гну	дро́гнем	дро́гни	дро́гнул	——	дро́гнув[ши]
дро́гнешь	дро́гнете	дро́гните	дро́гнула	——	дро́гнувший
дро́гнет	дро́гнут		дро́гнули/о	——	——

ДРОЖА́ТЬ ES дрожа́т; *intrans*; *Impf.* (*Pf-once* дро́гнуть; *Pf-begin* за-): tremble, shake

дрожу́	дрожи́м	дрожи́	дрожа́л	дрожа́	
дрожи́шь	дрожи́те	дрожи́те	дрожа́ла	дрожа́щий	дрожа́вший
дрожи́т	дрожа́т		дрожа́ли/о	——	——

✓ **ДРУ́Г** SE *NPlur.* друзья́, *GPlur.* друзе́й; (*see also* дру́г дру́га); *m.an*: friend

дру́г	дру́га	дру́га	дру́ге	дру́гу	дру́гом
друзья́	друзе́й	друзе́й	друзья́х	друзья́м	друзья́ми

ДРУ́Г ДРУ́ГА S *pronoun; no Nom. form; first element not inflected; second element inflected like Sg. #-declension m.an noun; prepositions are infixed* (*e.g.* Мы́ говори́ли дру́г о дру́ге): each other, one another

	дру́г… дру́га	дру́г… дру́га	дру́г… дру́ге	дру́г… дру́гу	дру́г… дру́гом

ДРУ́Г-МУЗЫКА́НТ *both parts inflected; m.an*: (our) friend the musician, musician-friend

ДРУГО́Й *pronominal adj. inflected like ordinary adj; also used as m.an noun*: 1. different; (an)other; 2. next *e.g.* на друго́е у́тро the next morning; 3. (*as noun*) another person

друго́й	Nom/Gen	друго́го	друго́м	друго́му	други́м
друго́е	друго́е	друго́го	друго́м	друго́му	други́м
друга́я	другу́ю	друго́й	друго́й	друго́й	друго́й
други́е	Nom/Gen	други́х	други́х	други́м	други́ми

adv. по-друго́му

ДРУ́ЖБА SS *f.in*: friendship

дру́жба	дру́жбу	дру́жбы	дру́жбе	дру́жбе	дру́жбой

ДРУ́ЖЕСКИЙ S *short forms avoided, no compar:* friendly

дру́жеский	*Nom/Gen*	дру́жеского	дру́жеском	дру́жескому	дру́жеским
дру́жеское	дру́жеское	дру́жеского	дру́жеском	дру́жескому	дру́жеским
дру́жеская	дру́жескую	дру́жеской	дру́жеской	дру́жеской	дру́жеской
дру́жеские	*Nom/Gen*	дру́жеских	дру́жеских	дру́жеским	дру́жескими

adv. дру́жески, по-дру́жески

ДРУЖИ́ТЬ MS дру́жат [*or* ES дружа́т; *pres. active ptcpl.* дружа́щий]; *intrans; Impf.* (*Pf-begin* подружи́ться): be friends *e.g.* Óн дру́жит с мои́м бра́том *Inst*

дружу́	дру́жим	дружи́	дружи́л	дружа́	
дру́жишь	дру́жите	дружи́те	дружи́ла	дружа́щий	дружи́вший
дру́жит	дру́жат		дружи́ли/о	——	——

ДРУ́ЖНО *adv:* harmoniously; smoothly; in concord; simultaneously

ДРУ́ЖНЫЙ M (e) [*sh.Plur.* дру́жны]: amicable; harmonious; simultaneous

дру́жный	*Nom/Gen*	дру́жного	дру́жном	дру́жному	дру́жным
дру́жное	дру́жное	дру́жного	дру́жном	дру́жному	дру́жным
дру́жная	дру́жную	дру́жной	дру́жной	дру́жной	дру́жной
дру́жные	*Nom/Gen*	дру́жных	дру́жных	дру́жным	дру́жными

дру́жен, дружна́, дру́жно, дружны́; дружне́е

ДРЯНЬ[1] SS *f.in:* trash (*thing*)

дрянь	дрянь	дря́ни	дря́ни	дря́ни	дря́нью

ДРЯНЬ[2] SS *f.an:* trash, good-for-nothing (*person*)

дрянь	дрянь	дря́ни	дря́ни	дря́ни	дря́нью

ДУ́МАТЬ SS -ают; *intrans. except in the expression* ду́мать ду́му; *Impf.* (*Pf. and Pf-awhile* по-): think

ду́маю	ду́маем	ду́май	ду́мал	ду́мая	
ду́маешь	ду́маете	ду́майте	ду́мала	ду́мающий	ду́мавший
ду́мает	ду́мают		ду́мали/о	——	——

ДУ́НУТЬ SS -нут; *intrans; Pf-once* (*Impf.* ду́ть): blow

ду́ну	ду́нем	ду́нь	ду́нул		ду́нув[ши]
ду́нешь	ду́нете	ду́ньте	ду́нула	——	ду́нувший
ду́нет	ду́нут		ду́нули/о	——	——

ДУ́РА SS *f.an:* fool (*woman*)

ду́ра	ду́ру	ду́ры	ду́ре	ду́ре	ду́рой
ду́ры	ду́р	ду́р	ду́рах	ду́рам	ду́рами

ДУРА́К EE *m.an:* fool ● игра́ть в дураки́ play durak (*a Russian card game*)

дура́к	дурака́	дурака́	дураке́	дураку́	дурако́м
дураки́	дурако́в	дурако́в	дурака́х	дурака́м	дурака́ми

ДУ́ТЬ SS ду́ют; *intrans; Impf.* (*Pf. and Pf-awhile* по-; *Pf-begin* по- *and* за-; *Pf-once* ду́нуть): blow

ду́ю	ду́ем	ду́й	ду́л	ду́я	
ду́ешь	ду́ете	ду́йте	ду́ла	ду́ющий	ду́вший
ду́ет	ду́ют		ду́ли/о	——	——

ДУХИ́ E *Plur. only; #-declension m.in:* perfume

духи́	духи́	духо́в	духа́х	духа́м	духа́ми

ДУ́Ш SS *m.in:* shower

ду́ш	ду́ш	ду́ша	ду́ше	ду́шу	ду́шем
ду́ши	ду́ши	ду́шей	ду́шах	ду́шам	ду́шами

ДУША́ ES *ASg.* ду́шу (*Irreg. in phrases* за́ душу берёт (хвата́ет); бра́ть гре́х на́ душу; как бо́г на́ душу поло́жит; говори́ть по душа́м) *f.in:* soul; heart (*figuratively*)

душа́	ду́шу	души́	душе́	душе́	душо́й
ду́ши	ду́ши	ду́ш	ду́шах	ду́шам	ду́шами

ДУ́ШНО *adv:* suffocatingly; *predicate:* it is stuffy, stifling; feel suffocated *e.g.* Мне́ *Dat* ду́шно

ДУЭ́ЛЬ SS *f.in:* duel (*use* на/на/с *for to/at/from the event*)

дуэ́ль	дуэ́ль	дуэ́ли	дуэ́ли	дуэ́ли	дуэ́лью
дуэ́ли	дуэ́ли	дуэ́лей	дуэ́лях	дуэ́лям	дуэ́лями

ДЫ́М SE *Part.* -у, [*Loc.* (в) -у́] *m.in:* smoke

ды́м	ды́м	ды́ма/ды́му	ды́ме/в дыму́	ды́му	ды́мом

ДЫ́НЯ SS *f.in:* melon, canteloup

ды́ня	ды́ню	ды́ни	ды́не	ды́не	ды́ней
ды́ни	ды́ни	ды́нь	ды́нях	ды́ням	ды́нями

ДЫША́ТЬ MS ды́шат; *pres. active ptcpl.* ды́шащий; *intrans; Impf.* (*Pf-awhile* по-): breathe

дышу́	ды́шим	дыши́	дыша́л	дыша́	
ды́шишь	ды́шите	дыши́те	дыша́ла	ды́шащий	дыша́вший
ды́шит	ды́шат		дыша́ли/о	——	——

ДЭ *indeclinable n.in:* (*name of the letter* д)

ДЯ́ДЯ[1] SS *GPlur.* -ей [*or* SE *NPlur.* дядья́, *GPlur.* дядьёв] *m.an:* uncle

дя́дя	дя́дю	дя́ди	дя́де	дя́де	дя́дей
дя́ди	дя́дей	дя́дей	дя́дях	дя́дям	дя́дями

ДЯ́ДЯ[2] SS GPlur. -ей *m.an*: man; mister

дя́дя	дя́дю	дя́ди	дя́де	дя́де	дя́дей
дя́ди	дя́дей	дя́дей	дя́дях	дя́дям	дя́дями

Е́ *indeclinable n.in*: (name of the letter e)

Ё *indeclinable n.in*: (name of the letter ё)

ЕВРЕ́Й SS *m.an*: Jew

еврей	евре́я	евре́я	евре́е	евре́ю	евре́ем
евре́и	евре́ев	евре́ев	евре́ях	евре́ям	евре́ями

ЕВРЕ́ЙКА SS (е) *f.an*: Jew (*woman*)

евре́йка	евре́йку	евре́йки	евре́йке	евре́йке	евре́йкой
евре́йки	евре́ек	евре́ек	евре́йках	евре́йкам	евре́йками

ЕВРО́ПА SS *f.in*: Europe

Евро́па	Евро́пу	Евро́пы	Евро́пе	Евро́пе	Евро́пой

ЕВРОПЕ́ЕЦ SS (е) *m.an*: European

европе́ец	европе́йца	европе́йца	европе́йце	европе́йцу	европе́йцем
европе́йцы	европе́йцев	европе́йцев	европе́йцах	европе́йцам	европе́йцами

ЕВРОПЕ́ЙКА SS (е) *f.an*: European (*woman*)

европе́йка	европе́йку	европе́йки	европе́йке	европе́йке	европе́йкой
европе́йки	европе́ек	европе́ек	европе́йках	европе́йкам	европе́йками

ЕВРОПЕ́ЙСКИЙ S *short forms avoided, no compar*: European

европе́йский	Nom/Gen	европе́йского	европе́йском	европе́йскому	европе́йским
европе́йское	европе́йское	европе́йского	европе́йском	европе́йскому	европе́йским
европе́йская	европе́йскую	европе́йской	европе́йской	европе́йской	европе́йской
европе́йские	Nom/Gen	европе́йских	европе́йских	европе́йским	европе́йскими

adv. по-европе́йски

ЕГО́ <во́> (*see also* о́н *and* оно́) *indeclinable pronominal adj*: his, its

ЕДА́ ES *Plur. hypothetical*; *f.in*: food

еда́	еду́	еды́	еде́	еде́	едо́й

ЕДИНИ́ЦА[1] SS *f.in*: one (*digit*); poor (*failing grade in school*); unit

едини́ца	едини́цу	едини́цы	едини́це	едини́це	едини́цей
едини́цы	едини́цы	едини́ц	едини́цах	едини́цам	едини́цами

ЕДИНИ́ЦА[2] SS *f.in* [*or f.an*]: person, individual (*as opposed to a group*)

едини́ца	едини́цу	едини́цы	едини́це	едини́це	едини́цей
едини́цы	едини́ц/-цы	едини́ц	едини́цах	едини́цам	едини́цами

ЕДИ́НСТВЕННЫЙ S (е) [*sh.masc.* еди́нственен *or* еди́нствен]: only, sole

еди́нственный	Nom/Gen	еди́нственного	еди́нственном	еди́нственному	еди́нственным
еди́нственное	еди́нственное	еди́нственного	еди́нственном	еди́нственному	еди́нственным
еди́нственная	еди́нственную	еди́нственной	еди́нственной	еди́нственной	еди́нственной
еди́нственные	Nom/Gen	еди́нственных	еди́нственных	еди́нственным	еди́нственными

еди́нственен, еди́нственна, еди́нственно, еди́нственны

Е́ДУТ *non-past tense of* е́хать

ЕДЯ́Т *non-past tense of* е́сть[1]

ЕЁ (*see also* она́) *indeclinable pronominal adj*: her, hers, its

Е́ЗДИТЬ SS е́здят, е́зжу <ж'ж' *or* жж>; *intrans*; *Non-One-way Impf.* (*One-way Impf.* е́хать; *Pf-awhile* по-): travel, come/go (*riding, driving*)

е́зжу	е́здим	е́зди	е́здил	е́здя	
е́здишь	е́здите	е́здите	е́здила	е́здящий	е́здивший
е́здит	е́здят		е́здили/о	——	——

Е́Й *see* она́

ЁЛКА SS (о) *f.in*: fir(-tree), spruce; Christmas tree (*use* на/на/с *for* into/in/out of *the tree*); Christmas *or* New Year's celebration (*use* на/на/с *for* to/at/from *the event*)

ёлка	ёлку	ёлки	ёлке	ёлке	ёлкой
ёлки	ёлки	ёлок	ёлках	ёлкам	ёлками

Е́М *non-past tense of* е́сть[1]

ЕМУ́ *see* о́н *and* оно́

Е́СЛИ *conjunction*: if

ЕСТЕ́СТВЕННЫЙ S (е) [*sh.masc.* есте́ственен *or* есте́ствен]: natural

есте́ственный	Nom/Gen	есте́ственного	есте́ственном	есте́ственному	есте́ственным
есте́ственное	есте́ственное	есте́ственного	есте́ственном	есте́ственному	есте́ственным
есте́ственная	есте́ственную	есте́ственной	есте́ственной	есте́ственной	есте́ственной
есте́ственные	Nom/Gen	есте́ственных	есте́ственных	есте́ственным	есте́ственными

есте́ственен, есте́ственна, есте́ственно, есте́ственны; есте́ственнее

ÉСТЬ[1] ES едя́т е́м е́шь е́ст еди́м еди́те; е́шь! е́л е́ла е́ли; *pres. adv. avoided*; *past adv.* е́в[ши]; *ppp* е́денный S; *Impf.* (*Pf.* съ- *and* по-; *Pf-awhile* по-): eat ● хоте́ть е́сть be hungry

е́м	еди́м	е́шь	е́л			
е́шь	еди́те	е́шьте	е́ла	едя́щий	е́вший	
е́ст	едя́т	едя́т	е́ли/о			

ÉСТЬ[2] (*also present tense of* бы́ть) *Predicate*: there is, there are; (*with prep.* у) have *e.g.* У сестры́ *Gen* éсть э́та кни́га *Nom* My sister has this book

ÉХАТЬ SS е́дут; поезжа́й! <ж'ж' *or* жж> [*or Colloquial* езжа́й! <ж'ж' *or* жж>] (*with negative* не е́зди!); *pres. adv. avoided*; *intrans*; One-way *Impf.* (Non-One-way *Impf.* е́здить; *Pf. and Pf-begin* по-): come/go (*riding, driving*)

е́ду	е́дем	поезжа́й	е́хал			
е́дешь	е́дете	поезжа́йте	е́хала	е́дущий	е́хавший	
е́дет	е́дут		е́хали/о	——	——	

ÉШЬ *non-past tense and imperative of* е́сть[1]

ЕЩЁ (*often unstressed*) *adv*: still, yet; some more, another; again; else; ● ещё ра́з once again, once more, one more time; *particle, e.g.* Каки́е ещё де́ньги? What money?

ÉЮ *see* она́

Ж *see* же[1]

ЖА́ДНО *adv*: greedily; avidly; avariciously

ЖАКÉТ SS *m.in*: (lady's) jacket

жакéт	жакéт	жакéта	жакéте	жакéту	жакéтом
жакéты	жакéты	жакéтов	жакéтах	жакéтам	жакéтами

ЖАЛÉТЬ SS -éют; *no ppp*; *Impf.* (*Pf.* по-): 1. pity, feel sorry (for) *e.g.* Óн жалéл сестру́ *Acc* за её слáбость *Acc*; 2. be sorry (about), regret *e.g.* Óн жалéл о деньгáх *Prep*, котóрые трáтил; Óн жалéл о свои́х словáх *Prep*; 3. be unwilling, think it a shame (*to spend, give, etc.*) *e.g.* Óн жалéет дéньги *Acc* [*or* дéнег *Gen*] на кни́ги *Acc* He doesn't want to spend money on books

жалéю	жалéем	жалéй	жалéл	жалéя	
жалéешь	жалéете	жалéйте	жалéла	жалéющий	жалéвший
жалéет	жалéют		жалéли/о	жалéемый	——

ЖА́ЛКИЙ M (о) *compar.* (жáльче *or* жáлче) *avoided*: pitiful, pathetic, wretched

жáлкий	Nom/Gen	жáлкого	жáлком	жáлкому	жáлким
жáлкое	жáлкое	жáлкого	жáлком	жáлкому	жáлким
жáлкая	жáлкую	жáлкой	жáлкой	жáлкой	жáлкой
жáлкие	Nom/Gen	жáлких	жáлких	жáлким	жáлкими

жáлок, жалкá, жáлко, жáлки

ЖА́ЛКО *adv*: pitifully, pitiably, wretchedly; *predicate*: 1. feel sorry (for) *e.g.* Емý *Dat* жáлко сестру́ *Acc*; 2. be a pity, a shame *e.g.* Жáлко, что идёт дóждь; 3. regret *e.g.* Емý *Dat* жáлко, что óн не ви́дел сестру́; 4. be unwilling, think it a shame (*to spend, give, etc.*) *e.g.* Емý *Dat* жáлко рубля́ *Gen* на э́ту кни́гу *Acc* He is unwilling to spend a ruble for this book

ЖА́ЛОВАТЬСЯ SS -луются; *Impf.* (*Pf.* по-): complain (about) *e.g.* Óн жáлуется сестрé *Dat* на меня́ *Acc*

жáлуюсь	жáлуемся	жáлуйся	жáловался	жáлуясь	
жáлуешься	жáлуетесь	жáлуйтесь	жáловалась	жáлующийся	жáловавшийся
жáлуется	жáлуются		жáловались/ось	——	

ЖА́ЛОСТЬ SS *f.in*: pity, compassion

жáлость	жáлость	жáлости	жáлости	жáлости	жáлостью

ЖА́ЛЬ *predicate*: 1. feel sorry (for) *e.g.* Емý *Dat* жáль сестру́ *Acc*; 2. be a pity, a shame *e.g.* Жáль, что идёт дóждь; 3. regret *e.g.* Емý *Dat* жáль, что óн не ви́дел сестру́; 4. be unwilling, think it a shame (*to spend, give, etc.*) *e.g.* Емý *Dat* жáль рубля́ *Gen* на э́ту кни́гу *Acc* He is unwilling to spend a ruble for this book

ЖАРА́ EE *Plur. hypothetical*; *f.in*: heat

жарá	жарý	жары́	жарé	жарé	жарóй

ЖА́РЕНЫЙ S: roasted, broiled; fried; grilled

жáреный	Nom/Gen	жáреного	жáреном	жáреному	жáреным
жáреное	жáреное	жáреного	жáреном	жáреному	жáрены
жáреная	жáреную	жáреной	жáреной	жáреной	жáреной
жáреные	Nom/Gen	жáреных	жáреных	жáреным	жáреным.

ЖА́РИТЬ SS -рят; *Impf.* (*Pf.* за-): fry, roast

жáрю	жáрим	жáрь	жáрил	жáря	
жáришь	жáрите	жáрьте	жáрила	жáрящий	жáривший
жáрит	жáрят		жáрили/о		

ЖА́РКИЙ M (o): hot (*said of weather, not of physical objects*); passionate

жа́ркий	Nom/Gen	жа́ркого	жа́рком	жа́ркому	жа́рким
жа́ркое	жа́ркое	жа́ркого	жа́рком	жа́ркому	жа́рким
жа́ркая	жа́ркую	жа́ркой	жа́ркой	жа́ркой	жа́ркой
жа́ркие	Nom/Gen	жа́рких	жа́рких	жа́рким	жа́ркими

жа́рок, жарка́, жа́рко, жа́рки; жа́рче

ЖА́РКО adv: hot, hotly; ardently, passionately; predicate: it is hot (*said of weather*); be hot (*said of people*) e.g. Мне́ Dat жа́рко I'm hot

ЖА́ТЬ[1] ES жму́т; no pres. adv; ppp жа́тый S; Impf: 1. (Pf. по-) shake (*hands*) e.g. О́н жа́л мне́ Dat ру́ку Acc; Они́ жа́ли ру́ки Acc; 2. (Pf. с-) squeeze; press

жму́	жмём	жми́	жа́л		——
жмёшь	жмёте	жми́те	жа́ла	жму́щий	жа́вший
жмёт	жму́т		жа́ли/о		

ЖА́ТЬ[2] ES жну́т; no pres. adv; ppp жа́тый S; Impf. (Pf. с- and Pf-awhile по-): reap (*harvest*)

жну́	жнём	жни́	жа́л		
жнёшь	жнёте	жни́те	жа́ла	жну́щий	жа́вший
жнёт	жну́т		жа́ли/о		

ЖДА́ТЬ EM ждут; pres. adv. avoided; ppp avoided; Impf. (Pf. and Pf-awhile подо-): wait e.g. О́н ждёт сестру́ Acc with people but О́н ждёт авто́буса Gen with things

жду́	ждём	жди́	жда́л		
ждёшь	ждёте	жди́те	ждала́	жду́щий	жда́вший
ждёт	жду́т		жда́ли/о		——

ЖЕ[1] (*unstressed; variant form* ж) particle: 1. an expression of impatience, e.g. Где́ же о́н? Where on earth is he? 2. same (*in* то́т же, тако́й же); conjunction: but

ЖЕ́[2] indeclinable n.in: (*name of the letter* ж)

ЖЕЛА́НИЕ SS n.in: wish, desire

жела́ние	жела́ние	жела́ния	жела́нии	жела́нию	жела́нием
жела́ния	жела́ния	жела́ний	жела́ниях	жела́ниям	жела́ниями

ЖЕЛА́ТЬ SS -а́ют; no ppp; Impf. (Pf. по-): 1. wish e.g. О́н жела́ет сестре́ Dat сча́стья Gen; 2. desire, wish (for) e.g. О́н жела́ет вина́ Gen

жела́ю	жела́ем	жела́й	жела́л	жела́я	
жела́ешь	жела́ете	жела́йте	жела́ла	жела́ющий	жела́вший
жела́ет	жела́ют		жела́ли/о	жела́емый	——

ЖЕЛЕ́ЗНЫЙ S (e): iron ● желе́зная доро́га railroad

желе́зный	Nom/Gen	желе́зного	желе́зном	желе́зному	желе́зным
желе́зное	желе́зное	желе́зного	желе́зном	желе́зному	желе́зным
желе́зная	желе́зную	желе́зной	желе́зной	желе́зной	желе́зной
желе́зные	Nom/Gen	желе́зных	желе́зных	желе́зным	желе́зными

желе́зен, желе́зна, желе́зно, желе́зны; желе́знее

ЖЕЛЕ́ЗО SS n.in: iron

желе́зо	желе́зо	желе́за	желе́зе	желе́зу	желе́зом

ЖЁЛТЫЙ M [*sh.neut.* жёлто́, *sh.Plur.* жёлты́]: yellow

жёлтый	Nom/Gen	жёлтого	жёлтом	жёлтому	жёлтым
жёлтое	жёлтое	жёлтого	жёлтом	жёлтому	жёлтым
жёлтая	жёлтую	жёлтой	жёлтой	жёлтой	жёлтой
жёлтые	Nom/Gen	жёлтых	жёлтых	жёлтым	жёлтыми

жёлт, желта́, жёлто́, жёлты́; желте́е

ЖЕЛУ́ДОК SS (o) m.in: stomach

желу́док	желу́док	желу́дка	желу́дке	желу́дку	желу́дком
желу́дки	желу́дки	желу́дков	желу́дках	желу́дкам	желу́дками

✓**ЖЕНА́** ES NPlur. жёны f.an: wife

жена́	жену́	жены́	жене́	жене́	жено́й
жёны	жён	жён	жёнах	жёнам	жёнами

ЖЕНА́ТЫЙ S: married (to) (*said of a man or a couple*) e.g. О́н жена́т на мое́й сестре́ Prep; Они́ жена́ты

жена́тый	жена́того	жена́того	жена́том	жена́тому	жена́тым
жена́тые	жена́тых	жена́тых	жена́тых	жена́тым	жена́тыми

жена́т, жена́та, жена́то, жена́ты

ЖЕНИ́ТЬСЯ MS же́нятся; pres. active ptcpl. же́нящийся; Pf.-Impf: marry, get married (to) (*said of a man or a couple*) e.g. О́н жени́лся на мое́й сестре́ Prep; Они́ же́нятся

женю́сь	же́нимся	жени́сь	жени́лся	женя́сь	жени́вшись
же́нишься	же́нитесь	жени́тесь	жени́лась	же́нящийся	жени́вшийся
же́нится	же́нятся		жени́лись/ось	——	——

ЖЕНИ́Х EE m.an: bridegroom; fiancé

жени́х	жениха́	жениха́	женихе́	жениху́	женихо́м
женихи́	женихо́в	женихо́в	жениха́х	жениха́м	жениха́ми

Nominative	Accusative	Genitive	Prepositional	Dative	Instrumental
Non-past Sing.	Non-past Plur.	Imperative	Past	Pres. deverbals	Past deverbals

ЖЁНСКИЙ S *short forms avoided, no compar:* female; feminine; woman's

жёнский	Nom/Gen	жёнского	жёнском	жёнскому	жёнским
жёнское	жёнское	жёнского	жёнском	жёнскому	жёнским
жёнская	жёнскую	жёнской	жёнской	жёнской	жёнской
жёнские	Nom/Gen	жёнских	жёнских	жёнским	жёнскими

ЖЁНЩИНА SS *f.an:* woman

жёнщина	жёнщину	жёнщины	жёнщине	жёнщине	жёнщиной
жёнщины	жёнщин	жёнщин	жёнщинах	жёнщинам	жёнщинами

ЖЁСТ SS *m.in:* gesture

жёст	жёст	жёста	жёсте	жёсту	жёстом
жёсты	жёсты	жёстов	жёстах	жёстам	жёстами

ЖИВОЙ M *also used as m.an noun:* living, alive; lively; living person

живой	Nom/Gen	живого	живом	живому	живым
живое	живое	живого	живом	живому	живым
живая	живую	живой	живой	живой	живой
живые	Nom/Gen	живых	живых	живым	живыми

жив, жива, живо, живы; живее

ЖИВОПИСНЫЙ S (e): picturesque

живописный	Nom/Gen	живописного	живописном	живописному	живописным
живописное	живописное	живописного	живописном	живописному	живописным
живописная	живописную	живописной	живописной	живописной	живописной
живописные	Nom/Gen	живописных	живописных	живописным	живописными

живописен, живописна, живописно, живописны; живописнее

ЖИВОПИСЬ SS *f.in:* painting (*the art or the process*); paintings (*the objects, collectively*)

живопись	живопись	живописи	живописи	живописи	живописью

ЖИВОТ EE *m.in:* abdomen, stomach, belly

живот	живот	живота	животе	животу	животом
животы	животы	животов	животах	животам	животами

ЖИВОТНОЕ *used as n.an noun:* animal

животное	животное	животного	животном	животному	животным
животные	животных	животных	животных	животным	животными

ЖИВУТ *non-past tense of* жить

ЖИДКИЙ M (o) *compar.* жиже: liquid; fluid; weak, thin (*said of liquids*); scanty

жидкий	Nom/Gen	жидкого	жидком	жидкому	жидким
жидкое	жидкое	жидкого	жидком	жидкому	жидким
жидкая	жидкую	жидкой	жидкой	жидкой	жидкой
жидкие	Nom/Gen	жидких	жидких	жидким	жидкими

жидок, жидка, жидко, жидки; жиже

ЖИЗНЬ SS *f.in:* life ● зарабатывать на жизнь earn one's living

жизнь	жизнь	жизни	жизни	жизни	жизнью
жизни	жизни	жизней	жизнях	жизням	жизнями

ЖИЛЕЦ EE (e) *m.an:* lodger; tenant

жилец	жильца	жильца	жильце	жильцу	жильцом
жильцы	жильцов	жильцов	жильцах	жильцам	жильцами

ЖИЛИЦА SS *f.an:* lodger; tenant (*woman*)

жилица	жилицу	жилицы	жилице	жилице	жилицей
жилицы	жилиц	жилиц	жилицах	жилицам	жилицами

ЖИЛОЙ E *no sh.masc.; other short forms avoided:* residential; habitable

жилой	Nom/Gen	жилого	жилом	жилому	жилым
жилое	жилое	жилого	жилом	жилому	жилым
жилая	жилую	жилой	жилой	жилой	жилой
жилые	Nom/Gen	жилых	жилых	жилым	жилыми

ЖИТЕЛЬ SS *m.an:* resident

житель	жителя	жителя	жителе	жителю	жителем
жители	жителей	жителей	жителях	жителям	жителями

ЖИТЕЛЬНИЦА SS *f.an:* resident (*woman*)

жительница	жительницу	жительницы	жительнице	жительнице	жительницей
жительницы	жительниц	жительниц	жительницах	жительницам	жительницами

ЖИТЬ ЕМ живут; *with negative,* нé жил, нé жило, нé жили [*or* не жил, не жило, не жили] (*but* не жила); *intrans; Impf.* (*Pf.* про-, *Pf-begin* за-, *Pf-awhile* по-): live

живу	живём	живи	жил	живя	
живёшь	живёте	живите	жила	живущий	живший
живёт	живут		жили/о	—	

ЖМУТ *non-past tense of* жать[1]

ЖНУТ *non-past tense of* жать[2]

ЖУРНАЛ SS *m.in:* magazine; journal

журнал	журнал	журнала	журнале	журналу	журналом
журналы	журналы	журналов	журналах	журналам	журналами

ЖУРНАЛИ́СТ SS *m.an*: journalist, newspaper correspondent

| журнали́ст | журнали́ста | журнали́ста | журнали́сте | журнали́сту | журнали́стом |
| журнали́сты | журнали́стов | журнали́стов | журнали́стах | журнали́стам | журнали́стами |

ЖУРНАЛИ́СТКА SS (о) *f.an*: journalist, newspaper correspondent (*woman*)

| -нали́стка | -нали́стку | -нали́стки | -нали́стке | -нали́стке | -нали́сткой |
| -нали́стки | -нали́сток | -нали́сток | -нали́стках | -нали́сткам | -нали́стками |

ЖУРНА́ЛЬНЫЙ S (е): magazine

журна́льный	*Nom/Gen*	журна́льного	журна́льном	журна́льному	журна́льным
журна́льное	журна́льное	журна́льного	журна́льном	журна́льному	журна́льным
журна́льная	журна́льную	журна́льной	журна́льной	журна́льной	журна́льной
журна́льные	*Nom/Gen*	журна́льных	журна́льных	журна́льным	журна́льными

ЗА (*normally unstressed*) *prep. +Acc*: beyond, behind; (in return) for; after; during, in; *prep. +Inst*: beyond, behind; after, for; during, at

ЗАБА́ВНЫЙ S (е): amusing

заба́вный	*Nom/Gen*	заба́вного	заба́вном	заба́вному	заба́вным
заба́вное	заба́вное	заба́вного	заба́вном	заба́вному	заба́вным
заба́вная	заба́вную	заба́вной	заба́вной	заба́вной	заба́вной
заба́вные	*Nom/Gen*	заба́вных	заба́вных	заба́вным	заба́вными

заба́вен, заба́вна, заба́вно, заба́вны; заба́внее

ЗАБИВА́ТЬ SS -а́ют; *Impf.* (*Pf.* заби́ть): ram in; score (*sports*); block up; beat to death

забива́ю	забива́ем	забива́й	забива́л	забива́я	
забива́ешь	забива́ете	забива́йте	забива́ла	забива́ющий	забива́вший
забива́ет	забива́ют		забива́ли/о	забива́емый	——

ЗАБИ́ТЬ ES -бью́т; -бе́й! *ppp* заби́тый S; *Pf.* (*Impf.* забива́ть): ram in; score (*sports*); block up; beat to death

забью́	забьём	забе́й	заби́л		заби́в[ши]
забьёшь	забьёте	забе́йте	заби́ла	——	заби́вший
забьёт	забью́т		заби́ли/о	——	заби́тый S

ЗАБЛУДИ́ТЬСЯ MS -блу́дятся; *Pf.* (*no Impf.*): lose one's way

-блужу́сь	-блу́димся	-блуди́сь	-блуди́лся		-блуди́вшись
-блу́дишься	-блу́дитесь	-блуди́тесь	-блуди́лась	——	-блуди́вшийся
-блу́дится	-блу́дятся		-блуди́лись/ось	——	

ЗАБОЛЕВА́ТЬ SS -а́ют; *intrans*; *Impf*: 1. (*Pf.* заболе́ть[1]) fall ill *e.g.* Ка́ждую весну́ он заболева́ет гри́ппом *Inst*; 2 (*Pf.* заболе́ть[2]) begin to hurt (*said of parts of the body*) *e.g.* По́сле обе́да у сестры́ *Gen* заболева́л живо́т *Nom*

заболева́ю	заболева́ем	заболева́й	заболева́л	заболева́я	
заболева́ешь	заболева́ете	заболева́йте	заболева́ла	заболева́ющий	заболева́вший
заболева́ет	заболева́ют		заболева́ли/о	——	

ЗАБОЛЕ́ТЬ[1] SS -е́ют; *intrans*; *Pf.* (*Impf.* заболева́ть *and* боле́ть[1]): fall ill *e.g.* Он заболе́ет гри́ппом *Inst*

заболе́ю	заболе́ем	заболе́й	заболе́л		заболе́в[ши]
заболе́ешь	заболе́ете	заболе́йте	заболе́ла	——	заболе́вший
заболе́ет	заболе́ют		заболе́ли/о	——	

ЗАБОЛЕ́ТЬ[2] ES -боля́т; *intrans*; *Pf.* (*Impf.* заболева́ть *and* боле́ть[2]): begin to hurt (*said of parts of the body*) *e.g.* У сестры́ *Gen* заболе́л живо́т *Nom*

			заболе́л	——	
			заболе́ла	——	заболе́вший
заболи́т	заболя́т		заболе́ли/о	——	

ЗАБУ́ДУТ *non-past tense of* забы́ть

ЗАБЫВА́ТЬ SS -а́ют; *Impf.* (*Pf.* забы́ть): forget, forget (about) *e.g.* Он забыва́ет сестру́ *Acc*; Он забыва́ет о сестре́ *Prep*

забыва́ю	забыва́ем	забыва́й	забыва́л	забыва́я	
забыва́ешь	забыва́ете	забыва́йте	забыва́ла	забыва́ющий	забыва́вший
забыва́ет	забыва́ют		забыва́ли/о	забыва́емый	——

ЗАБЫ́ТЫЙ S (*also ppp of* забы́ть): forgotten

забы́тый	*Nom/Gen*	забы́того	забы́том	забы́тому	забы́тым
забы́тое	забы́тое	забы́того	забы́том	забы́тому	забы́тым
забы́тая	забы́тую	забы́той	забы́той	забы́той	забы́той
забы́тые	*Nom/Gen*	забы́тых	забы́тых	забы́тым	забы́ыми

забы́т, забы́та, забы́то, забы́ты

ЗАБЫ́ТЬ SS -бу́дут; *ppp* забы́тый S; *Pf.* (*Impf.* забыва́ть): forget, forget (about) *e.g.* Он забы́л сестру́ *Acc*; Он забы́л о сестре́ *Prep*

забу́ду	забу́дем	забу́дь	забы́л	——	забы́в[ши]
забу́дешь	забу́дете	забу́дьте	забы́ла		забы́вший
забу́дет	забу́дут		забы́ли/о		забы́тый S

ЗАВЕ́ДОВАТЬ SS -дуют; *intrans; Impf. (no Pf.)*: govern, manage, run *e.g.* О́н заве́дует шко́лой *Inst*

заве́дую	заве́дуем	заве́дуй	заве́довал	заве́дуя	
заве́дуешь	заве́дуете	заве́дуйте	заве́довала	заве́дующий	заве́довавший
заве́дует	заве́дуют		заве́довали/о	——	

ЗАВЕДУ́Т *non-past tense of* завести́

ЗАВЕ́ДУЮЩИЙ *used as m./f.an noun; (also pres. active ptcpl. of* заве́довать*)*: manager, head, person in charge

заве́дующий	заве́дующего	заве́дующего	заве́дующем	заве́дующему	заве́дующим
заве́дующая	заве́дующую	заве́дующей	заве́дующей	заве́дующей	заве́дующей
заве́дующие	заве́дующих	заве́дующих	заве́дующих	заве́дующим	заве́дующими

ЗАВЕСТИ́ EE -веду́т; -вёл -вела́ -вели́; *past adv.* -ведя́; *past active ptcpl.* -ве́дший; *Pf. (Impf.* заводи́ть*)*: 1. take, lead, bring (to some place), drop off *e.g.* О́н завёл де́вочку *Acc* в шко́лу *Acc* по доро́ге *Dat* на рабо́ту *Acc*; О́н завёл маши́ну *Acc* в гара́ж *Acc*; 2. start; wind up (a clock, toy, etc.); 3. set up, start, acquire (a farm, etc.)

заведу́	заведём	заведи́	завёл	——	заведя́
заведёшь	заведёте	заведи́те	завела́	——	заве́дший
заведёт	заведу́т		завели́/о́	——	заведённый E

ЗАВИ́ДОВАТЬ SS -дуют; *intrans; Impf. (Pf.* по-*)*: envy *e.g.* О́н зави́дует сестре́ *Dat*

зави́дую	зави́дуем	зави́дуй	зави́довал	зави́дуя	
зави́дуешь	зави́дуете	зави́дуйте	зави́довала	зави́дующий	зави́довавший
зави́дует	зави́дуют		зави́довали/о		

√**ЗАВИ́СЕТЬ** SS -ви́сят; *intrans; Impf. (no Pf.)*: 1. be dependent (upon), be a dependent (of) (*with a person as subject*) *e.g.* О́н не свобо́ден, о́н зави́сит от сестры́ *Gen*; 2. depend (on) (*with a thing as subject*) *e.g.* На́ши пла́ны зави́сят от пого́ды *Gen*

зави́шу	зави́сим	зави́сь	зави́сел	зави́ся	
зави́сишь	зави́сите	зави́сьте	зави́села	зави́сящий	зави́севший
зави́сит	зави́сят		зави́сели/о		

ЗАВО́Д SS *m.in*: factory, plant (*use* на/на/с *for* to/at/from)

заво́д	заво́д	заво́да	заво́де	заво́ду	заво́дом
заво́ды	заво́ды	заво́дов	заво́дах	заво́дам	заво́дами

ЗАВОДИ́ТЬ MS -во́дят; *Impf. (Pf.* завести́*)*: 1. take, lead, bring (to some place), drop off *e.g.* О́н заво́дит де́вочку *Acc* в шко́лу *Acc* по доро́ге *Dat* на рабо́ту *Acc*; О́н заво́дит маши́ну *Acc* в гара́ж *Acc*; 2. start; wind up (a clock, a toy, etc.); 3. set up, start, acquire (a farm, etc.)

завожу́	заво́дим	заводи́	заводи́л	заводя́	
заво́дишь	заво́дите	заводи́те	заводи́ла	заводя́щий	заводи́вший
заво́дит	заво́дят		заводи́ли/о	——	——

ЗАВОДСКО́Й E (*also old-fashioned* заво́дский S); *no sh.masc; other short forms avoided, no compar; also used as m.an noun*: factory; (*as noun*) factory worker

заводско́й	*Nom/Gen*	заводско́го	заводско́м	заводско́му	заводски́м
заводско́е	заводско́е	заводско́го	заводско́м	заводско́му	заводски́м
заводска́я	заводску́ю	заводско́й	заводско́й	заводско́й	заводско́й
заводски́е	*Nom/Gen*	заводски́х	заводски́х	заводски́м	заводски́ми

ЗАВОЕВА́ТЬ SS -вою́ют; *ppp* завоёванный S; *Pf. (Impf.* завоёвывать*)*: conquer; win, gain

завою́ю	завою́ем	завою́й	завоева́л	——	завоева́в[ши]
завою́ешь	завою́ете	завою́йте	завоева́ла	——	завоева́вший
завою́ет	завою́ют		завоева́ли/о	——	завоёванный S

ЗАВОЁВЫВАТЬ SS -ают; *Impf. (Pf.* завоева́ть*)*: conquer; win, gain

завоёвываю	завоёвываем	завоёвывай	завоёвывал	завоёвывая	
завоёвываешь	завоёвываете	завоёвывайте	завоёвывала	завоёвывающий	завоёвывавший
завоёвывает	завоёвывают		завоёвывали/о	завоёвываемый	——

ЗАВОЛНОВА́ТЬСЯ SS -ну́ются; *Pf-begin (Impf.* волнова́ться*)*: 1. begin to worry (for) О́н заволнова́лся за сестру́ *Acc*; 2. begin to worry (about) *e.g.* О́н заволнова́лся о сестре́ *Prep*

заволну́юсь	заволну́емся	заволну́йся	заволнова́лся		заволнова́вшись
заволну́ешься	заволну́етесь	заволну́йтесь	заволнова́лась	——	заволнова́вшийся
заволну́ется	заволну́ются		заволнова́лись/ось	——	

ЗА́ВТРА *adv. and indeclinable n.in*: tomorrow

ЗА́ВТРАК SS *m.in*: 1. breakfast ● прийти́ к за́втраку come to breakfast; за за́втраком at breakfast, during breakfast; на за́втрак for breakfast (*said of food*); 2. a breakfast (a formal event) (*use* на/на/с *for* to/at/from *the event*)

за́втрак	за́втрак	за́втрака	за́втраке	за́втраку	за́втраком
за́втраки	за́втраки	за́втраков	за́втраках	за́втракам	за́втраками

ЗА́ВТРАКАТЬ SS -ают; *intrans; Impf. (Pf.* по-*)*: have breakfast

за́втракаю	за́втракаем	за́втракай	за́втракал	за́втракая	
за́втракаешь	за́втракаете	за́втракайте	за́втракала	за́втракающий	за́втракавший
за́втракает	за́втракают		за́втракали/о		

ЗА́ВТРАШНИЙ S (e) *sh.masc. hypothetical*: tomorrow's

за́втрашний	Nom/Gen	за́втрашнего	за́втрашнем	за́втрашнему	за́втрашним
за́втрашнее	за́втрашнее	за́втрашнего	за́втрашнем	за́втрашнему	за́втрашним
за́втрашняя	за́втрашнюю	за́втрашней	за́втрашней	за́втрашней	за́втрашней
за́втрашние	Nom/Gen	за́втрашних	за́втрашних	за́втрашним	за́втрашними

ЗАГА́ДКА SS (o) *f.in*: riddle; enigma; mystery

зага́дка	зага́дку	зага́дки	зага́дке	зага́дке	зага́дкой
зага́дки	зага́дки	зага́док	зага́дках	зага́дкам	зага́дками

ЗАГОВОРИ́ТЬ ES -ря́т; *intrans*; *Pf-begin* (*Impf.* говори́ть): start talking *e.g.* О́н заговори́л с сестро́й *Inst* о кни́ге *Prep*

заговорю́	заговори́м	заговори́	заговори́л	——	заговори́в[ши]
заговори́шь	заговори́те	заговори́те	заговори́ла	——	заговори́вший
заговори́т	заговоря́т		заговори́ли/о	——	——

ЗАГОРА́ТЬ SS -а́ют; *intrans*; *Impf.* (*Pf.* загоре́ть): become sunburnt, tan

загора́ю	загора́ем	загора́й	загора́л	загора́я	
загора́ешь	загора́ете	загора́йте	загора́ла	загора́ющий	загора́вший
загора́ет	загора́ют		загора́ли/о	——	——

ЗАГОРА́ТЬСЯ SS -а́ются; *Impf.* (*Pf.* загоре́ться): catch fire, begin to burn; want very much; break out, start

загора́юсь	загора́емся	загора́йся	загора́лся	загора́ясь	
загора́ешься	загора́етесь	загора́йтесь	загора́лась	загора́ющийся	загора́вшийся
загора́ется	загора́ются		загора́лись/ось	——	——

ЗАГОРЕ́ТЬ ES -горя́т; *intrans*; *Pf.* (*Impf.* загора́ть): become sunburnt, tan

загорю́	загори́м	загори́	загоре́л	——	загоре́в[ши]
загори́шь	загори́те	загори́те	загоре́ла	——	загоре́вший
загори́т	загоря́т		загоре́ли/о	——	——

ЗАГОРЕ́ТЬСЯ ES -горя́тся; *Pf.* (*Impf.* загора́ться): catch fire, begin to burn; want very much; break out, start

загорю́сь	загори́мся	загори́сь	загоре́лся	——	загоре́вшись
загори́шься	загори́тесь	загори́тесь	загоре́лась	——	загоре́вшийся
загори́тся	загоря́тся		загоре́лись/ось	——	——

ЗАГРАНИ́ЦА SS *f.in*: foreign countries (*collectively*)

заграни́ца	заграни́цу	заграни́цы	заграни́це	заграни́це	заграни́цей

ЗА́ГС SS *m.in*: (*abbrev. of* За́пись А́ктов Гражда́нского Состоя́ния) Bureau of Records

ЗА́ГС	ЗА́ГС	ЗА́ГСа	ЗА́ГСе	ЗА́ГСу	ЗА́ГСом
ЗА́ГСы	ЗА́ГСы	ЗА́ГСов	ЗА́ГСах	ЗА́ГСам	ЗА́ГСами

ЗАДАВА́ТЬ ES -даю́т; -дава́й! *pres. adv.* -дава́я; *pres. passive ptcpl.* -дава́емый; *Impf.* (*Pf.* зада́ть): assign (for) *e.g.* О́н задаёт студе́нтам *Dat* дома́шнюю рабо́ту *Acc* на сре́ду *Acc* ● задава́ть вопро́с ask a question

задаю́	задаём	задава́й	задава́л	задава́я	
задаёшь	задаёте	задава́йте	задава́ла	задаю́щий	задава́вший
задаёт	задаю́т		задава́ли/о	задава́емый	

ЗАДАДУ́Т *non-past tense of* зада́ть

ЗАДА́Й *Imperative of* зада́ть

ЗАДА́М *non-past tense of* зада́ть

ЗАДА́НИЕ SS *n.in*: assignment

зада́ние	зада́ние	зада́ния	зада́нии	зада́нию	зада́нием
зада́ния	зада́ния	зада́ний	зада́ниях	зада́ниям	зада́ниями

ЗАДА́ТЬ ЕМ -даду́т -да́м -да́шь -да́ст -дади́м -дади́те; -да́й! за́дал задала́ за́дали [*or* зада́л задала́ зада́ли]; *ppp* за́данный М [*or* S]; *Pf.* (*Impf.* задава́ть): assign (for) *e.g.* О́н за́дал студе́нтам *Dat* дома́шнюю рабо́ту *Acc* на сре́ду *Acc* ● зада́ть вопро́с ask a question

зада́м	задади́м	зада́й	за́дал	——	зада́в[ши]
зада́шь	задади́те	зада́йте	задала́	——	зада́вший
зада́ст	зададу́т		за́дали/о	——	за́данный M/S

ЗАДА́ЧА SS *f.in*: problem; task

зада́ча	зада́чу	зада́чи	зада́че	зада́че	зада́чей
зада́чи	зада́чи	зада́ч	зада́чах	зада́чам	зада́чами

ЗАДА́ШЬ *non-past tense of* зада́ть

ЗАДАЮ́Т *non-past tense of* задава́ть

ЗАДРОЖА́ТЬ ES -дрожа́т; *intrans*; *Pf-begin* (*Impf.* дрожа́ть): begin to tremble, shake

задрожу́	задрожи́м	задрожи́	задрожа́л	——	задрожа́в[ши]
задрожи́шь	задрожи́те	задрожи́те	задрожа́ла	——	задрожа́вший
задрожи́т	задрожа́т		задрожа́ли/о	——	——

ЗАДУ́МЧИВО *adv*: thoughtfully, pensively

ЗАДУ́МЧИВЫЙ S: thoughtful, pensive

заду́мчивый	Nom/Gen	заду́мчивого	заду́мчивом	заду́мчивому	заду́мчивым
заду́мчивое	заду́мчивое	заду́мчивого	заду́мчивом	заду́мчивому	заду́мчивым
заду́мчивая	заду́мчивую	заду́мчивой	заду́мчивой	заду́мчивой	заду́мчивой
заду́мчивые	Nom/Gen	заду́мчивых	заду́мчивых	заду́мчивым	заду́мчивыми

заду́мчив, заду́мчива, заду́мчиво, заду́мчивы; заду́мчивее

ЗАЕ́ДУТ *non-past tense of* зае́хать

ЗАЕЗЖА́Й Imperative of заезжа́ть and of зае́хать

ЗАЕЗЖА́ТЬ <ж'ж' or жж> SS -ают; intrans; Impf. (Pf. зае́хать): 1. stop by, call on e.g. Он заезжа́ет к сестре́ Dat; 2. pick up, stop by (for) e.g. Он заезжа́ет за сестро́й Inst; 3. ride, drive into/onto

заезжа́ю	заезжа́ем	заезжа́й	заезжа́л	заезжа́я	
заезжа́ешь	заезжа́ете	заезжа́йте	заезжа́ла	заезжа́ющий	заезжа́вший
заезжа́ет	заезжа́ют		заезжа́ли/о		

ЗАЕ́ХАТЬ SS -е́дут; -езжа́й! <ж'ж' or жж>; intrans; Pf. (Impf. заезжа́ть): 1. stop by, call on e.g. Он зае́хал к сестре́ Dat; 2. pick up, stop by (for) e.g. Он зае́хал за сестро́й Inst; 3. ride, drive into/onto

зае́ду	зае́дем	заезжа́й	зае́хал	——	зае́хав[ши]
зае́дешь	зае́дете	заезжа́йте	зае́хала	——	зае́хавший
зае́дет	зае́дут		зае́хали/о		

ЗАЖА́РИВАТЬ SS -ают; Impf. (Pf. зажа́рить): fry, roast

зажа́риваю	зажа́риваем	зажа́ривай	зажа́ривал	зажа́ривая	
зажа́риваешь	зажа́риваете	зажа́ривайте	зажа́ривала	зажа́ривающий	зажа́ривавший
зажа́ривает	зажа́ривают		зажа́ривали/о	зажа́риваемый	——

ЗАЖА́РИТЬ SS -рят; Pf. (Impf. зажа́ривать and жа́рить): fry, roast

зажа́рю	зажа́рим	зажа́рь	зажа́рил	——	зажа́рив[ши]
зажа́ришь	зажа́рите	зажа́рьте	зажа́рила	——	зажа́ривший
зажа́рит	зажа́рят		зажа́рили/о	——	зажа́ренный S

ЗАЗВОНИ́ТЬ ES -ня́т; intrans; Pf. (Impf. звони́ть): begin to ring

зазвоню́	зазвони́м	зазвони́	зазвони́л	——	зазвони́в[ши]
зазвони́шь	зазвони́те	зазвони́те	зазвони́ла	——	зазвони́вший
зазвони́т	зазвоня́т		зазвони́ли/о		

ЗАИНТЕРЕСОВА́ТЬ SS -су́ют; Pf. (Impf. интересова́ть): excite (one's) interest e.g. Кни́га заинтересова́ла меня́ Acc свои́м языко́м Inst The style of this book is what got me interested in it

-су́ю	-су́ем	-су́й	-сова́л	——	-сова́в[ши]
-су́ешь	-су́ете	-су́йте	-сова́ла	——	-сова́вший
-су́ет	-су́ют		-сова́ли/о	——	-со́ванный S

ЗАИНТЕРЕСОВА́ТЬСЯ SS -су́ются; Pf. (Impf. интересова́ться): become interested e.g. Он заинтересова́лся этой кни́гой Inst

-у́юсь	-у́емся	-у́йся	-ова́лся	——	-ова́вшись
-у́ешься	-у́етесь	-у́йтесь	-ова́лась	——	-ова́вшийся
-у́ется	-у́ются		-ова́лись/ось	——	

ЗАЙДУ́Т non-past tense of зайти́

ЗАЙМУ́Т non-past tense of заня́ть

ЗАЙТИ́ EE зайду́т; Imperative both зайди́! and, more politely, заходи́! зашёл зашла́ зашли́; past adv. зайдя́; past active ptcpl. заше́дший; intrans; Pf. (Impf. заходи́ть): 1. stop by, call on e.g. Он зашёл к сестре́ Dat; 2. pick up, stop by (for) e.g. Он зашёл за сестро́й Inst; 3. set (said of the sun, stars, etc.)

зайду́	зайдём	зайди́	зашёл	——	зайдя́
зайдёшь	зайдёте	зайди́те	зашла́	——	заше́дший
зайдёт	зайду́т		зашли́/о	——	

ЗАКАЗА́ТЬ MS -ка́жут; Pf. (Impf. зака́зывать): order

закажу́	зака́жем	закажи́	заказа́л	——	заказа́в[ши]
зака́жешь	зака́жете	закажи́те	заказа́ла	——	заказа́вший
зака́жет	зака́жут		заказа́ли/о	——	зака́занный S

ЗАКА́ЗЫВАТЬ SS -ают; Impf. (Pf. заказа́ть): order

зака́зываю	зака́зываем	зака́зывай	зака́зывал	зака́зывая	
зака́зываешь	зака́зываете	зака́зывайте	зака́зывала	зака́зывающий	зака́зывавший
зака́зывает	зака́зывают		зака́зывали/о	зака́зываемый	——

ЗАКА́НЧИВАТЬ SS -ают; Impf. (Pf. зако́нчить): end, finish

зака́нчиваю	зака́нчиваем	зака́нчивай	зака́нчивал	зака́нчивая	
зака́нчиваешь	зака́нчиваете	зака́нчивайте	зака́нчивала	зака́нчивающий	зака́нчивавший
зака́нчивает	зака́нчивают		зака́нчивали/о	зака́нчиваемый	——

ЗАКЛЮЧА́ТЬ SS -а́ют; Impf. (Pf. заключи́ть): conclude ● заключа́ть в тюрьму́ imprison

заключа́ю	заключа́ем	заключа́й	заключа́л	заключа́я	
заключа́ешь	заключа́ете	заключа́йте	заключа́ла	заключа́ющий	заключа́вший
заключа́ет	заключа́ют		заключа́ли/о	заключа́емый	——

ЗАКЛЮЧИ́ТЬ ES -ча́т; Pf. (Impf. заключа́ть): conclude ● заключи́ть в тюрьму́ imprison

заключу́	заключи́м	заключи́	заключи́л	——	заключи́в[ши]
заключи́шь	заключи́те	заключи́те	заключи́ла	——	заключи́вший
заключи́т	заключа́т		заключи́ли/о	——	заключённый E

ЗАКО́Н SS m.in: law

зако́н	зако́н	зако́на	зако́не	зако́ну	зако́ном
зако́ны	зако́ны	зако́нов	зако́нах	зако́нам	зако́нами

ЗАКО́НЧИТЬ SS -чат; Pf. (Impf. зака́нчивать): end, finish

зако́нчу	зако́нчим	зако́нчи	зако́нчил	——	зако́нчив[ши]
зако́нчишь	зако́нчите	зако́нчите	зако́нчила	——	зако́нчивший
зако́нчит	зако́нчат		зако́нчили/о	——	зако́нченный S

ЗАКРИЧА́ТЬ ES -крича́т; *intrans*; *Pf. and Pf-begin* (*Impf.* крича́ть): 1. yell, cry, shout (to) *e.g.* О́н закрича́л
сестре́ *Dat* «Спаси́бо!»; 2. yell, scream (at) *e.g.* О́н закрича́л на сестру́ *Acc*; 3. yell, give a yell, cry out

закричу́	закричи́м	закричи́	закрича́л	——	закрича́в[ши]
закричи́шь	закричи́те	закричи́те	закрича́ла	——	закрича́вший
закричи́т	закрича́т		закрича́ли/о	——	——

ЗАКРО́ЮТ *non-past tense of* закры́ть

ЗАКРЫВА́ТЬ SS -а́ют; *Impf.* (*Pf.* закры́ть): close

закрыва́ю	закрыва́ем	закрыва́й	закрыва́л	закрыва́я	
закрыва́ешь	закрыва́ете	закрыва́йте	закрыва́ла	закрыва́ющий	закрыва́вший
закрыва́ет	закрыва́ют		закрыва́ли/о	закрыва́емый	——

ЗАКРЫВА́ТЬСЯ SS -а́ются; *Impf.* (*Pf.* закры́ться): close, be closed

-крыва́юсь	-крыва́емся	-крыва́йся	-крыва́лся	-крыва́ясь	
-крыва́ешься	-крыва́етесь	-крыва́йтесь	-крыва́лась	-крыва́ющийся	-крыва́вшийся
-крыва́ется	-крыва́ются		-крыва́лись/ось	——	

ЗАКРЫ́ТЫЙ S (*also ppp of* закры́ть): closed, shut; private; enclosed

закры́тый	Nom/Gen	закры́того	закры́том	закры́тому	закры́тым
закры́тое	закры́тое	закры́того	закры́том	закры́тому	закры́тым
закры́тая	закры́тую	закры́той	закры́той	закры́той	закры́той
закры́тые	Nom/Gen	закры́тых	закры́тых	закры́тым	закры́тыми

закры́т, закры́та, закры́то, закры́ты; закры́тее

ЗАКРЫ́ТЬ SS -кро́ют; *ppp* закры́тый S; *Pf.* (*Impf.* закрыва́ть): close

закро́ю	закро́ем	закро́й	закры́л	——	закры́в[ши]
закро́ешь	закро́ете	закро́йте	закры́ла	——	закры́вший
закро́ет	закро́ют		закры́ли/о	——	закры́тый S

ЗАКРЫ́ТЬСЯ SS -кро́ются; *Pf.* (*Impf.* закрыва́ться): close

закро́юсь	закро́емся	закро́йся	закры́лся	——	закры́вшись
закро́ешься	закро́етесь	закро́йтесь	закры́лась	——	закры́вшийся
закро́ется	закро́ются		закры́лись/ось	——	

ЗАКУ́РИВАТЬ SS -ают; *Impf.* (*Pf.* закури́ть): light up (*cigarette, pipe, etc.*); begin to smoke (*acquire the habit*)

заку́риваю	заку́риваем	заку́ривай	заку́ривал	заку́ривая	
заку́риваешь	заку́риваете	заку́ривайте	заку́ривала	заку́ривающий	заку́ривавший
заку́ривает	заку́ривают		заку́ривали/о	заку́риваемый	——

ЗАКУРИ́ТЬ MS -ку́рят; *Pf.* (*Impf.* заку́ривать): light up (*cigarette, pipe, etc.*); begin to smoke (*acquire the habit*)

закурю́	заку́рим	закури́	закури́л	——	закури́в[ши]
заку́ришь	заку́рите	закури́те	закури́ла	——	закури́вший
заку́рит	заку́рят		закури́ли/о	——	заку́ренный S

ЗАКУСИ́ТЬ MS -ку́сят; *Pf.* (*Impf.* заку́сывать): 1. have a snack, snack (on) *e.g.* О́н закуси́л хле́бом и сы́ром
Inst; 2. follow smt. with a bite of food *e.g.* О́н закуси́л во́дку *Acc* хле́бом *Inst*

закушу́	заку́сим	закуси́	закуси́л	——	закуси́в[ши]
заку́сишь	заку́сите	закуси́те	закуси́ла	——	закуси́вший
заку́сит	заку́сят		закуси́ли/о	——	

ЗАКУ́СКА SS (о) *f.in*: snack; hors-d'oeuvre

заку́ска	заку́ску	заку́ски	заку́ске	заку́ске	заку́ской
заку́ски	заку́ски	заку́сок	заку́сках	заку́скам	заку́сками

ЗАКУ́СЫВАТЬ SS -ают; *Impf.* (*Pf.* закуси́ть): 1. have a snack, snack (on) *e.g.* О́н заку́сывает хле́бом и сы́ром
Inst; 2. follow smt. with a bite of food *e.g.* О́н заку́сывает во́дку *Acc* хле́бом *Inst*

заку́сываю	заку́сываем	заку́сывай	заку́сывал	заку́сывая	
заку́сываешь	заку́сываете	заку́сывайте	заку́сывала	заку́сывающий	заку́сывавший
заку́сывает	заку́сывают		заку́сывали/о	——	

ЗА́Л SS [*or old-fashioned* за́ло SS *n.in or* за́ла SS *f.in*] *m.in*: hall

за́л	за́л	за́ла	за́ле	за́лу	за́лом
за́лы	за́лы	за́лов	за́лах	за́лам	за́лами

ЗАЛЕЗА́ТЬ SS -а́ют; *intrans*; *Impf.* (*Pf.* зале́зть): climb (up, onto); get (into); creep (into)

залеза́ю	залеза́ем	залеза́й	залеза́л	залеза́я	
залеза́ешь	залеза́ете	залеза́йте	залеза́ла	залеза́ющий	залеза́вший
залеза́ет	залеза́ют		залеза́ли/о	——	

ЗАЛЕ́ЗТЬ SS -ле́зут; -ле́з -ле́зла -ле́зли; *past adv.* -ле́зши; *intrans*; *Pf.* (*Impf.* залеза́ть): climb (up, onto); get
(into); creep (into)

зале́зу	зале́зем	зале́зь	зале́з	——	зале́зши
зале́зешь	зале́зете	зале́зьте	зале́зла	——	зале́зший
зале́зет	зале́зут		зале́зли/о	——	

ЗАЛИ́В SS *m.in*: bay; gulf (*use* на/на/с *for* to/on(in)/from)

зали́в	зали́в	зали́ва	зали́ве	зали́ву	зали́вом
зали́вы	зали́вы	зали́вов	зали́вах	зали́вам	зали́вами

ЗАМА́ЛЧИВАТЬ SS -ают; *Impf.* (*Pf.* замолча́ть[2]): conceal

-ма́лчиваю	-ма́лчиваем	-ма́лчивай	-ма́лчивал	-ма́лчивая	
-ма́лчиваешь	-ма́лчиваете	-ма́лчивайте	-ма́лчивала	-ма́лчивающий	-ма́лчивавший
-ма́лчивает	-ма́лчивают		-ма́лчивали/о	-ма́лчиваемый	

ЗАМЕНИ́ТЬ MS -ме́нят; *ppp* заменённый E; *Pf.* (*Impf.* заменя́ть): replace *e.g.* О́н замени́л ста́рую ла́мпу Acc но́вой Inst

заменю́	заме́ним	замени́	замени́л	——	замени́в[ши]
заме́нишь	заме́ните	замени́те	замени́ла	——	замени́вший
заме́нит	заме́нят		замени́ли/о	——	заменённый E

ЗАМЕНЯ́ТЬ SS -я́ют; *Impf.* (*Pf.* замени́ть): replace *e.g.* О́н заменя́л ста́рые ла́мпы Acc но́выми Inst

заменя́ю	заменя́ем	заменя́й	заменя́л	заменя́я	
заменя́ешь	заменя́ете	заменя́йте	заменя́ла	заменя́ющий	заменя́вший
заменя́ет	заменя́ют		заменя́ли/о	заменя́емый	——

ЗАМЕРЗА́ТЬ SS -а́ют; *intrans; Impf.* (*Pf.* замёрзнуть): freeze, get cold; freeze, freeze over

замерза́ю	замерза́ем	замерза́й	замерза́л	замерза́я	
замерза́ешь	замерза́ете	замерза́йте	замерза́ла	замерза́ющий	замерза́вший
замерза́ет	замерза́ют		замерза́ли/о		

ЗАМЁРЗНУТЬ SS -нут; -мёрз -мёрзла -мёрзли; *past adv.* -мёрзши; *intrans; Pf:* 1. (*Impf.* замерза́ть *and* мёрзнуть) freeze, get cold; 2. (*Impf.* замерза́ть) freeze, freeze over

замёрзну	замёрзнем	замёрзни	замёрз	——	замёрзши
замёрзнешь	замёрзнете	замёрзните	замёрзла	——	замёрзший
замёрзнет	замёрзнут		замёрзли/о	——	——

ЗАМЕ́ТИТЬ SS -тят; *Pf.* (*Impf.* замеча́ть): note, remark; note, notice

заме́чу	заме́тим	заме́ть	заме́тил	——	заме́тив[ши]
заме́тишь	заме́тите	заме́тьте	заме́тила	——	заме́тивший
заме́тит	заме́тят		заме́тили/о	——	заме́ченный S

ЗАМЕЧА́ТЕЛЬНЫЙ S (e): remarkable

-а́тельный	Nom/Gen	-а́тельного	-а́тельном	-а́тельному	-а́тельным
-а́тельное	-а́тельное	-а́тельного	-а́тельном	-а́тельному	-а́тельным
-а́тельная	-а́тельную	-а́тельной	-а́тельной	-а́тельной	-а́тельной
-а́тельные	Nom/Gen	-а́тельных	-а́тельных	-а́тельным	-а́тельными

-а́телен, -а́тельна, -а́тельно, -а́тельны; -а́тельнее

ЗАМЕЧА́ТЬ SS -а́ют; *Impf.* (*Pf.* заме́тить): note, remark; note, notice

замеча́ю	замеча́ем	замеча́й	замеча́л	замеча́я	
замеча́ешь	замеча́ете	замеча́йте	замеча́ла	замеча́ющий	замеча́вший
замеча́ет	замеча́ют		замеча́ли/о	замеча́емый	——

ЗАМЕ́ЧУ *non-past tense of* заме́тить

ЗАМОЛЧА́ТЬ[1] ES -молча́т; *intrans; Pf-begin* (*Impf.* молча́ть): stop talking, fall silent

замолчу́	замолчи́м	замолчи́	замолча́л	——	замолча́в[ши]
замолчи́шь	замолчи́те	замолчи́те	замолча́ла	——	замолча́вший
замолчи́т	замолча́т		замолча́ли/о	——	

ЗАМОЛЧА́ТЬ[2] ES -молча́т; *Pf.* (*Impf.* зама́лчивать): conceal

замолчу́	замолчи́м	замолчи́	замолча́л	——	замолча́в[ши]
замолчи́шь	замолчи́те	замолчи́те	замолча́ла	——	замолча́вший
замолчи́т	замолча́т		замолча́ли/о	——	замо́лчанный S

ЗА́МУЖ *adv.* (get) married (to) (*said of a woman*) *e.g.* Она́ вы́шла за́муж за моего́ бра́та Acc

ЗА́МУЖЕМ *adv.* married, in the married state (*said of a woman*); *predicate:* (be) married (to) (*said of a woman*) *e.g.* Она́ за́мужем за мои́м бра́том Inst

ЗАНЕСТИ́ EE -несу́т; -нёс -несла́ -несли́; *past adv.* -неся́; *past active ptcpl.* -нёсший; *Pf.* (*Impf.* заноси́ть): bring, drop off (*while walking, usually while on the way to some other place*)

занесу́	занесём	занеси́	занёс	——	занеся́
занесёшь	занесёте	занеси́те	занесла́	——	занёсший
занесёт	занесу́т		занесли́/о́	——	занесённый E

ЗАНИМА́ТЬ SS -а́ют; *Impf.* (*Pf.* заня́ть): 1. borrow *e.g.* О́н занима́ет де́ньги Acc у сестры́ Gen; 2. occupy

занима́ю	занима́ем	занима́й	занима́л	занима́я	
занима́ешь	занима́ете	занима́йте	занима́ла	занима́ющий	занима́вший
занима́ет	занима́ют		занима́ли/о	занима́емый	——

ЗАНИМА́ТЬСЯ SS -а́ются; *Impf.:* 1. (*Pf-awhile* по-; *Pf-begin* заня́ться) study *e.g.* О́н занима́ется фи́зикой Inst; 2 (*no Pf.*) do, spend time doing smt. *e.g.* Че́м Inst о́н занима́ется?

занима́юсь	занима́емся	занима́йся	занима́лся	занима́ясь	
занима́ешься	занима́етесь	занима́йтесь	занима́лась	занима́ющийся	занима́вшийся
занима́ется	занима́ются		занима́лись/ось	——	

ЗАНОСИ́ТЬ MS -но́сят; *pres. passive ptcpl.* -носи́мый; *Impf.* (*Pf.* занести́): bring, drop off (*while walking, usually while on the way to some other place*)

заношу́	зано́сим	заноси́	заноси́л	занося́	
зано́сишь	зано́сите	заноси́те	заноси́ла	зано́сящий	заноси́вший
зано́сит	зано́сят		заноси́ли/о	заноси́мый	

✓ **ЗАНЯ́ТИЕ** SS *n.in:* occupation; class, lesson

| заня́тие | заня́тие | заня́тия | заня́тии | заня́тию | заня́тием |
| заня́тия | заня́тия | заня́тий | заня́тиях | заня́тиям | заня́тиями |

ЗАНЯТО́Й E *no sh.masc; other short forms avoided:* busy, active (*said of a person*)

занято́й	Nom/Gen	занято́го	заня́том	заня́тому	заня́тым
занято́е	занято́е	занято́го	заня́том	заня́тому	заня́тым
заня́та́я	занят́ую	заня́той	заня́той	заня́той	заня́той
занят́ые	Nom/Gen	занят́ых	занят́ых	занят́ым	занят́ыми

compar. занятее

ЗА́НЯТЫЙ M *no compar.* (*also ppp of* заня́ть): 1. busy, occupied (with) (*said of a person*) e.g. Че́м *Inst* о́н за́нят? 2. in use, full, busy (*said of things*)

за́нятый	Nom/Gen	за́нятого	за́нятом	за́нятому	за́нятым
за́нятое	за́нятое	за́нятого	за́нятом	за́нятому	за́нятым
за́нятая	за́нятую	за́нятой	за́нятой	за́нятой	за́нятой
за́нятые	Nom/Gen	за́нятых	за́нятых	за́нятым	за́нятыми

за́нят, занята́, за́нято, за́няты

ЗАНЯ́ТЬ ЕМ займу́т; за́нял заняла́ за́няли; *ppp* за́нятый M; *Pf.* (*Impf.* занима́ть): 1. borrow e.g. О́н займёт де́ньги *Acc* у сестры́ *Gen*; 2. occupy

займу́	займём	займи́	за́нял	——	заня́в[ши]
займёшь	займёте	займи́те	заняла́	——	заня́вший
займёт	займу́т		за́няли/о	——	за́нятый M

ЗАНЯ́ТЬСЯ ЕЕ займу́тся; заня́лся [*or* занялся́] *Pf-begin* (*Impf.* заниматься): start doing or studying smt, take up e.g. О́н заня́лся фи́зикой *Inst*

займу́сь	займёмся	займи́сь	заня́лся	——	заня́вшись
займёшься	займётесь	займи́тесь	заняла́сь	——	заня́вшийся
займётся	займу́тся		заняли́сь/о́сь	——	——

ЗА́ПАД SS *m.in:* west (use на/на/с for to/in/from)

за́пад	за́пад	за́пада	за́паде	за́паду	за́падом

ЗА́ПАДНАЯ ВИРГИ́НИЯ *both parts inflected; f.in:* West Virginia

-ная -ния	-ную -нию	-ной -нии	-ной -нии	-ной -нии	-ной -нией

ЗА́ПАДНОЕВРОПЕ́ЙСКИЙ S *short forms avoided, no compar:* West European

-европе́йский	Nom/Gen	-европе́йского	-европе́йском	-европе́йскому	-европе́йским
-европе́йское	-европе́йское	-европе́йского	-европе́йском	-европе́йскому	-европе́йским
-европе́йская	-европе́йскую	-европе́йской	-европе́йской	-европе́йской	-европе́йской
-европе́йские	Nom/Gen	-европе́йских	-европе́йских	-европе́йским	-европе́йскими

ЗА́ПАДНЫЙ S (e): western

за́падный	Nom/Gen	за́падного	за́падном	за́падному	за́падным
за́падное	за́падное	за́падного	за́падном	за́падному	за́падным
за́падная	за́падную	за́падной	за́падной	за́падной	за́падной
за́падные	Nom/Gen	за́падных	за́падных	за́падным	за́падными

adv. по-за́падному; *compar.* за́паднее

ЗА́ПАХ SS *Part.* -у *m.in:* smell

за́пах	за́пах	за́паха/-у	за́пахе	за́паху	за́пахом
за́пахи	за́пахи	за́пахов	за́пахах	за́пахам	за́пахами

ЗАПИСА́ТЬ MS -пи́шут; *Pf.* (*Impf.* запи́сывать): write down; record

запишу́	запи́шем	запиши́	записа́л	——	записа́в[ши]
запи́шешь	запи́шете	запиши́те	записа́ла	——	записа́вший
запи́шет	запи́шут		записа́ли/о	——	запи́санный S

ЗАПИ́СКА SS (o) *f.in:* note, short written message

запи́ска	запи́ску	запи́ски	запи́ске	запи́ске	запи́ской
запи́ски	запи́ски	запи́сок	запи́сках	запи́скам	запи́сками

ЗАПИ́СЫВАТЬ SS -ают; *Impf.* (*Pf.* записа́ть): write down; record

-сываю	-сываем	-сывай	-сывал	-сывая	
-сываешь	-сываете	-сывайте	-сывала	-сывающий	-сывавший
-сывает	-сывают		-сывали/о	-сываемый	——

ЗАПЛА́КАТЬ SS -пла́чут; *intrans; Pf-begin* (*Impf.* пла́кать): burst into tears

запла́чу	запла́чем	запла́чь	запла́кал	——	запла́кав[ши]
запла́чешь	запла́чете	запла́чьте	запла́кала	——	запла́кавший
запла́чет	запла́чут		запла́кали/о	——	

ЗАПЛАТИ́ТЬ MS -пла́тят; *Pf.* (*Impf.* плати́ть): pay (for) e.g. О́н заплати́л копе́йку *Acc* за газе́ту *Acc*

заплачу́	запла́тим	заплати́	заплати́л	——	заплати́в[ши]
запла́тишь	запла́тите	заплати́те	заплати́ла	——	заплати́вший
запла́тит	запла́тят		заплати́ли/о	——	запла́ченный S

ЗАПЛАЧУ́ *non-past tense of* заплати́ть
ЗАПЛА́ЧУ *non-past tense of* запла́кать

ЗАПО́ЛНИТЬ SS -нят; *Pf.* (*Impf.* заполня́ть): fill out; fill up

запо́лню	запо́лним	запо́лни	запо́лнил	——	запо́лнив[ши]
запо́лнишь	запо́лните	запо́лните	запо́лнила	——	запо́лнивший
запо́лнит	запо́лнят		запо́лнили/о	——	запо́лненный S

ЗАПОЛНЯ́ТЬ SS -я́ют; *Impf.* (*Pf.* запо́лнить): fill out; fill up

заполня́ю	заполня́ем	заполня́й	заполня́л	заполня́я	
заполня́ешь	заполня́ете	заполня́йте	заполня́ла	заполня́ющий	заполня́вший
заполня́ет	заполня́ют		заполня́ли/о	заполня́емый	——

ЗАПОМИНА́ТЬ SS -а́ют; *Impf.* (*Pf.* запо́мнить): remember, commit to memory

запомина́ю	запомина́ем	запомина́й	запомина́л	запомина́я	
запомина́ешь	запомина́ете	запомина́йте	запомина́ла	запомина́ющий	запомина́вший
запомина́ет	запомина́ют		запомина́ли/о	запомина́емый	——

ЗАПО́МНИТЬ SS -нят; *Pf.* (*Impf.* запомина́ть): remember, commit to memory

запо́мню	запо́мним	запо́мни	запо́мнил	——	запо́мнив[ши]
запо́мнишь	запо́мните	запо́мните	запо́мнила	——	запо́мнивший
запо́мнит	запо́мнят		запо́мнили/о		запо́мненный S

ЗАПУ́ТАННЫЙ[1] S *sh.masc.* запу́тан: tangled, intricate

запу́танный	*Nom/Gen*	запу́танного	запу́танном	запу́танному	запу́танным
запу́танное	запу́танное	запу́танного	запу́танном	запу́танному	запу́танным
запу́танная	запу́танную	запу́танной	запу́танной	запу́танной	запу́танной
запу́танные	*Nom/Gen*	запу́танных	запу́танных	запу́танным	запу́танными

запу́тан, запу́танна, запу́танно, запу́танны; запу́таннее

ЗАПУ́ТАННЫЙ[2] S *ppp of* запу́тать (*for long forms see* запу́танный[1]): confused; tangled; complicated (*by smt./smb.*)

запу́тан, запу́тана, запу́тано, запу́таны

ЗАПЯТА́Я *used as f.in noun*: comma

запята́я	запяту́ю	запято́й	запято́й	запято́й	запято́й
запяты́е	запяты́е	запяты́х	запяты́х	запяты́м	запяты́ми

ЗАРАБА́ТЫВАТЬ SS -ают; *Impf.* (*Pf.* зарабо́тать): earn ● зараба́тывать на жизнь earn one's living

-раба́тываю	-раба́тываем	-раба́тывай	-раба́тывал	-раба́тывая	
-раба́тываешь	-раба́тываете	-раба́тывайте	-раба́тывала	-раба́тывающий	-раба́тывавший
-раба́тывает	-раба́тывают		-раба́тывали/о	-раба́тываемый	——

ЗАРАБО́ТАТЬ SS -ают; *Pf.* (*Impf.* зараба́тывать): earn

-рабо́таю	-рабо́таем	-рабо́тай	-рабо́тал	——	-рабо́тав[ши]
-рабо́таешь	-рабо́таете	-рабо́тайте	-рабо́тала	——	-рабо́тавший
-рабо́тает	-рабо́тают		-рабо́тали/о	——	-рабо́танный S

ЗАРАЖА́ТЬСЯ SS -а́ются; *Impf.* (*Pf.* зарази́ться): contract (an illness), get infected *e.g.* Он заража́ется гри́ппом *Inst* от свои́х пацие́нтов *Gen*

заража́юсь	заража́емся	заража́йся	заража́лся	заража́ясь	
заража́ешься	заража́етесь	заража́йтесь	заража́лась	заража́ющийся	заража́вшийся
заража́ется	заража́ются		заража́лись/ось		

ЗАРАЗИ́ТЬСЯ ES -зя́тся; *Pf.* (*Impf.* заража́ться): contract (an illness), get infected *e.g.* Он зарази́лся гри́ппом *Inst* от сестры́ *Gen*

заражу́сь	зарази́мся	зарази́сь	зарази́лся	——	зарази́вшись
зарази́шься	зарази́тесь	зарази́тесь	зарази́лась	——	зарази́вшийся
зарази́тся	зарази́тся		зарази́лись/ось		

ЗАРА́НЕЕ *adv*: beforehand, in advance, ahead of time; in good time

ЗАРЕ́ЗАТЬ SS -ре́жут; *Pf:* 1. (*Impf.* ре́зать) slaughter, butcher; 2. (*no Impf.*) kill (*by stabbing*)

заре́жу	заре́жем	заре́жь	заре́зал	——	заре́зав[ши]
заре́жешь	заре́жете	заре́жьте	заре́зала	——	заре́завший
заре́жет	заре́жут		заре́зали/о	——	заре́занный S

ЗАРПЛА́ТА SS *f.in*: pay, pay check; salary, wages

зарпла́та	зарпла́ту	зарпла́ты	зарпла́те	зарпла́те	зарпла́той
зарпла́ты	зарпла́ты	зарпла́т	зарпла́тах	зарпла́там	зарпла́тами

ЗАРЯ́ДКА SS (о) *f.in*: loading (*of firearms*); calisthenics, work-out

заря́дка	заря́дку	заря́дки	заря́дке	заря́дке	заря́дкой

ЗАСЕЛЁННЫЙ[1] S (е) *sh.masc.* заселён: settled, developed, populated, inhabited

заселённый	*Nom/Gen*	заселённого	заселённом	заселённому	заселённым
заселённое	заселённое	заселённого	заселённом	заселённому	заселённым
заселённая	заселённую	заселённой	заселённой	заселённой	заселённой
заселённые	*Nom/Gen*	заселённых	заселённых	заселённым	заселёнными

compar. заселённее

ЗАСЕЛЁННЫЙ[2] E *ppp of* засели́ть (*for long forms see* заселённый[1]): settled (*by smt./smb.*)

заселён, заселена́, заселено́, заселены́

ЗАСМЕЯ́ТЬСЯ ES -смею́тся; *Pf-begin* (*Impf.* смея́ться): laugh, burst into laughter

засмею́сь	засмеёмся	засме́йся	засмея́лся	——	засмея́вшись
засмеёшься	засмеётесь	засме́йтесь	засмея́лась	——	засмея́вшийся
засмеётся	засмею́тся		засмея́лись/ось		

ЗАСНУ́ТЬ ES -сну́т; *intrans; Pf.* (*Impf.* засыпа́ть[2]): fall asleep

засну́	заснём	засни́	засну́л	——	засну́в[ши]
заснёшь	заснёте	засни́те	засну́ла	——	засну́вший
заснёт	засну́т		засну́ли/о		

ЗАСТА́ВИТЬ SS -вят; *Pf.* (*Impf.* заставля́ть): force

заста́влю	заста́вим	заста́вь	заста́вил	——	заста́вив[ши]
заста́вишь	заста́вите	заста́вьте	заста́вила	——	заста́вивший
заста́вит	заста́вят		заста́вили/о	——	заста́вленный S

ЗАСТАВЛЯ́ТЬ SS -я́ют; *Impf.* (*Pf.* заста́вить): force

заставля́ю	заставля́ем	заставля́й	заставля́л	заставля́я	
заставля́ешь	заставля́ете	заставля́йте	заставля́ла	заставля́ющий	заставля́вший
заставля́ет	заставля́ют		заставля́ли/о	заставля́емый	——

ЗАСЫПА́ТЬ SS -сы́плют [*or* -сы́плют -сы́плю -сы́пешь -сы́пет -сы́пем -сы́пете]; -сы́пь! *Pf.* (*Impf.* засыпа́ть[1]): cover, bestrew *e.g.* Сне́г засы́пал у́лицу *Acc*; Я́ засы́пал лу́жу *Acc* песко́м *Inst* I filled the puddle with sand

засы́плю	засы́плем	засы́пь	засы́пал	——	засы́пав[ши]
засы́плешь	засы́плете	засы́пьте	засы́пала	——	засы́павший
засы́плет	засы́плют		засы́пали/о	——	засы́панный S

ЗАСЫПА́ТЬ[1] SS -а́ют; *Impf.* (*Pf.* засы́пать): cover, bestrew *e.g.* Сне́г засыпа́л у́лицу *Acc*; Я́ засыпа́л лу́жи *Acc* песко́м *Inst* I filled the puddles with sand

засыпа́ю	засыпа́ем	засыпа́й	засыпа́л	засыпа́я	
засыпа́ешь	засыпа́ете	засыпа́йте	засыпа́ла	засыпа́ющий	засыпа́вший
засыпа́ет	засыпа́ют		засыпа́ли/о	засыпа́емый	——

ЗАСЫПА́ТЬ[2] SS -а́ют; *intrans*; *Impf.* (*Pf.* засну́ть): fall asleep

засыпа́ю	засыпа́ем	засыпа́й	засыпа́л	засыпа́я	
засыпа́ешь	засыпа́ете	засыпа́йте	засыпа́ла	засыпа́ющий	засыпа́вший
засыпа́ет	засыпа́ют		засыпа́ли/о		

ЗАСЫПА́ТЬСЯ SS -а́ются; *Colloquial*; *Impf.* (*Pf.* засы́паться): flunk (*an exam*), fail *e.g.* О́н всегда́ засыпа́лся на экза́мене *Prep* по фи́зике *Dat*

засыпа́юсь	засыпа́емся	засыпа́йся	засыпа́лся	засыпа́ясь	
засыпа́ешься	засыпа́етесь	засыпа́йтесь	засыпа́лась	засыпа́ющийся	засыпа́вшийся
засыпа́ется	засыпа́ются		засыпа́лись/ось		

ЗАСЫ́ПАТЬСЯ SS -сы́плются [*or* -сы́плются -сы́плюсь -сы́пешься -сы́пется -сы́пемся -сы́петесь]; -сы́пься! *Colloquial*; *Pf.* (*Impf.* засыпа́ться): flunk (*an exam*) *e.g.* О́н засы́пался на экза́мене *Prep* по фи́зике *Dat*

засы́плюсь	засы́племся	засы́пься	засы́пался	——	засы́павшись
засы́плешься	засы́плетесь	засы́пьтесь	засы́палась	——	засы́павшийся
засы́плется	засы́плются		засы́пались/ось	——	

ЗАТЕ́М *adv*: after that, then; for that reason ● зате́м что because

ЗАТО́ *conjunction*: but, but then, but on the other hand

ЗАХВАТИ́ТЬ MS -хва́тят; *Pf.* (*Impf.* захва́тывать): seize; thrill

захвачу́	захва́тим	захвати́	захвати́л	——	захвати́в[ши]
захва́тишь	захва́тите	захвати́те	захвати́ла	——	захвати́вший
захва́тит	захва́тят		захвати́ли/о	——	захва́ченный S

ЗАХВА́ТЫВАТЬ SS -ают; *Impf.* (*Pf.* захвати́ть): seize; thrill

захва́тываю	захва́тываем	захва́тывай	захва́тывал	захва́тывая	
захва́тываешь	захва́тываете	захва́тывайте	захва́тывала	захва́тывающий	захва́тывавший
захва́тывает	захва́тывают		захва́тывали/о	захва́тываемый	——

ЗАХИХИ́КАТЬ SS -ают; *intrans*; *Pf-begin* (*Impf.* хихи́кать): begin to giggle

захихи́каю	захихи́каем	захихи́кай	захихи́кал	——	захихи́кав[ши]
захихи́каешь	захихи́каете	захихи́кайте	захихи́кала	——	захихи́кавший
захихи́кает	захихи́кают		захихи́кали/о	——	

ЗАХОДИ́ТЬ[1] MS -хо́дят; *intrans*; *Impf.* (*Pf.* зайти́): 1. stop by, call on *e.g.* О́н захо́дит к сестре́ *Dat*; 2. pick up, stop by (for) *e.g.* О́н захо́дит за сестро́й *Inst*; 3. set (*said of the sun, stars, etc.*)

захожу́	захо́дим	заходи́	заходи́л	заходя́	
захо́дишь	захо́дите	заходи́те	заходи́ла	заходя́щий	заходи́вший
захо́дит	захо́дят		заходи́ли/о	——	

ЗАХОДИ́ТЬ[2] MS -хо́дят; *intrans*; *Pf-begin* (*Impf.* ходи́ть): start to walk (around, back and forth)

захожу́	захо́дим	заходи́	заходи́л	——	заходи́в[ши]
захо́дишь	захо́дите	заходи́те	заходи́ла	——	заходи́вший
захо́дит	захо́дят		заходи́ли/о	——	

ЗАХОТЕ́ТЬ ES -хотя́т -хочу́ -хо́чешь -хо́чет -хоти́м -хоти́те; *intrans*; *Pf-begin* (*Impf.* хоте́ть): want

захочу́	захоти́м	захоти́	захоте́л	——	захоте́в[ши]
захо́чешь	захоти́те	захоти́те	захоте́ла	——	захоте́вший
захо́чет	захотя́т		захоте́ли/о	——	

ЗАХОТЕ́ТЬСЯ ES -хо́чется; *Impersonal*; *Pf-begin* (*Impf.* хоте́ться): begin to feel like doing smt. *e.g.* Мне́ *Dat* захоте́лось чита́ть

захо́чется			захоте́лось		

ЗАЦЕПИ́ТЬ MS -це́пят; *Pf.* (*Impf.* зацепля́ть): catch, hook *e.g.* О́н зацепи́л ло́дку *Acc* па́лкой *Inst* He hooked the boat with a stick

зацеплю́	заце́пим	зацепи́	зацепи́л	——	зацепи́в[ши]
заце́пишь	заце́пите	зацепи́те	зацепи́ла	——	зацепи́вший
заце́пит	заце́пят		зацепи́ли/о	——	заце́пленный S

ЗАЦЕПЛЯ́ТЬ SS -я́ют; *Impf.* (*Pf.* зацепи́ть): catch, hook *e.g.* О́н зацепля́л ло́дку *Acc* па́лкой *Inst* He hooked the boat with a stick

зацепля́ю	зацепля́ем	зацепля́й	зацепля́л	зацепля́я	
зацепля́ешь	зацепля́ете	зацепля́йте	зацепля́ла	зацепля́ющий	зацепля́вший
зацепля́ет	зацепля́ют		зацепля́ли/о	зацепля́емый	——

ЗАЧЕ́М *adv:* what for, why

ЗАЧЁТ SS *m.in:* (important) test (*in an academic institution*) *e.g.* зачёт по фи́зике *Dat* (use на/на/с for to/at/from the event) ● сда́ть [*or* получи́ть] зачёт pass a test

зачёт	зачёт	зачёта	зачёте	зачёту	зачётом
зачёты	зачёты	зачётов	зачётах	зачётам	зачётами

ЗАШЕ́ДШИЙ *past active ptcpl. of* зайти́

ЗАШЁЛ *past tense of* зайти́

ЗАЩИ́ТА SS *f.in:* defense

защита	защиту	защиты	защите	защите	защитой

ЗАЩИТИ́ТЬ ES -тя́т защищу́; *ppp* защищённый E; *Pf.* (*Impf.* защища́ть): defend; protect *e.g.* О́н защити́т сестру́ *Acc* от банди́тов *Gen*

защищу́	защити́м	защити́	защити́л	——	защити́в[ши]
защити́шь	защити́те	защити́те	защити́ла	——	защити́вший
защити́т	защитя́т		защити́ли/о	——	защищённый E

ЗАЩИЩА́ТЬ SS -а́ют; *Impf.* (*Pf.* защити́ть): defend; protect *e.g.* О́н защища́ет сестру́ *Acc* от банди́тов *Gen*

защища́ю	защища́ем	защища́й	защища́л	защища́я	
защища́ешь	защища́ете	защища́йте	защища́ла	защища́ющий	защища́вший
защища́ет	защища́ют		защища́ли/о	защища́емый	——

ЗАЯВЛЕ́НИЕ SS *n.in:* 1. declaration; 2. official request, application (for) *e.g.* заявле́ние о приёме *Prep* в универститет *Acc* ● пода́ть заявле́ние куда́/кому́ apply, put in an application (to)

заявле́ние	заявле́ние	заявле́ния	заявле́нии	заявле́нию	заявле́нием
заявле́ния	заявле́ния	заявле́ний	заявле́ниях	заявле́ниям	заявле́ниями

ЗВА́ТЬ EM зову́т; *Impf.* 1. (*Pf.* по- *and* вы́-) call, summon; 2. (*no Pf.*) call (by the name of) *e.g.* Меня́ *Acc* зову́т Ма́ша *Nom* [*or* Ма́шей *Inst*]

зову́	зовём	зови́	зва́л	зовя́	
зовёшь	зовёте	зови́те	звала́	зову́щий	зва́вший
зовёт	зову́т		зва́ли/о	——	

ЗВЕЗДА́[1] <*in prep. phrases variant* со *is used*> ES *NPlur.* звёзды *f.in:* star (celestial) (use на/на/со for to/on/from); star (geometrical)

звезда́	звезду́	звезды́	звезде́	звезде́	звездо́й
звёзды	звёзды	звёзд	звёздах	звёздам	звёздами

ЗВЕЗДА́[2] <*in prep. phrases variant* со *is used*> ES *NPlur.* звёзды *f.an:* star (celebrity)

звезда́	звезду́	звезды́	звезде́	звезде́	звездо́й
звёзды	звёзд	звёзд	звёздах	звёздам	звёздами

ЗВЕ́РЬ <*in prep. phrases variant* со *is used*> SE *NPlur.* зве́ри [*IPlur.* зверя́ми *or* зверьми́] *m.an:* wild animal

зве́рь	зве́ря	зве́ря	зве́ре	зве́рю	зве́рем
зве́ри	звере́й	звере́й	зверя́х	зверя́м	зверя́ми

ЗВОНИ́ТЬ ES -ня́т; *intrans; Impf:* 1. (*Pf. and Pf-awhile* по-, *Pf-begin* за-) ring; 2. (*Pf.* по-) phone *e.g.* О́н звони́т сестре́ *Dat*

звоню́	звони́м	звони́	звони́л	звоня́	
звони́шь	звони́те	звони́те	звони́ла	звоня́щий	звони́вший
звони́т	звоня́т		звони́ли/о	——	

ЗВОНО́К <*in prep. phrases variant* со *is used*> EE (о) *m.in:* bell

звоно́к	звоно́к	звонка́	звонке́	звонку́	звонко́м
звонки́	звонки́	звонко́в	звонка́х	звонка́м	звонка́ми

ЗВУ́К <*in prep. phrases variant* со *is used*> SS *m.in:* sound

зву́к	зву́к	зву́ка	зву́ке	зву́ку	зву́ком
зву́ки	зву́ки	зву́ков	зву́ках	зву́кам	зву́ками

ЗВУЧА́ТЬ ES звуча́т; *intrans; Impf.* (*Pf.* про- *and Pf-begin* за-): sound, be heard

звучу́	звучи́м	звучи́	звуча́л	звуча́	
звучи́шь	звучи́те	звучи́те	звуча́ла	звуча́щий	звуча́вший
звучи́т	звуча́т		звуча́ли/о	——	——

ЗДА́НИЕ <*in prep. phrases variant* со *is used*> SS *n.in:* building

зда́ние	зда́ние	зда́ния	зда́нии	зда́нию	зда́нием
зда́ния	зда́ния	зда́ний	зда́ниях	зда́ниям	зда́ниями

ЗДЕ́СЬ *adv:* here; at this point

ЗДОРО́ВАТЬСЯ SS -аются; *Impf.* (*Pf.* по-): greet, say hello (to) *e.g.* О́н здоро́вается с сестро́й *Inst*

здоро́ваюсь	здоро́ваемся	здоро́вайся	здоро́вался	здоро́ваясь	
здоро́ваешься	здоро́ваетесь	здоро́вайтесь	здоро́валась	здоро́вающийся	здоро́вавшийся
здоро́вается	здоро́ваются		здоро́вались/ось	——	

ЗДОРО́ВО *interjection:* Hi!

ЗДО́РОВО *Colloquial; adv:* splendidly, magnificently; very, very much; *predicate:* it's great *e.g.* Здесь здо́рово! ● Здо́рово! Well done!

ЗДОРО́ВЫЙ[1] *<in prep. phrases variant* со *is used>* S *compar.* здорове́е: healthy

здоро́вый	Nom/Gen	здоро́вого	здоро́вом	здоро́вому	здоро́вым
здоро́вое	здоро́вое	здоро́вого	здоро́вом	здоро́вому	здоро́вым
здоро́вая	здоро́вую	здоро́вой	здоро́вой	здоро́вой	здоро́вой
здоро́вые	Nom/Gen	здоро́вых	здоро́вых	здоро́вым	здоро́выми

здоро́в, здоро́ва, здоро́во, здоро́вы; здорове́е

ЗДОРО́ВЫЙ[2] *<in prep. phrases variant* со *is used>* E *Colloquial (for long forms see* здоро́вый[1]*):* big

здоро́в, здорова́, здорово́, здоровы́; здорове́е

ЗДОРО́ВЬЕ *<in prep. phrases variant* со *is used>* SS (и) *n.in:* health

здоро́вье	здоро́вье	здоро́вья	здоро́вье	здоро́вью	здоро́вьем

ЗДРА́ВСТВУЙТЕ *<а́ств>:* Hello

ЗЕЛЁНЫЙ M *short forms* зе́лен, зелена́, зе́лено, зе́лены: green

зелёный	Nom/Gen	зелёного	зелёном	зелёному	зелёным
зелёное	зелёное	зелёного	зелёном	зелёному	зелёным
зелёная	зелёную	зелёной	зелёной	зелёной	зелёной
зелёные	Nom/Gen	зелёных	зелёных	зелёным	зелёными

зе́лен, зелена́, зе́лено, зе́лены; зелене́е

ЗЕМЛЕТРЯСЕ́НИЕ SS *n.in:* earthquake

-трясе́ние	-трясе́ние	-трясе́ния	-трясе́нии	-трясе́нию	-трясе́нием
-трясе́ния	-трясе́ния	-трясе́ний	-трясе́ниях	-трясе́ниям	-трясе́ниями

ЗЕМЛЯ́ ES (е) *ASg.* зе́млю, *GPlur.* земе́ль *(Irreg. in phrases* на зе́млю [*or old-fashioned* на́ землю]) *f.in:* ground; land; earth; *(spelled* Земля́) Earth *(the planet; use* на/на/с *for to/on/from)*

земля́	зе́млю	земли́	земле́	земле́	землёй
зе́мли	зе́мли	земе́ль	зе́млях	зе́млям	зе́млями

ЗЕ́РКАЛО SE *n.in:* mirror

зе́ркало	зе́ркало	зе́ркала	зе́ркале	зе́ркалу	зе́ркалом
зеркала́	зеркала́	зерка́л	зеркала́х	зеркала́м	зеркала́ми

ЗИМА́ ES *ASg.* зи́му *(Irreg. in phrases* за́ зиму; на́ зиму) *(see also* зимо́й) *f.in:* winter

зима́	зи́му	зимы́	зиме́	зиме́	зимо́й
зи́мы	зи́мы	зим	зи́мах	зи́мам	зи́мами

ЗИ́МНИЙ S (е) *sh.masc. hypothetical:* winter

зи́мний	Nom/Gen	зи́мнего	зи́мнем	зи́мнему	зи́мни
зи́мнее	зи́мнее	зи́мнего	зи́мнем	зи́мнему	зи́мним
зи́мняя	зи́мнюю	зи́мней	зи́мней	зи́мней	зи́мней
зи́мние	Nom/Gen	зи́мних	зи́мних	зи́мним	зи́мними

adv. по-зи́мнему

ЗИМО́Й *adv:* in winter

ЗЛО́Й *<in prep. phrases variant* со *is used>* E (о): evil; fierce *(of animals);* mean; mad, angry

зло́й	Nom/Gen	зло́го	зло́м	зло́му	злы́м
зло́е	зло́е	зло́го	зло́м	зло́му	злы́м
зла́я	злу́ю	зло́й	зло́й	зло́й	зло́й
злы́е	Nom/Gen	злы́х	злы́х	злы́м	злы́ми

зол, зла́, зло, злы́; зле́е

ЗНА́К *<in prep. phrases variant* со *is used>* SS *m.in:* sign

зна́к	зна́к	зна́ка	зна́ке	зна́ку	зна́ком
зна́ки	зна́ки	зна́ков	зна́ках	зна́кам	зна́ками

ЗНАКО́МИТЬ SS -мят; *Impf:* 1. *(Pf.* по-) acquaint (with smb.), introduce (to smb.) *e.g.* Он знако́мит сестру́ *Acc* с мои́м бра́том *Inst;* 2. *(Pf.* о- *and* по-) show (smb. smt.) *e.g.* Он знако́мит сестру́ *Acc* со свое́й рабо́той *Inst*

знако́млю	знако́мим	знако́мь	знако́мил	знако́мя
знако́мишь	знако́мите	знако́мьте	знако́мила	знако́мящий	знако́мивший
знако́мит	знако́мят		знако́мили/о	

ЗНАКО́МИТЬСЯ SS -мятся; *Impf:* 1. *(Pf.* по-) meet, get acquainted (with smb.) *e.g.* Он знако́мится с интере́сными людьми́ *Inst;* 2. *(Pf.* о- *and* по-) get acquainted (with smt.) *e.g.* Он знако́мится с мое́й рабо́той *Inst*

знако́млюсь	знако́мимся	знако́мься	знако́мился	знако́мясь
знако́мишься	знако́митесь	знако́мьтесь	знако́милась	знако́мящийся	знако́мившийся
знако́мится	знако́мятся		знако́мились/ось ——	——

ЗНАКО́МЫЙ *<in prep. phrases variant* со *is used>* S *also used as m./f.an noun:* known, familiar; *(as noun)* acquaintance, friend

знако́мый	Nom/Gen	знако́мого	знако́мом	знако́мому	знако́мым
знако́мое	знако́мое	знако́мого	знако́мом	знако́мому	знако́мым
знако́мая	знако́мую	знако́мой	знако́мой	знако́мой	знако́мой
знако́мые	Nom/Gen	знако́мых	знако́мых	знако́мым	знако́мыми

знако́м, знако́ма, знако́мо, знако́мы

ЗНАМЕНИ́ТОСТЬ[1] *<in prep. phrases variant* со *is used>* SS *f.in:* fame

-мени́тость	-мени́тость	-мени́тости	-мени́тости	-мени́тости	-мени́тостью

ЗНАМЕНЍТОСТЬ[2] *<in prep. phrases variant* со *is used>* SS *f.an*: celebrity, famous person

-менѝтость	-менѝтость	-менѝтости	-менѝтости	-менѝтости	-менѝтостью
-менѝтости	-менѝтостей	-менѝтостей	-менѝтостях	-менѝтостям	-менѝтостями

ЗНАМЕНЍТЫЙ *<in prep. phrases variant* со *is used>* S: famous

знаменѝтый	Nom/Gen	знаменѝтого	знаменѝтом	знаменѝтому	знаменѝтым
знаменѝтое	знаменѝтое	знаменѝтого	знаменѝтом	знаменѝтому	знаменѝтым
знаменѝтая	знаменѝтую	знаменѝтой	знаменѝтой	знаменѝтой	знаменѝтой
знаменѝтые	Nom/Gen	знаменѝтых	знаменѝтых	знаменѝтым	знаменѝтыми

знаменѝт, знаменѝта, знаменѝто, знаменѝты; знаменѝтее

ЗНА́МЯ *<in prep. phrases variant* со *is used>* SS GPDSg. зна́мени, ISg. зна́менем, NPlur. знамёна; *n.in*: banner

зна́мя	зна́мя	зна́мени	зна́мени	зна́мени	зна́менем
знамёна	знамёна	знамён	знамёнах	знамёнам	знамёнами

ЗНА́НИЕ *<in prep. phrases variant* со *is used>* SS *n.in*: knowledge; (Plur. only) learning, accomplishments

зна́ние	зна́ние	зна́ния	зна́нии	зна́нию	зна́нием
зна́ния	зна́ния	зна́ний	зна́ниях	зна́ниям	зна́ниями

ЗНА́ТЬ SS -а́ют; *no passive forms; Impf. (no Pf.)*: know

зна́ю	зна́ем	зна́й	зна́л	зна́я	
зна́ешь	зна́ете	зна́йте	зна́ла	зна́ющий	зна́вший
зна́ет	зна́ют		зна́ли/о	——	——

ЗНАЧЕ́НИЕ *<in prep. phrases variant* со *is used>* SS *n.in*: meaning, significance

значе́ние	значе́ние	значе́ния	значе́нии	значе́нию	значе́нием
значе́ния	значе́ния	значе́ний	значе́ниях	значе́ниям	значе́ниями

ЗНА́ЧИТ (*see also* зна́чить) *parenthetical word*: so, then; well then

ЗНАЧЍТЕЛЬНЫЙ *<in prep. phrases variant* со *is used>* S (e): considerable, sizeable; important; significant

значѝтельный	Nom/Gen	значѝтельного	значѝтельном	значѝтельному	значѝтельным
значѝтельное	значѝтельное	значѝтельного	значѝтельном	значѝтельному	значѝтельным
значѝтельная	значѝтельную	значѝтельной	значѝтельной	значѝтельной	значѝтельной
значѝтельные	Nom/Gen	значѝтельных	значѝтельных	значѝтельным	значѝтельными

значѝтелен, значѝтельна, значѝтельно, значѝтельны; значѝтельнее

ЗНА́ЧИТЬ SS -чат; *no passive forms; (see also* зна́чит) *Impf. (no Pf.)*: mean

зна́чу	зна́чим	зна́чь	зна́чил	зна́ча	
зна́чишь	зна́чите	зна́чьте	зна́чила	зна́чащий	зна́чивший
зна́чит	зна́чат		зна́чили/о	——	——

ЗНАЧО́К *<in prep. phrases variant* со *is used>* EE (o) *m.in*: badge, pin; mark, symbol

значо́к	значо́к	значка́	значке́	значку́	значко́м
значкѝ	значкѝ	значко́в	значка́х	значка́м	значка́ми

ЗОВУ́Т *non-past tense of* зва́ть

ЗО́ЛОТО SS *Plur. hypothetical; n.in*: gold

зо́лото	зо́лото	зо́лота	зо́лоте	зо́лоту	зо́лотом

ЗОЛОТО́Й E *no sh.masc; other short forms avoided; also used as m.in noun*: gold, golden; gold coin

золото́й	Nom/Gen	золото́го	золото́м	золото́му	золоты́м
золото́е	золото́е	золото́го	золото́м	золото́му	золоты́м
золота́я	золоту́ю	золото́й	золото́й	золото́й	золото́й
золоты́е	Nom/Gen	золоты́х	золоты́х	золоты́м	золоты́ми

ЗО́НА SS *f.in*: zone

зо́на	зо́ну	зо́ны	зо́не	зо́не	зо́ной
зо́ны	зо́ны	зо́н	зо́нах	зо́нам	зо́нами

ЗО́НТ EE *m.in*: umbrella

зо́нт	зо́нт	зонта́	зонте́	зонту́	зонто́м
зонты́	зонты́	зонто́в	зонта́х	зонта́м	зонта́ми

ЗООЛО́ГИЯ SS *f.in*: zoology

зооло́гия	зооло́гию	зооло́гии	зооло́гии	зооло́гии	зооло́гией

ЗООПА́РК SS *m.in*: zoo

зоопа́рк	зоопа́рк	зоопа́рка	зоопа́рке	зоопа́рку	зоопа́рком
зоопа́рки	зоопа́рки	зоопа́рков	зоопа́рках	зоопа́ркам	зоопа́рками

ЗРЕ́ТЬ SS -е́ют; *intrans; Impf. (Pf.* созре́ть): ripen, mature

зре́ю	зре́ем	зре́й	зре́л	зре́я	
зре́ешь	зре́ете	зре́йте	зре́ла	зре́ющий	зре́вший
зре́ет	зре́ют		зре́ли/о	——	——

ЗУ́Б[1] SE NPlur. зу́бы (*Irreg. in phrases* зу́б на́ зуб не попада́ет; о́ко за о́ко, зу́б за́ зуб) *m.in*: tooth (*animal*)

зу́б	зу́б	зу́ба	зу́бе	зу́бу	зу́бом
зу́бы	зу́бы	зубо́в	зуба́х	зуба́м	зуба́ми

ЗУ́Б[2] SS NPlur. зу́бья *m.in*: tooth (*in tools and machinery*)

зу́б	зу́б	зу́ба	зу́бе	зу́бу	зу́бом
зу́бья	зу́бья	зу́бьев	зу́бьях	зу́бьям	зу́бьями

ЗУБНОЙ E *no sh.masc; other short forms avoided; also used as m.in and m.an noun*: dental; (as m.in noun) dental consonant; (as m.an noun) dentist ● зубной врач dentist

зубной	Nom/Gen	зубного	зубном	зубному	зубным
зубное	зубное	зубного	зубном	зубному	зубным
зубная	зубную	зубной	зубной	зубной	зубной
зубные	Nom/Gen	зубных	зубных	зубным	зубными

ЗЭ *indeclinable n.in*: (name of the letter з)

И[1] *(unstressed) conjunction*: and; even; though; и . . . и . . . both . . . and . . . ; *particle*: too, also; indeed

Й[2] *indeclinable n.in*: (name of the letter и)

ИГРА ES *f.in*: game (use на/на/с for to/at/from the event)

| игра́ | игру́ | и́гры | игре́ | игре́ | игро́й |
| и́гры | и́гры | и́гр | и́грах | и́грам | и́грами |

ИГРАТЬ SS -а́ют; *Impf*: 1. (Pf-awhile по-) play (a musical instrument) e.g. Он игра́ет на гита́ре *Prep*; 2. (Pf. сыгра́ть) play (a role, a musical piece, etc.) e.g. Он игра́ет пе́сню *Acc* на гита́ре *Prep*; 3. (Pf. сыгра́ть, Pf-awhile по-) play (a game) e.g. Он игра́ет в ка́рты *Acc*; 4. (no Pf.) play e.g. Где́-то игра́ет гита́ра *Nom*

игра́ю	игра́ем	игра́й	игра́л	игра́я	
игра́ешь	игра́ете	игра́йте	игра́ла	игра́ющий	игра́вший
игра́ет	игра́ют		игра́ли/о	игра́емый	

ИГРУШКА SS (e) *f.in*: toy

| игру́шка | игру́шку | игру́шки | игру́шке | игру́шке | игру́шкой |
| игру́шки | игру́шки | игру́шек | игру́шках | игру́шкам | игру́шками |

ИДЕЯ SS *f.in*: idea

| иде́я | иде́ю | иде́и | иде́е | иде́е | иде́ей |
| иде́и | иде́и | иде́й | иде́ях | иде́ям | иде́ями |

ИДИОТ SS *m.an*: idiot

| идио́т | идио́та | идио́та | идио́те | идио́ту | идио́том |
| идио́ты | идио́тов | идио́тов | идио́тах | идио́там | идио́тами |

ИДТИ EE иду́т; шёл шла́ шли́; *past adv.* ше́дши *intrans*: 1. One-way Impf. (Non-One-way Impf. ходи́ть; Pf. and Pf-begin пойти́) come/go; 2. Impf. (Pf. пойти́) suit, become e.g. Вам *Dat* идёт э́та шля́па *Nom* That hat looks good on you ● идёт дождь it's raining, it rains

иду́	идём	иди́	шёл	идя́	
идёшь	идёте	иди́те	шла́	иду́щий	ше́дший
идёт	иду́т		шли́/о	——	——

ИЗ *(normally unstressed; see also variant изо) prep. +Gen*: from, out of

ИЗБА ES [ASg. избу́ or и́збу] *f.in*: izba (peasant's hut)

| изба́ | избу́ | избы́ | избе́ | избе́ | избо́й |
| и́збы | и́збы | и́зб | и́збах | и́збам | и́збами |

ИЗБЕГАТЬ SS -а́ют; *imperfective passive forms exist, despite the fact that this is an intransitive verb; Impf*: 1. (Pf. избежа́ть): avoid (smt./smb.) e.g Он избега́л разгово́ров *Gen* с ней; 2. (used with infinitive; no Pf.) avoid (doing smt.) e.g. Он избега́л говори́ть с ней

избега́ю	избега́ем	избега́й	избега́л	избега́я	
избега́ешь	избега́ете	избега́йте	избега́ла	избега́ющий	избега́вший
избега́ет	избега́ют		избега́ли/о	избега́емый	——

✓ **ИЗБЕЖАТЬ** ES -бегу́т -бегу́ -бежи́шь -бежи́т -бежи́м -бежи́те; *intrans; Pf*: 1. (Impf. избега́ть): avoid (smt./smb.) e.g. Он избежа́л разгово́ра *Gen* с ней; 2. (usually no Impf.) escape (smt.) e.g. Он избежа́л опа́сности *Gen* He escaped danger

избегу́	избежи́м	избеги́	избежа́л	——	избежа́в[ши]
избежи́шь	избежи́те	избеги́те	избежа́ла	——	избежа́вший
избежи́т	избегу́т		избежа́ли/о	——	

ИЗВЕРГ SS *m.an*: monster (morally), cruel person

| и́зверг | и́зверга | и́зверга | и́зверге | и́звергу | и́звергом |
| и́зверги | и́звергов | и́звергов | и́звергах | и́звергам | и́звергами |

ИЗВЕСТИЕ SS *n.in*: news; information

| изве́стие | изве́стие | изве́стия | изве́стии | изве́стию | изве́стием |
| изве́стия | изве́стия | изве́стий | изве́стиях | изве́стиям | изве́стиями |

ИЗВЕСТНО <сн> *parenthetical word*: of course, certainly; *predicate*: it is (well) known e.g. Всем *Dat* изве́стно, что Кремль в Москве́ Everybody knows that the Kremlin is in Moscow

ИЗВЕСТНЫЙ <сн> S (е): 1. known, well known e.g. Мне *Dat* известна эта книга *Nom* I know that book; 2. certain e.g. в известной мере to a certain extent

известный	Nom/Gen	известного	известном	известному	известным
известное	известное	известного	известном	известному	известным
известная	известную	известной	известной	известной	известной
известные	Nom/Gen	известных	известных	известным	известными

известен, известна, известно, известны; известнее

ИЗВИНИ́ТЬ ES -нят; *Pf.* (*Impf.* извиня́ть): forgive; excuse e.g Он извини́л сестру́ *Acc* за опозда́ние *Acc* [*or* Он извини́л сестре́ *Dat* её опозда́ние *Acc*] ● Извини́те! Sorry! Извини́те за беспоко́йство Pardon me for bothering you

извиню́	извини́м	извини́	извини́л	——	извини́в[ши]
извини́шь	извини́те	извини́те	извини́ла	——	извини́вший
извини́т	извиня́т		извини́ли/о	——	извинённый Е

ИЗВИНИ́ТЬСЯ ES -нятся; *Pf.* (*Impf.* извиня́ться): apologize e.g. Он извини́лся перед сестро́й *Inst* за свою́ оши́бку *Acc*

извиню́сь	извини́мся	извини́сь	извини́лся	——	извини́вшись
извини́шься	извини́тесь	извини́тесь	извини́лась	——	извини́вшийся
извини́тся	извиня́тся		извини́лись/ось	——	——

ИЗВИНЯ́ТЬ SS -яют; *Impf.* (*Pf.* извини́ть): forgive; excuse e.g. Он извиня́л сестру́ *Acc* за опозда́ния *Acc* [*or* Он извиня́л сестре́ *Dat* её опозда́ния *Acc*]

извиня́ю	извиня́ем	извиня́й	извиня́л	извиня́я	
извиня́ешь	извиня́ете	извиня́йте	извиня́ла	извиня́ющий	извиня́вший
извиня́ет	извиня́ют		извиня́ли/о	извиня́емый	——

ИЗВИНЯ́ТЬСЯ SS -яются; *Impf.* (*Pf.* извини́ться): apologize e.g. Он извиня́лся перед сестро́й *Inst* за свою́ оши́бку *Acc*

извиня́юсь	извиня́емся	извиня́йся	извиня́лся	извиня́сь	
извиня́ешься	извиня́етесь	извиня́йтесь	извиня́лась	извиня́ющийся	извиня́вшийся
извиня́ется	извиня́ются		извиня́лись/ось	——	——

ИЗДАВА́ТЬ ES -даю́т; -дава́й! *pres. adv.* -дава́я; *pres. passive ptcpl.* -дава́емый; *Impf.* (*Pf.* изда́ть): publish; emit (a sound, a smell)

издаю́	издаём	издава́й	издава́л	издава́я	
издаёшь	издаёте	издава́йте	издава́ла	издаю́щий	издава́вший
издаёт	издаю́т		издава́ли/о	издава́емый	——

ИЗДАДУ́Т *non-past tense of* изда́ть

ИЗДА́Й *Imperative of* изда́ть

ИЗДАЛЕКА́ [*or* издалёка] *adv*: from afar, from a distance

ИЗДА́ТЬ ЕМ -дадут -да́м -да́шь -да́ст -дади́м -дади́те; -да́й! *ppp* и́зданный М [*or* S]; *Pf.* (*Impf.* издава́ть) publish; emit (a sound, a smell)

изда́м	издади́м	изда́й	изда́л	——	изда́в[ши]
изда́шь	издади́те	изда́йте	издала́	——	изда́вший
изда́ст	издаду́т		изда́ли/о	——	и́зданный M/S

ИЗДАЮ́Т *non-past tense of* издава́ть

ИЗ-ЗА (*unstressed*) *prep.* +Gen: from behind; because of

ИЗМЕНЕ́НИЕ SS *n.in*: change

измене́ние	измене́ние	измене́ния	измене́нии	измене́нию	измене́нием
измене́ния	измене́ния	измене́ний	измене́ниях	измене́ниям	измене́ниями

ИЗМЕНИ́ТЬ[1] MS -ме́нят; *ppp* изменённый E; *Pf.* (*Impf.* изменя́ть[1] *and* меня́ть): change

изменю́	изме́ним	измени́	измени́л	——	измени́в[ши]
изме́нишь	изме́ните	измени́те	измени́ла	——	измени́вший
изме́нит	изме́нят		измени́ли/о	——	изменённый E

ИЗМЕНИ́ТЬ[2] MS -ме́нят; *intrans*; *Pf.* (*Impf.* изменя́ть[2]): betray, cheat (on) e.g. Он измени́л жене́ *Dat*

изменю́	изме́ним	измени́	измени́л	——	измени́в[ши]
изме́нишь	изме́ните	измени́те	измени́ла	——	измени́вший
изме́нит	изме́нят		измени́ли/о	——	——

ИЗМЕНИ́ТЬСЯ MS -ме́нятся; *Pf.* (*Impf.* изменя́ться *and* меня́ться): change

изменю́сь	изме́нимся	измени́сь	измени́лся	——	измени́вшись
изме́нишься	изме́нитесь	измени́тесь	измени́лась	——	измени́вшийся
изме́нится	изме́нятся		измени́лись/ось	——	——

ИЗМЕНЯ́ТЬ[1] SS -яют; *Impf.* (*Pf.* измени́ть[1]): change

изменя́ю	изменя́ем	изменя́й	изменя́л	изменя́я	
изменя́ешь	изменя́ете	изменя́йте	изменя́ла	изменя́ющий	изменя́вший
изменя́ет	изменя́ют		изменя́ли/о	изменя́емый	——

ИЗМЕНЯ́ТЬ[2] SS -яют; *intrans*; *Impf.* (*Pf.* измени́ть[2]): betray, cheat (on) e.g. Он изменя́ет жене́ *Dat*

изменя́ю	изменя́ем	изменя́й	изменя́л	изменя́я	
изменя́ешь	изменя́ете	изменя́йте	изменя́ла	изменя́ющий	изменя́вший
изменя́ет	изменя́ют		изменя́ли/о		

Nominative	Accusative	Genitive	Prepositional	Dative	Instrumental	76
Non-past Sing.	Non-past Plur.	Imperative	Past	Pres. deverbals	Past deverbals	

ИЗМЕНЯ́ТЬСЯ SS -я́ются; Impf. (Pf. измени́ться): change

изменя́юсь	изменя́емся	изменя́йся	изменя́лся	изменя́ясь	
изменя́ешься	изменя́етесь	изменя́йтесь	изменя́лась	изменя́ющийся	изменя́вшийся
изменя́ется	изменя́ются		изменя́лись/ось	——	——

ИЗМЕ́РИТЬ SS -ме́рят [or -ме́ряют]; Pf. (Impf. измеря́ть and ме́рить): measure

изме́рю	изме́рим	изме́рь	изме́рил	——	изме́рив[ши]
изме́ришь	изме́рите	изме́рьте	изме́рила	——	изме́ривший
изме́рит	изме́рят		изме́рили/о	——	изме́ренный S

ИЗМЕРЯ́ТЬ SS -я́ют; Impf. (Pf. изме́рить): measure

измеря́ю	измеря́ем	измеря́й	измеря́л	измеря́я	
измеря́ешь	измеря́ете	измеря́йте	измеря́ла	измеря́ющий	измеря́вший
измеря́ет	измеря́ют		измеря́ли/о	измеря́емый	——

ИЗО variant of из; normally unstressed; used before vowel-less stems beginning with р or л, e.g. изо льда́; also used before forms of вся́кий, forms of ве́сь that begin with вс-, and in the expression изо дня́ в де́нь

ИЗ-ПОД (unstressed) prep. +Gen: from under; from near e.g. из-под Москвы́ from around Moscow; for e.g. буты́лка из-под во́дки a vodka bottle

ИЗУМИ́ТЕЛЬНЫЙ S (е): amazing, astounding

-и́тельный	Nom/Gen	-и́тельного	-и́тельном	-и́тельному	-и́тельным
-и́тельное	-и́тельное	-и́тельного	-и́тельном	-и́тельному	-и́тельным
-и́тельная	-и́тельную	-и́тельной	-и́тельной	-и́тельной	-и́тельной
-и́тельные	Nom/Gen	-и́тельных	-и́тельных	-и́тельным	-и́тельными
-и́телен, -и́тельна, -и́тельно, -и́тельны; -и́тельнее					

ИЗУРО́ДОВАТЬ SS -дуют; Pf. (Impf. уро́довать): disfigure; maim, mutilate

изуро́дую	изуро́дуем	изуро́дуй	изуро́довал	——	изуро́довав[ши]
изуро́дуешь	изуро́дуете	изуро́дуйте	изуро́довала	——	изуро́довавший
изуро́дует	изуро́дуют		изуро́довали/о	——	изуро́дованный S

ИЗУЧА́ТЬ SS -а́ют; Impf. (Pf. изучи́ть): learn; study

изуча́ю	изуча́ем	изуча́й	изуча́л	изуча́я	
изуча́ешь	изуча́ете	изуча́йте	изуча́ла	изуча́ющий	изуча́вший
изуча́ет	изуча́ют		изуча́ли/о	изуча́емый	——

ИЗУЧЕ́НИЕ SS n.in: study, studying

изуче́ние	изуче́ние	изуче́ния	изуче́нии	изуче́нию	изуче́нием

ИЗУЧИ́ТЬ MS -у́чат; Pf. (Impf. изуча́ть): learn; come to understand

изучу́	изу́чим	изучи́	изучи́л	——	изучи́в[ши]
изу́чишь	изу́чите	изучи́те	изучи́ла	——	изучи́вший
изу́чит	изу́чат		изучи́ли/о	——	изу́ченный S

ИКРА́[1] ES Plur. hypothetical; f.in: caviar; roe

икра́	икру́	икры́	икре́	икре́	икро́й

ИКРА́[2] ES f.in: calf (of the leg)

икра́	икру́	икры́	икре́	икре́	икро́й
и́кры	и́кры	и́кр	и́крах	и́крам	и́крами

И́ЛИ (often unstressed; variant form иль) conjunction and particle: or; и́ли . . . и́ли . . . either . . . or . . .

ИЛЛИНО́ЙС <лл or л> SS m.in: Illinois

Иллино́йс	Иллино́йс	Иллино́йса	Иллино́йсе	Иллино́йсу	Иллино́йсом

ИЛЛЮСТРА́ЦИЯ <л, not лл> SS f.in: illustration

иллюстра́ция	иллюстра́цию	иллюстра́ции	иллюстра́ции	иллюстра́ции	иллюстра́цией
иллюстра́ции	иллюстра́ции	иллюстра́ций	иллюстра́циях	иллюстра́циям	иллюстра́циями

ИМ see они́ and о́н, оно́

ИМ. abbrev. of и́мени (see и́мя)

И́МЕНИ see и́мя

ИМЕНИ́НЫ S Plur. only; a-declension f.in: name-day (day of the saint after whom one is named); name-day celebration (use на/на/с for to/at/from the event)

имени́ны	имени́ны	имени́н	имени́нах	имени́нам	имени́нами

ИМЕНИ́ТЕЛЬНЫЙ S (е): nominative (case)

-и́тельный	-и́тельный	-и́тельного	-и́тельном	-и́тельному	-и́тельным

И́МЕННО particle: namely; just, exactly, precisely

ИМЕ́ТЬ SS -е́ют; no passive forms; Impf. (no Pf.): have ● име́ть успе́х be successful; име́ть де́ло с +Inst have to do with

име́ю	име́ем	име́й	име́л	име́я	
име́ешь	име́ете	име́йте	име́ла	име́ющий	име́вший
име́ет	име́ют		име́ли/о	——	——

ИМЕ́ТЬСЯ SS име́ются; Impf. (no Pf.): be; be present, be available

име́юсь	име́емся	име́йся	име́лся	име́ясь	
име́ешься	име́етесь	име́йтесь	име́лась	име́ющийся	име́вшийся
име́ется	име́ются		име́лись/ось	——	——

И́МИ see они́

ИМПЕРА́ТОР SS *m.an*: emperor

импера́тор	импера́тора	импера́тора	импера́торе	импера́тору	импера́тором
импера́торы	импера́торов	импера́торов	импера́торах	импера́торам	импера́торами

ИМПЕРАТРИ́ЦА SS *f.an*: empress

императри́ца	императри́цу	императри́цы	императри́це	императри́це	императри́цей
императри́цы	императри́ц	императри́ц	императри́цах	императри́цам	императри́цами

И́МЯ SE *GPDSg.* и́мени, *ISg.* и́менем, *NPlur.* имена́ *GPlur.* имён *n.in*: (first) name ● и́мени +Gen named after, *e.g.* заво́д и́мени Ле́нина the Lenin plant

и́мя	и́мя	и́мени	и́мени	и́мени	и́менем
имена́	имена́	имён	имена́х	имена́м	имена́ми

ИНА́ЧЕ [or и́наче] *adv*: otherwise; differently; *conjunction*: otherwise, or else

ИНДИА́НА SS *f.in*: Indiana

Индиа́на	Индиа́ну	Индиа́ны	Индиа́не	Индиа́не	Индиа́ной

ИНДИА́НКА SS (o) *f.an*: Indian (woman) (*from India*)

индиа́нка	индиа́нку	индиа́нки	индиа́нке	индиа́нке	индиа́нкой
индиа́нки	индиа́нок	индиа́нок	индиа́нках	индиа́нкам	индиа́нками

ИНДИ́ЕЦ SS (e) *m.an*: Indian (*from India*)

инди́ец	инди́йца	инди́йца	инди́йце	инди́йцу	инди́йцем
инди́йцы	инди́йцев	инди́йцев	инди́йцах	инди́йцам	инди́йцами

И́НДИЯ SS *f.in*: India

И́ндия	И́ндию	И́ндии	И́ндии	И́ндии	И́ндией

ИНДУСТРИА́ЛЬНЫЙ S (e): industrial

-а́льный	Nom/Gen	-а́льного	-а́льном	-а́льному	-а́льным
-а́льное	-а́льное	-а́льного	-а́льном	-а́льному	-а́льным
-а́льная	-а́льную	-а́льной	-а́льной	-а́льной	-а́льной
-а́льные	Nom/Gen	-а́льных	-а́льных	-а́льным	-а́льными

-а́лен, -а́льна, -а́льно, -а́льны; -а́льнее

ИНДУСТРИ́Я SS (*also old-fashioned* инду́стрия) *f.in*: industry

индустри́я	индустри́ю	индустри́и	индустри́и	индустри́и	индустри́ей

ИНДЮ́К EE *m.an*: turkey (*tom*)

индю́к	индюка́	индюка́	индюке́	индюку́	индюко́м
индюки́	индюко́в	индюко́в	индюка́х	индюка́м	индюка́ми

ИНДЮ́ШКА SS (e) *f.an*: turkey (*hen*)

индю́шка	индю́шку	индю́шки	индю́шке	индю́шке	индю́шкой
индю́шки	индю́шек	индю́шек	индю́шках	индю́шкам	индю́шками

И́НЕЙ SS *Part.* -ю *m.in*: frost, hoarfrost

и́ней	и́ней	и́нея / и́нею	и́нее	и́нею	и́неем

ИНЖЕНЕ́Р SS *m.an*: engineer (*person with higher technical training; not an engine driver*) (*Use fem. predicate when referring to a woman, e.g.* На́ш но́вый инжене́р сего́дня не пришла́)

инжене́р	инжене́ра	инжене́ра	инжене́ре	инжене́ру	инжене́ром
инжене́ры	инжене́ров	инжене́ров	инжене́рах	инжене́рам	инжене́рами

ИНОГДА́ *adv*: sometimes

ИНО́Й *pronominal adj. inflected like ordinary adj*: different

ино́й	Nom/Gen	ино́го	ино́м	ино́му	ины́м
ино́е	ино́е	ино́го	ино́м	ино́му	ины́м
ина́я	ину́ю	ино́й	ино́й	ино́й	ино́й
ины́е	Nom/Gen	ины́х	ины́х	ины́м	ины́ми

ИНОСТРА́НЕЦ SS (e) *m.an*: foreigner

иностра́нец	иностра́нца	иностра́нца	иностра́нце	иностра́нцу	иностра́нцем
иностра́нцы	иностра́нцев	иностра́нцев	иностра́нцах	иностра́нцам	иностра́нцами

ИНОСТРА́НКА SS (o) *f.an*: foreigner (*woman*)

иностра́нка	иностра́нку	иностра́нки	иностра́нке	иностра́нке	иностра́нкой
иностра́нки	иностра́нок	иностра́нок	иностра́нках	иностра́нкам	иностра́нками

ИНОСТРА́ННЫЙ S (e): foreign

иностра́нный	Nom/Gen	иностра́нного	иностра́нном	иностра́нному	иностра́нным
иностра́нное	иностра́нное	иностра́нного	иностра́нном	иностра́нному	иностра́нным
иностра́нная	иностра́нную	иностра́нной	иностра́нной	иностра́нной	иностра́нной
иностра́нные	Nom/Gen	иностра́нных	иностра́нных	иностра́нным	иностра́нными

ИНСПЕ́КТОР SS [or SE *NPlur.* -а́] *m.an*: inspector (*Use fem. predicate when referring to a woman, e.g.* На́ш но́вый инспе́ктор сего́дня не пришла́)

инспе́ктор	инспе́ктора	инспе́ктора	инспе́кторе	инспе́ктору	инспе́ктором
инспе́кторы	инспе́кторов	инспе́кторов	инспе́кторах	инспе́кторам	инспе́кторами

ИНСТИТУ́Т SS *m.in*: institute, college; institution

институ́т	институ́т	институ́та	институ́те	институ́ту	институ́том
институ́ты	институ́ты	институ́тов	институ́тах	институ́там	институ́тами

ИНСТИТУ́ТСКИЙ S *short forms avoided, no compar*: institute, college

институ́тский	*Nom/Gen*	институ́тского	институ́тском	институ́тскому	институ́тским
институ́тское	институ́тское	институ́тского	институ́тском	институ́тскому	институ́тским
институ́тская	институ́тскую	институ́тской	институ́тской	институ́тской	институ́тской
институ́тские	*Nom/Gen*	институ́тских	институ́тских	институ́тским	институ́тскими

ИНСТРУ́КТОР SS [*or* SE *NPlur.* -а́] *m.an*: instructor (*Use fem. predicate when referring to a woman, e.g.* На́ш но́вый инстру́ктор сего́дня не пришла́)

инстру́ктор	инстру́ктора	инстру́ктора	инстру́кторе	инстру́ктору	инстру́ктором
инстру́кторы	инстру́кторов	инстру́кторов	инстру́кторах	инстру́кторам	инстру́кторами

ИНСТРУМЕ́НТ SS *m.in*: tool; instrument, musical instrument ● игра́ть на музыка́льном инструме́нте *Prep* play a musical instrument

-ме́нт	-ме́нт	-ме́нта	-ме́нте	-ме́нту	-ме́нтом
-ме́нты	-ме́нты	-ме́нтов	-ме́нтах	-ме́нтам	-ме́нтами

ИНТЕЛЛИГЕ́НТНЫЙ S (е): cultured, civilized

-ге́нтный	*Nom/Gen*	-ге́нтного	-ге́нтном	-ге́нтному	-ге́нтным
-ге́нтное	-ге́нтное	-ге́нтного	-ге́нтном	-ге́нтному	-ге́нтным
-ге́нтная	-ге́нтную	-ге́нтной	-ге́нтной	-ге́нтной	-ге́нтной
-ге́нтные	*Nom/Gen*	-ге́нтных	-ге́нтных	-ге́нтным	-ге́нтными
-ге́нтен, -ге́нтна, -ге́нтно, -ге́нтны; -ге́нтнее					

ИНТЕРЕ́С SS *m.in*: interest

интере́с	интере́с	интере́са	интере́се	интере́су	интере́сом
интере́сы	интере́сы	интере́сов	интере́сах	интере́сам	интере́сами

ИНТЕРЕ́СНО *adv*: interestingly; *predicate*: it is interesting *e.g.* Мне́ *Dat* интере́сно зна́ть его́ а́дрес I am interested in knowing (curious to know) his address

ИНТЕРЕ́СНЫЙ S (е): interesting *e.g.* Мне́ *Dat* интере́сна э́та кни́га *Nom* I find this book interesting

интере́сный	*Nom/Gen*	интере́сного	интере́сном	интере́сному	интере́сным
интере́сное	интере́сное	интере́сного	интере́сном	интере́сному	интере́сным
интере́сная	интере́сную	интере́сной	интере́сной	интере́сной	интере́сной
интере́сные	*Nom/Gen*	интере́сных	интере́сных	интере́сным	интере́сными
интере́сен, интере́сна, интере́сно, интере́сны; интере́снее					

ИНТЕРЕСОВА́ТЬ SS -су́ют; *Impf.* (*Pf-begin* за-): interest *e.g.* Его́ *Acc* интересу́ет э́та кни́га *Nom*

интересу́ю	интересу́ем	интересу́й	интересова́л	интересу́я	
интересу́ешь	интересу́ете	интересу́йте	интересова́ла	интересу́ющий	интересова́вший
интересу́ет	интересу́ют		интересова́ли/о		

ИНТЕРЕСОВА́ТЬСЯ SS -су́ются; *Impf*: 1. (*Pf-begin* за-) be interested (in) *e.g.* Он интересу́ется э́той кни́гой *Inst*; 2. (*Pf*. по-) ask, inquire about *e.g.* Он интересова́лся твои́м а́дресом *Inst*

-су́юсь	-су́емся	-су́йся	-сова́лся	-су́ясь	
-су́ешься	-су́етесь	-су́йтесь	-сова́лась	-су́ющийся	-сова́вшийся
-су́ется	-су́ются		-сова́лись/ось	——	——

ИНТОНА́ЦИЯ SS *f.in*: intonation

интона́ция	интона́цию	интона́ции	интона́ции	интона́ции	интона́цией
интона́ции	интона́ции	интона́ций	интона́циях	интона́циям	интона́циями

ИНТУРИ́СТ SS *m.in*: Intourist (*Soviet travel agency for foreigners*)

Интури́ст	Интури́ст	Интури́ста	Интури́сте	Интури́сту	Интури́стом

ИНФИНИТИ́В SS *m.in*: infinitive

инфинити́в	инфинити́в	инфинити́ва	инфинити́ве	инфинити́ву	инфинити́вом
инфинити́вы	инфинити́вы	инфинити́вов	инфинити́вах	инфинити́вам	инфинити́вами

ИНФОРМА́ЦИЯ SS *f.in*: information

информа́ция	информа́цию	информа́ции	информа́ции	информа́ции	информа́цией

ИРА́Н SS *m.in*: Iran

Ира́н	Ира́н	Ира́на	Ира́не	Ира́ну	Ира́ном

ИРЛА́НДЕЦ SS (е) *m.an*: Irishman

ирла́ндец	ирла́ндца	ирла́ндца	ирла́ндце	ирла́ндцу	ирла́ндцем
ирла́ндцы	ирла́ндцев	ирла́ндцев	ирла́ндцах	ирла́ндцам	ирла́ндцами

ИРЛА́НДКА SS (о) *f.an*: Irishwoman

ирла́ндка	ирла́ндку	ирла́ндки	ирла́ндке	ирла́ндке	ирла́ндкой
ирла́ндки	ирла́ндок	ирла́ндок	ирла́ндках	ирла́ндкам	ирла́ндками

ИРЛА́НДСКИЙ S *short forms avoided, no compar*: Irish

ирла́ндский	*Nom/Gen*	ирла́ндского	ирла́ндском	ирла́ндскому	ирла́ндским
ирла́ндское	ирла́ндское	ирла́ндского	ирла́ндском	ирла́ндскому	ирла́ндским
ирла́ндская	ирла́ндскую	ирла́ндской	ирла́ндской	ирла́ндской	ирла́ндской
ирла́ндские	*Nom/Gen*	ирла́ндских	ирла́ндских	ирла́ндским	ирла́ндскими

adv. по-ирла́ндски

ИРО́НИЯ SS *f.in*: irony

иро́ния	иро́нию	иро́нии	иро́нии	иро́нии	иро́нией

ИСКА́ТЬ MS и́щут; *Impf.* (*Pf-awhile* по-): search, look for

ищу́	и́щем	ищи́	иска́л	ища́	
и́щешь	и́щете	ищи́те	иска́ла	и́щущий	иска́вший
и́щет	и́щут		иска́ли/о	——	

И́СКРЕННЕ *see* и́скренно

И́СКРЕННИЙ S (e) *short forms* и́скренен, -нна, -нне, -нни [*or* -нно, -нны]: sincere, candid

и́скренний	Nom/Gen	и́скреннего	и́скреннем	и́скреннему	и́скренним
и́скреннее	и́скреннее	и́скреннего	и́скреннем	и́скреннему	и́скренним
и́скренняя	и́скреннюю	и́скренней	и́скренней	и́скренней	и́скренней
и́скренние	Nom/Gen	и́скренних	и́скренних	и́скренним	и́скренними

и́скренен, и́скренна, и́скренне/и́скренно, и́скренни/и́скренны; и́скреннее

И́СКРЕННО [*or* и́скренне] *adv*: sincerely, candidly

ИСКУ́ССТВЕННЫЙ S (e) [*sh.masc.* иску́сственен *or* иску́сствен]: artificial; synthetic

-ку́сственный	Nom/Gen	-ку́сственного	-ку́сственном	-ку́сственному	-ку́сственным
-ку́сственное	-ку́сственное	-ку́сственного	-ку́сственном	-ку́сственному	-ку́сственным
-ку́сственная	-ку́сственную	-ку́сственной	-ку́сственной	-ку́сственной	-ку́сственной
-ку́сственные	Nom/Gen	-ку́сственных	-ку́сственных	-ку́сственным	-ку́сственными

-ку́сственен, -ку́сственна, -ку́сственно, -ку́сственны; -ку́сственнее

ИСКУ́ССТВО <с, *not* сс> SS *n.in*: art; craftsmanship

иску́сство	иску́сство	иску́сства	иску́сстве	иску́сству	иску́сством
иску́сства	иску́сства	иску́сств	иску́сствах	иску́сствам	иску́сствами

ИСПА́НЕЦ SS (e) *m.an*: Spaniard

испа́нец	испа́нца	испа́нца	испа́нце	испа́нцу	испа́нцем
испа́нцы	испа́нцев	испа́нцев	испа́нцах	испа́нцам	испа́нцами

ИСПА́НИЯ SS *f.in*: Spain

Испа́ния	Испа́нию	Испа́нии	Испа́нии	Испа́нии	Испа́нией

ИСПА́НКА SS (o) *f.an*: Spanish (*woman*)

испа́нка	испа́нку	испа́нки	испа́нке	испа́нке	испа́нкой
испа́нки	испа́нок	испа́нок	испа́нках	испа́нкам	испа́нками

ИСПА́НСКИЙ S *short forms avoided, no compar*: Spanish

испа́нский	Nom/Gen	испа́нского	испа́нском	испа́нскому	испа́нским
испа́нское	испа́нское	испа́нского	испа́нском	испа́нскому	испа́нским
испа́нская	испа́нскую	испа́нской	испа́нской	испа́нской	испа́нской
испа́нские	Nom/Gen	испа́нских	испа́нских	испа́нским	испа́нскими

adv. по-испа́нски

ИСПЕ́ЧЬ EE -пеку́т -пеку́ -печёт; -пёк -пекла́ -пекли́; *past adv.* -пёкши; *Pf.* (*Impf.* печь²): bake

испеку́	испечём	испеки́	испёк	——	испёкши
испечёшь	испечёте	испеки́те	испекла́	——	испёкший
испечёт	испеку́т		испекли́/о	——	испечённый E

ИСПО́ЛНИТЬ SS -нят; *Pf.* (*Impf.* исполня́ть): carry out, execute; fulfill; perform

испо́лню	испо́лним	испо́лни	испо́лнил	——	испо́лнив[ши]
испо́лнишь	испо́лните	испо́лните	испо́лнила	——	испо́лнивший
испо́лнит	испо́лнят		испо́лнили/о	——	испо́лненный S

ИСПОЛНЯ́ТЬ SS -яют; *Impf.* (*Pf.* испо́лнить): carry out, execute; fulfill; perform

исполня́ю	исполня́ем	исполня́й	исполня́л	исполня́я	
исполня́ешь	исполня́ете	исполня́йте	исполня́ла	исполня́ющий	исполня́вший
исполня́ет	исполня́ют		исполня́ли/о	исполня́емый	——

ИСПО́ЛЬЗОВАТЬ SS -зуют; *Pf.-Impf*: use, make use of

-по́льзую	-по́льзуем	-по́льзуй	-по́льзовал	-по́льзуя	-по́льзовав[ши]
-по́льзуешь	-по́льзуете	-по́льзуйте	-по́льзовала	-по́льзующий	-по́льзовавший
-по́льзует	-по́льзуют		-по́льзовали/о	-по́льзуемый	-по́льзованный S

ИСПО́РТИТЬ SS -тят; [испо́рти! *or* испо́рть! испо́ртите! *or* испо́ртьте!] *Pf.* (*Impf.* по́ртить): spoil; damage

испо́рчу	испо́ртим	испо́рти	испо́ртил	——	испо́ртив[ши]
испо́ртишь	испо́ртите	испо́ртите	испо́ртила	——	испо́ртивший
испо́ртит	испо́ртят		испо́ртили/о	——	испо́рченный S

ИСПРА́ВИТЬ SS -вят; *Pf.* (*Impf.* исправля́ть): correct, rectify; repair, fix; reform (*as in* reform a criminal)

испра́влю	испра́вим	испра́вь	испра́вил	——	испра́вив[ши]
испра́вишь	испра́вите	испра́вьте	испра́вила	——	испра́вивший
испра́вит	испра́вят		испра́вили/о	——	испра́вленный S

ИСПРАВЛЯ́ТЬ SS -яют; *Impf.* (*Pf.* испра́вить): correct, rectify; repair, fix; reform (*as in* reform a criminal)

исправля́ю	исправля́ем	исправля́й	исправля́л	исправля́я	
исправля́ешь	исправля́ете	исправля́йте	исправля́ла	исправля́ющий	исправля́вший
исправля́ет	исправля́ют		исправля́ли/о	исправля́емый	——

ИСПУ́ГАННО *adv*: in fright, with fright; feeling scared

ИСПУ́ГАННЫЙ[1] S (e) *sh.masc.* испу́ган: frightened, scared, startled (*look, expression, etc.*)

испу́ганный	*Nom/Gen*	испу́ганного	испу́ганном	испу́ганному	испу́ганным
испу́ганное	испу́ганное	испу́ганного	испу́ганном	испу́ганному	испу́ганным
испу́ганная	испу́ганную	испу́ганной	испу́ганной	испу́ганной	испу́ганной
испу́ганные	*Nom/Gen*	испу́ганных	испу́ганных	испу́ганным	испу́ганными

испу́ган, испу́ганна, испу́ганно, испу́ганны; испу́ганнее

ИСПУ́ГАННЫЙ[2] S *ppp of* испуга́ть (*for long forms see* испу́ганный[1]): frightened (*by smt./smb.*)

испу́ган, испу́гана, испу́гано, испу́ганы

ИСПУГА́ТЬ SS -а́ют; *Pf.* (*Impf.* пуга́ть): frighten, scare, startle *e.g.* О́н испуга́л сестру́ *Acc* свои́ми слова́ми *Inst*

испуга́ю	испуга́ем	испуга́й	испуга́л	——	испуга́в[ши]
испуга́ешь	испуга́ете	испуга́йте	испуга́ла	——	испуга́вший
испуга́ет	испуга́ют		испуга́ли/о	——	испу́ганный S

ИСПУГА́ТЬСЯ SS -а́ются; *Pf.* (*Impf.* пуга́ться): become frightened (because of), *e.g.* О́н испуга́лся мое́й сестры́ *Gen*

испуга́юсь	испуга́емся	испуга́йся	испуга́лся	——	испуга́вшись
испуга́ешься	испуга́етесь	испуга́йтесь	испуга́лась	——	испуга́вшийся
испуга́ется	испуга́ются		испуга́лись/ось	——	——

ИСПЫТА́ТЬ SS -а́ют; *Pf.* (*Impf.* испы́тывать): test; feel, experience

испыта́ю	испыта́ем	испыта́й	испыта́л	——	испыта́в[ши]
испыта́ешь	испыта́ете	испыта́йте	испыта́ла	——	испыта́вший
испыта́ет	испыта́ют		испыта́ли/о	——	испы́танный S

ИСПЫ́ТЫВАТЬ SS -ают; *Impf.* (*Pf.* испыта́ть): test; feel, experience

-пы́тываю	-пы́тываем	-пы́тывай	-пы́тывал	-пы́тывая	
-пы́тываешь	-пы́тываете	-пы́тывайте	-пы́тывала	-пы́тывающий	-пы́тывавший
-пы́тывает	-пы́тывают		-пы́тывали/о	-пы́тываемый	——

ИСТО́К SS *m.in*: source

исто́к	исто́к	исто́ка	исто́ке	исто́ку	исто́ком
исто́ки	исто́ки	исто́ков	исто́ках	исто́кам	исто́ками

ИСТО́РИК SS *m.an*: historian; history teacher

исто́рик	исто́рика	исто́рика	исто́рике	исто́рику	исто́риком
исто́рики	исто́риков	исто́риков	исто́риках	исто́рикам	исто́риками

ИСТОРИ́ЧЕСКИЙ S *short forms avoided, no compar*: historical; historic; history

-йческий	*Nom/Gen*	-йческого	-йческом	-йческому	-йческим
-йческое	-йческое	-йческого	-йческом	-йческому	-йческим
-йческая	-йческую	-йческой	-йческой	-йческой	-йческой
-йческие	*Nom/Gen*	-йческих	-йческих	-йческим	-йческими

adv. истори́чески

ИСТО́РИЯ SS *f.in*: history; story; event

исто́рия	исто́рию	исто́рии	исто́рии	исто́рии	исто́рией
исто́рии	исто́рии	исто́рий	исто́риях	исто́риям	исто́риями

ИСТРА́ТИТЬ SS -тят; *Pf.* (*Impf.* тра́тить): spend (money) *e.g.* О́н истра́тил копе́йку *Acc* на газе́ту *Acc*

истра́чу	истра́тим	истра́ть	истра́тил	——	истра́тив[ши]
истра́тишь	истра́тите	истра́тьте	истра́тила	——	истра́тивший
истра́тит	истра́тят		истра́тили/о	——	истра́ченный S

ИСЧЕЗА́ТЬ <ищ *or* ищ'ч> SS -а́ют; *intrans*; *Impf.* (*Pf.* исче́знуть): disappear

исчеза́ю	исчеза́ем	исчеза́й	исчеза́л	исчеза́я	
исчеза́ешь	исчеза́ете	исчеза́йте	исчеза́ла	исчеза́ющий	исчеза́вший
исчеза́ет	исчеза́ют		исчеза́ли/о	——	——

ИСЧЕ́ЗНУТЬ <ищ *or* ищ'ч> SS -нут; -че́з -че́зла -че́зли; *intrans*; *Pf.* (*Impf.* исчеза́ть): disappear

исче́зну	исче́знем	исче́зни	исче́з		исче́знув[ши]
исче́знешь	исче́знете	исче́зните	исче́зла	——	исче́знувший
исче́знет	исче́знут		исче́зли/о	——	

ИТА́К *conjunction*: thus, so then

ИТА́ЛИЯ SS *f.in*: Italy

Ита́лия	Ита́лию	Ита́лии	Ита́лии	Ита́лии	Ита́лией

ИТАЛЬЯ́НЕЦ SS (e) *m.an*: Italian

италья́нец	италья́нца	италья́нца	италья́нце	италья́нцу	италья́нцем
италья́нцы	италья́нцев	италья́нцев	италья́нцах	италья́нцам	италья́нцами

ИТАЛЬЯ́НКА SS (о) *f.an*: Italian (woman)

италья́нка	италья́нку	италья́нки	италья́нке	италья́нке	италья́нкой
италья́нки	италья́нок	италья́нок	италья́нках	италья́нкам	италья́нками

ИТАЛЬЯ́НСКИЙ S *short forms avoided, no compar*: Italian

италья́нский	*Nom/Gen*	италья́нского	италья́нском	италья́нскому	италья́нским
италья́нское	италья́нское	италья́нского	италья́нском	италья́нскому	италья́нским
италья́нская	италья́нскую	италья́нской	италья́нской	италья́нской	италья́нской
италья́нские	*Nom/Gen*	италья́нских	италья́нских	италья́нским	италья́нскими

adv. по-италья́нски

ИТТЍ *variant of* идтЍ

ЙХ (*see also* онЍ) *indeclinable pronominal adj:* their, theirs

ЍЩУТ *non-past tense of* искать

ИЮЛЬ SS *m.in:* July

июль	июль	июля	июле	июлю	июлем
июли	июли	июлей	июлях	июлям	июлями

ИЮНЬ SS *m.in:* June

июнь	июнь	июня	июне	июню	июнем
июни	июни	июней	июнях	июням	июнями

К (*see also variant* ко) *prep. +Dat:* to, toward; by (a certain time) ● к чемУ? what for?

КА́ *indeclinable n.in:* (name of the letter к)

КАБИНÉТ SS *m.in:* office; study

кабинéт	кабинéт	кабинéта	кабинéте	кабинéту	кабинéтом
кабинéты	кабинéты	кабинéтов	кабинéтах	кабинéтам	кабинéтами

КАВКА́З SS *m.in:* the Caucasus (*use* на/на/с *for* to/in/from)

Кавка́з	Кавка́з	Кавка́за	Кавка́зе	Кавка́зу	Кавка́зом

КА́ЖДЫЙ[1] *pronominal adj. inflected like ordinary adj:* each, every

ка́ждый	Nom/Gen	ка́ждого	ка́ждом	ка́ждому	ка́ждым
ка́ждое	ка́ждое	ка́ждого	ка́ждом	ка́ждому	ка́ждым
ка́ждая	ка́ждую	ка́ждой	ка́ждой	ка́ждой	ка́ждой
ка́ждые	Nom/Gen	ка́ждых	ка́ждых	ка́ждым	ка́ждыми

КА́ЖДЫЙ[2] *pronoun inflected like m.an Sg. adj:* each one, every one

ка́ждый	ка́ждого	ка́ждого	ка́ждом	ка́ждому	ка́ждым

КАЗА́ТЬСЯ MS ка́жутся; *pres. adv. avoided; Impf. (Pf.* по-): appear, seem (to be) *e.g.* Óн ка́жется мнé *Dat* хорóшим человéком *Inst*

кажУ́сь	ка́жемся	кажЍсь	казáлся		
ка́жешься	ка́жетесь	кажЍтесь	казáлась	ка́жущийся	казáвшийся
ка́жется	ка́жутся		казáлись/ось	——	——

КА́К *adv. and particle:* how; *conjunction:* how; as; like ● как тóлько as soon as; как рáз just right; just then, just at the right time; пóсле тогó, как after; в тó врéмя, как while; как бУ́дто as if; ка́к бы as it were

КА́К-НИБУДЬ *adv:* somehow, anyhow, somehow or other, any way at all; sometime

КАКÓВ E *pronominal adj; no long forms; no compar:* what, of what sort

какóв, каковá, каковó, каковЫ́

КАКÓЙ *pronominal adj. inflected like ordinary adj:* what; what kind of; such as

какóй	Nom/Gen	какóго	какóм	какóму	какЍм
какóе	какóе	какóго	какóм	какóму	какЍм
кака́я	какУ́ю	какóй	какóй	какóй	какóй
какЍе	Nom/Gen	какЍх	какЍх	какЍм	какЍми

КАКÓЙ-НИБУДЬ *pronominal adj; only first part inflected* (*like* какóй): some, any, of some kind or other, any kind at all

КАКÓЙ-ТО *pronominal adj; only first part inflected* (*like* какóй): some, a; a kind of

КА́К-ТО *adv:* somehow; once, one day (in the past) ● кáк-то рáз once, one day (in the past)

КАЛЕНДА́РЬ EE *m.in:* calendar

календáрь	календáрь	календаря́	календарé	календарЮ́	календарём
календарЍ	календарЍ	календарéй	календаря́х	календаря́м	календаря́ми

КАЛИФÓРНИЯ SS *f.in:* California

Калифóрния	Калифóрнию	Калифóрнии	Калифóрнии	Калифóрнии	Калифóрнией

КА́МА SS *f.in:* Kama (river) (*use* на/на/с *for* to/on(by)/from *and use* в/в/из *for* into/in/out of the river)

Ка́ма	Ка́му	Ка́мы	Ка́ме	Ка́ме	Ка́мой

КА́МЕНЬ SE (e) *NPlur.* ка́мни [*or Poetic* SS (e)] *m.in:* stone, rock

ка́мень	ка́мень	ка́мня	ка́мне	ка́мню	ка́мнем
ка́мни	ка́мни	камнéй	камня́х	камня́м	камня́ми

КАНА́ДА SS *f.in:* Canada

Кана́да	Кана́ду	Кана́ды	Кана́де	Кана́де	Кана́дой

КАНА́ДЕЦ SS (e) *m.an:* Canadian

кана́дец	кана́дца	кана́дца	кана́дце	кана́дцу	кана́дцем
кана́дцы	кана́дцев	кана́дцев	кана́дцах	кана́дцам	кана́дцами

КАНА́ДКА SS (o) *f.an:* Canadian (*woman*)

кана́дка	кана́дку	кана́дки	кана́дке	кана́дке	кана́дкой
кана́дки	кана́док	кана́док	кана́дках	кана́дкам	кана́дками

КАНА́Л SS *m.in*: channel (*radio, television, etc.*); canal, channel (*water passage*) (*use* на/на/с *for* to/on(by)/from *and use* в/в/из *for* into/in/out of)

кана́л	кана́л	кана́ла	кана́ле	кана́лу	кана́лом
кана́лы	кана́лы	кана́лов	кана́лах	кана́лам	кана́лами

КАНЗА́С SS *m.in*: Kansas

Канза́с	Канза́с	Канза́са	Канза́се	Канза́су	Канза́сом

КАНИ́КУЛЫ S Plur. only; a-declension *f.in*: vacation; holidays ● е́хать на кани́кулы *Acc* go on vacation; бы́ть на кани́кулах *Prep* be on vacation; верну́ться с кани́кул *Gen* come back from vacation

кани́кулы	кани́кулы	кани́кул	кани́кулах	кани́кулам	кани́кулами

КАПИТА́Н SS *m.an*: captain

капита́н	капита́на	капита́на	капита́не	капита́ну	капита́ном
капита́ны	капита́нов	капита́нов	капита́нах	капита́нам	капита́нами

КАПУ́СТА SS *f.in*: cabbage

капу́ста	капу́сту	капу́сты	капу́сте	капу́сте	капу́стой

✓**КАРАНДА́Ш** EE *m.in*: pencil

каранда́ш	каранда́ш	карандаша́	карандаше́	карандашу́	карандашо́м
карандаши́	карандаши́	карандаше́й	карандаша́х	карандаша́м	карандаша́ми

КАРАУ́Л SS *m.in*: guard, watch ● Карау́л! Help!

карау́л	карау́л	карау́ла	карау́ле	карау́лу	карау́лом
карау́лы	карау́лы	карау́лов	карау́лах	карау́лам	карау́лами

КАРМА́Н SS *m.in*: pocket

карма́н	карма́н	карма́на	карма́не	карма́ну	карма́ном
карма́ны	карма́ны	карма́нов	карма́нах	карма́нам	карма́нами

КАРОЛИ́НА *f.in*: Carolina

Кароли́на	Кароли́ну	Кароли́ны	Кароли́не	Кароли́не	Кароли́ной

КА́РТА SS *f.in*: map; (playing-)card ● игра́ть в ка́рты *Acc* play cards

ка́рта	ка́рту	ка́рты	ка́рте	ка́рте	ка́ртой
ка́рты	ка́рты	ка́рт	ка́ртах	ка́ртам	ка́ртами

КАРТИ́НА SS *f.in*: picture; scene ● на карти́не *Prep* in the picture

карти́на	карти́ну	карти́ны	карти́не	карти́не	карти́ной
карти́ны	карти́ны	карти́н	карти́нах	карти́нам	карти́нами

КАРТОТЕ́КА SS *f.in*: card-catalogue

картоте́ка	картоте́ку	картоте́ки	картоте́ке	картоте́ке	картоте́кой
картоте́ки	картоте́ки	картоте́к	картоте́ках	картоте́кам	картоте́ками

КАРТО́ФЕЛЬ SS *m.in*: potatoes (*collectively*); potato plant

карто́фель	карто́фель	карто́феля	карто́феле	карто́фелю	карто́фелем

КАРТО́ШКА SS (e) *f.in*: potatoes (*collectively*); (*colloq.*) potato

карто́шка	карто́шку	карто́шки	карто́шке	карто́шке	карто́шкой
карто́шки	карто́шки	карто́шек	карто́шках	карто́шкам	карто́шками

КАСА́ТЬСЯ SS -а́ются; *Impf.* (*Pf.* косну́ться): 1. concern, have to do (with) *e.g.* Э́тот вопро́с каса́ется твое́й сестры́ *Gen*; 2. touch *e.g.* Он каса́лся мое́й руки́ *Gen* ● что каса́ется +*Gen* as far as (smb./smt.) is concerned

каса́юсь	каса́емся	каса́йся	каса́лся	каса́ясь	
каса́ешься	каса́етесь	каса́йтесь	каса́лась	каса́ющийся	каса́вшийся
каса́ется	каса́ются		каса́лись/ось	——	——

КА́ССА SS *f.in*: box office; cashier's office; cash register

ка́сса	ка́ссу	ка́ссы	ка́ссе	ка́ссе	ка́ссой
ка́ссы	ка́ссы	ка́сс	ка́ссах	ка́ссам	ка́ссами

КАССЕ́ТА <c or cc> SS *f.in*: cassette

кассе́та	кассе́ту	кассе́ты	кассе́те	кассе́те	кассе́той
кассе́ты	кассе́ты	кассе́т	кассе́тах	кассе́там	кассе́тами

КАССИ́Р <cc or c> SS *m.an*: cashier (*Use fem. predicate when referring to a woman, e.g.* Наш но́вый касси́р сего́дня не пришла́)

касси́р	касси́ра	касси́ра	касси́ре	касси́ру	касси́ром
касси́ры	касси́ров	касси́ров	касси́рах	касси́рам	касси́рами

КАСТРЮ́ЛЯ SS *f.in*: saucepan

кастрю́ля	кастрю́лю	кастрю́ли	кастрю́ле	кастрю́ле	кастрю́лей
кастрю́ли	кастрю́ли	кастрю́ль	кастрю́лях	кастрю́лям	кастрю́лями

КАТАЛО́Г SS *m.in*: catalog

катало́г	катало́г	катало́га	катало́ге	катало́гу	катало́гом
катало́ги	катало́ги	катало́гов	катало́гах	катало́гам	катало́гами

КАТАСТРО́ФА SS *f.in*: disaster; accident

катастро́фа	катастро́фу	катастро́фы	катастро́фе	катастро́фе	катастро́фой
катастро́фы	катастро́фы	катастро́ф	катастро́фах	катастро́фам	катастро́фами

КАТА́ТЬСЯ SS -а́ются: 1. Non-One-way *Impf.* (One-way *Impf.* кати́ться; *Pf-awhile* по-) roll; 2. *Impf.* (*Pf-awhile* по-): go for a ride (*cycling, riding, skating, boating, skiing, etc.*) *e.g.* ката́ться на лы́жах *Prep* ski, go skiing

ката́юсь	ката́емся	ката́йся	ката́лся	ката́ясь	
ката́ешься	ката́етесь	ката́йтесь	ката́лась	ката́ющийся	ката́вшийся
ката́ется	ката́ются		ката́лись/ось	——	——

КА́ТЕР SE *NPlur.* -á *m.in*: motor boat ● сади́ться на +Acc, идти́ [*or* плы́ть] на +Prep, сходи́ть с +Gen

ка́тер	ка́тер	ка́тера	ка́тере	ка́теру	ка́тером
катера́	катера́	катеро́в	катера́х	катера́м	катера́ми

КАТИ́ТЬСЯ MS ка́тятся; *One-Way Impf.* (*Non-One-way Impf.* ката́ться; *Pf-begin* по-): roll

качу́сь	ка́тимся	кати́сь	кати́лся	катя́сь	
ка́тишься	ка́титесь	кати́тесь	кати́лась	катя́щийся	кати́вшийся
ка́тится	ка́тятся		кати́лись/ось	——	——

КАТО́К EE (о) *m.in*: (steam) roller; skating rink (*use* на/на/с *for* to/at/from *the place*)

като́к	като́к	катка́	катке́	катку́	катко́м
катки́	катки́	катко́в	катка́х	катка́м	катка́ми

КАФЕ́ <фэ́> *indeclinable n.in*: cafe

КАЧА́ТЬ SS -а́ют; *Impf.* (*Pf-once* качну́ть, *Pf-awhile* по-): 1. shake, rock, swing (smt.) *e.g.* Он кача́ет ло́дку *Acc*; 2. shake, swing (*part of the body*) *e.g.* Он кача́ет голово́й *Inst*

кача́ю	кача́ем	кача́й	кача́л	кача́я	
кача́ешь	кача́ете	кача́йте	кача́ла	кача́ющий	кача́вший
кача́ет	кача́ют		кача́ли/о	кача́емый	

КА́ЧЕСТВО SS *n.in*: quality

ка́чество	ка́чество	ка́чества	ка́честве	ка́честву	ка́чеством
ка́чества	ка́чества	ка́честв	ка́чествах	ка́чествам	ка́чествами

КАЧНУ́ТЬ ES -ну́т; *ppp avoided*; *Pf-once* (*Impf.* кача́ть): 1. shake, rock, swing (smt.) *e.g.* Он качну́л ло́дку *Acc*; 2. shake, swing (*part of the body*) *e.g.* Он качну́л голово́й *Inst*

качну́	качнём	качни́	качну́л	——	качну́в[ши]
качнёшь	качнёте	качни́те	качну́ла	——	качну́вший
качнёт	качну́т		качну́ли/о	——	

КАЧУ́СЬ *non-past tense of* кати́ться

КА́ША SS *f.in*: hot cereal, kasha, porridge

ка́ша	ка́шу	ка́ши	ка́ше	ка́ше	ка́шей
ка́ши	ка́ши	ка́ш	ка́шах	ка́шам	ка́шами

КА́ШЕЛЬ SS (е) *m.in*: cough

ка́шель	ка́шель	ка́шля	ка́шле	ка́шлю	ка́шлем

КА́ШЛЯНУТЬ SS -нут; ка́шляни! ка́шляньте! *intrans*; *Pf-once* (*Impf.* ка́шлять): cough

ка́шляну	ка́шлянем	ка́шляни	ка́шлянул	——	ка́шлянув[ши]
ка́шлянешь	ка́шлянете	ка́шляньте	ка́шлянула	——	ка́шлянувший
ка́шлянет	ка́шлянут		ка́шлянули/о	——	

КА́ШЛЯТЬ SS -яют; *intrans*; *Impf.* (*Pf-once* ка́шлянуть; *Pf-awhile* по-): cough

ка́шляю	ка́шляем	ка́шляй	ка́шлял	ка́шляя	
ка́шляешь	ка́шляете	ка́шляйте	ка́шляла	ка́шляющий	ка́шлявший
ка́шляет	ка́шляют		ка́шляли/о	——	——

КАШУ́БСКИЙ S *short forms avoided, no compar*: Kashubian

кашу́бский	*Nom/Gen*	кашу́бского	кашу́бском	кашу́бскому	кашу́бским
кашу́бское	кашу́бское	кашу́бского	кашу́бском	кашу́бскому	кашу́бским
кашу́бская	кашу́бскую	кашу́бской	кашу́бской	кашу́бской	кашу́бской
кашу́бские	*Nom/Gen*	кашу́бских	кашу́бских	кашу́бским	кашу́бскими

adv. по-кашу́бски

КВАРТИ́РА SS *f.in*: apartment

кварти́ра	кварти́ру	кварти́ры	кварти́ре	кварти́ре	кварти́рой
кварти́ры	кварти́ры	кварти́р	кварти́рах	кварти́рам	кварти́рами

КЕ́М *see* кто́

КЕНТУ́ККИ <к *or* кк> *indeclinable m.in*: Kentucky

КЕ́ПКА SS (о) *f.in*: cap (*headdress*)

ке́пка	ке́пку	ке́пки	ке́пке	ке́пке	ке́пкой
ке́пки	ке́пки	ке́пок	ке́пках	ке́пкам	ке́пками

КЕФИ́Р SS *Part.* -у *m.in*: kefir (*fermented milk*)

кефи́р	кефи́р	кефи́ра/-у	кефи́ре	кефи́ру	кефи́ром

КИБЕРНЕ́ТИКА SS *f.in*: cybernetics

киберне́тика	киберне́тику	киберне́тики	киберне́тике	киберне́тике	киберне́тикой

КИВА́ТЬ SS -а́ют; *intrans*; *Impf.* (*Pf-once* кивну́ть): nod (*one's head*) *e.g.* Он кива́ет сестре́ *Dat* голово́й *Inst*

кива́ю	кива́ем	кива́й	кива́л	кива́я	
кива́ешь	кива́ете	кива́йте	кива́ла	кива́ющий	кива́вший
кива́ет	кива́ют		кива́ли/о	——	——

КИВНУ́ТЬ ES -ну́т; *intrans*; *Pf-once.* (*Impf.* кива́ть): nod (*one's head*) *e.g.* Он кивну́л сестре́ *Dat* голово́й *Inst*

кивну́	кивнём	кивни́	кивну́л	——	кивну́в[ши]
кивнёшь	кивнёте	кивни́те	кивну́ла	——	кивну́вший
кивнёт	кивну́т		кивну́ли/о	——	

КИ́ЕВ SS *m.in*: Kiev

Ки́ев	Ки́ев	Ки́ева	Ки́еве	Ки́еву	Ки́евом

КИЕВЛЯ́НИН SS *NPlur.* киевля́не, *GPlur.* киевля́н *m.an*: Kievan, native or inhabitant of Kiev

киевля́нин	киевля́нина	киевля́нина	киевля́нине	киевля́нину	киевля́нином
киевля́не	киевля́н	киевля́н	киевля́нах	киевля́нам	киевля́нами

КИЕВЛЯ́НКА SS (о) *f.an*: Kievan, native or inhabitant of Kiev (woman)

киевля́нка	киевля́нку	киевля́нки	киевля́нке	киевля́нке	киевля́нкой
киевля́нки	киевля́нок	киевля́нок	киевля́нках	киевля́нкам	киевля́нками

КИ́ЕВСКИЙ S *short forms avoided, no compar*: Kiev

ки́евский	Nom/Gen	ки́евского	ки́евском	ки́евскому	ки́евским
ки́евское	ки́евское	ки́евского	ки́евском	ки́евскому	ки́евским
ки́евская	ки́евскую	ки́евской	ки́евской	ки́евской	ки́евской
ки́евские	Nom/Gen	ки́евских	ки́евских	ки́евским	ки́евскими

adv. по-ки́евски

КИЛОГРА́ММ <м, *not* мм> SS [*GPlur.* -ов *or* -#] *m.in*: kilogram

килогра́мм	килогра́мм	килогра́мма	килогра́мме	килогра́мму	килогра́ммом
килогра́ммы	килогра́ммы	килогра́ммов	килогра́ммах	килогра́ммам	килогра́ммами

КИЛОМЕ́ТР SS *m.in*: kilometer

киломе́тр	киломе́тр	киломе́тра	киломе́тре	киломе́тру	киломе́тром
киломе́тры	киломе́тры	киломе́тров	киломе́трах	киломе́трам	киломе́трами

КИНО́ *indeclinable n.in*: film; movie theater; cinematography

КИНОЖУРНА́Л SS *m.in*: newsreel

киножурна́л	киножурна́л	киножурна́ла	киножурна́ле	киножурна́лу	киножурна́лом
киножурна́лы	киножурна́лы	киножурна́лов	киножурна́лах	киножурна́лам	киножурна́лами

КИНОТЕА́ТР SS *m.in*: movie theater

кинотеа́тр	кинотеа́тр	кинотеа́тра	кинотеа́тре	кинотеа́тру	кинотеа́тром
кинотеа́тры	кинотеа́тры	кинотеа́тров	кинотеа́трах	кинотеа́трам	кинотеа́трами

КИНОФЕСТИВА́ЛЬ SS *m.in*: film festival (*use* на/на/с *for* to/at/from *the event*)

-фестива́ль	-фестива́ль	-фестива́ля	-фестива́ле	-фестива́лю	-фестива́лем
-фестива́ли	-фестива́ли	-фестива́лей	-фестива́лях	-фестива́лям	-фестива́лями

КИНОФИ́ЛЬМ SS *m.in*: movie, film

-фи́льм	-фи́льм	-фи́льма	-фи́льме	-фи́льму	-фи́льмом
-фи́льмы	-фи́льмы	-фи́льмов	-фи́льмах	-фи́льмам	-фи́льмами

КИО́СК SS *m.in*: kiosk, stall

кио́ск	кио́ск	кио́ска	кио́ске	кио́ску	кио́ском
кио́ски	кио́ски	кио́сков	кио́сках	кио́скам	кио́сками

КИРПИ́ЧНЫЙ S (e): brick

кирпи́чный	Nom/Gen	кирпи́чного	кирпи́чном	кирпи́чному	кирпи́чным
кирпи́чное	кирпи́чное	кирпи́чного	кирпи́чном	кирпи́чному	кирпи́чным
кирпи́чная	кирпи́чную	кирпи́чной	кирпи́чной	кирпи́чной	кирпи́чной
кирпи́чные	Nom/Gen	кирпи́чных	кирпи́чных	кирпи́чным	кирпи́чными

КИСЛОРО́Д SS *m.in*: oxygen

кислоро́д	кислоро́д	кислоро́да	кислоро́де	кислоро́ду	кислоро́дом

КИ́Т EE *m.an*: whale

ки́т	кита́	кита́	ките́	киту́	кито́м
киты́	кито́в	кито́в	кита́х	кита́м	кита́ми

КИТА́ЕЦ SS (e) *m.an*: Chinese

кита́ец	кита́йца	кита́йца	кита́йце	кита́йцу	кита́йцем
кита́йцы	кита́йцев	кита́йцев	кита́йцах	кита́йцам	кита́йцами

КИТА́Й SS *m.in*: China

Кита́й	Кита́й	Кита́я	Кита́е	Кита́ю	Кита́ем

КИТА́ЙКА SS (e) *f.in*: kitaika (*kind of apple*)

кита́йка	кита́йку	кита́йки	кита́йке	кита́йке	кита́йкой

КИТА́ЙСКИЙ S *short forms avoided, no compar*: Chinese

кита́йский	Nom/Gen	кита́йского	кита́йском	кита́йскому	кита́йским
кита́йское	кита́йское	кита́йского	кита́йском	кита́йскому	кита́йским
кита́йская	кита́йскую	кита́йской	кита́йской	кита́йской	кита́йской
кита́йские	Nom/Gen	кита́йских	кита́йских	кита́йским	кита́йскими

adv. по-кита́йски

КИТАЯ́НКА SS (о) *f.an*: Chinese (woman)

китая́нка	китая́нку	китая́нки	китая́нке	китая́нке	китая́нкой
китая́нки	китая́нок	китая́нок	китая́нках	китая́нкам	китая́нками

КЛА́ДБИЩЕ SS *n.in*: cemetery (*use* на/на/с *for* to/at(in)/from)

кла́дбище	кла́дбище	кла́дбища	кла́дбище	кла́дбищу	кла́дбищем
кла́дбища	кла́дбища	кла́дбищ	кла́дбищах	кла́дбищам	кла́дбищами

КЛА́СС <с, *not* сс *in Nom-Acc*; с *or* сс *in other forms*> SS *m.in*: class, group; classroom; grade, year of study (*below college level*); category

класс	класс	кла́сса	кла́ссе	кла́ссу	кла́ссом
кла́ссы	кла́ссы	кла́ссов	кла́ссах	кла́ссам	кла́ссами

КЛÁССИКА \<с, *not* сс\> SS *f.in*: classic, classics

клáссика	клáссику	клáссики	клáссике	клáссике	клáссикой

КЛАССЍЧЕСКИЙ \<с, *not* сс\> S *short forms avoided, no compar*: classic; typical

-ѝческий	Nom/Gen	-ѝческого	-ѝческом	-ѝческому	-ѝческим
-ѝческое	-ѝческое	-ѝческого	-ѝческом	-ѝческому	-ѝческим
-ѝческая	-ѝческую	-ѝческой	-ѝческой	-ѝческой	-ѝческой
-ѝческие	Nom/Gen	-ѝческих	-ѝческих	-ѝческим	-ѝческими

adv. классѝчески

КЛÁСТЬ ES кладýт; клáл клáла клáли; *past adv.* клáв[ши]; *no ppp; Impf.* (*Pf.* положѝть): put, lay; lay (eggs, but not fish eggs)

кладý	кладём	кладѝ	клáл	кладя́	
кладёшь	кладёте	кладѝте	клáла	кладýщий	клáвший
кладёт	кладýт		клáли/о	——	——

КЛЍМАТ SS *m.in*: climate

клѝмат	клѝмат	клѝмата	клѝмате	клѝмату	клѝматом

КЛУБ[1] SE [*or* SS] *m.in*: puff (of smoke), cloud (of dust, etc.)

клýб	клýб	клýба	клýбе	клýбу	клýбом
клубы́	клубы́	клубóв	клубáх	клубáм	клубáми

КЛУБ[2] SS *m.in*: club; clubhouse

клýб	клýб	клýба	клýбе	клýбу	клýбом
клýбы	клýбы	клýбов	клýбах	клýбам	клýбами

КЛЮЧ EE *m.in*: key (to) *e.g.* клю́ч от кóмнаты Gen

клю́ч	клю́ч	ключá	ключé	ключý	ключóм
ключѝ	ключѝ	ключéй	ключáх	ключáм	ключáми

КНЍГА SS *f.in*: book

кнѝга	кнѝгу	кнѝги	кнѝге	кнѝге	кнѝгой
кнѝги	кнѝги	кнѝг	кнѝгах	кнѝгам	кнѝгами

КНЍЖНЫЙ (e) S: book; bookish

кнѝжный	Nom/Gen	кнѝжного	кнѝжном	кнѝжному	кнѝжным
кнѝжное	кнѝжное	кнѝжного	кнѝжном	кнѝжному	кнѝжным
кнѝжная	кнѝжную	кнѝжной	кнѝжной	кнѝжной	кнѝжной
кнѝжные	Nom/Gen	кнѝжных	кнѝжных	кнѝжным	кнѝжными

КНÓПКА SS (o) *f.in*: button, pushbutton; thumb tack

кнóпка	кнóпку	кнóпки	кнóпке	кнóпке	кнóпкой
кнóпки	кнóпки	кнóпок	кнóпках	кнóпкам	кнóпками

КНЯГЍНЯ SS *f.an*: princess (wife of кня́зь)

княгѝня	княгѝню	княгѝни	княгѝне	княгѝне	княгѝней
княгѝни	княгѝнь	княгѝнь	княгѝнях	княгѝням	княгѝнями

КНЯЗЬ SE *NPlur.* князья́, *GPlur.* князéй *m.an*: (Russian) prince

кня́зь	кня́зя	кня́зя	кня́зе	кня́зю	кня́зем
князья́	князéй	князéй	князья́х	князья́м	князья́ми

КО *variant of* к; *normally unstressed; used before vowel-less stems, e.g.* ко льдý, ко всéм; *also used in* ко врéмени *and other expressions*

КОВБÓЙ SS *m.an*: cowboy

ковбóй	ковбóя	ковбóя	ковбóе	ковбóю	ковбóем
ковбóи	ковбóев	ковбóев	ковбóях	ковбóям	ковбóями

КОВЁР EE (ё) *m.in*: rug, carpet

ковёр	ковёр	коврá	коврé	коврý	коврóм
ковры́	ковры́	коврóв	коврáх	коврáм	коврáми

КОГДÁ *adv, conjunction*: when; while

КОГДÁ-НИБУДЬ *adv*: sometime, anytime, sometime or other, any time at all; ever

КОГДÁ-ТО *adv*: once (in the past), formerly

КОГÓ *see* ктó

КОЛБАСÁ ES *NPlur.* колбáсы *f.in*: salami, bologna

колбасá	колбасý	колбасы́	колбасé	колбасé	колбасóй
колбáсы	колбáсы	колбáс	колбáсах	колбáсам	колбáсами

КОЛÉНО[1] SS *NPlur.* колéни, *GPlur.* колéней *n.in*: knee; (in Plur.) lap ● сидéть у неё Gen на колéнях sit on/in her lap

колéно	колéно	колéна	колéне	колéну	колéном
колéни	колéни	колéней	колéнях	колéням	колéнями

КОЛÉНО[2] SS *NPlur.* колéнья, *GPlur.* колéньев *n.in*: node, joint (technical)

колéно	колéно	колéна	колéне	колéну	колéном
колéнья	колéнья	колéньев	колéньях	колéньям	колéньями

КОЛЕСÓ ES *NPlur.* колёса *n.in*: wheel

колесó	колесó	колесá	колесé	колесý	колесóм
колёса	колёса	колёс	колёсах	колёсам	колёсами

КОЛИ́ЧЕСТВО SS *n.in*: quantity

-ли́чество	-ли́чество	-ли́чества	-ли́честве	-ли́честву	-ли́чеством
-ли́чества	-ли́чества	-ли́честв	-ли́чествах	-ли́чествам	-ли́чествами

КОЛЛЕ́ГА <л, *not* лл> SS *both m.an and f.an*: colleague

колле́га	колле́гу	колле́ги	колле́ге	колле́ге	колле́гой
колле́ги	колле́г	колле́г	колле́гах	колле́гам	колле́гами

КОЛЛЕКТИ́В <л, *not* лл> SS *m.in*: group, collective

коллекти́в	коллекти́в	коллекти́ва	коллекти́ве	коллекти́ву	коллекти́вом
коллекти́вы	коллекти́вы	коллекти́вов	коллекти́вах	коллекти́вам	коллекти́вами

КОЛЛЕКТИ́ВНЫЙ <л, *not* лл> S (e): collective; joint

-и́вный	Nom/Gen	-и́вного	-и́вном	-и́вному	-и́вным
-и́вное	-и́вное	-и́вного	-и́вном	-и́вному	-и́вным
-и́вная	-и́вную	-и́вной	-и́вной	-и́вной	-и́вной
-и́вные	Nom/Gen	-и́вных	-и́вных	-и́вным	-и́вными
-и́вен, -и́вна, -и́вно, -и́вны					

КОЛЛЕ́КЦИЯ <л, *not* лл> SS *f.in*: collection (*stamps, coins, etc.*)

колле́кция	колле́кцию	колле́кции	колле́кции	колле́кции	колле́кцией
колле́кции	колле́кции	колле́кций	колле́кциях	колле́кциям	колле́кциями

КО́ЛОКОЛ SE *NPlur.* -á *m.in*: (large) bell

ко́локол	ко́локол	ко́локола	ко́локоле	ко́локолу	ко́локолом
колокола́	колокола́	колоколов	колокола́х	колокола́м	колокола́ми

КОЛОКО́ЛЬНЯ SS (e) *f.in*: bell-tower (*use* на/на/с *for* to/on/from *and use* в/в/из *for* into/inside/out of)

колоко́льня	колоко́льню	колоко́льни	колоко́льне	колоко́льне	колоко́льней
колоко́льни	колоко́льни	колоко́лен	колоко́льнях	колоко́льням	колоко́льнями

КОЛОРА́ДО *indeclinable m.in*: Colorado

КОЛХО́З SS *m.in*: collective farm *e.g.* в колхо́зе *Prep* on/at the collective farm

колхо́з	колхо́з	колхо́за	колхо́зе	колхо́зу	колхо́зом
колхо́зы	колхо́зы	колхо́зов	колхо́зах	колхо́зам	колхо́зами

КОЛХО́ЗНИК SS *m.an*: member of a collective farm

колхо́зник	колхо́зника	колхо́зника	колхо́знике	колхо́знику	колхо́зником
колхо́зники	колхо́зников	колхо́зников	колхо́зниках	колхо́зникам	колхо́зниками

КОЛХО́ЗНИЦА SS *f.an*: member of a collective farm (*woman*)

колхо́зница	колхо́зницу	колхо́зницы	колхо́знице	колхо́знице	колхо́зницей
колхо́зницы	колхо́зниц	колхо́зниц	колхо́зницах	колхо́зницам	колхо́зницами

КОЛХО́ЗНЫЙ S (e): collective farm

колхо́зный	Nom/Gen	колхо́зного	колхо́зном	колхо́зному	колхо́зным
колхо́зное	колхо́зное	колхо́зного	колхо́зном	колхо́зному	колхо́зным
колхо́зная	колхо́зную	колхо́зной	колхо́зной	колхо́зной	колхо́зной
колхо́зные	Nom/Gen	колхо́зных	колхо́зных	колхо́зным	колхо́зными

КОЛЬЦО́ ES (e) *GPlur.* коле́ц *n.in*: ring

кольцо́	кольцо́	кольца́	кольце́	кольцу́	кольцо́м
ко́льца	ко́льца	коле́ц	ко́льцах	ко́льцам	ко́льцами

КОЛЯ́СКА SS (o) *f.in*: baby-carriage; (motor-cycle) side-car; horse-drawn carriage ● сади́ться в +*Acc*, е́хать в +*Prep*, выходи́ть из [*or* сходи́ть с] +*Gen*

коля́ска	коля́ску	коля́ски	коля́ске	коля́ске	коля́ской
коля́ски	коля́ски	коля́сок	коля́сках	коля́скам	коля́сками

КОМ¹ SS *NPlur.* ко́мья *m.in*: lump; clod

ком	ком	ко́ма	ко́ме	ко́му	ко́мом
ко́мья	ко́мья	ко́мьев	ко́мьях	ко́мьям	ко́мьями

КОМ² *see* кто

КОМА́НДА SS *f.in*: command; team

кома́нда	кома́нду	кома́нды	кома́нде	кома́нде	кома́ндой
кома́нды	кома́нды	кома́нд	кома́ндах	кома́ндам	кома́ндами

КОМАНДИ́Р SS *m.an*: commander, commanding officer (*Use fem. predicate when referring to a woman, e.g.* На́ш но́вый команди́р сего́дня не пришла́)

команди́р	команди́ра	команди́ра	команди́ре	команди́ру	команди́ром
команди́ры	команди́ров	команди́ров	команди́рах	команди́рам	команди́рами

КОМАНДИРО́ВКА SS (o) *f.in*: business trip; official business *e.g.* Он пое́хал в командиро́вку *Acc* в Москву́; Он в командиро́вке *Prep* в Москве́

командиро́вка	командиро́вку	командиро́вки	командиро́вке	командиро́вке	командиро́вкой
командиро́вки	командиро́вки	командиро́вок	командиро́вках	командиро́вкам	командиро́вками

КОМА́Р EE *m.an*: mosquito

кома́р	комара́	комара́	комаре́	комару́	комаро́м
комары́	комаро́в	комаро́в	комара́х	комара́м	комара́ми

КОМЕ́ДИЯ SS *f.in*: comedy; farce; comical situation

коме́дия	коме́дию	коме́дии	коме́дии	коме́дии	коме́дией
коме́дии	коме́дии	коме́дий	коме́диях	коме́диям	коме́диями

КОМИ́ССИЯ <с, *not* сс> SS *f.in*: commission, committee *e.g.* в коми́ссии *Prep* on the commission

коми́ссия	коми́ссию	коми́ссии	коми́ссии	коми́ссии	коми́ссией
коми́ссии	коми́ссии	коми́ссий	коми́ссиях	коми́ссиям	коми́ссиями

КОМИТЕ́Т SS *m.in*: committee, board *e.g.* в комите́те *Prep* on the committee

комите́т	комите́т	комите́та	комите́те	комите́ту	комите́том
комите́ты	комите́ты	комите́тов	комите́тах	комите́там	комите́тами

КОММЕРСА́НТ <м, *not* мм> SS *m.an*: businessman

коммерса́нт	коммерса́нта	коммерса́нта	коммерса́нте	коммерса́нту	коммерса́нтом
коммерса́нты	коммерса́нтов	коммерса́нтов	коммерса́нтах	коммерса́нтам	коммерса́нтами

КОММУНА́ЛЬНЫЙ <м, *not* мм> S (е): communal

-а́льный	Nom/Gen	-а́льного	-а́льном	-а́льному	-а́льным
-а́льное	-а́льное	-а́льного	-а́льном	-а́льному	-а́льным
-а́льная	-а́льную	-а́льной	-а́льной	-а́льной	-а́льной
-а́льные	Nom/Gen	-а́льных	-а́льных	-а́льным	-а́льными
-а́лен, -а́льна, -а́льно, -а́льны					

КОММУНИ́ЗМ <м *or* мм> SS *m.in*: communism

коммуни́зм	коммуни́зм	коммуни́зма	коммуни́зме	коммуни́зму	коммуни́змом

КОММУНИ́СТ <м *or* мм> SS *m.an*: communist

коммуни́ст	коммуни́ста	коммуни́ста	коммуни́сте	коммуни́сту	коммуни́стом
коммуни́сты	коммуни́стов	коммуни́стов	коммуни́стах	коммуни́стам	коммуни́стами

КОММУНИСТИ́ЧЕСКИЙ <м *or* мм> S *short forms avoided, no compar*: communist

-сти́ческий	Nom/Gen	-сти́ческого	-сти́ческом	-сти́ческому	-сти́ческим
-сти́ческое	-сти́ческое	-сти́ческого	-сти́ческом	-сти́ческому	-сти́ческим
-сти́ческая	-сти́ческую	-сти́ческой	-сти́ческой	-сти́ческой	-сти́ческой
-сти́ческие	Nom/Gen	-сти́ческих	-сти́ческих	-сти́ческим	-сти́ческими
adv. по-коммунисти́чески					

КОММУНИ́СТКА <м *or* мм> SS (о) *f.an*: communist (*woman*)

-муни́стка	-муни́стку	-муни́стки	-муни́стке	-муни́стке	-муни́сткой
-муни́стки	-муни́сток	-муни́сток	-муни́стках	-муни́сткам	-муни́стками

КО́МНАТА SS *f.in*: room

ко́мната	ко́мнату	ко́мнаты	ко́мнате	ко́мнате	ко́мнатой
ко́мнаты	ко́мнаты	ко́мнат	ко́мнатах	ко́мнатам	ко́мнатами

КО́МПАС SS [*or Nautical* компа́с SS] *m.in*: compass (*navigational*)

ко́мпас	ко́мпас	ко́мпаса	ко́мпасе	ко́мпасу	ко́мпасом
ко́мпасы	ко́мпасы	ко́мпасов	ко́мпасах	ко́мпасам	ко́мпасами

КОМПЛИМЕ́НТ SS *m.in*: compliment

комплиме́нт	комплиме́нт	комплиме́нта	комплиме́нте	комплиме́нту	комплиме́нтом
комплиме́нты	комплиме́нты	комплиме́нтов	комплиме́нтах	комплиме́нтам	комплиме́нтами

КОМПОЗИ́ТОР SS *m.an*: composer

компози́тор	компози́тора	компози́тора	компози́торе	компози́тору	компози́тором
компози́торы	компози́торов	компози́торов	компози́торах	компози́торам	компози́торами

КОМПО́Т SS *Part.* -у *m.in*: compote (*stewed fruit drink*)

компо́т	компо́т	компо́та/-у	компо́те	компо́ту	компо́том

КОМСОМО́Л SS *m.in*: Komsomol (*Young Communist League*)

комсомо́л	комсомо́л	комсомо́ла	комсомо́ле	комсомо́лу	комсомо́лом

КОМУ́ *see* кто́

КОНВЕ́РТ SS *m.in*: envelope

конве́рт	конве́рт	конве́рта	конве́рте	конве́рту	конве́ртом
конве́рты	конве́рты	конве́ртов	конве́ртах	конве́ртам	конве́ртами

КОНГРЕ́СС <ре́ *or* рэ́; с, *not* сс> SS *m.in*: congress, convention (*use* на/на/с *for to/at/from the event*); Congress

конгре́сс	конгре́сс	конгре́сса	конгре́ссе	конгре́ссу	конгре́ссом
конгре́ссы	конгре́ссы	конгре́ссов	конгре́ссах	конгре́ссам	конгре́ссами

КОНДИ́ТЕРСКИЙ S *short forms avoided, no compar; also used as f.in noun*: pastry; (*as noun*) pastry shop

конди́терский	Nom/Gen	конди́терского	конди́терском	конди́терскому	конди́терским
конди́терское	конди́терское	конди́терского	конди́терском	конди́терскому	конди́терским
конди́терская	конди́терскую	конди́терской	конди́терской	конди́терской	конди́терской
конди́терские	Nom/Gen	конди́терских	конди́терских	конди́терским	конди́терскими

КОНДУ́КТОР SE *NPlur.* -а́ *m.an*: conductor (*train, bus, etc.*) (*Use fem. predicate when referring to a woman, e.g.* Конду́ктор сказа́ла: «Выходи́те!»)

конду́ктор	конду́ктора	конду́ктора	конду́кторе	конду́ктору	конду́ктором
кондуктора́	кондукторо́в	кондукторо́в	кондуктора́х	кондуктора́м	кондуктора́ми

КОНЁК ЕЕ (ё) *m.in*: skate; hobby

конёк	конёк	конька́	коньке́	коньку́	конько́м
коньки́	коньки́	конько́в	конька́х	конька́м	конька́ми

КОНЕ́Ц ЕЕ (е) *m.in*: end ● в конце́ концо́в in the end; after all, when all's said and done

коне́ц	коне́ц	конца́	конце́	концу́	концо́м
концы́	концы́	концо́в	конца́х	конца́м	конца́ми

КОНЕ́ЧНО <шн> *parenthetical word and particle*: of course, certainly

КОНКРЕ́ТНЫЙ S (e): concrete; specific

конкре́тный	Nom/Gen	конкре́тного	конкре́тном	конкре́тному	конкре́тным
конкре́тное	конкре́тное	конкре́тного	конкре́тном	конкре́тному	конкре́тным
конкре́тная	конкре́тную	конкре́тной	конкре́тной	конкре́тной	конкре́тной
конкре́тные	Nom/Gen	конкре́тных	конкре́тных	конкре́тным	конкре́тными

конкре́тен, конкре́тна, конкре́тно, конкре́тны; конкре́тнее

КО́НКУРС SS m.in: competition (use на/на/с for to/at/from the event)

ко́нкурс	ко́нкурс	ко́нкурса	ко́нкурсе	ко́нкурсу	ко́нкурсом
ко́нкурсы	ко́нкурсы	ко́нкурсов	ко́нкурсах	ко́нкурсам	ко́нкурсами

КОННЕ́КТИКУТ SS <н or нн> m.in: Connecticut

-не́ктикут	-не́ктикут	-не́ктикута	-не́ктикуте	-не́ктикуту	-не́ктикутом

КОНСЕРВА́ТОР SS m.an: conservative

консерва́тор	консерва́тора	консерва́тора	консерва́торе	консерва́тору	консерва́тором
консерва́торы	консерва́торов	консерва́торов	консерва́торах	консерва́торам	консерва́торами

КОНСЕРВАТО́РИЯ SS f.in: conservatory

-вато́рия	-вато́рию	-вато́рии	-вато́рии	-вато́рии	-вато́рией
-вато́рии	-вато́рии	-вато́рий	-вато́риях	-вато́риям	-вато́риями

КОНСТРУ́КЦИЯ SS f.in: construction, structure, set up

констру́кция	констру́кцию	констру́кции	констру́кции	констру́кции	констру́кцией
констру́кции	констру́кции	констру́кций	констру́кциях	констру́кциям	констру́кциями

КО́НСУЛЬСТВО SS n.in: consulate

-ство	-ство	-ства	-стве	-ству	-ством
-ства	-ства	-ств	-ствах	-ствам	-ствами

КОНСУЛЬТА́ЦИЯ SS f.in: consultation, advice, supervision; advice office (medical, legal, etc.); review session, counselling session (use на/на/с for to/at/from the event)

консульта́ция	консульта́цию	консульта́ции	консульта́ции	консульта́ции	консульта́цией
консульта́ции	консульта́ции	консульта́ций	консульта́циях	консульта́циям	консульта́циями

КОНТИНЕНТА́ЛЬНЫЙ S (e): continental

-а́льный	Nom/Gen	-а́льного	-а́льном	-а́льному	-а́льным
-а́льное	-а́льное	-а́льного	-а́льном	-а́льному	-а́льным
-а́льная	-а́льную	-а́л.ной	-а́льной	-а́льной	-а́льной
-а́льные	Nom/Gen	-а́льных	-а́льных	-а́льным	-а́льными

-а́лен, -а́льна, -а́льно, -а́льны; -а́льнее

КОНТО́РА SS f.in: (business) office

конто́ра	конто́ру	конто́ры	конто́ре	конто́ре	конто́рой
конто́ры	конто́ры	конто́р	конто́рах	конто́рам	конто́рами

КОНТРАБА́С SS m.in: double-bass ● игра́ть на контраба́се Prep play the double-bass

контраба́с	контраба́с	контраба́са	контраба́се	контраба́су	контраба́сом
контраба́сы	контраба́сы	контраба́сов	контраба́сах	контраба́сам	контраба́сами

КОНТРОЛЁР SS m.an: inspector; ticket-collector (Use fem. predicate when referring to a woman, e.g. Контролёр сказа́ла: «Ваш биле́т?»)

контролёр	контролёра	контролёра	контролёре	контролёру	контролёром
контролёры	контролёров	контролёров	контролёрах	контролёрам	контролёрами

КОНТРО́ЛЬНЫЙ S (e): test, testing, monitoring, checking ● контро́льная рабо́та quiz

контро́льный	Nom/Gen	контро́льного	контро́льном	контро́льному	контро́льным
контро́льное	контро́льное	контро́льного	контро́льном	контро́льному	контро́льным
контро́льная	контро́льную	контро́льной	контро́льной	контро́льной	контро́льной
контро́льные	Nom/Gen	контро́льных	контро́льных	контро́льным	контро́льными

КОНФЕРЕ́НЦИЯ SS f.in: conference, convention (use на/на/с for to/at/from the event)

конфере́нция	конфере́нцию	конфере́нции	конфере́нции	конфере́нции	конфере́нцией
конфере́нции	конфере́нции	конфере́нций	конфере́нциях	конфере́нциям	конфере́нциями

КОНФЕ́ТА SS f.in: (piece of) candy e.g. шокола́дная конфе́та a chocolate; (in Plur.) candy, candies

конфе́та	конфе́ту	конфе́ты	конфе́те	конфе́те	конфе́той
конфе́ты	конфе́ты	конфе́т	конфе́тах	конфе́там	конфе́тами

КОНФЛИ́КТ SS m.in: conflict, dispute

конфли́кт	конфли́кт	конфли́кта	конфли́кте	конфли́кту	конфли́ктом
конфли́кты	конфли́кты	конфли́ктов	конфли́ктах	конфли́ктам	конфли́ктами

КОНЦЕ́РТ SS m.in: concert (use на/на/с for to/at/from the event)

конце́рт	конце́рт	конце́рта	конце́рте	конце́рту	конце́ртом
конце́рты	конце́рты	конце́ртов	конце́ртах	конце́ртам	конце́ртами

✓ **КОНЧА́ТЬ** SS -а́ют; Impf. (Pf. ко́нчить): end, finish, conclude (with) e.g. Он конча́ет свои́ ле́кции Acc отве́тами Inst на вопро́сы

конча́ю	конча́ем	конча́й	конча́л	конча́я	
конча́ешь	конча́ете	конча́йте	конча́ла	конча́ющий	конча́вший
конча́ет	конча́ют		конча́ли/о	конча́емый	——

КОНЧА́ТЬСЯ SS -а́ются; Impf. (Pf. ко́нчиться): end, come to an end, conclude (with) e.g. Ле́кции конча́лись ответами Inst на вопро́сы; Вода́ конча́ется We're running out of water

конча́юсь	конча́емся	конча́йся	конча́лся	конча́ясь	
конча́ешься	конча́етесь	конча́йтесь	конча́лась	конча́ющийся	конча́вшийся
конча́ется	конча́ются		конча́лись/ось	——	

КО́НЧИТЬ SS -чат; Pf. (Impf. конча́ть): end, finish, conclude (with) e.g. Он ко́нчил ле́кцию Acc ответами Inst на вопро́сы

ко́нчу	ко́нчим	ко́нчи	ко́нчил	——	ко́нчив[ши]
ко́нчишь	ко́нчите	ко́нчите	ко́нчила	——	ко́нчивший
ко́нчит	ко́нчат		ко́нчили/о	——	ко́нченный S

КО́НЧИТЬСЯ SS -чатся; Pf. (Impf. конча́ться): end, come to an end, conclude (with) e.g. Ле́кция ко́нчилась ответами Inst на вопро́сы; Вода́ ко́нчилась We've run out of water

ко́нчусь	ко́нчимся	ко́нчись	ко́нчился	——	ко́нчившись
ко́нчишься	ко́нчитесь	ко́нчитесь	ко́нчилась	——	ко́нчившийся
ко́нчится	ко́нчатся		ко́нчились/ось	——	——

КОНЬ EE NPlur. ко́ни (Irreg. in the phrase по ко́ням (кома́нда)) m.an (animate even in the meaning chess piece): 1. horse ● сади́ться на +Acc, е́хать на +Prep, сходи́ть [or слеза́ть] с +Gen; 2. knight (chess piece)

конь	коня́	коня́	коне́	коню́	конём
ко́ни	коне́й	коне́й	коня́х	коня́м	коня́ми

КОНЬКИ́ Plur. of конёк

КОНЬЯ́К EE Part. -у́ m.in: brandy

конья́к	конья́к	коньяка́/-у́	коньяке́	коньяку́	коньяко́м
коньяки́	коньяки́	коньяко́в	коньяка́х	коньяка́м	коньяка́ми

КОПА́ТЬ SS -а́ют; Impf. 1. (Pf-once копну́ть, Pf-awhile по-) dig (the ground); 2. (Pf. вы́-) dig, excavate (a well, a grave, a hole, etc.); 3. (Pf. вы́-) unearth, dig up (potatoes, carrots, etc.)

копа́ю	копа́ем	копа́й	копа́л	копа́я	
копа́ешь	копа́ете	копа́йте	копа́ла	копа́ющий	копа́вший
копа́ет	копа́ют		копа́ли/о	копа́емый	

КОПЕ́ЙКА SS (e) f.in: kopeck

копе́йка	копе́йку	копе́йки	копе́йке	копе́йке	копе́йкой
копе́йки	копе́йки	копе́ек	копе́йках	копе́йкам	копе́йками

КОПНУ́ТЬ ES -ну́т; ppp avoided; Pf-once (Impf. копа́ть): dig (the ground)

копну́	копнём	копни́	копну́л	——	копну́в[ши]
копнёшь	копнёте	копни́те	копну́ла	——	копну́вший
копнёт	копну́т		копну́ли/о		

КОРА́БЛЬ EE m.in: ship ● сади́ться на +Acc, идти́ [or плыть] на +Prep, сходи́ть с +Gen

кора́бль	кора́бль	корабля́	корабле́	кораблю́	кораблём
корабли́	корабли́	корабле́й	корабля́х	корабля́м	корабля́ми

КО́РЕНЬ SE (e) NPlur. ко́рни m.in: root

ко́рень	ко́рень	ко́рня	ко́рне	ко́рню	ко́рнем
ко́рни	ко́рни	корне́й	корня́х	корня́м	корня́ми

КОРИДО́Р SS m.in: corridor, hall

коридо́р	коридо́р	коридо́ра	коридо́ре	коридо́ру	коридо́ром
коридо́ры	коридо́ры	коридо́ров	коридо́рах	коридо́рам	коридо́рами

КОРИ́ЧНЕВЫЙ S: brown

кори́чневый	Nom/Gen	кори́чневого	кори́чневом	кори́чневому	кори́чневым
кори́чневое	кори́чневое	кори́чневого	кори́чневом	кори́чневому	кори́чневым
кори́чневая	кори́чневую	кори́чневой	кори́чневой	кори́чневой	кори́чневой
кори́чневые	Nom/Gen	кори́чневых	кори́чневых	кори́чневым	кори́чневыми

кори́чнев, кори́чнева, кори́чнево, кори́чневы; кори́чневее

КОРМИ́ТЬ MS ко́рмят; Impf. (Pf. на- and по-): feed e.g. Он корми́л сестру́ Acc ка́шей Inst

кормлю́	ко́рмим	корми́	корми́л	кормя́	
ко́рмишь	ко́рмите	корми́те	корми́ла	кормя́щий	корми́вший
ко́рмит	ко́рмят		корми́ли/о		

КОРО́БКА SS (o) f.in: box

коро́бка	коро́бку	коро́бки	коро́бке	коро́бке	коро́бкой
коро́бки	коро́бки	коро́бок	коро́бках	коро́бкам	коро́бками

КОРО́ВА SS f.an: cow

коро́ва	коро́ву	коро́вы	коро́ве	коро́ве	коро́вой
коро́вы	коро́в	коро́в	коро́вах	коро́вам	коро́вами

✓**КОРОЛЕ́ВА** SS animate even in the meaning chess piece; f.an: queen

короле́ва	короле́ву	короле́вы	короле́ве	короле́ве	короле́вой
короле́вы	короле́в	короле́в	короле́вах	короле́вам	короле́вами

КОРО́ЛЬ EE animate even in the meaning chess piece; m.an: king

коро́ль	короля́	короля́	короле́	королю́	королём
короли́	короле́й	короле́й	короля́х	короля́м	короля́ми

КОРО́ТКИЙ M (o) *short forms* коро́ток, коротка́, ко́ротко, ко́ротки [*or old-fashioned* коро́ток, коротка́, коро́тко, коро́тки]; *compar.* коро́че (*see also* коро́ток *too short*): short

коро́ткий	Nom/Gen	коро́ткого	коро́тком	коро́ткому	коро́тким
коро́ткое	коро́ткое	коро́ткого	коро́тком	коро́ткому	коро́тким
коро́ткая	коро́ткую	коро́ткой	коро́ткой	коро́ткой	коро́ткой
коро́ткие	Nom/Gen	коро́тких	коро́тких	коро́тким	коро́ткими

коро́ток, коротка́, коро́тко, коро́тки; коро́че

КО́РОТКО *adv*: briefly; intimately (*acquainted, etc.*)

КО́РОТОК M (o) *short forms* ко́роток, коротка́, ко́ротко, ко́ротки; *no long forms*; *no compar.* (*see also* коро́ткий *short*): too short

ко́роток, коротка́, ко́ротко, ко́ротки

КОРРЕСПОНДЕ́НТ <p, *not* pp> SS *m.an*: correspondent, reporter; correspondent, letter-writer

-респонде́нт	-респонде́нта	-респонде́нта	-респонде́нте	-респонде́нту	-респонде́нтом
-респонде́нты	-респонде́нтов	-респонде́нтов	-респонде́нтах	-респонде́нтам	-респонде́нтами

КОРРЕСПОНДЕ́НТКА <p, *not* pp> SS (o) *f.an*: correspondent, reporter; correspondent, letter-writer (*woman*)

-понде́нтка	-понде́нтку	-понде́нтки	-понде́нтке	-понде́нтке	-понде́нткой
-понде́нтки	-понде́нток	-понде́нток	-понде́нтках	-понде́нткам	-понде́нтками

КОСМОГОНИ́́ЧЕСКИЙ S *short forms avoided, no compar*: cosmogonic

-йческий	Nom/Gen	-йческого	-йческом	-йческому	-йческим
-йческое	-йческое	-йческого	-йческом	-йческому	-йческим
-йческая	-йческую	-йческой	-йческой	-йческой	-йческой
-йческие	Nom/Gen	-йческих	-йческих	-йческим	-йческими

adv. космогони́чески

КОСМОНА́ВТ SS *m.an*: astronaut, cosmonaut

космона́вт	космона́вта	космона́вта	космона́вте	космона́вту	космона́втом
космона́вты	космона́втов	космона́втов	космона́втах	космона́втам	космона́втами

КО́СМОС SS *m.in*: outer space

ко́смос	ко́смос	ко́смоса	ко́смосе	ко́смосу	ко́смосом

КОСНУ́ТЬСЯ ES -ну́тся; Pf. (Impf. каса́ться): 1. concern, touch upon *e.g.* Разгово́р косну́лся мое́й сестры́ Gen; 2. touch *e.g.* Он косну́лся мое́й руки́ Gen

косну́сь	коснёмся	косни́сь	косну́лся	——	косну́вшись
коснёшься	коснётесь	косни́тесь	косну́лась	——	косну́вшийся
коснётся	косну́тся		косну́лись/ось	——	——

КОСТЁР EE (ё) *m.in*: campfire

костёр	костёр	костра́	костре́	костру́	костро́м
костры́	костры́	костро́в	костра́х	костра́м	костра́ми

КО́СТЬ SE NPlur. ко́сти (Irreg. in phrases лечь костьми́; широ́к в кости́) *f.in*: bone; die

ко́сть	ко́сть	ко́сти	ко́сти	ко́сти	ко́стью
ко́сти	ко́сти	косте́й	костя́х	костя́м	костя́ми

КОСТЮ́М SS *m.in*: suit

костю́м	костю́м	костю́ма	костю́ме	костю́му	костю́мом
костю́мы	костю́мы	костю́мов	костю́мах	костю́мам	костю́мами

КО́Т EE *m.an*: tom-cat

ко́т	кота́	кота́	коте́	коту́	кото́м
коты́	кото́в	кото́в	ко́тах	кота́м	кота́ми

КОТЁНОК SS (o) NPlur. котя́та, GPlur. котя́т; *m.an*: kitten

котёнок	котёнка	котёнка	котёнке	котёнку	котёнком
котя́та	котя́т	котя́т	котя́тах	котя́там	котя́тами

КОТЛЕ́ТА SS *f.in*: cutlet; hamburger

котле́та	котле́ту	котле́ты	котле́те	котле́те	котле́той
котле́ты	котле́ты	котле́т	котле́тах	котле́там	котле́тами

КОТО́РЫЙ *pronominal adj. inflected like ordinary adj*: which; who

кото́рый	Nom/Gen	кото́рого	кото́ром	кото́рому	кото́рым
кото́рое	кото́рое	кото́рого	кото́ром	кото́рому	кото́рым
кото́рая	кото́рую	кото́рой	кото́рой	кото́рой	кото́рой
кото́рые	Nom/Gen	кото́рых	кото́рых	кото́рым	кото́рыми

КО́ФЕ *indeclinable m.in* [*or n.in*]: coffee

КОФЕ́ЙНИК SS *m.in*: coffee-pot

кофе́йник	кофе́йник	кофе́йника	кофе́йнике	кофе́йнику	кофе́йником
кофе́йники	кофе́йники	кофе́йников	кофе́йниках	кофе́йникам	кофе́йниками

КОШЕЛЁК EE (ё) *m.in*: (money) purse

кошелёк	кошелёк	кошелька́	кошельке́	кошельку́	кошелько́м
кошельки́	кошельки́	кошелько́в	кошелька́х	кошелька́м	кошелька́ми

КО́ШКА SS (e) *f.an*: cat; tabby

ко́шка	ко́шку	ко́шки	ко́шке	ко́шке	ко́шкой
ко́шки	ко́шек	ко́шек	ко́шках	ко́шкам	ко́шками

КРАЙ¹ SE Loc. (на) -ю, NPlur. -я (Irreg. in phrases с краю; конца-краю нет) m.in: edge, border (use на/на/с for to(on)/at(on)/from (off of))

| край | край | края | крае/на краю | краю | краем |
| края | края | краёв | краях | краям | краями |

КРАЙ² SE Loc. (в) -ю, NPlur. -я m.in: country, region

| край | край | края | крае/в краю | краю | краем |
| края | края | краёв | краях | краям | краями |

КРАЙ³ SE NPlur. -я m.in: krai (administrative unit in the U.S.S.R.)

| край | край | края | крае | краю | краем |
| края | края | краёв | краях | краям | краями |

КРАЙНЕ adv: extremely

КРАЙНИЙ S (e) sh.masc. hypothetical: farthest, extreme ● по крайней мере at least

крайний	Nom/Gen	крайнего	крайнем	крайнему	крайним
крайнее	крайнее	крайнего	крайнем	крайнему	крайним
крайняя	крайнюю	крайней	крайней	крайней	крайней
крайние	Nom/Gen	крайних	крайних	крайним	крайними

adv. крайне

КРАНОВЩИК EE m.an: crane operator

| крановщик | крановщика | крановщика | крановщике | крановщику | крановщиком |
| крановщики | крановщиков | крановщиков | крановщиках | крановщикам | крановщиками |

КРАНОВЩИЦА SS f.an: crane operator (woman)

| крановщица | крановщицу | крановщицы | крановщице | крановщице | крановщицей |
| крановщицы | крановщиц | крановщиц | крановщицах | крановщицам | крановщицами |

КРАСИВО adv: beautifully; predicate: it is beautiful, pretty e.g. Здесь красиво

КРАСИВЫЙ S: beautiful

красивый	Nom/Gen	красивого	красивом	красивому	красивым
красивое	красивое	красивого	красивом	красивому	красивым
красивая	красивую	красивой	красивой	красивой	красивой
красивые	Nom/Gen	красивых	красивых	красивым	красивыми

красив, красива, красиво, красивы; красивее

КРАСКА SS (о) f.in: paint; dye

| краска | краску | краски | краске | краске | краской |
| краски | краски | красок | красках | краскам | красками |

КРАСНЕТЬ SS -еют; intrans; Impf. (Pf. по-): become red; blush

краснею	краснеем	красней	краснел	краснея	
краснеешь	краснеете	краснейте	краснела	краснеющий	красневший
краснеет	краснеют		краснели/о	——	

КРАСНЫЙ M (e) [sh.neut. красно, sh.Plur. красны] also used as m.an noun: red; Red (Communist)

красный	Nom/Gen	красного	красном	красному	красным
красное	красное	красного	красном	красному	красным
красная	красную	красной	красной	красной	красной
красные	Nom/Gen	красных	красных	красным	красными

красен, красна, красно, красны; краснее

КРАСОТА ES NPlur. красоты f.in: beauty ● Красота! Splendid!

| красота | красоту | красоты | красоте | красоте | красотой |
| красоты | красоты | красот | красотах | красотам | красотами |

КРАСТЬ ES крадут; крал крала крали; past adv. крав[ши]; Impf. (Pf. у-): steal (from) e.g. Он украл книгу Acc у моей сестры Gen

краду	крадём	кради	крал	крадя	
крадёшь	крадёте	крадите	крала	крадущий	кравший
крадёт	крадут		крали/о	——	

КРАТКИЙ M (о) compar. avoided: brief, short

краткий	Nom/Gen	краткого	кратком	краткому	кратким
краткое	краткое	краткого	кратком	краткому	кратким
краткая	краткую	краткой	краткой	краткой	краткой
краткие	Nom/Gen	кратких	кратких	кратким	краткими

краток, кратка, кратко, кратки

КРЕМЛЁВСКИЙ S short forms avoided, no compar: Kremlin

кремлёвский	Nom/Gen	кремлёвского	кремлёвском	кремлёвскому	кремлёвским
кремлёвское	кремлёвское	кремлёвского	кремлёвском	кремлёвскому	кремлёвским
кремлёвская	кремлёвскую	кремлёвской	кремлёвской	кремлёвской	кремлёвской
кремлёвские	Nom/Gen	кремлёвских	кремлёвских	кремлёвским	кремлёвскими

adv. по-кремлёвски

КРЕМЛЬ EE m.in: the Kremlin; a kremlin

| кремль | кремль | кремля | кремле | кремлю | кремлём |
| кремли | кремли | кремлей | кремлях | кремлям | кремлями |

КРЕ́ПКИЙ M (o) [*sh.Plur.* крепки́]: strong

крепкий	*Nom/Gen*	крепкого	крепком	крепкому	крепким
крепкое	крепкое	крепкого	крепком	крепкому	крепким
крепкая	крепкую	крепкой	крепкой	крепкой	крепкой
крепкие	*Nom/Gen*	крепких	крепких	крепким	крепкими

крепок, крепка́, крепко, крепки́; кре́пче

КРЕ́ПКО *adv*: strongly; firmly; soundly ● крепко обня́ть/поцелова́ть give a big hug/kiss

КРЕ́ПОСТЬ[1] SS *f.in*: strength

крепость	крепость	крепости	крепости	крепости	крепостью

КРЕ́ПОСТЬ[2] SE *NPlur.* крепости *f.in*: fortress; deed

крепость	крепость	крепости	крепости	крепости	крепостью
крепости	крепости	крепостей	крепостях	крепостям	крепостями

КРЕ́СЛО SS (e) *n.in*: arm-chair, easy-chair

кресло	кресло	кресла	кресле	креслу	креслом
кресла	кресла	кресел	креслах	креслам	креслами

КРЕСТИ́ТЬ[1] MS кре́стят; *ppp* крещённый E; *Pf.-Impf.* (*Pf. also* o-): christen, baptize; name

крещу́	крестим	крести́	крестил	крестя́	крести́в[ши]
крестишь	крестите	крести́те	крестила	крестящий	крести́вший
крестит	крестят		крестили/о		крещённый E

КРЕСТИ́ТЬ[2] MS кре́стят; *ppp* крещённый E; *Impf.* (*Pf.* пере-): cross, make the sign of the cross (over smb./smt.)

крещу́	крестим	крести́	крестил	крестя́	
крестишь	крестите	крести́те	крестила	крестящий	крести́вший
крестит	крестят		крестили/о		

КРЕСТЬЯ́НИН SS *NPlur.* крестья́не, *GPlur.* крестья́н *m.an*: peasant

крестьянин	крестьянина	крестьянина	крестьянине	крестьянину	крестьянином
крестьяне	крестьян	крестьян	крестьянах	крестьянам	крестьянами

КРИК SS *Part.* -у *m.in*: shout, shouting

крик	крик	крика/крику	крике	крику	криком
крики	крики	криков	криках	крикам	криками

КРИ́КНУТЬ SS -нут; *intrans*; *Pf-once* (*Impf.* крича́ть): shout, give a shout

крикну	крикнем	крикни	крикнул	——	крикнув[ши]
крикнешь	крикнете	крикните	крикнула	——	крикнувший
крикнет	крикнут		крикнули/о	——	——

КРИ́ТИК SS *m.an*: critic

критик	критика	критика	критике	критику	критиком
критики	критиков	критиков	критиках	критикам	критиками

КРИЧА́ТЬ ES крича́т; *intrans*; *Impf.* (*Pf-once* кри́кнуть, *Pf. and Pf-begin* за-): 1. yell, cry, shout (to) e.g. Он кричи́т сестре́ *Dat* «Спаси́бо!»; 2. yell, scream (at) e.g. Он кричи́т на сестру́ *Acc*; 3. yell, give a yell, cry out

кричу́	кричи́м	кричи́	крича́л	крича́	
кричи́шь	кричи́те	кричи́те	крича́ла	крича́щий	крича́вший
кричи́т	крича́т		крича́ли/о	——	——

КРОВА́ТЬ SS *f.in*: bed

крова́ть	крова́ть	крова́ти	крова́ти	крова́ти	крова́тью
крова́ти	крова́ти	крова́тей	крова́тях	крова́тям	крова́тями

КРО́МЕ *prep.* +Gen: except; besides, in addition to

КРУГ[1] SE *Loc.* (в) -у́ *m.in*: circle (of friends, people)

круг	круг	круга	круге/в кругу́	кругу	кругом
круги́	круги́	кругов	круга́х	круга́м	круга́ми

КРУГ[2] SE *m.in*: circle (in geometry); a circular object ● спаса́тельный круг life buoy

круг	круг	круга	круге	кру́гу	кру́гом
круги	круги	кругов	круга́х	круга́м	круга́ми

КРУ́ГЛЫЙ M [*sh.Plur.* кру́глы]: round

круглый	*Nom/Gen*	круглого	круглом	круглому	круглым
круглое	круглое	круглого	круглом	круглому	круглым
круглая	круглую	круглой	круглой	круглой	круглой
круглые	*Nom/Gen*	круглых	круглых	круглым	круглыми

кругл, кругла́, кругло, кру́глы; круглее

КРУГО́М *adv*: around; round about; completely, entirely; *prep.* +Gen: round, around

КРУЖИ́ТЬСЯ MS кру́жатся [*or* ES -жа́тся]; *Impf.* (*Pf-begin* за-): whirl; circle

кружу́сь	кружимся	кружи́сь	кружился	кружа́сь	
кружишься	кружитесь	кружи́тесь	кружилась	кружащийся	кружи́вшийся
кружится	кружатся		кружились/ось	——	

КРУ́ПНЫЙ M (e) [*sh.Plur.* крупны́]: big, large; prominent

крупный	*Nom/Gen*	крупного	крупном	крупному	крупным
крупное	крупное	крупного	крупном	крупному	крупным
крупная	крупную	крупной	крупной	крупной	крупной
крупные	*Nom/Gen*	крупных	крупных	крупным	крупными

крупен, крупна́, крупно, крупны́; крупне́е

КРЫЛО́ ES NPlur. кры́лья, GPlur. кры́льев [also Poetic EE] n.in: wing

крыло́	крыло́	крыла́	крыле́	крылу́	крыло́м
кры́лья	кры́лья	кры́льев	кры́льях	кры́льям	кры́льями

КРЫМ SS Loc. (в) -у́ m.in: Crimea

Крым	Крым	Кры́ма	Кры́ме/в -у́	Кры́му	Кры́мом

КРЫ́ША SS f.in: roof (use на/на/с for to/on/from)

кры́ша	кры́шу	кры́ши	кры́ше	кры́ше	кры́шей
кры́ши	кры́ши	крыш	кры́шах	кры́шам	кры́шами

КСТА́ТИ adv: apropos; opportunely; parenthetical word: by the way

КТО́ pronoun: who; whoever; someone, anyone, somebody, anybody

кто́	кого́	кого́	ко́м	кому́	ке́м

КТО́-НИБУДЬ pronoun; only first part inflected (like кто́): somebody, anybody, someone, anyone, somebody or other, anybody at all

кто́-нибудь	кого́-нибудь	кого́-нибудь	ко́м-нибудь	кому́-нибудь	ке́м-нибудь

КТО́-ТО pronoun; only first part inflected (like кто́): somebody, someone

кто́-то	кого́-то	кого́-то	ко́м-то	кому́-то	ке́м-то

КУДА́ adv: where, to what place

КУДА́-НИБУДЬ adv: somewhere, anywhere, somewhere or other, anywhere at all

КУДА́-ТО adv: somewhere

КУЛЬТУ́РА SS f.in: culture

культу́ра	культу́ру	культу́ры	культу́ре	культу́ре	культу́рой
культу́ры	культу́ры	культу́р	культу́рах	культу́рам	культу́рами

КУЛЬТУ́РНЫЙ S (e): cultural; civilized, nice

культу́рный	Nom/Gen	культу́рного	культу́рном	культу́рному	культу́рным
культу́рное	культу́рное	культу́рного	культу́рном	культу́рному	культу́рным
культу́рная	культу́рную	культу́рной	культу́рной	культу́рной	культу́рной
культу́рные	Nom/Gen	культу́рных	культу́рных	культу́рным	культу́рными

культу́рен, культу́рна, культу́рно, культу́рны; культу́рнее

КУМЫ́С SS Part. -у m.in: koumiss (fermented mare's milk)

кумы́с	кумы́с	кумы́са/-у	кумы́се	кумы́су	кумы́сом

КУПА́ЛЬНИК SS m.in: woman's bathing suit

купа́льник	купа́льник	купа́льника	купа́льнике	купа́льнику	купа́льником
купа́льники	купа́льники	купа́льников	купа́льниках	купа́льникам	купа́льниками

КУПА́ЛЬНЫЙ S (e): swimming, for swimming, swim

купа́льный	Nom/Gen	купа́льного	купа́льном	купа́льному	купа́льным
купа́льное	купа́льное	купа́льного	купа́льном	купа́льному	купа́льным
купа́льная	купа́льную	купа́льной	купа́льной	купа́льной	купа́льной
купа́льные	Nom/Gen	купа́льных	купа́льных	купа́льным	купа́льными

КУПА́ТЬСЯ SS -а́ются; Impf. (Pf. ис- and вы́-): bathe, swim

купа́юсь	купа́емся	купа́йся	купа́лся	купа́ясь	
купа́ешься	купа́етесь	купа́йтесь	купа́лась	купа́ющийся	купа́вшийся
купа́ется	купа́ются		купа́лись/ось	—	—

КУПЕ́ <пэ́> indeclinable n.in: compartment (in a train)

КУПЕ́Ц EE (e) m.an: merchant

купе́ц	купца́	купца́	купце́	купцу́	купцо́м
купцы́	купцо́в	купцо́в	купца́х	купца́м	купца́ми

КУПИ́ТЬ MS ку́пят; Pf. (Impf. покупа́ть): buy (from) e.g. О́н купи́л маши́ну Acc у сестры́ Gen за ты́сячу Acc рубле́й

куплю́	ку́пим	купи́	купи́л	——	купи́в[ши]
ку́пишь	ку́пите	купи́те	купи́ла	——	купи́вший
ку́пит	ку́пят		купи́ли/о	——	ку́пленный S

КУРА́НТЫ S Plur. only; #-declension m.in: chimes, chiming clock

кура́нты	кура́нты	кура́нтов	кура́нтах	кура́нтам	кура́нтами

КУРИ́ТЬ MS ку́рят; Impf. (Pf. вы́- and Pf-awhile по-): smoke (cigarette, pipe, etc.)

курю́	ку́рим	кури́	кури́л	куря́	
ку́ришь	ку́рите	кури́те	кури́ла	куря́щий	кури́вший
ку́рит	ку́рят		кури́ли/о		

КУ́РИЦА SS NPlur. ку́ры [or ку́рицы] f.an: hen

ку́рица	ку́рицу	ку́рицы	ку́рице	ку́рице	ку́рицей
ку́ры	кур	кур	ку́рах	ку́рам	ку́рами

КУРО́К EE (o) m.in: cock (on a gun) ● спусти́ть куро́к pull the trigger

куро́к	куро́к	курка́	курке́	курку́	курко́м
курки́	курки́	курко́в	курка́х	курка́м	курка́ми

КУРО́РТ SS m.in: resort (use на/на/с for to/at/from the place)

куро́рт	куро́рт	куро́рта	куро́рте	куро́рту	куро́ртом
куро́рты	куро́рты	куро́ртов	куро́ртах	куро́ртам	куро́ртами

КУ́РС SS *m.in*: course; year (of study) (*use* на/на/с *for* to/in/from); (navigational) course (*use* на/на/с *for* to/on/from)

ку́рс	ку́рс	ку́рса	ку́рсе	ку́рсу	ку́рсом
ку́рсы	ку́рсы	ку́рсов	ку́рсах	ку́рсам	ку́рсами

КУРСОВО́Й E *no sh.masc; other short forms avoided; no compar; also used as f.in noun*: course; (*as noun*) term paper
- курсова́я рабо́та term paper

курсово́й	*Nom/Gen*	курсово́го	курсово́м	курсово́му	курсовы́м
курсово́е	курсово́е	курсово́го	курсово́м	курсово́му	курсовы́м
курсова́я	курсову́ю	курсово́й	курсово́й	курсово́й	курсово́й
курсовы́е	*Nom/Gen*	курсовы́х	курсовы́х	курсовы́м	курсовы́ми

КУ́РТКА SS (о) *f.in*: jacket; (short) coat

ку́ртка	ку́ртку	ку́ртки	ку́ртке	ку́ртке	ку́рткой
ку́ртки	ку́ртки	ку́рток	ку́ртках	ку́рткам	ку́ртками

КУСО́К EE (о) *m.in*: piece

кусо́к	кусо́к	куска́	куске́	куску́	куско́м
куски́	куски́	куско́в	куска́х	куска́м	куска́ми

КУ́ХНЯ SS (о) *GPlur.* ку́хонь *f.in*: kitchen (*use* на/на/с *or* в/в/из *for* to/in/from); cooking, cuisine

ку́хня	ку́хню	ку́хни	ку́хне	ку́хне	ку́хней
ку́хни	ку́хни	ку́хонь	ку́хнях	ку́хням	ку́хнями

ЛАБОРАТО́РИЯ SS *f.in*: laboratory

лаборато́рия	лаборато́рию	лаборато́рии	лаборато́рии	лаборато́рии	лаборато́рией
лаборато́рии	лаборато́рии	лаборато́рий	лаборато́риях	лаборато́риям	лаборато́риями

ЛАБОРАТО́РНЫЙ S (е): laboratory

-то́рный	*Nom/Gen*	-то́рного	-то́рном	-то́рному	-то́рным
-то́рное	-то́рное	-то́рного	-то́рном	-то́рному	-то́рным
-то́рная	-то́рную	-то́рной	-то́рной	-то́рной	-то́рной
-то́рные	*Nom/Gen*	-то́рных	-то́рных	-то́рным	-то́рными

ЛА́ВКА SS (о) *f.in*: shop, store; bench

ла́вка	ла́вку	ла́вки	ла́вке	ла́вке	ла́вкой
ла́вки	ла́вки	ла́вок	ла́вках	ла́вкам	ла́вками

ЛА́ВРА SS *f.in*: monastery

ла́вра	ла́вру	ла́вры	ла́вре	ла́вре	ла́врой
ла́вры	ла́вры	ла́вр	ла́врах	ла́врам	ла́врами

ЛА́ГЕРЬ[1] SE *NPlur.* -я́ *m.in*: camp (*military; concentration; boyscout*)

ла́герь	ла́герь	лагеря́	лагере́	лагерю́	ла́герем
лагеря́	лагеря́	лагере́й	лагеря́х	лагеря́м	лагеря́ми

ЛА́ГЕРЬ[2] SS *m.in*: camp (*group of people espousing a common cause*)

ла́герь	ла́герь	ла́геря	ла́гере	ла́герю	ла́герем
ла́гери	ла́гери	ла́герей	ла́герях	ла́герям	ла́герями

ЛА́ДНО *adv*: harmoniously, well, properly; *particle*: all right, OK

ЛАДЬЯ́ EE (е) *f.in*: castle, rook (*chess*)

ладья́	ладью́	ладьи́	ладье́	ладье́	ладьёй
ладьи́	ладьи́	ладе́й	ладья́х	ладья́м	ладья́ми

ЛА́ЗИТЬ SS -зят; *intrans; Non-One-way Impf.* (*One-way Impf.* лезть; *Pf-awhile* по-): climb, crawl; get to, get into

ла́жу	ла́зим	лазь	ла́зил	ла́зя	
ла́зишь	ла́зите	ла́зьте	ла́зила	ла́зящий	ла́зивший
ла́зит	ла́зят		ла́зили/о	——	——

ЛА́МПА SS *f.in*: lamp

ла́мпа	ла́мпу	ла́мпы	ла́мпе	ла́мпе	ла́мпой
ла́мпы	ла́мпы	ла́мп	ла́мпах	ла́мпам	ла́мпами

ЛА́СКОВО *adv*: tenderly, affectionately

ЛА́ТВИЯ SS *f.in*: Latvia

Ла́твия	Ла́твию	Ла́твии	Ла́твии	Ла́твии	Ла́твией

ЛЕБЕДИ́НЫЙ S: swan; swan-like

лебеди́ный	*Nom/Gen*	лебеди́ного	лебеди́ном	лебеди́ному	лебеди́ным
лебеди́ное	лебеди́ное	лебеди́ного	лебеди́ном	лебеди́ному	лебеди́ным
лебеди́ная	лебеди́ную	лебеди́ной	лебеди́ной	лебеди́ной	лебеди́ной
лебеди́ные	*Nom/Gen*	лебеди́ных	лебеди́ных	лебеди́ным	лебеди́ными

ЛЕ́ВЫЙ S [*or* M] *sh.fem. avoided; also used as m.an noun*: left; (*as noun*) leftist

ле́вый	*Nom/Gen*	ле́вого	ле́вом	ле́вому	ле́вым
ле́вое	ле́вое	ле́вого	ле́вом	ле́вому	ле́вым
ле́вая	ле́вую	ле́вой	ле́вой	ле́вой	ле́вой
ле́вые	*Nom/Gen*	ле́вых	ле́вых	ле́вым	ле́выми

compar. леве́е

ЛЕГЕ́НДА SS *f.in*: legend, tale

легенда	легенду	легенды	легенде	легендам	легендой
легенды	легенды	легенд	легендах	легендам	легендами

ЛЁГКИЙ <х'к' *before* и; хк *before other vowels*; хч' *in* ле́гче> E (о) *sh.masc.* лёгок, *compar.* ле́гче: light; easy; slight • лёгкая атле́тика track and field

лёгкий	Nom/Gen	лёгкого	лёгком	лёгкому	лёгким
лёгкое	лёгкое	лёгкого	лёгком	лёгкому	лёгким
лёгкая	лёгкую	лёгкой	лёгкой	лёгкой	лёгкой
лёгкие	Nom/Gen	лёгких	лёгких	лёгким	лёгкими

лёгок, легка́, легко́, легки́; ле́гче

ЛЕГКО́ <хк> *adv*: easily; lightly; slightly; *predicate*: it is easy *e.g.* Ему́ *Dat* легко́ He's got it easy; Ему́ *Dat* легко́ говори́ть по-ру́сски It's easy for him to speak Russian

ЛЕГЧА́ЙШИЙ <хч> S *short forms avoided*: very easy, easiest; very light-weight, lightest

легча́йший	Nom/Gen	легча́йшего	легча́йшем	легча́йшему	легча́йшим
легча́йшее	легча́йшее	легча́йшего	легча́йшем	легча́йшему	легча́йшим
легча́йшая	легча́йшую	легча́йшей	легча́йшей	легча́йшей	легча́йшей
легча́йшие	Nom/Gen	легча́йших	легча́йших	легча́йшим	легча́йшими

ЛЁД <*before* льд- *use the longer variants of prepositions* с(о), в(о), к(о), *and, optionally, of* из(о), от(о), над(о), под(о)> EE (ё) *Part.* -у́, *Loc.* (во/на) -у́ (*Irreg. in phrases* по льду́ [*or* по́ льду]) *m.in*: ice

лёд	лёд	льда́/льду́	льде́/во, на -у́	льду́	льдо́м
льды́	льды́	льдо́в	льда́х	льда́м	льда́ми

ЛЕЖА́ТЬ ES лежа́т; *pres. adv.* лёжа; *intrans*; *Impf.* (*Pf-awhile* по-): 1. lie, repose; 2. lie, be situated

лежу́	лежи́м	лежи́	лежа́л	лёжа	
лежи́шь	лежи́те	лежи́те	лежа́ла	лежа́щий	лежа́вший
лежи́т	лежа́т		лежа́ли/о	—	

ЛЕЗТЬ SS ле́зут; [ле́зь! *or* полеза́й!] лез ле́зла ле́зли; *past adv.* ле́зши; *intrans*; One-way *Impf.* (Non-One-way *Impf.* ла́зить; *Pf. and Pf-begin* по-): climb, crawl; get to, get into

ле́зу	ле́зем	лезь	лез	ле́зя	
ле́зешь	ле́зете	ле́зьте	ле́зла	ле́зущий	ле́зший
ле́зет	ле́зут		ле́зли/о	—	

ЛЕЙ *Imperative of* лить

ЛЕЙТЕНА́НТ SS *m.an*: lieutenant (*military rank*)

лейтена́нт	лейтена́нта	лейтена́нта	лейтена́нте	лейтена́нту	лейтена́нтом
лейтена́нты	лейтена́нтов	лейтена́нтов	лейтена́нтах	лейтена́нтам	лейтена́нтами

ЛЕКА́РСТВО SS *n.in*: medicine, remedy

лека́рство	лека́рства	лека́рства	лека́рстве	лека́рству	лека́рством
лека́рства	лека́рства	лека́рств	лека́рствах	лека́рствам	лека́рствами

ЛЕ́КЦИЯ SS *f.in*: lecture (*use* на/на/с *for* to/at/from the event) • чита́ть ле́кцию *Acc* give a lecture

ле́кция	ле́кцию	ле́кции	ле́кции	ле́кции	ле́кцией
ле́кции	ле́кции	ле́кций	ле́кциях	ле́кциям	ле́кциями

ЛЕНИ́ВЫЙ S: lazy

лени́вый	Nom/Gen	лени́вого	лени́вом	лени́вому	лени́вым
лени́вое	лени́вое	лени́вого	лени́вом	лени́вому	лени́вым
лени́вая	лени́вую	лени́вой	лени́вой	лени́вой	лени́вой
лени́вые	Nom/Gen	лени́вых	лени́вых	лени́вым	лени́выми

лени́в, лени́ва, лени́во, лени́вы; лени́вее

ЛЕНИНГРА́Д SS *m.in*: Leningrad

Ленингра́д	Ленингра́д	Ленингра́да	Ленингра́де	Ленингра́ду	Ленингра́дом

ЛЕНИНГРА́ДЕЦ SS (e) *m.an*: Leningrader

ленингра́дец	ленингра́дца	ленингра́дца	ленингра́дце	ленингра́дцу	ленингра́дцем
ленингра́дцы	ленингра́дцев	ленингра́дцев	ленингра́дцах	ленингра́дцам	ленингра́дцами

ЛЕНИНГРА́ДКА SS (о) *f.an*: Leningrader (*woman*)

ленингра́дка	ленингра́дку	ленингра́дки	ленингра́дке	ленингра́дке	ленингра́дкой
ленингра́дки	ленингра́док	ленингра́док	ленингра́дках	ленингра́дкам	ленингра́дками

ЛЕНИНГРА́ДСКИЙ S *short forms avoided, no compar*: Leningrad

-гра́дский	Nom/Gen	-гра́дского	-гра́дском	-гра́дскому	-гра́дским
-гра́дское	-гра́дское	-гра́дского	-гра́дском	-гра́дскому	-гра́дским
-гра́дская	-гра́дскую	-гра́дской	-гра́дской	-гра́дской	-гра́дской
-гра́дские	Nom/Gen	-гра́дских	-гра́дских	-гра́дским	-гра́дскими

adv. по-ленингра́дски

ЛЕНЬ[1] SS *f.in*: laziness

лень	лень	ле́ни	ле́ни	ле́ни	ле́нью

ЛЕНЬ[2] *predicate*: be too lazy *e.g.* Сестре́ *Dat* лень э́то де́лать

ЛЕС[1] SE *Part.* -у *Plur.* (*NPlur.* -а́) hypothetical; *m.in*: lumber

лес	лес	ле́са/ле́су	ле́се	ле́су	ле́сом

ЛЕС² SE Loc. (в) -ý, NPlur. -á (Irreg. in phrases из лесу [or из лесу or из леса]; по лесу [or по лесу]) m.in: forest, woods

лес	лес	леса	лесе/в лесу	лесу	лесом
леса	леса	лесов	лесах	лесам	лесами

ЛЕСНИЧЕСТВО SS n.in: forest area, forest preserve, park

-ничество	-ничество	-ничества	-ничестве	-ничеству	-ничеством
-ничества	-ничества	-ничеств	-ничествах	-ничествам	-ничествами

ЛЕСНОЙ E no sh.masc.; other short forms avoided: forest, timber

лесной	Nom/Gen	лесного	лесном	лесному	лесным
лесное	лесное	лесного	лесном	лесному	лесным
лесная	лесную	лесной	лесной	лесной	лесной
лесные	Nom/Gen	лесных	лесных	лесным	лесными

ЛЕСТНИЦА <сн> SS f.in: stairs, stairway

лестница	лестницу	лестницы	лестнице	лестнице	лестницей
лестницы	лестницы	лестниц	лестницах	лестницам	лестницами

ЛЕТ see год

ЛЕТА E Plur. only (see also лето and год) o-declension n.in: age

лета	лета	лет	летах	летам	летами

ЛЕТАТЬ SS -ают; intrans; Non-One-way Impf. (One-way Impf. лететь; Pf-awhile по-): fly

летаю	летаем	летай	летал	летая	
летаешь	летаете	летайте	летала	летающий	летавший
летает	летают		летали/о	——	——

ЛЕТЕТЬ ES летят; intrans; One-way Impf. (Non-One-way Impf. летать; Pf. and Pf-begin по-): fly

лечу	летим	лети	летел	летя	
летишь	летите	летите	летела	летящий	летевший
летит	летят		летели/о	——	——

ЛЕТНИЙ S (e) sh.masc. hypothetical (see also летом): summer

летний	Nom/Gen	летнего	летнем	летнему	летним
летнее	летнее	летнего	летнем	летнему	летним
летняя	летнюю	летней	летней	летней	летней
летние	Nom/Gen	летних	летних	летним	летними

adv. по-летнему

ЛЕТО SS Plur. hypothetical; (see also лета, летом, and год) (Irreg. in phrases за лето [or за лето]; на лето [or на лето]) n.in: summer

лето	лето	лета	лете	лету	летом

ЛЕТОМ adv: in summer

ЛЕТЧИК SS m.an: (aircraft) pilot

лётчик	лётчика	лётчика	лётчике	лётчику	лётчиком
лётчики	лётчиков	лётчиков	лётчиках	лётчикам	лётчиками

ЛЕТЧИЦА SS f.an: (aircraft) pilot (woman)

лётчица	лётчицу	лётчицы	лётчице	лётчице	лётчицей
лётчицы	лётчиц	лётчиц	лётчицах	лётчицам	лётчицами

ЛЕЧИТЬ MS лечат; pres. active ptcpl. лечащий; Impf. (Pf. вы- and Pf-awhile по-): treat (for) e.g. Он лечит сестру Acc от гриппа Gen новым лекарством Inst

лечу	лечим	лечи	лечил	леча	
лечишь	лечите	лечите	лечила	лечащий	лечивший
лечит	лечат		лечили/о		

ЛЕЧЬ SE лягут лягу ляжет; Imperative both ляг! and, more politely, ложись! лёг легла легли; past adv. лёгши; intrans; Pf. (Impf. ложиться): lie down

лягу	ляжем	ляг	лёг	——	лёгши
ляжешь	ляжете	лягте	легла	——	лёгший
ляжет	лягут		легли/о	——	

ЛИ (unstressed; variant form ль) interrogative particle, e.g. возможно ли? is it possible? conjunction: whether, if; whether . . . or . . .

ЛИЛОВЫЙ S compar. лиловее: lilac, violet

лиловый	Nom/Gen	лилового	лиловом	лиловому	лиловым
лиловое	лиловое	лилового	лиловом	лиловому	лиловым
лиловая	лиловую	лиловой	лиловой	лиловой	лиловой
лиловые	Nom/Gen	лиловых	лиловых	лиловым	лиловыми

лилов, лилова, лилово, лиловы; лиловее

ЛИМОН SS m.in: lemon

лимон	лимон	лимона	лимоне	лимону	лимоном
лимоны	лимоны	лимонов	лимонах	лимонам	лимонами

ЛИМОНАД SS Part. -у m.in: soft drink, soda

лимонад	лимонад	лимонада/-у	лимонаде	лимонаду	лимонадом

ЛИНГАФО́ННЫЙ S (e): ● лингафо́нная лаборато́рия language lab

лингафо́нный	Nom/Gen	лингафо́нного	лингафо́нном	лингафо́нному	лингафо́нным
лингафо́нное	лингафо́нное	лингафо́нного	лингафо́нном	лингафо́нному	лингафо́нным
лингафо́нная	лингафо́нную	лингафо́нной	лингафо́нной	лингафо́нной	лингафо́нной
лингафо́нные	Nom/Gen	лингафо́нных	лингафо́нных	лингафо́нным	лингафо́нными

ЛИНГВИ́СТ SS m.an: linguist

лингви́ст	лингви́ста	лингви́ста	лингви́сте	лингви́сту	лингви́стом
лингви́сты	лингви́стов	лингви́стов	лингви́стах	лингви́стам	лингви́стами

ЛИ́НИЯ SS f.in: line (in various meanings but not in the meaning string, rope, or queue)

ли́ния	ли́нию	ли́нии	ли́нии	ли́нии	ли́нией
ли́нии	ли́нии	ли́ний	ли́ниях	ли́ниям	ли́ниями

ЛИСИ́ЦА SS f.an: fox, vixen

лиси́ца	лиси́цу	лиси́цы	лиси́це	лиси́це	лиси́цей
лиси́цы	лиси́ц	лиси́ц	лиси́цах	лиси́цам	лиси́цами

ЛИ́СТ[1] EE m.in: sheet (of paper, etc.)

ли́ст	ли́ст	листа́	листе́	листу́	листо́м
листы́	листы́	листо́в	листа́х	листа́м	листа́ми

ЛИ́СТ[2] ES NPlur. ли́стья m.in: leaf

ли́ст	ли́ст	листа́	листе́	листу́	листо́м
ли́стья	ли́стья	ли́стьев	ли́стьях	ли́стьям	ли́стьями

ЛИТВА́ EE f.in: Lithuania

Литва́	Литву́	Литвы́	Литве́	Литве́	Литво́й

ЛИТЕРАТУ́РА SS f.in: literature

литерату́ра	литерату́ру	литерату́ры	литерату́ре	литерату́ре	литерату́рой
литерату́ры	литерату́ры	литерату́р	литерату́рах	литерату́рам	литерату́рами

ЛИТЕРАТУ́РНЫЙ S (e): literary

-ту́рный	Nom/Gen	-ту́рного	-ту́рном	-ту́рному	-ту́рным
-ту́рное	-ту́рное	-ту́рного	-ту́рном	-ту́рному	-ту́рным
-ту́рная	-ту́рную	-ту́рной	-ту́рной	-ту́рной	-ту́рной
-ту́рные	Nom/Gen	-ту́рных	-ту́рных	-ту́рным	-ту́рными

-ту́рен, -ту́рна, -ту́рно, -ту́рны; -ту́рнее

ЛИТЬ EM льют; лей! no pres. adv; ppp ли́тый M; Impf: pour (said of liquids)

лью	льём	лей	ли́л		
льёшь	льёте	ле́йте	лила́	лью́щий	ли́вший
льёт	лью́т		ли́ли/о		

ЛИФТ SS m.in: elevator ● сади́ться в +Acc, е́хать на +Prep, выходи́ть из +Gen

ли́фт	ли́фт	ли́фта	ли́фте	ли́фту	ли́фтом
ли́фты	ли́фты	ли́фтов	ли́фтах	ли́фтам	ли́фтами

ЛИЦЕ́Й SS m.in: lyceum (high school in pre-revolutionary Russia)

лице́й	лице́й	лице́я	лице́е	лице́ю	лице́ем
лице́и	лице́и	лице́ев	лице́ях	лице́ям	лице́ями

ЛИЦО́[1] ES n.in: face; person (grammatical)

лицо́	лицо́	лица́	лице́	лицу́	лицо́м
ли́ца	ли́ца	ли́ц	ли́цах	ли́цам	ли́цами

ЛИЦО́[2] ES n.an: person, personage, character

лицо́	лицо́	лица́	лице́	лицу́	лицо́м
ли́ца	ли́ц	ли́ц	ли́цах	ли́цам	ли́цами

ЛИ́ЧНЫЙ S (e): personal

ли́чный	Nom/Gen	ли́чного	ли́чном	ли́чному	ли́чным
ли́чное	ли́чное	ли́чного	ли́чном	ли́чному	ли́чным
ли́чная	ли́чную	ли́чной	ли́чной	ли́чной	ли́чной
ли́чные	Nom/Gen	ли́чных	ли́чных	ли́чным	ли́чными

adv. ли́чно

ЛИ́ШНИЙ S (e) sh.masc. hypothetical: superfluous; extra, spare

ли́шний	Nom/Gen	ли́шнего	ли́шнем	ли́шнему	ли́шним
ли́шнее	ли́шнее	ли́шнего	ли́шнем	ли́шнему	ли́шним
ли́шняя	ли́шнюю	ли́шней	ли́шней	ли́шней	ли́шней
ли́шние	Nom/Gen	ли́шних	ли́шних	ли́шним	ли́шними

ли́шня, ли́шне, ли́шни

ЛИШЬ (often unstressed) particle and conjunction: only, just; hardly, as soon as

ЛОВИ́ТЬ MS ло́вят; pres. passive ptcpl. лови́мый; Impf. (Pf. пойма́ть): (try to) catch

ловлю́	ло́вим	лови́	лови́л	ловя́	
ло́вишь	ло́вите	лови́те	лови́ла	ловя́щий	лови́вший
ло́вит	ло́вят		лови́ли/о	лови́мый	

ЛО́ДКА SS (o) f.in: boat ● сади́ться в +Acc, идти́ [or плы́ть] на [or в] +Prep, выходи́ть из [or сходи́ть с] +Gen

ло́дка	ло́дку	ло́дки	ло́дке	ло́дке	ло́дкой
ло́дки	ло́дки	ло́док	ло́дках	ло́дкам	ло́дками

ЛО́ЖЕЧКА SS (e) *f.in*: diminutive of ло́жка

ло́жечка	ло́жечку	ло́жечки	ло́жечке	ло́жечке	ло́жечкой
ло́жечки	ло́жечки	ло́жечек	ло́жечках	ло́жечкам	ло́жечками

ЛОЖИ́ТЬСЯ ES -жа́тся; *Impf.* (*Pf.* лечь): lie down

ложу́сь	ложи́мся	ложи́сь	ложи́лся	ложа́сь	
ложи́шься	ложи́тесь	ложи́тесь	ложи́лась	ложа́щийся	ложи́вшийся
ложи́тся	ложа́тся		ложи́лись/ось	——	——

ЛО́ЖКА SS (e) *f.in*: spoon

ло́жка	ло́жку	ло́жки	ло́жке	ло́жке	ло́жкой
ло́жки	ло́жки	ло́жек	ло́жках	ло́жкам	ло́жками

ЛОЖЬ EE (o) *ISg.* ло́жью *f.in*: lie

ложь	ложь	лжи	лжи	лжи	ло́жью

ЛОКОМОТИ́В SS *m.in*: locomotive ● сади́ться на [*or* в] +Acc, е́хать на [*or* в] +Prep, выходи́ть из [*or* сходи́ть с] +Gen

локомоти́в	локомоти́в	локомоти́ва	локомоти́ве	локомоти́ву	локомоти́вом
локомоти́вы	локомоти́вы	локомоти́вов	локомоти́вах	локомоти́вам	локомоти́вами

ЛО́КОТЬ SE (o) *NPlur.* ло́кти *m.in*: elbow

ло́коть	ло́коть	ло́ктя	ло́кте	ло́ктю	ло́ктем
ло́кти	ло́кти	локте́й	локтя́х	локтя́м	локтя́ми

ЛОМА́ТЬ SS -а́ют; *Impf.* (*Pf.* с-): break (*but not in the sense of* shatter)

лома́ю	лома́ем	лома́й	лома́л	лома́я	
лома́ешь	лома́ете	лома́йте	лома́ла	лома́ющий	лома́вший
лома́ет	лома́ют		лома́ли/о	лома́емый	

ЛОМА́ТЬСЯ SS -а́ются; *Impf.*: 1. (*Pf.* с-) break (*but not in the sense of* shatter); 2. (*Pf-awhile* по-) be stubborn, be disagreeable; 3. clown around; 4. put on airs

лома́юсь	лома́емся	лома́йся	лома́лся	лома́ясь	
лома́ешься	лома́етесь	лома́йтесь	лома́лась	лома́ющийся	лома́вшийся
лома́ется	лома́ются		лома́лись/ось	——	——

ЛО́НДОН SS *m.in*: London

Ло́ндон	Ло́ндон	Ло́ндона	Ло́ндоне	Ло́ндону	Ло́ндоном

ЛО́НДОНСКИЙ S *short forms avoided, no compar*: London

ло́ндонский	Nom/Gen	ло́ндонского	ло́ндонском	ло́ндонскому	ло́ндонским
ло́ндонское	ло́ндонское	ло́ндонского	ло́ндонском	ло́ндонскому	ло́ндонским
ло́ндонская	ло́ндонскую	ло́ндонской	ло́ндонской	ло́ндонской	ло́ндонской
ло́ндонские	Nom/Gen	ло́ндонских	ло́ндонских	ло́ндонским	ло́ндонскими

adv. по-ло́ндонски

ЛО́ШАДЬ SE *NPlur.* ло́шади, *IPlur.* лошадьми́ [*or* лошадя́ми] *f.an*: horse ● сади́ться на +Acc, е́хать на +Prep, сходи́ть [*or* слеза́ть] с +Gen; е́хать на лошадя́х *PPlur* ride, drive (*using a team of horses*)

ло́шадь	ло́шадь	ло́шади	ло́шади	ло́шади	ло́шадью
ло́шади	лошаде́й	лошаде́й	лошадя́х	лошадя́м	лошадьми́

ЛУГ SE *Loc.* (на) -у́, *NPlur.* -а́ (*Irreg. in phrases* по лугу [*or* по лу́гу]) *m.in*: meadow (*use* на/на/с *for* to/in/from)

луг	луг	лу́га	лу́ге/на лугу́	лу́гу	лу́гом
луга́	луга́	луго́в	луга́х	луга́м	луга́ми

ЛУИЗИА́НА SS *f.in*: Louisiana

Луизиа́на	Луизиа́ну	Луизиа́ны	Луизиа́не	Луизиа́не	Луизиа́ной

ЛУК[1] SS *Part.* -у *m.in*: onions (*collectively*)

лук	лук	лу́ка/лу́ку	лу́ке	лу́ку	лу́ком

ЛУК[2] SS *m.in*: bow (*weapon*)

лук	лук	лу́ка	лу́ке	лу́ку	лу́ком
лу́ки	лу́ки	лу́ков	лу́ках	лу́кам	лу́ками

ЛУНА́ ES *f.in*: moon (*use* на/на/с *for* to/on/from)

луна́	луну́	луны́	луне́	луне́	луно́й
лу́ны	лу́ны	лун	лу́нах	лу́нам	лу́нами

ЛУ́ННЫЙ S (e): moon, lunar; moonlit

лу́нный	Nom/Gen	лу́нного	лу́нном	лу́нному	лу́нным
лу́нное	лу́нное	лу́нного	лу́нном	лу́нному	лу́нным
лу́нная	лу́нную	лу́нной	лу́нной	лу́нной	лу́нной
лу́нные	Nom/Gen	лу́нных	лу́нных	лу́нным	лу́нными

ЛУЧ EE *m.in*: ray; beam

лу́ч	лу́ч	луча́	луче́	лучу́	лучо́м
лучи́	лучи́	луче́й	луча́х	луча́м	луча́ми

ЛУ́ЧШЕ <у́тш> *compar. of* хоро́ший, хорошо́; *adv*: preferably; *parenthetical word*: better

ЛУ́ЧШИЙ <у́тш> S *short forms avoided*: better; best

лу́чший	Nom/Gen	лу́чшего	лу́чшем	лу́чшему	лу́чшим
лу́чшее	лу́чшее	лу́чшего	лу́чшем	лу́чшему	лу́чшим
лу́чшая	лу́чшую	лу́чшей	лу́чшей	лу́чшей	лу́чшей
лу́чшие	Nom/Gen	лу́чших	лу́чших	лу́чшим	лу́чшими

ЛЫ́ЖА SS f.in: ski e.g. встáть на лы́жи Acc get on your skis; ходи́ть на лы́жах Prep ski

лы́жа	лы́жу	лы́жи	лы́же	лы́же	лы́жей
лы́жи	лы́жи	лыж	лы́жах	лы́жам	лы́жами

ЛЫ́ЖНИК SS m.an: skier

лы́жник	лы́жника	лы́жника	лы́жнике	лы́жнику	лы́жником
лы́жники	лы́жников	лы́жников	лы́жниках	лы́жникам	лы́жниками

ЛЫ́ЖНИЦА SS f.an: skier (woman)

лы́жница	лы́жницу	лы́жницы	лы́жнице	лы́жнице	лы́жницей
лы́жницы	лы́жниц	лы́жниц	лы́жницах	лы́жницам	лы́жницами

ЛЫ́СЫЙ M also used as m.an noun: bald; bald-headed man

лы́сый	Nom/Gen	лы́сого	лы́сом	лы́сому	лы́сым
лы́сое	лы́сое	лы́сого	лы́сом	лы́сому	лы́сым
лы́сая	лы́сую	лы́сой	лы́сой	лы́сой	лы́сой
лы́сые	Nom/Gen	лы́сых	лы́сых	лы́сым	лы́сыми

лыс, лыса́, лы́со, лы́сы; лысе́е

ЛЬ see ли

ЛЬДА́ see лёд

ЛЬЮТ non-past tense of лить

ЛЮБЕ́ЗНЫЙ S (e): courteous; polite; amiable ● бу́дьте любе́зны would you be so kind

любе́зный	Nom/Gen	любе́зного	любе́зном	любе́зному	любе́зным
любе́зное	любе́зное	любе́зного	любе́зном	любе́зному	любе́зным
любе́зная	любе́зную	любе́зной	любе́зной	любе́зной	любе́зной
любе́зные	Nom/Gen	любе́зных	любе́зных	любе́зным	любе́зными

любе́зен, любе́зна, любе́зно, любе́зны; любе́знее

ЛЮБИ́МЫЙ S also used as m./f.an noun (also pres. passive ptcpl. of люби́ть): favorite; (as noun) beloved

люби́мый	Nom/Gen	люби́мого	люби́мом	люби́мому	люби́мым
люби́мое	люби́мое	люби́мого	люби́мом	люби́мому	люби́мым
люби́мая	люби́мую	люби́мой	люби́мой	люби́мой	люби́мой
люби́мые	Nom/Gen	люби́мых	люби́мых	люби́мым	люби́мыми

люби́м, люби́ма, люби́мо, люби́мы; люби́мее

ЛЮБИ́ТЕЛЬ SS m.an: aficionado; amateur

люби́тель	люби́теля	люби́теля	люби́теле	люби́телю	люби́телем
люби́тели	люби́телей	люби́телей	люби́телях	люби́телям	люби́телями

ЛЮБИ́ТЕЛЬНИЦА SS f.an: aficionado; amateur (woman)

люби́тельница	люби́тельницу	люби́тельницы	люби́тельнице	люби́тельнице	люби́тельницей
люби́тельницы	люби́тельниц	люби́тельниц	люби́тельницах	люби́тельницам	люби́тельницами

ЛЮБИ́ТЬ MS лю́бят; pres. active ptcpl. лю́бящий; pres. passive ptcpl. люби́мый; Impf. (Pf-begin по-): love, like e.g.
Он лю́бит сестру́ Acc за её красоту́ Acc

люблю́	лю́бим	люби́	люби́л	любя́	
лю́бишь	лю́бите	люби́те	люби́ла	лю́бящий	люби́вший
лю́бит	лю́бят		люби́ли/о	люби́мый	

ЛЮБО́ВЬ EE (o) ISg. любо́вью; f.in: love

любо́вь	любо́вь	любви́	любви́	любви́	любо́вью

ЛЮБО́Й[1] pronominal adj. inflected like ordinary adj: any

любо́й	Nom/Gen	любо́го	любо́м	любо́му	любы́м
любо́е	любо́е	любо́го	любо́м	любо́му	любы́м
люба́я	любу́ю	любо́й	любо́й	любо́й	любо́й
любы́е	Nom/Gen	любы́х	любы́х	любы́м	любы́ми

ЛЮБО́Й[2] pronoun inflected like m.an. adj: anyone; either one

любо́й	любо́го	любо́го	любо́м	любо́му	любы́м

ЛЮБОПЫ́ТСТВО SS n.in: curiosity

-пы́тство	-пы́тство	-пы́тства	-пы́тстве	-пы́тству	-пы́тством

ЛЮ́ДИ (Plur. of челове́к) #-declension m.an: people

лю́ди	люде́й	люде́й	лю́дях	лю́дям	людьми́

ЛЮ́СТРА SS f.in: chandelier

лю́стра	лю́стру	лю́стры	лю́стре	лю́стре	лю́строй
лю́стры	лю́стры	люстр	лю́страх	лю́страм	лю́страми

ЛЯ́ГУТ non-past tense of лечь

МАВЗОЛЕЙ SS *m.in*: mausoleum

мавзолей	мавзолей	мавзолея	мавзолее	мавзолею	мавзолеем
мавзолеи	мавзолеи	мавзолеев	мавзолеях	мавзолеям	мавзолеями

МАГАЗИН SS *m.in*: store

магазин	магазин	магазина	магазине	магазину	магазином
магазины	магазины	магазинов	магазинах	магазинам	магазинами

МАГНИТОФОН SS *m.in*: tape-recorder

-фон	-фон	-фона	-фоне	-фону	-фоном
-фоны	-фоны	-фонов	-фонах	-фонам	-фонами

МАЙ SS *Plur. hypothetical; m.in*: May

май	май	мая	мае	маю	маем

МАК SS *Part. -у m.in*: poppy; poppy seed (*collectively*)

мак	мак	мака/маку	маке	маку	маком
маки	маки	маков	маках	макам	маками

МАКЕДОНСКИЙ S *short forms avoided, no compar*: Macedonian

македонский	Nom/Gen	македонского	македонском	македонскому	македонским
македонское	македонское	македонского	македонском	македонскому	македонским
македонская	македонскую	македонской	македонской	македонской	македонской
македонские	Nom/Gen	македонских	македонских	македонским	македонскими

adv. по-македонски

МАЛ E *no long forms; no compar; (see also* маленький *little)*: too small

мал, мала, мало, малы

МАЛЕНЬКИЙ E *short forms* мал, мала, мало, малы; *compar.* меньше; *also used as m./f.an noun; (see also* мал *too small and* меньший *smaller)*: small, little; child

маленький	Nom/Gen	маленького	маленьком	маленькому	маленьким
маленькое	маленькое	маленького	маленьком	маленькому	маленьким
маленькая	маленькую	маленькой	маленькой	маленькой	маленькой
маленькие	Nom/Gen	маленьких	маленьких	маленьким	маленькими

мал, мала, мало, малы; меньше

МАЛО¹ *adv*: little, not much; *predicate*: it is not enough *e.g.* Мне *Dat* мало супа *Gen* Soup alone is not enough (food) for me

МАЛО² *numeral; Acc. = Nom; no other forms (see also* маленький, мал*)*: few, not many; little, not much *e.g.* У меня мало супа *Gen* I don't have much soup

МАЛЬЧИК SS *m.an*: boy

мальчик	мальчика	мальчика	мальчике	мальчику	мальчиком
мальчики	мальчиков	мальчиков	мальчиках	мальчикам	мальчиками

МАМА SS *f.an*: mom, mother

мама	маму	мамы	маме	маме	мамой
мамы	мам	мам	мамах	мамам	мамами

МАМОЧКА SS (e) *f.an*: mamma, mommy

мамочка	мамочку	мамочки	мамочке	мамочке	мамочкой
мамочки	мамочек	мамочек	мамочках	мамочкам	мамочками

МАНДАРИН¹ SS *m.in*: tangerine

мандарин	мандарин	мандарина	мандарине	мандарину	мандарином
мандарины	мандарины	мандаринов	мандаринах	мандаринам	мандаринами

МАНДАРИН² SS *m.an*: Mandarin

мандарин	мандарина	мандарина	мандарине	мандарину	мандарином
мандарины	мандаринов	мандаринов	мандаринах	мандаринам	мандаринами

МАРАБУ *indeclinable m.an*: marabou (*bird*)

МАРКА SS (o) *f.in*: stamp, postage stamp; brand, type

марка	марку	марки	марке	марке	маркой
марки	марки	марок	марках	маркам	марками

МАРТ SS *m.in*: March

март	март	марта	марте	марту	мартом
марты	марты	мартов	мартах	мартам	мартами

МАРШРУТ SS *m.in*: route, itinerary (*use* на/на/с *for to/on/from*)

маршрут	маршрут	маршрута	маршруте	маршруту	маршрутом
маршруты	маршруты	маршрутов	маршрутах	маршрутам	маршрутами

МАСКА SS (o) *f.in*: mask

маска	маску	маски	маске	маске	маской
маски	маски	масок	масках	маскам	масками

МАСЛО SE (e) *GPlur.* масел *n.in*: butter; oil, grease

масло	масло	масла	масле	маслу	маслом
масла	масла	масел	маслах	маслам	маслами

МАССА SS *f.in*: mass; lots

масса	массу	массы	массе	массе	массой

МАССАЧУСЕТС <с *or* сс> SS *m.in*: Massachusetts

-сачусетс	-сачусетс	-сачусетса	-сачусетсе	-сачусетсу	-сачусетсом

МА́СТЕР SE *NPlur.* -а́ *m.an*: expert; foreman (*Use fem. predicate when referring to a woman, e.g.* На́ш но́вый ма́стер сего́дня не пришла́) ● ма́стер спо́рта (*official title for an outstanding athlete*)

ма́стер	ма́стера	ма́стера	ма́стере	ма́стеру	ма́стером
мастера́	мастеро́в	мастеро́в	мастера́х	мастера́м	мастера́ми

МАСТЕРСКО́Й S *short forms avoided, no compar; also used as f.in noun*: masterly, expert; (*as noun*) workshop; studio; shop (*in a factory*)

мастерско́й	*Nom/Gen*	мастерско́го	мастерско́м	мастерско́му	мастерски́м
мастерско́е	мастерско́е	мастерско́го	мастерско́м	мастерско́му	мастерски́м
мастерска́я	мастерску́ю	мастерско́й	мастерско́й	мастерско́й	мастерско́й
мастерски́е	*Nom/Gen*	мастерски́х	мастерски́х	мастерски́м	мастерски́ми

adv. мастерски́

МАТАДО́Р SS *m.an*: matador

матадо́р	матадо́ра	матадо́ра	матадо́ре	матадо́ру	матадо́ром
матадо́ры	матадо́ров	матадо́ров	матадо́рах	матадо́рам	матадо́рами

МАТЕМА́ТИК SS *m.an*: mathematician; math teacher

матема́тик	матема́тика	матема́тика	матема́тике	матема́тику	матема́тиком
матема́тики	матема́тиков	матема́тиков	матема́тиках	матема́тикам	матема́тиками

МАТЕМА́ТИКА SS *f.in*: mathematics

матема́тика	матема́тику	матема́тики	матема́тике	матема́тике	матема́тикой

МАТЕМАТИ́ЧЕСКИЙ S *short forms avoided, no compar*: mathematical

-и́ческий	*Nom/Gen*	-и́ческого	-и́ческом	-и́ческому	-и́ческим
-и́ческое	-и́ческое	-и́ческого	-и́ческом	-и́ческому	-и́ческим
-и́ческая	-и́ческую	-и́ческой	-и́ческой	-и́ческой	-и́ческой
-и́ческие	*Nom/Gen*	-и́ческих	-и́ческих	-и́ческим	-и́ческими

adv. математи́чески

МАТЕРИА́Л <рья́> SS *Part.* -у *m.in*: material; stuff; cloth

материа́л	материа́л	материа́ла/-у	материа́ле	материа́лу	материа́лом
материа́лы	материа́лы	материа́лов	материа́лах	материа́лам	материа́лами

МАТРЁШКА SS (e) *f.an* [*or f.in*]: matryoshka (*a type of doll*)

матрёшка	матрёшку	матрёшки	матрёшке	матрёшке	матрёшкой
матрёшки	-ёшек/-ёшки	матрёшек	матрёшках	матрёшкам	матрёшками

МАТРО́С SS *m.an*: sailor

матро́с	матро́са	матро́са	матро́се	матро́су	матро́сом
матро́сы	матро́сов	матро́сов	матро́сах	матро́сам	матро́сами

МА́ТЧ SS *m.in*: game, match (*use* на/на/с *for to/at/from the event*)

ма́тч	ма́тч	ма́тча	ма́тче	ма́тчу	ма́тчем
ма́тчи	ма́тчи	ма́тчей	ма́тчах	ма́тчам	ма́тчами

МА́ТЬ SE *GPDSg.* ма́тери, *ISg.* ма́терью, *NPlur.* ма́тери; *f.an*: mother

ма́ть	ма́ть	ма́тери	ма́тери	ма́тери	ма́терью
ма́тери	матере́й	матере́й	матеря́х	матеря́м	матеря́ми

МА́ТЬ-ГЕРОИ́НЯ *both parts inflected; f.an*: mother of many children (*honorary title in the USSR*)

МАХА́ТЬ MS ма́шут [*or Colloquial* SS маха́ют]; *intrans; Impf.* (*Pf-awhile* по-, *Pf-begin* за-, *and Pf-once* махну́ть): flap; wave *e.g.* О́н ма́шет руко́й *Inst*

машу́	ма́шем	маши́	маха́л	маша́	
ма́шешь	ма́шете	маши́те	маха́ла	ма́шущий	маха́вший
ма́шет	ма́шут		маха́ли/о		

МАХНУ́ТЬ ES -ну́т; *intrans; Pf-once* (*Impf.* маха́ть): wave (*a hand, etc.*) *e.g.* О́н махну́л руко́й *Inst* He waved his hand ● махну́ть руко́й на +*Acc* decide not to worry (*about smt./smb.*); decide not to bother

махну́	махнём	махни́	махну́л	——	махну́в[ши]
махнёшь	махнёте	махни́те	махну́ла	——	махну́вший
махнёт	махну́т		махну́ли/о	——	

МАШИ́НА SS *f.in*: 1. machine, engine; 2. car, automobile ● сади́ться в [*or на*] +*Acc*, е́хать на [*or в*] +*Prep*, выходи́ть из +*Gen*

маши́на	маши́ну	маши́ны	маши́не	маши́не	маши́ной
маши́ны	маши́ны	маши́н	маши́нах	маши́нам	маши́нами

МАШИНИ́СТ SS *m.an*: machinist; (locomotive) engineer

машини́ст	машини́ста	машини́ста	машини́сте	машини́сту	машини́стом
машини́сты	машини́стов	машини́стов	машини́стах	машини́стам	машини́стами

МАШИНИ́СТКА SS (o) *f.an*: typist

машини́стка	машини́стку	машини́стки	машини́стке	машини́стке	машини́сткой
машини́стки	машини́сток	машини́сток	машини́стках	машини́сткам	машини́стками

МА́ШУТ *non-past tense of* маха́ть

МГУ <эмгэу́> *indeclinable m.in*: (*abbrev. of* Моско́вский госуда́рственный университе́т) Moscow State University

МЕ́БЕЛЬ SS *f.in*: furniture

ме́бель	ме́бель	ме́бели	ме́бели	ме́бели	ме́белью

МЁД SE *Part.* -у, [*Loc.* (в) меду́] (*Irreg. in the phrase* на меду́ (*пригото́вленный с мёдом*)) *m.in*: honey; mead

мёд	мёд	мёда/мёду	мёде	мёду	мёдом

МЕДВЕ́ДИЦА SS *f.an:* she-bear, bear sow

медве́дица	медве́дицу	медве́дицы	медве́дице	медве́дице	медве́дицей
медве́дицы	медве́диц	медве́диц	медве́дицах	медве́дицам	медве́дицами

МЕДВЕ́ДЬ SS *m.an:* bear

медве́дь	медве́дя	медве́дя	медве́де	медве́дю	медве́дем
медве́ди	медве́дей	медве́дей	медве́дях	медве́дям	медве́дями

МЕДВЕЖО́НОК SS (о) *NPlur.* медвежа́та, *GPlur.* медвежа́т *m.an:* bear-cub

медвежо́нок	медвежо́нка	медвежо́нка	медвежо́нке	медвежо́нку	медвежо́нком
медвежа́та	медвежа́т	медвежа́т	медвежа́тах	медвежа́там	медвежа́тами

МЕДИЦИ́НА SS *f.in:* medicine, medical science

медици́на	медици́ну	медици́ны	медици́не	медици́не	медици́ной

МЕДИЦИ́НСКИЙ S *short forms avoided, no compar:* medical

медици́нский	*Nom/Gen*	медици́нского	медици́нском	медици́нскому	медици́нским
медици́нское	медици́нское	медици́нского	медици́нском	медици́нскому	медици́нским
медици́нская	медици́нскую	медици́нской	медици́нской	медици́нской	медици́нской
медици́нские	*Nom/Gen*	медици́нских	медици́нских	медици́нским	медици́нскими

adv. медици́нски

МЕ́ДЛЕННО *adv:* slowly

МЕ́ДЛЕННЫЙ S (e) [*sh.masc.* ме́дленен *or* ме́длен]: slow

ме́дленный	*Nom/Gen*	ме́дленного	ме́дленном	ме́дленному	ме́дленным
ме́дленное	ме́дленное	ме́дленного	ме́дленном	ме́дленному	ме́дленным
ме́дленная	ме́дленную	ме́дленной	ме́дленной	ме́дленной	ме́дленной
ме́дленные	*Nom/Gen*	ме́дленных	ме́дленных	ме́дленным	ме́дленными

ме́дленен, ме́дленна, ме́дленно, ме́дленно; ме́дленнее

МЕДСЕСТРА́ ES (ё) *NPlur.* ме́дсёстры, *GPlur.* ме́дсестёр; *f.an:* (medical) nurse

-сестра́	-сестру́	-сестры́	-сестре́	-сестре́	-сестро́й
-сёстры	-сестёр	-сестёр	-сёстрах	-сёстрам	-сёстрами

✓ **МЕ́ЖДУ** (*often unstressed*) *prep.* +*Inst:* between; among ● ме́жду тём meanwhile; ме́жду про́чим by the way

МЕЖДУНАРО́ДНЫЙ S (e): international

-наро́дный	*Nom/Gen*	-наро́дного	-наро́дном	-наро́дному	-наро́дным
-наро́дное	-наро́дное	-наро́дного	-наро́дном	-наро́дному	-наро́дным
-наро́дная	-наро́дную	-наро́дной	-наро́дной	-наро́дной	-наро́дной
-наро́дные	*Nom/Gen*	-наро́дных	-наро́дных	-наро́дным	-наро́дными

МЕ́КСИКА SS *f.in:* Mexico

Ме́ксика	Ме́ксику	Ме́ксики	Ме́ксике	Ме́ксике	Ме́ксикой

МЕКСИКА́НЕЦ SS (e) *m.an:* Mexican

мексика́нец	мексика́нца	мексика́нца	мексика́нце	мексика́нцу	мексика́нцем
мексика́нцы	мексика́нцев	мексика́нцев	мексика́нцах	мексика́нцам	мексика́нцами

МЕКСИКА́НКА SS (о) *f.an:* Mexican (*woman*)

мексика́нка	мексика́нку	мексика́нки	мексика́нке	мексика́нке	мексика́нкой
мексика́нки	мексика́нок	мексика́нок	мексика́нках	мексика́нкам	мексика́нками

МЕЛ SE *Part.* -у, *Loc.* (в) -у́, *Plur. hypothetical;* (*Irreg. in the phrase* в мелу́ (*испа́чканный ме́лом*)) *m.in:* chalk

мел	мел	ме́ла/ме́лу	ме́ле/в мелу́	ме́лу	ме́лом

МЕ́ЛОЧЬ[1] SE *NPlur.* ме́лочи *f.in:* trifle

ме́лочь	ме́лочь	ме́лочи	ме́лочи	ме́лочи	ме́лочью
ме́лочи	ме́лочи	мелочей	мелоча́х	мелоча́м	мелоча́ми

МЕ́ЛОЧЬ[2] S *f.in:* small change

ме́лочь	ме́лочь	ме́лочи	ме́лочи	ме́лочи	ме́лочью

МЕ́НЕЕ *adv:* less

МЕ́НЬШЕ *compar. of* ма́ленький, ма́ло

МЕ́НЬШИЙ S *short forms avoided:* lesser; smaller; younger

ме́ньший	*Nom/Gen*	ме́ньшего	ме́ньшем	ме́ньшему	ме́ньшим
ме́ньшее	ме́ньшее	ме́ньшего	ме́ньшем	ме́ньшему	ме́ньшим
ме́ньшая	ме́ньшую	ме́ньшей	ме́ньшей	ме́ньшей	ме́ньшей
ме́ньшие	*Nom/Gen*	ме́ньших	ме́ньших	ме́ньшим	ме́ньшими

МЕНЮ́ *indeclinable n.in:* menu

МЕНЯ́ *see* я

МЕНЯ́ТЬ SS -я́ют; *ppp avoided;* *Impf:* 1. (*Pf.* по- *and* измени́ть) change smt./smb; 2. (*Pf.* по- *and* об-) exchange (for) e.g. Он меня́ет одну́ кни́гу *Acc* на другу́ю *Acc*

меня́ю	меня́ем	меня́й	меня́л	меня́я	
меня́ешь	меня́ете	меня́йте	меня́ла	меня́ющий	меня́вший
меня́ет	меня́ют		меня́ли/о	меня́емый	

МЕНЯ́ТЬСЯ SS -я́ются; *Impf:* 1. (*Pf.* по- *and* измени́ться) change e.g. Он меня́ется к лу́чшему *Dat*; 2. (*Pf.* по- *and* об-) exchange (with smb.) e.g. Он меня́ется кни́гами *Inst* с сестро́й *Inst*; Они́ меня́ются кни́гами *Inst*

меня́юсь	меня́емся	меня́йся	меня́лся	меня́ясь	
меня́ешься	меня́етесь	меня́йтесь	меня́лась	меня́ющийся	меня́вшийся
меня́ется	меня́ются		меня́лись/ось	——	

МЕ́РА SS *f.in*: measure ● по кра́йней ме́ре at least

ме́ра	ме́ру	ме́ры	ме́ре	ме́ре	ме́рой
ме́ры	ме́ры	мер	ме́рах	ме́рам	ме́рами

МЕ́РИТЬ SS -рят; [*or* -ряют]; *Impf*: 1. (*Pf.* приме́рить): try on, fit; 2. (*Pf.* из-) measure

ме́рю	ме́рим	мерь	ме́рил	ме́ря	
ме́ришь	ме́рите	ме́рьте	ме́рила	ме́рящий	ме́ривший
ме́рит	ме́рят		ме́рили/о		

МЕ́СТО SE *n.in*: place, area (*use* на/на/с [*or* в/в/из] for to/in(at)/from); place, seat; job, position (*use* на/на/с for to/in/from) ● на ва́шем (мо́ём, его́, *etc.*) ме́сте in your (my, his, etc.) situation

ме́сто	ме́сто	ме́ста	ме́сте	ме́сту	ме́стом
места́	места́	мест	места́х	места́м	места́ми

МЕ́СЯЦ SS *m.in*: month

ме́сяц	ме́сяц	ме́сяца	ме́сяце	ме́сяцу	ме́сяцем
ме́сяцы	ме́сяцы	ме́сяцев	ме́сяцах	ме́сяцам	ме́сяцами

МЕТА́ЛЛ <л, *not* лл> SS *m.in*: metal

мета́лл	мета́лл	мета́лла	мета́лле	мета́ллу	мета́ллом
мета́ллы	мета́ллы	мета́ллов	мета́ллах	мета́ллам	мета́ллами

МЕ́ТР[1] SS *m.in*: meter (*unit of length*)

ме́тр	ме́тр	ме́тра	ме́тре	ме́тру	ме́тром
ме́тры	ме́тры	ме́тров	ме́трах	ме́трам	ме́трами

МЕ́ТР[2] <мэ́> SS *m.an*: master, teacher

ме́тр	ме́тра	ме́тра	ме́тре	ме́тру	ме́тром
ме́тры	ме́тров	ме́тров	ме́трах	ме́трам	ме́трами

МЕТРО́ *indeclinable n.in*: 1. subway (train, car) ● сади́ться на [*or* в] +*Acc*, е́хать на [*or* в] +*Prep*, выходи́ть из [*or* сходи́ть с] +*Gen*; 2. subway (station, system)

МЕХ SE *Part.* -у, [*Loc.* (в/на) -у́], *NPlur.* -а́ (*Irreg. in the phrase* шу́ба *etc.* на меху́ (*с меховой подкла́дкой*)) *m.in*: fur

мех	мех	ме́ха/ме́ху	ме́хе	ме́ху	ме́хом
меха́	меха́	мехо́в	меха́х	меха́м	меха́ми

МЕХАНИ́ЗМ SS *m.in*: mechanism; (*in Plur.*) machinery

механи́зм	механи́зм	механи́зма	механи́зме	механи́зму	механи́змом
механи́змы	механи́змы	механи́змов	механи́змах	механи́змам	механи́змами

МЕХА́НИК SS *m.an*: mechanic; specialist in mechanics

меха́ник	меха́ника	меха́ника	меха́нике	меха́нику	меха́ником
меха́ники	меха́ников	меха́ников	меха́никах	меха́никам	меха́никами

МЕХОВО́Й E *no sh.masc; other short forms avoided*: fur, furry

меховой	*Nom/Gen*	мехово́го	мехово́м	меховому́	меховы́м
мехово́е	мехово́е	мехово́го	мехово́м	меховому́	меховы́м
мехова́я	мехову́ю	мехово́й	мехово́й	мехово́й	мехово́й
меховы́е	*Nom/Gen*	меховы́х	меховы́х	меховы́м	меховы́ми

МЕ́ЦЦО-СОПРА́НО[1] <цца *or* ццо; а́на *or* а́но> *indeclinable n.in*: mezzo-soprano (*voice*)

МЕ́ЦЦО-СОПРА́НО[2] <цца *or* ццо; а́на *or* а́но> *indeclinable n.an*: mezzo-soprano (*singer*)

МЕЧЕ́ТЬ SS *f.in*: mosque

мече́ть	мече́ть	мече́ти	мече́ти	мече́ти	мече́тью
мече́ти	мече́ти	мече́тей	мече́тях	мече́тям	мече́тями

МЕЧТА́ EE *GPlur. avoided; f.in*: (day) dream

мечта́	мечту́	мечты́	мечте́	мечте́	мечто́й
мечты́	мечты́		мечта́х	мечта́м	мечта́ми

МЕЧТА́ТЬ SS -а́ют; *intrans; Impf. (Pf-awhile* по-): (day) dream

мечта́ю	мечта́ем	мечта́й	мечта́л	мечта́я	
мечта́ешь	мечта́ете	мечта́йте	мечта́ла	мечта́ющий	мечта́вший
мечта́ет	мечта́ют		мечта́ли/о	——	——

МЕША́ТЬ[1] SS -а́ют; *intrans; Impf*: 1. (*Pf.* по-) prevent, stop (from) *e.g.* Он меша́ет сестре́ *Dat* рабо́тать; 2. (*Pf-awhile* по-) bother, disturb *e.g.* Он меша́ет сестре́ *Dat* свои́ми разгово́рами *Inst*

меша́ю	меша́ем	меша́й	меша́л	меша́я	
меша́ешь	меша́ете	меша́йте	меша́ла	меша́ющий	меша́вший
меша́ет	меша́ют		меша́ли/о	——	——

МЕША́ТЬ[2] SS -а́ют; *Impf*: 1. (*Pf-awhile* по-) stir; 2. (*Pf.* с-) mix

меша́ю	меша́ем	меша́й	меша́л	меша́я	
меша́ешь	меша́ете	меша́йте	меша́ла	меша́ющий	меша́вший
меша́ет	меша́ют		меша́ли/о	меша́емый	

МИКРОРАЙО́Н SS *m.in*: mikroraion (*small administrative unit in a Soviet city*); block, neighborhood

-райо́н	-райо́н	-райо́на	-райо́не	-райо́ну	-райо́ном
-райо́ны	-райо́ны	-райо́нов	-райо́нах	-райо́нам	-райо́нами

МИЛИЦИОНЕ́Р SS *m.an*: policeman (*in the USSR*) (*Use fem. predicate when referring to a woman, e.g.* Наш но́вый милиционе́р сего́дня не пришла́)

милиционе́р	милиционе́ра	милиционе́ра	милиционе́ре	милиционе́ру	милиционе́ром
милиционе́ры	милиционе́ров	милиционе́ров	милиционе́рах	милиционе́рам	милиционе́рами

МИЛЛИО́Н <илио́ or илье́; *not* лл> SS *m.in*: million

миллио́н	миллио́н	миллио́на	миллио́не	миллио́ну	миллио́ном
миллио́ны	миллио́ны	миллио́нов	миллио́нах	миллио́нам	миллио́нами

МИЛЛИО́ННЫЙ <л, *not* лл> S (e): millionth; worth millions; million strong

миллио́нный	*Nom/Gen*	миллио́нного	миллио́нном	миллио́нному	миллио́нным
миллио́нное	миллио́нное	миллио́нного	миллио́нном	миллио́нному	миллио́нным
миллио́нная	миллио́нную	миллио́нной	миллио́нной	миллио́нной	миллио́нной
миллио́нные	*Nom/Gen*	миллио́нных	миллио́нных	миллио́нным	миллио́нными

МИ́ЛЫЙ M [*sh.Plur.* ми́лы] *also used as m./f.an noun*: dear; nice; (*as noun*) dear, darling

ми́лый	*Nom/Gen*	ми́лого	ми́лом	ми́лому	ми́лым
ми́лое	ми́лое	ми́лого	ми́лом	ми́лому	ми́лым
ми́лая	ми́лую	ми́лой	ми́лой	ми́лой	ми́лой
ми́лые	*Nom/Gen*	ми́лых	ми́лых	ми́лым	ми́лыми

ми́л, мила́, ми́ло, ми́лы; миле́е

МИ́ЛЯ SS *f.in*: mile

ми́ля	ми́лю	ми́ли	ми́ле	ми́ле	ми́лей
ми́ли	ми́ли	миль	ми́лях	ми́лям	ми́лями

МИ́МО *adv. and prep.* +Gen: by, past

МИМО́ЗА SS *f.in*: mimosa (*plant*)

мимо́за	мимо́зу	мимо́зы	мимо́зе	мимо́зе	мимо́зой
мимо́зы	мимо́зы	мимо́з	мимо́зах	мимо́зам	мимо́зами

МИНЕРА́ЛЬНЫЙ S (e): mineral

минера́льный	*Nom/Gen*	минера́льного	минера́льном	минера́льному	минера́льным
минера́льное	минера́льное	минера́льного	минера́льном	минера́льному	минера́льным
минера́льная	минера́льную	минера́льной	минера́льной	минера́льной	минера́льной
минера́льные	*Nom/Gen*	минера́льных	минера́льных	минера́льным	минера́льными

МИНИ́СТР SS *m.an*: minister (government) (*Use fem. predicate when referring to a woman, e.g.* На́ш но́вый мини́стр сего́дня не пришла́)

мини́стр	мини́стра	мини́стра	мини́стре	мини́стру	мини́стром
мини́стры	мини́стров	мини́стров	мини́страх	мини́страм	мини́страми

МИННЕСО́ТА <н or нн> SS *f.in*: Minnesota

Миннесо́та	Миннесо́ту	Миннесо́ты	Миннесо́те	Миннесо́те	Миннесо́той

МИ́НУС[1] SS *m.in*: minus (sign); drawback

ми́нус	ми́нус	ми́нуса	ми́нусе	ми́нусу	ми́нусом
ми́нусы	ми́нусы	ми́нусов	ми́нусах	ми́нусам	ми́нусами

МИ́НУС[2] *prep.* +Nom: minus *e.g.* Две́ *Nom* копе́йки ми́нус одна́ копе́йка *Nom* бу́дет одна́ копе́йка *Nom*

МИНУ́ТА SS *f.in*: minute; moment

мину́та	мину́ту	мину́ты	мину́те	мину́те	мину́той
мину́ты	мину́ты	мину́т	мину́тах	мину́там	мину́тами

МИНУ́ТОЧКА SS (e) *f.in*: diminutive of мину́та ● Мину́точку! Wait a second!

мину́точка	мину́точку	мину́точки	мину́точке	мину́точке	мину́точкой
мину́точки	мину́точки	мину́точек	мину́точках	мину́точкам	мину́точками

МИР[1] SE (*Irreg. in phrases* с ми́ру по ни́тке — го́лому руба́шка; пойти́ (ходи́ть, пусти́ть) по́ миру (*стать или сделать нищим*); на миру́ и сме́рть красна́ (*поговорка*); в миру́ (*в мирско́й жи́зни, не в монастыре*)) *m.in*: world

ми́р	ми́р	ми́ра	ми́ре	ми́ру	ми́ром
миры́	миры́	миро́в	мира́х	мира́м	мира́ми

МИР[2] SE *Plur. hypothetical; m.in*: peace; peace treaty

ми́р	ми́р	ми́ра	ми́ре	ми́ру	ми́ром

МИРИ́ТЬ ES -ря́т; *Impf.* (*Pf.* по-): bring about a reconciliation (between) *e.g.* О́н мири́л сестру́ *Acc* с бра́том *Inst*

мирю́	мири́м	мири́	мири́л	миря́	
мири́шь	мири́те	мири́те	мири́ла	миря́щий	мири́вший
мири́т	миря́т		мири́ли/о		

МИРИ́ТЬСЯ ES -ря́тся; *Impf*: 1. (*Pf.* по-) become reconciled (with) *e.g.* О́н мири́тся с сестро́й *Inst* по́сле ка́ждой ссо́ры; 2 (*Pf.* с-) be resigned (to) *e.g.* О́н мири́тся со свое́й тру́дной жи́знью *Inst*

мирю́сь	мири́мся	мири́сь	мири́лся	миря́сь	
мири́шься	мири́тесь	мири́тесь	мири́лась	миря́щийся	мири́вшийся
мири́тся	миря́тся		мири́лись/ось	——	——

МИ́РНЫЙ S [*or* M] (e): peaceful; peaceable

ми́рный	*Nom/Gen*	ми́рного	ми́рном	ми́рному	ми́рным
ми́рное	ми́рное	ми́рного	ми́рном	ми́рному	ми́рным
ми́рная	ми́рную	ми́рной	ми́рной	ми́рной	ми́рной
ми́рные	*Nom/Gen*	ми́рных	ми́рных	ми́рным	ми́рными

ми́рен, мирна́, ми́рно, ми́рны; мирне́е

МИРОВО́Й E *no sh.masc; other short forms avoided*: world, world-wide

мировой	Nom/Gen	мирово́го	миров́ом	мирово́му	мировы́м
мирово́е	мирово́е	мирово́го	миров́ом	мирово́му	мировы́м
мирова́я	мирову́ю	мирово́й	мирово́й	мирово́й	мирово́й
мировы́е	Nom/Gen	мировы́х	мировы́х	мировы́м	мировы́ми

МИССИСИ́ППИ[1] <c *or* cc> *indeclinable f.in*: Mississippi (*river*) (*use* на/на/с *for* to/on(by)/from *and use* в/в/из *for* into/in/out of *the river*)

МИССИСИ́ППИ[2] <c *or* cc> *indeclinable m.in*: Mississippi (*state*)

МИССУ́РИ <c *or* cc> *indeclinable m.in*: Missouri (*state*)

МИ́СТЕР SS *m.an*: mister; Mr.

ми́стер	ми́стера	ми́стера	ми́стере	ми́стеру	ми́стером

МИЧИГА́Н SS *m.in*: Michigan (*state*)

Мичига́н	Мичига́н	Мичига́на	Мичига́не	Мичига́ну	Мичига́ном

МЛА́ДШИЙ S *short forms avoided*: junior; younger, youngest

мла́дший	Nom/Gen	мла́дшего	мла́дшем	мла́дшему	мла́дшим
мла́дшее	мла́дшее	мла́дшего	мла́дшем	мла́дшему	мла́дшим
мла́дшая	мла́дшую	мла́дшей	мла́дшей	мла́дшей	мла́дшей
мла́дшие	Nom/Gen	мла́дших	мла́дших	мла́дшим	мла́дшими

МНЕ́ *see* я

МНЕ́НИЕ SS *n.in*: opinion

мне́ние	мне́ние	мне́ния	мне́нии	мне́нию	мне́нием
мне́ния	мне́ния	мне́ний	мне́ниях	мне́ниям	мне́ниями

МНО́ГИЕ[1] <*in prep. phrases variants* во, со, ко *are used*> *pronominal adj. inflected like Plur. adj.* (*see also* мно́го, мно́гое): many

мно́гие	Nom./Gen.	мно́гих	мно́гих	мно́гим	мно́гими

МНО́ГИЕ[2] <*in prep. phrases variants* во, со, ко *are used*> *pronoun, inflected like Plur. anim. adj.* (*see also* мно́го, мно́гое): many, many people

мно́гие	мно́гих	мно́гих	мно́гих	мно́гим	мно́гими

МНО́ГО[1] *adv*: much, a lot; *predicate*: there is too much, there are too many *e.g.* Мне́ *Dat* мно́го су́па *Gen* This is too much soup for me

МНО́ГО[2] <*in prep. phrases variants* во, со, ко *are used*> *numeral; Acc. = Nom; inflected like Plur. adj. in other forms;* (*Irreg. in phrases* по мно́гу [*or* по мно́го] дней) (*see also* мно́гое, мно́гие): many, much, a lot of *e.g.* У меня́ мно́го су́па *Gen* I have a lot of soup

мно́го	мно́го	мно́гих	мно́гих	мно́гим	мно́гими

МНО́ГОЕ <*in prep. phrases variants* во, со, ко *are used*> *pronoun inflected like neut. Sg. adj.* (*see also* мно́го, мно́гие): much, a great deal

мно́гое	мно́гое	мно́гого	мно́гом	мно́гому	мно́гим

МНОГОУВАЖА́ЕМЫЙ S: respected; dear (*salutation in letters*)

-уважа́емый	Nom/Gen	-уважа́емого	-уважа́емом	-уважа́емому	-уважа́емым
-уважа́емое	-уважа́емое	-уважа́емого	-уважа́емом	-уважа́емому	-уважа́емым
-уважа́емая	-уважа́емую	-уважа́емой	-уважа́емой	-уважа́емой	-уважа́емой
-уважа́емые	Nom/Gen	-уважа́емых	-уважа́емых	-уважа́емым	-уважа́емыми

МНО́ЖЕСТВЕННЫЙ S (e) [*sh.masc.* мно́жественен *or* мно́жествен]: plural

-ественный	Nom/Gen	-ественного	-ественном	-ественному	-ественным
-ественное	-ественное	-ественного	-ественном	-ественному	-ественным
-ественная	-ественную	-ественной	-ественной	-ественной	-ественной
-ественные	Nom/Gen	-ественных	-ественных	-ественным	-ественными

МНО́Й *see* я

МО́Г *past tense of* мо́чь

МОГИ́ЛА SS *f.in*: grave

моги́ла	моги́лу	моги́лы	моги́ле	моги́ле	моги́лой
моги́лы	моги́лы	моги́л	моги́лах	моги́лам	моги́лами

МО́ГУТ *non-past tense of* мо́чь

МО́ДА SS *f.in*: fashion, style

мо́да	мо́ду	мо́ды	мо́де	мо́де	мо́дой
мо́ды	мо́ды	мод	мо́дах	мо́дам	мо́дами

МОЁ *see* мо́й

МО́ЖЕТ *non-past tense of* мо́чь

МО́ЖНО *predicate*: it is possible, one can; it is permissible, one may *e.g.* Мне́ *Dat* мо́жно прийти́ к ва́м?

МО́Й *special adj*: my, mine

мо́й	Nom./Gen.	моего́	моём	моему́	мои́м
моё	моё	моего́	моём	моему́	мои́м
моя́	мою́	мое́й	мое́й	мое́й	мое́й
мои́	Nom./Gen.	мои́х	мои́х	мои́м	мои́ми

МО́КРО *predicate*: it is damp, wet *e.g.* Зде́сь мо́кро

МО́КРЫЙ M [sh.Plur. мокры́]: wet

мо́крый	Nom/Gen	мо́крого	мо́кром	мо́крому	мо́крым
мо́крое	мо́крое	мо́крого	мо́кром	мо́крому	мо́крым
мо́края	мо́крую	мо́крой	мо́крой	мо́крой	мо́крой
мо́крые	Nom/Gen	мо́крых	мо́крых	мо́крым	мо́крыми

мокр, мокра́, мо́кро, мо́кры; мокре́е

МОЛОДЁЖЬ SS f.in: youth, young people (collectively)

| молодёжь | молодёжь | молодёжи | молодёжи | молодёжи | молодёжью |

МОЛОДЕ́Ц EE (e) [Folklore мо́лодец SS (e) young hero] m.an: good worker, student, guy, etc. ● Молоде́ц! Nice going!

| молоде́ц | молодца́ | молодца́ | молодце́ | молодцу́ | молодцо́м |
| молодцы́ | молодцо́в | молодцо́в | молодца́х | молодца́м | молодца́ми |

МОЛОДО́Й M short forms мо́лод, молода́, мо́лодо, мо́лоды; compar. мла́дше (said only of animate beings) and моло́же: young

молодо́й	Nom/Gen	молодо́го	молодо́м	молодо́му	молоды́м
молодо́е	молодо́е	молодо́го	молодо́м	молодо́му	молоды́м
молода́я	молоду́ю	молодо́й	молодо́й	молодо́й	молодо́й
молоды́е	Nom/Gen	молоды́х	молоды́х	молоды́м	молоды́ми

мо́лод, молода́, мо́лодо, мо́лоды; моло́же and мла́дше

МО́ЛОДОСТЬ SS f.in: youth (one's early years)

| мо́лодость | мо́лодость | мо́лодости | мо́лодости | мо́лодости | мо́лодостью |

МОЛОКО́ ES Plur. (NPlur. моло́ки) hypothetical; n.in: milk

| молоко́ | молоко́ | молока́ | молоке́ | молоку́ | молоко́м |

МОЛО́ЧНЫЙ <шн or чн> S (e): milk; milky; dairy ● моло́чный зуб baby tooth

моло́чный	Nom/Gen	моло́чного	моло́чном	моло́чному	моло́чным
моло́чное	моло́чное	моло́чного	моло́чном	моло́чному	моло́чным
моло́чная	моло́чную	моло́чной	моло́чной	моло́чной	моло́чной
моло́чные	Nom/Gen	моло́чных	моло́чных	моло́чным	моло́чными

МО́ЛЧА adv: silently, without saying anything, wordlessly

МОЛЧА́НИЕ SS n.in: silence

| молча́ние | молча́ние | молча́ния | молча́нии | молча́нию | молча́нием |

МОЛЧА́ТЬ ES молча́т; intrans; Impf. (Pf-awhile по- and Pf-begin за-): be silent

молчу́	молчи́м	молчи́	молча́л	молча́	
молчи́шь	молчи́те	молчи́те	молча́ла	молча́щий	молча́вший
молчи́т	молча́т		молча́ли/о	——	——

МОНАСТЫ́РЬ EE m.in: monastery; convent

| монасты́рь | монасты́рь | монастыря́ | монастыре́ | монастырю́ | монастырём |
| монастыри́ | монастыри́ | монастыре́й | монастыря́х | монастыря́м | монастыря́ми |

МОНА́Х SS m.an: monk

| мона́х | мона́ха | мона́ха | мона́хе | мона́ху | мона́хом |
| мона́хи | мона́хов | мона́хов | мона́хах | мона́хам | мона́хами |

МОНА́ХИНЯ SS f.an: nun

| мона́хиня | мона́хиню | мона́хини | мона́хине | мона́хине | мона́хиней |
| мона́хини | мона́хинь | мона́хинь | мона́хинях | мона́хиням | мона́хинями |

МОНГО́ЛЬСКИЙ S short forms avoided, no compar: Mongolian

монго́льский	Nom/Gen	монго́льского	монго́льском	монго́льскому	монго́льским
монго́льское	монго́льское	монго́льского	монго́льском	монго́льскому	монго́льским
монго́льская	монго́льскую	монго́льской	монго́льской	монго́льской	монго́льской
монго́льские	Nom/Gen	монго́льских	монго́льских	монго́льским	монго́льскими

adv. по-монго́льски

МОНТА́НА SS f.in: Montana

| Монта́на | Монта́ну | Монта́ны | Монта́не | Монта́не | Монта́ной |

МОНТЁР SS m.an: electrician

| монтёр | монтёра | монтёра | монтёре | монтёру | монтёром |
| монтёры | монтёров | монтёров | монтёрах | монтёрам | монтёрами |

МОНТЕРЕ́Й SS m.in: Monterey

| Монтере́й | Монтере́й | Монтере́я | Монтере́е | Монтере́ю | Монтере́ем |

МОНТЕРЕ́ЙСКИЙ S short forms avoided, no compar: Monterey

-ре́йский	Nom/Gen	-ре́йского	-ре́йском	-ре́йскому	-ре́йским
-ре́йское	-ре́йское	-ре́йского	-ре́йском	-ре́йскому	-ре́йским
-ре́йская	-ре́йскую	-ре́йской	-ре́йской	-ре́йской	-ре́йской
-ре́йские	Nom/Gen	-ре́йских	-ре́йских	-ре́йским	-ре́йскими

МО́РЕ SE (Irreg. in phrases на́ море [or на мо́ре] (ASg. and PSg.); по́ морю [or по мо́рю]; за́ морем (в чужи́х страна́х); за́ море (в чужи́е стра́ны)) n.in: sea (use на/на/с for to/on(by)/from and use в/в/из for into/in/out of)

| мо́ре | мо́ре | мо́ря | мо́ре | мо́рю | мо́рем |
| моря́ | моря́ | море́й | моря́х | моря́м | моря́ми |

МОРЖ EE *m.an*: walrus

морж	моржа́	моржа́	морже́	моржу́	моржо́м
моржи́	морже́й	морже́й	моржа́х	моржа́м	моржа́ми

МОРКО́ВЬ SS *f.in*: carrots (*collectively*)

морко́вь	морко́вь	морко́ви	морко́ви	морко́ви	морко́вью

МОРО́ЖЕНОЕ *used as n.in noun*: ice cream

моро́женое	моро́женое	моро́женого	моро́женом	моро́женому	моро́женым

МОРО́З SS *Part.* -у *m.in*: cold, freezing weather, freezing temperature ● Дед Моро́з Santa Claus; де́сять гра́дусов моро́за 10 degrees below freezing

моро́з	моро́з	моро́за/-у	моро́зе	моро́зу	моро́зом
моро́зы	моро́зы	моро́зов	моро́зах	моро́зам	моро́зами

МОРЯ́К EE *m.an*: sailor

моря́к	моряка́	моряка́	моряке́	моряку́	моряко́м
моряки́	моряко́в	моряко́в	моряка́х	моряка́м	моряка́ми

МОСКВА́ EE *f.in*: Moscow

Москва́	Москву́	Москвы́	Москве́	Москве́	Москво́й

МОСКВИ́Ч¹ EE *m.an*: Muscovite

москви́ч	москвича́	москвича́	москвиче́	москвичу́	москвичо́м
москвичи́	москвиче́й	москвиче́й	москвича́х	москвича́м	москвича́ми

МОСКВИ́Ч² EE *m.in*: Moskvitch (*automobile*)

москви́ч	москви́ч	москвича́	москвиче́	москвичу́	москвичо́м
москвичи́	москвичи́	москвиче́й	москвича́х	москвича́м	москвича́ми

МОСКВИ́ЧКА SS (e) *f.an*: Muscovite (*woman*)

москви́чка	москви́чку	москви́чки	москви́чке	москви́чке	москви́чкой
москви́чки	москви́чек	москви́чек	москви́чках	москви́чкам	москви́чками

МОСКО́ВСКИЙ S *short forms avoided, no compar*: Moscow, Muscovite

моско́вский	*Nom/Gen*	моско́вского	моско́вском	моско́вскому	моско́вским
моско́вское	моско́вское	моско́вского	моско́вском	моско́вскому	моско́вским
моско́вская	моско́вскую	моско́вской	моско́вской	моско́вской	моско́вской
моско́вские	*Nom/Gen*	моско́вских	моско́вских	моско́вским	моско́вскими

adv. по-моско́вски

МОСТ EE [*or* SE] *Loc.* (на) -у́ (*Irreg. in phrases* по́ мосту [*or* по мо́сту *or* по мосту́]; за́ мост [*or* за мо́ст]; на́ мост [*or* на мо́ст]; под мосто́м [*or* под мо́стом *or* по́д мостом]; за мосто́м [*or* за мо́стом *or* за́ мостом]) *m.in*: bridge

мост	мост	моста́	мосте́/на -у́	мосту́	мосто́м
мосты́	мосты́	мосто́в	моста́х	моста́м	моста́ми

МОТО́Р SS *m.in*: motor, engine

мото́р	мото́р	мото́ра	мото́ре	мото́ру	мото́ром
мото́ры	мото́ры	мото́ров	мото́рах	мото́рам	мото́рами

МОТОЦИ́КЛ SS *m.in*: motorcycle ● сади́ться на +*Acc*, е́хать на +*Prep*, сходи́ть [*or* слеза́ть] с +*Gen*

мотоци́кл	мотоци́кл	мотоци́кла	мотоци́кле	мотоци́клу	мотоци́клом
мотоци́клы	мотоци́клы	мотоци́клов	мотоци́клах	мотоци́клам	мотоци́клами

МОЧЬ ME мо́гут могу́ мо́жет; мог могла́ могли́; *no pres. adv; past adv.* мо́гши; *intrans; Impf.* (*Pf.* с-): be able, can ● мо́жет бы́ть maybe, perhaps, possibly

могу́	мо́жем	моги́	мог	——	
мо́жешь	мо́жете	моги́те	могла́	мо́гущий	мо́гший
мо́жет	мо́гут	моги́/о́	могли́/о́	——	——

МО́ЩИ E *Plur. only; NPlur* мо́щи; #-*declension m.in*: relics, remains (of a saint, *etc.*)

мо́щи	мо́щи	моще́й	моща́х	моща́м	моща́ми

МОЮ́ *see* мой

МО́Ю *non-past tense of* мы́ть

МО́Я *pres. adverb of* мы́ть

МОЯ́ *see* мой

МУ́Ж¹ SE *NPlur.* мужья́, *GPlur.* муже́й *m.an*: husband

муж	му́жа	му́жа	му́же	му́жу	му́жем
мужья́	муже́й	муже́й	мужья́х	мужья́м	мужья́ми

МУ́Ж² SE *Poetic, Archaic; m.an*: man

муж	му́жа	му́жа	му́же	му́жу	му́жем
мужи́	муже́й	муже́й	мужа́х	мужа́м	мужа́ми

МУ́ЖЕСТВО SS *n.in*: courage

му́жество	му́жество	му́жества	му́жестве	му́жеству	му́жеством

МУЖСКО́Й E *no sh.masc; other short forms avoided, no compar*: men's; masculine; male

мужско́й	*Nom/Gen*	мужско́го	мужско́м	мужско́му	мужски́м
мужско́е	мужско́е	мужско́го	мужско́м	мужско́му	мужски́м
мужска́я	мужску́ю	мужско́й	мужско́й	мужско́й	мужско́й
мужски́е	*Nom/Gen*	мужски́х	мужски́х	мужски́м	мужски́ми

adv. по-мужски́

МУЖЧИ́НА <ущи́й> SS *m.an*: man

мужчи́на	мужчи́ну	мужчи́ны	мужчи́не	мужчи́не	мужчи́ной
мужчи́ны	мужчи́н	мужчи́н	мужчи́нах	мужчи́нам	мужчи́нами

МУЗЕ́Й SS *m.in*: museum

музе́й	музе́й	музе́я	музе́е	музе́ю	музе́ем
музе́и	музе́и	музе́ев	музе́ях	музе́ям	музе́ями

МУ́ЗЫКА SS *f.in*: music

му́зыка	му́зыку	му́зыки	му́зыке	му́зыке	му́зыкой

МУЗЫКА́ЛЬНЫЙ S (e): musical

музыка́льный	Nom/Gen	музыка́льного	музыка́льном	музыка́льному	музыка́льным
музыка́льное	музыка́льное	музыка́льного	музыка́льном	музыка́льному	музыка́льным
музыка́льная	музыка́льную	музыка́льной	музыка́льной	музыка́льной	музыка́льной
музыка́льные	Nom/Gen	музыка́льных	музыка́льных	музыка́льным	музыка́льными

музыка́лен, музыка́льна, музыка́льно, музыка́льны; музыка́льнее

МУЗЫКА́НТ SS *m.an*: musician

музыка́нт	музыка́нта	музыка́нта	музыка́нте	музыка́нту	музыка́нтом
музыка́нты	музыка́нтов	музыка́нтов	музыка́нтах	музыка́нтам	музыка́нтами

МУЗЫКА́НТША SS *Colloquial*; *f.an*: musician (*woman*)

музыка́нтша	музыка́нтшу	музыка́нтши	музыка́нтше	музыка́нтше	музыка́нтшей
музыка́нтши	музыка́нтш	музыка́нтш	музыка́нтшах	музыка́нтшам	музыка́нтшами

МУЛЬТФИ́ЛЬМ SS *m.in*: cartoon (*movie*)

-фи́льм	-фи́льм	-фи́льма	-фи́льме	-фи́льму	-фи́льмом
-фи́льмы	-фи́льмы	-фи́льмов	-фи́льмах	-фи́льмам	-фи́льмами

МУРАВЕ́Й EE (e) *m.an*: ant

мураве́й	муравья́	муравья́	муравье́	муравью́	муравьём
муравьи́	муравьёв	муравьёв	муравья́х	муравья́м	муравья́ми

МУРАВЕ́ЙНИК SS *m.in*: ant-hill

мураве́йник	мураве́йник	мураве́йника	мураве́йнике	мураве́йнику	мураве́йником
мураве́йники	мураве́йники	мураве́йников	мураве́йниках	мураве́йникам	мураве́йниками

МУРАВЬЕ́Д SS *m.an*: ant-eater

муравье́д	муравье́да	муравье́да	муравье́де	муравье́ду	муравье́дом
муравье́ды	муравье́дов	муравье́дов	муравье́дах	муравье́дам	муравье́дами

МУСУЛЬМА́НСКИЙ S short forms avoided, no compar: Moslem

-ма́нский	Nom/Gen	-ма́нского	-ма́нском	-ма́нскому	-ма́нским
-ма́нское	-ма́нское	-ма́нского	-ма́нском	-ма́нскому	-ма́нским
-ма́нская	-ма́нскую	-ма́нской	-ма́нской	-ма́нской	-ма́нской
-ма́нские	Nom/Gen	-ма́нских	-ма́нских	-ма́нским	-ма́нскими

adv. по-мусульма́нски

МУ́ХА SS *f.an*: fly

му́ха	му́ху	му́хи	му́хе	му́хе	му́хой
му́хи	мух	мух	му́хах	му́хам	му́хами

МЫ *pronoun*: we

мы	нас	нас	нас	нам	на́ми

МЫ́ЛО SE *n.in*: soap

мы́ло	мы́ло	мы́ла	мы́ле	мы́лу	мы́лом

✓ МЫСЛЬ SS *f.in*: thought

мысль	мысль	мы́сли	мы́сли	мы́сли	мы́слью
мы́сли	мы́сли	мы́слей	мы́слях	мы́слям	мы́слями

МЫТЬ SS мо́ют; ppp мы́тый S; Impf. (Pf. вы- and по-): wash (face, floor, etc., but not clothes) e.g. Он мо́ет ру́ки Acc холо́дной водо́й Inst

мо́ю	мо́ем	мой	мыл	мо́я	
мо́ешь	мо́ете	мо́йте	мы́ла	мо́ющий	мы́вший
мо́ет	мо́ют		мы́ли/о	мо́емый	

МЫ́ТЬСЯ SS мо́ются; Impf. (Pf. вы- and по-): wash up (said of one's hands, face, body) e.g. Он мо́ется холо́дной водо́й Inst

мо́юсь	мо́емся	мо́йся	мы́лся	мо́ясь	
мо́ешься	мо́етесь	мо́йтесь	мы́лась	мо́ющийся	мы́вшийся
мо́ется	мо́ются		мы́лись/ось	—	—

МЫШЬ SE NPlur. мы́ши *f.an*: mouse ● лету́чая мышь bat

мышь	мышь	мы́ши	мы́ши	мы́ши	мы́шью
мы́ши	мыше́й	мыше́й	мыша́х	мыша́м	мыша́ми

МЭН SS *m.in*: Maine

Мэн	Мэн	Мэна	Мэне	Мэну	Мэном

МЭ́РИЛЕНД SS *m.in*: Maryland

Мэ́риленд	Мэ́риленд	Мэ́риленда	Мэ́риленде	Мэ́риленду	Мэ́рилендом

МЯ́ГКИЙ <х'к' *before* и; хк *before other vowels*; хч' *in* мя́гче> M (o) [*sh.Plur.* мягки́]: soft; mild, gentle

мя́гкий	Nom/Gen	мя́гкого	мя́гком	мя́гкому	мя́гким
мя́гкое	мя́гкое	мя́гкого	мя́гком	мя́гкому	мя́гким
мя́гкая	мя́гкую	мя́гкой	мя́гкой	мя́гкой	мя́гкой
мя́гкие	Nom/Gen	мя́гких	мя́гких	мя́гким	мя́гкими

мя́гок, мягка́, мя́гко, мя́гки́; мя́гче

МЯСНИ́К EE *m.an*: butcher

мясни́к	мясника́	мясника́	мяснике́	мяснику́	мяснико́м
мясники́	мяснико́в	мяснико́в	мясника́х	мясника́м	мясника́ми

МЯ́СО SE *Plur. hypothetical*; *n.in*: meat

мя́со	мя́со	мя́са	мя́се	мя́су	мя́сом

МЯЧ EE *m.in*: ball

мяч	мяч	мяча́	мяче́	мячу́	мячо́м
мячи́	мячи́	мяче́й	мяча́х	мяча́м	мяча́ми

НА[1] (*normally unstressed*) *prep.* +Prep: on; at; in; *prep.* +Acc: on, onto; to; for *e.g.* Како́е у на́с зада́ние на сре́ду Acc? Он прие́хал на одну́ неде́лю Acc

НА[2] *particle*: here, here you are, take it

НА́БЕРЕЖНАЯ *used as f.in noun*: embankment, riverfront, quay (*use* на/на/с *for to/on (at)/from*)

на́бережная	на́бережную	на́бережной	на́бережной	на́бережной	на́бережной
на́бережные	на́бережные	на́бережных	на́бережных	на́бережным	на́бережными

НАБЛЮДА́ТЬ SS -а́ют; *no ppp*; *Impf*: observe, watch *e.g.* Он наблюда́ет за сестро́й Inst

наблюда́ю	наблюда́ем	наблюда́й	наблюда́л	наблюда́я	
наблюда́ешь	наблюда́ете	наблюда́йте	наблюда́ла	наблюда́ющий	наблюда́вший
наблюда́ет	наблюда́ют		наблюда́ли/о	наблюда́емый	——

НАБЛЮДЕ́НИЕ SS *n.in*: observation

наблюде́ние	наблюде́ние	наблюде́ния	наблюде́нии	наблюде́нию	наблюде́нием
наблюде́ния	наблюде́ния	наблюде́ний	наблюде́ниях	наблюде́ниям	наблюде́ниями

НАВЕ́РНО *adv. and parenthetical word*: probably, most likely

НАВЕ́РНОЕ <*often pronounced like* наве́рно> *variant of* наве́рно

НАВЕ́РХ *adv*: up, upward; upstairs; to the top

НАВЕРХУ́ *adv*: up above; upstairs

НАВСЕГДА́ *adv*: forever, for good

НАВСТРЕ́ЧУ *adv, preposition, and postposition* +Dat: towards, meeting halfway *e.g.* Он шёл мне́ Dat навстре́чу = Он шёл навстре́чу мне́ Dat He and I were walking towards each other

НАД (*normally unstressed; see also variant* надо[1]) *prep.* +Inst: over, above; on

НАДВИГА́ТЬСЯ SS -а́ются; *Impf.* (*Pf.* надви́нуться): approach, draw near *e.g.* Гроза́ надвига́лась на го́род Acc The storm was approaching the city

надвига́юсь	надвига́емся	надвига́йся	надвига́лся	надвига́ясь	
надвига́ешься	надвига́етесь	надвига́йтесь	надвига́лась	надвига́ющийся	надвига́вшийся
надвига́ется	надвига́ются		надвига́лись/ось	——	

НАДВИ́НУТЬСЯ SS -нутся; *Pf.* (*Impf.* надвига́ться): approach, draw near *e.g.* Гроза́ надви́нулась на го́род Acc The storm drew near the city

-дви́нусь	-дви́немся	-дви́нься	-дви́нулся	——	-дви́нувшись
-дви́нешься	-дви́нетесь	-дви́ньтесь	-дви́нулась	——	-дви́нувшийся
-дви́нется	-дви́нутся		-дви́нулись/ось	——	

НАДЕВА́ТЬ SS -а́ют; *Impf.* (*Pf.* наде́ть): put on *e.g.* Он надева́ет ша́пку Acc на го́лову Acc

надева́ю	надева́ем	надева́й	надева́л	надева́я	
надева́ешь	надева́ете	надева́йте	надева́ла	надева́ющий	надева́вший
надева́ет	надева́ют		надева́ли/о	надева́емый	——

НАДЕ́ЖДА SS *f.in*: hope

наде́жда	наде́жду	наде́жды	наде́жде	наде́жде	наде́ждой
наде́жды	наде́жды	наде́жд	наде́ждах	наде́ждам	наде́ждами

НАДЁЖНЫЙ S (e): reliable; safe

надёжный	Nom/Gen	надёжного	надёжном	надёжному	надёжным
надёжное	надёжное	надёжного	надёжном	надёжному	надёжным
надёжная	надёжную	надёжной	надёжной	надёжной	надёжной
надёжные	Nom/Gen	надёжных	надёжных	надёжным	надёжными

надёжен, надёжна, надёжно, надёжны; надёжнее

НАДЕ́ТЬ SS -де́нут; *ppp* наде́тый S; *Pf.* (*Impf.* надева́ть): put on *e.g.* Он наде́л ша́пку Acc на го́лову Acc

наде́ну	наде́нем	наде́нь	наде́л	——	наде́в[ши]
наде́нешь	наде́нете	наде́ньте	наде́ла	——	наде́вший
наде́нет	наде́нут		наде́ли/о	——	наде́тый S

✓**НАДЕ́ЯТЬСЯ** SS наде́ются; *Impf. (Pf.* по-*)*: 1. hope (for) *e.g.* Он наде́ется на хоро́шую рабо́ту *Acc*; 2. rely (on) *e.g.* Он наде́ется на сестру́ *Acc*

наде́юсь	наде́емся	наде́йся	наде́ялся	наде́ясь	
наде́ешься	наде́етесь	наде́йтесь	наде́ялась	наде́ющийся	наде́явшийся
наде́ется	наде́ются		наде́ялись/ось	——	——

НА́ДО¹ *variant of* над; *normally unstressed; used optionally before vowel-less stems beginning with* р *or* л, *e.g.* над(о) льдо́м; *also used before* мно́й/мно́ю *and* всём

НА́ДО² *predicate*: 1. have to, must, ought to, need to *e.g.* Мне́ *Dat* на́до рабо́тать I have to work; 2. need (smt.) *e.g.* Мне́ *Dat* на́до кни́гу *Acc* I need a book

НАДОЕДА́ТЬ SS -а́ют; *intrans; Impf. (Pf.* надое́сть*)*: 1. bore, get on smb.'s nerves *e.g.* Он надоеда́ет сестре́ *Dat* свои́ми разгово́рами *Inst*; 2. get tired of, fed up with *e.g.* Ему́ *Dat* надоеда́ет чита́ть He gets tired of reading

надоеда́ю	надоеда́ем	надоеда́й	надоеда́л	надоеда́я	
надоеда́ешь	надоеда́ете	надоеда́йте	надоеда́ла	надоеда́ющий	надоеда́вший
надоеда́ет	надоеда́ют		надоеда́ли/о		

НАДОЕ́СТЬ ES -едя́т -е́м -е́шь -е́ст -еди́м -еди́те; *Imperative (-е́шь!) avoided*; -е́л -е́ла -е́ли; *intrans; Pf. (Impf.* надоеда́ть*)*: 1. bore, get one smb.'s nerves *e.g.* Он надое́л сестре́ *Dat* свои́ми разгово́рами *Inst*; 2. get tired of, fed up with *e.g.* Ему́ *Dat* надое́ло чита́ть He got tired of reading

надое́м	надоеди́м		надое́л	——	надое́в[ши]
надое́шь	надоеди́те		надое́ла	——	надое́вший
надое́ст	надоедя́т		надое́ли/о	——	

НАДО́ЛГО *adv*: for a long time

НАЕ́ДУТ *non-past tense of* нае́хать

НАЕЗЖА́Й *Imperative of* наезжа́ть *and of* нае́хать

НАЕЗЖА́ТЬ <ж'ж' *or* жж> SS -а́ют; *intrans; Impf. (Pf.* нае́хать*)*: drive into, run over *e.g.* Он всегда́ наезжа́л на траву́ *Acc*

наезжа́ю	наезжа́ем	наезжа́й	наезжа́л	наезжа́я	
наезжа́ешь	наезжа́ете	наезжа́йте	наезжа́ла	наезжа́ющий	наезжа́вший
наезжа́ет	наезжа́ют		наезжа́ли/о	——	——

НАЕ́ХАТЬ SS -е́дут; -езжа́й! <ж'ж' *or* жж> *intrans; Pf. (Impf.* наезжа́ть*)*: drive into, run over *e.g.* Он нае́хал на траву́ *Acc*

нае́ду	нае́дем	наезжа́й	нае́хал	——	нае́хав[ши]
нае́дешь	нае́дете	наезжа́йте	нае́хала	——	нае́хавший
нае́дет	нае́дут		нае́хали/о	——	——

НАЗА́Д *adv*: back, backwards; *postposition +Acc*: ago *e.g.* Он прие́хал неде́лю *Acc* наза́д [*or* неде́лю *Acc* тому́ наза́д]

НАЗВА́НИЕ SS *n.in*: name (of an object, institution, etc., not of a person)

назва́ние	назва́ние	назва́ния	назва́нии	назва́нию	назва́нием
назва́ния	назва́ния	назва́ний	назва́ниях	назва́ниям	назва́ниями

НА́ЗВАННЫЙ S [*or old-fashioned* M] *ppp of* назва́ть: called, named (by smb.)

на́званный	Nom/Gen	на́званного	на́званном	на́званному	на́званным
на́званное	на́званное	на́званного	на́званном	на́званному	на́званным
на́званная	на́званную	на́званной	на́званной	на́званной	на́званной
на́званные	Nom/Gen	на́званных	на́званных	на́званным	на́званными

на́зван, на́звана, на́звано, на́званы

НАЗВА́ТЬ ЕМ -зову́т; *ppp* на́званный S [*or old-fashioned* M]; *Pf. (Impf.* называ́ть*)*: 1. give a name *e.g.* Он назва́л до́чку *Acc* Ма́шей *Inst*; 2. call, refer to as, address as *e.g.* Он назва́л меня́ *Acc* дурако́м *Instr*

назову́	назовём	назови́	назва́л	——	назва́в[ши]
назовёшь	назовёте	назови́те	назвала́	——	назва́вший
назовёт	назову́т		назва́ли/о	——	на́званный S

НАЗВА́ТЬСЯ ЕЕ [*or* ЕМ] -зову́тся; [-зва́лся *or old-fashioned* -звался]; *Pf. (Impf.* называ́ться*)*: call oneself *e.g.* Он назва́лся Пе́тей *Inst*, хотя́ его́ и́мя — Ко́ля

назову́сь	назовёмся	назови́сь	назва́лся		назва́вшись
назовёшься	назовётесь	назови́тесь	назвала́сь	——	назва́вшийся
назовётся	назову́тся		назвали́сь/о́сь	——	

НАЗНАЧА́ТЬ SS -а́ют; *Impf. (Pf.* назна́чить*)*: appoint *e.g.* Он назнача́ет сестру́ *Acc* дире́ктором *Inst*; set a date (for) *e.g.* Он назнача́ет встре́чу *Acc* на пя́тницу *Acc*

назнача́ю	назнача́ем	назнача́й	назнача́л	назнача́я	
назнача́ешь	назнача́ете	назнача́йте	назнача́ла	назнача́ющий	назнача́вший
назнача́ет	назнача́ют		назнача́ли/о	назнача́емый	——

НАЗНА́ЧИТЬ SS -чат; *Pf. (Impf.* назнача́ть*)*: appoint *e.g.* Он назна́чил сестру́ *Acc* дире́ктором *Inst*; set a date (for) *e.g.* Он назна́чил встре́чу *Acc* на пя́тницу *Acc*

назна́чу	назна́чим	назна́чь	назна́чил	——	назна́чив[ши]
назна́чишь	назна́чите	назна́чьте	назна́чила	——	назна́чивший
назна́чит	назна́чат		назна́чили/о	——	назна́ченный S

НАЗОВУ́Т *non-past tense of* назва́ть

НАЗЫВА́ЕМЫЙ *pres. passive ptcpl. of* называ́ть ● та́к называ́емый so-called

НАЗЫВА́ТЬ SS -а́ют; *Impf.* (*Pf.* назва́ть): 1. give a name *e.g.* Он называ́ет свои́х дете́й *Acc* ру́сскими имена́ми *Inst*; 2. call, refer to as, address as *e.g.* Он называ́ет меня́ *Acc* дурако́м *Instr*

называ́ю	называ́ем	называ́й	называ́л	называ́я	
называ́ешь	называ́ете	называ́йте	называ́ла	называ́ющий	называ́вший
называ́ет	называ́ют		называ́ли/о	называ́емый	——

НАЗЫВА́ТЬСЯ SS -а́ются; *Impf.* 1. (*Pf.* назва́ться) call oneself *e.g.* Он называ́ется Пе́тей *Inst*, хотя́ его́ и́мя — Ко́ля; 2. (*no Pf.*) be called *e.g.* Э́тот университе́т *Nom* называ́ется «Корне́лл» *Nom*

называ́юсь	называ́емся	называ́йся	называ́лся	называ́ясь	
называ́ешься	называ́етесь	называ́йтесь	называ́лась	называ́ющийся	называ́вшийся
называ́ется	называ́ются		называ́лись/ось	——	——

НАИБО́ЛЕЕ *adv*: the most

НАЙВНЫЙ S (e): naive

найвный	Nom/Gen	найвного	найвном	найвному	найвным
найвное	найвное	найвного	найвном	найвному	найвным
найвная	найвную	найвной	найвной	найвной	найвной
найвные	Nom/Gen	найвных	найвных	найвным	найвными

найвен, найвна, найвно, найвны; найвнее

НАИЗУ́СТЬ *adv*: by heart; from memory

НАИМЕ́НЕЕ *adv*: the least

НАЙТИ́ EE найду́т; нашёл нашла́ нашли́; *past adv.* найдя́; *past active ptcpl.* наше́дший; *ppp* на́йденный S; *Pf.* (*Impf.* находи́ть): find

найду́	найдём	найди́	нашёл	——	найдя́
найдёшь	найдёте	найди́те	нашла́	——	наше́дший
найдёт	найду́т		нашли́/о	——	на́йденный S

НАЙТИ́СЬ EE найду́тся; нашёлся нашла́сь нашли́сь; *past adv.* найдя́сь; *past active ptcpl.* наше́дшийся; *Pf.* (*Impf.* находи́ться[1]): be found, turn up ● У ва́с не найдётся +*Gen*? Would you happen to have (smt.)?

найду́сь	найдёмся	найди́сь	нашёлся	——	найдя́сь
найдёшься	найдётесь	найди́тесь	нашла́сь	——	наше́дшийся
найдётся	найду́тся		нашли́сь/ось	——	на́йденный S

✓**НАКАЗА́НИЕ** SS *n.in*: punishment

наказа́ние	наказа́ние	наказа́ния	наказа́нии	наказа́нию	наказа́нием
наказа́ния	наказа́ния	наказа́ний	наказа́ниях	наказа́ниям	наказа́ниями

НАКЛОНИ́ТЬСЯ MS -кло́нятся; *Pf.* (*Impf.* наклоня́ться): stoop; lean (over to) *e.g.* Он наклони́лся к сестре́ *Dat*

наклоню́сь	накло́нимся	наклони́сь	наклони́лся	——	наклони́вшись
накло́нишься	накло́нитесь	наклони́тесь	наклони́лась	——	наклони́вшийся
накло́нится	накло́нятся		наклони́лись/ось	——	

НАКЛОНЯ́ТЬСЯ SS -я́ются; *Impf.* (*Pf.* наклони́ться): stoop; lean (over to) *e.g.* Он наклоня́лся к сестре́ *Dat*

-клоня́юсь	-клоня́емся	-клоня́йся	-клоня́лся	-клоня́ясь	
-клоня́ешься	-клоня́етесь	-клоня́йтесь	-клоня́лась	-клоня́ющийся	-клоня́вшийся
-клоня́ется	-клоня́ются		-клоня́лись/ось	——	——

НАКОНЕ́Ц *adv. and parenthetical word*: finally; at last; in the end

НАКОРМИ́ТЬ MS -ко́рмят; *Pf.* (*Impf.* корми́ть): feed *e.g.* Он накорми́л сестру́ *Acc* ка́шей *Inst*

накормлю́	нако́рмим	накорми́	накорми́л	——	накорми́в[ши]
нако́рмишь	нако́рмите	накорми́те	накорми́ла	——	накорми́вший
нако́рмит	нако́рмят		накорми́ли/о	——	нако́рмленный S

НАКРО́ЮТ *non-past tense of* накры́ть

НАКРЫВА́ТЬ SS -а́ют; *Impf.* (*Pf.* накры́ть): cover; set (the table) (for) *e.g.* Он накрыва́ет стол *Acc* к обе́ду *Dat* [*or* Он накрыва́ет на стол *Acc* к обе́ду *Dat*]

накрыва́ю	накрыва́ем	накрыва́й	накрыва́л	накрыва́я	
накрыва́ешь	накрыва́ете	накрыва́йте	накрыва́ла	накрыва́ющий	накрыва́вший
накрыва́ет	накрыва́ют		накрыва́ли/о	накрыва́емый	——

НАКРЫ́ТЬ SS -кро́ют; *ppp* накры́тый S; *Pf.* (*Impf.* накрыва́ть): cover; set (the table) (for) *e.g.* Он накры́л стол *Acc* к обе́ду *Dat* [*or* Он накры́л на стол *Acc* к обе́ду *Dat*]

накро́ю	накро́ем	накро́й	накры́л	——	накры́в[ши]
накро́ешь	накро́ете	накро́йте	накры́ла	——	накры́вший
накро́ет	накро́ют		накры́ли/о	——	накры́тый S

НАЛЕ́ВО *adv*: on the left, to the left; on the side, illicitly

НАЛИВА́ТЬ SS -а́ют; *Impf.* (*Pf.* нали́ть): pour (*said of liquids*)

налива́ю	налива́ем	налива́й	налива́л	налива́я	
налива́ешь	налива́ете	налива́йте	налива́ла	налива́ющий	налива́вший
налива́ет	налива́ют		налива́ли/о	налива́емый	——

НАЛИ́ТЬ EM -лью́т; -лей! на́лил налила́ на́лили; *ppp* на́литый M; *Pf.* (*Impf.* налива́ть): pour (*said of liquids*)

налью́	нальём	нале́й	на́лил	——	нали́в[ши]
нальёшь	нальёте	нале́йте	налила́	——	нали́вший
нальёт	налью́т		на́лили/о	——	на́литый M

НА́М *see* мы́

НАМНО́ГО *adv*: much (*used with comparatives*) *e.g.* намно́го бо́льше much bigger, much more

НАОБОРО́Т *adv*: on the contrary; the other way around; back to front, backwards

НАПЕЧА́ТАТЬ SS -ают; Pf. (Impf. печа́тать): publish; print; type e.g. Он напеча́тал статью Acc на маши́нке Prep He typed his article

напеча́таю	напеча́таем	напеча́тай	напеча́тал	——	напеча́тав[ши]
напеча́таешь	напеча́таете	напеча́тайте	напеча́тала	——	напеча́тавший
напеча́тает	напеча́тают		напеча́тали/о	——	напеча́танный S

НАПИСА́ТЬ MS -пи́шут; Pf. (Impf. писа́ть): 1. write e.g. Он написа́л письмо́ Acc сестре́ Dat карандашо́м Inst; 2. paint (paintings)

напишу́	напи́шем	напиши́	написа́л	——	написа́в[ши]
напи́шешь	напи́шете	напиши́те	написа́ла	——	написа́вший
напи́шет	напи́шут		написа́ли/о	——	напи́санный S

НАПИ́ТОК SS (о) m.in: drink, beverage

напи́ток	напи́ток	напи́тка	напи́тке	напи́тку	напи́тком
напи́тки	напи́тки	напи́тков	напи́тках	напи́ткам	напи́тками

НАПОМИНА́ТЬ SS -а́ют; Impf. (Pf. напо́мнить): 1. remind (about) e.g. Он напомина́ет мне́ Dat о кни́ге Prep; 2. remind (of), bring to mind e.g. Он напомина́ет мне́ Dat сестру́ Acc He reminds me of (brings to mind) my sister

-помина́ю	-помина́ем	-помина́й	-помина́л	-помина́я	
-помина́ешь	-помина́ете	-помина́йте	-помина́ла	-помина́ющий	-помина́вший
-помина́ет	-помина́ют		-помина́ли/о	-помина́емый	——

НАПО́МНИТЬ SS -нят; Pf. (Impf. напомина́ть): 1. remind (about) e.g. Он напо́мнил мне́ Dat о кни́ге Prep; 2. remind (of), bring to mind e.g. Он напо́мнил мне́ Dat сестру́ Acc He reminded me of (brought to mind) my sister

напо́мню	напо́мним	напо́мни	напо́мнил	——	напо́мнив[ши]
напо́мнишь	напо́мните	напо́мните	напо́мнила	——	напо́мнивший
напо́мнит	напо́мнят		напо́мнили/о	——	

НАПРА́ВИТЬ SS -вят; Pf. (Impf. направля́ть): direct

напра́влю	напра́вим	напра́вь	напра́вил	——	напра́вив[ши]
напра́вишь	напра́вите	напра́вьте	напра́вила	——	напра́вивший
напра́вит	напра́вят		напра́вили/о	——	напра́вленный S

НАПРАВЛЯ́ТЬ SS -я́ют; Impf. (Pf. напра́вить): direct

-правля́ю	-правля́ем	-правля́й	-правля́л	-правля́я	
-правля́ешь	-правля́ете	-правля́йте	-правля́ла	-правля́ющий	-правля́вший
-правля́ет	-правля́ют		-правля́ли/о	-правля́емый	——

НАПРА́ВО adv: on the right; to the right

НАПРА́СНО adv: in vain; for nothing; unjustly; mistakenly; predicate: it's no use e.g. Напра́сно с ни́м говори́ть

НАПРИМЕ́Р parenthetical word: for example

НАПРО́ТИВ adv: in defiance; on the contrary; prep. +Gen: opposite, across from

НАРЕ́ЗАТЬ SS -ре́жут; Pf. (Impf. нареза́ть and ре́зать): cut, slice e.g. Он наре́зал сы́р Acc на куски́ Acc

наре́жу	наре́жем	наре́жь	наре́зал	——	наре́зав[ши]
наре́жешь	наре́жете	наре́жьте	наре́зала	——	наре́завший
наре́жет	наре́жут		наре́зали/о	——	наре́занный S

НАРЕЗА́ТЬ SS -а́ют; Impf. (Pf. наре́зать): cut, slice e.g. Он нареза́л сы́р Acc на куски́ Acc

нареза́ю	нареза́ем	нареза́й	нареза́л	нареза́я	
нареза́ешь	нареза́ете	нареза́йте	нареза́ла	нареза́ющий	нареза́вший
нареза́ет	нареза́ют		нареза́ли/о	нареза́емый	——

НАРИСОВА́ТЬ SS -су́ют; Pf. (Impf. рисова́ть): paint, draw

нарису́ю	нарису́ем	нарису́й	нарисова́л	——	нарисова́в[ши]
нарису́ешь	нарису́ете	нарису́йте	нарисова́ла	——	нарисова́вший
нарису́ет	нарису́ют		нарисова́ли/о	——	нарисо́ванный S

НАРКОМА́Н SS m.an: drug addict

наркома́н	наркома́на	наркома́на	наркома́не	наркома́ну	наркома́ном
наркома́ны	наркома́нов	наркома́нов	наркома́нах	наркома́нам	наркома́нами

НАРКО́ТИК SS m.in: narcotic, drug

нарко́тик	нарко́тик	нарко́тика	нарко́тике	нарко́тику	нарко́тиком
нарко́тики	нарко́тики	нарко́тиков	нарко́тиках	нарко́тикам	нарко́тиками

НАРО́Д SS Part. -у m.in: people; the people; nation

наро́д	наро́д	наро́да/-у	наро́де	наро́ду	наро́дом
наро́ды	наро́ды	наро́дов	наро́дах	наро́дам	наро́дами

НАРО́ДНЫЙ S (е): national; folk; people's

наро́дный	Nom/Gen	наро́дного	наро́дном	наро́дному	наро́дным
наро́дное	наро́дное	наро́дного	наро́дном	наро́дному	наро́дным
наро́дная	наро́дную	наро́дной	наро́дной	наро́дной	наро́дной
наро́дные	Nom/Gen	наро́дных	наро́дных	наро́дным	наро́дными

наро́ден, наро́дна, наро́дно, наро́дны; наро́днее

НА́С see мы́

НАСЕЛЕ́НИЕ SS n.in: population

населе́ние	населе́ние	населе́ния	населе́нии	населе́нию	населе́нием

НАСКО́ЛЬКО adv: how much, how far; as far as

НАСЛАДИ́ТЬСЯ ES -дя́тся; *Pf.* (*Impf.* наслажда́ться): enjoy

наслажу́сь	насладимся	насладись	насладился	——	насладившись
насладишься	насладитесь	насладитесь	насладилась	——	насладившийся
насладится	насладятся		насладились/ось	——	

НАСЛАЖДА́ТЬСЯ SS -а́ются; *Impf.* (*Pf.* наслади́ться): enjoy *e.g.* Он наслажда́лся кни́гой *Inst*

-да́юсь	-да́емся	-да́йся	-да́лся	-да́ясь	
-да́ешься	-да́етесь	-да́йтесь	-да́лась	-да́ющийся	-да́вшийся
-да́ется	-да́ются		-да́лись/ось		

НА́СМОРК SS *m.in*: (head) cold

на́сморк	на́сморк	на́сморка	на́сморке	на́сморку	на́сморком

НАСТА́ИВАТЬ[1] SS -ают; *intrans*; *Impf.* (*Pf.* настоя́ть): insist (on) *e.g.* Он наста́ивает на своём пла́не *Prep*

наста́иваю	наста́иваем	наста́ивай	наста́ивал	наста́ивая	
наста́иваешь	наста́иваете	наста́ивайте	наста́ивала	наста́ивающий	наста́ивавший
наста́ивает	наста́ивают		наста́ивали/о		

НАСТА́ИВАТЬ[2] SS -ают; *Impf.* (*Pf.* настоя́ть): 1. let steep, brew *e.g.* Он наста́ивает ча́й *Acc* He's letting the tea steep; 2. flavor something by steeping *e.g.* Он наста́ивает во́дку *Acc* на тра́вах *Prep* He's flavoring the vodka with herbs

наста́иваю	наста́иваем	наста́ивай	наста́ивал	наста́ивая	
наста́иваешь	наста́иваете	наста́ивайте	наста́ивала	наста́ивающий	наста́ивавший
наста́ивает	наста́ивают		наста́ивали/о	наста́иваемый	

НАСТО́ЙЧИВО *adv*: insistently, persistently

НАСТОЯ́ТЬ[1] ES -стоя́т; *Imperative avoided*; *intrans*; *Pf.* (*Impf.* наста́ивать[1]): insist (on) *e.g.* Он настоя́л на своём пла́не *Prep*

настою́	настоим		настоял	——	настояв[ши]
настоишь	настойте		настояла	——	настоявший
настоит	настоят		настояли/о	——	

НАСТОЯ́ТЬ[2] ES -стоя́т; *Imperative avoided*; *Pf.* (*Impf.* наста́ивать[2]): 1. let steep, brew *e.g.* Он настоя́л ча́й *Acc* He let the tea steep; 2. flavor something by steeping *e.g.* Он настоя́л во́дку *Acc* на тра́вах *Prep* He flavored the vodka with herbs

настою́	настойм		настоял	——	настояв[ши]
настоишь	настойте		настояла	——	настоявший
настоит	настоят		настояли/о	——	настоянный S

НАСТОЯ́ЩИЙ S *also used as n.in noun*: present; real, genuine; (*as noun*) the present time

настоящий	*Nom/Gen*	настоящего	настоящем	настоящему	настоящим
настоящее	настоящее	настоящего	настоящем	настоящему	настоящим
настоящая	настоящую	настоящей	настоящей	настоящей	настоящей
настоящие	*Nom/Gen*	настоящих	настоящих	настоящим	настоящими

adv. по-настоящему

НАСТРОЕ́НИЕ SS *n.in*: mood *e.g.* Я не в настрое́нии *Prep* рабо́тать I'm not in the mood for work (working)

настрое́ние	настрое́ние	настрое́ния	настрое́нии	настрое́нию	настрое́нием
настрое́ния	настрое́ния	настрое́ний	настрое́ниях	настрое́ниям	настрое́ниями

НАСТУПА́ТЬ SS -а́ют; *intrans*; *Impf*: 1. (*Pf.* наступи́ть) step, tread (on) *e.g.* Он наступа́ет мне́ *Dat* на но́гу *Acc*; 2. (*Pf.* наступи́ть) approach, come, begin; 3. (*no Pf.*) advance, be on the offensive (*military*)

наступа́ю	наступа́ем	наступа́й	наступа́л	наступа́я	
наступа́ешь	наступа́ете	наступа́йте	наступа́ла	наступа́ющий	наступа́вший
наступа́ет	наступа́ют		наступа́ли/о		

НАСТУПИ́ТЬ MS -сту́пят; *intrans*; *Pf.* (*Impf.* наступа́ть): 1. step, tread (on) *e.g.* Он наступи́л мне́ *Dat* на но́гу *Acc*; 2. come, begin

наступлю́	насту́пим	наступи́	наступи́л	——	наступи́в[ши]
насту́пишь	насту́пите	наступи́те	наступи́ла	——	наступи́вший
насту́пит	насту́пят		наступи́ли/о	——	

НАСТУПЛЕ́НИЕ SS *n.in*: (military) offensive, attack; coming, approach

наступле́ние	наступле́ние	наступле́ния	наступле́нии	наступле́нию	наступле́нием
наступле́ния	наступле́ния	наступле́ний	наступле́ниях	наступле́ниям	наступле́ниями

НАСЧЁТ *prep.* +*Gen*: about *e.g.* насчёт де́нег *Gen* about money

НАУ́КА SS *f.in*: science; learning; scholarship

нау́ка	нау́ку	нау́ки	нау́ке	нау́ке	нау́кой
нау́ки	нау́ки	нау́к	нау́ках	нау́кам	нау́ками

НАУЧИ́ТЬ MS -у́чат; *Pf.* (*Impf.* учи́ть): teach, train *e.g.* Он научи́л сестру́ *Acc* ру́сскому языку́ *Dat*; Он научи́л сестру́ *Acc* говори́ть по-ру́сски

научу́	нау́чим	научи́	научи́л	——	научи́в[ши]
нау́чишь	нау́чите	научи́те	научи́ла	——	научи́вший
нау́чит	нау́чат		научи́ли/о	——	нау́ченный S

НАУЧИ́ТЬСЯ MS -у́чатся; *Pf.* (*Impf.* учи́ться): learn *e.g.* Он научи́лся *Acc* ру́сскому языку́ *Dat*; Он научи́лся говори́ть по-ру́сски

научу́сь	нау́чимся	научи́сь	научи́лся	——	научи́вшись
нау́чишься	нау́читесь	научи́тесь	научи́лась	——	научи́вшийся
нау́чится	нау́чатся		научи́лись/ось	——	

НАУ́ЧНЫЙ S (e): scientific, scholarly

нау́чный	Nom/Gen	нау́чного	нау́чном	нау́чному	нау́чным
нау́чное	нау́чное	нау́чного	нау́чном	нау́чному	нау́чным
нау́чная	нау́чную	нау́чной	нау́чной	нау́чной	нау́чной
нау́чные	Nom/Gen	нау́чных	нау́чных	нау́чным	нау́чными

нау́чен, нау́чна, нау́чно, нау́чны; нау́чнее

НАУ́ШНИК SS m.in: ear-flap; ear-muff; head-phone

нау́шник	нау́шник	нау́шника	нау́шнике	нау́шнику	нау́шником
нау́шники	нау́шники	нау́шников	нау́шниках	нау́шникам	нау́шниками

НАХМУ́РИВАТЬСЯ SS -аются; Impf. (Pf. нахму́риться): frown, scowl

-риваюсь	-риваемся	-ривайся	-ривался	-риваясь	
-риваешься	-риваетесь	-ривайтесь	-ривалась	-ривающийся	-ривавшийся
-ривается	-риваются		-ривались/ось	——	——

НАХМУ́РИТЬСЯ SS -рятся; Pf. (Impf. нахму́риваться): frown, scowl

нахму́рюсь	нахму́римся	нахму́рься	нахму́рился	——	нахму́рившись
нахму́ришься	нахму́ритесь	нахму́рьтесь	нахму́рилась	——	нахму́рившийся
нахму́рится	нахму́рятся		нахму́рились/ось	——	——

НАХОДИ́ТЬ MS -хо́дят; Impf. (Pf. найти́): find, come across

нахожу́	нахо́дим	находи́	находи́л	находя́	
нахо́дишь	нахо́дите	находи́те	находи́ла	находя́щий	находи́вший
нахо́дит	нахо́дят		находи́ли/о	——	

НАХОДИ́ТЬСЯ[1] MS -хо́дятся; Impf. 1. (Pf. найти́сь): be found, turn up; 2. (no Pf.) be located

нахожу́сь	нахо́димся	находи́сь	находи́лся	находя́сь	
нахо́дишься	нахо́дитесь	находи́тесь	находи́лась	находя́щийся	находи́вшийся
нахо́дится	нахо́дятся		находи́лись/ось	——	

НАХОДИ́ТЬСЯ[2] MS -хо́дятся; Pf. (no Impf.): walk long enough; tire oneself by walking

нахожу́сь	нахо́димся	находи́сь	находи́лся	——	находи́вшись
нахо́дишься	нахо́дитесь	находи́тесь	находи́лась	——	находи́вшийся
нахо́дится	нахо́дятся		находи́лись/ось	——	——

НАЦИОНА́ЛЬНОСТЬ SS f.in: nationality, ethnic origin

-на́льность	-на́льность	-на́льности	-на́льности	-на́льности	-на́льностью
-на́льности	-на́льности	-на́льностей	-на́льностях	-на́льностям	-на́льностями

НАЦИОНА́ЛЬНЫЙ S (e): national, ethnic

-а́льный	Nom/Gen	-а́льного	-а́льном	-а́льному	-а́льным
-а́льное	-а́льное	-а́льного	-а́льном	-а́льному	-а́льным
-а́льная	-а́льную	-а́льной	-а́льной	-а́льной	-а́льной
-а́льные	Nom/Gen	-а́льных	-а́льных	-а́льным	-а́льными

-а́лен, -а́льна, -а́льно, -а́льны; -а́льнее

НАЧА́ЛО SS n.in: beginning

нача́ло	нача́ло	нача́ла	нача́ле	нача́лу	нача́лом
нача́ла	нача́ла	нача́л	нача́лах	нача́лам	нача́лами

НАЧА́ЛЬНИК SS m.an: head, boss, chief

нача́льник	нача́льника	нача́льника	нача́льнике	нача́льнику	нача́льником
нача́льники	нача́льников	нача́льников	нача́льниках	нача́льникам	нача́льниками

НАЧА́ЛЬНИЦА SS f.an: head, boss, chief (woman)

нача́льница	нача́льницу	нача́льницы	нача́льнице	нача́льнице	нача́льницей
нача́льницы	нача́льниц	нача́льниц	нача́льницах	нача́льницам	нача́льницами

НАЧА́ТЬ ЕМ начну́т; на́чал начала́ на́чали; ppp на́чатый M; Pf. (Impf. начина́ть): begin (with) e.g. Он на́чал ле́кцию Асс вопро́сом Inst [or с вопро́са Gen] к студе́нтам

начну́	начнём	начни́	на́чал	——	нача́в[ши]
начнёшь	начнёте	начни́те	начала́	——	нача́вший
начнёт	начну́т		на́чали/о	——	на́чатый M

НАЧА́ТЬСЯ ЕЕ начну́тся; начался́ Pf. (Impf. начина́ться): begin (with) e.g. Ле́кция начала́сь вопро́сами Inst [or с вопро́сов Gen]

начну́сь	начнёмся	начни́сь	начался́	——	нача́вшись
начнёшься	начнётесь	начни́тесь	начала́сь	——	нача́вшийся
начнётся	начну́тся		начали́сь/о́сь	——	

НАЧИНА́ТЬ SS -а́ют; Impf. (Pf. нача́ть): begin (with) e.g. Он начина́ет ле́кцию вопро́сом Inst [or с вопро́са Gen] к студе́нтам

начина́ю	начина́ем	начина́й	начина́л	начина́я	
начина́ешь	начина́ете	начина́йте	начина́ла	начина́ющий	начина́вший
начина́ет	начина́ют		начина́ли/о	начина́емый	——

НАЧИНА́ТЬСЯ SS -аются; Impf. (Pf. нача́ться): begin (with) e.g. Ле́кции начина́ются вопро́сами Inst [or с вопро́сов Gen] к студе́нтам

начина́юсь	начина́емся	начина́йся	начина́лся	начина́ясь	
начина́ешься	начина́етесь	начина́йтесь	начина́лась	начина́ющийся	начина́вшийся
начина́ется	начина́ются		начина́лись/ось		

НАЧНУ́Т non-past tense of нача́ть

НА́Ш *special adj:* our, ours

на́ш	*Nom./Gen.*	на́шего	на́шем	на́шему	на́шим
на́ше	на́ше	на́шего	на́шем	на́шему	на́шим
на́ша	на́шу	на́шей	на́шей	на́шей	на́шей
на́ши	*Nom./Gen.*	на́ших	на́ших	на́шим	на́шими

НАШЁЛ *past tense of* найти́

НЕ 1. (*normally unstressed*) *particle:* not; neither; 2. *separable component of* не́кого *and* не́чего, *e.g.* не́ с кем

НЕ́БО SE *NPlur.* небеса́ (*Irreg. in phrases* по не́бу [*or* по́ небу]; на не́бо [*or* на́ небо]; на не́бе [*or* на́ небе])

n.in: sky; heavens (*use* на/на/с [*or* в/в/с] *for* to/in/from)

не́бо	не́бо	не́ба	не́бе	не́бу	не́бом
небеса́	небеса́	небе́с	небеса́х	небеса́м	небеса́ми

НЕБОЛЬШО́Й E *no compar; short forms* невели́к, –а́, –о́, –и́: rather small, not too big

небольшо́й	*Nom/Gen*	небольшо́го	небольшо́м	небольшо́му	небольши́м
небольшо́е	небольшо́е	небольшо́го	небольшо́м	небольшо́му	небольши́м
небольша́я	небольшу́ю	небольшо́й	небольшо́й	небольшо́й	небольшо́й
небольши́е	*Nom/Gen*	небольши́х	небольши́х	небольши́м	небольши́ми

невели́к, невелика́, невелико́, невелики́

НЕБРА́СКА SS *f.in:* Nebraska

Небра́ска	Небра́ску	Небра́ски	Небра́ске	Небра́ске	Небра́ской

НЕВА́ EE *f.in:* Neva (river) (*use* на/на/с *for* to/on(by)/from *and use* в/в/из *for* into/in/out of the river)

Нева́	Неву́	Невы́	Неве́	Неве́	Нево́й

НЕВА́ДА SS *f.in:* Nevada

Нева́да	Нева́ду	Нева́ды	Нева́де	Нева́де	Нева́дой

НЕВА́ЖНЫЙ M (e) [*sh.Plur.* нева́жны́] *no compar:* unimportant; not very good

нева́жный	*Nom/Gen*	нева́жного	нева́жном	нева́жному	нева́жным
нева́жное	нева́жное	нева́жного	нева́жном	нева́жному	нева́жным
нева́жная	нева́жную	нева́жной	нева́жной	нева́жной	нева́жной
нева́жные	*Nom/Gen*	нева́жных	нева́жных	нева́жным	нева́жными

нева́жен, неважна́, нева́жно, нева́жны́

НЕВЕ́СТА SS *f.an:* fiancée; bride

неве́ста	неве́сту	неве́сты	неве́сте	неве́сте	неве́стой
неве́сты	неве́ст	неве́ст	неве́стах	неве́стам	неве́стами

НЕВИ́ДИМЫЙ S: invisible

неви́димый	*Nom/Gen*	неви́димого	неви́димом	неви́димому	неви́димым
неви́димое	неви́димое	неви́димого	неви́димом	неви́димому	неви́димым
неви́димая	неви́димую	неви́димой	неви́димой	неви́димой	неви́димой
неви́димые	*Nom/Gen*	неви́димых	неви́димых	неви́димым	неви́димыми

неви́дим, неви́дима, неви́димо, неви́димы; неви́димее

НЕВКУ́СНЫЙ S [*or* M] (e) *compar.* (невку́снее) *avoided:* bad-tasting

невку́сный	*Nom/Gen*	невку́сного	невку́сном	невку́сному	невку́сным
невку́сное	невку́сное	невку́сного	невку́сном	невку́сному	невку́сным
невку́сная	невку́сную	невку́сной	невку́сной	невку́сной	невку́сной
невку́сные	*Nom/Gen*	невку́сных	невку́сных	невку́сным	невку́сными

невку́сен, невкусна́, невку́сно, невку́сны

НЕВОЗМО́ЖНО *adv:* impossibly; insufferably; *predicate:* it is impossible *e.g.* Здесь невозмо́жно разгова́ривать

НЕВОЗМО́ЖНЫЙ S (e): impossible

невозмо́жный	*Nom/Gen*	невозмо́жного	невозмо́жном	невозмо́жному	невозмо́жным
невозмо́жное	невозмо́жное	невозмо́жного	невозмо́жном	невозмо́жному	невозмо́жным
невозмо́жная	невозмо́жную	невозмо́жной	невозмо́жной	невозмо́жной	невозмо́жной
невозмо́жные	*Nom/Gen*	невозмо́жных	невозмо́жных	невозмо́жным	невозмо́жными

невозмо́жен, невозмо́жна, невозмо́жно, невозмо́жны; невозмо́жнее

НЕ́ГДЕ *predicate:* there is nowhere, have nowhere *e.g.* Мне *Dat* не́где жить I have nowhere to live

НЕГО́ *see* о́н *and* оно́

НЕ́ГР SS *m.an:* Black (ethnic group)

не́гр	не́гра	не́гра	не́гре	не́гру	не́гром
не́гры	не́гров	не́гров	не́грах	не́грам	не́грами

НЕГРИТЯ́НКА SS (o) *f.an:* Black (ethnic group; woman)

негритя́нка	негритя́нку	негритя́нки	негритя́нке	негритя́нке	негритя́нкой
негритя́нки	негритя́нок	негритя́нок	негритя́нках	негритя́нкам	негритя́нками

НЕДА́ВНИЙ S (e) *sh.masc. hypothetical; adverb* неда́вно: recent

неда́вний	*Nom/Gen*	неда́внего	неда́внем	неда́внему	неда́вним
неда́внее	неда́внее	неда́внего	неда́внем	неда́внему	неда́вним
неда́вняя	неда́внюю	неда́вней	неда́вней	неда́вней	неда́вней
неда́вние	*Nom/Gen*	неда́вних	неда́вних	неда́вним	неда́вними

adv. неда́вно, *compar.* неда́внее

НЕДА́ВНО *adv:* recently

НЕДАЛЕКО́ [*or* недалёко] *adv:* not far, near *e.g.* Сто́л (стои́т) недалеко́ от окна́ *Gen*; *predicate:* it is not far (from), near От стола́ *Gen* до окна́ *Gen* недалеко́

НЕДЕ́ЛЯ SS *f.in*: week

неде́ля	неде́лю	неде́ли	неде́ле	неде́ле	неде́лей
неде́ли	неде́ли	неде́ль	неде́лях	неде́лям	неде́лями

НЕДО́БРЫЙ M [*sh.Plur.* недо́бры] *no compar*: unkind; evil

недо́брый	Nom/Gen	недо́брого	недо́бром	недо́брому	недо́брым
недо́брое	недо́брое	недо́брого	недо́бром	недо́брому	недо́брым
недо́брая	недо́брую	недо́брой	недо́брой	недо́брой	недо́брой
недо́брые	Nom/Gen	недо́брых	недо́брых	недо́брым	недо́брыми

недо́бр, недобра́, недо́бро, недо́бры

НЕДОВО́ЛЬНО *adv*: discontentedly, with dissatisfaction

НЕДОВО́ЛЬНЫЙ S (e): dissatisfied; displeased (with) *e.g.* О́н недово́лен сестро́й *Inst*

недово́льный	Nom/Gen	недово́льного	недово́льном	недово́льному	недово́льным
недово́льное	недово́льное	недово́льного	недово́льном	недово́льному	недово́льным
недово́льная	недово́льную	недово́льной	недово́льной	недово́льной	недово́льной
недово́льные	Nom/Gen	недово́льных	недово́льных	недово́льным	недово́льными

недово́лен, недово́льна, недово́льно, недово́льны; недово́льнее

НЕДОЕДА́НИЕ SS *n.in*: malnutrition

недоеда́ние	недоеда́ние	недоеда́ния	недоеда́нии	недоеда́нию	недоеда́нием

НЕДО́ЛГО *adv*: not long, not for long

НЕДОРОГО́Й M *no compar*; *short forms* недо́рог, недорога́, недо́рого, недо́роги: inexpensive

недорого́й	Nom/Gen	недорого́го	недорого́м	недорого́му	недороги́м
недорого́е	недорого́е	недорого́го	недорого́м	недорого́му	недороги́м
недорога́я	недорогу́ю	недорого́й	недорого́й	недорого́й	недорого́й
недороги́е	Nom/Gen	недороги́х	недороги́х	недороги́м	недороги́ми

недо́рог, недорога́, недо́рого, недо́роги

НЕДОСТА́ТОЧНО[1] *adv*: insufficiently; *predicate*: it is not enough *e.g.* Мне́ *Dat* недоста́точно су́па *Gen* Soup alone is not enough (food) for me

НЕДОСТА́ТОЧНО[2] *numeral*; *Acc. = Nom; no other forms*: not enough *e.g.* У меня́ недоста́точно су́па *Gen* I don't have enough soup

НЕЁ *see* она́

НЕ́ЖНО *adv*: tenderly, affectionately; delicately

НЕ́ЖНЫЙ M (e) [*sh.Plur.* не́жны]: tender, soft, delicate

не́жный	Nom/Gen	не́жного	не́жном	не́жному	не́жным
не́жное	не́жное	не́жного	не́жном	не́жному	не́жным
не́жная	не́жную	не́жной	не́жной	не́жной	не́жной
не́жные	Nom/Gen	не́жных	не́жных	не́жным	не́жными

не́жен, нежна́, не́жно, не́жны; нежне́е

НЕЗАБУ́ДКА SS (o) *f.in*: forget-me-not

незабу́дка	незабу́дку	незабу́дки	незабу́дке	незабу́дке	незабу́дкой
незабу́дки	незабу́дки	незабу́док	незабу́дках	незабу́дкам	незабу́дками

НЕЗАБЫВА́ЕМЫЙ S: unforgettable

-быва́емый	Nom/Gen	-быва́емого	-быва́емом	-быва́емому	-быва́емым
-быва́емое	-быва́емое	-быва́емого	-быва́емом	-быва́емому	-быва́емым
-быва́емая	-быва́емую	-быва́емой	-быва́емой	-быва́емой	-быва́емой
-быва́емые	Nom/Gen	-быва́емых	-быва́емых	-быва́емым	-быва́емыми

-быва́ем, -быва́ема, -быва́емо, -быва́емы; -быва́емее

НЕЗАМЕ́ТНО *adv*: imperceptibly; inconspicuously; insignificantly

НЕЗАМЕ́ТНЫЙ S (e): imperceptible; inconspicuous; insignificant, common, ordinary

незаме́тный	Nom/Gen	незаме́тного	незаме́тном	незаме́тному	незаме́тным
незаме́тное	незаме́тное	незаме́тного	незаме́тном	незаме́тному	незаме́тным
незаме́тная	незаме́тную	незаме́тной	незаме́тной	незаме́тной	незаме́тной
незаме́тные	Nom/Gen	незаме́тных	незаме́тных	незаме́тным	незаме́тными

незаме́тен, незаме́тна, незаме́тно, незаме́тны; незаме́тнее

НЕЗНАКО́МЫЙ S: unfamiliar, unknown

незнако́мый	Nom/Gen	незнако́мого	незнако́мом	незнако́мому	незнако́мым
незнако́мое	незнако́мое	незнако́мого	незнако́мом	незнако́мому	незнако́мым
незнако́мая	незнако́мую	незнако́мой	незнако́мой	незнако́мой	незнако́мой
незнако́мые	Nom/Gen	незнако́мых	незнако́мых	незнако́мым	незнако́мыми

незнако́м, незнако́ма, незнако́мо, незнако́мы

НЕИЗВЕ́СТНО <сн> *predicate*: it is unknown *e.g.* Мне́ *Dat* неизве́стно, где́ о́н живёт I don't know where he lives

НЕИЗВЕ́СТНЫЙ <сн> S (e) *also used as m.an noun*: unknown, unfamiliar *e.g.* Мне́ *Dat* неизве́стна э́та кни́га *Nom* I don't know that book; (*as noun*) stranger

неизве́стный	Nom/Gen	неизве́стного	неизве́стном	неизве́стному	неизве́стным
неизве́стное	неизве́стное	неизве́стного	неизве́стном	неизве́стному	неизве́стным
неизве́стная	неизве́стную	неизве́стной	неизве́стной	неизве́стной	неизве́стной
неизве́стные	Nom/Gen	неизве́стных	неизве́стных	неизве́стным	неизве́стными

неизве́стен, неизве́стна, неизве́стно, неизве́стны; неизве́стнее

НЕИНТЕРЕ́СНО *adv*: uninterestingly; *predicate*: it is not interesting *e.g.* Мне́ *Dat* неинтере́сно говори́ть о нём

НЕИНТЕРÉСНЫЙ S (e): uninteresting e.g. Мнé *Dat* неинтерéсна эта кнńга *Nom* I don't find this book interesting

-интерéсный	Nom/Gen	-интерéсного	-интерéсном	-интерéсному	-интерéсным
-интерéсное	-интерéсное	-интерéсного	-интерéсном	-интерéсному	-интерéсным
-интерéсная	-интерéсную	-интерéсной	-интерéсной	-интерéсной	-интерéсной
-интерéсные	Nom/Gen	-интерéсных	-интерéсных	-интерéсным	-интерéсными

-интерéсен, -интерéсна, -интерéсно, -интерéсны; -интерéснее

НÉЙ *see* онá

НÉКЕМ *see* нéкого

НÉКОГДА[1] *predicate*: there is no time, have no time e.g. Мнé *Dat* нéкогда читáть I don't have time to read; Мнé *Dat* нéкогда I'm too busy

НÉКОГДА[2] *adv*: once, formerly; in the old days

НÉКОГО <кава> *predicative pronoun; prepositions are infixed, e.g.* нé о ком; *no Nom. form*: there is nobody, have nobody e.g. Мнé *Dat* нéкому *Dat* писáть I have nobody to write to; Мнé *Dat* нé с кем *Inst* говорńть I have nobody to talk to

	нé(. . .)кого	нé(. . .)кого	нé . . . ком	нé(. . .)кому	нé(. . .)кем

НÉКОТОРЫЕ[1] *pronominal adj, inflected like Plur. ordinary adj*: only some, not all

нéкоторые	Nom./Gen.	нéкоторых	нéкоторых	нéкоторым	нéкоторыми

НÉКОТОРЫЕ[2] *pronoun, inflected like Plur. anim. adj*: some people, some

нéкоторые	нéкоторых	нéкоторых	нéкоторых	нéкоторым	нéкоторыми

НÉКОТОРЫЙ *pronominal adj. inflected like ordinary adj*: a certain, certain

нéкоторый	Nom/Gen	нéкоторого	нéкотором	нéкоторому	нéкоторым
нéкоторое	нéкоторое	нéкоторого	нéкотором	нéкоторому	нéкоторым
нéкоторая	нéкоторую	нéкоторой	нéкоторой	нéкоторой	нéкоторой
нéкоторые	Nom/Gen	нéкоторых	нéкоторых	нéкоторым	нéкоторыми

НЕКРАСńВО *adv*: improperly, impolitely; awkwardly; *predicate*: it is improper, impolite e.g. Некрасńво тáк говорńть

НЕКРАСńВЫЙ S: ugly, not good looking; unsightly; improper

некрасńвый	Nom/Gen	некрасńвого	некрасńвом	некрасńвому	некрасńвым
некрасńвое	некрасńвое	некрасńвого	некрасńвом	некрасńвому	некрасńвым
некрасńвая	некрасńвую	некрасńвой	некрасńвой	некрасńвой	некрасńвой
некрасńвые	Nom/Gen	некрасńвых	некрасńвых	некрасńвым	некрасńвыми

некрасńв, некрасńва, некрасńво, некрасńвы; некрасńвее

НÉКУДА *predicate*: there is nowhere, have nowhere e.g. Мнé *Dat* нéкуда идтń There's nowhere for me to go

НЕКУЛЬТÝРНЫЙ S (e): backward; boorish; uncivilized

-тýрный	Nom/Gen	-тýрного	-тýрном	-тýрному	-тýрным
-тýрное	-тýрное	-тýрного	-тýрном	-тýрному	-тýрным
-тýрная	-тýрную	-тýрной	-тýрной	-тýрной	-тýрной
-тýрные	Nom/Gen	-тýрных	-тýрных	-тýрным	-тýрными

-тýрен, -тýрна, -тýрно, -тýрны; -тýрнее

НЕЛЁГКИЙ <х'к' before и; хк before other vowels> E (о) *no compar; sh.masc.* нелёгок: rather difficult, not too easy; rather heavy, not too light

нелёгкий	Nom/Gen	нелёгкого	нелёгком	нелёгкому	нелёгким
нелёгкое	нелёгкое	нелёгкого	нелёгком	нелёгкому	нелёгким
нелёгкая	нелёгкую	нелёгкой	нелёгкой	нелёгкой	нелёгкой
нелёгкие	Nom/Gen	нелёгких	нелёгких	нелёгким	нелёгкими

нелёгок, нелегкá, нелегкó, нелегкń

НЕЛЕГКÓ <хк> *adv*: with difficulty; *predicate*: it is difficult, not too easy e.g. Мнé *Dat* нелегкó об этом говорńть It's not too easy (It's rather difficult) for me to talk about that

НЕЛÓВКИЙ S [or M] (о) *compar. avoided*: awkward; clumsy; uncomfortable

нелóвкий	Nom/Gen	нелóвкого	нелóвком	нелóвкому	нелóвким
нелóвкое	нелóвкое	нелóвкого	нелóвком	нелóвкому	нелóвким
нелóвкая	нелóвкую	нелóвкой	нелóвкой	нелóвкой	нелóвкой
нелóвкие	Nom/Gen	нелóвких	нелóвких	нелóвким	нелóвкими

нелóвок, нелóвкá, нелóвко, нелóвки

НЕЛЬЗЯ́ *predicate*: it is impossible; it is not allowed; one cannot, should not, ought not e.g. Мнé *Dat* нельзя́ бéгать I am not supposed to run

НЁМ *see* óн *and* онó

НЕМÁЛО[1] *adv*: a good deal, considerably

НЕМÁЛО[2] *numeral; Acc. = Nom; no other forms*: a fair number, not a few, more than a few

НЕМÉДЛЕННО *adv*: immediately, forthwith

НÉМЕЦ SS (e) *m.an*: German

нéмец	нéмца	нéмца	нéмце	нéмцу	нéмцем
нéмцы	нéмцев	нéмцев	нéмцах	нéмцам	нéмцами

НЕМЕ́ЦКИЙ s short forms avoided, no compar.: German

немецкий	Nom/Gen	немецкого	немецком	немецкому	немецким
немецкое	немецкое	немецкого	немецком	немецкому	немецким
немецкая	немецкую	немецкой	немецкой	немецкой	немецкой
немецкие	Nom/Gen	немецких	немецких	немецким	немецкими

adv. по-немецки

НЕ́МКА SS (o) f.an: German (woman)

немка	немку	немки	немке	немке	немкой
немки	немок	немок	немках	немкам	немками

НЕМНО́ГИЕ[1] pronominal adj, inflected like Plur. ordinary adj. (see also немного, немногое): few, a few

немногие	Nom./Gen.	немногих	немногих	немногим	немногими

НЕМНО́ГИЕ[2] pronoun, inflected like Plur. anim. adj. (see also немного, немногое): few, few people

немногие	немногих	немногих	немногих	немногим	немногими

НЕМНО́ГО[1] adv: a little, some; somewhat, slightly

НЕМНО́ГО[2] numeral; Acc. = Nom; inflected like Plur. adj. in other forms (see also немногое, немногие): few, a few, not many, not much, a little

немного	немного	немногих	немногих	немногим	немногими

НЕМНО́ГОЕ pronoun, inflected like neut. Sg. adj. (see also немного, немногие): little; few things

немногое	немногое	немногого	немногом	немногому	немногим

НЕМНО́ЖКО adv. and numeral; Acc. = Nom; no other forms: a little; a bit; a trifle

НЕМУ́ see он and оно́

НЕНАВИ́ДЕТЬ SS -видят; no ppp; Impf. (Pf-begin воз-): hate e.g. Он ненавидит сестру Acc за её характер Acc

ненавижу	ненавидим	ненавидь	ненавидел	ненавидя
ненавидишь	ненавидите	ненавидьте	ненавидела	ненавидящий	ненавидевший
ненавидит	ненавидят		ненавидели/о	——	——

НЕНОРМА́ЛЬНЫЙ S (e) also used as m.an noun: abnormal; mad; insane person

-нормальный	Nom/Gen	-нормального	-нормальном	-нормальному	-нормальным
-нормальное	-нормальное	-нормального	-нормальном	-нормальному	-нормальным
-нормальная	-нормальную	-нормальной	-нормальной	-нормальной	-нормальной
-нормальные	Nom/Gen	-нормальных	-нормальных	-нормальным	-нормальными

-нормален, -нормальна, -нормально, -нормальны; -нормальнее

НЕНУ́ЖНЫЙ S (e) (Don't confuse with the phrase не ну́жен, не нужна́, не ну́жно, не ну́жны is/are not needed): useless; superfluous

ненужный	Nom/Gen	ненужного	ненужном	ненужному	ненужным
ненужное	ненужное	ненужного	ненужном	ненужному	ненужным
ненужная	ненужную	ненужной	ненужной	ненужной	ненужной
ненужные	Nom/Gen	ненужных	ненужных	ненужным	ненужными

ненужен, ненужна, ненужно, ненужны; ненужнее

НЕОБРАЗО́ВАННЫЙ S sh.masc. -ован: uneducated

-бованный	Nom/Gen	-бованного	-бованном	-бованному	-бованным
-бованное	-бованное	-бованного	-бованном	-бованному	-бованным
-бованная	-бованную	-бованной	-бованной	-бованной	-бованной
-бованные	Nom/Gen	-бованных	-бованных	-бованным	-бованными

-бован, -бованна, -бованно, -бованны; -бованнее

НЕОБХОДИ́МЫЙ S: necessary

необходимый	Nom/Gen	необходимого	необходимом	необходимому	необходимым
необходимое	необходимое	необходимого	необходимом	необходимому	необходимым
необходимая	необходимую	необходимой	необходимой	необходимой	необходимой
необходимые	Nom/Gen	необходимых	необходимых	необходимым	необходимыми

необходим, необходима, необходимо, необходимы; необходимее

НЕОБЫКНОВЕ́ННО adv: unusually

НЕОБЫКНОВЕ́ННЫЙ S (e): unusual

-новенный	Nom/Gen	-новенного	-новенном	-новенному	-новенным
-новенное	-новенное	-новенного	-новенном	-новенному	-новенным
-новенная	-новенную	-новенной	-новенной	-новенной	-новенной
-новенные	Nom/Gen	-новенных	-новенных	-новенным	-новенными

-новенен, -новенна, -новенно, -новенны; -новеннее

НЕОБЫ́ЧНЫЙ S (e): unusual

необычный	Nom/Gen	необычного	необычном	необычному	необычным
необычное	необычное	необычного	необычном	необычному	необычным
необычная	необычную	необычной	необычной	необычной	необычной
необычные	Nom/Gen	необычных	необычных	необычным	необычными

необычен, необычна, необычно, необычны; необычнее

НЕОДУШЕВЛЁННЫЙ S sh.masc. неодушевлён: inanimate

-влённый	Nom/Gen	-влённого	-влённом	-влённому	-влённым
-влённое	-влённое	-влённого	-влённом	-влённому	-влённым
-влённая	-влённую	-влённой	-влённой	-влённой	-влённой
-влённые	Nom/Gen	-влённых	-влённых	-влённым	-влёнными

НЕОЖИДАННО adv: unexpectedly; suddenly

НЕОЖИДАННЫЙ S sh.masc. неожидан: unexpected, sudden

неожиданный	Nom/Gen	неожиданного	неожиданном	неожиданному	неожиданным
неожиданное	неожиданное	неожиданного	неожиданном	неожиданному	неожиданным
неожиданная	неожиданную	неожиданной	неожиданной	неожиданной	неожиданной
неожиданные	Nom/Gen	неожиданных	неожиданных	неожиданным	неожиданными

неожидан, неожиданна, неожиданно, неожиданны; неожиданнее

НЕОФИЦИАЛЬНЫЙ S (e): unofficial

-альный	Nom/Gen	-ального	-альном	-альному	-альным
-альное	-альное	-ального	-альном	-альному	-альным
-альная	-альную	-альной	-альной	-альной	-альной
-альные	Nom/Gen	-альных	-альных	-альным	-альными

-ален, -альна, -ально, -альны; -альнее

НЕПЛОХО adv: not too badly, pretty well; predicate: it is not too bad, pretty good e.g. Мне Dat здесь неплохо I feel good here

НЕПЛОХОЙ M [sh.Plur. неплохи] no compar: not too bad, pretty good

неплохой	Nom/Gen	неплохого	неплохом	неплохому	неплохим
неплохое	неплохое	неплохого	неплохом	неплохому	неплохим
неплохая	неплохую	неплохой	неплохой	неплохой	неплохой
неплохие	Nom/Gen	неплохих	неплохих	неплохим	неплохими

неплох, неплоха, неплохо, неплохи

НЕПОГОДА SS f.in: bad weather

непогода	непогоду	непогоды	непогоде	непогоде	непогодой

НЕПОДВИЖНЫЙ S (e): motionless

неподвижный	Nom/Gen	неподвижного	неподвижном	неподвижному	неподвижным
неподвижное	неподвижное	неподвижного	неподвижном	неподвижному	неподвижным
неподвижная	неподвижную	неподвижной	неподвижной	неподвижной	неподвижной
неподвижные	Nom/Gen	неподвижных	неподвижных	неподвижным	неподвижными

неподвижен, неподвижна, неподвижно, неподвижны; неподвижнее

НЕПОНЯТНО adv: incomprehensibly; predicate: it is incomprehensible; one can't understand e.g. Мне Dat непонятно, почему он ушёл I can't understand why he left

НЕПОНЯТНЫЙ S (e): incomprehensible

непонятный	Nom/Gen	непонятного	непонятном	непонятному	непонятным
непонятное	непонятное	непонятного	непонятном	непонятному	непонятным
непонятная	непонятную	непонятной	непонятной	непонятной	непонятной
непонятные	Nom/Gen	непонятных	непонятных	непонятным	непонятными

непонятен, непонятна, непонятно, непонятны; непонятнее

НЕПРАВДА SS f.in: falsehood, lie

неправда	неправду	неправды	неправде	неправде	неправдой

НЕПРАВИЛЬНО adv: incorrectly; mistakenly; irregularly

НЕПРАВИЛЬНЫЙ S (e): irregular; incorrect

-правильный	Nom/Gen	-правильного	-правильном	-правильному	-правильным
-правильное	-правильное	-правильного	-правильном	-правильному	-правильным
-правильная	-правильную	-правильной	-правильной	-правильной	-правильной
-правильные	Nom/Gen	-правильных	-правильных	-правильным	-правильными

-правилен, -правильна, -правильно, -правильны; -правильнее

НЕПРАВЫЙ M short forms avoided, no compar: wrong; unjust

неправый	Nom/Gen	неправого	неправом	неправому	неправым
неправое	неправое	неправого	неправом	неправому	неправым
неправая	неправую	неправой	неправой	неправой	неправой
неправые	Nom/Gen	неправых	неправых	неправым	неправыми

НЕПРИЛИЧНЫЙ S (e): indecent; improper

неприличный	Nom/Gen	неприличного	неприличном	неприличному	неприличным
неприличное	неприличное	неприличного	неприличном	неприличному	неприличным
неприличная	неприличную	неприличной	неприличной	неприличной	неприличной
неприличные	Nom/Gen	неприличных	неприличных	неприличным	неприличными

неприличен, неприлична, неприлично, неприличны; неприличнее

НЕПРИЯТНО adv: unpleasantly; predicate: it is unpleasant, annoying e.g. Мне Dat неприятно, что он ушёл

НЕПРИЯ́ТНЫЙ S (e): unpleasant; annoying

неприя́тный	Nom/Gen	неприя́тного	неприя́тном	неприя́тному	неприя́тным
неприя́тное	неприя́тное	неприя́тного	неприя́тном	неприя́тному	неприя́тным
неприя́тная	неприя́тную	неприя́тной	неприя́тной	неприя́тной	неприя́тной
неприя́тные	Nom/Gen	неприя́тных	неприя́тных	неприя́тным	неприя́тными

неприя́тен, неприя́тна, неприя́тно, неприя́тны; неприя́тнее

НЕ́РВНО adv: nervously; irritably

НЕ́РВНЫЙ M (e): neural; nervous; irritable

не́рвный	Nom/Gen	не́рвного	не́рвном	не́рвному	не́рвным
не́рвное	не́рвное	не́рвного	не́рвном	не́рвному	не́рвным
не́рвная	не́рвную	не́рвной	не́рвной	не́рвной	не́рвной
не́рвные	Nom/Gen	не́рвных	не́рвных	не́рвным	не́рвными

не́рвен, нервна́, не́рвно, не́рвны

НЕРЕГУЛЯ́РНЫЙ S (e): irregular

нерегуля́рный	Nom/Gen	нерегуля́рного	нерегуля́рном	нерегуля́рному	нерегуля́рным
нерегуля́рное	нерегуля́рное	нерегуля́рного	нерегуля́рном	нерегуля́рному	нерегуля́рным
нерегуля́рная	нерегуля́рную	нерегуля́рной	нерегуля́рной	нерегуля́рной	нерегуля́рной
нерегуля́рные	Nom/Gen	нерегуля́рных	нерегуля́рных	нерегуля́рным	нерегуля́рными

нерегуля́рен, нерегуля́рна, нерегуля́рно, нерегуля́рны; нерегуля́рнее

НЕРЕШИ́ТЕЛЬНЫЙ S (e): indecisive; hesitating

-ши́тельный	Nom/Gen	-ши́тельного	-ши́тельном	-ши́тельному	-ши́тельным
-ши́тельное	-ши́тельное	-ши́тельного	-ши́тельном	-ши́тельному	-ши́тельным
-ши́тельная	-ши́тельную	-ши́тельной	-ши́тельной	-ши́тельной	-ши́тельной
-ши́тельные	Nom/Gen	-ши́тельных	-ши́тельных	-ши́тельным	-ши́тельными

-ши́телен, -ши́тельна, -ши́тельно, -ши́тельны; -ши́тельнее

НЕСЕРЬЁЗНЫЙ S (e): not serious; careless, irresponsible

несерьёзный	Nom/Gen	несерьёзного	несерьёзном	несерьёзному	несерьёзным
несерьёзное	несерьёзное	несерьёзного	несерьёзном	несерьёзному	несерьёзным
несерьёзная	несерьёзную	несерьёзной	несерьёзной	несерьёзной	несерьёзной
несерьёзные	Nom/Gen	несерьёзных	несерьёзных	несерьёзным	несерьёзными

несерьёзен, несерьёзна, несерьёзно, несерьёзны; несерьёзнее

НЕСИМПАТИ́ЧНЫЙ S (e): unpleasant

-ти́чный	Nom/Gen	-ти́чного	-ти́чном	-ти́чному	-ти́чным
-ти́чное	-ти́чное	-ти́чного	-ти́чном	-ти́чному	-ти́чным
-ти́чная	-ти́чную	-ти́чной	-ти́чной	-ти́чной	-ти́чной
-ти́чные	Nom/Gen	-ти́чных	-ти́чных	-ти́чным	-ти́чными

-ти́чен, -ти́чна, -ти́чно, -ти́чны; -ти́чнее

НЕ́СКОЛЬКО[1] adv: somewhat, rather, slightly; some

НЕ́СКОЛЬКО[2] numeral; Acc. inan. = Nom; Acc. anim. = Nom. or Gen; inflected like Plur. adj. in other forms; (Irreg. in phrases по не́скольку [по не́сколько] дней): several, some, a few

не́сколько	Nom./Gen.	не́скольких	не́скольких	не́скольким	не́сколькими

НЕСМОТРЯ́ НА prep. +Acc: in spite of, despite; notwithstanding

НЕСОВЕРШЁННЫЙ S (e): imperfect; imperfective (aspect)

-верше́нный	Nom/Gen	-верше́нного	-верше́нном	-верше́нному	-верше́нным
-верше́нное	-верше́нное	-верше́нного	-верше́нном	-верше́нному	-верше́нным
-верше́нная	-верше́нную	-верше́нной	-верше́нной	-верше́нной	-верше́нной
-верше́нные	Nom/Gen	-верше́нных	-верше́нных	-верше́нным	-верше́нными

-верше́нен, -верше́нна, -верше́нно, -верше́нны; -верше́ннее

НЕСОВРЕМЕ́ННЫЙ S (e): outdated, old-fashioned, out of style

-време́нный	Nom/Gen	-време́нного	-време́нном	-време́нному	-време́нным
-време́нное	-време́нное	-време́нного	-време́нном	-време́нному	-време́нным
-време́нная	-време́нную	-време́нной	-време́нной	-време́нной	-време́нной
-време́нные	Nom/Gen	-време́нных	-време́нных	-време́нным	-време́нными

-време́нен, -време́нна, -време́нно, -време́нны; -време́ннее

НЕСПОКО́ЙНЫЙ S (e): restless; uneasy

неспоко́йный	Nom/Gen	неспоко́йного	неспоко́йном	неспоко́йному	неспоко́йным
неспоко́йное	неспоко́йное	неспоко́йного	неспоко́йном	неспоко́йному	неспоко́йным
неспоко́йная	неспоко́йную	неспоко́йной	неспоко́йной	неспоко́йной	неспоко́йной
неспоко́йные	Nom/Gen	неспоко́йных	неспоко́йных	неспоко́йным	неспоко́йными

неспоко́ен, неспоко́йна, неспоко́йно, неспоко́йны; неспоко́йнее

НЕСТА́РЫЙ M no compar: not too old, rather young

неста́рый	Nom/Gen	неста́рого	неста́ром	неста́рому	неста́рым
неста́рое	неста́рое	неста́рого	неста́ром	неста́рому	неста́рым
неста́рая	неста́рую	неста́рой	неста́рой	неста́рой	неста́рой
неста́рые	Nom/Gen	неста́рых	неста́рых	неста́рым	неста́рыми

неста́р, нестара́, неста́ро, неста́ры

НЕСТИ́ EE несу́т; нёс несла́ несли́; *pres. passive ptcpl. (old-fashioned)* несо́мый; *past adv.* нёсши: 1. *One-way Impf.* (*Non-One-way Impf.* носи́ть; *Pf-begin* по-) carry, bring, take; 2. (*Pf.* с-) lay (eggs) (*said of fowl, not of snakes, etc.*)

несу́	несём	неси́	нёс	неся́	
несёшь	несёте	неси́те	несла́	несу́щий	нёсший
несёт	несу́т		несли́/о́		

НЕСЧАСТЛИ́ВЫЙ <щасли́> S *short forms* несча́стлив, -а, -о, -ы [*or old-fashioned* несчастли́в, -а, -о, -ы]; *compar.* несчастли́вее: unhappy; unfortunate

несчастли́вый	*Nom/Gen*	несчастли́вого	несчастли́вом	несчастли́вому	несчастли́вым
несчастли́вое	несчастли́вое	несчастли́вого	несчастли́вом	несчастли́вому	несчастли́вым
несчастли́вая	несчастли́вую	несчастли́вой	несчастли́вой	несчастли́вой	несчастли́вой
несчастли́вые	*Nom/Gen*	несчастли́вых	несчастли́вых	несчастли́вым	несчастли́выми

несча́стлив, несча́стлива, несча́стливо, несча́стливы; несчастли́вее

НЕСЧА́СТНЫЙ <щасн> S (e) *also used as m./f.an noun*: unhappy, unfortunate; (*as noun*) wretch, poor thing

несча́стный	*Nom/Gen*	несча́стного	несча́стном	несча́стному	несча́стным
несча́стное	несча́стное	несча́стного	несча́стном	несча́стному	несча́стным
несча́стная	несча́стную	несча́стной	несча́стной	несча́стной	несча́стной
несча́стные	*Nom/Gen*	несча́стных	несча́стных	несча́стным	несча́стными

несча́стен, несча́стна, несча́стно, несча́стны; несча́стнее

НЕСЧА́СТЬЕ <ща́> SS (и) *n.in*: misfortune

| несча́стье | несча́стье | несча́стья | несча́стье | несча́стью | несча́стьем |
| несча́стья | несча́стья | несча́стий | несча́стьях | несча́стьям | несча́стьями |

НЕ́Т *particle*: no; yes (*in answer to a negative question, e.g.* Икры́ нёт? — Нёт, икра́ е́сть Is there no caviar? — Yes, there is); *predicate*: there is/are no, have no *e.g.* У меня́ *Gen* нёт э́той кни́ги *Gen* I don't have this book

НЕТЕРПЕ́НИЕ SS *n.in*: impatience

| нетерпе́ние | нетерпе́ние | нетерпе́ния | нетерпе́нии | нетерпе́нию | нетерпе́нием |

НЕТРУ́ДНЫЙ M (e) [*sh.Plur.* нетрудны́] *no compar*: not too difficult, rather easy

нетру́дный	*Nom/Gen*	нетру́дного	нетру́дном	нетру́дному	нетру́дным
нетру́дное	нетру́дное	нетру́дного	нетру́дном	нетру́дному	нетру́дным
нетру́дная	нетру́дную	нетру́дной	нетру́дной	нетру́дной	нетру́дной
нетру́дные	*Nom/Gen*	нетру́дных	нетру́дных	нетру́дным	нетру́дными

нетру́ден, нетрудна́, нетру́дно, нетрудны́

НЕУВЕ́РЕННОСТЬ SS *f.in*: uncertainty ● неуве́ренность в себе́ lack of self-confidence

| -уве́ренность | -уве́ренность | -уве́ренности | -уве́ренности | -уве́ренности | -уве́ренностью |

НЕУВЕ́РЕННЫЙ[1] S *short forms* неуве́рен, -рена, -рено, -рены; *compar.* -реннее: unsure (of) *e.g.* неуве́ренный в себе́ *Prep* unsure of oneself

неуве́ренный	*Nom/Gen*	неуве́ренного	неуве́ренном	неуве́ренному	неуве́ренным
неуве́ренное	неуве́ренное	неуве́ренного	неуве́ренном	неуве́ренному	неуве́ренным
неуве́ренная	неуве́ренную	неуве́ренной	неуве́ренной	неуве́ренной	неуве́ренной
неуве́ренные	*Nom/Gen*	неуве́ренных	неуве́ренных	неуве́ренным	неуве́ренными

неуве́рен, неуве́рена, неуве́рено, неуве́рены; неуве́реннее

НЕУВЕ́РЕННЫЙ[2] S *sh.masc.* неуве́рен (*for long forms see* неуве́ренный[1]): indecisive, hesitating

неуве́рен, неуве́ренна, неуве́ренно, неуве́ренны; неуве́реннее

НЕУЖЕ́ЛИ *particle*: really? is it possible?

НЕ́ФТЬ SS *f.in*: (crude) oil, petroleum

| нефть | нефть | нефти | нефти | нефти | нефтью |

НЕХОРО́ШИЙ E *no compar*: rather bad, not too good

нехоро́ший	*Nom/Gen*	нехоро́шего	нехоро́шем	нехоро́шему	нехоро́шим
нехоро́шее	нехоро́шее	нехоро́шего	нехоро́шем	нехоро́шему	нехоро́шим
нехоро́шая	нехоро́шую	нехоро́шей	нехоро́шей	нехоро́шей	нехоро́шей
нехоро́шие	*Nom/Gen*	нехоро́ших	нехоро́ших	нехоро́шим	нехоро́шими

нехоро́ш, нехороша́, нехорошо́, нехороши́

НЕХОРОШО́ *adv*: rather poorly, not too well; *predicate*: it is not very good *e.g.* Нехорошо́ та́к говори́ть It is not very nice to say such things

НЕЧА́СТО *adv*: seldom, infrequently

НЕ́ЧЕГО <ва> *predicate and predicative pronoun; prepositions are infixed, e.g.* не́ о чем; *no Nom. form*: there is no, there is nothing, have nothing, have no *e.g.* Мне́ *Dat* не́чего *Gen* чита́ть I have nothing to read

| не́(. . .)что | не́(. . .)чего | не́ . . . чем | не́(. . .)чему | не́(. . .)чем |

НЕ́Ю *see* она́

НИ (*normally unstressed*) *conjunction*: neither . . . nor; *particle*: not a, *e.g.* ни оди́н not a single (one); -ever *e.g.* что́ бы он ни говори́л whatever he might say

-НИБУДЬ (*unstressed*) *particle after question words to render the meaning* some, any, any at all *e.g.* что́-нибудь, кто́-нибудь, где́-нибудь, *etc.*

НИГДЕ́ *adv*: nowhere

НИ́ЖЕ *compar. of* ни́зкий, ни́зко; *adv*: downstream; below, further down the page; *prep +Gen*: below, downstream (from)

НИ́ЗКИЙ M (o) [*sh.Plur.* ни́зки] *compar.* ни́же: low

ни́зкий	Nom/Gen	ни́зкого	ни́зком	ни́зкому	ни́зким
ни́зкое	ни́зкое	ни́зкого	ни́зком	ни́зкому	ни́зким
ни́зкая	ни́зкую	ни́зкой	ни́зкой	ни́зкой	ни́зкой
ни́зкие	Nom/Gen	ни́зких	ни́зких	ни́зким	ни́зкими

ни́зок, низка́, ни́зко, ни́зки́; ни́же

НИ́ЗШИЙ S *short forms avoided*: very low; lowest

ни́зший	Nom/Gen	ни́зшего	ни́зшем	ни́зшему	ни́зшим
ни́зшее	ни́зшее	ни́зшего	ни́зшем	ни́зшему	ни́зшим
ни́зшая	ни́зшую	ни́зшей	ни́зшей	ни́зшей	ни́зшей
ни́зшие	ни́зшие	ни́зших	ни́зших	ни́зшим	ни́зшими

НИКА́К *adv. and parenthetical word*: in no way, by no means • Ника́к ты? Can it be you?

НИКАКО́Й *pronominal adj. inflected like ordinary adj; prepositions are infixed, e.g.* ни о како́м: no, none whatsoever

никако́й	Nom/Gen	ни(. .)како́го	ни. ..како́м	ни(. .)како́му	ни(. .)каки́м
никако́е	ни(. .)како́е	ни(. .)како́го	ни. ..како́м	ни(. .)како́му	ни(. .)каки́м
никака́я	ни(. .)каку́ю	ни(. .)како́й	ни. ..како́й	ни(. .)како́й	ни(. .)како́й
никаки́е	Nom/Gen	ни(. .)каки́х	ни. ..каки́х	ни(. .)каки́м	ни(. .)каки́ми

НИКОГДА́ *adv*: never

НИКТО́ *pronoun; prepositions are infixed, e.g.* ни о ко́м: nobody, no one

никто́	ни(. .)кого́	ни(. .)кого́	ни . . .ко́м	ни(. .)кому́	ни(. .)ке́м

НИКУДА́ *adv*: to nowhere

НИ́М *see* они́ *and* о́н, оно́

НИ́МИ *see* они́

НИОТКУ́ДА *adv*: from nowhere

НИСКО́ЛЬКО[1] *adv*: not at all, not in the least

НИСКО́ЛЬКО[2] *numeral; Acc. = Nom; no other forms*: none at all

НИ́Х *see* они́

НИЧЕГО́ <во́> (*see also* ничто́) *adv*: so-so; not too bad, all right; *predicate*: it is not too bad *e.g.* Здесь ничего́!

НИЧЕ́Й *special adj; prepositions are infixed, e.g.* ни о чьём: nobody's

ничей	Nom/Gen	ни(. .)чьего́	ни(. . .)чьём	ни(. .)чьему́	ни(. .)чьйм
ничьё	ни(. .)чьё	ни(. .)чьего́	ни(. . .)чьём	ни(. .)чьему́	ни(. .)чьйм
ничья	ни(. .)чью́	ни(. .)чьей	ни(. .)чьей	ни(. .)чьей	ни(. .)чьей
ничьй	Nom/Gen	ни(. .)чьйх	ни(. .)чьйх	ни(. .)чьйм	ни(. .)чьйми

НИЧТО́ <што́> *pronoun; prepositions are infixed, e.g.* ни о чём: nothing

ничто́	ни(. .)что́	ни(. .)чего́	ни . . .чём	ни(. .)чему́	ни(. .)чём

НИЧТО́ЖНЫЙ S (e): insignificant, worthless

ничто́жный	Nom/Gen	ничто́жного	ничто́жном	ничто́жному	ничто́жным
ничто́жное	ничто́жное	ничто́жного	ничто́жном	ничто́жному	ничто́жным
ничто́жная	ничто́жную	ничто́жной	ничто́жной	ничто́жной	ничто́жной
ничто́жные	ничто́жных	ничто́жных	ничто́жным	ничто́жными

ничто́жен, ничто́жна, ничто́жно, ничто́жны; ничто́жнее

НО́[1] *conjunction*: but; nevertheless, still; *indeclinable n.in*: but *e.g.* Ту́т е́сть одно́ «но» There's just one snag

НО́[2] *interjection*: giddy-up!

НОВОГО́ДНИЙ S (e) *sh.masc. hypothetical*: New Year's, New Year

нового́дний	Nom/Gen	нового́днего	нового́днем	нового́днему	нового́дним
нового́днее	нового́днее	нового́днего	нового́днем	нового́днему	нового́дним
нового́дняя	нового́днюю	нового́дней	нового́дней	нового́дней	нового́дней
нового́дние	Nom/Gen	нового́дних	нового́дних	нового́дним	нового́дними

НОВОСЁЛ SS *m.an*: newcomer (*person who has just moved into a new house or apartment*)

новосёл	новосёла	новосёла	новосёле	новосёлу	новосёлом
новосёлы	новосёлов	новосёлов	новосёлах	новосёлам	новосёлами

НОВОСЕ́ЛЬЕ SS (и) *n.in*: moving into a new home; housewarming party (*use* на/на/с *for* to/at/from *the event*)

новосе́лье	новосе́лье	новосе́лья	новосе́лье	новосе́лью	новосе́льем
новосе́лья	новосе́лья	новосе́лий	новосе́льях	новосе́льям	новосе́льями

НО́ВОСТЬ SE *NPlur.* но́вости *f.in*: piece of news; (*in Plur.*) news

но́вость	но́вость	но́вости	но́вости	но́вости	но́востью
но́вости	но́вости	новосте́й	новостя́х	новостя́м	новостя́ми

НО́ВЫЙ M [*sh.Plur.* но́вы́]: new

но́вый	Nom/Gen	но́вого	но́вом	но́вому	но́вым
но́вое	но́вое	но́вого	но́вом	но́вому	но́вым
но́вая	но́вую	но́вой	но́вой	но́вой	но́вой
но́вые	Nom/Gen	но́вых	но́вых	но́вым	но́выми

но́в, нова́, но́во (*adv. also* по-но́вому), но́вы́; нове́е

НОГА́ EE *ASg.* но́гу, *NPlur.* но́ги (*Irreg. in phrases* за́ ногу, за́ ноги; на́ ногу, на́ ноги; сиде́ть ного́й за́ ногу (ного́й на́ ногу); заки́нуть но́гу за́ ногу (но́гу на́ ногу); переступа́ть (перемина́ться) с ноги́ на́ ногу; бро́сить (смотре́ть) под ноги) *f.in*: foot; leg

нога́	но́гу	ноги́	ноге́	ноге́	ного́й
но́ги	но́ги	но́г	нога́х	нога́м	нога́ми

НО́ГОТЬ SE (o) NPlur. но́гти m.in: fingernail

но́готь	но́готь	но́гтя	но́гте	но́гтю	но́гтем
но́гти	но́гти	ногте́й	ногтя́х	ногтя́м	ногтя́ми

НО́Ж EE m.in: knife

но́ж	но́ж	ножа́	ноже́	ножу́	ножо́м
ножи́	ножи́	ноже́й	ножа́х	ножа́м	ножа́ми

НО́ЛЬ EE (see also ну́ль; as a mathematical term ну́ль is usually preferred; in other meanings the NASg. is usually но́ль, and the other cases are usually from ну́ль) m.in: zero; null; none

но́ль	но́ль	нуля́	нуле́	нулю́	нулём
нули́	нули́	нуле́й	нуля́х	нуля́м	нуля́ми

НО́МЕР SE NPlur. -а́ m.in: number; issue (of a magazine, newspaper, etc.); room (in a hotel)

но́мер	но́мер	но́мера	но́мере	но́меру	но́мером
номера́	номера́	номеро́в	номера́х	номера́м	номера́ми

НОРМА́ЛЬНО adv: normally

НОРМА́ЛЬНЫЙ S (e): normal

норма́льный	Nom/Gen	норма́льного	норма́льном	норма́льному	норма́льным
норма́льное	норма́льное	норма́льного	норма́льном	норма́льному	норма́льным
норма́льная	норма́льную	норма́льной	норма́льной	норма́льной	норма́льной
норма́льные	Nom/Gen	норма́льных	норма́льных	норма́льным	норма́льными

норма́лен, норма́льна, норма́льно, норма́льны; норма́льнее

НО́С SE Loc. (в/на) -у́ (Irreg. in phrases не пока́зывать но́су [or но́са]; кома́р но́су [or но́са] не подто́чит; и́з носу [or из но́су or из но́са]; за́ нос [or за но́с]; на́ нос [or на но́с]; говори́ть себе́ под нос; под носом (совсем близко)) m.in: nose; bow (of a ship)

но́с	но́с	но́са	но́се/в, на -у́	но́су	но́сом
носы́	носы́	носо́в	носа́х	носа́м	носа́ми

НОСИ́ТЬ MS но́сят; pres. passive ptcpl. носи́мый: 1. Non-One-way Impf. (One-way Impf. нести́; Pf-awhile по-) carry, bring, take; 2. Impf. (no Pf.) wear

ношу́	но́сим	носи́	носи́л	нося́
но́сишь	но́сите	носи́те	носи́ла	нося́щий	носи́вший
но́сит	но́сят		носи́ли/о	носи́мый

НОСО́К EE (o) m.in: toe (of a boot or stocking); sock

носо́к	носо́к	носка́	носке́	носку́	носко́м
носки́	носки́	носко́в	носка́х	носка́м	носка́ми

НО́ТА SS f.in: note (musical); (in Plur.) sheet music, score

но́та	но́ту	но́ты	но́те	но́те	но́той
но́ты	но́ты	но́т	но́тах	но́там	но́тами

НОЧЕВА́ТЬ SS -чу́ют; intrans; Impf. (Pf. пере-): spend the night

ночу́ю	ночу́ем	ночу́й	ночева́л	ночу́я
ночу́ешь	ночу́ете	ночу́йте	ночева́ла	ночу́ющий	ночева́вший
ночу́ет	ночу́ют		ночева́ли/о	——	——

НОЧНО́Й E no sh.masc; other short forms avoided: night, nocturnal

ночно́й	Nom/Gen	ночно́го	ночно́м	ночно́му	ночны́м
ночно́е	ночно́е	ночно́го	ночно́м	ночно́му	ночны́м
ночна́я	ночну́ю	ночно́й	ночно́й	ночно́й	ночно́й
ночны́е	Nom/Gen	ночны́х	ночны́х	ночны́м	ночны́ми

НО́ЧЬ SE Loc. (в) -и́, NPlur. но́чи (Irreg. in phrases за́ ночь; на́ ночь; до́ ночи [or до ночи́] (дотемна); с утра́ до́ ночи (весь день)); (see also но́чью); f.in: night ● но́чь под Но́вый го́д New Year's Eve

но́чь	но́чь	но́чи	но́чи/в ночи́	но́чи	но́чью
но́чи	но́чи	ноче́й	ноча́х	ноча́м	ноча́ми

НО́ЧЬЮ adv: at night

НОШУ́ non-past tense of носи́ть

НОЯ́БРЬ EE m.in: November

ноя́брь	ноя́брь	ноября́	ноябре́	ноябрю́	ноябрём
ноябри́	ноябри́	ноябре́й	ноября́х	ноября́м	ноября́ми

НОЯ́БРЬСКИЙ S short forms avoided, no compar: November

ноя́брьский	Nom/Gen	ноя́брьского	ноя́брьском	ноя́брьскому	ноя́брьским
ноя́брьское	ноя́брьское	ноя́брьского	ноя́брьском	ноя́брьскому	ноя́брьским
ноя́брьская	ноя́брьскую	ноя́брьской	ноя́брьской	ноя́брьской	ноя́брьской
ноя́брьские	Nom/Gen	ноя́брьских	ноя́брьских	ноя́брьским	ноя́брьскими

adv. по-ноя́брьски

НРА́ВИТЬСЯ SS -вятся; Impf. (Pf. по-): please, like e.g. Ему́ Dat нра́вится моя́ сестра́ Nom My sister appeals to him or He likes my sister

нра́влюсь	нра́вимся	нра́вься	нра́вился	нра́вясь
нра́вишься	нра́витесь	нра́вьтесь	нра́вилась	нра́вящийся	нра́вившийся
нра́вится	нра́вятся		нра́вились/ось	——	——

НУ́ interjection and particle: well; well then

НУ́ЖНО predicate: 1. have to, must, ought to, need to e.g. Мне́ Dat ну́жно чита́ть I have to read; 2. need (smt.) e.g. Мне́ Dat ну́жно кни́гу Acc I need a book

НУ́ЖНЫЙ M (e) *sh.Plur.* нужны́ [*or old-fashioned* ну́жны]: necessary, needed *e.g.* Мне́ *Dat* нужна́ кни́га *Nom* I need a book

ну́жный	*Nom/Gen*	ну́жного	ну́жном	ну́жному	ну́жным
ну́жное	ну́жное	ну́жного	ну́жном	ну́жному	ну́жным
ну́жная	ну́жную	ну́жной	ну́жной	ну́жной	ну́жной
ну́жные	*Nom/Gen*	ну́жных	ну́жных	ну́жным	ну́жными

ну́жен, нужна́, ну́жно, нужны́; нужне́е

НУ́ЛЬ EE (*see also* но́ль) *m.in*: zero; null

ну́ль	ну́ль	нуля́	нуле́	нулю́	нулём
нули́	нули́	нуле́й	нуля́х	нуля́м	нуля́ми

НУ-НУ́ *interjection*: well; it's OK; go ahead; Oh yeah?

НЬЮ-ГЭ́МПШИР SS *m.in*: New Hampshire

-Гэ́мпшир	-Гэ́мпшир	-Гэ́мпшира	-Гэ́мпшире	-Гэ́мпширу	-Гэ́мпширом

НЬЮ-ДЖЕ́РСИ *indeclinable m.in*: New Jersey

НЬЮ-ЙО́РК SS *m.in*: New York

Нью-Йо́рк	Нью-Йо́рк	Нью-Йо́рка	Нью-Йо́рке	Нью-Йо́рку	Нью-Йо́рком

НЬЮ-МЕ́КСИКО *indeclinable m.in*: New Mexico

НЯ́НЯ SS *f.an*: nurse, baby-sitter

ня́ня	ня́ню	ня́ни	ня́не	ня́не	ня́ней
ня́ни	ня́нь	ня́нь	ня́нях	ня́ням	ня́нями

О́[1] *interjection*: oh!

О́[2] *indeclinable n.in*: (name of the letter о)

О[3] (*normally unstressed; use the variant* об *before vowel sounds and* о *before consonant sounds; see also variant* обо) *prep. +Prep*: about, concerning; *prep. +Acc*: against

ОА́ЗИС SS *m.in*: oasis

оа́зис	оа́зис	оа́зиса	оа́зисе	оа́зису	оа́зисом
оа́зисы	оа́зисы	оа́зисов	оа́зисах	оа́зисам	оа́зисами

ОБ *see* о[3]

О́БА *numeral; fem.* о́бе: both

о́ба (*m, n.*)	*Nom./Gen.*	обо́их	обо́их	обо́им	обо́ими
о́бе (*f.*)	*Nom./Gen.*	обе́их	обе́их	обе́им	обе́ими

ОБЕ́Д SS *m.in*: 1. dinner ● прийти́ к обе́ду come to dinner; за обе́дом at dinner, during dinner; на обе́д for dinner (*said of food*); 2. a dinner, dinner party (*use* на/на/с *for to/at/from the event*)

обе́д	обе́д	обе́да	обе́де	обе́ду	обе́дом
обе́ды	обе́ды	обе́дов	обе́дах	обе́дам	обе́дами

ОБЕ́ДАТЬ SS -ают; *intrans; Impf.* (*Pf.* по-): have dinner

обе́даю	обе́даем	обе́дай	обе́дал	обе́дая	
обе́даешь	обе́даете	обе́дайте	обе́дала	обе́дающий	обе́давший
обе́дает	обе́дают		обе́дали/о	——	

ОБЕ́ДЕННЫЙ S *sh.masc.* (обе́ден) *hypothetical*: dinner

обе́денный	*Nom/Gen*	обе́денного	обе́денном	обе́денному	обе́денным
обе́денное	обе́денное	обе́денного	обе́денном	обе́денному	обе́денным
обе́денная	обе́денную	обе́денной	обе́денной	обе́денной	обе́денной
обе́денные	*Nom/Gen*	обе́денных	обе́денных	обе́денным	обе́денными

ОБЕСПОКО́ИТЬ SS -о́ят; *Pf.* (*Impf.* беспоко́ить): disturb, bother, worry *e.g.* Он обеспоко́ил сестру́ *Acc* свои́ми слова́ми *Inst*

обеспоко́ю	обеспоко́им	обеспоко́й	обеспоко́ил	——	обеспоко́ив[ши]
обеспоко́ишь	обеспоко́ите	обеспоко́йте	обеспоко́ила	——	обеспоко́ивший
обеспоко́ит	обеспоко́ят		обеспоко́или/о	——	обеспоко́енный S

ОБЕСПОКО́ИТЬСЯ SS -о́ятся; *Pf-begin* (*Impf.* беспоко́иться): worry, be worried

-поко́юсь	-поко́имся	-поко́йся	-поко́ился		-поко́ившись
-поко́ишься	-поко́итесь	-поко́йтесь	-поко́илась		-поко́ившийся
-поко́ится	-поко́ятся		-поко́ились/ось	——	——

ОБЕЩА́ТЬ[1] SS -а́ют; *Impf.* (*no Pf.*): portend, betoken; promise (to become smt.) *e.g.* Она́ обеща́ет стать краси́вой же́нщиной *Inst*

обеща́ю	обеща́ем	обеща́й	обеща́л	обеща́я	
обеща́ешь	обеща́ете	обеща́йте	обеща́ла	обеща́ющий	обеща́вший
обеща́ет	обеща́ют		обеща́ли/о	обеща́емый	

ОБЕЩА́ТЬ[2] SS -а́ют; *Pf.-Impf.* (*Pf. also* по-): promise *e.g.* Он обеща́л сестре́ *Dat* кни́гу *Acc*

обеща́ю	обеща́ем	обеща́й	обеща́л	обеща́я	обеща́в[ши]
обеща́ешь	обеща́ете	обеща́йте	обеща́ла	обеща́ющий	обеща́вший
обеща́ет	обеща́ют		обеща́ли/о	обеща́емый	обе́щанный S

ОБЖЕЧЬ EE обожгут обожгу обожжёт <ж'ж' *or* жж>; обжёг обожгла обожгли; *past adv.* обжёгши; *Pf.* (*Impf.* обжига́ть): 1. burn *e.g.* Он обжёг ру́ку *Acc* горя́чим мета́ллом *Inst*; 2. fire (pottery)

обожгу́	обожжём	обожги́	обжёг	——	обжёгши
обожжёшь	обожжёте	обожги́те	обожгла́	——	обжёгший
обожжёт	обожгу́т		обожгли́/ó	——	обожжённый E

ОБЖИГА́ТЬ SS -а́ют; *Impf.* (*Pf.* обжечь): 1. burn *e.g.* Он обжига́л ру́ки *Acc* горя́чим мета́ллом *Inst*; 2. fire (pottery)

обжига́ю	обжига́ем	обжига́й	обжига́л	обжига́я	
обжига́ешь	обжига́ете	обжига́йте	обжига́ла	обжига́ющий	обжига́вший
обжига́ет	обжига́ют		обжига́ли/о	обжига́емый	——

ОБИ́ДЕТЬСЯ SS оби́дятся; *Pf.* (*Impf.* обижа́ться): get offended, hurt; take offence (at) *e.g.* Он оби́делся на сестру́ *Acc* за её слова́ *Acc*

оби́жусь	оби́димся	оби́дься	оби́делся	——	оби́девшись
оби́дишься	оби́дитесь	оби́дьтесь	оби́делась	——	оби́девшийся
оби́дится	оби́дятся		оби́делись/ось	——	

ОБИ́ДНО *adv:* offensively; *predicate:* feel hurt, offended; it is a nuisance *e.g.* Мне *Dat* оби́дно, что он не пришёл

ОБИЖА́ТЬСЯ SS -а́ются; *Impf.* (*Pf.* оби́деться): get offended, hurt; take offence (at) *e.g.* Он обижа́лся на сестру́ *Acc* за её слова́ *Acc*

обижа́юсь	обижа́емся	обижа́йся	обижа́лся	обижа́ясь	
обижа́ешься	обижа́етесь	обижа́йтесь	обижа́лась	обижа́ющийся	обижа́вшийся
обижа́ется	обижа́ются		обижа́лись/ось	——	

ОБИ́ЖЕННЫЙ S *ppp of* оби́деть: offended (by smb./smt.)

оби́жен, оби́жена, оби́жено, оби́жены

ОБИ́ЖУ *non-past tense of* оби́деть

О́БЛАКО SE GPlur. -óв *n.in:* cloud

| о́блако | о́блако | о́блака | о́блаке | о́блаку | о́блаком |
| облака́ | облака́ | облако́в | облака́х | облака́м | облака́ми |

О́БЛАСТЬ SE NPlur. о́бласти *f.in:* oblast (geo-political unit in the U.S.S.R.); region, area

| о́бласть | о́бласть | о́бласти | о́бласти | о́бласти | о́бластью |
| о́бласти | о́бласти | областе́й | областя́х | областя́м | областя́ми |

О́БЛАЧНЫЙ S (e): cloudy

о́блачный	Nom/Gen	о́блачного	о́блачном	о́блачному	о́блачным
о́блачное	о́блачное	о́блачного	о́блачном	о́блачному	о́блачным
о́блачная	о́блачную	о́блачной	о́блачной	о́блачной	о́блачной
о́блачные	Nom/Gen	о́блачных	о́блачных	о́блачным	о́блачными

о́блачен, о́блачна, о́блачно, о́блачны; о́блачнее

ОБМАНУ́ТЬ MS -ма́нут; *Pf.* (*Impf.* обма́нывать): deceive, lie (to) *e.g.* Он обману́л сестру́ *Acc*

обману́	обма́нем	обмани́	обману́л	——	обману́в[ши]
обма́нешь	обма́нете	обмани́те	обману́ла	——	обману́вший
обма́нет	обма́нут		обману́ли/о	——	обма́нутый S

ОБМА́НЫВАТЬ SS -ают; *Impf.* (*Pf.* обману́ть): deceive, lie (to) *e.g.* Он обма́нывал сестру́ *Acc*

обма́нываю	обма́нываем	обма́нывай	обма́нывал	обма́нывая	
обма́нываешь	обма́нываете	обма́нывайте	обма́нывала	обма́нывающий	обма́нывавший
обма́нывает	обма́нывают		обма́нывали/о	обма́нываемый	——

ОБМЕ́Н SS *m.in:* exchange • в обме́н на +*Acc* in exchange for

| обме́н | обме́н | обме́на | обме́не | обме́ну | обме́ном |
| обме́ны | обме́ны | обме́нов | обме́нах | обме́нам | обме́нами |

ОБМЕ́НИВАТЬ SS -ают; *Impf.* (*Pf.* обменя́ть): exchange *e.g.* Он обме́нивал одну́ кни́гу *Acc* на другу́ю *Acc*

обме́ниваю	обме́ниваем	обме́нивай	обме́нивал	обме́нивая	
обме́ниваешь	обме́ниваете	обме́нивайте	обме́нивала	обме́нивающий	обме́нивавший
обме́нивает	обме́нивают		обме́нивали/о	обме́ниваемый	——

ОБМЕ́НИВАТЬСЯ SS -аются; *Impf.* (*Pf.* обменя́ться): exchange *e.g.* Он обме́нивался кни́гами *Inst* с сестро́й *Inst*; Они́ обме́нивались кни́гами *Inst*

-иваюсь	-иваемся	-ивайся	-ивался	-иваясь	
-иваешься	-иваетесь	-ивайтесь	-ивалась	-ивающийся	-ивавшийся
-ивается	-иваются		-ивались/ось		

ОБМЕНЯ́ТЬ SS -я́ют; *Pf.* (*Impf.* обме́нивать *and* меня́ть): exchange *e.g.* Он обменя́л одну́ кни́гу *Acc* на другу́ю *Acc*

обменя́ю	обменя́ем	обменя́й	обменя́л	——	обменя́в[ши]
обменя́ешь	обменя́ете	обменя́йте	обменя́ла	——	обменя́вший
обменя́ет	обменя́ют		обменя́ли/о	——	обме́нянный S

ОБМЕНЯ́ТЬСЯ SS -я́ются; *Pf.* (*Impf.* обме́ниваться *and* меня́ться): exchange *e.g.* Он обменя́лся кни́гами *Inst* с сестро́й *Inst*; Они́ обменя́лись кни́гами *Inst*

обменя́юсь	обменя́емся	обменя́йся	обменя́лся	——	обменя́вшись
обменя́ешься	обменя́етесь	обменя́йтесь	обменя́лась	——	обменя́вшийся
обменя́ется	обменя́ются		обменя́лись/ось		

ОБНИМА́ТЬ SS -а́ют; *Impf.* (*Pf.* обня́ть): embrace, hug

обнима́ю	обнима́ем	обнима́й	обнима́л	обнима́я	
обнима́ешь	обнима́ете	обнима́йте	обнима́ла	обнима́ющий	обнима́вший
обнима́ет	обнима́ют		обнима́ли/о	обнима́емый	

ОБНЯ́ТЬ ММ -ни́мут; о́бнял обняла́ о́бняли; *ppp* о́бнятый М; *Pf.* (*Impf.* обнима́ть): embrace, hug

обниму́	обни́мем	обними́	о́бнял	——	обня́в[ши]
обни́мешь	обни́мете	обними́те	обняла́	——	обня́вший
обни́мет	обни́мут		о́бняли/о	——	о́бнятый М

ОБО *variant of* о[3]; *normally unstressed; used before* мне́, что́, *and* всё; *also used optionally in* о(бо) всём, о(бо) всёй, *and* о(бо) всёх

ОБОЖА́ТЬ SS -а́ют; *no ppp*; *Impf.* (*no Pf.*): adore

обожа́ю	обожа́ем	обожа́й	обожа́л	обожа́я	
обожа́ешь	обожа́ете	обожа́йте	обожа́ла	обожа́ющий	обожа́вший
обожа́ет	обожа́ют		обожа́ли/о	обожа́емый	

ОБОЖГУ́Т *non-past tense of* обжёчь

ОБОЖЖЁТ *non-past tense of* обжёчь

ОБРА́ДОВАТЬ SS -дуют; *Pf.* (*Impf.* ра́довать): make happy, glad *e.g.* О́н обра́довал сестру́ *Acc* свои́ми слова́ми *Inst*

обра́дую	обра́дуем	обра́дуй	обра́довал	——	обра́довав[ши]
обра́дуешь	обра́дуете	обра́дуйте	обра́довала	——	обра́довавший
обра́дует	обра́дуют		обра́довали/о	——	обра́дованный S

ОБРА́ДОВАТЬСЯ SS -дуются; *Pf.* (*Impf.* ра́доваться): become happy, glad (for, about) *e.g.* О́н обра́довался сестре́ *Dat*

-ра́дуюсь	-ра́дуемся	-ра́дуйся	-ра́довался	——	-ра́довавшись
-ра́дуешься	-ра́дуетесь	-ра́дуйтесь	-ра́довалась	——	-ра́довавшийся
-ра́дуется	-ра́дуются		-ра́довались/ось	——	——

О́БРАЗ[1] SS *m.in*: form, manner, way; image; portrayal

о́браз	о́браз	о́браза	о́бразе	о́бразу	о́бразом
о́бразы	о́бразы	о́бразов	о́бразах	о́бразам	о́бразами

О́БРАЗ[2] SE *NPlur.* -а́ *m.in*: icon

о́браз	о́браз	о́браза	о́бразе	о́бразу	о́бразом
образа́	образа́	образо́в	образа́х	образа́м	образа́ми

ОБРАЗЕ́Ц ЕЕ (е) *m.in*: sample

образе́ц	образе́ц	образца́	образце́	образцу́	образцо́м
образцы́	образцы́	образцо́в	образца́х	образца́м	образца́ми

ОБРАЗОВА́НИЕ SS *n.in*: formation; education

образова́ние	образова́ние	образова́ния	образова́нии	образова́нию	образова́нием

ОБРАЗО́ВАННЫЙ[1] S *sh.masc.* образо́ван: educated

-о́ванный	*Nom/Gen*	-о́ванного	-о́ванном	-о́ванному	-о́ванным
-о́ванное	-о́ванное	-о́ванного	-о́ванном	-о́ванному	-о́ванным
-о́ванная	-о́ванную	-о́ванной	-о́ванной	-о́ванной	-о́ванной
-о́ванные	*Nom/Gen*	-о́ванных	-о́ванных	-о́ванным	-о́ванными

-о́ван, -о́ванна, -о́ванно, -о́банны; -о́ваннее

ОБРАЗО́ВАННЫЙ[2] S *ppp of* образова́ть (*for long forms see* образо́ванный[1]): formed (*by smt./smb.*)

-о́ван, -о́вана, -о́вано, -о́ваны

ОБРАТИ́ТЬ ЕS -тя́т -щу́; *ppp* обращённый Е; *Pf.* (*Impf.* обраща́ть): turn *e.g.* О́н обрати́л лицо́ *Acc* к сестре́ *Dat* ● обрати́ть внима́ние на +*Acc* pay attention (to); turn one's attention (to); notice

обращу́	обрати́м	обрати́	обрати́л	——	обрати́в[ши]
обрати́шь	обрати́те	обрати́те	обрати́ла	——	обрати́вший
обрати́т	обратя́т		обрати́ли/о	——	обращённый Е

ОБРАТИ́ТЬСЯ ЕS -тя́тся -щу́сь; *Pf.* (*Impf.* обраща́ться): turn (to), address *e.g.* О́н обрати́лся к сестре́ *Dat* с вопро́сом *Inst*

обращу́сь	обрати́мся	обрати́сь	обрати́лся	——	обрати́вшись
обрати́шься	обрати́тесь	обрати́тесь	обрати́лась	——	обрати́вшийся
обрати́тся	обратя́тся		обрати́лись/ось	——	——

ОБРА́ТНО *adv*: back; backwards; inversely

ОБРАЩА́ТЬ SS -а́ют; *Impf.* (*Pf.* обрати́ть): turn *e.g.* О́н обраща́л лицо́ *Acc* к сестре́ *Dat* ● обраща́ть внима́ние на +*Acc* pay attention (to); turn one's attention (to); notice

обраща́ю	обраща́ем	обраща́й	обраща́л	обраща́я	
обраща́ешь	обраща́ете	обраща́йте	обраща́ла	обраща́ющий	обраща́вший
обраща́ет	обраща́ют		обраща́ли/о	обраща́емый	

ОБРАЩА́ТЬСЯ SS -а́ются; *Impf*: 1. (*no Pf.*) treat; handle, manage *e.g.* О́н пло́хо обраща́ется с сестро́й *Inst*; 2. (*Pf.* обрати́ться) turn (to), address *e.g.* О́н обраща́лся к сестре́ *Dat* с вопро́сом *Inst*

обраща́юсь	обраща́емся	обраща́йся	обраща́лся	——	
обраща́ешься	обраща́емтесь	обраща́йтесь	обраща́лась	обраща́ющийся	обраща́вшийся
обраща́ется	обраща́ются		обраща́лись/ось	——	

ОБСЛУ́ЖИВАНИЕ SS *n.in*: service (*in various meanings but not as in military service*)

-слу́живание	-слу́живание	-слу́живания	-слу́живании	-слу́живанию	-слу́живанием

ОБСЛУ́ЖИВАТЬ SS -ают; Impf. (Pf. обслужи́ть): serve (smb.), wait on (smb.)

обслу́живаю	обслу́живаем	обслу́живай	обслу́живал	обслу́живая	
обслу́живаешь	обслу́живаете	обслу́живайте	обслу́живала	обслу́живающий	обслу́живавший
обслу́живает	обслу́живают		обслу́живали/о	обслу́живаемый	——

ОБСЛУЖИ́ТЬ MS -служат; Pf. (Impf. обслу́живать): serve (smb.), wait on (smb.)

обслужу́	обслу́жим	обслужи́	обслужи́л	——	обслужи́в[ши]
обслу́жишь	обслу́жите	обслужи́те	обслужи́ла	——	обслужи́вший
обслу́жит	обслу́жат		обслужи́ли/о	——	обслу́женный S

ОБСУДИ́ТЬ MS -су́дят; ppp обсуждённый E; Pf. (Impf. обсужда́ть): discuss e.g. О́н обсу́дит кни́гу Acc с сестро́й Inst

обсужу́	обсу́дим	обсуди́	обсуди́л	——	обсуди́в[ши]
обсу́дишь	обсу́дите	обсуди́те	обсуди́ла	——	обсуди́вший
обсу́дит	обсу́дят		обсуди́ли/о	——	обсуждённый E

ОБСУЖДА́ТЬ SS -а́ют; Impf. (Pf. обсуди́ть): discuss e.g. О́н обсужда́ет кни́гу Acc с сестро́й Inst

обсужда́ю	обсужда́ем	обсужда́й	обсужда́л	обсужда́я	
обсужда́ешь	обсужда́ете	обсужда́йте	обсужда́ла	обсужда́ющий	обсужда́вший
обсужда́ет	обсужда́ют		обсужда́ли/о	обсужда́емый	——

ОБСУЖДЕ́НИЕ SS n.in: discussion (use на/на/с for to/at/from the event)

обсужде́ние	обсужде́ние	обсужде́ния	обсужде́нии	обсужде́нию	обсужде́нием
обсужде́ния	обсужде́ния	обсужде́ний	обсужде́ниях	обсужде́ниям	обсужде́ниями

О́БУВЬ SS f.in: shoes, footwear

о́бувь	о́бувь	о́буви	о́буви	о́буви	о́бувью

ОБЩЕЖИ́ТИЕ SS n.in: dormitory; hostel

общежи́тие	общежи́тие	общежи́тия	общежи́тии	общежи́тию	общежи́тием
общежи́тия	общежи́тия	общежи́тий	общежи́тиях	общежи́тиям	общежи́тиями

ОБЩЕ́СТВЕННЫЙ S (e) [sh.masc. обще́ственен or обще́ствен]: social; public

-ще́ственный	Nom/Gen	-ще́ственного	-ще́ственном	-ще́ственному	-ще́ственным
-ще́ственное	-ще́ственное	-ще́ственного	-ще́ственном	-ще́ственному	-ще́ственным
-ще́ственная	-ще́ственную	-ще́ственной	-ще́ственной	-ще́ственной	-ще́ственной
-ще́ственные	Nom/Gen	-ще́ственных	-ще́ственных	-ще́ственным	-ще́ственными

-ще́ственен, -ще́ственна, -ще́ственно, -ще́ственны; -ще́ственнее

О́БЩЕСТВО SS n.in: society

о́бщество	о́бщество	о́бщества	о́бществе	о́бществу	о́бществом
о́бщества	о́бщества	о́бществ	о́бществах	о́бществам	о́бществами

О́БЩИЙ[1] M: common

о́бщий	Nom/Gen	о́бщего	о́бщем	о́бщему	о́бщим
о́бщее	о́бщее	о́бщего	о́бщем	о́бщему	о́бщим
о́бщая	о́бщую	о́бщей	о́бщей	о́бщей	о́бщей
о́бщие	Nom/Gen	о́бщих	о́бщих	о́бщим	о́бщими

О́БЩИЙ[2] E [sh.Plur. о́бщи́]; (for long forms see о́бщий[1]): general ● в о́бщем on the whole, in general

о́бщ, обща́, общо́, о́бщи́

ОБЩИ́ТЕЛЬНЫЙ S (e): sociable

общи́тельный	Nom/Gen	общи́тельного	общи́тельном	общи́тельному	общи́тельным
общи́тельное	общи́тельное	общи́тельного	общи́тельном	общи́тельному	общи́тельным
общи́тельная	общи́тельную	общи́тельной	общи́тельной	общи́тельной	общи́тельной
общи́тельные	Nom/Gen	общи́тельных	общи́тельных	общи́тельным	общи́тельными

общи́телен, общи́тельна, общи́тельно, общи́тельны; общи́тельнее

ОБЪЯВИ́ТЬ MS -я́вят; Pf. (Impf. объявля́ть): announce e.g. О́н объяви́л сестре́ Dat своё реше́ние Acc [or о своём реше́нии Prep]

объявлю́	объя́вим	объяви́	объяви́л	——	объяви́в[ши]
объя́вишь	объя́вите	объяви́те	объяви́ла	——	объяви́вший
объя́вит	объя́вят		объяви́ли/о	——	объя́вленный S

ОБЪЯВЛЯ́ТЬ SS -яют; Impf. (Pf. объяви́ть): announce e.g. О́н объявля́л сестре́ Dat своё реше́ние Acc [or о своём реше́нии Prep]

объявля́ю	объявля́ем	объявля́й	объявля́л	объявля́я	
объявля́ешь	объявля́ете	объявля́йте	объявля́ла	объявля́ющий	объявля́вший
объявля́ет	объявля́ют		объявля́ли/о	объявля́емый	——

ОБЪЯСНЕ́НИЕ SS n.in: explanation

объясне́ние	объясне́ние	объясне́ния	объясне́нии	объясне́нию	объясне́нием
объясне́ния	объясне́ния	объясне́ний	объясне́ниях	объясне́ниям	объясне́ниями

ОБЪЯСНИ́ТЬ ES -ня́т; Pf. (Impf. объясня́ть): explain e.g. О́н объясни́л свою́ иде́ю Acc сестре́ Dat

объясню́	объясни́м	объясни́	объясни́л	——	объясни́в[ши]
объясни́шь	объясни́те	объясни́те	объясни́ла	——	объясни́вший
объясни́т	объясня́т		объясни́ли/о	——	объяснённый E

ОБЪЯСНЯ́ТЬ SS -яют; Impf. (Pf. объясни́ть): explain e.g. О́н объясня́ет свою́ иде́ю Acc сестре́ Dat

объясня́ю	объясня́ем	объясня́й	объясня́л	объясня́я	
объясня́ешь	объясня́ете	объясня́йте	объясня́ла	объясня́ющий	объясня́вший
объясня́ет	объясня́ют		объясня́ли/о	объясня́емый	——

ОБЫКНОВЕ́ННО adv: usually; in the usual way

ОБЫКНОВЕ́ННЫЙ S (e): usual, ordinary

-нове́нный	Nom/Gen	-нове́нного	-нове́нном	-нове́нному	-нове́нным
-нове́нное	-нове́нное	-нове́нного	-нове́нном	-нове́нному	-нове́нным
-нове́нная	-нове́нную	-нове́нной	-нове́нной	-нове́нной	-нове́нной
-нове́нные	Nom/Gen	-нове́нных	-нове́нных	-нове́нным	-нове́нными

-нове́нен, -нове́нна, -нове́нно, -нове́нны; -нове́ннее

ОБЫ́ЧНО adv: usually

ОБЫ́ЧНЫЙ S (e): usual, ordinary

обы́чный	Nom/Gen	обы́чного	обы́чном	обы́чному	обы́чным
обы́чное	обы́чное	обы́чного	обы́чном	обы́чному	обы́чным
обы́чная	обы́чную	обы́чной	обы́чной	обы́чной	обы́чной
обы́чные	Nom/Gen	обы́чных	обы́чных	обы́чным	обы́чными

обы́чен, обы́чна, обы́чно, обы́чны; обы́чнее

ОБЯЗА́ТЕЛЬНО adv: without fail; predicate: it is obligatory, compulsory; really have to e.g. Мне́ Dat сего́дня не обяза́тельно (идти́) на ле́кцию

ОБЯЗА́ТЬСЯ MS обя́жутся; Pf. (Impf. обя́зываться): promise, vow

обяжу́сь	обя́жемся	обяжи́сь	обяза́лся	——	обяза́вшись
обя́жешься	обя́жетесь	обяжи́тесь	обяза́лась	——	обяза́вшийся
обя́жется	обя́жутся		обяза́лись/ось	——	——

ОБЯ́ЗЫВАТЬСЯ SS обязу́ются [or обя́зываются]; Impf. (Pf. обяза́ться): promise, vow

обязу́юсь	обязу́емся	обязу́йся	обя́зывался	обязу́ясь	
обязу́ешься	обязу́етесь	обязу́йтесь	обя́зывалась	обязу́ющийся	обя́зывавшийся
обязу́ется	обязу́ются		обя́зывались/ось ——		——

ОВА́ЦИЯ SS f.in: ovation

ова́ция	ова́цию	ова́ции	ова́ции	ова́ции	ова́цией
ова́ции	ова́ции	ова́ций	ова́циях	ова́циям	ова́циями

О́ВОЩ SE NPlur. о́вощи m.in: vegetable

о́вощ	о́вощ	о́воща	о́воще	о́вощу	о́вощем
о́вощи	о́вощи	овоще́й	овоща́х	овоща́м	овоща́ми

ОВЦА́ ES (e) GPlur. ове́ц f.an: sheep; ewe

овца́	овцу́	овцы́	овце́	овце́	овцо́й
о́вцы	ове́ц	ове́ц	о́вцах	о́вцам	о́вцами

ОГА́ЙО indeclinable m.in: Ohio (state)

ОГЛЯДЕ́ТЬСЯ ES -гляди́тся; Pf. (Impf. огля́дываться): look around

огляжу́сь	огляди́мся	огляди́сь	огляде́лся	——	огляде́вшись
огляди́шься	огляди́тесь	огляди́тесь	огляде́лась	——	огляде́вшийся
огляди́тся	огля́дятся		огляде́лись/ось ——		——

ОГЛЯ́ДЫВАТЬСЯ SS -аются; Impf: 1. (Pf. огляну́ться) look back (at) e.g. О́н огля́дывался на сестру́ Acc; 2. (Pf. огляде́ться) look around

-ываюсь	-ываемся	-ывайся	-ывался	-ываясь	
-ываешься	-ываетесь	-ывайтесь	-ывалась	-ывающийся	-ывавшийся
-ывается	-ываются		-ывались/ось	——	——

ОГЛЯНУ́ТЬСЯ MS -гля́нутся; Pf. (Impf. огля́дываться): look back (at) e.g. О́н огляну́лся на сестру́ Acc

огляну́сь	огля́немся	огляни́сь	огляну́лся		огляну́вшись
огля́нешься	огля́нетесь	огляни́тесь	огляну́лась		огляну́вшийся
огля́нется	огля́нутся		огляну́лись/ось ——		——

ОГО́ <ohó> interjection: Oho! Wow!

✓**ОГО́НЬ** [also Poetic and Obsolete о́гнь] EE (o) m.in: light; fire

ого́нь	ого́нь	огня́	огне́	огню́	огнём
огни́	огни́	огне́й	огня́х	огня́м	огня́ми

ОГРО́МНЫЙ S (e): huge

огро́мный	Nom/Gen	огро́много	огро́мном	огро́мному	огро́мным
огро́мное	огро́мное	огро́много	огро́мном	огро́мному	огро́мным
огро́мная	огро́мную	огро́мной	огро́мной	огро́мной	огро́мной
огро́мные	Nom/Gen	огро́мных	огро́мных	огро́мным	огро́мными

огро́мен, огро́мна, огро́мно, огро́мны; огро́мнее

ОГУРЕ́Ц EE (e) m.in: cucumber; gherkin, pickle

огуре́ц	огуре́ц	огурца́	огурце́	огурцу́	огурцо́м
огурцы́	огурцы́	огурцо́в	огурца́х	огурца́м	огурца́ми

ОДА́ЛЖИВАТЬ SS -ают; Impf. (Pf. одолжи́ть): lend e.g. О́н ода́лживал сестре́ Dat де́ньги Acc

ода́лживаю	ода́лживаем	ода́лживай	ода́лживал	ода́лживая	
ода́лживаешь	ода́лживаете	ода́лживайте	ода́лживала	ода́лживающий	ода́лживавший
ода́лживает	ода́лживают		ода́лживали/о	ода́лживаемый	——

ОДЕВА́ТЬ SS -а́ют; Impf. (Pf. оде́ть): dress (smb.)

одева́ю	одева́ем	одева́й	одева́л	одева́я	
одева́ешь	одева́ете	одева́йте	одева́ла	одева́ющий	одева́вший
одева́ет	одева́ют		одева́ли/о	одева́емый	——

ОДЕВА́ТЬСЯ SS -а́ются; *Impf.* (*Pf.* оде́ться): dress, get dressed

одева́юсь	одева́емся	одева́йся	одева́лся	одева́ясь	
одева́ешься	одева́етесь	одева́йтесь	одева́лась	одева́ющийся	одева́вшийся
одева́ется	одева́ются		одева́лись/ось		

ОДЕ́ЖДА SS *f.in*: clothes (*collectively*)

оде́жда	оде́жду	оде́жды	оде́жде	оде́жде	оде́ждой

ОДЕ́НУТ *non-past tense of* оде́ть

ОДЕРЖА́ТЬ MS -де́ржат; *Pf.* (*Impf.* оде́рживать): win (*used only in the expressions* одержа́ть побе́ду, одержа́ть верх над +*Inst* win a victory, gain the upper hand over smb./smt.)

одержу́	оде́ржим	одержи́	одержа́л	——	одержа́в[ши]
оде́ржишь	оде́ржите	одержи́те	одержа́ла	——	одержа́вший
оде́ржит	оде́ржат		одержа́ли/о	——	оде́ржанный S

ОДЕ́РЖИВАТЬ SS -ают; *Impf.* (*Pf.* одержа́ть): win (*used only in the expressions* оде́рживать побе́ду, одержа́ть верх над +*Inst* win a victory, gain the upper hand over smb./smt.)

оде́рживаю	оде́рживаем	оде́рживай	оде́рживал	оде́рживая	
оде́рживаешь	оде́рживаете	оде́рживайте	оде́рживала	оде́рживающий	оде́рживавший
оде́рживает	оде́рживают		оде́рживали/о	оде́рживаемый	——

ОДЕ́ТЫЙ S (*also ppp of* оде́ть): dressed, clothed

оде́тый	*Nom/Gen*	оде́того	оде́том	оде́тому	оде́тым
оде́тое	оде́тое	оде́того	оде́том	оде́тому	оде́тым
оде́тая	оде́тую	оде́той	оде́той	оде́той	оде́той
оде́тые	*Nom/Gen*	оде́тых	оде́тых	оде́тым	оде́тыми

оде́т, оде́та, оде́то, оде́ты

ОДЕ́ТЬ SS -де́нут; *ppp* оде́тый S; *Pf.* (*Impf.* одева́ть): dress (smb.)

оде́ну	оде́нем	оде́нь	оде́л	——	оде́в[ши]
оде́нешь	оде́нете	оде́ньте	оде́ла	——	оде́вший
оде́нет	оде́нут		оде́ли/о	——	оде́тый S

√**ОДЕ́ТЬСЯ** SS -де́нутся; *Pf.* (*Impf.* одева́ться): dress, wear clothes *e.g.* Он оде́нется в дорогу́ю оде́жду *Acc*

оде́нусь	оде́немся	оде́нься	оде́лся	——	оде́вшись
оде́нешься	оде́нетесь	оде́ньтесь	оде́лась	——	оде́вшийся
оде́нется	оде́нутся		оде́лись/ось		

ОДИ́Н *special adjective and numeral*: one; a, some; alone, by oneself; only (*as in* Пришли́ одни́ де́ти Only (the) children came)

оди́н	*Nom./Gen.*	одного́	одно́м	одному́	одни́м
одно́	одно́	одного́	одно́м	одному́	одни́м
одна́	одну́	одно́й	одно́й	одно́й	одно́й
одни́	*Nom./Gen.*	одни́х	одни́х	одни́м	одни́ми

ОДИНА́КОВО *adv*: equally

ОДИНА́КОВЫЙ S: identical

одина́ковый	*Nom/Gen*	одина́кового	одина́ковом	одина́ковому	одина́ковым
одина́ковое	одина́ковое	одина́кового	одина́ковом	одина́ковому	одина́ковым
одина́ковая	одина́ковую	одина́ковой	одина́ковой	одина́ковой	одина́ковой
одина́ковые	*Nom/Gen*	одина́ковых	одина́ковых	одина́ковым	одина́ковыми

одина́ков, одина́кова, одина́ково, одина́ковы

ОДИ́ННАДЦАТЫЙ <н, *not* нн> *numeral inflected like adj*: eleventh

-надцатый	*Nom/Gen*	-надцатого	-надцатом	-надцатому	-надцатым
-надцатое	-надцатое	-надцатого	-надцатом	-надцатому	-надцатым
-надцатая	-надцатую	-надцатой	-надцатой	-надцатой	-надцатой
-надцатые	*Nom/Gen*	-надцатых	-надцатых	-надцатым	-надцатыми

ОДИ́ННАДЦАТЬ <н, *not* нн> *numeral*: eleven

-надцать	-надцать	-надцати	-надцати	-надцати	-надцатью

ОДИНО́КИЙ S *compar. avoided; also used as m./f.an noun*: lonely; single person

одино́кий	*Nom/Gen*	одино́кого	одино́ком	одино́кому	одино́ким
одино́кое	одино́кое	одино́кого	одино́ком	одино́кому	одино́ким
одино́кая	одино́кую	одино́кой	одино́кой	одино́кой	одино́кой
одино́кие	*Nom/Gen*	одино́ких	одино́ких	одино́ким	одино́кими

одино́к, одино́ка, одино́ко, одино́ки

ОДНА́ *see* оди́н

ОДНА́ЖДЫ *adv*: once, one day (in the past)

ОДНА́КО *conjunction and parenthetical word*: however; but; only; though; *interjection*: You don't say!

ОДНОКО́МНАТНЫЙ S (e): one-room

-ко́мнатный	*Nom/Gen*	-ко́мнатного	-ко́мнатном	-ко́мнатному	-ко́мнатным
-ко́мнатное	-ко́мнатное	-ко́мнатного	-ко́мнатном	-ко́мнатному	-ко́мнатным
-ко́мнатная	-ко́мнатную	-ко́мнатной	-ко́мнатной	-ко́мнатной	-ко́мнатной
-ко́мнатные	*Nom/Gen*	-ко́мнатных	-ко́мнатных	-ко́мнатным	-ко́мнатными

ОДНОТО́МНЫЙ S (e): one-volume

однотómный	Nom/Gen	однотómного	однотómном	однотómному	однотómным
однотómное	однотómное	однотómного	однотómном	однотómному	однотómным
однотómная	однотómную	однотómной	однотómной	однотómной	однотómной
однотómные	Nom/Gen	однотómных	однотómных	однотómным	однотómными

ОДОЛЖИ́ТЬ ES -жа́т; Pf. (Impf. ода́лживать): lend e.g. Он одолжи́л сестре́ Dat ты́сячу Acc рубле́й

одолжу́	одолжи́м	одолжи́	одолжи́л	——	одолжи́в[ши]
одолжи́шь	одолжи́те	одолжи́те	одолжи́ла	——	одолжи́вший
одолжи́т	одолжа́т		одолжи́ли/о	——	одолжённый E

ОДУШЕВЛЁННЫЙ S sh.masc. одушевлён: animate

-влённый	Nom/Gen	-влённого	-влённом	-влённому	-влённым
-влённое	-влённое	-влённого	-влённом	-влённому	-влённым
-влённая	-влённую	-влённой	-влённой	-влённой	-влённой
-влённые	Nom/Gen	-влённых	-влённых	-влённым	-влёнными

О́ЗЕРО SS NPlur. озёра n.in: lake (use на/на/с for to/on(by)/from and use в/в/из for into/in/out of)

óзеро	óзеро	óзера	óзере	óзеру	óзером
озёра	озёра	озёр	озёрах	озёрам	озёрами

ОЙ interjection: Oh! Ah! Ouch!

ОКАЗА́ТЬСЯ MS -ка́жутся; Pf. (Impf. ока́зываться): 1. turn out (that) e.g Оказа́лось, что о́н — её бра́т; 2. turn out (to be, to have) e.g. Он оказа́лся хорóшим преподава́телем Inst; 3. find oneself Он оказа́лся в Москве́ Prep; 4. turn up, show up e.g. Кни́га оказа́лась в столе́ Prep

окажу́сь	окáжемся	окажи́сь	оказа́лся	——	оказа́вшись
окáжешься	окáжетесь	окажи́тесь	оказа́лась	——	оказа́вшийся
окáжется	окáжутся		оказа́лись/ось	——	——

ОКА́ЗЫВАТЬСЯ SS -аются; Impf. (Pf. оказа́ться): 1. turn out (that) e.g. Всегда́ ока́зывалось, что о́н за́нят и не мóжет ко мне́ прийти́; 2. turn up, show up e.g. Кни́ги всегда́ ока́зывались в столе́ Prep

-ываюсь	-ываемся	-ывайся	-ывался	-ываясь	
-ываешься	-ываетесь	-ывайтесь	-ывалась	-ывающийся	-ывавшийся
-ывается	-ываются		-ывались/ось	——	——

ОКА́НЧИВАТЬ SS -ают; Impf. (Pf. окончить): finish, end; graduate (from) Он окáнчивал шкóлу Acc

окáнчиваю	окáнчиваем	окáнчивай	окáнчивал	окáнчивая	
окáнчиваешь	окáнчиваете	окáнчивайте	окáнчивала	окáнчивающий	окáнчивавший
окáнчивает	окáнчивают		окáнчивали/о	окáнчиваемый	——

ОКА́НЧИВАТЬСЯ SS -аются; Impf. (Pf. окóнчиться): finish, end e.g. Лéкция окáнчивалась вопрóсами Inst

-иваюсь	-иваемся	-ивайся	-ивался	-иваясь	
-иваешься	-иваетесь	-ивайтесь	-ивалась	-ивающийся	-ивавшийся
-ивается	-иваются		-ивались/ось	——	——

ОКЕА́Н SS m.in: ocean (use на/на/с for to/on(by)/from and use в/в/из for into/in/out of)

океáн	океáн	океáна	океáне	океáну	океáном
океáны	океáны	океáнов	океáнах	океáнам	океáнами

ОКЛАХÓМА SS f.in: Oklahoma

Оклахóма	Оклахóму	Оклахóмы	Оклахóме	Оклахóме	Оклахóмой

ОКНÓ ES (о) n.in: 1. window ● смотрéть в окнó Acc look through/in/out the window; 2. window sill (use на/на/с for to/on/from)

окнó	окнó	окнá	окнé	окну́	окнóм
óкна	óкна	óкон	óкнах	óкнам	óкнами

ÓКОЛО adv: nearby; prep. +Gen: by, near; around; about

ОКОНЧÁНИЕ SS n.in: ending

окончáние	окончáние	окончáния	окончáнии	окончáнию	окончáнием
окончáния	окончáния	окончáний	окончáниях	окончáниям	окончáниями

ОКÓНЧЕННЫЙ S ppp of окончить: ended, finished

окóнченный	Nom/Gen	окóнченного	окóнченном	окóнченному	окóнченным
окóнченное	окóнченное	окóнченного	окóнченном	окóнченному	окóнченным
окóнченная	окóнченную	окóнченной	окóнченной	окóнченной	окóнченной
окóнченные	Nom/Gen	окóнченных	окóнченных	окóнченным	окóнченными
окóнчен, окóнчена, окóнчено, окóнчены					

ОКÓНЧИТЬ SS -чат; Pf. (Impf. окáнчивать): finish, end; graduate (from) Он окóнчил шкóлу Acc

окóнчу	окóнчим	окóнчи	окóнчил	——	окóнчив[ши]
окóнчишь	окóнчите	окóнчите	окóнчила	——	окóнчивший
окóнчит	окóнчат		окóнчили/о	——	окóнченный S

ОКÓНЧИТЬСЯ SS -чатся; Pf. (Impf. окáнчиваться): finish, end e.g. Лéкция окóнчилась вопрóсами Inst

окóнчусь	окóнчимся	окóнчись	окóнчился	——	окóнчившись
окóнчишься	окóнчитесь	окóнчитесь	окóнчилась	——	окóнчившийся
окóнчится	окóнчатся		окóнчились/ось	——	——

ОКРÁИНА SS f.in: outskirts (use на/на/с for to/on/from)

окрáина	окрáину	окрáины	окрáине	окрáине	окрáиной
окрáины	окрáины	окрáин	окрáинах	окрáинам	окрáинами

ОКРЕСТИ́ТЬ MS -кре́стят; ppp окрещённый E; Pf. (Impf. крести́ть[1]): christen, baptize; name e.g. Меня́ Acc окрести́ли Ива́ном Inst

окрещу́	окре́стим	окрести́	окрести́л	——	окрести́в[ши]
окре́стишь	окре́стите	окрести́те	окрести́ла	——	окрести́вший
окре́стит	окре́стят		окрести́ли/о	——	окрещённый E

ОКРУЖА́ТЬ SS -а́ют; Impf. (Pf. окружи́ть): encircle; surround

окружа́ю	окружа́ем	окружа́й	окружа́л	окружа́я	
окружа́ешь	окружа́ете	окружа́йте	окружа́ла	окружа́ющий	окружа́вший
окружа́ет	окружа́ют		окружа́ли/о	окружа́емый	——

ОКРУЖИ́ТЬ ES -жа́т; Pf. (Impf. окружа́ть): encircle; surround

окружу́	окружи́м	окружи́	окружи́л	——	окружи́в[ши]
окружи́шь	окружи́те	окружи́те	окружи́ла	——	окружи́вший
окружи́т	окружа́т		окружи́ли/о	——	окружённый E

✓ **ОКТЯ́БРЬ** EE m.in: October

октя́брь	октя́брь	октября́	октябре́	октябрю́	октябрём
октябри́	октябри́	октябре́й	октября́х	октября́м	октября́ми

ОКТЯ́БРЬСКИЙ S short forms avoided, no compar: October

октя́брьский	Nom/Gen	октя́брьского	октя́брьском	октя́брьскому	октя́брьским
октя́брьское	октя́брьское	октя́брьского	октя́брьском	октя́брьскому	октя́брьским
октя́брьская	октя́брьскую	октя́брьской	октя́брьской	октя́брьской	октя́брьской
октя́брьские	Nom/Gen	октя́брьских	октя́брьских	октя́брьским	октя́брьскими

adv. по-октя́брьски

ОН pronoun; use него́, нём, нему́, ним after prepositions; (see also его́ his): he; it

он	его́	его́		ему́	им
	него́	него́	нём	нему́	ним

ОНА́ pronoun; use неё, ней, не́ю after prepositions; the Inst. variant е́ю is preferred over ей, but after prepositions use either ней or не́ю; (see also её her): she; it

она́	её	её		ей	е́ю [or ей]
	неё	неё	ней	ней	ней [or не́ю]

ОНИ́ pronoun; use них, ним, ни́ми after prepositions; (see also их their): they

они́	их	их		им	и́ми
	них	них	них	ним	ни́ми

ОНО́[1] pronoun; use него́, нём, нему́, ним after prepositions; (see also его́ its): it

оно́	его́	его́		ему́	им
	него́	него́	нём	нему́	ним

ОНО́[2] particle: Во́т оно́ что́! Oh, I see!

ООН <оон> indeclinable f.in: (abbrev. of Организа́ция Объединённых На́ций) UN (The United Nations)

ОПА́ЗДЫВАТЬ SS -ают; intrans; Impf. (Pf. опозда́ть): be late, run late (for) (by) e.g. Он опа́здывал в теа́тр Acc (на уро́к Acc, к врачу́ Dat) на де́сять Acc мину́т

опа́здываю	опа́здываем	опа́здывай	опа́здывал	опа́здывая	
опа́здываешь	опа́здываете	опа́здывайте	опа́здывала	опа́здывающий	опа́здывавший
опа́здывает	опа́здывают		опа́здывали/о	——	

ОПА́СНО adv: dangerously; predicate: it is dangerous e.g. Зде́сь опа́сно пла́вать

ОПА́СНОСТЬ SS f.in: danger

опа́сность	опа́сность	опа́сности	опа́сности	опа́сности	опа́сностью
опа́сности	опа́сности	опа́сностей	опа́сностях	опа́сностям	опа́сностями

ОПА́СНЫЙ S (e): dangerous

опа́сный	Nom/Gen	опа́сного	опа́сном	опа́сному	опа́сным
опа́сное	опа́сное	опа́сного	опа́сном	опа́сному	опа́сным
опа́сная	опа́сную	опа́сной	опа́сной	опа́сной	опа́сной
опа́сные	Nom/Gen	опа́сных	опа́сных	опа́сным	опа́сными

опа́сен, опа́сна, опа́сно, опа́сны; опа́снее

О́ПЕРА SS f.in: opera (use на/на/с for to/at/from the event)

о́пера	о́перу	о́перы	о́пере	о́пере	о́перой
о́перы	о́перы	о́пер	о́перах	о́перам	о́перами

ОПЕРА́ЦИЯ SS f.in: operation

опера́ция	опера́цию	опера́ции	опера́ции	опера́ции	опера́цией
опера́ции	опера́ции	опера́ций	опера́циях	опера́циям	опера́циями

ОПИСА́ТЬ MS -пи́шут; Pf. (Impf. опи́сывать): describe

опишу́	опи́шем	опиши́	описа́л	——	описа́в[ши]
опи́шешь	опи́шете	опиши́те	описа́ла	——	описа́вший
опи́шет	опи́шут		описа́ли/о	——	опи́санный S

ОПИ́СЫВАТЬ SS -ают; Impf. (Pf. описа́ть): describe

опи́сываю	опи́сываем	опи́сывай	опи́сывал	опи́сывая	
опи́сываешь	опи́сываете	опи́сывайте	опи́сывала	опи́сывающий	опи́сывавший
опи́сывает	опи́сывают		опи́сывали/о	опи́сываемый	——

ОПОЗДА́НИЕ SS *n.in*: lateness, tardiness

опозда́ние	опозда́ние	опозда́ния	опозда́нии	опозда́нию	опозда́нием
опозда́ния	опозда́ния	опозда́ний	опозда́ниях	опозда́ниям	опозда́ниями

ОПОЗДА́ТЬ SS -а́ют; *intrans; Pf. (Impf.* опа́здывать*)*: miss, be late (for) (by) *e.g.* О́н опозда́л в теа́тр *Acc* (на уро́к *Acc*, к врачу́ *Dat*) на де́сять *Acc* мину́т

опозда́ю	опозда́ем	опозда́й	опозда́л	——	опозда́в[ши]
опозда́ешь	опозда́ете	опозда́йте	опозда́ла	——	опозда́вший
опозда́ет	опозда́ют		опозда́ли/о	——	——

ОПРАВДА́ТЬСЯ SS -а́ются; *Pf. (Impf.* оправдываться*)*: 1. be justified (*said of rumors, fears, etc.*); 2. clear oneself, set things right (with) *e.g.* О́н оправда́лся перед нача́льником *Inst*

оправда́юсь	оправда́емся	оправда́йся	оправда́лся	——	оправда́вшись
оправда́ешься	оправда́етесь	оправда́йтесь	оправда́лась	——	оправда́вшийся
оправда́ется	оправда́ются		оправда́лись/ось	——	

ОПРА́ВДЫВАТЬСЯ SS -аются; *Impf. (Pf.* оправда́ться*)*: 1. be justified (*about rumors, etc.*); 2. (try to) justify oneself О́н опра́вдывался перед нача́льником *Inst*

-ываюсь	-ываемся	-ывайся	-ывался	-ываясь	
-ываешься	-ываетесь	-ывайтесь	-ывалась	-ывающийся	-ывавшийся
-ывается	-ываются		-ывались/ось	——	——

ОПРЕДЕЛИ́ТЬ ES -ля́т; *Pf. (Impf.* определя́ть*)*: define; determine

определю́	определи́м	определи́	определи́л	——	определи́в[ши]
определи́шь	определи́те	определи́те	определи́ла	——	определи́вший
определи́т	определя́т		определи́ли/о	——	определённый E

ОПРЕДЕЛЯ́ТЬ SS -я́ют; *Impf. (Pf.* определи́ть*)*: define; determine

определя́ю	определя́ем	определя́й	определя́л	определя́я	
определя́ешь	определя́ете	определя́йте	определя́ла	определя́ющий	определя́вший
определя́ет	определя́ют		определя́ли/о	определя́емый	——

ОПРО́С SS *m.in*: questioning; survey; recitation (*oral questions and answers in class*)

опро́с	опро́с	опро́са	опро́се	опро́су	опро́сом
опро́сы	опро́сы	опро́сов	опро́сах	опро́сам	опро́сами

ОПТИМИ́СТ SS *m.an*: optimist

оптими́ст	оптими́ста	оптими́ста	оптими́сте	оптими́сту	оптими́стом
оптими́сты	оптими́стов	оптими́стов	оптими́стах	оптими́стам	оптими́стами

ОПТИМИ́СТКА SS (о) *f.an*: optimist (*woman*)

оптими́стка	оптими́стку	оптими́стки	оптими́стке	оптими́стке	оптими́сткой
оптими́стки	оптими́сток	оптими́сток	оптими́стках	оптими́сткам	оптими́стками

ОПУСКА́ТЬ SS -а́ют; *Impf. (Pf.* опусти́ть*)*: lower, let down

опуска́ю	опуска́ем	опуска́й	опуска́л	опуска́я	
опуска́ешь	опуска́ете	опуска́йте	опуска́ла	опуска́ющий	опуска́вший
опуска́ет	опуска́ют		опуска́ли/о	опуска́емый	——

ОПУСТИ́ТЬ MS -пу́стят; *Pf. (Impf.* опуска́ть*)*: lower, let down

опущу́	опу́стим	опусти́	опусти́л	——	опусти́в[ши]
опу́стишь	опу́стите	опусти́те	опусти́ла	——	опусти́вший
опу́стит	опу́стят		опусти́ли/о	——	опу́щенный S

О́ПЫТ SS *m.in*: experience; experiment

о́пыт	о́пыт	о́пыта	о́пыте	о́пыту	о́пытом
о́пыты	о́пыты	о́пытов	о́пытах	о́пытам	о́пытами

О́ПЫТНЫЙ S (е): experienced; experimental

о́пытный	Nom/Gen	о́пытного	о́пытном	о́пытному	о́пытным
о́пытное	о́пытное	о́пытного	о́пытном	о́пытному	о́пытным
о́пытная	о́пытную	о́пытной	о́пытной	о́пытной	о́пытной
о́пытные	Nom/Gen	о́пытных	о́пытных	о́пытным	о́пытными

о́пытен, о́пытна, о́пытно, о́пытны; о́пытнее

ОПЯ́ТЬ *adv*: again

ОРА́КУЛ[1] SS *m.in*: oracle (*the prediction, place, or book, not the person*)

ора́кул	ора́кул	ора́кула	ора́куле	ора́кулу	ора́кулом
ора́кулы	ора́кулы	ора́кулов	ора́кулах	ора́кулам	ора́кулами

ОРА́КУЛ[2] SS *m.an*: oracle (*person*)

ора́кул	ора́кула	ора́кула	ора́куле	ора́кулу	ора́кулом
ора́кулы	ора́кулов	ора́кулов	ора́кулах	ора́кулам	ора́кулами

ОРА́НЖЕВЫЙ S: orange (*color*)

ора́нжевый	Nom/Gen	ора́нжевого	ора́нжевом	ора́нжевому	ора́нжевым
ора́нжевое	ора́нжевое	ора́нжевого	ора́нжевом	ора́нжевому	ора́нжевым
ора́нжевая	ора́нжевую	ора́нжевой	ора́нжевой	ора́нжевой	ора́нжевой
ора́нжевые	Nom/Gen	ора́нжевых	ора́нжевых	ора́нжевым	ора́нжевыми

ора́нжев, ора́нжева, ора́нжево, ора́нжевы; ора́нжевее

О́РГАН SS *m.in*: organ (*part of body, organization, etc.*)

о́рган	о́рган	о́ргана	о́ргане	о́ргану	о́рганом
о́рганы	о́рганы	о́рганов	о́рганах	о́рганам	о́рганами

ОРГА́Н SS *m.in*: organ (musical instrument) ● игра́ть на орга́не *Prep* play the organ

орга́н	орга́н	орга́на	орга́не	орга́ну	орга́ном
орга́ны	орга́ны	орга́нов	орга́нах	орга́нам	орга́нами

ОРГАНИЗА́ЦИЯ SS *f.in*: organization

-низа́ция	-низа́цию	-низа́ции	-низа́ции	-низа́ции	-низа́цией
-низа́ции	-низа́ции	-низа́ций	-низа́циях	-низа́циям	-низа́циями

ОРГАНИЗОВА́ТЬ SS -зу́ют; *Pf; non-past also Impf. (Impf. also* организо́вывать): organize

-низу́ю	-низу́ем	-низу́й	-низова́л	-низу́я	-низова́в[ши]
-низу́ешь	-низу́ете	-низу́йте	-низова́ла	-низу́ющий	-низова́вший
-низу́ет	-низу́ют		-низова́ли/о	-низу́емый	-низо́ванный S

ОРГАНИЗО́ВЫВАТЬ SS -ают; *Impf. (Pf.* организова́ть): organize

-зо́вываю	-зо́вываем	-зо́вывай	-зо́вывал	-зо́вывая	
-зо́вываешь	-зо́вываете	-зо́вывайте	-зо́вывала	-зо́вывающий	-зо́вывавший
-зо́вывает	-зо́вывают		-зо́вывали/о	-зо́вываемый	——

ОРЕГО́Н SS *m.in*: Oregon

Орего́н	Орего́н	Орего́на	Орего́не	Орего́ну	Орего́ном

ОРИГИНА́ЛЬНЫЙ S (e): original

-а́льный	Nom/Gen	-а́льного	-а́льном	-а́льному	-а́льным
-а́льное	-а́льное	-а́льного	-а́льном	-а́льному	-а́льным
-а́льная	-а́льную	-а́льной	-а́льной	-а́льной	-а́льной
-а́льные	Nom/Gen	-а́льных	-а́льных	-а́льным	-а́льными

-а́лен, -а́льна, -а́льно, -а́льны; -а́льнее

ОРКЕ́СТР SS *m.in*: orchestra; band

орке́стр	орке́стр	орке́стра	орке́стре	орке́стру	орке́стром
орке́стры	орке́стры	орке́стров	орке́страх	орке́страм	орке́страми

ОРОСИ́ТЬ ES -ся́т; *Pf. (Impf.* ороша́ть): irrigate, water *e.g.* До́ждь ороси́л поля́ *Acc*; Колхо́зники ороси́ли поля́ *Acc* водо́й *Inst* из о́зера

орошу́	ороси́м	ороси́	ороси́л	——	ороси́в[ши]
ороси́шь	ороси́те	ороси́те	ороси́ла	——	ороси́вший
ороси́т	орося́т		ороси́ли/о	——	орошённый E

ОРОША́ТЬ SS -а́ют; *Impf. (Pf.* ороси́ть): irrigate, water *e.g.* До́ждь ороша́ет поля́ *Acc*; Колхо́зники ороша́ют поля́ *Acc* водо́й *Inst* из о́зера

ороша́ю	ороша́ем	ороша́й	ороша́л	ороша́я	
ороша́ешь	ороша́ете	ороша́йте	ороша́ла	ороша́ющий	ороша́вший
ороша́ет	ороша́ют		ороша́ли/о	ороша́емый	——

ОСА́ДА SS *f.in*: siege

оса́да	оса́ду	оса́ды	оса́де	оса́де	оса́дой

ОСВЕТИ́ТЬ ES -тя́т -щу́; *ppp* освещённый E; *Pf. (Impf.* освеща́ть): light, light up *e.g.* Он осветил ко́мнату *Acc* ла́мпой *Inst*

освещу́	освети́м	освети́	освети́л	——	освети́в[ши]
освети́шь	освети́те	освети́те	освети́ла	——	освети́вший
освети́т	осветя́т		освети́ли/о	——	освещённый E

ОСВЕЩА́ТЬ SS -а́ют; *Impf. (Pf.* освети́ть): light, light up *e.g.* Он освеща́л ко́мнату *Acc* ла́мпой *Inst*

освеща́ю	освеща́ем	освеща́й	освеща́л	освеща́я	
освеща́ешь	освеща́ете	освеща́йте	освеща́ла	освеща́ющий	освеща́вший
освеща́ет	освеща́ют		освеща́ли/о	освеща́емый	——

ОСВОБОДИ́ТЬ ES -дя́т; *ppp* освобождённый E; *Pf. (Impf.* освобожда́ть): 1. free, relieve, set free *e.g.* Он освободи́л сестру́ *Acc* от рабо́ты *Gen*; 2. clear, empty *e.g.* Он освободи́л сто́л *Acc* от кни́г *Gen*; 3. vacate *e.g.* Они́ освободи́ли ко́мнату *Acc*

освобожу́	освободи́м	освободи́	освободи́л	——	освободи́в[ши]
освободи́шь	освободи́те	освободи́те	освободи́ла	——	освободи́вший
освободи́т	освободя́т		освободи́ли/о	——	освобождённый E

ОСВОБОЖДА́ТЬ SS -а́ют; *Impf. (Pf.* освободи́ть): 1. free, relieve, set free *e.g.* Он освобожда́ет сестру́ *Acc* от рабо́ты *Gen*; 2. clear, empty *e.g.* Он освобожда́ет сто́л *Acc* от кни́г *Gen*; 3. vacate *e.g.* Они́ освобожда́ют ко́мнату *Acc*

освобожда́ю	освобожда́ем	освобожда́й	освобожда́л	освобожда́я	
освобожда́ешь	освобожда́ете	освобожда́йте	освобожда́ла	освобожда́ющий	освобожда́вший
освобожда́ет	освобожда́ют		освобожда́ли/о	освобожда́емый	——

ОСЕ́ННИЙ S (e) *sh.masc. hypothetical*: fall, autumnal

осе́нний	Nom/Gen	осе́ннего	осе́ннем	осе́ннему	осе́нним
осе́ннее	осе́ннее	осе́ннего	осе́ннем	осе́ннему	осе́нним
осе́нняя	осе́ннюю	осе́нней	осе́нней	осе́нней	осе́нней
осе́нние	Nom/Gen	осе́нних	осе́нних	осе́нним	осе́нними

adv. по-осе́ннему

О́СЕНЬ SS *see also* о́сенью; *f.in*: fall, autumn

о́сень	о́сень	о́сени	о́сени	о́сени	о́сенью
о́сени	о́сени	осе́ней	о́сенях	о́сеням	о́сенями

О́СЕНЬЮ *adv*: in the fall, autumn

ОСМА́ТРИВАТЬ SS -ают; *Impf.* (*Pf.* осмотре́ть): inspect; look over, examine

осма́триваю	осма́триваем	осма́тривай	осма́тривал	осма́тривая	
осма́триваешь	осма́триваете	осма́тривайте	осма́тривала	осма́тривающий	осма́тривавший
осма́тривает	осма́тривают		осма́тривали/о	осма́триваемый	——

ОСМОТРЕ́ТЬ MS -смо́трят; *ppp* осмо́тренный S; *Pf.* (*Impf.* осма́тривать): inspect; look over, examine

осмотрю́	осмо́трим	осмотри́	осмотре́л	——	осмотре́в[ши]
осмо́тришь	осмо́трите	осмотри́те	осмотре́ла	——	осмотре́вший
осмо́трит	осмо́трят		осмотре́ли/о	——	осмо́тренный S

ОСНО́ВА SS *f.in*: basis, foundation; stem (*grammatical*)

осно́ва	осно́ву	осно́вы	осно́ве	осно́ве	осно́вой
осно́вы	осно́вы	осно́в	осно́вах	осно́вам	осно́вами

ОСНОВА́НИЕ SS *n.in*: founding; foundation; grounds, reason *e.g.* на како́м основа́нии? on what grounds?

основа́ние	основа́ние	основа́ния	основа́нии	основа́нию	основа́нием
основа́ния	основа́ния	основа́ний	основа́ниях	основа́ниям	основа́ниями

ОСНОВА́ТЕЛЬ SS *m.an*: founder

основа́тель	основа́теля	основа́теля	основа́теле	основа́телю	основа́телем
основа́тели	основа́телей	основа́телей	основа́телях	основа́телям	основа́телями

ОСНОВА́ТЕЛЬНИЦА SS *f.an*: founder (*woman*)

-ва́тельница	-ва́тельницу	-ва́тельницы	-ва́тельнице	-ва́тельнице	-ва́тельницей
-ва́тельницы	-ва́тельниц	-ва́тельниц	-ва́тельницах	-ва́тельницам	-ва́тельницами

ОСНОВА́ТЬ ES осную́т (*non-past avoided*); *Pf.* (*Impf.* осно́вывать): establish, set up; base, found (*a city, a theory, etc.*) *e.g.* Он основа́л свою́ тео́рию *Acc* на фа́ктах *Prep*

			основа́л	——	основа́в[ши]
			основа́ла	——	основа́вший
			основа́ли/о	——	осно́ванный S

ОСНОВНО́Й E *no sh.masc; other short forms avoided*: fundamental, basic ● в основно́м basically

основно́й	*Nom/Gen*	основно́го	основно́м	основно́му	основны́м
основно́е	основно́е	основно́го	основно́м	основно́му	основны́м
основна́я	основну́ю	основно́й	основно́й	основно́й	основно́й
основны́е	*Nom/Gen*	основны́х	основны́х	основны́м	основны́ми

ОСНО́ВЫВАТЬ SS -ают; *Impf.* (*Pf.* основа́ть): establish, set up; base, found (*a city, a theory, etc.*) *e.g.* Он осно́вывает свои́ тео́рии *Acc* на фа́ктах *Prep*

осно́вываю	осно́вываем	осно́вывай	осно́вывал	осно́вывая	
осно́вываешь	осно́вываете	осно́вывайте	осно́вывала	осно́вывающий	осно́вывавший
осно́вывает	осно́вывают		осно́вывали/о	осно́вываемый	——

ОСО́БЕННО *adv*: especially; unusually

ОСО́БЕННОСТЬ SS *f.in*: peculiarity

-бенность	-бенность	-бенности	-бенности	-бенности	-бенностью
-бенности	-бенности	-бенностей	-бенностях	-бенностям	-бенностями

ОСО́БЕННЫЙ S *sh.masc.* (осо́бен) *avoided*: special, particular, peculiar

осо́бенный	*Nom/Gen*	осо́бенного	осо́бенном	осо́бенному	осо́бенным
осо́бенное	осо́бенное	осо́бенного	осо́бенном	осо́бенному	осо́бенным
осо́бенная	осо́бенную	осо́бенной	осо́бенной	осо́бенной	осо́бенной
осо́бенные	*Nom/Gen*	осо́бенных	осо́бенных	осо́бенным	осо́бенными

осо́бенна, осо́бенно, осо́бенны; осо́беннее

ОСО́БЫЙ S: special, particular

осо́бый	*Nom/Gen*	осо́бого	осо́бом	осо́бому	осо́бым
осо́бое	осо́бое	осо́бого	осо́бом	осо́бому	осо́бым
осо́бая	осо́бую	осо́бой	осо́бой	осо́бой	осо́бой
осо́бые	*Nom/Gen*	осо́бых	осо́бых	осо́бым	осо́быми

ОСТАВА́ТЬСЯ ES -стаю́тся; -става́йся! *pres. adv.* -става́ясь; *Impf.* (*Pf.* оста́ться): stay, remain *e.g.* Он остаётся мои́м дру́гом *Inst*; Он остаётся в Москве́ *Prep* (на заво́де *Prep*, у сестры́ *Gen*)

остаю́сь	остаёмся	остава́йся	остава́лся	остава́ясь	
остаёшься	остаётесь	остава́йтесь	остава́лась	остаю́щийся	остава́вшийся
остаётся	остаю́тся		остава́лись/ось	——	——

ОСТА́ВИТЬ SS -вят; *Pf.* (*Impf.* оставля́ть): leave (*smt. or some place*) *e.g.* Он оста́вил мне́ *Dat* кни́гу *Acc*

оста́влю	оста́вим	оста́вь	оста́вил	——	оста́вив[ши]
оста́вишь	оста́вите	оста́вьте	оста́вила	——	оста́вивший
оста́вит	оста́вят		оста́вили/о	——	оста́вленный S

ОСТАВЛЯ́ТЬ SS -яют; *Impf.* (*Pf.* оста́вить): leave (*smt. or some place*) *e.g.* Он оставля́ет мне́ *Dat* кни́гу *Acc*

оставля́ю	оставля́ем	оставля́й	оставля́л	оставля́я	
оставля́ешь	оставля́ете	оставля́йте	оставля́ла	оставля́ющий	оставля́вший
оставля́ет	оставля́ют		оставля́ли/о	оставля́емый	——

ОСТАЛЬНО́Й *pronominal adj. inflected like ordinary adj*: remaining, the rest

остально́й	*Nom/Gen*	остально́го	остально́м	остально́му	остальны́м
остально́е	остально́е	остально́го	остально́м	остально́му	остальны́м
остальна́я	остальну́ю	остально́й	остально́й	остально́й	остально́й
остальны́е	*Nom/Gen*	остальны́х	остальны́х	остальны́м	остальны́ми

ОСТАНА́ВЛИВАТЬ SS -ают; *Impf.* (*Pf.* остановить): stop (smt.)

-на́вливаю	-на́вливаем	-на́вливай	-на́вливал	-на́вливая	
-на́вливаешь	-на́вливаете	-на́вливайте	-на́вливала	-на́вливающий	-на́вливавший
-на́вливает	-на́вливают		-на́вливали/о	-на́вливаемый	——

ОСТАНА́ВЛИВАТЬСЯ SS -аются; *Impf.* (*Pf.* остановиться): stay; stop

-на́вливаюсь	-на́вливаемся	-на́вливайся	-на́вливался	-на́вливаясь	
-на́вливаешься	-на́вливаетесь	-на́вливайтесь	-на́вливалась	-на́вливающийся	-на́вливавшийся
-на́вливается	-на́вливаются		-на́вливались/ось	——	——

ОСТА́НКИ S *Plur. only; #-declension m.in:* remains

остáнки	остáнки	остáнков	остáнках	остáнкам	остáнками

ОСТАНОВИ́ТЬ MS -стано́вят; *Pf.* (*Impf.* останáвливать): stop (smt.)

остановлю́	остано́вим	останови́	останови́л	——	останови́в[ши]
остано́вишь	остано́вите	останови́те	останови́ла	——	останови́вший
остано́вит	остано́вят		останови́ли/о	——	остано́вленный S

ОСТАНОВИ́ТЬСЯ MS -стано́вятся; *Pf.* (*Impf.* останáвливаться): stay, stop

-новлю́сь	-но́вимся	-нови́сь	-нови́лся	——	-нови́вшись
-но́вишься	-но́витесь	-нови́тесь	-нови́лась	——	-нови́вшийся
-но́вится	-но́вятся		-нови́лись/ось	——	——

ОСТАНО́ВКА SS (o) *f.in:* (bus-)stop, (trolley-)stop, *etc.* (*use* на/на/с *for* to/at/from); stopping

остано́вка	остано́вку	остано́вки	остано́вке	остано́вке	остано́вкой
остано́вки	остано́вки	остано́вок	остано́вках	остано́вкам	остано́вками

ОСТА́ТЬСЯ SS -стáнутся; *Pf.* (*Impf.* оставáться): stay, remain *e.g.* О́н остáлся мои́м дру́гом *Inst*; О́н остáлся в Москве́ *Prep* (на завóде *Prep*, у сестры́ *Gen*)

остáнусь	остáнемся	остáнься	остáлся	——	остáвшись
остáнешься	остáнетесь	остáньтесь	остáлась	——	остáвшийся
остáнется	остáнутся		остáлись/ось	——	——

ОСТАЮ́ТСЯ *non-past tense of* оставáться

ОСТОРО́ЖНЫЙ S (e): careful, cautious

осторо́жный	*Nom/Gen*	осторо́жного	осторо́жном	осторо́жному	осторо́жным
осторо́жное	осторо́жное	осторо́жного	осторо́жном	осторо́жному	осторо́жным
осторо́жная	осторо́жную	осторо́жной	осторо́жной	осторо́жной	осторо́жной
осторо́жные	*Nom/Gen*	осторо́жных	осторо́жных	осторо́жным	осторо́жными

осторо́жен, осторо́жна, осторо́жно, осторо́жны; осторо́жнее

О́СТРОВ SE *NPlur.* -á *m.in:* island (*use* на/на/с *for* to/on/from)

о́стров	о́стров	о́строва	о́строве	о́строву	о́стровом
островá	островá	островóв	островáх	островáм	островáми

ОСУДИ́ТЬ MS -су́дят; *ppp* осуждённый E; *Pf.* (*Impf.* осуждáть): 1. censure, think ill of *e.g.* О́н осуди́л мою́ сестру́ *Acc* за её оши́бку *Acc*; 2. convict, sentence *e.g.* Судья́ осуди́л престу́пников *Acc* на пять *Acc* ле́т за э́то преступле́ние *Acc* The judge sentenced the criminals to five years for that crime

осужу́	осу́дим	осуди́	осуди́л	——	осуди́в[ши]
осу́дишь	осу́дите	осуди́те	осуди́ла	——	осуди́вший
осу́дит	осу́дят		осуди́ли/о	——	осуждённый E

ОСУЖДА́ТЬ SS -áют; *Impf.* (*Pf.* осуди́ть): 1. censure, think ill of *e.g.* О́н осуждáл мою́ сестру́ *Acc* за её оши́бку *Acc*; 2. convict, sentence *e.g.* За таки́е преступле́ния *Acc* су́дьи осуждáют престу́пников *Acc* на пять *Acc* ле́т Judges sentence criminals to five years for crimes like that

осуждáю	осуждáем	осуждáй	осуждáл	осуждáя	
осуждáешь	осуждáете	осуждáйте	осуждáла	осуждáющий	осуждáвший
осуждáет	осуждáют		осуждáли/о	осуждáемый	——

ОТ (*normally unstressed; see also variant* ото) *prep.* +*Gen:* from; of; for *e.g.* лекáрство от гри́ппа *Gen*; to *e.g.* клю́ч от кварти́ры *Gen*

ОТБЕГА́ТЬ SS -áют; *intrans; Impf.* (*Pf.* отбежáть): run a short distance (from) *e.g.* О́н отбегáл от две́ри *Gen* и останáвливался

отбегáю	отбегáем	отбегáй	отбегáл	отбегáя	
отбегáешь	отбегáете	отбегáйте	отбегáла	отбегáющий	отбегáвший
отбегáет	отбегáют		отбегáли/о	——	——

ОТБЕЖА́ТЬ ES -бегу́т -бегу́ -бежи́шь -бежи́т -бежи́м -бежи́те; *intrans; Pf.* (*Impf.* отбегáть): run a short distance (from) *e.g.* О́н отбежáл от две́ри *Gen*

отбегу́	отбежи́м	отбеги́	отбежáл	——	отбежáв[ши]
отбежи́шь	отбежи́те	отбеги́те	отбежáла	——	отбежáвший
отбежи́т	отбегу́т		отбежáли/о	——	——

ОТВЕДУ́Т *non-past tense of* отвести́

ОТВЕЗТИ́ EE -везу́т; -вёз -везлá -везли́; *past adv.* -везя́ *past active ptcpl.* -вёзший; *Pf.* (*Impf.* отвози́ть): 1. take (to someplace) (*carting, driving, riding*); 2. drive a short distance (from) *e.g.* О́н отвёз тáчку *Acc* от стены́ *Gen* He moved the wheelbarrow away from the wall

отвезу́	отвезём	отвези́	отвёз	——	отвезя́
отвезёшь	отвезёте	отвези́те	отвезлá	——	отвёзший
отвезёт	отвезу́т		отвезли́/о	——	отвезённый E

ОТВЁЛ *past tense of* отвести́

ОТВЕРНУ́ТЬСЯ ES -ну́тся; Pf. (Impf. отвора́чиваться): 1. get loose, unscrewed, unrolled (said of a nut, faucet, etc.); 2. turn aside, away (from) e.g. Он отверну́лся от сестры́ Gen

отверну́сь	отвернёмся	отверни́сь	отверну́лся	——	отверну́вшись
отвернёшься	отвернётесь	отверни́тесь	отверну́лась	——	отверну́вшийся
отвернётся	отверну́тся		отверну́лись/ось ——		

ОТВЕСТИ́ EE -веду́т; -вёл -вела́ -вели́; past adv. -ведя́; past active ptcpl. -вёдший; Pf. (Impf. отводи́ть): 1. take (to someplace) (walking); 2. lead a short distance (from) e.g. Он отвёл сестру́ Acc от телеви́зора Gen He took his sister away from the TV

отведу́	отведём	отведи́	отвёл	——	отведя́
отведёшь	отведёте	отведи́те	отвела́	——	отвёдший
отведёт	отведу́т		отвели́/ó	——	отведённый E

ОТВЕ́Т SS m.in: answer

отве́т	отве́т	отве́та	отве́те	отве́ту	отве́том
отве́ты	отве́ты	отве́тов	отве́тах	отве́там	отве́тами

ОТВЕ́ТИТЬ SS -тят; intrans; Pf. (Impf. отвеча́ть): 1. answer, reply, respond (to smt.) e.g. Он отве́тил шу́ткой Inst на мо́й вопро́с Acc; 2. answer, reply, respond (to smb.) Он отве́тил мне Dat шу́ткой Inst

отве́чу	отве́тим	отве́ть	отве́тил	——	отве́тив[ши]
отве́тишь	отве́тите	отве́тьте	отве́тила	——	отве́тивший
отве́тит	отве́тят		отве́тили/о	——	

ОТВЕ́ТНЫЙ S (e): given in answer, in response

отве́тный	Nom/Gen	отве́тного	отве́тном	отве́тному	отве́тным
отве́тное	отве́тное	отве́тного	отве́тном	отве́тному	отве́тным
отве́тная	отве́тную	отве́тной	отве́тной	отве́тной	отве́тной
отве́тные	Nom/Gen	отве́тных	отве́тных	отве́тным	отве́тными

ОТВЕЧА́ТЬ SS -а́ют; intrans; Impf. (Pf. отве́тить): 1. answer, reply, respond (to smt.) e.g. Он отвеча́ет шу́ткой Inst на все́ мой вопро́сы Acc; 2. answer, reply, respond (to smb.) Он отвеча́л мне Dat шу́ткой Inst; 3. (no Pf.) be responsible (to) (for) e.g. Он отвеча́ет перед дире́ктором Inst за э́ту рабо́ту Acc

отвеча́ю	отвеча́ем	отвеча́й	отвеча́л	отвеча́я	
отвеча́ешь	отвеча́ете	отвеча́йте	отвеча́ла	отвеча́ющий	отвеча́вший
отвеча́ет	отвеча́ют		отвеча́ли/о	——	

ОТВЕ́ЧУ non-past tense of отве́тить

ОТВОДИ́ТЬ MS -во́дят; pres. passive ptcpl. -води́мый; Impf. (Pf. отвести́): 1. take (to someplace) (walking); 2. lead a short distance (from) e.g. Он отво́дит сестру́ Acc от телеви́зора Gen He's taking his sister away from the TV

отвожу́	отво́дим	отводи́	отводи́л	отводя́	
отво́дишь	отво́дите	отводи́те	отводи́ла	отводя́щий	отводи́вший
отво́дит	отво́дят		отводи́ли/о	отводи́мый	

ОТВОЖУ́ non-past tense of отводи́ть and of отвози́ть

ОТВОЗИ́ТЬ MS -во́зят; pres. passive ptcpl. -вози́мый; Impf. (Pf. отвезти́): 1. take (to someplace) (carting, driving, riding); 2. drive a short distance (from) e.g. Он отво́зит та́чку Acc от стены́ Gen и остана́вливается He moves the wheelbarrow away from the wall and then stops

отвожу́	отво́зим	отвози́	отвози́л	отвозя́	
отво́зишь	отво́зите	отвози́те	отвози́ла	отвозя́щий	отвози́вший
отво́зит	отво́зят		отвози́ли/о	отвози́мый	

ОТВОРА́ЧИВАТЬСЯ SS -аются; Impf. (Pf. отверну́ться): 1. get loose, unscrewed, unrolled (said of a nut, faucet, etc.); 2. turn aside, away (from) e.g. Он отвора́чивался от сестры́ Gen

-ра́чиваюсь	-ра́чиваемся	-ра́чивайся	-ра́чивался	-ра́чиваясь	
-ра́чиваешься	-ра́чиваетесь	-ра́чивайтесь	-ра́чивалась	-ра́чивающийся	-ра́чивавшийся
-ра́чивается	-ра́чиваются		-ра́чивались/ось ——		

ОТВРАТИ́ТЕЛЬНЫЙ S (e): repulsive; very bad

-и́тельный	Nom/Gen	-и́тельного	-и́тельном	-и́тельному	-и́тельным
-и́тельное	-и́тельное	-и́тельного	-и́тельном	-и́тельному	-и́тельным
-и́тельная	-и́тельную	-и́тельной	-и́тельной	-и́тельной	-и́тельной
-и́тельные	Nom/Gen	-и́тельных	-и́тельных	-и́тельным	-и́тельными

-и́телен, -и́тельна, -и́тельно, -и́тельны; -и́тельнее

ОТВРАЩЕ́НИЕ SS n.in: disgust (for) e.g. отвраще́ние к +Dat

отвраще́ние	отвраще́ние	отвраще́ния	отвраще́нии	отвраще́нию	отвраще́нием

ОТВЫКА́ТЬ SS -а́ют; intrans; Impf. (Pf. отвы́кнуть): forget, get out of a habit, become unused (to) e.g. Он постепе́нно отвыка́ет от рабо́ты Gen

отвыка́ю	отвыка́ем	отвыка́й	отвыка́л	отвыка́я	
отвыка́ешь	отвыка́ете	отвыка́йте	отвыка́ла	отвыка́ющий	отвыка́вший
отвыка́ет	отвыка́ют		отвыка́ли/о	——	

ОТВЫ́КНУТЬ SS -нут; -вы́к -вы́кла -вы́кли; past adv. -вы́кши; intrans; Pf. (Impf. отвыка́ть): forget, get out of a habit, become unused (to) e.g. Он отвы́к от рабо́ты Gen

отвы́кну	отвы́кнем	отвы́кни	отвы́к	——	отвы́кши
отвы́кнешь	отвы́кнете	отвы́кните	отвы́кла	——	отвы́кший
отвы́кнет	отвы́кнут		отвы́кли/о	——	

| Nominative | Accusative | Genitive | Prepositional | Dative | Instrumental | 137 |

Non-past Sing.　Non-past Plur.　Imperative　Past　Pres. deverbals　Past deverbals

✓ **ОТДАВА́ТЬ** ES -даю́т; -дава́й! *pres. adv.* -дава́я; *pres. passive ptcpl.* -дава́емый; *Impf.* (*Pf.* отда́ть): give back; give away *e.g.* Он отдаёт кни́гу *Acc* сестре́ *Dat*

отдаю́	отдаём	отдава́й	отдава́л	отдава́я	
отдаёшь	отдаёте	отдава́йте	отдава́ла	отдаю́щий	отдава́вший
отдаёт	отдаю́т		отдава́ли/о	отдава́емый	——

ОТДА́ТЬ EM -даду́т -да́м -да́шь -да́ст -дади́м -дади́те; -да́й! о́тдал отдала́ о́тдали [*or* отда́л отдала́ отда́ли]; *ppp* о́тданный M [*or* S]; *Pf.* (*Impf.* отдава́ть): give back; give away *e.g.* Он о́тдал кни́гу *Acc* сестре́ *Dat*

отда́м	отдади́м	отда́й	о́тдал	——	отда́в[ши]
отда́шь	отдади́те	отда́йте	отдала́	——	отда́вший
отда́ст	отдаду́т		о́тдали/о	——	о́тданный M/S

ОТДЕ́Л SS *m.in*: department (*non-academic*); section

отде́л	отде́л	отде́ла	отде́ле	отде́лу	отде́лом
отде́лы	отде́лы	отде́лов	отде́лах	отде́лам	отде́лами

ОТДЕЛЕ́НИЕ SS *n.in*: department, division (*academic*) (*use* на/на/с *for* to/at/from); compartment, section; department, section, branch; ● отделе́ние мили́ции local police station (*in the USSR*); отделе́ние поли́ции police station (*in other countries*)

отделе́ние	отделе́ние	отделе́ния	отделе́нии	отделе́нию	отделе́нием
отделе́ния	отделе́ния	отделе́ний	отделе́ниях	отделе́ниям	отделе́ниями

ОТДЕ́ЛЬНЫЙ S (e): separate

отде́льный	*Nom/Gen*	отде́льного	отде́льном	отде́льному	отде́льным
отде́льное	отде́льное	отде́льного	отде́льном	отде́льному	отде́льным
отде́льная	отде́льную	отде́льной	отде́льной	отде́льной	отде́льной
отде́льные	*Nom/Gen*	отде́льных	отде́льных	отде́льным	отде́льными

adv. отде́льно

ОТДОХНУ́ТЬ ES -ну́т; *intrans*; *Pf.* (*Impf.* отдыха́ть): rest, relax, take a break *e.g.* Он отдохну́л от рабо́ты *Gen*

отдохну́	отдохнём	отдохни́	отдохну́л	——	отдохну́в[ши]
отдохнёшь	отдохнёте	отдохни́те	отдохну́ла	——	отдохну́вший
отдохнёт	отдохну́т		отдохну́ли/о	——	——

О́ТДЫХ SS (*Irreg. in the phrase* ни о́тдыху, ни сро́ку) *m.in*: rest; relaxation; holiday, vacation ● е́хать на о́тдых *Acc* go on vacation; бы́ть на о́тдыхе *Prep* be on vacation; верну́ться с о́тдыха *Gen* come back from vacation

о́тдых	о́тдых	о́тдыха	о́тдыхе	о́тдыху	о́тдыхом

ОТДЫХА́ТЬ SS -а́ют; *intrans*; *Impf.* (*Pf.* отдохну́ть): rest, relax, take a break *e.g.* Он отдыха́ет от рабо́ты *Gen*

отдыха́ю	отдыха́ем	отдыха́й	отдыха́л	отдыха́я	
отдыха́ешь	отдыха́ете	отдыха́йте	отдыха́ла	отдыха́ющий	отдыха́вший
отдыха́ет	отдыха́ют		отдыха́ли/о	——	——

ОТДЫХА́ЮЩИЙ *pres. active ptcpl. of* отдыха́ть; *also used as m./f.an noun*: resting; (*as noun*) vacationist

отдыха́ющий	*Nom/Gen*	отдыха́ющего	отдыха́ющем	отдыха́ющему	отдыха́ющим
отдыха́ющее	отдыха́ющее	отдыха́ющего	отдыха́ющем	отдыха́ющему	отдыха́ющим
отдыха́ющая	отдыха́ющую	отдыха́ющей	отдыха́ющей	отдыха́ющей	отдыха́ющей
отдыха́ющие	*Nom/Gen*	отдыха́ющих	отдыха́ющих	отдыха́ющим	отдыха́ющими

ОТЕ́Ц EE (e) *m.an*: father

оте́ц	отца́	отца́	отце́	отцу́	отцо́м
отцы́	отцо́в	отцо́в	отца́х	отца́м	отца́ми

ОТКАЗА́ТЬ MS -ка́жут; *intrans*; *Pf.* (*Impf.* отка́зывать): refuse, deny *e.g.* Он отказа́л сестре́ *Dat* в по́мощи *Prep*

откажу́	отка́жем	откажи́	отказа́л	——	отказа́в[ши]
отка́жешь	отка́жете	откажи́те	отказа́ла	——	отказа́вший
отка́жет	отка́жут		отказа́ли/о	——	

ОТКАЗА́ТЬСЯ MS -ка́жутся; *Pf.* (*Impf.* отка́зываться): 1. refuse, decline *e.g.* Она́ отказа́лась от я́блока *Gen*; 2. disavow *e.g.* Он отказа́лся от свои́х слов *Gen* He disavowed what he had said

откажу́сь	отка́жемся	откажи́сь	отказа́лся	——	отказа́вшись
отка́жешься	отка́жетесь	откажи́тесь	отказа́лась	——	отказа́вшийся
отка́жется	отка́жутся		отказа́лись/ось	——	

ОТКА́ЗЫВАТЬ SS -ают; *intrans*; *Impf.* (*Pf.* отказа́ть): refuse, deny *e.g.* Он отка́зывал сестре́ *Dat* в по́мощи *Prep*

отка́зываю	отка́зываем	отка́зывай	отка́зывал	отка́зывая	
отка́зываешь	отка́зываете	отка́зывайте	отка́зывала	отка́зывающий	отка́зывавший
отка́зывает	отка́зывают		отка́зывали/о	——	——

ОТКА́ЗЫВАТЬСЯ SS -аются; *Impf.* (*Pf.* отказа́ться) refuse, decline, *e.g.* Он отка́зывался от я́блока *Gen*; 2. disavow *e.g.* Он отка́зывается от свои́х слов *Gen* He disavows what he says

отка́зываюсь	отка́зываемся	отка́зывайся	отка́зывался	отка́зываясь	
отка́зываешься	отка́зываетесь	отка́зывайтесь	отка́зывалась ,	отка́зывающийся	отка́зывавшийся
отка́зывается	отка́зываются		отка́зывались/ось ——		

ОТКРОВЕ́ННО *adv*: frankly, candidly, openly

ОТКРО́ЮТ *non-past tense of* откры́ть

ОТКРЫВА́ТЬ SS -а́ют; *Impf.* (*Pf.* откры́ть): discover; open *e.g.* О́н открыва́ет кни́гу *Acc* на пя́той страни́це *Prep*

открыва́ю	открыва́ем	открыва́й	открыва́л	открыва́я	
открыва́ешь	открыва́ете	открыва́йте	открыва́ла	открыва́ющий	открыва́вший
открыва́ет	открыва́ют		открыва́ли/о	открыва́емый	——

ОТКРЫВА́ТЬСЯ SS -а́ются; *Impf.* (*Pf.* откры́ться): open, be opened; be revealed

открыва́юсь	открыва́емся	открыва́йся	открыва́лся	открыва́ясь	
открыва́ешься	открыва́етесь	открыва́йтесь	открыва́лась	открыва́ющийся	открыва́вшийся
открыва́ется	открыва́ются		открыва́лись/ось	——	

ОТКРЫ́ТИЕ SS *n.in*: opening (of an exhibition, etc; use на/на/с for to/at/from the event); discovery

откры́тие	откры́тие	откры́тия	откры́тии	откры́тию	откры́тием
откры́тия	откры́тия	откры́тий	откры́тиях	откры́тиям	откры́тиями

ОТКРЫ́ТКА SS (о) *f.in*: postcard

откры́тка	откры́тку	откры́тки	откры́тке	откры́тке	откры́ткой
откры́тки	откры́тки	откры́ток	откры́тках	откры́ткам	откры́тками

ОТКРЫ́ТО *adv*: openly

ОТКРЫ́ТЫЙ S (*also ppp of* откры́ть): open; opened

откры́тый	*Nom/Gen*	откры́того	откры́том	откры́тому	откры́тым
откры́тое	откры́тое	откры́того	откры́том	откры́тому	откры́тым
откры́тая	откры́тую	откры́той	откры́той	откры́той	откры́той
откры́тые	*Nom/Gen*	откры́тых	откры́тых	откры́тым	откры́тыми

откры́т, открыта́, откры́то, откры́ты; откры́тее

ОТКРЫ́ТЬ SS -кро́ют; *ppp* откры́тый S; *Pf.* (*Impf.* открыва́ть): discover; open *e.g.* О́н откры́л кни́гу *Acc* на пя́той страни́це *Prep*

откро́ю	откро́ем	откро́й	откры́л	——	откры́в[ши]
откро́ешь	откро́ете	откро́йте	откры́ла	——	откры́вший
откро́ет	откро́ют		откры́ли/о	——	откры́тый S

ОТКРЫ́ТЬСЯ SS -кро́ются; *Pf.* (*Impf.* открыва́ться): open, get opened; be revealed

откро́юсь	откро́емся	откро́йся	откры́лся		откры́вшись
откро́ешься	откро́етесь	откро́йтесь	откры́лась		откры́вшийся
откро́ется	откро́ются		откры́лись/ось	——	——

ОТКУ́ДА *adv*: from where, whence

ОТКУ́ДА-НИБУДЬ *adv*: from somewhere, from anywhere, from somewhere or other, from anywhere at all

ОТКУ́ДА-ТО *adv*: from somewhere

ОТЛЕТА́ТЬ SS -а́ют; *intrans; Impf.* (*Pf.* отлете́ть): bounce off; fly off, away; (*colloq.*) come off, fall off

отлета́ю	отлета́ем	отлета́й	отлета́л	отлета́я	
отлета́ешь	отлета́ете	отлета́йте	отлета́ла	отлета́ющий	отлета́вший
отлета́ет	отлета́ют		отлета́ли/о	——	

ОТЛЕТЕ́ТЬ ES -летя́т; *intrans; Pf.* (*Impf.* отлета́ть): bounce off; fly off, away; (*colloq.*) come off, fall off

отлечу́	отлети́м	отлети́	отлете́л		отлете́в[ши]
отлети́шь	отлети́те	отлети́те	отлете́ла		отлете́вший
отлети́т	отлетя́т		отлете́ли/о		

ОТЛИЧА́ТЬСЯ SS -а́ются; *Impf:* 1. (*Pf.* отличи́ться): excel *e.g.* О́н отлича́лся в пе́нии *Prep*; 2. (*no Pf.*) differ, be different *e.g.* О́н отлича́лся от сестры́ *Gen* кру́глым лицо́м *Inst*

отлича́юсь	отлича́емся	отлича́йся	отлича́лся	отлича́ясь	
отлича́ешься	отлича́етесь	отлича́йтесь	отлича́лась	отлича́ющийся	отлича́вшийся
отлича́ется	отлича́ются		отлича́лись/ось	——	

ОТЛИЧИ́ТЕЛЬНЫЙ S (е): distinctive; distinguishing

-и́тельный	*Nom/Gen*	-и́тельного	-и́тельном	-и́тельному	-и́тельным
-и́тельное	-и́тельное	-и́тельного	-и́тельном	-и́тельному	-и́тельным
-и́тельная	-и́тельную	-и́тельной	-и́тельной	-и́тельной	-и́тельной
-и́тельные	*Nom/Gen*	-и́тельных	-и́тельных	-и́тельным	-и́тельными

-и́телен, -и́тельна, -и́тельно, -и́тельны; -и́тельнее

ОТЛИЧИ́ТЬСЯ ES -ча́тся; *Pf.* (*Impf.* отлича́ться): excel *e.g.* О́н отличи́лся в пе́нии *Prep*

отличу́сь	отличи́мся	отличи́сь	отличи́лся	——	отличи́вшись
отличи́шься	отличи́тесь	отличи́тесь	отличи́лась	——	отличи́вшийся
отличи́тся	отлича́тся		отличи́лись/ось	——	——

ОТЛИ́ЧНИК SS *m.an*: an A-student; exemplary worker

отли́чник	отли́чника	отли́чника	отли́чнике	отли́чнику	отли́чником
отли́чники	отли́чников	отли́чников	отли́чниках	отли́чникам	отли́чниками

ОТЛИ́ЧНИЦА SS *f.an*: an A-student; exemplary worker (*woman*)

отли́чница	отли́чницу	отли́чницы	отли́чнице	отли́чнице	отли́чницей
отли́чницы	отли́чниц	отли́чниц	отли́чницах	отли́чницам	отли́чницами

ОТЛИ́ЧНО *adv*: perfectly; extremely well; *interjection*: Fine! Excellent!

ОТЛИ́ЧНЫЙ S (e): perfect, excellent

отли́чный	Nom/Gen	отли́чного	отли́чном	отли́чному	отли́чным
отли́чное	отли́чное	отли́чного	отли́чном	отли́чному	отли́чным
отли́чная	отли́чную	отли́чной	отли́чной	отли́чной	отли́чной
отли́чные	Nom/Gen	отли́чных	отли́чных	отли́чным	отли́чными

отли́чен, отли́чна, отли́чно, отли́чны

ОТМЕ́ТИТЬ SS -тят; Pf. (Impf. отмеча́ть): mark; make note (of), note

отме́чу	отме́тим	отме́ть	отме́тил	——	отме́тив[ши]
отме́тишь	отме́тите	отме́тьте	отме́тила	——	отме́тивший
отме́тит	отме́тят		отме́тили/о	——	отме́ченный S

ОТМЕ́ТКА SS (о) f.in: mark, grade; mark, notch

отме́тка	отме́тку	отме́тки	отме́тке	отме́тке	отме́ткой
отме́тки	отме́тки	отме́ток	отме́тках	отме́ткам	отме́тками

ОТМЕЧА́ТЬ SS -а́ют; Impf. (Pf. отме́тить): mark; make note (of), note

отмеча́ю	отмеча́ем	отмеча́й	отмеча́л	отмеча́я	
отмеча́ешь	отмеча́ете	отмеча́йте	отмеча́ла	отмеча́ющий	отмеча́вший
отмеча́ет	отмеча́ют		отмеча́ли/о	отмеча́емый	——

ОТНЕСТИ́ EE -несу́т; -нёс -несла́ -несли́; past adv. -неся́; past active ptcpl. -нёсший; Pf. (Impf. относи́ть): 1. take (to someplace) (walking); 2. carry, take a short distance (from) e.g. Он отнёс чемода́н Acc от две́ри Gen He moved the suitcase away from the door

отнесу́	отнесём	отнеси́	отнёс	——	отнеся́
отнесёшь	отнесёте	отнеси́те	отнесла́	——	отнёсший
отнесёт	отнесу́т		отнесли́/о́	——	отнесённый E

ОТНЕСТИ́СЬ EE -несу́тся; -нёсся -несла́сь -несли́сь; past adv. -неся́сь; past active ptcpl. -нёсшийся; Pf. (Impf. относи́ться): treat (in a certain way), show (a certain attitude) e.g. Он хорошо́ отнёсся к мое́й сестре́ Dat

отнесу́сь	отнесёмся	отнеси́сь	отнёсся	——	отнеся́сь
отнесёшься	отнесётесь	отнеси́тесь	отнесла́сь	——	отнёсшийся
отнесётся	отнесу́тся		отнесли́сь/ось	——	——

ОТНИМА́ТЬ SS -а́ют; Impf. (Pf. отня́ть): take away (from) e.g. Он отнима́ет кни́гу Acc у сестры́ Gen

отнима́ю	отнима́ем	отнима́й	отнима́л	отнима́я	
отнима́ешь	отнима́ете	отнима́йте	отнима́ла	отнима́ющий	отнима́вший
отнима́ет	отнима́ют		отнима́ли/о	отнима́емый	——

ОТНИ́МУТ non-past tense of отня́ть

ОТНОСИ́ТЬ MS -но́сят; pres. passive ptcpl. -носи́мый; Impf. (Pf. отнести́): take (to someplace) (walking)

отношу́	отно́сим	относи́	относи́л	относя́	
отно́сишь	отно́сите	относи́те	относи́ла	относя́щий	относи́вший
отно́сит	отно́сят		относи́ли/о	носи́мый	

ОТНОСИ́ТЬСЯ MS -но́сятся; Impf: 1. (Pf. отнести́сь) treat (in a certain way) e.g. Он хорошо́ относи́лся к мое́й сестре́ Dat; 2. (no Pf.) refer (to) e.g. Мои́ слова́ Nom не отно́сятся к вам Dat; 3. (no Pf.) be, be part of, belong (to) e.g. Челове́к отно́сится к млекопита́ющим Dat Man is a mammal

отношу́сь	отно́симся	относи́сь	относи́лся	относя́сь	
отно́сишься	отно́ситесь	относи́тесь	относи́лась	относя́щийся	относи́вшийся
отно́сится	отно́сятся		относи́лись/ось	——	——

ОТНОШЕ́НИЕ SS n.in: 1. attitude, position; 2. relation (to), connection (with) e.g. Э́то не име́ет отноше́ния к на́шей рабо́те Dat This has nothing to do with our work; 3. (in Plur) relations, terms e.g. У меня́ Gen с ней Inst хоро́шие отноше́ния Nom I'm on good terms with her ● по отноше́нию к +Dat with respect to; в э́том отноше́нии in this respect

отноше́ние	отноше́ние	отноше́ния	отноше́нии	отноше́нию	отноше́нием
отноше́ния	отноше́ния	отноше́ний	отноше́ниях	отноше́ниям	отноше́ниями

ОТНЯ́ТЬ MM -ни́мут; о́тнял отняла́ о́тняли; ppp о́тнятый M; Pf. (Impf. отнима́ть): take away (from) e.g. Он о́тнял кни́гу Acc у сестры́ Gen

отниму́	отни́мем	отними́	о́тнял	——	отня́в[ши]
отни́мешь	отни́мете	отними́те	отняла́	——	отня́вший
отни́мет	отни́мут		о́тняли/о	——	о́тнятый M

ОТО variant of от; normally unstressed; used in the expression, день ото дня and sometimes before vowel-less stems, e.g. ото сна́

ОТОЙТИ́ EE отойду́т; отошёл отошла́ отошли́; past adv. отойдя́; past active ptcpl. отоше́дший; intrans; Pf. (Impf. отходи́ть): depart (said of trains, etc.); move/walk a short distance (from) e.g. Он отошёл от две́ри Gen

отойду́	отойдём	отойди́	отошёл	——	отойдя́
отойдёшь	отойдёте	отойди́те	отошла́	——	отоше́дший
отойдёт	отойду́т		отошли́/о́		

ОТОРВА́ТЬ EM -рву́т; [ppp ото́рванный S or old-fashioned M]; Pf. (Impf. отрыва́ть): rip off, tear off e.g. Он оторва́л пу́говицу Acc от руба́шки Gen He tore the button off the shirt

оторву́	оторвём	оторви́	оторва́л	——	оторва́в[ши]
оторвёшь	оторвёте	оторви́те	оторвала́	——	оторва́вший
оторвёт	оторву́т		оторва́ли/о	——	ото́рванный S

ОТПРА́ВИТЬ SS -вят; Pf. (Impf. отправля́ть): send e.g. О́н отпра́вил сестре́ Dat кни́ги Acc по по́чте Dat [or по́чтой Inst] (but only Inst. with авиапо́чтой airmail)

отпра́влю	отпра́вим	отпра́вь	отпра́вил	——	отпра́вив[ши]
отпра́вишь	отпра́вите	отпра́вьте	отпра́вила	——	отпра́вивший
отпра́вит	отпра́вят		отпра́вили/о	——	отпра́вленный S

ОТПРА́ВИТЬСЯ SS -вятся; Pf. (Impf. отправля́ться): set out, set off

отпра́влюсь	отпра́вимся	отпра́вься	отпра́вился	——	отпра́вившись
отпра́вишься	отпра́витесь	отпра́вьтесь	отпра́вилась	——	отпра́вившийся
отпра́вится	отпра́вятся		отпра́вились/ось	——	——

ОТПРАВЛЯ́ТЬ SS -яют; Impf. (Pf. отпра́вить): send e.g. О́н отправля́л сестре́ Dat кни́ги Acc по по́чте Dat [or по́чтой Inst] (but only Inst. with авиапо́чтой airmail)

отправля́ю	отправля́ем	отправля́й	отправля́л	отправля́я	
отправля́ешь	отправля́ете	отправля́йте	отправля́ла	отправля́ющий	отправля́вший
отправля́ет	отправля́ют		отправля́ли/о	отправля́емый	——

ОТПРАВЛЯ́ТЬСЯ SS -яются; Impf. (Pf. отпра́виться): set out, set off

отправля́юсь	отправля́емся	отправля́йся	отправля́лся	отправля́ясь	
отправля́ешься	отправля́етесь	отправля́йтесь	отправля́лась	отправля́ющийся	отправля́вшийся
отправля́ется	отправля́ются		отправля́лись/ось		

О́ТПУСК SE NPlur. -á (Irreg. in phrases бы́ть (находи́ться) в отпуску́ [or в о́тпуске]) m.in: vacation ● е́хать в о́тпуск Acc go on vacation; бы́ть в отпуску́ [or в о́тпуске] be on vacation; верну́ться из о́тпуска Gen come back from vacation

о́тпуск	о́тпуск	о́тпуска	о́тпуске	о́тпуску	о́тпуском
отпуска́	отпуска́	отпуско́в	отпуска́х	отпуска́м	отпуска́ми

ОТРЕ́ЗАТЬ SS -ре́жут; Pf. (Impf. отреза́ть and ре́зать): cut, cut a piece (from) e.g. О́н отре́зал кусо́к Acc хле́ба от све́жей буха́нки Gen He cut a slice of bread from a fresh loaf

отре́жу	отре́жем	отре́жь	отре́зал	——	отре́зав[ши]
отре́жешь	отре́жете	отре́жьте	отре́зала	——	отре́завший
отре́жет	отре́жут		отре́зали/о	——	отре́занный S

ОТРЕЗА́ТЬ SS -а́ют; Impf. (Pf. отре́зать): cut, cut a piece (from) e.g. О́н отреза́л кусо́к Acc хле́ба от све́жей буха́нки Gen He was cutting a slice of bread from a fresh loaf

отреза́ю	отреза́ем	отреза́й	отреза́л	отреза́я	
отреза́ешь	отреза́ете	отреза́йте	отреза́ла	отреза́ющий	отреза́вший
отреза́ет	отреза́ют		отреза́ли/о	отреза́емый	——

ОТРИЦА́ТЕЛЬНЫЙ S (e): negative

-ца́тельный	Nom/Gen	-ца́тельного	-ца́тельном	-ца́тельному	-ца́тельным
-ца́тельное	-ца́тельное	-ца́тельного	-ца́тельном	-ца́тельному	-ца́тельным
-ца́тельная	-ца́тельную	-ца́тельной	-ца́тельной	-ца́тельной	-ца́тельной
-ца́тельные	Nom/Gen	-ца́тельных	-ца́тельных	-ца́тельным	-ца́тельными

-ца́телен, -ца́тельна, -ца́тельно, -ца́тельны; -ца́тельнее

ОТРЫВА́ТЬ SS -а́ют; Impf. (Pf. оторва́ть): rip off, tear off e.g. О́н отрыва́л пу́говицы Acc от руба́шки Gen He was tearing buttons off the shirt

отрыва́ю	отрыва́ем	отрыва́й	отрыва́л	отрыва́я	
отрыва́ешь	отрыва́ете	отрыва́йте	отрыва́ла	отрыва́ющий	отрыва́вший
отрыва́ет	отрыва́ют		отрыва́ли/о	отрыва́емый	——

ОТРЯ́Д SS m.in: detachment (military); group, unit, troop

отря́д	отря́д	отря́да	отря́де	отря́ду	отря́дом
отря́ды	отря́ды	отря́дов	отря́дах	отря́дам	отря́дами

ОТСТАВА́ТЬ ES -стаю́т; -става́й! pres. adv. -става́я; intrans; Impf. (Pf. отста́ть): be slow; fall back; lag behind e.g. О́н отстаёт от сестры́ Gen на два́ Acc шага́ ● О́н не отстава́л от меня́ He wouldn't leave me alone

отстаю́	отстаём	отстава́й	отстава́л	отстава́я	
отстаёшь	отстаёте	отстава́йте	отстава́ла	отстаю́щий	отстава́вший
отстаёт	отстаю́т		отстава́ли/о	——	——

ОТСТА́ТЬ SS -ста́нут; intrans; Pf. (Impf. отстава́ть): fall back; fall behind e.g. О́н отста́л от сестры́ Gen на два́ Acc шага́ ● Отста́ньте от меня́ Leave me alone; Наконе́ц о́н отста́л от меня́ Finally he left me alone

отста́ну	отста́нем	отста́нь	отста́л	——	отста́в[ши]
отста́нешь	отста́нете	отста́ньте	отста́ла	——	отста́вший
отста́нет	отста́нут		отста́ли/о	——	——

ОТСТУПЛЕ́НИЕ SS n.in: retreat

отступле́ние	отступле́ние	отступле́ния	отступле́нии	отступле́нию	отступле́нием
отступле́ния	отступле́ния	отступле́ний	отступле́ниях	отступле́ниям	отступле́ниями

ОТСЮ́ДА <сю́ or су́> adv: from here, from this place

ОТТУ́ДА adv: from there

ОТХОДИ́ТЬ MS -хо́дят; intrans; Impf. (Pf. отойти́): depart (said of trains, etc.); move/walk a short distance (from) e.g. О́н отходи́л от две́ри Gen и остана́вливался He would walk away from the door and then stop

отхожу́	отхо́дим	отходи́	отходи́л	отходя́	
отхо́дишь	отхо́дите	отходи́те	отходи́ла	отходя́щий	отходи́вший
отхо́дит	отхо́дят		отходи́ли/о	——	——

ОТЦО́ВСКИЙ S *short forms avoided, no compar:* father's; paternal

отцо́вский	*Nom/Gen*	отцо́вского	отцо́вском	отцо́вскому	отцо́вским
отцо́вское	отцо́вское	отцо́вского	отцо́вском	отцо́вскому	отцо́вским
отцо́вская	отцо́вскую	отцо́вской	отцо́вской	отцо́вской	отцо́вской
отцо́вские	*Nom/Gen*	отцо́вских	отцо́вских	отцо́вским	отцо́вскими

adv. по-отцо́вски

О́ТЧЕСТВО SS *n.in:* patronymic

| о́тчество | о́тчество | о́тчества | о́тчестве | о́тчеству | о́тчеством |
| о́тчества | о́тчества | о́тчеств | о́тчествах | о́тчествам | о́тчествами |

ОТЪЕ́ЗД SS *m.in:* departure (driving or riding)

| отъе́зд | отъе́зд | отъе́зда | отъе́зде | отъе́зду | отъе́здом |
| отъе́зды | отъе́зды | отъе́здов | отъе́здах | отъе́здам | отъе́здами |

ОТЪЕЗЖА́ТЬ <ж'ж' *or* жж> SS -а́ют; *intrans; Impf. (Pf.* отъе́хать): move, ride, drive a short distance (from) *e.g.*
Он отъезжа́л от до́ма *Gen* He was driving away from the house

отъезжа́ю	отъезжа́ем	отъезжа́й	отъезжа́л	отъезжа́я	
отъезжа́ешь	отъезжа́ете	отъезжа́йте	отъезжа́ла	отъезжа́ющий	отъезжа́вший
отъезжа́ет	отъезжа́ют		отъезжа́ли/о		

ОТЪЕ́ХАТЬ SS -е́дут; -езжа́й! <ж'ж' *or* жж>; *intrans; Pf. (Impf.* отъезжа́ть): move, ride, drive a short distance
(from) *e.g.* Он отъе́хал от до́ма *Gen*

отъе́ду	отъе́дем	отъезжа́й	отъе́хал	——	отъе́хав[ши]
отъе́дешь	отъе́дете	отъезжа́йте	отъе́хала	——	отъе́хавший
отъе́дет	отъе́дут		отъе́хали/о	——	

ОФИЦЕ́Р SS *m.an:* officer (military)

| офице́р | офице́ра | офице́ра | офице́ре | офице́ру | офице́ром |
| офице́ры | офице́ров | офице́ров | офице́рах | офице́рам | офице́рами |

ОФИЦИА́ЛЬНЫЙ S (е): official

официа́льный	*Nom/Gen*	официа́льного	официа́льном	официа́льному	официа́льным
официа́льное	официа́льное	официа́льного	официа́льном	официа́льному	официа́льным
официа́льная	официа́льную	официа́льной	официа́льной	официа́льной	официа́льной
официа́льные	*Nom/Gen*	официа́льных	официа́льных	официа́льным	официа́льными

официа́лен, официа́льна, официа́льно, официа́льны; официа́льнее

ОФИЦИА́НТ SS *m.an:* waiter

| официа́нт | официа́нта | официа́нта | официа́нте | официа́нту | официа́нтом |
| официа́нты | официа́нтов | официа́нтов | официа́нтах | официа́нтам | официа́нтами |

ОФИЦИА́НТКА SS (о) *f.an:* waitress

| официа́нтка | официа́нтку | официа́нтки | официа́нтке | официа́нтке | официа́нткой |
| официа́нтки | официа́нток | официа́нток | официа́нтках | официа́нткам | официа́нтками |

ОФО́РМИТЬСЯ SS -мятся; *Pf. (Impf.* оформля́ться): get registered; mature, take proper shape

офо́рмлюсь	офо́рмимся	офо́рмись	офо́рмился	——	офо́рмившись
офо́рмишься	офо́рмитесь	офо́рмитесь	офо́рмилась	——	офо́рмившийся
офо́рмится	офо́рмятся		офо́рмились/ось	——	

ОФОРМЛЯ́ТЬСЯ SS -я́ются; *Impf. (Pf.* офо́рмиться): get registered; mature, take proper shape

оформля́юсь	оформля́емся	оформля́йся	оформля́лся	оформля́ясь	
оформля́ешься	оформля́етесь	оформля́йтесь	оформля́лась	оформля́ющийся	оформля́вшийся
оформля́ется	оформля́ются		оформля́лись/ось	——	

ОХАРАКТЕРИЗОВА́ТЬ SS -зу́ют; *Pf. (Impf.* характеризова́ть): describe, characterize (as) *e.g.* Он
охарактеризова́л сестру́ *Acc* как у́мную же́нщину *Acc*

-изу́ю	-изу́ем	-изу́й	-изова́л	——	-изова́в[ши]
-изу́ешь	-изу́ете	-изу́йте	-изова́ла	——	-изова́вший
-изу́ет	-изу́ют		-изова́ли/о	——	-изо́ванный S

ОХО́ТА[1] SS *f.in:* desire; hunting, hunt (for) *e.g.* охо́та на +*Acc*

| охо́та | охо́ту | охо́ты | охо́те | охо́те | охо́той |
| охо́ты | охо́ты | охо́т | охо́тах | охо́там | охо́тами |

ОХО́ТА[2] *predicate:* feel like (doing something) *e.g.* Мне́ *Dat* охо́та почита́ть I feel like reading

О́ЧЕНЬ *adv:* very; very much

О́ЧЕРЕДЬ SE *NPlur.* о́череди *f.in:* queue, line; turn

| о́чередь | о́чередь | о́череди | о́череди | о́череди | о́чередью |
| о́череди | о́череди | очереде́й | очередя́х | очередя́м | очередя́ми |

ОЧКИ́ E *Plur. only;* #-*declension m.in:* eyeglasses

| очки́ | очки́ | очко́в | очка́х | очка́м | очка́ми |

ОШИБА́ТЬСЯ SS -а́ются; *Impf.* 1. (*no Pf.*) be wrong; 2. (*Pf.* ошиби́ться) make mistakes

ошиба́юсь	ошиба́емся	ошиба́йся	ошиба́лся	ошиба́ясь	
ошиба́ешься	ошиба́етесь	ошиба́йтесь	ошиба́лась	ошиба́ющийся	ошиба́вшийся
ошиба́ется	ошиба́ются		ошиба́лись/ось	——	

ОШИБИ́ТЬСЯ ES -шибу́тся; -ши́бся -ши́блась -ши́блись; *Pf. (Impf.* ошиба́ться): make a mistake

ошибу́сь	ошибёмся	ошиби́сь	оши́бся	——	ошиби́вшись
ошибёшься	ошибётесь	ошиби́тесь	оши́блась	——	ошиби́вшийся
ошибётся	ошибу́тся		оши́блись/ось	——	

ОШИ́БКА SS (o) *f.in*: mistake

ошибка	ошибку	ошибки	ошибке	ошибке	ошибкой
ошибки	ошибки	ошибок	ошибках	ошибкам	ошибками

ПАВИЛЬО́Н SS *m.in*: pavilion

павильон	павильон	павильона	павильоне	павильону	павильоном
павильоны	павильоны	павильонов	павильонах	павильонам	павильонами

ПА́ДАТЬ SS -ают; *intrans; Impf*: 1. (*Pf.* упасть) fall, drop; 2. (*Pf.* выпасть) fall (*said of snow, etc.*); fall out

падаю	падаем	падай	падал	падая	
падаешь	падаете	падайте	падала	падающий	падавший
падает	падают		падали/о	——	——

ПАДЕ́Ж EE *m.in*: case (*grammatical*)

падеж	падеж	падежа	падеже	падежу	падежом
падежи	падежи	падежей	падежах	падежам	падежами

ПА́ЙЩИК SS *m.an*: shareholder; solderer

пайщик	пайщика	пайщика	пайщике	пайщику	пайщиком
пайщики	пайщиков	пайщиков	пайщиках	пайщикам	пайщиками

ПА́ЙЩИЦА SS *f.an*: shareholder; solderer (*woman*)

пайщица	пайщицу	пайщицы	пайщице	пайщице	пайщицей
пайщицы	пайщиц	пайщиц	пайщицах	пайщицам	пайщицами

ПАКЕ́Т SS *m.in*: package; paper bag

пакет	пакет	пакета	пакете	пакету	пакетом
пакеты	пакеты	пакетов	пакетах	пакетам	пакетами

ПАЛА́ТА SS *f.in*: ward (*in a hospital*); house (*of Congress, etc.*)

палата	палату	палаты	палате	палате	палатой
палаты	палаты	палат	палатах	палатам	палатами

ПАЛА́ТКА SS (o) *f.in*: tent; stall

палатка	палатку	палатки	палатке	палатке	палаткой
палатки	палатки	палаток	палатках	палаткам	палатками

ПА́ЛЕХСКИЙ S *short forms avoided, no compar*: Palekh; made in Palekh

палехский	*Nom/Gen*	палехского	палехском	палехскому	палехским
палехское	палехское	палехского	палехском	палехскому	палехским
палехская	палехскую	палехской	палехской	палехской	палехской
палехские	*Nom/Gen*	палехских	палехских	палехским	палехскими

ПА́ЛЕЦ SS (e) *m.in*: finger; toe ● большой палец thumb

палец	палец	пальца	пальце	пальцу	пальцем
пальцы	пальцы	пальцев	пальцах	пальцам	пальцами

ПА́ЛУБА SS *f.in*: deck (*on a boat*)

палуба	палубу	палубы	палубе	палубе	палубой
палубы	палубы	палуб	палубах	палубам	палубами

ПАЛЬТО́ *indeclinable n.in*: coat, overcoat

ПА́МЯТНИК SS *m.in*: monument; tombstone

памятник	памятник	памятника	памятнике	памятнику	памятником
памятники	памятники	памятников	памятниках	памятникам	памятниками

ПА́МЯТЬ SS *f.in*: memory

память	память	памяти	памяти	памяти	памятью

ПА́ПА SS *m.an*: 1. dad, father; 2. (Римский) папа Pope

папа	папу	папы	папе	папе	папой
папы	пап	пап	папах	папам	папами

ПАПИРО́СА SS *f.in*: cigarette (*Russian type, with a cardboard holder*)

папироса	папиросу	папиросы	папиросе	папиросе	папиросой
папиросы	папиросы	папирос	папиросах	папиросам	папиросами

ПА́РА SS *f.in*: pair; couple

пара	пару	пары	паре	паре	парой
пары	пары	пар	парах	парам	парами

ПАРА́Д SS *m.in*: parade (*use* на/на/с *for to/at/from the event*)

парад	парад	парада	параде	параду	парадом
парады	парады	парадов	парадах	парадам	парадами

ПА́РЕНЬ SE (e) NPlur. па́рни *m.an*: young fellow

па́рень	па́рня	па́рня	па́рне	па́рню	па́рнем
па́рни	парней	парней	парнях	парням	парнями

ПАРИ́Ж SS *m.in*: Paris

Пари́ж	Пари́ж	Пари́жа	Пари́же	Пари́жу	Пари́жем

ПАРИКМА́ХЕРСКИЙ S *short forms avoided, no compar; also used as f.in noun*: barber's, hairdresser's; (*as noun*) barber shop, hairdresser's

-ма́херский	Nom/Gen	-ма́херского	-ма́херском	-ма́херскому	-ма́херским
-ма́херское	-ма́херское	-ма́херского	-ма́херском	-ма́херскому	-ма́херским
-ма́херская	-ма́херскую	-ма́херской	-ма́херской	-ма́херской	-ма́херской
-ма́херские	Nom/Gen	-ма́херских	-ма́херских	-ма́херским	-ма́херскими

ПА́РИТЬ SS -рят; *Impf. (Pf. pac-)*: steam; stew

па́рю	па́рим	па́рь	па́рил	па́ря	
па́ришь	па́рите	па́рьте	па́рила	па́рящий	па́ривший
па́рит	па́рят		па́рили/о		

ПАРИ́ТЬ ES -ря́т; *intrans; Impf. (no Pf.)*: soar; glide (*said of a bird, plane, etc.*)

парю́	пари́м	пари́	пари́л	паря́	
пари́шь	пари́те	пари́те	пари́ла	паря́щий	пари́вший
пари́т	паря́т		пари́ли/о	——	——

ПАРК SS *m.in*: park, formal garden

па́рк	па́рк	па́рка	па́рке	па́рку	па́рком
па́рки	па́рки	па́рков	па́рках	па́ркам	па́рками

ПАРОХО́Д SS *m.in*: steamship ● сади́ться на +Acc, идти́ [or плы́ть] на +Prep, сходи́ть с +Gen

парохо́д	парохо́д	парохо́да	парохо́де	парохо́ду	парохо́дом
парохо́ды	парохо́ды	парохо́дов	парохо́дах	парохо́дам	парохо́дами

ПА́РТА SS *f.in*: (school) desk

па́рта	па́рту	па́рты	па́рте	па́рте	па́ртой
па́рты	па́рты	па́рт	па́ртах	па́ртам	па́ртами

ПАРТЕ́Р <тэ́> SS *m.in*: orchestra seats (*in the theater*)

парте́р	парте́р	парте́ра	парте́ре	парте́ру	парте́ром

ПА́РТИЯ SS *f.in*: (political) party; game

па́ртия	па́ртию	па́ртии	па́ртии	па́ртии	па́ртией
па́ртии	па́ртии	па́ртий	па́ртиях	па́ртиям	па́ртиями

ПАРФЮМЕ́РИЯ SS *f.in*: perfume industry; perfumery, perfumes

парфюме́рия	парфюме́рию	парфюме́рии	парфюме́рии	парфюме́рии	парфюме́рией

ПА́СМУРНО *predicate*: it is overcast

ПА́СПОРТ SE NPlur. -а́ *m.in*: passport

па́спорт	па́спорт	па́спорта	па́спорте	па́спорту	па́спортом
паспорта́	паспорта́	паспорто́в	паспорта́х	паспорта́м	паспорта́ми

ПАССАЖИ́Р SS *m.an*: passenger

пассажи́р	пассажи́ра	пассажи́ра	пассажи́ре	пассажи́ру	пассажи́ром
пассажи́ры	пассажи́ров	пассажи́ров	пассажи́рах	пассажи́рам	пассажи́рами

ПАССАЖИ́РКА SS (o) *f.an*: passenger (woman)

пассажи́рка	пассажи́рку	пассажи́рки	пассажи́рке	пассажи́рке	пассажи́ркой
пассажи́рки	пассажи́рок	пассажи́рок	пассажи́рках	пассажи́ркам	пассажи́рками

ПАССАЖИ́РСКИЙ S *short forms avoided, no compar*: passenger('s)

-жи́рский	Nom/Gen	-жи́рского	-жи́рском	-жи́рскому	-жи́рским
-жи́рское	-жи́рское	-жи́рского	-жи́рском	-жи́рскому	-жи́рским
-жи́рская	-жи́рскую	-жи́рской	-жи́рской	-жи́рской	-жи́рской
-жи́рские	Nom/Gen	-жи́рских	-жи́рских	-жи́рским	-жи́рскими

ПАСТИ́СЬ EE пасу́тся; па́сся пасла́сь пасли́сь; *past adv.* па́сшись; *Impf. (Pf-awhile по-)*: graze, pasture

пасу́сь	пасёмся	паси́сь	па́сся	пася́сь	
пасёшься	пасётесь	паси́тесь	пасла́сь	пасу́щийся	па́сшийся
пасётся	пасу́тся		пасли́сь/ось	——	——

ПАТЕФО́Н SS *m.in*: record-player

патефо́н	патефо́н	патефо́на	патефо́не	патефо́ну	патефо́ном
патефо́ны	патефо́ны	патефо́нов	патефо́нах	патефо́нам	патефо́нами

ПАТРИО́Т SS *m.an*: patriot

патрио́т	патрио́та	патрио́та	патрио́те	патрио́ту	патрио́том
патрио́ты	патрио́тов	патрио́тов	патрио́тах	патрио́там	патрио́тами

ПАТРИО́ТКА SS (o) *f.an*: patriot (woman)

патрио́тка	патрио́тку	патрио́тки	патрио́тке	патрио́тке	патрио́ткой
патрио́тки	патрио́ток	патрио́ток	патрио́тках	патрио́ткам	патрио́тками

ПАТРУ́ЛЬ[1] EE *m.an*: patrol(man) (person)

патру́ль	патруля́	патруля́	патруле́	патрулю́	патрулём
патрули́	патрулей	патрулей	патруля́х	патруля́м	патруля́ми

ПАТРУ́ЛЬ² EE *m.in:* patrol (military unit)

патру́ль	патру́ль	патруля́	патруле́	патрулю́	патрулём
патрули́	патрули́	патруле́й	патруля́х	патруля́м	патруля́ми

ПА́УЗА SS *f.in:* pause

па́уза	па́узу	па́узы	па́узе	па́узе	па́узой
па́узы	па́узы	па́уз	па́узах	па́узам	па́узами

ПАУТИ́НА SS *f.in:* (spider) web

паути́на	паути́ну	паути́ны	паути́не	паути́не	паути́ной
паути́ны	паути́ны	паути́н	паути́нах	паути́нам	паути́нами

ПА́Х *past tense of* па́хнуть

ПАХА́ТЬ MS па́шут; *pres. adv. avoided; Impf. (Pf.* вс-): plow

пашу́	па́шем	паши́	паха́л
па́шешь	па́шете	паши́те	паха́ла	па́шущий	паха́вший
па́шет	па́шут		паха́ли/о	——

ПА́ХНУТЬ SS -нут; па́х [*or* па́хнул] па́хла па́хли; *no pres. adv; past adv.* па́хши [*or* па́хнув[ши]]; *intrans; Impf. (Pf-begin* за-): emit an odor, smell (of) *e.g.* Кни́га па́хла кра́ской *Inst*

па́хну	па́хнем	па́хни	па́х	——
па́хнешь	па́хнете	па́хните	па́хла	па́хнущий	па́хший
па́хнет	па́хнут		па́хли/о	——	——

ПАЦИЕ́НТ SS *m.an:* patient

пацие́нт	пацие́нта	пацие́нта	пацие́нте	пацие́нту	пацие́нтом
пацие́нты	пацие́нтов	пацие́нтов	пацие́нтах	пацие́нтам	пацие́нтами

ПАЦИЕ́НТКА SS (о) *f.an:* patient (woman)

пацие́нтка	пацие́нтку	пацие́нтки	пацие́нтке	пацие́нтке	пацие́нткой
пацие́нтки	пацие́нток	пацие́нток	пацие́нтках	пацие́нткам	пацие́нтками

ПА́ШУТ *non-past tense of* паха́ть

ПЕВЕ́Ц EE (е) *m.an:* singer

певе́ц	певца́	певца́	певце́	певцу́	певцо́м
певцы́	певцо́в	певцо́в	певца́х	певца́м	певца́ми

ПЕВИ́ЦА SS *f.an:* singer (woman)

певи́ца	певи́цу	певи́цы	певи́це	певи́це	певи́цей
певи́цы	певи́ц	певи́ц	певи́цах	певи́цам	певи́цами

ПЕДАГО́ГИКА SS *f.in:* pedagogy

педаго́гика	педаго́гику	педаго́гики	педаго́гике	педаго́гике	педаго́гикой

ПЕДАГОГИ́ЧЕСКИЙ S *short forms avoided, no compar:* pedagogical

-и́ческий	Nom/Gen	-и́ческого	-и́ческом	-и́ческому	-и́ческим
-и́ческое	-и́ческое	-и́ческого	-и́ческом	-и́ческому	-и́ческим
-и́ческая	-и́ческую	-и́ческой	-и́ческой	-и́ческой	-и́ческой
-и́ческие	Nom/Gen	-и́ческих	-и́ческих	-и́ческим	-и́ческими

adv. педагоги́чески

ПЕ́Й *Imperative of* пи́ть

ПЕЙЗА́Ж SS *m.in:* landscape; scenery

пейза́ж	пейза́ж	пейза́жа	пейза́же	пейза́жу	пейза́жем
пейза́жи	пейза́жи	пейза́жей	пейза́жах	пейза́жам	пейза́жами

ПЕКИ́Н SS *m.in:* Beijing (Peking)

Пеки́н	Пеки́н	Пеки́на	Пеки́не	Пеки́ну	Пеки́ном

ПЕКУ́Т *non-past tense of* пе́чь

ПЕЛЬМЕ́НЬ SS *m.in:* (usually plural) pelmen, Russian ravioli

пельме́нь	пельме́нь	пельме́ня	пельме́не	пельме́ню	пельме́нем
пельме́ни	пельме́ни	пельме́ней	пельме́нях	пельме́ням	пельме́нями

ПЕ́НИЕ SS *n.in:* singing

пе́ние	пе́ние	пе́ния	пе́нии	пе́нию	пе́нием

ПЕНСИЛЬВА́НИЯ SS *f.in:* Pennsylvania

-сильва́ния	-сильва́нию	-сильва́нии	-сильва́нии	-сильва́нии	-сильва́нией

ПЕНСИОНЕ́Р SS *m.an:* retiree, pensioner

пенсионе́р	пенсионе́ра	пенсионе́ра	пенсионе́ре	пенсионе́ру	пенсионе́ром
пенсионе́ры	пенсионе́ров	пенсионе́ров	пенсионе́рах	пенсионе́рам	пенсионе́рами

ПЕНСИОНЕ́РКА SS (о) *f.an:* retiree, pensioner (woman)

пенсионе́рка	пенсионе́рку	пенсионе́рки	пенсионе́рке	пенсионе́рке	пенсионе́ркой
пенсионе́рки	пенсионе́рок	пенсионе́рок	пенсионе́рках	пенсионе́ркам	пенсионе́рками

ПЕ́НСИЯ SS *f.in:* pension ● выходи́ть на пе́нсию *Acc;* бы́ть на пе́нсии *Prep*

пе́нсия	пе́нсию	пе́нсии	пе́нсии	пе́нсии	пе́нсией
пе́нсии	пе́нсии	пе́нсий	пе́нсиях	пе́нсиям	пе́нсиями

ПЕ́РВЫЙ *numeral inflected like adj; also used as n.in noun:* first; (as noun) first course (of a meal)

пе́рвый	Nom/Gen	пе́рвого	пе́рвом	пе́рвому	пе́рвым
пе́рвое	пе́рвое	пе́рвого	пе́рвом	пе́рвому	пе́рвым
пе́рвая	пе́рвую	пе́рвой	пе́рвой	пе́рвой	пе́рвой
пе́рвые	Nom/Gen	пе́рвых	пе́рвых	пе́рвым	пе́рвыми

ПЕРЕБЕГÁТЬ SS -áют; *Impf.* (*Pf.* перебежáть): 1. run across *e.g.* Он перебегáл дорóгу *Acc* [*or* через дорóгу *Acc*]; 2. defect, desert (*to the other side*)

перебегáю	перебегáем	перебегáй	перебегáл	перебегáя	
перебегáешь	перебегáете	перебегáйте	перебегáла	перебегáющий	перебегáвший
перебегáет	перебегáют		перебегáли/о	перебегáемый	——

ПЕРЕБЕЖÁТЬ ES -бегýт -бегý -бежúшь -бежúт -бежúм -бежúте; *no ppp*; *Pf.* (*Impf.* перебегáть): 1. run across *e.g.* Он перебежáл дорóгу *Acc* [*or* через дорóгу *Acc*]; 2. defect, desert (*to the other side*)

перебегý	перебежúм	перебегú	перебежáл	——	перебежáв[ши]
перебежúшь	перебежúте	перебегúте	перебежáла	——	перебежáвший
перебежúт	перебегýт		перебежáли/о		

ПЕРЕБИВÁТЬ SS -áют; *Impf.* (*Pf.* перебúть): 1. interrupt *e.g.* Он перебивáл сестрý *Acc* вопрóсами *Inst*; 2. smash (many things) to pieces; massacre

перебивáю	перебивáем	перебивáй	перебивáл	перебивáя	
перебивáешь	перебивáете	перебивáйте	перебивáла	перебивáющий	перебивáвший
перебивáет	перебивáют		перебивáли/о	перебивáемый	——

ПЕРЕБИ́ТЬ ES -бьют; -бей! *ppp* перебúтый S; *Pf.* (*Impf.* перебивáть): 1. interrupt *e.g.* Он перебúл сестрý *Acc* вопрóсом *Inst*; 2. smash (many things) to pieces; massacre

перебью	перебьём	перебéй	перебúл	——	перебúв[ши]
перебьёшь	перебьёте	перебéйте	перебúла	——	перебúвший
перебьёт	перебьют		перебúли/о	——	перебúтый S

ПЕРЕВЕДЁННЫЙ E *ppp of* перевестú: translated *e.g.* кнúга, переведённая Сáшей *Inst* с рýсского языкá *Gen* на англúйский *Acc*

-ведённый	*Nom/Gen*	-ведённого	-ведённом	-ведённому	-ведённым
-ведённое	-ведённое	-ведённого	-ведённом	-ведённому	-ведённым
-ведённая	-ведённую	-ведённой	-ведённой	-ведённой	-ведённой
-ведённые	*Nom/Gen*	-ведённых	-ведённых	-ведённым	-ведёнными

-ведён, -веденá, -веденó, -веденЫ

ПЕРЕВЕДУ́Т *non-past tense of* перевестú

ПЕРЕВЕЗТИ́ EE -везýт; -вёз -везлá -везлú; *past adv.* -везя́; *past active ptcpl.* -вёзший; *Pf.* (*Impf.* перевозúть): transport, move, convey

перевезý	перевезём	перевезú	перевёз	——	перевезя́
перевезёшь	перевезёте	перевезúте	перевезлá	——	перевёзший
перевезёт	перевезýт		перевезлú/ó	——	перевезённый E

ПЕРЕВЁЛ *past tense of* перевестú

ПЕРЕВÉСИТЬ SS -сят; *Pf.* (*Impf.* перевéшивать): hang somewhere else *or* in a different way

перевéшу	перевéсим	перевéсь	перевéсил	——	перевéсив[ши]
перевéсишь	перевéсите	перевéсьте	перевéсила	——	перевéсивший
перевéсит	перевéсят		перевéсили/о	——	перевéшенный S

✓ **ПЕРЕВЕСТИ́** EE -ведýт; -вёл -велá -велú; *past adv.* -ведя́; *past active ptcpl.* -вéдший; *Pf.* (*Impf.* переводúть): 1. take across *e.g.* Он перевёл сестрý *Acc* через рéку *Acc*; 2. translate *e.g.* Он перевёл кнúгу *Acc* с рýсского языкá *Gen* на англúйский *Acc* ● перевестú дýх take a deep breath

переведý	переведём	переведú	перевёл	——	переведя́
переведёшь	переведёте	переведúте	перевелá	——	перевéдший
переведёт	переведýт		перевелú/ó	——	переведённый E

ПЕРЕВÉШИВАТЬ SS -ают; *Impf.* (*Pf.* перевéсить): hang somewhere else *or* in a different way

-вéшиваю	-вéшиваем	-вéшивай	-вéшивал	-вéшивая	
-вéшиваешь	-вéшиваете	-вéшивайте	-вéшивала	-вéшивающий	-вéшивавший
-вéшивает	-вéшивают		-вéшивали/о	-вéшиваемый	

ПЕРЕВÓД SS *m.in*: translation *e.g.* перевóд кнúги *Gen* с рýсского языкá *Gen* на англúйский *Acc* ● дéнежный перевóд money order

перевóд	перевóд	перевóда	перевóде	перевóду	перевóдом
перевóды	перевóды	перевóдов	перевóдах	перевóдам	перевóдами

✓ **ПЕРЕВОДИ́ТЬ** MS -вóдят; *pres. passive ptcpl.* -водúмый; *Impf.* (*Pf.* перевестú): 1. take across *e.g.* Он переводúл сестрý *Acc* через рéку *Acc*; 2. translate *e.g.* Он переводúл кнúгу *Acc* с рýсского языкá *Gen* на англúйский *Acc*

перевожý	перевóдим	переводú	переводúл	переводя́	
перевóдишь	перевóдите	переводúте	переводúла	переводя́щий	переводúвший
перевóдит	перевóдят		переводúли/о	переводúмый	——

ПЕРЕВÓДЧИК SS *m.an*: translator; interpreter

перевóдчик	перевóдчика	перевóдчика	перевóдчике	перевóдчику	перевóдчиком
перевóдчики	перевóдчиков	перевóдчиков	перевóдчиках	перевóдчикам	перевóдчиками

ПЕРЕВÓДЧИЦА SS *f.an*: translator; interpreter (*woman*)

перевóдчица	перевóдчицу	перевóдчицы	перевóдчице	перевóдчице	перевóдчицей
перевóдчицы	перевóдчиц	перевóдчиц	перевóдчицах	перевóдчицам	перевóдчицами

ПЕРЕВОЗИ́ТЬ MS -вóзят *pres. passive ptcpl.* -возúмый; *Impf.* (*Pf.* перевезтú): transport, move, convey

перевожý	перевóзим	перевозú	перевозúл	перевозя́	
перевóзишь	перевóзите	перевозúте	перевозúла	перевозя́щий	перевозúвший
перевóзит	перевóзят		перевозúли/о	перевозúмый	——

ПЕРЕГОВО́РЫ S *Plur. only*; *#-declension m.in*: negotiations (*use* на/на/с *for* to/at/from the event)

-гово́ры	-гово́ры	-гово́ров	-гово́рах	-гово́рам	-гово́рами

ПЕ́РЕД (*often unstressed; see also variant* пе́редо) *prep.* +Inst: before; in front of

ПЕРЕДАВА́ТЬ ES -даю́т; -дава́й! *pres. adv.* -дава́я; *pres. passive ptcpl.* -дава́емый; *Impf.* (*Pf.* переда́ть): broadcast; pass on, hand over *e.g.* О́н передаёт кни́гу *Acc* сестре́ *Dat*

передаю́	передаём	передава́й	передава́л	передава́я	
передаёшь	передаёте	передава́йте	передава́ла	передаю́щий	передава́вший
передаёт	передаю́т		передава́ли/о	передава́емый	——

ПЕРЕДА́ТЬ ЕМ -даду́т -да́м -да́шь -да́ст -дади́м -дади́те; -да́й! пе́редал передала́ пе́редали [*or* переда́л передала́ переда́ли]; *ppp* пе́реданный M [*or* S]; *Pf.* (*Impf.* передава́ть): pass on, hand over *e.g.* О́н переда́ст кни́гу *Acc* сестре́ *Dat*

переда́м	передади́м	переда́й	пе́редал	——	переда́в[ши]
переда́шь	передади́те	переда́йте	передала́	——	переда́вший
переда́ст	передаду́т		пе́редали/о		пе́реданный M/S

ПЕРЕДА́ЧА SS *f.in*: handing over; broadcast

переда́ча	переда́чу	переда́чи	переда́че	переда́че	переда́чей
переда́чи	переда́чи	переда́ч	переда́чах	переда́чам	переда́чами

ПЕРЕДА́ШЬ *non-past tense of* переда́ть

ПЕРЕДАЮ́Т *non-past tense of* передава́ть

✓ **ПЕРЕДВИЖЕ́НИЕ** SS *n.in*: movement

-движе́ние	-движе́ние	-движе́ния	-движе́нии	-движе́нию	-движе́нием
-движе́ния	-движе́ния	-движе́ний	-движе́ниях	-движе́ниям	-движе́ниями

ПЕРЕ́ДНИЙ S (e) *sh.masc. hypothetical; also used as f.in*: front, frontal; (*as noun*) front hall, vestibule

пере́дний	*Nom/Gen*	пере́днего	пере́днем	пере́днему	пере́дним
пере́днее	пере́днее	пере́днего	пере́днем	пере́днему	пере́дним
пере́дняя	пере́днюю	пере́дней	пере́дней	пере́дней	пере́дней
пере́дние	*Nom/Gen*	пере́дних	пере́дних	пере́дним	пере́дними

ПЕ́РЕДО *variant of* пе́ред; *often unstressed; used before* мно́й/мно́ю

ПЕРЕДУ́МАТЬ SS -ают; *intrans. except in the expression* переду́мать ду́мы/мы́сли; *Pf.* (*Impf.* переду́мывать) 1. change one's mind; 2. think about a lot of things *e.g.* О́н переду́мал обо всём *Prep* He gave everything a lot of thought

переду́маю	переду́маем	переду́май	переду́мал	——	переду́мав[ши]
переду́маешь	переду́маете	переду́майте	переду́мала	——	переду́мавший
переду́мает	переду́мают		переду́мали/о	——	

ПЕРЕДУ́МЫВАТЬ SS -ают; *intrans. except in the expression* переду́мывать ду́мы/мы́сли; *Impf.* (*Pf.* переду́мать): 1. change one's mind; 2. think about a lot of things

-ду́мываю	-ду́мываем	-ду́мывай	-ду́мывал	-ду́мывая	
-ду́мываешь	-ду́мываете	-ду́мывайте	-ду́мывала	-ду́мывающий	-ду́мывавший
-ду́мывает	-ду́мывают		-ду́мывали/о		——

ПЕРЕЕ́ДУТ *non-past tense of* перее́хать

ПЕРЕЕЗЖА́Й *Imperative of* переезжа́ть *and of* перее́хать

ПЕРЕЕЗЖА́ТЬ <ж'ж' *or* жж> SS -ают; *Impf.* (*Pf.* перее́хать): cross; run over; move (*to a new residence*)

переезжа́ю	переезжа́ем	переезжа́й	переезжа́л	переезжа́я	
переезжа́ешь	переезжа́ете	переезжа́йте	переезжа́ла	переезжа́ющий	переезжа́вший
переезжа́ет	переезжа́ют		переезжа́ли/о	переезжа́емый	

ПЕРЕЕ́ХАТЬ SS -е́дут; -езжа́й! <ж'ж' *or* жж> no *ppp*; *Pf.* (*Impf.* переезжа́ть): cross; run over; move (*to a new residence*)

перее́ду	перее́дем	переезжа́й	перее́хал	——	перее́хав[ши]
перее́дешь	перее́дете	переезжа́йте	перее́хала	——	перее́хавший
перее́дет	перее́дут		перее́хали/о	——	

ПЕРЕЖИВА́ТЬ SS -ают; *Impf.* 1. (*Pf.* пережи́ть) outlive; endure; 2. (*no Pf.*) suffer, worry, be anxious; 3. (*no Pf.*) worry (about) *e.g.* О́н пережива́ет за сестру́ *Acc*

пережива́ю	пережива́ем	пережива́й	пережива́л	пережива́я	
пережива́ешь	пережива́ете	пережива́йте	пережива́ла	пережива́ющий	пережива́вший
пережива́ет	пережива́ют		пережива́ли/о	пережива́емый	——

ПЕРЕЖИ́ТЬ ЕМ -живу́т; пе́режил пережила́ пе́режили; *ppp* пе́режитый M; *Pf.* (*Impf.* пережива́ть): outlive; endure

переживу́	пережившём	переживи́	пе́режил	——	пережи́в[ши]
переживёшь	переживёте	переживи́те	пережила́	——	пережи́вший
переживёт	переживу́т		пе́режили/о		пе́режитый M

ПЕРЕИМЕНОВА́ТЬ SS -ну́ют; *Pf.* (*Impf.* переименовывать): rename (from) (to) *e.g.* Они́ переименова́ли го́род *Acc* из Петрогра́да *Gen* в Ленингра́д *Acc*

-ну́ю	-ну́ем	-ну́й	-нова́л	——	-нова́в[ши]
-ну́ешь	-ну́ете	-ну́йте	-нова́ла	——	-нова́вший
-ну́ет	-ну́ют		-нова́ли/о	——	-но́ванный S

ПЕРЕИМЕНÓВЫВАТЬ SS -ают; *Impf.* (*Pf.* переименовáть): rename (from) (to) *e.g.* Óни не хотéли переименóвывать свóй гóрод *Acc* из Петрогрáда *Gen* в Ленингрáд *Acc*

-нóвываю	-нóвываем	-нóвывай	-нóвывал	-нóвывая	
-нóвываешь	-нóвываете	-нóвывайте	-нóвывала	-нóвывающий	-нóвывавший
-нóвывает	-нóвывают		-нóвывали/о	-нóвываемый	——

ПЕРЕЙТИ́ EE перейду́т; перешёл перешлá перешли́; *past adv.* перейдя́; *past active ptcpl.* перешéдший; *ppp* перейдённый E; *Pf.* (*Impf.* переходи́ть): pass (to); cross *e.g.* Óн перешёл дорóгу *Acc* [*or* чéрез дорóгу *Acc*]

перейду́	перейдём	перейди́	перешёл	——	перейдя́
перейдёшь	перейдёте	перейди́те	перешлá	——	перешéдший
перейдёт	перейду́т		перешли́/ó	——	перейдённый E

ПЕРЕКРЕСТИ́ТЬ MS -крéстят; *ppp* перекрещённый E; *Pf:* 1. (*Impf.* крести́ть[2]) cross, make the sign of the cross (over smb./smt.) 2. (*Impf.* перекрéщивать) cross (hands, legs, physical objects)

-крещу́	-крéстим	-крести́	-крести́л	——	-крести́в[ши]
-крéстишь	-крéстите	-крести́те	-крести́ла	——	-крести́вший
-крéстит	-крéстят		-крести́ли/о	——	-крещённый E

ПЕРЕКРЁСТОК SS (о) *m.in:* cross-roads, intersection (*use* на/на/с *for* to/at/from)

перекрёсток	перекрёсток	перекрёстка	перекрёстке	перекрёстку	перекрёстком
перекрёстки	перекрёстки	перекрёстков	перекрёстках	перекрёсткам	перекрёстками

ПЕРЕКРÉЩИВАТЬ SS -ают; *Impf.* (*Pf.* перекрести́ть): cross (hands, legs, physical objects)

-крéщиваю	-крéщиваем	-крéщивай	-крéщивал	-крéщивая	
-крéщиваешь	-крéщиваете	-крéщивайте	-крéщивала	-крéщивающий	-крéщивавший
-крéщивает	-крéщивают		-крéщивали/о	-крéщиваемый	——

ПЕРЕЛЕТÁТЬ SS -áют; *intrans; Impf.* (*Pf.* перелетéть): fly across, cross

перелетáю	перелетáем	перелетáй	перелетáл	перелетáя	
перелетáешь	перелетáете	перелетáйте	перелетáла	перелетáющий	перелетáвший
перелетáет	перелетáют		перелетáли/о	——	——

ПЕРЕЛЕТÉТЬ ES -летя́т; *no ppp; Pf.* (*Impf.* перелетáть): fly across, cross

перелечу́	перелети́м	перелети́	перелетéл	——	перелетéв[ши]
перелети́шь	перелети́те	перелети́те	перелетéла	——	перелетéвший
перелети́т	перелетя́т		перелетéли/о	——	——

ПЕРЕНЕСТИ́ EE -несу́т; -нёс -неслá -несли́; *past adv.* -неся́; *past active ptcpl.* -нёсший; *Pf.* (*Impf.* переноси́ть): 1. bring (*from one place to another*); 2. experience, endure

перенесу́	перенесём	перенеси́	перенёс	——	перенеся́
перенесёшь	перенесёте	перенеси́те	перенеслá	——	перенёсший
перенесёт	перенесу́т		перенесли́/ó	——	перенесённый E

ПЕРЕНОСИ́ТЬ MS -нóсят; *pres. passive ptcpl.* -носи́мый; *Impf.* (*Pf.* перенести́): 1. bring (*from one place to another*); 2. experience, endure

переношу́	перенóсим	переноси́	переноси́л	перенося́	
перенóсишь	перенóсите	переноси́те	переноси́ла	перенося́щий	переноси́вший
перенóсит	перенóсят		переноси́ли/о	переноси́мый	——

ПЕРЕНОЧЕВÁТЬ SS -чу́ют; *intrans. except in* переночевáть нóчь; *Pf.* (*Impf.* ночевáть): spend the night

переночу́ю	переночу́ем	переночу́й	переночевáл	——	переночевáв[ши]
переночу́ешь	переночу́ете	переночу́йте	переночевáла	——	переночевáвший
переночу́ет	переночу́ют		переночевáли/о		

✓ **ПЕРЕПИСÁТЬ** MS -пи́шут; *Pf.* (*Impf.* перепи́сывать): rewrite

перепишу́	перепи́шем	перепиши́	переписáл	——	переписáв[ши]
перепи́шешь	перепи́шете	перепиши́те	переписáла	——	переписáвший
перепи́шет	перепи́шут		переписáли/о	——	перепи́санный S

✓ **ПЕРЕПИ́СЫВАТЬ** SS -ают; *Impf.* (*Pf.* переписáть): rewrite

-пи́сываю	-пи́сываем	-пи́сывай	-пи́сывал	-пи́сывая	
-пи́сываешь	-пи́сываете	-пи́сывайте	-пи́сывала	-пи́сывающий	-пи́сывавший
-пи́сывает	-пи́сывают		-пи́сывали/о	-пи́сываемый	——

ПЕРЕПИ́СЫВАТЬСЯ SS -аются; *Impf.* (no *Pf.*): 1. correspond (with) *e.g.* Óн перепи́сывается с сестрóй *Inst*; 2. be rewritten

-ываюсь	-ываемся	-ывайся	-ывался	-ываясь	
-ываешься	-ываетесь	-ывайтесь	-ывалась	-ывающийся	-ывавшийся
-ывается	-ываются		-ывались/ось	——	——

ПЕРЕПИ́ШУТ *non-past tense of* переписáть

ПЕРЕРАБÁТЫВАТЬ SS -ают; *Impf.* (*Pf.* переработáть): 1. work too much; 2. rework (into) *e.g.* Óн перерабáтывает эту скáзку *Acc* в пьéсу *Acc* для детéй

-рабáтываю	-рабáтываем	-рабáтывай	-рабáтывал	-рабáтывая	
-рабáтываешь	-рабáтываете	-рабáтывайте	-рабáтывала	-рабáтывающий	-рабáтывавший
-рабáтывает	-рабáтывают		-рабáтывали/о	-рабáтываемый	——

ПЕРЕРАБÓТАТЬ SS -ают; *Pf.* (*Impf.* перерабáтывать): 1. work too much; 2. rework (into) *e.g.* Óн переработáл эту скáзку *Acc* в пьéсу *Acc* для детéй

-рабóтаю	-рабóтаем	-рабóтай	-рработал	——	-рабóтав[ши]
-рабóтаешь	-рабóтаете	-рабóтайте	-рабóтала	——	-рабóтавший
-рабóтает	-рабóтают		-рабóтали/о	——	-рабóтанный S

ПЕРЕРЫ́В SS *m.in*: break; intermission

перерыв	перерыв	перерыва	перерыве	перерыву	перерывом
перерывы	перерывы	перерывов	перерывах	перерывам	перерывами

ПЕРЕСАДИ́ТЬ MS -са́дят; *Pf.* (*Impf.* пересáживать): transplant; make someone change his seat

пересажу́	пересáдим	пересади́	пересади́л	——	пересади́в[ши]
пересáдишь	пересáдите	пересади́те	пересади́ла	——	пересади́вший
пересáдит	пересáдят		пересади́ли/о	——	пересáженный S

ПЕРЕСА́ЖИВАТЬ SS -ают; *Impf.* (*Pf.* пересади́ть): transplant; make someone change his seat

-сáживаю	-сáживаем	-сáживай	-сáживал	-сáживая	
-сáживаешь	-сáживаете	-сáживайте	-сáживала	-сáживающий	-сáживавший
-сáживает	-сáживают		-сáживали/о	-сáживаемый	——

ПЕРЕСА́ЖИВАТЬСЯ SS -аются; *Impf.* (*Pf.* пересéсть): change one's seat; change (*trains, etc.*) *e.g.* Он пересáживается с одного́ поезда *Gen* на друго́й *Acc*

-иваюсь	-иваемся	-ивайся	-ивался	-иваясь	
-иваешься	-иваетесь	-ивайтесь	-ивалась	-ивающийся	-ивавшийся
-ивается	-иваются		-ивались/ось	——	——

ПЕРЕСЕ́Л *past tense of* пересéсть

ПЕРЕСЕЛИ́ТЬ ES -ля́т [*or* MS -сéлят; *ppp* переселённый E]; *Pf.* (*Impf.* переселя́ть): move, resettle

переселю́	пересели́м	пересели́	пересели́л	——	пересели́в[ши]
пересели́шь	пересели́те	пересели́те	пересели́ла	——	пересели́вший
пересели́т	переселя́т		пересели́ли/о	——	переселённый E

ПЕРЕСЕЛЯ́ТЬ SS -я́ют; *Impf.* (*Pf.* пересели́ть): move, resettle

переселя́ю	переселя́ем	переселя́й	переселя́л	переселя́я	
переселя́ешь	переселя́ете	переселя́йте	переселя́ла	переселя́ющий	переселя́вший
переселя́ет	переселя́ют		переселя́ли/о	переселя́емый	——

ПЕРЕСЕ́СТЬ SS -ся́дут; -сéл -сéла -сéли; *past adv.* -сéв[ши]; *intrans; Pf.* (*Impf.* пересáживаться): change one's seat; change (*trains, etc.*) *e.g.* Он пересéл с одного́ поезда *Gen* на друго́й *Acc*

переся́ду	переся́дем	переся́дь	пересéл	——	пересéв[ши]
переся́дешь	переся́дете	переся́дьте	пересéла	——	пересéвший
переся́дет	переся́дут		пересéли/о	——	——

ПЕРЕСТАВА́ТЬ ES -стаю́т; -става́й! *pres. adv.* -става́я; *intrans; Impf.* (*Pf.* перестáть): cease, stop (doing smt.)

перестаю́	перестаём	перестава́й	перестава́л	перестава́я	
перестаёшь	перестаёте	перестава́йте	перестава́ла	перестаю́щий	перестава́вший
перестаёт	перестаю́т		перестава́ли/о	——	——

ПЕРЕСТА́ТЬ SS -стáнут; *intrans; Pf.* (*Impf.* перестава́ть): cease, stop (doing smt.)

перестáну	перестáнем	перестáнь	перестáл	——	перестáв[ши]
перестáнешь	перестáнете	перестáньте	перестáла	——	перестáвший
перестáнет	перестáнут		перестáли/о	——	——

ПЕРЕСЯ́ДУТ *non-past tense of* пересéсть

ПЕРЕХОДИ́ТЬ MS -хо́дят; *Impf.* (*Pf.* перейти́): pass (to); cross *e.g.* Он переходи́л доро́гу *Acc* [*or* через доро́гу *Acc*]

перехожу́	перехо́дим	переходи́	переходи́л	переходя́	
перехо́дишь	перехо́дите	переходи́те	переходи́ла	переходя́щий	переходи́вший
перехо́дит	перехо́дят		переходи́ли/о	——	——

ПЕ́РЕЦ SS (e) *Part.* -у *m.in*: pepper

пе́рец	пе́рец	пе́рца/-у	пе́рце	пе́рцу	пе́рцем

ПЕРЕШЕ́ДШИЙ *past active ptcpl. of* перейти́

ПЕРЕШЁЛ *past tense of* перейти́

ПЕРИ́ОД SS *m.in*: period (of time)

пери́од	пери́од	пери́ода	пери́оде	пери́оду	пери́одом
пери́оды	пери́оды	пери́одов	пери́одах	пери́одам	пери́одами

ПЕРИФЕРИ́Я SS *f.in*: periphery; outlying districts; provincial regions (*use* на/на/с *for* to/on/from *for all meanings*)

перифери́я	перифери́ю	перифери́и	перифери́и	перифери́и	перифери́ей

ПЕРО́ ES *NPlur.* пе́рья, *GPlur.* пе́рьев *n.in*: feather; pen

перо́	перо́	пера́	пере́	перу́	перо́м
пе́рья	пе́рья	пе́рьев	пе́рьях	пе́рьям	пе́рьями

ПЕ́РСИК SS *m.in*: peach; peach-tree (*use* на/на/с *for* into/in/out of *the tree*)

пе́рсик	пе́рсик	пе́рсика	пе́рсике	пе́рсику	пе́рсиком
пе́рсики	пе́рсики	пе́рсиков	пе́рсиках	пе́рсикам	пе́рсиками

ПЕРЧА́ТКА SS (о) *f.in*: glove

перча́тка	перча́тку	перча́тки	перча́тке	перча́тке	перча́ткой
перча́тки	перча́тки	перча́ток	перча́тках	перча́ткам	перча́тками

ПЕ́СНЯ SS (e) *f.in*: song

пе́сня	пе́сню	пе́сни	пе́сне	пе́сне	пе́сней
пе́сни	пе́сни	пе́сен	пе́снях	пе́сням	пе́снями

ПЕССИМИ́СТ <с *or* сс> SS *m.an*: pessimist

пессими́ст	пессими́ста	пессими́ста	пессими́сте	пессими́сту	пессими́стом
пессими́сты	пессими́стов	пессими́стов	пессими́стах	пессими́стам	пессими́стами

ПЕССИМИ́СТКА <c or cc> SS (o) f.an: pessimist (woman)

пессими́стка	пессими́стку	пессими́стки	пессими́стке	пессими́стке	пессими́сткой
пессими́стки	пессими́сток	пессими́сток	пессими́стках	пессими́сткам	пессими́стками

ПЁСТРЫЙ M [sh.neut. пёстро́, sh.Plur. пёстры́]: motley, many-colored; motley, mixed

пёстрый	Nom/Gen	пёстрого	пёстром	пёстрому	пёстрым
пёстрое	пёстрое	пёстрого	пёстром	пёстрому	пёстрым
пёстрая	пёструю	пёстрой	пёстрой	пёстрой	пёстрой
пёстрые	Nom/Gen	пёстрых	пёстрых	пёстрым	пёстрыми

пёстр, пестра́, пёстро́, пёстры́; пестре́е

ПЕ́ТЬ ES пою́т; no pres. adv; ppp пе́тый S; Impf. (Pf. c- and про- and Pf-begin за-): sing

пою́	поём	пой	пёл	——	
поёшь	поёте	по́йте	пе́ла	пою́щий	пе́вший
поёт	пою́т		пе́ли/о	——	

ПЕЧА́ЛЬНЫЙ S (e): sad

печа́льный	Nom/Gen	печа́льного	печа́льном	печа́льному	печа́льным
печа́льное	печа́льное	печа́льного	печа́льном	печа́льному	печа́льным
печа́льная	печа́льную	печа́льной	печа́льной	печа́льной	печа́льной
печа́льные	Nom/Gen	печа́льных	печа́льных	печа́льным	печа́льными

печа́лен, печа́льна, печа́льно, печа́льны; печа́льнее

ПЕЧА́ТАТЬ SS -ают; Impf. (Pf. на-): publish; print; type e.g. Он печа́тает статью́ Acc на маши́нке Prep He's typing his article

печа́таю	печа́таем	печа́тай	печа́тал	печа́тая	
печа́таешь	печа́таете	печа́тайте	печа́тала	печа́тающий	печа́тавший
печа́тает	печа́тают		печа́тали/о	печа́таемый	

ПЕЧА́ТАТЬСЯ SS -аются; Impf. (no Pf.): be published

печа́таюсь	печа́таемся	печа́тайся	печа́тался	печа́таясь	
печа́таешься	печа́таетесь	печа́тайтесь	печа́талась	печа́тающийся	печа́тавшийся
печа́тается	печа́таются		печа́тались/ось	——	——

ПЕЧА́ТЬ SS f.in: stamp, seal; press (publications); type, print

печа́ть	печа́ть	печа́ти	печа́ти	печа́ти	печа́тью
печа́ти	печа́ти	печа́тей	печа́тях	печа́тям	печа́тями

ПЕ́ЧКА SS (e) f.in: stove

пе́чка	пе́чку	пе́чки	пе́чке	пе́чке	пе́чкой
пе́чки	пе́чки	пе́чек	пе́чках	пе́чкам	пе́чками

ПЕ́ЧЬ¹ SE Loc. (в/на) -й, NPlur. пе́чи f.in: stove

пе́чь	пе́чь	пе́чи	пе́чи/в, на -й	пе́чи	пе́чью
пе́чи	пе́чи	пече́й	печа́х	печа́м	печа́ми

ПЕ́ЧЬ² EE пеку́т пеку́ печёт; пёк пекла́ пекли́; no pres. adv; past adv. пёкши; Impf. (Pf. ис-): bake

пеку́	печём	пеки́	пёк	——	
печёшь	печёте	пеки́те	пекла́	пеку́щий	пёкший
печёт	пеку́т		пекли́/о́	——	

ПЕ́ШКА¹ SS (e) f.in: pawn (in chess)

пе́шка	пе́шку	пе́шки	пе́шке	пе́шке	пе́шкой
пе́шки	пе́шки	пе́шек	пе́шках	пе́шкам	пе́шками

ПЕ́ШКА² SS (e) f.an: pawn (an insignificant person)

пе́шка	пе́шку	пе́шки	пе́шке	пе́шке	пе́шкой
пе́шки	пе́шек	пе́шек	пе́шках	пе́шкам	пе́шками

ПЕШКО́М adv: on foot

ПЕЩЕ́РА SS f.in: cave, grotto

пеще́ра	пеще́ру	пеще́ры	пеще́ре	пеще́ре	пеще́рой
пеще́ры	пеще́ры	пеще́р	пеще́рах	пеще́рам	пеще́рами

ПИАНИ́НО indeclinable n.in: (upright) piano ● игра́ть на пиани́но Prep play the piano

ПИАНИ́СТ SS m.an: pianist

пиани́ст	пиани́ста	пиани́ста	пиани́сте	пиани́сту	пиани́стом
пиани́сты	пиани́стов	пиани́стов	пиани́стах	пиани́стам	пиани́стами

ПИАНИ́СТКА SS (o) f.an: pianist (woman)

пиани́стка	пиани́стку	пиани́стки	пиани́стке	пиани́стке	пиани́сткой
пиани́стки	пиани́сток	пиани́сток	пиани́стках	пиани́сткам	пиани́стками

ПИВНО́Й E no sh.masc; other short forms avoided; also used as f.in noun: beer; (as noun) (beer) bar

пивно́й	пивно́й	пивно́го	пивно́м	пивно́му	пивны́м
пивно́е	пивно́е	пивно́го	пивно́м	пивно́му	пивны́м
пивна́я	пивну́ю	пивно́й	пивно́й	пивно́й	пивно́й
пивны́е	пивны́е	пивны́х	пивны́х	пивны́м	пивны́ми

ПИ́ВО SS Plur. hypothetical; n.in: beer

пи́во	пи́во	пи́ва	пи́ве	пи́ву	пи́вом

ПИДЖА́К EE m.in: sports coat; (suit) coat

пиджа́к	пиджа́к	пиджака́	пиджаке́	пиджаку́	пиджако́м
пиджаки́	пиджаки́	пиджако́в	пиджака́х	пиджака́м	пиджака́ми

ПИЛО́Т SS *m.an*: pilot (*of an aircraft*)

пило́т	пило́та	пило́та	пило́те	пило́ту	пило́том
пило́ты	пило́тов	пило́тов	пило́тах	пило́там	пило́тами

ПИОНЕ́Р SS *m.an*: pioneer

пионе́р	пионе́ра	пионе́ра	пионе́ре	пионе́ру	пионе́ром
пионе́ры	пионе́ров	пионе́ров	пионе́рах	пионе́рам	пионе́рами

ПИОНЕ́РСКИЙ S *short forms avoided, no compar*: pioneer

пионе́рский	Nom/Gen	пионе́рского	пионе́рском	пионе́рскому	пионе́рским
пионе́рское	пионе́рское	пионе́рского	пионе́рском	пионе́рскому	пионе́рским
пионе́рская	пионе́рскую	пионе́рской	пионе́рской	пионе́рской	пионе́рской
пионе́рские	Nom/Gen	пионе́рских	пионе́рских	пионе́рским	пионе́рскими

adv. по-пионе́рски

ПИРО́Г EE *m.in*: pie; tart

пиро́г	пиро́г	пирога́	пироге́	пирогу́	пирого́м
пироги́	пироги́	пирого́в	пирога́х	пирога́м	пирога́ми

ПИРО́ЖНОЕ *used as n.in noun*: pastry (*with sweet filling or topping*)

пиро́жное	пиро́жное	пиро́жного	пиро́жном	пиро́жному	пиро́жным
пиро́жные	пиро́жные	пиро́жных	пиро́жных	пиро́жным	пиро́жными

ПИРОЖО́К EE (о) *m.in*: pirozhok (*a small pastry filled with meat or vegetable*)

пирожо́к	пирожо́к	пирожка́	пирожке́	пирожку́	пирожко́м
пирожки́	пирожки́	пирожко́в	пирожка́х	пирожка́м	пирожка́ми

ПИСА́НИЕ SS *n.in*: writing ● Свяще́нное Писа́ние Holy Scripture

писа́ние	писа́ние	писа́ния	писа́нии	писа́нию	писа́нием

ПИСА́ТЕЛЬ SS *m.an*: writer, author

писа́тель	писа́теля	писа́теля	писа́теле	писа́телю	писа́телем
писа́тели	писа́телей	писа́телей	писа́телях	писа́телям	писа́телями

ПИСА́ТЕЛЬНИЦА SS *f.an*: writer, author (*woman*)

писа́тельница	писа́тельницу	писа́тельницы	писа́тельнице	писа́тельнице	писа́тельницей
писа́тельницы	писа́тельниц	писа́тельниц	писа́тельницах	писа́тельницам	писа́тельницами

ПИСА́ТЬ MS пи́шут; *pres. adv. avoided; Impf. (Pf.* на-): 1. write *e.g.* Он пи́шет карандашо́м *Inst* запи́ску *Acc* сестре́ *Dat*; 2. paint (*paintings*)

пишу́	пи́шем	пиши́	писа́л		
пи́шешь	пи́шете	пиши́те	писа́ла	пи́шущий	писа́вший
пи́шет	пи́шут		писа́ли/о	——	

ПИСА́ТЬСЯ MS пи́шутся; *pres. adv. avoided; Impf. (no Pf)*: be written; be spelled *e.g.* Как пи́шется э́то сло́во? *Nom* How do you spell this word?

пишу́сь	пи́шемся	пиши́сь	писа́лся		
пи́шешься	пи́шетесь	пиши́тесь	писа́лась	пи́шущийся	писа́вшийся
пи́шется	пи́шутся		писа́лись/ось		

ПИ́СЬМЕННЫЙ S (е) [*sh.masc.* пи́сьменен *or* пи́сьмен]: writing, written ● пи́сьменный стол desk

пи́сьменный	Nom/Gen	пи́сьменного	пи́сьменном	пи́сьменному	пи́сьменным
пи́сьменное	пи́сьменное	пи́сьменного	пи́сьменном	пи́сьменному	пи́сьменным
пи́сьменная	пи́сьменную	пи́сьменной	пи́сьменной	пи́сьменной	пи́сьменной
пи́сьменные	Nom/Gen	пи́сьменных	пи́сьменных	пи́сьменным	пи́сьменными

ПИСЬМО́ ES (е) *n.in*: letter (*written/printed message*)

письмо́	письмо́	письма́	письме́	письму́	письмо́м
пи́сьма	пи́сьма	пи́сем	пи́сьмах	пи́сьмам	пи́сьмами

ПИТЬ ЕМ пьют; пей! [*with negative,* не пи́л, не пи́ло, не пи́ли *or old-fashioned* не́ пил, не́ пило, не́ пили (*but* не пила́)] *no pres. adv;* ppp пи́тый M; *Impf. (Pf.* вы́- *and Pf-awhile* по-): drink

пью	пьём	пей	пил		
пьёшь	пьёте	пе́йте	пила́	пью́щий	пи́вший
пьёт	пьют		пи́ли/о	——	

ПИТЬЕВО́Й E *no sh.masc; other short forms avoided*: for drinking *e.g.* питьева́я вода́ drinking water

питьево́й	Nom/Gen	питьево́го	питьево́м	питьево́му	питьевы́м
питьево́е	питьево́е	питьево́го	питьево́м	питьево́му	питьевы́м
питьева́я	питьеву́ю	питьево́й	питьево́й	питьево́й	питьево́й
питьевы́е	Nom/Gen	питьевы́х	питьевы́х	питьевы́м	питьевы́ми

ПИ́ШУТ *non-past tense of* писа́ть

ПЛА́ВАНИЕ SS *n.in*: swimming; voyage

пла́вание	пла́вание	пла́вания	пла́вании	пла́ванию	пла́ванием

ПЛА́ВАТЬ SS -ают; *intrans; Non-One-way Impf. (One-way Impf.* плы́ть; *Pf-awhile* по-): swim; float; sail

пла́ваю	пла́ваем	пла́вай	пла́вал	пла́вая	
пла́ваешь	пла́ваете	пла́вайте	пла́вала	пла́вающий	пла́вавший
пла́вает	пла́вают		пла́вали/о	——	

ПЛАКА́Т SS *m.in*: sign, poster

плака́т	плака́т	плака́та	плака́те	плака́ту	плака́том
плака́ты	плака́ты	плака́тов	плака́тах	плака́там	плака́тами

ПЛА́КАТЬ SS пла́чут; *intrans*; *Impf.* (*Pf-begin* за- *and Pf-awhile* по-): cry, weep

пла́чу	пла́чем	плачь	пла́кал	пла́ча	
пла́чешь	пла́чете	пла́чьте	пла́кала	пла́чущий	пла́кавший
пла́чет	пла́чут		пла́кали/о	——	

ПЛА́МЕННО *adv*: ardently

ПЛА́Н SS *m.in*: plan

план	план	пла́на	пла́не	пла́ну	пла́ном
пла́ны	пла́ны	пла́нов	пла́нах	пла́нам	пла́нами

ПЛАНЕ́ТА SS *f.in*: planet (*use* на/на/с *for* to/on/from)

планета	планету	планеты	планете	планете	планетой
планеты	планеты	планет	планетах	планетам	планетами

ПЛАНЕТА́РИЙ SS *m.in*: planetarium

планета́рий	планета́рий	планета́рия	планета́рии	планета́рию	планета́рием
планета́рии	планета́рии	планета́риев	планета́риях	планета́риям	планета́риями

ПЛАНИРО́ВКА SS (о) *f.in*: lay-out

| планиро́вка | планиро́вку | планиро́вки | планиро́вке | планиро́вке | планиро́вкой |

ПЛАСТИ́НКА SS (о) *f.in*: (phonograph) record; plate, plaque

пласти́нка	пласти́нку	пласти́нки	пласти́нке	пласти́нке	пласти́нкой
пласти́нки	пласти́нки	пласти́нок	пласти́нках	пласти́нкам	пласти́нками

ПЛАСТМА́ССА SS *f.in*: plastic

пластма́сса	пластма́ссу	пластма́ссы	пластма́ссе	пластма́ссе	пластма́ссой
пластма́ссы	пластма́ссы	пластма́сс	пластма́ссах	пластма́ссам	пластма́ссами

ПЛАСТМА́ССОВЫЙ S: plastic

-ма́ссовый	Nom/Gen	-ма́ссового	-ма́ссовом	-ма́ссовому	-ма́ссовым
-ма́ссовое	-ма́ссовое	-ма́ссового	-ма́ссовом	-ма́ссовому	-ма́ссовым
-ма́ссовая	-ма́ссовую	-ма́ссовой	-ма́ссовой	-ма́ссовой	-ма́ссовой
-ма́ссовые	Nom/Gen	-ма́ссовых	-ма́ссовых	-ма́ссовым	-ма́ссовыми

ПЛАТИ́ТЬ MS пла́тят; *Impf.* (*Pf.* за- *and* у-): pay *e.g.* Он пла́тит копе́йку *Acc* за газе́ту *Acc*

плачу́	пла́тим	плати́	плати́л	платя́	
пла́тишь	пла́тите	плати́те	плати́ла	платя́щий	плати́вший
пла́тит	пла́тят		плати́ли/о		

ПЛАТО́К EE (о) *m.in*: kerchief; handkerchief ● носово́й плато́к handkerchief

плато́к	плато́к	платка́	платке́	платку́	платко́м
платки́	платки́	платко́в	платка́х	платка́м	платка́ми

ПЛА́ТЬЕ SS GPlur. -ев *n.in*: dress

пла́тье	пла́тье	пла́тья	пла́тье	пла́тью	пла́тьем
пла́тья	пла́тья	пла́тьев	пла́тьях	пла́тьям	пла́тьями

ПЛАФО́Н SS *m.in*: (lamp) shade

плафо́н	плафо́н	плафо́на	плафо́не	плафо́ну	плафо́ном
плафо́ны	плафо́ны	плафо́нов	плафо́нах	плафо́нам	плафо́нами

ПЛАЩ EE *m.in*: raincoat

плащ	плащ	плаща́	плаще́	плащу́	плащо́м
плащи́	плащи́	плаще́й	плаща́х	плаща́м	плаща́ми

ПЛЕВА́ТЬ ES плюю́т; *intrans*; *Impf.* 1. (*Pf-once* плю́нуть): spit *e.g.* плевать на ковёр *Acc* spit on the rug; 2. (*Pf.* на-) (*colloq.*) not to give a damn *e.g.* Он плева́л на а́рмию *Acc* He didn't/doesn't give a damn about the army; *also used impersonally, e.g.* Мне *Dat* плева́ть на а́рмию *Acc* I don't give a damn about the army

плюю́	плюём	плюй	плева́л	——	плева́в[ши]
плюёшь	плюёте	плюйте	плева́ла	——	плева́вший
плюёт	плюю́т		плева́ли/о	——	

ПЛЕМЯ́ННИК SS *m.an*: nephew

племя́нник	племя́нника	племя́нника	племя́ннике	племя́ннику	племя́нником
племя́нники	племя́нников	племя́нников	племя́нниках	племя́нникам	племя́нниками

ПЛЕМЯ́ННИЦА SS *f.an*: niece

племя́нница	племя́нницу	племя́нницы	племя́ннице	племя́ннице	племя́нницей
племя́нницы	племя́нниц	племя́нниц	племя́нницах	племя́нницам	племя́нницами

ПЛЁНКА SS (о) *f.in*: film; tape

плёнка	плёнку	плёнки	плёнке	плёнке	плёнкой
плёнки	плёнки	плёнок	плёнках	плёнкам	плёнками

ПЛЕЧО́ EE NPlur. пле́чи, GPlur. плеч (*Irreg. in phrases* за́/на́ плечи [*or* за/на пле́чи]) *n.in*: shoulder

плечо́	плечо́	плеча́	плече́	плечу́	плечо́м
пле́чи	пле́чи	плеч	плеча́х	плеча́м	плеча́ми

ПЛЕШИ́ВЫЙ S *Colloquial*: bald

плеши́вый	Nom/Gen	плеши́вого	плеши́вом	плеши́вому	плеши́вым
плеши́вое	плеши́вое	плеши́вого	плеши́вом	плеши́вому	плеши́вым
плеши́вая	плеши́вую	плеши́вой	плеши́вой	плеши́вой	плеши́вой
плеши́вые	Nom/Gen	плеши́вых	плеши́вых	плеши́вым	плеши́выми

плеши́в, плеши́ва, плеши́во, плеши́вы; плеши́вее

ПЛИТА́ ES *f.in*: stove; slab

плита́	плиту́	плиты́	плите́	плите́	плито́й
пли́ты	пли́ты	плит	плита́х	плита́м	плита́ми

ПЛИ́ТКА SS (о) *f.in*: tile, (thin) slab; cooker, small cook stove

пли́тка	пли́тку	пли́тки	пли́тке	пли́тке	пли́ткой
пли́тки	пли́тки	пли́ток	пли́тках	пли́ткам	пли́тками

ПЛОДОРО́ДНЫЙ S (е): fertile

плодоро́дный	Nom/Gen	плодоро́дного	плодоро́дном	плодоро́дному	плодоро́дным
плодоро́дное	плодоро́дное	плодоро́дного	плодоро́дном	плодоро́дному	плодоро́дным
плодоро́дная	плодоро́дную	плодоро́дной	плодоро́дной	плодоро́дной	плодоро́дной
плодоро́дные	Nom/Gen	плодоро́дных	плодоро́дных	плодоро́дным	плодоро́дными

плодоро́ден, плодоро́дна, плодоро́дно, плодоро́дны; плодоро́днее

ПЛО́Т EE *Loc.* (на) -у́ *m.in*: raft ● сади́ться на +*Acc*, идти́ [*or* плыть] на +*Loc*, сходи́ть с +*Gen*

пло́т	пло́т	плота́	плоте́/на плоту́	плоту́	плото́м
плоты́	плоты́	плото́в	плота́х	плота́м	плота́ми

ПЛО́ХО *adv*: poorly, badly; *predicate*: 1. be/feel bad, ill *e.g.* Мне́ *Dat* ста́ло пло́хо от вина́ *Gen*; 2. it is bad, wrong *e.g.* Пло́хо не ходи́ть на ле́кции

ПЛОХО́Й M [*sh.Plur.* плохи́] *compar.* ху́же: poor, bad

плохо́й	Nom/Gen	плохо́го	плохо́м	плохо́му	плохи́м
плохо́е	плохо́е	плохо́го	плохо́м	плохо́му	плохи́м
плоха́я	плоху́ю	плохо́й	плохо́й	плохо́й	плохо́й
плохи́е	Nom/Gen	плохи́х	плохи́х	плохи́м	плохи́ми

плох, плоха́, пло́хо, пло́хи; ху́же

ПЛОЩА́ДКА SS (о) *f.in*: open flat space; (staircase) landing (*use* на/на/с *for* to/on/from *for both meanings*) ● де́тская площа́дка playground

площа́дка	площа́дку	площа́дки	площа́дке	площа́дке	площа́дкой
площа́дки	площа́дки	площа́док	площа́дках	площа́дкам	площа́дками

ПЛО́ЩАДЬ SE *NPlur.* пло́щади *f.in*: (town) square (*use* на/на/с *for* to/on/from)

пло́щадь	пло́щадь	пло́щади	пло́щади	пло́щади	пло́щадью
пло́щади	пло́щади	площаде́й	площадя́х	площадя́м	площадя́ми

ПЛУ́Г SE *m.in*: plow

плу́г	плу́г	плу́га	плу́ге	плу́гу	плу́гом
плуги́	плуги́	плуго́в	плуга́х	плуга́м	плуга́ми

ПЛЫ́ТЬ ЕМ плыву́т; *intrans; One-way Impf.* (*Non-One-way Impf.* пла́вать; *Pf. and Pf-begin* по-): float; swim; sail

плыву́	плывём	плыви́	плыл	плывя́	
плывёшь	плывёте	плыви́те	плыла́	плыву́щий	плы́вший
плывёт	плыву́т		плы́ли/о	——	——

ПЛЮ́С[1] SS *m.in*: plus (sign); advantage

плю́с	плю́с	плю́са	плю́се	плю́су	плю́сом
плю́сы	плю́сы	плю́сов	плю́сах	плю́сам	плю́сами

ПЛЮ́С[2] *prep.* +*Nom*: plus *e.g.* Две́ *Nom* копе́йки плюс одна́ копе́йка *Nom* бу́дет три́ *Nom* копе́йки; *conjunction*: plus *e.g.* Пого́да была́ плоха́я, плюс вода́ была́ холо́дная, и мы́ не купа́лись

ПЛЮ́ЮТ *non-past tense of* плева́ть

ПЛЯ́Ж SS *m.in*: beach (*use* на/на/с *for* to/at(on)/from)

пля́ж	пля́ж	пля́жа	пля́же	пля́жу	пля́жем
пля́жи	пля́жи	пля́жей	пля́жах	пля́жам	пля́жами

ПО-[1] *prefix to* -ому/-ему *and* -ски *adverbs*: in the manner of *e.g.* по-ста́рому in the old way; по-маркси́стски in a Marxist fashion, like a Marxist; по-ру́сски in Russian; in the Russian way

ПО-[2] *prefix to Dative forms*: in the opinion of *e.g.* по-мо́ему in my opinion

ПО[3] *prefix to comparative adjective forms*: a little, a bit, somewhat *e.g.* побо́льше a little bigger, a little more

ПО[4] (*normally unstressed*) *prep.* +*Dat*: along; round, about; by, according to *e.g.* по слова́м Са́ши according to Sasha; on account of, because of *e.g.* по боле́зни because of illness; *prep.* +*Dat with one item, but* +*Acc with more than one*: each *e.g.* Он да́л всем студе́нтам по я́блоку *Dat* (по два́ *Acc* я́блока); on, in *e.g.* экза́мен по фи́зике *Dat*; on (*with Plur. in time phrases*) *e.g.* по среда́м on Wednesdays; *prep.* +*Acc*: to, up to; *prep.* +*Prep*: after *e.g.* по прие́зде on arrival

ПО-АНГЛИ́ЙСКИ *adv*: in English; in the English way

ПОБЕ́ДА SS *f.in*: victory

побе́да	побе́ду	побе́ды	побе́де	побе́де	побе́дой
побе́ды	побе́ды	побе́д	побе́дах	побе́дам	побе́дами

ПОБЕДИ́ТЕЛЬ SS *m.an*: victor, winner

победи́тель	победи́теля	победи́теля	победи́теле	победи́телю	победи́телем
победи́тели	победи́телей	победи́телей	победи́телях	победи́телям	победи́телями

ПОБЕДИ́ТЕЛЬНИЦА SS *f.an*: victor (woman)

-ди́тельница	-ди́тельницу	-ди́тельницы	-ди́тельнице	-ди́тельнице	-ди́тельницей
-ди́тельницы	-ди́тельниц	-ди́тельниц	-ди́тельницах	-ди́тельницам	-ди́тельницами

| Nominative | Accusative | Genitive | Prepositional | Dative | Instrumental | 153 |

Non-past Sing.   Non-past Plur.   Imperative   Past   Pres. deverbals   Past deverbals

ПОБЕДИ́ТЬ ES -дя́т; *1Sg. avoided; ppp* побеждённый E; *Pf.* (*Impf.* побежда́ть): 1. win (a war, battle, game) *e.g.* Они́ победи́ли в э́той войне́ *Prep;* 2. beat, defeat, conquer

	побед́им	победи́	победи́л	——	победи́в[ши]
победи́шь	победи́те	победи́те	победи́ла	——	победи́вший
победи́т	победя́т		победи́ли/о	——	побеждённый E

ПОБЕЖА́ТЬ ES -бегу́т -бегу́ -бежи́шь -бежи́т -бежи́м -бежи́те; *intrans; Pf. and Pf-begin* (*Impf.* бежа́ть): run

побегу́	побежи́м	побеги́	побежа́л	——	побежа́в[ши]
побежи́шь	побежи́те	побеги́те	побежа́ла	——	побежа́вший
побежи́т	побегу́т		побежа́ли/о	——	

ПОБЕЖДА́ТЬ SS -а́ют; *Impf.* (*Pf.* победи́ть): 1. win (a war, battle, game) *e.g.* Они́ побежда́ют в э́той войне́ *Prep;* 2. beat, defeat, conquer

побежда́ю	побежда́ем	побежда́й	побежда́л	побежда́я	
побежда́ешь	побежда́ете	побежда́йте	побежда́ла	побежда́ющий	побежда́вший
побежда́ет	побежда́ют		побежда́ли/о	побежда́емый	——

ПОБЕЛЕ́ТЬ SS -е́ют; *intrans; Pf.* (*Impf.* беле́ть): grow white, pale *e.g.* Он побеле́л от стра́ха *Gen*

побеле́ю	побеле́ем	побеле́й	побеле́л		побеле́в[ши]
побеле́ешь	побеле́ете	побеле́йте	побеле́ла		побеле́вший
побеле́ет	побеле́ют		побеле́ли/о		

ПОБИВА́ТЬ SS -а́ют; *Impf.* (*Pf.* поби́ть¹): beat, defeat; surpass (a record)

побива́ю	побива́ем	побива́й	побива́л	побива́я	
побива́ешь	побива́ете	побива́йте	побива́ла	побива́ющий	побива́вший
побива́ет	побива́ют		побива́ли/о	побива́емый	——

ПОБИ́ТЬ¹ ES -бью́т; -бе́й! *ppp* поби́тый S; *Pf.* (*Impf.* би́ть *and* побива́ть): beat, defeat; surpass (a record)

побью́	побьём	побе́й	поби́л		поби́в[ши]
побьёшь	побьёте	побе́йте	поби́ла		поби́вший
побьёт	побью́т		поби́ли/о		поби́тый S

ПОБИ́ТЬ² ES -бью́т; -бе́й! *ppp* поби́тый S; (*for inflected forms see* поби́ть¹): 1. Pf-awhile (*Impf.* би́ть) beat, strike, hit for a while; 2. Pf. (*Impf.* би́ть) mug

ПОБЛАГОДАРИ́ТЬ ES -ря́т; *Pf.* (*Impf.* благодари́ть): thank *e.g.* Он поблагодари́л сестру́ *Acc* за кни́гу *Acc*

-дарю́	-дари́м	-дари́	-дари́л		-дари́в[ши]
-дари́шь	-дари́те	-дари́те	-дари́ла		-дари́вший
-дари́т	-даря́т		-дари́ли/о		-даре́нный E

ПОБО́ЛЬШЕ *compar. of* большо́й *and* мно́го: a little bigger; a little more

ПОБУ́ДУТ *non-past tense of* побы́ть

ПОБЫВА́ТЬ SS -а́ют; *intrans; Pf.* (*Impf.* быва́ть): be (somewhere), visit

побыва́ю	побыва́ем	побыва́й	побыва́л		побыва́в[ши]
побыва́ешь	побыва́ете	побыва́йте	побыва́ла		побыва́вший
побыва́ет	побыва́ют		побыва́ли/о		

ПОБЫ́ТЬ SM -бу́дут; по́был побыла́ по́были [*or* побы́л побыла́ побы́ли]; *intrans; Pf-awhile* (*Impf.* бы́ть): stay (for a short time)

побу́ду	побу́дем	побу́дь	по́был		побы́в[ши]
побу́дешь	побу́дете	побу́дьте	побыла́		побы́вший
побу́дет	побу́дут		побы́ли/о		

ПО́ВАР SE *NPlur.* -а́ *m.an:* cook, chef (*Use fem. predicate when referring to a woman, e.g.* Наш но́вый по́вар сего́дня не пришла́)

| по́вар | по́вара | по́вара | по́варе | по́вару | по́варом |
| повара́ | поваро́в | поваро́в | повара́х | повара́м | повара́ми |

ПОВАРИ́ХА SS *Colloquial; f.an:* cook (woman)

| повари́ха | повари́ху | повари́хи | повари́хе | повари́хе | повари́хой |
| повари́хи | повари́х | повари́х | повари́хах | повари́хам | повари́хами |

ПО-ВА́ШЕМУ *adv:* in your opinion; (in) your way, as you wish *e.g.* Пусть бу́дет по-ва́шему Have it your way

ПОВЕДЕ́НИЕ SS *n.in:* behavior

| поведе́ние | поведе́ние | поведе́ния | поведе́нии | поведе́нию | поведе́нием |

ПОВЕДУ́Т *non-past tense of* повести́

ПОВЕЗТИ́¹ EE -везу́т; -вёз -везла́ -везли́; *past adv.* -везя́; *past active ptcpl.* -вёзший; *Pf-begin* (*Impf.* везти́): convey, haul, take

повезу́	повезём	повези́	повёз	——	повезя́
повезёшь	повезёте	повези́те	повезла́	——	повёзший
повезёт	повезу́т		повезли́/о́	——	

ПОВЕЗТИ́² EE -везёт; -везло́; *Impersonal; Pf.* (*Impf.* везти́): be lucky *e.g.* Мне *Dat* повезло́ I was lucky

| повезёт | | | повезло́ | | |

ПОВЁЛ *past tense of* повести́

ПОВЕЛИ́ТЕЛЬНЫЙ S (e): commanding, authoritative, peremptory ● повели́тельное наклоне́ние imperative mood

-ли́тельный	*Nom/Gen*	-ли́тельного	-ли́тельном	-ли́тельному	-ли́тельным
-ли́тельное	-ли́тельное	-ли́тельного	-ли́тельном	-ли́тельному	-ли́тельным
-ли́тельная	-ли́тельную	-ли́тельной	-ли́тельной	-ли́тельной	-ли́тельной
-ли́тельные	*Nom/Gen*	-ли́тельных	-ли́тельных	-ли́тельным	-ли́тельными

-ли́телен, -ли́тельна, -ли́тельно, -ли́тельны; -ли́тельнее

ПОВЕ́РИТЬ SS -рят; *intrans; Pf. (Impf.* ве́рить): 1. believe (smb./smt.) *e.g.* О́н пове́рил сестре́ *Dat*; 2. believe, have faith (in smb./smt.) *e.g.* О́н пове́рил в сестру́ *Acc*

пове́рю	пове́рим	пове́рь	пове́рил	——	пове́рив[ши]
пове́ришь	пове́рите	пове́рьте	пове́рила	——	пове́ривший
пове́рит	пове́рят		пове́рили/о	——	

ПОВЕРНУ́ТЬ ES -ну́т; *ppp* повёрнутый S; *Pf. (Impf.* повора́чивать *or old-fashioned* повёртывать): 1. turn (smt.); 2. turn *e.g.* О́н поверну́л напра́во; О́н поверну́л за́ угол He turned (around) the corner

поверну́	повернём	поверни́	поверну́л	——	поверну́в[ши]
повернёшь	повернёте	поверни́те	поверну́ла	——	поверну́вший
повернёт	поверну́т		поверну́ли/о	——	повёрнутый S

ПОВЕРНУ́ТЬСЯ ES -ну́тся; *Pf. (Impf.* повора́чиваться *or old-fashioned* повёртываться): turn, turn around; turn (to), face *e.g.* О́н поверну́лся (лицо́м *Inst*) к сестре́ *Dat*

поверну́сь	повернёмся	поверни́сь	поверну́лся	——	поверну́вшись
повернёшься	повернётесь	поверни́тесь	поверну́лась	——	поверну́вшийся
повернётся	поверну́тся		поверну́лись/ось	——	——

ПОВЕ́СИТЬ SS -сят; *Pf. (Impf.* ве́шать): hang

пове́шу	пове́сим	пове́сь	пове́сил	——	пове́сив[ши]
пове́сишь	пове́сите	пове́сьте	пове́сила	——	пове́сивший
пове́сит	пове́сят		пове́сили/о	——	пове́шенный S

ПОВЕСТИ́ EE -веду́т; -вёл -вела́ -вели́; *past adv.* -ведя́; *past active ptcpl.* -ве́дший: 1. *Pf-begin (Impf.* вести́) conduct, lead, take; drive; 2. *intransitive; Pf. (Impf.* поводи́ть) move, raise (*said of parts of the body*) *e.g.* О́н повёл бровя́ми *Inst* He raised his eyebrows

поведу́	поведём	поведи́	повёл	——	поведя́
поведёшь	поведёте	поведи́те	повела́	——	пове́дший
поведёт	поведу́т		повели́/о́	——	

ПО́ВЕСТЬ SE *NPlur.* по́вести *f.in*: story; short novel

по́весть	по́весть	по́вести	по́вести	по́вести	по́вестью
по́вести	по́вести	повесте́й	повестя́х	повестя́м	повестя́ми

ПОВОДИ́ТЬ MS -во́дят; *intrans; Impf. (Pf.* повести́): move, raise (*said of parts of the body*) *e.g.* О́н поводи́л бровя́ми *Inst* He raised his eyebrows

повожу́	поводи́м	поводи́	поводи́л	поводя́	
пово́дишь	поводи́те	поводи́те	поводи́ла	поводя́щий	поводи́вший
пово́дит	пово́дят		поводи́ли/о	——	——

ПОВОРА́ЧИВАТЬ SS -ают; *Impf. (Pf.* поверну́ть): 1. turn (smt.); 2. turn *e.g.* О́н повора́чивает напра́во; О́н повора́чивает за́ угол He's turning (around) the corner

-ра́чиваю	-ра́чиваем	-ра́чивай	-ра́чивал	-ра́чивая	
-ра́чиваешь	-ра́чиваете	-ра́чивайте	-ра́чивала	-ра́чивающий	-ра́чивавший
-ра́чивает	-ра́чивают		-ра́чивали/о	-ра́чиваемый	——

ПОВОРА́ЧИВАТЬСЯ SS -аются; *Impf. (Pf.* поверну́ться): turn, turn around; turn (to), face *e.g.* О́н повора́чивался (лицо́м *Inst*) к сестре́ *Dat*

-ра́чиваюсь	-ра́чиваемся	-ра́чивайся	-ра́чивался	-ра́чиваясь	
-ра́чиваешься	-ра́чиваетесь	-ра́чивайтесь	-ра́чивалась	-ра́чивающийся	-ра́чивавшийся
-ра́чивается	-ра́чиваются		-ра́чивались/ось	——	——

ПОВТОРЕ́НИЕ SS *n.in*: repetition; review

повторе́ние	повторе́ние	повторе́ния	повторе́нии	повторе́нию	повторе́нием
повторе́ния	повторе́ния	повторе́ний	повторе́ниях	повторе́ниям	повторе́ниями

ПОВТОРИ́ТЬ ES -ря́т; *Pf. (Impf.* повторя́ть): repeat; review

повторю́	повтори́м	повтори́	повтори́л	——	повтори́в[ши]
повтори́шь	повтори́те	повтори́те	повтори́ла	——	повтори́вший
повтори́т	повторя́т		повтори́ли/о	——	повторённый E

ПОВТОРИ́ТЬСЯ ES -ря́тся; *Pf. (Impf.* повторя́ться): repeat oneself; recur

повторю́сь	повтори́мся	повтори́сь	повтори́лся	——	повтори́вшись
повтори́шься	повтори́тесь	повтори́тесь	повтори́лась	——	повтори́вшийся
повтори́тся	повторя́тся		повтори́лись/ось	——	

ПОВТОРЯ́ТЬ SS -яют; *Impf. (Pf.* повтори́ть): repeat; review

повторя́ю	повторя́ем	повторя́й	повторя́л	повторя́я	
повторя́ешь	повторя́ете	повторя́йте	повторя́ла	повторя́ющий	повторя́вший
повторя́ет	повторя́ют		повторя́ли/о	повторя́емый	——

ПОВТОРЯ́ТЬСЯ SS -яются; *Impf. (Pf.* повтори́ться): repeat oneself; recur

повторя́юсь	повторя́емся	повторя́йся	повторя́лся	повторя́ясь	
повторя́ешься	повторя́етесь	повторя́йтесь	повторя́лась	повторя́ющийся	повторя́вшийся
повторя́ется	повторя́ются		повторя́лись/ось	——	

ПОГА́СНУТЬ SS -нут; -га́с -га́сла -га́сли; *past adv.* -га́сши [*or* -га́снув[ши]]; *intrans; Pf. (Impf.* га́снуть): be extinguished, go out

пога́сну	пога́снем	пога́сни	пога́с	——	пога́сши
пога́снешь	пога́снете	пога́сните	пога́сла	——	пога́сший
пога́снет	пога́снут		пога́сли/о	——	——

ПОГИБА́ТЬ SS -а́ют; *intrans; Impf. (Pf.* погибнуть): 1. perish, die *e.g.* Они́ погиба́ли от чумы́ *Gen* They died of smallpox; 2. be ruined, lost

погиба́ю	погиба́ем	погиба́й	погиба́л	погиба́я		
погиба́ешь	погиба́ете	погиба́йте	погиба́ла	погиба́ющий	погиба́вший	
погиба́ет	погиба́ют		погиба́ли/о	——	——	

ПОГИ́БНУТЬ SS -нут; -ги́б -ги́бла -ги́бли; *past adv.* -ги́бши; *intrans; Pf. (Impf.* погиба́ть *and* ги́бнуть): 1. perish, die *e.g.* Они́ поги́бли от чумы́ *Gen* They died of smallpox; 2. be ruined, lost

поги́бну	поги́бнем	поги́бни	поги́б	——	поги́бши	
поги́бнешь	поги́бнете	поги́бните	поги́бла	——	поги́бший	
поги́бнет	поги́бнут		поги́бли/о			

ПОГЛА́ДИТЬ SS -дят; *Pf. and Pf-awhile (Impf.* гла́дить): 1. iron, press *e.g.* Он погла́дил руба́шку *Acc* горя́чим утюго́м *Inst* He ironed his shirt with a hot iron; 2. stroke *e.g.* Он погла́дил сестру́ *Acc* руко́й *Inst* по голове́ *Dat*

погла́жу	погла́дим	погла́дь	погла́дил	——	погла́див[ши]	
погла́дишь	погла́дите	погла́дьте	погла́дила	——	погла́дивший	
погла́дит	погла́дят		погла́дили/о	——	погла́женный S	

ПОГОВОРИ́ТЬ ES -ря́т; *intrans; Pf. and Pf-awhile (Impf.* говори́ть): talk for a while; have a talk *e.g.* Он поговори́т с сестро́й *Inst* об отце́ *Prep*

поговорю́	поговори́м	поговори́	поговори́л	——	поговори́в[ши]	
поговори́шь	поговори́те	поговори́те	поговори́ла	——	поговори́вший	
поговори́т	поговоря́т		поговори́ли/о	——		

ПОГОВО́РКА SS (о) *f.in:* saying, proverb

погово́рка	погово́рку	погово́рки	погово́рке	погово́рке	погово́ркой	
погово́рки	погово́рки	погово́рок	погово́рках	погово́ркам	погово́рками	

ПОГО́ДА SS *f.in:* weather

пого́да	пого́ду	пого́ды	пого́де	пого́де	пого́дой	

ПОГУЛЯ́ТЬ SS -я́ют; *intrans; Pf. and Pf-awhile (Impf.* гуля́ть): take a stroll, go for a walk; stroll for a while

погуля́ю	погуля́ем	погуля́й	погуля́л	——	погуля́в[ши]	
погуля́ешь	погуля́ете	погуля́йте	погуля́ла	——	погуля́вший	
погуля́ет	погуля́ют		погуля́ли/о	——	——	

ПОД (*normally unstressed; see also variant* подо) *prep.* +*Inst:* under; near; *prep.* +*Acc:* under; near; to the accompaniment of

ПОДАВА́ТЬ ES -даю́т; -дава́й! *pres. adv.* -дава́я; *pres. passive ptcpl.* -дава́емый; *Impf. (Pf.* пода́ть): give; serve; stretch (a hand); hand over, hand in *e.g.* Он подаёт кни́гу *Acc* сестре́ *Dat* ● подава́ть заявле́ние apply (to/for) *e.g.* Он подаёт заявле́ние *Acc* в университе́т *Acc* He's applying to the university; Он подаёт заявле́ние на рабо́ту *Acc* He's applying for work

подаю́	подаём	подава́й	подава́л	подава́я		
подаёшь	подаёте	подава́йте	подава́ла	подаю́щий	подава́вший	
подаёт	подаю́т		подава́ли/о	подава́емый	——	

ПОДАДУ́Т *non-past tense of* пода́ть

ПОДА́Й. *Imperative of* пода́ть

ПОДА́М *non-past tense of* пода́ть

ПОДАРИ́ТЬ MS -да́рят; *Pf. (Impf.* дари́ть[1]): give (as a gift) *e.g.* Он подари́л сестре́ *Dat* кни́гу *Acc*

подарю́	пода́рим	подари́	подари́л	——	подари́в[ши]	
пода́ришь	пода́рите	подари́те	подари́ла	——	подари́вший	
пода́рит	пода́рят		подари́ли/о	——	пода́ренный S	

ПОДА́РОК SS (о) *m.in:* present, gift

пода́рок	пода́рка	пода́рка	пода́рке	пода́рку	пода́рком	
пода́рки	пода́рки	пода́рков	пода́рках	пода́ркам	пода́рками	

ПОДА́ТЬ EM -даду́т -да́м -да́шь -да́ст -дади́м -дади́те; -да́й! по́дал подала́ по́дали [*or* по́дал подала́ по́дали]; *ppp* по́данный M [*or* S]; *Pf. (Impf.* подава́ть): give; serve; stretch (a hand); hand over, hand in *e.g.* Он по́дал кни́гу *Acc* сестре́ *Dat* ● пода́ть заявле́ние apply (to/for) *e.g.* Он по́дал заявле́ние *Acc* в университе́т *Acc* He applied to the university; Он по́дал заявле́ние на рабо́ту *Acc* He applied for work

пода́м	подади́м	пода́й	по́дал	——	пода́в[ши]	
пода́шь	подади́те	пода́йте	подала́	——	пода́вший	
пода́ст	подаду́т		по́дали/о	——	по́данный M/S	

ПОДБЕГА́ТЬ SS -а́ют; *intrans; Impf. (Pf.* подбежа́ть): run up (to) *e.g.* Он подбега́л к сестре́ *Dat* и целова́л е(й)

подбега́ю	подбега́ем	подбега́й	подбега́л	подбега́я		
подбега́ешь	подбега́ете	подбега́йте	подбега́ла	подбега́ющий	подбега́вший	
подбега́ет	подбега́ют		подбега́ли/о	——	——	

ПОДБЕЖА́ТЬ ES -бегу́т -бегу́ -бежи́шь -бежи́т -бежи́м -бежи́те; *intrans; Pf. (Impf.* подбега́ть): run up (to) *e.g.* Он подбежа́л к сестре́ *Dat*

-бегу́	-бежи́м	-беги́	-бежа́л	——	-бежа́в[ши]	
-бежи́шь	-бежи́те	-беги́те	-бежа́ла	——	-бежа́вший	
-бежи́т	-бегу́т		-бежа́ли/о	——		

ПОДВЕЗТИ́ EE -везу́т; -вёз -везла́ -везли́; *past adv.* -везя́; *past active ptcpl.* -вёзший; *Pf.* (*Impf.* подвозить): bring up (to), give a lift, a ride *e.g.* Óн подвёз сестру́ *Acc* к магази́ну *Dat* [*or* до магази́на *Gen*]

подвезу́	подвезём	подвези́	подвёз	——	подвезя́
подвезёшь	подвезёте	подвезите	подвезла́	——	подвёзший
подвезёт	подвезу́т		подвезли́/о́	——	подвезённый E

ПОДВЕСТИ́ EE -веду́т; -вёл -вела́ -вели́; *past adv.* -ведя́; *past active ptcpl.* -вёдший; *Pf.* (*Impf.* подводить): 1. lead, bring up (to) (*on foot*) *e.g.* Óн подвёл сестру́ *Acc* к столу́ *Dat* и показа́л éй свою́ рабóту; 2. let down, betray

подведу́	подведём	подведи́	подвёл	——	подведя́
подведёшь	подведёте	подведите	подвела́	——	подвёдший
подведёт	подведу́т		подвели́/о́	——	подведённый E

ПОДВОДИ́ТЬ MS -вóдят; *pres. passive ptcpl.* -водúмый; *Impf.* (*Pf.* подвести́): 1. lead, bring up (to) (*on foot*) *e.g.* Óн подводúл сестру́ *Acc* к столу́ *Dat* и показывал éй свою́ рабóту; 2. let down, betray

подвожу́	подвóдим	подводú	подводúл	подводя́	
подвóдишь	подвóдите	подводúте	подводúла	подводя́щий	подводúвший
подвóдит	подвóдят		подводúли/о	подводúмый	——

ПОДВÓДНЫЙ S (e): underwater

подвóдный	*Nom/Gen*	подвóдного	подвóдном	подвóдному	подвóдным
подвóдное	подвóдное	подвóдного	подвóдном	подвóдному	подвóдным
подвóдная	подвóдную	подвóдной	подвóдной	подвóдной	подвóдной
подвóдные	*Nom/Gen*	подвóдных	подвóдных	подвóдным	подвóдными

ПОДВОЗИ́ТЬ MS -вóзят; *pres. passive ptcpl.* -возúмый; *Impf.* (*Pf.* подвезти́): bring up (to); give a lift, a ride *e.g.* Óн подвозúл сестру́ *Acc* к магази́ну *Dat* [*or* до магази́на *Gen*]

подвожу́	подвóзим	подвози́	подвози́л	подвозя́	
подвóзишь	подвóзите	подвози́те	подвозúла	подвозя́щий	подвозúвший
подвóзит	подвóзят		подвозúли/о	подвозúмый	——

ПОДГОТА́ВЛИВАТЬСЯ SS -аются; *Impf.* (*Pf.* подготóвиться): prepare, get ready (for) *e.g.* Óн подготáвливается к экзáмену *Dat*

-áвливаюсь	-áвливаемся	-áвливайся	-áвливался	-áвливаясь	
-áвливаешься	-áвливаетесь	-áвливайтесь	-áвливалась	-áвливающийся	-áвливавшийся
-áвливается	-áвливаются		-áвливались/ось		

ПОДГОТÓВИТЬСЯ SS -вятся; *Pf.* (*Impf.* готóвиться, подготáвливаться *and* подготовля́ться): prepare, get ready (for) *e.g.* Óн подготóвился к экзáмену *Dat*

-готóвлюсь	-готóвимся	-готóвься	-готóвился	——	-готóвившись
-готóвишься	-готóвитесь	-готóвьтесь	-готóвилась	——	-готóвившийся
-готóвится	-готóвятся		-готóвились/ось	——	

ПОДГОТÓВКА SS (o) *f.in*: training; preparation (for) *e.g.* подготóвка к экзáмену *Dat*

| подготóвка | подготóвку | подготóвки | подготóвке | подготóвке | подготóвкой |

ПОДГОТОВЛЯ́ТЬСЯ SS -яются; *Impf.* (*Pf.* подготóвиться): prepare, get ready (for) *e.g.* Óн подготовля́ется к экзáмену *Dat*

-товля́юсь	-товля́емся	-товля́йся	-товля́лся	-товля́ясь	
-товля́ешься	-товля́етесь	-товля́йтесь	-товля́лась	-товля́ющийся	-товля́вшийся
-товля́ется	-товля́ются		-товля́лись/ось		

ПОДЕЛИ́ТЬ MS -дéлят; *ppp* -делённый E; *Pf.* (*Impf.* делúть): separate, divide (into) *e.g.* Óн поделúл гру́ппу *Acc* на двé *Acc* чáсти, на хорóшую *Acc* и плоху́ю *Acc*

поделю́	подéлим	поделú	поделúл	——	поделúв[ши]
подéлишь	поделúте	поделúте	поделúла	——	поделúвший
подéлит	подéлят		поделúли/о	——	поделённый E

ПОДÉРЖАННЫЙ S *sh.masc.* подéржан: second-hand, used

подéржанный	*Nom/Gen*	подéржанного	подéржанном	подéржанному	подéржанным
подéржанное	подéржанное	подéржанного	подéржанном	подéржанному	подéржанным
подéржанная	подéржанную	подéржанной	подéржанной	подéржанной	подéржанной
подéржанные	*Nom/Gen*	подéржанных	подéржанных	подéржанным	подéржанными

подéржан, подéржанна, подéржанно, подéржанны

ПОДЕРУ́ТСЯ *non-past tense of* подрáться

ПОДЕШЁВЛЕ *compar. of* дешёвый, дёшево: a little cheaper, somewhat cheaper; more cheaply

ПОДЛЕТА́ТЬ SS -áют; *intrans; Impf.* (*Pf.* подлетéть): fly up (to smt.) *e.g.* Самолёт подлетáл к гóроду *Dat*

подлетáю	подлетáем	подлетáй	подлетáл	подлетáя	
подлетáешь	подлетáете	подлетáйте	подлетáла	подлетáющий	подлетáвший
подлетáет	подлетáют		подлетáли/о		

ПОДЛЕТÉТЬ ES -летя́т; *intrans; Pf.* (*Impf.* подлетáть): fly up (to smt.) *e.g.* Самолёт подлетéл к гóроду *Dat*

подлечу́	подлетúм	подлетú	подлетéл	——	подлетéв[ши]
подлетúшь	подлетúте	подлетúте	подлетéла	——	подлетéвший
подлетúт	подлетя́т		подлетéли/о	——	

ПОДНЕСТИ́ EE -несу́т; -нёс -несла́ -несли́; *past adv.* -неся́; *past active ptcpl.* -нёсший; *Pf.* (*Impf.* подноси́ть): 1. bring (closer to smt.) *e.g.* Он поднёс чемода́н к две́ри *Dat*; 2. serve, treat (*to a drink or a dish*) *e.g.* Он поднёс мне́ *Dat* стака́н *Acc* вина́

поднесу́	поднесём	поднеси́	поднёс	——	поднеся́
поднесёшь	поднесёте	поднеси́те	поднесла́	——	поднёсший
поднесёт	поднесу́т		поднесли́/о́	——	поднесённый E

ПОДНИМА́ТЬ SS -а́ют; *Impf.* (*Pf.* подня́ть): lift; pick up

поднима́ю	поднима́ем	поднима́й	поднима́л	поднима́я	
поднима́ешь	поднима́ете	поднима́йте	поднима́ла	поднима́ющий	поднима́вший
поднима́ет	поднима́ют		поднима́ли/о	поднима́емый	——

ПОДНИМА́ТЬСЯ SS -а́ются; *Impf.* (*Pf.* подня́ться): rise; go up

поднима́юсь	поднима́емся	поднима́йся	поднима́лся	поднима́ясь	
поднима́ешься	поднима́етесь	поднима́йтесь	поднима́лась	поднима́ющийся	поднима́вшийся
поднима́ется	поднима́ются		поднима́лись/ось	——	

ПОДНОСИ́ТЬ MS -но́сят; *pres. passive ptcpl.* -носи́мый; *Impf.* (*Pf.* поднести́): 1. bring (closer to smt.) *e.g.* Он подноси́л чемода́ны к две́ри *Dat*; 2. serve, treat (*to a drink or a dish*) *e.g.* Он подноси́л мне́ *Dat* стака́н *Acc* вина́

подношу́	подно́сим	подноси́	подноси́л	подося́	
подно́сишь	подно́сите	подноси́те	подноси́ла	подно́сящий	подноси́вший
подно́сит	подно́сят		подноси́ли/о	подноси́мый	——

ПОДНЯ́ТЬ MM -ни́мут; по́днял подняла́ по́дняли; *ppp* по́днятый M; *Pf.* (*Impf.* поднима́ть): lift; pick up

подниму́	подни́мем	подними́	по́днял	——	подня́в[ши]
подни́мешь	подни́мете	подними́те	подняла́	——	подня́вший
подни́мет	подни́мут		по́дняли/о	——	по́днятый M

ПОДНЯ́ТЬСЯ ME [*or* MM] -ни́мутся; [-ня́лся *or old-fashioned* -нялся́]; *Pf.* (*Impf.* поднима́ться): rise; go up

подниму́сь	подни́мемся	подними́сь	подня́лся	——	подня́вшись
подни́мешься	подни́метесь	подними́тесь	подняла́сь	——	подня́вшийся
подни́мется	подни́мутся		подняли́сь/о́сь	——	

ПОДО *variant of* под; *normally unstressed; used optionally before vowel-less stems beginning with* р *or* л, *e.g.* под(о) льдо́м; *also used before* мно́й/мно́ю *and* что

ПОДОЖДА́ТЬ EM -жду́т; *ppp avoided; Pf. and Pf-awhile* (*Impf.* жда́ть): wait; wait for a while *e.g.* Он подождёт сестру́ *Acc* with people but Он подождёт авто́буса *Gen* with things

подожду́	подождём	подожди́	подожда́л	——	подожда́в[ши]
подождёшь	подождёте	подожди́те	подождала́	——	подожда́вший
подождёт	подожду́т		подожда́ли/о		

ПОДОЙДУ́Т *non-past tense of* подойти́

ПОДОЙТИ́ EE подойду́т; подошёл подошла́ подошли́; *past adv.* подойдя́; *past active ptcpl.* подоше́дший; *intrans; Pf.* (*Impf.* подходи́ть): 1. approach, come/go up (to) *e.g.* Он подошёл к сестре́ *Dat*; 2. be appropriate

подойду́	подойдём	подойди́	подошёл	——	подойдя́
подойдёшь	подойдёте	подойди́те	подошла́	——	подоше́дший
подойдёт	подойду́т		подошли́/о́	——	

ПОДПИСА́ТЬ MS -пи́шут; *Pf.* (*Impf.* подпи́сывать): 1. sign *e.g.* Он подписа́л свою́ кни́гу *Acc* не свои́м и́менем *Inst*; 2. get a subscription (for smb. to smt.) *e.g.* Он подписа́л сестру́ *Acc* на «Пра́вду» *Acc*

подпишу́	подпи́шем	подпиши́	подписа́л	——	подписа́в[ши]
подпи́шешь	подпи́шете	подпиши́те	подписа́ла	——	подписа́вший
подпи́шет	подпи́шут		подписа́ли/о	——	подпи́санный S

ПОДПИ́СКА SS (o) *f.in*: 1. signed statement *e.g.* Он да́л подпи́ску *Acc* о невы́езде *Prep* He signed a statement that he won't leave town; 2. subscription *e.g.* Он купи́л подпи́ску *Acc* на «Пра́вду» *Acc*

подпи́ска	подпи́ску	подпи́ски	подпи́ске	подпи́ске	подпи́ской
подпи́ски	подпи́ски	подпи́сок	подпи́сках	подпи́скам	подпи́сками

ПОДПИ́СЫВАТЬ SS -ают; *Impf.* (*Pf.* подписа́ть): 1. sign *e.g.* Он подпи́сывает свои́ кни́ги *Acc* не свои́м и́менем *Inst*; 2. get a subscription (for smb. to smt.) *e.g.* Он подпи́сывает сестру́ *Acc* на «Пра́вду» *Acc*

подпи́сываю	подпи́сываем	подпи́сывай	подпи́сывал	подпи́сывая	
подпи́сываешь	подпи́сываете	подпи́сывайте	подпи́сывала	подпи́сывающий	подпи́сывавший
подпи́сывает	подпи́сывают		подпи́сывали/о	подпи́сываемый	——

ПОДПЛЫВА́ТЬ SS -а́ют; *intrans; Impf.* (*Pf.* подплы́ть): swim, sail up (to) *e.g.* Он подплыва́л к ло́дке *Dat*

подплыва́ю	подплыва́ем	подплыва́й	подплыва́л	подплыва́я	
подплыва́ешь	подплыва́ете	подплыва́йте	подплыва́ла	подплыва́ющий	подплыва́вший
подплыва́ет	подплыва́ют		подплыва́ли/о		

ПОДПЛЫ́ТЬ EM -плыву́т; *intrans; Pf.* (*Impf.* подплыва́ть): swim, sail up (to) *e.g.* Он подплы́л к ло́дке *Dat*

подплыву́	подплывём	подплыви́	подплы́л	——	подплы́в[ши]
подплывёшь	подплывёте	подплыви́те	подплыла́	——	подплы́вший
подплывёт	подплыву́т		подплы́ли/о		

ПОДРА́ТЬСЯ EE [or EM] –деру́тся; [–дра́лся or old-fashioned –дрался́]; Pf. and Pf-awhile (Impf. дра́ться): fight, have a (fist) fight; fight for a while e.g. Он подра́лся с мои́м бра́том Inst

подеру́сь	подерёмся	подери́сь	подра́лся	——	подра́вшись
подерёшься	подерётесь	подери́тесь	подрала́сь	——	подра́вшийся
подерётся	подеру́тся		подрали́сь/о́сь	——	

ПОДРО́БНО adv: in detail; at (great) length

ПОДРУ́ГА SS f.an: friend (woman)

подру́га	подру́гу	подру́ги	подру́ге	подру́ге	подру́гой
подру́ги	подру́г	подру́г	подру́гах	подру́гам	подру́гами

ПО-ДРУГО́МУ adv: differently, in a different way

ПОДРУЖИ́ТЬСЯ MS –дру́жатся [or ES –жа́тся]; Pf-begin (Impf. дружи́ть): make friends (with) e.g. Он подружи́лся с мое́й сестро́й Inst

подружу́сь	подру́жимся	подружи́сь	подружи́лся	——	подружи́вшись
подру́жишься	подру́житесь	подружи́тесь	подружи́лась	——	подружи́вшийся
подру́жится	подру́жатся		подружи́лись/ось ——		

ПОДУ́МАТЬ SS –ают; intrans; Pf. and Pf-awhile (Impf. ду́мать): think; think a bit e.g. Он поду́мал о сестре́ Prep
● Поду́маешь! Big deal!

поду́маю	поду́маем	поду́май	поду́мал	——	поду́мав[ши]
поду́маешь	поду́маете	поду́майте	поду́мала	——	поду́мавший
поду́мает	поду́мают		поду́мали/о	——	

ПОДУ́ШКА SS (е) f.in: pillow; cushion

поду́шка	поду́шку	поду́шки	поду́шке	поду́шке	поду́шкой
поду́шки	поду́шки	поду́шек	поду́шках	поду́шкам	поду́шками

ПОДХОДИ́ТЬ MS –хо́дят; intrans; Impf. (Pf. подойти́): 1. approach, come/go up (to) e.g. Он подходи́л к сестре́ Dat; 2. be appropriate

подхожу́	подхо́дим	подходи́	подходи́л	подходя́	
подхо́дишь	подхо́дите	подходи́те	подходи́ла	подходя́щий	подходи́вший
подхо́дит	подхо́дят		подходи́ли/о	——	——

ПОДЧЁРКИВАТЬ SS –ают; Impf. (Pf. подчеркну́ть): underline; emphasize

подчёркиваю	подчёркиваем	подчёркивай	подчёркивал	подчёркивая	
подчёркиваешь	подчёркиваете	подчёркивайте	подчёркивала	подчёркивающий	подчёркивавший
подчёркивает	подчёркивают		подчёркивали/о	подчёркиваемый	——

ПОДЧЕРКНУ́ТЬ ES –ну́т; ppp подчёркнутый S; Pf. (Impf. подчёркивать): underline; emphasize

подчеркну́	подчеркнём	подчеркни́	подчеркну́л	——	подчеркну́в[ши]
подчеркнёшь	подчеркнёте	подчеркни́те	подчеркну́ла	——	подчеркну́вший
подчеркнёт	подчеркну́т		подчеркну́ли/о	——	подчёркнутый S

ПОДШУТИ́ТЬ MS –шу́тят; intrans; Pf. (Impf. подшу́чивать): mock; play a trick (on) e.g. Он подшути́л над мое́й сестро́й Inst

подшучу́	подшу́тим	подшути́	подшути́л	——	подшути́в[ши]
подшу́тишь	подшу́тите	подшути́те	подшути́ла	——	подшути́вший
подшу́тит	подшу́тят		подшути́ли/о	——	

ПОДШУ́ЧИВАТЬ SS –ают; intrans; Impf. (Pf. подшути́ть): mock; play a trick (on) e.g. Он подшу́чивает над сестро́й Inst

–шу́чиваю	–шу́чиваем	–шу́чивай	–шу́чивал	–шу́чивая	
–шу́чиваешь	–шу́чиваете	–шу́чивайте	–шу́чивала	–шу́чивающий	–шу́чивавший
–шу́чивает	–шу́чивают		–шу́чивали/о	——	——

ПОДЪЕ́ДУТ non-past tense of подъе́хать

ПОДЪЕЗЖА́Й Imperative of подъезжа́ть and of подъе́хать

ПОДЪЕЗЖА́ТЬ <ж'ж' or жж> SS –а́ют; intrans; Impf. (Pf. подъе́хать): ride, drive up (to) e.g. Он подъезжа́ет к до́му Dat

подъезжа́ю	подъезжа́ем	подъезжа́й	подъезжа́л	подъезжа́я	
подъезжа́ешь	подъезжа́ете	подъезжа́йте	подъезжа́ла	подъезжа́ющий	подъезжа́вший
подъезжа́ет	подъезжа́ют		подъезжа́ли/о	——	——

ПОДЪЕ́ХАТЬ SS –е́дут; –езжа́й! <ж'ж' or жж> intrans; Pf. (Impf. подъезжа́ть): ride, drive up (to) e.g. Он подъе́хал к до́му Dat

подъе́ду	подъе́дем	подъезжа́й	подъе́хал	——	подъе́хав[ши]
подъе́дешь	подъе́дете	подъезжа́йте	подъе́хала	——	подъе́хавший
подъе́дет	подъе́дут		подъе́хали/о	——	

ПОЕ́ДУТ non-past tense of пое́хать

ПОЕДЯ́Т non-past tense of пое́сть

ПО́ЕЗД SE NPlur. –а́ m.in: train ● сади́ться на [or в] +Acc, е́хать на [or в] +Prep, выходи́ть из +Gen

по́езд	по́езд	по́езда	по́езде	по́езду	по́ездом
поезда́	поезда́	поездо́в	поезда́х	поезда́м	поезда́ми

ПОЕ́ЗДКА SS (о) f.in: trip

пое́здка	пое́здку	пое́здки	пое́здке	пое́здке	пое́здкой
пое́здки	пое́здки	пое́здок	пое́здках	пое́здкам	пое́здками

ПОЕЗЖА́Й Imperative of пое́хать and е́хать

ПОЕ́СТЬ ES -едя́т -е́м -е́шь -е́ст -еди́м -еди́те; -е́шь! -е́л -е́ла -е́ли; *past adv.* -е́в[ши]; *ppp* пое́денный S;
Pf. and Pf-awhile (Impf. е́сть): eat; eat a little, have a bite

пое́м	поеди́м	пое́шь	пое́л	——	пое́в[ши]
пое́шь	поеди́те	пое́шьте	пое́ла	——	пое́вший
пое́ст	поедя́т		пое́ли/о	——	

ПОЕ́ХАТЬ SS -е́дут; поезжа́й! <ж'ж' *or* жж> [*or Colloquial* езжа́й! <ж'ж' *or* жж>] (*with negative* не е́зди!);
intrans; Pf. and Pf-begin (Impf. е́хать): go; set off (driving, riding)

пое́ду	пое́дем	поезжа́й	пое́хал	——	пое́хав[ши]
пое́дешь	пое́дете	поезжа́йте	пое́хала	——	пое́хавший
пое́дет	пое́дут		пое́хали/о	——	

ПОЕ́ШЬ *non-past tense and Imperative of* пое́сть

ПОЖАЛЕ́ТЬ SS -е́ют; *no ppp; Pf. (Impf.* жале́ть): 1. pity, feel sorry (for) *e.g.* Он пожале́л сестру́ *Acc* за её
слáбость *Acc*; 2. be sorry (about); regret *e.g.* Он пожале́л о деньга́х *Prep*, кото́рые потра́тил; Он пожале́л о
свои́х слова́х *Prep*; 3. refuse to, think it not worthwhile to (give, spend, etc.) *e.g.* Он пожале́л де́нег *Gen* [*or*
де́ньги *Acc*] на кни́гу *Acc* He refused to spend money on the book

пожале́ю	пожале́ем	пожале́й	пожале́л	——	пожале́в[ши]
пожале́ешь	пожале́ете	пожале́йте	пожале́ла	——	пожале́вший
пожале́ет	пожале́ют		пожале́ли/о	——	

ПОЖА́ЛОВАТЬСЯ SS -луются; *Pf. and Pf-awhile (Impf.* жа́ловаться): complain (to smb. about smb./smt.); complain
a bit *e.g.* Он пожа́ловался сестре́ *Dat* на меня́ *Acc*

-люсь	-луемся	-луйся	-ловался	——	-ловавшись
-луешься	-луетесь	-луйтесь	-ловалась	——	-ловавшийся
-луется	-луются		-ловались/ось	——	

ПОЖА́ЛУЙ *particle and parenthetical word:* maybe, perhaps, very likely

ПОЖА́ЛУЙСТА <лста *or* лыста> *particle:* please; you're welcome; here you are

ПОЖА́ТЬ[1] ES -жмут; *ppp* пожа́тый S; *Pf. (Impf.* пожима́ть *and* жа́ть[1]): shake (hands) *e.g.* Он пожа́л мне́ *Dat*
ру́ку *Acc*; Они́ пожа́ли ру́ки *Acc* • пожа́ть плеча́ми shrug

пожму́	пожмём	пожми́	пожа́л	——	пожа́в[ши]
пожмёшь	пожмёте	пожми́те	пожа́ла	——	пожа́вший
пожмёт	пожму́т		пожа́ли/о	——	пожа́тый S

ПОЖА́ТЬ[2] ES -жнут; *ppp* пожа́тый S: 1. *Pf-awhile (Impf.* жа́ть[2]): reap (harvest); 2. *Pf. (Impf.* пожина́ть) reap
(rewards)

пожну́	пожнём	пожни́	пожа́л	——	пожа́в[ши]
пожнёшь	пожнёте	пожни́те	пожа́ла	——	пожа́вший
пожнёт	пожну́т		пожа́ли/о	——	пожа́тый S

ПОЖЕЛА́ТЬ SS -а́ют; *no ppp; Pf. (Impf.* жела́ть): 1. wish *e.g.* Он пожела́л сестре́ *Dat* сча́стья *Gen*; 2. desire,
wish (for) *e.g.* Он пожела́л вина́ *Gen*

пожела́ю	пожела́ем	пожела́й	пожела́л	——	пожела́в[ши]
пожела́ешь	пожела́ете	пожела́йте	пожела́ла	——	пожела́вший
пожела́ет	пожела́ют		пожела́ли/о	——	

ПОЖЕНИ́ТЬСЯ MS -же́нятся; *Pf. (Impf.* жени́ться): get married (said of a couple)

	пожени́мся			——	пожени́вшись
	пожени́тесь	пожени́тесь		——	пожени́вшийся
	поже́нятся		пожени́лись		

ПОЖИВА́ТЬ SS -а́ют; *intrans; Impf. (no Pf.):* live • Ка́к вы́ пожива́ете? How are you?

пожива́ю	пожива́ем	пожива́й	пожива́л	пожива́я	
пожива́ешь	пожива́ете	пожива́йте	пожива́ла	пожива́ющий	пожива́вший
пожива́ет	пожива́ют		пожива́ли/о	——	

ПОЖИЛО́Й E *no sh.masc; other short forms avoided:* middle-aged

пожило́й	*Nom/Gen*	пожило́го	пожило́м	пожило́му	пожилы́м
пожило́е	пожило́е	пожило́го	пожило́м	пожило́му	пожилы́м
пожила́я	пожилу́ю	пожило́й	пожило́й	пожило́й	пожило́й
пожилы́е	*Nom/Gen*	пожилы́х	пожилы́х	пожилы́м	пожилы́ми

ПОЖИМА́ТЬ SS -а́ют; *Impf. (Pf.* пожа́ть[1]): squeeze; shake (hands) *e.g.* Он пожима́л мне́ *Dat* ру́ку *Acc*; Они́
пожима́ли ру́ки *Acc* • пожима́ть плеча́ми shrug

пожима́ю	пожима́ем	пожима́й	пожима́л	пожима́я	
пожима́ешь	пожима́ете	пожима́йте	пожима́ла	пожима́ющий	пожима́вший
пожима́ет	пожима́ют		пожима́ли/о	пожима́емый	——

ПОЖИНА́ТЬ SS -а́ют; *Impf. (Pf.* пожа́ть[2]): reap (rewards)

пожина́ю	пожина́ем	пожина́й	пожина́л	пожина́я	
пожина́ешь	пожина́ете	пожина́йте	пожина́ла	пожина́ющий	пожина́вший
пожина́ет	пожина́ют		пожина́ли/о	пожина́емый	——

ПОЖИ́ТЬ EM -живу́т; по́жил пожила́ по́жили; *intrans; Pf-awhile (Impf.* жи́ть): live (someplace) for a while

поживу́	поживём	поживи́	по́жил	——	пожи́в[ши]
поживёшь	поживёте	поживи́те	пожила́	——	пожи́вший
поживёт	поживу́т		по́жили/о		

ПОЖМУ́Т *non-past tense of* пожа́ть[1]
ПОЖНУ́Т *non-past tense of* пожа́ть[2]

ПОЗА́ВТРАКАТЬ SS -ают; *intrans; Pf. (Impf.* за́втракать): have breakfast

поза́втракаю	поза́втракаем	поза́втракай	поза́втракал	——	поза́втракав[ши]
поза́втракаешь	поза́втракаете	поза́втракайте	поза́втракала	——	поза́втракавший
поза́втракает	поза́втракают		поза́втракали/о	——	

ПОЗАВЧЕРА́ *adv. and indeclinable n.in*: the day before yesterday

ПОЗАДИ́ *adv. and prep. +Gen*: behind

ПОЗАНИМА́ТЬСЯ SS -а́ются; *Pf-awhile (Impf.* занима́ться): study a bit *e.g.* О́н позанима́лся фи́зикой *Inst*

-нима́юсь	-нима́емся	-нима́йся	-нима́лся	——	-нима́вшись
-нима́ешься	-нима́етесь	-нима́йтесь	-нима́лась	——	-нима́вшийся
-нима́ется	-нима́ются		-нима́лись/ось	——	

ПОЗВА́ТЬ EM -зову́т; [*ppp* по́званный S *or old-fashioned* M]; *Pf. (Impf.* зва́ть): call, summon

позову́	позовём	позови́	позва́л	——	позва́в[ши]
позовёшь	позовёте	позови́те	позвала́	——	позва́вший
позовёт	позову́т		позва́ли/о	——	по́званный S

ПОЗВО́ЛИТЬ SS -лят; *Pf. (Impf.* позволя́ть): allow, permit *e.g.* О́н позво́лил де́вочке *Dat* игра́ть

позво́лю	позво́лим	позво́ль	позво́лил	——	позво́лив[ши]
позво́лишь	позво́лите	позво́льте	позво́лила	——	позво́ливший
позво́лит	позво́лят		позво́лили/о	——	позво́ленный S

ПОЗВОЛЯ́ТЬ SS -яют; *Impf. (Pf.* позво́лить): allow, permit *e.g.* О́н позволя́ет де́вочке *Dat* игра́ть

позволя́ю	позволя́ем	позволя́й	позволя́л	позволя́я	
позволя́ешь	позволя́ете	позволя́йте	позволя́ла	позволя́ющий	позволя́вший
позволя́ет	позволя́ют		позволя́ли/о	позволя́емый	——

ПОЗВОНИ́ТЬ ES -нят; *intrans*: 1. *Pf. (Impf.* звони́ть) call, telephone *e.g.* О́н позвони́л сестре́ *Dat*; 2. *Pf. and Pf-awhile (Impf.* звони́ть) ring; ring for a while

позвоню́	позвони́м	позвони́	позвони́л	——	позвони́в[ши]
позвони́шь	позвони́те	позвони́те	позвони́ла	——	позвони́вший
позвони́т	позвоня́т		позвони́ли/о	——	

ПОЗДНЕ́Е <зн> *variant of* по́зже

ПО́ЗДНИЙ <зн> S (e) *sh.masc. hypothetical; (see also* по́здно, поздне́е, *and* по́зже): belated, late

по́здний	*Nom/Gen*	по́зднего	по́зднем	по́зднему	по́здним
по́зднее	по́зднее	по́зднего	по́зднем	по́зднему	по́здним
по́здняя	по́зднюю	по́здней	по́здней	по́здней	по́здней
по́здние	*Nom/Gen*	по́здних	по́здних	по́здним	по́здними

ПО́ЗДНО <зн> *adv. (see also compar.* по́зже *and* поздне́е): late; *predicate*: it is late; it is too late *e.g.* По́здно It is late; Мне́ *Dat* по́здно идти́ в шко́лу It's too late for me to go to school

ПОЗДОРО́ВАТЬСЯ SS -аются; *Pf. (Impf.* здоро́ваться): greet *e.g.* О́н поздоро́вался с сестро́й *Inst*

-ро́ваюсь	-ро́ваемся	-ро́вайся	-ро́вался	——	-ро́вавшись
-ро́ваешься	-ро́ваетесь	-ро́вайтесь	-ро́валась	——	-ро́вавшийся
-ро́вается	-ро́ваются		-ро́вались/ось	——	

ПОЗДРАВИ́ТЕЛЬНЫЙ S (e): congratulatory

-ви́тельный	*Nom/Gen*	-ви́тельного	-ви́тельном	-ви́тельному	-ви́тельным
-ви́тельное	-ви́тельное	-ви́тельного	-ви́тельном	-ви́тельному	-ви́тельным
-ви́тельная	-ви́тельную	-ви́тельной	-ви́тельной	-ви́тельной	-ви́тельной
-ви́тельные	*Nom/Gen*	-ви́тельных	-ви́тельных	-ви́тельным	-ви́тельными

ПОЗДРА́ВИТЬ SS -вят; *Pf. (Impf.* поздравля́ть): congratulate *e.g.* О́н поздра́вил сестру́ *Acc* с Но́вым Го́дом *Inst*

поздра́влю	поздра́вим	поздра́вь	поздра́вил	——	поздра́вив[ши]
поздра́вишь	поздра́вите	поздра́вьте	поздра́вила	——	поздра́вивший
поздра́вит	поздра́вят		поздра́вили/о	——	поздра́вленный S

ПОЗДРАВЛЕ́НИЕ SS *n.in*: congratulations; congratulatory letter, speech, toast, *etc.*

поздравле́ние	поздравле́ние	поздравле́ния	поздравле́нии	поздравле́нию	поздравле́нием
поздравле́ния	поздравле́ния	поздравле́ний	поздравле́ниях	поздравле́ниям	поздравле́ниями

ПОЗДРАВЛЯ́ТЬ SS -яют; *Impf. (Pf.* поздра́вить): congratulate *e.g.* О́н поздравля́л сестру́ *Acc* с Но́вым Го́дом *Inst*; Поздравля́ю ва́с! Congratulations!

поздравля́ю	поздравля́ем	поздравля́й	поздравля́л	поздравля́я	
поздравля́ешь	поздравля́ете	поздравля́йте	поздравля́ла	поздравля́ющий	поздравля́вший
поздравля́ет	поздравля́ют		поздравля́ли/о	поздравля́емый	——

ПО́ЗЖЕ <ж'ж' *or* жж> 1. *compar. of* по́здно: later; 2. *adv*: later, later on, at a later point

ПОЗНАКО́МИТЬ SS -мят; *Pf. (Impf.* знако́мить): 1. acquaint (smb. with smb.), introduce (smb. to smb.) *e.g.* О́н познако́мил сестру́ *Acc* с мои́м бра́том *Inst*; 2. show (smt. to smb.) *e.g.* О́н познако́мил сестру́ *Acc* со свое́й рабо́той *Inst*

-знако́млю	-знако́мим	-знако́мь	-знако́мил	——	-знако́мив[ши]
-знако́мишь	-знако́мите	-знако́мьте	-знако́мила	——	-знако́мивший
-знако́мит	-знако́мят		-знако́мили/о	——	-знако́мленный S

ПОЗНАКО́МИТЬСЯ SS -мятся; *Pf.* (*Impf.* знако́миться): get acquainted (with) *e.g.* О́н познако́мился с мое́й сестро́й *Inst*

-ко́млюсь	-ко́мимся	-ко́мься	-ко́мился	——	-ко́мившись
-ко́мишься	-ко́митесь	-ко́мьтесь	-ко́милась	——	-ко́мившийся
-ко́мится	-ко́мятся		-ко́мились/ось	——	——

ПОЗОВУ́Т *non-past tense of* позва́ть

ПОИГРА́ТЬ SS -а́ют; *Pf-awhile* (*Impf.* игра́ть): play for a while *e.g.* О́н поигра́л на гита́ре *Prep*; О́н поигра́л в ка́рты *Acc*

поигра́ю	поигра́ем	поигра́й	поигра́л	——	поигра́в[ши]
поигра́ешь	поигра́ете	поигра́йте	поигра́ла	——	поигра́вший
поигра́ет	поигра́ют		поигра́ли/о	——	

ПОИСКА́ТЬ MS -и́щут; *Pf-awhile* (*Impf.* иска́ть): look a bit (for smt.)

поищу́	пои́щем	поищи́	поиска́л	——	поиска́в[ши]
пои́щешь	пои́щете	поищи́те	поиска́ла	——	поиска́вший
пои́щет	пои́щут		поиска́ли/о	——	

ПО-ИСПА́НСКИ *adv*: in Spanish; in the Spanish way

ПО-ИТАЛЬЯ́НСКИ *adv*: in Italian; in the Italian way

ПОИ́ЩУТ *non-past tense of* поиска́ть

ПОЙДУ́Т *non-past tense of* пойти́

ПОЙМА́ТЬ SS -а́ют; *Pf.* (*Impf.* лови́ть): catch

пойма́ю	пойма́ем	пойма́й	пойма́л	——	пойма́в[ши]
пойма́ешь	пойма́ете	пойма́йте	пойма́ла	——	пойма́вший
пойма́ет	пойма́ют		пойма́ли/о	——	по́йманный S

ПОЙМУ́Т *non-past tense of* поня́ть

ПОЙТИ́ EE пойду́т; пошёл пошла́ пошли́; *past adv.* пойдя́; *past active ptcpl.* поше́дший; *intrans*: 1. *Pf. and Pf-begin* (*Impf.* идти́) go; start going, set out; 2. *Pf.* (*Impf.* идти́) join, enroll (in); 3. *Pf.* (*Impf.* идти́) suit, become *e.g.* Ва́м *Dat* пойдёт э́та шля́па *Nom* This hat will look good on you • Пошёл до́ждь It started raining

пойду́	пойдём	пойди́	пошёл	——	пойдя́
пойдёшь	пойдёте	пойди́те	пошла́	——	поше́дший
пойдёт	пойду́т		пошли́/о	——	

ПОКА́ *adv*: for the present, for the time being; *conjunction*: while; until • пока́ не until *e.g.* Рабо́тай пока́ не уста́нешь Work until you get tired; *particle*: Bye-bye! So long!

ПОКА́ЖУТ *non-past tense of* показа́ть

ПОКАЗА́ТЬ MS -ка́жут; *Pf.* (*Impf.* пока́зывать): show *e.g.* О́н показа́л кни́гу *Acc* сестре́ *Dat*

покажу́	пока́жем	покажи́	показа́л	——	показа́в[ши]
пока́жешь	пока́жете	покажи́те	показа́ла	——	показа́вший
пока́жет	пока́жут		показа́ли/о	——	пока́занный S

ПОКАЗА́ТЬСЯ MS -ка́жутся; *Pf.* (*Impf.* каза́ться): appear, seem (to be) *e.g.* О́н показа́лся мне́ *Dat* хоро́шим челове́ком *Inst*

покажу́сь	пока́жемся	покажи́сь	показа́лся	——	показа́вшись
пока́жешься	пока́жетесь	покажи́тесь	показа́лась	——	показа́вшийся
пока́жется	пока́жутся		показа́лись/ось	——	

ПОКА́ЗЫВАТЬ SS -ают; *Impf.* (*Pf.* показа́ть): show *e.g.* О́н пока́зывал кни́гу *Acc* сестре́ *Dat*

пока́зываю	пока́зываем	пока́зывай	пока́зывал	пока́зывая	
пока́зываешь	пока́зываете	пока́зывайте	пока́зывала	пока́зывающий	пока́зывавший
пока́зывает	пока́зывают		пока́зывали/о	пока́зываемый	

ПОКАТА́ТЬСЯ SS -а́ются; *Pf-awhile* (*Impf.* ката́ться): go for a ride (cycling, riding, skating, boating, skiing, etc.) *e.g.* поката́ться на лы́жах *Prep* ski for a while

поката́юсь	поката́емся	поката́йся	поката́лся	——	поката́вшись
поката́ешься	поката́етесь	поката́йтесь	поката́лась	——	поката́вшийся
поката́ется	поката́ются		поката́лись/ось	——	

ПОКАЧА́ТЬ SS -а́ют; *Pf-awhile* (*Impf.* кача́ть): 1. shake, rock, swing (smt.) a bit *e.g.* О́н покача́л ло́дку *Acc*; 2. shake, swing (part of the body) *e.g.* О́н покача́л голово́й *Inst*

покача́ю	покача́ем	покача́й	покача́л	——	покача́в[ши]
покача́ешь	покача́ете	покача́йте	покача́ла	——	покача́вший
покача́ет	покача́ют		покача́ли/о	——	

ПОКИДА́ТЬ SS -а́ют; *Impf.* (*Pf.* поки́нуть): leave, abandon

покида́ю	покида́ем	покида́й	покида́л	покида́я	
покида́ешь	покида́ете	покида́йте	покида́ла	покида́ющий	покида́вший
покида́ет	покида́ют		покида́ли/о	покида́емый	——

ПОКИ́НУТЬ SS -нут; *Pf.* (*Impf.* покида́ть): leave, abandon

поки́ну	поки́нем	поки́нь	поки́нул	——	поки́нув[ши]
поки́нешь	поки́нете	поки́ньте	поки́нула	——	поки́нувший
поки́нет	поки́нут		поки́нули/о	——	поки́нутый S

ПОКОРМИ́ТЬ MS -ко́рмят; *Pf.* (*Impf.* корми́ть): feed *e.g.* О́н покорми́л де́вочку *Acc* су́пом *Inst*

покормлю́	поко́рмим	покорми́	покорми́л	——	покорми́в[ши]
поко́рмишь	поко́рмите	покорми́те	покорми́ла	——	покорми́вший
поко́рмит	поко́рмят		покорми́ли/о	——	поко́рмленный S

ПОКРАСНЕ́ТЬ SS -е́ют; *intrans; Pf. (Impf.* красне́ть): blush; redden *e.g.* Он покрасне́л от стыда *Gen*

покрасне́ю	покрасне́ем	покрасне́й	покрасне́л	——	покрасне́в[ши]
покрасне́ешь	покрасне́ете	покрасне́йте	покрасне́ла	——	покрасне́вший
покрасне́ет	покрасне́ют		покрасне́ли/о	——	——

ПОКУПА́ТЕЛЬ SS *m.an:* buyer, customer

покупа́тель	покупа́теля	покупа́теля	покупа́теле	покупа́телю	покупа́телем
покупа́тели	покупа́телей	покупа́телей	покупа́телях	покупа́телям	покупа́телями

ПОКУПА́ТЕЛЬНИЦА SS *f.an:* buyer, customer (*woman*)

-па́тельница	-па́тельницу	-па́тельницы	-па́тельнице	-па́тельнице	-па́тельницей
-па́тельницы	-па́тельниц	-па́тельниц	-па́тельницах	-па́тельницам	-па́тельницами

ПОКУПА́ТЬ SS -а́ют; *Impf. (Pf.* купи́ть): buy (from) *e.g.* Он покупа́ет машину *Acc* у сестры́ *Gen* за тысячу *Acc* рубле́й

покупа́ю	покупа́ем	покупа́й	покупа́л	покупа́я	
покупа́ешь	покупа́ете	покупа́йте	покупа́ла	покупа́ющий	покупа́вший
покупа́ет	покупа́ют		покупа́ли/о	покупа́емый	——

ПОКУПА́ТЬСЯ SS -а́ются; *Passive; Impf. (no Pf.):* be bought

			покупа́лся		
			покупа́лась	покупа́ющийся	покупа́вшийся
покупа́ется	покупа́ются		покупа́лись/ось	——	

ПОКУ́ПКА SS (о) *f.in:* purchase

покупка	покупку	покупки	покупке	покупке	покупкой
покупки	покупки	покупок	покупках	покупкам	покупками

ПОКУРИ́ТЬ MS -ку́рят; *Pf-awhile (Impf.* кури́ть): smoke for a while, have a smoke

покурю́	поку́рим	покури́	покури́л	——	покури́в[ши]
поку́ришь	поку́рите	покури́те	покури́ла	——	покури́вший
поку́рит	поку́рят		покури́ли/о	——	——

ПОЛ¹ SE *Loc.* (в/на) -у́ (*Irreg. in phrases* до полу [*or* до полу *or* до пола]; до самого полу [*or* пола]; с полу [*or* с пола]; по полу; на пол; ударить об пол; поставить (полезть *etc.*) под пол (*в подвал*)) *m.in:* floor

пол	пол	пола	поле/в, на -у́	полу	полом
полы́	полы́	полов	полах	полам	полами

ПОЛ² SE *NPlur.* полы́ *m.in:* sex

пол	пол	пола	поле	полу	полом
полы́	полы́	полов	полах	полам	полами

ПОЛГО́ДА SE *NPlur.* полуго́ды; *all forms other than NASg. have stem-initial* полу-, *e.g. GSg.* полуго́да *etc; m.in:* half a year

полго́да	полго́да	полуго́да	полуго́де	полуго́ду	полуго́дом
полуго́ды	полуго́ды	полуго́дов	полуго́дах	полуго́дам	полуго́дами

ПО́ЛДЕНЬ SS (е) *all forms other than NASg. have stem-initial* полу́- *e.g. GSg.* полу́дня *etc.* [*or* пол- *e.g. GSg.* по́лдня *etc.*]; (*Irreg. in phrases* за полдень [*or* за полдень]) *m.in:* noon

по́лдень	по́лдень	полу́дня	полу́дне	полу́дню	полу́днем
полу́дни	полу́дни	полу́дней	полу́днях	полу́дням	полу́днями

ПО́ЛЕ SE (*Irreg. in phrases* на́ поле [*or* на по́ле] (*ASg. and PSg*); по́ полю [*or* по по́лю]) *n.in:* field (*use* на/на/с *for* to/in(on)/from)

по́ле	по́ле	по́ля	по́ле	по́лю	по́лем
поля́	поля́	поле́й	поля́х	поля́м	поля́ми

ПОЛЕЖА́ТЬ ES -жа́т; *intrans; Pf-awhile (Impf.* лежа́ть): lie down for a while

полежу́	полежи́м	полежи́	полежа́л	——	полежа́в[ши]
полежи́шь	полежи́те	полежи́те	полежа́ла	——	полежа́вший
полежи́т	полежа́т		полежа́ли/о	——	——

ПОЛЕ́ЗНЫЙ S (е): useful

полезный	Nom/Gen	полезного	полезном	полезному	полезным
полезное	полезное	полезного	полезном	полезному	полезным
полезная	полезную	полезной	полезной	полезной	полезной
полезные	Nom/Gen	полезных	полезных	полезным	полезными
полезен, полезна, полезно, полезны; полезнее					

ПОЛЁТ SS *m.in:* flight

полёт	полёт	полёта	полёте	полёту	полётом
полёты	полёты	полётов	полётах	полётам	полётами

ПОЛЕТЕ́ТЬ ES -тя́т; *intrans; Pf. and Pf-begin (Impf.* лете́ть): fly; fly off

полечу́	полети́м	полети́	полете́л	——	полете́в[ши]
полети́шь	полети́те	полети́те	полете́ла	——	полете́вший
полети́т	полетя́т		полете́ли/о	——	——

ПО́ЛЗАТЬ SS -ают; *intrans; Non-One-way Impf. (One-way Impf.* ползти́; *Pf-awhile* поползать): crawl

по́лзаю	по́лзаем	по́лзай	по́лзал	по́лзая	
по́лзаешь	по́лзаете	по́лзайте	по́лзала	по́лзающий	по́лзавший
по́лзает	по́лзают		по́лзали/о	——	

ПОЛЗТИ́ EE ползу́т; по́лз ползла́ ползли́; *past adv.* по́лзши; *intrans; One-way Impf. (Non-One-way Impf.* по́лзать; *Pf-begin* поползти́): crawl

ползу́	ползём	ползи́	по́лз	ползя́	
ползёшь	ползёте	ползи́те	ползла́	ползу́щий	по́лзший
ползёт	ползу́т	ползли́/о́	——	——	

ПОЛИВА́ТЬ SS -а́ют; *Impf. (Pf.* поли́ть): water, sprinkle

полива́ю	полива́ем	полива́й	полива́л	полива́я	
полива́ешь	полива́ете	полива́йте	полива́ла	полива́ющий	полива́вший
полива́ет	полива́ют	полива́ли/о	полива́емый	——	

ПОЛИКЛИ́НИКА SS *f.in*: clinic

поликли́ника	поликли́нику	поликли́ники	поликли́нике	поликли́нике	поликли́никой
поликли́ники	поликли́ники	поликли́ник	поликли́никах	поликли́никам	поликли́никами

ПОЛИ́ТИК SS *m.an*: politician

поли́тик	поли́тика	поли́тика	поли́тике	поли́тику	поли́тиком
поли́тики	поли́тиков	поли́тиков	поли́тиках	поли́тикам	поли́тиками

ПОЛИ́ТИКА SS *f.in*: politics; policy

поли́тика	поли́тику	поли́тики	поли́тике	поли́тике	поли́тикой

ПОЛИТИ́ЧЕСКИЙ S *short forms avoided, no compar; also used as m./f.an noun*: political; political prisoner

-и́ческий	Nom/Gen	-и́ческого	-и́ческом	-и́ческому	-и́ческим
-и́ческое	-и́ческое	-и́ческого	-и́ческом	-и́ческому	-и́ческим
-и́ческая	-и́ческую	-и́ческой	-и́ческой	-и́ческой	-и́ческой
-и́ческие	Nom/Gen	-и́ческих	-и́ческих	-и́ческим	-и́ческими

adv. полити́чески

ПОЛИ́ТЬ EM -лью́т; -ле́й! по́лил полила́ по́лили; *ppp* по́литый M; *Pf. (Impf.* полива́ть): water, sprinkle

полью́	польём	поле́й	по́лил	——	поли́в[ши]
польёшь	польёте	поле́йте	полила́	——	поли́вший
польёт	полью́т	по́лили/о	——	——	по́литый M

ПОЛИЦЕ́ЙСКИЙ S *short forms avoided, no compar; also used as m.an noun*: police; (as noun) policeman

полице́йский	Nom/Gen	полице́йского	полице́йском	полице́йскому	полице́йским
полице́йское	полице́йское	полице́йского	полице́йском	полице́йскому	полице́йским
полице́йская	полице́йскую	полице́йской	полице́йской	полице́йской	полице́йской
полице́йские	Nom/Gen	полице́йских	полице́йских	полице́йским	полице́йскими

adv. по-полице́йски

ПОЛИ́ЦИЯ SS *f.in*: police

поли́ция	поли́цию	поли́ции	поли́ции	поли́ции	поли́цией

ПО́ЛКА SS (о) *f.in*: shelf

по́лка	по́лку	по́лки	по́лке	по́лке	по́лкой
по́лки	по́лки	по́лок	по́лках	по́лкам	по́лками

ПОЛКИЛО́ *indeclinable n.in*: half a kilo

ПОЛКО́ВНИК SS *m.an*: colonel

полко́вник	полко́вника	полко́вника	полко́внике	полко́внику	полко́вником
полко́вники	полко́вников	полко́вников	полко́вниках	полко́вникам	полко́вниками

ПО́ЛНОЧЬ SS *all forms other than NASg. have stem-initial* полу́- *e.g. GSg.* полу́ночи *etc.* [*or* пол- *e.g. GSg.* по́лночи *etc.*]; (*Irreg. in phrases* за́ по́лночь [*or* за по́лночь] (*после* полу́ночи)) *f.in*: midnight

по́лночь	по́лночь	полу́ночи	полу́ночи	полу́ночи	полу́ночью

ПО́ЛНЫЙ E [*or old fashioned* M] (о) *sh.masc.* по́лон: full, complete; fat, plump

по́лный	Nom/Gen	по́лного	по́лном	по́лному	по́лным
по́лное	по́лное	по́лного	по́лном	по́лному	по́лным
по́лная	по́лную	по́лной	по́лной	по́лной	по́лной
по́лные	Nom/Gen	по́лных	по́лных	по́лным	по́лными

по́лон, полна́, по́лно, полны́; полне́е

ПОЛОВИ́НА SS *f.in*: half

полови́на	полови́ну	полови́ны	полови́не	полови́не	полови́ной
полови́ны	полови́ны	полови́н	полови́нах	полови́нам	полови́нами

ПОЛОЖЕ́НИЕ SS *n.in*: situation

положе́ние	положе́ние	положе́ния	положе́нии	положе́нию	положе́нием
положе́ния	положе́ния	положе́ний	положе́ниях	положе́ниям	положе́ниями

ПОЛОЖИ́ТЕЛЬНЫЙ S (е): positive

-жи́тельный	Nom/Gen	-жи́тельного	-жи́тельном	-жи́тельному	-жи́тельным
-жи́тельное	-жи́тельное	-жи́тельного	-жи́тельном	-жи́тельному	-жи́тельным
-жи́тельная	-жи́тельную	-жи́тельной	-жи́тельной	-жи́тельной	-жи́тельной
-жи́тельные	Nom/Gen	-жи́тельных	-жи́тельных	-жи́тельным	-жи́тельными

-жи́телен, -жи́тельна, -жи́тельно, -жи́тельны; -жи́тельнее

ПОЛОЖИ́ТЬ MS -ло́жат; *Pf*: 1. (*Impf.* класть) put, lay; 2. (*no Impf.*) assume

положу́	поло́жим	положи́	положи́л	——	положи́в[ши]
поло́жишь	поло́жите	положи́те	положи́ла	——	положи́вший
поло́жит	поло́жат	положи́ли/о	——	поло́женный S

ПО́ЛОН *see* по́лный

ПОЛТОРА́ numeral; Nom. and Acc. fem. полторы́: one and a half

полтора́ m, n.	полтора́	полу́тора	полу́тора	полу́тора	полу́тора
полторы́ f.	полторы́	полу́тора	полу́тора	полу́тора	полу́тора

ПОЛУО́СТРОВ SE NPlur. -á m.in: peninsula (use на/на/с for to/on/from)

полуо́стров	полуо́стров	полуо́строва	полуо́строве	полуо́строву	полуо́стровом
полуострова́	полуострова́	полуостро́вов	полуостро́вах	полуостро́вам	полуостро́вами

ПОЛУЧА́ТЬ SS -а́ют; Impf. (Pf. получи́ть): get, receive e.g. Он получа́ет пи́сьма Acc от сестры́ Gen

получа́ю	получа́ем	получа́й	получа́л	получа́я	
получа́ешь	получа́ете	получа́йте	получа́ла	получа́ющий	получа́вший
получа́ет	получа́ют		получа́ли/о	получа́емый	——

ПОЛУЧА́ТЬСЯ SS -а́ются; Impf. (Pf. получи́ться): be a success, work out e.g. У меня́ Gen не получа́ется задача Nom I can't work the problem out

получа́юсь	получа́емся	получа́йся	получа́лся	получа́ясь	
получа́ешься	получа́етесь	получа́йтесь	получа́лась	получа́ющийся	получа́вшийся
получа́ется	получа́ются		получа́лись/ось		

✓ **ПОЛУЧИ́ТЬ** MS -лу́чат; Pf. (Impf. получа́ть): get, receive e.g. Он получи́л письмо́ Acc от сестры́ Gen

получу́	полу́чим	получи́	получи́л	——	получи́в[ши]
полу́чишь	полу́чите	получи́те	получи́ла	——	получи́вший
полу́чит	полу́чат		получи́ли/о	——	полу́ченный S

ПОЛУЧИ́ТЬСЯ MS -лу́чатся; Pf. (Impf. получа́ться): be a success, work out e.g. У меня́ Gen не получи́лась задача Nom I couldn't work the problem out

получу́сь	получи́мся	получи́сь	получи́лся	——	получи́вшись
полу́чишься	полу́читесь	получи́тесь	получи́лась	——	получи́вшийся
полу́чится	полу́чатся		получи́лись/ось	——	——

ПОЛУ́ЧКА SS (e) f.in: pay, pay check

полу́чка	полу́чку	полу́чки	полу́чке	полу́чке	полу́чкой
полу́чки	полу́чки	полу́чек	полу́чках	полу́чкам	полу́чками

ПОЛУ́ЧШЕ <у́тш> compar. of хоро́ший, хорошо́: somewhat better, a little better

ПОЛЧАСА́ SE all forms other than NASg. have stem-initial полу- e.g. GSg. получа́са etc; m.in: half an hour

полчаса́	полчаса́	получа́са	получа́се	получа́су	получа́сом

ПО́ЛЬЗА SS f.in: use; advantage ● Счёт 2:4 в на́шу по́льзу Acc The score is 2 to 4 in our favor

по́льза	по́льзу	по́льзы	по́льзе	по́льзе	по́льзой

ПО́ЛЬЗОВАТЬСЯ SS -зуются; Impf: 1. (Pf. вос-) use e.g. Он по́льзуется словарём Inst для перевода Gen; 2. (Pf. вос-) take advantage (of) e.g. Он по́льзуется мое́й добротой Inst; 3. (no Pf.) enjoy e.g. Он по́льзуется хоро́шей репута́цией Inst He has a good reputation

по́льзуюсь	по́льзуемся	по́льзуйся	по́льзовался	по́льзуясь	
по́льзуешься	по́льзуетесь	по́льзуйтесь	по́льзовалась	по́льзующийся	по́льзовавшийся
по́льзуется	по́льзуются		по́льзовались/ось ——		——

ПО́ЛЬКА[1] SS (e) f.an: Pole, Polish woman

по́лька	по́льку	по́льки	по́льке	по́льке	по́лькой
по́льки	по́лек	по́лек	по́льках	по́лькам	по́льками

ПО́ЛЬКА[2] SS (e) f.in: polka (dance)

по́лька	по́льку	по́льки	по́льке	по́льке	по́лькой
по́льки	по́льки	по́лек	по́льках	по́лькам	по́льками

ПО́ЛЬСКИЙ S short forms avoided, no compar: Polish

по́льский	Nom/Gen	по́льского	по́льском	по́льскому	по́льским
по́льское	по́льское	по́льского	по́льском	по́льскому	по́льским
по́льская	по́льскую	по́льской	по́льской	по́льской	по́льской
по́льские	Nom/Gen	по́льских	по́льских	по́льским	по́льскими

adv. по-по́льски

ПОЛЬСТИ́ТЬСЯ ES -тятся; Pf. (no Impf.): be unable to resist, be seduced (by smt.) e.g. Он жени́лся на не́й, потому́ что польсти́лся на её де́ньги Acc

польщу́сь	польсти́мся	польсти́сь	польсти́лся	——	польсти́вшись
польсти́шься	польсти́тесь	польсти́тесь	польсти́лась	——	польсти́вшийся
польсти́тся	польстя́тся		польсти́лись/ось ——		——

ПО́ЛЬША SS f.in: Poland

По́льша	По́льшу	По́льши	По́льше	По́льше	По́льшей

ПОЛЮБИ́ТЬ MS -лю́бят; Pf-begin (Impf. люби́ть): grow fond (of); fall in love (with) e.g. Он полюби́л мою́ сестру́ Acc за её красоту́ Acc

полюблю́	полю́бим	полюби́	полюби́л	——	полюби́в[ши]
полю́бишь	полю́бите	полюби́те	полюби́ла	——	полюби́вший
полю́бит	полю́бят		полюби́ли/о	——	——

ПОЛЯ́К SS m.an: Pole

поля́к	поля́ка	поля́ка	поля́ке	поля́ку	поля́ком
поля́ки	поля́ков	поля́ков	поля́ках	поля́кам	поля́ками

ПОЛЯ́РНЫЙ S (e): polar ● Поля́рная звезда́ North Star

поля́рный	Nom/Gen	поля́рного	поля́рном	поля́рному	поля́рным
поля́рное	поля́рное	поля́рного	поля́рном	поля́рному	поля́рным
поля́рная	поля́рную	поля́рной	поля́рной	поля́рной	поля́рной
поля́рные	Nom/Gen	поля́рных	поля́рных	поля́рным	поля́рными

ПОМЕ́НЬШЕ compar. of ма́ленький, ма́ло: a little smaller; a little less, somewhat fewer

ПОМЕНЯ́ТЬСЯ SS -я́ются; Pf. (Impf. меня́ться): exchange e.g. Они́ поменя́лись места́ми Inst

поменя́юсь	поменя́емся	поменя́йся	поменя́лся	——	поменя́вшись
поменя́ешься	поменя́етесь	поменя́йтесь	поменя́лась	——	поменя́вшийся
поменя́ется	поменя́ются		поменя́лись/ось	——	——

ПОМЕША́ТЬ[1] SS -а́ют; intrans: 1. Pf. (Impf. меша́ть[1]) prevent, stop from (doing smt.) e.g. Он помеша́л сестре́ Dat рабо́тать свои́ми разгово́рами Inst; 2. Pf-awhile (Impf. меша́ть[1]) bother, disturb for a while e.g. Он помеша́л сестре́ Dat, пото́м на́чал меша́ть бра́ту Dat

помеша́ю	помеша́ем	помеша́й	помеша́л	——	помеша́в[ши]
помеша́ешь	помеша́ете	помеша́йте	помеша́ла	——	помеша́вший
помеша́ет	помеша́ют		помеша́ли/о	——	——

ПОМЕША́ТЬ[2] SS -а́ют; Pf-awhile (Impf. меша́ть[2]): stir for a while

помеша́ю	помеша́ем	помеша́й	помеша́л	——	помеша́в[ши]
помеша́ешь	помеша́ете	помеша́йте	помеша́ла	——	помеша́вший
помеша́ет	помеша́ют		помеша́ли/о	——	——

ПОМИДО́Р SS [GPlur. -ов or -#] m.in: tomato

помидо́р	помидо́р	помидо́ра	помидо́ре	помидо́ру	помидо́ром
помидо́ры	помидо́ры	помидо́ров	помидо́рах	помидо́рам	помидо́рами

ПОМИРИ́ТЬ ES -ря́т; Pf. (Impf. мири́ть): bring about a reconciliation (between), reconcile e.g. Он помири́л сестру́ Acc с бра́том Inst

помирю́	помири́м	помири́	помири́л	——	помири́в[ши]
помири́шь	помири́те	помири́те	помири́ла	——	помири́вший
помири́т	помиря́т		помири́ли/о	——	——

ПОМИРИ́ТЬСЯ ES -ря́тся; Pf. (Impf. мири́ться): become reconciled (with) e.g. Он помири́лся с сестро́й Inst He and his sister made up

помирю́сь	помири́мся	помири́сь	помири́лся	——	помири́вшись
помири́шься	помири́тесь	помири́тесь	помири́лась	——	помири́вшийся
помири́тся	помиря́тся		помири́лись/ось	——	——

ПО́МНИТЬ SS -нят; Impf. (no Pf.): remember, retain in memory

по́мню	по́мним	по́мни	по́мнил	по́мня	
по́мнишь	по́мните	по́мните	по́мнила	по́мнящий	по́мнивший
по́мнит	по́мнят		по́мнили/о		

✓ **ПОМОГА́ТЬ** SS -а́ют; intrans; Impf. (Pf. помо́чь): help e.g. Он помога́ет сестре́ Dat сове́том Inst

помога́ю	помога́ем	помога́й	помога́л	помога́я	
помога́ешь	помога́ете	помога́йте	помога́ла	помога́ющий	помога́вший
помога́ет	помога́ют		помога́ли/о	——	

ПО-МО́ЕМУ adv: in my opinion; (in) my way; the way I want it e.g. Де́лай по-мо́ему Do it my way

ПОМО́ЧЬ ME -мо́гут -могу́ -мо́жет; -мо́г -могла́ -могли́; past adv. -мо́гши; intrans; Pf. (Impf. помога́ть): help e.g. Он помо́г сестре́ Dat сове́том Inst

помогу́	помо́жем	помоги́	помо́г	——	помо́гши
помо́жешь	помо́жете	помоги́те	помогла́	——	помо́гший
помо́жет	помо́гут		помогли́/о	——	——

ПО́МОЩЬ SS f.in: assistance, help ● ско́рая по́мощь ambulance

по́мощь	по́мощь	по́мощи	по́мощи	по́мощи	по́мощью

ПОМЫ́ТЬ SS -мо́ют; ppp помы́тый S; Pf. and Pf-awhile (Impf. мыть): wash, wash for a while (face, floor, etc, but not clothes)

помо́ю	помо́ем	помо́й	помы́л	——	помы́в[ши]
помо́ешь	помо́ете	помо́йте	помы́ла	——	помы́вший
помо́ет	помо́ют		помы́ли/о	——	помы́тый S

ПОМЫ́ТЬСЯ SS -мо́ются; Pf. (Impf. мы́ться): wash up; wash (said of hands, face, body) e.g. Он помы́лся холо́дной водо́й Inst

помо́юсь	помо́емся	помо́йся	помы́лся	——	помы́вшись
помо́ешься	помо́етесь	помо́йтесь	помы́лась	——	помы́вшийся
помо́ется	помо́ются		помы́лись/ось	——	

ПО-НА́ШЕМУ adv: in our opinion; (in) our way; the way we want it e.g. Де́лай по-на́шему Do it our way

ПОНЕДЕ́ЛЬНИК SS m.in: Monday

понеде́льник	понеде́льник	понеде́льника	понеде́льнике	понеде́льнику	понеде́льником
понеде́льники	понеде́льники	понеде́льников	понеде́льниках	понеде́льникам	понеде́льниками

ПО-НЕМЕ́ЦКИ adv: in German; in the German way

ПОНЕМНО́ГУ adv: a little at a time; little by little

ПОНЕМНО́ЖКУ adv: a little at a time; little by little

ПОНЕСТИ́ EE -несу́т; -нёс -несла́ -несли́; *past adv.* -неся́; *past active ptcpl.* -нёсший; *Pf-begin (Impf.* нести́): carry off, start carrying

понесу́	понесём	понеси́	понёс	——	понеся́
понесёшь	понесёте	понеси́те	понесла́	——	понёсший
понесёт	понесу́т		понесли́/о́		

ПОНИЖА́ТЬ SS -а́ют; *Impf. (Pf.* пони́зить): lower, reduce (by) *e.g.* Он понижа́ет це́ну *Acc* на копе́йку *Acc*

понижа́ю	понижа́ем	понижа́й	понижа́л	понижа́я	
понижа́ешь	понижа́ете	понижа́йте	понижа́ла	понижа́ющий	понижа́вший
понижа́ет	понижа́ют		понижа́ли/о	понижа́емый	

ПОНИ́ЗИТЬ SS -зят; *Pf. (Impf.* понижа́ть): lower; reduce (by) *e.g.* Он пони́зил це́ну *Acc* на копе́йку *Acc*

пони́жу	пони́зим	пони́зь	пони́зил	——	пони́зив[ши]
пони́зишь	пони́зите	пони́зьте	пони́зила	——	пони́зивший
пони́зит	пони́зят		пони́зили/о		пони́женный S

ПОНИМА́ТЬ SS -а́ют; *Impf. (Pf.* поня́ть): understand

понима́ю	понима́ем	понима́й	понима́л	понима́я	
понима́ешь	понима́ете	понима́йте	понима́ла	понима́ющий	понима́вший
понима́ет	понима́ют		понима́ли/о	понима́емый	

ПО-НО́ВОМУ *adv*: in a new way; afresh

ПОНРА́ВИТЬСЯ SS -вятся; *Pf. (Impf.* нра́виться): please, like *e.g.* Ему́ *Dat* понра́вилась моя́ сестра́ *Nom* My sister appealed to him *or* He liked my sister

понра́влюсь	понра́вимся	понра́вься	понра́вился	——	понра́вившись
понра́вишься	понра́витесь	понра́вьтесь	понра́вилась	——	понра́вившийся
понра́вится	понра́вятся		понра́вились/ось ——		——

ПОНЯ́ТНО *adv*: understandably; clearly, intelligibly; *parenthetical word*: of course; *predicate*: it is understandable, clear *e.g.* Мне́ *Dat* поня́тно, почему́ он ушёл I can see why he left

ПОНЯ́ТНЫЙ S (e): understandable; clear *e.g.* Мне́ *Dat* поня́тна ва́ша тео́рия *Nom* Your theory is clear to me *or* I understand your theory

поня́тный	Nom/Gen	поня́тного	поня́тном	поня́тному	поня́тным
поня́тное	поня́тное	поня́тного	поня́тном	поня́тному	поня́тным
поня́тная	поня́тную	поня́тной	поня́тной	поня́тной	поня́тной
поня́тные	Nom/Gen	поня́тных	поня́тных	поня́тным	поня́тными

поня́тен, поня́тна, поня́тно, поня́тны; поня́тнее

ПОНЯ́ТЬ EM пойму́т; по́нял поняла́ по́няли; *ppp* по́нятый M; *Pf. (Impf.* понима́ть): understand; realize

пойму́	поймём	пойми́	по́нял	——	поня́в[ши]
поймёшь	поймёте	пойми́те	поняла́	——	поня́вший
поймёт	пойму́т		по́няли/о	——	по́нятый M

ПООБЕ́ДАТЬ SS -ают; *intrans; Pf. (Impf.* обе́дать): have dinner

пообе́даю	пообе́даем	пообе́дай	пообе́дал		пообе́дав[ши]
пообе́даешь	пообе́даете	пообе́дайте	пообе́дала		пообе́давший
пообе́дает	пообе́дают		пообе́дали/о		

ПООБЕЩА́ТЬ SS -а́ют; *Pf. (Impf.* обеща́ть[2]): promise *e.g.* Он пообеща́л сестре́ *Dat* кни́гу *Acc*

пообеща́ю	пообеща́ем	пообеща́й	пообеща́л		пообеща́в[ши]
пообеща́ешь	пообеща́ете	пообеща́йте	пообеща́ла		пообеща́вший
пообеща́ет	пообеща́ют		пообеща́ли/о		пообе́щанный S

ПООЩРИ́ТЬ ES -ря́т; *Pf. (Impf.* поощря́ть): 1. encourage (in) *e.g.* Он поощри́т сестру́ *Acc* в её рабо́те *Prep*; Он поощри́т на́шу рабо́ту *Acc*; 2. reward (for) (with) *e.g.* За хоро́шую рабо́ту дире́ктор поощри́т рабо́чих *Acc* пре́мией *Inst*

поощрю́	поощри́м	поощри́	поощри́л	——	поощри́в[ши]
поощри́шь	поощри́те	поощри́те	поощри́ла	——	поощри́вший
поощри́т	поощря́т		поощри́ли/о	——	поощрённый E

ПООЩРЯ́ТЬ SS -я́ют; *Impf. (Pf.* поощри́ть): 1. encourage (in) *e.g.* Он поощря́ет сестру́ *Acc* в её рабо́те *Prep*; Он поощря́ет на́шу рабо́ту *Acc*; 2. reward (for) (with) *e.g.* За хоро́шую рабо́ту дире́ктор поощря́ет рабо́чих *Acc* пре́мией *Inst*

поощря́ю	поощря́ем	поощря́й	поощря́л	поощря́я	
поощря́ешь	поощря́ете	поощря́йте	поощря́ла	поощря́ющий	поощря́вший
поощря́ет	поощря́ют		поощря́ли/о	поощря́емый	——

ПОПАДА́ТЬ SS -а́ют; *intrans; Impf. (Pf.* попа́сть): 1. hit (*when throwing, shooting, etc.*) *e.g.* Он попада́л мячо́м *Inst* в окно́ *Acc* He kept hitting the window with his ball; 2. get (*to some place*)

попада́ю	попада́ем	попада́й	попада́л	попада́я	
попада́ешь	попада́ете	попада́йте	попада́ла	попада́ющий	попада́вший
попада́ет	попада́ют		попада́ли/о		

ПОПАДА́ТЬСЯ SS -а́ются; *Impf. (Pf.* попа́сться): 1. be found *e.g.* Мне́ *Dat* попада́лись интере́сные кни́ги *Nom* I used to come across interesting books; 2. be caught (at) *e.g.* Он всегда́ попада́лся He would always get caught; Он всегда́ попада́лся на лжи *Prep* He would always get caught lying (caught in a lie)

попада́юсь	попада́емся		попада́лся	попада́ясь	
попада́ешься	попада́етесь	попада́йтесь	попада́лась	попада́ющийся	попада́вшийся
попада́ется	попада́ются		попада́лись/ось ——		——

✓**ПОПА́СТЬ** ES -паду́т; -па́л -па́ла -па́ли; *past adv.* -па́в[ши]; *intrans*; *Pf.* (*Impf.* попада́ть): 1. hit (*when throwing, shooting, etc.*) *e.g.* Он попа́л мячо́м *Inst* в окно́ *Acc* He hit the window with his ball; 2. get (*to some place*)

попаду́	попадём	попади́	попа́л	——	попа́в[ши]
попадёшь	попадёте	попади́те	попа́ла	——	попа́вший
попадёт	попаду́т		попа́ли/о	——	——

ПОПА́СТЬСЯ ES -паду́тся; -па́лся -па́лась -па́лись; *past adv.* -па́вшись; *Pf.* (*Impf.* попада́ться): 1. be found *e.g.* Мне *Dat* попа́лась интере́сная кни́га *Nom* I came across an interesting book; 2. be caught (at) *e.g.* Он попа́лся He got caught; Он попа́лся на лжи *Prep* He was caught lying (caught in a lie)

попаду́сь	попадёмся	попади́сь	попа́лся	——	попа́вшись
попадёшься	попадётесь	попади́тесь	попа́лась	——	попа́вшийся
попадётся	попаду́тся		попа́лись/ось	——	——

ПОПЕ́Й *Imperative of* попи́ть

ПОПИСА́ТЬ MS -пи́шут; *Pf-awhile* (*Impf.* писа́ть): write a bit, a while

попишу́	попи́шем	попиши́	пописа́л	——	пописа́в[ши]
попи́шешь	попи́шете	попиши́те	пописа́ла	——	пописа́вший
попи́шет	попи́шут		пописа́ли/о	——	——

ПОПИ́ТЬ ЕМ -пью́т; -пе́й! по́пил попила́ по́пили; *Pf-awhile* (*Impf.* пи́ть): drink a bit

попью́	попьём	попе́й	по́пил	——	попи́в[ши]
попьёшь	попьёте	попе́йте	попила́	——	попи́вший
попьёт	попью́т		по́пили/о	——	——

ПОПЛА́ВАТЬ SS -ают; *intrans*; *Pf-awhile* (*Impf.* пла́вать): have a swim, swim a bit

попла́ваю	попла́ваем	попла́вай	попла́вал	——	попла́вав[ши]
попла́ваешь	попла́ваете	попла́вайте	попла́вала	——	попла́вавший
попла́вает	попла́вают		попла́вали/о	——	——

ПОПЛЫ́ТЬ ЕМ -плыву́т; *intrans*; *Pf. and Pf-begin* (*Impf.* плы́ть): swim; start swimming; sail; start sailing

поплыву́	поплывём	поплыви́	поплы́л	——	поплы́в[ши]
поплывёшь	поплывёте	поплыви́те	поплыла́	——	поплы́вший
поплывёт	поплыву́т		поплы́ли/о	——	——

ПОПОДРО́БНЕЕ *compar. of* подро́бный, подро́бно: a little more detailed; in a bit more detail

ПОПОДРО́БНЕЙ *variant of* поподро́бнее

ПОПО́ЛЗАТЬ SS -ают; *intrans*; *Pf-awhile* (*Impf.* по́лзать): crawl a bit

попо́лзаю	попо́лзаем	попо́лзай	попо́лзал	——	попо́лзав[ши]
попо́лзаешь	попо́лзаете	попо́лзайте	попо́лзала	——	попо́лзавший
попо́лзает	попо́лзают		попо́лзали/о	——	——

ПОПРА́ВИТЬ SS -вят; *Pf.* (*Impf.* поправля́ть): correct, set right; fix, repair

попра́влю	попра́вим	попра́вь	попра́вил	——	попра́вив[ши]
попра́вишь	попра́вите	попра́вьте	попра́вила	——	попра́вивший
попра́вит	попра́вят		попра́вили/о	——	попра́вленный S

ПОПРА́ВИТЬСЯ SS -вятся; *Pf.* (*Impf.* поправля́ться): correct oneself; get better (*from illness*); gain weight

попра́влюсь	попра́вимся	попра́вься	попра́вился	——	попра́вившись
попра́вишься	попра́витесь	попра́вьтесь	попра́вилась	——	попра́вившийся
попра́вится	попра́вятся		попра́вились/ось	——	——

ПОПРАВЛЯ́ТЬ SS -яют; *Impf.* (*Pf.* попра́вить): correct, set right; fix, repair

поправля́ю	поправля́ем	поправля́й	поправля́л	поправля́я	
поправля́ешь	поправля́ете	поправля́йте	поправля́ла	поправля́ющий	поправля́вший
поправля́ет	поправля́ют		поправля́ли/о	поправля́емый	——

ПОПРАВЛЯ́ТЬСЯ SS -яются; *Impf.* (*Pf.* попра́виться): correct oneself; get better (*from illness*); gain weight

поправля́юсь	поправля́емся	поправля́йся	поправля́лся	поправля́ясь	
поправля́ешься	поправля́етесь	поправля́йтесь	поправля́лась	поправля́ющийся	поправля́вшийся
поправля́ется	поправля́ются		поправля́лись/ось ——		

✓**ПОПРО́БОВАТЬ** SS -буют; *Pf.* (*Impf.* про́бовать): test; try, attempt; try, taste

попро́бую	попро́буем	попро́буй	попро́бовал	——	попро́бовав[ши]
попро́буешь	попро́буете	попро́буйте	попро́бовала	——	попро́бовавший
попро́бует	попро́буют		попро́бовали/о	——	попро́бованный S

ПОПРОСИ́ТЬ MS -про́сят; *Pf.* (*Impf.* проси́ть): 1. ask (*smb. for smt.*), request (*smt. of smb.*) *e.g.* Он попроси́л у сестры́ *Gen* кни́гу *Acc*; 2. ask (*smb. to do smt.*) *e.g.* Он попроси́л сестру́ *Acc* прийти́ у́тром

попрошу́	попро́сим	попроси́	попроси́л	——	попроси́в[ши]
попро́сишь	попро́сите	попроси́те	попроси́ла	——	попроси́вший
попро́сит	попро́сят		попроси́ли/о	——	

ПОПРОЩА́ТЬСЯ SS -а́ются; *Pf.* (*Impf.* проща́ться): say good-bye (to) *e.g.* Он попроща́лся с сестро́й *Inst*

попроща́юсь	попроща́емся	попроща́йся	попроща́лся	——	попроща́вшись
попроща́ешься	попроща́етесь	попроща́йтесь	попроща́лась	——	попроща́вшийся
попроща́ется	попроща́ются		попроща́лись/ось		

ПОПУЛЯ́РНОСТЬ SS *f.in*: popularity

-ля́рность	-ля́рность	-ля́рности	-ля́рности	-ля́рности	-ля́рностью

ПОПУЛЯ́РНЫЙ S (e): popular

популя́рный	Nom/Gen	популя́рного	популя́рном	популя́рному	популя́рным
популя́рное	популя́рное	популя́рного	популя́рном	популя́рному	популя́рным
популя́рная	популя́рную	популя́рной	популя́рной	популя́рной	популя́рной
популя́рные	Nom/Gen	популя́рных	популя́рных	популя́рным	популя́рными

популя́рен, популя́рна, популя́рно, популя́рны; популя́рнее

ПОПУТЕШЕ́СТВОВАТЬ SS -ствуют; intrans; Pf-awhile (Impf. путеше́ствовать): take a short trip

-ше́ствую	-ше́ствуем	-ше́ствуй	-ше́ствовал	——	-ше́ствовав[ши]
-ше́ствуешь	-ше́ствуете	-ше́ствуйте	-ше́ствовала	——	-ше́ствовавший
-ше́ствует	-ше́ствуют		-ше́ствовали/о	——	——

ПОПЬЮ́Т non-past tense of попи́ть

ПОРА́[1] EE ASg. по́ру, NPlur. по́ры; Plur. used mostly in these expressions с тех/этих по́р since then; с каки́х по́р since when; до тех/этих по́р until then; до сих по́р until now; до каки́х по́р until when; на пе́рвых пора́х at first; (see also поро́й) f.in: time, season

| пора́ | по́ру | поры́ | поре́ | поре́ | поро́й |

ПОРА́[2] predicate: it is time e.g. Мне Dat пора́ (идти́ в шко́лу)

ПОРАБО́ТАТЬ SS -ают; intrans; Pf-awhile (Impf. рабо́тать): work for a while, do some work (on) e.g. Он порабо́тал над свое́й кни́гой Inst, а пото́м лёг спать

порабо́таю	порабо́таем	порабо́тай	порабо́тал	——	порабо́тав[ши]
порабо́таешь	порабо́таете	порабо́тайте	порабо́тала	——	порабо́тавший
порабо́тает	порабо́тают		порабо́тали/о	——	——

ПОРАЖЕ́НИЕ SS n.in: defeat

| пораже́ние | пораже́ние | пораже́ния | пораже́нии | пораже́нию | пораже́нием |
| пораже́ния | пораже́ния | пораже́ний | пораже́ниях | пораже́ниям | пораже́ниями |

ПО-РА́ЗНОМУ adv: in different ways

ПОРВА́ТЬ ЕМ -рву́т; [ppp по́рванный S or old-fashioned M]; Pf: 1. (Impf. рвать[1]) break, tear (physically); 2. (Impf. порыва́ть) break (relations)

порву́	порвём	порви́	порва́л	——	порва́в[ши]
порвёшь	порвёте	порви́те	порвала́	——	порва́вший
порвёт	порву́т		порва́ли/о	——	по́рванный S

ПОРО́ДА SS f.in: breed; type

| поро́да | поро́ду | поро́ды | поро́де | поро́де | поро́дой |
| поро́ды | поро́ды | поро́д | поро́дах | поро́дам | поро́дами |

ПОРО́Й adv: at times

ПОРТ SE Loc. (в) -у́, NPlur. по́рты [or порты́] m.in: port (at sea, river, etc.)

| порт | порт | по́рта | по́рте/в порту́ | порту́ | по́ртом |
| по́рты | по́рты | порто́в | порта́х | порта́м | порта́ми |

ПОРТРЕ́Т SS m.in: portrait

| портре́т | портре́т | портре́та | портре́те | портре́ту | портре́том |
| портре́ты | портре́ты | портре́тов | портре́тах | портре́там | портре́тами |

ПОРТУГА́ЛЬСКИЙ S short forms avoided, no compar: Portuguese

-ский	Nom/Gen	-ского	-ском	-скому	-ским
-ское	-ское	-ского	-ском	-скому	-ским
-ская	-скую	-ской	-ской	-ской	-ской
-ские	Nom/Gen	-ских	-ских	-ским	-скими

adv. по-португа́льски

ПОРТФЕ́ЛЬ SS m.in: briefcase

| портфе́ль | портфе́ль | портфе́ля | портфе́ле | портфе́лю | портфе́лем |
| портфе́ли | портфе́ли | портфе́лей | портфе́лях | портфе́лям | портфе́лями |

ПО-РУ́ССКИ adv: in Russian; in the Russian way

ПОРУЧЕ́НИЕ SS n.in: errand; mission

| поруче́ние | поруче́ние | поруче́ния | поруче́нии | поруче́нию | поруче́нием |
| поруче́ния | поруче́ния | поруче́ний | поруче́ниях | поруче́ниям | поруче́ниями |

ПО́РЦИЯ SS f.in: portion; helping (of food)

| по́рция | по́рцию | по́рции | по́рции | по́рции | по́рцией |
| по́рции | по́рции | по́рций | по́рциях | по́рциям | по́рциями |

ПОРЯ́ДОК SS (о) Part. -у m.in: order, neat arrangement; rule, custom

| поря́док | поря́док | поря́дка/-у | поря́дке | поря́дку | поря́дком |
| поря́дки | поря́дки | поря́дков | поря́дках | поря́дкам | поря́дками |

ПОРЯ́ДОЧНЫЙ <шн or чн> S (e): decent, respectable; decent, fairly large, fairly good

поря́дочный	Nom/Gen	поря́дочного	поря́дочном	поря́дочному	поря́дочным
поря́дочное	поря́дочное	поря́дочного	поря́дочном	поря́дочному	поря́дочным
поря́дочная	поря́дочную	поря́дочной	поря́дочной	поря́дочной	поря́дочной
поря́дочные	Nom/Gen	поря́дочных	поря́дочных	поря́дочным	поря́дочными

поря́дочен, поря́дочна, поря́дочно, поря́дочны; поря́дочнее

ПОСАДИ́ТЬ MS -са́дят; Pf. (Impf. сажа́ть): plant; seat; set ● посади́ть в тюрьму́ imprison

посажу́	поса́дим	посади́	посади́л	——	посади́в[ши]
поса́дишь	поса́дите	посади́те	посади́ла	——	посади́вший
поса́дит	поса́дят		посади́ли/о	——	поса́женный S

ПОСА́ДКА SS (o) f.in: planting; embarkation; landing (of an aircraft); imprisonment

поса́дка	поса́дку	поса́дки	поса́дке	поса́дке	поса́дкой
поса́дки	поса́дки	поса́док	поса́дках	поса́дкам	поса́дками

ПО-СВО́ЕМУ adv: in one's own way

ПОСЕРЕДИ́НЕ adv. and prep. +Gen: in the middle (of)

ПОСЕТИ́ТЕЛЬ SS m.an: visitor

посети́тель	посети́теля	посети́теля	посети́теле	посети́телю	посети́телем
посети́тели	посети́телей	посети́телей	посети́телях	посети́телям	посети́телями

ПОСЕТИ́ТЕЛЬНИЦА SS f.an: visitor (woman)

-ти́тельница	-ти́тельницу	-ти́тельницы	-ти́тельнице	-ти́тельнице	-ти́тельницей
-ти́тельницы	-ти́тельниц	-ти́тельниц	-ти́тельницах	-ти́тельницам	-ти́тельницами

ПОСЕТИ́ТЬ ES -тя́т -щу́; ppp посещённый E; Pf. (Impf. посеща́ть): visit

посещу́	посети́м	посети́	посети́л	——	посети́в[ши]
посети́шь	посети́те	посети́те	посети́ла	——	посети́вший
посети́т	посетя́т		посети́ли/о	——	посещённый E

ПОСЕЩА́ТЬ SS -а́ют; Impf. (Pf. посети́ть): visit

посеща́ю	посеща́ем	посеща́й	посеща́л	посеща́я	
посеща́ешь	посеща́ете	посеща́йте	посеща́ла	посеща́ющий	посеща́вший
посеща́ет	посеща́ют		посеща́ли/о	посеща́емый	——

ПОСЕЩЕ́НИЕ SS n.in: visiting; visit

посеще́ние	посеще́ние	посеще́ния	посеще́нии	посеще́нию	посеще́нием
посеще́ния	посеще́ния	посеще́ний	посеще́ниях	посеще́ниям	посеще́ниями

ПОСИДЕ́ТЬ ES -сидя́т; intrans; Pf-awhile (Impf. сиде́ть): sit for a while

посижу́	посиди́м	посиди́	посиде́л	——	посиде́в[ши]
посиди́шь	посиди́те	посиди́те	посиде́ла	——	посиде́вший
посиди́т	посидя́т		посиде́ли/о	——	

ПОСЛА́ТЬ ES пошлю́т; Pf. (Impf. посыла́ть): 1. send (smt. to) e.g. Он посла́л кни́гу Acc сестре́ Dat по по́чте Dat [or по́чтой Inst]; 2. send, direct (smb. to) e.g. Он посла́л сестру́ Acc к дире́ктору Dat (в Москву́ Acc, на Аля́ску Acc); 3. send (smb. for) e.g. Он посла́л сестру́ Acc за врачо́м Inst

пошлю́	пошлём	пошли́	посла́л	——	посла́в[ши]
пошлёшь	пошлёте	пошли́те	посла́ла	——	посла́вший
пошлёт	пошлю́т		посла́ли/о	——	по́сланный S

ПО́СЛЕ adv: afterwards; later on; prep. +Gen: after

ПОСЛЕ́ДНИЙ S (e) sh.masc. hypothetical: last; (the) latest; the latter

после́дний	Nom/Gen	после́днего	после́днем	после́днему	после́дним
после́днее	после́днее	после́днего	после́днем	после́днему	после́дним
после́дняя	после́днюю	после́дней	после́дней	после́дней	после́дней
после́дние	Nom/Gen	после́дних	после́дних	после́дним	после́дними

ПОСЛЕ́ДОВАТЬ SS -дуют; intrans; Pf. (Impf. сле́довать): 1. start after, start to follow (walk, drive, etc. behind) e.g. Он после́довал за сестро́й Inst; 2. follow, conform (to) e.g. Он после́довал моему́ приме́ру Dat

после́дую	после́дуем	после́дуй	после́довал	——	после́довав[ши]
после́дуешь	после́дуете	после́дуйте	после́довала	——	после́довавший
после́дует	после́дуют		после́довали/о	——	

ПОСЛЕЗА́ВТРА adv. and indeclinable n.in: the day after tomorrow

ПОСЛО́ВИЦА SS f.in: proverb, saying

посло́вица	посло́вицу	посло́вицы	посло́вице	посло́вице	посло́вицей
посло́вицы	посло́вицы	посло́виц	посло́вицах	посло́вицам	посло́вицами

ПОСЛУ́ШАТЬ SS -ают; Pf-awhile (Impf. слу́шать): listen for a while

послу́шаю	послу́шаем	послу́шай	послу́шал	——	послу́шав[ши]
послу́шаешь	послу́шаете	послу́шайте	послу́шала	——	послу́шавший
послу́шает	послу́шают		послу́шали/о	——	

ПОСЛУ́ШАТЬСЯ SS -аются; Pf. (Impf. слу́шаться): obey e.g. Он послу́шался сове́та Gen with things, but Он послу́шался сестру́ Acc [or сестры́ Gen] with people

-слу́шаюсь	-слу́шаемся	-слу́шайся	-слу́шался	——	-слу́шавшись
-слу́шаешься	-слу́шаетесь	-слу́шайтесь	-слу́шалась	——	-слу́шавшийся
-слу́шается	-слу́шаются		-слу́шались/ось	——	——

ПОСМЕ́ТЬ SS -е́ют; intrans; Pf. (Impf. сметь): dare, have the courage (to)

посме́ю	посме́ем	посме́й	посме́л	——	посме́в[ши]
посме́ешь	посме́ете	посме́йте	посме́ла	——	посме́вший
посме́ет	посме́ют		посме́ли/о	——	

ПОСМОТРЕ́ТЬ MS –смо́трят; *ppp* посмо́тренный S; *Pf.* (*Impf.* смотре́ть): 1. look (at) (through) (from) *e.g.* Он посмотре́л на сестру́ *Acc* в окно́ *Acc* He looked through/in/out the window at his sister; Он посмотре́л на сестру́ *Acc* из окна́ *Gen* (с кры́ши *Gen*) He looked at his sister from the window (from the roof); Он посмотре́л сестре́ *Dat* в глаза́ *Acc* He looked his sister in the eye; 2. watch, see *e.g.* Он посмотре́л но́вую пье́су *Acc*; 3. (colloq.) look for, look up *e.g.* Он посмотре́л э́то сло́во *Acc* в словаре́ *Prep*

посмотрю́	посмо́трим	посмотри́	посмотре́л	——	посмотре́в[ши]
посмо́тришь	посмо́трите	посмотри́те	посмотре́ла	——	посмотре́вший
посмо́трит	посмо́трят		посмотре́ли/о		посмо́тренный S

ПОСОВЕ́ТОВАТЬ SS –туют; *intrans*; *Pf.* (*Impf.* сове́товать): advise (to do smt.) *e.g.* Он посове́товал сестре́ *Dat* (чита́ть) э́ту кни́гу *Acc*

посове́тую	посове́туем	посове́туй	посове́товал	——	посове́товав[ши]
посове́туешь	посове́туете	посове́туйте	посове́товала	——	посове́товавший
посове́тует	посове́туют		посове́товали/о	——	

ПОСОВЕ́ТОВАТЬСЯ SS –туются; *Pf.* (*Impf.* сове́товаться): consult, ask advice (of) *e.g.* Он посове́товался с сестро́й *Inst* о свое́й рабо́те *Prep*

посове́туюсь	посове́туемся	посове́туйся	посове́товался		посове́товавшись
посове́туешься	посове́туетесь	посове́туйтесь	посове́товалась	——	посове́товавшийся
посове́туется	посове́туются		посове́товались/ось ——		

ПОСО́ЛЬСТВО SS *n.in*: embassy

| посо́льство | посо́льство | посо́льства | посо́льстве | посо́льству | посо́льством |
| посо́льства | посо́льства | посо́льств | посо́льствах | посо́льствам | посо́льствами |

ПОСПА́ТЬ ЕМ –спя́т; *intrans*; *Pf-awhile* (*Impf.* спа́ть): take a nap, sleep awhile

посплю́	поспи́м	поспи́	поспа́л	——	поспа́в[ши]
поспи́шь	поспи́те	поспи́те	поспала́		поспа́вший
поспи́т	поспя́т		поспа́ли/о		——

ПОСПЕШИ́ТЬ ES –ша́т; *intrans*; *Pf.* (*Impf.* спеши́ть): hurry

поспешу́	поспеши́м	поспеши́	поспеши́л	——	поспеши́в[ши]
поспеши́шь	поспеши́те	поспеши́те	поспеши́ла	——	поспеши́вший
поспеши́т	поспеша́т		поспеши́ли/о		

ПОСПО́РИТЬ SS –рят; *intrans*: 1. *Pf. and Pf-awhile* (*Impf.* спо́рить) argue; argue a bit (with) (about) *e.g.* Он поспо́рил с сестро́й *Inst* об э́той кни́ге *Prep*; 2. *Pf.* (*Impf.* спо́рить) bet *e.g.* Он поспо́рил с сестро́й *Inst* на копе́йку *Acc*, что пого́да бу́дет плоха́я

поспо́рю	поспо́рим	поспо́рь	поспо́рил	——	поспо́рив[ши]
поспо́ришь	поспо́рите	поспо́рьте	поспо́рила	——	поспо́ривший
поспо́рит	поспо́рят		поспо́рили/о		——

ПОСПЯ́Т *non-past tense of* поспа́ть

ПОСРЕДИ́ *adv. and prep.* +Gen: in the middle (of)

ПОССО́РИТЬСЯ SS –рятся; *Pf.* (*Impf.* ссо́риться): quarrel (with) *e.g.* Он поссо́рился с сестро́й *Inst*

поссо́рюсь	поссо́римся	поссо́рься	поссо́рился		поссо́рившись
поссо́ришься	поссо́ритесь	поссо́рьтесь	поссо́рилась	——	поссо́рившийся
поссо́рится	поссо́рятся		поссо́рились/ось ——		

ПОСТА́ВИТЬ SS –вят; *Pf.* (*Impf.* ста́вить): stand, put; stage, produce

поста́влю	поста́вим	поста́вь	поста́вил		поста́вив[ши]
поста́вишь	поста́вите	поста́вьте	поста́вила		поста́вивший
поста́вит	поста́вят		поста́вили/о		поста́вленный S

ПОСТАРА́ТЬСЯ SS –а́ются; *Pf.* (*Impf.* стара́ться): try, make an effort

постара́юсь	постара́емся	постара́йся	постара́лся		постара́вшись
постара́ешься	постара́етесь	постара́йтесь	постара́лась	——	постара́вшийся
постара́ется	постара́ются		постара́лись/ось ——		

ПОСТАРЕ́ТЬ SS –е́ют; *intrans*; *Pf.* (*Impf.* старе́ть): grow old(er)

постаре́ю	постаре́ем	постаре́й	постаре́л	——	постаре́в[ши]
постаре́ешь	постаре́ете	постаре́йте	постаре́ла	——	постаре́вший
постаре́ет	постаре́ют		постаре́ли/о		——

ПО-СТАХА́НОВСКИ *adv*: like Stakhanov, like a Stakhanovite, very productively

ПОСТЕЛИ́ТЬ MS –сте́лют; *Pf.* (*Impf.* стели́ть): spread (a tablecloth, blanket, etc.); make (a bed)

постелю́	посте́лем	постели́	постели́л		постели́в[ши]
посте́лешь	посте́лете	постели́те	постели́ла		постели́вший
посте́лет	посте́лют		постели́ли/о		посте́ленный S

ПОСТЕ́ЛЬ SS *f.in*: bed; bedding

| посте́ль | посте́ль | посте́ли | посте́ли | посте́ли | посте́лью |
| посте́ли | посте́ли | посте́лей | посте́лях | посте́лям | посте́лями |

ПОСТЕПЕ́ННО *adv*: gradually, little by little

ПОСТИРА́ТЬ SS –а́ют; *Pf. and Pf-awhile* (*Impf.* стира́ть²): wash, launder; do some laundry

постира́ю	постира́ем	постира́й	постира́л	——	постира́в[ши]
постира́ешь	постира́ете	постира́йте	постира́ла	——	постира́вший
постира́ет	постира́ют		постира́ли/о		пости́ранный S

ПОСТЛА́ТЬ MS -сте́лют; Pf. (Impf. стла́ть): spread (a tablecloth, blanket, etc.); make (a bed)

постелю́	посте́лем	постели́	постла́л	——	постла́в[ши]
посте́лешь	посте́лете	постели́те	постла́ла	——	постла́вший
посте́лет	посте́лют		постла́ли/о	——	по́стланный S

ПОСТОЯ́ННО adv: constantly, continually, always

ПОСТОЯ́ННЫЙ S (e): constant, continual; permanent

постоя́нный	Nom/Gen	постоя́нного	постоя́нном	постоя́нному	постоя́нным
постоя́нное	постоя́нное	постоя́нного	постоя́нном	постоя́нному	постоя́нным
постоя́нная	постоя́нную	постоя́нной	постоя́нной	постоя́нной	постоя́нной
постоя́нные	Nom/Gen	постоя́нных	постоя́нных	постоя́нным	постоя́нными

постоя́нен, постоя́нна, постоя́нно, постоя́нны; постоя́ннее

ПОСТОЯ́ТЬ ES -стоя́т; intrans: 1. Pf-awhile (Impf. стоя́ть) stand (for a while); 2. Pf. (Impf. стоя́ть) defend, stand up (for) e.g. Он постои́т за свою́ сестру́ Acc

постою́	постои́м	посто́й	постоя́л	——	постоя́в[ши]
постои́шь	постои́те	посто́йте	постоя́ла	——	постоя́вший
постои́т	постоя́т		постоя́ли/о	——	——

ПОСТРО́ЕННЫЙ S ppp of постро́ить: built

постро́енный	Nom/Gen	постро́енного	постро́енном	постро́енному	постро́енным
постро́енное	постро́енное	постро́енного	постро́енном	постро́енному	постро́енным
постро́енная	постро́енную	постро́енной	постро́енной	постро́енной	постро́енной
постро́енные	Nom/Gen	постро́енных	постро́енных	постро́енным	постро́енными

постро́ен, постро́ена, постро́ено, постро́ены

ПОСТРО́ИТЬ SS -о́ят; Pf. (Impf. стро́ить): build

постро́ю	постро́им	постро́й	постро́ил	——	постро́ив[ши]
постро́ишь	постро́ите	постро́йте	постро́ила	——	постро́ивший
постро́ит	постро́ят		постро́или/о	——	постро́енный S

ПОСТУПА́ТЬ SS -а́ют; intrans; Impf. (Pf. поступи́ть): 1. act; 2. enroll (in), enter, get a job e.g. Он поступа́ет в университе́т Acc; Он поступа́ет на рабо́ту Acc; 3. come in; be received (of inanimate objects) e.g. Кни́ги Nom поступа́ют в магази́н Acc

поступа́ю	поступа́ем	поступа́й	поступа́л	поступа́я	
поступа́ешь	поступа́ете	поступа́йте	поступа́ла	поступа́ющий	поступа́вший
поступа́ет	поступа́ют		поступа́ли/о	——	——

ПОСТУПИ́ТЬ MS -сту́пят; intrans; Pf. (Impf. поступа́ть): 1. act; 2. enroll (in), enter, get a job e.g. Он поступи́л в университе́т Acc; Он поступи́л на рабо́ту Acc; 3. come in; be received (of inanimate objects) e.g. Кни́ги Nom поступи́ли в магази́н Acc

поступлю́	посту́пим	поступи́	поступи́л	——	поступи́в[ши]
посту́пишь	посту́пите	поступи́те	поступи́ла	——	поступи́вший
посту́пит	посту́пят		поступи́ли/о	——	——

ПОСТУ́ПОК SS (о) m.in: act, action

посту́пок	посту́пок	посту́пка	посту́пке	посту́пку	посту́пком
посту́пки	посту́пки	посту́пков	посту́пках	посту́пкам	посту́пками

ПОСТУЧА́ТЬ ES -стуча́т; intrans: 1. Pf-awhile (Impf. стуча́ть) clatter, make a noise for a while e.g. Лошади́ные копы́та постуча́ли в темноте́, пото́м ста́ло ти́хо The horses' hooves clattered in the darkness, then everything was still; 2. Pf. (Impf. стуча́ть) tap, knock, bang (usually в +Acc with окно́, дверь, стена́ but usually по +Dat with other nouns) e.g. Он постуча́л в дверь Acc He knocked at/on the door; Он постуча́л карандашо́м Inst по столу́ Dat He tapped on the table with his pencil

постучу́	постучи́м	постучи́	постуча́л	——	постуча́в[ши]
постучи́шь	постучи́те	постучи́те	постуча́ла	——	постуча́вший
постучи́т	постуча́т		постуча́ли/о	——	——

ПОСУ́ДА SS f.in: dishes (collectively)

посу́да	посу́ду	посу́ды	посу́де	посу́де	посу́дой

ПОСУДИ́ТЬ MS -су́дят; Pf; used mostly in the Imperative, e.g. Сам посуди́: Judge for yourself

ПОСЫЛА́ТЬ SS -а́ют; Impf. (Pf. посла́ть): 1. send (smt. to) e.g. Он посыла́ет кни́ги Acc сестре́ Dat по по́чте Dat [or по́чтой Inst]; 2. direct, send (smb. to) e.g. Он посыла́ет сестру́ Acc к дире́ктору Dat (в Москву́ Acc, на Аля́ску Acc); 3. send (smb. for) e.g. Он посыла́ет сестру́ Acc за врачо́м Inst

посыла́ю	посыла́ем	посыла́й	посыла́л	посыла́я	
посыла́ешь	посыла́ете	посыла́йте	посыла́ла	посыла́ющий	посыла́вший
посыла́ет	посыла́ют		посыла́ли/о	посыла́емый	——

ПОСЫ́ЛКА SS (о) f.in: parcel; sending; errand

посы́лка	посы́лку	посы́лки	посы́лке	посы́лке	посы́лкой
посы́лки	посы́лки	посы́лок	посы́лках	посы́лкам	посы́лками

ПОСЫПА́ТЬ SS -а́ют; Impf. (Pf. посы́пать): strew, sprinkle (with) e.g. Он посыпа́ет бу́лку Acc са́харом Inst

посыпа́ю	посыпа́ем	посыпа́й	посыпа́л	посыпа́я	
посыпа́ешь	посыпа́ете	посыпа́йте	посыпа́ла	посыпа́ющий	посыпа́вший
посыпа́ет	посыпа́ют		посыпа́ли/о	посыпа́емый	——

ПОСЫ́ПАТЬ SS -сы́плют [*or* -сы́плют -сы́плю -сы́пешь -сы́пет -сы́пем -сы́пете]; -сы́пь! *Pf.* (*Impf.* посыпа́ть): strew, sprinkle (with) *e.g.* Он посы́пал бу́лку *Acc* са́харом *Inst*

посы́плю	посы́плем	посы́пь	посы́пал	——	посы́пав[ши]
посы́плешь	посы́плете	посы́пьте	посы́пала		посы́павший
посы́плет	посы́плют		посы́пали/о		посы́панный S

ПОТАНЦЕВА́ТЬ SS -цу́ют; *ppp* (потанцо́ванный S) avoided; *Pf-awhile* (*Impf.* танцева́ть): dance for a while

потанцу́ю	потанцу́ем	потанцу́й	потанцева́л		потанцева́в[ши]
потанцу́ешь	потанцу́ете	потанцу́йте	потанцева́ла		потанцева́вший
потанцу́ет	потанцу́ют		потанцева́ли/о		

ПОТАЩИ́ТЬ MS -та́щат *Pf-begin* (*Impf.* тащи́ть[1]): pull; drag (by) *e.g.* Он потащи́л соба́ку *Acc* за́ ногу *Acc*

потащу́	пота́щим	потащи́	потащи́л		потащи́в[ши]
пота́щишь	пота́щите	потащи́те	потащи́ла		потащи́вший
пота́щит	пота́щат		потащи́ли/о		

ПО-ТВО́ЕМУ *adv:* in your opinion; as you wish; (in) your way *e.g.* пусть бу́дет по-тво́ему have it your way

ПОТЕКУ́Т non-past tense of поте́чь

ПОТЕРПЕ́ТЬ MS -те́рпят; *ppp* avoided: 1. *Pf-awhile* (*Impf.* терпе́ть) be patient for a while; 2. *Pf.* (*Impf.* терпе́ть) stand for, put up with; suffer (misfortune, etc.)

потерплю́	поте́рпим	потерпи́	потерпе́л		потерпе́в[ши]
поте́рпишь	поте́рпите	потерпи́те	потерпе́ла		потерпе́вший
поте́рпит	поте́рпят		потерпе́ли/о		

ПОТЕ́РЯ SS *f.in:* loss

поте́ря	поте́рю	поте́ри	поте́ре	поте́ре	поте́рей
поте́ри	поте́ри	поте́рь	поте́рях	поте́рям	поте́рями

ПОТЕРЯ́ТЬ SS -я́ют; *Pf.* (*Impf.* теря́ть): lose

потеря́ю	потеря́ем	потеря́й	потеря́л		потеря́в[ши]
потеря́ешь	потеря́ете	потеря́йте	потеря́ла		потеря́вший
потеря́ет	потеря́ют		потеря́ли/о		поте́рянный S

ПОТЕРЯ́ТЬСЯ SS -я́ются; *Pf.* (*Impf.* теря́ться): get lost; lose one's way; get confused, embarrassed

потеря́юсь	потеря́емся	потеря́йся	потеря́лся		потеря́вшись
потеря́ешься	потеря́етесь	потеря́йтесь	потеря́лась		потеря́вшийся
потеря́ется	потеря́ются		потеря́лись/ось		——

ПОТЕ́ЧЬ EE -теку́т -теку́ -течёт; -тёк -текла́ -текли́; *past adv.* -тёкши; *intrans; Pf-begin* (*Impf.* те́чь[1]): begin to flow; begin to leak; pass (*said of time*)

потеку́	потечём	потеки́	потёк		потёкши
потечёшь	потечёте	потеки́те	потекла́		потёкший
потечёт	потеку́т		потекли́/о		——

ПОТОЛО́К EE (о) *m.in:* ceiling

потоло́к	потоло́к	потолка́	потолке́	потолку́	потолко́м
потолки́	потолки́	потолко́в	потолка́х	потолка́м	потолка́ми

ПОТО́М *adv:* afterwards, later on; then, after that

ПОТОМУ́ *adv:* that's why; *conjunction:* потому́ что because

ПОТРА́ТИТЬ SS -тят; *Pf.* (*Impf.* тра́тить): spend (on) *e.g.* Он потра́тил копе́йку *Acc* на газе́ту *Acc*; Он потра́тил два *Acc* часа́ на дома́шнюю рабо́ту *Acc*

потра́чу	потра́тим	потра́ть	потра́тил		потра́тив[ши]
потра́тишь	потра́тите	потра́тьте	потра́тила		потра́тивший
потра́тит	потра́тят		потра́тили/о		потра́ченный S

ПОТРЕ́БОВАТЬ SS -буют; *Pf.* (*Impf.* тре́бовать): demand (smt.) (of smb.) *e.g.* Он потре́бовал у сестры́ *Gen* [*or* от сестры́ *Gen*] де́нег *Gen*

потре́бую	потре́буем	потре́буй	потре́бовал		потре́бовав[ши]
потре́буешь	потре́буете	потре́буйте	потре́бовала		потре́бовавший
потре́бует	потре́буют		потре́бовали/о		потре́бованный S

ПОТРЯСА́ЮЩЕ *adv:* (colloq.) terrifically, smashingly, staggeringly

ПОТРЯСА́ЮЩИЙ S (*also pres. active ptcpl. of* потряса́ть): (colloq.) terrific, smashing, staggering

потряса́ющий	*Nom/Gen*	потряса́ющего	потряса́ющем	потряса́ющему	потряса́ющим
потряса́ющее	потряса́ющее	потряса́ющего	потряса́ющем	потряса́ющему	потряса́ющим
потряса́ющая	потряса́ющую	потряса́ющей	потряса́ющей	потряса́ющей	потряса́ющей
потряса́ющие	*Nom/Gen*	потряса́ющих	потряса́ющих	потряса́ющим	потряса́ющими

потряса́ющ, потряса́юща, потряса́юще, потряса́ющи

ПОТУШИ́ТЬ MS -ту́шат: 1. *Pf.* (*Impf.* туши́ть): extinguish; 2. *Pf-awhile* (*Impf.* туши́ть): stew for a while

потушу́	поту́шим	потуши́	потуши́л		потуши́в[ши]
поту́шишь	поту́шите	потуши́те	потуши́ла		потуши́вший
поту́шит	поту́шат		потуши́ли/о		поту́шенный S

ПОТЯНУ́ТЬСЯ MS -тя́нутся: 1. *Pf-begin* (*Impf.* тяну́ться) extend (said of a landscape, territory, etc.); pass (said of time); 2. *Pf.* (*Impf.* тяну́ться) stretch oneself; reach (for) *e.g.* Он потяну́лся к кни́ге *Dat*

потяну́сь	потя́немся	потяни́сь	потяну́лся		потяну́вшись
потя́нешься	потя́нетесь	потяни́тесь	потяну́лась		потяну́вшийся
потя́нется	потя́нутся		потяну́лись/ось		——

ПОУ́ЖИНАТЬ SS -ают; *intrans; Pf.* (*Impf.* у́жинать): have supper

поу́жинаю	поу́жинаем	поу́жинай	поу́жинал	——	поу́жинав[ши]
поу́жинаешь	поу́жинаете	поу́жинайте	поу́жинала	——	поу́жинавший
поу́жинает	поу́жинают		поу́жинали/о		

ПОУМНЕ́ТЬ SS -еют; *intrans; Pf.* (*Impf.* умне́ть): grow wiser

поумне́ю	поумне́ем	поумне́й	поумне́л	——	поумне́в[ши]
поумне́ешь	поумне́ете	поумне́йте	поумне́ла	——	поумне́вший
поумне́ет	поумне́ют		поумне́ли/о		

ПО-ФРАНЦУ́ЗСКИ <у́ск> *adv:* in French; in the French way

ПОХВАЛИ́ТЬ MS -хва́лят; *Pf.* (*Impf.* хвали́ть): praise (for), compliment (on) *e.g.* Он похвали́л сестру́ *Acc* за её рабо́ту *Acc*

похвалю́	похва́лим	похвали́	похвали́л	——	похвали́в[ши]
похва́лишь	похва́лите	похвали́те	похвали́ла	——	похвали́вший
похва́лит	похва́лят		похвали́ли/о	——	похва́ленный S

ПОХО́Д SS *m.in:* hike, trip, journey

| похо́д | похо́д | похо́да | похо́де | похо́ду | похо́дом |
| похо́ды | похо́ды | похо́дов | похо́дах | похо́дам | похо́дами |

ПОХОДИ́ТЬ[1] MS -хо́дят; *intrans; Impf.* (*no Pf.*): be similar (to), resemble *e.g.* Он походи́л на свою́ сестру́ *Acc*

похожу́	похо́дим	походи́	походи́л	походя́	
похо́дишь	похо́дите	походи́те	походи́ла	походя́щий	походи́вший
похо́дит	похо́дят		походи́ли/о	——	——

ПОХОДИ́ТЬ[2] MS -хо́дят; *intrans; Pf-awhile* (*Impf.* ходи́ть): walk for a while

похожу́	похо́дим	походи́	походи́л	——	походи́в[ши]
похо́дишь	похо́дите	походи́те	походи́ла	——	походи́вший
похо́дит	похо́дят		походи́ли/о		

ПОХО́ЖИЙ S: similar (to) *e.g.* Он похо́ж на свою́ сестру́ *Acc*

похо́жий	*Nom/Gen*	похо́жего	похо́жем	похо́жему	похо́жим
похо́жее	похо́жее	похо́жего	похо́жем	похо́жему	похо́жим
похо́жая	похо́жую	похо́жей	похо́жей	похо́жей	похо́жей
похо́жие	*Nom/Gen*	похо́жих	похо́жих	похо́жим	похо́жими

похо́ж, похо́жа, похо́же, похо́жи

ПОХОЛОДЕ́ТЬ SS -еют; *intrans; Pf.* (*Impf.* холоде́ть): 1. (*Impersonal*) get cold *e.g.* По́сле моро́женого у меня́ *Gen* похолоде́ло в желу́дке *Prep*; 2. (*Personal*) grow cold (with fear, etc.) *e.g.* Он похолоде́л от стра́ха *Gen*

похолоде́ю	похолоде́ем	похолоде́й	похолоде́л	——	похолоде́в[ши]
похолоде́ешь	похолоде́ете	похолоде́йте	похолоде́ла	——	похолоде́вший
похолоде́ет	похолоде́ют		похолоде́ли/о		

ПОХУДЕ́ТЬ SS -еют; *intrans; Pf.* (*Impf.* худе́ть): grow thin(ner), lose weight

похуде́ю	похуде́ем	похуде́й	похуде́л	——	похуде́в[ши]
похуде́ешь	похуде́ете	похуде́йте	похуде́ла	——	похуде́вший
похуде́ет	похуде́ют		похуде́ли/о		

ПОЦЕЛОВА́ТЬ SS -лу́ют; *Pf.* (*Impf.* целова́ть): kiss (on) *e.g.* Он поцелова́л сестру́ *Acc* в щёку *Acc* He kissed his sister on the cheek

поцелу́ю	поцелу́ем	поцелу́й	поцелова́л	——	поцелова́в[ши]
поцелу́ешь	поцелу́ете	поцелу́йте	поцелова́ла	——	поцелова́вший
поцелу́ет	поцелу́ют		поцелова́ли/о		

ПОЦЕЛОВА́ТЬСЯ SS -лу́ются; *Pf.* (*Impf.* целова́ться): kiss, kiss one another *e.g.* Он поцелова́лся с ней *Inst*; Они́ поцелова́лись

поцелу́юсь	поцелу́емся	поцелу́йся	поцелова́лся	——	поцелова́вшись
поцелу́ешься	поцелу́етесь	поцелу́йтесь	поцелова́лась	——	поцелова́вшийся
поцелу́ется	поцелу́ются		поцелова́лись/ось ——		

ПОЦЕЛУ́Й SS *m.in:* kiss

| поцелу́й | поцелу́й | поцелу́я | поцелу́е | поцелу́ю | поцелу́ем |
| поцелу́и | поцелу́и | поцелу́ев | поцелу́ях | поцелу́ям | поцелу́ями |

ПО́ЧВА SS *f.in:* soil; basis

| по́чва | по́чву | по́чвы | по́чве | по́чве | по́чвой |
| по́чвы | по́чвы | по́чв | по́чвах | по́чвам | по́чвами |

ПОЧЕМУ́ *adv:* why; which is why *e.g.* Я замёрз, почему́ наза́втра и заболе́л I froze, which is why I got sick the next day

ПОЧЕМУ́-НИБУДЬ *adv:* for some reason, for any reason, for some reason or other

ПОЧЕМУ́-ТО *adv:* for some reason, somehow

ПОЧЕРНЕ́ТЬ SS -еют; *intrans; Pf.* (*Impf.* черне́ть): turn black *e.g.* Руба́шка почерне́ла от пы́ли *Gen* The shirt got black with dust

почерне́ю	почерне́ем	почерне́й	почерне́л	——	почерне́в[ши]
почерне́ешь	почерне́ете	почерне́йте	почерне́ла	——	почерне́вший
почерне́ет	почерне́ют		почерне́ли/о		

ПОЧИНИ́ТЬ MS -чи́нят; *Pf.* (*Impf.* чини́ть[1] and починя́ть): fix, repair

починю́	почи́ним	почини́	починѝл	——	починѝв[ши]
почи́нишь	почини́те	почини́те	починѝла	——	починѝвший
почи́нит	почи́нят		починѝли/о	——	почи́ненный S

ПОЧИНЯ́ТЬ (see also чини́ть[1]) SS -я́ют; *Colloquial*; *Impf.* (*Pf.* почини́ть): fix, repair

починя́ю	починя́ем	починя́й	починя́л	починя́я	
починя́ешь	починя́ете	починя́йте	починя́ла	починя́ющий	починя́вший
починя́ет	починя́ют		починя́ли/о	починя́емый	——

✓**ПОЧИ́СТИТЬ** SS -тят; [-чи́сти! *or* -чи́сть! -чи́стите! *or* -чи́стьте!] *Pf. and Pf-awhile* (*Impf.* чи́стить): clean; peel, shell ~~, brush (teeth)~~

почи́щу	почи́стим	почи́сти	почи́стил	——	почи́стив[ши]
почи́стишь	почи́стите	почи́стите	почи́стила	——	почи́стивший
почи́стит	почи́стят		почи́стили/о	——	почи́щенный S

ПОЧИТА́ТЬ SS -а́ют; *Pf-awhile* (*Impf.* чита́ть): read for a while

почита́ю	почита́ем	почита́й	почита́л	——	почита́в[ши]
почита́ешь	почита́ете	почита́йте	почита́ла	——	почита́вший
почита́ет	почита́ют		почита́ли/о	——	

ПО́ЧТА SS *f.in:* 1. mail *e.g.* Он посла́л/получи́л письмо́ по по́чте *Dat* [*or* по́чтой *Inst*]; 2. post-office (use на/на/с for to/at/from)

по́чта	по́чту	по́чты	по́чте	по́чте	по́чтой

ПОЧТАЛЬО́Н SS *m.an:* mailman (Use fem. predicate when referring to a woman, *e.g.* Наш но́вый почтальо́н сего́дня не пришла́)

почтальо́н	почтальо́на	почтальо́на	почтальо́не	почтальо́ну	почтальо́ном
почтальо́ны	почтальо́нов	почтальо́нов	почтальо́нах	почтальо́нам	почтальо́нами

ПОЧТИ́ *adv:* almost, nearly

ПОЧУ́ВСТВОВАТЬ <у́ств> SS -ствуют; *Pf.* (*Impf.* чу́вствовать): 1. experience, feel, sense; 2. (*in the phrase* почу́вствовать себя́) feel (good, bad, etc.) *e.g.* Я пло́хо себя́ почу́вствовала I started to feel bad; Она́ почу́вствовала себя́ больно́й *Inst*

-ствую	-ствуем	-ствуй	-ствовал	——	-ствовав[ши]
-ствуешь	-ствуете	-ствуйте	-ствовала	——	-ствовавший
-ствует	-ствуют		-ствовали/о	——	-ствованный S

ПОШЛИ́ *past tense of* пойти́ *and Imperative of* посла́ть

ПОШУТИ́ТЬ MS -шу́тят; *intrans*; *Pf. and Pf-awhile* (*Impf.* шути́ть): make a joke; joke a bit

пошучу́	пошу́тим	пошути́	пошути́л	——	пошути́в[ши]
пошу́тишь	пошу́тите	пошути́те	пошути́ла	——	пошути́вший
пошу́тит	пошу́тят		пошути́ли/о	——	——

ПОЭ́ЗИЯ <паэ́ *or* поэ́> SS *f.in:* poetry

поэ́зия	поэ́зию	поэ́зии	поэ́зии	поэ́зии	поэ́зией

ПОЭ́МА <паэ́ *or* поэ́> SS *f.in:* (long) poem

поэ́ма	поэ́му	поэ́мы	поэ́ме	поэ́ме	поэ́мой
поэ́мы	поэ́мы	поэ́м	поэ́мах	поэ́мам	поэ́мами

ПО-ЭСТО́НСКИ *adv:* in Estonian; in the Estonian way

ПОЭ́Т <паэ́ *or* поэ́> SS *m.an:* poet

поэ́т	поэ́та	поэ́та	поэ́те	поэ́ту	поэ́том
поэ́ты	поэ́тов	поэ́тов	поэ́тах	поэ́там	поэ́тами

ПОЭТЕ́ССА <паэтэ́ *or* поэтэ́; с *or* сс> SS *f.an:* poetess

поэте́сса	поэте́ссу	поэте́ссы	поэте́ссе	поэте́ссе	поэте́ссой
поэте́ссы	поэте́сс	поэте́сс	поэте́ссах	поэте́ссам	поэте́ссами

ПОЭ́ТОМУ *adv:* therefore, and so

ПОЮ́Т *non-past tense of* петь

ПОЯВИ́ТЬСЯ MS -я́вятся; *Pf.* (*Impf.* появля́ться): appear, show up *e.g.* У меня́ *Gen* появи́лась но́вая иде́я *Nom* I got a new idea ● появи́ться на свет be born

появлю́сь	появи́мся	появи́сь	появи́лся	——	появи́вшись
появишься	появи́тесь	появи́тесь	появи́лась	——	появи́вшийся
появится	появя́тся		появи́лись/ось	——	

ПОЯВЛЯ́ТЬСЯ SS -я́ются; *Impf.* (*Pf.* появи́ться): appear, show up *e.g.* У меня́ *Gen* появля́лись но́вые иде́и *Nom* I used to get new ideas ● появля́ться на свет be born

появля́юсь	появля́емся	появля́йся	появля́лся	появля́ясь	
появля́ешься	появля́етесь	появля́йтесь	появля́лась	появля́ющийся	появля́вшийся
появля́ется	появля́ются		появля́лись/ось		

ПРА́ВДА[1] SS *f.in:* truth

пра́вда	пра́вду	пра́вды	пра́вде	пра́вде	пра́вдой

ПРА́ВДА[2] *adverb:* truly, really *e.g.* Он пра́вда ру́сский?

ПРА́ВДА[3] *predicate:* it is true *e.g.* Пра́вда, что он ру́сский?

ПРА́ВДА[4] *conjunction:* true, although *e.g.* Иногда́, пра́вда ре́дко, она́ рабо́тает

ПРА́ВДА[5] *parenthetical word:* true, it is true *e.g.* Он, пра́вда, ру́сский, но он хорошо́ зна́ет англи́йский язы́к True, he's a Russian, but he knows English well

ПРАВДИ́ВО *adv:* true-to-life; truthfully, sincerely

ПРА́ВИЛО SS *n.in*: rule

пра́вило	пра́вило	пра́вила	пра́виле	пра́вилу	пра́вилом
пра́вила	пра́вила	пра́вил	пра́вилах	пра́вилам	пра́вилами

ПРА́ВИЛЬНО *adv*: correctly; regularly ● Пра́вильно! That's right!

ПРА́ВИЛЬНЫЙ S (e): correct; regular

пра́вильный	Nom/Gen	пра́вильного	пра́вильном	пра́вильному	пра́вильным
пра́вильное	пра́вильное	пра́вильного	пра́вильном	пра́вильному	пра́вильным
пра́вильная	пра́вильную	пра́вильной	пра́вильной	пра́вильной	пра́вильной
пра́вильные	Nom/Gen	пра́вильных	пра́вильных	пра́вильным	пра́вильными

пра́вилен, пра́вильна, пра́вильно, пра́вильны; пра́вильнее

ПРАВИ́ТЕЛЬСТВО SS *n.in*: government (*governing body of a nation*)

-и́тельство	-и́тельство	-и́тельства	-и́тельстве	-и́тельству	-и́тельством
-и́тельства	-и́тельства	-и́тельств	-и́тельствах	-и́тельствам	-и́тельствами

ПРА́ВИТЬ SS -вят; *intrans*; *Impf.* (*no Pf.*): 1. drive (*generally said of horses*) *e.g.* Он пра́вил лошадьми́ *Inst*; 2. rule (over), govern *e.g.* Он пра́вит страно́й *Inst*

пра́влю	пра́вим	правь	пра́вил	пра́вя	
пра́вишь	пра́вите	пра́вьте	пра́вила	пра́вящий	пра́вивший
пра́вит	пра́вят		пра́вили/о	——	——

ПРА́ВЫЙ[1] S [or M] *sh.fem. avoided; also used as m.an noun*: right, righthand; right-wing; (*as noun*) rightist

пра́вый	Nom/Gen	пра́вого	пра́вом	пра́вому	пра́вым
пра́вое	пра́вое	пра́вого	пра́вом	пра́вому	пра́вым
пра́вая	пра́вую	пра́вой	пра́вой	пра́вой	пра́вой
пра́вые	Nom/Gen	пра́вых	пра́вых	пра́вым	пра́выми

прав, пра́во, пра́вы; правее

ПРА́ВЫЙ[2] M *used mostly in short forms*: right, correct (*said of a person*)

прав, права́, пра́во, пра́вы; правее

ПРА́ЗДНИК <зн> SS *m.in*: holiday, celebration (*use* на/на/с *for to/at/from the event*)

пра́здник	пра́здник	пра́здника	пра́зднике	пра́зднику	пра́здником
пра́здники	пра́здники	пра́здников	пра́здниках	пра́здникам	пра́здниками

ПРА́ЗДНОВАТЬ <зн> SS -нуют; *Impf.* (*Pf.* от-): celebrate

пра́здную	пра́зднуем	пра́зднуй	пра́здновал	пра́зднуя	
пра́зднуешь	пра́зднуете	пра́зднуйте	пра́здновала	пра́зднующий	пра́здновавший
пра́зднует	пра́зднуют		пра́здновали/о	пра́зднуемый	

ПРА́КТИКА SS *f.in*: 1. internship ● е́хать на +*Acc*; бы́ть на +*Prep*; возвраща́ться с +*Gen*; 2. practice, art *e.g.* пра́ктика перево́да *Gen* the art of translation; 3. practice, experience *e.g.* пра́ктика в перево́де *Prep* practice in translating

пра́ктика	пра́ктику	пра́ктики	пра́ктике	пра́ктике	пра́ктикой

ПРАКТИ́ЧЕСКИЙ S *short forms avoided, no compar*: practical

-и́ческий	Nom/Gen	-и́ческого	-и́ческом	-и́ческому	-и́ческим
-и́ческое	-и́ческое	-и́ческого	-и́ческом	-и́ческому	-и́ческим
-и́ческая	-и́ческую	-и́ческой	-и́ческой	-и́ческой	-и́ческой
-и́ческие	Nom/Gen	-и́ческих	-и́ческих	-и́ческим	-и́ческими

adv. практи́чески

ПРЕВОСХО́ДНЫЙ S (e): superb

-хо́дный	Nom/Gen	-хо́дного	-хо́дном	-хо́дному	-хо́дным
-хо́дное	-хо́дное	-хо́дного	-хо́дном	-хо́дному	-хо́дным
-хо́дная	-хо́дную	-хо́дной	-хо́дной	-хо́дной	-хо́дной
-хо́дные	Nom/Gen	-хо́дных	-хо́дных	-хо́дным	-хо́дными

-хо́ден, -хо́дна, -хо́дно, -хо́дны; -хо́днее

ПРЕВОСХО́ДСТВО SS *n.in*: superiority (in) *e.g.* превосхо́дство в си́ле *Prep*

-хо́дство	-хо́дство	-хо́дства	-хо́дстве	-хо́дству	-хо́дством

ПРЕВРАТИ́ТЬСЯ ES -тятся -щу́сь; *Pf.* (*Impf.* превраща́ться): turn (into) *e.g.* Лёд преврати́лся в во́ду *Acc*

-вращу́сь	-врати́мся	-врати́сь	-врати́лся		-врати́вшись
-врати́шься	-врати́тесь	-врати́тесь	-врати́лась	——	-врати́вшийся
-врати́тся	-вратя́тся		-врати́лись/ось	——	——

ПРЕВРАЩА́ТЬСЯ SS -а́ются; *Impf.* (*Pf.* преврати́ться): turn (into) *e.g.* Лёд превраща́ется в во́ду *Acc*

-враща́юсь	-враща́емся	-враща́йся	-враща́лся	-враща́ясь	
-враща́ешься	-враща́етесь	-враща́йтесь	-враща́лась	-враща́ющийся	-враща́вшийся
-враща́ется	-враща́ются		-враща́лись/ось	——	——

ПРЕДВИ́ДЕТЬ SS предви́дят; *Imperative avoided; pres. passive ptcpl.* предви́димый; *ppp* предви́денный S; *Impf.* (*no Pf.*): foresee

предви́жу	предви́дим		предви́дел	предви́дя	
предви́дишь	предви́дите		предви́дела	предви́дящий	предви́девший
предви́дит	предви́дят		предви́дели/о	предви́димый	предви́денный S

ПРЕДЛАГА́ТЬ SS -а́ют; *Impf.* (*Pf.* предложи́ть): suggest; offer e.g. Он предлага́л сестре́ *Dat* ты́сячу *Acc* рубле́й

предлага́ю	предлага́ем	предлага́й	предлага́л	предлага́я	
предлага́ешь	предлага́ете	предлага́йте	предлага́ла	предлага́ющий	предлага́вший
предлага́ет	предлага́ют		предлага́ли/о	предлага́емый	——

ПРЕДЛО́Г SS *m.in*: excuse, pretext; preposition

предло́г	предло́г	предло́га	предло́ге	предло́гу	предло́гом
предло́ги	предло́ги	предло́гов	предло́гах	предло́гам	предло́гами

ПРЕДЛОЖЕ́НИЕ SS *n.in*: proposition; proposal; sentence, clause (*grammatical*) ● прида́точное предложе́ние subordinate clause

предложе́ние	предложе́ние	предложе́ния	предложе́нии	предложе́нию	предложе́нием
предложе́ния	предложе́ния	предложе́ний	предложе́ниях	предложе́ниям	предложе́ниями

ПРЕДЛОЖИ́ТЬ MS -ло́жат; *Pf.* (*Impf.* предлага́ть): suggest; offer e.g. Он предложи́л сестре́ *Dat* ты́сячу *Acc* рубле́й

предложу́	предло́жим	предложи́	предложи́л	——	предложи́в[ши]
предло́жишь	предло́жите	предложи́те	предложи́ла	——	предложи́вший
предло́жит	предло́жат		предложи́ли/о	——	предло́женный S

ПРЕДЛО́ЖНЫЙ S (е): prepositional (case)

предло́жный	предло́жный	предло́жного	предло́жном	предло́жному	предло́жным

ПРЕДМЕ́Т SS *m.in*: subject, theme (*of a lecture, discussion, etc.*); object, thing

предме́т	предме́т	предме́та	предме́те	предме́ту	предме́том
предме́ты	предме́ты	предме́тов	предме́тах	предме́там	предме́тами

ПРЕДОСТА́ВИТЬ SS -вят; *Pf.* (*Impf.* предоставля́ть): 1. lend, let have, give the use of e.g. Он предоста́вил сестре́ *Dat* свою́ кварти́ру *Acc*; 2. grant e.g. Он предоста́вил сестре́ *Dat* свобо́ду *Acc* выбира́ть друзе́й

-ста́влю	-ста́вим	-ста́вь	-ста́вил	——	-ста́вив[ши]
-ста́вишь	-ста́вите	-ста́вьте	-ста́вила	——	-ста́вивший
-ста́вит	-ста́вят		-ста́вили/о	——	-ста́вленный S

ПРЕДОСТАВЛЯ́ТЬ SS -я́ют; *Impf.* (*Pf.* предоста́вить): 1. lend, let have, give the use of e.g. Он предоставля́л сестре́ *Dat* свою́ кварти́ру *Acc*; 2. grant e.g. Он предоставля́л сестре́ *Dat* свобо́ду *Acc* выбира́ть друзе́й

-ставля́ю	-ставля́ем	-ставля́й	-ставля́л	-ставля́я	
-ставля́ешь	-ставля́ете	-ставля́йте	-ставля́ла	-ставля́ющий	-ставля́вший
-ставля́ет	-ставля́ют		-ставля́ли/о	-ставля́емый	——

ПРЕДПОЛАГА́ТЬ SS -а́ют; *Impf.* 1. (*Pf.* предположи́ть) suppose, presume; 2. (*no Pf.*) plan, intend

-полага́ю	-полага́ем	-полага́й	-полага́л	-полага́я	
-полага́ешь	-полага́ете	-полага́йте	-полага́ла	-полага́ющий	-полага́вший
-полага́ет	-полага́ют		-полага́ли/о	-полага́емый	——

ПРЕДПОЛОЖИ́ТЬ MS -поло́жат; *Pf.* (*Impf.* предполага́ть): suppose, presume

-положу́	-поло́жим	-положи́	-положи́л	——	-положи́в[ши]
-поло́жишь	-поло́жите	-положи́те	-положи́ла	——	-положи́вший
-поло́жит	-поло́жат		-положи́ли/о	——	-поло́женный S

ПРЕДПОЧЕ́СТЬ EE -чту́т; -чёл -чла́ -чли; *past adv.* -чтя́; *no past active ptcpl*; *Pf.* (*Impf.* предпочита́ть): prefer e.g. Он предпочёл конце́рт *Acc* семина́ру *Dat*

предпочту́	предпочтём	предпочти́	предпочёл	——	предпочтя́
предпочтёшь	предпочтёте	предпочти́те	предпочла́	——	
предпочтёт	предпочту́т		предпочли́/о	——	предпочтённый E

ПРЕДПОЧИТА́ТЬ SS -а́ют; *Impf.* (*Pf.* предпоче́сть): prefer e.g. Он предпочита́л конце́рты *Acc* семина́рам *Dat*

-почита́ю	-почита́ем	-почита́й	-почита́л	-почита́я	
-почита́ешь	-почита́ете	-почита́йте	-почита́ла	-почита́ющий	-почита́вший
-почита́ет	-почита́ют		-почита́ли/о	-почита́емый	——

ПРЕДСЕДА́ТЕЛЬ SS *m.an*: chairman

председа́тель	председа́теля	председа́теля	председа́теле	председа́телю	председа́телем
председа́тели	председа́телей	председа́телей	председа́телях	председа́телям	председа́телями

ПРЕДСЕДА́ТЕЛЬНИЦА SS *f.an*: chairman, chairperson (*woman*)

-да́тельница	-да́тельницу	-да́тельницы	-да́тельнице	-да́тельнице	-да́тельницей
-да́тельницы	-да́тельниц	-да́тельниц	-да́тельницах	-да́тельницам	-да́тельницами

ПРЕДСКАЗА́НИЕ SS *n.in*: prediction

-сказа́ние	-сказа́ние	-сказа́ния	-сказа́нии	-сказа́нию	-сказа́нием
-сказа́ния	-сказа́ния	-сказа́ний	-сказа́ниях	-сказа́ниям	-сказа́ниями

ПРЕДСКАЗА́ТЕЛЬ SS *m.an*: forecaster

-сказа́тель	-сказа́теля	-сказа́теля	-сказа́теле	-сказа́телю	-сказа́телем
-сказа́тели	-сказа́телей	-сказа́телей	-сказа́телях	-сказа́телям	-сказа́телями

ПРЕДСКАЗА́ТЕЛЬНИЦА SS *f.an*: fortune teller (*woman*)

-за́тельница	-за́тельницу	-за́тельницы	-за́тельнице	-за́тельнице	-за́тельницей
-за́тельницы	-за́тельниц	-за́тельниц	-за́тельницах	-за́тельницам	-за́тельницами

ПРЕДСКАЗА́ТЬ MS -ка́жут; Pf. (Impf. предска́зывать): predict

-скажу́	-ска́жем	-скажи́	-сказа́л	——	-сказа́в[ши]
-ска́жешь	-ска́жете	-скажи́те	-сказа́ла	——	-сказа́вший
-ска́жет	-ска́жут		-сказа́ли/о	——	-ска́занный S

ПРЕДСКА́ЗЫВАТЬ SS -ают; Impf. (Pf. предсказа́ть): predict

-ска́зываю	-ска́зываем	-ска́зывай	-ска́зывал	-ска́зывая	
-ска́зываешь	-ска́зываете	-ска́зывайте	-ска́зывала	-ска́зывающий	-ска́зывавший
-ска́зывает	-ска́зывают		-ска́зывали/о	-ска́зываемый	

✓**ПРЕДСТА́ВИТЬ** SS -вят; Pf. (Impf. представля́ть): present; introduce e.g. О́н предста́вил сестру́ Acc моему́ бра́ту Dat ● предста́вить себе́ imagine

-ста́влю	-ста́вим	-ста́вь	-ста́вил	——	-ста́вив[ши]
-ста́вишь	-ста́вите	-ста́вьте	-ста́вила	——	-ста́вивший
-ста́вит	-ста́вят		-ста́вили/о	——	-ста́вленный S

ПРЕДСТА́ВИТЬСЯ SS -вятся; Pf. (Impf. представля́ться): pretend to be; introduce oneself (as) e.g. О́н предста́вился на́м Dat дире́ктором Inst институ́та

-ста́влюсь	-ста́вимся	-ста́вься	-ста́вился	——	-ста́вившись
-ста́вишься	-ста́витесь	-ста́вьтесь	-ста́вилась	——	-ста́вившийся
-ста́вится	-ста́вятся		-ста́вились/ось	——	——

✓**ПРЕДСТАВЛЯ́ТЬ** SS -я́ют; Impf. (Pf. предста́вить): 1. present; introduce e.g. О́н представля́л сестру́ Acc моему́ бра́ту Dat; 2. (Pf. rarely used) represent ● представля́ть себе́ imagine

представля́ю	представля́ем	представля́й	представля́л	представля́я	
представля́ешь	представля́ете	представля́йте	представля́ла	представля́ющий	представля́вший
представля́ет	представля́ют		представля́ли/о	представля́емый	——

ПРЕДСТАВЛЯ́ТЬСЯ SS -я́ются; Impf: 1. (no Pf.) present itself; seem e.g. О́н представля́ется мне́ Dat у́мным челове́ком Inst; 2. (Pf. предста́виться) pretend to be; introduce oneself (as) e.g. О́н представля́лся все́м Dat дире́ктором Inst институ́та

-ставля́юсь	-ставля́емся	-ставля́йся	-ставля́лся	-ставля́ясь	
-ставля́ешься	-ставля́етесь	-ставля́йтесь	-ставля́лась	-ставля́ющийся	-ставля́вшийся
-ставля́ется	-ставля́ются		-ставля́лись/ось	——	——

ПРЕДУПРЕДИ́ТЬ ES -дя́т; ppp предупреждённый E; Pf. (Impf. предупрежда́ть): 1. warn, forewarn e.g. О́н предупреди́л сестру́ Acc о што́рме Prep; 2. prevent, avert; anticipate

-упрежу́	-упреди́м	-упреди́	-упреди́л	——	-упреди́в[ши]
-упреди́шь	-упреди́те	-упреди́те	-упреди́ла	——	-упреди́вший
-упреди́т	-упредя́т		-упреди́ли/о	——	-упреждённый E

ПРЕДУПРЕЖДА́ТЬ SS -а́ют; Impf. (Pf. предупреди́ть): 1. warn, forewarn e.g. О́н предупрежда́л сестру́ Acc о што́рме Prep; 2. prevent, avert; anticipate

-упрежда́ю	-упрежда́ем	-упрежда́й	-упрежда́л	-упрежда́я	
-упрежда́ешь	-упрежда́ете	-упрежда́йте	-упрежда́ла	-упрежда́ющий	-упрежда́вший
-упрежда́ет	-упрежда́ют		-упрежда́ли/о	-упрежда́емый	

ПРЕ́ЖДЕ prep. +Gen: before; adv: before, first; formerly ● пре́жде всего́ first and foremost, before all; пре́жде чем before

ПРЕЗИДЕ́НТ SS m.an: president

президе́нт	президе́нта	президе́нта	президе́нте	президе́нту	президе́нтом
президе́нты	президе́нтов	президе́нтов	президе́нтах	президе́нтам	президе́нтами

ПРЕЗИ́ДИУМ SS m.in: presidium

-зи́диум	-зи́диум	-зи́диума	-зи́диуме	-зи́диуму	-зи́диумом
-зи́диумы	-зи́диумы	-зи́диумов	-зи́диумах	-зи́диумам	-зи́диумами

ПРЕЗИРА́ТЬ SS -а́ют; no ppp; Impf. (no Pf.): despise e.g. О́н презира́л сестру́ Acc за её оши́бку Acc

презира́ю	презира́ем	презира́й	презира́л	презира́я	
презира́ешь	презира́ете	презира́йте	презира́ла	презира́ющий	презира́вший
презира́ет	презира́ют		презира́ли/о	презира́емый	——

ПРЕИМУ́ЩЕСТВЕННО adv: mainly, chiefly, principally

ПРЕКРА́СНО adv: extremely well; interjection: Fine! Excellent!

ПРЕКРА́СНЫЙ S (e): very good; excellent

прекра́сный	Nom/Gen	прекра́сного	прекра́сном	прекра́сному	прекра́сным
прекра́сное	прекра́сное	прекра́сного	прекра́сном	прекра́сному	прекра́сным
прекра́сная	прекра́сную	прекра́сной	прекра́сной	прекра́сной	прекра́сной
прекра́сные	Nom/Gen	прекра́сных	прекра́сных	прекра́сным	прекра́сными

прекра́сен, прекра́сна, прекра́сно, прекра́сны; прекра́снее

ПРЕ́МИЯ SS f.in: bonus e.g. пре́мия за хоро́шую рабо́ту Acc

пре́мия	пре́мию	пре́мии	пре́мии	пре́мии	пре́мией
пре́мии	пре́мии	пре́мий	пре́миях	пре́миям	пре́миями

ПРЕПОДАВА́НИЕ SS n.in: teaching

-дава́ние	-дава́ние	-дава́ния	-дава́нии	-дава́нию	-дава́нием

ПРЕПОДАВА́ТЕЛЬ SS m.an: instructor, teacher

-дава́тель	-дава́теля	-дава́теля	-дава́теле	-дава́телю	-дава́телем
-дава́тели	-дава́телей	-дава́телей	-дава́телях	-дава́телям	-дава́телями

ПРЕПОДАВА́ТЕЛЬНИЦА SS f.an: instructor, teacher (woman)

-ва́тельница	-ва́тельницу	-ва́тельницы	-ва́тельнице	-ва́тельнице	-ва́тельницей
-ва́тельницы	-ва́тельниц	-ва́тельниц	-ва́тельницах	-ва́тельницам	-ва́тельницами

ПРЕПОДАВА́ТЬ ES -даю́т; pres. adv. -дава́я; pres. passive ptcpl. -дава́емый; Impf. (no Pf.): be a teacher; teach (a subject) e.g. Он преподаёт фи́зику Acc мои́м сёстрам Dat

преподаю́	преподаём	преподава́й	преподава́л	преподава́я	
преподаёшь	преподаёте	преподава́йте	преподава́ла	преподаю́щий	преподава́вший
преподаёт	преподаю́т		преподава́ли/о	преподава́емый	——

ПРИ (normally unstressed) prep. +Prep: by, at, in the presence of; at the time of; attached to, associated with; with e.g. при по́мощи +Gen with the aid (of)

ПРИБА́ВИТЬ SS -вят; Pf. (Impf. прибавля́ть): 1. add (to) e.g. Он приба́вил но́вую кни́гу Acc к свое́й колле́кции Dat; 2. increase (smt.)

приба́влю	приба́вим	приба́вь	приба́вил	——	приба́вив[ши]
приба́вишь	приба́вите	приба́вьте	приба́вила	——	приба́вивший
приба́вит	приба́вят		приба́вили/о	——	приба́вленный S

ПРИБАВЛЯ́ТЬ SS -я́ют; Impf. (Pf. приба́вить): 1. add (to) e.g. Он прибавля́ет но́вую кни́гу Acc к свое́й колле́кции Dat; 2. increase (smt.)

прибавля́ю	прибавля́ем	прибавля́й	прибавля́л	прибавля́я	
прибавля́ешь	прибавля́ете	прибавля́йте	прибавля́ла	прибавля́ющий	прибавля́вший
прибавля́ет	прибавля́ют		прибавля́ли/о	прибавля́емый	——

ПРИБА́ЛТИКА SS f.in: Baltic Soviet republics (on the shores of the Baltic Sea)

Приба́лтика	Приба́лтику	Приба́лтики	Приба́лтике	Приба́лтике	Приба́лтикой

ПРИБЕГА́ТЬ SS -а́ют; intrans; Impf: 1. (Pf. прибежа́ть) come running; 2. (Pf. прибе́гнуть) resort (to) e.g. Он прибега́ет к си́ле Dat, когда́ у него́ нет други́х аргуме́нтов

прибега́ю	прибега́ем	прибега́й	прибега́л	прибега́я	
прибега́ешь	прибега́ете	прибега́йте	прибега́ла	прибега́ющий	прибега́вший
прибега́ет	прибега́ют		прибега́ли/о	——	——

ПРИБЕ́ГНУТЬ SS -нут; -бе́г [or -бе́гнул] -бе́гла -бе́гли; [past adv. -бе́гши or -бе́гнув[ши]]; intrans; Pf. (Impf. прибега́ть): resort (to) e.g. Он прибе́г к си́ле Dat, потому́ что у него́ не́ было други́х аргуме́нтов

прибе́гну	прибе́гнем	прибе́гни	прибе́г	——	прибе́г[ши]
прибе́гнешь	прибе́гнете	прибе́гните	прибе́гла	——	прибе́гший
прибе́гнет	прибе́гнут		прибе́гли/о	——	——

ПРИБЕГУ́Т non-past tense of прибежа́ть

ПРИБЕЖА́ТЬ ES -бегу́т -бегу́ -бежи́шь -бежи́т -бежи́м -бежи́те; intrans; Pf. (Impf. прибега́ть): come running

-бегу́	-бежи́м	-беги́	-бежа́л	——	-бежа́в[ши]
-бежи́шь	-бежи́те	-беги́те	-бежа́ла	——	-бежа́вший
-бежи́т	-бегу́т		-бежа́ли/о		

ПРИБЛИЖА́ТЬСЯ SS -а́ются; Impf. (Pf. прибли́зиться): 1. become similar e.g. Его́ стиль Nom приближа́ется к мо́ему Dat; 2. approach e.g. Он приближа́лся к столу́ Dat

-ближа́юсь	-ближа́емся	-ближа́йся	-ближа́лся	-ближа́ясь	
-ближа́ешься	-ближа́етесь	-ближа́йтесь	-ближа́лась	-ближа́ющийся	-ближа́вшийся
-ближа́ется	-ближа́ются		-ближа́лись/ось		

ПРИБЛИЗИ́ТЕЛЬНО adv: approximately

ПРИБЛИ́ЗИТЬСЯ SS -зятся; Pf. (Impf. приближа́ться): 1. become similar e.g. Его́ стиль Nom прибли́зился к моему́ Dat; 2. approach e.g. Он прибли́зился к столу́ Dat

-бли́жусь	-бли́зимся	-бли́зься	-бли́зился	——	-бли́зившись
-бли́зишься	-бли́зитесь	-бли́зьтесь	-бли́зилась	——	-бли́зившийся
-бли́зится	-бли́зятся		-бли́зились/ось		

ПРИВЕЗТИ́ EE -везу́т; -вёз -везла́ -везли́; past adv. -везя́; past active ptcpl. -вёзший; Pf. (Impf. привози́ть): bring (to) (in a vehicle)

привезу́	привезём	привези́	привёз	——	привезя́
привезёшь	привезёте	привези́те	привезла́	——	привёзший
привезёт	привезу́т		привезли́/о	——	привезённый E

ПРИВЕСТИ́ EE -веду́т; -вёл -вела́ -вели́; past adv. -ведя́; past active ptcpl. -ве́дший; Pf. (Impf. приводи́ть): lead, bring (to) ● привести́ приме́р cite an example

приведу́	приведём	приведи́	привёл	——	приведя́
приведёшь	приведёте	приведи́те	привела́	——	приве́дший
приведёт	приведу́т		привели́/о	——	приведённый E

✓ **ПРИВЕ́Т** SS m.in: greetings, regards ● Приве́т! Hi!

приве́т	приве́т	приве́та	приве́те	приве́ту	приве́том
приве́ты	приве́ты	приве́тов	приве́тах	приве́там	приве́тами

ПРИВЛЕКА́ТЬ SS -а́ют; Impf. (Pf. привле́чь): 1. attract e.g. Меня́ Acc привлека́ет её красота́ Nom; 2. draw (into) e.g. Он привлека́ет сестру́ Acc к своему́ прое́кту Dat

привлека́ю	привлека́ем	привлека́й	привлека́л	привлека́я	
привлека́ешь	привлека́ете	привлека́йте	привлека́ла	привлека́ющий	привлека́вший
привлека́ет	привлека́ют		привлека́ли/о	привлека́емый	——

ПРИВЛЕ́ЧЬ EE -влеку́т -влеку́ -влечёт; -влёк -влекла́ -влекли́; *past adv.* -влёкши; *Pf.* (*Impf.* привлека́ть): 1. attract *e.g.* Меня́ *Acc* привлекла́ её красота́ *Nom*; 2. draw (into) *e.g.* Он привлёк сестру́ *Acc* к своему́ прое́кту *Dat*

привлеку́	привлечём	привлеки́	привлёк	—		привлёкши
привлечёшь	привлечёте	привлеки́те	привлекла́	—		привлёкший
привлечёт	привлеку́т		привлекли́/о́	—		привлечённый E

ПРИВОДИ́ТЬ MS -во́дят; *pres. passive ptcpl.* -води́мый; *Impf.* (*Pf.* привести́): lead, bring (to) ● приводи́ть приме́р cite an example

привожу́	приво́дим	приводи́	приводи́л	приводя́		
приво́дишь	приво́дите	приводи́те	приводи́ла	приводя́щий		приводи́вший
приво́дит	приво́дят		приводи́ли/о	приводи́мый		—

ПРИВОЖУ́ *non-past tense of* приводи́ть *and of* привози́ть

ПРИВОЗИ́ТЬ MS -во́зят; *pres. passive ptcpl.* -вози́мый; *Impf.* (*Pf.* привезти́): bring (to) (*in a vehicle*)

привожу́	приво́зим	привози́	привози́л	привозя́		
приво́зишь	приво́зите	привози́те	привози́ла	привозя́щий		привози́вший
приво́зит	приво́зят		привози́ли/о	привози́мый		—

ПРИВЫКА́ТЬ SS -а́ют; *intrans; Impf.* (*Pf.* привы́кнуть): get used (to) *e.g.* Соба́ка привыка́ет к лю́дям *Dat*

привыка́ю	привыка́ем	привыка́й	привыка́л	привыка́я		
привыка́ешь	привыка́ете	привыка́йте	привыка́ла	привыка́ющий		привыка́вший
привыка́ет	привыка́ют		привыка́ли/о	—		—

ПРИВЫ́КНУТЬ SS -нут; -вы́к -вы́кла -вы́кли; *past adv.* -вы́кши; *intrans; Pf.* (*Impf.* привыка́ть): get used (to) *e.g.* Соба́ка привы́кла к лю́дям *Dat*

привы́кну	привы́кнем	привы́кни	привы́к	—		привы́кши
привы́кнешь	привы́кнете	привы́кните	привы́кла	—		привы́кший
привы́кнет	привы́кнут		привы́кли/о	—		

ПРИВЫ́ЧКА SS (e) *f.in:* habit (of/for) *e.g.* привы́чка к регуля́рной рабо́те *Dat* [*or* привы́чка регуля́рно рабо́тать] the habit of working regularly

привы́чка	привы́чку	привы́чки	привы́чке	привы́чке	привы́чкой
привы́чки	привы́чки	привы́чек	привы́чках	привы́чкам	привы́чками

ПРИВЯЗА́ТЬ MS -вя́жут; *Pf.* (*Impf.* привя́зывать): fasten, attach, tie (to) *e.g.* Он привяза́л соба́ку *Acc* к столу́ *Dat* верёвкой *Inst* He tied the dog to the table with a rope

привяжу́	привя́жем	привяжи́	привяза́л	—		привяза́в[ши]
привя́жешь	привя́жете	привяжи́те	привяза́ла	—		привяза́вший
привя́жет	привя́жут		привяза́ли/о	—		привя́занный S

ПРИВЯ́ЗЫВАТЬ SS -ают; *Impf.* (*Pf.* привяза́ть): fasten, attach, tie (to) *e.g.* Он привя́зывает соба́ку *Acc* к столу́ *Dat* верёвкой *Inst*

привя́зываю	привя́зываем	привя́зывай	привя́зывал	привя́зывая	
привя́зываешь	привя́зываете	привя́зывайте	привя́зывала	привя́зывающий	привя́зывавший
привя́зывает	привя́зывают		привя́зывали/о	привя́зываемый	—

ПРИГЛАСИ́ТЬ ES -ся́т; *Pf.* (*Impf.* приглаша́ть): invite

приглашу́	пригласи́м	пригласи́	пригласи́л	—		пригласи́в[ши]
пригласи́шь	пригласи́те	пригласи́те	пригласи́ла	—		пригласи́вший
пригласи́т	пригласи́т		пригласи́ли/о	—		приглашённый E

ПРИГЛАША́ТЬ SS -а́ют; *Impf.* (*Pf.* пригласи́ть): invite

приглаша́ю	приглаша́ем	приглаша́й	приглаша́л	приглаша́я	
приглаша́ешь	приглаша́ете	приглаша́йте	приглаша́ла	приглаша́ющий	приглаша́вший
приглаша́ет	приглаша́ют		приглаша́ли/о	приглаша́емый	—

ПРИГЛАШЕ́НИЕ SS *n.in:* invitation

-глаше́ние	-глаше́ние	-глаше́ния	-глаше́нии	-глаше́нию	-глаше́нием
-глаше́ния	-глаше́ния	-глаше́ний	-глаше́ниях	-глаше́ниям	-глаше́ниями

ПРИГОВА́РИВАТЬ SS -ают; *Impf:* 1. (*Pf.* приговори́ть): sentence (to) *e.g.* За таки́е преступле́ния *Acc* су́дьи пригова́ривают престу́пников *Acc* к двум года́м *Dat* Judges sentence criminals to 2 years for such crimes; 2. (*no Pf.*) keep saying, keep repeating

-гова́риваю	-гова́риваем	-гова́ривай	-гова́ривал	-гова́ривая	
-гова́риваешь	-гова́риваете	-гова́ривайте	-гова́ривала	-гова́ривающий	-гова́ривавший
-гова́ривает	-гова́ривают		-гова́ривали/о	-гова́риваемый	—

ПРИГОВОРИ́ТЬ ES -ря́т; *Pf.* (*Impf.* пригова́ривать): sentence (to) *e.g.* Он приговори́л мою́ сестру́ *Acc* к двум года́м *Dat* ссы́лки

приговорю́	приговори́м	приговори́	приговори́л	—		приговори́в[ши]
приговори́шь	приговори́те	приговори́те	приговори́ла	—		приговори́вший
приговори́т	приговоря́т		приговори́ли/о	—		приговорённый E

ПРИГОТА́ВЛИВАТЬ SS -ают; *Impf.* (*Pf.* пригото́вить): get ready, prepare (for) *e.g.* Он пригота́вливал ко́мнату *Acc* к обе́ду *Dat*

-а́вливаю	-а́вливаем	-а́вливай	-а́вливал	-а́вливая	
-а́вливаешь	-а́вливаете	-а́вливайте	-а́вливала	-а́вливающий	-а́вливавший
-а́вливает	-а́вливают		-а́вливали/о	-а́вливаемый	

ПРИГОТА́ВЛИВАТЬСЯ SS -аются; *Impf.* (*Pf.* приготовиться): get ready, prepare (for) *e.g.* Он приготавливается к уроку *Dat*

-а́вливаюсь	-а́вливаемся	-а́вливайся	-а́вливался	-а́вливаясь	
-а́вливаешься	-а́вливаетесь	-а́вливайтесь	-а́вливалась	-а́вливающийся	-а́вливавшийся
-а́вливается	-а́вливаются		-а́вливались/ось	——	

ПРИГОТО́ВИТЬ SS -вят; *Pf.* (*Impf.* приготавливать, приготовлять, *and* готовить): get ready, prepare (for) *e.g.* Он -гото́вил ко́мнату *Acc* к обе́ду *Dat*

-гото́влю	-гото́вим	-гото́вь	-гото́вил	——	-гото́вив[ши]
-гото́вишь	-гото́вите	-гото́вьте	-гото́вила		-гото́вивший
-гото́вит	-гото́вят		-гото́вили/о	——	-гото́вленный S

ПРИГОТО́ВИТЬСЯ SS -вятся; *Pf.* (*Impf.* приготавливаться, приготовляться, *and* готовиться): get ready, prepare (for) *e.g.* Он приготовился к уроку *Dat*

-гото́влюсь	-гото́вимся	-гото́вься	-гото́вился	——	-гото́вившись
-гото́вишься	-гото́витесь	-гото́вьтесь	-гото́вилась		-гото́вившийся
-гото́вится	-гото́вятся		-гото́вились/ось	——	

ПРИГОТО́ВЛЕННЫЙ S *ppp of* приготовить: prepared

-гото́вленный	Nom/Gen	-гото́вленного	-гото́вленном	-гото́вленному	-гото́вленным
-гото́вленное	-гото́вленное	-гото́вленного	-гото́вленном	-гото́вленному	-гото́вленным
-гото́вленная	-гото́вленную	-гото́вленной	-гото́вленной	-гото́вленной	-гото́вленной
-гото́вленные	Nom/Gen	-гото́вленных	-гото́вленных	-гото́вленным	-гото́вленными
-гото́влен, -гото́влена, -гото́влено, -гото́влены					

ПРИГОТОВЛЯ́ТЬ SS -я́ют; *Impf.* (*Pf.* приготовить): get ready, prepare (for) *e.g.* Он приготовля́л ко́мнату *Acc* к обе́ду *Dat*

-товля́ю	-товля́ем	-товля́й	-товля́л	-товля́я	
-товля́ешь	-товля́ете	-товля́йте	-товля́ла	-товля́ющий	-товля́вший
-товля́ет	-товля́ют		-товля́ли/о	-товля́емый	——

ПРИГОТОВЛЯ́ТЬСЯ SS -я́ются; *Impf.* (*Pf.* приготовиться): get ready, prepare (for) *e.g.* Он приготовля́ется к экза́мену *Dat*

-товля́юсь	-товля́емся	-товля́йся	-товля́лся	-товля́сь	
-товля́ешься	-товля́етесь	-товля́йтесь	-товля́лась	-товля́ющийся	-товля́вшийся
-товля́ется	-товля́ются		-товля́лись/ось	——	——

ПРИДУ́МАТЬ SS -ают; *Pf.* (*Impf.* приду́мывать): think up, make up, invent

приду́маю	приду́маем	приду́май	приду́мал	——	приду́мав[ши]
приду́маешь	приду́маете	приду́майте	приду́мала		приду́мавший
приду́мает	приду́мают		приду́мали/о		приду́манный S

ПРИДУ́МЫВАТЬ SS -ают; *Impf.* (*Pf.* приду́мать): think up, make up, invent

приду́мываю	приду́мываем	приду́мывай	приду́мывал	приду́мывая	
приду́мываешь	приду́мываете	приду́мывайте	приду́мывала	приду́мывающий	приду́мывавший
приду́мывает	приду́мывают		приду́мывали/о	приду́мываемый	——

ПРИДУ́Т *non-past tense of* прийти́

ПРИЕ́ЗД SS *m.in*: arrival (riding, driving) ● С прие́здом! Welcome! (*said to people arriving after a long journey*)

прие́зд	прие́зд	прие́зда	прие́зде	прие́зду	прие́здом
прие́зды	прие́зды	прие́здов	прие́здах	прие́здам	прие́здами

ПРИЕЗЖА́ТЬ <ж'ж' *or* жж> SS -а́ют; *intrans*; *Impf.* (*Pf.* прие́хать): arrive, come (to) (riding, driving)

приезжа́ю	приезжа́ем	приезжа́й	приезжа́л	приезжа́я	
приезжа́ешь	приезжа́ете	приезжа́йте	приезжа́ла	приезжа́ющий	приезжа́вший
приезжа́ет	приезжа́ют		приезжа́ли/о	——	——

ПРИЁМ SS *m.in*: hiring, enrolling; procedure; device, method; reception (*use* на/на/с *for* to/at/from *the event*)

приём	приём	приёма	приёме	приёму	приёмом
приёмы	приёмы	приёмов	приёмах	приёмам	приёмами

ПРИЁМНЫЙ S (e) *also used as f.in noun*: adopted (*said of a child*); receiving, reception; (*as noun*) waiting room ● приёмные экза́мены entrance examinations

приёмный	Nom/Gen	приёмного	приёмном	приёмному	приёмным
приёмное	приёмное	приёмного	приёмном	приёмному	приёмным
приёмная	приёмную	приёмной	приёмной	приёмной	приёмной
приёмные	Nom/Gen	приёмных	приёмных	приёмным	приёмными

ПРИЕ́ХАТЬ SS -е́дут; -езжа́й! <ж'ж' *or* жж> *intrans*; *Pf.* (*Impf.* приезжа́ть): arrive, come (to) (riding, driving)

прие́ду	прие́дем	приезжа́й	прие́хал	——	прие́хав[ши]
прие́дешь	прие́дете	приезжа́йте	прие́хала		прие́хавший
прие́дет	прие́дут		прие́хали/о	——	——

ПРИЗ SE *m.in*: prize, award *e.g.* приз за лу́чшую ро́ль *Acc* в фи́льме

приз	приз	при́за	при́зе	при́зу	при́зом
призы́	призы́	призо́в	приза́х	приза́м	приза́ми

ПРИЗЕМЛЯ́ТЬСЯ ES -ля́тся; *Pf.* (*Impf.* приземля́ться): land (*said of aircraft*)

-землю́сь	-земли́мся	-земли́сь	-земли́лся	——	-земли́вшись
-земли́шься	-земли́тесь	-земли́тесь	-земли́лась		-земли́вшийся
-земли́тся	-земля́тся		-земли́лись/ось	——	

ПРИЗЕМЛЯ́ТЬСЯ SS -я́ются; *Impf.* (*Pf.* приземли́ться): land (*said of aircraft*)

-земля́юсь	-земля́емся	-земля́йся	-земля́лся	-земля́ясь	
-земля́ешься	-земля́етесь	-земля́йтесь	-земля́лась	-земля́ющийся	-земля́вшийся
-земля́ется	-земля́ются		-земля́лись/ось	——	——

ПРИЗНАВА́ТЬСЯ ES -знаю́тся; -знава́йся! *pres. adv.* -знава́ясь; *Impf.* (*Pf.* призна́ться): admit, confess (smt. to smb.) *e.g.* Óн признава́лся сестре́ *Dat* в свои́х оши́бках *Prep*

-знаю́сь	-знаёмся	-знава́йся	-знава́лся	-знава́ясь	
-знаёшься	-знаётесь	-знава́йтесь	-знава́лась	-знаю́щийся	-знава́вшийся
-знаётся	-знаю́тся		-знава́лись/ось		

ПРИЗНА́ТЬСЯ SS -я́ются; *Pf.* (*Impf.* признава́ться): admit, confess (smt. to smb.) *e.g.* Óн призна́лся сестре́ *Dat* в свое́й оши́бке *Prep*

призна́юсь	призна́емся	призна́йся	призна́лся	——	призна́вшись
призна́ешься	призна́етесь	призна́йтесь	призна́лась	——	призна́вшийся
призна́ется	призна́ются		призна́лись/ось		

ПРИЙТИ́ EE приду́т; *Imperative both* приди́! *and, more politely,* приходи́! пришёл пришла́ пришли́; *past adv.* придя́; *past active ptcpl.* прише́дший; *Pf.* (*Impf.* приходи́ть): arrive, come (to)

приду́	придём	приди́	пришёл	——	придя́
придёшь	придёте	приди́те	пришла́	——	прише́дший
придёт	приду́т		пришли́/ó		

ПРИЙТИ́СЬ[1] EE приду́тся; пришёлся пришла́сь пришли́сь; *past adv.* придя́сь; *past active ptcpl.* прише́дшийся; *Pf.* (*Impf.* приходи́ться): be suitable, as desired *e.g.* Сýп пришёлся мне́ *Dat* по вку́су *Dat* The soup was to my taste

приду́сь	придёмся	придись́	пришёлся	——	придя́сь
придёшься	придётесь	приди́тесь	пришла́сь	——	прише́дшийся
придётся	приду́тся		пришли́сь/óсь		

ПРИЙТИ́СЬ[2] EE придётся; пришло́сь; *Impersonal*; *Pf.* (*Impf.* приходи́ться): have to *e.g.* Мне́ *Dat* придётся рабо́тать ● Емý *Dat* тяжело́ придётся He will have a hard time

придётся			пришло́сь	

ПРИКА́З SS *m.in*: order, command

прика́з	прика́з	прика́за	прика́зе	прика́зу	прика́зом
прика́зы	прика́зы	прика́зов	прика́зах	прика́зам	прика́зами

ПРИКАЗА́ТЬ MS -ка́жут; *Pf.* (*Impf.* прика́зывать): order, command *e.g.* Óн приказа́л сестре́ *Dat* уйти́

прикажу́	прика́жем	прикажи́	приказа́л	——	приказа́в[ши]
прика́жешь	прика́жете	прикажи́те	приказа́ла	——	приказа́вший
прика́жет	прика́жут		приказа́ли/о		приказа́нный S

ПРИКА́ЗЫВАТЬ SS -ают; *Impf.* (*Pf.* приказа́ть): order, command *e.g.* Óн прика́зывает сестре́ *Dat* уйти́

прика́зываю	прика́зываем	прика́зывай	прика́зывал	прика́зывая	
прика́зываешь	прика́зываете	прика́зывайте	прика́зывала	прика́зывающий	прика́зывавший
прика́зывает	прика́зывают		прика́зывали/о	прика́зываемый	——

ПРИЛЕ́ЖНЫЙ S (e): diligent

приле́жный	Nom/Gen	приле́жного	приле́жном	приле́жному	приле́жным
приле́жное	приле́жное	приле́жного	приле́жном	приле́жному	приле́жным
приле́жная	приле́жную	приле́жной	приле́жной	приле́жной	приле́жной
приле́жные	Nom/Gen	приле́жных	приле́жных	приле́жным	приле́жными

приле́жен, приле́жна, приле́жно, приле́жны; приле́жнее

ПРИЛЕТА́ТЬ SS -а́ют; *intrans*; *Impf.* (*Pf.* прилете́ть): arrive, come (flying)

прилета́ю	прилета́ем	прилета́й	прилета́л	прилета́я	
прилета́ешь	прилета́ете	прилета́йте	прилета́ла	прилета́ющий	прилета́вший
прилета́ет	прилета́ют		прилета́ли/о		

ПРИЛЕТЕ́ТЬ ES -летя́т; *intrans*; *Pf.* (*Impf.* прилета́ть): arrive, come (flying)

прилечу́	прилети́м	прилети́	прилете́л	——	прилете́в[ши]
прилети́шь	прилети́те	прилети́те	прилете́ла	——	прилете́вший
прилети́т	прилетя́т		прилете́ли/о		

ПРИЛИ́ЧНЫЙ S (e): decent, respectable; decent, sizable

прили́чный	Nom/Gen	прили́чного	прили́чном	прили́чному	прили́чным
прили́чное	прили́чное	прили́чного	прили́чном	прили́чному	прили́чным
прили́чная	прили́чную	прили́чной	прили́чной	прили́чной	прили́чной
прили́чные	Nom/Gen	прили́чных	прили́чных	прили́чным	прили́чными

прили́чен, прили́чна, прили́чно, прили́чны; прили́чнее

ПРИМЕ́Р SS *m.in*: example

приме́р	приме́р	приме́ра	приме́ре	приме́ру	приме́ром
приме́ры	приме́ры	приме́ров	приме́рах	приме́рам	приме́рами

ПРИМЕ́РИТЬ SS -ме́рят [*or* -ме́ряют]; *Pf.* (*Impf.* примеря́ть *and* ме́рить): try on, fit

приме́рю	приме́рим	приме́рь	приме́рил	——	приме́рив[ши]
приме́ришь	приме́рите	приме́рьте	приме́рила	——	приме́ривший
приме́рит	приме́рят		приме́рили/о		приме́ренный S

ПРИМЕ́РНО *adv*: approximately

ПРИМЕРЯ́ТЬ SS -я́ют; Impf. (Pf. приме́рить): try on, fit

примеря́ю	примеря́ем	примеря́й	примеря́л	примеря́я	
примеря́ешь	примеря́ете	примеря́йте	примеря́ла	примеря́ющий	примеря́вший
примеря́ет	примеря́ют		примеря́ли/о	примеря́емый	——

ПРИМЕЧА́НИЕ SS n.in: note, footnote

примеча́ние	примеча́ние	примеча́ния	примеча́нии	примеча́нию	примеча́нием
примеча́ния	примеча́ния	примеча́ний	примеча́ниях	примеча́ниям	примеча́ниями

ПРИМИРИ́ТЬ ES -ря́т; Pf. (Impf. примиря́ть): reconcile (to/with) e.g. Хоро́шая зарпла́та примири́ла мою́ сестру́ Acc с её тру́дной рабо́той Inst

примирю́	примири́м	примири́	примири́л	——	примири́в[ши]
примири́шь	примири́те	примири́те	примири́ла	——	примири́вший
примири́т	примиря́т		примири́ли/о	——	примирённый Е

ПРИМИРЯ́ТЬ SS -я́ют; Impf. (Pf. примири́ть): reconcile (to/with) e.g. Хоро́шая зарпла́та примиря́ет мою́ сестру́ Acc с её тру́дной рабо́той Inst

примиря́ю	примиря́ем	примиря́й	примиря́л	примиря́я	
примиря́ешь	примиря́ете	примиря́йте	примиря́ла	примиря́ющий	примиря́вший
примиря́ет	примиря́ют		примиря́ли/о	примиря́емый	——

ПРИМИТИ́ВНО adv: primitively, in a primitive manner

ПРИМИТИ́ВНЫЙ S (e): primitive

примити́вный	Nom/Gen	примити́вного	примити́вном	примити́вному	примити́вным
примити́вное	примити́вное	примити́вного	примити́вном	примити́вному	примити́вным
примити́вная	примити́вную	примити́вной	примити́вной	примити́вной	примити́вной
примити́вные	Nom/Gen	примити́вных	примити́вных	примити́вным	примити́вными

примити́вен, примити́вна, примити́вно, примити́вны; примити́внее

ПРИ́МУТ non-past tense of приня́ть

ПРИНАДЛЕЖА́ТЬ ES -лежа́т; intrans; Impf. (no Pf.): 1. belong (to), be the property (of) e.g. Кни́га принадлежи́т мое́й сестре́ Dat; 2. belong (to), be a part (of) e.g. Он принадлежи́т к на́шей па́ртии Dat

-надлежу́	-надлежи́м	-надлежи́	-надлежа́л	-надлежа́	
-надлежи́шь	-надлежи́те	-надлежи́те	-надлежа́ла	-надлежа́щий	-надлежа́вший
-надлежи́т	-надлежа́т		-надлежа́ли/о	——	——

ПРИНЕСТИ́ EE -несу́т; -нёс -несла́ -несли́; past adv. -неся́; past active ptcpl. -нёсший; Pf. (Impf. приноси́ть): bring (to) (by carrying)

принесу́	принесём	принеси́	принёс	——	принеся́
принесёшь	принесёте	принеси́те	принесла́	——	принёсший
принесёт	принесу́т		принесли́/о́	——	принесённый Е

ПРИНИМА́ТЬ SS -а́ют; Impf. (Pf. приня́ть): 1. accept, enroll e.g. Он принима́ет мою́ сестру́ Acc в свою́ шко́лу Acc; 2. take, receive, accept (smt.); 3. receive, see (smb.) ● принима́ть во внима́ние take into consideration; принима́ть душ/ва́нну take a shower/bath; принима́ть уча́стие в +Prep take part (in)

принима́ю	принима́ем	принима́й	принима́л	принима́я	
принима́ешь	принима́ете	принима́йте	принима́ла	принима́ющий	принима́вший
принима́ет	принима́ют		принима́ли/о	принима́емый	——

ПРИНОСИ́ТЬ MS -но́сят; pres. passive ptcpl. -носи́мый; Impf. (Pf. принести́): bring (to) (by carrying)

приношу́	прино́сим	приноси́	приноси́л	принося́	
прино́сишь	прино́сите	приноси́те	приноси́ла	принося́щий	приноси́вший
прино́сит	прино́сят		приноси́ли/о	приноси́мый	

ПРИ́НЦ SS m.an: prince (son of a king)

при́нц	при́нца	при́нца	при́нце	при́нцу	при́нцем
при́нцы	при́нцев	при́нцев	при́нцах	при́нцам	при́нцами

ПРИНЦЕ́ССА SS f.an: princess (daughter of a king)

принце́сса	принце́ссу	принце́ссы	принце́ссе	принце́ссе	принце́ссой
принце́ссы	принце́сс	принце́сс	принце́ссах	принце́ссам	принце́ссами

ПРИНЯ́ТЬ ММ при́мут; при́нял приняла́ при́няли; ppp при́нятый M; Pf. (Impf. принима́ть): 1. accept, enroll e.g. Он при́нял мою́ сестру́ Acc в свою́ шко́лу Acc; 2. take, receive, accept (smt.); 3. receive, see (smb.) ● приня́ть во внима́ние take into consideration; приня́ть душ/ва́нну take a shower/bath; приня́ть уча́стие в +Prep take part (in)

приму́	при́мем	прими́	при́нял	——	приня́в[ши]
при́мешь	при́мете	прими́те	приняла́	——	приня́вший
при́мет	при́мут		при́няли/о	——	при́нятый M

ПРИРО́ДА SS f.in: nature

приро́да	приро́ду	приро́ды	приро́де	приро́де	приро́дой

ПРИРО́ДНЫЙ S (e): nature, natural

приро́дный	Nom/Gen	приро́дного	приро́дном	приро́дному	приро́дным
приро́дное	приро́дное	приро́дного	приро́дном	приро́дному	приро́дным
приро́дная	приро́дную	приро́дной	приро́дной	приро́дной	приро́дной
приро́дные	Nom/Gen	приро́дных	приро́дных	приро́дным	приро́дными

ПРИСЛА́ТЬ ES пришлю́т; *Pf.* (*Impf.* присыла́ть): 1. send (smt.), have (smt.) delivered *e.g.* О́н присла́л сестре́ *Dat* кни́гу *Acc*; 2. send (smb.), direct (smb.) *e.g.* О́н присла́л ко мне́ *Dat* сестру́ *Acc*

пришлю́	пришлём	пришли́	присла́л	——	присла́в[ши]
пришлёшь	пришлёте	пришли́те	присла́ла	——	присла́вший
пришлёт	пришлю́т		присла́ли/о	——	при́сланный S

ПРИСОЕДИНИ́ТЬСЯ ES -ня́тся; *Pf.* (*Impf.* присоединя́ться): join *e.g.* О́н присоедини́лся к гостя́м *Dat*

-едини́сь	-едини́мся	-едини́сь	-едини́лся	——	-едини́вшись
-едини́шься	-едини́тесь	-едини́тесь	-едини́лась	——	-едини́вшийся
-едини́тся	-единя́тся		-едини́лись/ось	——	

ПРИСОЕДИНЯ́ТЬСЯ SS -я́ются; *Impf.* (*Pf.* присоедини́ться): join *e.g.* О́н присоединя́лся к гостя́м *Dat*

-единя́юсь	-единя́емся	-единя́йся	-единя́лся	-единя́ясь	
-единя́ешься	-единя́етесь	-единя́йтесь	-единя́лась	-единя́ющийся	-единя́вшийся
-единя́ется	-единя́ются		-единя́лись/ось	——	

ПРИСТА́ВКА SS (о) *f.in*: prefix

приста́вка	приста́вку	приста́вки	приста́вке	приста́вке	приста́вкой
приста́вки	приста́вки	приста́вок	приста́вках	приста́вкам	приста́вками

ПРИСЫЛА́ТЬ SS -а́ют; *Impf.* (*Pf.* присла́ть): 1. send (smt.), have (smt.) delivered *e.g.* О́н присыла́л сестре́ *Dat* кни́ги *Acc*; 2. send (smb.), direct (smb.) *e.g.* О́н присыла́л ко мне́ *Dat* сестру́ *Acc*

присыла́ю	присыла́ем	присыла́й	присыла́л	присыла́я	
присыла́ешь	присыла́ете	присыла́йте	присыла́ла	присыла́ющий	присыла́вший
присыла́ет	присыла́ют		присыла́ли/о	присыла́емый	

ПРИХОДИ́ТЬ MS -хо́дят; *intrans*; *Impf.* (*Pf.* прийти́): arrive, come (to)

прихожу́	прихо́дим	приходи́	приходи́л	приходя́	
прихо́дишь	прихо́дите	приходи́те	приходи́ла	приходя́щий	приходи́вший
прихо́дит	прихо́дят		приходи́ли/о	——	

ПРИХОДИ́ТЬСЯ[1] MS -хо́дятся; *Impf.* (*Pf.* прийти́сь[1]): be suitable, as desired *e.g.* Еда́ всегда́ приходи́лась мне́ *Dat* по вку́су *Dat* The food was always to my taste

-хожу́сь	-хо́димся	-ходи́сь	-ходи́лся	-ходя́сь	
-хо́дишься	-хо́дитесь	-ходи́тесь	-ходи́лась	-ходя́щийся	-ходи́вшийся
-хо́дится	-хо́дятся		-ходи́лись/ось	——	

ПРИХОДИ́ТЬСЯ[2] MS -хо́дится; *Impersonal*; *Impf.* (*Pf.* прийти́сь[2]): have to *e.g.* Ему́ *Dat* приходи́лось рабо́тать ● Ему́ *Dat* тяжело́ приходи́лось He used to have a hard time

прихо́дится			приходи́лось		

ПРИЧЁСКА SS (о) *f.in*: hair style

причёска	причёску	причёски	причёске	причёске	причёской
причёски	причёски	причёсок	причёсках	причёскам	причёсками

ПРИЧИ́НА SS *f.in*: cause; reason (for) *e.g.* причи́на катастро́фы *Gen* ● по причи́не +*Gen* because (of smt.)

причи́на	причи́ну	причи́ны	причи́не	причи́не	причи́ной
причи́ны	причи́ны	причи́н	причи́нах	причи́нам	причи́нами

ПРИШЁЛ *past tense of* прийти́

ПРИШЛИ́ *past tense of* прийти́ *and Imperative of* присла́ть

ПРИШЛЮ́Т *non-past tense of* присла́ть

ПРИЯ́ТЕЛЬ SS *m.an*: friend, acquaintance

прия́тель	прия́теля	прия́теля	прия́теле	прия́телю	прия́телем
прия́тели	прия́телей	прия́телей	прия́телях	прия́телям	прия́телями

ПРИЯ́ТЕЛЬСКИЙ S *short forms avoided*, *no compar*: friendly

прия́тельский	*Nom/Gen*	прия́тельского	прия́тельском	прия́тельскому	прия́тельским
прия́тельское	прия́тельское	прия́тельского	прия́тельском	прия́тельскому	прия́тельским
прия́тельская	прия́тельскую	прия́тельской	прия́тельской	прия́тельской	прия́тельской
прия́тельские	*Nom/Gen*	прия́тельских	прия́тельских	прия́тельским	прия́тельскими

adv. прия́тельски, по-прия́тельски

ПРИЯ́ТНО *adv*: nicely, pleasantly; *predicate*: it is nice, pleasant *e.g.* Мне́ *Dat* прия́тно с ни́м говори́ть

ПРИЯ́ТНЫЙ S (e): nice, pleasant

прия́тный	*Nom/Gen*	прия́тного	прия́тном	прия́тному	прия́тным
прия́тное	прия́тное	прия́тного	прия́тном	прия́тному	прия́тным
прия́тная	прия́тную	прия́тной	прия́тной	прия́тной	прия́тной
прия́тные	*Nom/Gen*	прия́тных	прия́тных	прия́тным	прия́тными

прия́тен, прия́тна, прия́тно, прия́тны; прия́тнее

ПРО (*normally unstressed*) *prep.* +*Acc*: about ● про себя́ (think, say) to oneself

ПРОБЕ́ГАТЬ SS -ают; *intrans*; *Pf.* (*Impf.* бе́гать): spend a certain amount of time running *e.g.* О́н пробе́гал ча́с *Acc*

пробе́гаю	пробе́гаем	пробе́гай	пробе́гал	——	пробе́гав[ши]
пробе́гаешь	пробе́гаете	пробе́гайте	пробе́гала	——	пробе́гавший
пробе́гает	пробе́гают		пробе́гали/о	——	

ПРОБЕГА́ТЬ SS -а́ют; *Impf.* (*Pf.* пробежа́ть): run past, run by; cover a certain distance running

пробега́ю	пробега́ем	пробега́й	пробега́л	пробега́я	
пробега́ешь	пробега́ете	пробега́йте	пробега́ла	пробега́ющий	пробега́вший
пробега́ет	пробега́ют		пробега́ли/о	пробега́емый	——

ПРОБЕЖА́ТЬ ES -бегу́т -бегу́ -бежи́шь -бежи́т -бежи́м -бежи́те; *no ppp; Pf. (Impf.* пробега́ть): run past, run by; cover a certain distance running

пробегу́	пробежи́м	пробеги́	пробежа́л	——	пробежа́в[ши]
пробежи́шь	пробежи́те	пробеги́те	пробежа́ла	——	пробежа́вший
пробежи́т	пробегу́т		пробежа́ли/о	——	——

ПРОБИВА́ТЬ SS -а́ют; *Impf. (Pf.* проби́ть[1]): strike through, punch a hole

пробива́ю	пробива́ем	пробива́й	пробива́л	пробива́я	
пробива́ешь	пробива́ете	пробива́йте	пробива́ла	пробива́ющий	пробива́вший
пробива́ет	пробива́ют		пробива́ли/о	пробива́емый	——

ПРОБИ́ТЬ[1] ES пробью́т; пробе́й! *ppp* проби́тый S; *Pf. (Impf.* пробива́ть): strike through, punch a hole

пробью́	пробьём	пробе́й	проби́л	——	проби́в[ши]
пробьёшь	пробьёте	пробе́йте	проби́ла	——	проби́вший
пробьёт	пробью́т		проби́ли/о	——	проби́тый S

ПРОБИ́ТЬ[2] ES пробью́т; пробе́й! про́бил проби́ла про́били; *ppp* (про́битый M) *avoided; Pf. (Impf.* би́ть): strike (the hour)

пробью́	пробьём	пробе́й	про́бил		проби́в[ши]
пробьёшь	пробьёте	пробе́йте	проби́ла		проби́вший
пробьёт	пробью́т		про́били/о		

ПРОБЛЕ́МА SS *f.in:* problem, difficulty

| проблéма | проблéму | проблéмы | проблéме | проблéме | проблéмой |
| проблéмы | проблéмы | проблéм | проблéмах | проблéмам | проблéмами |

ПРО́БОВАТЬ SS -буют; *Impf. (Pf.* по-): test; try, attempt; try, taste

про́бую	про́буем	про́буй	про́бовал	про́буя	
про́буешь	про́буете	про́буйте	про́бовала	про́бующий	про́бовавший
про́бует	про́буют		про́бовали/о	про́буемый	

ПРОБЫ́ТЬ SM -бу́дут; про́был пробыла́ про́были [*or* про́был пробыла́ про́бы́ли]; *intrans; Pf. (Impf.* бы́ть): 1. be, serve (as) for a certain amount of time *e.g.* О́н про́был дире́ктором *Inst* две́ *Acc* неде́ли; 2. be, spend a certain amount of time (somewhere)

пробу́ду	пробу́дем	пробу́дь	про́был	——	про́бы́в[ши]
пробу́дешь	пробу́дете	пробу́дьте	пробыла́	——	про́бы́вший
пробу́дет	пробу́дут		про́были/о	——	——

ПРОВА́ЛИВАТЬСЯ SS -аются; *Impf. (Pf.* провали́ться): disappear; fall through; fail, flunk *e.g.* О́н прова́ливается на экза́менах *Prep*

-ва́ливаюсь	-ва́ливаемся	-ва́ливайся	-ва́ливался	-ва́ливаясь	
-ва́ливаешься	-ва́ливаетесь	-ва́ливайтесь	-ва́ливалась	-ва́ливающийся	-ва́ливавшийся
-ва́ливается	-ва́ливаются		-ва́ливались/ось	——	——

ПРОВАЛИ́ТЬСЯ MS -ва́лятся; *Pf. (Impf.* прова́ливаться): disappear; fall through; fail, flunk *e.g.* О́н провали́лся на экза́мене *Prep*

-валю́сь	-ва́лимся	-вали́сь	-вали́лся	——	-вали́вшись
-ва́лишься	-ва́литесь	-вали́тесь	-вали́лась	——	-вали́вшийся
-ва́лится	-ва́лятся		-вали́лись/ось	——	——

ПРОВЕДУ́Т *non-past tense of* провести́

ПРОВЕЗТИ́ EE -везу́т; -вёз -везла́ -везли́; *past adv.* -везя́; *past active ptcpl.* -вёзший; *Pf. (Impf.* провози́ть): convey, transport; cover a certain distance while transporting smt./smb.

провезу́	провезём	провези́	провёз	——	провезя́
провезёшь	провезёте	провези́те	провезла́	——	провёзший
провезёт	провезу́т		провезли́/ó	——	провезённый E

ПРОВЁЛ *past tense of* провести́

ПРОВЕ́РИТЬ SS -рят; *Pf. (Impf.* проверя́ть): verify, test

прове́рю	прове́рим	прове́рь	прове́рил	——	прове́рив[ши]
прове́ришь	прове́рите	прове́рьте	прове́рила	——	прове́ривший
прове́рит	прове́рят		прове́рили/о	——	прове́ренный S

ПРОВЕРЯ́ТЬ SS -я́ют; *Impf. (Pf.* прове́рить): verify, test

проверя́ю	проверя́ем	проверя́й	проверя́л	проверя́я	
проверя́ешь	проверя́ете	проверя́йте	проверя́ла	проверя́ющий	проверя́вший
проверя́ет	проверя́ют		проверя́ли/о	проверя́емый	——

ПРОВЕСТИ́ EE -веду́т; -вёл -вела́ -вели́; *past adv.* -ведя́; *past active ptcpl.* -ве́дший; *Pf. (Impf.* проводи́ть[1]): 1. lead; spend (time); 2. deceive, fool; 3. run, install (electricity, water pipes, etc.)

проведу́	проведём	проведи́	провёл	——	проведя́
проведёшь	проведёте	проведи́те	провела́	——	прове́дший
проведёт	проведу́т		провели́/ó	——	проведённый E

ПРО́ВОД SE *NPlur.* -а́ *m.in:* (metal) wire

| про́вод | про́вод | про́вода | про́воде | про́воду | про́водом |
| провода́ | провода́ | проводо́в | провода́х | провода́м | провода́ми |

ПРОВОДИ́ТЬ[1] MS -во́дят; *pres. passive ptcpl.* -води́мый; *Impf.* (*Pf.* провести́): 1. lead; spend (time); 2. deceive, fool; 3. run, install (*electricity, water pipes, etc.*)

провожу́	прово́дим	проводи́	проводи́л	проводя́	
прово́дишь	прово́дите	проводи́те	проводи́ла	проводя́щий	проводи́вший
прово́дит	прово́дят		проводи́ли/о	проводи́мый	——

ПРОВОДИ́ТЬ[2] MS -во́дят; *Pf.* (*Impf.* провожа́ть): see off; accompany

провожу́	прово́дим	проводи́	проводи́л	——	проводи́в[ши]
прово́дишь	прово́дите	проводи́те	проводи́ла	——	проводи́вший
прово́дит	прово́дят		проводи́ли/о	——	

ПРОВОЖА́ТЬ SS -а́ют; *Impf.* (*Pf.* проводи́ть[2]): see off; accompany

провожа́ю	провожа́ем	провожа́й	провожа́л	провожа́я	
провожа́ешь	провожа́ете	провожа́йте	провожа́ла	провожа́ющий	провожа́вший
провожа́ет	провожа́ют		провожа́ли/о	провожа́емый	——

ПРОВОЖУ́ *non-past tense of* проводи́ть *and of* провози́ть

ПРОВОЗИ́ТЬ[1] MS -во́зят; *pres. passive ptcpl.* -вози́мый; *Impf.* (*Pf.* провезти́): convey, transport

провожу́	прово́зим	провози́	провози́л	провозя́	
прово́зишь	прово́зите	провози́те	провози́ла	провозя́щий	провози́вший
прово́зит	прово́зят		провози́ли/о	провози́мый	——

ПРОВОЗИ́ТЬ[2] MS -во́зят; *Pf.* (*Impf.* вози́ть): spend some time transporting smt./smb. *e.g.* Он провози́л тури́стов *Acc* по стране́ *Dat* це́лую неде́лю *Acc*

провожу́	прово́зим	провози́	провози́л	——	провози́в[ши]
прово́зишь	прово́зите	провози́те	провози́ла	——	провози́вший
прово́зит	прово́зят		провози́ли/о	——	

ПРОВОКАЦИО́ННЫЙ S (e): provocative

-каци́онный	*Nom/Gen*	-каци́онного	-каци́онном	-каци́онному	-каци́онным
-каци́онное	-каци́онное	-каци́онного	-каци́онном	-каци́онному	-каци́онным
-каци́онная	-каци́онную	-каци́онной	-каци́онной	-каци́онной	-каци́онной
-каци́онные	*Nom/Gen*	-каци́онных	-каци́онных	-каци́онным	-каци́онными

-каци́онен, -каци́онна, -каци́онно, -каци́онны; -каци́оннее

ПРОВОЛА́КИВАТЬ SS -а́ют; *Impf.* (*Pf.* проволо́чь *and Colloquial* проволочи́ть): drag (smt.)

-вола́киваю	-вола́киваем	-вола́кивай	-вола́кивал	-вола́кивая	
-вола́киваешь	-вола́киваете	-вола́кивайте	-вола́кивала	-вола́кивающий	-вола́кивавший
-вола́кивает	-вола́кивают		-вола́кивали/о	-вола́киваемый	——

ПРО́ВОЛОКА SS *f.in:* (metal) wire

про́волока	про́волоку	про́волоки	про́волоке	про́волоке	про́волокой
про́волоки	про́волоки	про́волок	про́волоках	про́волокам	про́волоками

ПРОВОЛО́ЧЬ EE -волоку́т -волоку́ -волочёт; -воло́к -волокла́ -волокли́; *past adv.* -воло́кши; *Pf.* (*Impf.* прово́лакивать): drag, pull

проволоку́	проволочём	проволоки́	проволо́к	——	проволо́кши
проволочёшь	проволочёте	проволоки́те	проволокла́	——	проволо́кший
проволочёт	проволоку́т		проволокли́/о	——	проволочённый E

ПРОГЛА́ТЫВАТЬ SS -а́ют; *Impf.* (*Pf.* проглоти́ть): swallow

-гла́тываю	-гла́тываем	-гла́тывай	-гла́тывал	-гла́тывая	
-гла́тываешь	-гла́тываете	-гла́тывайте	-гла́тывала	-гла́тывающий	-гла́тывавший
-гла́тывает	-гла́тывают		-гла́тывали/о	-гла́тываемый	——

ПРОГЛОТИ́ТЬ MS -гло́тят; *Pf.* (*Impf.* глота́ть *and* прогла́тывать): swallow

проглочу́	прогло́тим	проглоти́	проглоти́л	——	проглоти́в[ши]
прогло́тишь	прогло́тите	проглоти́те	проглоти́ла	——	проглоти́вший
прогло́тит	прогло́тят		проглоти́ли/о	——	прогло́ченный S

ПРОГРА́ММА SS *f.in:* program; plan

програ́мма	програ́мму	програ́ммы	програ́мме	програ́мме	програ́ммой
програ́ммы	програ́ммы	програ́мм	програ́ммах	програ́ммам	програ́ммами

ПРОГРЕ́СС SS *m.in:* progress

прогре́сс	прогре́сс	прогре́сса	прогре́ссе	прогре́ссу	прогре́ссом

ПРОГРЕССИ́ВНЫЙ S (e): modern, progressive

-и́вный	*Nom/Gen*	-и́вного	-и́вном	-и́вному	-и́вным
-и́вное	-и́вное	-и́вного	-и́вном	-и́вному	-и́вным
-и́вная	-и́вную	-и́вной	-и́вной	-и́вной	-и́вной
-и́вные	*Nom/Gen*	-и́вных	-и́вных	-и́вным	-и́вными

-и́вен, -и́вна, -и́вно, -и́вны; -и́внее

✓**ПРОДАВА́ТЬ** ES -даю́т; -дава́й! *pres. adv.* -дава́я; *pres. passive ptcpl.* -дава́емый; *Impf.* (*Pf.* прода́ть): sell *e.g.* Он продаёт сестре́ *Dat* маши́ну *Acc* за ты́сячу *Acc* рубле́й

продаю́	продаём	продава́й	продава́л	продава́я	
продаёшь	продаёте	продава́йте	продава́ла	продаю́щий	продава́вший
продаёт	продаю́т		продава́ли/о	продава́емый	——

ПРОДАВА́ТЬСЯ ES -даю́тся; *Impf. (no Pf.)*: 1. (*Pf.* прода́ться) sell out, sell oneself *e.g.* Они́ продаю́тся врага́м *Dat* Ро́дины; 2. (*no Pf.*) be sold; be for sale

-даю́сь	-даёмся	-дава́йся	-дава́лся	-дава́ясь	
-даёшься	-даётесь	-дава́йтесь	-дава́лась	-даю́щийся	-дава́вшийся
-даётся	-даю́тся		-дава́лись/ось		

ПРОДАВЕ́Ц EE (e) *m.an*: seller; salesperson

продаве́ц	продавца́	продавца́	продавце́	продавцу́	продавцо́м
продавцы́	продавцо́в	продавцо́в	продавца́х	продавца́м	продавца́ми

ПРОДАВЩИ́ЦА SS *f.an*: seller; salesperson (*woman*)

продавщи́ца	продавщи́цу	продавщи́цы	продавщи́це	продавщи́це	продавщи́цей
продавщи́цы	продавщи́ц	продавщи́цах	продавщи́цам	продавщи́цами	

ПРОДАДУ́Т *non-past tense of* прода́ть

ПРО́ДАННЫЙ M [*or* S] *ppp of* прода́ть: sold

про́данный	*Nom/Gen*	про́данного	про́данном	про́данному	про́данным
про́данное	про́данное	про́данного	про́данном	про́данному	про́данным
про́данная	про́данную	про́данной	про́данной	про́данной	про́данной
про́данные	*Nom/Gen*	про́данных	про́данных	про́данным	про́данными

про́дан, продана́, про́дано, про́даны

ПРОДА́ТЬ EM -даду́т -да́м -да́шь -да́ст -дади́м -дади́те; -да́й! про́дал продала́ про́дали [*or* про́дал продала́ про́дали]; *ppp* про́данный M [*or* S]; *Pf. (Impf.* продава́ть*)*: sell *e.g.* Он про́дал сестре́ *Dat* маши́ну *Acc* за ты́сячу *Acc* рубле́й

прода́м	продади́м	прода́й	про́дал	——	прода́в[ши]
прода́шь	продади́те	прода́йте	продала́	——	прода́вший
прода́ст	продаду́т		про́дали/о	——	про́данный M/S

ПРОДА́ТЬСЯ EE [*or* EM] -даду́тся -да́мся -да́шься -да́стся -дади́мся -дади́тесь; -да́йся! [-да́лся *or* old-fashioned -дался́] *Pf. (Impf.* продава́ться*)*: sell out, sell oneself *e.g.* Они́ продали́сь врага́м *Dat* Ро́дины

прода́мся	продади́мся	прода́йся	прода́лся	——	прода́вшись
прода́шься	продади́тесь	прода́йтесь	продала́сь	——	прода́вшийся
прода́стся	продаду́тся		продали́сь/ось	——	

ПРОДАЮ́Т *non-past tense of* продава́ть

ПРОДВИГА́ТЬ SS -а́ют; *Impf. (Pf.* продви́нуть*)*: push forward; promote

-двига́ю	-двига́ем	-двига́й	-двига́л	-двига́я	
-двига́ешь	-двига́ете	-двига́йте	-двига́ла	-двига́ющий	-двига́вший
-двига́ет	-двига́ют		-двига́ли/о	-двига́емый	——

ПРОДВИ́НУТЬ SS -нут; *Pf. (Impf.* продвига́ть*)*: push forward; promote

продви́ну	продви́нем	продви́нь	продви́нул	——	продви́нув[ши]
продви́нешь	продви́нете	продви́ньте	продви́нула	——	продви́нувший
продви́нет	продви́нут		продви́нули/о	——	продви́нутый S

ПРОДИКТОВА́ТЬ SS -ту́ют; *Pf. (Impf.* диктова́ть*)*: dictate *e.g.* Он продиктова́л сестре́ *Dat* письмо́ *Acc*

-дикту́ю	-дикту́ем	-дикту́й	-диктова́л	——	-диктова́в[ши]
-дикту́ешь	-дикту́ете	-дикту́йте	-диктова́ла	——	-диктова́вший
-дикту́ет	-дикту́ют		-диктова́ли/о	——	-диктова́нный S

ПРОДОЛЖА́ТЬ SS -а́ют; *Impf. (Pf.* продо́лжить*)*: continue

-должа́ю	-должа́ем	-должа́й	-должа́л	-должа́я	
-должа́ешь	-должа́ете	-должа́йте	-должа́ла	-должа́ющий	-должа́вший
-должа́ет	-должа́ют		-должа́ли/о	-должа́емый	——

ПРОДОЛЖА́ТЬСЯ SS -а́ются; *Impf. (Pf.* продо́лжиться*)*: continue

-должа́юсь	-должа́емся	-должа́йся	-должа́лся	-должа́ясь	
-должа́ешься	-должа́етесь	-должа́йтесь	-должа́лась	-должа́ющийся	-должа́вшийся
-должа́ется	-должа́ются		-должа́лись/ось	——	

ПРОДОЛЖЕ́НИЕ SS *n.in*: continuation

продолже́ние	продолже́ние	продолже́ния	продолже́нии	продолже́нию	продолже́нием

ПРОДО́ЛЖИТЬ SS -жат; *Pf. (Impf.* продолжа́ть*)*: continue

продо́лжу	продо́лжим	продо́лжи	продо́лжил	——	продо́лжив[ши]
продо́лжишь	продо́лжите	продо́лжите	продо́лжила	——	продо́лживший
продо́лжит	продо́лжат		продо́лжили/о	——	продо́лженный S

ПРОДО́ЛЖИТЬСЯ SS -жатся; *Pf. (Impf.* продолжа́ться*)*: continue

-до́лжусь	-до́лжимся	-до́лжись	-до́лжился	——	-до́лжившись
-до́лжишься	-до́лжитесь	-до́лжитесь	-до́лжилась	——	-до́лжившийся
-до́лжится	-до́лжатся		-до́лжились/ось	——	

ПРОДУ́КТ SS *m.in*: result, product; (*in Plur.*) food, groceries

проду́кт	проду́кт	проду́кта	проду́кте	проду́кту	проду́ктом
проду́кты	проду́кты	проду́ктов	проду́ктах	проду́ктам	проду́ктами

ПРОЕ́ДУТ *non-past tense of* прое́хать

ПРОЕ́ЗД SS *m.in*: ride (*usually in public transportation*)

прое́зд	прое́зд	прое́зда	прое́зде	прое́зду	прое́здом

ПРОЕЗЖА́Й *Imperative of* проезжа́ть *and of* прое́хать

ПРОЕЗЖА́ТЬ <ж'ж' *or* жж> SS -а́ют; *Impf.* (*Pf.* прое́хать): 1. miss (*riding, driving*), drive past (*accidentally*) *e.g.* Он всегда́ проезжа́л свой дом *Acc* He always used to miss (drive past) his house; 2. pass, drive/ride past *e.g.* Он проезжа́л гости́ницу *Acc* [*or* ми́мо гости́ницы *Gen*] He drove (used to drive, was driving) past the hotel; 3. drive/ride through, down *e.g.* Он проезжа́л у́лицу *Acc* [*or* через у́лицу *Acc or* по у́лице *Dat*] He drove (used to drive, was driving) through/down the street; 4. cover (a *certain distance, driving/riding*) *e.g.* За де́нь он проезжа́л ты́сячу *Acc* киломе́тров He used to cover a thousand kilometers a day

проезжа́ю	проезжа́ем	проезжа́й	проезжа́л	проезжа́я	
проезжа́ешь	проезжа́ете	проезжа́йте	проезжа́ла	проезжа́ющий	проезжа́вший
проезжа́ет	проезжа́ют		проезжа́ли/о	проезжа́емый	——

ПРОЕ́КТ SS *m.in*: project

| прое́кт | прое́кт | прое́кта | прое́кте | прое́кту | прое́ктом |
| прое́кты | прое́кты | прое́ктов | прое́ктах | прое́ктам | прое́ктами |

ПРОЕ́ХАТЬ SS -е́дут; -езжа́й! <ж'ж' *or* жж> *no ppp; Pf.* (*Impf.* проезжа́ть): 1. miss (*riding, driving*), drive past (*accidentally*) *e.g.* Он прое́хал свой дом *Acc* He missed (drove past) his house; 2. pass, drive/ride past *e.g.* Он прое́хал гости́ницу *Acc* [*or* ми́мо гости́ницы *Gen*] He drove past the hotel; 3. drive/ride through, down *e.g.* Он прое́хал у́лицу *Acc* [*or* через у́лицу *Acc or* по у́лице *Dat*] He drove through/down the street; 4. cover (a *certain distance, driving/riding*) *e.g.* Он прое́хал ты́сячу *Acc* киломе́тров He covered a thousand kilometers

прое́ду	прое́дем	проезжа́й	прое́хал	——	прое́хав[ши]
прое́дешь	прое́дете	проезжа́йте	прое́хала	——	прое́хавший
прое́дет	прое́дут		прое́хали/о	——	

ПРОЖИ́ТЬ ЕМ -живу́т; про́жил прожила́ про́жили; *ppp* про́житый M; *Pf.* (*Impf.* жи́ть): live for a certain period of time *e.g.* Он про́жил здесь два *Acc* го́да

проживу́	проживём	проживи́	про́жил	——	прожи́в[ши]
проживёшь	проживёте	проживи́те	прожила́	——	прожи́вший
проживёт	проживу́т		про́жили/о	——	про́житый M

ПРО́ЗА SS *f.in*: prose

| про́за | про́зу | про́зы | про́зе | про́зе | про́зой |

ПРОЗРА́ЧНЫЙ S (e): transparent

прозра́чный	*Nom/Gen*	прозра́чного	прозра́чном	прозра́чному	прозра́чным
прозра́чное	прозра́чное	прозра́чного	прозра́чном	прозра́чному	прозра́чным
прозра́чная	прозра́чную	прозра́чной	прозра́чной	прозра́чной	прозра́чной
прозра́чные	*Nom/Gen*	прозра́чных	прозра́чных	прозра́чным	прозра́чными

прозра́чен, прозра́чна, прозра́чно, прозра́чны; прозра́чнее

ПРОИГРА́ТЬ SS -а́ют; *Pf.* (*Impf.* прои́грывать): 1. lose (a *game, etc.*) *e.g.* Он проигра́л игру́ *Acc*; 2. lose (*money at a game*) *e.g.* Он проигра́л де́ньги *Acc* в ка́рты *Acc*

проигра́ю	проигра́ем	проигра́й	проигра́л	——	проигра́в[ши]
проигра́ешь	проигра́ете	проигра́йте	проигра́ла	——	проигра́вший
проигра́ет	проигра́ют		проигра́ли/о	——	про́игранный S

ПРОИ́ГРЫВАТЕЛЬ SS *m.in*: record player

| -и́грыватель | -и́грыватель | -и́грывателя | -и́грывателе | -и́грывателю | -и́грывателем |
| -и́грыватели | -и́грыватели | -и́грывателей | -и́грывателях | -и́грывателям | -и́грывателями |

ПРОИ́ГРЫВАТЬ SS -ают; *Impf.* (*Pf.* проигра́ть): 1. lose (a *game, etc.*) *e.g.* Он прои́грывал игру́ *Acc*; 2. lose (*money at a game*) *e.g.* Он прои́грывал де́ньги *Acc* в ка́рты *Acc*

прои́грываю	прои́грываем	прои́грывай	прои́грывал	прои́грывая	
прои́грываешь	прои́грываете	прои́грывайте	прои́грывала	прои́грывающий	прои́грывавший
прои́грывает	прои́грывают		прои́грывали/о	прои́грываемый	

ПРОИЗВЕДЕ́НИЕ SS *n.in*: product (*math*); work (*of art, etc.*)

| произведе́ние | произведе́ние | произведе́ния | произведе́нии | произведе́нию | произведе́нием |
| произведе́ния | произведе́ния | произведе́ний | произведе́ниях | произведе́ниям | произведе́ниями |

ПРОИЗВЕСТИ́ ЕЕ -веду́т; -вёл -вела́ -вели́; *past adv.* -ведя́; *past active ptcpl.* -ве́дший; *Pf.* (*Impf.* производи́ть): produce, make

произведу́	произведём	произведи́	произвёл	——	произведя́
произведёшь	произведёте	произведи́те	произвела́	——	произве́дший
произведёт	произведу́т		произвели́/о	——	произведённый Е

ПРОИЗВОДИ́ТЬ MS -во́дят; *pres. passive ptcpl.* -води́мый; *Impf.* (*Pf.* произвести́): produce, make

произвожу́	произво́дим	производи́	производи́л	производя́	
произво́дишь	произво́дите	производи́те	производи́ла	производя́щий	производи́вший
произво́дит	произво́дят		производи́ли/о	производи́мый	——

ПРОИЗВО́ДСТВО SS *n.in*: production; industrial enterprise (*use* на/на/с *for to/at/from the place*)

| -во́дство | -во́дство | -во́дства | -во́дстве | -во́дству | -во́дством |
| -во́дства | -во́дства | -во́дств | -во́дствах | -во́дствам | -во́дствами |

ПРОИЗНЕСТИ́ ЕЕ -несу́т; -нёс -несла́ -несли́; *past adv.* -неся́ *past active ptcpl.* -нёсший; *Pf.* (*Impf.* произноси́ть): pronounce; deliver (a *speech*)

произнесу́	произнесём	произнеси́	произнёс	——	произнеся́
произнесёшь	произнесёте	произнеси́те	произнесла́	——	произнёсший
произнесёт	произнесу́т		произнесли́/о	——	произнесённый Е

ПРОИЗНОСИ́ТЬ MS -но́сят; *pres. passive ptcpl.* -носи́мый; *Impf.* (*Pf.* произнести́): pronounce; deliver (a *speech*)

произношу́	произно́сим	произноси́	произноси́л	произнося́	
произно́сишь	произно́сите	произноси́те	произноси́ла	произнося́щий	произноси́вший
произно́сит	произно́сят		произноси́ли/о	произноси́мый	—

ПРОИЗНОСИ́ТЬСЯ MS -но́сятся; *Passive; Impf.* (*no Pf.*): sound, be pronounced

			-носи́лся	—	—
			-носи́лась	-нося́щийся	-носи́вшийся
-но́сится	-но́сятся		-носи́лись/ось	—	—

ПРОИЗНОШЕ́НИЕ SS *n.in*: pronunciation

-изноше́ние	-изноше́ние	-изноше́ния	-изноше́нии	-изноше́нию	-изноше́нием

ПРОИЗОЙТИ́ EE произойду́т; произошёл произошла́ произошли́; *past adv.* произойдя́; *past active ptcpl.* происше́дший [*or* произоше́дший]; *intrans; Pf.* (*Impf.* происходи́ть): happen

произойду́	произойдём	произойди́	произошёл	—	произойдя́
произойдёшь	произойдёте	произойди́те	произошла́	—	происше́дший
произойдёт	произойду́т		произошли́/о		

ПРОИСХОДИ́ТЬ MS -хо́дят; *intrans; Impf.* (*Pf.* произойти́): 1. happen; 2. (*Pf. rarely used*) come from, descend from e.g. Он происхо́дит из аристократи́ческой семьи́ *Gen* He comes from an aristocratic family

происхожу́	происхо́дим	происходи́	происходи́л	происходя́	
происхо́дишь	происхо́дите	происходи́те	происходи́ла	происходя́щий	происходи́вший
происхо́дит	происхо́дят		происходи́ли/о	—	—

ПРОИСХОЖДЕ́НИЕ SS *n.in*: origin; descent, birth

-хожде́ние	-хожде́ние	-хожде́ния	-хожде́нии	-хожде́нию	-хожде́нием

ПРОИСШЕ́ДШИЙ *variant past active ptcpl. of* произойти́

ПРОЙТИ́ EE пройду́т; прошёл прошла́ прошли́; *past adv.* пройдя́; *past active ptcpl.* проше́дший; *ppp* про́йденный S; *Pf.* (*Impf.* проходи́ть[1]): 1. miss (*walking*), go past (*accidentally*) e.g. Он прошёл свой дом *Acc* He missed (went past) his house; 2. pass, go past (*walking*) e.g. Он прошёл гости́ницу *Acc* [*or* ми́мо гости́ницы *Gen*] He walked past the hotel; 3. go/walk through, down e.g. Он прошёл коридо́р *Acc* [*or* через коридо́р *Acc or* по коридо́ру *Dat*] He went/walked down the corridor; 4. cover (*a topic in school*); cover (*a certain distance, walking*) e.g. Он прошёл ты́сячу *Acc* ме́тров He covered a thousand meters; 5. pass, elapse e.g. Прошёл год *Nom* A year passed/went by; Моя́ боле́знь прошла́ My illness is over

пройду́	пройдём	пройди́	прошёл	—	пройдя́
пройдёшь	пройдёте	пройди́те	прошла́	—	проше́дший
пройдёт	пройду́т		прошли́/о	—	про́йденный S

ПРОЛЕЖА́ТЬ ES -лежа́т; *Pf.* (*Impf.* лежа́ть): spend a certain amount of time lying (down) e.g. Кни́га пролежа́ла здесь неде́лю *Acc*

пролежу́	пролежи́м	пролежи́	пролежа́л	—	пролежа́в[ши]
пролежи́шь	пролежи́те	пролежи́те	пролежа́ла	—	пролежа́вший
пролежи́т	пролежа́т		пролежа́ли/о	—	—

ПРОЛЕТА́ТЬ[1] SS -а́ют; *Impf.* (*Pf.* пролете́ть): 1. miss (*flying*), fly past (*accidentally*) e.g. Он всегда́ пролета́л аэродро́м *Acc* He would always miss the airfield; 2. pass, fly past e.g. Он пролета́л аэродро́м *Acc* [*or* ми́мо аэродро́ма *Gen*] He flew (used to fly, was flying) past the airfield; 3. cross, fly through, across e.g. Он пролета́л Фра́нцию *Acc* [*or* через Фра́нцию *Acc*] He flew (used to fly, was flying) over France; 4. cover (*a certain distance, flying*) e.g. За день он пролета́л ты́сячу *Acc* киломе́тров He used to cover a thousand kilometers a day; 5. pass quickly, fly by (*said of time*) e.g. Пролета́ли го́ды *Nom* The years were flying by

пролета́ю	пролета́ем	пролета́й	пролета́л	пролета́я	
пролета́ешь	пролета́ете	пролета́йте	пролета́ла	пролета́ющий	пролета́вший
пролета́ет	пролета́ют		пролета́ли/о	пролета́емый	—

ПРОЛЕТА́ТЬ[2] SS -а́ют; *intrans; Pf.* (*Impf.* лета́ть): spend a certain amount of time flying e.g. Он пролета́л неде́лю *Acc* He flew a week (spent a week flying)

пролета́ю	пролета́ем	пролета́й	пролета́л	—	пролета́в[ши]
пролета́ешь	пролета́ете	пролета́йте	пролета́ла	—	пролета́вший
пролета́ет	пролета́ют		пролета́ли/о	—	—

ПРОЛЕТЕ́ТЬ ES -летя́т; *no ppp; Pf.* (*Impf.* пролета́ть[1]): 1. miss (*flying*), fly past (*accidentally*) e.g. Он пролете́л аэродро́м *Acc* He missed the airfield; 2. pass, fly past e.g. Он пролете́л аэродро́м *Acc* [*or* ми́мо аэродро́ма *Gen*] He flew past the airfield; 3. cross, fly through, across e.g. Он пролете́л Фра́нцию *Acc* [*or* через Фра́нцию *Acc*] He crossed France; 4. cover (*a certain distance, flying*) e.g. Он пролете́л ты́сячу *Acc* киломе́тров He covered a thousand kilometers; 5. pass quickly, fly by (*said of time*) e.g. Пролете́л год *Nom* A year flew by

пролечу́	пролети́м	пролети́	пролете́л	—	пролете́в[ши]
пролети́шь	пролети́те	пролети́те	пролете́ла	—	пролете́вший
пролети́т	пролетя́т		пролете́ли/о	—	—

ПРОЛИ́В SS *m.in*: sound, strait

проли́в	проли́в	проли́ва	проли́ве	проли́ву	проли́вом
проли́вы	проли́вы	проли́вов	проли́вах	проли́вам	проли́вами

ПРОМОКА́ТЬ[1] SS -а́ют; *intrans; Impf.* (*Pf.* промо́кнуть): get wet

промока́ю	промока́ем	промока́й	промока́л	промока́я	
промока́ешь	промока́ете	промока́йте	промока́ла	промока́ющий	промока́вший
промока́ет	промока́ют		промока́ли/о	—	—

ПРОМОКА́ТЬ[2] SS -а́ют; Impf. (Pf. промокну́ть): blot

промока́ю	промока́ем	промока́й	промока́л	промока́я	
промока́ешь	промока́ете	промока́йте	промока́ла	промока́ющий	промока́вший
промока́ет	промока́ют		промока́ли/о	промока́емый	

ПРОМО́КНУТЬ SS -нут; -мо́к -мо́кла -мо́кли; past adv. -мо́кши; intrans; Pf. (Impf. промока́ть[1]): get wet

промо́кну	промо́кнем	промо́кни	промо́к	——	промо́кши
промо́кнешь	промо́кнете	промо́кните	промо́кла		промо́кший
промо́кнет	промо́кнут		промо́кли/о		

ПРОМОКНУ́ТЬ ES -ну́т; no ppp; Pf. (Impf. промока́ть[2]): blot

промокну́	промокнём	промокни́	промокну́л	——	промокну́в[ши]
промокнёшь	промокнёте	промокни́те	промокну́ла		промокну́вший
промокнёт	промокну́т		промокну́ли/о	——	——

ПРОМЫ́ШЛЕННОСТЬ SS f.in: industry

-ы́шленность	-ы́шленность	-ы́шленности	-ы́шленности	-ы́шленности	-ы́шленностью

ПРОМЫ́ШЛЕННЫЙ S sh.masc. промы́шлен: industrial

-мы́шленный	Nom/Gen	-мы́шленного	-мы́шленном	-мы́шленному	-мы́шленным
-мы́шленное	-мы́шленное	-мы́шленного	-мы́шленном	-мы́шленному	-мы́шленным
-мы́шленная	-мы́шленную	-мы́шленной	-мы́шленной	-мы́шленной	-мы́шленной
-мы́шленные	Nom/Gen	-мы́шленных	-мы́шленных	-мы́шленным	-мы́шленными

ПРОНЕСТИ́ EE -несу́т; -нёс -несла́ -несли́; past adv. -неся́; past active ptcpl. -нёсший; Pf. (Impf. проноси́ть[1]): carry (by, past, through); cover a certain distance while carrying smt.

пронесу́	пронесём	пронеси́	пронёс	——	пронеся́
пронесёшь	пронесёте	пронеси́те	пронесла́	——	пронёсший
пронесёт	пронесу́т		пронесли́/о		пронесённый E

ПРОНОСИ́ТЬ[1] MS -но́сят; pres. passive ptcpl. -носи́мый; Impf. (Pf. пронести́): carry (by, past, through)

проношу́	проно́сим	проноси́	проноси́л	проося́	
проно́сишь	проно́сите	проноси́те	проноси́ла	проося́щий	проноси́вший
проно́сит	проно́сят		проноси́ли/о	проноси́мый	

ПРОНОСИ́ТЬ[2] MS -но́сят; Pf. (Impf. носи́ть): spend a certain amount of time carrying smt; wear smt. for a certain amount of time e.g. Он проноси́л э́тот сви́тер Acc два́ Acc го́да

проношу́	проно́сим	проноси́	проноси́л	——	проноси́в[ши]
проно́сишь	проно́сите	проноси́те	проноси́ла	——	проноси́вший
проно́сит	проно́сят		проноси́ли/о	——	

ПРОПАДА́ТЬ SS -а́ют; intrans; Impf. (Pf. пропа́сть): perish; disappear e.g. Куда́ всегда́ пропада́ют мой ключи́? — Они́ никуда́ не пропада́ют, они́ всегда́ на столе́ • Где́ ты́ пропада́л(а)? Where have you been hiding?

пропада́ю	пропада́ем	пропада́й	пропада́л	пропада́я	
пропада́ешь	пропада́ете	пропада́йте	пропада́ла	пропада́ющий	пропада́вший
пропада́ет	пропада́ют		пропада́ли/о	——	——

ПРОПА́СТЬ ES -паду́т; -па́л -па́ла -па́ли; past adv. -па́в[ши]; intrans; Pf. (Impf. пропада́ть): perish; disappear e.g. Куда́ пропа́ли мой ключи́? — Они́ никуда́ не пропа́ли, они́ на столе́

пропаду́	пропадём	пропади́	пропа́л	——	пропа́в[ши]
пропадёшь	пропадёте	пропади́те	пропа́ла	——	пропа́вший
пропадёт	пропаду́т		пропа́ли/о	——	——

ПРОПЕ́ТЬ ES -пою́т; ppp пропе́тый S; Pf. (Impf. пе́ть): sing; spend a certain amount of time singing

пропою́	пропоём	пропо́й	пропе́л	——	пропе́в[ши]
пропоёшь	пропоёте	пропо́йте	пропе́ла	——	пропе́вший
пропоёт	пропою́т		пропе́ли/о	——	пропе́тый S

ПРОПИСА́ТЬ MS -пи́шут; Pf. (Impf. пропи́сывать): prescribe e.g. До́ктор прописа́л сестре́ Dat дие́ту Acc

пропишу́	пропи́шем	пропиши́	прописа́л	——	прописа́в[ши]
пропи́шешь	пропи́шете	пропиши́те	прописа́ла	——	прописа́вший
пропи́шет	пропи́шут		прописа́ли/о	——	прописанный S

ПРОПИ́СЫВАТЬ SS -ают; Impf. (Pf. прописа́ть): prescribe e.g. До́ктор пропи́сывал сестре́ Dat дие́ту Acc

пропи́сываю	пропи́сываем	пропи́сывай	пропи́сывал	пропи́сывая	
пропи́сываешь	пропи́сываете	пропи́сывайте	пропи́сывала	пропи́сывающий	пропи́сывавший
пропи́сывает	пропи́сывают		пропи́сывали/о	пропи́сываемый	——

ПРО́ПУСК[1] SE NPlur. -а́ m.in: pass (document)

про́пуск	про́пуск	про́пуска	про́пуске	про́пуску	про́пуском
пропуска́	пропуска́	пропусков	пропуска́х	пропуска́м	пропуска́ми

ПРО́ПУСК[2] SS m.in: blank; absence (skipped class, lesson, etc.)

про́пуск	про́пуск	про́пуска	про́пуске	про́пуску	про́пуском
про́пуски	про́пуски	про́пусков	про́пусках	про́пускам	про́пусками

ПРОПУСКА́ТЬ SS -а́ют; Impf. (Pf. пропусти́ть): miss, skip, omit; let pass

пропуска́ю	пропуска́ем	пропуска́й	пропуска́л	пропуска́я	
пропуска́ешь	пропуска́ете	пропуска́йте	пропуска́ла	пропуска́ющий	пропуска́вший
пропуска́ет	пропуска́ют		пропуска́ли/о	пропуска́емый	——

ПРОПУСТИ́ТЬ MS -пу́стят; *Pf. (Impf.* пропуска́ть): miss, skip, omit; let pass

пропущу́	пропу́стим	пропусти́	пропусти́л	——	пропусти́в[ши]
пропу́стишь	пропу́стите	пропусти́те	пропусти́ла	——	пропусти́вший
пропу́стит	пропу́стят		пропусти́ли/о		пропу́щенный S

ПРОСИ́ТЬ MS про́сят; *pres. passive ptcpl.* проси́мый; *Impf. (Pf.* по-): 1. ask (smb. for smt.), request (smt. of smb.) *e.g.* Он проси́л у сестры́ *Gen* кни́гу *Acc*; 2. ask (smb. to do smt.) *e.g.* Он проси́л сестру́ *Acc* прийти́ у́тром ● Ми́лости про́сим! Welcome!

прошу́	про́сим	проси́	проси́л	прося́	
про́сишь	про́сите	проси́те	проси́ла	прося́щий	проси́вший
про́сит	про́сят		проси́ли/о	проси́мый	

ПРОСКЛОНЯ́ТЬ SS -я́ют; *no ppp; Pf. (Impf.* склоня́ть): conjugate (a verb)

просклоня́ю	просклоня́ем	просклоня́й	просклоня́л	——	просклоня́в[ши]
просклоня́ешь	просклоня́ете	просклоня́йте	просклоня́ла	——	просклоня́вший
просклоня́ет	просклоня́ют		просклоня́ли/о	——	——

ПРОСЛА́ВИТЬСЯ SS -вятся; *Pf. (Impf.* прославля́ться): become famous (for) *e.g.* Он просла́вился свое́й кни́гой *Inst*

-сла́влюсь	-сла́вимся	-сла́вься	-сла́вился	——	-сла́вившись
-сла́вишься	-сла́витесь	-сла́вьтесь	¬сла́вилась	——	-сла́вившийся
-сла́вится	-сла́вятся		-сла́вились/ось		——

ПРОСМА́ТРИВАТЬ SS -ают; *Impf. (Pf.* просмотре́ть): look through, skim

-сма́триваю	-сма́триваем	-сма́тривай	-сма́тривал	-сма́тривая	
-сма́триваешь	-сма́триваете	-сма́тривайте	-сма́тривала	-сма́тривающий	-сма́тривавший
-сма́тривает	-сма́тривают		-сма́тривали/о	-сма́триваемый	——

ПРОСМОТРЕ́ТЬ MS -смо́трят; *ppp* -смо́тренный S; *Pf. (Impf.* просма́тривать): look through, skim

просмотрю́	просмо́трим	просмотри́	просмотре́л	——	просмотре́в[ши]
просмо́тришь	просмо́трите	просмотри́те	просмотре́ла	——	просмотре́вший
просмо́трит	просмо́трят		просмотре́ли/о	——	просмо́тренный S

ПРОСНУ́ТЬСЯ ES -ну́тся; *Pf. (Impf.* просыпа́ться[2]): wake up

просну́сь	проснёмся	просни́сь	просну́лся	——	просну́вшись
проснёшься	проснётесь	просни́тесь	просну́лась	——	просну́вшийся
проснётся	просну́тся		просну́лись/ось	——	——

ПРОСПА́ТЬ[1] EM -спя́т; *ppp* про́спанный S [*or old-fashioned* M]; *Pf. (Impf.* просыпа́ть[2]): oversleep; sleep through (smt.)

просплю́	проспи́м	проспи́	проспа́л	——	проспа́в[ши]
проспи́шь	проспи́те	проспи́те	проспала́	——	проспа́вший
проспи́т	проспя́т		проспа́ли/о	——	про́спанный S

ПРОСПА́ТЬ[2] EM -спя́т; *Pf. (Impf.* спа́ть): spend a certain amount of time sleeping *e.g.* Он проспа́л всю́ но́чь *Acc*

просплю́	проспи́м	проспи́	проспа́л	——	проспа́в[ши]
проспи́шь	проспи́те	проспи́те	проспала́	——	проспа́вший
проспи́т	проспя́т		проспа́ли/о		

ПРОСПЕ́КТ SS *m.in:* prospect, avenue (*use* на/на/с *for* to/on/from); brochure

проспе́кт	проспе́кт	проспе́кта	проспе́кте	проспе́кту	проспе́ктом
проспе́кты	проспе́кты	проспе́ктов	проспе́ктах	проспе́ктам	проспе́ктами

ПРОСТЕРЕ́ТЬСЯ ES -стру́тся; -стёрся -стёрлась -стёрлись; *past adv.* -стёршись; *past active ptcpl.* -стёршийся; *Pf. (Impf.* простира́ться): extend, stretch

простру́сь	прострёмся	простри́сь	простёрся	——	простёршись
прострёшься	прострётесь	простри́тесь	простёрлась	——	простёршийся
прострётся	простру́тся		простёрлись/ось	——	

ПРОСТИРА́ТЬСЯ SS -а́ются; *Impf. (Pf.* простере́ться): extend, stretch

-стира́юсь	-стира́емся	-стира́йся	-стира́лся	-стира́ясь	
-стира́ешься	-стира́етесь	-стира́йтесь	-стира́лась	-стира́ющийся	-стира́вшийся
-стира́ется	-стира́ются		-стира́лись/ось	——	——

ПРОСТИ́ТЬ ES -тя́т; *Pf. (Impf.* проща́ть): forgive *e.g.* Он прости́л сестре́ *Dat* её оши́бку *Acc* [*or* Он прости́л сестру́ *Acc* за её оши́бку *Acc*] ● Прости́те! I beg your pardon! Excuse me!

прощу́	прости́м	прости́	прости́л	——	прости́в[ши]
прости́шь	прости́те	прости́те	прости́ла	——	прости́вший
прости́т	простя́т		прости́ли/о	——	прощённый E

ПРОСТИ́ТЬСЯ ES -тя́тся; *Pf. (Impf.* проща́ться): 1. say goodbye (to) *e.g.* Он прости́лся с сестро́й *Inst*; 2. be forgiven *e.g.* Ему́ *Dat* всё *Nom* прости́лось All was forgiven him (He was forgiven for everything)

прощу́сь	прости́мся	прости́сь	прости́лся	——	прости́вшись
прости́шься	прости́тесь	прости́тесь	прости́лась	——	прости́вшийся
прости́тся	простя́тся		прости́лись/ось	——	

ПРО́СТО *adv:* simply; merely; easily; *particle:* just, only, simply; *predicate:* it is simple, easy *e.g.* Мне́ *Dat* про́сто говори́ть по-ру́сски

Nominative Non-past Sing.	Accusative Non-past Plur.	Genitive Imperative	Prepositional Past	Dative Pres. deverbals	Instrumental Past deverbals
ПРОСТÓЙ M [sh.Plur. прóсты́] compar. прóще: simple					
простóй	Nom/Gen	простóго	простóм	простóму	простым
простóе	простóе	простóго	простóм	простóму	простым
простáя	простýю	простóй	простóй	простóй	простóй
просты́е	Nom/Gen	просты́х	просты́х	просты́м	просты́ми
прóст, простá, прóсто, прóсты́; прóще					
ПРОСТУ́ДА SS f.in: (common) cold					
простýда	простýду	простýды	простýде	простýде	простýдой
простýды	простýды	простýд	простýдах	простýдам	простýдами
ПРОСТУ́ДИТЬ MS -стýдят; Pf. (Impf. простужáть): let catch cold, expose to cold weather or virus					
простужý	простýдим	простуди	простуди́л	——	простуди́в[ши]
простýдишь	простýдите	простуди́те	простуди́ла	——	простуди́вший
простýдит	простýдят		простуди́ли/о	——	простýженный S
ПРОСТУ́ДИТЬСЯ MS -стýдятся; Pf. (Impf. простужáться): catch cold					
-стужýсь	-стýдимся	-студи́сь	-студи́лся	——	-студи́вшись
-стýдишься	-стýдитесь	-студи́тесь	-студи́лась	——	-студи́вшийся
-стýдится	-стýдятся		-студи́лись/ось	——	——
ПРОСТУЖÁТЬ SS -áют; Impf. (Pf. простудить): let catch cold, expose to cold weather or virus					
простужáю	простужáем	простужáй	простужáл	простужáя	
простужáешь	простужáете	простужáйте	простужáла	простужáющий	простужáвший
простужáет	простужáют		простужáли/о	простужáемый	——
ПРОСТУЖÁТЬСЯ SS -áются; Impf. (Pf. простудиться): catch cold					
-стужáюсь	-стужáемся	-стужáйся	-стужáлся	-стужáясь	
-стужáешься	-стужáетесь	-стужáйтесь	-стужáлась	-стужáющийся	-стужáвшийся
-стужáется	-стужáются		-стужáлись/ось		
ПРОСТУ́ЖЕННЫЙ S ppp of простудить: down with a cold; affected by a cold					
-стýженный	Nom/Gen	-стýженного	-стýженном	-стýженному	-стýженным
-стýженное	-стýженное	-стýженного	-стýженном	-стýженному	-стýженным
-стýженная	-стýженную	-стýженной	-стýженной	-стýженной	-стýженной
-стýженные	Nom/Gen	-стýженных	-стýженных	-стýженным	-стýженными
-стýжен, -стýжена, -стýжено, -стýжены					
ПРОСЫ́ПАТЬ SS -сы́плют [or -сы́плют -сы́плю -сы́пешь -сы́пет -сы́пем -сы́пете] -сы́пь! Pf. (Impf. просыпáть[1]): spill (said of dry stuffs)					
просы́плю	просы́плем	просы́пь	просы́пал	——	просы́пав[ши]
просы́плешь	просы́плете	просы́пьте	просы́пала	——	просы́павший
просы́плет	просы́плют		просы́пали/о	——	просы́панный S
ПРОСЫПÁТЬ[1] SS -áют; Impf. (Pf. просы́пать): spill (said of dry stuffs)					
просыпáю	просыпáем	просыпáй	просыпáл	просыпáя	
просыпáешь	просыпáете	просыпáйте	просыпáла	просыпáющий	просыпáвший
просыпáет	просыпáют		просыпáли/о	просыпáемый	——
ПРОСЫПÁТЬ[2] SS -áют; Impf. (Pf. проспáть[1]): oversleep; sleep through (smt.)					
просыпáю	просыпáем	просыпáй	просыпáл	просыпáя	
просыпáешь	просыпáете	просыпáйте	просыпáла	просыпáющий	просыпáвший
просыпáет	просыпáют		просыпáли/о	просыпáемый	——
ПРОСЫ́ПАТЬСЯ SS -сы́плются [or -сы́плются -сы́плюсь -сы́пешься -сы́пется -сы́пемся -сы́петесь] -сы́пься! Pf. (Impf. просыпáться[1]): spill (said of dry stuffs)					
-сы́плюсь	-сы́племся	-сы́пься	-сы́пался	——	-сы́павшись
-сы́плешься	-сы́плетесь	-сы́пьтесь	-сы́палась	——	-сы́павшийся
-сы́плется	-сы́плются		-сы́пались/ось	——	——
ПРОСЫПÁТЬСЯ[1] SS -áются; Impf. (Pf. просы́паться): spill (said of dry stuffs)					
-сыпáюсь	-сыпáемся	-сыпáйся	-сыпáлся	-сыпáясь	
-сыпáешься	-сыпáетесь	-сыпáйтесь	-сыпáлась	-сыпáющийся	-сыпáвшийся
-сыпáется	-сыпáются		-сыпáлись/ось		
ПРОСЫПÁТЬСЯ[2] SS -áются; Impf. (Pf. проснýться): wake up					
-сыпáюсь	-сыпáемся	-сыпáйся	-сыпáлся	-сыпáясь	
-сыпáешься	-сыпáетесь	-сыпáйтесь	-сыпáлась	-сыпáющийся	-сыпáвшийся
-сыпáется	-сыпáются		-сыпáлись/ось		
ПРÓСЬБА SS f.in: request (for) e.g. прóсьба о деньгáх Prep					
прóсьба	прóсьбу	прóсьбы	прóсьбе	прóсьбе	прóсьбой
прóсьбы	прóсьбы	прóсьб	прóсьбах	прóсьбам	прóсьбами
ПРОТÉСТ SS m.in: protest (against) e.g. протéст прóтив войны́ Gen					
протéст	протéст	протéста	протéсте	протéсту	протéстом
протéсты	протéсты	протéстов	протéстах	протéстам	протéстами
ПРÓТИВ prep. +Gen: opposite; against; for e.g. лекáрство прóтив гри́ппа Gen					
ПРОТИВОРÉЧИЕ SS n.in: contradiction					
противорéчие	противорéчие	противорéчия	противорéчии	противорéчию	противорéчием
противорéчия	противорéчия	противорéчий	противорéчиях	противорéчиям	противорéчиями

ПРОФЕССИОНА́ЛЬНЫЙ S (e): professional ● профессиона́льно-техни́ческое учи́лище vocational school

-на́льный	Nom/Gen	-на́льного	-на́льном	-на́льному	-на́льным
-на́льное	-на́льное	-на́льного	-на́льном	-на́льному	-на́льным
-на́льная	-на́льную	-на́льной	-на́льной	-на́льной	-на́льной
-на́льные	Nom/Gen	-на́льных	-на́льных	-на́льным	-на́льными

-на́лен, -на́льна, -на́льно, -на́льны

ПРОФЕ́ССИЯ SS f.in: profession

профе́ссия	профе́ссию	профе́ссии	профе́ссии	профе́ссии	профе́ссией
профе́ссии	профе́ссии	профе́ссий	профе́ссиях	профе́ссиям	профе́ссиями

ПРОФЕ́ССОР SE NPlur. -а́ m.an: professor (Use fem. predicate when referring to a woman, e.g. На́ш но́вый профе́ссор сего́дня не пришла́)

профе́ссор	профе́ссора	профе́ссора	профе́ссоре	профе́ссору	профе́ссором
профессора́	профессоро́в	профессоро́в	профессора́х	профессора́м	профессора́ми

ПРОФСОЮ́З SS m.in: trade union

профсою́з	профсою́з	профсою́за	профсою́зе	профсою́зу	профсою́зом
профсою́зы	профсою́зы	профсою́зов	профсою́зах	профсою́зам	профсою́зами

ПРОХЛА́ДНО adv: coolly; predicate: it is cool; feel cool e.g. Мне́ Dat прохла́дно I'm cool (I feel cool)

ПРОХЛА́ДНЫЙ S (e): cool, rather cold

прохла́дный	Nom/Gen	прохла́дного	прохла́дном	прохла́дному	прохла́дным
прохла́дное	прохла́дное	прохла́дного	прохла́дном	прохла́дному	прохла́дным
прохла́дная	прохла́дную	прохла́дной	прохла́дной	прохла́дной	прохла́дной
прохла́дные	Nom/Gen	прохла́дных	прохла́дных	прохла́дным	прохла́дными

прохла́ден, прохла́дна, прохла́дно, прохла́дны; прохла́днее

ПРОХОДИ́ТЬ[1] MS -хо́дят; Impf. (Pf. пройти́): 1. miss (walking), go past (accidentally) e.g. Он всегда́ проходи́л свой дом Acc He would always miss (go past) his house; 2. pass, go past (walking) e.g. Он проходи́л гости́ницу Acc [or ми́мо гости́ницы Gen] He walked (used to walk, was walking) past the hotel; 3. go/walk through, down e.g. Он проходи́л коридо́р Acc [or через коридо́р Acc or по коридо́ру Dat] He walked (used to walk, was walking) down the corridor; 4. cover (a certain distance, walking) e.g. За ча́с он проходи́л ты́сячу Acc ме́тров He used to cover a thousand meters in one hour; 5. pass, elapse e.g. Проходи́ли го́ды Nom The years were passing/going by; Моя́ боле́знь проходи́ла My illness was coming to an end

прохожу́	прохо́дим	проходи́	проходи́л	проходя́	
прохо́дишь	прохо́дите	проходи́те	проходи́ла	проходя́щий	проходи́вший
прохо́дит	прохо́дят		проходи́ли/о	——	——

ПРОХОДИ́ТЬ[2] MS -хо́дят; intrans; Pf. (Impf. ходи́ть): spend a certain amount of time walking e.g. Он проходи́л два Acc часа́ He walked two hours (spent two hours walking)

прохожу́	прохо́дим	проходи́	проходи́л	——	проходи́в[ши]
прохо́дишь	прохо́дите	проходи́те	проходи́ла	——	проходи́вший
прохо́дит	прохо́дят		проходи́ли/о	——	——

ПРОЦЕ́СС SS m.in: process; trial

проце́сс	проце́сс	проце́сса	проце́ссе	проце́ссу	проце́ссом
проце́ссы	проце́ссы	проце́ссов	проце́ссах	проце́ссам	проце́ссами

ПРОЧЕ́СТЬ EE -чту́т; -чёл -чла́ -чли́; past adv. -чтя́; no past active ptcpl; Pf. (no Impf. partner; use Impf. partners of the synonym прочита́ть, i.e. прочи́тывать and чита́ть): read (through)

прочту́	прочтём	прочти́	прочёл	——	прочтя́
прочтёшь	прочтёте	прочти́те	прочла́	——	
прочтёт	прочту́т		прочли́/о	——	прочтённый E

ПРО́ЧИЙ pronominal adj. inflected like ordinary adj: other ● ме́жду про́чим by the way

про́чий	Nom/Gen	про́чего	про́чем	про́чему	про́чим
про́чее	про́чее	про́чего	про́чем	про́чему	про́чим
про́чая	про́чую	про́чей	про́чей	про́чей	про́чей
про́чие	Nom/Gen	про́чих	про́чих	про́чим	про́чими

ПРОЧИТА́ТЬ SS -а́ют; Pf. (Impf. прочи́тывать and чита́ть): read (through)

прочита́ю	прочита́ем	прочита́й	прочита́л	——	прочита́в[ши]
прочита́ешь	прочита́ете	прочита́йте	прочита́ла	——	прочита́вший
прочита́ет	прочита́ют		прочита́ли/о	——	прочи́танный S

ПРОЧИ́ТЫВАТЬ SS -ают; Impf. (Pf. прочита́ть and проче́сть): read (through)

-чи́тываю	-чи́тываем	-чи́тывай	-чи́тывал	-чи́тывая	
-чи́тываешь	-чи́тываете	-чи́тывайте	-чи́тывала	-чи́тывающий	-чи́тывавший
-чи́тывает	-чи́тывают		-чи́тывали/о	-чи́тываемый	——

ПРОЧТУ́Т non-past tense of проче́сть

ПРОШЕ́ДШИЙ past active ptcpl. of пройти́

ПРОШЁЛ past tense of пройти́

ПРО́ШЛЫЙ S: also used as n.in noun: past; the past

про́шлый	Nom/Gen	про́шлого	про́шлом	про́шлому	про́шлым
про́шлое	про́шлое	про́шлого	про́шлом	про́шлому	про́шлым
про́шлая	про́шлую	про́шлой	про́шлой	про́шлой	про́шлой
про́шлые	Nom/Gen	про́шлых	про́шлых	про́шлым	про́шлыми

ПРОШУ́ non-past tense of проси́ть

ПРОЩА́НЬЕ SS (и) (variant of прощание) n.in: saying goodbye (to), parting (with) e.g. проща́нье с сестро́й Inst

проща́нье	проща́нье	проща́нья	проща́нье	проща́нью	проща́ньем
проща́нья	проща́нья	проща́ний	проща́ньях	проща́ньям	проща́ньями

ПРОЩА́ТЬ SS -а́ют; Impf. (Pf. прости́ть): forgive e.g. Он проща́ет сестре́ Dat её оши́бку Acc [or Он проща́ет сестру́ Acc за её оши́бку Acc] ● Проща́йте! Farewell!

проща́ю	проща́ем	проща́й	проща́л	проща́я	
проща́ешь	проща́ете	проща́йте	проща́ла	проща́ющий	проща́вший
проща́ет	проща́ют		проща́ли/о	проща́емый	——

ПРОЩА́ТЬСЯ SS -а́ются; Impf. (Pf. прости́ться): 1. say goodbye (to) e.g. Он проща́ется с сестро́й Inst; 2. be forgiven e.g. Ему́ Dat всё Nom проща́ется All is forgiven him (He gets forgiven for everything)

проща́юсь	проща́емся	проща́йся	проща́лся	проща́ясь	
проща́ешься	проща́етесь	проща́йтесь	проща́лась	проща́ющийся	проща́вшийся
проща́ется	проща́ются		проща́лись/ось	——	

ПРО́ЩЕ compar. of просто́й, про́сто

ПРОЩУ́ non-past tense of прости́ть

ПРУД EE [or SE] Loc. (в/на) -у́ m.in: pond (use на/на/с for to/on(by)/from and use в/в/из for into/in/out of)

пру́д	пру́д	пруда́	пруде́/в, на -у́	пруду́	прудо́м
пруды́	пруды́	прудо́в	пруда́х	пруда́м	пруда́ми

ПРЫ́ГАТЬ SS -ают; intrans; Impf. (Pf-once пры́гнуть): jump, leap

пры́гаю	пры́гаем	пры́гай	пры́гал	пры́гая	
пры́гаешь	пры́гаете	пры́гайте	пры́гала	пры́гающий	пры́гавший
пры́гает	пры́гают		пры́гали/о	——	——

ПРЫ́ГНУТЬ SS -нут; intrans; Pf-once (Impf. пры́гать): jump, leap

пры́гну	пры́гнем	пры́гни	пры́гнул	——	пры́гнув[ши]
пры́гнешь	пры́гнете	пры́гните	пры́гнула	——	пры́гнувший
пры́гнет	пры́гнут		пры́гнули/о	——	

ПРЯ́МО adv: straight; directly; frankly; particle: really, quite

ПРЯМО́Й M [sh.Plur. прямы́]: straight, direct

прямо́й	Nom/Gen	прямо́го	прямо́м	прямо́му	прямы́м
прямо́е	прямо́е	прямо́го	прямо́м	прямо́му	прямы́м
прямáя	прямýю	прямо́й	прямо́й	прямо́й	прямо́й
прямы́е	Nom/Gen	прямы́х	прямы́х	прямы́м	прямы́ми

прям, пряма́, пря́мо, пря́мы; преме́е

√**ПРЯ́ТАТЬ** SS пря́чут; Impf. (Pf. с-): hide, conceal (smt./smb.)

пря́чу	пря́чем	пря́чь	пря́тал	пря́ча	
пря́чешь	пря́чете	пря́чьте	пря́тала	пря́чущий	пря́тавший
пря́чет	пря́чут		пря́тали/о	——	

ПРЯ́ТАТЬСЯ SS пря́чутся; Impf. (Pf. с-): hide, conceal oneself

пря́чусь	пря́чемся	пря́чься	пря́тался	пря́чась	
пря́чешься	пря́четесь	пря́чьтесь	пря́талась	пря́чущийся	пря́тавшийся
пря́чется	пря́чутся		пря́тались/ось	——	

ПСА́ see пёс

ПСЕВДОНИ́М SS m.in: pseudonym

-ни́м	-ни́м	-ни́ма	-ни́ме	-ни́му	-ни́мом
-ни́мы	-ни́мы	-ни́мов	-ни́мах	-ни́мам	-ни́мами

ПСИХИА́ТР SS m.an: psychiatrist (Use fem. predicate when referring to a woman, e.g. Наш но́вый психиа́тр сего́дня не пришла́)

психиа́тр	психиа́тра	психиа́тра	психиа́тре	психиа́тру	психиа́тром
психиа́тры	психиа́тров	психиа́тров	психиа́трах	психиа́трам	психиа́трами

ПСИХО́ЛОГ SS m.an: psychologist

психо́лог	психо́лога	психо́лога	психо́логе	психо́логу	психо́логом
психо́логи	психо́логов	психо́логов	психо́логах	психо́логам	психо́логами

ПСИХОЛО́ГИЯ SS f.in: psychology

психоло́гия	психоло́гию	психоло́гии	психоло́гии	психоло́гии	психоло́гией

ПТЕНЕ́Ц EE (e) m.an: fledgling

птене́ц	птенца́	птенца́	птенце́	птенцу́	птенцо́м
птенцы́	птенцо́в	птенцо́в	птенца́х	птенца́м	птенца́ми

ПТИ́ЦА SS f.an: bird

пти́ца	пти́цу	пти́цы	пти́це	пти́це	пти́цей
пти́цы	пти́ц	пти́ц	пти́цах	пти́цам	пти́цами

ПТИ́ЧИЙ special adj: bird, bird's; bird-like

пти́чий	Nom/Gen	пти́чьего	пти́чьем	пти́чьему	пти́чьим
пти́чье	пти́чье	пти́чьего	пти́чьем	пти́чьему	пти́чьим
пти́чья	пти́чью	пти́чьей	пти́чьей	пти́чьей	пти́чьей
пти́чьи	Nom/Gen	пти́чьих	пти́чьих	пти́чьим	пти́чьими

ПТУ <пэтэу́> indeclinable n.in: (abbrev. of профессиона́льно-техни́ческое учи́лище) vocational school

ПУ́БЛИКА SS f.in: public; audience

пу́блика	пу́блику	пу́блики	пу́блике	пу́блике	пу́бликой

ПУЛÓВЕР SS *m.in*: sweater, pullover

пулóвер	пулóвер	пулóвера	пулóвере	пулóверу	пулóвером
пулóверы	пулóверы	пулóверов	пулóверах	пулóверам	пулóверами

ПУ́ЛЬС SS *m.in*: pulse

пу́льс	пу́льс	пу́льса	пу́льсе	пу́льсу	пу́льсом

ПУСКÁЙ *variant of* пу́сть

ПУСКÁТЬСЯ SS -áются; *Impf.* (*Pf.* пусти́ться): start, set out

пускáюсь	пускáемся	пускáйся	пускáлся	пускáясь	
пускáешься	пускáетесь	пускáйтесь	пускáлась	пускáющийся	пускáвшийся
пускáется	пускáются		пускáлись/ось	——	——

ПУСТИ́ТЬСЯ MS пу́стятся; *Pf.* (*Impf.* пускáться): start, set out

пущу́сь	пу́стимся	пусти́сь	пусти́лся	——	пусти́вшись
пу́стишься	пу́ститесь	пусти́тесь	пусти́лась	——	пусти́вшийся
пу́стится	пу́стятся		пусти́лись/ось	——	——

ПУСТÓЙ M [*sh.Plur.* пу́сты́]: empty

пустóй	*Nom/Gen*	пустóго	пустóм	пустóму	пусты́м
пустóе	пустóе	пустóго	пустóм	пустóму	пусты́м
пустáя	пусту́ю	пустóй	пустóй	пустóй	пустóй
пусты́е	*Nom/Gen*	пусты́х	пусты́х	пусты́м	пусты́ми

пу́ст, пустá, пу́сто, пу́сты; пустée

ПУСТЫ́НЯ SS *f.in*: desert

пусты́ня	пусты́ню	пусты́ни	пусты́не	пусты́не	пусты́ней
пусты́ни	пусты́ни	пусты́нь	пусты́нях	пусты́ням	пусты́нями

ПУ́СТЬ [*or* пускáй] *particle*: let; all right, very well; *conjunction*: though, even if

ПУСТЯ́К EE *m.in*: trifle

пустя́к	пустя́к	пустякá	пустякé	пустяку́	пустякóм
пустяки́	пустяки́	пустякóв	пустякáх	пустякáм	пустякáми

ПУТЁВКА SS (o) *f.in*: (tour) ticket, (vacation) pass *e.g.* путёвка в санатóрий *Acc*; work assignment (*document*)

путёвка	путёвку	путёвки	путёвке	путёвке	путёвкой
путёвки	путёвки	путёвок	путёвках	путёвкам	путёвками

ПУТЕШÉСТВЕННИК SS *m.an*: traveller

-éственник	-éственника	-éственника	-éственнике	-éственнику	-éственником
-éственники	-éственников	-éственников	-éственниках	-éственникам	-éственниками

ПУТЕШÉСТВЕННИЦА SS *f.an*: traveller (woman)

-шéственница	-шéственницу	-шéственницы	-шéственнице	-шéственнице	-шéственницей
-шéственницы	-шéственницы	-шéственниц	-шéственницах	-шéственницам	-шéственницами

ПУТЕШÉСТВИЕ SS *n.in*: trip, journey, voyage

путешéствие	путешéствие	путешéствия	путешéствии	путешéствию	путешéствием
путешéствия	путешéствия	путешéствий	путешéствиях	путешéствиям	путешéствиями

ПУТЕШÉСТВОВАТЬ SS -ствуют; *intrans; Impf.* (*Pf-awhile* по-): travel, journey

-шéствую	-шéствуем	-шéствуй	-шéствовал	-шéствуя	
-шéствуешь	-шéствуете	-шéствуйте	-шéствовала	-шéствующий	-шéствовавший
-шéствует	-шéствуют		-шéствовали/о	——	——

ПУ́ТЬ EE GPDSg. пути́; *m.in*: way; road; railroad track; voyage (*use* на/на/с *for* to/on/from *in all meanings*) ● путём +Gen by means of; в пути́ while travelling

пу́ть	пу́ть	пути́	пути́	пути́	путём
пути́	пути́	путéй	путя́х	путя́м	путя́ми

ПУ́ШКА SS (e) *f.in*: cannon

пу́шка	пу́шку	пу́шки	пу́шке	пу́шке	пу́шкой
пу́шки	пу́шки	пу́шек	пу́шках	пу́шкам	пу́шками

ПУЩУ́СЬ *non-past tense of* пусти́ться

ПШЕНИ́ЦА SS *f.in*: wheat

пшени́ца	пшени́цу	пшени́цы	пшени́це	пшени́це	пшени́цей

ПЫЛЕСÓС SS *m.in*: vacuum cleaner

пылесóс	пылесóс	пылесóса	пылесóсе	пылесóсу	пылесóсом
пылесóсы	пылесóсы	пылесóсов	пылесóсах	пылесóсам	пылесóсами

ПЬÉСА SS *f.in*: (theatrical) play (*use* на/на/с *for* to/at/from *the event*)

пьéса	пьéсу	пьéсы	пьéсе	пьéсе	пьéсой
пьéсы	пьéсы	пьéс	пьéсах	пьéсам	пьéсами

ПЬЮ́Т *non-past tense of* пи́ть

ПЭ́ *indeclinable n.in*: (name of the letter п)

ПЯТЁРКА SS (o) *f.in*: five-rouble note; five (*on a test, in a subject; the highest grade at school*) *e.g.* пятёрка за курсову́ю рабóту *Acc*; пятёрка по фи́зике *Dat*

пятёрка	пятёрку	пятёрки	пятёрке	пятёрке	пятёркой
пятёрки	пятёрки	пятёрок	пятёрках	пятёркам	пятёрками

ПЯ́ТЕРО *collective numeral*: five, group of five

пя́теро	Nom./Gen.	пятеры́х	пятеры́х	пятеры́м	пятеры́ми

ПЯТИДЕСЯ́ТЫЙ *numeral inflected like adj*: fiftieth

пятидеся́тый	Nom/Gen	пятидеся́того	пятидеся́том	пятидеся́тому	пятидеся́тым
пятидеся́тое	пятидеся́тое	пятидеся́того	пятидеся́том	пятидеся́тому	пятидеся́тым
пятидеся́тая	пятидеся́тую	пятидеся́той	пятидеся́той	пятидеся́той	пятидеся́той
пятидеся́тые	Nom/Gen	пятидеся́тых	пятидеся́тых	пятидеся́тым	пятидеся́тыми

ПЯТИСО́ТЫЙ *numeral inflected like adj*: five hundredth

пятисо́тый	Nom/Gen	пятисо́того	пятисо́том	пятисо́тому	пятисо́тым
пятисо́тое	пятисо́тое	пятисо́того	пятисо́том	пятисо́тому	пятисо́тым
пятисо́тая	пятисо́тую	пятисо́той	пятисо́той	пятисо́той	пятисо́той
пятисо́тые	Nom/Gen	пятисо́тых	пятисо́тых	пятисо́тым	пятисо́тыми

ПЯТНА́ДЦАТЫЙ *numeral inflected like adj*: fifteenth

пятна́дцатый	Nom/Gen	пятна́дцатого	пятна́дцатом	пятна́дцатому	пятна́дцатым
пятна́дцатое	пятна́дцатое	пятна́дцатого	пятна́дцатом	пятна́дцатому	пятна́дцатым
пятна́дцатая	пятна́дцатую	пятна́дцатой	пятна́дцатой	пятна́дцатой	пятна́дцатой
пятна́дцатые	Nom/Gen	пятна́дцатых	пятна́дцатых	пятна́дцатым	пятна́дцатыми

ПЯТНА́ДЦАТЬ *numeral*: fifteen

пятна́дцать	пятна́дцать	пятна́дцати	пятна́дцати	пятна́дцати	пятна́дцатью

ПЯ́ТНИЦА SS *f.in*: Friday

пя́тница	пя́тницу	пя́тницы	пя́тнице	пя́тнице	пя́тницей
пя́тницы	пя́тницы	пя́тниц	пя́тницах	пя́тницам	пя́тницами

ПЯ́ТЫЙ *numeral inflected like adj*: fifth

пя́тый	Nom/Gen	пя́того	пя́том	пя́тому	пя́тым
пя́тое	пя́тое	пя́того	пя́том	пя́тому	пя́тым
пя́тая	пя́тую	пя́той	пя́той	пя́той	пя́той
пя́тые	Nom/Gen	пя́тых	пя́тых	пя́тым	пя́тыми

ПЯ́ТЬ *numeral (Irreg. in phrases* за́ пять; на́ пять): five

пять	пять	пяти́	пяти́	пяти́	пятью́

ПЯТЬДЕСЯ́Т *numeral*: fifty

пятьдеся́т	пятьдеся́т	пяти́десяти	пяти́десяти	пяти́десяти	пятью́десятью

ПЯТЬСО́Т *numeral*: five hundred

пятьсо́т	пятьсо́т	пятисо́т	пятиста́х	пятиста́м	пятью́ста́ми

РА́Б EE *m.an*: slave

ра́б	раба́	раба́	рабе́	рабу́	рабо́м
рабы́	рабо́в	рабо́в	раба́х	раба́м	раба́ми

РАБО́ТА SS *f.in*: work, job, position; work, creation, product; work, the process of working *e.g.* рабо́та над кни́гой *Inst* ● контро́льная рабо́та по фи́зике *Dat* physics quiz; идти́ на рабо́ту *Acc* go to work, to one's place of work; бы́ть на рабо́те *Prep* be at work, at one's place of work; возвраща́ться с рабо́ты *Gen* return from work

рабо́та	рабо́ту	рабо́ты	рабо́те	рабо́те	рабо́той
рабо́ты	рабо́ты	рабо́т	рабо́тах	рабо́там	рабо́тами

РАБО́ТАТЬ SS -ают; *intrans; Impf*: 1. (*Pf-awhile* по-) work; work (on) *e.g.* Он рабо́тал над кни́гой *Inst*; 2. (*Pf-awhile* по- *and Pf-begin* за-) work, function (*said of a machine*); 3. (*no Pf.*) be open (*said of a store, shop, etc.*)

рабо́таю	рабо́таем	рабо́тай	рабо́тал	рабо́тая	
рабо́таешь	рабо́таете	рабо́тайте	рабо́тала	рабо́тающий	рабо́тавший
рабо́тает	рабо́тают		рабо́тали/о	——	——

РАБО́ТНИК SS *m.an*: employee, worker

рабо́тник	рабо́тника	рабо́тника	рабо́тнике	рабо́тнику	рабо́тником
рабо́тники	рабо́тников	рабо́тников	рабо́тниках	рабо́тникам	рабо́тниками

РАБО́ТНИЦА SS *f.an*: employee, worker (*woman*)

рабо́тница	рабо́тницу	рабо́тницы	рабо́тнице	рабо́тнице	рабо́тницей
рабо́тницы	рабо́тниц	рабо́тниц	рабо́тницах	рабо́тницам	рабо́тницами

РАБО́ЧИЙ S *also used as m.an noun*: working; (*as noun*) worker, workingman

рабо́чий	Nom/Gen	рабо́чего	рабо́чем	рабо́чему	рабо́чим
рабо́чее	рабо́чее	рабо́чего	рабо́чем	рабо́чему	рабо́чим
рабо́чая	рабо́чую	рабо́чей	рабо́чей	рабо́чей	рабо́чей
рабо́чие	Nom/Gen	рабо́чих	рабо́чих	рабо́чим	рабо́чими

РАБЫ́НЯ SS *f.an*: slave (*woman*)

рабы́ня	рабы́ню	рабы́ни	рабы́не	рабы́не	рабы́ней
рабы́ни	рабы́нь	рабы́нь	рабы́нях	рабы́ням	рабы́нями

РАВНИ́НА SS *f.in*: plain (*geographical*) (*use* на/на/с *for* to/in(on)/from)

равни́на	равни́ну	равни́ны	равни́не	равни́не	равни́ной
равни́ны	равни́ны	равни́н	равни́нах	равни́нам	равни́нами

РАВНО́ *adv*: alike ● всё равно́ all the same; *conjunction*: as well as, and also; *predicate*: be equal to, equals *e.g.* Два́ плю́с оди́н равно́ трём *Dat* ● Всё равно́ It makes no difference; Мне́ *Dat* всё равно́ I don't care

РАВНЯ́ТЬСЯ SS -я́ются; *Impf.* (*no Pf.*): 1. equal, be equal (to), be *e.g.* Моя́ зарпла́та равня́ется дву́м ты́сячам *Dat*; 2. look upon somebody as a model *e.g.* Она́ равня́ется на сестру́ *Acc*

равня́юсь	равня́емся	равня́йся	равня́лся	равня́ясь	
равня́ешься	равня́етесь	равня́йтесь	равня́лась	равня́ющийся	равня́вшийся
равня́ется	равня́ются		равня́лись/ось	——	——

РА́Д S *no long forms; no compar*: glad *e.g.* Он бы́л ра́д сестре́ *Dat* He was glad to see his sister
ра́д, ра́да, ра́до, ра́ды

РА́ДИ *preposition and postposition* +Gen: for the sake of

РАДИА́ЛЬНЫЙ S (е): radial

радиа́льный	Nom/Gen	радиа́льного	радиа́льном	радиа́льному	радиа́льным
радиа́льное	радиа́льное	радиа́льного	радиа́льном	радиа́льному	радиа́льным
радиа́льная	радиа́льную	радиа́льной	радиа́льной	радиа́льной	радиа́льной
радиа́льные	Nom/Gen	радиа́льных	радиа́льных	радиа́льным	радиа́льными

радиа́лен, радиа́льна, радиа́льно, радиа́льны

РАДИА́ТОР SS *m.in*: radiator

радиа́тор	радиа́тор	радиа́тора	радиа́торе	радиа́тору	радиа́тором
радиа́торы	радиа́торы	радиа́торов	радиа́торах	радиа́торам	радиа́торами

РА́ДИО <ио> *indeclinable n.in*: radio

РАДИОГРА́ММА <м *or* мм> SS *f.in*: radio-telegram, cable

-гра́мма	-гра́мму	-гра́ммы	-гра́мме	-гра́мме	-гра́ммой
-гра́ммы	-гра́ммы	-гра́мм	-гра́ммах	-гра́ммам	-гра́ммами

РАДИОЛЮБИ́ТЕЛЬ <иа *or* ио> SS *m.an*: amateur radio operator, ham

-люби́тель	-люби́теля	-люби́теля	-люби́теле	-люби́телю	-люби́телем
-люби́тели	-люби́телей	-люби́телей	-люби́телях	-люби́телям	-люби́телями

РАДИОПРИЁМНИК <иа *or* ио> SS *m.in*: radio (receiver)

-приёмник	-приёмник	-приёмника	-приёмнике	-приёмнику	-приёмником
-приёмники	-приёмники	-приёмников	-приёмниках	-приёмникам	-приёмниками

РА́ДОВАТЬ SS -дуют; *Impf.* (*Pf.* об- *and* по-): make happy *e.g.* Он ра́дует сестру́ *Acc* свои́ми пода́рками *Inst*

ра́дую	ра́дуем	ра́дуй	ра́довал	ра́дуя	
ра́дуешь	ра́дуете	ра́дуйте	ра́довала	ра́дующий	ра́довавший
ра́дует	ра́дуют		ра́довали/о	ра́дуемый	

РА́ДОВАТЬСЯ SS -дуются; *Impf.* (*Pf.* об- *and* по-): be happy (to see, to have, *etc.*) *e.g.* Он ра́дуется свое́й сестре́ *Dat* He is happy to see his sister; Он ра́дуется деньга́м He is happy to have (received) the money; 2. be happy, glad (for) *e.g.* Он ра́дуется за сестру́ *Acc* He is happy for his sister

ра́дуюсь	ра́дуемся	ра́дуйся	ра́довался	ра́дуясь	
ра́дуешься	ра́дуетесь	ра́дуйтесь	ра́довалась	ра́дующийся	ра́довавшийся
ра́дуется	ра́дуются		ра́довались/ось	——	——

РА́ДОСТНО <сн> *adv*: joyfully, gladly; *predicate*: be glad, full of joy *e.g.* Им *Dat* бы́ло ра́достно провести́ ве́чер вме́сте

РА́ДОСТНЫЙ <сн> S (е): joyful

ра́достный	Nom/Gen	ра́достного	ра́достном	ра́достному	ра́достным
ра́достное	ра́достное	ра́достного	ра́достном	ра́достному	ра́достным
ра́достная	ра́достную	ра́достной	ра́достной	ра́достной	ра́достной
ра́достные	Nom/Gen	ра́достных	ра́достных	ра́достным	ра́достными

ра́достен, ра́достна, ра́достно, ра́достны; ра́достнее

РА́ДОСТЬ SS *f.in*: joy

ра́дость	ра́дость	ра́дости	ра́дости	ра́дости	ра́достью
ра́дости	ра́дости	ра́достей	ра́достях	ра́достям	ра́достями

РА́З¹ SE GPlur. -# (*Irreg. in phrases* ни ра́зу; ра́з от ра́зу; с пе́рвого ра́зу [*or* ра́за]; да́ть раза́ кому́-л. (*Colloquial* уда́рить)) *m.in*: time, occasion *e.g.* в пе́рвый ра́з the first time ● как ра́з just right; just then, just at the right time; ка́к-то ра́з once, one day (in the past); на э́тот ра́з this time, for once; ещё ра́з once again, once more, one more time; ни ра́зу not even once; не ра́з more than once; ра́з, два́ три . . . (*in counting*) one, two three

ра́з	ра́з	ра́за	ра́зе	ра́зу	ра́зом
разы́	разы́	ра́з	раза́х	раза́м	раза́ми

РА́З² *adv*: once, one day; *conjunction*: if; since; *predicate*: Zap! Wham! *e.g.* А он ему́ ра́з по голове́! And he hit him over the head!

РАЗБЕ́Й *Imperative of* разби́ть

РАЗБЕРУ́ТСЯ *non-past tense of* разобра́ться

РАЗБИВА́ТЬ SS -а́ют; *Impf.* (*Pf.* разби́ть): 1. shatter, break (into pieces); 2. divide (into), *e.g.* Он разбива́ет свои́ кни́ги *Acc* на коро́ткие гла́вы *Acc*

разбива́ю	разбива́ем	разбива́й	разбива́л	разбива́я	
разбива́ешь	разбива́ете	разбива́йте	разбива́ла	разбива́ющий	разбива́вший
разбива́ет	разбива́ют		разбива́ли/о	разбива́емый	——

РАЗБИРА́ТЬСЯ SS -а́ются; *Impf.* (*Pf.* разобра́ться): understand, be knowledgeable (about) *e.g.* Он разбира́ется в таки́х пробле́мах *Prep*

разбира́юсь	разбира́емся	разбира́йся	разбира́лся	разбира́ясь	
разбира́ешься	разбира́етесь	разбира́йтесь	разбира́лась	разбира́ющийся	разбира́вшийся
разбира́ется	разбира́ются		разбира́лись/ось ——		

РАЗБИ́ТЬ ES разобью́т; разбе́й! *ppp* разби́тый S; *Pf:* 1. (*Impf.* разбива́ть *and* би́ть) shatter, break (into pieces); *e.g.* Он разби́л ва́зу *Acc* на куски́ *Acc* 2. (*Impf.* разбива́ть) divide *e.g.* Он разби́л кни́гу *Acc* на гла́вы *Acc*

разобью́	разобьём	разбе́й	разби́л	——	разби́в[ши]
разобьёшь	разобьёте	разбе́йте	разби́ла	——	разби́вший
разобьёт	разобью́т		разби́ли/о	——	разби́тый S

РАЗБУДИ́ТЬ MS -бу́дят; *Pf.* (*Impf.* буди́ть): wake, awaken *e.g.* Он разбуди́л сестру́ *Acc* свои́м пе́нием *Inst*

разбужу́	разбу́дим	разбуди́	разбуди́л	——	разбуди́в[ши]
разбу́дишь	разбу́дите	разбуди́те	разбуди́ла	——	разбуди́вший
разбу́дит	разбу́дят		разбуди́ли/о	——	разбу́женный S

РА́ЗВЕ *particle:* really; perhaps; *conjunction:* except that, only ● Ра́зве не та́к? Isn't it so?

РАЗВЕСТИ́ EE -веду́т; -вёл -вела́ -вели́; *past adv.* -ведя́; *past active ptcpl.* -ве́дший; *Pf.* (*Impf.* разводи́ть): separate; divorce; dilute (with), dissolve (in) *e.g.* Он развёл во́дку *Acc* водо́й *Inst*; Он развёл лека́рство *Acc* в воде́ *Prep*

разведу́	разведём	разведи́	развёл	——	разведя́
разведёшь	разведёте	разведи́те	развела́	——	разве́дший
разведёт	разведу́т		развели́/о	——	разведённый E

РАЗВЕСТИ́СЬ EE -веду́тся; -вёлся -вела́сь -вели́сь; *past adv.* -ведя́сь; *past active ptcpl.* -ве́дшийся; *Pf.* (*Impf.* разводи́ться): get divorced (from) *e.g.* Он развёлся со свое́й жено́й *Inst*; Они́ развели́сь

разведу́сь	разведёмся	разведи́сь	развёлся	——	разведя́сь
разведёшься	разведётесь	разведи́тесь	развела́сь	——	разве́дшийся
разведётся	разведу́тся		развели́сь/ось	——	——

РАЗВИ́ТИЕ SS *n.in:* development, evolution

разви́тие	разви́тие	разви́тия	разви́тии	разви́тию	разви́тием

РАЗВО́Д SS *m.in:* divorce

разво́д	разво́д	разво́да	разво́де	разво́ду	разво́дом
разво́ды	разво́ды	разво́дов	разво́дах	разво́дам	разво́дами

РАЗВОДИ́ТЬ MS -во́дят; *pres. passive ptcpl.* -води́мый; *Impf.* (*Pf.* развести́): separate; divorce; dilute (with), dissolve (in) *e.g.* Он разво́дит во́дку *Acc* водо́й *Inst*; dissolve *e.g.* Он разво́дит лека́рство *Acc* в воде́ *Prep*

развожу́	разво́дим	разводи́	разводи́л	разводя́	
разво́дишь	разво́дите	разводи́те	разводи́ла	разводя́щий	разводи́вший
разво́дит	разво́дят		разводи́ли/о	разводи́мый	——

РАЗВОДИ́ТЬСЯ MS -во́дятся; *Impf.* (*Pf.* развести́сь): get divorced (from) *e.g.* Он разво́дится со свое́й жено́й *Inst*; Они́ разво́дятся

развожу́сь	разво́димся	разводи́сь	разводи́лся	разводя́сь	
разво́дишься	разво́дитесь	разводи́тесь	разводи́лась	разводя́щийся	разводи́вшийся
разво́дится	разво́дятся		разводи́лись/ось ——		

РАЗГНЕ́ВАННЫЙ[1] S *short forms* разгне́ван, -вана, -вано, -ваны; *compar.* -ваннее: angry (at) *e.g.* разгне́ванный на сестру́ *Acc*

-гне́ванный	Nom/Gen	-гне́ванного	-гне́ванном	-гне́ванному	-гне́ванным
-гне́ванное	-гне́ванное	-гне́ванного	-гне́ванном	-гне́ванному	-гне́ванным
-гне́ванная	-гне́ванную	-гне́ванной	-гне́ванной	-гне́ванной	-гне́ванной
-гне́ванные	Nom/Gen	-гне́ванных	-гне́ванных	-гне́ванным	-гне́ванными

-гне́ван, -гне́вана, -гне́вано, -гне́ваны; -гне́ваннее

РАЗГНЕ́ВАННЫЙ[2] S *sh.masc.* разгне́ван (*for long forms see* разгне́ванный[1]): angry-looking (-sounding)

-гне́ван, -гне́ванна, -гне́ванно, -гне́ванны; -гне́ваннее

РАЗГНЕ́ВАННЫЙ[3] S *ppp of* разгнева́ть (*for long forms see* разгне́ванный[1]): angered (*by smt./smb.*)

-гне́ван, -гне́вана, -гне́вано, -гне́ваны

РАЗГОВА́РИВАТЬ SS -ают; *intrans; Impf.* (*no Pf.*): converse, speak, talk (with, about) *e.g.* Он разгова́ривал с бра́том *Inst* о мое́й рабо́те *Prep*

-гова́риваю	-гова́риваем	-гова́ривай	-гова́ривал	-гова́ривая	
-гова́риваешь	-гова́риваете	-гова́ривайте	-гова́ривала	-гова́ривающий	-гова́ривавший
-гова́ривает	-гова́ривают		-гова́ривали/о		

РАЗГОВО́Р SS (*Irreg. in phrases* и разгово́ру [*or* разгово́ра] нет (быть не мо́жет); без разгово́ру) *m.in:* conversation (with, about) *e.g.* разгово́р с бра́том *Inst* о его́ рабо́те *Prep*

разгово́р	разгово́р	разгово́ра	разгово́ре	разгово́ру	разгово́ром
разгово́ры	разгово́ры	разгово́ров	разгово́рах	разгово́рам	разгово́рами

РАЗГОВОРИ́ТЬСЯ ES -ря́тся; *Pf.* (*no Impf.*): get into a conversation (with) *e.g.* Он разговори́лся с бра́том *Inst* о свое́й рабо́те *Prep*

-говорю́сь	-говори́мся	-говори́сь	-говори́лся		-говори́вшись
-говори́шься	-говори́тесь	-говори́тесь	-говори́лась	——	-говори́вшийся
-говори́тся	-говоря́тся		-говори́лись/ось ——		

РАЗДАВА́ТЬ ES -даю́т; -дава́й! *pres. adv.* -дава́я; *pres. passive ptcpl.* -дава́емый; *Impf.* (*Pf.* разда́ть): distribute, give out, hand out *e.g.* Он раздава́л студе́нтам *Dat* кни́ги *Acc*

раздаю́	раздаём	раздава́й	раздава́л	раздава́я	
раздаёшь	раздаёте	раздава́йте	раздава́ла	раздаю́щий	раздава́вший
раздаёт	раздаю́т		раздава́ли/о	раздава́емый	——

РАЗДАВА́ТЬСЯ ES -даю́тся; -дава́йся! *pres. adv.* -дава́ясь; *Impf.* (*Pf.* разда́ться): be heard; resound, ring (out)

раздаю́сь	раздаёмся	раздава́йся	раздава́лся	раздава́ясь	
раздаёшься	раздаётесь	раздава́йтесь	раздава́лась	раздаю́щийся	раздава́вшийся
раздаётся	раздаю́тся		раздава́лись/ось		

РАЗДА́ТЬ ЕМ -даду́т -да́м -да́шь -да́ст -дади́м -дади́те; -да́й! ро́здал раздала́ ро́здали [*or* разда́л раздала́ разда́ли]; *past adv.* разда́в[ши]; *ppp* ро́зданный М [*or* S] *sh.fem.* раздана́ [*or* ро́здана]; *Pf.* (*Impf.* раздава́ть): distribute, give out, hand out *e.g.* Он ро́здал студе́нтам *Dat* кни́ги *Acc*

разда́м	раздади́м	разда́й	ро́здал	——	разда́в[ши]
разда́шь	раздади́те	разда́йте	раздала́	——	разда́вший
разда́ст	раздаду́т		ро́здали/о	——	ро́зданный M/S

РАЗДА́ТЬСЯ ЕЕ [*or* ЕМ] -даду́тся -да́мся -да́шься -да́стся -дади́мся -дади́тесь; -да́йся! [-да́лся *or* old-fashioned -дался́]; *Pf.* (*Impf.* раздава́ться): be heard; resound; ring (out)

разда́мся	раздади́мся	разда́йся	разда́лся	——	разда́вшись
разда́шься	раздади́тесь	разда́йтесь	раздала́сь	——	разда́вшийся
разда́стся	раздаду́тся		раздали́сь/о́сь	——	

РАЗДЕВА́ТЬ SS -а́ют; *Impf.* (*Pf.* разде́ть): undress (smb.)

раздева́ю	раздева́ем	раздева́й	раздева́л	раздева́я	
раздева́ешь	раздева́ете	раздева́йте	раздева́ла	раздева́ющий	раздева́вший
раздева́ет	раздева́ют		раздева́ли/о	раздева́емый	——

РАЗДЕВА́ТЬСЯ SS -а́ются; *Impf.* (*Pf.* разде́ться): take one's hat and coat off; get undressed

раздева́юсь	раздева́емся	раздева́йся	раздева́лся	раздева́ясь	
раздева́ешься	раздева́етесь	раздева́йтесь	раздева́лась	раздева́ющийся	раздева́вшийся
раздева́ется	раздева́ются		раздева́лись/ось	——	——

РАЗДЕЛИ́ТЬ MS -де́лят; *ppp* разделённый Е; *Pf*: 1. (*Impf.* разделя́ть *and* дели́ть) separate; divide (into) *e.g.* Он раздели́л гру́ппу *Acc* на две́ *Acc* ча́сти, на хоро́шую полови́ну *Acc* и плоху́ю полови́ну *Acc*; 2. (*Impf.* разделя́ть) share (smb.'s burden, feelings, *etc.*) *e.g.* Он раздели́л с сестро́й *Inst* её трево́гу *Acc* He shared his sister's anxiety

разделю́	разде́лим	раздели́	раздели́л	——	раздели́в[ши]
разде́лишь	разде́лите	раздели́те	раздели́ла	——	раздели́вший
разде́лит	разде́лят		раздели́ли/о	——	разделённый Е

РАЗДЕЛИ́ТЬСЯ MS -де́лятся; *Pf.* (*Impf.* разделя́ться): separate, divide up (into) *e.g.* Гру́ппа раздели́лась на две́ *Acc* ча́сти, на хоро́шую полови́ну *Acc* и плоху́ю полови́ну *Acc*

разделю́сь	раздели́мся	раздели́сь	раздели́лся	——	раздели́вшись
разде́лишься	разде́литесь	раздели́тесь	раздели́лась	——	раздели́вшийся
разде́лится	разде́лятся		раздели́лись/ось	——	

РАЗДЕЛЯ́ТЬ SS -я́ют; *Impf.* (*Pf.* раздели́ть): 1. separate; divide (into) *e.g.* Он разделя́ет гру́ппу *Acc* на две́ *Acc* ча́сти, на хоро́шую полови́ну *Acc* и плоху́ю полови́ну *Acc*; 2. share (smb.'s burden, feelings, *etc.*) *e.g.* Он разделя́л с сестро́й *Inst* её трево́гу *Acc* He shared his sister's anxiety

разделя́ю	разделя́ем	разделя́й	разделя́л	разделя́я	
разделя́ешь	разделя́ете	разделя́йте	разделя́ла	разделя́ющий	разделя́вший
разделя́ет	разделя́ют		разделя́ли/о	разделя́емый	——

РАЗДЕЛЯ́ТЬСЯ SS -я́ются; *Impf.* (*Pf.* раздели́ться): separate, divide up (into); be separated, divided up (into) *e.g.* Гру́ппа разделя́ется на две́ *Acc* ча́сти, на хоро́шую полови́ну *Acc* и плоху́ю полови́ну *Acc*

разделя́юсь	разделя́емся	разделя́йся	разделя́лся	разделя́ясь	
разделя́ешься	разделя́етесь	разделя́йтесь	разделя́лась	разделя́ющийся	разделя́вшийся
разделя́ется	разделя́ются		разделя́лись/ось	——	

РАЗДЕ́ТЬ SS -де́нут; *ppp* разде́тый S; *Pf.* (*Impf.* раздева́ть): undress (smb.)

разде́ну	разде́нем	разде́нь	разде́л	——	разде́в[ши]
разде́нешь	разде́нете	разде́ньте	разде́ла	——	разде́вший
разде́нет	разде́нут		разде́ли/о	——	разде́тый S

РАЗДЕ́ТЬСЯ SS -де́нутся; *Pf.* (*Impf.* раздева́ться): take one's hat and coat off; get undressed

разде́нусь	разде́немся	разде́нься	разде́лся	——	разде́вшись
разде́нешься	разде́нетесь	разде́ньтесь	разде́лась	——	разде́вшийся
разде́нется	разде́нутся		разде́лись/ось	——	

РАЗЛИ́ЧНЫЙ S (е): different; various

разли́чный	*Nom/Gen*	разли́чного	разли́чном	разли́чному	разли́чным
разли́чное	разли́чное	разли́чного	разли́чном	разли́чному	разли́чным
разли́чная	разли́чную	разли́чной	разли́чной	разли́чной	разли́чной
разли́чные	*Nom/Gen*	разли́чных	разли́чных	разли́чным	разли́чными

разли́чен, разли́чна, разли́чно, разли́чны; разли́чнее

РАЗМЕ́НИВАТЬ SS -ают; *Impf.* (*Pf.* разменя́ть): change (*as in* change a large bill), break into smaller denomination

разме́ниваю	разме́ниваем	разме́нивай	разме́нивал	разме́нивая	
разме́ниваешь	разме́ниваете	разме́нивайте	разме́нивала	разме́нивающий	разме́нивавший
разме́нивает	разме́нивают		разме́нивали/о	разме́ниваемый	——

РАЗМЕНЯ́ТЬ SS -я́ют; *Pf.* (*Impf.* разме́нивать): change (*as in* change a large bill), break into smaller denomination

разменя́ю	разменя́ем	разменя́й	разменя́л	——	разменя́в[ши]
разменя́ешь	разменя́ете	разменя́йте	разменя́ла	——	разменя́вший
разменя́ет	разменя́ют		разменя́ли/о	——	разме́нянный S

РАЗМЕ́Р SS *m.in*: dimension, size

разме́р	разме́р	разме́ра	разме́ре	разме́ру	разме́ром
разме́ры	разме́ры	разме́ров	разме́рах	разме́рам	разме́рами

РАЗНИМА́ТЬ SS -а́ют; *Impf.* (*Pf.* разня́ть): separate; dismantle *e.g.* Он разнима́л мото́р *Acc* на ча́сти *Acc*

разнима́ю	разнима́ем	разнима́й	разнима́л	разнима́я	
разнима́ешь	разнима́ете	разнима́йте	разнима́ла	разнима́ющий	разнима́вший
разнима́ет	разнима́ют		разнима́ли/о	разнима́емый	——

РА́ЗНИЦА SS *f.in*: difference

ра́зница	ра́зницу	ра́зницы	ра́знице	ра́знице	ра́зницей

РА́ЗНЫЙ S (e): various; different, diverse ● ра́зного ро́да of various kinds; по-ра́зному differently, in different ways

ра́зный	Nom/Gen	ра́зного	ра́зном	ра́зному	ра́зным
ра́зное	ра́зное	ра́зного	ра́зном	ра́зному	ра́зным
ра́зная	ра́зную	ра́зной	ра́зной	ра́зной	ра́зной
ра́зные	Nom/Gen	ра́зных	ра́зных	ра́зным	ра́зными

РАЗНЯ́ТЬ MM -ни́мут; *ppp* разня́тый M; *Pf.* (*Impf.* разнима́ть): separate; dismantle *e.g.* Он разня́л мото́р *Acc* на ча́сти *Acc*

разниму́	разни́мем	разними́	разня́л	——	разня́в[ши]
разни́мешь	разни́мете	разними́те	разняла́	——	разня́вший
разни́мет	разни́мут		разня́ли/о	——	разня́тый M

РАЗОБРА́ТЬСЯ EE [*or* EM] разберу́тся; [разобра́лся *or old-fashioned* разобрался] *Pf.* (*Impf.* разбира́ться): investigate, look into; understand *e.g.* Он разобра́лся в э́тих вопро́сах *Prep*

разберу́сь	разберёмся	разбери́сь	разобра́лся		разобра́вшись
разберёшься	разберётесь	разбери́тесь	разобрала́сь		разобра́вшийся
разберётся	разберу́тся		разобрали́сь/ось	——	——

РАЗОБЬЮ́Т *non-past tense of* разби́ть

РАЗОЙТИ́СЬ EE разойду́тся; разошёлся разошла́сь разошли́сь; *past adv.* разойдя́сь; *past active ptcpl.* разоше́дшийся; *intrans*; *Pf.* (*Impf.* расходи́ться): part, separate, disperse; get divorced (from) *e.g.* Он разошёлся с жено́й *Inst*; Они́ разошли́сь

разойду́сь	разойдёмся	разойди́сь	разошёлся		разойдя́сь
разойдёшься	разойдётесь	разойди́тесь	разошла́сь		разоше́дшийся
разойдётся	разойду́тся		разошли́сь/ось	——	——

РАЗОРВА́ТЬ EM -рву́т; [*ppp* разо́рванный S *or old-fashioned* M]; *Pf.* (*Impf.* разрыва́ть *and* рвать[1]): break, tear

разорву́	разорвём	разорви́	разорва́л	——	разорва́в[ши]
разорвёшь	разорвёте	разорви́те	разорвала́	——	разорва́вший
разорвёт	разорву́т		разорва́ли/о	——	разо́рванный S

РАЗОЧАРО́ВАННЫЙ[1] S *short forms* разочаро́ван, -вана, -вано, -ваны; *compar.* -ва́ннее: disappointed (in smt./smb.) *e.g.* Он разочаро́ван в свое́й сестре́ *Prep*

-чаро́ванный	Nom/Gen	-чаро́ванного	-чаро́ванном	-чаро́ванному	-чаро́ванным
-чаро́ванное	-чаро́ванное	-чаро́ванного	-чаро́ванном	-чаро́ванному	-чаро́ванным
-чаро́ванная	-чаро́ванную	-чаро́ванной	-чаро́ванной	-чаро́ванной	-чаро́ванной
-чаро́ванные	Nom/Gen	-чаро́ванных	-чаро́ванных	-чаро́ванным	-чаро́ванными

-чаро́ван, -чаро́вана, -чаро́вано, -чаро́ваны; -чаро́ваннее

РАЗОЧАРО́ВАННЫЙ[2] S (e) *sh.masc.* разочаро́ван (*for long forms see* разочаро́ванный[1]): pessimistic

-чаро́ван, -чаро́ванна, -чаро́ванно, -чаро́ванны; -чаро́ваннее

РАЗОЧАРО́ВАННЫЙ[3] S *ppp of* разочарова́ть (*for long forms see* разочаро́ванный[1]): disappointed (by smb./smt.)

-чаро́ван, -чаро́вана, -чаро́вано, -чаро́ваны

РАЗРАБА́ТЫВАТЬ SS -ают; *Impf.* (*Pf.* разрабо́тать): work out, work up; develop

-раба́тываю	-раба́тываем	-раба́тывай	-раба́тывал	-раба́тывая	
-раба́тываешь	-раба́тываете	-раба́тывайте	-раба́тывала	-раба́тывающий	-раба́тывавший
-раба́тывает	-раба́тывают		-раба́тывали/о	-раба́тываемый	——

РАЗРАБО́ТАТЬ SS -ают; *Pf.* (*Impf.* разраба́тывать): work out, work up; develop

разрабо́таю	разрабо́таем	разрабо́тай	разрабо́тал	——	разрабо́тав[ши]
разрабо́таешь	разрабо́таете	разрабо́тайте	разрабо́тала	——	разрабо́тавший
разрабо́тает	разрабо́тают		разрабо́тали/о	——	разрабо́танный S

РАЗРЕША́ТЬ SS -а́ют; *Impf.* (*Pf.* разреши́ть): allow, permit *e.g.* Он разреша́ет сестре́ *Dat* рабо́тать

разреша́ю	разреша́ем	разреша́й	разреша́л	разреша́я	
разреша́ешь	разреша́ете	разреша́йте	разреша́ла	разреша́ющий	разреша́вший
разреша́ет	разреша́ют		разреша́ли/о	разреша́емый	——

РАЗРЕШЕ́НИЕ SS *n.in*: permit; permission

разреше́ние	разреше́ние	разреше́ния	разреше́нии	разреше́нию	разреше́нием
разреше́ния	разреше́ния	разреше́ний	разреше́ниях	разреше́ниям	разреше́ниями

РАЗРЕШИ́ТЬ ES -ша́т; *Pf.* (*Impf.* разреша́ть): allow, permit *e.g.* Он разреши́л сестре́ *Dat* рабо́тать

разрешу́	разреши́м	разреши́	разреши́л	——	разреши́в[ши]
разреши́шь	разреши́те	разреши́те	разреши́ла	——	разреши́вший
разреши́т	разреша́т		разреши́ли/о	——	разрешённый E

РАЗРУША́ТЬ SS -а́ют; *Impf.* (*Pf.* разру́шить): destroy

разруша́ю	разруша́ем	разруша́й	разруша́л	разруша́я	
разруша́ешь	разруша́ете	разруша́йте	разруша́ла	разруша́ющий	разруша́вший
разруша́ет	разруша́ют		разруша́ли/о	разруша́емый	——

РАЗРУ́ШИТЬ SS -шат; *Pf.* (*Impf.* разруша́ть): destroy

разру́шу	разру́шим	разру́шь	разру́шил	——	разру́шив[ши]
разру́шишь	разру́шите	разру́шьте	разру́шила	——	разру́шивший
разру́шит	разру́шат		разру́шили/о	——	разру́шенный S

РАЗЪЕЗЖА́ТЬСЯ <ж'ж' *or* жж> SS -а́ются; *Impf.* (*Pf.* разъе́хаться): disperse; separate, move apart

-езжа́юсь	-езжа́емся	-езжа́йся	-езжа́лся	-езжа́ясь	
-езжа́ешься	-езжа́етесь	-езжа́йтесь	-езжа́лась	-езжа́ющийся	-езжа́вшийся
-езжа́ется	-езжа́ются		-езжа́лись/ось		

РАЗЪЕ́ХАТЬСЯ SS -е́дутся; -езжа́йся! <ж'ж' *or* жж> *Pf.* (*Impf.* разъезжа́ться): disperse, separate, move apart

разъе́дусь	разъе́демся	разъезжа́йся	разъе́хался		разъе́хавшись
разъе́дешься	разъе́детесь	разъезжа́йтесь	разъе́халась		разъе́хавшийся
разъе́дется	разъе́дутся		разъе́хались/ось	——	——

РАЗЫГРА́ТЬ SS -а́ют; *Pf.* (*Impf.* разы́грывать): 1. stage, produce (a *play, etc.*); 2. pay out, award (in a *lottery, etc.*)
e.g. Они́ разыгра́ли кни́ги *Acc* в лотере́ю *Acc* They awarded books as lottery prizes; 3. play a practical joke (on)
e.g. Он разыгра́л сестру́ *Acc*

разыгра́ю	разыгра́ем	разыгра́й	разыгра́л	——	разыгра́в[ши]
разыгра́ешь	разыгра́ете	разыгра́йте	разыгра́ла	——	разыгра́вший
разыгра́ет	разыгра́ют		разыгра́ли/о	——	разы́гранный S

РАЗЫ́ГРЫВАТЬ SS -ают; *Impf.* (*Pf.* разыгра́ть): 1. stage, produce (a *play, etc.*); 2. pay out, award (in a *lottery, etc.*)
e.g. Они́ разы́грывали кни́ги *Acc* в лотере́ю *Acc* They awarded books as lottery prizes; 3. play a practical joke (on)
e.g. Он разы́грывал сестру́ *Acc*

разы́грываю	разы́грываем	разы́грывай	разы́грывал	разы́грывая	
разы́грываешь	разы́грываете	разы́грывайте	разы́грывала	разы́грывающий	разы́грывавший
разы́грывает	разы́грывают		разы́грывали/о	разы́грываемый	——

РАЗЫСКА́ТЬ MS -ы́щут; *Pf.* (*Impf.* разы́скивать): find

разыщу́	разы́щем	разыщи́	разыска́л	——	разыска́в[ши]
разы́щешь	разы́щете	разыщи́те	разыска́ла	——	разыска́вший
разы́щет	разы́щут		разыска́ли/о	——	разы́сканный S

РАЗЫ́СКИВАТЬ SS -ают; *Impf.* (*Pf.* разыска́ть): look for, search for, seek

разы́скиваю	разы́скиваем	разы́скивай	разы́скивал	разы́скивая	
разы́скиваешь	разы́скиваете	разы́скивайте	разы́скивала	разы́скивающий	разы́скивавший
разы́скивает	разы́скивают		разы́скивали/о	разы́скиваемый	——

РАЙО́Н SS *m.in*: area, neighborhood; district

райо́н	райо́н	райо́на	райо́не	райо́ну	райо́ном
райо́ны	райо́ны	райо́нов	райо́нах	райо́нам	райо́нами

РАКЕ́ТА SS *f.in*: rocket; missile ● сади́ться на [*or* в] +*Acc*, лете́ть на [*or* в] +*Prep*, выходи́ть из +*Gen*

раке́та	раке́ту	раке́ты	раке́те	раке́те	раке́той
раке́ты	раке́ты	раке́т	раке́тах	раке́там	раке́тами

РАКЕ́ТКА SS (о) *f.in*: racket (tennis, *etc.*)

раке́тка	раке́тку	раке́тки	раке́тке	раке́тке	раке́ткой
раке́тки	раке́тки	раке́ток	раке́тках	раке́ткам	раке́тками

РАКЕ́ТНЫЙ S (е): rocket, missile

раке́тный	Nom/Gen	раке́тного	раке́тном	раке́тному	раке́тным
раке́тное	раке́тное	раке́тного	раке́тном	раке́тному	раке́тным
раке́тная	раке́тную	раке́тной	раке́тной	раке́тной	раке́тной
раке́тные	Nom/Gen	раке́тных	раке́тных	раке́тным	раке́тными

✓**РА́НИТЬ** SS -нят; *Pf.-Impf.* (*also Pf.* по-): wound; injure *e.g.* Он ра́нил сестру́ *Acc* ножо́м *Inst*

ра́ню	ра́ним	ра́нь	ра́нил	ра́ня	ра́нив[ши]
ра́нишь	ра́ните	ра́ньте	ра́нила	ра́нящий	ра́нивший
ра́нит	ра́нят		ра́нили/о		ра́ненный S

РА́ННИЙ S (е) *sh.masc.* hypothetical; (*see also* ра́но *and* ра́ньше): early

ра́нний	Nom/Gen	ра́ннего	ра́ннем	ра́ннему	ра́нним
ра́ннее	ра́ннее	ра́ннего	ра́ннем	ра́ннему	ра́нним
ра́нняя	ра́ннюю	ра́нней	ра́нней	ра́нней	ра́нней
ра́нние	Nom/Gen	ра́нних	ра́нних	ра́нним	ра́нними

РА́НО *compar.* ра́ньше; *adv*: early; *predicate*: it is early, it is too early *e.g.* Ра́но It is early; Мне́ *Dat* ра́но идти́ в
шко́лу It is too early for me to go to school

РА́НЬШЕ 1. *compar. of* ра́но; 2. *adv*: formerly, before ● ра́ньше всего́ first and foremost; first of all

РАСПИСА́НИЕ SS *n.in*: schedule

расписа́ние	расписа́ние	расписа́ния	расписа́нии	расписа́нию	расписа́нием
расписа́ния	расписа́ния	расписа́ний	расписа́ниях	расписа́ниям	расписа́ниями

РАСПИСА́ТЬСЯ MS -пи́шутся; *Pf.* (*Impf.* расписываться): 1. sign (one's name), sign off; 2. (*colloq.*) register one's marriage *e.g.* Он расписа́лся с мое́й сестро́й *Inst*; Они́ расписа́лись

распишу́сь	распи́шемся	распиши́сь	расписа́лся	——	расписа́вшись
распи́шешься	распи́шетесь	распиши́тесь	расписа́лась	——	расписа́вшийся
распи́шется	распи́шутся		расписа́лись/ось ——		——

РАСПИ́СЫВАТЬСЯ SS -аются; *Impf.* (*Pf.* расписа́ться): 1. sign (one's name), sign off; 2. (*colloq.*) register one's marriage *e.g.* Он распи́сывается с мое́й сестро́й *Inst*; Они́ распи́сываются

-ываюсь	-ываемся	-ывайся	-ывался	-ываясь	
-ываешься	-ываетесь	-ывайтесь	-ывалась	-ывающийся	-ывавшийся
-ывается	-ываются		-ывались/ось		

РАСПОЛО́ЖЕННЫЙ[1] S [*or* E] *short forms* располо́жен, -жена, -жено, -жены; *compar.* -женнее: 1. well disposed (to smt./smb.) *e.g.* Он располо́жен к мое́й сестре́ *Dat* He likes my sister; 2. feel inclined (to) *e.g.* Он не располо́жен шути́ть He is not in the mood for jokes

-поло́женный	*Nom/Gen*	-поло́женного	-поло́женном	-поло́женному	-поло́женным
-поло́женное	-поло́женное	-поло́женного	-поло́женном	-поло́женному	-поло́женным
-поло́женная	-поло́женную	-поло́женной	-поло́женной	-поло́женной	-поло́женной
-поло́женные	*Nom/Gen*	-поло́женных	-поло́женных	-поло́женным	-поло́женными

располо́жен, располо́жена, располо́жено, располо́жены; располо́женнее

РАСПОЛО́ЖЕННЫЙ[2] S *ppp of* расположи́ть (*for long forms see* располо́женный[1]): arranged; situated

располо́жен, располо́жена, располо́жено, располо́жены

РАССЕРДИ́ТЬСЯ MS -се́рдятся; *Pf.* (*Impf.* серди́ться): get angry (at) *e.g.* Он рассерди́лся на сестру́ *Acc* за её оши́бку *Acc*

-сержу́сь	-се́рдимся	-серди́сь	-серди́лся	——	-серди́вшись
-се́рдишься	-се́рдитесь	-серди́тесь	-серди́лась	——	-серди́вшийся
-се́рдится	-се́рдятся		-серди́лись/ось ——		——

РАССЕ́ЯННЫЙ[1] S *sh.masc.* рассе́ян: absent-minded

рассе́янный	*Nom/Gen*	рассе́янного	рассе́янном	рассе́янному	рассе́янным
рассе́янное	рассе́янное	рассе́янного	рассе́янном	рассе́янному	рассе́янным
рассе́янная	рассе́янную	рассе́янной	рассе́янной	рассе́янной	рассе́янной
рассе́янные	*Nom/Gen*	рассе́янных	рассе́янных	рассе́янным	рассе́янными

рассе́ян, рассе́янна, рассе́янно, рассе́янны; рассе́яннее

РАССЕ́ЯННЫЙ[2] S *ppp of* рассе́ять (*for long forms see* рассе́янный[1]): diffused; scattered (*by smt./smb.*)

рассе́ян, рассе́яна, рассе́яно, рассе́яны

РАССКА́З <с *not* сс> SS *m.in*: story; short story

расска́з	расска́з	расска́за	расска́зе	расска́зу	расска́зом
расска́зы	расска́зы	расска́зов	расска́зах	расска́зам	расска́зами

РАССКАЗА́ТЬ <с *not* сс> MS -ска́жут; *Pf.* (*Impf.* расска́зывать): tell *e.g.* Он рассказа́л сестре́ *Dat* э́ту исто́рию *Acc*; Он рассказа́л сестре́ *Dat* об э́той исто́рии *Prep*

расскажу́	расска́жем	расскажи́	рассказа́л	——	рассказа́в[ши]
расска́жешь	расска́жете	расскажи́те	рассказа́ла	——	рассказа́вший
расска́жет	расска́жут		рассказа́ли/о		расска́занный S

РАССКА́ЗЫВАТЬ <с *not* сс> SS -ают; *Impf.* (*Pf.* рассказа́ть): tell *e.g.* Он расска́зывал сестре́ *Dat* э́ту исто́рию *Acc*; Он расска́зывал сестре́ *Dat* об э́той исто́рии *Prep*

-ска́зываю	-ска́зываем	-ска́зывай	-ска́зывал	-ска́зывая	
-ска́зываешь	-ска́зываете	-ска́зывайте	-ска́зывала	-ска́зывающий	-ска́зывавший
-ска́зывает	-ска́зывают		-ска́зывали/о	-ска́зываемый	——

РАССМА́ТРИВАТЬ SS -ают; *Impf.* (*Pf.* рассмотре́ть): examine; consider

-сма́триваю	-сма́триваем	-сма́тривай	-сма́тривал	-сма́тривая	
-сма́триваешь	-сма́триваете	-сма́тривайте	-сма́тривала	-сма́тривающий	-сма́тривавший
-сма́тривает	-сма́тривают		-сма́тривали/о	-сма́триваемый	——

РАССМОТРЕ́ТЬ MS -смо́трят; *ppp* рассмо́тренный S; *Pf.* (*Impf.* рассма́тривать): discern; examine; consider

рассмотрю́	рассмо́трим	рассмотри́	рассмотре́л		рассмотре́в[ши]
рассмо́тришь	рассмо́трите	рассмотри́те	рассмотре́ла	——	рассмотре́вший
рассмо́трит	рассмо́трят		рассмотре́ли/о	——	рассмо́тренный S

РАССПРА́ШИВАТЬ <с *not* сс> SS -ают; *Impf.* (*Pf.* расспроси́ть): question *e.g.* Он расспра́шивал сестру́ *Acc* о её кни́ге *Prep*

-спра́шиваю	-спра́шиваем	-спра́шивай	-спра́шивал	-спра́шивая	
-спра́шиваешь	-спра́шиваете	-спра́шивайте	-спра́шивала	-спра́шивающий	-спра́шивавший
-спра́шивает	-спра́шивают		-спра́шивали/о	-спра́шиваемый	——

РАССПРОСИ́ТЬ <с, *not* сс> MS -спро́сят; *Pf.* (*Impf.* расспра́шивать): question *e.g.* Он расспроси́л сестру́ *Acc* о её кни́ге *Prep*

-спрошу́	-спро́сим	-спроси́	-спроси́л	——	-спроси́в[ши]
-спро́сишь	-спро́сите	-спроси́те	-спроси́ла	——	-спроси́вший
-спро́сит	-спро́сят		-спроси́ли/о	——	-спро́шенный S

РАССТОЯ́НИЕ <c or cc> SS *n.in*: distance *e.g.* расстоя́ние от Москвы́ *Gen* до Ки́ева *Gen* [or ме́жду Москво́й *Inst* и Ки́евом *Inst*] • на расстоя́нии двух *Gen* миль [(в) две *Acc* ми́ли] at a distance of 2 mi.

расстоя́ние	расстоя́ние	расстоя́ния	расстоя́нии	расстоя́нию	расстоя́нием
расстоя́ния	расстоя́ния	расстоя́ний	расстоя́ниях	расстоя́ниям	расстоя́ниями

РАССТРА́ИВАТЬСЯ SS -а́ются; *Impf.* (*Pf.* расстро́иться): 1. fall into confusion, fall apart; 2. be upset; 3. get out of tune

-иваюсь	-иваемся	-ивайся	-ивался	-иваясь	
-иваешься	-иваетесь	-ивайтесь	-ивалась	-ивающийся	-ивавшийся
-ивается	-иваются		-ивались/ось	——	

РАССТРО́ЕННЫЙ[1] <c or cc> S *sh.masc.* расстро́ен: downcast (*look, appearance*); upset (*emotionally*)

-строенный	*Nom/Gen*	-строенного	-строенном	-строенному	-строенным
-строенное	-строенное	-строенного	-строенном	-строенному	-строенным
-строенная	-строенную	-строенной	-строенной	-строенной	-строенной
-строенные	*Nom/Gen*	-строенных	-строенных	-строенным	-строенными

-строен, -строенна, -строенно, -строенны; -строеннее

РАССТРО́ЕННЫЙ[2] <c or cc> S *ppp of* расстро́ить (*for long forms see* расстро́енный[1]): upset; disrupted (*by smt./smb.*)

-строен, -строена, -строено, -строены

РАССТРО́ИТЬСЯ <c or cc> SS -о́ятся; *Pf.* (*Impf.* расстра́иваться): 1. fall into confusion, fall apart; 2. be upset; 3. get out of tune

-стро́юсь	-стро́имся	-стро́йся	-стро́ился	——	-стро́ившись
-стро́ишься	-стро́итесь	-стро́йтесь	-стро́илась	——	-стро́ившийся
-стро́ится	-стро́ятся		-стро́ились/ось	——	

РАССУЖДА́ТЬ SS -а́ют; *intrans*; *Impf.* (*Pf-awhile* по-): reason; talk, discuss *e.g.* Он рассужда́л о свои́х пробле́мах *Prep*

рассужда́ю	рассужда́ем	рассужда́й	рассужда́л	рассужда́я	
рассужда́ешь	рассужда́ете	рассужда́йте	рассужда́ла	рассужда́ющий	рассужда́вший
рассужда́ет	рассужда́ют		рассужда́ли/о	——	

РАСТА́ЯТЬ SS -та́ют; *intrans*; *Pf.* (*Impf.* та́ять): melt; thaw; dwindle

раста́ю	раста́ем	раста́й	раста́ял	——	раста́яв[ши]
раста́ешь	раста́ете	раста́йте	раста́яла	——	раста́явший
раста́ет	раста́ют		раста́яли/о	——	

РАСТЕ́НИЕ SS *n.in*: plant (*tree, shrub, etc.*)

расте́ние	расте́ние	расте́ния	расте́нии	расте́нии	расте́нием
расте́ния	расте́ния	расте́ний	расте́ниях	расте́ниям	расте́ниями

РАСТЕ́РЯННЫЙ[1] S *short forms* расте́рян, -ряна, -ряно, -ряны; *compar.* -ря́ннее: dismayed; confused (*said of a person*)

расте́рянный	*Nom/Gen*	расте́рянного	расте́рянном	расте́рянному	расте́рянным
расте́рянное	расте́рянное	расте́рянного	расте́рянном	расте́рянному	расте́рянным
расте́рянная	расте́рянную	расте́рянной	расте́рянной	расте́рянной	расте́рянной
расте́рянные	*Nom/Gen*	расте́рянных	расте́рянных	расте́рянным	расте́рянными

расте́рян, расте́ряна, расте́ряно, расте́ряны; расте́ряннее

РАСТЕ́РЯННЫЙ[2] S *sh.masc.* расте́рян (*for long forms see* расте́рянный[1]): confused (*said of a look, glance, etc.*)

расте́рян, расте́рянна, расте́рянно, расте́рянны; расте́ряннее

РАСТИ́ EE расту́т; рос росла́ росли́; *past adv.* ро́сши; *intrans*; *Impf*: 1. (*Pf.* вы́-) grow (up); 2. (*Pf.* вы́- *and* воз-) increase

расту́	растём	расти́	рос	растя́	
растёшь	растёте	расти́те	росла́	расту́щий	ро́сший
растёт	расту́т		росли́/о	——	

РАСТРА́ТИТЬ SS -тят; *Pf.* (*Impf.* растра́чивать *and* тра́тить): waste, spend (on) *e.g.* Он растра́тил де́ньги *Acc* на во́дку *Acc*

растра́чу	растра́тим	растра́ть	растра́тил	——	растра́тив[ши]
растра́тишь	растра́тите	растра́тьте	растра́тила	——	растра́тивший
растра́тит	растра́тят		растра́тили/о	——	растра́ченный S

РАСТРА́ЧИВАТЬ SS -ают; *Impf.* (*Pf.* растра́тить): waste, spend (on) *e.g.* Он растра́чивает де́ньги *Acc* на во́дку *Acc*

растра́чиваю	растра́чиваем	растра́чивай	растра́чивал	растра́чивая	
растра́чиваешь	растра́чиваете	растра́чивайте	растра́чивала	растра́чивающий	растра́чивавший
растра́чивает	растра́чивают		растра́чивали/о	растра́чиваемый	——

РАСХОДИ́ТЬСЯ MS -хо́дятся; *Impf.* (*Pf.* разойти́сь): part, separate, disperse; get divorced (from) *e.g.* Он расхо́дится с жено́й *Inst*; Они́ расхо́дятся

-хожу́сь	-хо́димся	-ходи́сь	-ходи́лся	-ходя́сь	
-хо́дишься	-хо́дитесь	-ходи́тесь	-ходи́лась	-ходя́щийся	-ходи́вшийся
-хо́дится	-хо́дятся		-ходи́лись/ось	——	

РВАТЬ[1] EM рвут; *pres. adv. avoided*; *ppp avoided*; *Impf*: 1. (*Pf.* разо- *and* по-) tear; 2. (*Pf.* со-) pick (*flowers, fruit, etc.*)

рву́	рвём	рви́	рва́л		
рвёшь	рвёте	рви́те	рвала́	рву́щий	рва́вший
рвёт	рву́т		рва́ли/о		

РВА́ТЬ² ЕМ рвёт; *Impersonal; Impf.* (*Pf.* вы́-): throw up, vomit *e.g.* Его́ *Acc* рва́ло He was vomiting

рвёт			рва́ло			

РЕБЁНОК SE (о) *NPlur.* де́ти, *IPlur.* детьми́ *m.an:* child

| ребёнок | ребёнка | ребёнка | ребёнке | ребёнку | ребёнком |
| де́ти | дете́й | дете́й | де́тях | де́тям | детьми́ |

РЕБЯ́ТА S *Plur. only; o-declension n.an:* guys; children

| ребя́та | ребя́т | ребя́т | ребя́тах | ребя́там | ребя́тами |

РЕВОЛЮ́ЦИЯ SS *f.in:* revolution

| револю́ция | револю́цию | револю́ции | револю́ции | револю́ции | револю́цией |
| револю́ции | револю́ции | револю́ций | револю́циях | револю́циям | револю́циями |

РЕДА́КТОР SS [*or* SE *NPlur.* -а́] *m.an:* editor (*Use fem. predicate when referring to a woman, e.g.* Наш но́вый реда́ктор сего́дня не пришла́)

| реда́ктор | реда́ктора | реда́ктора | реда́кторе | реда́ктору | реда́ктором |
| реда́кторы | реда́кторов | реда́кторов | реда́кторах | реда́кторам | реда́кторами |

РЕ́ДКИЙ М (о) [*sh.Plur.* ре́дки] *compar.* ре́же: sparse; rare

ре́дкий	*Nom/Gen*	ре́дкого	ре́дком	ре́дкому	ре́дким
ре́дкое	ре́дкое	ре́дкого	ре́дком	ре́дкому	ре́дким
ре́дкая	ре́дкую	ре́дкой	ре́дкой	ре́дкой	ре́дкой
ре́дкие	*Nom/Gen*	ре́дких	ре́дких	ре́дким	ре́дкими

ре́док, редка́, ре́дко, ре́дки; ре́же

РЕ́ДКО *adv:* rarely, seldom; sparsely, far apart

РЕ́ЖЕ *compar.* of ре́дкий, ре́дко

РЕЖИ́М SS *m.in:* regime; schedule of daily events, routine; set of rules

| режи́м | режи́м | режи́ма | режи́ме | режи́му | режи́мом |
| режи́мы | режи́мы | режи́мов | режи́мах | режи́мам | режи́мами |

РЕЖИССЁР <с *not* сс> SS *m.an:* director (*of a play, a film, etc.*) (*Use fem. predicate when referring to a woman, e.g.* Наш но́вый режиссёр сего́дня не пришла́)

| режиссёр | режиссёра | режиссёра | режиссёре | режиссёру | режиссёром |
| режиссёры | режиссёров | режиссёров | режиссёрах | режиссёрам | режиссёрами |

РЕ́ЗАТЬ SS ре́жут; *Impf.* 1. (*Pf.* раз-, от-, по-, *and* на-) cut, slice *e.g.* Он ре́зал сыр *Acc* на куски́ *Acc;* 2. (*Pf.* за-) slaughter, butcher; 3. (*no Pf.*) stab ● ре́зать слух grate on the ears

ре́жу	ре́жем	режь	ре́зал	ре́жа	
ре́жешь	ре́жете	режьте	ре́зала	ре́жущий	ре́завший
ре́жет	ре́жут		ре́зали/о	——	

РЕЗУЛЬТА́Т SS *m.in:* result

| результа́т | результа́т | результа́та | результа́те | результа́ту | результа́том |
| результа́ты | результа́ты | результа́тов | результа́тах | результа́там | результа́тами |

РЕЙС <ре́ *or* рэ́> SS *m.in:* trip, run, flight (*use* на/на/с *for* to/on/from)

| рейс | рейс | рейса | рейсе | рейсу | рейсом |
| рейсы | рейсы | рейсов | рейсах | рейсам | рейсами |

РЕКА́ ES *ASg.* ре́ку [*or old-fashioned* EE *ASg.* реку́, *NPlur.* ре́ки *or* ES] (*Irreg. in phrases* за́ реку [*or* за реку́ *or* за реку́]; на́ реку [*or* на ре́ку *or* на реку́]) *f.in:* river (*use* на/на/с *for* to/on(by)/from *and use* в/в/из *for* into/in/out of)

| река́ | ре́ку | реки́ | реке́ | реке́ | реко́й |
| ре́ки | ре́ки | рек | ре́ках | ре́кам | ре́ками |

РЕМЕСЛО́ ES (е) *NPlur.* ремёсла *n.in:* craft, skill

| ремесло́ | ремесло́ | ремесла́ | ремесле́ | ремеслу́ | ремесло́м |
| ремёсла | ремёсла | ремёсел | ремёслах | ремёслам | ремёслами |

РЕМО́НТ SS *m.in:* repairs; overhaul

| ремо́нт | ремо́нт | ремо́нта | ремо́нте | ремо́нту | ремо́нтом |

РЕПЕТИ́ЦИЯ SS *f.in:* rehearsal

| репети́ция | репети́цию | репети́ции | репети́ции | репети́ции | репети́цией |
| репети́ции | репети́ции | репети́ций | репети́циях | репети́циям | репети́циями |

РЕСНИ́ЦА SS *f.in:* eyelash

| ресни́ца | ресни́цу | ресни́цы | ресни́це | ресни́це | ресни́цей |
| ресни́цы | ресни́цы | ресни́ц | ресни́цах | ресни́цам | ресни́цами |

РЕСПУ́БЛИКА SS *f.in:* republic

| респу́блика | респу́блику | респу́блики | респу́блике | респу́блике | респу́бликой |
| респу́блики | респу́блики | респу́блик | респу́бликах | респу́бликам | респу́бликами |

РЕСТАВРИ́РОВАТЬ SS -руют; *Pf.-Impf:* restore

-ври́рую	-ври́руем	-ври́руй	-ври́ровал	-ври́руя	-ври́ровав[ши]
-ври́руешь	-ври́руете	-ври́руйте	-ври́ровала	-ври́рующий	-ври́ровавший
-ври́рует	-ври́руют		-ври́ровали/о	-ври́руемый	-ври́рованный S

РЕСТОРА́Н SS *m.in:* restaurant

| рестора́н | рестора́н | рестора́на | рестора́не | рестора́ну | рестора́ном |
| рестора́ны | рестора́ны | рестора́нов | рестора́нах | рестора́нам | рестора́нами |

РЕЦЕ́ПТ SS *m.in*: prescription; recipe

реце́пт	реце́пт	реце́пта	реце́пте	реце́пту	реце́птом
реце́пты	реце́пты	реце́птов	реце́птах	реце́птам	реце́птами

РЕ́ЧКА SS (e) *f.in*: creek (use на/на/с *for* to/on(by)/from *and use* в/в/из *for* into/in/out of)

ре́чка	ре́чку	ре́чки	ре́чке	ре́чке	ре́чкой
ре́чки	ре́чки	ре́чек	ре́чках	ре́чкам	ре́чками

РЕ́ЧЬ SE *NPlur.* ре́чи *f.in*: speech *e.g.* произноси́ть [*or* говори́ть] ре́чь give a speech

ре́чь	ре́чь	ре́чи	ре́чи	ре́чи	ре́чью
ре́чи	ре́чи	рече́й	реча́х	реча́м	реча́ми

РЕША́ТЬ SS -а́ют; *Impf.* (*Pf.* реши́ть): decide; work on (a problem), try to solve (a problem)

реша́ю	реша́ем	реша́й	реша́л	реша́я	
реша́ешь	реша́ете	реша́йте	реша́ла	реша́ющий	реша́вший
реша́ет	реша́ют		реша́ли/о	реша́емый	——

РЕША́ТЬСЯ SS -а́ются; *Impf.* (*Pf.* реши́ться): dare; bring oneself to

реша́юсь	реша́емся	реша́йся	реша́лся	реша́ясь	
реша́ешься	реша́етесь	реша́йтесь	реша́лась	реша́ющийся	реша́вшийся
реша́ется	реша́ются		реша́лись/ось	——	——

РЕША́ЮЩИЙ S (*also pres. active ptcpl. of* реша́ть): decisive, major

реша́ющий	*Nom/Gen*	реша́ющего	реша́ющем	реша́ющему	реша́ющим
реша́ющее	реша́ющее	реша́ющего	реша́ющем	реша́ющему	реша́ющим
реша́ющая	реша́ющую	реша́ющей	реша́ющей	реша́ющей	реша́ющей
реша́ющие	*Nom/Gen*	реша́ющих	реша́ющих	реша́ющим	реша́ющими

РЕШЕ́НИЕ SS *n.in*: decision; solution

реше́ние	реше́ние	реше́ния	реше́нии	реше́нию	реше́нием
реше́ния	реше́ния	реше́ний	реше́ниях	реше́ниям	реше́ниями

РЕШЁННЫЙ E *ppp of* реши́ть: decided; solved

решённый	*Nom/Gen*	решённого	решённом	решённому	решённым
решённое	решённое	решённого	решённом	решённому	решённым
решённая	решённую	решённой	решённой	решённой	решённой
решённые	*Nom/Gen*	решённых	решённых	решённым	решёнными

решён, решена́, решено́, решены́

РЕШИ́ТЕЛЬНО *adv*: decidedly, definitely; resolutely; absolutely

РЕШИ́ТЕЛЬНЫЙ S (e): resolute, determined

реши́тельный	*Nom/Gen*	реши́тельного	реши́тельном	реши́тельному	реши́тельным
реши́тельное	реши́тельное	реши́тельного	реши́тельном	реши́тельному	реши́тельным
реши́тельная	реши́тельную	реши́тельной	реши́тельной	реши́тельной	реши́тельной
реши́тельные	*Nom/Gen*	реши́тельных	реши́тельных	реши́тельным	реши́тельными

реши́телен, реши́тельна, реши́тельно, реши́тельны; реши́тельнее

√ **РЕШИ́ТЬ** ES -ша́т; *Pf.* (*Impf.* реша́ть): decide; solve

решу́	реши́м	реши́	реши́л	——	реши́в[ши]
реши́шь	реши́те	реши́те	реши́ла	——	реши́вший
реши́т	реша́т		реши́ли/о	——	решённый E

РЕШИ́ТЬСЯ ES -ша́тся; *Pf.* (*Impf.* реша́ться): make up one's mind

решу́сь	реши́мся	реши́сь	реши́лся	——	реши́вшись
реши́шься	реши́тесь	реши́тесь	реши́лась	——	реши́вшийся
реши́тся	реша́тся		реши́лись/ось	——	——

РИ́М SS *m.in*: Rome

Ри́м	Ри́м	Ри́ма	Ри́ме	Ри́му	Ри́мом

РИ́С SS *Part.* -у *m.in*: rice

ри́с	ри́с	ри́са/ри́су	ри́се	ри́су	ри́сом

РИСОВА́ТЬ SS -су́ют; *Impf.* (*Pf.* на-): paint; draw

рису́ю	рису́ем	рису́й	рисова́л	рису́я	
рису́ешь	рису́ете	рису́йте	рисова́ла	рису́ющий	рисова́вший
рису́ет	рису́ют		рисова́ли/о	рису́емый	

РИСУ́НОК SS (о) *m.in*: drawing; pattern ● на рису́нке in the drawing

рису́нок	рису́нок	рису́нка	рису́нке	рису́нку	рису́нком
рису́нки	рису́нки	рису́нков	рису́нках	рису́нкам	рису́нками

РО́ВНО *adv*: evenly, regularly; exactly; *particle*: exactly; absolutely; *conjunction* (*colloq.*): as if

РО́ВНЫЙ M (e) [*sh.Plur.* ровны́]: level, even; regular; exact

ро́вный	*Nom/Gen*	ро́вного	ро́вном	ро́вному	ро́вным
ро́вное	ро́вное	ро́вного	ро́вном	ро́вному	ро́вным
ро́вная	ро́вную	ро́вной	ро́вной	ро́вной	ро́вной
ро́вные	*Nom/Gen*	ро́вных	ро́вных	ро́вным	ро́вными

ро́вен, ровна́, ро́вно, ровны́; ровне́е

РОГА́ТЫЙ S: horned

рога́тый	Nom/Gen	рога́того	рога́том	рога́тому	рога́тым
рога́тое	рога́тое	рога́того	рога́том	рога́тому	рога́тым
рога́тая	рога́тую	рога́той	рога́той	рога́той	рога́той
рога́тые	Nom/Gen	рога́тых	рога́тых	рога́тым	рога́тыми

рога́т, рога́та, рога́то, рога́ты

РОД¹ SE Loc. (в) -ý (see also ро́ды) (Irreg. in phrases без ро́ду, без пле́мени; ни ро́ду ни пле́мени; стольких-то ле́т о́т роду; э́то у него́ в роду́; на роду́ напи́сано) m.in: clan; stock ● Он ро́дом из Испа́нии Gen He's from Spain (He's a Spaniard by birth; He's a native of Spain)

ро́д	ро́д	ро́да	ро́де/в роду́	ро́ду	ро́дом
роды́	роды́	родо́в	рода́х	рода́м	рода́ми

РОД² SE NPlur. ро́ды (see also ро́ды) m.in: genus; gender (grammatical); kind, sort

ро́д	ро́д	ро́да	ро́де	ро́ду	ро́дом
ро́ды	ро́ды	родо́в	рода́х	рода́м	рода́ми

РОД-А́ЙЛЕНД SS m.in: Rhode Island

Род-А́йленд	Род-А́йленд	Род-А́йленда	Род-А́йленде	Род-А́йленду	Род-А́йлендом

РО́ДИНА SS f.in: motherland, homeland (use на/на/с for to/in/from)

ро́дина	ро́дину	ро́дины	ро́дине	ро́дине	ро́диной

РОДИ́ТЕЛИ S Plur. only; #-declension m.an: parents

роди́тели	роди́телей	роди́телей	роди́телях	роди́телям	роди́телями

РОДИ́ТЕЛЬНЫЙ S (e): genitive (case)

роди́тельный	роди́тельный	роди́тельного	роди́тельном	роди́тельному	роди́тельным

РОДИ́ТЬСЯ¹ EE [or EM] -дя́тся; роди́лся; Pf. (Impf. роди́ться² or рожда́ться): be born

рожу́сь	роди́мся	роди́сь	роди́лся		роди́вшись
роди́шься	роди́тесь	роди́тесь	родила́сь		роди́вшийся
роди́тся	родя́тся		роди́лись/о́сь	——	——

РОДИ́ТЬСЯ² ES -дя́тся; Impf. (Pf. роди́ться¹): be born

рожу́сь	роди́мся	роди́сь	роди́лся	родя́сь	
роди́шься	роди́тесь	роди́тесь	роди́лась	родя́щийся	роди́вшийся
роди́тся	родя́тся		роди́лись/ось		

РОДНО́Й E no sh.masc; other short forms avoided; also used as Plur. anim. noun: native, home; familiar, dear; related (by blood); (as Plur. noun) relatives

родно́й	Nom/Gen	родно́го	родно́м	родно́му	родны́м
родно́е	родно́е	родно́го	родно́м	родно́му	родны́м
родна́я	родну́ю	родно́й	родно́й	родно́й	родно́й
родны́е	Nom/Gen	родны́х	родны́х	родны́м	родны́ми

compar. родне́е

РО́ДСТВЕННИК SS m.an: relative, relation (male)

-ственник	-ственника	-ственника	-ственнике	-ственнику	-ственником
-ственники	-ственников	-ственников	-ственниках	-ственникам	-ственниками

РО́ДСТВЕННИЦА SS f.an: relative, relation (female)

-ственница	-ственницу	-ственницы	-ственнице	-ственнице	-ственницей
-ственницы	-ственниц	-ственниц	-ственницах	-ственницам	-ственницами

РО́ДЫ S Plur. only; #-declension m.in: childbirth; labor

ро́ды	ро́ды	ро́дов	ро́дах	ро́дам	ро́дами

РОЖДА́ТЬСЯ SS -а́ются; Impf. (Pf. роди́ться¹): be born

рожда́юсь	рожда́емся	рожда́йся	рожда́лся	рожда́ясь	
рожда́ешься	рожда́етесь	рожда́йтесь	рожда́лась	рожда́ющийся	рожда́вшийся
рожда́ется	рожда́ются		рожда́лись/ось	——	——

РОЖДЕ́НИЕ SS n.in: birth ● де́нь рожде́ния birthday; С днём рожде́ния! Happy birthday!

рожде́ние	рожде́ние	рожде́ния	рожде́нии	рожде́нию	рожде́нием
рожде́ния	рожде́ния	рожде́ний	рожде́ниях	рожде́ниям	рожде́ниями

РО́ЖЬ <before рж- use the longer variants of prepositions с(о), в(о), к(о), and, optionally, of из(о), от(о)> EE (o) ISg. ро́жью f.in: rye

ро́жь	ро́жь	ржи́	ржи́	ржи́	ро́жью

РО́ЗА SS f.in: rose; rose bush

ро́за	ро́зу	ро́зы	ро́зе	ро́зе	ро́зой
ро́зы	ро́зы	ро́з	ро́зах	ро́зам	ро́зами

РО́ЗОВЫЙ S compar. розове́е: rose, pink

ро́зовый	Nom/Gen	ро́зового	ро́зовом	ро́зовому	ро́зовым
ро́зовое	ро́зовое	ро́зового	ро́зовом	ро́зовому	ро́зовым
ро́зовая	ро́зовую	ро́зовой	ро́зовой	ро́зовой	ро́зовой
ро́зовые	Nom/Gen	ро́зовых	ро́зовых	ро́зовым	ро́зовыми

ро́зов, ро́зова, ро́зово, ро́зовы; розове́е

РОК-ГРУ́ППА <п or пп> SS f.in: rock group

-гру́ппа	-гру́ппу	-гру́ппы	-гру́ппе	-гру́ппе	-гру́ппой
-гру́ппы	-гру́ппы	-гру́пп	-гру́ппах	-гру́ппам	-гру́ппами

РО́К-Н-РО́ЛЛ <л *not* лл> SS *m.in*: rock-n-roll

-ро́лл	-ро́лл		-ро́лле	-ро́ллу	-ро́ллом

РО́ЛЬ SE *NPlur*. ро́ли *f.in*: role, part

ро́ль	ро́ль	ро́ли	ро́ли	ро́ли	ро́лью
ро́ли	ро́ли	роле́й	роля́х	роля́м	роля́ми

РОМА́Н SS *m.in*: novel; love affair, romance

рома́н	рома́н	рома́на	рома́не	рома́ну	рома́ном
рома́ны	рома́ны	рома́нов	рома́нах	рома́нам	рома́нами

РОМА́НС SS *m.in*: romance (*music*)

рома́нс	рома́нс	рома́нса	рома́нсе	рома́нсу	рома́нсом
рома́нсы	рома́нсы	рома́нсов	рома́нсах	рома́нсам	рома́нсами

РОМАНТИ́ЧЕСКИЙ S *short forms avoided, no compar*: romantic

-и́ческий	Nom/Gen	-и́ческого	-и́ческом	-и́ческому	-и́ческим
-и́ческое	-и́ческое	-и́ческого	-и́ческом	-и́ческому	-и́ческим
-и́ческая	-и́ческую	-и́ческой	-и́ческой	-и́ческой	-и́ческой
-и́ческие	Nom/Gen	-и́ческих	-и́ческих	-и́ческим	-и́ческими

adv. романти́чески

РОНЯ́ТЬ SS -я́ют; *ppp avoided*; *Impf.* (*Pf.* урони́ть): drop, let drop

роня́ю	роня́ем	роня́й	роня́л	роня́я	
роня́ешь	роня́ете	роня́йте	роня́ла	роня́ющий	роня́вший
роня́ет	роня́ют		роня́ли/о	роня́емый	

РОССИ́ЙСКИЙ <с *not* сс> S *short forms avoided, no compar*: Russian

росси́йский	Nom/Gen	росси́йского	росси́йском	росси́йскому	росси́йским
росси́йское	росси́йское	росси́йского	росси́йском	росси́йскому	росси́йским
росси́йская	росси́йскую	росси́йской	росси́йской	росси́йской	росси́йской
росси́йские	Nom/Gen	росси́йских	росси́йских	росси́йским	росси́йскими

РОССИ́Я <с *not* сс> SS *f.in*: Russia

Росси́я	Росси́ю	Росси́и	Росси́и	Росси́и	Росси́ей

РО́Т <*before* рт- *use the longer variants of prepositions* с(о), в(о), к(о), *and, optionally, of* из(о), от(о), над(о), под(о)> EE (о) *Loc.* (во) -у́ (*Irreg. in phrases* изо рта́ [*or old-fashioned* и́зо рту]) *m.in*: mouth (*part of the body*)

ро́т	ро́т	рта́	рте́/во рту́	рту́	рто́м
рты́	рты́	рто́в	рта́х	рта́м	рта́ми

РОЯ́ЛЬ SS *m.in*: (concert) piano ● игра́ть на роя́ле *Prep* play the piano

роя́ль	роя́ль	роя́ля	роя́ле	роя́лю	роя́лем
роя́ли	роя́ли	роя́лей	роя́лях	роя́лям	роя́лями

РТА́ *see* ро́т

РУБА́ШКА SS (е) *f.in*: shirt

руба́шка	руба́шку	руба́шки	руба́шке	руба́шке	руба́шкой
руба́шки	руба́шки	руба́шек	руба́шках	руба́шкам	руба́шками

РУБЕ́Ц EE (е) *m.in*: scar

рубе́ц	рубе́ц	рубца́	рубце́	рубцу́	рубцо́м
рубцы́	рубцы́	рубцо́в	рубца́х	рубца́м	рубца́ми

РУБИ́ТЬ MS ру́бят; *pres. active ptcpl.* ру́бящий; *Impf*: 1. (*Pf.* раз-, от-, на- *and Pf-awhile* по-) chop; 2. (*Pf.* с-) fell (a tree)

рублю́	ру́бим	руби́	руби́л	рубя́	
ру́бишь	ру́бите	руби́те	руби́ла	ру́бящий	руби́вший
ру́бит	ру́бят		руби́ли/о		

РУ́БЛЬ EE *m.in*: rouble

ру́бль	ру́бль	рубля́	рубле́	рублю́	рублём
рубли́	рубли́	рубле́й	рубля́х	рубля́м	рубля́ми

РУГА́ТЬ SS -а́ют; *Impf.* (*Pf.* об-, вы́-, от-): scold, criticize

руга́ю	руга́ем	руга́й	руга́л	руга́я	
руга́ешь	руга́ете	руга́йте	руга́ла	руга́ющий	руга́вший
руга́ет	руга́ют		руга́ли/о	руга́емый	

РУГА́ТЬСЯ SS -а́ются; *Impf*: 1. (*Pf.* вы́-) swear; 2. (*Pf.* по-) quarrel

руга́юсь	руга́емся	руга́йся	руга́лся	руга́ясь	
руга́ешься	руга́етесь	руга́йтесь	руга́лась	руга́ющийся	руга́вшийся
руга́ется	руга́ются		руга́лись/ось	——	——

РУЖЬЁ ES (е) *n.in*: rifle, shotgun

ружьё	ружьё	ружья́	ружье́	ружью́	ружьём
ру́жья	ру́жья	ру́жей	ру́жьях	ру́жьям	ру́жьями

РУКА́ EE *ASg.* ру́ку, *NPlur.* ру́ки (*Irreg. in phrases* за́ руку, за́ руки; на́ руку, на́ руки; кому́-л. на́ руку (выгодно); держа́ть (идти́) под руку, по́д руки; рука́ о́б руку) *f.in*: hand, arm

рука́	ру́ку	руки́	руке́	руке́	руко́й
ру́ки	ру́ки	ру́к	рука́х	рука́м	рука́ми

РУКОВОДИ́ТЕЛЬ SS *m.an*: advisor; leader

-води́тель	-води́теля	-води́теля	-води́теле	-води́телю	-води́телем
-води́тели	-води́телей	-води́телей	-води́телях	-води́телям	-води́телями

РУКОВОДЍТЕЛЬНИЦА SS *f.an*: advisor; leader (*woman*)

-дѝтельница	-дѝтельницу	-дѝтельницы	-дѝтельнице	-дѝтельнице	-дѝтельницей
-дѝтельницы	-дѝтельниц	-дѝтельниц	-дѝтельницах	-дѝтельницам	-дѝтельницами

РУКОВОДСТВО SS *n.in*: leadership, guidance; leadership, leaders; manual, instructions

-вόдство	-вόдство	-вόдства	-вόдстве	-вόдству	-вόдством
-вόдства	-вόдства	-вόдств	-вόдствах	-вόдствам	-вόдствами

РУМЫ́Н SS *GPlur.* -# *m.an*: Romanian

румы́н	румы́на	румы́на	румы́не	румы́ну	румы́ном
румы́ны	румы́н	румы́н	румы́нах	румы́нам	румы́нами

РУМЫ́НИЯ SS *f.in*: Romania

Румы́ния	Румы́нию	Румы́нии	Румы́нии	Румы́нии	Румы́нией

РУМЫ́НКА SS (о) *f.an*: Romanian (*woman*)

румы́нка	румы́нку	румы́нки	румы́нке	румы́нке	румы́нкой
румы́нки	румы́нок	румы́нок	румы́нках	румы́нкам	румы́нками

РУМЫ́НСКИЙ S *short forms avoided, no compar*: Romanian

румы́нский	*Nom/Gen*	румы́нского	румы́нском	румы́нскому	румы́нским
румы́нское	румы́нское	румы́нского	румы́нском	румы́нскому	румы́нским
румы́нская	румы́нскую	румы́нской	румы́нской	румы́нской	румы́нской
румы́нские	*Nom/Gen*	румы́нских	румы́нских	румы́нским	румы́нскими

adv. по-румы́нски

РУ́СЛО SS (е) [*or* SS] *n.in*: river bed; (*figuratively*) course

ру́сло	ру́сло	ру́сла	ру́сле	ру́слу	ру́слом
ру́сла	ру́сла	ру́сел *or* ру́сл	ру́слах	ру́слам	ру́слами

РУ́ССКИЙ <c *not* cc> S *short forms avoided, no compar; also used as m./f.an noun*: Russian

ру́сский	*Nom/Gen*	ру́сского	ру́сском	ру́сскому	ру́сским
ру́сское	ру́сское	ру́сского	ру́сском	ру́сскому	ру́сским
ру́сская	ру́сскую	ру́сской	ру́сской	ру́сской	ру́сской
ру́сские	*Nom/Gen*	ру́сских	ру́сских	ру́сским	ру́сскими

adv. по-ру́сски

РУ́ССКО-АНГЛЍЙСКИЙ <c *not* cc> S *short forms avoided, no compar*: Russian-English, Russo-English

-англѝйский	*Nom/Gen*	-англѝйского	-англѝйском	-англѝйскому	-англѝйским
-англѝйское	-англѝйское	-англѝйского	-англѝйском	-англѝйскому	-англѝйским
-англѝйская	-англѝйскую	-англѝйской	-англѝйской	-англѝйской	-англѝйской
-англѝйские	*Nom/Gen*	-англѝйских	-англѝйских	-англѝйским	-англѝйскими

РУ́СЬ E *ISg.* Ру́сью *f.in*: Old Russia

Ру́сь	Ру́сь	Русѝ	Русѝ	Русѝ	Ру́сью

РУЧЁЙ EE (е) *m.in*: brook (*use* на/на/с *for to/by/from and use* в/в/из *for into/in/out of*)

ручёй	ручёй	ручья́	ручье́	ручью́	ручьём
ручьѝ	ручьѝ	ручьёв	ручья́х	ручья́м	ручья́ми

✓РУ́ЧКА SS (е) *f.in*: pen; handle; *diminutive of* рука́

ру́чка	ру́чку	ру́чки	ру́чке	ру́чке	ру́чкой
ру́чки	ру́чки	ру́чек	ру́чках	ру́чкам	ру́чками

РЫ́БА SS *f.an*: fish

ры́ба	ры́бу	ры́бы	ры́бе	ры́бе	ры́бой
ры́бы	ры́б	ры́б	ры́бах	ры́бам	ры́бами

РЫБА́К EE *m.an*: fisherman

рыба́к	рыбака́	рыбака́	рыбаке́	рыбаку́	рыбакόм
рыбакѝ	рыбакόв	рыбакόв	рыбака́х	рыбака́м	рыбака́ми

РЫ́БНЫЙ S (е): fish

ры́бный	*Nom/Gen*	ры́бного	ры́бном	ры́бному	ры́бным
ры́бное	ры́бное	ры́бного	ры́бном	ры́бному	ры́бным
ры́бная	ры́бную	ры́бной	ры́бной	ры́бной	ры́бной
ры́бные	*Nom/Gen*	ры́бных	ры́бных	ры́бным	ры́бными

РЫ́НОК SS (о) *m.in*: market (*use* на/на/с *for to/at/from*)

ры́нок	ры́нок	ры́нка	ры́нке	ры́нку	ры́нком
ры́нки	ры́нков	ры́нков	ры́нках	ры́нкам	ры́нками

РЮКЗА́К EE *m.in*: backpack

рюкза́к	рюкза́к	рюкзака́	рюкзаке́	рюкзаку́	рюкзакόм
рюкзакѝ	рюкзакѝ	рюкзакόв	рюкзака́х	рюкзака́м	рюкзака́ми

РЮ́МКА SS (о) *f.in*: (shot)glass, small wine glass

рю́мка	рю́мку	рю́мки	рю́мке	рю́мке	рю́мкой
рю́мки	рю́мки	рю́мок	рю́мках	рю́мкам	рю́мками

РЯД SE *Loc.* (в) -у́ (*Irreg. in phrases* два (три, четы́ре) ря́да; в ря́де слу́чаев, в це́лом ря́де слу́чаев; из ря́да [*or* из ря́ду] вόн выходя́щий) *m.in*: row; line; series; a number (of)

ряд	ряд	ря́да	ря́де/в ряду́	ря́ду	ря́дом
ряды́	ряды́	рядόв	ряда́х	ряда́м	ряда́ми

РЯ́ДОМ *adv*: alongside, side by side, next to; near, close by, next door ● ря́дом с +*Inst* next to

С (*see also variant* **со**) *prep.* +*Gen*: from; off; since; *prep.* +*Inst*: with, together with; *and e.g.* мы с сестрой my sister and I; *prep.* +*Acc*: about; the size of *e.g.* яйцо (размером) с яблоко *Acc* an egg the size of an apple

САД *SE Loc.* (в) -ý *m.in*: park; garden; orchard

сад	сад	сада	саде/в саду	саду	садом
сады	сады	садов	садах	садам	садами

САДИТЬСЯ *ES* -дятся; *Impf.* (*Pf.* сесть): 1. sit down; 2. board *e.g.* садиться в/на автобус *Acc* board a bus; 3. land (*said of aircraft, birds*) ● садиться в тюрьму go to jail

сажусь	садимся	садись	садился	садясь	
садишься	садитесь	садитесь	садилась	садящийся	садившийся
садится	садятся		садились/ось	——	——

САЖАТЬ *SS* -áют; *Impf.* (*Pf.* посадить): plant; seat; set ● сажать в тюрьму imprison, jail

сажаю	сажаем	сажай	сажал	сажая	
сажаешь	сажаете	сажайте	сажала	сажающий	сажавший
сажает	сажают		сажали/о	сажаемый	

САЖУСЬ *non-past tense of* садиться

САЛАТ *SS Part.* -у *m.in*: salad; lettuce

салат	салат	салата/-у	салате	салату	салатом
салаты	салаты	салатов	салатах	салатам	салатами

САЛЮТ *SS m.in*: fireworks; greeting, salute

салют	салют	салюта	салюте	салюту	салютом
салюты	салюты	салютов	салютах	салютам	салютами

САМ *special adj*: oneself (myself, yourself, yourselves, himself, herself, itself, ourself, ourselves, themselves) *e.g.* Ленин это делал сам *Nom* Lenin was doing/did it by himself; Сам *Nom* Ленин это делал Lenin himself was doing/did it

сам	*Nom./Gen.*	самого	самом	самому	самим
само	само	самого	самом	самому	самим
сама	саму [самоё]	самой	самой	самой	самой
сами	*Nom./Gen.*	самих	самих	самим	самими

САМОВАР *SS m.in*: samovar

самовар	самовар	самовара	самоваре	самовару	самоваром
самовары	самовары	самоваров	самоварах	самоварам	самоварами

САМОДЕЯТЕЛЬНОСТЬ *SS f.in*: amateur acting ● концерт художественной самодеятельности talent show

-деятельность	-деятельность	-деятельности	-деятельности	-деятельности	-деятельностью

САМОКРИТИКА *SS f.in*: self-criticism

самокритика	самокритику	самокритики	самокритике	самокритике	самокритикой

САМОЛЁТ *SS m.in*: airplane ● садиться на [*or* в] +*Acc*, лететь на [*or* в] +*Prep*, выходить из [*or* сходить с] +*Gen*

самолёт	самолёт	самолёта	самолёте	самолёту	самолётом
самолёты	самолёты	самолётов	самолётах	самолётам	самолётами

САМОСТОЯТЕЛЬНЫЙ *S* (e): independent

-ятельный	*Nom/Gen*	-ятельного	-ятельном	-ятельному	-ятельным
-ятельное	-ятельное	-ятельного	-ятельном	-ятельному	-ятельным
-ятельная	-ятельную	-ятельной	-ятельной	-ятельной	-ятельной
-ятельные	*Nom/Gen*	-ятельных	-ятельных	-ятельным	-ятельными

-ятелен, -ятельна, -ятельно, -ятельны; -ятельнее

САМОЧУВСТВИЕ ‹уств› *SS n.in*: condition (*said of a person's health*)

-чувствие	-чувствие	-чувствия	-чувствии	-чувствию	-чувствием

САМЫЙ *pronominal adj. inflected like ordinary adj*: most; the most; the very, right *e.g.* в самом углу right in the corner ● тот же самый the same; на самом деле in fact; в самом деле indeed, really

самый	*Nom/Gen*	самого	самом	самому	самым
самое	самое	самого	самом	самому	самым
самая	самую	самой	самой	самой	самой
самые	*Nom/Gen*	самых	самых	самым	самыми

САНАТОРИЙ *SS m.in*: health resort

санаторий	санаторий	санатория	санатории	санаторию	санаторием
санатории	санатории	санаториев	санаториях	санаториям	санаториями

САНТИМЕТР *SS m.in*: centimeter

-метр	-метр	-метра	-метре	-метру	-метром
-метры	-метры	-метров	-метрах	-метрам	-метрами

САТИРИК *SS m.an*: satirist, satire writer, artist, performer, *etc.*

сатирик	сатирика	сатирика	сатирике	сатирику	сатириком
сатирики	сатириков	сатириков	сатириках	сатирикам	сатириками

САХАР *SS Part.* -у, *Plur. hypothetical* [*Chemistry jargon SE NPlur.* -á] *m.in*: sugar

сахар	сахар	сахара/-у	сахаре	сахару	сахаром

СБЕРКАССА ‹*in prep. phrases variant* **со** *is used*› *SS f.in*: savings bank

сберкасса	сберкассу	сберкассы	сберкассе	сберкассе	сберкассой
сберкассы	сберкассы	сберкасс	сберкассах	сберкассам	сберкассами

СБИВА́ТЬ SS -а́ют; *Impf.* (*Pf.* сбить): knock down; knock together, build, join; churn

сбива́ю	сбива́ем	сбива́й	сбива́л	сбива́я	
сбива́ешь	сбива́ете	сбива́йте	сбива́ла	сбива́ющий	сбива́вший
сбива́ет	сбива́ют		сбива́ли/о	сбива́емый	——

СБО́РНИК <*in prep. phrases variant* со *is used*> SS *m.in*: collection (of stories, articles, etc.)

сбо́рник	сбо́рник	сбо́рника	сбо́рнике	сбо́рнику	сбо́рником
сбо́рники	сбо́рники	сбо́рников	сбо́рниках	сбо́рникам	сбо́рниками

СБО́РНЫЙ <*in prep. phrases variant* со *is used*> S (e) *also used as f.in noun*: assembled from parts; combined; (*as noun*) сбо́рная [*or* сбо́рная кома́нда] all-star team (representing a town, country, etc. and composed of members of various teams)

сбо́рный	*Nom/Gen*	сбо́рного	сбо́рном	сбо́рному	сбо́рным
сбо́рное	сбо́рное	сбо́рного	сбо́рном	сбо́рному	сбо́рным
сбо́рная	сбо́рную	сбо́рной	сбо́рной	сбо́рной	сбо́рной
сбо́рные	*Nom/Gen*	сбо́рных	сбо́рных	сбо́рным	сбо́рными

СВА́ДЬБА <*in prep. phrases variant* со *is used*> SS (e) *f.in*: wedding (*use* на/на/со *for* to/at/from *the event*)

сва́дьба	сва́дьбу	сва́дьбы	сва́дьбе	сва́дьбе	сва́дьбой
сва́дьбы	сва́дьбы	сва́деб	сва́дьбах	сва́дьбам	сва́дьбами

СВЕ́ЖЕСТЬ <*in prep. phrases variant* со *is used*> SS *f.in*: freshness

свѐжесть	свѐжесть	свѐжести	свѐжести	свѐжести	свѐжестью

СВЕ́ЖИЙ <*in prep. phrases variant* со *is used*> E [*sh.Plur.* свѐжи]: fresh; strong (*said of wind*)

свѐжий	*Nom/Gen*	свѐжего	свѐжем	свѐжему	свѐжим
свѐжее	свѐжее	свѐжего	свѐжем	свѐжему	свѐжим
свѐжая	свѐжую	свѐжей	свѐжей	свѐжей	свѐжей
свѐжие	*Nom/Gen*	свѐжих	свѐжих	свѐжим	свѐжими

свеж, свежа́, свежо́, свѐжи; свежѐе

СВЕРНУ́ТЬ ES -ну́т; *ppp* свѐрнутый S; *Pf.* (*Impf.* свора́чивать): roll up; cut short; turn *e.g.* Он сверну́л напра́во; Он сверну́л за́ угол He turned (around) the corner

сверну́	свернём	сверни́	сверну́л	——	сверну́в[ши]
свернёшь	свернёте	сверни́те	сверну́ла	——	сверну́вший
свернёт	сверну́т		сверну́ли/о	——	свѐрнутый S

СВЕРНУ́ТЬСЯ ES -ну́тся; *Pf.* (*Impf.* свора́чиваться): curl up, roll up; turn, curdle

сверну́сь	свернёмся	сверни́сь	сверну́лся	——	сверну́вшись
свернёшься	свернётесь	сверни́тесь	сверну́лась	——	сверну́вшийся
свернётся	сверну́тся		сверну́лись/ось	——	——

СВЕ́РХ *prep.* +*Gen*: over, above, on top of; beyond; in addition to

СВЕ́РХУ *adv*: from above; from the top; on the surface

СВЀРХУРО́ЧНЫЙ <*in prep. phrases variant* со *is used*> S (e): overtime

-уро́чный	*Nom/Gen*	-уро́чного	-уро́чном	-уро́чному	-уро́чным
-уро́чное	-уро́чное	-уро́чного	-уро́чном	-уро́чному	-уро́чным
-уро́чная	-уро́чную	-уро́чной	-уро́чной	-уро́чной	-уро́чной
-уро́чные	*Nom/Gen*	-уро́чных	-уро́чных	-уро́чным	-уро́чными

-уро́чен, -уро́чна, -уро́чно, -уро́чны

СВЀРХЧЕЛОВЕ́К <*in prep. phrases variant* со *is used*> SS *m.an*: superman

-челове́к	-челове́ка	-челове́ка	-челове́ке	-челове́ку	-челове́ком

СВЕСТИ́ EE -веду́т; -вёл -вела́ -вели́; *past adv.* -ведя́; *past active ptcpl.* -вѐдший; *Pf.* (*Impf.* сводить[1]): take down; take to; get (people) together

сведу́	сведём	сведи́	свёл	——	сведя́
сведёшь	сведёте	сведи́те	свела́	——	свѐдший
сведёт	сведу́т		свели́/о	——	сведённый E

СВЕ́Т[1] <*in prep. phrases variant* со *is used*> SS Loc. (на) -у́, Plur. hypothetical; *m.in*: the light (*place where it is light*) (*use* на/на/со *for* in/in/out of) *e.g.* На свету́ Loc ле́гче чита́ть

свѐт	свѐт	свѐта	свѐте/на свету́	свѐту		свѐтом

СВЕ́Т[2] <*in prep. phrases variant* со *is used*> SS Part. -у, Plur. hypothetical; (*Irreg. in phrases* све́ту [*or* све́та] бо́жьего невзви́деть) *m.in*: light (*radiation, illumination*) *e.g.* В лу́нном свѐте всё каза́лось бѐлым

свѐт	свѐт	свѐта/свѐту	свѐте	свѐту	свѐтом

СВЕ́Т[3] <*in prep. phrases variant* со *is used*> SS Plur. hypothetical; (*Irreg. in phrases* сжить со́ свету [*or* со свѐту *or* со свѐта]; бродить (скита́ться etc.) по свѐту [*or old-fashioned* по́ свету]) *m.in*: world (*use* на/на/со *for* into/in/from); (high) society

свѐт	свѐт	свѐта	свѐте	свѐту	свѐтом

СВЕТИ́ТЬ MS све́тят; *intrans*; *Impf.* 1. (*Pf.* по-) shine; 2. (*Pf-awhile* по-) light, give light

свечу́	све́тим	свети́	свети́л	светя́	
све́тишь	све́тите	свети́те	свети́ла	светя́щий	свети́вший
све́тит	све́тят		свети́ли/о		

СВЕТЛО́ *adv*: brightly; *predicate*: it is light, bright (enough) *e.g.* Здесь светло́; Вам Dat светло́ здесь чита́ть? Is it light enough here for you to read?

СВЕ́ТЛЫЙ <in prep. phrases variant co is used> E (e) sh.masc. све́тел: light

све́тлый	Nom/Gen	све́тлого	све́тлом	све́тлому	све́тлым
све́тлое	све́тлое	све́тлого	све́тлом	све́тлому	све́тлым
све́тлая	све́тлую	све́тлой	све́тлой	све́тлой	све́тлой
све́тлые	Nom/Gen	све́тлых	све́тлых	све́тлым	све́тлыми

све́тел, светла́, светло́, светлы́; светле́е

СВЕТОФО́Р <in prep. phrases variant co is used> SS m.in: traffic lights, signal

светофо́р	светофо́р	светофо́ра	светофо́ре	светофо́ру	светофо́ром
светофо́ры	светофо́ры	светофо́ров	светофо́рах	светофо́рам	светофо́рами

СВИДА́НИЕ <in prep. phrases variant co is used> SS n.in: meeting, date (use на/на/со for to/at/from the event) ●
До свида́ния! Goodbye!

свида́ние	свида́ние	свида́ния	свида́нии	свида́нию	свида́нием
свида́ния	свида́ния	свида́ний	свида́ниях	свида́ниям	свида́ниями

СВИ́ТЕР <тэ; in prep. phrases variant co is used> SS [or SE NPlur. -а́] m.in: sweater

сви́тер	сви́тер	сви́тера	сви́тере	сви́теру	сви́тером
сви́теры	сви́теры	сви́теров	сви́терах	сви́терам	сви́терами

СВОБО́ДА <in prep. phrases variant co is used> SS f.in: freedom, liberty

свобо́да	свобо́ду	свобо́ды	свобо́де	свобо́де	свобо́дой
свобо́ды	свобо́ды	свобо́д	свобо́дах	свобо́дам	свобо́дами

СВОБО́ДНО adv: freely; easily; fluently

СВОБО́ДНЫЙ <in prep. phrases variant co is used> S (e) also used as m./f.an noun: free; vacant; free person

свобо́дный	Nom/Gen	свобо́дного	свобо́дном	свобо́дному	свобо́дным
свобо́дное	свобо́дное	свобо́дного	свобо́дном	свобо́дному	свобо́дным
свобо́дная	свобо́дную	свобо́дной	свобо́дной	свобо́дной	свобо́дной
свобо́дные	Nom/Gen	свобо́дных	свобо́дных	свобо́дным	свобо́дными

свобо́ден, свобо́дна, свобо́дно, свобо́дны; свобо́днее

СВОДИ́ТЬ¹ MS -во́дят; pres. passive ptcpl. -води́мый; Impf. (Pf. свести́): take down; get (people) together

свожу́	сво́дим	своди́	своди́л	сводя́	
сво́дишь	сво́дите	своди́те	своди́ла	сводя́щий	своди́вший
сво́дит	сво́дят		своди́ли/о	своди́мый	——

СВОДИ́ТЬ² MS -во́дят; Pf. (Impf. води́ть): take smb. somewhere and back (on foot)

свожу́	сво́дим	своди́	своди́л	——	своди́в[ши]
сво́дишь	сво́дите	своди́те	своди́ла	——	своди́вший
сво́дит	сво́дят		своди́ли/о	——	

СВО́ДКА <in prep. phrases variant co is used> SS (o) f.in: report

сво́дка	сво́дку	сво́дки	сво́дке	сво́дке	сво́дкой
сво́дки	сво́дки	сво́док	сво́дках	сво́дкам	сво́дками

СВОЕОБРА́ЗНЫЙ <in prep. phrases variant co is used> S (e): distinctive; peculiar

-обра́зный	Nom/Gen	-обра́зного	-обра́зном	-обра́зному	-обра́зным
-обра́зное	-обра́зное	-обра́зного	-обра́зном	-обра́зному	-обра́зным
-обра́зная	-обра́зную	-обра́зной	-обра́зной	-обра́зной	-обра́зной
-обра́зные	Nom/Gen	-обра́зных	-обра́зных	-обра́зным	-обра́зными

-обра́зен, -обра́зна, -обра́зно, -обра́зны; -обра́знее

СВО́Й <in prep. phrases variant co is used> special adj: one's own (my, your, his, her, its, our, their)

свой	Nom/Gen	своего́	своём	своему́	свои́м
своё	своё	своего́	своём	своему́	свои́м
своя́	свою́	свое́й	свое́й	свое́й	свое́й
свои́	Nom/Gen	свои́х	свои́х	свои́м	свои́ми

СВОРА́ЧИВАТЬ SS -ают; Impf. (Pf. сверну́ть): roll up; turn e.g. Он свора́чивал напра́во; Он свора́чивал за́ угол He was turning (around) the corner

свора́чиваю	свора́чиваем	свора́чивай	свора́чивал	свора́чивая	
свора́чиваешь	свора́чиваете	свора́чивайте	свора́чивала	свора́чивающий	свора́чивавший
свора́чивает	свора́чивают		свора́чивали/о	свора́чиваемый	——

СВОРА́ЧИВАТЬСЯ SS -аются; Impf. (Pf. сверну́ться): curl up, roll up; turn, curdle

-ра́чиваюсь	-ра́чиваемся	-ра́чивайся	-ра́чивался	-ра́чиваясь	
-ра́чиваешься	-ра́чиваетесь	-ра́чивайтесь	-ра́чивалась	-ра́чивающийся	-ра́чивавшийся
-ра́чивается	-ра́чиваются		-ра́чивались/ось	——	

СВЯ́ЗАННЫЙ <in prep. phrases variant co is used> S ppp of связа́ть: bound, tied up

свя́занный	Nom/Gen	свя́занного	свя́занном	свя́занному	свя́занным
свя́занное	свя́занное	свя́занного	свя́занном	свя́занному	свя́занным
свя́занная	свя́занную	свя́занной	свя́занной	свя́занной	свя́занной
свя́занные	Nom/Gen	свя́занных	свя́занных	свя́занным	свя́занными

свя́зан, свя́зана, свя́зано, свя́заны

СВЯЗЬ <in prep. phrases variant co is used> SS (Irreg. in phrases в связи́ с чём-л.; в э́той связи́ (в связи с вышеска́занным)) f.in: connection; communications

связь	связь	свя́зи	свя́зи	свя́зи	свя́зью
свя́зи	свя́зи	свя́зей	свя́зях	свя́зям	свя́зями

СВЯТОЙ *<in prep. phrases variant* co *is used>* M *also used as m./f.an noun:* holy; saint

святой	Nom/Gen	святого	святом	святому	святым
святое	святое	святого	святом	святому	святым
святая	святую	святой	святой	святой	святой
святые	Nom/Gen	святых	святых	святым	святыми

свят, свята, свято, святы; святее

СГОРАТЬ SS -áют; *intrans; Impf. (Pf.* сгореть): burn up

сгораю	сгораем	сгорай	сгорал	сгорая	
сгораешь	сгораете	сгорайте	сгорала	сгорающий	сгоравший
сгорает	сгорают		сгорали/о	——	——

СГОРЕТЬ ES -горят; *intrans; Pf. (Impf.* сгорать *and* гореть): burn up

сгорю	сгорим	сгори	сгорел	——	сгорев[ши]
сгоришь	сгорите	сгорите	сгорела	——	сгоревший
сгорит	сгорят		сгорели/о	——	

✓**СДАВАТЬ** ES -дают; -давай! *pres. adv.* -давая; *pres. passive ptcpl.* -даваемый; *Impf. (Pf.* сдать): rent out; turn in, hand in; take (*an exam*)

сдаю	сдаём	сдавай	сдавал	сдавая	
сдаёшь	сдаёте	сдавайте	сдавала	сдающий	сдававший
сдаёт	сдают		сдавали/о	сдаваемый	

✓**СДАТЬ** EM -дадут -дам -дашь -даст -дадим -дадите; -дай! *ppp* сданный E; *Pf. (Impf.* сдавать): rent out; turn in, hand in; pass (*an exam*)

сдам	сдадим	сдай	сдал	——	сдав[ши]
сдашь	сдадите	сдайте	сдала	——	сдавший
сдаст	сдадут		сдали/о	——	сданный E

СДАЧА *<in prep. phrases variant* co *is used>* SS (*see also* сдачи) *f.in:* change (*as in* change from a ten-dollar bill)

сдача	сдачу	сдачи	сдаче	сдаче	сдачей

СДАЧИ (*also GSg. of* сдача) *adv:* 1. change, in change *e.g.* Он дал мне *Dat* копейку *Acc* сдачи с рубля *Gen*; 2. back, in retaliation *e.g.* Саша ударил Петю, и Петя дал ему *Dat* сдачи Sasha hit Petya and Petya hit him back

СДАШЬ *non-past tense of* сдать

СДАЮТ *non-past tense of* сдавать

СДЕЛАННЫЙ *<in prep. phrases variant* co *is used>* S *ppp of* сделать: done; made

сделанный	Nom/Gen	сделанного	сделанном	сделанному	сделанным
сделанное	сделанное	сделанного	сделанном	сделанному	сделанным
сделанная	сделанную	сделанной	сделанной	сделанной	сделанной
сделанные	Nom/Gen	сделанных	сделанных	сделанным	сделанными

сделан, сделана, сделано, сделаны

СДЕЛАТЬ SS -ают; *Pf. (Impf.* делать): do; make

сделаю	сделаем	сделай	сделал	——	сделав[ши]
сделаешь	сделаете	сделайте	сделала	——	сделавший
сделает	сделают		сделали/о	——	сделанный S

СДЕЛАТЬСЯ SS -аются; *Pf. (Impf.* делаться): become *e.g.* От вина *Gen* он сделался весёлым *Inst* The wine cheered him up

сделаюсь	сделаемся	сделайся	сделался		сделавшись
сделаешься	сделаетесь	сделайтесь	сделалась		сделавшийся
сделается	сделаются		сделались/ось		

СЕАНС SS *m.in:* show, performance (*use* на/на/с *for to/at/from the event*)

сеанс	сеанс	сеанса	сеансе	сеансу	сеансом
сеансы	сеансы	сеансов	сеансах	сеансам	сеансами

СЕБЕСТОИМОСТЬ SS *f.in:* cost price *e.g.* продать по себестоимости *Dat* sell at cost

-стоимость	-стоимость	-стоимости	-стоимости	-стоимости	-стоимостью

✓**СЕБЯ** *pronoun; no Nom. form:* oneself (myself, yourself, himself, herself, itself, ourself, ourselves, themselves)

	себя	себя	себе	себе	собой

СЕВЕР SS *m.in:* north (*use* на/на/с *for to/in/from*)

север	север	севера	севере	северу	севером

СЕВЕРНАЯ ДАКОТА *both parts inflected; f.in:* North Dakota

-ная -та	-ную -ту	-ной -ты	-ной -те	-ной -те	-ной -той

СЕВЕРНАЯ КАРОЛИНА *both parts inflected; f.in:* North Carolina

-ная -на	-ную -ну	-ной -ны	-ной -не	-ной -не	-ной -ной

СЕВЕРНЫЙ S (e): northern ● северное сияние Aurora Borealis, the Northern Lights

северный	Nom/Gen	северного	северном	северному	северным
северное	северное	северного	северном	северному	северным
северная	северную	северной	северной	северной	северной
северные	Nom/Gen	северных	северных	северным	северными

adv. по-северному; *compar.* севернее

СЕВРЮГА SS *f.an:* stellate sturgeon

севрюга	севрюгу	севрюги	севрюге	севрюге	севрюгой

СЕГОДНЯ *<во> adv. and indeclinable n.in:* today

СЕГО́ДНЯШНИЙ S (e) sh.masc. hypothetical: today's

сего́дняшний	Nom/Gen	сего́дняшнего	сего́дняшнем	сего́дняшнему	сего́дняшним
сего́дняшнее	сего́дняшнее	сего́дняшнего	сего́дняшнем	сего́дняшнему	сего́дняшним
сего́дняшняя	сего́дняшнюю	сего́дняшней	сего́дняшней	сего́дняшней	сего́дняшней
сего́дняшние	Nom/Gen	сего́дняшних	сего́дняшних	сего́дняшним	сего́дняшними

СЕДО́Й M: grey, grey-haired

седо́й	Nom/Gen	седо́го	седо́м	седо́му	седы́м
седо́е	седо́е	седо́го	седо́м	седо́му	седы́м
седа́я	седу́ю	седо́й	седо́й	седо́й	седо́й
седы́е	Nom/Gen	седы́х	седы́х	седы́м	седы́ми

сед, седа́, се́до, се́ды; седе́е

СЕДЬМО́Й numeral inflected like adj: seventh

седьмо́й	Nom/Gen	седьмо́го	седьмо́м	седьмо́му	седьмы́м
седьмо́е	седьмо́е	седьмо́го	седьмо́м	седьмо́му	седьмы́м
седьма́я	седьму́ю	седьмо́й	седьмо́й	седьмо́й	седьмо́й
седьмы́е	Nom/Gen	седьмы́х	седьмы́х	седьмы́м	седьмы́ми

СЕЗО́Н SS m.in: season

сезо́н	сезо́н	сезо́на	сезо́не	сезо́ну	сезо́ном
сезо́ны	сезо́ны	сезо́нов	сезо́нах	сезо́нам	сезо́нами

СЕЙФ <сэ́ or се́> SS m.in: safe, deposit box

сейф	сейф	се́йфа	се́йфе	се́йфу	се́йфом
се́йфы	се́йфы	се́йфов	се́йфах	се́йфам	се́йфами

СЕЙЧА́С <сича́с [or Colloquial ща́с]> adv: now; just now; presently, soon ● сейча́с же immediately

СЕКРЕ́Т SS m.in: secret

секре́т	секре́т	секре́та	секре́те	секре́ту	секре́том
секре́ты	секре́ты	секре́тов	секре́тах	секре́там	секре́тами

СЕКРЕТА́РША SS Colloquial; f.an: secretary (woman)

секрета́рша	секрета́ршу	секрета́рши	секрета́рше	секрета́рше	секрета́ршей
секрета́рши	секрета́рш	секрета́рш	секрета́ршах	секрета́ршам	секрета́ршами

СЕКРЕТА́РЬ EE m.an: secretary (Use fem. predicate when referring to a woman, e.g. На́ш но́вый секрета́рь сего́дня не пришла́)

секрета́рь	секретаря́	секретаря́	секретаре́	секретарю́	секретарём
секретари́	секретаре́й	секретаре́й	секретаря́х	секретаря́м	секретаря́ми

СЕКРЕ́ТНЫЙ S (e): secret

секре́тный	Nom/Gen	секре́тного	секре́тном	секре́тному	секре́тным
секре́тное	секре́тное	секре́тного	секре́тном	секре́тному	секре́тным
секре́тная	секре́тную	секре́тной	секре́тной	секре́тной	секре́тной
секре́тные	Nom/Gen	секре́тных	секре́тных	секре́тным	секре́тными

секре́тен, секре́тна, секре́тно, секре́тны; секре́тнее

СЕ́КТОР SS [or SE NPlur. -á] m.in: sector, section

се́ктор	се́ктор	се́ктора	се́кторе	се́ктору	се́ктором
се́кторы	се́кторы	се́кторов	се́кторах	се́кторам	се́кторами

СЕКУ́НДА SS f.in: second (unit of time)

секу́нда	секу́нду	секу́нды	секу́нде	секу́нде	секу́ндой
секу́нды	секу́нды	секу́нд	секу́ндах	секу́ндам	секу́ндами

СЕ́КЦИЯ SS f.in: section; club

се́кция	се́кцию	се́кции	се́кции	се́кции	се́кцией
се́кции	се́кции	се́кций	се́кциях	се́кциям	се́кциями

СЕЛ past tense of сесть

СЕЛО́ ES NPlur. сёла n.in: village

село́	село́	села́	селе́	селу́	село́м
сёла	сёла	сёл	сёлах	сёлам	сёлами

СЕ́ЛЬСКИЙ S short forms avoided, no compar: rural; village ● се́льское хозя́йство agriculture

се́льский	Nom/Gen	се́льского	се́льском	се́льскому	се́льским
се́льское	се́льское	се́льского	се́льском	се́льскому	се́льским
се́льская	се́льскую	се́льской	се́льской	се́льской	се́льской
се́льские	Nom/Gen	се́льских	се́льских	се́льским	се́льскими

adv. по-се́льски

СЕМЕ́ЙНЫЙ S (e): family

семе́йный	Nom/Gen	семе́йного	семе́йном	семе́йному	семе́йным
семе́йное	семе́йное	семе́йного	семе́йном	семе́йному	семе́йным
семе́йная	семе́йную	семе́йной	семе́йной	семе́йной	семе́йной
семе́йные	Nom/Gen	семе́йных	семе́йных	семе́йным	семе́йными

СЕ́МЕРО collective numeral: seven, group of seven

се́меро	Nom./Gen.	семеры́х	семеры́х	семеры́м	семеры́ми

СЕМЕ́СТР SS m.in: semester

семе́стр	семе́стр	семе́стра	семе́стре	семе́стру	семе́стром
семе́стры	семе́стры	семе́стров	семе́страх	семе́страм	семе́страми

СЕ́МЕЧКО SS (e) NPlur. -и n.in: seed (of a plant)

се́мечко	се́мечко	се́мечка	се́мечке	се́мечку	се́мечком
се́мечки	се́мечки	се́мечек	се́мечках	се́мечкам	се́мечками

СЕМИДЕСЯ́ТЫЙ numeral inflected like adj: seventieth

семидеся́тый	Nom/Gen	семидеся́того	семидеся́том	семидеся́тому	семидеся́тым
семидеся́тое	семидеся́тое	семидеся́того	семидеся́том	семидеся́тому	семидеся́тым
семидеся́тая	семидеся́тую	семидеся́той	семидеся́той	семидеся́той	семидеся́той
семидеся́тые	Nom/Gen	семидеся́тых	семидеся́тых	семидеся́тым	семидеся́тыми

СЕМИНА́Р SS m.in: seminar (use на/на/с for to/at/from the event)

семина́р	семина́р	семина́ра	семина́ре	семина́ру	семина́ром
семина́ры	семина́ры	семина́ров	семина́рах	семина́рам	семина́рами

СЕМИСО́ТЫЙ numeral inflected like adj: seven-hundredth

семисо́тый	Nom/Gen	семисо́того	семисо́том	семисо́тому	семисо́тым
семисо́тое	семисо́тое	семисо́того	семисо́том	семисо́тому	семисо́тым
семисо́тая	семисо́тую	семисо́той	семисо́той	семисо́той	семисо́той
семисо́тые	Nom/Gen	семисо́тых	семисо́тых	семисо́тым	семисо́тыми

СЕМНА́ДЦАТЫЙ numeral inflected like adj: seventeenth

семна́дцатый	Nom/Gen	семна́дцатого	семна́дцатом	семна́дцатому	семна́дцатым
семна́дцатое	семна́дцатое	семна́дцатого	семна́дцатом	семна́дцатому	семна́дцатым
семна́дцатая	семна́дцатую	семна́дцатой	семна́дцатой	семна́дцатой	семна́дцатой
семна́дцатые	Nom/Gen	семна́дцатых	семна́дцатых	семна́дцатым	семна́дцатыми

СЕМНА́ДЦАТЬ numeral: seventeen

-на́дцать	-на́дцать	-на́дцати	-на́дцати	-на́дцати	-на́дцатью

СЕ́МЬ numeral: seven

се́мь	се́мь	семи́	семи́	семи́	семью́

СЕ́МЬДЕСЯТ numeral: seventy

се́мьдесят	се́мьдесят	семи́десяти	семи́десяти	семи́десяти	семью́десятью

СЕМЬСО́Т numeral: seven hundred

семьсо́т	семьсо́т	семисо́т	семиста́х	семиста́м	семьюста́ми

СЕМЬЯ́ ES (e) GPlur. семе́й f.in: family

семья́	семью́	семьи́	семье́	семье́	семьёй
се́мьи	се́мьи	семе́й	се́мьях	се́мьям	се́мьями

СЕНТЯ́БРЬ EE m.in: September

сентя́брь	сентя́брь	сентября́	сентябре́	сентябрю́	сентябрём
сентябри́	сентябри́	сентябре́й	сентября́х	сентября́м	сентября́ми

СЕ́РБ SS m.an: Serb

се́рб	се́рба	се́рба	се́рбе	се́рбу	се́рбом
се́рбы	се́рбов	се́рбов	се́рбах	се́рбам	се́рбами

СЕ́РБКА SS (о) f.an: Serb (woman)

се́рбка	се́рбку	се́рбки	се́рбке	се́рбке	се́рбкой
се́рбки	се́рбок	се́рбок	се́рбках	се́рбкам	се́рбками

СЕ́РБСКИЙ S short forms avoided, no compar: Serbian

се́рбский	Nom/Gen	се́рбского	се́рбском	се́рбскому	се́рбским
се́рбское	се́рбское	се́рбского	се́рбском	се́рбскому	се́рбским
се́рбская	се́рбскую	се́рбской	се́рбской	се́рбской	се́рбской
се́рбские	Nom/Gen	се́рбских	се́рбских	се́рбским	се́рбскими

adv. по-се́рбски

СЕРДЕ́ЧНЫЙ S (e): heart, cardiac; kind, warm-hearted; heartfelt, cordial

серде́чный	Nom/Gen	серде́чного	серде́чном	серде́чному	серде́чным
серде́чное	серде́чное	серде́чного	серде́чном	серде́чному	серде́чным
серде́чная	серде́чную	серде́чной	серде́чной	серде́чной	серде́чной
серде́чные	Nom/Gen	серде́чных	серде́чных	серде́чным	серде́чными

сердечен, сердечна, сердечно, сердечны; сердечнее

СЕРДИ́ТО adv: angrily

СЕРДИ́ТЬСЯ MS се́рдятся; Impf. (Pf. рас-): be angry (at) e.g. Он се́рдится на сестру́ Acc за её оши́бку Acc

сержу́сь	се́рдимся	серди́сь	серди́лся	сердя́сь	
се́рдишься	се́рдитесь	серди́тесь	серди́лась	сердя́щийся	серди́вшийся
се́рдится	се́рдятся		серди́лись/ось	——	——

СЕ́РДЦЕ SE (e) (Irreg. in phrases берёт за́ сердце (волнует); положа́ ру́ку на́ сердце (чистосердечно); э́то мне́ по́ сердцу (нравится)) n.in: heart

се́рдце	се́рдце	се́рдца	се́рдце	се́рдцу	се́рдцем
сердца́	сердца́	серде́ц	сердца́х	сердца́м	сердца́ми

СЕРЕ́БРЯНЫЙ S: silver, silver-colored

сере́бряный	Nom/Gen	сере́бряного	сере́бряном	сере́бряному	сере́бряным
сере́бряное	сере́бряное	сере́бряного	сере́бряном	сере́бряному	сере́бряным
сере́бряная	сере́бряную	сере́бряной	сере́бряной	сере́бряной	сере́бряной
сере́бряные	Nom/Gen	сере́бряных	сере́бряных	сере́бряным	сере́бряными

серебрян, серебряна, серебряно, серебряны; серебрянее

СЕРЕДИ́НА SS *f.in*: middle

середи́на	середи́ну	середи́ны	середи́не	середи́не	середи́ной
середи́ны	середи́ны	середи́н	середи́нах	середи́нам	середи́нами

СЕ́РЫЙ M: grey

се́рый	*Nom/Gen*	се́рого	се́ром	се́рому	се́рым
се́рое	се́рое	се́рого	се́ром	се́рому	се́рым
се́рая	се́рую	се́рой	се́рой	се́рой	се́рой
се́рые	*Nom/Gen*	се́рых	се́рых	се́рым	се́рыми

се́р, сера́, се́ро, се́ры; cepе́e

СЕРЬЁЗНО *adv*: seriously; earnestly

СЕРЬЁЗНОСТЬ SS *f.in*: seriousness; earnest manner

серьёзность	серьёзность	серьёзности	серьёзности	серьёзности	серьёзностью

СЕРЬЁЗНЫЙ S (е): serious; earnest

серьёзный	*Nom/Gen*	серьёзного	серьёзном	серьёзному	серьёзным
серьёзное	серьёзное	серьёзного	серьёзном	серьёзному	серьёзным
серьёзная	серьёзную	серьёзной	серьёзной	серьёзной	серьёзной
серьёзные	*Nom/Gen*	серьёзных	серьёзных	серьёзным	серьёзными

серьёзен, серьёзна, серьёзно, серьёзны; серьёзнее

СЕ́ССИЯ \<cɜ́ *or* cё; c *or* cc\> SS *f.in*: session (*use* на/на/с *for* to/at/from *the* event) ● экзаменацио́нная се́ссия examination period

се́ссия	се́ссию	се́ссии	се́ссии	се́ссии	се́ссией
се́ссии	се́ссии	се́ссий	се́ссиях	се́ссиям	се́ссиями

СЕСТРА́ ES (ё) *NPlur*. сёстры, *GPlur*. сестёр (*Irreg. in the phrase* всем сестра́м по серьга́м) *f.an*: sister

сестра́	сестру́	сестры́	сестре́	сестре́	сестро́й
сёстры	сестёр	сестёр	сёстрах	сёстрам	сёстрами

СЕСТЬ SS ся́дут; *Imperative both* сядь! *and, more politely,* сади́сь! сёл се́ла се́ли; *past adv*. сев[ши]; *intrans; Pf.* (*Impf.* сади́ться): 1. sit down; 2. board *e.g.* се́сть в/на авто́бус *Acc*; 3. land (*said of aircraft, birds*) ● се́сть в тюрьму́ go to jail

ся́ду	ся́дем	сядь	сёл	——	сев[ши]
ся́дешь	ся́дете	ся́дьте	се́ла	——	се́вший
ся́дет	ся́дут		се́ли/о	——	——

СЖАТЬ[1] ES сожму́т; *ppp* сжа́тый S; *Pf.* (*Impf.* сжима́ть *and* жать[1]): squeeze, press

сожму́	сожмём	сожми́	сжал	——	сжав[ши]
сожмёшь	сожмёте	сожми́те	сжа́ла	——	сжа́вший
сожмёт	сожму́т		сжа́ли/о	——	сжа́тый S

СЖАТЬ[2] ES сожну́т; *ppp* сжа́тый S; *Pf.* (*Impf.* сжина́ть *and* жать[2]): reap (*harvest*)

сожну́	сожнём	сожни́	сжал	——	сжав[ши]
сожнёшь	сожнёте	сожни́те	сжа́ла	——	сжа́вший
сожнёт	сожну́т		сжа́ли/о	——	сжа́тый S

СЖИМА́ТЬ SS -а́ют; *Impf.* (*Pf.* сжать[1]): squeeze, press

сжима́ю	сжима́ем	сжима́й	сжима́л	сжима́я	
сжима́ешь	сжима́ете	сжима́йте	сжима́ла	сжима́ющий	сжима́вший
сжима́ет	сжима́ют		сжима́ли/о	сжима́емый	——

СЖИНА́ТЬ SS -а́ют; *Impf.* (*Pf.* сжать[2]): reap (*harvest*)

сжина́ю	сжина́ем	сжина́й	сжина́л	сжина́я	
сжина́ешь	сжина́ете	сжина́йте	сжина́ла	сжина́ющий	сжина́вший
сжина́ет	сжина́ют		сжина́ли/о	сжина́емый	——

СЗА́ДИ *adv*: from behind; behind; *prep*. +Gen: behind

СИБИ́РЬ SS *f.in*: Siberia

Сиби́рь	Сиби́рь	Сиби́ри	Сиби́ри	Сиби́ри	Сиби́рью

СИБИРЯ́К EE *m.an*: Siberian

сибиря́к	сибиряка́	сибиряка́	сибиряке́	сибиряку́	сибиряко́м
сибиряки́	сибиряко́в	сибиряко́в	сибиряка́х	сибиряка́м	сибиряка́ми

СИБИРЯ́ЧКА SS (е) *f.an*: Siberian (*woman*)

сибиря́чка	сибиря́чку	сибиря́чки	сибиря́чке	сибиря́чке	сибиря́чкой
сибиря́чки	сибиря́чек	сибиря́чек	сибиря́чках	сибиря́чкам	сибиря́чками

СИГА́РА SS *f.in*: cigar

сига́ра	сига́ру	сига́ры	сига́ре	сига́ре	сига́рой
сига́ры	сига́ры	сига́р	сига́рах	сига́рам	сига́рами

СИГАРЕ́ТА SS *f.in*: cigarette

сигаре́та	сигаре́ту	сигаре́ты	сигаре́те	сигаре́те	сигаре́той
сигаре́ты	сигаре́ты	сигаре́т	сигаре́тах	сигаре́там	сигаре́тами

СИГНА́Л SS *m.in*: signal

сигна́л	сигна́л	сигна́ла	сигна́ле	сигна́лу	сигна́лом
сигна́лы	сигна́лы	сигна́лов	сигна́лах	сигна́лам	сигна́лами

СИДЕ́НЬЕ SS (и) *n.in*: seat

сиде́нье	сиде́нье	сиде́нья	сиде́нье	сиде́нью	сиде́ньем
сиде́нья	сиде́нья	сиде́ний	сиде́ньях	сиде́ньям	сиде́ньями

СИДЕ́ТЬ ES сидя́т; *pres. adv.* си́дя; *intrans; Impf. (Pf-awhile* по-): sit ● сиде́ть в тюрьме́ be in jail

сижу́	сиди́м	сиди́	сиде́л	си́дя	
сиди́шь	сиди́те	сиди́те	сиде́ла	сидя́щий	сиде́вший
сиди́т	сидя́т		сиде́ли/о	——	——

СИ́ЛА SS *f.in:* strength, force

си́ла	си́лу	си́лы	си́ле	си́ле	си́лой
си́лы	си́лы	сил	си́лах	си́лам	си́лами

СИЛУЭ́Т SS *m.in:* silhouette, outline

силуэ́т	силуэ́т	силуэ́та	силуэ́те	силуэ́ту	силуэ́том
силуэ́ты	силуэ́ты	силуэ́тов	силуэ́тах	силуэ́там	силуэ́тами

СИ́ЛЬНО *adv:* strongly; violently; very much, greatly, badly, extremely

СИ́ЛЬНЫЙ E (ё) *sh.neut.* си́льно [*or old-fashioned* M (e)] *short forms* силён, сильна́, си́льно, сильны́ [*or old-fashioned* си́лен, си́льны]: strong, powerful; bad (*said of pain*)

си́льный	Nom/Gen	си́льного	си́льном	си́льному	си́льным
си́льное	си́льное	си́льного	си́льном	си́льному	си́льным
си́льная	си́льную	си́льной	си́льной	си́льной	си́льной
си́льные	Nom/Gen	си́льных	си́льных	си́льным	си́льными

силён, сильна́, си́льно, сильны́; сильне́е

СИМПАТИ́ЧНЫЙ S (e): nice, pleasant

симпати́чный	Nom/Gen	симпати́чного	симпати́чном	симпати́чному	симпати́чным
симпати́чное	симпати́чное	симпати́чного	симпати́чном	симпати́чному	симпати́чным
симпати́чная	симпати́чную	симпати́чной	симпати́чной	симпати́чной	симпати́чной
симпати́чные	Nom/Gen	симпати́чных	симпати́чных	симпати́чным	симпати́чными

симпати́чен, симпати́чна, симпати́чно, симпати́чны; симпати́чнее

СИМФОНИ́ЧЕСКИЙ S *short forms avoided, no compar:* symphonic, symphony

-и́ческий	Nom/Gen	-и́ческого	-и́ческом	-и́ческому	-и́ческим
-и́ческое	-и́ческое	-и́ческого	-и́ческом	-и́ческому	-и́ческим
-и́ческая	-и́ческую	-и́ческой	-и́ческой	-и́ческой	-и́ческой
-и́ческие	Nom/Gen	-и́ческих	-и́ческих	-и́ческим	-и́ческими

adv. симфони́чески

СИМФО́НИЯ SS *f.in:* symphony

симфо́ния	симфо́нию	симфо́нии	симфо́нии	симфо́нии	симфо́нией
симфо́нии	симфо́нии	симфо́ний	симфо́ниях	симфо́ниям	симфо́ниями

СИНЕГЛА́ЗЫЙ S: blue-eyed

синегла́зый	Nom/Gen	синегла́зого	синегла́зом	синегла́зому	синегла́зым
синегла́зое	синегла́зое	синегла́зого	синегла́зом	синегла́зому	синегла́зым
синегла́зая	синегла́зую	синегла́зой	синегла́зой	синегла́зой	синегла́зой
синегла́зые	Nom/Gen	синегла́зых	синегла́зых	синегла́зым	синегла́зыми

синегла́з, синегла́за, синегла́зо, синегла́зы

СИ́НИЙ M: dark blue

си́ний	Nom/Gen	си́него	си́нем	си́нему	си́ним
си́нее	си́нее	си́него	си́нем	си́нему	си́ним
си́няя	си́нюю	си́ней	си́ней	си́ней	си́ней
си́ние	Nom/Gen	си́них	си́них	си́ним	си́ними

синь, синя́, си́не, си́ни; сине́е

СИНО́ПТИК SS *m.an:* meteorologist

сино́птик	сино́птика	сино́птика	сино́птике	сино́птику	сино́птиком
сино́птики	сино́птиков	сино́птиков	сино́птиках	сино́птикам	сино́птиками

СИСТЕ́МА SS *f.in:* system

систе́ма	систе́му	систе́мы	систе́ме	систе́ме	систе́мой
систе́мы	систе́мы	систе́м	систе́мах	систе́мам	систе́мами

СИСТЕМАТИЗИ́РОВАТЬ SS -руют; *Pf.-Impf:* systematize

-зи́рую	-зи́руем	-зи́руй	-зи́ровал	-зи́руя	-зи́ровав[ши]
-зи́руешь	-зи́руете	-зи́руйте	-зи́ровала	-зи́рующий	-зи́ровавший
-зи́рует	-зи́руют		-зи́ровали/о	-зи́руемый	-зи́рованный S

СИТУА́ЦИЯ SS *f.in:* situation, position

ситуа́ция	ситуа́цию	ситуа́ции	ситуа́ции	ситуа́ции	ситуа́цией
ситуа́ции	ситуа́ции	ситуа́ций	ситуа́циях	ситуа́циям	ситуа́циями

СКАЗА́НИЕ <*in prep. phrases variant* со *is used*> SS *n.in:* legend

сказа́ние	сказа́ние	сказа́ния	сказа́нии	сказа́нию	сказа́нием
сказа́ния	сказа́ния	сказа́ний	сказа́ниях	сказа́ниям	сказа́ниями

СКАЗА́ТЬ MS -ка́жут; *Pf. (Impf.* говори́ть): 1. say *e.g.* Он сказа́л сестре́ *Dat* «Спаси́бо!»; 2. tell *e.g.* Он сказа́л сестре́ *Dat* о кни́гах *Prep*; Он сказа́л сестре́ *Dat* пра́вду *Acc* ● Ничего́ не ска́жешь One can't objec[t]

скажу́	ска́жем	скажи́	сказа́л	——	сказа́в[ши]
ска́жешь	ска́жете	скажи́те	сказа́ла	——	сказа́вший
ска́жет	ска́жут		сказа́ли/о	——	ска́занный S

СКА́ЗКА *<in prep. phrases variant* со *is used>* SS (о) *f.in*: fairy tale

ска́зка	ска́зку	ска́зки	ска́зке	ска́зке	ска́зкой
ска́зки	ска́зки	ска́зок	ска́зках	ска́зкам	ска́зками

СКАМЕ́ЙКА *<in prep. phrases variant* со *is used>* SS (е) *f.in*: bench

скаме́йка	скаме́йку	скаме́йки	скаме́йке	скаме́йке	скаме́йкой
скаме́йки	скаме́йки	скаме́ек	скаме́йках	скаме́йкам	скаме́йками

СКАМЬЯ́ *<in prep. phrases variant* со *is used>* EE [*or* ES *GPlur.* скаме́й] (е) *f.in*: bench

скамья́	скамью́	скамьи́	скамье́	скамье́	скамьёй
скамьи́	скамьи́	скаме́й	скамья́х	скамья́м	скамья́ми

СКАНДА́Л *<in prep. phrases variant* со *is used>* SS *Part.* -у *m.in*: scandal; fuss; uproar

сканда́л	сканда́л	сканда́ла/-у	сканда́ле	сканда́лу	сканда́лом
сканда́лы	сканда́лы	сканда́лов	сканда́лах	сканда́лам	сканда́лами

СКАНДА́ЛЬНЫЙ *<in prep. phrases variant* со *is used>* S (е): scandalous; hot-tempered; fussy, hard to please

сканда́льный	*Nom/Gen*	сканда́льного	сканда́льном	сканда́льному	сканда́льным
сканда́льное	сканда́льное	сканда́льного	сканда́льном	сканда́льному	сканда́льным
сканда́льная	сканда́льную	сканда́льной	сканда́льной	сканда́льной	сканда́льной
сканда́льные	*Nom/Gen*	сканда́льных	сканда́льных	сканда́льным	сканда́льными

сканда́лен, сканда́льна, сканда́льно, сканда́льны; сканда́льнее

СКАНДИНА́В *<in prep. phrases variant* со *is used>* SS *m.an*: Scandinavian

скандина́в	скандина́ва	скандина́ва	скандина́ве	скандина́ву	скандина́вом
скандина́вы	скандина́вов	скандина́вов	скандина́вах	скандина́вам	скандина́вами

СКИФ[1] *<in prep. phrases variant* со *is used>* SS *m.an*: Scythian

скиф	ски́фа	ски́фа	ски́фе	ски́фу	ски́фом
ски́фы	ски́фов	ски́фов	ски́фах	ски́фам	ски́фами

СКИФ[2] *<in prep. phrases variant* со *is used>* SS *m.in*: skiff (*boat*)

скиф	скиф	ски́фа	ски́фе	ски́фу	ски́фом
ски́фы	ски́фы	ски́фов	ски́фах	ски́фам	ски́фами

СКИ́ФСКИЙ *<in prep. phrases variant* со *is used>* S short forms avoided, no compar: Scythian

ски́фский	*Nom/Gen*	ски́фского	ски́фском	ски́фскому	ски́фским
ски́фское	ски́фское	ски́фского	ски́фском	ски́фскому	ски́фским
ски́фская	ски́фскую	ски́фской	ски́фской	ски́фской	ски́фской
ски́фские	*Nom/Gen*	ски́фских	ски́фских	ски́фским	ски́фскими

adv. по-ски́фски

СКЛО́Н *<in prep. phrases variant* со *is used>* SS *m.in*: slope (*use* на/на/со *for to/on/from*)

скло́н	скло́н	скло́на	скло́не	скло́ну	скло́ном
скло́ны	скло́ны	скло́нов	скло́нах	скло́нам	скло́нами

СКЛОНИ́ТЬ MS -кло́нят; *ppp* склонённый Е; *Pf.* (*Impf.* склоня́ть): 1. bend (*one's head, etc.*); 2. influence, talk into *e.g.* Он склони́л меня́ *Acc* поговори́ть с не́й; Он склони́л меня́ *Acc* к разгово́ру *Dat* с не́й [*or* Он склони́л меня́ *Acc* на разгово́р *Acc* с не́й] He talked me into having a talk with her

склоню́	скло́ним	склони́	склони́л	——	склони́в[ши]
скло́нишь	склони́те	склони́те	склони́ла	——	склони́вший
скло́нит	скло́нят		склони́ли/о	——	склонённый Е

СКЛОНИ́ТЬСЯ MS -кло́нятся; *Pf.* (*Impf.* склоня́ться): 1. bend, stoop; 2. take a position (in favor of) *e.g.* Он склони́лся к э́тому реше́нию *Dat* под влия́нием друзе́й He made this decision under the influence of his friends

склоню́сь	скло́нимся	склони́сь	склони́лся	——	склони́вшись
скло́нишься	склони́тесь	склони́тесь	склони́лась	——	склони́вшийся
скло́нится	скло́нятся		склони́лись/ось	——	——

СКЛОНЯ́ТЬ SS -я́ют; *Impf.*: 1. (*Pf.* склони́ть) bend (*one's head, etc.*); 2. (*Pf.* склони́ть) influence, talk into *e.g.* Он склоня́л меня́ *Acc* поговори́ть с не́й; Он склоня́л меня́ *Acc* к разгово́ру *Dat* с не́й [*or* Он склоня́л меня́ *Acc* на разгово́р *Acc* с не́й] He was trying to talk me into having a talk with her; 3. (*Pf.* про-) decline (*grammatically*)

склоня́ю	склоня́ем	склоня́й	склоня́л	склоня́я	
склоня́ешь	склоня́ете	склоня́йте	склоня́ла	склоня́ющий	склоня́вший
склоня́ет	склоня́ют		склоня́ли/о	склоня́емый	——

СКЛОНЯ́ТЬСЯ SS -я́ются; *Impf.*: 1. (*Pf.* склони́ться) bend, stoop; 2. (*Pf.* склони́ться) be inclined (to, towards) *e.g.* Он склоня́лся к но́вой поли́тике *Dat* He was leaning towards the new policy; 3. (no Pf.) be declined (*grammatically*)

склоня́юсь	склоня́емся	склоня́йся	склоня́лся	склоня́ясь	
склоня́ешься	склоня́етесь	склоня́йтесь	склоня́лась	склоня́ющийся	склоня́вшийся
склоня́ется	склоня́ются		склоня́лись/ось	——	——

СКО́БКА *<in prep. phrases variant* со *is used>* SS (о) *f.in*: bracket (*punctuation*); parenthesis

ско́бка	ско́бку	ско́бки	ско́бке	ско́бке	ско́бкой
ско́бки	ско́бки	ско́бок	ско́бках	ско́бкам	ско́бками

СКО́ЛЬКО[1] *adv*: how much ● не сто́лько . . . ско́лько . . . not so much . . . as . . . *e.g.* Он не сто́лько рабо́тает, ско́лько говори́т He talks more than he works

СКО́ЛЬКО[2] *<in prep. phrases variants* во, со, ко *are used>* numeral; *Acc. inan.* = *Nom*; *Acc. anim.* = *Nom. or Gen*; inflected like Plur. adj. in other forms; (*Irreg. in phrases* по ско́льку [*or* по ско́лько] дне́й): how many, how much

ско́лько	*Nom./Gen.*	ско́льких	ско́льких	ско́льким	ско́лькими

СКОРЕ́Е *compar. of* скóрый, скóро; *adv:* 1. rather, rather . . . than . . . *e.g.* Я скорéе поéхал бы в Москву́, чем в Ленингрáд I'd sooner go to M. than to L. 2. more (of), more likely *e.g.* Он скорéе лени́в, чем глу́п I'd sooner call him lazy than dumb ● скорéе всегó most likely

СКОРЛУПА́ *<in prep. phrases variant* со *is used>* ES *NPlur.* скорлу́пы *f.in:* shell (of egg, nut, etc.)

скорлупá	скорлупу́	скорлупы́	скорлупé	скорлупé	скорлупóй

СКО́РО *adv:* quickly, fast; soon

СКО́РОСТЬ *<in prep. phrases variant* со *is used>* SE *NPlur.* скóрости *f.in:* speed; gear (as in 1st, 2nd, 3rd, etc.)

скóрость	скóрость	скóрости	скóрости	скóрости	скóростью
скóрости	скóрости	скоростéй	скоростя́х	скоростя́м	скоростя́ми

СКО́РЫЙ *<in prep. phrases variant* со *is used>* M: quick, fast ● скóрая пóмощь ambulance; в скóром бу́дущем in the near future

скóрый	Nom/Gen	скóрого	скóром	скóрому	скóрым
скóрое	скóрое	скóрого	скóром	скóрому	скóрым
скóрая	скóрую	скóрой	скóрой	скóрой	скóрой
скóрые	Nom/Gen	скóрых	скóрых	скóрым	скóрыми

скóр, скорá, скóро, скóры; скорéе

СКО́Т *<in prep. phrases variant* со *is used>* EE *m.in:* cattle

скóт	скóт	скотá	скотé	скоту́	скотóм

СКОТОВО́ДСТВО *<in prep. phrases variant* со *is used>* SS *n.in:* cattle-raising

-вóдство	-вóдство	-вóдства	-вóдстве	-вóдству	-вóдством

СКРИПА́Ч *<in prep. phrases variant* со *is used>* EE *m.an:* violinist

скрипáч	скрипачá	скрипачá	скрипачé	скрипачу́	скрипачóм
скрипачи́	скрипачéй	скрипачéй	скрипачáх	скрипачáм	скрипачáми

СКРИПА́ЧКА *<in prep. phrases variant* со *is used>* SS (e) *f.an:* violin player (woman)

скрипáчка	скрипáчку	скрипáчки	скрипáчке	скрипáчке	скрипáчкой
скрипáчки	скрипáчек	скрипáчек	скрипáчках	скрипáчкам	скрипáчками

СКРИ́ПКА *<in prep. phrases variant* со *is used>* SS (o) *f.in:* violin

скри́пка	скри́пку	скри́пки	скри́пке	скри́пке	скри́пкой
скри́пки	скри́пки	скри́пок	скри́пках	скри́пкам	скри́пками

СКРО́МНЫЙ *<in prep. phrases variant* со *is used>* M (e) *[sh.Plur.* скрóмны́]: modest

скрóмный	Nom/Gen	скрóмного	скрóмном	скрóмному	скрóмным
скрóмное	скрóмное	скрóмного	скрóмном	скрóмному	скрóмным
скрóмная	скрóмную	скрóмной	скрóмной	скрóмной	скрóмной
скрóмные	Nom/Gen	скрóмных	скрóмных	скрóмным	скрóмными

скрóмен, скромнá, скрóмно, скрóмны́; скромнéе

СКУ́КА *<in prep. phrases variant* со *is used>* SS *f.in:* boredom

скýка	скýку	скýки	скýке	скýке	скýкой

СКУ́ЛЬПТОР *<in prep. phrases variant* со *is used>* SS *m.an:* sculptor (*Use fem. predicate when referring to a woman,* *e.g.* Наш нóвый скýльптор сегóдня не пришлá)

скýльптор	скýльптора	скýльптора	скýльпторе	скýльптору	скýльптором
скýльпторы	скýльпторов	скýльпторов	скýльпторах	скýльпторам	скýльпторами

СКУЛЬПТУ́РА *<in prep. phrases variant* со *is used>* SS *f.in:* sculpture

скульпту́ра	скульпту́ру	скульпту́ры	скульпту́ре	скульпту́ре	скульпту́рой
скульпту́ры	скульпту́ры	скульпту́р	скульпту́рах	скульпту́рам	скульпту́рами

СКУЧА́ТЬ SS -áют; *intrans; Impf:* 1. (*Pf-awhile* по- *and Pf.* соскýчиться) be bored; 2 (*Pf-begin* за- *and Pf.* соскýчиться) miss, long (for) *e.g.* Он скучáл по сестрé *Dat*

скучáю	скучáем	скучáй	скучáл	скучáя	
скучáешь	скучáете	скучáйте	скучáла	скучáющий	скучáвший
скучáет	скучáют		скучáли/о	——	——

СКУ́ЧНО *<шн> adv:* boringly; *predicate:* it is boring; be bored *e.g.* Мне *Dat* скýчно I'm bored

СКУ́ЧНЫЙ *<шн; in prep. phrases variant* со *is used>* M (e) *[sh.Plur.* скýчны́]: boring

скýчный	Nom/Gen	скýчного	скýчном	скýчному	скýчным
скýчное	скýчное	скýчного	скýчном	скýчному	скýчным
скýчная	скýчную	скýчной	скýчной	скýчной	скýчной
скýчные	Nom/Gen	скýчных	скýчных	скýчным	скýчными

скýчен, скучнá, скýчно, скýчны́; скучнéе

СЛА́БОСТЬ *<in prep. phrases variant* со *is used>* SS *f.in:* weakness

слáбость	слáбость	слáбости	слáбости	слáбости	слáбостью
слáбости	слáбости	слáбостей	слáбостях	слáбостям	слáбостями

СЛА́БЫЙ *<in prep. phrases variant* со *is used>* M *[sh.Plur.* слáбы́]: weak

слáбый	Nom/Gen	слáбого	слáбом	слáбому	слáбым
слáбое	слáбое	слáбого	слáбом	слáбому	слáбым
слáбая	слáбую	слáбой	слáбой	слáбой	слáбой
слáбые	Nom/Gen	слáбых	слáбых	слáбым	слáбыми

слáб, слабá, слáбо, слáбы́; слабéе

СЛА́ВА *<in prep. phrases variant* со *is used>* SS *f.in:* fame; glory ● слáва бóгу [*or* Бóгу] thank God

слáва	слáву	слáвы	слáве	слáве	слáвой

СЛА́ВИТЬСЯ SS -вятся; *Impf. (no Pf.)*: be famous (for) e.g. Ленингра́д сла́вится свои́ми музе́ями *Inst*

сла́влюсь	сла́вимся	сла́вься	сла́вился	сла́вясь	
сла́вишься	сла́витесь	сла́вьтесь	сла́вилась	сла́вящийся	сла́вившийся
сла́вится	сла́вятся		сла́вились/ось	——	——

СЛА́ВНЫЙ *<in prep. phrases variant* со *is used>* M (e): famous, glorious; nice, pleasant

сла́вный	Nom/Gen	сла́вного	сла́вном	сла́вному	сла́вным
сла́вное	сла́вное	сла́вного	сла́вном	сла́вному	сла́вным
сла́вная	сла́вную	сла́вной	сла́вной	сла́вной	сла́вной
сла́вные	Nom/Gen	сла́вных	сла́вных	сла́вным	сла́вными

сла́вен, славна́, сла́вно, сла́вны; славне́е

СЛАВЯНИ́Н *<in prep. phrases variant* со *is used>* SS *NPlur.* славя́не, *GPlur.* славя́н *m.an*: Slav

славяни́н	славяни́на	славяни́на	славяни́не	славяни́ну	славяни́ном
славя́не	славя́н	славя́н	славя́нах	славя́нам	славя́нами

СЛАВЯ́НКА *<in prep. phrases variant* со *is used>* SS (o) *f.an*: Slav (woman)

славя́нка	славя́нку	славя́нки	славя́нке	славя́нке	славя́нкой
славя́нки	славя́нок	славя́нок	славя́нках	славя́нкам	славя́нками

СЛАВЯ́НСКИЙ *<in prep. phrases variant* со *is used>* S *short forms avoided, no compar*: Slavic

славя́нский	Nom/Gen	славя́нского	славя́нском	славя́нскому	славя́нским
славя́нское	славя́нское	славя́нского	славя́нском	славя́нскому	славя́нским
славя́нская	славя́нскую	славя́нской	славя́нской	славя́нской	славя́нской
славя́нские	Nom/Gen	славя́нских	славя́нских	славя́нским	славя́нскими

adv. по-славя́нски

СЛА́ДКИЙ *<in prep. phrases variant* со *is used>* M (o) *compar.* сла́ще; *also used as n.in noun*: sweet; (as noun) dessert

сла́дкий	Nom/Gen	сла́дкого	сла́дком	сла́дкому	сла́дким
сла́дкое	сла́дкое	сла́дкого	сла́дком	сла́дкому	сла́дким
сла́дкая	сла́дкую	сла́дкой	сла́дкой	сла́дкой	сла́дкой
сла́дкие	Nom/Gen	сла́дких	сла́дких	сла́дким	сла́дкими

сла́док, сладка́, сла́дко, сла́дки; сла́ще

СЛЕ́ВА *adv*: on the left

СЛЕ́ДОВАТЬ SS -дуют; *intrans; Impf*: 1. (*Pf-begin* по-) follow (walk, drive, etc. behind) e.g. Он сле́довал за сестро́й *Inst*; 2. (*Pf*. по-) follow, conform (to) e.g. Он сле́довал моему́ приме́ру *Dat*; 3. (*no Pf*.) follow (from), be a logical consequence (of) e.g. Из твои́х слов *Gen* сле́дует интере́сный факт *Nom*; 4. (*no Pf*.) go, be bound (for) e.g. По́езд сле́дует из Ленингра́да *Gen* в Москву́ *Acc*; 5. (*no Pf*.) ought, should e.g. Тебе́ *Dat* сле́дует бо́льше есть You should eat more

сле́дую	сле́дуем	сле́дуй	сле́довал	сле́дуя	
сле́дуешь	сле́дуете	сле́дуйте	сле́довала	сле́дующий	сле́довавший
сле́дует	сле́дуют		сле́довали/о	——	——

СЛЕ́ДСТВИЕ *<in prep. phrases variant* со *is used>* SS *n.in*: consequence, result; criminal investigation

сле́дствие	сле́дствие	сле́дствия	сле́дствии	сле́дствию	сле́дствием
сле́дствия	сле́дствия	сле́дствий	сле́дствиях	сле́дствиям	сле́дствиями

СЛЕ́ДУЮЩИЙ *<in prep. phrases variant* со *is used>* S (*also pres. active ptcpl. of* сле́довать): following, next

сле́дующий	Nom/Gen	сле́дующего	сле́дующем	сле́дующему	сле́дующим
сле́дующее	сле́дующее	сле́дующего	сле́дующем	сле́дующему	сле́дующим
сле́дующая	сле́дующую	сле́дующей	сле́дующей	сле́дующей	сле́дующей
сле́дующие	Nom/Gen	сле́дующих	сле́дующих	сле́дующим	сле́дующими

СЛЕЗА́ *<in prep. phrases variant* со *is used>* EE *NPlur.* слёзы *f.in*: tear

слеза́	слезу́	слезы́	слезе́	слезе́	слезо́й
слёзы	слёзы	слёз	слеза́х	слеза́м	слеза́ми

СЛЕЗА́ТЬ SS -а́ют; *intrans; Impf*. (*Pf*. слезть): climb down, climb off e.g Он слеза́ет с де́рева *Gen*

слеза́ю	слеза́ем	слеза́й	слеза́л	слеза́я	
слеза́ешь	слеза́ете	слеза́йте	слеза́ла	слеза́ющий	слеза́вший
слеза́ет	слеза́ют		слеза́ли/о	——	——

СЛЕЗТЬ SS -ле́зут; -лез -ле́зла -ле́зли; *past adv*. -ле́зши; *intrans; Pf*. (*Impf*. слеза́ть): climb down, climb off e.g Он слез с де́рева *Gen*

сле́зу	сле́зем	слезь	слез	——	сле́зши
сле́зешь	сле́зете	слезьте	сле́зла	——	сле́зший
сле́зет	сле́зут		сле́зли/о	——	——

СЛЕТА́ТЬ[1] SS -а́ют; *intrans; Impf*. (*Pf*. слете́ть): fly down; fall

слета́ю	слета́ем	слета́й	слета́л	слетя́	
слета́ешь	слета́ете	слета́йте	слета́ла	слета́ющий	слета́вший
слета́ет	слета́ют		слета́ли/о	——	——

СЛЕТА́ТЬ[2] SS -а́ют; *intrans; Pf*. (*Impf*. лета́ть): fly somewhere and back

слета́ю	слета́ем	слета́й	слета́л	——	слета́в[ши]
слета́ешь	слета́ете	слета́йте	слета́ла	——	слета́вший
слета́ет	слета́ют		слета́ли/о	——	——

СЛЕТЕ́ТЬ ES -тя́т; *intrans; Pf. (Impf.* слета́ть¹*): fly down; fall*

слечу́	слети́м	слети́	слете́л	——	слете́в[ши]
слети́шь	слети́те	слети́те	слете́ла	——	слете́вший
слети́т	слетя́т		слете́ли/о	——	

СЛИ́ВА <*in prep. phrases variant* со *is used*> SS *f.in*: plum; plum tree (*use* на/на/со *for into/in/out of the tree*)

сли́ва	сли́ву	сли́вы	сли́ве	сли́ве	сли́вой
сли́вы	сли́вы	слив	сли́вах	сли́вам	сли́вами

СЛИВА́ТЬСЯ SS -а́ются; *Impf. (Pf.* сли́ться*): blend together; flow together e.g.* Ручей слива́ется с реко́й *Inst;* Ручей и река́ слива́ются

слива́юсь	слива́емся	слива́йся	слива́лся	слива́ясь	
слива́ешься	слива́етесь	слива́йтесь	слива́лась	слива́ющийся	слива́вшийся
слива́ется	слива́ются		слива́лись/ось		

СЛИ́ТЬСЯ EE [*or* EM] солью́тся; слейся! [сли́лся *or old-fashioned* слился́]; *Pf. (Impf.* слива́ться*): blend together; flow together e.g.* Ручей слился́ с реко́й *Inst;* Ручей и река́ слили́сь

солью́сь	солье́мся	сле́йся	сли́лся	——	сли́вшись
солье́шься	солье́тесь	сле́йтесь	слила́сь	——	сли́вшийся
солье́тся	солью́тся		слили́сь/о́сь	——	

СЛИ́ШКОМ *adv*: too, too much

СЛОВА́РЬ <*in prep. phrases variant* со *is used*> EE *m.in*: dictionary

слова́рь	слова́рь	словаря́	словаре́	словарю́	словаре́м
словари́	словари́	словаре́й	словаря́х	словаря́м	словаря́ми

СЛОВА́ЦКИЙ <*in prep. phrases variant* со *is used*> S *short forms avoided, no compar*: Slovak

слова́цкий	Nom/Gen	слова́цкого	слова́цком	слова́цкому	слова́цким
слова́цкое	слова́цкое	слова́цкого	слова́цком	слова́цкому	слова́цким
слова́цкая	слова́цкую	слова́цкой	слова́цкой	слова́цкой	слова́цкой
слова́цкие	Nom/Gen	слова́цких	слова́цких	слова́цким	слова́цкими

adv. по-слова́цки

СЛОВЕ́НСКИЙ <*in prep. phrases variant* со *is used*> S *short forms avoided, no compar*: Slovenian

слове́нский	Nom/Gen	слове́нского	слове́нском	слове́нскому	слове́нским
слове́нское	слове́нское	слове́нского	слове́нском	слове́нскому	слове́нским
слове́нская	слове́нскую	слове́нской	слове́нской	слове́нской	слове́нской
слове́нские	Nom/Gen	слове́нских	слове́нских	слове́нским	слове́нскими

adv. по-слове́нски

СЛО́ВНИК <*in prep. phrases variant* со *is used*> SS *m.in*: word list

сло́вник	сло́вник	сло́вника	сло́внике	сло́внику	сло́вником
сло́вники	сло́вники	сло́вников	сло́вниках	сло́вникам	сло́вниками

СЛО́ВНО *conjunction and particle*: as if

СЛО́ВО <*in prep. phrases variant* со *is used*> SE (*Irreg. in phrases* сло́во за́ сло́во; ве́рить на́ сло́во; лови́ть на́ слове [*or* на сло́ве]) *n.in*: word

сло́во	сло́во	сло́ва	сло́ве	сло́ву	сло́вом
слова́	слова́	слов	слова́х	слова́м	слова́ми

СЛОВОСОЧЕТА́НИЕ <*in prep. phrases variant* со *is used*> SS *n.in*: phrase, word-combination

-сочета́ние	-сочета́ние	-сочета́ния	-сочета́нии	-сочета́нию	-сочета́нием
-сочета́ния	-сочета́ния	-сочета́ний	-сочета́ниях	-сочета́ниям	-сочета́ниями

СЛО́ЖНО *adv*: intricately; complicatedly; *predicate*: it is complex, complicated, hard *e.g.* Мне́ *Dat* сло́жно говори́ть об э́том It's hard for me to talk about that

СЛО́ЖНОСТЬ <*in prep. phrases variant* со *is used*> SS *f.in*: complexity; complication

сло́жность	сло́жность	сло́жности	сло́жности	сло́жности	сло́жностью
сло́жности	сло́жности	сло́жностей	сло́жностях	сло́жностям	сло́жностями

СЛО́ЖНЫЙ <*in prep. phrases variant* со *is used*> M (e) [*sh.Plur.* сло́жны́]: complex, complicated

сло́жный	Nom/Gen	сло́жного	сло́жном	сло́жному	сло́жным
сло́жное	сло́жное	сло́жного	сло́жном	сло́жному	сло́жным
сло́жная	сло́жную	сло́жной	сло́жной	сло́жной	сло́жной
сло́жные	Nom/Gen	сло́жных	сло́жных	сло́жным	сло́жными

сло́жен, сложна́, сло́жно, сло́жны́; сложне́е

СЛОМА́ТЬ SS -а́ют; *Pf. (Impf.* лома́ть*): break (smt.) (but not in the sense of* shatter*)*

слома́ю	слома́ем	слома́й	слома́л	——	слома́в[ши]
слома́ешь	слома́ете	слома́йте	слома́ла	——	слома́вший
слома́ет	слома́ют		слома́ли/о	——	сло́манный S

СЛОМА́ТЬСЯ SS -а́ются; *Pf. (Impf.* лома́ться*): break (but not in the sense of* shatter*)*

слома́юсь	слома́емся	слома́йся	слома́лся	——	слома́вшись
слома́ешься	слома́етесь	слома́йтесь	слома́лась	——	слома́вшийся
слома́ется	слома́ются		слома́лись/ось	——	

СЛОН <*in prep. phrases variant* со *is used*> EE *m.an* (*animate even in the meaning* chess piece): elephant; bishop (*chess piece*)

слон	слона́	слона́	слоне́	слону́	слоно́м
слоны́	слоно́в	слоно́в	слона́х	слона́м	слона́ми

СЛУ́ЖБА <in prep. phrases variant со is used> SS f.in: service (military, church, but not in the sense of repair service); job, work ● идти́ на слу́жбу Acc go to (one's place of) work; бы́ть на слу́жбе Prep be at (one's place of) work; возвраща́ться со слу́жбы Gen return from work

слу́жба	слу́жбу	слу́жбы	слу́жбе	слу́жбе	слу́жбой
слу́жбы	слу́жбы	слу́жб	слу́жбах	слу́жбам	слу́жбами

СЛУЖИ́ТЬ MS слу́жат; pres. active ptcpl. служа́щий; Impf. (Pf-awhile по-): serve (in the army, etc.); work (as) e.g. Он служи́л секретарём Inst

служу́	слу́жим	служи́	служи́л	служа́	
слу́жишь	слу́жите	служи́те	служи́ла	служа́щий	служи́вший
слу́жит	слу́жат		служи́ли/о		

СЛУ́Х <in prep. phrases variant со is used> SS (Irreg. in the phrase ни слу́ху ни ду́ху) m.in: rumor; (sense of) hearing

слу́х	слу́х	слу́ха	слу́хе	слу́ху	слу́хом
слу́хи	слу́хи	слу́хов	слу́хах	слу́хам	слу́хами

СЛУ́ЧАЙ <in prep. phrases variant со is used> SS m.in: case; event ● в тако́м слу́чае in that case

слу́чай	слу́чай	слу́чая	слу́чае	слу́чаю	слу́чаем
слу́чаи	слу́чаи	слу́чаев	слу́чаях	слу́чаям	слу́чаями

СЛУЧА́ЙНО adv: by chance, accidentally; parenthetical word: by any chance

СЛУЧА́ТЬСЯ SS -а́ются; Impf. (Pf. случи́ться): happen, occur

случа́юсь	случа́емся	случа́йся	случа́лся	случа́ясь	
случа́ешься	случа́етесь	случа́йтесь	случа́лась	случа́ющийся	случа́вшийся
случа́ется	случа́ются		случа́лись/ось	——	——

СЛУЧИ́ТЬСЯ ES -ча́тся; Pf. (Impf. случа́ться): happen, occur

случу́сь	случи́мся	случи́сь	случи́лся	——	случи́вшись
случи́шься	случи́тесь	случи́тесь	случи́лась	——	случи́вшийся
случи́тся	случа́тся		случи́лись/ось	——	——

СЛУ́ШАТЕЛЬ <in prep. phrases variant со is used> SS m.an: listener; student

слу́шатель	слу́шателя	слу́шателя	слу́шателе	слу́шателю	слу́шателем
слу́шатели	слу́шателей	слу́шателей	слу́шателях	слу́шателям	слу́шателями

СЛУ́ШАТЕЛЬНИЦА <in prep. phrases variant со is used> SS f.an: listener (woman)

-тельница	-тельницу	-тельницы	-тельнице	-тельнице	-тельницей
-тельницы	-тельниц	-тельниц	-тельницах	-тельницам	-тельницами

СЛУ́ШАТЬ SS -ают; Impf. (Pf-awhile по-): listen ● (про)слу́шать курс take a course

слу́шаю	слу́шаем	слу́шай	слу́шал	слу́шая	
слу́шаешь	слу́шаете	слу́шайте	слу́шала	слу́шающий	слу́шавший
слу́шает	слу́шают		слу́шали/о	слу́шаемый	

СЛУ́ШАТЬСЯ SS -аются; Impf. (Pf. по-): obey e.g. Он слу́шается сове́та Gen with things, but Он слу́шается сестру́ Acc [or сестры́ Gen] with people

слу́шаюсь	слу́шаемся	слу́шайся	слу́шался	слу́шаясь	
слу́шаешься	слу́шаетесь	слу́шайтесь	слу́шалась	слу́шающийся	слу́шавшийся
слу́шается	слу́шаются		слу́шались/ось	——	——

СЛЫ́ШАТЬ SS слы́шат; Imperative avoided; pres. passive ptcpl. слы́шимый; Impf. (Pf. у-): hear

слы́шу	слы́шим		слы́шал	слы́ша	
слы́шишь	слы́шите		слы́шала	слы́шащий	слы́шавший
слы́шит	слы́шат		слы́шали/о	слы́шимый	

СЛЫ́ШНО[1] parenthetical word: they say, it is rumored

СЛЫ́ШНО[2] adv: audibly; predicate: it is audible, it can be heard e.g. Мне Dat слы́шно му́зыку Acc отсю́да I can hear the music from here ● Что слы́шно? What's new?

СМЕ́ЛОСТЬ <in prep. phrases variant со is used> SS f.in: courage

сме́лость	сме́лость	сме́лости	сме́лости	сме́лости	сме́лостью

СМЕ́ЛЫЙ <in prep. phrases variant со is used> M [sh.Plur. смелы́]: bold, courageous

сме́лый	Nom/Gen	сме́лого	сме́лом	сме́лому	сме́лым
сме́лое	сме́лое	сме́лого	сме́лом	сме́лому	сме́лым
сме́лая	сме́лую	сме́лой	сме́лой	сме́лой	сме́лой
сме́лые	Nom/Gen	сме́лых	сме́лых	сме́лым	сме́лыми

смел, смела́, сме́ло, смелы́; смеле́е

СМЕ́НА <in prep. phrases variant со is used> SS f.in: 1. shift (in a workplace); 2. change (of clothes, linen); 3. successors; 4. (process of) change

сме́на	сме́ну	сме́ны	сме́не	сме́не	сме́ной
сме́ны	сме́ны	смен	сме́нах	сме́нам	сме́нами

✓**СМЕРТЬ** <in prep. phrases variant со is used> SE NPlur. сме́рти (Irreg. in phrases до сме́рти (очень сильно); он при́ смерти (умирает); не на жизнь (живот), а на́ смерть [or на смерть]) f.in: death

смерть	смерть	сме́рти	сме́рти	сме́рти	сме́ртью
сме́рти	сме́рти	смерте́й	смертя́х	смертя́м	смертя́ми

СМЕТА́НА <in prep. phrases variant со is used> SS f.in: sour cream

смета́на	смета́ну	смета́ны	смета́не	смета́не	смета́ной

СМЕ́ТЬ SS смеют; *intrans; Impf. (Pf.* по-): dare, have the courage (to)

сме́ю	сме́ем	смей	смел	смея	
сме́ешь	сме́ете	сме́йте	смела́	смеющий	сме́вший
сме́ет	сме́ют		сме́ли/о	——	

СМЕХ <*in prep. phrases variant* со *is used*> SS *Part.* -у (*Irreg. in phrases* не до сме́ху [*or* не до сме́ха]; покати́ться со́ смеху; ку́рам на́ смех; сде́лать что́-л. на́ смех; подня́ть кого́-л. на́ смех) *m.in:* laughter

смех	смех	сме́ха/сме́ху	сме́хе	сме́ху	сме́хом

СМЕША́ТЬ SS -а́ют; *Pf.* (*Impf.* сме́шивать *and* меша́ть[2]): mix

смеша́ю	смеша́ем	смеша́й	смеша́л	——	смеша́в[ши]
смеша́ешь	смеша́ете	смеша́йте	смеша́ла	——	смеша́вший
смеша́ет	смеша́ют		смеша́ли/о	——	сме́шанный S

СМЕ́ШИВАТЬ SS -ают; *Impf.* (*Pf.* смеша́ть): mix

сме́шиваю	сме́шиваем	сме́шивай	сме́шивал	сме́шивая	
сме́шиваешь	сме́шиваете	сме́шивайте	сме́шивала	сме́шивающий	сме́шивавший
сме́шивает	сме́шивают		сме́шивали/о	сме́шиваемый	

СМЕШНО́ *adv:* amusingly; *predicate:* 1. it is funny, amusing; *e.g.* Мне́ *Dat* смешно́ чита́ть э́ту кни́гу *Acc* This book makes me laugh; 2. it is absurd *e.g.* Смешно́ всерьёз говори́ть о ве́дьмах It is absurd to talk (to speak of) witches seriously

СМЕШНО́Й <*in prep. phrases variant* со *is used*> E (о): funny; ridiculous

смешно́й	*Nom/Gen*	смешно́го	смешно́м	смешно́му	смешны́м
смешно́е	смешно́е	смешно́го	смешно́м	смешно́му	смешны́м
смешна́я	смешну́ю	смешно́й	смешно́й	смешно́й	смешно́й
смешны́е	*Nom/Gen*	смешны́х	смешны́х	смешны́м	смешны́ми

смешо́н, смешна́, смешно́, смешны́; смешне́е

СМЕЯ́ТЬСЯ ES смеются; *Impf.* (*Pf-begin* за- *and Pf-awhile* по-): laugh; laugh (at), mock *e.g.* Он смеётся над сестро́й *Inst* ● смея́ться шу́тке/анекдо́ту *Dat* laugh at a joke

смею́сь	смеёмся	сме́йся	смея́лся	смея́сь	
смеёшься	смеётесь	сме́йтесь	смея́лась	смею́щийся	смея́вшийся
смеётся	смею́тся		смея́лись/ось	——	——

СМИ́РНЫЙ <*in prep. phrases variant* со *is used*> M (e) [*sh.Plur.* сми́рны́]: obedient; quiet ● Сми́рно! Attention! (*military command*)

сми́рный	*Nom/Gen*	сми́рного	сми́рном	сми́рному	сми́рным
сми́рное	сми́рное	сми́рного	сми́рном	сми́рному	сми́рным
сми́рная	сми́рную	сми́рной	сми́рной	сми́рной	сми́рной
сми́рные	*Nom/Gen*	сми́рных	сми́рных	сми́рным	сми́рными

сми́рен, смирна́, сми́рно, сми́рны́; смирне́е

СМО́ГУТ *non-past tense of* смочь

СМО́ЖЕТ *non-past tense of* смочь

СМО́КИНГ <*in prep. phrases variant* со *is used*> SS *m.in:* dinner-jacket; tails, a swallow-tailed coat

смо́кинг	смо́кинг	смо́кинга	смо́кинге	смо́кингу	смо́кингом
смо́кинги	смо́кинги	смо́кингов	смо́кингах	смо́кингам	смо́кингами

СМОТР[1] <*in prep. phrases variant* со *is used*> SS *m.in:* public showing; festival (*use* на/на/со *for* to/at/from *the event for both meanings*)

смотр	смотр	смо́тра	смо́тре	смо́тру	смо́тром
смо́тры	смо́тры	смо́тров	смо́трах	смо́трам	смо́трами

СМОТР[2] <*in prep. phrases variant* со *is used*> SE *Loc.* (на) -у́ *m.in:* review (*military*) (*use* на/на/со *for* to/at/from *the event*)

смотр	смотр	смо́тра	смотре́/на -у́	смо́тру	смо́тром
смотры́	смотры́	смотро́в	смотра́х	смотра́м	смотра́ми

СМОТРЕ́ТЬ MS смо́трят; *ppp* смо́тренный S; *Impf.* 1. (*Pf.* по-) look (at) (through) (from) *e.g.* Он смотре́л на сестру́ *Acc* в окно́ *Acc* He looked at his sister through/in/out the window; Он смотре́л на сестру́ *Acc* из окна́ *Gen* (с кры́ши *Gen*) He looked at his sister from the window (from the roof); Он смотре́л сестре́ *Dat* в глаза́ *Acc* He looked his sister in the eye; 2. (*Pf.* по-) watch, see *e.g.* Он смотре́л но́вую пье́су *Acc*; 3. (*Pf.* по-) *colloq.* look for, look up *e.g.* Он смотре́л э́то сло́во *Acc* в словаре́ *Prep*; 4. (*no Pf; only the imperative form is used*) watch out, be careful *e.g.* Смотри́, не упади́!

смотрю́	смо́трим	смотри́	смотре́л	смотря́	
смо́тришь	смо́трите	смотри́те	смотре́ла	смотря́щий	смотре́вший
смо́трит	смо́трят		смотре́ли/о	——	

СМОТРЯ́[1] *deverbal adverb of* смотре́ть

СМОТРЯ́[2] *in phrases* смотря́ кто́/что́/где́ *etc:* depending on who/what/where *etc.*

СМОЧЬ ME -мо́гут -могу́ -мо́жет; -мо́г -могла́ -могли́; *past adv.* -мо́гши; *intrans; Pf.* (*Impf.* мочь): be able, succeed (in), manage (to)

смогу́	смо́жем	смоги́	смог	——	смо́гши
смо́жешь	смо́жете	смоги́те	смогла́	——	смо́гший
смо́жет	смо́гут		смогли́/о́	——	

СМУТИ́ТЬСЯ ES -тя́тся -щу́сь; *Pf.* (*Impf.* смуща́ться): become embarrassed

смущу́сь	смути́мся	смути́сь	смути́лся	——	смути́вшись
смути́шься	смути́тесь	смути́тесь	смути́лась	——	смути́вшийся
смути́тся	смутя́тся		смути́лись/ось	——	

СМУЩА́ТЬСЯ SS -а́ются; *Impf.* (*Pf.* смути́ться): be embarrassed

смуща́юсь	смуща́емся	смуща́йся	смуща́лся	смуща́ясь	
смуща́ешься	смуща́етесь	смуща́йтесь	смуща́лась	смуща́ющийся	смуща́вшийся
смуща́ется	смуща́ются		смуща́лись/ось	——	——

СНА́ see со́н

СНАЧА́ЛА *adv*: at first, at the beginning; all over again

СНЕ́Г <*in prep. phrases variant* со *is used*> SE Part. -у, Loc. (в/на) -ў [Poetic variant has no Loc.], NPlur. -а́ (Irreg. in phrases по снегу́ [or по́ снегу]) m.in: snow

снег	снег	снега/снегу́	сне́ге/в, на -ў	снегу́	сне́гом
снега́	снега́	снего́в	снега́х	снега́м	снега́ми

СНЕГОВИ́К <*in prep. phrases variant* со *is used*> EE m.an: snowman

снегови́к	снеговика́	снеговика́	снеговике́	снеговику́	снеговико́м
снеговики́	снеговико́в	снеговико́в	снеговика́х	снеговика́м	снеговика́ми

СНЕ́ЖНЫЙ <*in prep. phrases variant* со *is used*> S (e): snow, snowy

сне́жный	Nom/Gen	сне́жного	сне́жном	сне́жному	сне́жным
сне́жное	сне́жное	сне́жного	сне́жном	сне́жному	сне́жным
сне́жная	сне́жную	сне́жной	сне́жной	сне́жной	сне́жной
сне́жные	Nom/Gen	сне́жных	сне́жных	сне́жным	сне́жными

compar. сне́жнее

СНЕСТИ́ EE -несу́т; -нёс -несла́ -несли́; *past adv.* -неся́ *past active ptcpl.* -нёсший; *Pf:* 1. (*Impf.* сноси́ть) carry, take (to); tear down; 2. (*Impf.* нести́) lay (eggs; said only of fowl, not of snakes, etc.)

снесу́	снесём	снеси́	снёс	——	снеся́
снесёшь	снесёте	снеси́те	снесла́	——	снёсший
снесёт	снесу́т		снесли́/о́	——	снесённый E

СНИ́ЗУ *adv*: from below; down below

СНИМА́ТЬ SS -а́ют; *Impf.* (*Pf.* снять): take off, remove; take (pictures); rent (from) *e.g.* Он снима́ет ко́мнату *Acc* у сестры́ *Gen*

снима́ю	снима́ем	снима́й	снима́л	снима́я	
снима́ешь	снима́ете	снима́йте	снима́ла	снима́ющий	снима́вший
снима́ет	снима́ют		снима́ли/о	снима́емый	——

СНИ́МУТ *non-past tense of* снять

СНО́ВА *adv*: again, anew

СНО́М see со́н

СНОСИ́ТЬ MS -но́сят; *Impf.* (*Pf.* снести́): carry, take (to); tear down

сношу́	сно́сим	сноси́	сноси́л	снося́	
сно́сишь	сно́сите	сноси́те	сноси́ла	сно́сящий	сноси́вший
сно́сит	сно́сят		сноси́ли/о	——	——

СНЯТЬ MM сни́мут; (Irreg. in the phrase ка́к руко́й сня́ло); ppp сня́тый M; *Pf.* (*Impf.* снима́ть): take off, remove; take (pictures); rent (from) *e.g.* Он снял ко́мнату *Acc* у сестры́ *Gen*

сниму́	сни́мем	сними́	снял	——	сняв[ши]
сни́мешь	сни́мете	сними́те	сняла́	——	сня́вший
сни́мет	сни́мут		сня́ли/о	——	сня́тый M

СО *variant of* с; normally unstressed; generally used before щ and before consonant clusters beginning with с, з, ш, ж, *e.g.* со стороны́, but often optional, *e.g.* с(о) свои́м бра́том; also used before vowel-less stems, *e.g.* со льдо́м, со мно́й, and in other expressions

СОБА́КА SS f.an: dog

соба́ка	соба́ку	соба́ки	соба́ке	соба́ке	соба́кой
соба́ки	соба́к	соба́к	соба́ках	соба́кам	соба́ками

СОБЕРУ́Т *non-past tense of* собра́ть

СОБЕСЕ́ДНИК SS m.an: interlocutor

-бесе́дник	-бесе́дника	-бесе́дника	-бесе́днике	-бесе́днику	-бесе́дником
-бесе́дники	-бесе́дников	-бесе́дников	-бесе́дниках	-бесе́дникам	-бесе́дниками

СОБИРА́ТЬ SS -а́ют; *Impf.* (*Pf.* собра́ть): gather, collect

собира́ю	собира́ем	собира́й	собира́л	собира́я	
собира́ешь	собира́ете	собира́йте	собира́ла	собира́ющий	собира́вший
собира́ет	собира́ют		собира́ли/о	собира́емый	——

СОБИРА́ТЬСЯ SS -а́ются; *Impf.* (*Pf.* собра́ться): intend; be about to; get ready; get together, meet

собира́юсь	собира́емся	собира́йся	собира́лся	собира́ясь	
собира́ешься	собира́етесь	собира́йтесь	собира́лась	собира́ющийся	собира́вшийся
собира́ется	собира́ются		собира́лись/ось	——	

СОБО́Р SS m.in: cathedral

собо́р	собо́р	собо́ра	собо́ре	собо́ру	собо́ром
собо́ры	собо́ры	собо́ров	собо́рах	собо́рам	собо́рами

СОБО́РНЫЙ S (e): cathedral

собо́рный	Nom/Gen	собо́рного	собо́рном	собо́рному	собо́рным
собо́рное	собо́рное	собо́рного	собо́рном	собо́рному	собо́рным
собо́рная	собо́рную	собо́рной	собо́рной	собо́рной	собо́рной
собо́рные	Nom/Gen	собо́рных	собо́рных	собо́рным	собо́рными

СОБРА́НИЕ SS n.in: meeting, gathering (use на/на/с for to/at/from the event); collection

собра́ние	собра́ние	собра́ния	собра́нии	собра́нию	собра́нием
собра́ния	собра́ния	собра́ний	собра́ниях	собра́ниям	собра́ниями

СО́БРАННЫЙ[1] S sh.masc со́бран organized, self-disciplined

со́бранный	Nom/Gen	со́бранного	со́бранном	со́бранному	со́бранным
со́бранное	со́бранное	со́бранного	со́бранном	со́бранному	со́бранным
со́бранная	со́бранную	со́бранной	со́бранной	со́бранной	со́бранной
со́бранные	Nom/Gen	со́бранных	со́бранных	со́бранным	со́бранными

со́бран, со́бранна, со́бранно, со́бранны; со́браннее

СО́БРАННЫЙ[2] S ppp of собра́ть (for long forms see со́бранный[1]): collected, gathered (by smb.)

со́бран, со́брана, со́брано, со́браны

✓ **СОБРА́ТЬ** ЕМ -беру́т; [ppp со́бранный S or old-fashioned M]; Pf. (Impf. собира́ть): gather, collect

соберу́	соберём	собери́	собра́л	——	собра́в[ши]
соберёшь	соберёте	собери́те	собрала́	——	собра́вший
соберёт	соберу́т		собра́ли/о	——	со́бранный S

СОБРА́ТЬСЯ ЕЕ [or ЕМ] -беру́тся; [-бра́лся or old-fashioned -брался́] Pf. (Impf. собира́ться); intend; be about to; get ready; get together, meet

соберу́сь	соберёмся	собери́сь	собра́лся	——	собра́вшись
соберёшься	соберётесь	собери́тесь	собрала́сь	——	собра́вшийся
соберётся	соберу́тся		собрали́сь/о́сь	——	——

СОБЫ́ТИЕ SS n.in: event, happening

собы́тие	собы́тие	собы́тия	собы́тии	собы́тию	собы́тием
собы́тия	собы́тия	собы́тий	собы́тиях	собы́тиям	собы́тиями

СОВА́ТЬ ES су́ют; Impf. (Pf-once су́нуть): shove, stick (into)

сую́	суём	су́й	сова́л	суя́	
суёшь	суёте	су́йте	сова́ла	сую́щий	сова́вший
суёт	су́ют		сова́ли/о	——	

СОВЕРШЁННО adv: perfectly; completely; absolutely

СОВЕРШЕННОЛЕ́ТНИЙ S (e) also used as m./f.an noun: of (legal) age; (as noun) a person of (legal) age

-ле́тний	Nom/Gen	-ле́тнего	-ле́тнем	-ле́тнему	-ле́тним
-ле́тнее	-ле́тнее	-ле́тнего	-ле́тнем	-ле́тнему	-ле́тним
-ле́тняя	-ле́тнюю	-ле́тней	-ле́тней	-ле́тней	-ле́тней
-ле́тние	Nom/Gen	-ле́тних	-ле́тних	-ле́тним	-ле́тними

-ле́тен, -ле́тня, -ле́тне, -ле́тни

СОВЕРШЁННЫЙ Е ppp of соверши́ть: accomplished; committed

совершённый	Nom/Gen	совершённого	совершённом	совершённому	совершённым
совершённое	совершённое	совершённого	совершённом	совершённому	совершённым
совершённая	совершённую	совершённой	совершённой	совершённой	совершённой
совершённые	Nom/Gen	совершённых	совершённых	совершённым	совершёнными

совершён, совершена́, совершено́, совершены́

СОВЕРШЁННЫЙ S (e): perfect; perfective (aspect)

совершённый	Nom/Gen	совершённого	совершённом	совершённому	совершённым
совершённое	совершённое	совершённого	совершённом	совершённому	совершённым
совершённая	совершённую	совершённой	совершённой	совершённой	совершённой
совершённые	Nom/Gen	совершённых	совершённых	совершённым	совершёнными

совершёнен, совершённа, совершённо, совершённы; совершённее

СОВЕ́Т SS m.in: advice, counsel; council; council meeting (use на/на/с for to/at/from the event)

сове́т	сове́т	сове́та	сове́те	сове́ту	сове́том
сове́ты	сове́ты	сове́тов	сове́тах	сове́там	сове́тами

СОВЕ́ТОВАТЬ SS -туют; intrans; Impf. (Pf. по-): advise (to do smt.) e.g. Он сове́тует сестре́ Dat (чита́ть) стихи́ Пу́шкина

сове́тую	сове́туем	сове́туй	сове́товал	сове́туя	
сове́туешь	сове́туете	сове́туйте	сове́товала	сове́тующий	сове́товавший
сове́тует	сове́туют		сове́товали/о	——	——

СОВЕ́ТОВАТЬСЯ SS -туются; Impf. (Pf. по-): consult (with), ask advice (of) e.g. Он сове́туется с сестро́й Inst о рабо́те Prep

сове́туюсь	сове́туемся	сове́туйся	сове́товался	сове́туясь	
сове́туешься	сове́туетесь	сове́туйтесь	сове́товалась	сове́тующийся	сове́товавшийся
сове́туется	сове́туются		сове́товались/ось	——	

СОВЕ́ТСКИЙ S *short forms avoided, no compar:* Soviet

сове́тский	*Nom/Gen*	сове́тского	сове́тском	сове́тскому	сове́тским
сове́тское	сове́тское	сове́тского	сове́тском	сове́тскому	сове́тским
сове́тская	сове́тскую	сове́тской	сове́тской	сове́тской	сове́тской
сове́тские	*Nom/Gen*	сове́тских	сове́тских	сове́тским	сове́тскими

adv. по-сове́тски

СОВРЕМЕ́ННИК SS *m.an:* contemporary

-ме́нник	-ме́нника	-ме́нника	-ме́ннике	-ме́ннику	-ме́нником
-ме́нники	-ме́нников	-ме́нников	-ме́нниках	-ме́нникам	-ме́нниками

СОВРЕМЕ́ННИЦА SS *f.an:* contemporary (woman)

совреме́нница	совреме́нницу	совреме́нницы	совреме́ннице	совреме́ннице	совреме́нницей
совреме́нницы	совреме́нниц	совреме́нниц	совреме́нницах	совреме́нницам	совреме́нницами

СОВРЕМЕ́ННЫЙ S (e): contemporary, modern

совреме́нный	*Nom/Gen*	совреме́нного	совреме́нном	совреме́нному	совреме́нным
совреме́нное	совреме́нное	совреме́нного	совреме́нном	совреме́нному	совреме́нным
совреме́нная	совреме́нную	совреме́нной	совреме́нной	совреме́нной	совреме́нной
совреме́нные	*Nom/Gen*	совреме́нных	совреме́нных	совреме́нным	совреме́нными

совреме́нен, совреме́нна, совреме́нно, совреме́нны; совреме́ннее

СОВСЕ́М *adv:* entirely, completely ● не совсе́м not quite; совсе́м не not at all, not in the least

СОГЛАСИ́ТЬСЯ ES -ся́тся; *Pf.* (*Impf.* соглаша́ться): 1. agree (with) *e.g.* О́н согласи́лся с сестро́й *Inst;* 2 agree (to) *e.g.* О́н согласи́лся на опера́цию *Acc*

соглашу́сь	согласи́мся	согласи́сь	согласи́лся	——	согласи́вшись
согласи́шься	согласи́тесь	согласи́тесь	согласи́лась	——	согласи́вшийся
согласи́тся	соглася́тся		согласи́лись/ось		

СОГЛА́СНЫЙ S (e) *also used as m.in noun:* 1. consonantal; 2. agree (with) *e.g.* О́н согла́сен с сестро́й *Inst;* 3. agree (to) О́н согла́сен на опера́цию *Acc;* 4. (as noun) consonant

согла́сный	*Nom/Gen*	согла́сного	согла́сном	согла́сному	согла́сным
согла́сное	согла́сное	согла́сного	согла́сном	согла́сному	согла́сным
согла́сная	согла́сную	согла́сной	согла́сной	согла́сной	согла́сной
согла́сные	*Nom/Gen*	согла́сных	согла́сных	согла́сным	согла́сными

согла́сен, согла́сна, согла́сно, согла́сны

СОГЛАША́ТЬСЯ SS -я́ются; *Impf.* (*Pf.* согласи́ться): 1. agree (with) *e.g.* О́н соглаша́лся с сестро́й *Inst;* 2. agree (to) *e.g.* О́н соглаша́лся на опера́цию *Acc*

соглаша́юсь	соглаша́емся	соглаша́йся	соглаша́лся	соглаша́ясь	
соглаша́ешься	соглаша́етесь	соглаша́йтесь	соглаша́лась	соглаша́ющийся	соглаша́вшийся
соглаша́ется	соглаша́ются		соглаша́лись/ось ——		

СОЕДИНЁННЫЙ[1] S *sh.masc.* соединён: joint; united

соединённый	*Nom/Gen*	соединённого	соединённом	соединённому	соединённым
соединённое	соединённое	соединённого	соединённом	соединённому	соединённым
соединённая	соединённую	соединённой	соединённой	соединённой	соединённой
соединённые	*Nom/Gen*	соединённых	соединённых	соединённым	соединёнными

СОЕДИНЁННЫЙ[2] E *ppp of* соедини́ть (*for long forms see* соединённый[1]): joined (*by smt/smb.*)

соединён, соединена́, соединено́, соединены́

СОЕДИНИ́ТЬ ES -ня́т; *Pf.* (*Impf.* соединя́ть): join, unite, connect *e.g.* Но́вый коридо́р соедини́л ва́нную *Acc* с ку́хней *Inst* [*or* ва́нную *Acc* и ку́хню *Acc*]

соединю́	соедини́м	соедини́	соедини́л	——	соедини́в[ши]
соедини́шь	соедини́те	соедини́те	соедини́ла	——	соедини́вший
соедини́т	соединя́т		соедини́ли/о	——	соединённый E

СОЕДИНИ́ТЬСЯ ES -ня́тся; *Pf.* (*Impf.* соединя́ться): join, unite, get together

-едини́сь	-едини́мся	-едини́сь	-едини́лся	——	-едини́вшись
-едини́шься	-едини́тесь	-едини́тесь	-едини́лась	——	-едини́вшийся
-едини́тся	-единя́тся		-едини́лись/ось		

СОЕДИНЯ́ТЬ SS -я́ют; *Impf.* (*Pf.* соедини́ть): join, unite, connect *e.g.* Коридо́р соединя́ет ва́нную *Acc* с ку́хней *Inst* [*or* ва́нную *Acc* и ку́хню *Acc*]

соединя́ю	соединя́ем	соединя́й	соединя́л	соединя́я	
соединя́ешь	соединя́ете	соединя́йте	соединя́ла	соединя́ющий	соединя́вший
соединя́ет	соединя́ют		соединя́ли/о	соединя́емый	

СОЕДИНЯ́ТЬСЯ SS -я́ются; *Impf.* (*Pf.* соедини́ться): join, unite, get together; be joined, united, connected *e.g.* Ку́хня *Nom* соединя́ется с ва́нной *Inst* коридо́ром *Inst* [*or* Ку́хня *Nom* и ва́нная *Nom* соединя́ются коридо́ром *Inst*]

соединя́юсь	соединя́емся	соединя́йся	соединя́лся	соединя́ясь	
соединя́ешься	соединя́етесь	соединя́йтесь	соединя́лась	соединя́ющийся	соединя́вшийся
соединя́ется	соединя́ются		соединя́лись/ось	——	

СОЖАЛЕ́НИЕ SS *n.in:* regret; pity ● к сожале́нию unfortunately

сожале́ние	сожале́ние	сожале́ния	сожале́нии	сожале́нию	сожале́нием
сожале́ния	сожале́ния	сожале́ний	сожале́ниях	сожале́ниям	сожале́ниями

✓**СОЗДАВА́ТЬ** ES -даю́т; -дава́й! *pres. adv.* -дава́я; *pres. passive ptcpl.* -дава́емый; *Impf.* (*Pf.* созда́ть): create

создаю́	создаём	создава́й	создава́л	создава́я	
создаёшь	создаёте	создава́йте	создава́ла	создаю́щий	создава́вший
создаёт	создаю́т		создава́ли/о	создава́емый	——

СОЗДА́НИЕ[1] SS *n.an* [*or n.in*]: creation (a being; creature)

созда́ние	созда́ние	созда́ния	созда́нии	созда́нию	созда́нием
созда́ния	-ний *or* -ния	созда́ний	созда́ниях	созда́ниям	созда́ниями

СОЗДА́НИЕ[2] SS *n.in*: creation (a work; the process)

созда́ние	созда́ние	созда́ния	созда́нии	созда́нию	созда́нием
созда́ния	созда́ния	созда́ний	созда́ниях	созда́ниям	созда́ниями

СОЗДА́ТЕЛЬ SS *m.an*: creator

созда́тель	созда́теля	созда́теля	созда́теле	созда́телю	созда́телем
созда́тели	созда́телей	созда́телей	созда́телях	созда́телям	созда́телями

СОЗДА́ТЬ ЕМ -даду́т -да́м -да́шь -да́ст -дади́м -дади́те; -да́й! созда́л создала́ со́здали [*or* созда́л создала́ созда́ли]; *ppp* со́зданный М [*or* S]; *Pf.* (*Impf.* создава́ть): create

созда́м	создади́м	созда́й	со́здал	——	созда́в[ши]
созда́шь	создади́те	созда́йте	создала́	——	созда́вший
созда́ст	создаду́т		со́здали/о	——	со́зданный M/S

СОЗДАЮ́Т *non-past tense of* создава́ть

СОЗРЕВА́ТЬ SS -а́ют; *intrans*; *Impf.* (*Pf.* созре́ть): ripen, mature

созрева́ю	созрева́ем	созрева́й	созрева́л	созрева́я	
созрева́ешь	созрева́ете	созрева́йте	созрева́ла	созрева́ющий	созрева́вший
созрева́ет	созрева́ют		созрева́ли/о	——	——

СОЗРЕ́ТЬ SS -зре́ют; *intrans*; *Pf.* (*Impf.* созрева́ть *and* зре́ть): ripen, mature

созре́ю	созре́ем	созре́й	созре́л	——	созре́в[ши]
созре́ешь	созре́ете	созре́йте	созре́ла	——	созре́вший
созре́ет	созре́ют		созре́ли/о	——	——

СОЙТИ́ ЕЕ сойду́т; сошёл сошла́ сошли́; *intrans*; *past adv.* сойдя́; *past active ptcpl.* соше́дший [*or old-fashioned* сше́дший]; *Pf.* (*Impf.* сходи́ть[1]): come/go down; go off; get off *e.g.* Он сошёл с по́езда *Gen* ● сойти́ с ума́ go out of one's mind

сойду́	сойдём	сойди́	сошёл	——	сойдя́
сойдёшь	сойдёте	сойди́те	сошла́	——	соше́дший
сойдёт	сойду́т		сошли́/о	——	

СОК SS *Part.* -у, [*Loc.* (в/на) -у́] (*Irreg. in phrases* в са́мом соку́ (*в расцве́те сил*); вари́ться в со́бственном соку́) *m.in*: juice

со́к	со́к	со́ка/со́ку	со́ке	со́ку	со́ком
со́ки	со́ки	со́ков	со́ках	со́кам	со́ками

СОКРАЩЕ́НИЕ SS *n.in*: abbreviation; reduction

-краще́ние	-краще́ние	-краще́ния	-краще́нии	-краще́нию	-краще́нием
-краще́ния	-краще́ния	-краще́ний	-краще́ниях	-краще́ниям	-краще́ниями

СОЛДА́Т SS *GPlur.* -# *m.an*: soldier

солда́т	солда́та	солда́та	солда́те	солда́ту	солда́том
солда́ты	солда́т	солда́т	солда́тах	солда́там	солда́тами

СОЛИ́СТ SS *m.an*: soloist

соли́ст	соли́ста	соли́ста	соли́сте	соли́сту	соли́стом
соли́сты	соли́стов	соли́стов	соли́стах	соли́стам	соли́стами

СОЛИ́СТКА SS (о) *f.an*: soloist (woman)

соли́стка	соли́стку	соли́стки	соли́стке	соли́стке	соли́сткой
соли́стки	соли́сток	соли́сток	соли́стках	соли́сткам	соли́стками

СО́ЛНЕЧНО *adv*: sunnily; *predicate*: it is sunny *e.g.* Здесь со́лнечно

СО́ЛНЕЧНЫЙ S (е): solar; sunny

со́лнечный	*Nom/Gen*	со́лнечного	со́лнечном	со́лнечному	со́лнечным
со́лнечное	со́лнечное	со́лнечного	со́лнечном	со́лнечному	со́лнечным
со́лнечная	со́лнечную	со́лнечной	со́лнечной	со́лнечной	со́лнечной
со́лнечные	*Nom/Gen*	со́лнечных	со́лнечных	со́лнечным	со́лнечными

со́лнечен, со́лнечна, со́лнечно, со́лнечны; со́лнечнее

СО́ЛНЦЕ <о́нц> SS *n.in*: 1. sun (celestial body) (*use* на/на/с *for* to/on/from); 2. sun, sunshine (*use* на/на/с *for* into/in/out of)

со́лнце	со́лнце	со́лнца	со́лнце	со́лнцу	со́лнцем
со́лнца	со́лнца	со́лнц	со́лнцах	со́лнцам	со́лнцами

СО́ЛЬ[1] SE *NPlur.* со́ли *f.in*: salt

со́ль	со́ль	со́ли	со́ли	со́ли	со́лью
со́ли	со́ли	соле́й	соля́х	соля́м	соля́ми

СО́ЛЬ[2] *indeclinable n.in*: sol (musical note)

СОЛЬЮ́ТСЯ *non-past tense of* сли́ться

СОН <before сн- use the longer variants of prepositions с(о), в(о), к(о), and, optionally, of из(о), от(о), над(о), под(о)>
ЕЕ (о) m.in: sleep; dream (about) e.g. Он видел сон Acc о сестре Prep; [or Он видел сестру Acc во сне Prep]
He dreamt about his sister

сон	сон	сна	сне	сну	сном
сны	сны	снов	снах	снам	снами

СООБЩАТЬ SS -ают; Impf. (Pf. сообщить): 1. inform (smb.) e.g. Он сообщал сестре Dat о своём приезде
Prep; 2. communicate (smt. to smb.) e.g. Он сообщал сестре Dat новые сведения Acc о себе Prep

сообщаю	сообщаем	сообщай	сообщал	сообщая	
сообщаешь	сообщаете	сообщайте	сообщала	сообщающий	сообщавший
сообщает	сообщают		сообщали/о	сообщаемый	——

СООБЩИТЬ ES -щат; Pf. (Impf. сообщать): 1. inform (smb.) e.g. Он сообщил сестре Dat о своём приезде
Prep; 2. communicate (smt. to smb.) e.g. Он сообщил сестре Dat новые сведения Acc о себе Prep

сообщу	сообщим	сообщи	сообщил	——	сообщив[ши]
сообщишь	сообщите	сообщите	сообщила	——	сообщивший
сообщит	сообщат		сообщили/о	——	сообщённый Е

СОПРАНО[1] <на or но> indeclinable n.in: soprano (voice)
СОПРАНО[2] <на or но> indeclinable f.an: soprano (singer)
СОРВАТЬ ЕМ -рвут; [ppp сорванный S or old-fashioned М]; Pf: 1. (Impf. срывать and рвать[1]) tear off; pick (fruit,
etc.) e.g. Он сорвал яблоко Acc с дерева Gen; 2. (Impf. срывать) ruin (plans, etc.)

сорву	сорвём	сорви	сорвал	——	сорвав[ши]
сорвёшь	сорвёте	сорвите	сорвала	——	сорвавший
сорвёт	сорвут		сорвали/о	——	сорванный S

СОРЕВНОВАНИЕ SS n.in: competition (use на/на/с for to/at/from the event)

соревнование	соревнование	соревнования	соревновании	соревнованию	соревнованием
соревнования	соревнования	соревнований	соревнованиях	соревнованиям	соревнованиями

СОРОК numeral: forty

сорок	сорок	сорока	сорока	сорока	сорока

СОРОКОВОЙ numeral inflected like adj: fortieth

сороковой	Nom/Gen	сорокового	сороковом	сороковому	сороковым
сороковое	сороковое	сорокового	сороковом	сороковому	сороковым
сороковая	сороковую	сороковой	сороковой	сороковой	сороковой
сороковые	Nom/Gen	сороковых	сороковых	сороковым	сороковыми

СОСЕД SS NPlur. соседи m.an: neighbor

сосед	соседа	соседа	соседе	соседу	соседом
соседи	соседей	соседей	соседях	соседям	соседями

СОСЕДКА SS (о) f.an: neighbor (woman)

соседка	соседку	соседки	соседке	соседке	соседкой
соседки	соседки	соседок	соседках	соседкам	соседками

СОСЕДНИЙ S (е) sh.masc. hypothetical: neighboring

соседний	Nom/Gen	соседнего	соседнем	соседнему	соседним
соседнее	соседнее	соседнего	соседнем	соседнему	соседним
соседняя	соседнюю	соседней	соседней	соседней	соседней
соседние	Nom/Gen	соседних	соседних	соседним	соседними

СОСИСКА SS (о) f.in: frankfurter

сосиска	сосиску	сосиски	сосиске	сосиске	сосиской
сосиски	сосиски	сосисок	сосисках	сосискам	сосисками

СОСКУЧИТЬСЯ SS -чатся; Pf. (Impf. скучать): become bored; miss, long (for) e.g. Он соскучился по сестре
Dat

соскучусь	соскучимся	соскучься	соскучился	——	соскучившись
соскучишься	соскучитесь	соскучьтесь	соскучилась	——	соскучившийся
соскучится	соскучатся		соскучились/ось	——	——

СОСТАВИТЬ SS -вят; Pf. (Impf. составлять): put together; make up; compile

составлю	составим	составь	составил	——	составив[ши]
составишь	составите	составьте	составила	——	составивший
составит	составят		составили/о	——	составленный S

СОСТАВЛЯТЬ SS -яют; Impf. (Pf. составить): put together; make up; compile

составляю	составляем	составляй	составлял	составляя	
составляешь	составляете	составляйте	составляла	составляющий	составлявший
составляет	составляют		составляли/о	составляемый	——

СОСТОЯТЕЛЬНЫЙ S (е): wealthy

-ятельный	Nom/Gen	-ятельного	-ятельном	-ятельному	-ятельным
-ятельное	-ятельное	-ятельного	-ятельном	-ятельному	-ятельным
-ятельная	-ятельную	-ятельной	-ятельной	-ятельной	-ятельной
-ятельные	Nom/Gen	-ятельных	-ятельных	-ятельным	-ятельными

-ятелен, -ятельна, -ятельно, -ятельны; -ятельнее

СОСТОЯ́ТЬ ES -стоят; *Imperative avoided; intrans; Impf. (no Pf.)*: 1. consist (of), be composed (of) *e.g.* Кварти́ра состои́т из дву́х ко́мнат *Gen*; 2. be, lie (in), consist (in) *e.g.* В чём *Inst* состои́т пробле́ма *Nom*?

состою́	состои́м		состоя́л	состоя́	
состои́шь	состои́те		состоя́ла	состоя́щий	состоя́вший
состои́т	состоя́т		состоя́ли/о	——	

СОТРУ́Т *non-past tense of* стере́ть

СО́ТЫЙ *numeral inflected like adj*: hundredth

со́тый	Nom/Gen	со́того	со́том	со́тому	со́тым
со́тое	со́тое	со́того	со́том	со́тому	со́тым
со́тая	со́тую	со́той	со́той	со́той	со́той
со́тые	Nom/Gen	со́тых	со́тых	со́тым	со́тыми

СОХРАНИ́ТЬ ES -нят; *Pf. (Impf.* сохраня́ть *and* храни́ть*)*: preserve

сохраню́	сохрани́м	сохрани́	сохрани́л	——	сохрани́в[ши]
сохрани́шь	сохрани́те	сохрани́те	сохрани́ла	——	сохрани́вший
сохрани́т	сохраня́т		сохрани́ли/о	——	сохранённый Е

СОХРАНЯ́ТЬ SS -яют; *Impf. (Pf.* сохрани́ть*)*: preserve

сохраня́ю	сохраня́ем	сохраня́й	сохраня́л	сохраня́я	
сохраня́ешь	сохраня́ете	сохраня́йте	сохраня́ла	сохраня́ющий	сохраня́вший
сохраня́ет	сохраня́ют		сохраня́ли/о	сохраня́емый	——

СОЦИАЛИ́ЗМ SS *m.in*: socialism

социали́зм	социали́зм	социали́зма	социали́зме	социали́зму	социали́змом

СОЦИАЛИ́СТ SS *m.an*: socialist

социали́ст	социали́ста	социали́ста	социали́сте	социали́сту	социали́стом
социали́сты	социали́стов	социали́стов	социали́стах	социали́стам	социали́стами

СОЦИАЛИСТИ́ЧЕСКИЙ S *short forms avoided, no compar*: socialist

-йческий	Nom/Gen	-йческого	-йческом	-йческому	-йческим
-йческое	-йческое	-йческого	-йческом	-йческому	-йческим
-йческая	-йческую	-йческой	-йческой	-йческой	-йческой
-йческие	Nom/Gen	-йческих	-йческих	-йческим	-йческими

adv. социалисти́чески, по-социалисти́чески

СОЦИАЛИ́СТКА SS (о) *f.an*: socialist (woman)

социали́стка	социали́стку	социали́сток	социали́стке	социали́стке	социали́сткой
социали́стки	социали́сток	социали́сток	социали́стках	социали́сткам	социали́стками

СОЦИА́ЛЬНЫЙ S (е): social

социа́льный	Nom/Gen	социа́льного	социа́льном	социа́льному	социа́льным
социа́льное	социа́льное	социа́льного	социа́льном	социа́льному	социа́льным
социа́льная	социа́льную	социа́льной	социа́льной	социа́льной	социа́льной
социа́льные	Nom/Gen	социа́льных	социа́льных	социа́льным	социа́льными

социа́лен, социа́льна, социа́льно, социа́льны; социа́льнее

СОЦИО́ЛОГ SS *m.an*: sociologist

социо́лог	социо́лога	социо́лога	социо́логе	социо́логу	социо́логом
социо́логи	социо́логов	социо́логов	социо́логах	социо́логам	социо́логами

СОЦИОЛО́ГИЯ SS *f.in*: sociology

социоло́гия	социоло́гию	социоло́гии	социоло́гии	социоло́гии	социоло́гией

СОЧЕТА́НИЕ SS *n.in*: combination

сочета́ние	сочета́ние	сочета́ния	сочета́нии	сочета́нию	сочета́нием
сочета́ния	сочета́ния	сочета́ний	сочета́ниях	сочета́ниям	сочета́ниями

СОЧИНЕ́НИЕ SS *n.in*: composition, essay, work, piece (*music, literature, etc.*); (the process of) composing

сочине́ние	сочине́ние	сочине́ния	сочине́нии	сочине́нию	сочине́нием
сочине́ния	сочине́ния	сочине́ний	сочине́ниях	сочине́ниям	сочине́ниями

СОШЕ́ДШИЙ *past active ptcpl. of* сойти́

СОШЁЛ *past tense of* сойти́

СОЩУ́РИВАТЬ SS -ают; *Impf. (Pf.* сощу́рить*)*: сощу́ривать глаза́ squint

сощу́риваю	сощу́риваем	сощу́ривай	сощу́ривал	сощу́ривая	
сощу́риваешь	сощу́риваете	сощу́ривайте	сощу́ривала	сощу́ривающий	сощу́ривавший
сощу́ривает	сощу́ривают		сощу́ривали/о	сощу́риваемый	——

СОЩУ́РИВАТЬСЯ SS -аются; *Impf. (Pf.* сощу́риться*)*: squint

-иваюсь	-иваемся	-ивайся	-ивался	-иваясь	
-иваешься	-иваетесь	-ивайтесь	-ивалась	-ивающийся	-ивавшийся
-ивается	-иваются		-ивались/ось		

СОЩУ́РИТЬ SS -рят; *Pf. (Impf.* сощу́ривать *and* щу́рить*)*: сощу́рить глаза́ squint

сощу́рю	сощу́рим	сощу́рь	сощу́рил	——	сощу́рив[ши]
сощу́ришь	сощу́рите	сощу́рьте	сощу́рила	——	сощу́ривший
сощу́рит	сощу́рят		сощу́рили/о	——	сощу́ренный S

СОЩУ́РИТЬСЯ SS -рятся; *Pf. (Impf.* сощу́риваться *and* щу́риться*)*: squint

сощу́рюсь	сощу́римся	сощу́рься	сощу́рился	——	сощу́рившись
сощу́ришься	сощу́ритесь	сощу́рьтесь	сощу́рилась	——	сощу́рившийся
сощу́рится	сощу́рятся		сощу́рились/ось	——	

СОЮЗ SS *m.in*: union; alliance; conjunction (*grammar*)

союз	союз	союза	союзе	союзу	союзом
союзы	союзы	союзов	союзах	союзам	союзами

СПА́ЛЬНЯ <*in prep. phrases variant* co *is used*> SS (e) *f.in*: bedroom

спа́льня	спа́льню	спа́льни	спа́льне	спа́льне	спа́льней
спа́льни	спа́льни	спа́лен	спа́льнях	спа́льням	спа́льнями

СПАСА́ТЬ SS -а́ют; *Impf.* (*Pf.* спасти́): save (from) *e.g.* Он спаса́л дете́й *Acc* от огня́ *Gen*

спаса́ю	спаса́ем	спаса́й	спаса́л	спаса́я	
спаса́ешь	спаса́ете	спаса́йте	спаса́ла	спаса́ющий	спаса́вший
спаса́ет	спаса́ют		спаса́ли/о	спаса́емый	——

СПАСЕ́НИЕ <*in prep. phrases variant* co *is used*> SS *n.in*: salvation, saving *e.g.* спасе́ние от огня́ *Gen*

спасе́ние	спасе́ние	спасе́ния	спасе́нии	спасе́нию	спасе́нием

СПАСИ́БО[1] *particle and indeclinable n.in*: thanks (to, for) *e.g.* Спаси́бо! Thanks! Большо́е спаси́бо! Thanks a lot! Большо́е ва́м *Dat* спаси́бо за ва́шу по́мощь *Acc*

СПАСИ́БО[2] *predicate and parenthetical word*: fortunately, it is fortunate *e.g.* Спаси́бо, лю́ди помогли́ Fortunately, people helped (us)

СПАСТИ́ EE -пасу́т; -па́с -пасла́ -пасли́; *past adv.* -па́сши; *Pf.* (*Impf.* спаса́ть): save (from) *e.g.* Он спа́с сестру́ *Acc* от огня́ *Gen*

спасу́	спасём	спаси́	спа́с	——	спа́сши
спасёшь	спасёте	спаси́те	спасла́	——	спа́сший
спасёт	спасу́т		спасли́/о		спасённый E

СПАТЬ EM спят; *pres. adv. avoided*; *intrans*; *Impf.* (*Pf-awhile* по-): sleep ● ложи́ться спать go to bed

сплю	спим	спи	спал		
спишь	спите	спите	спала́	спящий	спавший
спит	спят		спали́/о	——	——

СПЕКТА́КЛЬ <*in prep. phrases variant* co *is used*> SS *m.in*: show, performance (*use* на/на/со *for* to/at/from *the event*)

спекта́кль	спекта́кль	спекта́кля	спекта́кле	спекта́клю	спекта́клем
спекта́кли	спекта́кли	спекта́клей	спекта́клях	спекта́клям	спекта́клями

СПЕ́ЛЫЙ <*in prep. phrases variant* co *is used*> M [*sh.Plur.* спелы́]: ripe

спе́лый	Nom/Gen	спе́лого	спе́лом	спе́лому	спе́лым
спе́лое	спе́лое	спе́лого	спе́лом	спе́лому	спе́лым
спе́лая	спе́лую	спе́лой	спе́лой	спе́лой	спе́лой
спе́лые	Nom/Gen	спе́лых	спе́лых	спе́лым	спе́лыми

спел, спела́, спело, спелы́; спелее

СПЕТЬ[1] ES -пою́т; *ppp* спе́тый S; *Pf.* (*Impf.* петь): sing

спою́	споём	спой	спел	——	спев[ши]
споёшь	споёте	спо́йте	спела	——	спевший
споёт	спою́т		спели/о	——	спе́тый S

СПЕТЬ[2] SS спе́ют; *intrans*; *Impf.* (*Pf.* по-): ripen

спе́ю	спе́ем	спей	спел	спея	
спе́ешь	спе́ете	спе́йте	спела	спе́ющий	спе́вший
спе́ет	спе́ют		спели/о	——	——

СПЕЦИАЛИ́СТ <*in prep. phrases variant* co *is used*> SS *m.an*: specialist

специали́ст	специали́ста	специали́ста	специали́сте	специали́сту	специали́стом
специали́сты	специали́стов	специали́стов	специали́стах	специали́стам	специали́стами

СПЕЦИАЛИ́СТКА <*in prep. phrases variant* co *is used*> SS (о) *f.an*: specialist (*woman*)

специали́стка	специали́стку	специали́стки	специали́стке	специали́стке	специали́сткой
специали́стки	специали́сток	специали́сток	специали́стках	специали́сткам	специали́стками

СПЕЦИА́ЛЬНОСТЬ <*in prep. phrases variant* co *is used*> SS *f.in*: profession, trade; specialization, major area of knowledge

-а́льность	-а́льность	-а́льности	-а́льности	-а́льности	-а́льностью
-а́льности	-а́льности	-а́льностей	-а́льностях	-а́льностям	-а́льностями

СПЕЦИА́ЛЬНЫЙ <*in prep. phrases variant* co *is used*> S (e): special, not general

специа́льный	Nom/Gen	специа́льного	специа́льном	специа́льному	специа́льным
специа́льное	специа́льное	специа́льного	специа́льном	специа́льному	специа́льным
специа́льная	специа́льную	специа́льной	специа́льной	специа́льной	специа́льной
специа́льные	Nom/Gen	специа́льных	специа́льных	специа́льным	специа́льными

специа́лен, специа́льна, специа́льно, специа́льны; специа́льнее

СПЕЦПРОГРА́ММА <*in prep. phrases variant* co *is used*> SS *f.in*: special program (*of study, work, etc.*)

-програ́мма	-програ́мму	-програ́ммы	-програ́мме	-програ́мме	-програ́ммой
-програ́ммы	-програ́ммы	-програ́мм	-програ́ммах	-програ́ммам	-програ́ммами

СПЕШИ́ТЬ ES -ша́т; *intrans*; *Impf*: 1. (*Pf.* по-) hurry; 2. (*no Pf.*) be fast (*said of a clock*)

спешу́	спеши́м	спеши́	спеши́л	спеша́	
спеши́шь	спеши́те	спеши́те	спеши́ла	спеша́щий	спеши́вший
спеши́т	спеша́т		спеши́ли/о	——	

СПИНА́ <in prep. phrases variant co is used> ES ASg. спи́ну (Irreg. in phrases за́ спину; на́ спину) f.in: back

спина́	спи́ну	спины́	спине́	спине́	спино́й
спи́ны	спи́ны	спин	спи́нах	спи́нам	спи́нами

СПИ́ЧКА <in prep. phrases variant co is used> SS (e) f.in: match (for igniting something)

спи́чка	спи́чку	спи́чки	спи́чке	спи́чке	спи́чкой
спи́чки	спи́чки	спи́чек	спи́чках	спи́чкам	спи́чками

СПЛА́В <in prep. phrases variant co is used> SS m.in: alloy; fusion; the floating of logs

спла́в	спла́в	спла́ва	спла́ве	спла́ву	спла́вом
спла́вы	спла́вы	спла́вов	спла́вах	спла́вам	спла́вами

СПЛЕ́ТНИК <in prep. phrases variant co is used> SS m.an: gossip, rumor-monger

спле́тник	спле́тника	спле́тника	спле́тнике	спле́тнику	спле́тником
спле́тники	спле́тников	спле́тников	спле́тниках	спле́тникам	спле́тниками

СПЛЕ́ТНИЦА <in prep. phrases variant co is used> SS f.an: gossip (woman)

спле́тница	спле́тницу	спле́тницы	спле́тнице	спле́тнице	спле́тницей
спле́тницы	спле́тниц	спле́тниц	спле́тницах	спле́тницам	спле́тницами

СПЛЮ́ non-past tense of спа́ть

СПОКО́ЙНО adv: quietly, calmly; easily

СПОКО́ЙНЫЙ <in prep. phrases variant co is used> S (e): quiet, peaceful ● Споко́йной но́чи Good night

споко́йный	Nom/Gen	споко́йного	споко́йном	споко́йному	споко́йным
споко́йное	споко́йное	споко́йного	споко́йном	споко́йному	споко́йным
споко́йная	споко́йную	споко́йной	споко́йной	споко́йной	споко́йной
споко́йные	Nom/Gen	споко́йных	споко́йных	споко́йным	споко́йными

споко́ен, споко́йна, споко́йно, споко́йны; споко́йнее

СПОКО́ЙСТВИЕ <in prep. phrases variant co is used> SS n.in: peace, quiet

-ко́йствие	-ко́йствие	-ко́йствия	-ко́йствии	-ко́йствию	-ко́йствием

СПО́Р <in prep. phrases variant co is used> SS (Irreg. in the phrase спо́ру не́т) m.in: argument, quarrel

спо́р	спо́р	спо́ра	спо́ре	спо́ру	спо́ром
спо́ры	спо́ры	спо́ров	спо́рах	спо́рам	спо́рами

СПО́РИТЬ SS -рят; intrans; Impf. (Pf. по-): 1. argue (with) (about) e.g. О́н спо́рит с сестро́й Inst о кни́ге Prep; 2. bet (smb.) (smt.) e.g. О́н спо́рил с сестро́й Inst на копе́йку Acc, что погода бу́дет плоха́я

спо́рю	спо́рим	спо́рь	спо́рил	спо́ря	
спо́ришь	спо́рите	спо́рьте	спо́рила	спо́рящий	спо́ривший
спо́рит	спо́рят		спо́рили/о	——	——

СПО́РНЫЙ <in prep. phrases variant co is used> S (e): controversial; debatable

спо́рный	Nom/Gen	спо́рного	спо́рном	спо́рному	спо́рным
спо́рное	спо́рное	спо́рного	спо́рном	спо́рному	спо́рным
спо́рная	спо́рную	спо́рной	спо́рной	спо́рной	спо́рной
спо́рные	Nom/Gen	спо́рных	спо́рных	спо́рным	спо́рными

спо́рен, спо́рна, спо́рно, спо́рны

СПО́РТ <in prep. phrases variant co is used> SS m.in: sports, athletics ● ви́д спо́рта a sport; занима́ться спо́ртом be an athlete

спо́рт	спо́рт	спо́рта	спо́рте	спо́рту	спо́ртом

СПОРТИ́ВНЫЙ <in prep. phrases variant co is used> S (e): sports; athletic

спорти́вный	Nom/Gen	спорти́вного	спорти́вном	спорти́вному	спорти́вным
спорти́вное	спорти́вное	спорти́вного	спорти́вном	спорти́вному	спорти́вным
спорти́вная	спорти́вную	спорти́вной	спорти́вной	спорти́вной	спорти́вной
спорти́вные	Nom/Gen	спорти́вных	спорти́вных	спорти́вным	спорти́вными

спорти́вен, спорти́вна, спорти́вно, спорти́вны; спорти́внее

СПОРТСМЕ́Н <in prep. phrases variant co is used> SS m.an: athlete

спортсме́н	спортсме́на	спортсме́на	спортсме́не	спортсме́ну	спортсме́ном
спортсме́ны	спортсме́нов	спортсме́нов	спортсме́нах	спортсме́нам	спортсме́нами

СПОРТСМЕ́НКА <in prep. phrases variant co is used> SS (o) f.an: athlete (woman)

спортсме́нка	спортсме́нку	спортсме́нки	спортсме́нке	спортсме́нке	спортсме́нкой
спортсме́нки	спортсме́нок	спортсме́нок	спортсме́нках	спортсме́нкам	спортсме́нками

СПО́СОБ <in prep. phrases variant co is used> SS m.in: means, method

спо́соб	спо́соб	спо́соба	спо́собе	спо́собу	спо́собом
спо́собы	спо́собы	спо́собов	спо́собах	спо́собам	спо́собами

СПОСО́БНОСТЬ <in prep. phrases variant co is used> SS f.in: ability; (in Plur.) talent (for) e.g. спосо́бности к му́зыке Dat

-со́бность	-со́бность	-со́бности	-со́бности	-со́бности	-со́бностью
-со́бности	-со́бности	-со́бностей	-со́бностях	-со́бностям	-со́бностями

СПОСО́БНЫЙ <in prep. phrases variant co is used> S (e): capable, able; talented; capable (of) e.g. О́н спосо́бен на всё Acc He's capable of anything

спосо́бный	Nom/Gen	спосо́бного	спосо́бном	спосо́бному	спосо́бным
спосо́бное	спосо́бное	спосо́бного	спосо́бном	спосо́бному	спосо́бным
спосо́бная	спосо́бную	спосо́бной	спосо́бной	спосо́бной	спосо́бной
спосо́бные	Nom/Gen	спосо́бных	спосо́бных	спосо́бным	спосо́бными

спосо́бен, спосо́бна, спосо́бно, спосо́бны; спосо́бнее

Nominative   Accusative   Genitive   Prepositional   Dative   Instrumental   230

Non-past Sing.   Non-past Plur.   Imperative   Past   Pres. deverbals   Past deverbals

СПОЮ́Т *non-past tense of* спéть[1]

СПРА́ВА *adv:* on the right

СПРАВЕДЛИ́ВО *adv:* fairly, justly; *predicate* it is just, fair *e.g.* Справедли́во, что егó похвали́ли

СПРАВЕДЛИ́ВЫЙ *<in prep. phrases variant* co *is used> S:* just, fair

-ведли́вый	*Nom/Gen*	-ведли́вого	-ведли́вом	-ведли́вому	-ведли́вым
-ведли́вое	-ведли́вое	-ведли́вого	-ведли́вом	-ведли́вому	-ведли́вым
-ведли́вая	-ведли́вую	-ведли́вой	-ведли́вой	-ведли́вой	-ведли́вой
-ведли́вые	*Nom/Gen*	-ведли́вых	-ведли́вых	-ведли́вым	-ведли́выми

справедли́в, справедли́ва, справедли́во, справедли́вы; справедли́вее

СПРА́ВОЧНЫЙ *<in prep. phrases variant* co *is used> S (e) also used as n.in noun:* reference, information; *(as noun)* information service

спра́вочный	*Nom/Gen*	спра́вочного	спра́вочном	спра́вочному	спра́вочным
спра́вочное	спра́вочное	спра́вочного	спра́вочном	спра́вочному	спра́вочным
спра́вочная	спра́вочную	спра́вочной	спра́вочной	спра́вочной	спра́вочной
спра́вочные	*Nom/Gen*	спра́вочных	спра́вочных	спра́вочным	спра́вочными

СПРА́ШИВАТЬ SS -ают; *Impf. (Pf.* спроси́ть*):* 1. ask (about) *e.g.* Óн спра́шивал сестру́ *Acc* о кни́гах *Prep* [*or* Óн спра́шивал у сестры́ *Gen* о кни́гах *Prep*]; 2. ask (for) *(colloq.)* Óн спра́шивал у сестры́ *Gen* газéту *Acc*

спра́шиваю	спра́шиваем	спра́шивай	спра́шивал	спра́шивая	
спра́шиваешь	спра́шиваете	спра́шивайте	спра́шивала	спра́шивающий	спра́шивавший
спра́шивает	спра́шивают		спра́шивали/о	спра́шиваемый	——

СПРОС *<in prep. phrases variant* co *is used> SS (Irreg. in phrases* без спрóсу [*or* без спрóса]*) m.in:* demand, need (for) *e.g.* спрос на икру́ *Acc* ● без спрóсу without permission

спрос	спрос	спрóса	спрóсе	спрóсу	спрóсом

СПРОСИ́ТЬ MS -прóсят; *Pf. (Impf.* спра́шивать*):* 1. ask (about) *e.g.* Óн спроси́л сестру́ *Acc* о кни́гах *Prep* [*or* Óн спроси́л у сестры́ *Gen* о кни́гах *Prep*]; 2. ask (for) *(colloq.)* Óн спроси́л у сестры́ *Gen* газéту *Acc*

спрошу́	спрóсим	спроси́	спроси́л	——	спроси́в[ши]
спрóсишь	спрóсите	спроси́те	спроси́ла	——	спроси́вший
спрóсит	спрóсят		спроси́ли/о	——	спрóшенный S

СПРЯЖЕ́НИЕ *<in prep. phrases variant* co *is used> SS n.in:* conjugation

спряже́ние	спряже́ние	спряже́ния	спряже́нии	спряже́нию	спряже́нием
спряже́ния	спряже́ния	спряже́ний	спряже́ниях	спряже́ниям	спряже́ниями

✓**СПРЯ́ТАТЬ** SS -пря́чут; *Pf. (Impf.* пря́тать*):* hide, conceal (smt./smb.)

спря́чу	спря́чем	спрячь	спря́тал	——	спря́тав[ши]
спря́чешь	спря́чете	спря́чьте	спря́тала	——	спря́тавший
спря́чет	спря́чут		спря́тали/о		спря́танный S

✓**СПРЯ́ТАТЬСЯ** SS -пря́чутся; *Pf. (Impf.* пря́таться*):* hide, conceal oneself

спря́чусь	спря́чемся	спря́чься	спря́тал	——	
спря́чешься	спря́четесь	спря́чьтесь	спря́талась	——	спря́тавшись
спря́чется	спря́чутся		спря́тались/ось	——	спря́тавшийся

✓**СПУСКА́ТЬСЯ** SS -а́ются; *Impf. (Pf.* спусти́ться*):* descend, go down *e.g.* Óн спуска́лся с пя́того этажа́ *Gen* на вторóй *Acc*

спуска́юсь	спуска́емся	спуска́йся	спуска́лся	спуска́ясь	
спуска́ешься	спуска́етесь	спуска́йтесь	спуска́лась	спуска́ющийся	спуска́вшийся
спуска́ется	спуска́ются		спуска́лись/ось	——	——

✓**СПУСТИ́ТЬСЯ** MS -пу́стятся; *Pf. (Impf.* спуска́ться*):* descend, go down *e.g.* Óн спусти́лся с пя́того этажа́ *Gen* на вторóй *Acc*

спущу́сь	спу́стимся	спусти́сь	спусти́лся	——	спусти́вшись
спу́стишься	спу́ститесь	спусти́тесь	спусти́лась	——	спусти́вшийся
спу́стится	спу́стятся		спусти́лись/ось	——	——

СПУ́ТНИК[1] *<in prep. phrases variant* co *is used> SS m.an:* travelling companion; companion *(the person one is walking with)*

спу́тник	спу́тника	спу́тника	спу́тнике	спу́тнику	спу́тником
спу́тники	спу́тников	спу́тников	спу́тниках	спу́тникам	спу́тниками

СПУ́ТНИК[2] *<in prep. phrases variant* co *is used> SS m.in [or m.an]:* satellite *(heavenly body)* (use на/на/со for to/on/from); satellite *(space craft)*

спу́тник	-ик *or* -ика	спу́тника	спу́тнике	спу́тнику	спу́тником
спу́тники	-ики *or* -иков	спу́тников	спу́тниках	спу́тникам	спу́тниками

СПУ́ТНИЦА *<in prep. phrases variant* co *is used> SS f.an:* travelling companion; companion *(the person one is walking with) (woman)*

спу́тница	спу́тницу	спу́тницы	спу́тнице	спу́тнице	спу́тницей
спу́тницы	спу́тниц	спу́тниц	спу́тницах	спу́тницам	спу́тницами

СПУЩУ́СЬ *non-past tense of* спусти́ться

СПЯТ *non-past tense of* спа́ть

СРАВНЕ́НИЕ *<in prep. phrases variant* co *is used> SS n.in:* comparison

сравне́ние	сравне́ние	сравне́ния	сравне́нии	сравне́нию	сравне́нием
сравне́ния	сравне́ния	сравне́ний	сравне́ниях	сравне́ниям	сравне́ниями

СРА́ВНИВАТЬ SS -ают; *Impf.* (*Pf.* сравни́ть): compare (to, with) *e.g.* Он сра́внивал свою́ сестру́ *Acc* с мое́й сестро́й *Inst*; Он сра́внивал на́ших сесте́р *Acc*

сра́вниваю	сра́вниваем	сра́внивай	сра́внивал	сра́внивая	
сра́вниваешь	сра́вниваете	сра́внивайте	сра́внивала	сра́внивающий	сра́внивавший
сра́внивает	сра́внивают		сра́внивали/о	сра́вниваемый	——

СРАВНИ́ТЬ ES -ня́т; *Pf.* (*Impf.* сра́внивать): compare (to, with) *e.g.* Он сравни́л свою́ сестру́ *Acc* с мое́й сестро́й *Inst*; Он сравни́л на́ших сесте́р *Acc*

сравню́	сравни́м	сравни́	сравни́л	——	сравни́в[ши]
сравни́шь	сравни́те	сравни́те	сравни́ла	——	сравни́вший
сравни́т	сравня́т		сравни́ли/о	——	

СРА́ЗУ *adv*: at once, right away

СРЕДА́[1] <*in prep. phrases variant* co *is used*> ES *f.in*: milieu, environment

среда́	среду́	среды́	среде́	среде́	средо́й

СРЕДА́[2] <*in prep. phrases variant* co *is used*> EE [or ES] *ASg.* сре́ду, *NPlur.* сре́ды *f.in*: Wednesday

среда́	сре́ду	среды́	среде́	среде́	средо́й
сре́ды	сре́ды	сред	среда́х	среда́м	среда́ми

СРЕДИ́ *prep.* +*Gen*: among; in the middle of

СРЕ́ДНЕАЗИА́ТСКИЙ <*in prep. phrases variant* co *is used*> S short forms avoided, no compar: Central Asian

-азиа́тский	*Nom/Gen*	-азиа́тского	-азиа́тском	-азиа́тскому	-азиа́тским
-азиа́тское	-азиа́тское	-азиа́тского	-азиа́тском	-азиа́тскому	-азиа́тским
-азиа́тская	-азиа́тскую	-азиа́тской	-азиа́тской	-азиа́тской	-азиа́тской
-азиа́тские	*Nom/Gen*	-азиа́тских	-азиа́тских	-азиа́тским	-азиа́тскими

СРЕ́ДНИЙ <*in prep. phrases variant* co *is used*> S (e) *sh.masc.* hypothetical: average; middle ● сре́дний ро́д neuter gender; сре́дняя шко́ла secondary school

сре́дний	*Nom/Gen*	сре́днего	сре́днем	сре́днему	сре́дним
сре́днее	сре́днее	сре́днего	сре́днем	сре́днему	сре́дним
сре́дняя	сре́днюю	сре́дней	сре́дней	сре́дней	сре́дней
сре́дние	*Nom/Gen*	сре́дних	сре́дних	сре́дним	сре́дними

сре́дня, сре́дне, сре́дни

СРЫВА́ТЬ SS -ают; *Impf.* (*Pf.* сорва́ть): 1. tear off; pick (*fruit, etc.*) *e.g.* Он срыва́л я́блоки *Acc* с де́рева *Gen*; 2. ruin (*plans, etc.*)

срыва́ю	срыва́ем	срыва́й	срыва́л	срыва́я	
срыва́ешь	срыва́ете	срыва́йте	срыва́ла	срыва́ющий	срыва́вший
срыва́ет	срыва́ют		срыва́ли/о	срыва́емый	——

ССО́РА SS *f.in*: quarrel

ссо́ра	ссо́ру	ссо́ры	ссо́ре	ссо́ре	ссо́рой
ссо́ры	ссо́ры	ссор	ссо́рах	ссо́рам	ссо́рами

ССО́РИТЬСЯ SS -рятся; *Impf.* (*Pf.* по-): quarrel *e.g.* Он ссо́рится с сестро́й *Inst*

ссо́рюсь	ссо́римся	ссо́рься	ссо́рился	ссо́рясь	
ссо́ришься	ссо́ритесь	ссо́рьтесь	ссо́рилась	ссо́рящийся	ссо́рившийся
ссо́рится	ссо́рятся		ссо́рились/ось		

СССР *indeclinable m.in*: (*abbrev. of* Сою́з Сове́тских Социалисти́ческих Респу́блик) USSR

ССЫ́ЛКА SS (о) *f.in*: exile; reference, allusion

ссы́лка	ссы́лку	ссы́лки	ссы́лке	ссы́лке	ссы́лкой
ссы́лки	ссы́лки	ссы́лок	ссы́лках	ссы́лкам	ссы́лками

✓ **СТА́ВИТЬ** SS -вят; *Impf.* (*Pf.* по-): put, stand; stage, produce

ста́влю	ста́вим	ставь	ста́вил	ста́вя	
ста́вишь	ста́вите	ста́вьте	ста́вила	ста́вящий	ста́вивший
ста́вит	ста́вят		ста́вили/о		

СТАДИО́Н <*in prep. phrases variant* co *is used*> SS *m.in*: stadium (*use* на/на/со *for* to/at/from)

стадио́н	стадио́н	стадио́на	стадио́не	стадио́ну	стадио́ном
стадио́ны	стадио́ны	стадио́нов	стадио́нах	стадио́нам	стадио́нами

СТАКА́Н <*in prep. phrases variant* co *is used*> SS *m.in*: tumbler, glass

стака́н	стака́н	стака́на	стака́не	стака́ну	стака́ном
стака́ны	стака́ны	стака́нов	стака́нах	стака́нам	стака́нами

СТА́ЛКИВАТЬ SS -ают; *Impf.* (*Pf.* столкну́ть): 1. bring together, knock together, cause to collide *e.g.* Ве́тер ста́лкивал ло́дку *Acc* с плото́м *Inst*; 2. cause to clash *e.g.* Он ста́лкивал сестру́ *Acc* с бра́том *Inst*; 3. push (off, away from) *e.g.* Он ста́лкивал сестру́ *Acc* со сту́ла *Gen*

ста́лкиваю	ста́лкиваем	ста́лкивай	ста́лкивал	ста́лкивая	
ста́лкиваешь	ста́лкиваете	ста́лкивайте	ста́лкивала	ста́лкивающий	ста́лкивавший
ста́лкивает	ста́лкивают		ста́лкивали/о	ста́лкиваемый	——

СТАНОВИ́ТЬСЯ MS стано́вятся; *Impf.*: 1. (*Pf.* стать[2]) become *e.g.* Он станови́лся хоро́шим инжене́ром *Inst*; 2. (*Pf.* стать[3]) stand, go and stand *e.g.* Он станови́лся у окна́ He used to go to the window and stand there; 3. (*Impersonal*; *Pf.* стать[4]) get, become *e.g.* Станови́лось хо́лодно It was getting (used to get) cold; Мне́ *Dat* станови́лось хо́лодно I was getting (used to get) cold

становлю́сь	стано́вимся	станови́сь	станови́лся	становя́сь	
стано́вишься	стано́витесь	станови́тесь	станови́лась	становя́щийся	станови́вшийся
стано́вится	стано́вятся		станови́лись/ось ——		

СТА́НУТ *non-past tense of* стать

СТА́НЦИЯ *<in prep. phrases variant* со *is used>* SS *f.in*: station (railroad, bus; radio; *not as in* police station—*see* отделе́ние) (*use* на/на/со *for* to/at/from)

ста́нция	ста́нцию	ста́нции	ста́нции	ста́нции	ста́нцией
ста́нции	ста́нции	ста́нций	ста́нциях	ста́нциям	ста́нциями

СТАРА́ТЕЛЬНЫЙ *<in prep. phrases variant* со *is used>* S (e): careful, diligent

-а́тельный	Nom/Gen	-а́тельного	-а́тельном	-а́тельному	-а́тельным
-а́тельное	-а́тельное	-а́тельного	-а́тельном	-а́тельному	-а́тельным
-а́тельная	-а́тельную	-а́тельной	-а́тельной	-а́тельной	-а́тельной
-а́тельные	Nom/Gen	-а́тельных	-а́тельных	-а́тельным	-а́тельными

-а́телен, -а́тельна, -а́тельно, -а́тельны; -а́тельнее

СТАРА́ТЬСЯ SS -а́ются; *Impf.* (*Pf.* по-): try, make an effort

стара́юсь	стара́емся	стара́йся	стара́лся	стара́ясь	
стара́ешься	стара́етесь	стара́йтесь	стара́лась	стара́ющийся	стара́вшийся
стара́ется	стара́ются		стара́лись/ось	——	——

СТАРЕ́ТЬ SS -е́ют; *intrans; Impf.* (*Pf.* по-): grow old

старе́ю	старе́ем	старе́й	старе́л	старе́я	
старе́ешь	старе́ете	старе́йте	старе́ла	старе́ющий	старе́вший
старе́ет	старе́ют		старе́ли/о	——	——

СТАРИ́К *<in prep. phrases variant* со *is used>* EE *m.an*: old man

стари́к	старика́	старика́	старике́	старику́	старико́м
старики́	старико́в	старико́в	старика́х	старика́м	старика́ми

СТАРИ́ННЫЙ *<in prep. phrases variant* со *is used>* S (e): ancient; antique ● стари́нный друг old friend

стари́нный	Nom/Gen	стари́нного	стари́нном	стари́нному	стари́нным
стари́нное	стари́нное	стари́нного	стари́нном	стари́нному	стари́нным
стари́нная	стари́нную	стари́нной	стари́нной	стари́нной	стари́нной
стари́нные	Nom/Gen	стари́нных	стари́нных	стари́нным	стари́нными

стари́нен, стари́нна, стари́нно (adv. also по-стари́нному), стари́нны; стари́ннее

СТАРОМО́ДНЫЙ *<in prep. phrases variant* со *is used>* S (e): old-fashioned

старомо́дный	Nom/Gen	старомо́дного	старомо́дном	старомо́дному	старомо́дным
старомо́дное	старомо́дное	старомо́дного	старомо́дном	старомо́дному	старомо́дным
старомо́дная	старомо́дную	старомо́дной	старомо́дной	старомо́дной	старомо́дной
старомо́дные	Nom/Gen	старомо́дных	старомо́дных	старомо́дным	старомо́дными

старомо́ден, старомо́дна, старомо́дно, старомо́дны; старомо́днее

СТАРОСЛАВЯ́НСКИЙ *<in prep. phrases variant* со *is used>* S short forms avoided, no compar: Old Church Slavic

-славя́нский	Nom/Gen	-славя́нского	-славя́нском	-славя́нскому	-славя́нским
-славя́нское	-славя́нское	-славя́нского	-славя́нском	-славя́нскому	-славя́нским
-славя́нская	-славя́нскую	-славя́нской	-славя́нской	-славя́нской	-славя́нской
-славя́нские	Nom/Gen	-славя́нских	-славя́нских	-славя́нским	-славя́нскими

adv. по-старославя́нски

СТА́РОСТА *<in prep. phrases variant* со *is used>* SS *both m.an and f.an*: (elected) leader; (student) monitor

ста́роста	ста́росту	ста́росты	ста́росте	ста́росте	ста́ростой
ста́росты	ста́рост	ста́рост	ста́ростах	ста́ростам	ста́ростами

СТА́РОСТЬ *<in prep. phrases variant* со *is used>* SS *f.in*: old age

ста́рость	ста́рость	ста́рости	ста́рости	ста́рости	ста́ростью

СТАРУ́ХА *<in prep. phrases variant* со *is used>* SS *f.an*: old woman

стару́ха	стару́ху	стару́хи	стару́хе	стару́хе	стару́хой
стару́хи	стару́х	стару́х	стару́хах	стару́хам	стару́хами

СТАРУ́ШКА *<in prep. phrases variant* со *is used>* SS (e) *f.an*: diminutive of стару́ха

стару́шка	стару́шку	стару́шки	стару́шке	стару́шке	стару́шкой
стару́шки	стару́шек	стару́шек	стару́шках	стару́шкам	стару́шками

СТА́РШИЙ *<in prep. phrases variant* со *is used>* S short forms avoided; also used as m.an noun: elder, older; senior; (as noun) elder

ста́рший	Nom/Gen	ста́ршего	ста́ршем	ста́ршему	ста́ршим
ста́ршее	ста́ршее	ста́ршего	ста́ршем	ста́ршему	ста́ршим
ста́ршая	ста́ршую	ста́ршей	ста́ршей	ста́ршей	ста́ршей
ста́ршие	Nom/Gen	ста́рших	ста́рших	ста́ршим	ста́ршими

СТА́РЫЙ *<in prep. phrases variant* со *is used>* M [*sh.neut.* ста́ро́, *sh.Plur.* ста́ры́] compar. старе́е (*said of things and of old animate beings*) *and* ста́рше (*said of animate beings, not necessarily old ones*): old

ста́рый	Nom/Gen	ста́рого	ста́ром	ста́рому	ста́рым
ста́рое	ста́рое	ста́рого	ста́ром	ста́рому	ста́рым
ста́рая	ста́рую	ста́рой	ста́рой	ста́рой	ста́рой
ста́рые	Nom/Gen	ста́рых	ста́рых	ста́рым	ста́рыми

стар, стара́, ста́ро́ (adv. also по-ста́рому), ста́ры́; старе́е and ста́рше

СТАТЬ¹ SS ста́нут; *intrans; Pf. (no Impf.); used only with an infinitive*: 1. start *e.g.* По́езд стал дви́гаться The train started to move; 2. be willing *e.g.* Я не стал возража́ть I wasn't willing to (didn't bother to) object

ста́ну	ста́нем	стань	стал	——	став[ши]
ста́нешь	ста́нете	ста́ньте	ста́ла	——	ста́вший
ста́нет	ста́нут		ста́ли/о	——	

СТАТЬ² SS ста́нут; *intrans; Pf. (Impf. станови́ться); used only with an Instrumental noun or adj. (for inflected forms see стать¹)*: become (smt./smb.) *e.g.* Он стал хоро́шим инжене́ром *Inst* He became a good engineer

СТАТЬ³ SS ста́нут; *intrans; Pf. (for inflected forms see стать¹)*: 1. *(no Impf.)* stop *e.g.* По́езд стал The train stopped; 2. *(Impf. станови́ться)* stand, go and stand *e.g.* Он стал у окна́ He went to the window and stood there; 3. *(no Impf.)* become, happen *e.g.* Что ста́нет с ним? *Inst* What will happen to him (become of him)?

СТАТЬ⁴ SS ста́нет; *Impersonal; Pf:* 1. *(Impf. станови́ться)* get, become *e.g.* Ста́ло хо́лодно It got cold; Мне *Dat* ста́ло хо́лодно I began to feel cold; 2. *(no Impf.); used only with negation* be no more, disappear, perish *e.g.* Хле́ба *Gen* не ста́ло There was no more bread

ста́нет			ста́ло		

СТАТЬЯ́ *<in prep. phrases variant* со *is used>* EE (e) *f.in*: article, paper

статья́	статью́	статьи́	статье́	статье́	статьёй
статьи́	статьи́	стате́й	статья́х	статья́м	статья́ми

СТАЩИ́ТЬ MS -та́щат; *Pf. (Impf. тащи́ть² and таска́ть²)*: steal (from) *e.g.* Он стащи́л у неё *Gen* кни́гу *Acc*

стащу́	ста́щим	стащи́	стащи́л	——	стащи́в[ши]
ста́щишь	ста́щите	стащи́те	стащи́ла	——	стащи́вший
ста́щит	ста́щат		стащи́ли/о	——	ста́щенный S

СТЕКЛО́ *<in prep. phrases variant* со *is used>* ES (о) *NPlur.* стёкла *n.in*: glass; window-pane

стекло́	стекло́	стекла́	стекле́	стеклу́	стекло́м
стёкла	стёкла	стёкол	стёклах	стёклам	стёклами

СТЕКЛЯ́ННЫЙ *<in prep. phrases variant* со *is used>* S (e): glass, made of glass; glassy

стекля́нный	Nom/Gen	стекля́нного	стекля́нном	стекля́нному	стекля́нным
стекля́нное	стекля́нное	стекля́нного	стекля́нном	стекля́нному	стекля́нным
стекля́нная	стекля́нную	стекля́нной	стекля́нной	стекля́нной	стекля́нной
стекля́нные	Nom/Gen	стекля́нных	стекля́нных	стекля́нным	стекля́нными

стекля́нен, стекля́нна, стекля́нно, стекля́нны; стекля́ннее

СТЕЛИ́ТЬ MS сте́лют; *Impf. (Pf. постели́ть)*: spread (a tablecloth, blanket, etc.); make (a bed)

стелю́	сте́лем	стели́	стели́л	стеля́	
сте́лешь	сте́лете	стели́те	стели́ла	сте́лющий	стели́вший
сте́лет	сте́лют		стели́ли/о		

СТЕНА́ *<in prep. phrases variant* со *is used>* ES *ASg.* сте́ну [*or old-fashioned* EE *ASg.* стену́, *NPlur.* сте́ны] *(Irreg. in phrases* за́ стену [*or* за сте́ну]; на́ стену [*or* на сте́ну]; лезть на́ стену *(чрезмерно волноваться)*; как об стену горо́х; в стена́х э́того до́ма (университе́та *etc.*); сиде́ть (запере́ться *etc.*) в четырёх стена́х *f.in*: wall

стена́	сте́ну	стены́	стене́	стене́	стено́й
сте́ны	сте́ны	стен	стена́х	сте́нам	сте́нами

СТЕПЬ *<in prep. phrases variant* со *is used>* SE [*or* EE *ISg.* сте́пью], *Loc.* (в) -й́, *NPlur.* сте́пи *f.in*: steppe *e.g.* в степи́ on the steppe

степь	степь	сте́пи	сте́пи/в -й́	сте́пи	сте́пью
сте́пи	сте́пи	степе́й	степя́х	степя́м	степя́ми

СТЕРЕ́ТЬ ES сотру́т; стёр стёрла стёрли; *past adv.* стере́в [*or* стёрши]; *past active ptcpl.* стёрший; *ppp* стёртый S; *Pf. (Impf. стира́ть¹)*: erase, wipe off; wear off

сотру́	сотрём	сотри́	стёр	——	стере́в
сотрёшь	сотрёте	сотри́те	стёрла	——	стёрший
сотрёт	сотру́т		стёрли/о	——	стёртый S

СТЕРПЕ́ТЬ MS -те́рпят; *ppp avoided; Pf. (Impf. терпе́ть)*: tolerate, endure

стерплю́	сте́рпим	стерпи́	стерпе́л	——	стерпе́в[ши]
сте́рпишь	сте́рпите	стерпи́те	стерпе́ла	——	стерпе́вший
сте́рпит	сте́рпят		стерпе́ли/о	——	

СТИЛЬ *<in prep. phrases variant* со *is used>* SS *m.in*: style

стиль	стиль	сти́ля	сти́ле	сти́лю	сти́лем
сти́ли	сти́ли	сти́лей	сти́лях	сти́лям	сти́лями

СТИПЕ́НДИЯ *<in prep. phrases variant* со *is used>* SS *f.in*: stipend, scholarship

стипе́ндия	стипе́ндию	стипе́ндии	стипе́ндии	стипе́ндии	стипе́ндией
стипе́ндии	стипе́ндии	стипе́ндий	стипе́ндиях	стипе́ндиям	стипе́ндиями

СТИРА́ТЬ¹ SS -а́ют; *Impf. (Pf. стере́ть)*: erase, wipe off; wear off

стира́ю	стира́ем	стира́й	стира́л	стира́я	
стира́ешь	стира́ете	стира́йте	стира́ла	стира́ющий	стира́вший
стира́ет	стира́ют		стира́ли/о	стира́емый	——

СТИРА́ТЬ² SS -а́ют; *Impf. (Pf. вы́- and по-)*: wash, launder

стира́ю	стира́ем	стира́й	стира́л	стира́я	
стира́ешь	стира́ете	стира́йте	стира́ла	стира́ющий	стира́вший
стира́ет	стира́ют		стира́ли/о	стира́емый	

Nominative   Accusative   Genitive   Prepositional   Dative   Instrumental   234

Non-past Sing.   Non-past Plur.   Imperative   Past   Pres. deverbals   Past deverbals

СТИХ *<in prep. phrases variant* со *is used>* EE *m.in:* verse; (*in Plur.*) verses, poetry

стих	стих	стиха́	стихе́	стиху́	стихо́м
стихи́	стихи́	стихо́в	стиха́х	стиха́м	стиха́ми

СТИХА́ТЬ SS -а́ют; *intrans; Impf.* (*Pf.* сти́хнуть): quiet down

стиха́ю	стиха́ем	стиха́й	стиха́л	стиха́я	
стиха́ешь	стиха́ете	стиха́йте	стиха́ла	стиха́ющий	стиха́вший
стиха́ет	стиха́ют		стиха́ли/о	——	——

СТИ́ХНУТЬ SS -ти́хнут; -тих -ти́хла -ти́хли; *past adv.* -ти́хши [*or* -ти́хнув[ши]]; *intrans; Pf.* (*Impf.* стиха́ть): quiet down

сти́хну	сти́хнем	сти́хни	стих	——	сти́хши
сти́хнешь	сти́хнете	сти́хните	сти́хла	——	сти́хший
сти́хнет	сти́хнут		сти́хли/о	——	——

СТИХОТВОРЕ́НИЕ *<in prep. phrases variant* со *is used>* SS *n.in:* (short) poem

-творе́ние	-творе́ние	-творе́ния	-творе́нии	-творе́нию	-творе́нием
-творе́ния	-творе́ния	-творе́ний	-творе́ниях	-творе́ниям	-творе́ниями

СТЛАТЬ MS сте́лют; *Impf.* (*Pf.* постлать): spread (a *tablecloth, blanket, etc.*); make (a *bed*)

стелю́	сте́лем	стели́	стлал	стеля́	
сте́лешь	сте́лете	стели́те	стла́ла	сте́лющий	стла́вший
сте́лет	сте́лют		стла́ли/о		

СТО́ *<in prep. phrases variant* со *is used> numeral:* hundred

сто́	сто́	ста́	ста́	ста́	ста́

СТО́ИМОСТЬ *<in prep. phrases variant* со *is used>* SS *f.in:* value

сто́имость	сто́имость	сто́имости	сто́имости	сто́имости	сто́имостью

СТО́ИТЬ SS -о́ят; *no passive forms; Impf.* (*no Pf.*): 1. cost *e.g.* Газе́та сто́ит копе́йку *Acc;* 2. be worth *e.g.* Сто́ит чита́ть э́ту кни́гу? Is this book worth reading? Э́тот челове́к не сто́ит ва́шей любви́ *Gen;* 3. (*used with infinitive*) all one needs (to do) *e.g.* Сто́ит ему́ *Dat* попроси́ть, и всё бу́дет сде́лано All he needs to do is ask, and everything will be done

сто́ю	сто́им	сто́й	сто́ил	сто́я	
сто́ишь	сто́ите	сто́йте	сто́ила	сто́ящий	сто́ивший
сто́ит	сто́ят		сто́или/о	——	——

СТО́ЙКИЙ *<in prep. phrases variant* со *is used>* S [*or* M] (e) *compar. avoided:* firm; stable

сто́йкий	Nom/Gen	сто́йкого	сто́йком	сто́йкому	сто́йким
сто́йкое	сто́йкое	сто́йкого	сто́йком	сто́йкому	сто́йким
сто́йкая	сто́йкую	сто́йкой	сто́йкой	сто́йкой	сто́йкой
сто́йкие	Nom/Gen	сто́йких	сто́йких	сто́йким	сто́йкими

сто́ек, сто́йка́, сто́йко, сто́йки

СТО́Л *<in prep. phrases variant* со *is used>* EE (*Irreg. in the phrase* уда́рить кулако́м по́ столу [*or* по столу́]) *m.in:* table; cuisine; diet; office

стол	стол	стола́	столе́	столу́	столо́м
столы́	столы́	столо́в	стола́х	стола́м	стола́ми

СТО́ЛИК *<in prep. phrases variant* со *is used>* SS *m.in:* diminutive of стол

сто́лик	сто́лик	сто́лика	сто́лике	сто́лику	сто́ликом
сто́лики	сто́лики	сто́ликов	сто́ликах	сто́ликам	сто́ликами

СТОЛИ́ЦА *<in prep. phrases variant* со *is used>* SS *f.in:* capital (city)

столи́ца	столи́цу	столи́цы	столи́це	столи́це	столи́цей
столи́цы	столи́цы	столи́ц	столи́цах	столи́цам	столи́цами

СТОЛИ́ЧНЫЙ *<in prep. phrases variant* со *is used>* S (e): (of the) capital (city); urban

столи́чный	Nom/Gen	столи́чного	столи́чном	столи́чному	столи́чным
столи́чное	столи́чное	столи́чного	столи́чном	столи́чному	столи́чным
столи́чная	столи́чную	столи́чной	столи́чной	столи́чной	столи́чной
столи́чные	Nom/Gen	столи́чных	столи́чных	столи́чным	столи́чными

СТОЛКНУ́ТЬ ES -ну́т; *Pf.* (*Impf.* ста́лкивать): 1. bring together, knock together, cause to collide *e.g.* Ве́тер столкну́л ло́дку *Acc* с плото́м *Inst;* 2. cause to clash *e.g.* Он столкну́л сестру́ *Acc* с бра́том *Inst;* 3. push off, away *e.g.* Он столкну́л сестру́ *Acc* со сту́ла *Gen*

столкну́	столкнём	столкни́	столкну́л	——	столкну́в[ши]
столкнёшь	столкнёте	столкни́те	столкну́ла	——	столкну́вший
столкнёт	столкну́т		столкну́ли/о	——	столкну́тый S

СТОЛО́ВЫЙ *<in prep. phrases variant* со *is used>* S *also used as f.in noun:* table; (*as noun*) cafeteria; dining room

столо́вый	Nom/Gen	столо́вого	столо́вом	столо́вому	столо́вым
столо́вое	столо́вое	столо́вого	столо́вом	столо́вому	столо́вым
столо́вая	столо́вую	столо́вой	столо́вой	столо́вой	столо́вой
столо́вые	Nom/Gen	столо́вых	столо́вых	столо́вым	столо́выми

СТО́ЛЬКО[1] *adv:* so much ● не сто́лько . . . ско́лько . . . not so much . . . as . . . *e.g.* Он не сто́лько рабо́тает, ско́лько говори́т He talks more than he works

СТО́ЛЬКО[2] *<in prep. phrases variants* во, со, ко *are used> Acc. inan.* = Nom; *Acc. anim.* = Nom. or Gen; *inflected like Plur. adj. in other forms;* (*Irreg. in the phrase* по сто́льку [*or* по сто́лько] дней); *numeral:* so many, so much

сто́лько	Nom./Gen.	сто́льких	сто́льких	сто́льким	сто́лькими

СТОНА́ТЬ MS сто́нут [*1st person Sg.* стону́ *or old-fashioned* стона́ю]; *pres. adv.* стона́я; *intrans*; *Impf.* (*Pf-begin* за-): moan, groan

стону́	сто́нем	стони́	стона́л	стона́я	
сто́нешь	сто́нете	стони́те	стона́ла	сто́нущий	стона́вший
сто́нет	сто́нут		стона́ли/о	——	——

СТОРОЖИ́ТЬ ES -жа́т; *Impf.* (*Pf-awhile* по-): guard, stand guard

сторожу́	сторожи́м	сторожи́	сторожи́л	сторожа́	
сторожи́шь	сторожи́те	сторожи́те	сторожи́ла	сторожа́щий	сторожи́вший
сторожи́т	сторожа́т		сторожи́ли/о	——	——

СТОРОНА́ <*in prep. phrases variant* со *is used*> EE ASg. сто́рону, NPlur. сто́роны (*Irreg. in phrases* отда́ть (ходи́ть) на́ сторону; по о́бе сто́роны [*or* стороны́]; на все четы́ре сто́роны [*or* стороны́]) *f.in*: direction; side ● с одно́й стороны́ . . . а с друго́й стороны́ on the one hand . . . but on the other hand . . .

сторона́	сто́рону	стороны́	стороне́	стороне́	стороно́й
сто́роны	сто́роны	сторо́н	сторона́х	сторона́м	сторона́ми

СТОЯ́НКА <*in prep. phrases variant* со *is used*> SS (о) *f.in*: stopping place; parking place (use на/на/со for to/at/from for both meanings)

стоя́нка	стоя́нку	стоя́нки	стоя́нке	стоя́нке	стоя́нкой
стоя́нки	стоя́нки	стоя́нок	стоя́нках	стоя́нкам	стоя́нками

СТОЯ́ТЬ ES стоя́т; *pres. adv.* сто́я; *intrans*; *Impf*: 1. (*Pf-awhile* по-) stand; 2. (*Pf.* по-) root (for), support *e.g.* Он стои́т за президе́нта *Acc* 3. (*no Pf.*) be situated; 4. (*no Pf.*) be at a standstill; 5. (*no Pf.*) be *e.g.* Стоя́ла зима́ It was winter

стою́	стои́м	сто́й	стоя́л	сто́я	
стои́шь	стои́те	сто́йте	стоя́ла	стоя́щий	стоя́вший
стои́т	стоя́т		стоя́ли/о	——	——

СТРАДА́НИЕ <*in prep. phrases variant* со *is used*> SS *n.in*: suffering

страда́ние	страда́ние	страда́ния	страда́нии	страда́нию	страда́нием
страда́ния	страда́ния	страда́ний	страда́ниях	страда́ниям	страда́ниями

СТРАДА́ТЬ SS -а́ют [*or obsolete* стра́ждут]; *intrans*; *Impf*: 1. (*no Pf.*) be in pain, suffer (from) *e.g.* Он страда́ет от бо́ли *Gen* He's in pain; 2. (*no Pf.*) suffer (from), have (a disease) *e.g.* Он страда́ет артри́том *Inst* He has arthritis; 3. (*Pf.* по-) suffer, be a victim (of) *e.g.* Фе́рмеры страда́ют от но́вого зако́на *Gen*

страда́ю	страда́ем	страда́й	страда́л	страда́я	
страда́ешь	страда́ете	страда́йте	страда́ла	страда́ющий	страда́вший
страда́ет	страда́ют		страда́ли/о	——	——

СТРАНА́ <*in prep. phrases variant* со *is used*> ES *f.in*: country, nation

страна́	страну́	страны́	стране́	стране́	страно́й
стра́ны	стра́ны	стра́н	стра́нах	стра́нам	стра́нами

СТРАНИ́ЦА <*in prep. phrases variant* со *is used*> SS *f.in*: page

страни́ца	страни́цу	страни́цы	страни́це	страни́це	страни́цей
страни́цы	страни́цы	страни́ц	страни́цах	страни́цам	страни́цами

СТРА́ННО *adv*: strangely, in a strange way; *predicate*: it is strange, odd, funny *e.g.* Стра́нно, что он ушёл

СТРА́ННОСТЬ <*in prep. phrases variant* со *is used*> SS *f.in*: eccentricity; oddity

стра́нность	стра́нность	стра́нности	стра́нности	стра́нности	стра́нностью
стра́нности	стра́нности	стра́нностей	стра́нностях	стра́нностям	стра́нностями

СТРА́ННЫЙ <*in prep. phrases variant* со *is used*> M (е): strange, odd

стра́нный	Nom/Gen	стра́нного	стра́нном	стра́нному	стра́нным
стра́нное	стра́нное	стра́нного	стра́нном	стра́нному	стра́нным
стра́нная	стра́нную	стра́нной	стра́нной	стра́нной	стра́нной
стра́нные	Nom/Gen	стра́нных	стра́нных	стра́нным	стра́нными

стра́нен, странна́, стра́нно, стра́нны; страннéе

СТРА́УС <*in prep. phrases variant* со *is used*> SS *m.an*: ostrich

стра́ус	стра́уса	стра́уса	стра́усе	стра́усу	стра́усом
стра́усы	стра́усов	стра́усов	стра́усах	стра́усам	стра́усами

СТРА́Х <*in prep. phrases variant* со *is used*> SS Part. -у (*Irreg. in phrases* нагна́ть стра́ху; натерпе́ться стра́ху; со стра́ху [*or* со стра́ха]) *m.in*: fear (of) *e.g.* стра́х высоты́ *Gen* fear of heights; стра́х пе́ред поли́цией *Inst* fear of the police

стра́х	стра́х	стра́ха/-у	стра́хе	стра́ху	стра́хом
стра́хи	стра́хи	стра́хов	стра́хах	стра́хам	стра́хами

СТРА́ШНО *adv*: terribly, awfully; *predicate*: it is scary, feel scared *e.g.* Мне *Dat* стра́шно I'm scared

СТРА́ШНЫЙ <*in prep. phrases variant* со *is used*> M (е) [*sh.Plur.* стра́шны́]: frightful, awful

стра́шный	Nom/Gen	стра́шного	стра́шном	стра́шному	стра́шным
стра́шное	стра́шное	стра́шного	стра́шном	стра́шному	стра́шным
стра́шная	стра́шную	стра́шной	стра́шной	стра́шной	стра́шной
стра́шные	Nom/Gen	стра́шных	стра́шных	стра́шным	стра́шными

стра́шен, страшна́, стра́шно, страшны́; страшнéе

СТРЕЛА́ <*in prep. phrases variant* со *is used*> ES *f.in*: arrow

стрела́	стрелу́	стрелы́	стреле́	стреле́	стрело́й
стре́лы	стре́лы	стре́л	стре́лах	стре́лам	стре́лами

СТРЕ́ЛКА <in prep. phrases variant co is used> SS (o) f.in: pointer, arrow

стре́лка	стре́лку	стре́лки	стре́лке	стре́лке	стре́лкой
стре́лки	стре́лки	стре́лок	стре́лках	стре́лкам	стре́лками

СТРЕЛЯ́ТЬ SS -я́ют; Impf. (Pf. вы́стрелить): 1. shoot, shoot (at) e.g. Он стреля́л в ти́гра Acc стре́лами Inst из лу́ка Gen; 2. fire (a weapon) e.g. Он стреля́л из ружья́ Gen

стреля́ю	стреля́ем	стреля́й	стреля́л	стреля́я	
стреля́ешь	стреля́ете	стреля́йте	стреля́ла	стреля́ющий	стреля́вший
стреля́ет	стреля́ют		стреля́ли/о	стреля́емый	

СТРЕМИ́ТЬСЯ ES -мя́тся; Impf. (no Pf.): rush; strive (for) e.g. Он стреми́тся к побе́де Dat

стремлю́сь	стреми́мся	стреми́сь	стреми́лся	стремя́сь	
стреми́шься	стреми́тесь	стреми́тесь	стреми́лась	стремя́щийся	стреми́вшийся
стреми́тся	стремя́тся		стреми́лись/ось	——	——

СТРЕМЛЕ́НИЕ <in prep. phrases variant co is used> SS n.in: aspiration, striving (for) e.g. стремле́ние к побе́де Dat

стремле́ние	стремле́ние	стремле́ния	стремле́нии	стремле́нию	стремле́нием
стремле́ния	стремле́ния	стремле́ний	стремле́ниях	стремле́ниям	стремле́ниями

СТРИЧЬ ES стригу́т стригу́ стрижёт; стриг стри́гла стри́гли; no pres. adv; past adv. стри́гши; Impf: 1. (Pf. по-) cut, trim (hair, grass, etc.); 2. (Pf. по- and о-) give smb. a haircut; shear

стригу́	стрижём	стриги́	стриг	——	
стрижёшь	стрижёте	стриги́те	стри́гла	стригу́щий	стри́гший
стрижёт	стригу́т		стри́гли/о	——	

СТРО́ГИЙ <in prep. phrases variant co is used> M [sh.Plur. стро́ги]: strict

стро́гий	Nom/Gen	стро́гого	стро́гом	стро́гому	стро́гим
стро́гое	стро́гое	стро́гого	стро́гом	стро́гому	стро́гим
стро́гая	стро́гую	стро́гой	стро́гой	стро́гой	стро́гой
стро́гие	Nom/Gen	стро́гих	стро́гих	стро́гим	стро́гими

стро́г, строга́, стро́го, стро́ги; стро́же

СТРОЕ́НИЕ <in prep. phrases variant co is used> SS n.in: building, structure

строе́ние	строе́ние	строе́ния	строе́нии	строе́нию	строе́нием
строе́ния	строе́ния	строе́ний	строе́ниях	строе́ниям	строе́ниями

СТРОЖА́ЙШИЙ <in prep. phrases variant co is used> S short forms avoided: very severe, most severe; very strict, most strict

строжа́йший	Nom/Gen	строжа́йшего	строжа́йшем	строжа́йшему	строжа́йшим
строжа́йшее	строжа́йшее	строжа́йшего	строжа́йшем	строжа́йшему	строжа́йшим
строжа́йшая	строжа́йшую	строжа́йшей	строжа́йшей	строжа́йшей	строжа́йшей
строжа́йшие	Nom/Gen	строжа́йших	строжа́йших	строжа́йшим	строжа́йшими

adv. строжа́йше

СТРОИ́ТЕЛЬ <in prep. phrases variant co is used> SS m.an: builder

строи́тель	строи́теля	строи́теля	строи́теле	строи́телю	строи́телем
строи́тели	строи́телей	строи́телей	строи́телях	строи́телям	строи́телями

СТРОИ́ТЕЛЬНИЦА <in prep. phrases variant co is used> SS f.an: builder (woman)

-и́тельница	-и́тельницу	-и́тельницы	-и́тельнице	-и́тельнице	-и́тельницей
-и́тельницы	-и́тельниц	-и́тельниц	-и́тельницах	-и́тельницам	-и́тельницами

СТРОИ́ТЕЛЬНЫЙ <in prep. phrases variant co is used> S (e): building

-и́тельный	Nom/Gen	-и́тельного	-и́тельном	-и́тельному	-и́тельным
-и́тельное	-и́тельное	-и́тельного	-и́тельном	-и́тельному	-и́тельным
-и́тельная	-и́тельную	-и́тельной	-и́тельной	-и́тельной	-и́тельной
-и́тельные	Nom/Gen	-и́тельных	-и́тельных	-и́тельным	-и́тельными

СТРОИ́ТЕЛЬСТВО <in prep. phrases variant co is used> SS n.in: construction site (use на/на/co for to/at/from the place); (process of) building

-и́тельство	-и́тельство	-и́тельства	-и́тельстве	-и́тельству	-и́тельством
-и́тельства	-и́тельства	-и́тельств	-и́тельствах	-и́тельствам	-и́тельствами

СТРО́ИТЬ SS -бят; pres. passive ptcpl. стро́имый; Impf. 1. (Pf. по- and вы́-) build; 2. (Pf. по-) make (plans, etc.)

стро́ю	стро́им	строй	стро́ил	стро́я	
стро́ишь	стро́ите	стро́йте	стро́ила	стро́ящий	стро́ивший
стро́ит	стро́ят		стро́или/о	стро́имый	

СТРО́ИТЬСЯ SS -бятся; Impf. 1. (no Pf.) build (a house for oneself); be built; 2. (Pf. по-) form up, line up

стро́юсь	стро́имся	стро́йся	стро́ился	стро́ясь	
стро́ишься	стро́итесь	стро́йтесь	стро́илась	стро́ящийся	стро́ившийся
стро́ится	стро́ятся		стро́ились/ось	——	——

СТРО́ЙКА <in prep. phrases variant co is used> SS (e) f.in: construction site (use на/на/co for to/at/from); building

стро́йка	стро́йку	стро́йки	стро́йке	стро́йке	стро́йкой
стро́йки	стро́йки	стро́ек	стро́йках	стро́йкам	стро́йками

СТРО́ЙНЫЙ <in prep. phrases variant co is used> M (e) [sh.Plur. стро́йны́]: slender

стро́йный	Nom/Gen	стро́йного	стро́йном	стро́йному	стро́йным
стро́йное	стро́йное	стро́йного	стро́йном	стро́йному	стро́йным
стро́йная	стро́йную	стро́йной	стро́йной	стро́йной	стро́йной
стро́йные	Nom/Gen	стро́йных	стро́йных	стро́йным	стро́йными

стро́ен, стройна́, стро́йно, стро́йны́; стройне́е

СТРОКА́ <in prep. phrases variant co is used> EE [or ES] NPlur. стро́ки (Irreg. in the phrase не вся́кое лы́ко в строку́) f.in: line (of text)

строка́	строку́	строки́	строке́	строке́	строко́й
стро́ки	стро́ки	строк	строка́х	строка́м	строка́ми

СТРУ́ННЫЙ <in prep. phrases variant co is used> S (e): string (instrument, orchestra, musical piece)

стру́нный	Nom/Gen	стру́нного	стру́нном	стру́нному	стру́нным
стру́нное	стру́нное	стру́нного	стру́нном	стру́нному	стру́нным
стру́нная	стру́нную	стру́нной	стру́нной	стру́нной	стру́нной
стру́нные	Nom/Gen	стру́нных	стру́нных	стру́нным	стру́нными

СТРЯ́ХИВАТЬ SS -ают; Impf. (Pf. стряхну́ть): shake off e.g. Он стря́хивал во́ду Acc с ру́к Gen

стря́хиваю	стря́хиваем	стря́хивай	стря́хивал	стря́хивая	
стря́хиваешь	стря́хиваете	стря́хивайте	стря́хивала	стря́хивающий	стря́хивавший
стря́хивает	стря́хивают		стря́хивали/о	стря́хиваемый	——

СТРЯХНУ́ТЬ ES -ну́т; Pf. (Impf. стря́хивать): shake off e.g. Он стряхну́л во́ду Acc с ру́к Gen

стряхну́	стряхнём	стряхни́	стряхну́л	——	стряхну́в[ши]
стряхнёшь	стряхнёте	стряхни́те	стряхну́ла	——	стряхну́вший
стряхнёт	стряхну́т		стряхну́ли/о	——	стря́хнутый S

СТУДЕ́НТ <in prep. phrases variant co is used> SS m.an: undergraduate student

студе́нт	студе́нта	студе́нта	студе́нте	студе́нту	студе́нтом
студе́нты	студе́нтов	студе́нтов	студе́нтах	студе́нтам	студе́нтами

СТУДЕ́НТКА <in prep. phrases variant co is used> SS (о) f.an: undergraduate student (woman)

студе́нтка	студе́нтку	студе́нтки	студе́нтке	студе́нтке	студе́нткой
студе́нтки	студе́нток	студе́нток	студе́нтках	студе́нткам	студе́нтками

СТУДЕ́НЧЕСКИЙ <in prep. phrases variant co is used> S short forms avoided, no compar: student ● студе́нческий билёт student ID card

студе́нческий	Nom/Gen	студе́нческого	студе́нческом	студе́нческому	студе́нческим
студе́нческое	студе́нческое	студе́нческого	студе́нческом	студе́нческому	студе́нческим
студе́нческая	студе́нческую	студе́нческой	студе́нческой	студе́нческой	студе́нческой
студе́нческие	Nom/Gen	студе́нческих	студе́нческих	студе́нческим	студе́нческими

adv. по-студе́нчески

СТУ́К <in prep. phrases variant co is used> SS Part. -у m.in: knock; knocking

сту́к	сту́к	сту́ка/сту́ку	сту́ке	сту́ку	сту́ком

СТУ́КАТЬСЯ SS -аются; Impf. (Pf-once сту́кнуться): bump (against) e.g. Он сту́кался лбо́м Inst о стекло́ Acc He bumped his forehead against the glass

сту́каюсь	сту́каемся	сту́кайся	сту́кался	сту́каясь	
сту́каешься	сту́каетесь	сту́кайтесь	сту́калась	сту́кающийся	сту́кавшийся
сту́кается	сту́каются		сту́кались/ось		

СТУ́КНУТЬ SS -нут; Pf-once: 1. (no Impf.) strike, hit smb. e.g. Он сту́кнул меня́ Acc па́лкой Inst по голове́ Dat He hit me on the head with a stick; 2. (Impf. стуча́ть) thump, make a noise e.g. Что́ та́м сту́кнуло? What was that noise? 3. (Impf. стуча́ть) tap, knock, bang (usually в +Acc with окно́, две́рь, стена́, but usually по +Dat with other nouns) e.g. Он сту́кнул в две́рь Acc He knocked at/on the door; Он сту́кнул по столу́ Dat кулако́м Inst He banged on the table with his fist; 4. (Impf. стуча́ть) (colloq.) report, denounce, inform (on) e.g. Он сту́кнул на сестру́ Acc в мили́цию Acc, нача́льнику Dat

сту́кну	сту́кнем	сту́кни	сту́кнул	——	сту́кнув[ши]
сту́кнешь	сту́кнете	сту́кните	сту́кнула	——	сту́кнувший
сту́кнет	сту́кнут		сту́кнули/о	——	сту́кнутый S

СТУ́КНУТЬСЯ SS -нутся; Pf. (Impf. сту́каться): bump (against) e.g. Он сту́кнулся лбо́м Inst о стекло́ Acc He bumped his forehead against the glass

сту́кнусь	сту́кнемся	сту́кнись	сту́кнулся		сту́кнувшись
сту́кнешься	сту́кнетесь	сту́книтесь	сту́кнулась	——	сту́кнувшийся
сту́кнется	сту́кнутся		сту́кнулись/ось	——	——

СТУ́Л¹ <in prep. phrases variant co is used> SS NPlur. сту́лья m.in: chair

сту́л	сту́л	сту́ла	сту́ле	сту́лу	сту́лом
сту́лья	сту́лья	сту́льев	сту́льях	сту́льям	сту́льями

СТУ́Л² <in prep. phrases variant co is used> SS m.in: stool (medical)

сту́л	сту́л	сту́ла	сту́ле	сту́лу	сту́лом

СТУЧА́ТЬ ES стуча́т; intrans; Impf: 1. (Pf-once сту́кнуть, Pf-awhile по-): clatter, rattle, make a noise e.g. Мы́ слы́шали, как стуча́т колёса We heard the wheels clattering; 2. (Pf-once сту́кнуть, Pf. по-): tap, knock, bang (usually в +Acc with окно́, две́рь, стена́, but usually по +Dat with other nouns) e.g. Он стучи́т в две́рь Acc He's knocking at/on the door; Он стучи́т по столу́ Dat кулако́м Inst He's banging on the table with his fist 3. (Pf-once сту́кнуть) (colloq.) report, denounce, inform (on) e.g. Он стучи́т на сестру́ Acc в мили́цию Acc, нача́льнику Dat

стучу́	стучи́м	стучи́	стуча́л	стуча́	
стучи́шь	стучи́те	стучи́те	стуча́ла	стуча́щий	стуча́вший
стучи́т	стуча́т		стуча́ли/о		

СТЫ́ДНО predicate: be ashamed e.g. Мне́ Dat сты́дно за свои́ слова́ Acc I'm ashamed of what I said; Мне́ Dat сты́дно за сестру́ Acc I'm ashamed of my sister; Мне́ Dat сты́дно перед сестро́й Inst I can't face my sister (I'm ashamed to)

СТЮАРДЕ́ССА <дэ́; с or сс; in prep. phrases variant со is used> SS f.an: flight attendant (woman)

стюарде́сса	стюарде́ссу	стюарде́ссы	стюарде́ссе	стюарде́ссе	стюарде́ссой
стюарде́ссы	стюарде́сс	стюарде́сс	стюарде́ссах	стюарде́ссам	стюарде́ссами

СУББО́ТА SS f.in: Saturday

суббо́та	суббо́ту	суббо́ты	суббо́те	суббо́те	суббо́той
суббо́ты	суббо́ты	суббо́т	суббо́тах	суббо́там	суббо́тами

СУБТРОПИ́ЧЕСКИЙ S short forms avoided, no compar: subtropical

-тропи́ческий	Nom/Gen	-тропи́ческого	-тропи́ческом	-тропи́ческому	-тропи́ческим
-тропи́ческое	-тропи́ческое	-тропи́ческого	-тропи́ческом	-тропи́ческому	-тропи́ческим
-тропи́ческая	-тропи́ческую	-тропи́ческой	-тропи́ческой	-тропи́ческой	-тропи́ческой
-тропи́ческие	Nom/Gen	-тропи́ческих	-тропи́ческих	-тропи́ческим	-тропи́ческими

adv. субтропи́чески

СУВЕНИ́Р SS m.in: souvenir

сувени́р	сувени́р	сувени́ра	сувени́ре	сувени́ру	сувени́ром
сувени́ры	сувени́ры	сувени́ров	сувени́рах	сувени́рам	сувени́рами

СУДИ́ТЬ MS су́дят; pres. active ptcpl. су́дящий; pres. passive ptcpl. суди́мый; Impf. (no Pf.): judge; try (in court)

сужу́	су́дим	суди́	суди́л	судя́	
су́дишь	су́дите	суди́те	суди́ла	су́дящий	суди́вший
су́дит	су́дят		суди́ли/о	суди́мый	

СУДОХО́ДСТВО SS n.in: navigation

-хо́дство	-хо́дство	-хо́дства	-хо́дстве	-хо́дству	-хо́дством

СУДЬЯ́ ES (e) GPlur. суде́й m.an: judge (Use fem. predicate when referring to a woman, e.g. На́ш но́вый судья́ сего́дня не пришла́)

судья́	судью́	судьи́	судье́	судье́	судьёй
су́дьи	суде́й	суде́й	су́дьях	су́дьям	су́дьями

СУЁТ non-past tense of сова́ть

СУЖУ́ non-past tense of суди́ть

СУМАСШЕ́ДШИЙ S short forms avoided; also used as m./f.an noun: crazy; crazy person

-сше́дший	Nom/Gen	-сше́дшего	-сше́дшем	-сше́дшему	-сше́дшим
-сше́дшее	-сше́дшее	-сше́дшего	-сше́дшем	-сше́дшему	-сше́дшим
-сше́дшая	-сше́дшую	-сше́дшей	-сше́дшей	-сше́дшей	-сше́дшей
-сше́дшие	Nom/Gen	-сше́дших	-сше́дших	-сше́дшим	-сше́дшими

СУМЕ́ТЬ SS -е́ют; intrans; Pf. (Impf. уме́ть): succeed in, be able to

суме́ю	суме́ем	суме́й	суме́л	——	суме́в[ши]
суме́ешь	суме́ете	суме́йте	суме́ла	——	суме́вший
суме́ет	суме́ют		суме́ли/о	——	——

СУ́МКА SS (o) f.in: bag, purse

су́мка	су́мку	су́мки	су́мке	су́мке	су́мкой
су́мки	су́мки	су́мок	су́мках	су́мкам	су́мками

СУ́НУТЬ SS -нут; Pf-once (Impf. сова́ть): shove, stick (in)

су́ну	су́нем	су́нь	су́нул	——	су́нув[ши]
су́нешь	су́нете	су́ньте	су́нула	——	су́нувший
су́нет	су́нут		су́нули/о	——	су́нутый S

СУП SE Part. -у, [Loc. (в) -у́] m.in: soup

су́п	су́п	су́па/су́пу	су́пе	су́пу	су́пом
супы́	супы́	супо́в	супа́х	супа́м	супа́ми

СУ́ТКИ S (o) Plur. only; a-declension f.in: day (24-hour period)

су́тки	су́тки	су́ток	су́тках	су́ткам	су́тками

СУТЬ[1] SS f.in: essence

су́ть	су́ть	су́ти	су́ти	су́ти	су́тью

СУТЬ[2] see бы́ть

СУ́ФФИКС <ф, not фф> SS m.in: suffix

су́ффикс	су́ффикс	су́ффикса	су́ффиксе	су́ффиксу	су́ффиксом
су́ффиксы	су́ффиксы	су́ффиксов	су́ффиксах	су́ффиксам	су́ффиксами

СУ́ХО adv: drily; predicate: it is dry e.g. Зде́сь су́хо

СУХО́Й M [sh.Plur. су́хи]: dry

сухо́й	Nom/Gen	сухо́го	сухо́м	сухо́му	сухи́м
сухо́е	сухо́е	сухо́го	сухо́м	сухо́му	сухи́м
суха́я	суху́ю	сухо́й	сухо́й	сухо́й	сухо́й
сухи́е	Nom/Gen	сухи́х	сухи́х	сухи́м	сухи́ми

су́х, суха́, су́хо, су́хи; су́ше

СУ́ШЕ compar. of сухо́й, су́хо

СУЩЕСТВИ́ТЕЛЬНОЕ used as n.in noun: noun

-и́тельное	-и́тельное	-и́тельного	-и́тельном	-и́тельному	-и́тельным
-и́тельные	-и́тельные	-и́тельных	-и́тельных	-и́тельным	-и́тельными

✓**СУЩЕСТВОВА́ТЬ** SS -ству́ют; *intrans; Impf. (no Pf.):* exist

существу́ю	существу́ем	существу́й	существова́л	существу́я	
существу́ешь	существу́ете	существу́йте	существова́ла	существу́ющий	существова́вший
существу́ет существу́ют			существова́ли/о ——		——

СУЮ́Т *non-past tense of* сова́ть

СФОТОГРАФИ́РОВАТЬ SS -руют; *Pf. (Impf.* фотографи́ровать): photograph

-фи́рую	-фи́руем	-фи́руй	-фи́ровал	——	-фи́ровав[ши]
-фи́руешь	-фи́руете	-фи́руйте	-фи́ровала	——	-фи́ровавший
-фи́рует	-фи́руют		-фи́ровали/о	——	-фи́рованный S

СХВАТИ́ТЬ MS -хва́тят; *Pf. (Impf.* схва́тывать *and* хвата́ть[1]): grab (by) *e.g.* Он схвати́л кни́гу *Acc;* Он схвати́л сестру́ *Acc* за́ руку *Acc*

схвачу́	схва́тим	схвати́	схвати́л	——	схвати́в[ши]
схва́тишь	схва́тите	схвати́те	схвати́ла	——	схвати́вший
схва́тит	схва́тят		схвати́ли/о	——	схва́ченный S

СХВА́ТЫВАТЬ SS -ают; *Impf. (Pf.* схвати́ть): grab (by) *e.g.* Когда́ ему́ станови́лось стра́шно, он схва́тывал сестру́ *Acc* за́ руку *Acc* Every time he got scared he grabbed his sister's hand

схва́тываю	схва́тываем	схва́тывай	схва́тывал	схва́тывая	
схва́тываешь	схва́тываете	схва́тывайте	схва́тывала	схва́тывающий	схва́тывавший
схва́тывает	схва́тывают		схва́тывали/о	схва́тываемый	——

СХЕ́МА <*in prep. phrases variant* со *is used*> SS f.in: diagram; plan

схе́ма	схе́му	схе́мы	схе́ме	схе́ме	схе́мой
схе́мы	схе́мы	схем	схе́мах	схе́мам	схе́мами

СХОДИ́ТЬ[1] MS -хо́дят; *intrans; Impf. (Pf.* сойти́): come/go down; go off; get off *e.g.* Он сходи́л с по́езда *Gen* ● сходи́ть с ума́ go out of one's mind

схожу́	схо́дим	сходи́	сходи́л	сходя́	
схо́дишь	схо́дите	сходи́те	сходи́ла	сходя́щий	сходи́вший
схо́дит	схо́дят		сходи́ли/о	——	——

СХОДИ́ТЬ[2] MS -хо́дят; *intrans; Pf. (Impf.* ходи́ть): go, walk somewhere and back

схожу́	схо́дим	сходи́	сходи́л	——	сходи́в[ши]
схо́дишь	схо́дите	сходи́те	сходи́ла	——	сходи́вший
схо́дит	схо́дят		сходи́ли/о	——	——

СЦЕ́НА <*in prep. phrases variant* со *is used*> SS f.in: scene; stage (*use* на/на/со for to(on)/on/from)

сце́на	сце́ну	сце́ны	сце́не	сце́не	сце́ной
сце́ны	сце́ны	сцен	сце́нах	сце́нам	сце́нами

СЧАСТЛИ́ВО <щасли> *adv:* happily; with luck ● Счастли́во! Goodbye! So long!

СЧАСТЛИ́ВЫЙ <щасли; *in prep. phrases variant* со *is used*> S *short forms* сча́стлив, -а, -о, -ы [*or old-fashioned* счастли́в, -а, -о, -ы]; *compar.* счастли́вее: happy; lucky

счастли́вый	Nom/Gen	счастли́вого	счастли́вом	счастли́вому	счастли́вым
счастли́вое	счастли́вое	счастли́вого	счастли́вом	счастли́вому	счастли́вым
счастли́вая	счастли́вую	счастли́вой	счастли́вой	счастли́вой	счастли́вой
счастли́вые	Nom/Gen	счастли́вых	счастли́вых	счастли́вым	счастли́выми

сча́стлив, сча́стлива, сча́стливо, сча́стливы; счастли́вее

СЧА́СТЬЕ <ща́; *in prep. phrases variant* со *is used*> SS (и) n.in: happiness; luck ● к сча́стью fortunately

сча́стье	сча́стье	сча́стья	сча́стье	сча́стью	сча́стьем

СЧЕСТЬ <ш'ч> EE сочту́т; счёл сочла́ сочли́; *past adv.* сочтя́; *no past active ptcpl; Pf. (Impf.* счита́ть): consider *e.g.* Он счёл мою́ сестру́ *Acc* ду́рой *Inst;* Он счёл свои́м до́лгом *Inst* помо́чь мне́ He considered it his dut' to help me

сочту́	сочтём	сочти́	счёл	——	сочтя́
сочтёшь	сочтёте	сочти́те	сочла́	——	
сочтёт	сочту́т		сочли́/о	——	сочтённый E

СЧЁТ[1] <щё; *in prep. phrases variant* со *is used*> SS Plur. hypothetical; (*Irreg. in phrases* без счёту [*or* без счёта]; нет счёту [*or* нет счёта]; сби́ться со счёту [*or* со счёта]; быть на счету́ (*быть в ограниченном количестве; принима́ться в расчет*); быть на хоро́шем (дурно́м, плохо́м) счету́ (*о репута́ции*)) m.in: count

счёт	счёт	счёта	счёте	счёту	счётом

СЧЁТ[2] <щё; *in prep. phrases variant* со *is used*> SE NPlur. -а́ (*Irreg. in phrases* на теку́щем счету́; на чьём-л. счету́, на счету́ у кого́-л. (*в перен. знач.*)); m.in: account; bill; score (*in games*)

счёт	счёт	счёта	счёте	счёту	счётом
счета́	счета́	счето́в	счета́х	счета́м	счета́ми

СЧЁТЧИК <щё; *in prep. phrases variant* со *is used*> SS m.in: counter, meter

счётчик	счётчик	счётчика	счётчике	счётчику	счётчиком
счётчики	счётчики	счётчиков	счётчиках	счётчикам	счётчиками

СЧИТА́ТЬ <щи> SS -а́ют; *Impf.* 1. (*Pf.* со-) count; 2. (*Pf.* счесть) consider *e.g.* Он счита́ет мою́ сестру́ *Acc* ду́рой *Inst;* Он счита́ет свои́м до́лгом *Inst* помо́чь мне́ He considers it his duty to help me

счита́ю	счита́ем	счита́й	счита́л	счита́я	
счита́ешь	счита́ете	счита́йте	счита́ла	счита́ющий	счита́вший
счита́ет	счита́ют		·счита́ли/о	счита́емый	

СЧИТА́ТЬСЯ <щи> SS -а́ются; *Impf.* (*no Pf.*): 1. be considered *e.g.* Он счита́ется хоро́шим врачо́м *Inst*; 2. be considerate (towards) *e.g.* Он счита́ется с сестро́й *Inst*; 3. take into consideration *e.g.* Он счита́ется с фа́ктами *Inst*

счита́юсь	счита́емся	счита́йся	счита́лся	счита́ясь	
счита́ешься	счита́етесь	счита́йтесь	счита́лась	счита́ющийся	счита́вшийся
счита́ется	счита́ются		счита́лись/ось	——	——

США *Plur. only; indeclinable m.in*: (abbrev. of Соединённые Шта́ты Аме́рики) USA

СШИВА́ТЬ SS -а́ют; *Impf.* (*Pf.* сшить): sew together *e.g.* Он сшива́л оди́н флаг *Acc* с други́м *Inst*; Он сшива́л фла́ги *Acc* вме́сте

сшива́ю	сшива́ем	сшива́й	сшива́л	сшива́я	
сшива́ешь	сшива́ете	сшива́йте	сшива́ла	сшива́ющий	сшива́вший
сшива́ет	сшива́ют		сшива́ли/о	сшива́емый	

СШИТЬ ES сошью́т; сшей! *ppp* сши́тый S; *Pf*: 1. (*Impf.* шить): sew, make (*clothes*); 2. (*Impf.* сшива́ть) sew together *e.g.* Он сшил оди́н флаг *Acc* с други́м *Inst*; Он сшил фла́ги *Acc* вме́сте

сошью́	сошьём	сшей	сшил	——	сшив[ши]
сошьёшь	сошьёте	сше́йте	сши́ла	——	сши́вший
сошьёт	сошью́т		сши́ли/о	——	сши́тый S

СЪЕДА́ТЬ SS -а́ют; *Impf.* (*Pf.* съесть): eat up

съеда́ю	съеда́ем	съеда́й	съеда́л	съеда́я	
съеда́ешь	съеда́ете	съеда́йте	съеда́ла	съеда́ющий	съеда́вший
съеда́ет	съеда́ют		съеда́ли/о	съеда́емый	——

СЪЕЗД <in prep. phrases variant со is used> SS *m.in*: congress, convention (*use* на/на/со *for* to/at/from *the event*); arrival, convening

съезд	съезд	съе́зда	съе́зде	съе́зду	съе́здом
съе́зды	съе́зды	съе́здов	съе́здах	съе́здам	съе́здами

СЪЕ́ЗДИТЬ SS -е́здят, -е́зжу <ж'ж' *or* жж>; *intrans*; *Pf.* (*Impf.* е́здить): go somewhere and back (*driving or riding*)

съе́зжу	съе́здим	съе́зди	съе́здил	——	съе́здив[ши]
съе́здишь	съе́здите	съе́здите	съе́здила	——	съе́здивший
съе́здит	съе́здят		съе́здили/о	——	

СЪЕСТЬ ES -едя́т -е́м -е́шь -е́ст -еди́м -еди́те; -е́шь! -е́л -е́ла -е́ли; *past adv.* -е́в[ши]; *ppp* съе́денный S; *Pf*: 1. (*Impf.* есть) eat; 2. (*Impf.* съеда́ть) eat up

съе́м	съеди́м	съе́шь	съел	——	съев[ши]
съе́шь	съеди́те	съе́шьте	съе́ла	——	съе́вший
съе́ст	съедя́т		съе́ли/о	——	съе́денный S

СЫГРА́ТЬ SS -а́ют; *Pf.* (*Impf.* игра́ть): 1. play (a role, a musical piece, etc.) *e.g.* Он сыгра́л пе́сню *Acc* на гита́ре *Prep*; 2. play (a game) *e.g.* Он сыгра́л в ка́рты *Acc*

сыгра́ю	сыгра́ем	сыгра́й	сыгра́л	——	сыгра́в[ши]
сыгра́ешь	сыгра́ете	сыгра́йте	сыгра́ла	——	сыгра́вший
сыгра́ет	сыгра́ют		сыгра́ли/о	——	сы́гранный S

СЫН¹ SE *NPlur.* сыновья́, *GPlur.* сынове́й *m.an*: son

сын	сы́на	сы́на	сы́не	сы́ну	сы́ном
сыновья́	сынове́й	сынове́й	сыновья́х	сыновья́м	сыновья́ми

СЫН² SE *m.an*: son, child (figuratively, as in native son)

сын	сы́на	сы́на	сы́не	сы́ну	сы́ном
сыны́	сыно́в	сыно́в	сына́х	сына́м	сына́ми

СЫНО́К EE (о) *m.an*: diminutive of сын¹

сыно́к	сынка́	сынка́	сынке́	сынку́	сынко́м
сынки́	сынко́в	сынко́в	сынка́х	сынка́м	сынка́ми

СЫР SE *Part.* -у *m.in*: cheese

сыр	сыр	сы́ра/сы́ру	сы́ре	сы́ру	сы́ром
сыры́	сыры́	сыро́в	сыра́х	сыра́м	сыра́ми

СЫ́РО *adv*: damply; *predicate*: it is damp *e.g.* Здесь сы́ро

СЫРО́Й M: 1. wet, damp; 2. raw, uncooked; 3. raw, unprocessed

сыро́й	*Nom/Gen*	сыро́го	сыро́м	сыро́му	сыры́м
сыро́е	сыро́е	сыро́го	сыро́м	сыро́му	сыры́м
сыра́я	сыру́ю	сыро́й	сыро́й	сыро́й	сыро́й
сыры́е	*Nom/Gen*	сыры́х	сыры́х	сыры́м	сыры́ми

сыр, сыра́, сы́ро, сы́ры; сыре́е

СЫ́ТЫ M: full (of food), satisfied

сы́тый	*Nom/Gen*	сы́того	сы́том	сы́тому	сы́тым
сы́тое	сы́тое	сы́того	сы́том	сы́тому	сы́тым
сы́тая	сы́тую	сы́той	сы́той	сы́той	сы́той
сы́тые	*Nom/Gen*	сы́тых	сы́тых	сы́тым	сы́тыми

сыт, сыта́, сы́то, сы́ты; сыте́е

СЮДА́ <сю *or* су> *adv*: here, to this place

СЮЖЕ́Т SS *m.in*: plot, story

сюже́т	сюже́т	сюже́та	сюже́те	сюже́ту	сюже́том
сюже́ты	сюже́ты	сюже́тов	сюже́тах	сюже́там	сюже́тами

СЮРПРЍЗ SS *m.in*: surprise

сюрпрЍз	сюрпрЍз	сюрпрЍза	сюрпрЍзе	сюрпрЍзу	сюрпрЍзом
сюрпрЍзы	сюрпрЍзы	сюрпрЍзов	сюрпрЍзах	сюрпрЍзам	сюрпрЍзами

СЍДУТ *non-past tense of* сесть

ТА́ *see* тот

ТАБЛЕ́ТКА SS (о) *f.in*: tablet, pill

таблéтка	таблéтку	таблéтки	таблéтке	таблéтке	таблéткой
таблéтки	таблéтки	таблéток	таблéтках	таблéткам	таблéтками

ТАБЛЍЦА SS *f.in*: table (of figures, data, etc.)

таблЍца	таблЍцу	таблЍцы	таблЍце	таблЍце	таблЍцей
таблЍцы	таблЍцы	таблЍц	таблЍцах	таблЍцам	таблЍцами

ТАЍНСТВЕННЫЙ S (е) [*sh.masc.* таЍнственен *or* таЍнствен]: mysterious; secret

таЍнственный	Nom/Gen	таЍнственного	таЍнственном	таЍнственному	таЍнственным
таЍнственное	таЍнственное	таЍнственного	таЍнственном	таЍнственному	таЍнственным
таЍнственная	таЍнственную	таЍнственной	таЍнственной	таЍнственной	таЍнственной
таЍнственные	Nom/Gen	таЍнственных	таЍнственных	таЍнственным	таЍнственными

таЍнственен, таЍнственна, таЍнственно, таЍнственны; таЍнственнее

ТАЙВА́НСКИЙ S *short forms avoided, no compar*: Taiwanese

тайвáнский	Nom/Gen	тайвáнского	тайвáнском	тайвáнскому	тайвáнским
тайвáнское	тайвáнское	тайвáнского	тайвáнском	тайвáнскому	тайвáнским
тайвáнская	тайвáнскую	тайвáнской	тайвáнской	тайвáнской	тайвáнской
тайвáнские	Nom/Gen	тайвáнских	тайвáнских	тайвáнским	тайвáнскими

adv. по-тайвáнски

ТАЙГА́ EE (ё) *Plur. hypothetical; f.in*: taiga

тайгá	тайгý	тайгЍ	тайгé	тайгé	тайгóй

ТАЙКО́М *adv*: in secret

ТА́ЙНА SS *f.in*: mystery; secret

тáйна	тáйну	тáйны	тáйне	тáйне	тáйной
тáйны	тáйны	тайн	тáйнах	тáйнам	тáйнами

ТА́ЙНЫЙ S (е): secret

тáйный	Nom/Gen	тáйного	тáйном	тáйному	тáйным
тáйное	тáйное	тáйного	тáйном	тáйному	тáйным
тáйная	тáйную	тáйной	тáйной	тáйной	тáйной
тáйные	Nom/Gen	тáйных	тáйных	тáйным	тáйными

тáен, тáйна, тáйно, тáйны; тáйнее

ТАК¹ (*unstressed*) *conjunction*: so; then; так как since, as; *particle, e.g.* Так что же дéлать? So what are we to do?

ТА́К² *adv*: so, thus, like this, in this way; не тáк amiss, wrong; *particle*: nothing in particular, *e.g.* Что с тобóй? — Тáк, ничегó. What's the matter with you? — Nothing in particular; Почемý ты это сдéлал? — Прóсто тáк Why did you do that? — Just because (For no particular reason)

ТА́КЖЕ *adv*: also, too

ТАКО́Й *pronominal adj. inflected like ordinary adj*: such ● такóй же the same; что такóе? what's that? what's the matter? Что это такóе? What is this thing? Что такóе «рýчка»? What is a "рýчка"?

такóй	Nom/Gen	такóго	такóм	такóму	такЍм
такóе	такóе	такóго	такóм	такóму	такЍм
такáя	такýю	такóй	такóй	такóй	такóй
такЍе	Nom/Gen	такЍх	такЍх	такЍм	такЍми

ТАКСЍ *indeclinable n.in*: taxi ● садЍться на [*or* в] +*Acc*, éхать на [*or* в] +*Prep*, выходЍть из +*Gen*

ТАКТЍЧЕСКИЙ S *short forms avoided, no compar*: tactical

тактЍческий	Nom/Gen	тактЍческого	тактЍческом	тактЍческому	тактЍческим
тактЍческое	тактЍческое	тактЍческого	тактЍческом	тактЍческому	тактЍческим
тактЍческая	тактЍческую	тактЍческой	тактЍческой	тактЍческой	тактЍческой
тактЍческие	Nom/Gen	тактЍческих	тактЍческих	тактЍческим	тактЍческими

adv. тактЍчески

ТАКТЍЧНЫЙ S (е): tactful

тактЍчный	Nom/Gen	тактЍчного	тактЍчном	тактЍчному	тактЍчным
тактЍчное	тактЍчное	тактЍчного	тактЍчном	тактЍчному	тактЍчным
тактЍчная	тактЍчную	тактЍчной	тактЍчной	тактЍчной	тактЍчной
тактЍчные	Nom/Gen	тактЍчных	тактЍчных	тактЍчным	тактЍчными

тактЍчен, тактЍчна, тактЍчно, тактЍчны; тактЍчнее

ТАЛА́НТ SS *m.in* (*inanimate even in the meaning* talented person): talent; talented person

талáнт	талáнт	талáнта	талáнте	талáнту	талáнтом
талáнты	талáнты	талáнтов	талáнтах	талáнтам	талáнтами

ТАЛА́НТЛИВЫЙ S: talented

тала́нтливый	Nom/Gen	тала́нтливого	тала́нтливом	тала́нтливому	тала́нтливым
тала́нтливое	тала́нтливое	тала́нтливого	тала́нтливом	тала́нтливому	тала́нтливым
тала́нтливая	тала́нтливую	тала́нтливой	тала́нтливой	тала́нтливой	тала́нтливой
тала́нтливые	Nom/Gen	тала́нтливых	тала́нтливых	тала́нтливым	тала́нтливыми

тала́нтлив, тала́нтлива, тала́нтливо, тала́нтливы; тала́нтливее

ТА́ЛЛИН <л or лл> SS m.in: Tallinn

Та́ллин	Та́ллин	Та́ллина	Та́ллине	Та́ллину	Та́ллином

ТАЛО́Н SS m.in: coupon

талон	талон	талона	талоне	талону	талоном
талоны	талоны	талонов	талонах	талонам	талонами

ТА́М adv: there; later; particle expressing indifference, e.g. Он вся́кие та́м глу́пости говори́т He talks all kinds of nonsense

ТАМО́ЖЕННИК SS m.an: customs official

-мо́женник	-мо́женника	-мо́женника	-мо́женнике	-мо́женнику	-мо́женником
-мо́женники	-мо́женников	-мо́женников	-мо́женниках	-мо́женникам	-мо́женниками

ТАМО́ЖНЯ SS (e) f.in: customs, custom-house (use на/на/с [or в/в/из] for to/at/from)

тамо́жня	тамо́жню	тамо́жни	тамо́жне	тамо́жне	тамо́жней
тамо́жни	тамо́жни	тамо́жен	тамо́жнях	тамо́жням	тамо́жнями

ТА́НЕЦ SS (e) m.in: dance

та́нец	та́нец	та́нца	та́нце	та́нцу	та́нцем
та́нцы	та́нцы	та́нцев	та́нцах	та́нцам	та́нцами

ТАНКИ́СТ SS m.an: member of a tank crew

танки́ст	танки́ста	танки́ста	танки́сте	танки́сту	танки́стом
танки́сты	танки́стов	танки́стов	танки́стах	танки́стам	танки́стами

ТАНЦЕВА́ТЬ SS -цу́ют; ppp танцо́ванный S; Impf. (Pf. с- and Pf-awhile по-): dance

танцу́ю	танцу́ем	танцу́й	танцева́л	танцу́я	
танцу́ешь	танцу́ете	танцу́йте	танцева́ла	танцу́ющий	танцева́вший
танцу́ет	танцу́ют		танцева́ли/о	танцу́емый	

ТАНЦО́ВЩИЦА SS f.an: dancer (woman)

танцо́вщица	танцо́вщицу	танцо́вщицы	танцо́вщице	танцо́вщице	танцо́вщицей
танцо́вщицы	танцо́вщиц	танцо́вщиц	танцо́вщицах	танцо́вщицам	танцо́вщицами

ТАНЦО́Р SS m.an: dancer

танцо́р	танцо́ра	танцо́ра	танцо́ре	танцо́ру	танцо́ром
танцо́ры	танцо́ров	танцо́ров	танцо́рах	танцо́рам	танцо́рами

ТА́ПОЧКА SS (e) f.in: house slipper

та́почка	та́почку	та́почки	та́почке	та́почке	та́почкой
та́почки	та́почки	та́почек	та́почках	та́почкам	та́почками

ТАРАКА́Н SS m.an: cockroach

тарака́н	тарака́на	тарака́на	тарака́не	тарака́ну	тарака́ном
тарака́ны	тарака́нов	тарака́нов	тарака́нах	тарака́нам	тарака́нами

ТАРЕ́ЛКА SS (o) f.in: plate, dish ● летя́ющая таре́лка flying saucer

таре́лка	таре́лку	таре́лки	таре́лке	таре́лке	таре́лкой
таре́лки	таре́лки	таре́лок	таре́лках	таре́лкам	таре́лками

ТАСКА́ТЬ[1] SS -а́ют; Non-One-way Impf. (One-way Impf. тащи́ть[1]; Pf-awhile по-): pull, drag (by) e.g. Он таска́л соба́ку Acc за́ ногу Acc

таска́ю	таска́ем	таска́й	таска́л	таска́я	
таска́ешь	таска́ете	таска́йте	таска́ла	таска́ющий	таска́вший
таска́ет	таска́ют		таска́ли/о	таска́емый	

ТАСКА́ТЬ[2] SS -а́ют; (for inflected forms see таска́ть[1]); Impf. (no Pf. partner; use Pf. partners of тащи́ть[2]): steal (from) e.g. Он таска́ет у сестры́ Gen де́ньги Acc

ТАТА́РИН SS NPlur. тата́ры, GPlur. тата́р m.an: Tatar

тата́рин	тата́рина	тата́рина	тата́рине	тата́рину	тата́рином
тата́ры	тата́р	тата́р	тата́рах	тата́рам	тата́рами

ТАТА́РКА SS (o) f.an: Tatar (woman)

тата́рка	тата́рку	тата́рки	тата́рке	тата́рке	тата́ркой
тата́рки	тата́рок	тата́рок	тата́рках	тата́ркам	тата́рками

ТАТА́РСКИЙ S short forms avoided, no compar: Tatar

тата́рский	Nom/Gen	тата́рского	тата́рском	тата́рскому	тата́рским
тата́рское	тата́рское	тата́рского	тата́рском	тата́рскому	тата́рским
тата́рская	тата́рскую	тата́рской	тата́рской	тата́рской	тата́рской
тата́рские	Nom/Gen	тата́рских	тата́рских	тата́рским	тата́рскими

adv. по-тата́рски

ТАЩИ́ТЬ[1] MS та́щат; pres. active ptcpl. та́щащий; One-way Impf. (Non-One-way Impf. таска́ть[1]; Pf-begin по-): pull, drag (by) e.g. Он тащи́л соба́ку Acc за́ ногу Acc

тащу́	та́щим	тащи́	тащи́л	таща́	
та́щишь	та́щите	тащи́те	тащи́ла	та́щащий	тащи́вший
та́щит	та́щат		тащи́ли/о		

ТАЩИТЬ² MS та́щат; *pres. active ptcpl.* та́щащий; *(for inflected forms see* тащи́ть¹); *Impf.* (*Pf.* с- *and* у-): steal (from) *e.g.* Он тащи́л у сестры́ *Gen* де́ньги *Acc*

ТА́ЯТЬ SS та́ют; *intrans; Impf.* (*Pf.* рас-): melt; thaw; dwindle

та́ю	та́ем	та́й	та́ял	та́я	
та́ешь	та́ете	та́йте	та́яла	та́ющий	та́явший
та́ет	та́ют		та́яли/о	——	——

ТВЁРДО *adv*: firmly, firm; hard

ТВЁРДОСТЬ SS *f.in*: hardness; firmness

твёрдость	твёрдость	твёрдости	твёрдости	твёрдости	твёрдостью

ТВЁРДЫЙ M [*sh.Plur.* тверды́] *compar.* твёрже: hard; firm

твёрдый	*Nom/Gen*	твёрдого	твёрдом	твёрдому	твёрдым
твёрдое	твёрдое	твёрдого	твёрдом	твёрдому	твёрдым
твёрдая	твёрдую	твёрдой	твёрдой	твёрдой	твёрдой
твёрдые	*Nom/Gen*	твёрдых	твёрдых	твёрдым	твёрдыми

твёрд, тверда́, твёрдо, тверды́; твёрже

ТВО́Й *special adj*: your, yours

тво́й	*Nom./Gen.*	твоего́	твоём	твоему́	твои́м
твоё	твоё	твоего́	твоём	твоему́	твои́м
твоя́	твою́	твое́й	твое́й	твое́й	твое́й
твои́	*Nom./Gen.*	твои́х	твои́х	твои́м	твои́ми

ТВОРЕ́Ц EE (e) *m.an*: creator

творе́ц	творца́	творца́	творце́	творцу́	творцо́м
творцы́	творцо́в	творцо́в	творца́х	творца́м	творца́ми

ТВОРИ́ТЕЛЬНЫЙ S (e): instrumental (*case*)

-и́тельный	-и́тельный	-и́тельного	-и́тельном	-и́тельному	-и́тельным

Т.Д. (*as in* и т. д., *abbrev. of* и та́к да́лее): etc.

Т.Е. (*abbrev. of* то́ есть): that is, i.e.

ТЕ́ *see* то́т

ТЕА́ТР SS *m.in*: theater

теа́тр	теа́тр	теа́тра	теа́тре	теа́тру	теа́тром
теа́тры	теа́тры	теа́тров	теа́трах	теа́трам	теа́трами

ТЕАТРА́ЛЬНЫЙ S (e): theater, theatrical

театра́льный	*Nom/Gen*	театра́льного	театра́льном	театра́льному	театра́льным
театра́льное	театра́льное	театра́льного	театра́льном	театра́льному	театра́льным
театра́льная	театра́льную	театра́льной	театра́льной	театра́льной	театра́льной
театра́льные	*Nom/Gen*	театра́льных	театра́льных	театра́льным	театра́льными

театра́лен, театра́льна, театра́льно, театра́льны

ТЕБЯ́ *see* ты́

ТЕ́КСТ SS *m.in*: text

те́кст	те́кст	те́кста	те́ксте	те́ксту	те́кстом
те́ксты	те́ксты	те́кстов	те́кстах	те́кстам	те́кстами

ТЕЛЕВИ́ДЕНИЕ SS *n.in*: television *e.g.* Он ви́дел э́тот фильм *Acc* по телеви́дению *Dat* He saw that film on TV

телеви́дение	телеви́дение	телеви́дения	телеви́дении	телеви́дению	телеви́дением

ТЕЛЕВИ́ЗОР SS *m.in*: television set ● (*colloq.*) по телеви́зору *Dat* on TV

-ви́зор	-ви́зор	-ви́зора	-ви́зоре	-ви́зору	-ви́зором
-ви́зоры	-ви́зоры	-ви́зоров	-ви́зорах	-ви́зорам	-ви́зорами

ТЕЛЕГРА́ММА <м *or* мм> SS *f.in*: telegram ● да́ть [*or* посла́ть] телегра́мму +*Dat* send a telegram (to smb.)

телегра́мма	телегра́мму	телегра́ммы	телегра́мме	телегра́мме	телегра́ммой
телегра́ммы	телегра́ммы	телегра́мм	телегра́ммах	телегра́ммам	телегра́ммами

ТЕЛЕГРА́Ф SS *m.in*: telegraph office (*use* на/на/с *for* to/at/from); telegraph *e.g.* Он сообщи́л мне о своём приезде по телегра́фу *Dat*

телегра́ф	телегра́ф	телегра́фа	телегра́фе	телегра́фу	телегра́фом

ТЕЛЕГРАФИ́РОВАТЬ SS -руют; *Pf.-Impf*: send a telegram *e.g.* Он телеграфи́ровал сестре́ *Dat* о своём приезде *Prep*

-и́рую	-и́руем	-и́руй	-и́ровал	-и́руя	-и́ровав[ши]
-и́руешь	-и́руете	-и́руйте	-и́ровала	-и́рующий	-и́ровавший
-и́рует	-и́руют		-и́ровали/о	-и́руемый	-и́рованный S

ТЕЛЁНОК SS (о) *NPlur.* теля́та, *GPlur.* теля́т *m.an*: calf

телёнок	телёнка	телёнка	телёнке	телёнку	телёнком
теля́та	теля́т	теля́т	теля́тах	теля́там	теля́тами

ТЕЛЕФО́Н SS *m.in*: telephone *e.g.* Он звони́т мне *Dat* по телефо́ну *Dat*

телефо́н	телефо́н	телефо́на	телефо́не	телефо́ну	телефо́ном
телефо́ны	телефо́ны	телефо́нов	телефо́нах	телефо́нам	телефо́нами

ТЕЛЕФО́ННЫЙ S (e): telephone

телефо́нный	*Nom/Gen*	телефо́нного	телефо́нном	телефо́нному	телефо́нным
телефо́нное	телефо́нное	телефо́нного	телефо́нном	телефо́нному	телефо́нным
телефо́нная	телефо́нную	телефо́нной	телефо́нной	телефо́нной	телефо́нной
телефо́нные	*Nom/Gen*	телефо́нных	телефо́нных	телефо́нным	телефо́нными

ТЕ́ЛО SE *n.in*: body

те́ло	те́ло	те́ла	те́ле	те́лу	те́лом
тела́	тела́	тел	тела́х	тела́м	тела́ми

ТЕ́М *conjunction* (see also то́т): (so much) the e.g. те́м лу́чше so much the better; че́м. . . , те́м. . . the. . . the. . . e.g. че́м вы́ше, те́м лу́чше the taller the better

ТЕ́МА SS *f.in*: topic, subject

те́ма	те́му	те́мы	те́ме	те́ме	те́мой
те́мы	те́мы	тем	те́мах	те́мам	те́мами

ТЕМНО́ *adv*: darkly; *predicate*: it is (too) dark e.g. Здесь темно́; Мне́ *Dat* темно́ здесь чита́ть It's too dark for me to read here

ТЁМНЫЙ E (e) *sh.masc.* тёмен: dark

тёмный	Nom/Gen	тёмного	тёмном	тёмному	тёмным
тёмное	тёмное	тёмного	тёмном	тёмному	тёмным
тёмная	тёмную	тёмной	тёмной	тёмной	тёмной
тёмные	Nom/Gen	тёмных	тёмных	тёмным	тёмными

тёмен, темна́, темно́, темны́; темне́е

ТЕМПЕРАТУ́РА SS *f.in*: temperature e.g. Лёд та́ет при температу́ре *Prep* три́дцать два́ *Nom* гра́дуса

температу́ра	температу́ру	температу́ры	температу́ре	температу́ре	температу́рой

ТЕННЕССИ́ <тэ; н *or* нн; с *or* сс> *indeclinable m.in*: Tennessee (state)

ТЕ́ННИС <тэ́; н, *not* нн> SS *m.in*: tennis ● игра́ть в те́ннис *Acc* play tennis

те́ннис	те́ннис	те́нниса	те́ннисе	те́ннису	те́ннисом

ТЕННИСИ́СТ <тэ́; н, *not* нн> SS *m.an*: tennis-player

тенниси́ст	тенниси́ста	тенниси́ста	тенниси́сте	тенниси́сту	тенниси́стом
тенниси́сты	тенниси́стов	тенниси́стов	тенниси́стах	тенниси́стам	тенниси́стами

ТЕННИСИ́СТКА <тэ; н, *not* нн> SS (о) *f.an*: tennis player (woman)

тенниси́стка	тенниси́стку	тенниси́стки	тенниси́стке	тенниси́стке	тенниси́сткой
тенниси́стки	тенниси́сток	тенниси́сток	тенниси́стках	тенниси́сткам	тенниси́стками

ТЕ́НОР[1] SE *NPlur.* тенора́ [*or* SS] *m.in*: tenor (voice)

те́нор	те́нор	те́нора	те́норе	те́нору	те́нором
тенора́	тенора́	теноро́в	тенора́х	тенора́м	тенора́ми

ТЕ́НОР[2] SE *NPlur.* тенора́ [*or* SS] *m.an*: tenor (singer)

те́нор	те́нора	те́нора	те́норе	те́нору	те́нором
тенора́	теноро́в	теноро́в	тенора́х	тенора́м	тенора́ми

ТЕОРЕТИ́ЧЕСКИЙ S *short forms avoided, no compar*: theoretical

-и́ческий	Nom/Gen	-и́ческого	-и́ческом	-и́ческому	-и́ческим
-и́ческое	-и́ческое	-и́ческого	-и́ческом	-и́ческому	-и́ческим
-и́ческая	-и́ческую	-и́ческой	-и́ческой	-и́ческой	-и́ческой
-и́ческие	Nom/Gen	-и́ческих	-и́ческих	-и́ческим	-и́ческими

adv. теорети́чески

ТЕО́РИЯ SS *f.in*: theory

тео́рия	тео́рию	тео́рии	тео́рии	тео́рии	тео́рией
тео́рии	тео́рии	тео́рий	тео́риях	тео́риям	тео́риями

ТЕПЕ́РЬ *adv*: now; nowadays, today

ТЕПЛО́[1] EE *Plur. hypothetical*; *n.in*: heat; warmth ● де́сять гра́дусов тепла́ *Gen* 10 degrees above freezing

тепло́	тепло́	тепла́	тепле́	теплу́	тепло́м

ТЕПЛО́[2] *adv*: warmly; *predicate*: it is warm, feel warm e.g. Мне́ *Dat* тепло́ I'm warm

ТЁПЛЫЙ E (e) *sh.masc.* тёпел: warm

тёплый	Nom/Gen	тёплого	тёплом	тёплому	тёплым
тёплое	тёплое	тёплого	тёплом	тёплому	тёплым
тёплая	тёплую	тёплой	тёплой	тёплой	тёплой
тёплые	Nom/Gen	тёплых	тёплых	тёплым	тёплыми

тёпел, тепла́, тепло́, теплы́; тепле́е

ТЕРПЕ́НИЕ SS *n.in*: patience

терпе́ние	терпе́ние	терпе́ния	терпе́нии	терпе́нию	терпе́нием

ТЕРПЕ́ТЬ MS те́рпят; *pres. active ptcpl.* те́рпящий; *no ppp*; *Impf*: 1. (*Pf-awhile* по-) be patient; 2. (*Pf.* вы́- *and* с-) endure; 3. (*Pf.* по-) suffer (*misfortune, etc.*)

терплю́	те́рпим	терпи́	терпе́л	терпя́	
те́рпишь	те́рпите	терпи́те	терпе́ла	те́рпящий	терпе́вший
те́рпит	те́рпят		терпе́ли/о	——	——

ТЕРРА́СА <р, *not* рр> SS *f.in*: terrace (use на/на/с *for* to(on)/on/from)

терра́са	терра́су	терра́сы	терра́се	терра́се	терра́сой
терра́сы	терра́сы	терра́с	терра́сах	терра́сам	терра́сами

ТЕРРИТО́РИЯ <р, *not* рр> SS *f.in*: territory (use на/на/с *for* to/in(on)/from)

террито́рия	террито́рию	террито́рии	террито́рии	террито́рии	террито́рией
террито́рии	террито́рии	террито́рий	террито́риях	террито́риям	террито́риями

ТЕРРО́Р <тэ *or* ти; р, *not* рр> SS *m.in*: terror

терро́р	терро́р	терро́ра	терро́ре	терро́ру	терро́ром

ТЕРЯ́ТЬ SS -я́ют; Impf. (Pf. по-): lose

теря́ю	теря́ем	теря́й	теря́л	теря́я	
теря́ешь	теря́ете	теря́йте	теря́ла	теря́ющий	теря́вший
теря́ет	теря́ют		теря́ли/о	теря́емый	

ТЕ́СТЬ SS m.an: father-in-law (wife's father)

| тесть | те́стя | те́стя | те́сте | те́стю | те́стем |
| те́сти | те́стей | те́стей | те́стях | те́стям | те́стями |

ТЕТРА́ДКА SS (о) f.in: notebook

| тетра́дка | тетра́дку | тетра́дки | тетра́дке | тетра́дке | тетра́дкой |
| тетра́дки | тетра́дки | тетра́док | тетра́дках | тетра́дкам | тетра́дками |

ТЕТРА́ДЬ SS f.in: notebook

| тетра́дь | тетра́дь | тетра́ди | тетра́ди | тетра́ди | тетра́дью |
| тетра́ди | тетра́ди | тетра́дей | тетра́дях | тетра́дям | тетра́дями |

ТЁТЯ SS [GPlur. -# or -ей] f.an: aunt; woman, lady

| тётя | тётю | тёти | тёте | тёте | тётей |
| тёти | тёть | тёть | тётях | тётям | тётями |

ТЕ́Х see тот

ТЕХА́С SS m.in: Texas

| Теха́с | Теха́с | Теха́са | Теха́се | Теха́су | Теха́сом |

ТЕ́ХНИКА SS f.in: technique; technology

| те́хника | те́хнику | те́хники | те́хнике | те́хнике | те́хникой |

ТЕ́ХНИКУМ SS m.in: technical college

| те́хникум | те́хникум | те́хникума | те́хникуме | те́хникуму | те́хникумом |
| те́хникумы | те́хникумы | те́хникумов | те́хникумах | те́хникумам | те́хникумами |

ТЕХНИ́ЧЕСКИЙ S short forms avoided, no compar: technical; engineering

техни́ческий	Nom/Gen	техни́ческого	техни́ческом	техни́ческому	техни́ческим
техни́ческое	техни́ческое	техни́ческого	техни́ческом	техни́ческому	техни́ческим
техни́ческая	техни́ческую	техни́ческой	техни́ческой	техни́ческой	техни́ческой
техни́ческие	Nom/Gen	техни́ческих	техни́ческих	техни́ческим	техни́ческими

adv. техни́чески

ТЕЧЕ́НИЕ SS n.in: course; current; trend ● в тече́нии +Gen during, in the course of

| тече́ние | тече́ние | тече́ния | тече́нии | тече́нию | тече́нием |
| тече́ния | тече́ния | тече́ний | тече́ниях | тече́ниям | тече́ниями |

ТЕ́ЧЬ[1] EE теку́т теку́ течёт; тёк текла́ текли́; no pres. adv; past adv. тёкши; intrans; Impf. (Pf-begin по-): flow; leak (said of vessels); pass, go (said of time)

теку́	течём	теки́	тёк	——	
течёшь	течёте	теки́те	текла́	теку́щий	тёкший
течёт	теку́т		текли́/о	——	——

ТЕ́ЧЬ[2] SS f.in: leak, leakage (in a vessel) ● да́ть те́чь spring a leak

| течь | течь | те́чи | те́чи | те́чи | те́чью |

ТИ́ГР SS m.an: tiger

| тигр | ти́гра | ти́гра | ти́гре | ти́гру | ти́гром |
| ти́гры | ти́гров | ти́гров | ти́грах | ти́грам | ти́грами |

ТИ́КАТЬ SS -ают; intrans; Impf. (Pf-begin за-): tick (said of a clock)

ти́каю	ти́каем	ти́кай	ти́кал	ти́кая	
ти́каешь	ти́каете	ти́кайте	ти́кала	ти́кающий	ти́кавший
ти́кает	ти́кают		ти́кали/о	——	——

ТИ́П[1] SS m.in: type, model

| тип | тип | ти́па | ти́пе | ти́пу | ти́пом |
| ти́пы | ти́пы | ти́пов | ти́пах | ти́пам | ти́пами |

ТИ́П[2] SS m.an: oddball, character

| тип | ти́па | ти́па | ти́пе | ти́пу | ти́пом |
| ти́пы | ти́пов | ти́пов | ти́пах | ти́пам | ти́пами |

ТИПИ́ЧНЫЙ S (е): typical

типи́чный	Nom/Gen	типи́чного	типи́чном	типи́чному	типи́чным
типи́чное	типи́чное	типи́чного	типи́чном	типи́чному	типи́чным
типи́чная	типи́чную	типи́чной	типи́чной	типи́чной	типи́чной
типи́чные	Nom/Gen	типи́чных	типи́чных	типи́чным	типи́чными

типи́чен, типи́чна, типи́чно, типи́чны; типи́чнее

ТИХИЙ M [*sh.Plur.* тихи́]: quiet; slow

тихий	*Nom/Gen*	тихого	тихом	тихому	тихим
тихое	тихое	тихого	тихом	тихому	тихим
тихая	тихую	тихой	тихой	тихой	тихой
тихие	*Nom/Gen*	тихих	тихих	тихим	тихими

тих, тиха́, тихо, тихи́; тише

ТИХО *adv:* quietly; calmly; slowly; *predicate:* it is quiet, calm *e.g.* Здесь тихо

ТИШЕ *compar. of* тихий, тихо ● Тише! Quiet!

ТЛЕТЬ SS -е́ют; *intrans; Impf:* 1. (*Pf.* ис-) rot; 2. (*no Pf.*) smoulder

тлею	тлеем	тлей	тлел	тлея	
тлеешь	тлеете	тлейте	тлела	тлеющий	тлевший
тлеет	тлеют		тлели/о	—	—

-ТО[1] (*unstressed*) *particle,* adding emphasis and a tone of familiarity: exactly, precisely, just *e.g.* Слона́-то я и не приме́тил The elephant is exactly what I missed (failed to notice)

-ТО[2] (*unstressed*) *particle* after question words to render the meaning some *e.g.* что́-то, кто́-то, где́-то, *etc.*

ТО *conjunction* (*see also* тот): then; то . . . то . . . now (this) . . . now (that); не то́ . . . не то́ . . . either . . . or . . . ● а то́ or else; а не то́ or else

ТОБОЙ *see* ты

ТОВАР SS *Part.* -у *m.in:* goods, merchandise

това́р	това́р	това́ра/-у	това́ре	това́ру	това́ром
това́ры	това́ры	това́ров	това́рах	това́рам	това́рами

ТОВАРИЩ SS *m.an:* comrade (*Use fem. predicate when referring to a woman,* e.g. Наш новый товарищ сегодня не пришла); friend

това́рищ	това́рища	това́рища	това́рище	това́рищу	това́рищем
това́рищи	това́рищей	това́рищей	това́рищах	това́рищам	това́рищами

ТОГДА *adv:* then, in that case; then, back then, at that moment, at that time

ТОЖДЕСТВО (*see also* тожество) SS *n.in:* identity (*mathematical*)

тождество	тождество	тождества	тождестве	тождеству	тождеством
тождества	тождества	тождеств	тождествах	тождествам	тождествами

ТОЖЕ *adv:* also, as well, too; either *e.g.* Он тоже не пришёл He didn't come either; *particle, expressing irony, e.g.* Тоже мне учитель! Some teacher!

ТОЖЕСТВО (*see also* тождество) SS *n.in:* identity (*mathematical*)

тожество	тожество	тожества	тожестве	тожеству	тожеством
тожества	тожества	тожеств	тожествах	тожествам	тожествами

ТОЙ *see* тот

ТОЛПА ES *f.in:* crowd

толпа́	толпу́	толпы́	толпе́	толпе́	толпо́й
то́лпы	то́лпы	толп	то́лпах	то́лпам	то́лпами

ТОЛСТЫЙ M [*sh.Plur.* толсты́] *compar.* то́лще: thick; fat

то́лстый	*Nom/Gen*	то́лстого	то́лстом	то́лстому	то́лстым
то́лстое	то́лстое	то́лстого	то́лстом	то́лстому	то́лстым
то́лстая	то́лстую	то́лстой	то́лстой	то́лстой	то́лстой
то́лстые	*Nom/Gen*	то́лстых	то́лстых	то́лстым	то́лстыми

толст, толста́, то́лсто, то́лсты́; то́лще

ТОЛЩИНА ES *NPlur.* толщи́ны *f.in:* corpulence; thickness

толщина́	толщину́	толщины́	толщине́	толщине́	толщино́й

ТОЛЬКО *adv:* only, merely, solely; just; *conjunction:* just; as soon as; only, but ● как то́лько as soon as; *particle, e.g.* зачем то́лько. . . ? why on earth. . . ?

ТОМ[1] SE *NPlur.* -а́ *m.in:* volume (*book*)

том	том	то́ма	то́ме	то́му	то́мом
тома́	тома́	томо́в	тома́х	тома́м	тома́ми

ТОМ[2] *see* тот

ТОНКИЙ M (о) [*sh.Plur.* то́нки] *compar.* то́ньше: thin; delicate

то́нкий	*Nom/Gen*	то́нкого	то́нком	то́нкому	то́нким
то́нкое	то́нкое	то́нкого	то́нком	то́нкому	то́нким
то́нкая	то́нкую	то́нкой	то́нкой	то́нкой	то́нкой
то́нкие	*Nom/Gen*	то́нких	то́нких	то́нким	то́нкими

то́нок, тонка́, то́нко, то́нки́; то́ньше

ТОННЕЛЬ <анэ> SS (*see also* туннель) *m.in:* tunnel

тонне́ль	тонне́ль	тонне́ля	тонне́ле	тонне́лю	тонне́лем
тонне́ли	тонне́ли	тонне́лей	тонне́лях	тонне́лям	тонне́лями

ТОНУТЬ MS то́нут; *no pres. adv; intrans; Impf:* 1. (*Pf.* у-) drown; 2. (*Pf.* по-) sink, go down

тону́	то́нем	тони́	тону́л	—	
то́нешь	то́нете	тони́те	тону́ла	то́нущий	тону́вший
то́нет	то́нут		тону́ли/о	—	

ТОПОЛОГИЯ SS *f.in:* topology

тополо́гия	тополо́гию	тополо́гии	тополо́гии	тополо́гии	тополо́гией

ТО́ПОЛЬ SE NPlur. -я́ [also Poetic SS] m.in: poplar (use на/на/с for into/in/out of the tree)

то́поль	то́поль	то́поля	то́поле	то́полю	то́полем
тополя́	тополя́	тополе́й	тополя́х	тополя́м	тополя́ми

ТОРГОВА́ТЬСЯ SS -гу́ются; Impf. (no Pf.): haggle, bargain e.g. Он торгу́ется с продавцо́м Inst из-за цены́ Gen [or о цене́ Prep] на сигаре́ты He is haggling with the salesman over the price of the cigarettes; Он торгу́ется за ка́ждую копе́йку Acc He haggles over every kopeck

торгу́юсь	торгу́емся	торгу́йся	торгова́лся	торгу́ясь	
торгу́ешься	торгу́етесь	торгу́йтесь	торгова́лась	торгу́ющийся	торгова́вшийся
торгу́ется	торгу́ются		торгова́лись/ось ——	——	——

ТОРОПИ́ТЬСЯ MS торо́пятся; Impf. (Pf. по-): hurry

тороплю́сь	торо́пимся	торопи́сь	торопи́лся	торопя́сь	
торо́пишься	торо́питесь	торопи́тесь	торопи́лась	торопя́щийся	торопи́вшийся
торо́пится	торо́пятся		торопи́лись/ось ——	——	——

ТО́РТ SS m.in: cake, torte

то́рт	то́рт	то́рта	то́рте	то́рту	то́ртом
то́рты	то́рты	то́ртов	то́ртах	то́ртам	то́ртами

ТО́СТ SS m.in: toast, piece of toast; toast (speech) e.g. произноси́ть [or говори́ть] то́ст give (propose) a toast

то́ст	то́ст	то́ста	то́сте	то́сту	то́стом
то́сты	то́сты	то́стов	то́стах	то́стам	то́стами

ТО́Т special adjective: that, that one; the; the former; the other ● то́т же the same; ме́жду те́м meanwhile; к тому́ же moreover; не то́т the wrong (one); то́, что that which; the fact that; то́ есть that is (to say), i.e.; тому́ наза́д ago

то́т	Nom./Gen.	того́	то́м	тому́	те́м
то́	то́	того́	то́м	тому́	те́м
та́	ту́	то́й	то́й	то́й	то́й
те́	Nom./Gen	те́х	те́х	те́м	те́ми

ТО́ЧКА SS (e) f.in: point; period, dot

то́чка	то́чку	то́чки	то́чке	то́чке	то́чкой
то́чки	то́чки	то́чек	то́чках	то́чкам	то́чками

ТО́ЧНО adv: exactly; punctually; conjunction and particle: like; as if; parenthetical word: really, actually

ТО́ЧНЫЙ M (e) [sh.Plur. точны́]: exact; accurate; punctual

то́чный	Nom/Gen	то́чного	то́чном	то́чному	то́чным
то́чное	то́чное	то́чного	то́чном	то́чному	то́чным
то́чная	то́чную	то́чной	то́чной	то́чной	то́чной
то́чные	Nom/Gen	то́чных	то́чных	то́чным	то́чными

то́чен, точна́, то́чно, точны́; точне́е

ТОШНИ́ТЬ ES -ни́т; Impersonal; Impf. 1. (Pf. с-, вы́-) vomit e.g. Его́ Acc тошни́т He is being sick; 2. (no Pf.) feel like vomiting, feel queasy e.g. Его́ Acc тошни́т He feels sick

тошни́т			тошни́ло		

ТРАВА́ ES f.in: grass; (in Plur.) herbs

трава́	траву́	травы́	траве́	траве́	траво́й
тра́вы	тра́вы	тра́в	тра́вах	тра́вам	тра́вами

ТРАГЕ́ДИЯ SS f.in: tragedy

траге́дия	траге́дию	траге́дии	траге́дии	траге́дии	траге́дией
траге́дии	траге́дии	траге́дий	траге́диях	траге́диям	траге́диями

ТРАДИ́ЦИЯ SS f.in: tradition

тради́ция	тради́цию	тради́ции	тради́ции	тради́ции	тради́цией
тради́ции	тради́ции	тради́ций	тради́циях	тради́циям	тради́циями

ТРА́КТОР SE NPlur тракторá [or SS]; m.in: tractor ● сади́ться на +Acc, е́хать на +Prep, сходи́ть [or слеза́ть] с +Gen

тра́ктор	тра́ктор	тра́ктора	тра́кторе	тра́ктору	тра́ктором
трактора́	трактора́	тракторо́в	трактора́х	трактора́м	трактора́ми

ТРАМВА́Й SS m.in: streetcar ● сади́ться на [or в] +Acc, е́хать на [or в] +Prep, выходи́ть из [or сходи́ть с] +Gen

трамва́й	трамва́й	трамва́я	трамва́е	трамва́ю	трамва́ем
трамва́и	трамва́и	трамва́ев	трамва́ях	трамва́ям	трамва́ями

ТРА́НСПОРТ SS m.in: (means of) transportation ● сади́ться на +Acc, е́хать на +Prep, сходи́ть с +Gen

тра́нспорт	тра́нспорт	тра́нспорта	тра́нспорте	тра́нспорту	тра́нспортом

ТРА́ТИТЬ SS -тят; Impf. 1. (Pf. ис- and по-) spend (money) (on) e.g. Он тра́тит де́ньги Acc на во́дку Acc; 2. (Pf по-) spend (time) (on) Он тра́тит два́ Acc часа́ в де́нь на дома́шнюю рабо́ту Acc

тра́чу	тра́тим	тра́ть	тра́тил	тра́тя	
тра́тишь	тра́тите	тра́тьте	тра́тила	тра́тящий	тра́тивший
тра́тит	тра́тят		тра́тили/о		

ТРЕБОВА́ТЕЛЬНЫЙ S (e): demanding

-овательный	Nom/Gen	-овательного	-овательном	-овательному	-овательным
-овательное	-овательное	-овательного	-овательном	-овательному	-овательным
-овательная	-овательную	-овательной	-овательной	-овательной	-овательной
-овательные	Nom/Gen	-овательных	-овательных	-овательным	-овательными

-оватéлен, -оватéльна, -оватéльно, -оватéльны; -оватéльнее

ТРЕ́БОВАТЬ SS -буют; *Impf. (Pf.* по-*)*: demand (smt.) (of smb.) *e.g.* Óн трéбует у сестры́ *Gen* [*or* от сестры́ *Gen*] дéнег *Gen* [*or* дéньги *Acc*]

трéбую	трéбуем	трéбуй	трéбовал	трéбуя	
трéбуешь	трéбуете	трéбуйте	трéбовала	трéбующий	трéбовавший
трéбует	трéбуют		трéбовали/о	трéбуемый	

ТРЕВО́ГА SS *f.in*: alarm; uneasiness; worry *e.g.* тревóга за сестру́ *Acc*

тревóга	тревóгу	тревóги	тревóге	тревóге	тревóгой
тревóги	тревóги	тревóг	тревóгах	тревóгам	тревóгами

ТРЕВО́ЖНО *adv*: anxiously; disturbingly; *predicate*: be troubled, alarmed, worried *e.g.* Мнé *Dat* тревóжно за сестру́ *Acc* I'm worried about my sister

ТРЕ́НЕР SS *m.an*: trainer, coach (*Use fem. predicate when referring to a woman, e.g.* Нáш нóвый трéнер сегóдня не пришлá)

трéнер	трéнера	трéнера	трéнере	трéнеру	трéнером
трéнеры	трéнеров	трéнеров	трéнерах	трéнерам	трéнерами

ТРЕНИРОВА́ТЬ SS -ру́ют; *Impf. (Pf.* на- *and Pf-awhile* по-*)*: train, coach *e.g.* Óн тренирýет сестру *Acc* в бéге *Prep* на стó мéтров He is training his sister for the hundred-meter dash

тренирýю	тренирýем	тренирýй	тренировáл	тренирýя	
тренирýешь	тренирýете	тренирýйте	тренировáла	тренирýющий	тренировáвший
тренирýет	тренирýют		тренировáли/о	тренирýемый	

ТРЕНИРОВА́ТЬСЯ SS -ру́ются; *Impf. (Pf.* на- *and Pf-awhile* по-*)*: train oneself; be in training *e.g.* Онá тренирýется в бéге *Prep* на стó мéтров She is training for the hundred-meter dash

-ýюсь	-ýемся	-ýйся	-овáлся	-ýясь	
-ýешься	-ýетесь	-ýйтесь	-овáлась	-ýющийся	-овáвшийся
-ýется	-ýются		-овáлись/ось	——	——

ТРЕНИРО́ВКА SS (о) *f.in*: training session (*use* на/нá/с *for to/at/from the event*); training *e.g.* тренирóвка в бéге *Prep* на стó мéтров training for the hundred-meter dash

тренирóвка	тренирóвку	тренирóвки	тренирóвке	тренирóвке	тренирóвкой
тренирóвки	тренирóвки	тренирóвок	тренирóвках	тренирóвкам	тренирóвками

ТРЕПЛО́ ES *n.an* [*or* EE *ASg.* треплá, *NPlur.* треплá, *GPlur.* трёпл *m.an*]; *Plur. hypothetical*: blabbermouth

треплó	-лó *or* -лá	треплá	треплé	треплý	треплóм

ТРЕ́СКАТЬСЯ SS -аются; *Impf. (Pf.* по- *and* трéснуть*)*: crack, break

трéскаюсь	трéскаемся	трéскайся	трéскался	трéскаясь	
трéскаешься	трéскаетесь	трéскайтесь	трéскалась	трéскающийся	трéскавшийся
трéскается	трéскаются		трéскались/ось	——	——

ТРЕ́СНУТЬ[1] SS -нут; *intrans; Pf. (Impf.* трéскаться*)*: crack, break

трéсну	трéснем	трéсни	трéснул	——	трéснув[ши]
трéснешь	трéснете	трéсните	трéснула	——	трéснувший
трéснет	трéснут		трéснули/о	——	

ТРЕ́СНУТЬ[2] SS -нут; *Pf. (no Impf.)*: whack *e.g.* Óн трéснул сестру́ *Acc* кни́гой *Inst* по головé *Dat*

трéсну	трéснем	трéсни	трéснул	——	трéснув[ши]
трéснешь	трéснете	трéсните	трéснула	——	трéснувший
трéснет	трéснут		трéснули/о	——	трéснутый S

ТРЕ́ТИЙ *numeral inflected like special adj; also used as n.in noun*: third; (*as noun*) dessert ● трéтьего дня the day before yesterday

трéтий	*Nom/Gen*	трéтьего	трéтьем	трéтьему	трéтьим
трéтья	трéтью	трéтьей	трéтьей	трéтьей	трéтьей
трéтье	трéтье	трéтьего	трéтьем	трéтьему	трéтьим
трéтьи	*Nom/Gen*	трéтьих	трéтьих	трéтьим	трéтьими

ТРЁХКО́МНАТНЫЙ S (е): three-room (*apartment, etc.*)

-кóмнатный	-кóмнатный	-кóмнатного	-кóмнатном	-кóмнатному	-кóмнатным
-кóмнатное	-кóмнатное	-кóмнатного	-кóмнатном	-кóмнатному	-кóмнатным
-кóмнатная	-кóмнатную	-кóмнатной	-кóмнатной	-кóмнатной	-кóмнатной
-кóмнатные	-кóмнатные	-кóмнатных	-кóмнатных	-кóмнатным	-кóмнатными

ТРЁХСО́ТЫЙ *numeral inflected like adj*: three-hundredth

-сóтый	*Nom/Gen*	-сóтого	-сóтом	-сóтому	-сóтым
-сóтое	-сóтое	-сóтого	-сóтом	-сóтому	-сóтым
-сóтая	-сóтую	-сóтой	-сóтой	-сóтой	-сóтой
-сóтые	*Nom/Gen*	-сóтых	-сóтых	-сóтым	-сóтыми

ТРЕ́ЩИНА SS *f.in*: crack, split

трéщина	трéщину	трéщины	трéщине	трéщине	трéщиной
трéщины	трéщины	трéщин	трéщинах	трéщинам	трéщинами

ТРИ *numeral*: three

три	*Nom./Gen*	трёх	трёх	трём	тремя́

ТРИБУНА́Л SS *m.in*: tribunal

трибунáл	трибунáл	трибунáла	трибунáле	трибунáлу	трибунáлом
трибунáлы	трибунáлы	трибунáлов	трибунáлах	трибунáлам	трибунáлами

ТРИДЦА́ТЫЙ *numeral inflected like adj:* thirtieth

тридца́тый	Nom/Gen	тридца́того	тридца́том	тридца́тому	тридца́тым
тридца́тое	тридца́тое	тридца́того	тридца́том	тридца́тому	тридца́тым
тридца́тая	тридца́тую	тридца́той	тридца́той	тридца́той	тридца́той
тридца́тые	Nom/Gen	тридца́тых	тридца́тых	тридца́тым	тридца́тыми

ТРИ́ДЦАТЬ *numeral:* thirty

три́дцать	три́дцать	тридцати́	тридцати́	тридцати́	тридцатью́

ТРИНА́ДЦАТЫЙ *numeral inflected like adj:* thirteenth

трина́дцатый	Nom/Gen	трина́дцатого	трина́дцатом	трина́дцатому	трина́дцатым
трина́дцатое	трина́дцатое	трина́дцатого	трина́дцатом	трина́дцатому	трина́дцатым
трина́дцатая	трина́дцатую	трина́дцатой	трина́дцатой	трина́дцатой	трина́дцатой
трина́дцатые	Nom/Gen	трина́дцатых	трина́дцатых	трина́дцатым	трина́дцатыми

ТРИНА́ДЦАТЬ *numeral:* thirteen

-на́дцать	-на́дцать	-на́дцати	-на́дцати	-на́дцати	-на́дцатью

ТРИ́СТА *numeral:* three hundred

три́ста	три́ста	трёхсо́т	трёхста́х	трёмста́м	тремяста́ми

ТРО́ГАТЬСЯ SS -аются; *Impf.* (*Pf.* тро́нуться): start (moving)

тро́гаюсь	тро́гаемся	тро́гайся	тро́гался	тро́гаясь	
тро́гаешься	тро́гаетесь	тро́гайтесь	тро́галась	тро́гающийся	тро́гавшийся
тро́гается	тро́гаются		тро́гались/ось	——	

ТРО́Е *collective numeral:* three, group of three

тро́е	Nom./Gen.	трои́х	трои́х	трои́м	трои́ми

ТРО́ЙКА SS (e) *f.in:* three; fair (*school grade*); troika; three-person committee, group, *etc.*

тро́йка	тро́йку	тро́йки	тро́йке	тро́йке	тро́йкой
тро́йки	тро́йки	тро́ек	тро́йках	тро́йкам	тро́йками

ТРОЙНО́Й E *no sh.masc; other short forms avoided:* triple, threefold

тройно́й	Nom/Gen	тройно́го	тройно́м	тройно́му	тройны́м
тройно́е	тройно́е	тройно́го	тройно́м	тройно́му	тройны́м
тройна́я	тройну́ю	тройно́й	тройно́й	тройно́й	тройно́й
тройны́е	Nom/Gen	тройны́х	тройны́х	тройны́м	тройны́ми

ТРОЛЛЕ́ЙБУС <л, *not* лл> SS *m.in:* trolley-bus ● сади́ться на [*or* в] +Acc, е́хать на [*or* в] +Prep, выходи́ть из [*or* сходи́ть с] +Gen

-ле́йбус	-ле́йбус	-ле́йбуса	-ле́йбусе	-ле́йбусу	-ле́йбусом
-ле́йбусы	-ле́йбусы	-ле́йбусов	-ле́йбусах	-ле́йбусам	-ле́йбусами

ТРОМБО́Н SS *m.in:* trombone ● игра́ть на тромбо́не *Prep* play the trombone

тромбо́н	тромбо́н	тромбо́на	тромбо́не	тромбо́ну	тромбо́ном
тромбо́ны	тромбо́ны	тромбо́нов	тромбо́нах	тромбо́нам	тромбо́нами

ТРО́НУТЬСЯ SS тро́нутся; *Pf.* (*Impf.* тро́гаться): start (moving)

тро́нусь	тро́немся	тро́нься	тро́нулся		тро́нувшись
тро́нешься	тро́нетесь	тро́ньтесь	тро́нулась		тро́нувшийся
тро́нется	тро́нутся		тро́нулись/ось		——

ТРУБА́ ES *f.in:* pipe; chimney; trumpet ● игра́ть на трубе́ *Prep* play the trumpet

труба́	трубу́	трубы́	трубе́	трубе́	трубо́й
тру́бы	тру́бы	тру́б	тру́бах	тру́бам	тру́бами

ТРУ́БКА SS (o) *f.in:* pipe, tube; pipe (*for smoking*)

тру́бка	тру́бку	тру́бки	тру́бке	тру́бке	тру́бкой
тру́бки	тру́бки	тру́бок	тру́бках	тру́бкам	тру́бками

ТРУД EE *m.in:* work, labor ● без труда́ without difficulty; с трудо́м with difficulty

труд	труд	труда́	труде́	труду́	трудо́м

ТРУДИ́ТЬСЯ MS тру́дятся; *Impf.* (*Pf.* по-): work

тружу́сь	тру́димся	труди́сь	труди́лся	трудя́сь	
тру́дишься	тру́дитесь	труди́тесь	труди́лась	трудя́щийся	труди́вшийся
тру́дится	тру́дятся		труди́лись/ось	——	——

ТРУ́ДНО *adv:* with difficulty; *predicate:* it is hard, difficult *e.g.* Ему́ *Dat* тру́дно He's having a hard time; Ему́ *Dat* тру́дно говори́ть по-ру́сски It is hard for him to speak Russian

ТРУ́ДНОСТЬ SS *f.in:* difficulty

тру́дность	тру́дность	тру́дности	тру́дности	тру́дности	тру́дностью
тру́дности	тру́дности	тру́дностей	тру́дностях	тру́дностям	тру́дностями

ТРУ́ДНЫЙ M (e) [*sh.Plur.* трудны́]: difficult

тру́дный	Nom/Gen	тру́дного	тру́дном	тру́дному	тру́дным
тру́дное	тру́дное	тру́дного	тру́дном	тру́дному	тру́дным
тру́дная	тру́дную	тру́дной	тру́дной	тру́дной	тру́дной
тру́дные	Nom/Gen	тру́дных	тру́дных	тру́дным	тру́дными

тру́ден, трудна́, тру́дно, тру́дны; трудне́е

ТРУДЯ́ЩИЙСЯ *pres. active ptcpl. of* трудиться; *also used as m.an noun:* working; (*as noun*) worker

трудя́щийся	Nom/Gen	трудя́щегося	трудя́щемся	трудя́щемуся	трудя́щимся
трудя́щееся	трудя́щееся	трудя́щегося	трудя́щемся	трудя́щемуся	трудя́щимся
трудя́щаяся	трудя́щуюся	трудя́щейся	трудя́щейся	трудя́щейся	трудя́щейся
трудя́щиеся	Nom/Gen	трудя́щихся	трудя́щихся	трудя́щимся	трудя́щимися

ТРЯ́ПКА¹ SS (o) *f.in:* rag; (*in Plur.*) (*colloq.*) clothes

тря́пка	тря́пку	тря́пки	тря́пке	тря́пке	тря́пкой
тря́пки	тря́пки	тря́пок	тря́пках	тря́пкам	тря́пками

ТРЯ́ПКА² SS (o) *f.an:* milksop

тря́пка	тря́пку	тря́пки	тря́пке	тря́пке	тря́пкой
тря́пки	тря́пок	тря́пок	тря́пках	тря́пкам	тря́пками

ТУ́ *see* то́т

ТУАЛЕ́Т SS *m.in:* toilet, restroom; attire, outfit (*usually a woman's*)

туале́т	туале́т	туале́та	туале́те	туале́ту	туале́том
туале́ты	туале́ты	туале́тов	туале́тах	туале́там	туале́тами

ТУГО́Й M: taut

туго́й	Nom/Gen	туго́го	туго́м	туго́му	туги́м
туго́е	туго́е	туго́го	туго́м	туго́му	туги́м
туга́я	туту́ю	туго́й	туго́й	туго́й	туго́й
туги́е	Nom/Gen	туги́х	туги́х	туги́м	туги́ми

ту́г, туга́, ту́го, ту́ги; ту́же

ТУДА́ *adv:* there, to that place

ТУМА́Н SS *Part.* -у *m.in:* fog, mist

тума́н	тума́н	тума́на/-у	тума́не	тума́ну	тума́ном
тума́ны	тума́ны	тума́нов	тума́нах	тума́нам	тума́нами

ТУ́НДРА SS *f.in:* tundra

ту́ндра	ту́ндру	ту́ндры	ту́ндре	ту́ндре	ту́ндрой

ТУННЕ́ЛЬ <унэ> SS (*see also* тоннéль) *m.in:* tunnel

туннéль	туннéль	туннéля	туннéле	туннéлю	туннéлем
туннéли	туннéли	туннéлей	туннéлях	туннéлям	туннéлями

ТУ́Р SS *m.in:* turn (*in a dance*); round (*at sports*)

ту́р	ту́р	ту́ра	ту́ре	ту́ру	ту́ром
ту́ры	ту́ры	ту́ров	ту́рах	ту́рам	ту́рами

ТУРА́ EE *f.in:* castle, rook (*chess*)

тура́	туру́	туры́	туре́	туре́	турóй
туры́	туры́	ту́р	тура́х	тура́м	тура́ми

ТУРБА́ЗА SS *f.in:* tourist center (*use* на/на/с *for* to/at/from)

турба́за	турба́зу	турба́зы	турба́зе	турба́зе	турба́зой
турба́зы	турба́зы	турба́з	турба́зах	турба́зам	турба́зами

ТУРЕ́ЦКИЙ S *short forms avoided, no compar:* Turkish

турéцкий	Nom/Gen	турéцкого	турéцком	турéцкому	турéцким
турéцкое	турéцкое	турéцкого	турéцком	турéцкому	турéцким
турéцкая	турéцкую	турéцкой	турéцкой	турéцкой	турéцкой
турéцкие	Nom/Gen	турéцких	турéцких	турéцким	турéцкими

adv. по-турéцки

ТУРИ́ЗМ SS *m.in:* tourism

тури́зм	тури́зм	тури́зма	тури́зме	тури́зму	тури́змом

ТУРИ́СТ SS *m.an:* tourist

тури́ст	тури́ста	тури́ста	тури́сте	тури́сту	тури́стом
тури́сты	тури́стов	тури́стов	тури́стах	тури́стам	тури́стами

ТУРИ́СТКА SS (o) *f.an:* tourist (*woman*)

тури́стка	тури́стку	тури́стки	тури́стке	тури́стке	тури́сткой
тури́стки	тури́сток	тури́сток	тури́стках	тури́сткам	тури́стками

ТУРИ́СТСКИЙ <йсск *or* йцск> S *short forms avoided, no compar:* tourist

тури́стский	Nom/Gen	тури́стского	тури́стском	тури́стскому	тури́стским
тури́стское	тури́стское	тури́стского	тури́стском	тури́стскому	тури́стским
тури́стская	тури́стскую	тури́стской	тури́стской	тури́стской	тури́стской
тури́стские	Nom/Gen	тури́стских	тури́стских	тури́стским	тури́стскими

adv. по-тури́стски

ТУ́РЦИЯ SS *f.in:* Turkey

Ту́рция	Ту́рцию	Ту́рции	Ту́рции	Ту́рции	Ту́рцией

ТУ́СКЛЫЙ M [*sh.Plur.* ту́склы́]: dim; dull

ту́склый	Nom/Gen	ту́склого	ту́склом	ту́склому	ту́склым
ту́склое	ту́склое	ту́склого	ту́склом	ту́склому	ту́склым
ту́склая	ту́склую	ту́склой	ту́склой	ту́склой	ту́склой
ту́склые	Nom/Gen	ту́склых	ту́склых	ту́склым	ту́склыми

ту́скл, тускла́, ту́скло, ту́склы́; тусклéе

ТУ́Т *adv:* here; at this point; now

Nominative	Accusative	Genitive	Prepositional	Dative	Instrumental
Non-past Sing.	Non-past Plur.	Imperative	Past	Pres. deverbals	Past deverbals

ТУ́ФЛЯ SS (e) *f.in*: slipper; shoe

ту́фля	ту́флю	ту́фли	ту́фле	ту́фле	ту́флей
ту́фли	ту́фли	ту́фель	ту́флях	ту́флям	ту́флями

ТУ́ЧА SS *f.in*: cloud

ту́ча	ту́чу	ту́чи	ту́че	ту́че	ту́чей
ту́чи	ту́чи	ту́ч	ту́чах	ту́чам	ту́чами

ТУШИ́ТЬ MS ту́шат; *pres. active ptcpl.* ту́шащий; *Impf*: 1. (*Pf.* по-) extinguish; 2 (*Pf.* с-, *Pf-awhile* по-) braise

тушу́	ту́шим	туши́	туши́л	туша́	
ту́шишь	ту́шите	туши́те	туши́ла	ту́шащий	туши́вший
ту́шит	ту́шат		туши́ли/о		

ТЩЕ́ТНЫЙ S (e): vain, futile

тще́тный	Nom/Gen	тще́тного	тще́тном	тще́тному	тще́тным
тще́тное	тще́тное	тще́тного	тще́тном	тще́тному	тще́тным
тще́тная	тще́тную	тще́тной	тще́тной	тще́тной	тще́тной
тще́тные	Nom/Gen	тще́тных	тще́тных	тще́тным	тще́тными

тще́тен, тще́тна, тще́тно, тще́тны; тще́тнее

ТЫ́ *pronoun*: you

ты́	тебя́	тебя́	тебе́	тебе́	тобо́й

ТЫ́СЯЧА SS *f.in*: thousand

ты́сяча	ты́сячу	ты́сячи	ты́сяче	ты́сяче	ты́сячей
ты́сячи	ты́сячи	ты́сяч	ты́сячах	ты́сячам	ты́сячами

ТЫ́СЯЧНЫЙ S (e): thousandth

ты́сячный	Nom/Gen	ты́сячного	ты́сячном	ты́сячному	ты́сячным
ты́сячное	ты́сячное	ты́сячного	ты́сячном	ты́сячному	ты́сячным
ты́сячная	ты́сячную	ты́сячной	ты́сячной	ты́сячной	ты́сячной
ты́сячные	Nom/Gen	ты́сячных	ты́сячных	ты́сячным	ты́сячными

ТЭ́ *indeclinable n.in*: (name of the letter т)

ТЯЖЕЛО́ *adv*: heavily; seriously; *predicate*: it is hard; distressing; painful; miserable *e.g.* Ему́ *Dat* тяжело́ He's miserable; Мне́ *Dat* тяжело́ нести́ э́ти кни́ги These books are too heavy for me to carry

ТЯЖЁЛЫЙ E: heavy; difficult, hard

тяжёлый	Nom/Gen	тяжёлого	тяжёлом	тяжёлому	тяжёлым
тяжёлое	тяжёлое	тяжёлого	тяжёлом	тяжёлому	тяжёлым
тяжёлая	тяжёлую	тяжёлой	тяжёлой	тяжёлой	тяжёлой
тяжёлые	Nom/Gen	тяжёлых	тяжёлых	тяжёлым	тяжёлыми

тяжёл, тяжела́, тяжело́, тяжелы́; тяжеле́е

ТЯНУ́ТЬСЯ MS тя́нутся; *pres. adv. avoided*; *Impf*: 1. (*Pf-begin* по-) pass, drag (*about time*); 2. (*Pf.* про- and *Pf-begin* по-) extend; 3. (*Pf.* рас-) stretch; 4. (*Pf.* по-) reach (for) *e.g.* Ребёнок тя́нется к игру́шке *Dat*; 5. (*Pf-begin* по-) strive (for) *e.g.* Он тя́нется к зна́ниям *Dat*

тяну́сь	тя́немся	тяни́сь	тяну́лся		
тя́нешься	тя́нетесь	тяни́тесь	тяну́лась	тя́нущийся	тяну́вшийся
тя́нется	тя́нутся		тяну́лись/ось	——	——

У́[1] *indeclinable n.in*: (name of the letter у)

У[2] (*normally unstressed*) *prep.* +Gen: by, at; at (somebody's house); from; *use in expressions meaning* have *e.g.* У меня́ *Gen* е́сть сестра́ *Nom* I have a sister

У[3] *interjection*: oh!

УБЕГА́ТЬ SS -а́ют; *intrans*; *Impf.* (*Pf.* убежа́ть): run off, away

убега́ю	убега́ем	убега́й	убега́л	убега́я	
убега́ешь	убега́ете	убега́йте	убега́ла	убега́ющий	убега́вший
убега́ет	убега́ют		убега́ли/о	——	——

УБЕДИ́ТЬ ES -дя́т; *1Sg. avoided*; *ppp* убеждённый S; *Pf.* (*Impf.* убежда́ть): convince (of) *e.g.* Он убеди́л её *Acc* в свое́й любви́ *Prep*; Он убеди́л её *Acc* в то́м *Prep*, что лю́бит её

	убеди́м	убеди́	убеди́л		убеди́в[ши]
убеди́шь	убеди́те	убеди́те	убеди́ла	——	убеди́вший
убеди́т	убедя́т		убеди́ли/о	——	убеждённый S

УБЕЖА́ТЬ ES -бегу́т -бегу́ -бежи́шь -бежи́т -бежи́м -бежи́те; *intrans*; *Pf.* (*Impf.* убега́ть): run off, away

убегу́	убежи́м	убеги́	убежа́л		убежа́в[ши]
убежи́шь	убежи́те	убеги́те	убежа́ла	——	убежа́вший
убежи́т	убегу́т		убежа́ли/о	——	

УБЕЖДА́ТЬ SS -а́ют; *Impf.* (*Pf.* убеди́ть): (try to) convince (of) *e.g.* Он убежда́л её *Acc* в свое́й любви́ *Prep*; Он убежда́л её *Acc* в то́м *Prep*, что лю́бит её

убежда́ю	убежда́ем	убежда́й	убежда́л	убежда́я	
убежда́ешь	убежда́ете	убежда́йте	убежда́ла	убежда́ющий	убежда́вший
убежда́ет	убежда́ют		убежда́ли/о	убежда́емый	——

УБЕЖДЁННО firmly, with conviction

УБЕЖДЁННЫЙ[1] S (e) *sh.masc.* убеждён: staunch; principled

убеждённый	Nom/Gen	убеждённого	убеждённом	убеждённому	убеждённым
убеждённое	убеждённое	убеждённого	убеждённом	убеждённому	убеждённым
убеждённая	убеждённую	убеждённой	убеждённой	убеждённой	убеждённой
убеждённые	Nom/Gen	убеждённых	убеждённых	убеждённым	убеждёнными

убеждён, убеждённа, убеждённо, убеждённы; убеждённее

УБЕЖДЁННЫЙ[2] E *short forms* убеждён, -ена́, -ено́, -ены́ *compar.* -ённее *(for long forms see* убеждённый[1]): convinced (of) *e.g.* Он убеждён в её любви́ *Prep*

убеждён, убеждена́, убеждено́, убеждены́; убеждённее

УБЕЖДЁННЫЙ[3] E *ppp of* убеди́ть *(for long forms see* убеждённый[1]): convinced (by smt/smb.) *e.g.* Убеждённый роди́телями *Inst* продолжа́ть учи́ться, я верну́лся в университе́т

убеждён, убеждена́, убеждено́, убеждены́

УБЕРУ́Т *non-past tense of* убра́ть

УБИВА́ТЬ SS -а́ют; *Impf. (Pf.* уби́ть): kill, murder

убива́ю	убива́ем	убива́й	убива́л	убива́я	
убива́ешь	убива́ете	убива́йте	убива́ла	убива́ющий	убива́вший
убива́ет	убива́ют		убива́ли/о	убива́емый	——

УБИРА́ТЬ SS -а́ют; *Impf. (Pf.* убра́ть): clean up; take away

убира́ю	убира́ем	убира́й	убира́л	убира́я	
убира́ешь	убира́ете	убира́йте	убира́ла	убира́ющий	убира́вший
убира́ет	убира́ют		убира́ли/о	убира́емый	——

УБИ́ТЬ ES -ью́т; -бе́й! *ppp* уби́тый S; *Pf. (Impf.* убива́ть): kill, murder

убью́	убьём	убе́й	уби́л	——	уби́в[ши]
убьёшь	убьёте	убе́йте	уби́ла	——	уби́вший
убьёт	убью́т		уби́ли/о	——	уби́тый S

УБО́РКА SS (o) *f.in:* cleaning up; harvest *e.g.* убо́рка карто́феля *Gen* potato harvest

убо́рка	убо́рку	убо́рки	убо́рке	убо́рке	убо́ркой

УБО́РНАЯ *used as f.in noun:* bathroom, toilet; dressing room

убо́рная	убо́рную	убо́рной	убо́рной	убо́рной	убо́рной
убо́рные	убо́рные	убо́рных	убо́рных	убо́рным	убо́рными

УБО́РЩИК SS *m.an:* janitor, custodian

убо́рщик	убо́рщика	убо́рщика	убо́рщике	убо́рщику	убо́рщиком
убо́рщики	убо́рщиков	убо́рщиков	убо́рщиках	убо́рщикам	убо́рщиками

УБО́РЩИЦА SS *f.an:* cleaning woman, custodian

убо́рщица	убо́рщицу	убо́рщицы	убо́рщице	убо́рщице	убо́рщицей
убо́рщицы	убо́рщиц	убо́рщиц	убо́рщицах	убо́рщицам	убо́рщицами

УБРА́ТЬ EM -беру́т; [*ppp* у́бранный S *or old-fashioned* M]; *Pf. (Impf.* убира́ть); clean up; take away

уберу́	уберём	убери́	убра́л	——	убра́в[ши]
уберёшь	уберёте	убери́те	убрала́	——	убра́вший
уберёт	уберу́т		убра́ли/о	——	у́бранный S

УВАЖА́ЕМЫЙ S (*also pres. passive ptcpl. of* уважа́ть): respected; dear (salutation in correspondence)

уважа́емый	Nom/Gen	уважа́емого	уважа́емом	уважа́емому	уважа́емым
уважа́емое	уважа́емое	уважа́емого	уважа́емом	уважа́емому	уважа́емым
уважа́емая	уважа́емую	уважа́емой	уважа́емой	уважа́емой	уважа́емой
уважа́емые	Nom/Gen	уважа́емых	уважа́емых	уважа́емым	уважа́емыми

уважа́ем, уважа́ема, уважа́емо, уважа́емы; уважа́емее

УВАЖА́ТЬ SS -а́ют; *no ppp; Impf. (no Pf.):* respect (for) *e.g.* Он уважа́л сестру́ *Acc* за её доброту́ *Acc*

уважа́ю	уважа́ю	уважа́й	уважа́л	уважа́я	
уважа́ешь	уважа́ете	уважа́йте	уважа́ла	уважа́ющий	уважа́вший
уважа́ет	уважа́ют		уважа́ли/о	уважа́емый	——

УВАЖЕ́НИЕ SS *n.in:* respect

уваже́ние	уваже́ние	уваже́ния	уваже́нии	уваже́нию	уваже́нием

УВЕДУ́Т *non-past tense of* увести́

УВЕЗТИ́ EE -везу́т; -вёз -везла́ -везли́; *past adv.* -везя́; *past active ptcpl.* -вёзший; *Pf. (Impf.* увози́ть): take away, haul away

увезу́	увезём	увези́	увёз	——	увезя́
увезёшь	увезёте	увези́те	увезла́	——	увёзший
увезёт	увезу́т		увезли́/о	——	увезённый E

УВЁЛ *past tense of* увести́

УВЕЛИ́ЧИВАТЬСЯ SS -аются; *Impf. (Pf.* увели́читься): increase *e.g.* Цена́ увели́чивается на два́ *Acc* рубл The price goes up (by) two rubles; Цена́ увели́чивается в два́ *Acc* ра́за The price doubles

-иваюсь	-иваемся	-ивайся	-ивался	-иваясь	
-иваешься	-иваетесь	-ивайтесь	-ивалась	-ивающийся	-ивавшийся
-ивается	-иваются		-ивались/ось	——	——

УВЕЛИ́ЧИТЬСЯ SS -чатся; *Pf.* (*Impf.* увели́чиваться): increase *e.g.* Цена́ увели́чилась на два́ *Acc* рубля́ The price went up (by) two rubles; Цена́ увели́чилась в два́ *Acc* ра́за The price doubled

-ли́чусь	-ли́чимся	-ли́чься	-ли́чился	——	-ли́чившись
-ли́чишься	-ли́читесь	-ли́чьтесь	-ли́чилась	——	-ли́чившийся
-ли́чится	-ли́чатся		-ли́чились/ось	——	——

УВЕ́РЕННО *adv:* confidently

УВЕ́РЕННОСТЬ SS *f.in:* confidence

уве́ренность	уве́ренность	уве́ренности	уве́ренности	уве́ренности	уве́ренностью

УВЕ́РЕННЫЙ[1] S short forms уве́рен, -рена, -рено, -рены; *compar.* -реннее: sure (of) *e.g.* Он уве́рен в её любви́ *Prep*

уве́ренный	Nom/Gen	уве́ренного	уве́ренном	уве́ренному	уве́ренным
уве́ренное	уве́ренное	уве́ренного	уве́ренном	уве́ренному	уве́ренным
уве́ренная	уве́ренную	уве́ренной	уве́ренной	уве́ренной	уве́ренной
уве́ренные	Nom/Gen	уве́ренных	уве́ренных	уве́ренным	уве́ренными

уве́рен, уве́рена, уве́рено, уве́рены; уве́реннее

УВЕ́РЕННЫЙ[2] S sh.masc. уве́рен (*for long forms see* уве́ренный[1]): confident, sure, assured

уве́рен, уве́ренна, уве́ренно, уве́ренны; уве́реннее

УВЕ́РЕННЫЙ[3] S ppp of уве́рить (*for long forms see* уве́ренный[1]): convinced; assured (*by smt./smb.*)

уве́рен, уве́рена, уве́рено, уве́рены

УВЕСТИ́ EE -веду́т; -вёл -вела́ -вели́; *past adv.* -ведя́; *past active ptcpl.* -ве́дший; *Pf.* (*Impf.* уводи́ть): take away, lead away

уведу́	уведём	уведи́	увёл	——	уведя́
уведёшь	уведёте	уведи́те	увела́	——	уве́дший
уведёт	уведу́т		увели́/ó	——	уведённый E

УВИ́ДЕТЬ SS -ви́дят; ppp уви́денный S; *Pf.* (*Impf.* ви́деть): see

уви́жу	уви́дим	уви́дь	уви́дел	——	уви́дев[ши]
уви́дишь	уви́дите	уви́дьте	уви́дела	——	уви́девший
уви́дит	уви́дят		уви́дели/о	——	уви́денный S

УВЛЕКА́ТЬСЯ SS -а́ются; *Impf.* (*Pf.* увле́чься): 1. be very interested (in), be enthusiastic (about), be into *e.g.* Он увлека́ется языка́ми *Inst*; 2. be interested (in), in love (with), attracted (to) *e.g.* Он увлека́лся мое́й сестро́й *Inst*

увлека́юсь	увлека́емся	увлека́йся	увлека́лся	увлека́ясь	
увлека́ешься	увлека́етесь	увлека́йтесь	увлека́лась	увлека́ющийся	увлека́вшийся
увлека́ется	увлека́ются		увлека́лись/ось	——	——

УВЛЕЧЕ́НИЕ SS *n.in:* 1. passion, enthusiasm (for) *e.g.* увлече́ние языка́ми *Inst*; 2. crush (on) *e.g.* увлече́ние мое́й сестро́й *Inst*

увлече́ние	увлече́ние	увлече́ния	увлече́нии	увлече́нию	увлече́нием
увлече́ния	увлече́ния	увлече́ний	увлече́ниях	увлече́ниям	увлече́ниями

УВОДИ́ТЬ MS -во́дят; *pres. passive ptcpl.* -води́мый; *Impf.* (*Pf.* увести́): take away, lead away

увожу́	уво́дим	уводи́	уводи́л	уводя́	
уво́дишь	уво́дите	уводи́те	уводи́ла	уводя́щий	уводи́вший
уво́дит	уво́дят		уводи́ли/о	уводи́мый	

УВОЖУ́ *non-past tense of* уводи́ть *and of* увози́ть

УВОЗИ́ТЬ MS -во́зят; *pres. passive ptcpl.* -вози́мый; *Impf.* (*Pf.* увезти́): take away, haul away

увожу́	уво́зим	увози́	увози́л	увозя́	
уво́зишь	уво́зите	увози́те	увози́ла	увозя́щий	увози́вший
уво́зит	уво́зят		увози́ли/о	увози́мый	

УГО́ДНО *particle:* -ever (*as in* whoever, whatever, whenever, etc.), any- (*as in* anybody, anything, anytime, etc.) *e.g.* что угодно anything; *predicate:* want, like *e.g.* Он де́лает что ему *Dat* уго́дно He does whatever he likes ● Что вам уго́дно? What would you like?

УГО́ДНЫЙ S (e): pleasing, welcome

уго́дный	Nom/Gen	уго́дного	уго́дном	уго́дному	уго́дным
уго́дное	уго́дное	уго́дного	уго́дном	уго́дному	уго́дным
уго́дная	уго́дную	уго́дной	уго́дной	уго́дной	уго́дной
уго́дные	Nom/Gen	уго́дных	уго́дных	уго́дным	уго́дными

уго́ден, уго́дна, уго́дно, уго́дны; уго́днее

У́ГОЛ[1] EE (о) *Loc.* (в/на) -ý (*Irreg. in phrases* за́ угол; на́ угол) *m.in:* corner

у́гол	у́гол	угла́	угле́/в, на углу́	углу́	угло́м
углы́	углы́	угло́в	угла́х	угла́м	угла́ми

У́ГОЛ[2] EE (о) *m.in:* angle

у́гол	у́гол	угла́	угле́	углу́	угло́м
углы́	углы́	угло́в	угла́х	угла́м	угла́ми

УГОЛО́К EE (о) [*Loc.* (в/на) -ý] *m.in:* corner; spot, place

уголо́к	уголо́к	уголка́	уголке́	уголку́	уголко́м
уголки́	уголки́	уголко́в	уголка́х	уголка́м	уголка́ми

УГОСТИ́ТЬ ES -тя́т; *Pf.* (*Impf.* угоща́ть): treat (to some dish, etc.) *e.g.* Он угости́л сестру́ *Acc* вино́м *Inst*

угощу́	угости́м	угости́	угости́л	——	угости́в[ши]
угости́шь	угости́те	угости́те	угости́ла	——	угости́вший
угости́т	угостя́т		угости́ли/о	——	угощённый E

УГОЩА́ТЬ SS -а́ют; *Impf.* (*Pf.* угости́ть): treat (*to some dish, etc.*) *e.g.* Он угоща́л сестру́ *Acc* вино́м *Inst*

угоща́ю	угоща́ем	угоща́й	угоща́л	угоща́я	
угоща́ешь	угоща́ете	угоща́йте	угоща́ла	угоща́ющий	угоща́вший
угоща́ет	угоща́ют		угоща́ли/о	угоща́емый	

УДАВА́ТЬСЯ¹ ES -даётся; *Impersonal*; *Impf.* (*Pf.* уда́ться¹): succeed, manage, be successful (in) *e.g.* Сестре́ *Dat* удаётся покупа́ть хоро́шие кни́ги

удаётся			удава́лось		

УДАВА́ТЬСЯ² ES -даю́тся; -дава́йся! *pres. adv.* -дава́ясь; *Impf.* (*Pf.* уда́ться): come out well, be a success *e.g.* Сестре́ *Dat* всегда́ удава́лись пироги́ *Nom* My sister's pies always came out well

удаю́сь	удаёмся	удава́йся	удава́лся	удава́ясь	
удаёшься	удаётесь	удава́йтесь	удава́лась	удаю́щийся	удава́вшийся
удаётся	удаю́тся		удава́лись/ось	——	——

УДАРЕ́НИЕ SS *n.in:* accent, stress

ударе́ние	ударе́ние	ударе́ния	ударе́нии	ударе́нию	ударе́нием
ударе́ния	ударе́ния	ударе́ний	ударе́ниях	ударе́ниям	ударе́ниями

УДА́РНИК¹ SS *m.an:* drummer; hard worker, enthusiastic worker

уда́рник	уда́рника	уда́рника	уда́рнике	уда́рнику	уда́рником
уда́рники	уда́рников	уда́рников	уда́рниках	уда́рникам	уда́рниками

УДА́РНИК² SS *m.in:* firing pin

уда́рник	уда́рник	уда́рника	уда́рнике	уда́рнику	уда́рником
уда́рники	уда́рники	уда́рников	уда́рниках	уда́рникам	уда́рниками

УДА́РНИЦА SS *f.an:* drummer; hard worker, enthusiastic worker (*woman*)

уда́рница	уда́рницу	уда́рницы	уда́рнице	уда́рнице	уда́рницей
уда́рницы	уда́рниц	уда́рниц	уда́рницах	уда́рницам	уда́рницами

УДА́ТЬСЯ¹ EE -да́стся *Impersonal*; *Pf.* (*Impf.* удава́ться): succeed, manage, be successful (in) *e.g.* Сестре́ *Dat* удало́сь купи́ть хоро́шую кни́гу

уда́стся			удало́сь		

УДА́ТЬСЯ² EE [*or* EM] -даду́тся -да́мся -да́шься -да́стся -дади́мся -дади́тесь; -да́йся! [уда́лся *or* old-fashioned удался́]; *Pf.* (*Impf.* удава́ться): come out well; be a success *e.g.* Пироги́ *Nom* удали́сь ей *Dat* Her pies came out well

уда́мся	удади́мся	уда́йся	уда́лся	——	уда́вшись
уда́шься	удади́тесь	уда́йтесь	удала́сь	——	уда́вшийся
уда́стся	удаду́тся		удали́сь/ось	——	——

УДА́ЧНЫЙ S (e): successful; right, fitting

уда́чный	Nom/Gen	уда́чного	уда́чном	уда́чному	уда́чным
уда́чное	уда́чное	уда́чного	уда́чном	уда́чному	уда́чным
уда́чная	уда́чную	уда́чной	уда́чной	уда́чной	уда́чной
уда́чные	Nom/Gen	уда́чных	уда́чных	уда́чным	уда́чными

уда́чен, уда́чна, уда́чно, уда́чны; уда́чнее

УДИВИ́ТЕЛЬНО *adv:* surprisingly; extremely; *predicate:* it is amazing, surprising, strange *e.g.* Удиви́тельно, что он ушёл It's surprising that he left ● Не удиви́тельно, что . . . No wonder . . .

УДИВИ́ТЕЛЬНЫЙ S (e): surprising, amazing

-и́тельный	Nom/Gen	-и́тельного	-и́тельном	-и́тельному	-и́тельным
-и́тельное	-и́тельное	-и́тельного	-и́тельном	-и́тельному	-и́тельным
-и́тельная	-и́тельную	-и́тельной	-и́тельной	-и́тельной	-и́тельной
-и́тельные	Nom/Gen	-и́тельных	-и́тельных	-и́тельным	-и́тельными

-и́телен, -и́тельна, -и́тельно, -и́тельны; -и́тельнее

УДИВИ́ТЬСЯ ES -вятся; *Pf.* (*Impf.* удивля́ться): be surprised (at, by) *e.g.* Он удиви́лся мои́м слова́м *Dat*

удивлю́сь	удиви́мся	удиви́сь	удиви́лся	——	удиви́вшись
удиви́шься	удиви́тесь	удиви́тесь	удиви́лась	——	удиви́вшийся
удиви́тся	удивя́тся		удиви́лись/ось	——	——

УДИВЛЕ́НИЕ SS *n.in:* astonishment, surprise

удивле́ние	удивле́ние	удивле́ния	удивле́нии	удивле́нию	удивле́нием

УДИВЛЁННЫЙ¹ S *sh.masc.* удивлён: surprised (*look, etc.*)

удивлённый	Nom/Gen	удивлённого	удивлённом	удивлённому	удивлённым
удивлённое	удивлённое	удивлённого	удивлённом	удивлённому	удивлённым
удивлённая	удивлённую	удивлённой	удивлённой	удивлённой	удивлённой
удивлённые	Nom/Gen	удивлённых	удивлённых	удивлённым	удивлёнными

удивлён, удивлённа, удивлённо, удивлённы; удивлённее

УДИВЛЁННЫЙ² E *ppp of* удиви́ть (for long forms see удивлённый¹): surprised (*by smt/smb.*)

удивлён, удивлена́, удивлено́, удивлены́

УДИВЛЯ́ТЬСЯ SS -я́ются; *Impf.* (*Pf.* удиви́ться): be surprised (at, by) *e.g.* Он удивля́лся мои́м слова́м *Dat*

удивля́юсь	удивля́емся	удивля́йся	удивля́лся	удивля́ясь	
удивля́ешься	удивля́етесь	удивля́йтесь	удивля́лась	удивля́ющийся	удивля́вшийся
удивля́ется	удивля́ются		удивля́лись/ось	——	

УДО́БНО *adv:* comfortably; conveniently; *predicate:* be/feel comfortable; be convenient *e.g.* Мне *Dat* удо́бно здесь сиде́ть I feel comfortable sitting here

УДО́БНЫЙ S (e): comfortable; convenient

удо́бный	Nom/Gen	удо́бного	удо́бном	удо́бному	удо́бным
удо́бное	удо́бное	удо́бного	удо́бном	удо́бному	удо́бным
удо́бная	удо́бную	удо́бной	удо́бной	удо́бной	удо́бной
удо́бные	Nom/Gen	удо́бных	удо́бных	удо́бным	удо́бными

удо́бен, удо́бна, удо́бно, удо́бны; удо́бнее

УДОБРЕ́НИЕ SS n.in: fertilizer

удобре́ние	удобре́ние	удобре́ния	удобре́нии	удобре́нию	удобре́нием
удобре́ния	удобре́ния	удобре́ний	удобре́ниях	удобре́ниям	удобре́ниями

УДОВЛЕТВОРИ́ТЕЛЬНЫЙ S (e): satisfactory

-ри́тельный	Nom/Gen	-ри́тельного	-ри́тельном	-ри́тельному	-ри́тельным
-ри́тельное	-ри́тельное	-ри́тельного	-ри́тельном	-ри́тельному	-ри́тельным
-ри́тельная	-ри́тельную	-ри́тельной	-ри́тельной	-ри́тельной	-ри́тельной
-ри́тельные	Nom/Gen	-ри́тельных	-ри́тельных	-ри́тельным	-ри́тельными

-ри́телен, -ри́тельна, -ри́тельно, -ри́тельны; -ри́тельнее

УДОВО́ЛЬСТВИЕ SS n.in: satisfaction, pleasure ● с удово́льствием of course, be glad to, with pleasure

удово́льствие	удово́льствие	удово́льствия	удово́льствии	удово́льствию	удово́льствием
удово́льствия	удово́льствия	удово́льствий	удово́льствиях	удово́льствиям	удово́льствиями

У́ДОЧКА SS (e) f.in: fishing-rod

у́дочка	у́дочку	у́дочки	у́дочке	у́дочке	у́дочкой
у́дочки	у́дочки	у́дочек	у́дочках	у́дочкам	у́дочками

УЕ́ДУТ non-past tense of уе́хать

УЕЗЖА́Й Imperative of уезжа́ть and of уе́хать

УЕЗЖА́ТЬ <ж'ж' or жж> SS -а́ют; intrans; Impf. (Pf. уе́хать): leave (riding, driving)

уезжа́ю	уезжа́ем	уезжа́й	уезжа́л	уезжа́я	
уезжа́ешь	уезжа́ете	уезжа́йте	уезжа́ла	уезжа́ющий	уезжа́вший
уезжа́ет	уезжа́ют		уезжа́ли/о	——	

УЕ́ХАТЬ SS -е́дут; -езжа́й! <ж'ж' or жж> intrans; Pf. (Impf. уезжа́ть): leave (riding, driving)

уе́ду	уе́дем	уезжа́й	уе́хал	——	уе́хав[ши]
уе́дешь	уе́дете	уезжа́йте	уе́хала	——	уе́хавший
уе́дет	уе́дут		уе́хали/о	——	

УЖ¹ see уже́

У́Ж² EE m.an: grass snake

у́ж	ужа́	ужа́	уже́	ужу́	ужо́м
ужи́	уже́й	уже́й	ужа́х	ужа́м	ужа́ми

У́ЖАС SS m.in: horror

у́жас	у́жас	у́жаса	у́жасе	у́жасу	у́жасом
у́жасы	у́жасы	у́жасов	у́жасах	у́жасам	у́жасами

УЖА́СНО adv: terribly, awfully; predicate: it is terrible, awful e.g. Ужа́сно, что бни разошли́сь

УЖА́СНЫЙ S (e): terrible, horrible

ужа́сный	Nom/Gen	ужа́сного	ужа́сном	ужа́сному	ужа́сным
ужа́сное	ужа́сное	ужа́сного	ужа́сном	ужа́сному	ужа́сным
ужа́сная	ужа́сную	ужа́сной	ужа́сной	ужа́сной	ужа́сной
ужа́сные	Nom/Gen	ужа́сных	ужа́сных	ужа́сным	ужа́сными

ужа́сен, ужа́сна, ужа́сно, ужа́сны; ужа́снее

УЖЕ́ (the variant уж is often unstressed) adv: already; now; by now; уже́ не no longer; particle, e.g. Э́то уже́ друго́е де́ло That's quite a different matter

У́ЖЕ compar. of у́зкий, у́зко

У́ЖИН SS m.in: 1. supper ● прийти́ к у́жину come to supper; за у́жином at supper, during supper; на у́жин for supper (said of food); 2. a supper, supper reception (use на/на/с for to/at/from the event)

у́жин	у́жин	у́жина	у́жине	у́жину	у́жином
у́жины	у́жины	у́жинов	у́жинах	у́жинам	у́жинами

У́ЖИНАТЬ SS -ают; intrans; Impf. (Pf. по-): eat supper

у́жинаю	у́жинаем	у́жинай	у́жинал	у́жиная	
у́жинаешь	у́жинаете	у́жинайте	у́жинала	у́жинающий	у́жинавший
у́жинает	у́жинают		у́жинали/о	——	

УЗБЕ́К SS m.an: Uzbek

узбе́к	узбе́ка	узбе́ка	узбе́ке	узбе́ку	узбе́ком
узбе́ки	узбе́ков	узбе́ков	узбе́ках	узбе́кам	узбе́ками

УЗБЕ́ЧКА SS (e) f.an: Uzbek (woman)

узбе́чка	узбе́чку	узбе́чки	узбе́чке	узбе́чке	узбе́чкой
узбе́чки	узбе́чек	узбе́чек	узбе́чках	узбе́чкам	узбе́чками

У́ЗКИЙ M (o) [sh.Plur. у́зки] compar. у́же; (see also у́зок too narrow): narrow

у́зкий	Nom/Gen	у́зкого	у́зком	у́зкому	у́зким
у́зкое	у́зкое	у́зкого	у́зком	у́зкому	у́зким
у́зкая	у́зкую	у́зкой	у́зкой	у́зкой	у́зкой
у́зкие	Nom/Gen	у́зких	у́зких	у́зким	у́зкими

у́зок, узка́, у́зко, у́зки; у́же

УЗНАВА́ТЬ ES -знаю́т; -знава́й! *pres. adv.* -знава́я; *pres. passive ptcpl.* -знава́емый; *Impf.* (*Pf.* узна́ть): 1. find out, learn; 2. recognize, identify (by) *e.g.* Я всегда́ узнаю́ Са́шу *Acc* по го́лосу *Dat*; 3. recognize (as) *e.g.* Встреча́ясь с людьми́, старик-профе́ссор ча́сто узнава́л в них *Prep* свои́х бы́вших студе́нтов *Acc* When meeting people the old professor would often realize that they were his former students

узнаю́	узнаём	узнава́й	узнава́л	узнава́я	
узнаёшь	узнаёте	узнава́йте	узнава́ла	узнаю́щий	узнава́вший
узнаёт	узнаю́т		узнава́ли/о	узнава́емый	——

УЗНА́ТЬ SS -а́ют; *Pf.* (*Impf.* узнава́ть): 1. find out, learn *e.g.* Он узна́л пра́вду *Acc* о тебе́ *Prep*; 2. recognize, identify (by) *e.g.* Я узна́л Са́шу *Acc* по го́лосу *Dat*; 3. recognize (as) *e.g.* Я узна́л в э́той же́нщине *Prep* свою́ бы́вшую студе́нтку *Acc* I recognized that woman as my former student

узна́ю	узна́ем	узна́й	узна́л	——	узна́в[ши]
узна́ешь	узна́ете	узна́йте	узна́ла	——	узна́вший
узна́ет	узна́ют		узна́ли/о	——	у́знанный S

У́ЗОК M (o) [*sh.neut.* у́зко, *sh.Plur.* у́зки] *no long forms; no compar;* (*see also* у́зкий narrow): too narrow; too tight
у́зок, узка́, у́зко, у́зки

УЙТИ́ EE уйду́т; ушёл ушла́ ушли́; *past adv.* уйдя́; *past active ptcpl.* уше́дший; *intrans; Pf.* (*Impf.* уходи́ть): leave, go away, walk away

уйду́	уйдём	уйди́	ушёл	——	уйдя́
уйдёшь	уйдёте	уйди́те	ушла́	——	уше́дший
уйдёт	уйду́т		ушли́/о́	——	

УКАЗА́ТЬ MS -ка́жут; *Pf.* (*Impf.* ука́зывать): 1. point (to) *e.g.* Он указа́л на сестру́ *Acc*; 2. point out, draw attention (to) *e.g.* Он указа́л на плоху́ю рабо́ту *Acc*

укажу́	ука́жем	укажи́	указа́л		указа́в[ши]
ука́жешь	ука́жете	укажи́те	указа́ла		указа́вший
ука́жет	ука́жут		указа́ли/о		ука́занный S

УКА́ЗЫВАТЬ SS -ают; *Impf.* (*Pf.* указа́ть): 1. point (to) *e.g.* Он ука́зывал на сестру́ *Acc*; 2. point out, draw attention (to) *e.g.* Он ука́зывал на плоху́ю рабо́ту *Acc*

ука́зываю	ука́зываем	ука́зывай	ука́зывал	ука́зывая	
ука́зываешь	ука́зываете	ука́зывайте	ука́зывала	ука́зывающий	ука́зывавший
ука́зывает	ука́зывают		ука́зывали/о	ука́зываемый	——

УКРА́ЙНА SS *f.in:* Ukraine (*use* на/на/с *for* to/in/from)

| Украи́на | Украи́ну | Украи́ны | Украи́не | Украи́не | Украи́ной |

УКРАИ́НЕЦ SS (e) *m.an:* Ukrainian

| украи́нец | украи́нца | украи́нца | украи́нце | украи́нцу | украи́нцем |
| украи́нцы | украи́нцев | украи́нцев | украи́нцах | украи́нцам | украи́нцами |

УКРАИ́НКА SS (o) *f.an:* Ukrainian (*woman*)

| украи́нка | украи́нку | украи́нки | украи́нке | украи́нке | украи́нкой |
| украи́нки | украи́нок | украи́нок | украи́нках | украи́нкам | украи́нками |

УКРАИ́НСКИЙ S *short forms avoided, no compar:* Ukrainian

украи́нский	Nom/Gen	украи́нского	украи́нском	украи́нскому	украи́нским
украи́нское	украи́нское	украи́нского	украи́нском	украи́нскому	украи́нским
украи́нская	украи́нскую	украи́нской	украи́нской	украи́нской	украи́нской
украи́нские	Nom/Gen	украи́нских	украи́нских	украи́нским	украи́нскими

adv. по-украи́нски

УКРА́СИТЬ SS -сят; *Pf.* (*Impf.* украша́ть): adorn, decorate *e.g.* Он укра́сил ко́мнату *Acc* портре́тами *Inst*

укра́шу	укра́сим	укра́сь	укра́сил		укра́сив[ши]
укра́сишь	укра́сите	укра́сьте	укра́сила		укра́сивший
укра́сит	укра́сят		укра́сили/о		укра́шенный S

УКРА́СТЬ ES -краду́т; -крал -кра́ла -кра́ли; *past adv.* -крав[ши]; *Pf.* (*Impf.* красть): steal (from) *e.g.* Он укра́л кни́гу *Acc* у мое́й сестры́ *Gen*

украду́	украдём	укради́	укра́л		укра́в[ши]
украдёшь	украдёте	укради́те	укра́ла		укра́вший
украдёт	украду́т		укра́ли/о		укра́денный S

УКРАША́ТЬ SS -а́ют; *Impf.* (*Pf.* укра́сить): adorn, decorate *e.g.* Он украша́л ко́мнату *Acc* портре́тами *Inst*

украша́ю	украша́ем	украша́й	украша́л	украша́я	
украша́ешь	украша́ете	украша́йте	украша́ла	украша́ющий	украша́вший
украша́ет	украша́ют		украша́ли/о	украша́емый	——

УЛЕТА́ТЬ SS -а́ют; *intrans; Impf.* (*Pf.* улете́ть): fly away

улета́ю	улета́ем	улета́й	улета́л	улета́я	
улета́ешь	улета́ете	улета́йте	улета́ла	улета́ющий	улета́вший
улета́ет	улета́ют		улета́ли/о	——	

УЛЕТЕ́ТЬ ES -летя́т; *intrans; Pf.* (*Impf.* улета́ть): fly away

улечу́	улети́м	улети́	улете́л		улете́в[ши]
улети́шь	улети́те	улети́те	улете́ла		улете́вший
улети́т	улетя́т		улете́ли/о		

У́ЛИЦА SS *f.in:* street (*use* на/на/с *for* to/on/from)

| у́лица | у́лицу | у́лицы | у́лице | у́лице | у́лицей |
| у́лицы | у́лицы | у́лиц | у́лицах | у́лицам | у́лицами |

УЛЫБА́ТЬСЯ SS -а́ются; *Impf.* (*Pf.* улыбну́ться): smile, smile (at) *e.g.* Óн улыба́лся сестре́ *Dat*; Óн улыба́лся шу́тке *Dat*

улыба́юсь	улыба́емся	улыба́йся	улыба́лся	улыба́ясь	
улыба́ешься	улыба́етесь	улыба́йтесь	улыба́лась	улыба́ющийся	улыба́вшийся
улыба́ется	улыба́ются		улыба́лись/ось	——	——

УЛЫ́БКА SS (o) *f.in*: smile

улы́бка	улы́бку	улы́бки	улы́бке	улы́бке	улы́бкой
улы́бки	улы́бки	улы́бок	улы́бках	улы́бкам	улы́бками

УЛЫБНУ́ТЬСЯ ES -ну́тся; *Pf.* (*Impf.* улыба́ться): smile, smile (at) *e.g.* Óн улыбну́лся сестре́ *Dat*; Óн улыбну́лся шу́тке *Dat*

улыбну́сь	улыбнёмся	улыбни́сь	улыбну́лся	——	улыбну́вшись
улыбнёшься	улыбнётесь	улыбни́тесь	улыбну́лась	——	улыбну́вшийся
улыбнётся	улыбну́тся		улыбну́лись/ось		

У́М EE *m.in*: mind, intellect

у́м	у́м	ума́	уме́	уму́	умо́м
умы́	умы́	умо́в	ума́х	ума́м	ума́ми

УМЕНЬША́ТЬСЯ SS -а́ются; *Impf.* (*Pf.* уме́ньшиться): decrease (by) *e.g.* Цена́ уменьша́ется на ты́сячу *Acc* рубле́й The price is going down by 1000 rubles; Цена́ уменьша́ется в два́ *Acc* ра́за The price is being cut in half

-ша́юсь	-ша́емся	-ша́йся	-ша́лся	-ша́ясь	
-ша́ешься	-ша́етесь	-ша́йтесь	-ша́лась	-ша́ющийся	-ша́вшийся
-ша́ется	-ша́ются		-ша́лись/ось	——	——

УМЕНЬШИ́ТЕЛЬНЫЙ S (e): diminutive (*grammatical*)

-ши́тельный	Nom/Gen	-ши́тельного	-ши́тельном	-ши́тельному	-ши́тельным
-ши́тельное	-ши́тельное	-ши́тельного	-ши́тельном	-ши́тельному	-ши́тельным
-ши́тельная	-ши́тельную	-ши́тельной	-ши́тельной	-ши́тельной	-ши́тельной
-ши́тельные	Nom/Gen	-ши́тельных	-ши́тельных	-ши́тельным	-ши́тельными

УМЕ́НЬШИТЬСЯ SS -шатся; *Pf.* (*Impf.* уменьша́ться): decrease *e.g.* Цена́ уме́ньшилась на ты́сячу *Acc* рубле́й The price went down by 1000 rubles; Цена́ уме́ньшилась в два́ *Acc* ра́за The price was cut in half

-шусь	-шимся	-шись	-шился	——	-шившись
-шишься	-шитесь	-шитесь	-шилась	——	-шившийся
-шится	-шатся		-шились/ось	——	——

√**УМЕРЕ́ТЬ** EM умру́т; у́мер умерла́ у́мерли; *past adv.* умере́в [*or* уме́рши]; *past active ptcpl.* уме́рший; *intrans*; *Pf.* (*Impf.* умира́ть): die (of) *e.g.* Óн у́мер от гри́ппа *Gen*

умру́	умрём	умри́	у́мер	——	умере́в
умрёшь	умрёте	умри́те	умерла́	——	уме́рший
умрёт	умру́т		у́мерли/о	——	——

УМЕ́ТЬ SS -е́ют; *intrans*; *Impf.* (*Pf.* суме́ть): know how, have the skill

уме́ю	уме́ем	уме́й	уме́л	умея	
уме́ешь	уме́ете	уме́йте	уме́ла	уме́ющий	уме́вший
уме́ет	уме́ют		уме́ли/о		

√**УМИРА́ТЬ** SS -а́ют; *intrans*; *Impf.* (*Pf.* умере́ть): die (of) *e.g.* Óн умира́л от гри́ппа *Gen*

умира́ю	умира́ем	умира́й	умира́л	умира́я	
умира́ешь	умира́ете	умира́йте	умира́ла	умира́ющий	умира́вший
умира́ет	умира́ют		умира́ли/о		

У́МНЫЙ E (ё): clever, smart, intelligent

у́мный	Nom/Gen	у́много	у́мном	у́мному	у́мным
у́мное	у́мное	у́много	у́мном	у́мному	у́мным
у́мная	у́мную	у́мной	у́мной	у́мной	у́мной
у́мные	Nom/Gen	у́мных	у́мных	у́мным	у́мными

умён, умна́, умно́, умны́; умне́е

УМЫВА́ТЬСЯ SS -а́ются; *Impf.* (*Pf.* умы́ться): wash (one's face, etc.)

умыва́юсь	умыва́емся	умыва́йся	умыва́лся	умыва́ясь	
умыва́ешься	умыва́етесь	умыва́йтесь	умыва́лась	умыва́ющийся	умыва́вшийся
умыва́ется	умыва́ются		умыва́лись/ось	——	——

УМЫ́ТЬСЯ SS -мо́ются; *Pf.* (*Impf.* умыва́ться): wash (one's face, etc.)

умо́юсь	умо́емся	умо́йся	умы́лся	——	умы́вшись
умо́ешься	умо́етесь	умо́йтесь	умы́лась	——	умы́вшийся
умо́ется	умо́ются		умы́лись/ось	——	——

УНЕСТИ́ EE -несу́т; -нёс -несла́ -несли́; *past adv.* -неся́; *past active ptcpl.* -нёсший; *Pf.* (*Impf.* уноси́ть): take away, carry off, carry away

унесу́	унесём	унеси́	унёс	——	унеся́
унесёшь	унесёте	унеси́те	унесла́	——	унёсший
унесёт	унесу́т		унесли́/о	——	унесённый E

УНИВЕРМА́Г SS *m.in*: department store

универма́г	универма́г	универма́га	универма́ге	универма́гу	универма́гом
универма́ги	универма́ги	универма́гов	универма́гах	универма́гам	универма́гами

УНИВЕРСА́ЛЬНЫЙ S (e): versatile, multi-purpose ● универса́льный магази́н department store

-а́льный	Nom/Gen	-а́льного	-а́льном	-а́льному	-а́льным
-а́льное	-а́льное	-а́льного	-а́льном	-а́льному	-а́льным
-а́льная	-а́льную	-а́льной	-а́льной	-а́льной	-а́льной
-а́льные	Nom/Gen	-а́льных	-а́льных	-а́льным	-а́льными

-а́лен, -а́льна, -а́льно, -а́льны; -а́льнее

УНИВЕРСИТЕ́Т SS m.in: university

-ситéт	-ситéт	-ситéта	-ситéте	-ситéту	-ситéтом
-ситéты	-ситéты	-ситéтов	-ситéтах	-ситéтам	-ситéтами

УНИВЕРСИТЕ́ТСКИЙ S short forms avoided, no compar: university

-ский	Nom/Gen	-ского	-ском	-скому	-ским
-ское	-ское	-ского	-ском	-скому	-ским
-ская	-скую	-ской	-ской	-ской	-ской
-ские	Nom/Gen	-ских	-ских	-ским	-скими

УНИЧТОЖА́ТЬ SS -а́ют; Impf. (Pf. уничто́жить): destroy

уничтожа́ю	уничтожа́ем	уничтожа́й	уничтожа́л	уничтожа́я	
уничтожа́ешь	уничтожа́ете	уничтожа́йте	уничтожа́ла	уничтожа́ющий	уничтожа́вший
уничтожа́ет	уничтожа́ют		уничтожа́ли/о	уничтожа́емый	——

УНИЧТО́ЖЕННЫЙ S ppp of уничто́жить: destroyed

-что́женный	Nom/Gen	-что́женного	-что́женном	-что́женному	-что́женным
-что́женное	-что́женное	-что́женного	-что́женном	-что́женному	-что́женным
-что́женная	-что́женную	-что́женной	-что́женной	-что́женной	-что́женной
-что́женные	Nom/Gen	-что́женных	-что́женных	-что́женным	-что́женными

уничто́жен, уничто́жена, уничто́жено, уничто́жены

УНИЧТО́ЖИТЬ SS -жат; Pf. (Impf. уничтожа́ть): destroy

уничто́жу	уничто́жим	уничто́жь	уничто́жил	——	уничто́жив[ши]
уничто́жишь	уничто́жите	уничто́жьте	уничто́жила	——	уничто́живший
уничто́жит	уничто́жат		уничто́жили/о	——	уничто́женный S

УНОСИ́ТЬ MS -но́сят; pres. passive ptcpl. -носи́мый; Impf. (Pf. унести́): take away, carry off, carry away

уношу́	уно́сим	уноси́	уноси́л	унося́	
уно́сишь	уно́сите	уноси́те	уноси́ла	уно́сящий	уноси́вший
уно́сит	уно́сят		уноси́ли/о	уноси́мый	

УПА́ВШИЙ past active ptcpl. of упа́сть

УПАКО́ВАННЫЙ S ppp of упакова́ть: packed

упако́ванный	Nom/Gen	упако́ванного	упако́ванном	упако́ванному	упако́ванным
упако́ванное	упако́ванное	упако́ванного	упако́ванном	упако́ванному	упако́ванным
упако́ванная	упако́ванную	упако́ванной	упако́ванной	упако́ванной	упако́ванной
упако́ванные	Nom/Gen	упако́ванных	упако́ванных	упако́ванным	упако́ванными

упако́ван, упако́вана, упако́вано, упако́ваны

УПАКОВА́ТЬ SS -ку́ют; Pf. (Impf. упако́вывать and пакова́ть): package; pack

упаку́ю	упаку́ем	упаку́й	упакова́л	——	упакова́в[ши]
упаку́ешь	упаку́ете	упаку́йте	упакова́ла	——	упакова́вший
упаку́ет	упаку́ют		упакова́ли/о	——	упако́ванный S

УПАКО́ВЫВАТЬ SS -ают; Impf. (Pf. упакова́ть): package; pack

-ко́вываю	-ко́вываем	-ко́вывай	-ко́вывал	-ко́вывая	
-ко́вываешь	-ко́вываете	-ко́вывайте	-ко́вывала	-ко́вывающий	-ко́вывавший
-ко́вывает	-ко́вывают		-ко́вывали/о	-ко́вываемый	

УПА́СТЬ ES -паду́т; -па́л -па́ла -па́ли; past adv. -па́в[ши]; intrans; Pf. (Impf. па́дать): fall

упаду́	упадём	упади́	упа́л	——	упа́в[ши]
упадёшь	упадёте	упади́те	упа́ла	——	упа́вший
упадёт	упаду́т		упа́ли/о	——	

УПЛАТИ́ТЬ MS -пла́тят; Pf. (Impf. плати́ть and упла́чивать): pay (for) e.g. Он уплати́л копе́йку Acc за газе́ту Acc

уплачу́	упла́тим	уплати́	уплати́л	——	уплати́в[ши]
упла́тишь	упла́тите	уплати́те	уплати́ла	——	уплати́вший
упла́тит	упла́тят		уплати́ли/о	——	упла́ченный S

УПЛЫВА́ТЬ SS -а́ют; intrans; Impf. (Pf. уплы́ть): float, swim, sail away

уплыва́ю	уплыва́ем	уплыва́й	уплыва́л	уплыва́я	
уплыва́ешь	уплыва́ете	уплыва́йте	уплыва́ла	уплыва́ющий	уплыва́вший
уплыва́ет	уплыва́ют		уплыва́ли/о	——	——

УПЛЫ́ТЬ EM -плыву́т; intrans; Pf. (Impf. уплыва́ть): float, swim, sail away

уплыву́	уплывём	уплыви́	уплы́л	——	уплы́в[ши]
уплывёшь	уплывёте	уплыви́те	уплыла́	——	уплы́вший
уплывёт	уплыву́т		уплы́ли/о	——	

УПОМИНА́ТЬСЯ SS -а́ются; Passive; Impf. (no Pf.): be mentioned

			-мина́лся		
			-мина́лась	-мина́ющийся	-мина́вшийся
-мина́ется	-мина́ются		-мина́лись/ось	——	

УПОТРЕБИ́ТЬ ES -бя́т; Pf. (Impf. употребля́ть): use (said of things you use up, like foods and supplies; also said of words and phrases; not said of tools and devices)

употреблю́	употреби́м	употреби́	употреби́л	——	употреби́в[ши]
употреби́шь	употреби́те	употреби́те	употреби́ла	——	употреби́вший
употреби́т	употребя́т		употреби́ли/о	——	употреблённый E

УПОТРЕБЛЯ́ТЬ SS -я́ют; Impf. (Pf. употреби́ть): use (said of things you use up, like foods and supplies; also said of words and phrases; not said of tools and devices)

употребля́ю	употребля́ем	употребля́й	употребля́л	употребля́я	
употребля́ешь	употребля́ете	употребля́йте	употребля́ла	употребля́ющий	употребля́вший
употребля́ет	употребля́ют		употребля́ли/о	употребля́емый	——

УПОТРЕБЛЯ́ТЬСЯ SS -я́ются; Passive; Impf. (no Pf.): be used (said of things you use up, like foods and supplies; also said of words and phrases; not said of tools and devices)

			-требля́лся	-требля́ясь	
			-требля́лась	-требля́ющийся	-требля́вшийся
-требля́ется	-требля́ются		-требля́лись/ось	——	——

УПРАВЛЯ́ТЬ SS -я́ют; has passive forms despite being intrans; Impf. (no Pf.): rule; run, manage e.g. Он управля́ет заво́дом Inst

управля́ю	управля́ем	управля́й	управля́л	управля́я	
управля́ешь	управля́ете	управля́йте	управля́ла	управля́ющий	управля́вший
управля́ет	управля́ют		управля́ли/о	управля́емый	

УПРАЖНЕ́НИЕ SS n.in: exercise

упражне́ние	упражне́ние	упражне́ния	упражне́нии	упражне́нию	упражне́нием
упражне́ния	упражне́ния	упражне́ний	упражне́ниях	упражне́ниям	упражне́ниями

УПРАЖНЯ́ТЬСЯ SS -я́ются; Impf. (Pf-awhile по-): practice e.g. Он упражня́ется (в игре́ Prep) на гита́ре Prep

-ня́юсь	-ня́емся	-ня́йся	-ня́лся	-ня́сь	
-ня́ешься	-ня́етесь	-ня́йтесь	-ня́лась	-ня́ющийся	-ня́вшийся
-ня́ется	-ня́ются		-ня́лись/ось	——	——

УПРУ́ГИЙ S compar. avoided: elastic, resilient

упру́гий	Nom/Gen	упру́гого	упру́гом	упру́гому	упру́гим
упру́гое	упру́гое	упру́гого	упру́гом	упру́гому	упру́гим
упру́гая	упру́гую	упру́гой	упру́гой	упру́гой	упру́гой
упру́гие	Nom/Gen	упру́гих	упру́гих	упру́гим	упру́гими

упру́г, упру́га, упру́го, упру́ги

УПРЯ́МЫЙ S: stubborn, persistent

упря́мый	Nom/Gen	упря́мого	упря́мом	упря́мому	упря́мым
упря́мое	упря́мое	упря́мого	упря́мом	упря́мому	упря́мым
упря́мая	упря́мую	упря́мой	упря́мой	упря́мой	упря́мой
упря́мые	Nom/Gen	упря́мых	упря́мых	упря́мым	упря́мыми

упря́м, упря́ма, упря́мо, упря́мы; упря́мее

УРА́ interjection: hurray!

УРА́Л SS m.in: 1. Ural (river) (use на/на/с for to/on(by)/from and use в/в/из for into/in/out of); 2. Urals (mountains) (use на/на/с for to/in/from)

Ура́л	Ура́л	Ура́ла	Ура́ле	Ура́лу	Ура́лом

УРОЖА́Й SS m.in: crop, harvest

урожа́й	урожа́й	урожа́я	урожа́е	урожа́ю	урожа́ем
урожа́и	урожа́и	урожа́ев	урожа́ях	урожа́ям	урожа́ями

УРО́К SS m.in: lesson, class (use на/на/с for to/at/from the event)

уро́к	уро́к	уро́ка	уро́ке	уро́ку	уро́ком
уро́ки	уро́ки	уро́ков	уро́ках	уро́кам	уро́ками

УРОНИ́ТЬ MS -ро́нят; Pf. (Impf. роня́ть): drop, let drop

уроню́	уро́ним	урони́	урони́л	——	урони́в[ши]
уро́нишь	уро́ните	урони́те	урони́ла	——	урони́вший
уро́нит	уро́нят		урони́ли/о	——	уро́ненный S

УСЛО́ВИЕ SS n.in: condition ● при усло́вии, что . . . provided that . . .

усло́вие	усло́вие	усло́вия	усло́вии	усло́вию	усло́вием
усло́вия	усло́вия	усло́вий	усло́виях	усло́виям	усло́виями

УСЛУ́ГА SS f.in: favor; service ● оказа́ть услу́гу do a favor; бюро́ до́брых услу́г center for domestic services (laundry, repairs, etc.)

услу́га	услу́гу	услу́ги	услу́ге	услу́ге	услу́гой
услу́ги	услу́ги	услу́г	услу́гах	услу́гам	услу́гами

УСЛЫ́ШАТЬ SS -слы́шат; Pf. (Impf. слы́шать): hear

услы́шу	услы́шим	услы́шь	услы́шал	——	услы́шав[ши]
услы́шишь	услы́шите	услы́шьте	услы́шала	——	услы́шавший
услы́шит	услы́шат		услы́шали/о	——	услы́шанный S

УСНУ́ТЬ ES -ну́т; intrans; Pf. (no Impf; use Impf. partner of засну́ть instead, i.e. засыпа́ть[2]): go to sleep

усну́	уснём	усни́	усну́л	——	усну́в[ши]
уснёшь	уснёте	усни́те	усну́ла	——	усну́вший
уснёт	усну́т		усну́ли/о	——	

УСПЕВА́ТЬ SS -а́ют; *intrans; Impf. (Pf.* успе́ть): have time to do smt., manage to do smt. in time ● успева́ть по +*Dat* do well in smt. (*a course of study*)

успева́ю	успева́ем	успева́й	успева́л	успева́я	
успева́ешь	успева́ете	успева́йте	успева́ла	успева́ющий	успева́вший
успева́ет	успева́ют		успева́ли/о	——	——

УСПЕ́ТЬ SS -е́ют; *intrans; Pf. (Impf.* успева́ть): have time to do smt., manage to do smt. in time

успе́ю	успе́ем	успе́й	успе́л	——	успе́в[ши]
успе́ешь	успе́ете	успе́йте	успе́ла	——	успе́вший
успе́ет	успе́ют		успе́ли/о	——	——

УСПЕ́Х SS *m.in:* success; (*in Plur.*) progress

успе́х	успе́х	успе́ха	успе́хе	успе́ху	успе́хом
успе́хи	успе́хи	успе́хов	успе́хах	успе́хам	успе́хами

УСПЕ́ШНО *adv:* successfully

УСПЕ́ШНЫЙ S (e): successful (*said only of things, not of people*)

успе́шный	Nom/Gen	успе́шного	успе́шном	успе́шному	успе́шным
успе́шное	успе́шное	успе́шного	успе́шном	успе́шному	успе́шным
успе́шная	успе́шную	успе́шной	успе́шной	успе́шной	успе́шной
успе́шные	Nom/Gen	успе́шных	успе́шных	успе́шным	успе́шными
успе́шен, успе́шна, успе́шно, успе́шны; успе́шнее					

УСПОКО́ИТЬ SS -о́ят; *Pf. (Impf.* успока́ивать): calm (smb.) down

успоко́ю	успоко́им	успоко́й	успоко́ил	——	успоко́ив[ши]
успоко́ишь	успоко́ите	успоко́йте	успоко́ила	——	успоко́ивший
успоко́ит	успоко́ят		успоко́или/о	——	успоко́енный S

УСПОКО́ИТЬСЯ SS -о́ятся; *Pf. (Impf.* успока́иваться): calm down

-ко́юсь	-ко́имся	-ко́йся	-ко́ился	——	-ко́ившись
-ко́ишься	-ко́итесь	-ко́йтесь	-ко́илась	——	-ко́ившийся
-ко́ится	-ко́ятся		-ко́ились/ось	——	——

УСТАВА́ТЬ ES -стаю́т; -става́й! *pres. adv.* -става́я; *intrans; Impf. (Pf.* уста́ть): get tired (from) *e.g.* Óн устава́л от рабо́ты *Gen*

устаю́	устаём	устава́й	устава́л	устава́я	
устаёшь	устаёте	устава́йте	устава́ла	устаю́щий	устава́вший
устаёт	устаю́т		устава́ли/о	——	——

УСТА́ЛО *adv:* wearily

УСТА́ЛЫЙ S: (*see also* уста́ть): tired

уста́лый	Nom/Gen	уста́лого	уста́лом	уста́лому	уста́лым
уста́лое	уста́лое	уста́лого	уста́лом	уста́лому	уста́лым
уста́лая	уста́лую	уста́лой	уста́лой	уста́лой	уста́лой
уста́лые	Nom/Gen	уста́лых	уста́лых	уста́лым	уста́лыми
adv. уста́ло; *compar.* уста́лее					

УСТАНОВИ́ТЬ MS -стано́вят; *Pf. (Impf.* устана́вливать): set up, establish

установлю́	устано́вим	установи́	установи́л	——	установи́в[ши]
устано́вишь	устано́вите	установи́те	установи́ла	——	установи́вший
устано́вит	устано́вят		установи́ли/о	——	устано́вленный S

УСТА́ТЬ SS -ста́нут; *intrans; Pf. (Impf.* устава́ть): get tired (from) *e.g.* Óн уста́л от рабо́ты *Gen* He is (has gotten) tired from working

уста́ну	уста́нем	уста́нь	уста́л	——	уста́в[ши]
уста́нешь	уста́нете	уста́ньте	уста́ла	——	уста́вший
уста́нет	уста́нут		уста́ли/о	——	——

УСТАЮ́Т *non-past tense of* устава́ть

УСТРА́ИВАТЬ SS -ают; *Impf. (Pf.* устро́ить): arrange, organize; be suitable, suit *e.g.* Э́то меня́ *Acc* устра́ивает

устра́иваю	устра́иваем	устра́ивай	устра́ивал	устра́ивая	
устра́иваешь	устра́иваете	устра́ивайте	устра́ивала	устра́ивающий	устра́ивавший
устра́ивает	устра́ивают		устра́ивали/о	устра́иваемый	——

УСТРА́ИВАТЬСЯ SS -аются; *Impf. (Pf.* устро́иться): 1. work out, come out well; 2. settle down; 3. make arrangements (*for a job, etc.*) *e.g.* Óн устра́ивается на рабо́ту *Acc* He is getting a job

-иваюсь	-иваемся	-ивайся	-ивался	-иваясь	
-иваешься	-иваетесь	-ивайтесь	-ивалась	-ивающийся	-ивавшийся
-ивается	-иваются		-ивались/ось	——	——

УСТРО́ИТЬ SS -о́ят; *Pf. (Impf.* устра́ивать): arrange, organize; be suitable, suit *e.g.* Э́то меня́ *Acc* устро́ило

устро́ю	устро́им	устро́й	устро́ил	——	устро́ив[ши]
устро́ишь	устро́ите	устро́йте	устро́ила	——	устро́ивший
устро́ит	устро́ят		устро́или/о	——	устро́енный S

УСТРО́ИТЬСЯ SS -о́ятся; *Pf. (Impf.* устра́иваться): 1. work out, come out well; 2. settle down; 3. make arrangements (*for a job, etc.*) *e.g.* Óн устро́ился на рабо́ту *Acc* He got a job

устро́юсь	устро́имся	устро́йся	устро́ился	——	устро́ившись
устро́ишься	устро́итесь	устро́йтесь	устро́илась	——	устро́ившийся
устро́ится	устро́ятся		устро́ились/ось		

УСТУПА́ТЬ SS -а́ют; *Impf.* (*Pf.* уступи́ть): 1. give in, yield (to) e.g. О́н уступа́л сестре́ *Dat*; 2. give up, concede (to) e.g. О́н уступа́л своё ме́сто *Acc* сестре́ *Dat*

уступа́ю	уступа́ем	уступа́й	уступа́л	уступа́я	
уступа́ешь	уступа́ете	уступа́йте	уступа́ла	уступа́ющий	уступа́вший
уступа́ет	уступа́ют		уступа́ли/о	уступа́емый	——

У́СТЬЕ SS *GPlur.* у́стьев [*or old-fashioned* SS (и)] *n.in:* mouth (of a river)

у́стье	у́стье	у́стья	у́стье	у́стью	у́стьем
у́стья	у́стья	у́стьев	у́стьях	у́стьям	у́стьями

УТАЩИ́ТЬ MS -та́щат; *Pf.* (*Impf.* тащи́ть[2] *and* таска́ть[2]): steal (from) e.g. О́н утащи́л у неё *Gen* кни́гу *Acc*

утащу́	ута́щим	утащи́	утащи́л	——	утащи́в[ши]
ута́щишь	ута́щите	утащи́те	утащи́ла	——	утащи́вший
ута́щит	ута́щат		утащи́ли/о	——	ута́щенный S

У́ТКА[1] SS (о) *f.an:* duck

у́тка	у́тку	у́тки	у́тке	у́тке	у́ткой
у́тки	у́ток	у́ток	у́тках	у́ткам	у́тками

У́ТКА[2] SS (о) *f.in:* canard, false report; bed-pan

у́тка	у́тку	у́тки	у́тке	у́тке	у́ткой
у́тки	у́тки	у́ток	у́тках	у́ткам	у́тками

УТОМИ́ТЕЛЬНО *adv:* tiresomely; tediously

УТОМИ́ТЕЛЬНЫЙ S (е): tiring; tiresome

-ми́тельный	*Nom/Gen*	-ми́тельного	-ми́тельном	-ми́тельному	-ми́тельным
-ми́тельное	-ми́тельное	-ми́тельного	-ми́тельном	-ми́тельному	-ми́тельным
-ми́тельная	-ми́тельную	-ми́тельной	-ми́тельной	-ми́тельной	-ми́тельной
-ми́тельные	*Nom/Gen*	-ми́тельных	-ми́тельных	-ми́тельным	-ми́тельными

-ми́телен, -ми́тельна, -ми́тельно, -ми́тельны; -ми́тельнее

УТОНУ́ТЬ MS -то́нут; *intrans; Pf.* (*Impf.* тону́ть): drown

утону́	уто́нем	утони́	утону́л	——	утону́в[ши]
уто́нешь	уто́нете	утони́те	утону́ла	——	утону́вший
уто́нет	уто́нут		утону́ли/о	——	——

У́ТРЕННИЙ S (е) *sh.masc. hypothetical:* morning

у́тренний	*Nom/Gen*	у́треннего	у́треннем	у́треннему	у́тренним
у́треннее	у́треннее	у́треннего	у́треннем	у́треннему	у́тренним
у́тренняя	у́треннюю	у́тренней	у́тренней	у́тренней	у́тренней
у́тренние	*Nom/Gen*	у́тренних	у́тренних	у́тренним	у́тренними

У́ТРО SS (*Irreg. in phrases* с утра́; до утра́; от утра́ до утра́; к утру́ [*or* к у́тру]; по утра́м; утра́ми); (*see also* у́тром); *n.in:* morning

у́тро	у́тро	у́тра	у́тре	у́тру	у́тром
у́тра	у́тра	у́тр	у́трах	у́трам	у́трами

У́ТРОМ *adv:* in the morning

УХА́ЖИВАТЬ SS -ают; *intrans; Impf.* (*Pf-awhile* по-): 1. look after, take care of e.g. О́н уха́живал за сестро́й *Inst*; 2. court e.g. О́н уха́живал за мое́й сестро́й *Inst*

уха́живаю	уха́живаем	уха́живай	уха́живал	уха́живая	
уха́живаешь	уха́живаете	уха́живайте	уха́живала	уха́живающий	уха́живавший
уха́живает	уха́живают		уха́живали/о	——	——

У́ХО SE *NPlur.* у́ши (*Irreg. in phrases* за́ ухо, за́ уши; на́ ухо, на́ уши; слон (медве́дь) на́ ухо наступи́л; уда́рить по́ уху; чеса́ть *etc.* за́ ухом; влюби́ться по́ уши) *n.in:* ear

у́хо	у́хо	у́ха	у́хе	у́ху	у́хом
у́ши	у́ши	уше́й	уша́х	уша́м	уша́ми

УХОДИ́ТЬ MS -хо́дят; *intrans; Impf.* (*Pf.* уйти́): leave, go away, walk away

ухожу́	ухо́дим	уходи́	уходи́л	уходя́	
ухо́дишь	ухо́дите	уходи́те	уходи́ла	уходя́щий	уходи́вший
ухо́дит	ухо́дят		уходи́ли/о		

УЧА́СТВОВАТЬ SS -ствуют; *intrans; Impf.* (*no Pf.*): take part, participate (in) e.g. О́н уча́ствует в рабо́те *Prep*

уча́ствую	уча́ствуем	уча́ствуй	уча́ствовал	уча́ствуя	
уча́ствуешь	уча́ствуете	уча́ствуйте	уча́ствовала	уча́ствующий	уча́ствовавший
уча́ствует	уча́ствуют		уча́ствовали/о	——	——

УЧА́СТИЕ SS *n.in:* 1. sympathy (for) e.g. уча́стие к +*Dat*; 2. participation • принима́ть уча́стие в +*Prep* take part (in)

уча́стие	уча́стие	уча́стия	уча́стии	уча́стию	уча́стием

УЧА́СТНИК <сн> SS *m.an:* participant

уча́стник	уча́стника	уча́стника	уча́стнике	уча́стнику	уча́стником
уча́стники	уча́стников	уча́стников	уча́стниках	уча́стникам	уча́стниками

УЧА́СТНИЦА <сн> SS *f.an:* participant (woman)

уча́стница	уча́стницу	уча́стницы	уча́стнице	уча́стнице	уча́стницей
уча́стницы	уча́стниц	уча́стниц	уча́стницах	уча́стницам	уча́стницами

УЧЁБА SS *f.in:* studies

учёба	учёбу	учёбы	учёбе	учёбе	учёбой

✓УЧЕ́БНИК SS *m.in*: textbook

учéбник	учéбник	учéбника	учéбнике	учéбнику	учéбником
учéбники	учéбники	учéбников	учéбниках	учéбникам	учéбниками

УЧЕ́БНЫЙ S (e): educational; academic; training

учéбный	*Nom/Gen*	учéбного	учéбном	учéбному	учéбным
учéбное	учéбное	учéбного	учéбном	учéбному	учéбным
учéбная	учéбную	учéбной	учéбной	учéбной	учéбной
учéбные	*Nom/Gen*	учéбных	учéбных	учéбным	учéбными

УЧЕ́НИЕ SS *n.in*: studies; learning; instruction; doctrine

учéние	учéние	учéния	учéнии	учéнию	учéнием
учéния	учéния	учéний	учéниях	учéниям	учéниями

✓УЧЕНИ́К EE *m.an*: student, pupil

учени́к	ученика́	ученика́	ученике́	ученику́	ученико́м
ученики́	ученико́в	ученико́в	ученика́х	ученика́м	ученика́ми

УЧЕНИ́ЦА SS *f.an*: student, pupil (*girl*)

учени́ца	учени́цу	учени́цы	учени́це	учени́це	учени́цей
учени́цы	учени́ц	учени́ц	учени́цах	учени́цам	учени́цами

УЧЁНЫЙ S *also used as m.an noun*: learned; trained; (*as noun*) scholar

учёный	*Nom/Gen*	учёного	учёном	учёному	учёным
учёное	учёное	учёного	учёном	учёному	учёным
учёная	учёную	учёной	учёной	учёной	учёной
учёные	*Nom/Gen*	учёных	учёных	учёным	учёными

учён, учёна, учёно, учёны; учёнее

УЧИ́ЛИЩЕ SS *n.in*: school (*often technical or military*)

учи́лище	учи́лище	учи́лища	учи́лище	учи́лищу	учи́лищем
учи́лища	учи́лища	учи́лищ	учи́лищах	учи́лищам	учи́лищами

✓УЧИ́ТЕЛЬ SE *NPlur.* -я́ *m.an*: school teacher; mentor

учи́тель	учителя́	учи́теля	учи́теле	учи́телю	учи́телем
учителя́	учителéй	учителéй	учителя́х	учителя́м	учителя́ми

УЧИ́ТЕЛЬНИЦА SS *f.an*: school teacher (*woman*)

учи́тельница	учи́тельницу	учи́тельницы	учи́тельнице	учи́тельнице	учи́тельницей
учи́тельницы	учи́тельниц	учи́тельниц	учи́тельницах	учи́тельницам	учи́тельницами

УЧИ́ТЬ MS у́чат; *pres. active ptcpl.* у́чащий; *Impf:* 1. (*Pf.* на- *and* вы́-, *Pf-awhile* по-): teach *e.g.* Он у́чит сестру́ *Acc* языкáм *Dat*; 2. (*Pf.* вы́-, *Pf-awhile* по-): learn ● учи́ть наизу́сть memorize

учу́	у́чим	учи́	учи́л	уча́	
у́чишь	у́чите	учи́те	учи́ла	у́чащий	учи́вший
у́чит	у́чат		учи́ли/о		

УЧИ́ТЬСЯ MS у́чатся; *Impf:* 1. (*Pf.* на- *and* вы́-): learn, study *e.g.* Он у́чится ру́сскому языку́ *Dat* у моéй сестры́ *Gen* He's studying Russian with my sister (as his teacher); 2 (*Pf-awhile* по-): study, attend school *e.g.* Он у́чится в шкóле *Prep* He goes to school

учу́сь	у́чимся	учи́сь	учи́лся	уча́сь	
у́чишься	у́читесь	учи́тесь	учи́лась	уча́щийся	учи́вшийся
у́чится	у́чатся		учи́лись/ось	——	——

УШЕ́ДШИЙ *past active ptcpl. of* уйти́

УШЁЛ *past tense of* уйти́

У́ЮТ SS *m.in*: comfort, coziness

ую́т	ую́т	ую́та	ую́те	ую́ту	ую́том

УЮ́ТНО *adv*: cosily, comfortably; *predicate*: it is cozy, snug, comfortable *e.g.* Мне *Dat* здесь ую́тно I feel comfortable here

УЮ́ТНЫЙ S (e): cozy, comfortable

ую́тный	*Nom/Gen*	ую́тного	ую́тном	ую́тному	ую́тным
ую́тное	ую́тное	ую́тного	ую́тном	ую́тному	ую́тным
ую́тная	ую́тную	ую́тной	ую́тной	ую́тной	ую́тным
ую́тные	*Nom/Gen*	ую́тных	ую́тных	ую́тным	ую́тными

ую́тен, ую́тна, ую́тно, ую́тны; ую́тнее

ФА́БРИКА SS f.in: factory (use на/на/с for to/at/from)

фа́брика	фа́брику	фа́брики	фа́брике	фа́брике	фа́брикой
фа́брики	фа́брики	фа́брик	фа́бриках	фа́брикам	фа́бриками

ФАГО́Т SS m.in: bassoon ● игра́ть на фаго́те Prep play the bassoon

фаго́т	фаго́т	фаго́та	фаго́те	фаго́ту	фаго́том
фаго́ты	фаго́ты	фаго́тов	фаго́тах	фаго́там	фаго́тами

ФА́КТ SS m.in: fact

фа́кт	фа́кт	фа́кта	фа́кте	фа́кту	фа́ктом
фа́кты	фа́кты	фа́ктов	фа́ктах	фа́ктам	фа́ктами

ФАКТИ́ЧЕСКИЙ S short forms avoided, no compar: factual, actual

факти́ческий	Nom/Gen	факти́ческого	факти́ческом	факти́ческому	факти́ческим
факти́ческое	факти́ческое	факти́ческого	факти́ческом	факти́ческому	факти́ческим
факти́ческая	факти́ческую	факти́ческой	факти́ческой	факти́ческой	факти́ческой
факти́ческие	Nom/Gen	факти́ческих	факти́ческих	факти́ческим	факти́ческими

adv. факти́чески

ФА́КТОР SS m.in: factor, condition

фа́ктор	фа́ктор	фа́ктора	фа́кторе	фа́ктору	фа́ктором
фа́кторы	фа́кторы	фа́кторов	фа́кторах	фа́кторам	фа́кторами

ФАКУЛЬТЕ́Т SS m.in: department, school, division (in an academic institution) (use на/на/с for to/in/from)

факульте́т	факульте́т	факульте́та	факульте́те	факульте́ту	факульте́том
факульте́ты	факульте́ты	факульте́тов	факульте́тах	факульте́там	факульте́тами

ФАМИ́ЛИЯ SS f.in: last name

фами́лия	фами́лию	фами́лии	фами́лии	фами́лии	фами́лией
фами́лии	фами́лии	фами́лий	фами́лиях	фами́лиям	фами́лиями

ФАНТА́СТИКА SS f.in: fiction, fantasy; (colloq.) smt. fantastic, terrific, great ● нау́чная фанта́стика science fiction

фанта́стика	фанта́стику	фанта́стики	фанта́стике	фанта́стике	фанта́стикой

ФАРЕНГЕ́ЙТ SS m.an Fahrenheit ● температу́ра по Фаренге́йту temperature Fahrenheit

Фаренге́йт	Фаренге́йта	Фаренге́йта	Фаренге́йте	Фаренге́йту	Фаренге́йтом

ФЕВРА́ЛЬ EE m.in: February

февра́ль	февра́ль	февраля́	феврале́	февралю́	февралём
феврали́	феврали́	феврале́й	февраля́х	февраля́м	февраля́ми

ФЕ́РМА SS f.in: farm (use на/на/с for to/on/from)

фе́рма	фе́рму	фе́рмы	фе́рме	фе́рме	фе́рмой
фе́рмы	фе́рмы	фе́рм	фе́рмах	фе́рмам	фе́рмами

ФЕ́РМЕР SS m.an: farmer

фе́рмер	фе́рмера	фе́рмера	фе́рмере	фе́рмеру	фе́рмером
фе́рмеры	фе́рмеров	фе́рмеров	фе́рмерах	фе́рмерам	фе́рмерами

ФЕСТИВА́ЛЬ SS m.in: festival (use на/на/с for to/at/from the event)

фестива́ль	фестива́ль	фестива́ля	фестива́ле	фестива́лю	фестива́лем
фестива́ли	фестива́ли	фестива́лей	фестива́лях	фестива́лям	фестива́лями

ФИГУ́РА SS f.in: figure; chessman (excluding pawns)

фигу́ра	фигу́ру	фигу́ры	фигу́ре	фигу́ре	фигу́рой
фигу́ры	фигу́ры	фигу́р	фигу́рах	фигу́рам	фигу́рами

ФИГУРИ́СТ SS m.an: figure skater

фигури́ст	фигури́ста	фигури́ста	фигури́сте	фигури́сту	фигури́стом
фигури́сты	фигури́стов	фигури́стов	фигури́стах	фигури́стам	фигури́стами

ФИГУРИ́СТКА SS (о) f.an: figure skater (woman)

фигури́стка	фигури́стку	фигури́стки	фигури́стке	фигури́стке	фигури́сткой
фигури́стки	фигури́сток	фигури́сток	фигури́стках	фигури́сткам	фигури́стками

ФИ́ЗИК SS m.an: physicist; physics teacher

фи́зик	фи́зика	фи́зика	фи́зике	фи́зику	фи́зиком
фи́зики	фи́зиков	фи́зиков	фи́зиках	фи́зикам	фи́зиками

ФИ́ЗИКА SS f.in: physics

фи́зика	фи́зику	фи́зики	фи́зике	фи́зике	фи́зикой

ФИЗИ́ЧЕСКИЙ S short forms avoided, no compar: physical; physics

физи́ческий	Nom/Gen	физи́ческого	физи́ческом	физи́ческому	физи́ческим
физи́ческое	физи́ческое	физи́ческого	физи́ческом	физи́ческому	физи́ческим
физи́ческая	физи́ческую	физи́ческой	физи́ческой	физи́ческой	физи́ческой
физи́ческие	Nom/Gen	физи́ческих	физи́ческих	физи́ческим	физи́ческими

adv. физи́чески

ФИЗКУЛЬТУ́РА SS f.in: sports, physical education

физкульту́ра	физкульту́ру	физкульту́ры	физкульту́ре	физкульту́ре	физкульту́рой

ФИЛАНТРО́П SS m.an: philanthropist

филантро́п	филантро́па	филантро́па	филантро́пе	филантро́пу	филантро́пом
филантро́пы	филантро́пов	филантро́пов	филантро́пах	филантро́пам	филантро́пами

ФИЛАНТРО́ПКА SS (о) f.an: philanthropist (woman)

филантро́пка	филантро́пку	филантро́пки	филантро́пке	филантро́пке	филантро́пкой
филантро́пки	филантро́пок	филантро́пок	филантро́пках	филантро́пкам	филантро́пками

ФИЛАРМО́НИЯ SS *f.in*: philharmonic hall; philharmonic society

филармо́ния	филармо́нию	филармо́нии	филармо́нии	филармо́нии	филармо́нией
филармо́нии	филармо́нии	филармо́ний	филармо́ниях	филармо́ниям	филармо́ниями

ФИЛО́ЛОГ SS *m.an*: philologist

фило́лог	фило́лога	фило́лога	фило́логе	фило́логу	фило́логом
фило́логи	фило́логов	фило́логов	фило́логах	фило́логам	фило́логами

ФИЛОЛОГИ́ЧЕСКИЙ S *short forms avoided, no compar*: philological ● филологи́ческий факульте́т school of languages and literatures

-йческий	Nom/Gen	-йческого	-йческом	-йческому	-йческим
-йческое	-йческое	-йческого	-йческом	-йческому	-йческим
-йческая	-йческую	-йческой	-йческой	-йческой	-йческой
-йческие	Nom/Gen	-йческих	-йческих	-йческим	-йческими

adv. филологи́чески

ФИЛО́СОФ SS *m.an*: philosopher

фило́соф	фило́софа	фило́софа	фило́софе	фило́софу	фило́софом
фило́софы	фило́софов	фило́софов	фило́софах	фило́софам	фило́софами

ФИЛОСО́ФИЯ SS *f.in*: philosophy

филосо́фия	филосо́фию	филосо́фии	филосо́фии	филосо́фии	филосо́фией
филосо́фии	филосо́фии	филосо́фий	филосо́фиях	филосо́фиям	филосо́фиями

ФИЛФА́К SS *m.in*: (*abbrev. of* филологи́ческий факульте́т) school of literatures and languages (*use* на/на/с *for* to/in/from)

филфа́к	филфа́к	филфа́ка	филфа́ке	филфа́ку	филфа́ком
филфа́ки	филфа́ки	филфа́ков	филфа́ках	филфа́кам	филфа́ками

ФИ́ЛЬМ SS *m.in*: film, movie (*use* на/на/с *for* to/at/from *the event*)

фи́льм	фи́льм	фи́льма	фи́льме	фи́льму	фи́льмом
фи́льмы	фи́льмы	фи́льмов	фи́льмах	фи́льмам	фи́льмами

ФИНА́Л SS *m.in*: finale

фина́л	фина́л	фина́ла	фина́ле	фина́лу	фина́лом
фина́лы	фина́лы	фина́лов	фина́лах	фина́лам	фина́лами

ФИ́НКА¹ SS (о) *f.an*: Finn (*woman*)

фи́нка	фи́нку	фи́нки	фи́нке	фи́нке	фи́нкой
фи́нки	фи́нок	фи́нок	фи́нках	фи́нкам	фи́нками

ФИ́НКА² SS (о) *f.in*: type of knife; type of hat

фи́нка	фи́нку	фи́нки	фи́нке	фи́нке	фи́нкой
фи́нки	фи́нки	фи́нок	фи́нках	фи́нкам	фи́нками

ФИНЛЯ́НДИЯ SS *f.in*: Finland

Финля́ндия	Финля́ндию	Финля́ндии	Финля́ндии	Финля́ндии	Финля́ндией

ФИ́НН <н, *not* нн> SS *m.an*: Finn

фи́нн	фи́нна	фи́нна	фи́нне	фи́нну	фи́нном
фи́нны	фи́ннов	фи́ннов	фи́ннах	фи́ннам	фи́ннами

ФИ́НСКИЙ S *short forms avoided, no compar*: Finnish

фи́нский	Nom/Gen	фи́нского	фи́нском	фи́нскому	фи́нским
фи́нское	фи́нское	фи́нского	фи́нском	фи́нскому	фи́нским
фи́нская	фи́нскую	фи́нской	фи́нской	фи́нской	фи́нской
фи́нские	Nom/Gen	фи́нских	фи́нских	фи́нским	фи́нскими

adv. по-фи́нски

ФЛА́Г <*in prep. phrases variant* во *is used*> SS *m.in*: flag

фла́г	фла́г	фла́га	фла́ге	фла́гу	фла́гом
фла́ги	фла́ги	фла́гов	фла́гах	фла́гам	фла́гами

ФЛАМИ́НГО <*in prep. phrases variant* во *is used*> indeclinable *m.an*: flamingo

ФЛЕ́ЙТА <*in prep. phrases variant* во *is used*> SS *f.in*: flute ● игра́ть на флейте *Prep* play the flute

фле́йта	фле́йту	фле́йты	фле́йте	фле́йте	фле́йтой
фле́йты	фле́йты	фле́йт	фле́йтах	фле́йтам	фле́йтами

ФЛОРИ́ДА <*in prep. phrases variant* во *is used*> SS *f.in*: Florida

Флори́да	Флори́ду	Флори́ды	Флори́де	Флори́де	Флори́дой

ФОЙЕ́ <фа *or* фо> indeclinable *n.in*: lobby

ФОНЕ́ТИКА <нэ> SS *f.in*: phonetics

фоне́тика	фоне́тику	фоне́тики	фоне́тике	фоне́тике	фоне́тикой

ФОНЕТИ́ЧЕСКИЙ <нэ> S *short forms avoided, no compar*: phonetic

фонети́ческий	Nom/Gen	фонети́ческого	фонети́ческом	фонети́ческому	фонети́ческим
фонети́ческое	фонети́ческое	фонети́ческого	фонети́ческом	фонети́ческому	фонети́ческим
фонети́ческая	фонети́ческую	фонети́ческой	фонети́ческой	фонети́ческой	фонети́ческой
фонети́ческие	Nom/Gen	фонети́ческих	фонети́ческих	фонети́ческим	фонети́ческими

adv. фонети́чески

ФО́РМА SS *f.in*: form; form, shape; uniform

фо́рма	фо́рму	фо́рмы	фо́рме	фо́рме	фо́рмой
фо́рмы	фо́рмы	фо́рм	фо́рмах	фо́рмам	фо́рмами

ФОРСИ́РОВАТЬ SS -руют; *Pf.-Impf:* speed up; ford (*a river, etc.*)

форси́рую	форси́руем	форси́руй	форси́ровал	форси́руя	форси́ровав[ши]
форси́руешь	форси́руете	форси́руйте	форси́ровала	форси́рующий	форси́ровавший
форси́рует	форси́руют		форси́ровали/о	форси́руемый	форси́рованный S

ФОТОАППАРА́Т <п, *not* пп> SS *m.in:* camera

-аппара́т	-аппара́т	-аппара́та	-аппара́те	-аппара́ту	-аппара́том
-аппара́ты	-аппара́ты	-аппара́тов	-аппара́тах	-аппара́там	-аппара́тами

ФОТОГРАФИ́РОВАТЬ SS -руют; *Impf.* (*Pf.* с-): photograph

-фи́рую	-фи́руем	-фи́руй	-фи́ровал	-фи́руя	
-фи́руешь	-фи́руете	-фи́руйте	-фи́ровала	-фи́рующий	-фи́ровавший
-фи́рует	-фи́руют		-фи́ровали/о	-фи́руемый	

ФОТОГРА́ФИЯ SS *f.in:* photography; photograph, picture ● на фотогра́фии *Prep* in the picture

фотогра́фия	фотогра́фию	фотогра́фии	фотогра́фии	фотогра́фии	фотогра́фией
фотогра́фии	фотогра́фии	фотогра́фий	фотогра́фиях	фотогра́фиям	фотогра́фиями

ФРА́ЗА <*in prep. phrases variant* во *is used*> SS *f.in:* sentence; phrase

фра́за	фра́зу	фра́зы	фра́зе	фра́зе	фра́зой
фра́зы	фра́зы	фраз	фра́зах	фра́зам	фра́зами

ФРА́НЦИЯ <*in prep. phrases variant* во *is used*> SS *f.in:* France

Фра́нция	Фра́нцию	Фра́нции	Фра́нции	Фра́нции	Фра́нцией

ФРАНЦУ́ЖЕНКА <*in prep. phrases variant* во *is used*> SS (о) *f.an:* Frenchwoman

-цу́женка	-цу́женку	-цу́женки	-цу́женке	-цу́женке	-цу́женкой
-цу́женки	-цу́женок	-цу́женок	-цу́женках	-цу́женкам	-цу́женками

ФРАНЦУ́З <*in prep. phrases variant* во *is used*> SS *m.an:* Frenchman

францу́з	францу́за	францу́за	францу́зе	францу́зу	францу́зом
францу́зы	францу́зов	францу́зов	францу́зах	францу́зам	францу́зами

ФРАНЦУ́ЗСКИЙ <у́ск; *in prep. phrases variant* во *is used*> S *short forms avoided, no compar:* French

францу́зский	*Nom/Gen*	францу́зского	францу́зском	францу́зскому	францу́зским
францу́зское	францу́зское	францу́зского	францу́зском	францу́зскому	францу́зским
францу́зская	францу́зскую	францу́зской	францу́зской	францу́зской	францу́зской
францу́зские	*Nom/Gen*	францу́зских	францу́зских	францу́зским	францу́зскими

adv. по-францу́зски

ФРОНТ <*in prep. phrases variant* во *is used*> SE *m.in:* front (*military*) (*use* на/на/с *for* to/at/from)

фронт	фронт	фро́нта	фро́нте	фро́нту	фро́нтом
фронты́	фронты́	фронто́в	фронта́х	фронта́м	фронта́ми

ФРУКТ <*in prep. phrases variant* во *is used*> SS *m.in:* piece of fruit; (*in Plur.*) fruit, fruits

фру́кт	фру́кт	фру́кта	фру́кте	фру́кту	фру́ктом
фру́кты	фру́кты	фру́ктов	фру́ктах	фру́ктам	фру́ктами

ФРУКТО́ВЫЙ <*in prep. phrases variant* во *is used*> S: fruit ● фрукто́вый сад orchard

фрукто́вый	*Nom/Gen*	фрукто́вого	фрукто́вом	фрукто́вому	фрукто́вым
фрукто́вое	фрукто́вое	фрукто́вого	фрукто́вом	фрукто́вому	фрукто́вым
фрукто́вая	фрукто́вую	фрукто́вой	фрукто́вой	фрукто́вой	фрукто́вой
фрукто́вые	*Nom/Gen*	фрукто́вых	фрукто́вых	фрукто́вым	фрукто́выми

ФУНТ SS *m.in:* pound

фу́нт	фу́нт	фу́нта	фу́нте	фу́нту	фу́нтом
фу́нты	фу́нты	фу́нтов	фу́нтах	фу́нтам	фу́нтами

ФУТБО́Л SS *m.in:* soccer; football (*game*) (*use* на/на/с *for* to/at/from the event) ● игра́ть в футбо́л *Acc* play soccer

футбо́л	футбо́л	футбо́ла	футбо́ле	футбо́лу	футбо́лом

ФУТБОЛИ́СТ SS *m.an:* football player; soccer player

футболи́ст	футболи́ста	футболи́ста	футболи́сте	футболи́сту	футболи́стом
футболи́сты	футболи́стов	футболи́стов	футболи́стах	футболи́стам	футболи́стами

ФУТБОЛИ́СТКА SS (о) *f.an:* soccer player (*woman*)

-боли́стка	-боли́стку	-боли́стки	-боли́стке	-боли́стке	-боли́сткой
-боли́стки	-боли́сток	-боли́сток	-боли́стках	-боли́сткам	-боли́стками

ФУТБО́ЛЬНЫЙ S (е): football; soccer

футбо́льный	*Nom/Gen*	футбо́льного	футбо́льном	футбо́льному	футбо́льным
футбо́льное	футбо́льное	футбо́льного	футбо́льном	футбо́льному	футбо́льным
футбо́льная	футбо́льную	футбо́льной	футбо́льной	футбо́льной	футбо́льной
футбо́льные	*Nom/Gen*	футбо́льных	футбо́льных	футбо́льным	футбо́льными

ФУТЛЯ́Р SS *m.in:* case, container

футля́р	футля́р	футля́ра	футля́ре	футля́ру	футля́ром
футля́ры	футля́ры	футля́ров	футля́рах	футля́рам	футля́рами

ХА́ indeclinable n.in: (name of the letter х)

ХАЛА́Т SS m.in: bathrobe

хала́т	хала́т	хала́та	хала́те	хала́ту	хала́том
хала́ты	хала́ты	хала́тов	хала́тах	хала́там	хала́тами

ХА́Н SS m.an: khan

ха́н	ха́на	ха́на	ха́не	ха́ну	ха́ном
ха́ны	ха́нов	ха́нов	ха́нах	ха́нам	ха́нами

ХАРА́КТЕР SS m.in: character, nature; personality

хара́ктер	хара́ктер	хара́ктера	хара́ктере	хара́ктеру	хара́ктером
хара́ктеры	хара́ктеры	хара́ктеров	хара́ктерах	хара́ктерам	хара́ктерами

ХАРАКТЕРИЗОВА́ТЬ SS -зу́ют; Pf.-Impf. (Pf. also охарактеризова́ть): describe, characterize (as) e.g. Óн характеризова́л сестру́ Acc как у́мную же́нщину Acc

-изу́ю	-изу́ем	-изу́й	-изова́л	-изу́я	-изова́в[ши]
-изу́ешь	-изу́ете	-изу́йте	-изова́ла	-изу́ющий	-изова́вший
-изу́ет	-изу́ют		-изова́ли/о	-изу́емый	-изо́ванный S

ХАРАКТЕРИ́СТИКА SS f.in: description; letter of reference

-тери́стика	-тери́стику	-тери́стики	-тери́стике	-тери́стике	-тери́стикой
-тери́стики	-тери́стики	-тери́стик	-тери́стиках	-тери́стикам	-тери́стиками

ХВАЛИ́ТЬ MS хва́лят; pres. active ptcpl. хва́лящий; pres. passive ptcpl. хвали́мый; Impf. (Pf. по-): praise, compliment (on) e.g. Óн хвали́л сестру́ Acc за её рабо́ту Acc

хвалю́	хва́лим	хвали́	хвали́л	хваля́	
хва́лишь	хва́лите	хвали́те	хвали́ла	хва́лящий	хвали́вший
хва́лит	хва́лят		хвали́ли/о	хвали́мый	

ХВАТА́ТЬ[1] SS -а́ют; Impf. (Pf. схвати́ть): grab e.g. Не хвата́й соба́ку Acc за хво́ст Acc Don't grab the dog by his tail

хвата́ю	хвата́ем	хвата́й	хвата́л	хвата́я	
хвата́ешь	хвата́ете	хвата́йте	хвата́ла	хвата́ющий	хвата́вший
хвата́ет	хвата́ют		хвата́ли/о	хвата́емый	——

ХВАТА́ТЬ[2] SS хвата́ет; Impersonal; intrans; Impf. (Pf. хвати́ть): suffice; be enough e.g. Ему́ Dat хвата́ет одного́ бутербро́да Gen на обе́д

хвата́ет			хвата́ло		

ХВАТИ́ТЬ MS хва́тит; Impersonal; intrans; Pf. (Impf. хвата́ть[2]): suffice; be enough e.g. Ему́ Dat хва́тит одного́ бутербро́да Gen на обе́д

хва́тит			хвати́ло		

ХИ́МИК SS m.an: chemist; chemistry teacher

хи́мик	хи́мика	хи́мика	хи́мике	хи́мику	хи́миком
хи́мики	хи́миков	хи́миков	хи́миках	хи́микам	хи́миками

ХИМИ́ЧЕСКИЙ S short forms avoided, no compar: chemical, chemistry

хими́ческий	Nom/Gen	хими́ческого	хими́ческом	хими́ческому	хими́ческим
хими́ческое	хими́ческое	хими́ческого	хими́ческом	хими́ческому	хими́ческим
хими́ческая	хими́ческую	хими́ческой	хими́ческой	хими́ческой	хими́ческой
хими́ческие	Nom/Gen	хими́ческих	хими́ческих	хими́ческим	хими́ческими

adv. хими́чески

ХИ́МИЯ SS f.in: chemistry

хи́мия	хи́мию	хи́мии	хи́мии	хи́мии	хи́мией

ХИРУ́РГ SS m.an: surgeon (Use fem. predicate when referring to a woman, e.g. На́ш но́вый хиру́рг сего́дня не пришла́)

хиру́рг	хиру́рга	хиру́рга	хиру́рге	хиру́ргу	хиру́ргом
хиру́рги	хиру́ргов	хиру́ргов	хиру́ргах	хиру́ргам	хиру́ргами

ХИХИ́КАТЬ SS -ают; intrans; Impf. (Pf-begin за-, Pf-once хихи́кнуть): giggle

хихи́каю	хихи́каем	хихи́кай	хихи́кал	хихи́кая	
хихи́каешь	хихи́каете	хихи́кайте	хихи́кала	хихи́кающий	хихи́кавший
хихи́кает	хихи́кают		хихи́кали/о	——	——

ХИХИ́КНУТЬ SS -кнут; intrans; Pf-once (Impf. хихи́кать): giggle

хихи́кну	хихи́кнем	хихи́кни	хихи́кнул	——	хихи́кнув[ши]
хихи́кнешь	хихи́кнете	хихи́кните	хихи́кнула	——	хихи́кнувший
хихи́кнет	хихи́кнут		хихи́кнули/о	——	

ХЛЕ́Б[1] SS m.in: bread; loaf of bread

хле́б	хле́б	хле́ба	хле́бе	хле́бу	хле́бом
хле́бы	хле́бы	хле́бов	хле́бах	хле́бам	хле́бами

ХЛЕ́Б[2] SE NPlur. -а́ m.in: grain

хле́б	хле́б	хле́ба	хле́бе	хле́бу	хле́бом
хлеба́	хлеба́	хлебо́в	хлеба́х	хлеба́м	хлеба́ми

ХЛЕБА́ТЬ SS -а́ют; ppp хлё́банный S; Colloquial; Impf. (Pf-once хлебну́ть): gulp, drink, eat (liquid foods)

хлеба́ю	хлеба́ем	хлеба́й	хлеба́л	хлеба́я	
хлеба́ешь	хлеба́ете	хлеба́йте	хлеба́ла	хлеба́ющий	хлеба́вший
хлеба́ет	хлеба́ют		хлеба́ли/о	хлеба́емый	

ХЛЕБНУ́ТЬ ES -ну́т; ppp avoided; Colloquial; Pf-once: 1. (Impf. хлеба́ть) gulp, drink, eat (liquid foods); 2. (no Impf.) endure, have one's share (of) e.g. Он хлебну́л го́ря Gen

хлебну́	хлебнём	хлебни́	хлебну́л	——	хлебну́в[ши]
хлебнёшь	хлебнёте	хлебни́те	хлебну́ла	——	хлебну́вший
хлебнёт	хлебну́т		хлебну́ли/о	——	

ХЛО́ПОК SS (o) m.in: cotton

хло́пок	хло́пок	хло́пка	хло́пке	хло́пку	хло́пком

ХМУ́РИТЬСЯ SS -рятся; Impf. (Pf. на-): frown

хму́рюсь	хму́римся	хму́рься	хму́рился	хму́рясь	
хму́ришься	хму́ритесь	хму́рьтесь	хму́рилась	хму́рящийся	хму́рившийся
хму́рится	хму́рятся		хму́рились/ось	——	——

ХОДИ́ТЬ MS хо́дят; intrans: 1. Non-One-way Impf. (One-way Impf. идти́; Pf-awhile по-) come/go, walk; 2. Impf. (no Pf.) move (in a game); attend; wear e.g. Он хо́дит в джи́нсах Prep He wears jeans

хожу́	хо́дим	ходи́	ходи́л	ходя́	
хо́дишь	хо́дите	ходи́те	ходи́ла	ходя́щий	ходи́вший
хо́дит	хо́дят		ходи́ли/о	——	——

ХОЖУ́ non-past tense of ХОДИ́ТЬ

ХОЗЯ́ИН SS NPlur. хозя́ева, GPlur. хозя́ев m.an: owner; master; host

хозя́ин	хозя́ина	хозя́ина	хозя́ине	хозя́ину	хозя́ином
хозя́ева	хозя́ев	хозя́ев	хозя́евах	хозя́евам	хозя́евами

ХОЗЯ́ЙКА SS (e) f.an: owner; mistress; hostess

хозя́йка	хозя́йку	хозя́йки	хозя́йке	хозя́йке	хозя́йкой
хозя́йки	хозя́ек	хозя́ек	хозя́йках	хозя́йкам	хозя́йками

ХОЗЯ́ЙСТВО SS n.in: housekeeping; household; enterprise; industry ● се́льское хозя́йство agriculture

хозя́йство	хозя́йство	хозя́йства	хозя́йстве	хозя́йству	хозя́йством
хозя́йства	хозя́йства	хозя́йствах	хозя́йствах	хозя́йствам	хозя́йствами

ХОККЕИ́СТ <к, not кк> SS m.an: hockey player

хоккеи́ст	хоккеи́ста	хоккеи́ста	хоккеи́сте	хоккеи́сту	хоккеи́стом
хоккеи́сты	хоккеи́стов	хоккеи́стов	хоккеи́стах	хоккеи́стам	хоккеи́стами

ХОККЕИ́СТКА <к, not кк> SS (o) f.an: hockey player (woman)

хоккеи́стка	хоккеи́стку	хоккеи́стки	хоккеи́стке	хоккеи́стке	хоккеи́сткой
хоккеи́стки	хоккеи́сток	хоккеи́сток	хоккеи́стках	хоккеи́сткам	хоккеи́стками

ХОККЕ́Й <к, not кк> SS m.in: hockey (use на/на/с for to/at/from the event) ● игра́ть в хокке́й Acc play hockey

хокке́й	хокке́й	хокке́я	хокке́е	хокке́ю	хокке́ем

ХОККЕ́ЙНЫЙ <к, not кк> S (e): hockey

хокке́йный	Nom/Gen	хокке́йного	хокке́йном	хокке́йному	хокке́йным
хокке́йное	хокке́йное	хокке́йного	хокке́йном	хокке́йному	хокке́йным
хокке́йная	хокке́йную	хокке́йной	хокке́йной	хокке́йной	хокке́йной
хокке́йные	Nom/Gen	хокке́йных	хокке́йных	хокке́йным	хокке́йными

ХО́ЛМ EE m.in: hill (use на/на/с for to/on/from)

хо́лм	хо́лм	холма́	холме́	холму́	холмо́м
холмы́	холмы́	холмо́в	холма́х	холма́м	холма́ми

ХО́ЛОД SE Part. -у, NPlur. -а́ m.in: cold, cold weather; cold spell

хо́лод	хо́лод	хо́лода/-у	хо́лоде	хо́лоду	хо́лодом
холода́	холода́	холодо́в	холода́х	холода́м	холода́ми

ХОЛОДЕ́ТЬ SS -е́ют; intrans; Impf. (Pf. по-): 1. (Impersonal) grow cold e.g. По́сле моро́женого у меня́ Gen всегда́ холоде́ет в желу́дке Prep; 2. (Personal) grow cold (from) e.g. Он холоде́л от стра́ха Gen

холоде́ю	холоде́ем	холоде́й	холоде́л	холоде́я	
холоде́ешь	холоде́ете	холоде́йте	холоде́ла	холоде́ющий	холоде́вший
холоде́ет	холоде́ют		холоде́ли/о	——	——

ХОЛОДИ́ЛЬНИК SS m.in: refrigerator

-ди́льник	-ди́льник	-ди́льника	-ди́льнике	-ди́льнику	-ди́льником
-ди́льники	-ди́льники	-ди́льников	-ди́льниках	-ди́льникам	-ди́льниками

ХО́ЛОДНО adv: coldly; predicate: be/feel cold e.g. Мне́ Dat хо́лодно I'm cold

ХОЛО́ДНЫЙ M (e) short forms хо́лоден, холодна́, хо́лодно, хо́лодны: cold

холо́дный	Nom/Gen	холо́дного	холо́дном	холо́дному	холо́дным
холо́дное	холо́дное	холо́дного	холо́дном	холо́дному	холо́дным
холо́дная	холо́дную	холо́дной	холо́дной	холо́дной	холо́дной
холо́дные	Nom/Gen	холо́дных	холо́дных	холо́дным	холо́дными

хо́лоден, холодна́, хо́лодно, холодны́; холодне́е

ХО́Р SE [or SS] m.in: choir; chorus e.g. ● хо́ром in chorus

хо́р	хо́р	хо́ра	хо́ре	хо́ру	хо́ром
хоры́	хоры́	хоро́в	хора́х	хора́м	хора́ми

ХОРВА́ТСКИЙ S *short forms avoided, no compar:* Croatian

хорва́тский	Nom/Gen	хорва́тского	хорва́тском	хорва́тскому	хорва́тским
хорва́тское	хорва́тское	хорва́тского	хорва́тском	хорва́тскому	хорва́тским
хорва́тская	хорва́тскую	хорва́тской	хорва́тской	хорва́тской	хорва́тской
хорва́тские	Nom/Gen	хорва́тских	хорва́тских	хорва́тским	хорва́тскими

adv. по-хорва́тски

ХОРО́ШЕНЬКИЙ S (e) *short forms avoided, no compar:* cute, nice

хоро́шенький	Nom/Gen	хоро́шенького	хоро́шеньком	хоро́шенькому	хоро́шеньким
хоро́шенькое	хоро́шенькое	хоро́шенького	хоро́шеньком	хоро́шенькому	хоро́шеньким
хоро́шенькая	хоро́шенькую	хоро́шенькой	хоро́шенькой	хоро́шенькой	хоро́шенькой
хоро́шенькие		хоро́шеньких	хоро́шеньких	хоро́шеньким	хоро́шенькими

ХОРОШЁНЬКО *adv:* properly, thoroughly

ХОРО́ШИЙ E *compar.* лу́чше: good ● Она́ хороша́ собо́й She's beautiful; Всего́ хоро́шего! Goodbye!

хоро́ший	Nom/Gen	хоро́шего	хоро́шем	хоро́шему	хоро́шим
хоро́шее	хоро́шее	хоро́шего	хоро́шем	хоро́шему	хоро́шим
хоро́шая	хоро́шую	хоро́шей	хоро́шей	хоро́шей	хоро́шей
хоро́шие	Nom/Gen	хоро́ших	хоро́ших	хоро́шим	хоро́шими

хоро́ш, хороша́, хорошо́, хороши́; лу́чше

ХОРОШО́ *adv:* well; *particle:* OK, fine, all right; *predicate:* it is good; feel good *e.g.* Ва́м *Dat* хорошо́ ту́т сиде́ть? Are you all right sitting here? Мне́ *Dat* хорошо́ I feel good

ХОТЕ́ТЬ ES хотя́т хочу́ хо́чешь хо́чет хоти́м хоти́те; *Imperative avoided; intrans; Impf. (Pf-begin* за-*):* want *e.g.* Хочу́ пирога́ *Gen*; Хочу́ (чтобы мне́ да́ли) пиро́г *Acc* I want (to be given) pie

хочу́	хоти́м	хоте́л	хотя́	
хо́чешь	хоти́те	хоте́ла	хотя́щий	хоте́вший
хо́чет	хотя́т	хоте́ли/о	——	——

ХОТЕ́ТЬСЯ ES хо́чется; *Impersonal; Impf. (Pf-begin* за-*):* want, feel like (having), feel like (doing) *e.g.* Мне́ *Dat* хо́чется молока́ *Gen*

хо́чется	хоте́лось

ХО́ТЬ (*often unstressed*) *conjunction and particle:* although; even if; at least; for example ● хо́ть бы if only

✓**ХОТЯ́** *conjunction and particle:* although; even if; at least ● хотя́ бы if only

ХОХЛОМСКО́Й E *no sh.masc; other short forms avoided, no compar:* Khokhloma

хохломско́й	Nom/Gen	хохломско́го	хохломско́м	хохломско́му	хохломски́м
хохломско́е	хохломско́е	хохломско́го	хохломско́м	хохломско́му	хохломски́м
хохломска́я	хохломску́ю	хохломско́й	хохломско́й	хохломско́й	хохломско́й
хохломски́е	Nom/Gen	хохломски́х	хохломски́х	хохломски́м	хохломски́ми

ХО́ЧЕТ *non-past tense of* хоте́ть

ХРА́М SS *m.in:* temple; cathedral

хра́м	хра́м	хра́ма	хра́ме	хра́му	хра́мом
хра́мы	хра́мы	хра́мов	хра́мах	хра́мам	хра́мами

ХРАНИ́ТЬ ES -ня́т; *pres. passive ptcpl.* храни́мый; *Impf. (Pf.* сохрани́ть*):* preserve

храню́	храни́м	храни́	храни́л	храня́	
храни́шь	храни́те	храни́те	храни́ла	храня́щий	храни́вший
храни́т	храня́т		храни́ли/о	храни́мый	

ХРАПЕ́ТЬ ES храпя́т; *intrans; Impf. (Pf-begin* за-*):* snore

храплю́	храпи́м	храпи́	храпе́л	храпя́	
храпи́шь	храпи́те	храпи́те	храпе́ла	храпя́щий	храпе́вший
храпи́т	храпя́т		храпе́ли/о	——	——

ХРИСТИА́НСКИЙ S *short forms avoided, no compar:* Christian

-а́нский	Nom/Gen	-а́нского	-а́нском	-а́нскому	-а́нским
-а́нское	-а́нское	-а́нского	-а́нском	-а́нскому	-а́нским
-а́нская	-а́нскую	-а́нской	-а́нской	-а́нской	-а́нской
-а́нские	Nom/Gen	-а́нских	-а́нских	-а́нским	-а́нскими

adv. по-христиа́нски

ХУ́ДЕНЬКИЙ S (e) *short forms avoided, no compar: diminutive of* худо́й[1]

ху́денький	Nom/Gen	ху́денького	ху́деньком	ху́денькому	ху́деньким
ху́денькое	ху́денькое	ху́денького	ху́деньком	ху́денькому	ху́деньким
ху́денькая	ху́денькую	ху́денькой	ху́денькой	ху́денькой	ху́денькой
ху́денькие	Nom/Gen	ху́деньких	ху́деньких	ху́деньким	ху́денькими

ХУДЕ́ТЬ SS -е́ют; *intrans; Impf. (Pf.* по-*):* grow thin(ner), lose weight

худе́ю	худе́ем	худе́й	худе́л	худе́я	
худе́ешь	худе́ете	худе́йте	худе́ла	худе́ющий	худе́вший
худе́ет	худе́ют		худе́ли/о	——	——

ХУ́ДО[1] SS *n.in:* harm; evil

ху́до	ху́до	ху́да	ху́де	ху́ду	ху́дом

ХУ́ДО[2] *adv:* poorly, ill, badly; *predicate:* feel poorly, unwell; be in a bad way *e.g.* Мне́ *Dat* ху́до I feel sick

ХУДОЖЕСТВЕННЫЙ S (e) [*sh.masc.* художественен *or* художествен]: artistic; art ● художественная
литература fiction

-жественный	Nom/Gen	-жественного	-жественном	-жественному	-жественным
-жественное	-жественное	-жественного	-жественном	-жественному	-жественным
-жественная	-жественную	-жественной	-жественной	-жественной	-жественной
-жественные	Nom/Gen	-жественных	-жественных	-жественным	-жественными

-жественен, -жественна, -жественно, -жественны; -жественнее

ХУДОЖНИК SS *m.an*: artist

художник	художника	художника	художнике	художнику	художником
художники	художников	художников	художниках	художникам	художниками

ХУДОЖНИЦА SS *f.an*: artist (woman)

художница	художницу	художницы	художнице	художнице	художницей
художницы	художниц	художниц	художницах	художницам	художницами

ХУДОЙ[1] M [*sh.Plur.* худы]: skinny; shabby, full of holes

худой	Nom/Gen	худого	худом	худому	худым
худое	худое	худого	худом	худому	худым
худая	худую	худой	худой	худой	худой
худые	Nom/Gen	худых	худых	худым	худыми

худ, худа, худо, худы; худее

ХУДОЙ[2] M *compar.* хуже (*for long forms see* худой[1]): bad

худ, худа, худо, худы; хуже

ХУДШИЙ S *short forms avoided*: worst

худший	Nom/Gen	худшего	худшем	худшему	худшим
худшее	худшее	худшего	худшем	худшему	худшим
худшая	худшую	худшей	худшей	худшей	худшей
худшие	Nom/Gen	худших	худших	худшим	худшими

ХУЖЕ[1] *compar. of* плохой, плохо
ХУЖЕ[2] *compar. of* худой[2], худо[2]

ХУЛИГАН SS *m.an*: hooligan, hoodlum

хулиган	хулигана	хулигана	хулигане	хулигану	хулиганом
хулиганы	хулиганов	хулиганов	хулиганах	хулиганам	хулиганами

ХУЛИГАНИТЬ SS -нят; *intrans; Impf.* (*Pf.* на-): make trouble

хулиганю	хулиганим	хулигань	хулиганил	хулиганя	
хулиганишь	хулиганите	хулиганьте	хулиганила	хулиганящий	хулиганивший
хулиганит	хулиганят		хулиганили/о	——	——

ХУЛИГАНКА SS (о) *f.an*: hooligan, hoodlum (woman)

хулиганка	хулиганку	хулиганки	хулиганке	хулиганке	хулиганкой
хулиганки	хулиганок	хулиганок	хулиганках	хулиганкам	хулиганками

ЦАРЕВИЧ SS *m.an*: czarevitch, prince (*son of the czar*)

царевич	царевича	царевича	царевиче	царевичу	царевичем
царевичи	царевичей	царевичей	царевичах	царевичам	царевичами

ЦАРЕВНА SS (e) *f.an*: czarevna, princess (*daughter of the czar*)

царевна	царевну	царевны	царевне	царевне	царевной
царевны	царевен	царевен	царевнах	царевнам	царевнами

ЦАРИЦА SS *f.an*: czarina (*wife of the czar; empress*)

царица	царицу	царицы	царице	царице	царицей
царицы	цариц	цариц	царицах	царицам	царицами

ЦАРСТВО SS *n.in*: kingdom

царство	царство	царства	царстве	царству	царством
царства	царства	царств	царствах	царствам	царствами

ЦАРЬ EE *m.an*: czar

царь	царя	царя	царе	царю	царём
цари	царей	царей	царях	царям	царями

ЦВЕСТИ EE цветут; цвёл цвела цвели; *past adv.* цветши; *intrans; Impf:* 1. (*Pf-begin* за-) blossom; 2. (*Pf.* рас-)
flourish

цвету	цветём	цвети	цвёл	цветя	
цветёшь	цветёте	цветите	цвела	цветущий	цветший
цветёт	цветут		цвели/о	——	

ЦВЕТ[1] SE *NPlur.* -а (*see also Plur. forms of* цветок[1]) *m.in*: color

цвет	цвет	цвета	цвете	цвету	цветом
цвета	цвета	цветов	цветах	цветам	цветами

ЦВЕТ[2] SS *Plur. hypothetical;* (*Irreg. in phrases* в цвету (*в период цветения*); во цвете лет) *m.in*: bloom

цвет	цвет	цвета	цвете	цвету	цветом

ЦВЕТÓК¹ EE (о) *NPlur.* цветы́ *m.in*: flower; potted plant

цветóк	цветóк	цветкá	цветкé	цветкý	цветкóм
цветы́	цветы́	цветóв	цветáх	цветáм	цветáми

ЦВЕТÓК² EE (о) *m.in*: blossom

цветóк	цветóк	цветкá	цветкé	цветкý	цветкóм
цветки́	цветки́	цветкóв	цветкáх	цветкáм	цветкáми

ЦВЕТÓЧНЫЙ S (e): flower

цветóчный	*Nom/Gen*	цветóчного	цветóчном	цветóчному	цветóчным
цветóчное	цветóчное	цветóчного	цветóчном	цветóчному	цветóчным
цветóчная	цветóчную	цветóчной	цветóчной	цветóчной	цветóчной
цветóчные	*Nom/Gen*	цветóчных	цветóчных	цветóчным	цветóчными

ЦÉ *indeclinable n.in*: (name of the letter ц)

ЦЕЛОВÁТЬ SS -лу́ют; *Impf.* (*Pf.* по-): kiss (on) *e.g.* Óн целовáл сестрý в щёку *Acc* He kissed his sister on the cheek

целу́ю	целу́ем	целу́й	целовáл	целу́я	
целу́ешь	целу́ете	целу́йте	целовáла	целу́ющий	целовáвший
целу́ет	целу́ют		целовáли/о	целу́емый	

ЦЕЛОВÁТЬСЯ SS -лу́ются; *Impf.* (*Pf.* по-): kiss (one another) *e.g.* Они́ целовáлись; Óн целовáлся с нéй *Inst*

целу́юсь	целу́емся	целу́йся	целовáлся	целу́ясь	
целу́ешься	целу́етесь	целу́йтесь	целовáлась	целу́ющийся	целовáвшийся
целу́ется	целу́ются		целовáлись/ось	——	——

ЦÉЛЫЙ M: whole

цéлый	*Nom/Gen*	цéлого	цéлом	цéлому	цéлым
цéлое	цéлое	цéлого	цéлом	цéлому	цéлым
цéлая	цéлую	цéлой	цéлой	цéлой	цéлой
цéлые	*Nom/Gen*	цéлых	цéлых	цéлым	цéлыми

цéл, целá, цéло, цéлы; целéе

ЦÉЛЬ SS *f.in*: goal; target

цéль	цéль	цéли	цéли	цéли	цéлью
цéли	цéли	цéлей	цéлях	цéлям	цéлями

ЦÉЛЬСИЙ SS *m.an*: Celsius • температýра по Цéльсию temperature Celsius, centigrade

Цéльсий	Цéльсия	Цéльсия	Цéльсии	Цéльсии	Цéльсием

ЦЕНÁ ES *ASg.* цéну *f.in*: price; value

ценá	цéну	цены́	ценé	ценé	ценóй
цéны	цéны	цéн	цéнах	цéнам	цéнами

ЦÉНТ SS *m.in*: cent

цéнт	цéнт	цéнта	цéнте	цéнту	цéнтом
цéнты	цéнты	цéнтов	цéнтах	цéнтам	цéнтами

ЦÉНТР SS *m.in*: center; downtown

цéнтр	цéнтр	цéнтра	цéнтре	цéнтру	цéнтром
цéнтры	цéнтры	цéнтров	цéнтрах	цéнтрам	цéнтрами

ЦЕНТРÁЛЬНЫЙ S (e): central

центрáльный	*Nom/Gen*	центрáльного	центрáльном	центрáльному	центрáльным
центрáльное	центрáльное	центрáльного	центрáльном	центрáльному	центрáльным
центрáльная	центрáльную	центрáльной	центрáльной	центрáльной	центрáльной
центрáльные	*Nom/Gen*	центрáльных	центрáльных	центрáльным	центрáльными

центрáлен, центрáльна, центрáльно, центрáльны; центрáльнее

ЦÉРКОВЬ SE (о) *ISg.* цéрковью, *NPlur.* цéркви *PPlur.* -áх [*or* -я́х], *DPlur.* церквáм [*or* -я́м], *IPlur.* -áми [*or* -я́ми] *f.in*: church

цéрковь	цéрковь	цéркви	цéркви	цéркви	цéрковью
цéркви	цéркви	церквéй	церквáх	церквáм	церквáми

ЦИРК SS *m.in*: circus

ци́рк	ци́рк	ци́рка	ци́рке	ци́рку	ци́рком
ци́рки	ци́рки	ци́рков	ци́рках	ци́ркам	ци́рками

ЧА́Й[1] SE *Part.* -ю, [*Loc.* (в) -ю́] *m.in*: tea (leaves, drink)

ча́й	ча́й	ча́я/ча́ю	ча́е	ча́ю	ча́ем
чай	чай	чаёв	чаях	чаям	чаями

ЧА́Й[2] SE *m.in*: 1. tea (an informal meal) ● прийти́ к ча́ю come to tea; за ча́ем at tea, during tea; 2. a tea party (use на/на/с for to/at/from the event)

ча́й	ча́й	ча́я	ча́е	ча́ю	ча́ем
чай	чай	чаёв	чаях	чаям	чаями

ЧА́ЙКА SS (e) *f.an*: sea gull

ча́йка	ча́йку	ча́йки	ча́йке	ча́йке	ча́йкой
ча́йки	ча́ек	ча́ек	ча́йках	ча́йкам	ча́йками

ЧАЙНВО́РД SS *m.in*: chainword puzzle

чайнво́рд	чайнво́рд	чайнво́рда	чайнво́рде	чайнво́рду	чайнво́рдом
чайнво́рды	чайнво́рды	чайнво́рдов	чайнво́рдах	чайнво́рдам	чайнво́рдами

ЧА́С SE (*see also* часы́) (*Irreg. in phrases* два́ (три́, четы́ре) часа́; че́тверть часа́; ча́с о́т часу; с ча́су на ча́с; о́коло ча́су [*or* ча́са]; в кото́ром часу́? в пе́рвом (второ́м *etc.*) часу́; на тако́м-то часу́ езды́ (рабо́ты, ожида́ния *etc.*)) *m.in*: hour; o'clock ● Кото́рый ча́с? What time is it? Сейча́с два́ часа́ It is two o'clock; Второ́й ча́с After one o'clock (but before two)

ча́с	ча́с	ча́са	ча́се	ча́су	ча́сом
часы́	часы́	часо́в	часа́х	часа́м	часа́ми

ЧАСОВО́Й E *no sh.masc; other short forms avoided; also used as m.an noun*: hour; of an hour's duration; clock; (as noun) guard, sentry

часово́й	*Nom/Gen*	часово́го	часово́м	часово́му	часовы́м
часово́е	часово́е	часово́го	часово́м	часово́му	часовы́м
часова́я	часову́ю	часово́й	часово́й	часово́й	часово́й
часовы́е	*Nom/Gen*	часовы́х	часовы́х	часовы́м	часовы́ми

ЧА́СТО *adv*: often; frequently

ЧА́СТЫЙ M *compar.* ча́ще: frequent; rapid; thick, dense

ча́стый	*Nom/Gen*	ча́стого	ча́стом	ча́стому	ча́стым
ча́стое	ча́стое	ча́стого	ча́стом	ча́стому	ча́стым
ча́стая	ча́стую	ча́стой	ча́стой	ча́стой	ча́стой
ча́стые	*Nom/Gen*	ча́стых	ча́стых	ча́стым	ча́стыми

ча́ст, часта́, ча́сто, ча́сты; ча́ще

ЧА́СТЬ SE *NPlur.* ча́сти *f.in*: part, portion; part (*as in* spare parts)

ча́сть	ча́сть	ча́сти	ча́сти	ча́сти	ча́стью
ча́сти	ча́сти	часте́й	частя́х	частя́м	частя́ми

ЧАСЫ́ E *Plur. only; #-declension m.in*: clock; watch

часы́	часы́	часо́в	часа́х	часа́м	часа́ми

ЧА́ШКА SS (e) *f.in*: cup

ча́шка	ча́шку	ча́шки	ча́шке	ча́шке	ча́шкой
ча́шки	ча́шки	ча́шек	ча́шках	ча́шкам	ча́шками

ЧА́ЩЕ *compar. of* ча́стый, ча́сто

ЧЕ́ *indeclinable n.in*: (name of the letter ч)

ЧЕ́Й *special adj*: whose

че́й	*Nom/Gen*	чьего́	чьём	чьему́	чьи́м
чьё	чьё	чьего́	чьём	чьему́	чьи́м
чья́	чью́	чьей	чьей	чьей	чьей
чьи́	*Nom/Gen*	чьи́х	чьи́х	чьи́м	чьи́ми

ЧЕ́К SS *m.in*: check (financial); receipt

че́к	че́к	че́ка	че́ке	че́ку	че́ком
че́ки	че́ки	че́ков	че́ках	че́кам	че́ками

ЧЕЛОВЕ́К SS *NPlur.* лю́ди, *GPlur.* люде́й, *PPlur.* лю́дях, *DPlur.* лю́дям, *IPlur.* людьми́; *after numerals these Plural forms are also possible, GAPlur.* челове́к, *PPlur.* -ах, *DPlur.* -ам, *IPlur.* -ами; *m.an*: man, person

челове́к	челове́ка	челове́ка	челове́ке	челове́ку	челове́ком
лю́ди	люде́й	люде́й	лю́дях	лю́дям	людьми́
	челове́к	челове́к	челове́ках	челове́кам	челове́ками

ЧЕЛОВЕ́ЧЕСКИЙ S *short forms avoided, no compar*: human; humane

-ве́ческий	*Nom/Gen*	-ве́ческого	-ве́ческом	-ве́ческому	-ве́ческим
-ве́ческое	-ве́ческое	-ве́ческого	-ве́ческом	-ве́ческому	-ве́ческим
-ве́ческая	-ве́ческую	-ве́ческой	-ве́ческой	-ве́ческой	-ве́ческой
-ве́ческие	*Nom/Gen*	-ве́ческих	-ве́ческих	-ве́ческим	-ве́ческими

adv. по-челове́чески

ЧЕЛОВЕ́ЧЕСТВО SS *n.in*: mankind, humanity

-ве́чество	-ве́чество	-ве́чества	-ве́честве	-ве́честву	-ве́чеством

ЧЁМ *see* что́

ЧЁМ[1] *conjunction*: than; rather than; чём ... тём the ... the *e.g.* чём скоре́е, тём лу́чше the sooner, the better

ЧЁМ[2] *see* что́

ЧЕМОДА́Н SS *m.in*: suitcase

чемода́н	чемода́н	чемода́на	чемода́не	чемода́ну	чемода́ном
чемода́ны	чемода́ны	чемода́нов	чемода́нах	чемода́нам	чемода́нами

ЧЕМПИО́Н SS *m.an*: champion

чемпио́н	чемпио́на	чемпио́на	чемпио́не	чемпио́ну	чемпио́ном
чемпио́ны	чемпио́нов	чемпио́нов	чемпио́нах	чемпио́нам	чемпио́нами

ЧЕМПИО́НКА SS (о) *f.an*: champion (woman)

чемпио́нка	чемпио́нку	чемпио́нки	чемпио́нке	чемпио́нке	чемпио́нкой
чемпио́нки	чемпио́нки	чемпио́нок	чемпио́нках	чемпио́нкам	чемпио́нками

ЧЕ́РЕЗ (*often unstressed*) *prep. +Acc*: across, over, through; in, after (*a certain time*)

ЧЕРНЕ́ТЬ SS -е́ют; *intrans*; *Impf*. (*Pf*. по-): turn black *e.g.* Руба́шка черне́ла от пы́ли *Gen* The shirt was getting black with dust

черне́ю	черне́ем	черне́й	черне́л	черне́я	
черне́ешь	черне́ете	черне́йте	черне́ла	черне́ющий	черне́вший
черне́ет	черне́ют		черне́ли/о	——	——

ЧЕРНИ́ЛА S *Plur. only*; *o-declension n.in*: ink

черни́ла	черни́ла	черни́л	черни́лах	черни́лам	черни́лами

ЧЕРНОЗЁМ SS *Part.* -у *m.in*: black earth, chernozem

чернозём	чернозём	чернозёма/-у	чернозёме	чернозёму	чернозёмом

ЧЁРНЫЕ[1] *Plur. only*; *used as m.an. noun*: black (*in chess and checkers, one of the two players*)

чёрные	чёрных	чёрных	чёрных	чёрным	чёрными

ЧЁРНЫЕ[2] *Plur. only*; *used as m.in. noun*: black (*in chess and checkers, one of the two sets of pieces*)

чёрные	чёрные	чёрных	чёрных	чёрным	чёрными

ЧЁРНЫЙ E (e) *sh.masc.* че́рен; *also used as m.an noun* (*see also* чёрные): black; (*as noun*) Black (*member of ethnic group; somewhat pejorative; see* негр, негритя́нка)

чёрный	Nom/Gen	чёрного	чёрном	чёрному	чёрным
чёрное	чёрное	чёрного	чёрном	чёрному	чёрным
чёрная	чёрную	чёрной	чёрной	чёрной	чёрной
чёрные	Nom/Gen	чёрных	чёрных	чёрным	чёрными

че́рен, черна́, черно́, черны́; черне́е

ЧЁРТ SE *NPlur.* че́рти (*Irreg. in the phrase* ни черта́) *m.an*: devil ● Чёрт возьми́! Damn!

чёрт	чёрта	чёрта	чёрте	чёрту	чёртом
че́рти	черте́й	черте́й	чертя́х	чертя́м	чертя́ми

ЧЕРТА́ EE *f.in*: line (*as in a line in a drawing*); trait, feature

черта́	черту́	черты́	черте́	черте́	чертой
черты́	черты́	черт	чертах	чертам	чертами

ЧЕ́СТНЫЙ M (e) [*sh.Plur.* че́стны́]: honest; honorable

че́стный	Nom/Gen	че́стного	че́стном	че́стному	че́стным
че́стное	че́стное	че́стного	че́стном	че́стному	че́стным
че́стная	че́стную	че́стной	че́стной	че́стной	че́стной
че́стные	Nom/Gen	че́стных	че́стных	че́стным	че́стными

че́стен, честна́, че́стно, че́стны́; честне́е

ЧЕ́СТЬ SS *Plur. hypothetical*; (*Irreg. in the phrase* в чести́ (*в почете*)) *f.in*: honor

честь	честь	чести	чести	чести	че́стью

ЧЕТВЕ́РГ EE *m.in*: Thursday

четве́рг	четве́рг	четверга́	четверге́	четвергу́	четверго́м
четверги́	четверги́	четверго́в	четверга́х	четверга́м	четверга́ми

ЧЕТВЁРКА SS (о) *f.in*: four (*the digit*); four (*a card*); a four-horse team; good (*grade at school*)

четвёрка	четвёрку	четвёрки	четвёрке	четвёрке	четвёркой
четвёрки	четвёрки	четвёрок	четвёрках	четвёркам	четвёрками

ЧЕ́ТВЕРО *collective numeral*: four, group of four

че́тверо	Nom./Gen.	четверы́х	четверы́х	четверы́м	четверы́ми

ЧЕТВЁРТЫЙ *numeral inflected like adj*: fourth

четвёртый	Nom/Gen	четвёртого	четвёртом	четвёртому	четвёртым
четвёртое	четвёртое	четвёртого	четвёртом	четвёртому	четвёртым
четвёртая	четвёртую	четвёртой	четвёртой	четвёртой	четвёртой
четвёртые	Nom/Gen	четвёртых	четвёртых	четвёртым	четвёртыми

ЧЕ́ТВЕРТЬ SE *NPlur.* че́тверти *f.in*: quarter

че́тверть	че́тверть	че́тверти	че́тверти	че́тверти	че́твертью
че́тверти	че́тверти	четверте́й	четвертя́х	четвертя́м	четвертя́ми

ЧЕТЫ́РЕ *numeral*: four

четы́ре	Nom./Gen.	четырёх	четырёх	четырём	четырьмя́

ЧЕТЫ́РЕСТА *numeral*: four hundred

четы́реста	четы́реста	четырёхсо́т	четырёхста́х	четырёмста́м	четырьмяста́ми

ЧЕТЫРЁХСО́ТЫЙ *numeral inflected like adj*: four-hundredth

-со́тый	Nom/Gen	-со́того	-со́том	-со́тому	-со́тым
-со́тое	-со́тое	-со́того	-со́том	-со́тому	-со́тым
-со́тая	-со́тую	-со́той	-со́той	-со́той	-со́той
-со́тые	Nom/Gen	-со́тых	-со́тых	-со́тым	-со́тыми

ЧЕТЫРЁХТО́МНЫЙ S (e): four-volume

-то́мный	Nom/Gen	-то́много	-то́мном	-то́мному	-то́мным
-то́мное	-то́мное	-то́много	-то́мном	-то́мному	-то́мным
-то́мная	-то́мную	-то́мной	-то́мной	-то́мной	-то́мной
-то́мные	Nom/Gen	-то́мных	-то́мных	-то́мным	-то́мными

ЧЕТЫРЁХЭТА́ЖНЫЙ S (e): four-story

-эта́жный	Nom/Gen	-эта́жного	-эта́жном	-эта́жному	-эта́жным
-эта́жное	-эта́жное	-эта́жного	-эта́жном	-эта́жному	-эта́жным
-эта́жная	-эта́жную	-эта́жной	-эта́жной	-эта́жной	-эта́жной
-эта́жные	Nom/Gen	-эта́жных	-эта́жных	-эта́жным	-эта́жными

ЧЕТЫ́РНАДЦАТЫЙ *numeral inflected like adj*: fourteenth

-надцатый	Nom/Gen	-надцатого	-надцатом	-надцатому	-надцатым
-надцатое	-надцатое	-надцатого	-надцатом	-надцатому	-надцатым
-надцатая	-надцатую	-надцатой	-надцатой	-надцатой	-надцатой
-надцатые	Nom/Gen	-надцатых	-надцатых	-надцатым	-надцатыми

ЧЕТЫ́РНАДЦАТЬ *numeral*: fourteen

-надцать	-надцать	-надцати	-надцати	-надцати	-надцатью

ЧЕХ SS m.an: Czech

чех	че́ха	че́ха	че́хе	че́ху	че́хом
че́хи	че́хов	че́хов	че́хах	че́хам	че́хами

ЧЕХОСЛОВА́КИЯ SS f.in: Czechoslovakia

-слова́кия	-слова́кию	-слова́кии	-слова́кии	-слова́кии	-слова́кией

ЧЕ́ШКА SS (e) f.an: Czech (woman)

че́шка	че́шку	че́шки	че́шке	че́шке	че́шкой
че́шки	че́шек	че́шек	че́шках	че́шкам	че́шками

ЧЕ́ШСКИЙ S short forms avoided, no compar: Czech

че́шский	Nom/Gen	че́шского	че́шском	че́шскому	че́шским
че́шское	че́шское	че́шского	че́шском	че́шскому	че́шским
че́шская	че́шскую	че́шской	че́шской	че́шской	че́шской
че́шские	Nom/Gen	че́шских	че́шских	че́шским	че́шскими

adv. по-че́шски

ЧИНИ́ТЬ[1] MS чи́нят; *pres. active ptcpl.* чи́нящий; *Impf. (Pf.* по-): fix, repair

чиню́	чи́ним	чини́	чини́л	чиня́	
чи́нишь	чи́ните	чини́те	чини́ла	чи́нящий	чини́вший
чи́нит	чи́нят		чини́ли/о		

ЧИНИ́ТЬ[2] ES -ня́т; *pres. passive ptcpl.* чини́мый; *Impf. (no Pf.)*: create (problems, obstacles, etc.)

чиню́	чини́м	чини́	чини́л	чиня́	
чини́шь	чини́те	чини́те	чини́ла	чиня́щий	чини́вший
чини́т	чиня́т		чини́ли/о	чини́мый	

ЧИСЛО́ ES (e) n.in: date; number (*mathematical*); number; quantity (of) ● в то́м числе́ including

число́	число́	числа́	числе́	числу́	число́м
чи́сла	чи́сла	чи́сел	чи́слах	чи́слам	чи́слами

✓ЧИ́СТИТЬ SS -тят; [чи́сти! *or* чисть! чи́стите! *or* чи́стьте!] *Impf. (Pf.* по- *and* вы́-): clean; peel, shell

чи́щу	чи́стим	чи́сти	чи́стил	чистя́	
чи́стишь	чи́стите	чи́стите	чи́стила	чи́стящий	чи́стивший
чи́стит	чи́стят		чи́стили/о		

ЧИ́СТО adv: cleanly; purely, merely; completely; predicate: it is clean e.g. Здесь чи́сто

ЧИ́СТЫЙ M [sh.Plur. чисты́] compar. чи́ще: clean; pure

чи́стый	Nom/Gen	чи́стого	чи́стом	чи́стому	чи́стым
чи́стое	чи́стое	чи́стого	чи́стом	чи́стому	чи́стым
чи́стая	чи́стую	чи́стой	чи́стой	чи́стой	чи́стой
чи́стые	Nom/Gen	чи́стых	чи́стых	чи́стым	чи́стыми

чист, чиста́, чи́сто, чисты́; чи́ще

ЧИТА́ТЕЛЬ SS m.an: reader

чита́тель	чита́теля	чита́теля	чита́теле	чита́телю	чита́телем
чита́тели	чита́телей	чита́телей	чита́телях	чита́телям	чита́телями

ЧИТА́ТЕЛЬНИЦА SS f.an: reader (woman)

чита́тельница	чита́тельницу	чита́тельницы	чита́тельнице	чита́тельнице	чита́тельницей
чита́тельницы	чита́тельниц	чита́тельниц	чита́тельницах	чита́тельницам	чита́тельницами

ЧИТА́ТЬ SS -а́ют; *Impf. (Pf.* про- *and* проче́сть): read ● чита́ть ле́кцию give a lecture

чита́ю	чита́ем	чита́й	чита́л	чита́я	
чита́ешь	чита́ете	чита́йте	чита́ла	чита́ющий	чита́вший
чита́ет	чита́ют		чита́ли/о	чита́емый	

ЧИ́ЩЕ *compar. of* чи́стый, чи́сто

ЧИ́ЩУ *non-past tense of* чи́стить

ЧЛЕ́Н[1] SS *m.in*: part, member (*of the body, of a sentence, etc.*)

чле́н	чле́н	чле́на	чле́не	чле́ну	чле́ном
чле́ны	чле́ны	чле́нов	чле́нах	чле́нам	чле́нами

ЧЛЕ́Н[2] SS *m.an*: member (*of an organization*)

чле́н	чле́на	чле́на	чле́не	чле́ну	чле́ном
чле́ны	чле́нов	чле́нов	чле́нах	чле́нам	чле́нами

ЧТЕ́НИЕ SS *n.in*: reading; (public) reading (*use* на/на/с *for to/at/from the event*)

чте́ние	чте́ние	чте́ния	чте́нии	чте́нию	чте́нием
чте́ния	чте́ния	чте́ний	чте́ниях	чте́ниям	чте́ниями

ЧТО́[1] <шт; *before Accusative* что́ *use the longer variants of prepositions* в(о), под(о), *and* об(о)> *pronoun*: what; whatever; something, anything; that, which ● к чему́? what for?

что́	что́	чего́	чём	чему́	чём

ЧТО́[2] <шт> (*often unstressed*) *conjunction*: that ● потому́ что because

ЧТО́БЫ <шт> [*also* чтоб] (*often unstressed*) *conjunction*: in order to, in order that, that; *particle*: may *e.g.* Чтоб ты сдо́х! (May you) drop dead!

ЧТО́-НИБУ́ДЬ <шт> *pronoun*; *only first part inflected* (*like* что́[1]): something, anything, something or other, anything at all

что́-нибудь	что́-нибудь	чего́-нибудь	чём-нибудь	чему́-нибудь	чём-нибудь

ЧТО́-ТО[1] <шт> *pronoun*; *only first part inflected* (*like* что́[1]): something

что́-то	что́-то	чего́-то	чём-то	чему́-то	чём-то

ЧТО́-ТО[2] <шт> *adv*: somewhat, slightly; somehow, for no obvious reason

ЧУ́ВСТВО <уств> SS *n.in*: feeling, sense

чу́вство	чу́вство	чу́вства	чу́встве	чу́вству	чу́вством
чу́вства	чу́вства	чу́вств	чу́вствах	чу́вствам	чу́вствами

ЧУ́ВСТВОВАТЬ <уств> SS -ствуют; *Impf.* (*Pf.* по-): 1. experience, feel, sense; 2. (*in the phrase* чу́вствовать себя́) feel (*good, bad, etc*) *e.g.* Я пло́хо себя́ чу́вствую I feel bad/sick; Она́ чу́вствовала себя́ больно́й *Inst*

чу́вствую	чу́вствуем	чу́вствовал	чу́вствовал	чу́вствуя
чу́вствуешь	чу́вствуете	чу́вствуйте	чу́вствовала	чу́вствующий чу́вствовавший
чу́вствует	чу́вствуют		чу́вствовали/о	чу́вствуемый

ЧУДА́К EE *m.an*: eccentric (person)

чуда́к	чудака́	чудака́	чудаке́	чудаку́	чудако́м
чудаки́	чудако́в	чудако́в	чудака́х	чудака́м	чудака́ми

ЧУДА́ЧКА SS (e) *f.an*: eccentric (woman)

чуда́чка	чуда́чку	чуда́чки	чуда́чке	чуда́чке	чуда́чкой
чуда́чки	чуда́чек	чуда́чек	чуда́чках	чуда́чкам	чуда́чками

ЧУДЕ́СНО *adv*: marvelously, wonderfully; miraculously; *predicate*: it is marvelous, feel marvelous *e.g.* Мне́ *Dat* здесь чуде́сно I feel marvelous here

ЧУДЕ́СНЫЙ S (e): marvelous, wonderful; miraculous

чуде́сный	*Nom/Gen*	чуде́сного	чуде́сном	чуде́сному	чуде́сным
чуде́сное	чуде́сное	чуде́сного	чуде́сном	чуде́сному	чуде́сным
чуде́сная	чуде́сную	чуде́сной	чуде́сной	чуде́сной	чуде́сной
чуде́сные	*Nom/Gen*	чуде́сных	чуде́сных	чуде́сным	чуде́сными

чуде́сен, чуде́сна, чуде́сно, чуде́сны; чуде́снее

ЧУ́ДНО *adv*: marvelously, wonderfully; *predicate*: it is marvelous, wonderful *e.g.* Мне́ *Dat* здесь чу́дно I feel marvelous here

ЧУ́ДНЫЙ S (e): marvelous, wonderful, lovely

чу́дный	*Nom/Gen*	чу́дного	чу́дном	чу́дному	чу́дным
чу́дное	чу́дное	чу́дного	чу́дном	чу́дному	чу́дным
чу́дная	чу́дную	чу́дной	чу́дной	чу́дной	чу́дной
чу́дные	*Nom/Gen*	чу́дных	чу́дных	чу́дным	чу́дными

чу́ден, чудна́, чу́дно, чу́дны; чу́днее

ЧУЖО́Й E *no sh.masc; other short forms avoided; also used as m./f.an noun and as n.in noun*: alien; strange; an outsider's; someone else's; (*as m./f.an noun*) a stranger; (*as n.in noun*) someone else's belongings

чужо́й	*Nom/Gen*	чужо́го	чужо́м	чужо́му	чужи́м
чужо́е	чужо́е	чужо́го	чужо́м	чужо́му	чужи́м
чужа́я	чужу́ю	чужо́й	чужо́й	чужо́й	чужо́й
чужи́е	*Nom/Gen*	чужи́х	чужи́х	чужи́м	чужи́ми

ЧУЛО́К EE (o) *GPlur.* чуло́к *m.in*: stocking

чуло́к	чуло́к	чулка́	чулке́	чулку́	чулко́м
чулки́	чулки́	чуло́к	чулка́х	чулка́м	чулка́ми

ЧУ́ТЬ *adv*: hardly, scarcely; just ● чуть не almost, nearly, all but; *conjunction*: as soon as

ЧУ́ТЬ-ЧУ́ТЬ *adv*: a tiny bit; scarcely

ЧЬЯ́ *see* чей

ША́ indeclinable n.in: (name of the letter ш)

ШАГ SE (Irreg. in phrases двá (три, четы́ре) шагá; ни шáгу; шáгу нельзя́ ступи́ть; на кáждом шагу́; брю́ки узки́ в шагу́) m.in: step, pace

шаг	шаг	шáга	шáге	шáгу	шáгом
шаги́	шаги́	шаго́в	шагáх	шагáм	шагáми

ША́ЙКА SS (e) f.in: band, gang

шáйка	шáйку	шáйки	шáйке	шáйке	шáйкой
шáйки	шáйки	шáек	шáйках	шáйкам	шáйками

ША́ЛЬ SS f.in: shawl

шáль	шáль	шáли	шáли	шáли	шáлью
шáли	шáли	шáлей	шáлях	шáлям	шáлями

ШАМПА́НСКОЕ used as n.in noun: champagne

шампáнское	шампáнское	шампáнского	шампáнском	шампáнскому	шампáнским

ША́ПКА SS (o) f.in: cap, hat

шáпка	шáпку	шáпки	шáпке	шáпке	шáпкой
шáпки	шáпки	шáпок	шáпках	шáпкам	шáпками

ША́ПОЧКА SS (e) f.in: diminutive of шáпка

шáпочка	шáпочку	шáпочки	шáпочке	шáпочке	шáпочкой
шáпочки	шáпочки	шáпочек	шáпочках	шáпочкам	шáпочками

ША́РФ SS m.in: scarf

шáрф	шáрф	шáрфа	шáрфе	шáрфу	шáрфом
шáрфы	шáрфы	шáрфов	шáрфах	шáрфам	шáрфами

ШАССИ́ <с or сс> indeclinable n.in: chassis; landing gear

ШАХМАТИ́СТ SS m.an: chess player

шахмати́ст	шахмати́ста	шахмати́ста	шахмати́сте	шахмати́сту	шахмати́стом
шахмати́сты	шахмати́стов	шахмати́стов	шахмати́стах	шахмати́стам	шахмати́стами

ШАХМАТИ́СТКА SS (o) f.an: chess player (woman)

шахмати́стка	шахмати́стку	шахмати́стки	шахмати́стке	шахмати́стке	шахмати́сткой
шахмати́стки	шахмати́сток	шахмати́сток	шахмати́стках	шахмати́сткам	шахмати́стками

ША́ХМАТНЫЙ S (e): chess

шáхматный	Nom/Gen	шáхматного	шáхматном	шáхматному	шáхматным
шáхматное	шáхматное	шáхматного	шáхматном	шáхматному	шáхматным
шáхматная	шáхматную	шáхматной	шáхматной	шáхматной	шáхматной
шáхматные	Nom/Gen	шáхматных	шáхматных	шáхматным	шáхматными

ША́ХМАТЫ S Plur. only; a-declension f.in: chess ● игрáть в шáхматы Acc play chess

шáхматы	шáхматы	шáхмат	шáхматах	шáхматам	шáхматами

ША́ШКА SS (e) f.in: checker (one piece in a game of checkers); sword

шáшка	шáшку	шáшки	шáшке	шáшке	шáшкой
шáшки	шáшки	шáшек	шáшках	шáшкам	шáшками

ШАШЛЫ́К EE m.in: shashlik, shish kabob

шашлы́к	шашлы́к	шашлыкá	шашлыке́	шашлыку́	шашлыко́м
шашлыки́	шашлыки́	шашлыко́в	шашлыкáх	шашлыкáм	шашлыкáми

ШЕДЕ́ВР <шэдэ́> SS m.in: masterpiece

шеде́вр	шеде́вр	шеде́вра	шеде́вре	шеде́вру	шеде́вром
шеде́вры	шеде́вры	шеде́вров	шеде́врах	шеде́врам	шеде́врами

ШЕ́ДШИЙ past active ptcpl. of идти́

ШЕЙ Imperative of шить

ШЁЛ past tense of идти́

ШЕПНУ́ТЬ ES -ну́т; ppp avoided; Pf. (Impf. шептáть): whisper

шепну́	шепнём	шепни́	шепну́л	——	шепну́в[ши]
шепнёшь	шепнёте	шепни́те	шепну́ла	——	шепну́вший
шепнёт	шепну́т		шепну́ли/о	——	

ШЕПТА́ТЬ MS шéпчут; ppp шёптанный S; Impf. (Pf. про- and шепну́ть, Pf-begin за-, Pf-awhile по-): whisper

шепчу́	шéпчем	шепчи́	шептáл	шепчá	
шéпчешь	шéпчете	шепчи́те	шептáла	шéпчущий	шептáвший
шéпчет	шéпчут		шептáли/о	——	

ШЕ́СТЕРО collective numeral: six, group of six

шéстеро	Nom./Gen.	шестеры́х	шестеры́х	шестеры́м	шестеры́ми

ШЕСТИДЕСЯ́ТЫЙ numeral inflected like adj: sixtieth

-деся́тый	Nom/Gen	-деся́того	-деся́том	-деся́тому	-деся́тым
-деся́тое	-деся́тое	-деся́того	-деся́том	-деся́тому	-деся́тым
-деся́тая	-деся́тую	-деся́той	-деся́той	-деся́той	-деся́той
-деся́тые	Nom/Gen	-деся́тых	-деся́тых	-деся́тым	-деся́тыми

ШЕСТИСО́ТЫЙ *numeral inflected like adj*: six-hundredth

шестисо́тый	Nom/Gen	шестисо́того	шестисо́том	шестисо́тому	шестисо́тым
шестисо́тое	шестисо́тое	шестисо́того	шестисо́том	шестисо́тому	шестисо́тым
шестисо́тая	шестисо́тую	шестисо́той	шестисо́той	шестисо́той	шестисо́той
шестисо́тые	Nom/Gen	шестисо́тых	шестисо́тых	шестисо́тым	шестисо́тыми

ШЕСТНА́ДЦАТЫЙ <сн> *numeral inflected like adj*: sixteenth

-на́дцатый	Nom/Gen	-на́дцатого	-на́дцатом	-на́дцатому	-на́дцатым
-на́дцатое	-на́дцатое	-на́дцатого	-на́дцатом	-на́дцатому	-на́дцатым
-на́дцатая	-на́дцатую	-на́дцатой	-на́дцатой	-на́дцатой	-на́дцатой
-на́дцатые	Nom/Gen	-на́дцатых	-на́дцатых	-на́дцатым	-на́дцатыми

ШЕСТНА́ДЦАТЬ <сн> *numeral*: sixteen

-на́дцать	-на́дцать	-на́дцати	-на́дцати	-на́дцати	-на́дцатью

ШЕСТО́Й *numeral inflected like adj*: sixth

шесто́й	Nom/Gen	шесто́го	шесто́м	шесто́му	шесты́м
шесто́е	шесто́е	шесто́го	шесто́м	шесто́му	шесты́м
шеста́я	шесту́ю	шесто́й	шесто́й	шесто́й	шесто́й
шесты́е	Nom/Gen	шесты́х	шесты́х	шесты́м	шесты́ми

ШЕСТЬ *numeral (Irreg. in phrases* за́ шесть; на́ шесть): six

ше́сть	ше́сть	шести́	шести́	шести́	шестью́

ШЕСТЬДЕСЯ́Т <зд> *numeral*: sixty

шестьдеся́т	шестьдеся́т	шести́десяти	шести́десяти	шести́десяти	шестью́десятью

ШЕСТЬСО́Т <сс> *numeral*: six hundred

шестьсо́т	шестьсо́т	шестисо́т	шестиста́х	шестиста́м	шестьюста́ми

ШЕ́Я SS *f.in*: neck

ше́я	ше́ю	ше́и	ше́е	ше́е	ше́ей
ше́и	ше́и	ше́й	ше́ях	ше́ям	ше́ями

ШИКА́РНЫЙ S (e): chic, stylish

шика́рный	Nom/Gen	шика́рного	шика́рном	шика́рному	шика́рным
шика́рное	шика́рное	шика́рного	шика́рном	шика́рному	шика́рным
шика́рная	шика́рную	шика́рной	шика́рной	шика́рной	шика́рной
шика́рные	Nom/Gen	шика́рных	шика́рных	шика́рным	шика́рными

шика́рен, шика́рна, шика́рно, шика́рны; шика́рнее

ШИ́НА SS *f.in*: tire; splint

ши́на	ши́ну	ши́ны	ши́не	ши́не	ши́ной
ши́ны	ши́ны	ши́н	ши́нах	ши́нам	ши́нами

ШИПЕ́ТЬ ES шипя́т; *intrans; Impf.* (*Pf.* про-, *Pf-begin* за-): hiss

шиплю́	шипи́м	шипи́	шипе́л	шипя́	
шипи́шь	шипи́те	шипи́те	шипе́ла	шипя́щий	шипе́вший
шипи́т	шипя́т		шипе́ли/о	——	——

ШИПЯ́ЩИЙ S *also used as m.in noun (also pres. active ptcpl. of* шипе́ть): hushing (consonant), sibilant (sound)

шипя́щий	Nom/Gen	шипя́щего	шипя́щем	шипя́щему	шипя́щим
шипя́щее	шипя́щее	шипя́щего	шипя́щем	шипя́щему	шипя́щим
шипя́щая	шипя́щую	шипя́щей	шипя́щей	шипя́щей	шипя́щей
шипя́щие	Nom/Gen	шипя́щих	шипя́щих	шипя́щим	шипя́щими

ШИ́РЕ *compar. of* широ́кий, широко́

ШИРО́К E: *no long forms; no compar;* (*see also* широ́кий wide): too wide

широ́к, широка́, широко́, широки́

ШИРО́КИЙ M [*sh.neut.* широко́, *sh.Plur.* широки́] *compar.* ши́ре; (*see also* широ́к too wide): wide

широ́кий	Nom/Gen	широ́кого	широ́ком	широ́кому	широ́ким
широ́кое	широ́кое	широ́кого	широ́ком	широ́кому	широ́ким
широ́кая	широ́кую	широ́кой	широ́кой	широ́кой	широ́кой
широ́кие	Nom/Gen	широ́ких	широ́ких	широ́ким	широ́кими

широ́к, широка́, широко́, широки́; ши́ре

ШИ́ТЬ ES шью́т; шей! *no pres. adv; ppp* ши́тый S; *Impf.* (*Pf.* с-): sew, make (clothes)

шью́	шьём	шей	ши́л		
шьёшь	шьёте	ше́йте	ши́ла	шью́щий	ши́вший
шьёт	шью́т		ши́ли/о	——	——

ШКАТУ́ЛКА <*in prep. phrases variant* со *is used*> SS (о) *f.in*: box, case

шкату́лка	шкату́лку	шкату́лки	шкату́лке	шкату́лке	шкату́лкой
шкату́лки	шкату́лки	шкату́лок	шкату́лках	шкату́лкам	шкату́лками

ШКА́Ф <*in prep. phrases variant* со *is used*> SE Loc. (в/на) -у́ *m.in*: dresser; cupboard, cabinet; closet

шка́ф	шка́ф	шка́фа	шка́фе/в, на -у́	шка́фу	шка́фом
шкафы́	шкафы́	шкафо́в	шкафа́х	шкафа́м	шкафа́ми

ШКО́ЛА <*in prep. phrases variant* со *is used*> SS *f.in*: school (between nursery and college levels)

шко́ла	шко́лу	шко́лы	шко́ле	шко́ле	шко́лой
шко́лы	шко́лы	шко́л	шко́лах	шко́лам	шко́лами

ШКО́ЛЬНИК *<in prep. phrases variant* со *is used>* SS *m.an:* schoolboy; *(in Plur.)* schoolchildren

шко́льник	шко́льника	шко́льника	шко́льнике	шко́льнику	шко́льником
шко́льники	шко́льников	шко́льников	шко́льниках	шко́льникам	шко́льниками

ШКО́ЛЬНИЦА *<in prep. phrases variant* со *is used>* SS *f.an:* schoolgirl

шко́льница	шко́льницу	шко́льницы	шко́льнице	шко́льнице	шко́льницей
шко́льницы	шко́льниц	шко́льниц	шко́льницах	шко́льницам	шко́льницами

ШКО́ЛЬНЫЙ *<in prep. phrases variant* со *is used>* S (e): school

шко́льный	*Nom/Gen*	шко́льного	шко́льном	шко́льному	шко́льным
шко́льное	шко́льное	шко́льного	шко́льном	шко́льному	шко́льным
шко́льная	шко́льную	шко́льной	шко́льной	шко́льной	шко́льной
шко́льные	*Nom/Gen*	шко́льных	шко́льных	шко́льным	шко́льными

ШЛА́ *past tense of* идти́

ШЛЯ́ПА[1] *<in prep. phrases variant* со *is used>* SS *f.in:* hat

шля́па	шля́пу	шля́пы	шля́пе	шля́пе	шля́пой
шля́пы	шля́пы	шляп	шля́пах	шля́пам	шля́пами

ШЛЯ́ПА[2] *<in prep. phrases variant* со *is used>* SS *both m.an and f.an:* bungler

шля́па	шля́пу	шля́пы	шля́пе	шля́пе	шля́пой
шля́пы	шляп	шляп	шля́пах	шля́пам	шля́пами

ШОКОЛА́Д SS *Part.* -у *m.in:* chocolate

шокола́д	шокола́д	шокола́да/-у	шокола́де	шокола́ду	шокола́дом

ШОФЁР SS [*or, Professional jargon,* шофер SE *NPlur.* шофера́] *m.an:* driver; chauffeur *(Use fem. predicate when referring to a woman, e.g.* На́ш но́вый шофёр сего́дня не пришла́)

шофёр	шофёра	шофёра	шофёре	шофёру	шофёром
шофёры	шофёров	шофёров	шофёрах	шофёрам	шофёрами

ШПИ́ЛЬКА *<in prep. phrases variant* со *is used>* SS (e) *f.in:* hairpin

шпи́лька	шпи́льку	шпи́льки	шпи́льке	шпи́льке	шпи́лькой
шпи́льки	шпи́льки	шпи́лек	шпи́льках	шпи́лькам	шпи́льками

ШПИО́Н *<in prep. phrases variant* со *is used>* SS *m.an:* spy

шпио́н	шпио́на	шпио́на	шпио́не	шпио́ну	шпио́ном
шпио́ны	шпио́нов	шпио́нов	шпио́нах	шпио́нам	шпио́нами

ШПИО́НКА *<in prep. phrases variant* со *is used>* SS (о) *f.an:* spy *(woman)*

шпио́нка	шпио́нку	шпио́нки	шпио́нке	шпио́нке	шпио́нкой
шпио́нки	шпио́нок	шпио́нок	шпио́нках	шпио́нкам	шпио́нками

ШТАНЫ́ *<in prep. phrases variant* со *is used>* E *Plur. only;* #-declension *m.in:* pants

штаны́	штаны́	штано́в	штана́х	штана́м	штана́ми

ШТА́Т *<in prep. phrases variant* со *is used>* SS *m.in:* state *(in the USA);* staff, personnel

штат	штат	шта́та	шта́те	шта́ту	шта́том
шта́ты	шта́ты	шта́тов	шта́тах	шта́там	шта́тами

ШТО́РМ *<in prep. phrases variant* со *is used>* SS [*or* SE *NPlur.* -а́] *m.in:* storm *(at sea)*

шторм	шторм	што́рма	што́рме	што́рму	што́рмом
што́рмы	што́рмы	што́рмов	што́рмах	што́рмам	што́рмами

ШТУ́КА *<in prep. phrases variant* со *is used>* SS *f.in:* thing; item, piece

шту́ка	шту́ку	шту́ки	шту́ке	шту́ке	шту́кой
шту́ки	шту́ки	штук	шту́ках	шту́кам	шту́ками

ШУ́БА SS *f.in:* fur coat

шу́ба	шу́бу	шу́бы	шу́бе	шу́бе	шу́бой
шу́бы	шу́бы	шуб	шу́бах	шу́бам	шу́бами

ШУМ SS *Part.* -у [*or Professional jargon* SE] *m.in:* noise

шум	шум	шу́ма/шу́му	шу́ме	шу́му	шу́мом

ШУМЕ́ТЬ ES шумя́т; *intrans; Impf. (Pf-begin* за- *and Pf-awhile* по-*):* make a noise

шумлю́	шуми́м	шуми́	шуме́л	шумя́	
шуми́шь	шуми́те	шуми́те	шуме́ла	шумя́щий	шуме́вший
шуми́т	шумя́т		шуме́ли/о	——	——

ШУ́МНО *adv:* noisily; sensationally

ШУ́МНЫЙ M (e) [*sh.Plur.* шу́мны́]: noisy; sensational

шу́мный	*Nom/Gen*	шу́много	шу́мном	шу́мному	шу́мным
шу́мное	шу́мное	шу́много	шу́мном	шу́мному	шу́мным
шу́мная	шу́мную	шу́мной	шу́мной	шу́мной	шу́мной
шу́мные	*Nom/Gen*	шу́мных	шу́мных	шу́мным	шу́мными

шу́мен, шумна́, шу́мно, шу́мны́; шумне́е

ШУТИ́ТЬ MS шу́тят; *intrans; Impf.* 1. *(Pf.* по-*)* joke; 2. *(no Pf.)* make fun (of) *e.g.* Он шути́л над сестро́й *Inst*

шучу́	шу́тим	шути́	шути́л	шутя́	
шу́тишь	шу́тите	шути́те	шути́ла	шутя́щий	шути́вший
шу́тит	шу́тят		шути́ли/о	——	

ШУ́ТКА SS (o) *f.in*: joke

шу́тка	шу́тку	шу́тки	шу́тке	шу́тке	шу́ткой
шу́тки	шу́тки	шу́ток	шу́тках	шу́ткам	шу́тками

ШЬЮ́Т *non-past tense of* ШИ́ТЬ

ЩА́ <*in prep. phrases variant* со *is used*> indeclinable *n.in*: (*name of the letter* щ)

ЩЁТКА <*in prep. phrases variant* со *is used*> SS (o) *f.in*: brush

щётка	щётку	щётки	щётке	щётке	щёткой
щётки	щётки	щёток	щётках	щёткам	щётками

ЩИ́ <*in prep. phrases variant* со *is used*> E *Plur.* only; (*Irreg. in the phrase* попа́л как ку́р во́ щи) #-declension *m.in*: cabbage soup

щи́	щи́	ще́й	ща́х	ща́м	ща́ми

ЩУ́РИТЬ SS -рят; *Impf.* (*Pf.* со-): щу́рить глаза́ squint

щу́рю	щу́рим	щу́рь	щу́рил	щу́ря	
щу́ришь	щу́рите	щу́рьте	щу́рила	щу́рящий	щу́ривший
щу́рит	щу́рят		щу́рили/о	——	——

ЩУ́РИТЬСЯ SS -рятся; *Impf.* (*Pf.* со-): squint

щу́рюсь	щу́римся	щу́рься	щу́рился	щу́рясь	
щу́ришься	щу́ритесь	щу́рьтесь	щу́рилась	щу́рящийся	щу́рившийся
щу́рится	щу́рятся		щу́рились/ось	——	——

Ы́ indeclinable *n.in*: (*name of the letter* ы)

Э́ indeclinable *n.in*: (*name of the letter* э)

ЭГОИ́СТ SS *m.an*: egoist

эгои́ст	эгои́ста	эгои́ста	эгои́сте	эгои́сту	эгои́стом
эгои́сты	эгои́стов	эгои́стов	эгои́стах	эгои́стам	эгои́стами

ЭГОИ́СТКА SS (o) *f.an*: egoist (*woman*)

эгои́стка	эгои́стку	эгои́стки	эгои́стке	эгои́стке	эгои́сткой
эгои́стки	эгои́сток	эгои́сток	эгои́стках	эгои́сткам	эгои́стками

ЭКВИВАЛЕ́НТ SS *m.in*: equivalent

эквивале́нт	эквивале́нт	эквивале́нта	эквивале́нте	эквивале́нту	эквивале́нтом
эквивале́нты	эквивале́нты	эквивале́нтов	эквивале́нтах	эквивале́нтам	эквивале́нтами

ЭКЗА́МЕН SS *m.in*: exam *e.g.* экза́мен по фи́зике *Dat* (*use* на/на/с *for* to/at/from *the event*)

экза́мен	экза́мен	экза́мена	экза́мене	экза́мену	экза́меном
экза́мены	экза́мены	экза́менов	экза́менах	экза́менам	экза́менами

ЭКЗАМЕНА́ТОР SS *m.an*: examiner (*person giving an exam*) (*Use fem. predicate when referring to a woman, e.g.* Экзамена́тор сказа́ла «Хорошо́!»)

-мена́тор	-мена́тора	-мена́тора	-мена́торе	-мена́тору	-мена́тором
-мена́торы	-мена́торов	-мена́торов	-мена́торах	-мена́торам	-мена́торами

ЭКЗЕМПЛЯ́Р SS *m.in*: copy (*one of a number of printed items*)

экземпля́р	экземпля́р	экземпля́ра	экземпля́ре	экземпля́ру	экземпля́ром
экземпля́ры	экземпля́ры	экземпля́ров	экземпля́рах	экземпля́рам	экземпля́рами

ЭКОНО́МИКА SS *f.in*: economy; economics

эконо́мика	эконо́мику	эконо́мики	эконо́мике	эконо́мике	эконо́микой

ЭКОНОМИ́СТ SS *m.an*: economist

экономи́ст	экономи́ста	экономи́ста	экономи́сте	экономи́сту	экономи́стом
экономи́сты	экономи́стов	экономи́стов	экономи́стах	экономи́стам	экономи́стами

ЭКОНОМИ́ЧЕСКИЙ S *short forms avoided, no compar*: economic, economics

-ми́ческий	*Nom/Gen*	-ми́ческого	-ми́ческом	-ми́ческому	-ми́ческим
-ми́ческое	-ми́ческое	-ми́ческого	-ми́ческом	-ми́ческому	-ми́ческим
-ми́ческая	-ми́ческую	-ми́ческой	-ми́ческой	-ми́ческой	-ми́ческой
-ми́ческие	*Nom/Gen*	-ми́ческих	-ми́ческих	-ми́ческим	-ми́ческими

adv. -ми́чески

ЭКСКУ́РСИЯ SS *f.in*: excursion, tour

экску́рсия	экску́рсию	экску́рсии	экску́рсии	экску́рсии	экску́рсией
экску́рсии	экску́рсии	экску́рсий	экску́рсиях	экску́рсиям	экску́рсиями

ЭКСКУРСОВО́Д SS *m.an*: tour guide (*Use fem. predicate when referring to a woman, e.g.* На́ш но́вый экскурсово́д сего́дня не пришла́)

экскурсово́д	экскурсово́да	экскурсово́да	экскурсово́де	экскурсово́ду	экскурсово́дом
экскурсово́ды	экскурсово́дов	экскурсово́дов	экскурсово́дах	экскурсово́дам	экскурсово́дами

ЭКСПЕДИ́ЦИЯ SS *f.in*: expedition

экспеди́ция	экспеди́цию	экспеди́ции	экспеди́ции	экспеди́ции	экспеди́цией
экспеди́ции	экспеди́ции	экспеди́ций	экспеди́циях	экспеди́циям	экспеди́циями

ЭКСПЕРИМЕ́НТ SS *m.in*: experiment

-ме́нт	-ме́нт	-ме́нта	-ме́нте	-ме́нту	-ме́нтом
-ме́нты	-ме́нты	-ме́нтов	-ме́нтах	-ме́нтам	-ме́нтами

ЭЛ *indeclinable n.in*: (name of the letter л)

ЭЛЕКТРИ́ЧЕСКИЙ S *short forms avoided, no compar*: electric

-и́ческий	*Nom/Gen*	-и́ческого	-и́ческом	-и́ческому	-и́ческим
-и́ческое	-и́ческое	-и́ческого	-и́ческом	-и́ческому	-и́ческим
-и́ческая	-и́ческую	-и́ческой	-и́ческой	-и́ческой	-и́ческой
-и́ческие	*Nom/Gen*	-и́ческих	-и́ческих	-и́ческим	-и́ческими

adv. электри́чески

ЭЛЕКТРОТЕ́ХНИК SS *m.an*: electrician; specialist in electrical engineering

-те́хник	-те́хника	-те́хника	-те́хнике	-те́хнику	-те́хником
-те́хники	-те́хников	-те́хников	-те́хниках	-те́хникам	-те́хниками

ЭЛЕКТРОТЕХНИ́ЧЕСКИЙ S *short forms avoided, no compar*: pertaining to electrical engineering

-техни́ческий	*Nom/Gen*	-техни́ческого	-техни́ческом	-техни́ческому	-техни́ческим
-техни́ческое	-техни́ческое	-техни́ческого	-техни́ческом	-техни́ческому	-техни́ческим
-техни́ческая	-техни́ческую	-техни́ческой	-техни́ческой	-техни́ческой	-техни́ческой
-техни́ческие	*Nom/Gen*	-техни́ческих	-техни́ческих	-техни́ческим	-техни́ческими

adv. электротехни́чески

ЭЛЕМЕ́НТ SS *m.in*: element

элеме́нт	элеме́нт	элеме́нта	элеме́нте	элеме́нту	элеме́нтом
элеме́нты	элеме́нты	элеме́нтов	элеме́нтах	элеме́нтам	элеме́нтами

ЭМ *indeclinable n.in*: (name of the letter м)

ЭН *indeclinable n.in*: (name of the letter н)

ЭНЕРГИ́ЧНЫЙ <нэ> S (e): energetic, forceful

энерги́чный	*Nom/Gen*	энерги́чного	энерги́чном	энерги́чному	энерги́чным
энерги́чное	энерги́чное	энерги́чного	энерги́чном	энерги́чному	энерги́чным
энерги́чная	энерги́чную	энерги́чной	энерги́чной	энерги́чной	энерги́чной
энерги́чные	*Nom/Gen*	энерги́чных	энерги́чных	энерги́чным	энерги́чными

энерги́чен, энерги́чна, энерги́чно, энерги́чны; энерги́чнее

ЭНТУЗИА́ЗМ SS *m.in*: enthusiasm

-зиа́зм	-зиа́зм	-зиа́зма	-зиа́зме	-зиа́зму	-зиа́змом

ЭПИДЕ́МИЯ SS *f.in*: epidemic; bug going around

эпиде́мия	эпиде́мию	эпиде́мии	эпиде́мии	эпиде́мии	эпиде́мией
эпиде́мии	эпиде́мии	эпиде́мий	эпиде́миях	эпиде́миям	эпиде́миями

ЭР *indeclinable n.in*: (name of the letter р)

ЭС *indeclinable n.in*: (name of the letter с)

ЭСТО́НЕЦ SS (e) *m.an*: Estonian

эсто́нец	эсто́нца	эсто́нца	эсто́нце	эсто́нцу	эсто́нцем
эсто́нцы	эсто́нцев	эсто́нцев	эсто́нцах	эсто́нцам	эсто́нцами

ЭСТО́НИЯ SS *f.in*: Estonia

Эсто́ния	Эсто́нию	Эсто́нии	Эсто́нии	Эсто́нии	Эсто́нией

ЭСТО́НКА SS (o) *f.an*: Estonian (*woman*)

эсто́нка	эсто́нку	эсто́нки	эсто́нке	эсто́нке	эсто́нкой
эсто́нки	эсто́нок	эсто́нок	эсто́нках	эсто́нкам	эсто́нками

ЭСТО́НСКИЙ S *short forms avoided, no compar*: Estonian

эсто́нский	*Nom/Gen*	эсто́нского	эсто́нском	эсто́нскому	эсто́нским
эсто́нское	эсто́нское	эсто́нского	эсто́нском	эсто́нскому	эсто́нским
эсто́нская	эсто́нскую	эсто́нской	эсто́нской	эсто́нской	эсто́нской
эсто́нские	*Nom/Gen*	эсто́нских	эсто́нских	эсто́нским	эсто́нскими

adv. по-эсто́нски

ЭСТРА́ДНЫЙ S (e): show business; popular (*style of music*) ● эстра́дный актёр entertainer

эстра́дный	*Nom/Gen*	эстра́дного	эстра́дном	эстра́дному	эстра́дным
эстра́дное	эстра́дное	эстра́дного	эстра́дном	эстра́дному	эстра́дным
эстра́дная	эстра́дную	эстра́дной	эстра́дной	эстра́дной	эстра́дной
эстра́дные	*Nom/Gen*	эстра́дных	эстра́дных	эстра́дным	эстра́дными

ЭТА́Ж EE *m.in*: floor, story, level (*in a building*) (*use* на/на/с *for to/on/from*)

эта́ж	эта́ж	этажа́	этаже́	этажу́	этажо́м
этажи́	этажи́	этаже́й	этажа́х	этажа́м	этажа́ми

ЭТИКА SS *f.in*: ethics

э́тика	э́тику	э́тики	э́тике	э́тике	э́тикой

ЭТНОЛО́ГИЯ SS *f.in*: ethnology

этноло́гия	этноло́гию	этноло́гии	этноло́гии	этноло́гии	этноло́гией

ЭТО *particle*: this is, that is, these are, those are; *untranslated in definitions, e.g.* Общежи́тие — э́то до́м, где́ живу́т студе́нты A dormitory is a building students live in; is it (*used with question words*) *e.g.* Почему́ э́то о́н не пришёл? Why is it he didn't come?

ЭТОТ *special adj*: this, that; *pronoun*: this one, the latter

э́тот	*Nom./Gen.*	э́того	э́том	э́тому	э́тим
э́то	э́то	э́того	э́том	э́тому	э́тим
э́та	э́ту	э́той	э́той	э́той	э́той
э́ти	*Nom./Gen.*	э́тих	э́тих	э́тим	э́тими

ЭФ *indeclinable n.in*: (*name of the letter* ф)

Ю *indeclinable n.in*: (*name of the letter* ю)

ЮБКА SS (о) *f.in*: skirt

ю́бка	ю́бку	ю́бки	ю́бке	ю́бке	ю́бкой
ю́бки	ю́бки	ю́бок	ю́бках	ю́бкам	ю́бками

ЮГ SS *m.in*: south (*use* на/на/с *for to/in/from*)

ю́г	ю́г	ю́га	ю́ге	ю́гу	ю́гом

ЮГОСЛА́ВИЯ SS *f.in*: Yugoslavia

Югосла́вия	Югосла́вию	Югосла́вии	Югосла́вии	Югосла́вии	Югосла́вией

ЮЖНАЯ КАРОЛИ́НА *both parts inflected; f.in*: South Carolina

-ная -на	-ную -ну	-ной -ны	-ной -не	-ной -не	-ной -ной

ЮЖНАЯ ДАКО́ТА *both parts inflected; f.in*: South Dakota

-ная -та	-ную -ту	-ной -ты	-ной -те	-ной -те	-ной -той

ЮЖНЫЙ M (e) *sh.fem. avoided*: southern

ю́жный	*Nom/Gen*	ю́жного	ю́жном	ю́жному	ю́жным
ю́жное	ю́жное	ю́жного	ю́жном	ю́жному	ю́жным
ю́жная	ю́жную	ю́жной	ю́жной	ю́жной	ю́жной
ю́жные	*Nom/Gen*	ю́жных	ю́жных	ю́жным	ю́жными

adv. по-ю́жному; *compar.* южне́е

ЮМОР SS *Part.* -у *m.in*: humor

ю́мор	ю́мор	ю́мора/-у	ю́море	ю́мору	ю́мором

ЮНОША SS *GPlur.* -ей *m.an*: youth, young person

ю́ноша	ю́ношу	ю́ноши	ю́ноше	ю́ноше	ю́ношей
ю́ноши	ю́ношей	ю́ношей	ю́ношах	ю́ношам	ю́ношами

ЮРИ́СТ SS *m.an*: lawyer

юри́ст	юри́ста	юри́ста	юри́сте	юри́сту	юри́стом
юри́сты	юри́стов	юри́стов	юри́стах	юри́стам	юри́стами

ЮТА SS *f.in*: Utah

Ю́та	Ю́ту	Ю́ты	Ю́те	Ю́те	Ю́той

Я[1] <*before* мн– *use the longer variants of prepositions* в(о), к(о), с(о), над(о), под(о), перед(о), *and* об(о)> *pronoun*: I, me

я	меня́	меня́	мне́	мне́	мно́й

Я[2] *indeclinable n.in*: (*name of the letter* я)

ЯБЛОКО SS *NPlur.* -и *n.in*: apple

я́блоко	я́блоко	я́блока	я́блоке	я́блоку	я́блоком
я́блоки	я́блоки	я́блок	я́блоках	я́блокам	я́блоками

ЯВИ́ТЬСЯ MS я́вятся; *Pf*: 1. (*Impf.* явля́ться) appear; turn up; 2. (*no Impf.*) become; turn out to be *e.g.* Уста́лость яви́лась причи́ной *Inst* мое́й боле́зни

явлю́сь	я́вимся	яви́сь	яви́лся	——	яви́вшись
я́вишься	я́витесь	яви́тесь	яви́лась	——	яви́вшийся
я́вится	я́вятся		яви́лись/ось	——	

ЯВЛЯ́ТЬСЯ SS -я́ются; *Impf*: 1. (*Pf.* яви́ться) appear; turn up; 2. (*no Pf.*) be *e.g.* Москва́ *Nom* явля́ется столи́цей *Inst* СССР

явля́юсь	явля́емся	явля́йся	явля́лся	явля́ясь	
явля́ешься	явля́етесь	явля́йтесь	явля́лась	явля́ющийся	явля́вшийся
явля́ется	явля́ются		явля́лись/ось	——	——

Я́ГОДА SS *f.in*: berry

я́года	я́году	я́годы	я́годе	я́годе	я́годой
я́годы	я́годы	я́год	я́годах	я́годам	я́годами

ЯЗЫ́К EE (*Irreg. in the phrase* двуна́десять язы́ков) *m.in*: language; tongue

язы́к	язы́к	языка́	языке́	языку́	языко́м
языки́	языки́	языко́в	языка́х	языка́м	языка́ми

ЯЙЦО́ ES (и) *GPlur.* яйц *n.in*: egg

яйцо́	яйцо́	яйца́	яйце́	яйцу́	яйцо́м
я́йца	я́йца	яйц	я́йцах	я́йцам	я́йцами

ЯКУ́ТСК SS *m.in*: Yakutsk

Яку́тск	Яку́тск	Яку́тска	Яку́тске	Яку́тску	Яку́тском

Я́ЛТА SS *f.in*: Yalta

Я́лта	Я́лту	Я́лты	Я́лте	Я́лте	Я́лтой

ЯНВА́РЬ EE *m.in*: January

янва́рь	янва́рь	января́	январе́	январю́	январём
январи́	январи́	январе́й	января́х	января́м	января́ми

ЯПО́НЕЦ SS (е) *m.an*: Japanese

япо́нец	япо́нца	япо́нца	япо́нце	япо́нцу	япо́нцем
япо́нцы	япо́нцев	япо́нцев	япо́нцах	япо́нцам	япо́нцами

ЯПО́НИЯ SS *f.in*: Japan

Япо́ния	Япо́нию	Япо́нии	Япо́нии	Япо́нии	Япо́нией

ЯПО́НКА SS (о) *f.an*: Japanese (woman)

япо́нка	япо́нку	япо́нки	япо́нке	япо́нке	япо́нкой
япо́нки	япо́нок	япо́нок	япо́нках	япо́нкам	япо́нками

ЯПО́НСКИЙ S *short forms avoided, no compar*: Japanese

япо́нский	*Nom/Gen*	япо́нского	япо́нском	япо́нскому	япо́нским
япо́нское	япо́нское	япо́нского	япо́нском	япо́нскому	япо́нским
япо́нская	япо́нскую	япо́нской	япо́нской	япо́нской	япо́нской
япо́нские	*Nom/Gen*	япо́нских	япо́нских	япо́нским	япо́нскими

adv. по-япо́нски

Я́СНО *adv*: clearly; *predicate*: it is clear *e.g.* Сего́дня я́сно It's clear today (a clear day); Мне́ *Dat* я́сно, что о́н дура́к

Я́СНЫЙ M (е) [*sh.Plur.* ясны́]: clear

я́сный	*Nom/Gen*	я́сного	я́сном	я́сному	я́сным
я́сное	я́сное	я́сного	я́сном	я́сному	я́сным
я́сная	я́сную	я́сной	я́сной	я́сной	я́сной
я́сные	*Nom/Gen*	я́сных	я́сных	я́сным	я́сными

я́сен, ясна́, я́сно, ясны́; ясне́е

ENGLISH-RUSSIAN WORD INDEX

This is not a dictionary. The purpose of this *Index* is to help the user locate Russian headwords in the dictionary, not to provide complete Russian glosses of English words. The English words listed here are those that occur in the glosses to Russian headwords in the dictionary.

Not all headwords are listed in the *Index*. Many derived adjectives are not listed, e.g., автобусный (from автобус). Such adjectives are listed right next to the nouns in the dictionary and are not hard to find. Aspect partners are not listed in the *Index*; all partners are cross-referenced in the dictionary and are therefore easily located. Adverbs derived from adjectives are likewise not listed, provided they have the same meaning (e.g., дешевый 'cheap' is listed, but дешево 'cheaply' is not).

abandon покинуть
abbreviation сокращение
abdomen живот
ability способность
able мочь; способный
abnormal ненормальный
about о, насчёт, про
above над, выше, сверх; from ~ сверху
abroad за границу/границей
absence пропуск
absent-minded рассеянный
absolute абсолютный
absolutely абсолютно, ровно, решительно, совершенно
abstain воздержаться
absurd смешно
acacia акация
academic академический, учебный
academician академик
academy академия
accent акцент, ударение
accept принять
accident катастрофа
accidentally случайно
accompaniment: to the ~ of под
accompany проводить
accomplished совершённый
accomplishments знания (Plur.)
according to по
account счёт; on ~ of по
accountant бухгалтер
accurate точный
accusative винительный
ache боль; болеть
achieve добиться, достигать
achievement достижение
acquaint знакомить
acquaintance знакомый, приятель
acquainted: get ~ знакомиться
acquire завести
across напротив, через
act действие,
act поступок; действовать, выступить, поступить
action действие, поступок
activist активист
actor артист, актёр
actress актриса
actual фактический
actually точно, фактически
add добавить, прибавить
addition: in ~ кроме, сверх
address адрес
address называть, обратиться
administrative административный
admire восхититься
admit признаться, допускаться
adopted приёмный
adore обожать
adorn украсить
adult взрослый
advance наступать; in ~ вперёд, заранее
advantage плюс, польза; take ~ of пользоваться
advice консультация, совет
advise советовать
advisor руководитель

afar: from ~ издалека
affair дело, роман
affect действовать
affectionately ласково, нежно
Afghanistan Афганистан
aficionado любитель
afraid: be ~ бояться
afresh по-новому
Africa Африка
African африканец
after all ведь
after за, вслед, по, после, через; ~ that затем
afternoon днём
afterwards потом, после
again ещё, ещё раз, опять, снова; all over ~ сначала
against о, против
age возраст, век, лета; of legal ~ совершеннолетний; old ~ старость
agent агент
agitated взволнованный
ago назад
agree согласиться; согласный
agreement договор
aggressive боевой
agriculture сельское хозяйство
agronomist агроном
ah а, ах, ой
ahead впереди; ~ of time заранее
aid: with the ~ of при помощи
air воздух
airfield аэродром
airmail авиапочта
airmail envelope авиаконверт
airmail letter авиаписьмо
airplane самолёт
airport аэропорт
airs: put on ~ ломаться
Alabama Алабама
alarm clock будильник
alarm тревога
alarmed тревожно
Alaska Аляска
Albanian албанец
alcoholic алкогольный
Algeria Алжир
Algiers Алжир
alien чужой
alike равно
alive живой
all весь; ~ right ладно, ничего, пусть, хорошо; at ~ вовсе, вообще; ~ the same всё-таки; in ~ всего; ~ sorts of всякий; ~ but чуть
allegedly будто
alliance союз
allow дать, разрешить, позволить
allowed допускаться
alloy сплав
all-star сборный
allusion ссылка
almost почти, чуть
alone один
along вдоль, по; ~ with вместе с
alongside рядом
aloud вслух, громко
alphabet азбука
already уже

also и, тоже, также
although хоть, хотя, правда
alto альт
altogether вообще
always всегда, всё, постоянно
amateur любитель, радиолюбитель; amateur acting самодеятельность
amazing изумительный, удивительный
amble брести
ambulance скорая помощь
America Америка
American американец
amiable любезный
amicable дружный
amiss не так
among между, среди
amuse веселить
amusing забавный, смешно
analysis анализ
ancient древний, старинный
and и, а, с
anecdote анекдот
anew снова
angel ангел
angered разгневанный
angle угол
Anglo-Russian англо-русский
angrily сердито
angry злой, разгневанный; be ~ сердиться;
animal животное; wild ~ зверь
animate одушевлённый
announce объявить
announcer диктор
annoying неприятный
another другой; ещё
answer ответить; ответ; in ~ ответный
ant муравей
Antarctica Антарктика
ant-eater муравьёд
ant-hill муравейник
antibiotic антибиотик
anticipate предупредить
antique старинный
antonym антоним
anxiety беспокойство
anxious взволнованный; be ~ беспокоиться, переживать
anxiously тревожно
any какой-нибудь, всякий, любой; ~ more больше не
anybody кто, кто-нибудь, всякий, кто угодно, любой
anyhow как-нибудь
anyone кто, кто-нибудь, всякий, кто угодно, любой
anything что, что-нибудь, что угодно
anytime когда-нибудь, когда угодно
anywhere куда-нибудь, куда угодно, где-нибудь, где угодно
apart: far ~ редко
apartment квартира
apologize извиниться
apparent видно, будто
appeal нравиться

crow ворона
crowd толпа
cruel person изверг
crush увлечение
cry кричать, плакать
cucumber огурец
cuisine кухня, стол
cultivate вырастить
culture культура
cultured интеллигентный
cup чашка
cupboard шкаф
cupola глава
curdle свернуться
cure вылечить
curiosity любопытство
curl up свернуться
currency валюта
current течение
cushion подушка
custodian уборщик
custom порядок
customer покупатель
customs official таможенник
customs таможня
cut резать, отрезать, стричь; ~ short свернуть
cute хорошенький
cutlet котлета
cybernetics кибернетика
cycling кататься
czar царь
czarevitch царевич
czarevna царевна
czarina царица
Czech Чех
Czech чешский
Czechoslovakia Чехословакия

dad папа
daily routine режим
dairy молочный
Dakota Дакота
damage испортить
damn чёрт; not give a ~ плевать
damp сырой
dance танец; танцевать
dancer танцовщица, танцор
danger опасность
dangerous опасный
dare сметь, решаться
dark тёмный; ~ blue синий
darling милый
data данные
date дата, встреча, свидание, число
dative дательный
daughter дочь, дочка
day день, сутки; дневной; ~ off выходной; ~ after tomorrow послезавтра; ~ before yesterday позавчера, третьего дня
deal: Big ~ Подумаешь!
dear дорогой, милый, родной
death смерть
debatable спорный
debt долг
decadence декадентство
deceive обмануть, провести

December декабрь
decent приличный, порядочный, добрый
decide решить
decided решённый
decidedly решительно
decision решение
decisive решающий
deck палуба
declaration заявление
decline отказаться, склонять
decorate украсить
decrease уменьшиться
deep глубокий, глубочайший
defeat поражение; победить, побить
defect перебежать
defective output брак
defend защитить
defense защита
define определить
definitely решительно
degree градус
Delaware Делавэр
delegate депутат
delegation делегация
delicate нежный, тонкий
delight восторг
deliver произнести; have ~d прислать
demand спрос; требовать
demanding требовательный
demonstration демонстрация
denounce донести, стучать
dense густой, частый
dental зубной
dentist зубной
deny отказать
depart отойти
department отдел, отделение, факультет; ~ store универсальный магазин, универмаг
departure отъезд
depend зависеть
depending смотря
deposit внести
deputy депутат
descend from происходить
descent происхождение
describe описать, характеризовать
description характеристика
desert пустыня
desert перебежать
desire охота, желание; желать
desk парта
despise презирать
despite несмотря
dessert десерт, сладкое, третье
destroy разрушить, уничтожить
detachment отряд
detail: in ~ подробно
detailed поподробнее
detective детективный
determine определить
determined решительный
develop разработать
developed заселённый
development развитие

deverbal adverb деепричастие
device приём
devil чёрт
diagram схема
dialect говор
dialog диалог
dice кости
dictate диктовать
dictation диктант, диктовка
dictionary словарь
die умереть, гибнуть
diet диета, стол
differ отличаться
difference разница
different другой, иной, различный, разный
differently иначе, по-другому, по-разному
difficult трудный, тяжёлый, нелёгкий
difficulty трудность, проблема; without ~ без труда
diffused рассеянный
dig копать; ~ up выкопать
diligent прилежный, старательный
dilute развести
dim тусклый
dimension размер
diminutive уменьшительный
dining room столовая
dinner-jacket смокинг
dinner обед; have ~ обедать
diphthong дифтонг
diploma диплом
diplomacy дипломатия
diplomatic дипломатический
direct направить, прислать, послать; прямой
direction сторона
director директор, режиссёр
dirt грязь
dirty грязный
disappear исчезать, провалиться, пропасть
disappear не стать
disappointed разочарованный
disaster катастрофа
disavow отказаться
discern рассмотреть
discernable видный
disconnect выключить
discontentedly недовольно
discover открыть
discovery открытие
discuss обсудить, рассуждать
discussion обсуждение, дискуссия, беседа
disease болезнь; have a ~ страдать
disfigure изуродовать
disgust отвращение
dish блюдо, тарелка
dishes посуда
dismantle разнять
dismayed растерянный
disorder беспорядок
disperse разойтись, разъехаться
displeased недовольный
disposed расположенный
dispute конфликт

fly лететь, слетать; ~ across
    перелететь, пролететь; ~ away
    улететь; ~ down слететь; ~ in
    влететь; ~ off отлететь; ~ out
    вылететь; ~ past пролететь; ~
    through пролететь; ~ up подлететь
fog туман
folk народный
follow следовать
following следующий; вслед за
food еда, продукт
fool дура, дурак; провести
foolish глупый
foot нога; on ~ пешком
football футбол
footnote примечание
footwear обувь
for для, от, на, из-под, за, про,
    против
force сила; заставить
forceful энергичный
forces войска
ford форсировать
forecaster предсказатель
foreign иностранный, внешний
foreign countries заграница
foreigner иностранец
foreman мастер
foresee предвидеть
forest лес; лесничество
forever навсегда
forewarn предупредить
forget забыть, отвыкать
forget-me-not незабудка
forgive извинить, прощать
fork вилка
form образ, анкета, форма; ~ up
    строиться
formation образование
formed образованный
former бывший, тот
formerly некогда, когда-то,
    прежде, раньше
formidable грозный
forth: and so ~ и так далее
forthwith немедленно
fortieth сороковой
fortress крепость
fortunately к счастью, спасибо
fortune teller предсказательница
forty сорок
forward вперёд
found основать; be ~ находиться,
    найтись, попасться
foundation основание, основа
founder основатель
founding основание
fountain pen авторучка
four четыре, четверо, четвёрка
four hundred четыреста
four-hundredth четырёхсотый
four-story четырёхэтажный
fourteen четырнадцать
fourth четвёртый
four-volume четырёхтомный
fox лисица
France Франция
frankfurter сосиска
frankly откровенно, прямо

fraternal братский
fraternity братство
free бесплатный, свободный;
    освободить
freedom свобода
freeze замерзать
freezing мороз
freight грузовой
French французский; in ~
    по-французски ~ horn валторна
Frenchman француз
frequent частый
fresh свежий
freshness свежесть
Friday пятница
friend друг, приятель, знакомый,
    подруга, товарищ; be ~s
    дружить
friendly дружеский, приятельский
friendship дружба
frighten испугать
frightened испуганный
frightful страшный
from из, от, у, с; ~ above сверху; ~
    afar издалека; ~ anywhere
    откуда-нибудь, откуда-то; ~
    around из-под; ~ behind из-за; ~
    below снизу; ~ behind сзади; ~ here
    отсюда; ~ near из-под; ~ nowhere
    ниоткуда; ~ somewhere
    откуда-нибудь, откуда-то; ~
    there оттуда; ~ the top сверху; ~
    under из-под; ~ where откуда
front фронт; вперёд; передний; in ~
    впереди, перед
frost иней
frown хмуриться
fruit фрукт
fry жарить
fulfil выполнить, исполнить
full полный, сытый
fully вполне
fun весёлый; have ~ веселиться;
    make ~ шутить
function работать
fundamental основной
fungus гриб
funny смешной; странно
fur мех; меховой; ~ coat шуба
furniture мебель
further далее; дальнейший
fusion сплав
fuss скандал
futile тщетный
future будущий, дальнейший

gain завоевать; ~ weight
    поправиться
gallery галерея
game игра
gang шайка
gangster бандит
garage гараж
garden сад
gas газ
gasoline бензин
gate ворота
gather собрать
gathering собрание

gauze газ
gear скорость
gender род
general генерал; общий, всеобщий;
    in ~ вообще, в общем
genie гений
genitive родительный
genius гений
gentle мягкий
gentleman господин
genuine настоящий
genus род
geographer географ
geography география
geologist геолог
geometry геометрия
geophysical геофизический
Georgia Грузия
Georgia Джорджия
Georgian грузин
German немец; in ~ по-немецки
Germany Германия
gerund деепричастие
gesture жест
get брать, получить, добиться,
    достать, делаться, стать; ~ into
    залезть; ~ off сойти; ~ to дойти,
    доплыть, доехать; ~ someplace
    попасть; ~ together свести,
    собраться; ~ up встать
gherkin огурец
giddy-up но
gift подарок, дар
giggle хихикать
girl девочка, девушка
give дать, подать, дарить,
    предоставить; ~ away отдать; ~
    back отдать; not ~ a damn
    плевать; ~ in уступать; ~ out
    раздать; ~ up дрогнуть, бросить
given данный
glad радостно; рад; make ~
    обрадовать; be ~ радоваться; ~
    с удовольствием
glance взгляд
glass стакан, рюмка, стекло;
    стеклянный
glide парить
glorious славный
glory слава
glove перчатка
gnaw грызть
go идти, ехать, сходить, съездить;
    ~ after следовать; ~ away уйти,
    уехать; ~ back вернуться; ~ by
    пройти; ~ down сойти, пройти,
    тонуть; ~ in войти, въехать; ~ to
    jail сесть; ~ off сойти; ~ out вый
    выехать, гаснуть; ~ and stand
    стать; ~ through пройти,
    проехать; ~ up подойти,
    подняться
goal цель
goalkeeper вратарь
God Бог; thank ~ слава Богу
gold золото; золотой
golf гольф
good хороший, порядочный,
    вкусный, добрый, добротный;

неплóхо; ~ for you молодéц; for ~ навсегдá; ~ night Спокóйной нóчи
good-for-nothing дрянь
goodbye прощáнье; До свидáние, Всегó харóшего, Всегó дóброго, Счастливо; say ~ прощáться
goodness добротá
goods товáр
goose гусь
gossip сплéтник
gourmet гастронóм
govern завéдовать, прáвить
government правительство
grab хватáть, вырвать
grade отмéтка, клácc
gradually постепéнно
graduate окóнчить
graduate school аспирантýра
graduate student аспирáнт
grain хлéб
gram грáмм
grammar граммáтика
granddaughter внýчка
grandfather дéдушка, дéд
grandmother бáбушка
grandson внýк
grant предостáвить
grapefruit грéйпфрут
grapes виногрáд
grass травá; ~ snake уж
grate рéзать
grateful благодáрный
gratitude благодáрность
grave могила
graze пастись
grease мácло
great великий; фантáстика, здóрово
greatest величáйший
greatly сильно
greedily жáдно
Greek грéк, гречáнка
green зелёный
greet здорóваться, встрéтить
greeting салют
greetings привéт
grey сéрый, седóй
grey-haired седóй
grief гóре
grilled жáреный
groan стонáть
groceries продýкты
grocery store гастронóм
grotto пещéра
ground земля
grounds основáние
group грýппа, коллектив
grow расти, вырастить; ~ up вырасти
grown-up взрóслый, большóй
guard караýл, часовóй; сторожить
guest гóсть, гóстья
guidance руковóдство
guide гид, экскурсовóд
guilty виновáтый
guitar гитáра
gulf залив
gull чáйка

gulp хлебáть
gusto: with ~ вкýсно
guys ребята
gymnast гимнáст
gymnastics гимнáстика

habit привычка; lose the ~ отвыкáть
habitable жилóй
haggle торговáться
hair вóлос; ~ style причёска
haircut: give a ~ стричь
hairdresser's парикмáхерский
hairpin шпилька
half половина; ~ a year полгóда; ~ a kilo полкилó; ~ an hour полчасá; one and a ~ полторá
hall зáл, коридóр, передняя
ham ветчинá, радиолюбитель
hamburger котлéта
Hamlet Гáмлет
hand рукá, сторонá; передáть, подáть; ~ in сдáть; ~ out раздáть; but on the other ~ затó
handing over передáча
handkerchief платóк
handle рýчка; обращáться
hang висéть, вéшать, перевéсить
hanging вéс
happen произойти, случиться, бывáть, стáть
happening событие
happiness счáстье
happy счастливый; make ~ рáдовать; be ~ рáдоваться
hard твёрдый, тяжёлый; трýдно, тяжелó, слóжно; ~ to please скандáльный; ~ worker удáрник
hardly чýть
hardness твёрдость
harm хýдо
harmonious дрýжный
harmoniously лáдно, дрýжно
harp áрфа
harvest урожáй, убóрка
hat шáпка, шляпа, финка
hate ненавидеть
haul везти, довезти; ~ away увезти ~ out вывезти
have éсть, имéть; ~ a disease страдáть; ~ to нáдо, нýжно, обязáтельно; прийтись; ~ to do with касáться, имéть дéло с
Hawaii Гавáйи
he óн
head головá, главá, завéдующий, начáльник
head-phone наýшник
health здорóвье ~ resort санатóрий
healthy здорóвый
heap горá
hear слышать
heard: be ~ слышно; звучáть, раздáться
hearing слýх
heart сéрдце, душá; сердéчный; by ~ наизýсть
heartfelt сердéчный
heat жарá, теплó
heavens нéбо

heavy тяжёлый, нелёгкий
height высотá
helicopter вертолёт
Hello! Здрáвствуйте! Дóбрый дéнь! Аллó!
Help! Караýл!
help помóчь; пóмощь
helping пóрция
hen кýрица
henceforth вперёд; в дальнéйшем
her(s) её, свóй
herbs травá
here здéсь, тýт, вóт, сюдá, нá
hero герóй
heroine героиня
heroism геройзм
her(s) её
herself себя, сáма
hesitating нерешительный, неувéренный
Hi! Здорóво! Привéт!
hide прятать(ся)
high school срéдняя шкóла, лицéй
high высóкий, высочáйший
higher высший
hike похóд
hill горá, хóлм
himself сáм, себя
hiring приём
his егó, свóй
hiss шипéть
historian историк
history история
hit бить, попáсть
hm á
hoarfrost иней
hobby конёк
hockey хоккéй
hold держáть
holiday прáздник, каникулы, óтдых, выходнóй
holy святóй
home дóм; домáшний, роднóй; дóма, домóй
homeland рóдина
honest чéстный
honey мёд
honor чéсть
honorable чéстный
hoodlum хулигáн
hook зацепить
hooligan хулигáн
hope надéжда; надéяться
horizon горизóнт
horned рогáтый
horrible ужáсный
horror ýжас
hors-d'oeuvre закýска
horse лóшадь, кóнь
hospitable гостеприимный
hospital больница, гóспиталь
hospitality гостеприимство
host хозяин
hostel общежитие
hot-tempered скандáльный
hot горячий, жáркий
hotel гостиница
hour чác; half an ~ полчасá
hour's часовóй

house дóм, дóмик, дáча, палáта; ~ maid гóрничная
household хозя́йство
housekeeping хозя́йство
housewarming новосéлье
how кáк; ~ many скóлько; ~ much скóлько, наскóлько
however впрóчем, однáко
hug обня́ть
huge огрóмный
human человéческий
humane человéческий
humanitarian гуманúст
humanity человéчество
humor ю́мор
hump гóрб
hundred стó
hundredth сóтый
Hungarian вéнгр; венгéрский
Hungary Вéнгрия
hunger гóлод
hungry голóдный be ~ хотéть éсть
hunting охóта
hurray урá
hurry торопи́ться, спеши́ть
hurt болéть; больнóй, бóльно; be ~ оби́деться, оби́дно
husband мýж
hushing шипя́щий
hut избá
hydro-electric station гидростáнция
hypnosis гипнóз
hypothesis гипóтеза

ice лёд; ~ cream морóженое
icon óбраз
ID card билéт
Idaho Айдáхо
idea идéя
identical одинáковый
identify узнáть
identity тóждество, тóжество
idiot идиóт
i.e. т.е.
if éсли, вдрýг, рáз, ли
ill больнóй; плóхо, хýдо; болéть
illicitly налéво
Illinois Иллинóйс
illness болéзнь; contract an ~ зарази́ться
illustration иллюстрáция
image óбраз
imagine предстáвить
immediately сейчáс, немéдленно
impatience нетерпéние
imperceptible незамéтный
imperfect несовершённый
imperfective несовершённый
impolite некраси́во
import ввезти́
important вáжный, значи́тельный
impossible невозмóжный; нельзя́
impression впечатлéние
imprison сажáть, заключи́ть
imprisonment посáдка
improper некраси́вый, неприли́чный
in на, в, через
inanimate неодушевлённый
incline склоня́ться

inclined располóженный
include включи́ть
inclusive включи́тельно
income дохóд
incomprehensible непоня́тный
inconspicuous незамéтный
incorrect непрáвильный
increase расти́, прибáвить, увели́читься
indecent неприли́чный
indecisive нереши́тельный, неувéренный
indeed и, действи́тельно, в сáмом дéле
independent самостоя́тельный
India Индия
Indian инди́ец
Indiana Индиáна
individual едини́ца
industrial индустриáльный, промы́шленный
industry индустри́я, промы́шленность, хозя́йство
inexpensive недорогóй
infected: get ~ зарази́ться
infinite безграни́чный
infinitive инфинити́в
influence блáт; дéйствовать, склони́ть
inform сообщи́ть, стучáть
information информáция, извéстие; спрáвочный; ~ service спрáвочное
infrequently нечáсто
inhabited заселённый
injure рáнить
ink черни́ла
insane ненормáльный
inside внутри́, внýтрь
insignificant незамéтный, ничтóжный
insipid блéдный
insist настоя́ть
insistently насто́йчиво
inspect осмотрéть
inspector инспéктор, контролёр
install провести́
instead of вмéсто
institute институ́т
institution институ́т
instruction учéние
instructions руковóдство
instructor инстрýктор, преподавáтель
instrument инструмéнт
instrumental твори́тельный
insufferably невозмóжно
insufficient(ly) недостáточно
intellect ýм
intelligent ýмный
intelligibly поня́тно
intend собрáться, предполагáть
interest интерéс; интересовáть(ся); excite one's ~ заинтересовáть
interested: become ~ in заинтересовáться
interesting интерéсный
interlocutor собесéдник
intermission антрáкт, переры́в
international междунарóдный

internship прáктика
interpreter перевóдчик
intersection перекрёсток
intimate бли́зкий
intimately кóротко
into в
intonation интонáция
Intourist Интури́ст
intricate запýтанный
intricately слóжно
introduce знакóмить, предстáвить, ввести́
intrusion вторжéние
invade вторгáться
invasion вторжéние
invent придýмать
inversely обрáтно
investigate разобрáться
investigation слéдствие
invisible неви́димый
invitation приглашéние
invite пригласи́ть
inwards внýтрь
Iowa Айóва
Iran Ирáн
Irishman ирлáндец
iron желéзо, желéзный; глáдить
irony иро́ния
irregular нерегуля́рный, непрáвильный
irresponsible несерьёзный
irrigate ороси́ть
irritable нéрвный
island óстров
issue нóмер
it óн онá, онó
Italian италья́нец; in ~ по-италья́нски
Italy Итáлия
item штýка
itinerary маршрýт
its егó, её, свóй
itself себя́; сáм, самá, самó

jabber болтáть
jacket жакéт, кýртка
jail сажáть; be in ~ сидéть
janitor убóрщик
January янвáрь
Japan Япóния
Japanese япóнец
jazz джáз; джáзовый
jeans джи́нсы
Jew еврéй
job рабóта, слýжба, мéсто
join соедини́ть(ся)
joint колéно; коллекти́вный, соединённый
joke анекдóт, шýтка; шути́ть; play a ~ разыгрáть
journal журнáл
journalist журнали́ст
journey похóд, путешéствие; путешéствовать
joy рáдость
joyful рáдостный
judge судья́; суди́ть, посуди́ть
juice сóк
July ию́ль

jump пры́гать; ~ up вскочи́ть

June ию́нь

junior мла́дший

just справедли́вый; то́лько, лишь, и́менно, про́сто, чуть, -то; ~ right ка́к ра́з; ~ then ка́к ра́з; ~ now сейча́с

justified: be ~ оправда́ться

Kama Ка́ма

Kansas Канза́с

kasha ка́ша

Kashubian кашу́бский

keep держа́ть

kefir кефи́р

Kentucky Кенту́кки

kerchief плато́к

key ключ

khan хан

Kiev Ки́ев, ки́евский

Kievan киевля́нин

kill уби́ть, заре́зать

kilogram килогра́мм; half a ~ полкило́

kilometer киломе́тр

kind род; до́брый, серде́чный

kind-hearted до́брый

kindness доброта́

king коро́ль

kingdom ца́рство

kiosk кио́ск

kiss поцелу́й; целова́ть(ся)

kitchen ку́хня

kitten котёнок

knee коле́но

knickers го́льф

knife нож, фи́нка

knight конь

knock стук; стуча́ть; ~ together столкну́ть

know знать, владе́ть; you ~ ведь; ~ how уме́ть

knowledge зна́ние

known знако́мый, изве́стный

kopeck копе́йка

Kremlin кре́мль

labor труд, ро́ды

laboratory лаборато́рия

lady да́ма, госпожа́, тётя

lag behind отста́ть

lake о́зеро

lamp ла́мпа; ~ shade плафо́н

land земля́; приземли́ться, сесть

landing поса́дка, площа́дка; ~ gear шасси́

landscape пейза́ж

language язы́к; school of ~s and literatures филфа́к; ~ lab лингафо́нный кабине́т

lap коле́но

lapse into впасть

large большо́й, кру́пный, вели́кий, поря́дочный

last после́дний; at ~ наконе́ц; ~ name фами́лия

late по́здно; run ~ опа́здывать; be ~ опозда́ть

lateness опозда́ние

later пото́м, по́сле, да́льше, там

latest после́дний

latter после́дний, э́тот

Latvia Ла́твия

laugh смея́ться

laughter смех; burst into ~ засмея́ться

launder стира́ть

law зако́н

lawyer адвока́т, юри́ст

lay класть; ~ eggs нести́

lay-out плани́ровка

laziness лень

lazy лени́вый; лень

lead вести́, завести́, довести́, отвести́; ~ away увести́; ~ out вы́вести; ~ through провести́

leader руководи́тель, ста́роста, вождь

leadership руково́дство

leading веду́щий

leaf лист

leak течь

lean наклони́ться, склоня́ться

leap пры́гать

learn узна́ть, учи́ть(ся), изучи́ть, научи́ться, вы́учить

learned учёный

learning зна́ния (Plur.), нау́ка, уче́ние

least наиме́нее; at ~ хоть, хотя́; not in the ~ совсе́м не

leave уйти́, уе́хать, оста́вить, вы́быть, поки́нуть

lecture ле́кция give a ~ чита́ть

left ле́вый; сле́ва; on the ~ нале́во

leftist ле́вый

leg нога́

legal age совершенноле́тний

legend леге́нда, сказа́ние

lemon лимо́н

lend одолжи́ть, предоста́вить

length длина́

Leningrad Ленингра́д

less ме́нее, поме́ньше; без

lesser ме́ньший

lesson заня́тие, уро́к

let пусть; дать; ~ down опусти́ть ~ have предоста́вить

let's дава́й(те)

letter письмо́, бу́ква

lettuce сала́т

level ро́вный; эта́ж

liberty свобо́да

librarian библиоте́карь

library библиоте́ка

lie ложь, непра́вда; лечь, лежа́ть, пролежа́ть, обману́ть

lieutenant лейтена́нт

life жизнь; ~ buoy круг

lift подня́ть; give a ~ подвезти́

light свет, ого́нь; свети́ть, освети́ть; све́тлый, лёгкий, легча́йший; ~ blue голубо́й; ~ up закури́ть

like похо́жий; ка́к, то́чно, по-, уго́дно; люби́ть, нра́виться ~ this та́к

likely наве́рно, пожа́луй; more ~ скоре́е

lilac лило́вый

limitless безграни́чный

line о́чередь, ли́ния, строка́, черта́, ряд; ~ up стро́иться

linen бельё

linguist лингви́ст

lip губа́

liquid жи́дкий

listen слу́шать

listener слу́шатель

literate гра́мотный

literature литерату́ра

Lithuania Литва́

little ма́ленький; ма́ло, немно́го, немно́жко; ~ by ~ понемно́гу, понемно́жку, постепе́нно; a ~ bit по

live жить, прожи́ть, пожива́ть

lively живо́й

living жизнь; живо́й; ~ room гости́ная

loading заря́дка

loaf хлеб, бу́лка

loafer безде́льник

lobby фойе́

located: be ~ находи́ться

locomotive локомоти́в

lodger жиле́ц, жили́ца

logs сплав

London Ло́ндон

lonely одино́кий

long дли́нный, до́лгий; for a ~ time до́лго, давно́; ~ ago давно́; ~ since давно́; for ~ надо́лго; not ~ недо́лго; So ~ Пока́; ~ for скуча́ть

longer: no ~ бо́льше не

look смотре́ть гляде́ть, вы́глядеть; ~ after уха́живать; ~ around огляде́ться; ~ back огляну́ться; ~ for иска́ть, разы́скивать, смотре́ть; ~ into разобра́ться; ~ over осмотре́ть; ~ through просмотре́ть; ~ up смотре́ть

loose: get ~ отверну́ться

lose проигра́ть, теря́ть; ~ one's way заблуди́ться; ~ weight худе́ть

loss поте́ря

lost: be ~ ги́бнуть

lot(s) мно́го, ма́сса

loud гро́мкий

loud-speaker громкоговори́тель

Louisiana Луизиа́на

love любо́вь; люби́ть; fall in ~ влюби́ться, полюби́ть; be in ~ влюблённый; ~ affair рома́н

lovely чу́дный

loving влюблённый

low ни́зкий, ни́зший

lower опусти́ть, пони́зить

luck сча́стье; with ~ счастли́во

lucky счастли́вый; be ~ везти́

lumber лес

lump ком

lunar лу́нный

lyceum лице́й

Macedonian македо́нский
machine маши́на
machinery механи́зм
machinist машини́ст
mad ненорма́льный, злой
made сде́ланный
magazine журна́л
magnificently здо́рово
maid го́рничная
mail по́чта
mailman почтальо́н
maim изуро́довать
main гла́вный
Maine Мэн
mainly преиму́щественно
major реша́ющий; специа́льность, ~
  general генера́л-майо́р
majority большинство́
make де́лать, произвести́, стро́ить,
  стлать, стели́ть; ~ up соста́вить,
  приду́мать; ~ clothes шить
male мужско́й
malnutrition недоеда́ние
mamma ма́мочка
man челове́к, мужчи́на; old ~
  стари́к
manage заве́довать, управля́ть,
  успе́ть, уда́ться, смочь,
  обраща́ться
manager заве́дующий, дире́ктор
Mandarin мандари́н
mankind челове́чество
manner о́браз
manual руково́дство
many-colored пёстрый
many мно́го, мно́гие; not ~
  немно́го, ма́ло
map ка́рта
marabou марабу́
March март
mark отме́тка, значо́к; отме́тить
market ры́нок, база́р
marriage брак
married жена́тый; за́мужем; get ~
  вы́йти за́муж, жени́ться
marry жени́ться, расписа́ться
marvelous чу́дный, чуде́сный
Maryland Мэ́риленд
masculine мужско́й
mask ма́ска
mass ма́сса
Massachusetts Массачу́сетс
massacre переби́ть
master хозя́ин
masterpiece шеде́вр
mastery: have ~ владе́ть
matador матадо́р
match матч, спи́чка
material материа́л
mathematician матема́тик
mathematics матема́тика
matter: what's the ~ в чём де́ло
mature зреть, офо́рмиться
mausoleum мавзоле́й
May май
may мо́жно; да, что́бы
maybe мо́жет быть, пожа́луй
mead мёд
meadow луг

mean зна́чить; злой
meaning значе́ние
means спо́соб; by no ~ ника́к; by ~ of
  путём
meanwhile ме́жду тем
measure ме́ра; ме́рить
meat мя́со
mechanic меха́ник
mechanism механи́зм
medicine лека́рство, медици́на
meet встре́тить(ся), знако́миться,
  собра́ться
meeting встре́ча, собра́ние,
  свида́ние
melon ды́ня
melt та́ять
member член
memorize учи́ть
memory па́мять
menacing гро́зный
men's мужско́й
mentor учи́тель
menu меню́
merchandise това́р
merchant купе́ц
merely то́лько, чи́сто, про́сто
messily гря́зно
metal мета́лл
meteorologist синоптик
meter метр, счётчик
method спо́соб, приём
Mexican мексика́нец
Mexico Ме́ксика
mezzo-soprano ме́ццо-сопра́но
Michigan Мичига́н
middle сре́дний; середи́на; in the ~
  среди́, посереди́не, посреди́
middle-aged пожило́й
midnight по́лночь
mild мя́гкий
mile ми́ля
milieu среда́
milk молоко́
milksop тря́пка
million миллио́н
mimosa мимо́за
mind ум; lose one's ~ сойти́ с ума́;
  make up one's ~ реши́ться
mine мой
mineral минера́льный, го́рный
mining го́рный
minister мини́стр
Minnesota Миннесо́та
minus ми́нус
minute мину́та
miraculous чуде́сный
mirror зе́ркало
miserable тяжело́
misfortune несча́стье
miss де́вушка, госпожа́; опозда́ть,
  скуча́ть, пропусти́ть, пройти́,
  прое́хать, пролете́ть
missile раке́та
mission поруче́ние
Mississippi Миссиси́пи
Missouri Миссу́ри
mist тума́н
mistake оши́бка; make a ~
  ошиби́ться

mistakenly непра́вильно, напра́сно
mister ми́стер, дя́дя
mix меша́ть
mixed пёстрый
moan стона́ть
mock подшути́ть, смея́ться
model тип
modern совреме́нный,
  прогресси́вный
modest скро́мный
mom ма́ма
moment мину́та; at that ~ тогда́
mommy ма́мочка
monastery ла́вра, монасты́рь
Monday понеде́льник
monetary де́нежный
money де́ньги; де́нежный; ~ order
  перево́д
Mongolian монго́льский
monitor ста́роста
monitoring контро́льный
monk мона́х
monster и́зверг
Montana Монта́на
Monterey Монтере́й
month ме́сяц
monument па́мятник
mood настрое́ние; in the ~
  располо́женный
moon луна́
moonlit лу́нный
mop up вы́тереть
more ещё, бо́льше, бо́лее,
  побо́льше; any ~ бо́льше не;
  likely скоре́е; be no ~ не стать
moreover к тому́ же
morning у́тро; у́тренний
Moscow Москва́; ~ University МГУ
Moslem мусульма́нский
mosque мече́ть
mosquito кома́р
most наибо́лее; са́мый; ~ likely
  скоре́е
mother мать, ма́ма
motherland ро́дина
motion движе́ние
motionless неподви́жный
motley пёстрый
motor мото́р; ~ boat ка́тер; ~ vehi
  автомоби́ль
motorcycle мотоци́кл
mount взойти́
mountain гора́; ~ climbing альпини́
  ~ climber альпини́ст
mountainous го́рный
mouse мышь
mouth рот, у́стье
move дви́гаться, пересели́ть,
  перее́хать, перевезти́; ~ apart
  разъе́хаться; ~ away отойти́,
  отъе́хать
movement движе́ние, передвиже́ни
movie фильм, кинофи́льм; ~
  theater кино́, кинотеа́тр
moving новосе́лье
Mr. ми́стер, господи́н
Mrs. госпожа́
much мно́го, мно́гое, намно́го,
  гора́здо; how ~ наско́лько; not

немного; so ~ the тем
mud грязь
muddy грязный
mug бить
mugger бандит
multi-purpose универсальный
murder убить
museum музей
mushroom гриб
music музыка, ноты
musician-friend друг-музыкант
must должен, нужно, надо
mustard горчица
mutilate изуродовать
my мой, свой
myself себя, сам(а)
mysterious таинственный
mystery загадка, тайна

nail гвоздь
naive наивный
name название, имя, фамилия;
  звать, назвать, крестить
named названный
name-day (celebration) именины
namely именно
nap: take a ~ поспать
narcotic наркотик
narrow узкий
nasty гадкий
nation народ, страна
national народный, национальный
nationality национальность
native родной
natural естественный
nature природа, характер
navigation судоходство
near близкий, ближайший,
  ближний; недалеко; около,
  рядом, под; from ~ из-под; in the
  ~ future в скором будущем
nearby около
nearly почти, чуть
neat аккуратный
Nebraska Небраска
necessary нужный, необходимый
neck tie галстук
neck шея
necklace бусы
need нужно, надо; спрос; ~ to do
  стоить
needed нужный
negative отрицательный
negotiate договариваться
negotiations переговоры
neighbor сосед
neighborhood район, микрорайон
neither/nor ни/ни
nephew племянник
nerves: get on one's ~ надоесть
nervous нервный
neural нервный
neuter средний
Neva Нева
Nevada Невада
never никогда
nevertheless но
new новый; слышно; по-новому; ~
  Year's новогодний

New Mexico Нью-Мексико
New Hampshire Нью-Гэмпшир
New Jersey Нью-Джерси
New York Нью-Йорк
newcomer новосёл
news новости, известие
newspaper газета
newsreel киножурнал
next другой, будущий,
  следующий, ближайший;
  рядом; ~ door рядом
nibble грызть
nice милый, культурный, славный,
  симпатичный, хорошенький,
  приятный; ~ going молодец
niece племянница
night ночной; ночь; spend the ~
  переночевать
nine hundred девятьсот
nine девять
nine-hundredth девятисотый
nineteen девятнадцать
ninetieth девяностый
ninety девяносто
no не, нет, да; никакой
nobody никто; there is ~ некого
nobody's ничей
nocturnal ночной
nod кивать
node колено
noise шум; make ~ шуметь
noisy шумный
nominative именительный
none никакой; нисколько
nonsense глупость
noon полдень
normal нормальный
north север
Northern Lights северное сияние
nose нос
not не; ~ at all нисколько, совсем
  не
notch отметка
note записка, примечание, нота;
  выписать, отметить, заметить
notebook тетрадь, блокнот
notepad блокнот
nothing ничто; there is ~ нечего
notice заметить, обратить
  внимание
notorious громкий
notwithstanding несмотря
novel роман, повесть
November ноябрь
now сейчас, теперь, тут, то, пора;
  by ~ уже
nowadays теперь
nowhere никуда, нигде; from ~
  ниоткуда; there is ~ негде,
  некуда
null нуль, ноль
number число, номер, ряд
nun монахиня
nurse медсестра, няня
nursery детская

oasis оазис
obedient смирный
obese грузный

obey слушаться
object предмет, возразить
obligation долг
obligatory обязательно
observation наблюдение
observe наблюдать
obtain достать
obvious видно
occasion раз
occupation занятие
occupied занятый
occupy занять
occur бывать, случиться,
  происходить, встретиться
ocean океан
o'clock час
October октябрь, октябрьский
odd странный
oddball тип
oddity странность
off с, вон, долой
offence: take ~ обидеться
offended обиженный; be ~
  обидеться, обидно
offensive наступление
offensively обидно
offer предлагать
office кабинет, бюро, контора, стол
officer офицер
official официальный
often часто
oh а, ах, ого, ой, о, у
Ohio Огайо
oho ого
oil нефть, масло
OK ладно, хорошо
Oklahoma Оклахома
old старый, старинный; ~ woman
  старуха, старушка; ~ man
  старик; ~ age старость; grow ~
  стареть
Old Church Slavic старославянский
older старший
omit пропустить
on на, над, сверх, по
once раз, когда-то, однажды,
  сразу, некогда, как-то; ~ more
  ещё раз
one один; единица, раз; ~ and a half
  полтора
one-room однокомнатный
one-volume однотомный
oneself себя, сам(а)
onions лук
only только, лишь; один
onto на
open открыть(ся); открытый; be ~
  работать
opening открытие
openly откровенно
opera опера
operation операция
opinion мнение, взгляд; po-
opportunely кстати
opportunity возможность
opposite напротив, против
optimist оптимист
or или; ~ else а то
oracle оракул

racket ракётка
radial радиа́льный
radiator радиа́тор
radio ра́дио
radio-telegram радиогра́мма
raft плот
rag тря́пка
railroad желе́зная доро́га ~ track
   путь
rain дождь
raincoat плащ
rainy дождли́вый
raise держа́ть
rake грести́
ram заби́ть
rapid ча́стый
rapture восто́рг
rare ре́дкий
rather дово́льно, впро́чем,
   не́сколько, скоре́е; ~ than чем
rattle стуча́ть
raw сыро́й
ray луч
razor бри́тва
reach достига́ть, дойти́, дое́хать,
   доплы́ть, добежа́ть, доби́ться,
   тяну́ться
read чита́ть
reader чита́тель, а́збука
reading чте́ние
ready гото́вый; get ~
   пригото́вить(ся), собра́ться
real настоя́щий
✓realize поня́ть
really неуже́ли, действи́тельно, в
   са́мом де́ле, пра́вда, пря́мо,
   ра́зве, то́чно
reap жать
reason причи́на, аргуме́нт,
   основа́ние; рассужда́ть; for that ~
   зате́м; for some ~ почему́-то; for
   any ~ почему́-нибудь
receipt чек
receive получи́ть, приня́ть
receiver радиоприёмник
receiving приёмный
recent неда́вний
reception приём; приёмный
recipe реце́пт
recitation опро́с
recognize узна́ть
recollect вспо́мнить
reconcile примири́ть, мири́ться
record пласти́нка; ~ player
   прои́грыватель, патефо́н
record записа́ть
rectify испра́вить
recur повтори́ться
red кра́сный
reduce пони́зить
reduction сокраще́ние
refer относи́ться
reference ссы́лка, характери́стика;
   спра́вочный
reform испра́вить
refrigerator холоди́льник
refuse отказа́ть(ся)
regards приве́т
regime режи́м

region о́бласть, край
register офо́рмиться
regret сожале́ние; жале́ть; жа́лко,
   жаль
regular ро́вный, пра́вильный
rehearsal репети́ция
related родно́й
relation отноше́ние, ро́дственник
relative родно́й; ро́дственник
relax отдыха́ть
relaxation о́тдых
reliability ве́рность
reliable надёжный
reliably ве́рно
relics мо́щи
relieve освободи́ть
rely наде́яться
remain оста́ться
remaining остально́й
remains оста́нки, мо́щи
remark заме́тить
remarkable замеча́тельный
remedy лека́рство
remember запо́мнить, вспо́мнить,
   по́мнить
remind напо́мнить
remove снять, вы́вести
rename переименова́ть
rent out сдать
rent from снять
repair чини́ть, испра́вить,
   попра́вить
repairs ремо́нт
repeat повтори́ть keep ~ing
   пригова́ривать
repetition повторе́ние
replace замени́ть
reply отве́тить
report докла́д, сво́дка; донести́,
   стуча́ть
reporter корреспонде́нт
republic респу́блика
repulsive га́дкий, отврати́тельный
request про́сьба, заявле́ние;
   проси́ть
resemble походи́ть
resettle пересели́ть
resident жи́тель
residential жило́й
resigned: be ~ мири́ться
resilient упру́гий
resist: be unable to ~ польсти́ться
resolute реши́тельный
resort куро́рт, санато́рий;
   прибега́ть
resound разда́ться
respect уваже́ние, отноше́ние;
   уважа́ть
respectable прили́чный,
   поря́дочный
respected уважа́емый,
   многоуважа́емый
respond отве́тить
response отве́т; in ~ отве́тный
responsible: be ~ отвеча́ть
rest о́тдых; остально́й; отдыха́ть
restaurant рестора́н
resting отдыха́ющий
restless неспоко́йный

restore реставри́ровать
restroom туале́т
result результа́т, сле́дствие,
   проду́кт
retaliation: in ~ сда́чи
retiree пенсионе́р
retort возрази́ть
retreat отступле́ние
return верну́ть(ся)
review повторе́ние, смотр;
   повтори́ть
revolution револю́ция
reward поощри́ть
rework перерабо́тать
rewrite переписа́ть
Rhode Island Род-А́йленд
rice рис
rich бога́тый, густо́й
riches бога́тство
riddle зага́дка
ride прое́зд; е́хать; give a ~
   подвезти́; ~ into зае́хать; ~ through
   прое́хать; ~ up подъе́хать
ridiculous смешно́й
riding ката́ться
rifle ружьё
right пра́вый, пра́вильный,
   уда́чный, са́мый; спра́ва; ~ away
   сра́зу; just ~ как раз; on the ~
   напра́во
ring кольцо́; звони́ть, разда́ться
rink като́к
rip off оторва́ть
ripe спе́лый
ripen зреть, спеть
rise взойти́, подня́ться
river река́; ~ bed ру́сло
riverfront на́бережная
road доро́га, путь; доро́жный
roast жа́рить
rock ка́мень; кача́ть; ~ group
   рок-гру́ппа
rocket раке́та
rock-n-roll рок-н-ро́лл
roe икра́
role роль
roll бу́лочка; кати́ться; ~ up
   сверну́ть(ся)
romance рома́н; рома́нс
Romania Румы́ния
romantic романти́ческий
Rome Рим
roof кры́ша
rook ладья́, тура́
room ко́мната, но́мер
root ко́рень ~ for стоя́ть
rope верёвка
rose ро́за, ро́зовый
rot тлеть
rouble рубль
round кру́глый; тур
route маршру́т
routine режи́м
row ряд; грести́
rude гру́бый
rug ковёр
ruin сорва́ть
rule пра́вило, поря́док; пра́вить,
   управля́ть

rules режим
rumor слух
rumored слышно
rumor-monger сплетник
run рейс
run бежать, отбежать, пробежать, провести, заведовать, управлять, держать; ~ across перебежать; ~ away убежать; ~ by пробежать; ~ in вбежать; ~ off убежать; ~ out выбежать; ~ over наехать, переехать; ~ up подбежать
running бег
rural деревенский, сельский
rush броситься, стремиться; ~ in влететь
Russia Россия, Русь
Russian русский, российский; in ~ по-русски; ~-English русско-английский
rye рожь

sad грустный, печальный
safe сейф; надёжный
sail плыть; ~ away уплыть; ~ up подплыть
sailor моряк, матрос
saint святой
sake: for the ~ of ради
salad салат
salami колбаса
salary зарплата
salesperson продавец
salt соль
salute салют
salvation спасение
same тот же, такой же, тот самый; all the ~ всё равно
samovar самовар
sample образец
sandwich бутерброд
Santa Clause Дед Мороз
satellite спутник
satin атлас
satirist сатирик
satisfaction удовольствие
satisfactory удовлетворительный
satisfied довольный, сытый
Saturday суббота
saucepan кастрюля
saucer тарелка
save спасти
saving спасение
savings bank сберкасса
say говорить; keep ~ing приговаривать
saying пословица, поговорка
scales весы
scandal скандал
Scandinavian скандинав
scanty жидкий
scar рубец
scarcely чуть, чуть-чуть
scare испугать
scared испуганный; страшно
scarf шарф
scary страшно
scattered рассеянный
scene сцена, картина

scenery пейзаж
scenic видовой
schedule расписание, режим
scholar учёный
scholarly научный
scholarship стипендия, наука
school школа, училище, десятилетка; go to ~ учиться; ~ of languages and literatures филфак
science наука; ~ fiction фантастика
scientific научный
scold ругать
score счёт, польза, ноты; забить
scowl нахмуриться
scrap брак
Scripture писание
sculptor скульптор
sculpture скульптура
Scythian скиф
sea море; ~ gull чайка
seal печать
search искать, разыскивать
season время года, сезон, пора
seat место, сиденье; сажать
second второй; секунда
secondary средний; ~ school десятилетка
second-hand подержанный
second-hand bookshop букинистический магазин
secondly во-вторых
secret секрет, тайна; секретный, таинственный; in ~ тайком
secretary секретарь
section отделение, отдел, секция, сектор
sector сектор
seduced: be ~ польститься
✓see видеть, видать; видно; ~ off проводить
seed семечко
seek разыскивать
seem казаться, выглядеть
seize захватить
seldom редко, нечасто
select выбрать
self-criticism самокритика
self-disciplined собранный
sell продать; ~ out продаться
seller продавец
semester семестр
✓send послать, прислать, отправить; sending посылка
senior старший
sensational шумный
✗sense чувство; чувствовать; ~ of hearing слух
sentence предложение, фраза; осудить, приговорить
sentry часовой
separate отдельный
separate делить, разнять, разделить(ся), развести, разойтись, разъехаться
September сентябрь
Serb серб
series ряд
serious серьёзный
seriously тяжело, серьёзно

seriousness серьёзность
serve служить, обслужить, поднести, подать, пробыть
service обслуживание, служба, услуга
session сессия
set сажать, накрыть, зайти; ~ a date назначить; ~ out отправиться, пойти, пуститься; ~ up завести, установить, основать
settle down устроиться
settled заселённый
seven hundred семьсот
seven семь, семеро
seven-hundredth семисотый
seventeen семнадцать
seventh седьмой
seventieth семидесятый
seventy семьдесят
severe строжайший
sew шить ~ together сшить
sex пол
shabby худой
shade плафон
shake качать, жать, дрожать; ~ off стряхнуть
shame: be a ~ жалко, жаль
shape форма
share разделить
shareholder пайщик
shashlik шашлык
shatter бить(ся)
shave бриться
shawl шаль
she она
shear стричь
sheep овца
sheet лист
shelf полка
shell скорлупа; чистить
shift смена
shine светить, гореть
ship корабль
shirt рубашка
shish kabob шашлык
shoe ботинок, туфля
shoes обувь
shoot стрелять
shop лавка, мастерская
shopping bag авоська
shop-window витрина
shore берег
short короткий; cut ~ свернуть
shot glass рюмка
shotgun ружьё
should бы; должен; следовать; ~ not нельзя
shoulder плечо
shout крик; кричать
shouting крик
shove сунуть
show спектакль, сеанс; показать, демонстрировать; ~ business эстрадный; ~ up оказаться, появляться
show-case витрина
shower душ
showing демонстрация

shrub растение
shut закрытый
Siberia Сибирь
Siberian сибиряк
sibilant шипящий
sick больной; худо; be ~ болеть, тошнить; ~ leave бюллетень
side сторона
side-car коляска
siege осада
sigh вздыхать
sight-seeing attraction достопримечательность
sign знак, плакат; расписаться, подписать
signal сигнал
significance значение
significant значительный
silence молчание
silent: be ~ молчать
silently молча
silhouette силуэт
silly глупый
silver серебряный
similar похожий; be ~ походить; become ~ приблизиться
simple простой, блаженный
simultaneous дружный
since с, пора, раз, так как
sincere искренний
sincerely правдиво, искренно
sing петь
singer певец
singing пение
single одинокий; not a ~ ни
sink тонуть
sir господин
sister сестра
sit сидеть; ~ down сесть
site стройка, строительство
situated: be ~ стоять, лежать
situation положение, ситуация
six шесть, шестеро
six hundred шестьсот
six-hundredth шестисотый
sixteen шестнадцать
sixth шестой
sixtieth шестидесятый
sixty шестьдесят
sizable приличный, значительный
size размер; the ~ of c
skate конёк
skating кататься
ski лыжа; кататься
skier лыжник
skiff скиф
skill ремесло
skim просмотреть
skinny худой
skip пропустить
skirt юбка
sky небо
slab доска, плита
slaughter резать
Slav славянин
slave раб, рабыня
sleep сон
sleep спать, выспаться; go to ~ уснуть; ~ through проспать

slender стройный
slice резать
slight лёгкий
slightly немного, несколько, легко, что-то
slipper тапочка, туфля
slope склон
sloppily грязно
Slovak словацкий
Slovenian словенский
slow медленный, тихий; be ~ отставать
small маленький, небольшой
smaller меньший, поменьше
smart умный
smash перебить
smashing потрясающий
smell запах; пахнуть
smile улыбка; улыбаться
smoke дым; курить
smoothly дружно
smoulder тлеть
snack закуска; have a ~ закусить
snag но
snake уж
snore храпеть
snow снег; снежный
snowman снеговик
snug уютно
so так, значит, поэтому; ~ much the тем; ~ much столько; ~ many столько; ~ then итак
So long Счастливо
soap мыло
so-called так называемый
soar парить
soccer футбол
sociable общительный
social общественный, социальный
socialism социализм
socialist социалистический
society общество, свет
sociologist социолог
sock носок
soda лимонад
sofa диван
soft мягкий, нежный; ~ drink лимонад
soil почва
sol соль
solar солнечный
solderer паяльщик
soldier солдат
sole единственный
solely только
soloist солист
solution решение
solve решить
solved решённый
✓some какой-нибудь, какой-то, -то, один, некоторые; ещё, немного, несколько
somebody кто, кто-нибудь, кто-то
somehow как-то, как-нибудь, что-то, почему-то
someone кто, кто-нибудь, кто-то
someone else's чужой
something что, что-нибудь, что-то
sometime когда-нибудь,

как-нибудь
sometimes иногда
somewhat несколько, немного, по-, что-то
somewhere куда, куда-то, куда-нибудь, где, где-то, где-нибудь
son сын
song песня
soon сейчас, скоро; as ~ as как только, чуть
sooner скорее
soprano сопрано
sore throat ангина
sorry: be ~ извинить; feel ~ жалеть, жалко, жаль
so-so ничего
sort род
✓soul душа
sound звук, пролив; произноситься, звучать
soundly крепко
soup суп
sour cream сметана
source исток
south юг
southern южный
souvenir сувенир
Soviet советский
space космос; ~ biology астробиология
Spain Испания
Spaniard испанец
Spanish испанский; in ~ по-испански
spare лишний; беречь; ~ parts части
sparse редкий
speak говорить, разговаривать
speaker говорящий, докладчик
speaking говорящий
special особый, особенный, специальный; ~ program спецпрограмма
specialist специалист
specialization специальность
species вид
specific конкретный
speech выступление, речь, поздравление
speed скорость; ~ up форсировать
spelled: be ~ писаться
spend тратить, растратить, провести, пробыть; ~ the night ночевать
spill просыпать(ся)
spit плевать
spite: in ~ of несмотря
splendidly здорово
splint шина
split трещина
spoil испортить
sponge губка
spoon ложка
sports спорт, физкультура
spot уголок
spread стлать, стелить
spring весна; весенний; ~ up возникать
sprinkle посыпать, полить

tan загорéть
tangerine мандарин
tangled запутанный
tank crew member танкист
tap стучáть
tape-recorder магнитофóн
tape плёнка
tardiness опоздáние
target цель
tart пирóг
task задáча
taste вкус; прóбовать
tasty вкусный
Tatar татáрин
taut тугóй
taxi таксú
tea чай
teach преподавáть, учúть, выучить, научúть
teacher преподавáтель, учúтель
teaching преподавáние
team комáнда, бригáда
tear слезá; burst into ～s заплáкать
tear рвать; ～ down снестú; ～ off оторвáть, сорвáть; ～ out вырвать
technical college тéхникум
technique тéхника
technology тéхника
tediously утомúтельно
telegram телегрáмма
telegraph телегрáф; телеграфúровать
telephone телефóн
television телевúдение, телевúзор
tell говорúть, рассказáть
temperature температýра
temple храм
temporary врéменный
ten дéсять
tenant жилúца
tenant жилéц
tender нéжный, влюблённый
tenderly лáсково, нéжно
Tennessee Теннессú
tennis тéннис
tenor тéнор
tense врéмя
tent палáтка
tenth десятый
term paper курсовáя рабóта
terminal вокзáл
terms отношéние
terrace террáса
terrible грóзный, ужáсный
terribly стрáшно
terrific потрясáющий; фантáстика
territory территóрия
terror террóр
test зачёт; прóбовать, провéрить, испытáть
testing контрóльный
Texas Техáс
text тéкст
textbook учéбник
than чем
thank благодарúть; ～ God слáва Бóгу
thanks спасúбо; ～ to благодаря
that что, чтóбы, такóе, тóт, этот

thaw тáять
theater теáтр
theatrical театрáльный, драматúческий
their(s) úх, свóй
theme предмéт
themselves себя, сáми
then потóм, тогдá, затéм, тó, так, знáчит, дáльше, кáк рáз, порá; so ～ итáк
theoretical теоретúческий
theory теóрия
there тáм, тудá, вóт; over ～ вóн; ～ is/are éсть; ～ is/are no нéт
therefore поэ́тому
thermometer грáдусник
thesis диплóм
they онú
thick густóй, чáстый, тóлстый
thickness толщинá
thin тóнкий, жúдкий; grow ～ худéть
thing вéщь, предмéт, штýка
think дýмать, передýмать; ～ up придýмать
third трéтий
thirdly в-трéтьих
thirteen тринáдцать
thirty трúдцать
this э́тот, дáнный
thoroughly хорошéнько
though однáко, пýсть, и
✓thought мысль
thoughtful внимáтельный, задýмчивый
thousand тысяча
thousandth тысячный
threatening грóзный
three трú, трóйка, трóе; ～ together втроём
three hundred трúста
threefold тройнóй
three-hundredth трёхсóтый
three-room трёхкóмнатный
thrill захватúть
throat гóрло
through чéрез
throw брóсить; ～ up рвáть
thug бандúт
thumb большóй пáлец; ～ tack кнóпка
Thursday четвéрг
thus тáк, итáк
tick тúкать
ticket билéт, путёвка
ticket-collector контролёр
tie привязáть
tied up связанный
tiger тúгр
tight ýзок
tile плúтка
till до
time врéмя, рáз, чáс; ahead of ～ зарáнее; all the ～ всё врéмя; at the ～ of при; at that ～ тогдá; for a long ～ дóлго, давнó, надóлго; for the ～ being покá; have ～ успéть; have a good ～ вéсело; in ～ вóвремя; in good ～ зарáнее; it's ～ порá; there is no ～ нéкогда; at ～s порóй

times: at ～ порóй
tiny bit чуть-чýть
tire шúна
tired устáлый; get ～ устáть; get ～ of надоéсть
tiresome утомúтельный
to в, на, к, про, чтóбы
toast тóст, поздравлéние
toasted bread гренóк
today сегóдня, тепéрь
today's сегóдняшний
toe пáлец, носóк
together вмéсте; ～ with с; get ～ собрáться, соединúться
toilet убóрная, туалéт
tolerate вытерпеть
tom-cat кóт
tomato помидóр
tombstone пáмятник
tomorrow зáвтра; day after ～ послезáвтра
tomorrow's зáвтрашний
tongue язык
too и, тáкже, тóже, слúшком; ～ much слúшком
tool инструмéнт
tooth зуб
top вершúна, вéрх; to the ～ навéрх; on ～ of свéрх; from the ～ свéрху
topic тéма
topology тополóгия
torte тóрт
touch касáться
tour экскýрсия; ～ guide экскурсовóд; ～ ticket путёвка
tourism турúзм
tourist турúст; ～ center турбáза
toward к, навстрéчу
tower бáшня
town гóрод
toy игрýшка
track пýть; ～ and field лёгкая атлéтика
tractor трáктор
trade специáльность
tradition традúция
traffic движéние; ～ signal светофóр
tragedy трагéдия, дрáма
train пóезд; научúть, выучить, тренировáть(ся)
trained учёный
trainer трéнер
training тренирóвка, подготóвка; учéбный
trait чертá
translate перевестú
translated переведённый
translation перевóд
translator перевóдчик
transparent прозрáчный
transpire выясниться
transplant пересадúть
transport перевезтú, провезтú
transportation трáнспорт
trash дрянь
travel éздить, путешéствовать; дорóжный
traveller путешéственник

travelling companion спу́тник
tread наступи́ть
treat лечи́ть, обраща́ться, отнести́сь, поднести́, угоща́ть
treaty догово́р
tree де́рево
tremble дрожа́ть
trend тече́ние
trial проце́сс
tribunal трибуна́л
trick подшути́ть
trifle ме́лочь, пустя́к; немно́жко
trigger куро́к
trim стри́чь
trip пое́здка, путеше́ствие, похо́д, рейс
triple тройно́й
trite бана́льный
trolley-bus тролле́йбус
trolley-stop остано́вка
trombone тромбо́н
troop отря́д
troops войска́
trouble беспоко́йство; make ~ хулига́нить
troubled трево́жно
trousers брю́ки
truck грузови́к
true ве́рный; пра́вда
true-to-life правди́во
truly пра́вда
trumpet труба́
truth пра́вда, ве́рность
truthfully правди́во
try про́бовать, стара́ться, суди́ть, ме́рить
tube тру́бка
Tuesday вто́рник
tumbler стака́н
tundra ту́ндра
tunnel тунне́ль, тонне́ль
turkey индю́к, индю́шка
Turkey Ту́рция
Turkish туре́цкий
turn о́чередь, тур; сверну́ть, поверну́ть(ся), отверну́ться, обрати́ть(ся); ~ in сдать; ~ into преврати́ться; ~ off вы́ключить; ~ out оказа́ться; ~ on включи́ть; ~ up найти́сь, оказа́ться, яви́ться; ~ out яви́ться
TV телеви́дение, телеви́зор
twelve двена́дцать
twenty два́дцать
twig ве́тка
twin близне́ц
two hundred две́сти
two два́, дво́е, дво́йка
two-hundredth двухсо́тый
two-room двухко́мнатный
two-volume edition двухто́мник
type вид, поро́да, тип, печа́ть; печа́тать
typical типи́чный, класси́ческий
typist машини́стка

ugliness безобра́зие
ugly некраси́вый
Ukraine Украи́на

Ukrainian украи́нец
umbrella зонт
UN ООН
uncertainty неуве́ренность
uncivilized некульту́рный
uncle дя́дя
uncomfortable нело́вкий
uncooked сыро́й
under под; from ~ из-под
underclothes бельё
undergraduate студе́нт
underline подчеркну́ть
understand разобра́ться
understandable поня́тный
underwater подво́дный
undress разде́ть
uneasiness трево́га
uneasy неспоко́йный
uneducated необразо́ванный
unexpected неожи́данный
unfamiliar неизве́стный
unfamiliar незнако́мый
unforgettable незабыва́емый
unfortunate несчастли́вый, несча́стный
unfortunately к сожале́нию
unhappy несчастли́вый, несча́стный
uniform фо́рма
unimportant нева́жный
uninteresting неинтере́сный
union сою́з, профсою́з
unit едини́ца, отря́д
unite соедини́ть(ся)
universal всео́бщий
university университе́т
unjust непра́вый
unjustly напра́сно
unkind недо́брый
unknown незнако́мый, неизве́стный
unnoticeable незаме́тный
unofficial неофициа́льный
unpleasant неприя́тный, несимпати́чный
unprocessed сыро́й
unrolled: get ~ отверну́ться
unscrewed: get ~ отверну́ться
unsightly некраси́вый
unsure неуве́ренный
untidily гря́зно
until пока́, пора́
unusual необы́чный, необыкнове́нный
unusually осо́бенно
unwell ху́до
up вверх, наве́рх; ~ above наверху́; ~ to до, по
upper ве́рхний
uproar сканда́л
upset расстро́енный; get ~ расстро́иться
upstairs вверх, наве́рх, наверху́
upstream вы́ше
upward наве́рх
Ural Ура́л
urban городско́й, столи́чный
USA США
use воспо́льзоваться, испо́льзовать, употреби́ть
used: get ~ to привыка́ть

useful поле́зный
useless нену́жный
USSR СССР
usual обы́чный, обыкнове́нный
Utah Юта
Uzbek узбе́к

vacant свобо́дный
vacate освободи́ть
vacation о́тпуск, кани́кулы, о́тдых; ~ pass путёвка
vacationist отдыха́ющий
vacuum cleaner пылесо́с
vain тще́тный; in ~ напра́сно
valley доли́на
value сто́имость, цена́
various разли́чный, ра́зный
vase ва́за
vegetable о́вощ
vegetarian вегетариа́нец
veranda вера́нда
verb глаго́л
verify прове́рить
Vermont Вермо́нт
versatile универса́льный
verse стих
version вариа́нт
very (much) о́чень, си́льно, са́мый
vestibule пере́дний
victim: fall ~ доста́ться; be a ~ страда́ть
victor победи́тель
victory побе́да
view взгляд, вид
village дере́вня, село́; дереве́нский, се́льский
vine виногра́д
vineyard виногра́дник
viola альт
violently си́льно
violet лило́вый
violin скри́пка
violinist скрипа́ч
Virginia Вирги́ния
visible ви́дный
visit посеще́ние, визи́т; идти́ в го́сти, быва́ть, посети́ть
visitor посети́тель
vixen лиси́ца
vocalic гла́сный
vocational профессиона́льный; ~ school ПТУ
vodka во́дка
voice го́лос; sound of ~s го́вор
volleyball волейбо́л
volume том
vomit тошни́ть, рвать
vow обяза́ться
vowel гла́сный
voyage путеше́ствие, путь, пла́вание

wages зарпла́та
wait ждать; ~ for дожда́ться; ~ o обслужи́ть
waiter официа́нт
waiting приёмный
wake (up) буди́ть, просну́ться
walk ходи́ть, находи́ться; start ~

заходить; ~ away уйти
wall стена
wallet бумажник
walrus морж
wander бродить
want хотеть(ся)
war война; wage ~ воевать
ward палата
warm тёплый
warm-hearted сердечный
warmth тепло
warn предупредить
Warsaw Варшава
wash мыть(ся), стирать
Washington Вашингтон
waste растратить
watch часы, караул; смотреть,
   наблюдать
water вода; оросить, полить
watermelon арбуз
wave волна; махать
wax восковой
way путь, образ, дорога; by the ~
   кстати, между тем, между
   прочим; no ~ никак; this ~ так
we мы
weak слабый, жидкий
weakness слабость
wealth богатство
wealthy богатый, состоятельный
wear носить, ходить; ~ off стереть
wearily устало
weather погода; bad ~ непогода
web паутина
wedding свадьба
Wednesday среда
week неделя
weep плакать
weigh весить; gain ~ поправиться;
   lose ~ худеть
weight вес
weighty грузный
welcome С приездом! угодный;
   you're ~ пожалуйста
well хорошо, ладно, прекрасно,
   неплохо; ну, ну-ну, значит; as ~
   as равно, тоже; get ~
   выздороветь
west запад
West Virginia Западная Виргиния
West European западноевропейский
wet мокрый, сырой; get ~
   промокать
whack треснуть
whale кит
wham раз
what что; ~ kind какой; ~ for зачем
whatever что угодно
wheat пшеница
wheel колесо
when когда
whence откуда
whenever когда угодно
where куда, где; ~ from откуда
whether ли
which который, что
while когда, а, пока
whirl кружиться
whisper шепнуть

white белый; grow ~ побелеть
who кто, который
whoever кто, кто угодно
whole целый, весь; on the ~ вообще,
   в общем
whose чей
why почему, зачем
wide широкий
widow вдова
widower вдовец
wife жена
wild дикий; ~ animal зверь
will быть
win выиграть, завоевать, победить,
   одержать победу
wind ветер
wind up завести
window окно
window-pane стекло
wine вино
wing крыло
winner победитель
winter зима
wipe вытереть; ~ off стереть
wire проволока, провод
Wisconsin Висконсин
wish желание; желать
with с
within внутри
without без
woman женщина; old ~ старуха,
   старушка
woman's женский
wonderful чудесный, чудный
wood дерево
wooden деревянный
woods лес
word слово
word list словник
word-combination словосочетание
wordlessly молча
work работа, труд, служба,
   сочинение, создание,
   произведение; работать,
   переработать, трудиться,
   служить, действовать; ~ on
   решать; ~ out устроиться,
   получиться, выйти, разработать;
   ~ up разработать; ~ assignment
   путёвка
worker рабочий, работник,
   трудящийся
working трудящийся, рабочий
work-out зарядка
workshop мастерская
world мир, свет
world-wide мировой
worried тревожно
worry тревога; волновать(ся),
   беспокоить(ся), взволновать,
   переживать
worst худший
worth: be ~ стоить
worthless ничтожный
would бы
wound ранить
wow ого
wrestle бороться
wretch несчастный

wretched жалкий
✓write писать, выписать; ~ down
   записать
writer писатель
writing писание; письменный
written письменный
wrong неправый; плохо; не тот; не
   так; be ~ ошибиться
Wyoming Вайоминг

Yakutsk Якутск
Yalta Ялта
yard двор
year год; half a ~ полгода
yell кричать
yellow жёлтый
yes да, нет
yesterday вчера; day before ~
   позавчера, третьего дня
yesterday's вчерашний
yet ещё
yield уступать
you вы, ты
young нестарый
younger меньший, младший
your(s) ваш, твой, свой
yourself себя, сами, сам, сама
yourselves себя, сами
youth молодёжь, молодость,
   юноша
Yugoslavia Югославия

zap раз
zero ноль, нуль
zone зона
zoo зоопарк
zoology зоология

APPENDIX

This appendix contains the rules and paradigms required for attaching inflectional endings onto stems. Inflectional forms which do not conform to these rules are listed as irregular in the headword lines of the dictionary.

Grammatical irregularities in the headword lines are labelled with the abbreviations and symbols listed at the beginning of the book. Note the following conventions:

KEY FORM FOR NOUNS: THE NOMINATIVE PLURAL

In this dictionary all irregular noun forms are listed after the Russian headword except when an irregularity of the stem runs through all the plural cases of nouns. In such instances, instead of citing all of the plural case forms, we cite only the Nominative Plural. Thus, брáт SS *NPlur.* брáтья means that *all* of the plural forms have the stem брáть- instead of брáт-, i.e., брáтья, брáтьев, брáтьях, брáтьям, брáтьями.

KEY FORM FOR VERBS: THIRD PERSON PLURAL

The conjugation of a verb is indicated by citing the 3rd Person Plural form, e.g., дéлать -ают (first conjugation) and говорúть -рят (second conjugation). Consonant alternations in the 1st Sg. of second conjugation verbs (отвéтить -тят → отвéчу) are not listed unless they are irregular, e.g., сократúть -тят -щý (with щ instead of the expected ч). The alternations к/ч and г/ж, although regular, occur in few verbs: they are illustrated after the headword as a reminder (мóчь мóгут могý мóжет).

ENGLISH CAPITAL LETTERS = STRESS PATTERN

The English capital letters after the headword tell you what stress pattern the word has: E = End stress. S = Stem stress. M = Moving stress. Details on the meanings of these symbols are given separately in the sections on nouns, adjective, and verbs.

VOWEL IN PARENTHESES = INSERTED VOWEL

The vowel in parentheses right after the stress pattern refers to the inserted vowel, e.g., вúлка SS (o) means that the vowel o is inserted before the zero ending (-#) of the Genitive Plural: вúлок. Details on how to add and how to drop the inserted vowel are given in the sections on nouns and adjectives.

The spelling of endings depends on the final consonant of the stem. The various possibilities for nouns are illustrated on the page entitled "NOUN PARADIGMS ILLUSTRATING THE SPELLING RULES" and the possibilities for adjectives are illustrated on the page entitled "ORDINARY ADJECTIVE PARADIGMS".

BASIC vs. PALATAL SERIES OF VOWEL LETTERS

The following chart concerns stems ending in a *paired* consonant (i.e., any consonant other than the sound й or a noisy or velar consonant — for which see below). Stems ending in a *plain* consonant have endings beginning with vowel letters from the BASIC SERIES; stems ending in a *palatalized* consonant have endings beginning with vowel letters from the corresponding PALATAL SERIES. Sets of endings illustrating this fact can be found in columns 1 and 2 on the page entitled "NOUN PARADIGMS ILLUSTRATING THE SPELLING RULES".

(1) BASIC SERIES:	ы	е	а	о	у	no vowel ending
(2) PALATAL SERIES:	и	е	я	е	ю	ь (after consonant) *or* й (after vowel)

The last column in the above chart tells you what to do when when the ending is zero (-#):
   —for the basic series,
       write just the consonant (e.g., the *Gen.Plur.* of бу́ква 'letter' is бу́кв; see NOUN PARADIGMS col. 1);
   —for the palatal series,
       write ь after consonant (e.g., the *Gen.Plur.* of ды́ня 'melon' is ды́нь; see NOUN PARADIGMS col. 2);
       write й after vowel (e.g., the *Gen.Plur.* of иде́я 'idea' is иде́й; see NOUN PARADIGMS cols. 3, 4, 5);

THE NOISY CONSONANTS AND THE VELAR CONSONANTS

The *velar* consonants are к г х; the others listed below are *noisy* consonants. These rules tell you what vowel letters to write as the first vowel of noun and adjective endings when the stem ends in noisy or velar consonants. The arrow in the chart means that instead of writing the letter from the basic series (ы, о), you write the corresponding letters from the palatal series (и, е, respectively).

AFTER Ч Щ Ш Ж Ц and К Г Х USE THE BASIC SERIES, EXCEPT:	
RULE 1 Ы ⟶ И after stem-final:	Ч Щ Ш Ж К Г Х
RULE 2 Ó ⟶ Е when unstressed in nouns and adj. after stem final:	Ч Щ Ш Ж Ц

On the page entitled NOUN PARADIGMS ILLUSTRATING THE SPELLING RULES, the affected forms are printed in boldface, with superscript numerals telling you which rule is operating:

   —Rule 1 is illustrated in columns 7 and 8 (*Nom.Plur.* ма́рши *vs.* basic столы́);
   —Rule 2 is illustrated in columns 6, 7 and 8 (*Inst.Sg.* ма́ршем *vs.* stressed ножо́м and basic столо́м).

The spelling rules applied to adjectives are illustrated on the page entitled "ORDINARY ADJECTIVE PARADIGMS".

NOUNS ENDING IN -ИЙ, -ИЯ, AND -ИЕ: PREPOSITIONAL (DATIVE) ENDING -ИИ

-Е ⟶ -И

The *Prepositional Singular* and, for feminines, the *Dative Singular* ending of such nouns is spelled -и instead of the basic -е. Examples are printed in boldface in column 5 of "NOUN PARADIGMS" (e.g., ге́ний 'genius' has the *Prep.Sg.* ге́нии *vs.* basic столе́).

CUSATIVE CASE ENDINGS — ANIMATE vs. INANIMATE NOUNS

The form of the Accusative ending depends on *declension class* and *animacy*, as indicated in the chart below. For declension singular and for all plurals if the noun is inanimate, then the Accusative is identical to the Nominative; if the noun is animate, then the Accusative is identical to the Genitive. All nouns in the dictionary are marked as to whether they are animate (e.g., *m.an.* = "masculine animate") or inanimate (e.g., *m.in.* = "masculine inanimate").

decl.	*ending*	*Nom.*	*Acc.*	*Gen.*	*Nom.*	*Acc.*	*Gen.*
SINGULAR							
a-decl.	-у	сестра́	сестру́	сестры́			
o-decl.	=Nom.	чудо́вище	= чудо́вище	чудо́вища			
ь-decl.	=Nom.	ма́ть	= ма́ть	ма́тери			
		ANIMATE			**INANIMATE**		
#-decl.	Nom./Gen.	бра́т	бра́та	= бра́та	сто́л	= сто́л	стола́
PLURAL							
a-decl.	Nom./Gen.	сёстры	сестёр	= сестёр	ру́чки	= ру́чки	ру́чек
o-decl.	Nom./Gen.	чудо́вища	чудо́вищ	= чудо́вищ	слова́	= слова́	сло́в
ь-decl.	Nom./Gen.	ма́тери	матере́й	= матере́й	ве́щи	= ве́щи	веще́й
#-decl.	Nom./Gen.	бра́тья	бра́тьев	= бра́тьев	столы́	= столы́	столо́в

GENITIVE PLURAL ENDINGS

The form of the Genitive Plural ending depends (1) on the *stem final consonant* (for all but ь-declension) and (2) on *stress* (for o- and a-declensions). Palatalized consonants and ч щ ш ж require -ей (e.g., словаре́й below in boldface); with a- and o-declension nouns, however, use -ей after these consonants only if the noun is end-stressed (see поле́й and доле́й, below). Otherwise, use zero. Stem-stressed nouns in -ня having an inserted vowel lack ь after final -н (see ба́шен, below).

DECL.	ENDINGS		STEM-FINAL CONSONANT			
			Plain, й, ц		ч щ ш ж and Palatalized	
ь-decl.		-ей			ве́щь веще́й	
#-decl.	-ов *or* -ей		сто́л столо́в	словарь словаре́й		
				stem-stressed GPlur.		*end-stressed GPlur.*
o-decl.	-# *or* -ей		сло́во сло́в	жили́ще жили́щ		по́ле поле́й
a-decl.	-# *or* -ей		кни́га кни́г	ды́ня ды́нь		до́ля доле́й
				ба́шня ба́шен		

INSERTED VOWEL LETTER

Some nouns have a vowel that occurs right before the last consonant of the stem in forms that have a zero ending (i.e., *NSg.* of the #-decl. *and* *GPlur.* of the a- and o-declensions.) These charts tell you how to get from the headword to the other case forms:

HOW TO DROP IT (from the Nominative Singular of #-decl. nouns):	NSg.		*all other cases* (e.g., *ISg.*)
—If vowel letter precedes, replace the inserted vowel with й:	заём SS (ё)	⟶	за́ймом
—If л precedes, replace the inserted vowel with ь:	лёд SS (ё)	⟶	льдо́м
—If к follows е or ё, replace the inserted vowel with ь,	зверёк EE (ё)	⟶	зверько́м
unless the preceding consonant is ч щ ш ж or ц:	кусо́чек SS (е)	⟶	кусо́чком
—If й follows, replace the sequence with ь:	у́лей SS (е)	⟶	у́льем
—Otherwise, drop the inserted vowel with no other change:	орёл EE (ё)	⟶	орло́м
	коне́ц EE (е)	⟶	концо́м

HOW TO ADD IT (to the Genitive Plural of a- and o-declension nouns):	NSg.		GPlur.
—If ь precedes the final consonant, replace ь with the inserted vowel:	сва́дьба SS (е)	⟶	сва́деб
—If ь precedes the ending, replace ь with the inserted vowel and add й:	го́стья SS (и)	⟶	го́стий
	статья́ EE (е)	⟶	стате́й
—If the next to last consonant is й, replace it with the inserted vowel:	ча́йка SS (е)	⟶	ча́ек
—Otherwise, insert the vowel just before the last consonant of the stem:	ку́кла SS (о)	⟶	ку́кол
—SPECIAL CASE: stem-stressed nouns in -ня lack final -ь:	ба́шня SS (е)	⟶	ба́шен

KEY: boldface = effects of spelling rules (columns 5, 6, 7, 8).
      (. . .) parentheses = stems with end-stress, and so unaffected by Rule 2 (columns 6, 7).
      ( ) parentheses = inserted vowel in the Genitive Plural (column 4).
      [. . .] square brackets = stems with end-stress affecting the Genitive Plural (columns 2, 7).

#-DECLENSION

	1. BASIC	2. PAL.	3. -й-	4. -ь-	5. -и-	6. -ц-	7. -чщшж-	8. -кгх-
Singular:								
N.	стол	словáрь	музéй		гéний	матрáц	мáрш	киóск
A. = Nom./Gen.								
G.	столá	словаря́	музéя		гéния	матрáца	мáрша	киóска
P.	столé	словарé	музéе		**гéнии**	матрáце	мáрше	киóске
D.	столу́	словарю́	музéю		гéнию	матрáцу	мáршу	киóску
I.	столóм	словарём	музéем		гéнием	**матрáцем**	**мáршем**	киóском
						(отцóм)	(ножóм)	
Plural:								
N.	столы́	словари́	музéи		гéнии	матрáцы	**мáрши**	**киóски**
A. = Nom./Gen.								
G.	столóв	словарéй	музéев		гéниев	**матрáцев**	мáршей	киóсков
						(отцóв)		
P.	столáх	словаря́х	музéях		гéниях	матрáцах	мáршах	киóсках
D.	столáм	словаря́м	музéям		гéниям	матрáцам	мáршам	киóскам
I.	столáми	словаря́ми	музéями		гéниями	матрáцами	мáршами	киóсками
	table	*dictionary*	*museum*		*genius*	*mattress*	*march*	*kiosk*
						(father)	*(knife)*	

A-DECLENSION

	1. BASIC	2. PAL.	3. -й-	4. -ь-	5. -и-	6. -ц-	7. -чщшж-	8. -кгх-
Singular:								
N.	бу́ква	ды́ня	идéя	статья́ (е)	лúния	певúца	бáржа	кнúга
A.	бу́кву	ды́ню	идéю	статью́	лúнию	певúцу	бáржу	кнúгу
G.	бу́квы	ды́ни	идéи	статьи́	лúнии	певúцы	**бáржи**	**кнúги**
P.	бу́кве	ды́не	идéе	статьé	**лúнии**	певúце	бáрже	кнúге
D.	бу́кве	ды́не	идéе	статьé	**лúнии**	певúце	бáрже	кнúге
I.	бу́квой	ды́ней	идéей	статьéй	лúнией	**певúцей**	**бáржей**	кнúгой
						(овцóй)	(душóй)	
Plural:								
N.	бу́квы	ды́ни	идéи	статьи́	лúнии	певúцы	**бáржи**	**кнúги**
A. = Nom./Gen.								
G.	бу́кв	ды́нь	идéй	статéй	лúний	певúц	бáрж	кнúг
		[стезéй]					[ханжéй]	
P.	бу́квах	ды́нях	идéях	статья́х	лúниях	певúцах	бáржах	кнúгах
D.	бу́квам	ды́ням	идéям	статья́м	лúниям	певúцам	бáржам	кнúгам
I.	бу́квами	ды́нями	идéями	статья́ми	лúниями	певúцами	бáржами	кнúгами
	letter	*melon*	*idea*	*article*	*line*	*singer*	*barge*	*book*
		[path]				*(ewe)*	*(soul)*	
							[hypocrite]	

O-DECLENSION

	1. BASIC	2. PAL.	3. -й-	4. -ь-	5. -и-	6. -ц-	7. -чщшж-	8. -кгх-
Singular:								
N.	слóво	пóле		ущéлье (и)	здáние	**сóлнце**	**жилúще**	вóйско
A. = Nom.						(лицó)	(плечó)	
G.	слóва	пóля		ущéлья	здáния	сóлнца	жилúща	вóйска
P.	слóве	пóле		ущéлье	**здáнии**	сóлнце	жилúще	вóйске
D.	слóву	пóлю		ущéлью	здáнию	сóлнцу	жилúщу	вóйску
I.	слóвом	пóлем		ущéльем	здáнием	**сóлнцем**	**жилúщем**	вóйском
						(лицóм)	(плечóм)	
Plural:								
N.	словá	поля́		ущéлья	здáния	сóлнца	жилúща	войскá
A. = Nom./Gen.								
G.	слóв	полéй		ущéлий	здáний	сóлнц	жилúщ	вóйск
P.	словáх	поля́х		ущéльях	здáниях	сóлнцах	жилúщах	войскáх
D.	словáм	поля́м		ущéльям	здáниям	сóлнцам	жилúщам	войскáм
I.	словáми	поля́ми		ущéльями	здáниями	сóлнцами	жилúщами	войскáми
	word	*field*		*ravine*	*building*	*sun*	*dwelling*	*army*
						(face)	*(shoulder)*	

Ь-DECLENSION

The only stem-final consonants in the ь-declension are paired palatalized (col. 2) and ч щ ш ж (col. 7).

	2. PAL.	7.-чщшж-
Singular:		
N.	тетра́дь	ве́щь
A.	тетра́дь	ве́щь
G.	тетра́ди	ве́щи
P.	тетра́ди	ве́щи
D.	тетра́ди	ве́щи
I.	тетра́дью	ве́щью
Plural:		
N.	тетра́ди	ве́щи
A. = Nom./Gen.		
G.	тетра́дей	вещёй
P.	тетра́дях	веща́х
D.	тетра́дям	веща́м
I.	тетра́дями	веща́ми
	notebook	*thing*

OTHER CASES: Locative, Partitive, Vocative, and Special Accusative Plural

—Nouns which have a *Locative case* are listed in the dictionary with the Locative ending (-ý, -ю́, -й) and with the preposition which requires that case (в, на, or both, abbreviated as в/на).

шка́ф SE *Loc.* (в/на) -ý *m.in:* → в шкафу́ *in the cupboard'*, на шкафу́ *on the cupboard'*

—Most mass-nouns of the #-declension have a *Partitive case* ending: -у/-ю.

сы́р SE *Part.* -у *m.in:* → сы́ру *some cheese*

—A few nouns have a *Vocative case* ending, cited in full in the dictionary, e.g., Бо́г *Voc.* Бо́же! 'God!'

—The *Special Accusative Plural* is listed with the verbs that require it (e.g., вы́брать), not with the nouns that exhibit it. This Accusative is identical to the Nominative, even though the noun is animate.

INSTRUMENTAL SINGULAR — VARIANTS

Instrumental Singular -ой (-ей) can be replaced by -ою (-ею): большо́й кни́гой = большо́ю кни́гою.

STEM CHANGES IN THE PLURAL: NOMINATIVE PLURAL IS THE KEY FORM

Some nouns exhibit a stem change which runs throughout the plural cases. For example, the word for 'brother' has singular forms based on the stem брат- (бра́т бра́та бра́те бра́ту бра́том) and plural forms based on the stem брать- (бра́тья бра́тьев бра́тьях бра́тьям бра́тьями). In such instances the dictionary lists the Nominative Plural form, on whose stem all of the remaining cases are based: бра́т SS *NPlur.* бра́тья *m.an.*

STRESS PATTERNS FOR NOUNS

Information on stress is given by two capital letters printed right after the headword in the dictionary. The first capital letter tells you where the stress falls in the Singular forms; the second letter tells you where the stress falls in the Plural forms. The letter S means **Stem** stress; E means **End** stress. In cases where End stress would fall on the zero ending, stress falls on the preceding vowel, as illustrated by these Nominative Sg. (сто́л) and Genitive Plur. (зерка́л) forms:

сто́л EE → сто́л стола́ столе́ столу́ столо́м 'table'

зе́ркало SE → *Plural:* зеркала́ зерка́л зеркала́х зеркала́м зеркала́ми 'mirrors'

In the following display of typical stress patterns the Accusative Plural is omitted because it is invariably identical to either the Nominative (for inanimates) or the Genitive (animates). In this dictionary Pattern M (stress *Moves* to the stem) is not labelled with the letter M; rather, the two specific forms which pattern M affects (ASg. and NPlur.) are cited as irregular. For example, рука́ EE *ASg.* ру́ку, *NPlur.* ру́ки means that all endings are stressed except those two (plus the APlur. for inanimate nouns).

	SS	SS	EE	SE	SE	ES	ES
N	бу́ква	уро́к	сто́л	сло́во	са́д	письмо́	жена́
A	бу́кву	уро́к	сто́л	сло́во	са́д	письмо́	жену́
G	бу́квы	уро́ка	стола́	сло́ва	са́да	письма́	жены́
P	бу́кве	уро́ке	столе́	сло́ве	са́де	письме́	женё
D	бу́кве	уро́ку	столу́	сло́ву	са́ду	письму́	женё
I	бу́квой	уро́ком	столо́м	сло́вом	са́дом	письмо́м	жено́й
N	бу́квы	уро́ки	столы́	слова́	сады́	пи́сьма	жёны
G	бу́кв	уро́ков	столо́в	сло́в	садо́в	пи́сем	жён
P	бу́квах	уро́ках	стола́х	слова́х	сада́х	пи́сьмах	жёнах
D	бу́квам	уро́кам	стола́м	слова́м	сада́м	пи́сьмам	жёнам
I	бу́квами	уро́ками	стола́ми	слова́ми	сада́ми	пи́сьмами	жёнами
	letter	*lesson*	*table*	*word*	*orchard*	*letter*	*wife*

ADJECTIVES USED AS NOUNS — THE ACCUSATIVE CASE AND ANIMACY

Generally, adjectives agree with the nouns they modify, i.e., the noun determines what ending the adjective will have. In some instances, however, adjectives may be used as nouns; in such instances the form of the accusative case depends upon gender and (in masculine and plural adjectives) animacy. The dictionary gives this information using the same abbreviations as for nouns, e.g.,

насеко́мое *adj. used as n.an noun*: insect.
ру́сский *also used as m./f.an noun*: Russian
бе́лые *adj. used as Plur.inan. noun*: white (chess pieces)

Gender	Accusative ending	Examples
Feminine Sg.	-ую (-юю)	ру́сскую 'Russian (woman)'
Neuter Sg.	=Nominative	насеко́мое 'insect'
Masculine and Plural	=Nominative if inanimate	гла́сный 'vowel' гла́сные 'vowels' бе́лые 'white' (chess pieces)
	=Genitive if animate	ру́сского 'Russian (man)' ру́сских 'Russians' насеко́мых 'insects'

INSERTED VOWEL LETTER in masculine short forms

Use the same rules for adding the inserted vowel as you do for nouns. The dictionary indicates which vowel to insert just as it does for nouns, i.e., by printing the vowel within parentheses right after the stress code.

—If ь precedes the final consonant, replace it with the inserted vowel:	дово́льный S (e)	⟶ дово́лен
—If the next to last consonant is й, replace it with the inserted vowel:	споко́йный S (e)	⟶ споко́ен
—Otherwise, insert the vowel just before the last consonant:	у́мный E (ё)	⟶ умён
—SPECIAL CASE: stem-stressed adjectives in -ний lack final ь:	дре́вний S (e)	⟶ дре́вен

STRESS PATTERNS FOR ADJECTIVES — SHORT FORMS AND COMPARATIVES

The one capital letter after an adjective headword tells you where the stress falls in the short forms and in the comparative form. (Long forms never shift stress; all long forms are stressed on the same syllable as the headword, so no stress code is required.) The letters S and E mean the same thing for adjectives as they do for nouns: S = **Stem** stress and E = **End** stress. In cases where End stress would fall on the zero ending (masculine), stress falls on the preceding vowel, just as it does for nouns (see смешно́й — смешо́н, below).
In addition, the letter M stands for **Moving** stress, i.e., stress moves from the stem to the feminine ending.

The stress rule for the comparative is two-fold:
(1)   If the adjective stem ends in a velar consonant (к г х), the ending will be -е and the immediately preceding syllable will be stressed, no matter what the stress code is (see жа́ркий — жа́рче, below).
(2)   Otherwise, if any short form is stressed on the ending, either obligatorily or optionally, then stress will fall on the comparative ending -е́е; conversely, if no short endings are ever stressed, then the ending -ее is unstressed, e.g.,

	Stress	sh.fem.	Comparative	
суро́вый	S	суро́ва	суро́вее	'severe'
ми́рный	S [or M]	мирна́	мирне́е	'peaceful'
живо́й	M	жива́	живе́е	'lively'
горя́чий	E	горяча́	горя́чее	'hot'

STRESS PARADIGMS

	суро́вый S	ужа́сный S(e)	горя́чий E	смешно́й E(o)	живо́й M	жа́ркий M(o)
masc.	суро́в	ужа́сен	горя́ч	смешо́н	жив	жа́рок
fem.	суро́ва	ужа́сна	горяча́	смешна́	жива́	жарка́
neut.	суро́во	ужа́сно	горячо́	смешно́	жи́во	жа́рко
Plur.	суро́вы	ужа́сны	горячи́	смешны́	жи́вы	жа́рки
Compar.	суро́вее	ужа́снее	горя́чее	смешне́е	живе́е	жа́рче
	severe	*terrible*	*hot*	*funny*	*alive*	*hot*

COMPARATIVE FORMS — STEM FINAL VELARS

If the stem final consonant is a velar consonant, then the comparative ending will be -e, the immediately preceding syllable will be stressed, and the velar consonants will undergo alternation (к→ч, г→ж, х→ш, ск→щ); if the stem final consonant is not a velar, then the regular ending is -ee.

	жа́ркий	жа́рче 'hotter'
	дорого́й	доро́же 'dearer'
	сухо́й	су́ше 'drier'
vs.	у́мный	умне́е 'smarter'

COMPARATIVE VARIANT ENDING -ЕЙ

The ending -ee (whether stressed or not) may be replaced by -ей: умне́е = умне́й.

ADJECTIVES LACKING SHORT AND COMPARATIVE FORMS

The following types of adjective lack short and comparative forms: (1) those in -ся and -ский, e.g., вью́щийся 'curly', ру́сский 'Russian', (2) pronominal adjectives, e.g., кото́рый 'which', (3) numerical adjectives, e.g., второ́й 'second', and (4) special adjectives, e.g., э́тот 'this'.

ADVERBIAL AND PREDICATE FORMS

Adjectives in -ский form adverbs in -ски, e.g., истори́ческий 'historical' истори́чески 'historically'. Such adverbs are not entered as separate headwords.

Neuter short adjectives (ending -o/-e) may function as adverbs, e.g., холо́дный 'cold' хо́лодно 'coldly', неуклю́жий 'clumsy' неуклю́же 'clumsily'. Some such forms are entered as separate headwords with the label *adv*.

Some neuter short forms may be used as predicates, i.e., they may be used alone to form complete sentences, e.g., Хо́лодно 'It (the weather) is cold'. Some such forms are entered as separate headwords with the label *predicate*. Examples: хо́лодно[1] *predicate*: it is cold; хо́лодно[2] *adv*: coldly.

SPELLING AND PRONUNCIATION

Forms affected by the two spelling rules (ы → и and o → e) are printed in boldface in the following paradigms of adjectives. In addition, forms with the NSg. masculine stressed ending -о́й are also printed in boldface. The letter г in the ending -oгo/-eгo is pronounced like the letter в.

	UNSTRESSED ENDINGS					STRESSED ENDINGS		
	BASIC	Pal.	-чщшж-	-кгх-	-ц-	BASIC	-чщшж-	-кгх-
MASCULINE								
N.	бе́лый	си́ний	**хоро́ший**	**ру́сский**	ку́цый	**второ́й**	**большо́й**	**плохо́й**
A. = Nom./Gen.								
G.	бе́лого	си́него	**хоро́шего**	ру́сского	**ку́цего**	второ́го	большо́го	плохо́го
P.	бе́лом	си́нем	**хоро́шем**	ру́сском	**ку́цем**	второ́м	большо́м	плохо́м
D.	бе́лому	си́нему	**хоро́шему**	ру́сскому	**ку́цему**	второ́му	большо́му	плохо́му
I.	бе́лым	си́ним	**хоро́шим**	ру́сским	ку́цым	второ́м	**большо́м**	плохо́м
FEMININE								
N.	бе́лая	си́няя	хоро́шая	ру́сская	ку́цая	втора́я	больша́я	плоха́я
A.	бе́лую	си́нюю	хоро́шую	ру́сскую	ку́цую	втору́ю	большу́ю	плоху́ю
G.	бе́лой	си́ней	**хоро́шей**	ру́сской	**ку́цей**	второ́й	большо́й	плохо́й
P.	"	"	"	"	"	"	"	"
D.	"	"	"	"	"	"	"	"
I.	"	"	"	"	"	"	"	"
NEUTER = MASCULINE, except:								
N.	бе́лое	си́нее	**хоро́шее**	ру́сское	**ку́цее**	второ́е	большо́е	плохо́е
PLURAL								
N.	бе́лые	си́ние	**хоро́шие**	ру́сские	ку́цые	вторы́е	**большй́е**	плохи́е
A. = Nom./Gen.								
G.	бе́лых	си́них	**хоро́ших**	ру́сских	ку́цых	вторы́х	большй́х	плохи́х
P.	"	"	"	"	"	"	"	"
D.	бе́лым	си́ним	хоро́шим	ру́сским	ку́цым	вторы́м	большй́м	плохи́м
I.	бе́лыми	си́ними	хоро́шими	ру́сскими	ку́цыми	вторы́ми	большй́ми	плохи́ми
	white	*blue*	*good*	*Russian*	*short*	*second*	*big*	*bad*

Stems that have a vowel letter before the ending take endings identical to those of си́ний, e.g., the nominative forms длинноше́ий, длинноше́яя, длинноше́ее, длинноше́ие 'long-necked'.

SPECIAL ADJECTIVES have ordinary adjective endings except for the forms in **boldface**:

MASC.

N.	**мой**	**наш**	**этот**	**третий**	**чей**	**сам**	**сестрин**	**тот**	**весь**
A.	*Nom./Gen.*								
G.	моего	нашего	этого	третьего	чьего	самого	сестриного	того	всего
P.	моём	нашем	этом	третьем	чьём	самом	сестрином	том	всём
D.	моему	нашему	этому	третьему	чьему	самому	сестриному	тому	всему
I.	моим	нашим	**этим**	**третьим**	**чьим**	самим	сестриным	**тем**	**всем**

FEM.

N.	моя	наша	эта	третья	чья	сама	сестрина	та	вся
A.	мою	нашу	эту	третью	чью	саму*	сестрину	ту	всю
G.	**моей**	**нашей**	**этой**	**третьей**	**чьей**	самой	сестриной	**той**	**всей**
P.	"	"	"	"	"	"	"	"	"
D.	"	"	"	"	"	"	"	"	"
I.	"	"	"	"	"	"	"	"	"

NEUT.

N.	моё	наше	это	третье	чьё	само	сестрино	то	всё

PLUR.

N.	мои	наши	эти	третьи	чьи	сами	сестрины	те	все
A.	*Nom./Gen.*								
G.	моих	наших	этих	третьих	чьих	самих	сестриных	тех	всех
P.	"	"	"	"	"	"	"	"	"
D.	моим	нашим	этим	третьим	чьим	самим	сестриным	тем	всем
I.	моими	нашими	этими	третьими	чьими	самими	сестриными	теми	всеми
	my	*our*	*this*	*third*	*whose*	*self*	*sister's*	*that*	*all*

твой	твоя	твоё	твои	'your'	is identical to **мой**
свой	своя	своё	свои	'own'	is identical to **мой**
ваш	ваша	ваше	ваши	'your'	is identical to **наш**
один	одна	одно	одни	'one'	is identical to **этот**

Personal possessives are like **сестрин** (e.g., Сашин 'Sasha's').
Animal possessives are like **третий** (e.g., птичий 'bird's, birdlike').

*Feminine Accusative Singular саму has an old-fashioned variant самоё.

LAST NAMES ending in -ин or -ов
The masculine forms are like nouns, except *Inst.* (in **boldface**); the feminine and plural are like special adjectives.

	Masc.	*Fem.*	*Plural*	*Masc.*	*Fem.*	*Plural*
N.	Ильин	Ильина	Ильины	Петров	Петрова	Петровы
A.	Ильина	Ильину	Ильиных	Петрова	Петрову	Петровых
G.	"	Ильиной	"	"	Петровой	"
P.	Ильине	"	"	Петрове	"	"
D.	Ильину	"	Ильиным	Петрову	"	Петровым
I.	**Ильиным**	"	Ильиными	**Петровым**	"	Петровыми

PRONOUNS
The pronouns он(о), она, они, кто, and что have ordinary adjective endings except for the forms in **boldface**:

N.	я	ты		мы	вы	он(о)	она	они	кто	что
A.	меня	тебя	себя	нас	вас	его	её	их	кого	что
G.	"	"	"	"	"	"	"	"	"	**чего**
P.	мне	тебе	себе	"	"	**нём**	**ней**	**них**	ком	чём
D.	"	"	"	нам	вам	ему	**ей**	им	кому	чему
I.	мной	тобой	собой	нами	вами	им	**ей/ею**	ими	кем	чём
	I	*you*	*self*	*we*	*you*	*he(it)*	*she*	*they*	*who*	*what*

Forms of он, оно, она, они are prefixed with **н-** when used as the object of a preposition, e.g., от **него** 'from him'. But don't use **н-** when the Genitives of these forms have the possessive meaning ('his'), e.g., от **его** сестры 'from his sister'.

PREFIXED PRONOUNS AND PRONOMINAL ADJECTIVES
Prepositions are placed between the prefixes не-/ни- and -что/-кто/-какой, e.g., нечего ⟶ не о чем; никто ⟶ ни с кем; никакой ⟶ ни в каком. Prepositions are likewise placed between the two elements of друг друга: друг с другом. Placement of prepositions before or after the prefixes кое- and кой- is optional, e.g. either в кое-что or кое во что (without hyphens).

1 — одúн 'one' is a Special Adjective declined like этот.

2, 3, 4, and 'both' — unique sets of endings:

	masc. fem. neut.	masc. neut.	fem.	(no gender distinction)	
N. A.=N./G.	двá двé	óба	óбе	трú	четы́ре
G.	двýх	обóих	обéих	трёх	четырёх
P.	"	"	"	"	"
D.	двýм	обóим	обéим	трём	четырём
I.	двумя́	обóими	обéими	тремя́	четырьмя́

5 – 30 — are declined like singular ь-declension nouns.

N=A	пя́ть	вóсемь	одúннадцать	двенáдцать
G=P=D	пятú	восьмú	одúннадцати	двенáдцати
I.	пятью́	восемью́	одúннадцатью	двенáдцатью
		or: восьмью́		

Like пя́ть :   шéсть, сéмь, дéвять, дéсять, двáдцать, трúдцать.
Like одúннадцать :   четы́рнадцать.
Like двенáдцать :   тринáдцать, пятнáдцать, шестнáдцать, семнáдцать, восемнáдцать, девятнáдцать.

50 – 80 — are declined like singular ь-declension nouns, but lack final -ь.

N=A	пятьдеся́т	сéмьдесят	вóсемьдесят
G=P=D	пятúдесяти	семúдесяти	восьмúдесяти
I.	пятью́десятью	семью́десятью	восемью́десятью
			or: восьмью́десятью

Like пятьдеся́т : шестьдеся́т

40, 90, 100, 150 — have only two forms:

N=A	сóрок	девянóсто	стó	полторáста
G=P=D=I	сорокá	девянóста	стá	полýтораста

HUNDREDS — the first element has its usual endings; стó is o-declension, except for the Nominative.

N=A	двéсти	трúста	четы́реста	пятьсóт	восемьсóт
G.	двухсóт	трёхсóт	четырёхсóт	пятисóт	восьмисóт
P.	двухстáх	трёхстáх	четырёхстáх	пятистáх	восьмистáх
D.	двумстáм	трёмстáм	четырёмстáм	пятистáм	восьмистáм
I.	двумястáми	тремястáми	четырьмястáми	пятьюстáми	восемьюстáми
				or:	восемьюстáми

Like пятьсóт : шестьсóт, семьсóт, девятьсóт.

THOUSAND — ты́сяча has the forms of an a-declension noun.

COLLECTIVE NUMERALS — are inflected like ordinary adjectives, except for the Nominative.

N. A=N/G	двóе	чéтверо
G.	двоúх	четверы́х
P.	"	"
D.	двоúм	четверы́м
I.	двоúми	четверы́ми

Like двóе :   трóе
Like чéтверо :   пя́теро, шéстеро, сéмеро, вóсьмеро, дéвятеро, дéсятеро.

ONE AND A HALF — Nom./Acc. masc./neut. полторá, Nom./Acc. fem. полторы́; other cases: полýтора.

This summary chart lists the adjective and noun endings with their basic spellings, i.e., ignoring spelling rules. Some of the slots in the chart are not filled in, i.e., the slots for most o-declension and plural endings; such slots have endings identical to the #-declension box at the top of the chart.

	Singular Adj.	Noun	Plural Adj.	Noun
#-declension				
Nom.	-ый/-ой	-#	-ые	-ы
Acc.	=Nom./Gen.		=Nom./Gen.	
Gen.	-ого	-а	-ых	-ов/-ей
Prep.	-ом	-е	-ых	-ах
Dat.	-ому	-у	-ым	-ам
Inst.	-ым	-ом	-ыми	-ами
o-declension				
Nom.	-ое	-о		-а
Acc.	-ое	-о		
Gen.				-#/-ей
a-declension				
Nom.	-ая	-а		
Acc.	-ую	-у		
Gen.	-ой	-ы		-#/-ей
Prep.	-ой	-е		
Dat.	-ой	-е		
Inst.	-ой [-ою]	-ой [-ою]		
ь-declension				
Nom.	-ая	-ь		
Acc.	-ую	-ь		
Gen.	-ой	-и		-ей
Prep.	-ой	-и		
Dat.	-ой	-и		
Inst.	-ой [-ою]	-ью		

ILLUSTRATION OF THE BASIC ADJECTIVE+NOUN COMBINATIONS (plus 2 special adjectives: весь, этот)

#-decl.

N	весь	этот	бе́лый большо́й	стол		всё	эти	бе́лые	столы́
A									
G	всего́	этого	бе́лого	стола́		всех	этих	бе́лых	столо́в
P	всём	этом	бе́лом	столе́		"	"	"	стола́х
D	всему́	этому	бе́лому	столу́		всем	этим	бе́лым	стола́м
I	всём	этим	бе́лым	столо́м		все́ми	этими	бе́лыми	стола́ми

o-decl.

N	всё	это	бе́лое	ме́сто			места́
G							мест

a-decl.

N	вся	эта	бе́лая	бу́ква		бу́квы
A	всю	эту	бе́лую	бу́кву		
G	всей	этой	бе́лой	бу́квы		бу́кв
P	"	"	"	бу́кве		
D	"	"	"	"		
I	"	"	"	бу́квой		

ь-decl.

N	вся	эта	бе́лая	тетра́дь		тетра́ди
A	всю	эту	бе́лую	тетра́дь		
G	всей	этой	бе́лой	тетра́ди		тетра́дей
P	"	"	"	"		тетра́дях
D	"	"	"	"		тетра́дям
I	"	"	"	тетра́дью		тетра́дями

THE TWO CONJUGATIONS — NON-PAST ENDINGS

The 3rd Person Plural non-past ending tells you which conjugation the verb belongs to: -ют (-ут) = First Conjugation; -ят (-ат) = Second Conjugation. These endings are printed after the stress code in the dictionary; the last letter or two preceding the ending (or the whole root) is printed along with it, e.g., де́лать -ают = де́лают; написа́ть -пи́шут = напи́шут; рисова́ть -су́ют = рису́ют; говори́ть -ря́т = говоря́т.

Number	Person		First Conj.	Second Conj.	
Singular	1st:	я́	-ю/-у	●-ю/-у	
	2nd:	ты́	□-ёшь	-ишь	
	3rd:	о́н/она́/оно́	□-ёт	-ит	
Plural	1st:	мы́	□-ём	-им	
	2nd:	вы́	□-ёте	-ите	
	3rd:	они́	-ют/-ут	-ят/-ат	◄ — KEY FORM: 3rd Plur.

□ = Velar alternation: мо́гут ⟶ мо́жешь, мо́жет . . .
● = Labial and Dental alternation: сидя́т ⟶ сижу́

SPELLING RULES FOR FIRST PERSON SINGULAR

Here's how you select which vowel letter to use in the 1Sg. form (-ю vs. -у):

First Conjugation:	Same as key form:	if -ют, then -ю.
		if -ут, then -у.
Second Conjugation:	—After ч щ ш ж:	-у.
	—After р, л, н or vowel:	-ю

CONSONANT ALTERNATIONS   The following alternations take place regularly (see мо́гут and сидя́т, below):

FIRST Conj: *before* -e- Velars	SECOND Conj: *in the 1st Sg.* Labials		Dentals	
к □ ⟶ ч	п ● ⟶ пл		т ● ⟶ ч	
г □ ⟶ ж	б ● ⟶ бл		д ● ⟶ ж	
	м ● ⟶ мл		з ● ⟶ ж	
	в ● ⟶ вл		с ● ⟶ ш	
	ф ● ⟶ фл		ст ● ⟶ щ	

VERB PARADIGMS ILLUSTRATING THE SPELLING RULES AND ALTERNATIONS IN NON-PAST FORMS

FIRST CONJ. (No non-past stems end in ц or х)					*SECOND CONJ.* (No stems end in ц or in кгх)			
Plain	Vowel	Pal.(л)	чщшж	□	р л н	Vowel	●	чщшж
кладу́	зна́ю	колю́	пишу́	могу́	звоню́	стою́	сижу́	лежу́
кладёшь	зна́ешь	ко́лешь	пи́шешь	мо́жешь	звони́шь	стои́шь	сиди́шь	лежи́шь
кладёт	зна́ет	ко́лет	пи́шет	мо́жет	звони́т	стои́т	сиди́т	лежи́т
кладём	зна́ем	ко́лем	пи́шем	мо́жем	звони́м	стои́м	сиди́м	лежи́м
кладёте	зна́ете	ко́лете	пи́шете	мо́жете	звони́те	стои́те	сиди́те	лежи́те
кладу́т	зна́ют	ко́лют	пи́шут	мо́гут	звоня́т	стоя́т	сидя́т	лежа́т
put	*know*	*prick*	*write*	*can*	*phone*	*stand*	*sit*	*lie*

PAST ENDINGS   The Past endings are added to the same stem as the Infinitive ending -ть:

Infinitive		писа́-ть
Past	masculine	писа́-л
	feminine	писа́-ла
	neuter	писа́-ло
	Plural	писа́-ли

If there is any discrepancy between the Infinitive stem and the Past stem, or between the masculine and the other forms of the Past, then the masculine, feminine, and plural forms are cited after the non-past form(s), separated by a semi-colon:

нести́ EE -су́т; нёс несла́ несли́ 'carry' (No -л in masc.)
вести́ EE веду́т; вёл вела́ вели́ 'lead' (No stem final consonant in Past.)
умере́ть EM умру́т; у́мер умерла́ у́мерли 'die' (Stem change; no -л in masc; stress on prefix.)
We only rarely cite the neuter form; it's normally like the Plural (несли́ ⟶ несло́).

THE IMPERATIVE ENDING

The Imperative is formed on the Non-past stem. If the stem ends in a vowel letter, add -й. If it ends in a consonant, there are three possibilities: (1) if the non-past has stress pattern E or M (i.e., if the 1Sg. ending is stressed), add stressed -й; (2) if the non-past has stress pattern S (i.e., if the 1Sg. is not stressed) and the stem ends in a cluster of consonants or in щ, add unstressed -и; (3) for other verbs with pattern S, add -ь.

Vowel or Consonant?	Stress? cluster?	Ending	Example	Headword with stress code and non-past key form
Vowel	(irrelevant)	-й	читáй(те)! рисýй(те)! кýй(те)! стóй(те)! смéйся! (смéйтесь!)	читáть SS читáют 'read' рисовáть SS рисýют 'draw' ковáть ES куют 'forge' стоять ES стоят 'stand' смеяться ES смеются 'laugh'
Consonant	E or M	-й	говори(те)! скажи(те)!	говори́ть ES говоря́т 'speak' сказáть MS скáжут 'say'
	S, cluster	-и	пóмни(те)! рыщи(те)!	пóмнить SS пóмнят 'remember' рыскать SS рыщут 'ransack'
	S, no cluster	-ь	ответь(те)! вы́плачь(те)!	отвéтить SS отвéтят 'answer' вы́плакать SS вы́плачут 'cry'

Irregular Imperatives are listed after the non-past form(s) and are followed by an exclamation point:
пить SM пьют пей! 'drink' (This Imperative has an inserted vowel).

STRESS PATTERNS FOR VERBS

The first English capital letter after the infinitive tells you where the stress falls in the Non-past forms; the second letter tells you where the stress falls in the Past forms. As in the case of nouns and adjectives, S means **Stem** stress and E means stress on the first vowel of the **Ending**. If the ending is ZERO (i.e., past masc.), End-stress falls on the last syllable of the stem, e.g.,
прийти́ EE приду́т; пришёл пришлá пришлó пришли́
вести́сь EE веду́тся; вёлся велáсь велóсь велись

For past tense forms the letter M means the same thing it does for short adjectives: stress **Moves** from the stem to the feminine ending, e.g.,
быть SM бýдут; был былá бы́ло бы́ли

For non-past forms the letter M means that the stress **Moves** from the stem to the First Person Singular ending, e.g.,
писáть MS пишý пи́шешь пи́шет пи́шем пи́шете пи́шут

Stem stress generally means that the stress falls on the same stem syllable as it does in the headword (infinitive). But sometimes the stressed syllable of the infinitive doesn't show up in the Non-past or Past; in such cases, stress falls on the last syllable of the stem: рисовáть SS рисýют.

SAMPLE PARADIGMS ILLUSTRATING STRESS PATTERNS — M stress is in boldface (MS **прошý**, EM **бралá**):

SS	MS	ES	EE	EM
встрéчу	**прошý**	говорю́	веду́	берý
встрéтишь	прóсишь	говори́шь	ведёшь	берёшь
встрéтит	прóсит	говори́т	ведёт	берёт
встрéтим	прóсим	говори́м	ведём	берём
встрéтите	прóсите	говори́те	ведёте	берёте
встрéтят	прóсят	говоря́т	веду́т	берýт
встрéтить	проси́ть	говори́ть	вести́	брáть
встрéтил	проси́л	говори́л	вёл	брáл
встрéтила	проси́ла	говори́ла	велá	**бралá**
встрéтило	проси́ло	говори́ло	велó	брáло
встрéтили	проси́ли	говори́ли	вели́	брáли
meet	*ask*	*say*	*lead*	*take*

PARTICIPLES AND DEVERBAL ADVERBS

In the following chart is a summary of the suffixes used for these forms. As the examples illustrate, Imperfective verbs (чита–) have 6 forms and Perfectives (прочита–) have 3. The past passive participle and the past adverb of Imperfective verbs aren't much used in the modern language; hence the brackets. The slots for seldom-used forms in the dictionary displays beneath the headword line are left blank; the slots for grammatically impossible forms have a long dash.

	Present	*Past*
Adverb:	–Я (–А)	–В(ШИ)
Active participle:	–Щ–ИЙ	–ВШ–ИЙ
Passive participle:	–М–ЫЙ	–НН–ЫЙ/–Т–ЫЙ
EXAMPLES:	читая	[читав *or* читавши] прочитав [*or:* прочитавши]
	читающий	читавший прочитавший
	читаемый	[читанный] прочитанный

PRESENT ADVERB: SUFFIX –Я (–А after ч щ ш ж)
The suffix is added to the Non-past stem: нес-у́т ⟶ неся́, говор-я́т ⟶ говоря́, де́ржат ⟶ держа́.
Stress: If non-past S, then stress the stem; if M or E, stress the suffix.
Irregular forms are labelled "*pres. adv.*" in the dictionary, e.g.,
  стоя́ть ES –оя́т *pres. adv.* сто́я (You'd expect stress on the suffix with pattern E in the non-past.)

PRESENT ACTIVE PARTICIPLE: SUFFIX –Щ– + adjective endings
The suffix replaces the –т of the 3rd Plur: пи́шут ⟶ пи́шущий, про́сят ⟶ прося́щий
The particle –ся does not have the variant –сь after vowels: стро́иться ⟶ стро́ящийся, стро́ящаяся
Unlike ordinary adjectives, active participles have no short forms.
Stress is on the same syllable as in the *3rd Plur.* except:
  if 2nd conj. and non-past M, stress shifts to the vowel before –щ– (про́сят ⟶ прося́щий).
Irregular forms are labelled "*pres. active ptcpl.*" in the dictionary, e.g.,
  люби́ть MS –бят *pres. active ptcpl.* лю́бящий (You'd expect stress on –я́–.)

PRESENT PASSIVE PARTICIPLE: SUFFIX –М– + adjective endings
The suffix (and vowel) is identical to the *1st Plur:* чита́ем ⟶ чита́емый, рису́ем ⟶ рису́емый.
This participle is normally formed only from transitive verbs which have a vowel before unstressed –ем.
It may also be formed from 2nd conjugation verbs in –ить (серди́ть ⟶ серди́мый), but for most –ить verbs it
  is used only in an elevated archaic style. If a verb in –ить does have a participle which is used in normal style,
  the dictionary notes it with the label "*pres. passive ptcpl.*", e.g.,
  стро́ить SS –о́ят *pres. passive ptcpl.* стро́имый.
A few other verbs allow the present passive participle, some of them irregular in form. These verbs have that same
  stylistic flavor as most –ить verbs. In the dictionary they are entered in parentheses as supplementary
  information with the label "*old-fashioned*", e.g.,
  нести́ EE –су́т; нёс несла́ несли́ (*old-fashioned pres. passive ptcpl.* несо́мый).

PAST ADVERB: SUFFIX –В(ШИ)
The suffix –в (or, lesser used, –вши) is added to the Past stem: сказа́ть ⟶ сказа́в [*or:* сказа́вши].
With verbs in –ся only the longer variant occurs: откры́ться ⟶ откры́вшись.
Stress falls on the same syllable as in the Infinitive.
Irregular and variant forms are entered in the dictionary with the label "*past adv.*" e.g.,
  увести́ EE уведу́т; увёл увела́ увели́; *past adv.* уведя́
  стере́ть ES сотру́т; стёр стёрла стёрли; *past adv.* стере́в [*or:* стёрши]

PAST ACTIVE PARTICIPLE: SUFFIX –ВШ– + adjective endings.
This participle is formed in the same way as the past adverb in –вши: сказа́ть ⟶ сказа́вший.
The particle –ся does not have the variant –сь after vowels: постро́иться ⟶ постро́ившаяся,
  постро́ившуюся, постро́ившееся, постро́ившиеся, etc.
Unlike ordinary adjectives, active participles have no short forms.
If a verb has a stem change in the past adverb, the past active participle will also have that stem change and nothing
  will be said about it in the dictionary. For example, the following entries imply the participles укра́вший and
  испёкший, respectively:
  укра́сть ES украду́т; укра́л укра́ла укра́ли; *past adv.* укра́вши
  испе́чь EE –пеку́т; –пёк –пекла́ –пекли́; *no pres. adv; past adv.* –пёкши
Irregular forms, including cases where the past adverb and past active participle are formed from different stems, are
  entered in the dictionary with the label "*past active ptcpl.*" e.g.,
  увести́ EE уведу́т; увёл увела́ увели́; *past adv.* уведя́; *past active ptcpl.* уведший
  стере́ть ES сотру́т; стёр стёрла стёрли; *past adv.* стере́в [*or:* стёрши]; *past active ptcpl.* стёрший

PAST PASSIVE PARTICIPLE: SUFFIXES -НН- or -Т- + adjective endings.

The past passive participle (abbreviated *ppp*) is formed mostly from Perfective verbs that are transitive (i.e., those capable of having an object in the Accusative case). Perfectives meaning 'awhile' lack the *ppp*. Imperfective verbs derived from Perfective partners by means of a suffix (e.g., перечи́тывать, derived from перечита́ть by means of the suffix -ыва-) lack the *ppp*. The *ppp* from other Imperfective verbs is seldom used.

The suffix -НН- sometimes entails velar alternation (-□-), sometimes labial/dental alternation (-●-), and sometimes no alternation of the preceding consonant, depending on the type of verb it is tacked on to. Thus, there are four possible suffixes:
    (1) -НН- with verbs in -ать (-ять).
    (2) -●-НН- with -ить verbs of the second conjugation.
    (3) -□-НН- with consonant-stem verbs.
    (4) -Т- with -нуть verbs (plus others marked as irregular in the dictionary).

If the stress should shift in a past participle in such a way as to change the stem vowel from -е- to -ё-, this fact will be noted in the dictionary by citing the participle with the label "*ppp*", e.g.,
    поверну́ть ES -ну́т; *ppp* повёрнутый S

Stress in short forms is indicated by a capital letter (S, E, or M) after the long form. In most cases, there are rules that govern the stress of short forms (see below), but if an irregular *ppp* is listed in the entry, the stress code is always given, e.g.,
    вби́ть ES вобью́т вбей! *ppp* вби́тый S → вбит вбита́ вби́то вби́ты
    распи́ть EM разопью́т распе́й! *ppp* распи́тый M [*or* S] → распи́т распита́ распи́то распи́ты
In short forms double -нн- is replaced by single -н- : ска́занный S → ска́зан ска́зана ска́зано ска́заны.

(1) -АТЬ (-ЯТЬ) → -АНН- (-ЯНН-)
    For verbs in -ать (-ять), replace the infinitive ending -ть with the suffix -нн-ый S.
    Stress retracts one syllable from stressed -а́ть (-я́ть): сказа́ть → ска́занный S.
    There is a class of exceptions that consists of verbs in -ать/-ять with -н- or -м- in the non-past. The *ppp* is formed with the suffix -Т- and is listed in the dictionary:
        заня́ть EM займу́т; за́нял заняла́ за́няли; *ppp* за́нятый M

(2) -ИТЬ → -●-ЕНН- (-●-ЁНН-) if second conjugation.
    For verbs in -ить that belong to the second conjugation, replace the infinitive vowel and ending -ить with the suffix -●-енн-ый (-●-ённ-ый).
    Consonant alternation is the same as in the 1st Sg. (Labial and Dental): купи́ть → ку́пленный.
    Stress retracts one syllable with non-past pattern M: купи́ть MS → ку́пленный S.
    Verbs with non-past pattern E have short forms with pattern E. Others (S and M) have S in the short forms:

E	зарази́ть ES -зя́т	заражённый E	заражён	заражена́	заражено́	заражены́
S	постро́ить SS -о́ят	постро́енный S	постро́ен	постро́ена	постро́ено	постро́ены
M	купи́ть MS -пят	ку́пленный S	ку́плен	ку́плена	ку́плено	ку́плены

    Verbs with т/щ or д/жд alternations (rather than т/ч, д/ж) are cited in the dictionary, e.g.,
        запрети́ть ES -тя́т -щу́; *ppp* запрещённый S

(3) Consonant stems → -□-ЕНН- (-□-ЁНН-)
    For verbs that have a consonant before the infinitive ending (-сть, -зть, -сти́, -зти́), and also verbs in -чь, add the suffix -□-енн-ый (-□-ённ-ый) to the *non-past stem*. (The 3rd Plur. Key form for the non-past is listed right after the stress code in the dictionary.)
    Consonant alternation is the same as in the four non-past -е- endings of first conjugation verbs (Velar); the only verbs that have velar consonants are those with infinitives in -чь:
        подстри́чь ES -стригу́т -гу́ -жёт → подстри́женный S
    The stress pattern is like the past tense, either E or S (consonant stems don't normally have M):
        увести́ EE уведу́т; увёл увела́ → уведённый E
        (= уведён уведена́ уведено́ уведены́)
        вы́грызть SS -зут вы́грызи! -грыз -грызла -грызли → вы́грызенный S
        (= вы́грызен вы́грызена вы́грызено вы́грызены)
        подстри́чь ES -стригу́т -гу́ -жёт; -стриг -стри́гла -стри́гли → подстри́женный S
        (= -стри́жен -стри́жена -стри́жено -стри́жены)
        испе́чь EE -пеку́т -ку́ -чёт; -пёк -пекла́ -пекли́ → испечённый E
        (= -печён -печена́ -печено́ -печены́)
    There are a few exceptional cases, e.g., заклясть EM -кляну́т *ppp* закля́тый M (with -Т- instead of -НН-).

(4) -НУТЬ → -НУТЫЙ
    For verbs in -нуть, replace the infinitive ending -ть with the suffix -т-ый S.
    Stress retracts one syllable from stressed -ну́ть: согну́ть → со́гнутый S.

This paradigm contains all the aspect, tense, voice, and deverbal forms of the verb. The conditional mood is not listed, being everywhere identical to the past tense plus the particle бы (чита́л бы, чита́ла бы, etc.).

ACTIVE VOICE and passive participles

ЧИТА́ТЬ (Imperfective) — ПРОЧИТА́ТЬ (Perfective)

Past	Present	Future	Imperative	Adverb	Active ptcpl.	Passive ptcpl.
чита́л	чита́ю	бу́ду чита́ть	чита́й	чита́я	чита́ющий	чита́емый
чита́ла	чита́ешь	бу́дешь чита́ть	чита́йте	[чита́в[ши]][1]	чита́вший	[чи́танный][1]
чита́ло	чита́ет	бу́дет чита́ть				
чита́ли	чита́ем	бу́дем чита́ть				
	чита́ете	бу́дете чита́ть				
	чита́ют	бу́дут чита́ть				
прочита́л	——[2]	прочита́ю	прочита́й	——[2]	——[2]	——[2]
прочита́ла		прочита́ешь	прочита́йте	прочита́в[ши]	прочита́вший	прочи́танный S
прочита́ло		прочита́ет				прочи́тан
прочита́ли		прочита́ем				прочи́тана
		прочита́ете				прочи́тано
		прочита́ют				прочи́таны

PASSIVE VOICE generally has only the forms listed below and is only Imperfective; the 1st and 2nd person forms are rarely used.

чита́ться 'be read'				
чита́лся			чита́ющийся[3]	
чита́лась			чита́вшийся[3]	
чита́лось	чита́ется	бу́дет чита́ться		
чита́лись	чита́ются	бу́дут чита́ться		

FOOTNOTES TO THE FULL PARADIGM

1. ——[1] The past adverb and ppp of Imperfective verbs are not much used in the modern language.
2. ——[2] Perfective verbs lack the present tense, present adverb, and present participles.
3. These forms are passive by virtue of the particle -ся; their suffixes (-щ- and -вш-) are like those of active participles. The form чита́ющийся is virtually synonymous with the present passive participle чита́емый '(which is) being read'.

VERB TYPES THAT LACK A FULL PARADIGM are listed below.

1. REFLEXIVE VERBS lack passive forms.

Reflexive verbs are those with -ся/-сь that have meanings other than passive, e.g., чита́ться in the meaning 'be readable', (по)стара́ться 'try', (вы́)мыться 'wash (oneself)', etc. Such verbs have all of the forms listed above for active voice, except for passive participles (which are lacking for all intransitive verbs).

2. IMPERSONAL VERBS have only these forms: infinitive, 3rd Person Singular non-past, Neuter past (plus the seldom-used Imperative Singular). Some have -ся and mean 'feel like', e.g., Мне́ не чита́ется 'I don't feel like reading'. Many of those without -ся have to do with weather and natural phenomena, e.g., Мороси́ло 'It was drizzling'.

ЧИТА́ТЬСЯ 'feel like reading'
чита́лось   чита́ется

3. FREQUENTATIVE VERBS are used mostly in the past tense and are all Imperfective.

ЧИ́ТЫВАТЬ 'read repeatedly, from time to time'
чи́тывал, чи́тывала, чи́тывало, чи́тывали 'used to read'